·PANZHIHUA YEARBOOK·

攀枝花年鉴

2014

攀枝花市人民政府　主办
攀枝花市地方志办公室　编纂

方志出版社
Publishing House of Local Records

图书在版编目（CIP）数据

攀枝花年鉴. 2014 / 攀枝花市地方志办公室编. —
北京：方志出版社，2014. 11
ISBN 978-7-5144-1442-4

Ⅰ.①攀…　Ⅱ.①攀…　Ⅲ.①攀枝花市—2014—年鉴
Ⅳ.①Z527. 13

中国版本图书馆CIP数据核字(2014)第257558号

攀枝花年鉴（2014）

编　　者：攀枝花市地方志办公室
责任编辑：齐笑
出 版 人：冀祥德
出 版 者：方志出版社
地址　北京市朝阳区潘家园东里9号（国家方志馆4层）
邮编　100021
网址　http://www.fzph.org
发　　行：方志出版社发行中心
电话（010）67110500
经　　销：各地新华书店
印　　刷：成都市拓展印务有限公司
开　　本：889×1194　　1/16
印　　张：30
字　　数：1161千字
版　　次：2014年11月第1版　2014年11月第1次印刷
印　　数：0001～1000册

ISBN　978-7-5144-1442-4/K · 1181　　定价：180. 00元

攀枝花市行政区划图

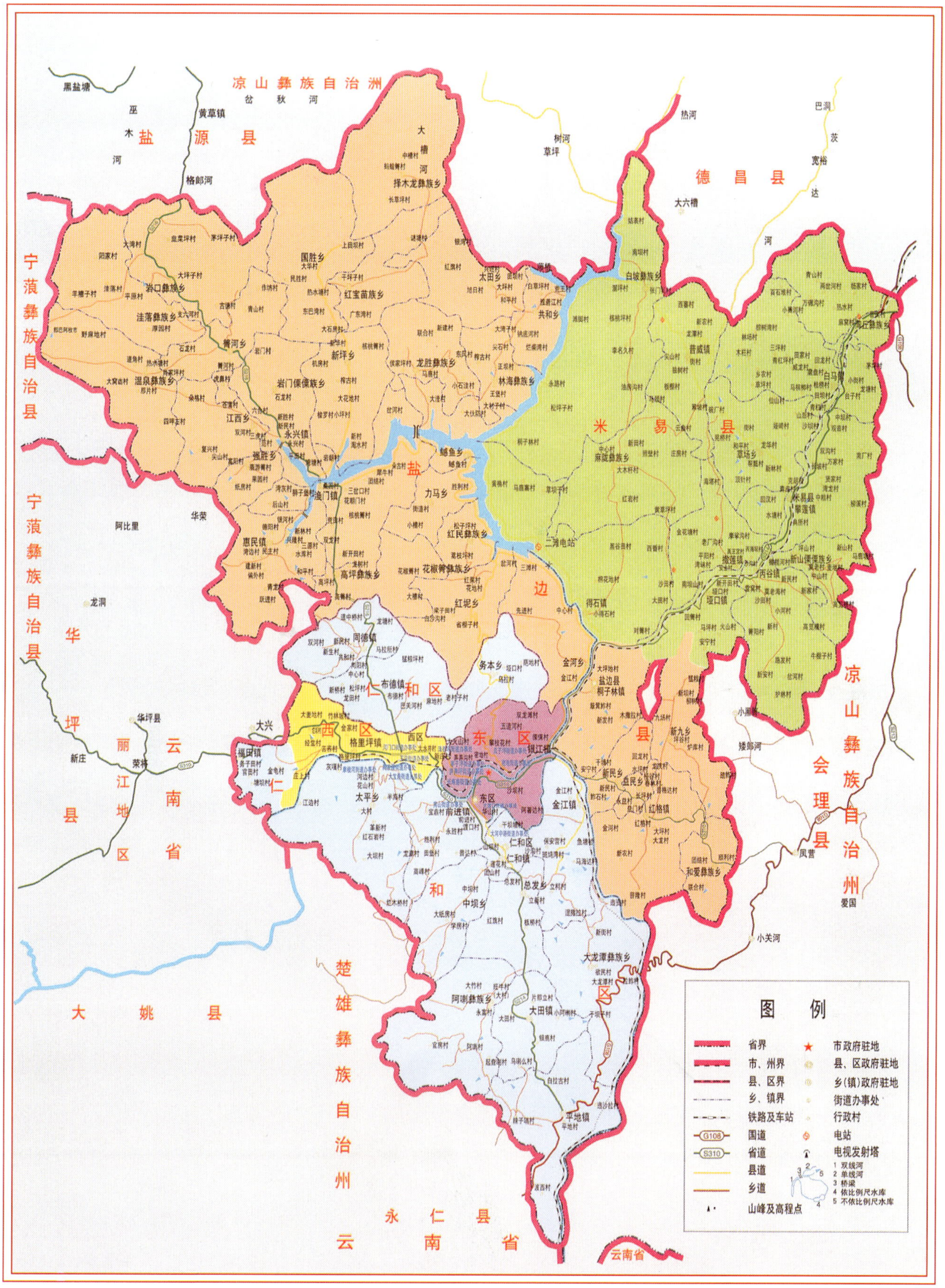
凉山彝族自治州
盐源县
德昌县
宁蒗彝族自治县
米易县
盐边县
仁和区
西区
东区
会理县
华坪县
丽江地区
云南省
大姚县
楚雄彝族自治州
永仁县
云南省
图例
省界
市、州界
县、区界
乡、镇界
铁路及车站
国道
省道
县道
乡道
山峰及高程点
市政府驻地
县、区政府驻地
乡(镇)政府驻地
街道办事处
行政村
电站
电视发射塔
1 双线河
2 单线河
3 桥梁
4 依比例尺水库
5 不依比例尺水库

领导视察

2014年4月14日，全国政协副主席、民革中央常务副主席齐继春（左二）率民革中央调研组到攀枝花市调研。（宋俊康 摄）

2014年6月18日，四川省委书记王东明（左二）到攀枝花市调研攀西经济区建设情况。（宋俊康　摄）

2014年10月16日，在第二届中国（绵阳）科技城国际科技博览会上，四川省委副书记、省长魏宏（前中）视察攀枝花展区。（王悦良　摄）

2013年11月11日，四川省委常委、常务副省长钟勉（右二）到攀枝花钒钛产业园区调研。（宋俊康　摄）

2014年2月20日，四川省委常委、省农工委主任李昌平（中）到攀枝花市调研农村工作。（王建　摄）

2014年3月3日，四川省委常委、省委宣传部部长、省委教育实践活动第三督导组第一组长吴靖平（右二）视察盐边县桐子林镇金河村芒果产业发展情况。（陈帆　摄）

2013年12月5日，四川省副省长黄彦蓉（左二）视察米易县河滨景观长廊。（宋俊康　摄）

2013年8月22日，四川省副省长曲木史哈（右二）到盐边县调研扶贫开发工作。（盐边县史志办提供）

2013年12月26日，四川省副省长甘霖（前中）到攀枝花市商业银行调研。（陈帆　摄）

重要会议

2013年12月31日，中共攀枝花市委九届六次全体（扩大）会议暨市委经济工作会在攀枝花会展中心召开。（宋俊康　摄）

2014年2月25—27日，攀枝花市第九届人民代表大会第三次会议在攀枝花会展中心召开。（宋俊康　摄）

2014年2月23—26日，中国人民政治协商会议第八届攀枝花市委员会第三次会议在攀枝花会展中心召开。（张中　摄）

2014年2月12日，攀枝花市党的群众路线教育实践活动动员大会在攀枝花会展中心召开。（宋俊康　摄）

2013年11月23日，2013·攀枝花钒钛（国际）论坛暨攀西试验区重大科技攻关工作信息通报会在红格温泉假日酒店召开。（宋俊康　摄）

2013年12月7日，第二届米易中华养生健康产业发展高端论坛在米易县召开。（王建　摄）

攀枝花市　东区

炳草岗大桥（攀枝花市东区地方志办公室提供）

森林环抱的东区（攀枝花市林业局提供）

2013年，东区围绕市委战略部署，确定在市率先全面建成小康社会的阶段性目标，明“五个翻番、两个突破”的目标任务，提出设区域性中央商务区、实施“双千工程”、造“四个中心”、打造区域教育文化卫生发高地、实施“补短板”工程等举措。攀枝花新技术产业园区列入省政府重点扶持发展的一基地两园区”，丽攀高速东区段全线通车，过省级森林城市、省级文明城市考核验收。年实现地区生产总值326.86亿元，同比增长80%；地方财政收入9.47亿元，同比增长.90%；固定资产投资163.34亿元，同比增长.30%；社会消费品零售总额133.74亿元，同比长14.3%；城镇居民人均可支配收入27281元，比增长9.30%；农民人均纯收入12172元，同比长12.90%。工业转型升级稳中有升，实现增值226.16亿元，增长8.90%。区属地方规模以工业增加值62.26亿元，增长23.30%。中央商区建设时间提速。全年实现三产增加值0.14亿元，增长8.50%。全年推进重点建设项78个，完成投资40亿元。沿江打造取得重大进。2013年，明确十大民生工程86项民生实事逐分解，年终全部完成，促进了东区教育、社保障、安居工程等惠民工作得以落实。东区投入1.7亿元开展“五创联动”，改善人居环，造林281.87公顷，栽植各类苗木100余万，森林覆盖率达到39.30%。通过全国和谐社建设示范区省级评审。率先全市创建国家、省级示范社区卫生服务中心各一个，连续保持“全国平安建设先进区”称号。

博美家居购物（攀枝花市东区地方志办公室提供）

东区第八届中小学生田径运动会
（攀枝花市东区地方志办公室提供）

阿署达景区（攀枝花市东区地方志办公室提供）

攀枝花市　西区

绿色西区远眺（攀枝花市林业局提供）

2013年，西区面临建区以来前所未有的困难局面。面对异常严峻的形势，区委、区政府正视困难不懈怠、
准目标不动摇，积极转变思想观念，主动调整发展思路，在重新审视区情和准确分析当前形势的基础上，
“工业强区、三产富区、环境靓区、惠民稳区”四大发展战略，围绕“结构调整、多元支撑，工业强区、环
行，民生优先、量力而行，廉政安全、维护稳定”总体部署，启动实施三年“脱困攻坚”方案，奋力推进结
整、城市建设、环境整治“三大攻坚”战略；打造要素保障、产业支撑、区域合作“三大发展”平台；提升
工程、政务服务、社会管理“三大工作”水平，确定“一年打基础、两年求突破、三年上台阶”的奋斗目标，
顺重大项目推进、领导包矿、督查考核等一系列工作机制，竭尽全力保障民生、促进发展、维护稳定。在全
部群众的共同努力下，2013年西区地方经济艰难运行，城市建设稳步推进，环境整治强力开展，改革开放深
进，民生工程加快建设，社会事业全面进步，社会管理逐步完善。全年实现地区生产总值92亿元，增长8.7%；
方规上工业增加值完成56亿元，增长18.2%；全社会固定资产投资完成76亿元，增长25.4%；社会消费品零售
完成25亿元，增长13.2%；地方财政收入完成1.87亿元，同口径下降26.86%；城镇居民人均可支配收入23748
同比增长8.7%；农民人均纯收入16235元，同比增长6.9%。确保了全区经济正常运转和社会平稳发展。

庄上新村建

丽攀高速陶家渡出口（攀枝花市西区地方志办公室提供）

丽新园艺花卉基地
（攀枝花市西区地方志办公室提供）

棚户区改造工程
（攀枝花市西区地方志办公室提供）

攀枝花市西区地方志办公室提供）

攀枝花市　仁和区

阳光河滨（攀枝花市仁和区地方志办公室提供）

国家历史文化名村——迤沙拉民居（攀枝花市仁和区地方志办公室提供）

田园新村

年产1000万件钒钛制动毂的富邦公司

（攀枝花市仁和区地方志办公室提供）

仁和区地处攀枝花市南部，位于北纬26° 06′ ～26° 47′ 、东经101° 24′ ～101° 56′ 。辖乡、镇、街道办事处共15个。全区面积1727.07平方千米，总人口220079人。2013年，完成国内生产总值170.02亿元，其中，第一产业增加值7.79亿元；第二产业增加值140.11亿元%；第三产业增加值22.12亿元。完成全社会固定资产投资135.29亿元。全年招商引资签约项目33个，招商引资到位资金90.16亿元。实现地方财政收入13.06亿元。城镇居民人均可支配收入21354元，农民人均纯收入10388元。实现社会消费品零售总额26.07亿元。

攀枝花市仁和区地方志办公室提供）

米易县

米易县全景（攀枝花市林业局提供）

米易国家级激流回旋竞训基地（攀枝花市旅游局提供）

2013年，米易县紧紧围绕“率先全面建成小康社会”的目标，团结全县各族人民，稳定增势谋发展，凝心聚力抓落实，县域生产总值迈上百亿台阶，地方财政收入9.82亿元，经济增速保持全市领先，县级经济综合评价排名进入全省山区县前列。设施农业规模更大，特色产品品质更优，“阳光米易”品牌更响，农产品交易中心被认定为国家级农产品标准批发市场，农民增收位居全省山区县前列，被评为全省农田水利基本建设先进县，连续三年被评为全省“三农”工作先进县。面对宏观经济下行、主要工业产品市场持续低迷的不利影响，全县工业企业实现“生产不停、市场不丢、企业不倒”，工业经济增加值增速保持全市领先。

年内，实现县域生产总值108亿元，增长15%。其中第一产业增加值10.6亿元，增长5%；第二产业增加值72.7亿元，增长18.8%；第三产业增加值24.8亿元，增长8.4%。完成地方财政收入9.82亿元，增长15.6%；完成社会消费品零售总额22.7亿元，增长14.2%。城镇居民人均可支配收入和农民人均纯收入分别达到22627元和10178元，分别增加1906元和1218元。

米易龙潭溶洞（攀枝花市旅游局提供）

马槟榔旅游新村（攀枝花市旅游局提供）

盐边县

二滩风景区——泄洪（攀枝花市旅游局提供）

盐边县城全景（攀枝花市林业局提供）

盐边县地处攀枝花市北部，是二滩水电站库区主淹没县、全省扩权强县试点县、省级环保模范县、省级生态县、省级现代农业产业基地强县、省级现代畜牧业重点建设县、享受少数民族县待遇县。全县面积3269.453平方千米，占攀枝花市总面积的44.7%。辖4镇12个乡（7个少数民族乡）、164个行政村、7个社区居委会，总人口21.03万人。有彝、傈僳、苗、回、纳西、傣等25个少数民族，79个民族村、378个村民小组，少数民族人口6.43万人，占全县总人口的30.1%。

红格旅游新村（攀枝花市旅游局提供）

盐边县矿产资源丰富，已探明40多个矿种。钒钛磁铁矿探明储量约45亿吨，居全国首位，占攀西地区的38%；煤、铬、镍、铜、锰、铅、锌等矿都具较好的开发潜力。水资源高度富集，20千米以上河流12条。全县天然水资源总量20.60亿立方米。小水电站35座，装机容量10万千瓦，年发电量3.80亿千瓦时。二滩水电站位于本县。林业资源丰富多样，全县活林木蓄积量1470万立方米，森林覆盖率68.4%，居全市之首。气候资源独特，境内最高海拔4200米，最低海拔970米。地处南亚热带干热河谷气候区，日照充足，热量丰富，年均日照时数2554.7小时，年均气温19.2℃，年均降雨量1100毫米。

盐边县历史悠久，新石器时期就有人类活动，汉武帝元鼎六年（前111年）置大笮县，古老的“笮人”就在这片土地上繁衍生息，开启了三源河、雅砻江流域人类文明史。民国2年（1913年），正式设盐边县。盐边县是古南丝绸之路的主通道，傈僳族的祖居地。盐边大地，神奇美丽，笮山若水，风光旖旎，大笮文化源远流长。

2013年，县域生产总值103.86亿元，同比增长8.5%。地方财政收入7.5亿元，全社会固定资产投资75.77亿元，城镇居民可支配收入21897元，农民人均纯收入9028元。

格萨拉秋色（盐边县史志办提供）

望江街社区

社区“七一”文艺汇演　　（望江街社区提供）

社区党代表流动工作站为居民解疑答惑
（望江街社区提供）

社区与攀枝花市中西医结合医院携手开展“便民义
（望江街社区

社区与攀枝花市第四小学校共同开展“参与四零行动”签名活动（望江街社区提供）

望江街社区地处东区炳草岗街道的北端，有一条风景如画的滨江大道，像一条如梦如幻的彩虹，把面积达0.9平方千米的望江街社区装点的更加婀娜多姿。望江街社区拥有153栋居民楼房，6000多户居民，1.9万人的常住人口，30多家机关、单位、企业和200多家个体商铺。

望江街社区于2001年诞生，其党组织也在2007年由党总支升格为党委。在科学发展观的指引和中共十八大精神照耀下，望江街社区迈出了铿锵有力的发展步伐。基层党组织建设不断加强。在两级党组织的深入开展和区域大党委作用的充分发挥下，成为推进社区发展的坚强堡垒，党委被东区表彰为“先进基层党组织”。改制企业人员融入社区。以实施归属工程为抓手，加大改善居住环境和生活条件的力度，移交到社区的1585名改制企业人员与其他居民和谐相处，开心生活，充分享受社区家园的温暖，被市电视互动委员会授予“和谐社区”称号。环境整治成绩斐然。将环境综合治理与实施“五创联动”相结合，绿化、美化、亮化、净化迈出了新的步伐，被市里授予“绿色社区”、东区授予创建国家卫生城市“先进社区”。社区自治扎实推进。以党支部带网格、党小组带楼栋、党代表带单元的“三带”为纽带，辖区居民为骨干，开通了“事在格内办、难在格内解”的直通车。同时将网格内的服务与便民站的服务相结合，以亲和、热情、文明、高效为理念，做好窗口内的服务工作，推进了社区自治和服务工作上水平，被市政府授予“政务服务示范窗口”。办好实事成为传统性工作。以居民关心、忧虑、盼望的事项为内容，发动各党支部和广大党员积极参与办实事，仅近三年就由社区牵头为居民办实事27件，让居民得到了实惠，也促进了社区工作作风的优化。被东区授予尊重党员主体地位试点工作“先进集体”。2014年社区在开展党的群众路线教育实践活动中，社区积极探索“支部+网格+吴良成服务群众工作法”的城市区域化党建工作新模式，在阳光大梯道下端的两处玻璃房设置“爱谱连锁党代表工作室”和“望江街社区吴良成服务工作站”，弥补了现社区便民服务站的弊端，努力提升了为居民服务的质量和效率。

望江街社区以“用心服务建家园、凝心聚力促和谐”为主旨，正在为实现“青少年立志成才、待业人员充分就业、困难群体生活无忧、老年居民健康长寿”的小康梦而辛勤耕耘。

社区青少年开展“假期快乐在社区活动”（望江街社区提供）

中国苴却砚图志

苴却砚是攀枝花融汇贯通的中华传统文化与本土地方文化相结合的珍贵地域文化资源，在荣膺“中国苴却砚之乡”和“中国苴却砚”成为国家地理标志保护产品后，攀枝花市委、市政府加快了对这一稀缺的自然、文化资源的有序开发，制定并完善苴却砚文化产业的发展规划，为苴却砚文化产业的可持续性发展奠定了强有力的支撑和保障基础。

按照攀枝花市第九次党代会提出的“打造文化精品，丰富城市文化内涵，不断提升城市文化软实力”和《市政府工作报告》中关于全力打造苴却砚文化等地方文化品牌的目标要求，为进一步发掘和整理地方特色文化资源，宣传推广攀枝花苴却石文化，提升地方特色文化软实力和阳光花城的影响力发挥积极作用。市地方志办与市苴却砚协会共同启动了《中国苴却砚图志》的编纂工作。《中国苴却砚图志》将以图释义，全面展示苴却石及苴却砚的资源分布、优质的石品、花纹鉴赏，精湛的雕刻艺术，蓬勃的产业发展，为传播中华传统砚文化留存了浓墨重彩的一笔。同时《中国苴却砚图志》具有较高的学术价值和实用价值，必将为希望了解、研究和收藏苴却砚石的朋友所喜爱。翻开《中国苴却砚图志》，读者们看到的不仅是历久弥新的中华传统砚文化的继承发展，更重要的是看到了秉承攀枝花精神的一代代苴却砚砚雕艺术家的求索之路、创新之举，以及打造“中国苴却砚之乡”品牌和幸福攀枝花建设的奋进篇章。

（攀枝花市地方志办公室提供）

《攀枝花年鉴（2014）》编纂委员会

《攀枝花年鉴（2014）》编辑部

编辑说明

一、《攀枝花年鉴》是根据中共攀枝花市委、市人民政府决定，由攀枝花市人民政府主管、主办，攀枝花市地方志办公室编纂，全面反映攀枝花市政治、经济、文化和社会发展情况的地方综合性年鉴。《攀枝花年鉴》每年编辑出版 1 卷，已连续编辑公开出版 23 卷。

二、《攀枝花年鉴》是一部资料、知识、信息高度密集的大型综合性资料工具书，为认识攀枝花、研究攀枝花、建设振兴攀枝花提供翔实资料；为科学决策、指导工作提供可靠依据和最新信息：为教学和思想教育提供现实资料和乡土教材；为“让攀枝花走向世界，让世界了解攀枝花”提供窗口：也为攀枝花市留下可供借鉴的宝贵历史财富。

三、《攀枝花年鉴（2014）》系记述攀枝花市 2013 年度资料，内容以条目形式表述。从稳定性和连续性出发，全书设特载、大事记、概貌、党政群团、军事、政法、经济管理、工业、农业、交通、信息产业、口岸、开发区建设、林业·环保、城乡规划建设·城市管理、商贸、金融、财政·税务、科学、文化、教育、体育·卫生、社会、附录、索引共 25 个部类。内文配以统计表格和图片，力求图文并茂，增强可读性。附录中选载有重要文件目录、统计资料等，增加了二次文献分量，以供使用者查询。

四、《攀枝花年鉴（2014）》所用资料、图片，均由有关单位撰写、提供，并经有关领导审核、单位盖章。有关全年主要经济指标数据经市统计局审核。个别部门数据由于统计口径不同而表述不尽相同的，以市统计局年报数为准。全书文稿经市保密局、市统计局审查。全书编纂结束后，送编委会终审定稿，由方志出版社出版，国内外公开发行。

五、《攀枝花年鉴（2014）》类目、分目、副分目标题，分别用魏体、隶书、楷体区别，条目标题均用黑体字加“【 】”符号，一次文献和二次文献采用不同字体以示区别。

六、《攀枝花年鉴（2014）》在编辑出版过程中，得到各县（区）、市级各部门、中央和省驻攀单位、其他各有关单位及全体撰稿人员的积极支持和通力合作，在此一并致谢。并请所有关心和支持《攀枝花年鉴》编辑出版的各界人士给予批评、指正。

《攀枝花年鉴》编辑部

2014 年 6 月

《攀枝花年鉴（2014）》编撰单位责任人、主撰人

（排名不分先后）

单 位	责任人	主撰人
中共攀枝花市委办公室、攀枝花市委研究室	夏应云	曾学军 但镗宏 张 彬 游 鸿 刘 飞 范长广
攀枝花市人大常委会办公室	钟国元	王 熙
攀枝花市人民政府办公室	徐明义	陈 丽 郭成峰
政协攀枝花市委员会办公室	刘 岚	舒晓艳
中共攀枝花市纪律检查委员会、攀枝花市监察局	王汉军	林 莉
中共攀枝花市委组织部	申 剑	刘成龙
中共攀枝花市委宣传部	孔 炜	雍茹元
攀枝花市委市政府目标督查办公室	李 海	罗 敏
中共攀枝花市委对台办	代兴强	王 铎
中共攀枝花市委统战部	陈 忆	郭 建
攀枝花市精神文明建设办公室	赖小红	刘嘉华
中共攀枝花市委党校	李国庆	周 玮
中共攀枝花市直机关工委	程桂兰	李 楠
攀枝花市国家保密局	唐明怡	丁 利
中共攀枝花市委机构编制委员会办公室	陈建新	陈绍伟
中共攀枝花市委群众工作局攀枝花市人民政府信访局	蒋光忠	廖东明
攀枝花市人力资源和社会保障局	刘忠杰	肖礼荣
攀枝花市人民政府外事办公室	高 翔	曾 媛
攀枝花市人民政府侨务办公室	陈君仁	张穗蓉
攀枝花市机关事务管理局	毛 明	陈其祥
攀枝花市扶贫和移民工作局	吕小平	张细平
攀枝花市安全生产监督管理局	谭兴忠	肖皇尧
攀枝花市旅游局	李福惠	张志明
攀枝花市人民政府政务服务中心	杨秋林	高泽林
攀枝花市住房公积金管理中心	李向前	张治文
攀枝花市投资促进局	侯大同	陈斌良
民革攀枝花市委	陈 洪	曹文飞
民盟攀枝花市委	胡志林	蒋冰韬

民进攀枝花市委	朱发彬	谢昌霖
中国农工民主党攀枝花市委	许　勤	王沛然
中国致公党攀枝花市委	邓永玲	马　萍
九三学社攀枝花市委	吴　雨	郭绍珊
民主建国会攀枝花支部	李绍华	于立光
攀枝花市工商业联合会	刘宝林	刘　波
攀枝花市总工会	张开锋	张　磊
共青团攀枝花市委	卢　瑜	何晓燕
攀枝花市妇联	刘道泸	徐云芳
攀枝花市东区人民政府	杨礼文	张忠庆　鄢　平
攀枝花市西区人民政府	龙　勇	杨　岷　胡茂林
攀枝花市仁和区人民政府	陶朝华	马尚平
盐边县人民政府	蔡　君	刘贵云　冯子国
米易县人民政府	张光明	周在元　周朝海　吴兴刚　王小岚
攀枝花军分区	张　青	李　进
武警攀枝花市支队	陈勇军	孙玉壶
攀枝花市人民防空办公室	卢开南	杨子仪
攀枝花市公安消防支队	杜　玥	王　姣
武警攀枝花市森林支队	张正文　李昌德	孟存业
中共攀枝花市委政法委	周元明	敬　波
攀枝花市公安局	殷旭东	姜　鑫
攀枝花市人民检察院	卢旭东	王　凯
攀枝花市中级人民法院	祝　鸿	郑天君
攀枝花市司法局	陈志峰	唐位伟
攀枝花市政府法制办公室	文　静	何　鹏
攀枝花市科学技术和知识产权局	丁建高	胡　荣
攀枝花市科学技术协会	林智深	潘学才
攀枝花市防震减灾局	杜勇进	王　斌
攀枝花市气象局	肖仲民	陶洪福　杜成勋
攀枝花市农林科学研究院	张洪祥	刘家伶
攀枝花市社科联	杜　非	谢仲华
攀枝花市地方志办公室	李冠华	龚思宇
攀枝花市党史研究室	起光勇	何岱俐
攀枝花市文化广播影视新闻出版局	杨　军	杨　忠
攀枝花市文联	李　平	杨　解
攀枝花日报社	张　春	王　可
攀枝花市教育局	董之云	兰　洋　李红梅
攀枝花学院	朱波强	莫家莉

四川机电职业技术学院	许志军	周官强
攀枝花市体育局	刘　跃	彭小平
攀枝花市卫生局	徐　翠	田维新
攀枝花市档案局	杨星坪	汤丽君
攀枝花市人口和计划生育委员会	贺云明	何双江
攀枝花市民政局	钱　卫	李泽民
攀枝花市残疾人联合会	李维忠	黄金秀
攀枝花市民族宗教事务委员会	罗文跃	马　灏
攀枝花市老龄工作委员会办公室	唐国建	马文祥
攀枝花市五创联动工作领导小组办公室	刘　松	李程林
中国农业银行股份有限公司攀枝花分行	方　蔚	杨丽梅
中国邮政储蓄银行攀枝花分行	李　华	李　剑
交通银行股份有限公司攀枝花分行	刘建龙	刘昆山
攀枝花市财政局	刘元海	夏　琼
华西证券有限责任公司攀枝花新华街营业部	冯于顺	赵　鑫
中国工商银行股份有限公司攀枝花分行	余　平	李　广
中国银行业监督管理委员会攀枝花监管分局	林鹏程	唐　云
天安保险股份有限公司攀枝花中心支公司	李静萍	杨钧凯
阳光财产保险股份有限公司攀枝花中心支公司	黄仕平	欧函仪
华安财产保险股份有限责任公司攀枝花中心支公司	王以刚	曾　平
中国建设银行股份有限公司攀枝花分行	杨克伦	杨　欢
中国农业发展银行攀枝花市分行	王　锋	何　雯
攀枝花农村商业银行股份有限公司	刘德顺	夏浚淞
攀枝花市国家税务局	陈力功	刘定杰
攀枝花市地方税务局	陈远俊	何明岚
中国人民银行攀枝花市中心支行	李　勇	荣　巍
中国人民财产保险股份有限公司攀枝花市分公司	郑旭瀚	陈　宏　李　艳
攀枝花市商业银行	杨宗林	李靓婧
中国平安财产保险股份有限公司攀枝花中心支公司	唐　华	李雪兰
中国平安人寿保险股份有限公司攀枝花中心支公司	赵旭东	龙　英
中国人寿保险股份有限公司攀枝花市分公司	薛　飞	马艺瑕
中国太平洋财产保险股份有限公司攀枝花中心支公司	刘晓阳	郑翔宇
中国太平洋人寿保险股份有限公司攀枝花中心支公司	李伦刚	谭晓雯
中国银行股份有限公司攀枝花分行	罗万云	胡长生
中华联合财产保险股份有限公司攀枝花中心支公司	杨　东	皮宗兴
攀枝花市发展和改革委员会	覃发树	杨　文
攀枝花市经济和信息化委员会	熊启高	郭英卓
攀枝花市国有资产投资经营有限责任公司	贺云海	张小勇
攀枝花市城市建设投资经营有限公司	曾光富	蔡　茵　李建莉

攀枝花市交通投资开发有限公司	蒋培胜	周　勇　黄冯莉
攀枝花市政府国有资产监督管理委员会	陈绍泉	任文辉　杨　惠
攀枝花市统计局	柳建红	肖文才
攀枝花市审计局	张　雷	蔡　华
四川省攀枝花市工商行政管理局	姜文彬	杨承刚
四川省攀枝花质量技术监督局	陈　力	李　建
攀枝花市国土资源局	陈忠恕	唐　锐
攀枝花市食品药品监督管理局	何昌文	蒋劲松
攀钢集团有限公司	姚蜀俊	黄长银
中国十九冶集团有限公司	田　野	蒋雨杉
攀枝花煤业（集团）有限责任公司	袁渊泉	唐和平　王　宁
四川省电力公司攀枝花电业局	林双庆	鲁丽玲　赖小红
华电四川发电有限公司攀枝花分公司	贺熹坤	刘爱军
二滩水力发电厂	张树忠	吉　霞
攀枝花钢城集团有限公司	王明伟	莫基秀
攀枝花市农牧局	李春华	青致刚
攀枝花市农业综合开发	鲁　川	杨　东　雷　林
攀枝花市水务局	马泽林	张　鹏
攀枝花市交通运输局	雷　雨	胡　芳
攀枝花市保安营机场	李亚林	罗　莉
西昌车务段	郑泽培	李小莉
攀枝花市邮政局	杨　军	寇建梅
电信攀枝花分公司	丁　文	唐秀兰
移动攀枝花分公司	彭加文	肖　军
联通攀枝花分公司	刘　华	周　舟
攀枝花市电子政务管理中心	李少昆	余自彬
攀枝花海关	陶　毅	刘代英
攀枝花检验检疫局	李明春	刘梦周　王春香
攀枝花钒钛高新技术产业园区	赵　中	余　斌
攀枝花花城新区	唐成斌	李春桃
攀枝花市林业局	凌永航	樊　建
攀枝花市环保局	刘华太	严健生
攀枝花住房和城乡规划建设局	刘志军	黄　杰　梁明俊
攀枝花市城管局	赵　琪	姜雪娇
攀枝花市商务和粮食局	战立君	杨金红
攀枝花市供销社	袁　斌	叶宗翠
中国石油攀枝花分公司	王　梅	李泽民　周贵云
攀枝花烟草专卖局（公司）	郭明全	刘思源
攀枝花市盐业分公司	邱　兴	杨世堂

目 录

特 载

在全市党的群众路线教育实践活动
动员大会上的讲话……（1）
政府工作报告……（4）

大 事 记

1月……（11）
2月……（12）
3月……（12）
4月……（13）
5月……（13）
6月……（14）
7月……（14）
8月……（16）
9月……（17）
10月……（18）
11月……（19）
12月……（21）

要事纪略

五创联动……（23）
概 况……（23）
宣传督查……（23）
国家环保模范城市创建工作进展……（23）
国家森林城市创建工作进展……（23）
国家园林城市创建工作进展……（24）
中国阳光康养旅游城市创建工作进展……（24）
全国文明城市创建工作进展……（24）

概 貌

自然概貌……（25）
地理位置……（25）
建置人口……（25）
地形河流……（25）
气 候……（25）
国土资源……（25）
水能资源……（25）
矿产资源……（26）
生物资源……（26）
国民经济和社会发展概貌……（26）
经济综述……（26）
农 业……（26）
工 业……（26）
建筑业……（27）
固定资产投资……（27）
房地产业……（27）
国内贸易……（27）
旅 游……（27）
对外经济……（27）
交 通……（27）
通信、邮电……（27）
财政、税收……（27）
金融、保险……（27）
教 育……（27）
科 技……（28）
文 化……（28）
卫 生……（28）
体 育……（28）
生态建设……（28）
环境保护……（28）
收入及消费……（28）
物价水平……（28）
居住条件……（28）
社会保障……（28）
县（区）概貌……（29）
东 区……（29）
建置人口……（29）
经济发展状况……（29）
工业经济……（29）
农业和农村经济……（30）

第三产业……（30）
招商引资……（30）
科　技……（30）
教　育……（30）
文　化……（30）
体　育……（31）
卫　生……（31）
民生工程……（31）
项目建设……（31）
“五创联动”……（31）
城市建设……（31）
城市管理……（32）
街道、镇发展状况……（32）

西　区……（32）
建置人口……（32）
经济发展状况……（32）
工业经济……（33）
新农村建设……（33）
第三产业……（33）
招商引资……（33）
城市建设……（34）
交通建设……（34）
环境整治……（34）
科　学……（34）
教　育……（35）
文　化……（35）
体　育……（35）
卫　生……（36）
民生工程……（36）
金沙江西区段沿江景观概念性规划初步设计方案评选……（36）
《攀西工业贸易集中区物流中心规划》通过评审……（36）
签署合作框架协议……（37）
新农村综合体和新村聚集点建设规划编制……（37）
巴关河大桥维修加固完工通车……（37）
西博会签约……（37）
席草坪片区环境综合整治及产业升级改造……（37）
电煤应急战略储备基地建设……（37）
木质纤维素项目进入试生产……（37）
格福路改造……（37）
紫茎泽兰综合利用项目一期工程竣工……（38）
行政处罚案件公开……（38）
重点税源调查……（38）
街道、镇发展状况……（38）

仁和区……（38）
建置人口……（38）
经济发展状况……（39）
工业经济……（39）
农业经济……（39）
第三产业……（39）
城乡建设……（40）
生态环境建设……（40）
重点项目建设……（40）
旅游新村建设……（40）
交通建设……（40）
教　育……（41）
科　技……（41）
文化体育……（41）
医疗卫生……（41）
社会保障……（41）
街道、乡镇发展状况……（41）

盐边县……（42）
建置人口……（42）
经济发展状况……（42）
农业经济……（43）
工业经济……（43）
招商引资……（43）
科　技……（44）
教　育……（44）
文　化……（44）
体　育……（44）
卫　生……（44）
民生工程……（45）
2013·中国攀枝花格萨拉索玛花节暨攀枝花欢乐阳光节开幕式……（45）
二滩至格萨拉全国山地徒步大会……（45）
廉政建设……（45）
乡镇概况……（45）

米易县……（47）
建置人口……（47）
经济发展状况……（47）
工业经济……（47）
农业和农村经济……（47）
旅游服务业……（48）
重点项目建设……（48）
招商引资……（48）
科　技……（48）
教　育……（49）
文　化……（49）
体　育……（49）
卫　生……（49）

救灾救济 …… (49)
民生工程 …… (50)
城镇建管 …… (50)
新村建设 …… (50)
国土资源管理 …… (51)
生态环境建设 …… (51)
现代烟叶生产 …… (51)
社会管理 …… (51)
民区经济 …… (51)
主题教育活动 …… (52)
乡镇经济 …… (52)

党政群团

中共攀枝花市委 …… (53)
综　述 …… (53)
国民经济发展 …… (53)
工业经济 …… (53)
农业农村经济 …… (53)
现代服务业 …… (53)
地方经济和民营经济 …… (53)
项目建设 …… (54)
招商引资 …… (54)
城市建设 …… (54)
对内改革和对外开放 …… (54)
民生工程 …… (54)
社会事业 …… (54)
社会稳定 …… (54)
民主法治建设 …… (55)
党建工作 …… (55)

重要会议 …… (55)
市委九届四次全体（扩大）会议暨市委经济工作会议 …… (55)
全市“实现伟大中国梦、建设美丽繁荣和谐四川”主题教育活动动员大会 …… (56)
市委九届五次全体（扩大）会议 …… (56)
全市“实现伟大中国梦、建设美丽繁荣和谐四川”暨“思想大解放，作风大转变，工作大落实”主题教育活动总结表彰大会 …… (57)
市委九届六次全体（扩大）会议暨市委经济工作会议 …… (57)

重要决策 …… (58)
加快农村扶贫开发 …… (58)
实施多点多极支撑发展战略 …… (58)
在全省率先全面建成小康社会 …… (58)
实施创新驱动发展战略 …… (59)
扩大和深化对外开放合作 …… (59)
加快产业园区发展 …… (60)
加快推进小城镇建设 …… (60)

制度建设 …… (60)
进一步改进工作作风、提高工作效能的规定 …… (60)
建立市领导联系指导县（区）和基层工作制度 … (61)
深化户籍制度改革 …… (61)
制定重大项目规划（2013—2017 年） …… (61)
出台目标绩效管理办法 …… (61)

政策研究 …… (61)
深化“两化”互动、统筹城乡发展的研究 …… (61)
加强反腐倡廉建设、永葆党的先进性和纯洁性的研究 …… (62)
边远民族地区奔小康的探索 …… (62)
攀枝花市农村义务教育情况调查研究 …… (62)

纪律检查与行政监察 …… (62)
概　况 …… (62)
市纪委九届三次全会 …… (63)
省委领导到攀调研 …… (63)
巡视组反馈意见整改落实情况汇报会 …… (63)
警示教育大会 …… (64)
“中国梦”主题教育活动专题报告会 …… (64)
新提拔县级领导干部集体廉政谈话 …… (64)
全市纪检监察系统“三项建设”主题活动总结会 …… (64)
重大决策部署落实情况监督检查 …… (65)
强化正风肃纪 …… (65)
全面落实党风廉政建设责任制 …… (65)
着力优化发展软环境 …… (65)
违纪违法案件查处 …… (66)
专项治理 …… (66)
深化源头治理 …… (66)
领导干部廉洁自律 …… (66)
干部队伍建设 …… (67)

组织工作 …… (67)
概　况 …… (67)
“中国梦”主题教育活动 …… (68)
“思想大解放、作风大转变、工作大落实”主题教育活动 …… (68)
年轻干部培养选拔 …… (68)
村（社区）党组织换届 …… (68)
干部人事制度改革 …… (69)
干部管理监督 …… (69)
党的基层组织建设 …… (69)

人才工作 …… (70)
老干部工作 …… (70)
援藏工作 …… (71)
自身建设 …… (71)

宣传工作 …… (71)
概　况 …… (71)
理论武装 …… (71)
舆论宣传 …… (72)
文化建设 …… (72)
培育和践行社会主义核心价值观 …… (72)
对外宣传 …… (73)
互联网宣传管理及舆情信息 …… (73)
宣传干部队伍建设 …… (73)
“实现伟大中国梦、建设美丽幸福攀枝花”主题教育活动宣传报道 …… (73)
“资源型城市可持续发展——打造中国经济升级版”高层研讨会 …… (74)
城市形象宣传“六个一”工程 …… (74)
《攀枝花手机报》开办 …… (74)

精神文明建设 …… (74)
文明城市创建 …… (74)
第三届四川省文明城市迎检 …… (75)
农村精神文明建设 …… (75)
文明细胞建设 …… (75)
讲文明、树新风活动 …… (76)
道德楷模选树宣传活动 …… (76)
公民道德建设专项行动 …… (76)
志愿服务体制建设 …… (76)
志愿服务活动 …… (76)
未成年人思想道德建设 …… (77)

目标督查 …… (77)
目标管理 …… (77)
督查督办 …… (78)
民生工程 …… (78)
办理人大代表建议和政协提案 …… (78)

统战工作 …… (78)
概　况 …… (78)
多党合作 …… (78)
政治引导 …… (79)
拜访各民主党派上级组织 …… (79)
助推发展 …… (79)
建言献策 …… (80)
服务民生 …… (80)
服务社会管理 …… (80)
民族宗教工作 …… (80)
党外代表人士队伍建设 …… (80)
民主党派代表人士综合评价试点工作 …… (80)
自身建设 …… (81)

对台工作 …… (81)
贯彻中央对台方针政策 …… (81)
对台经济 …… (81)
对台交流 …… (81)
对台宣传和涉台教育 …… (82)
台胞台属工作 …… (82)
台胞捐赠 …… (82)
队伍建设 …… (82)

保密工作 …… (82)
增设总工程师领导职务 …… (82)
目标管理 …… (82)
保密管理统计 …… (82)
政府信息公开保密审查专项检查 …… (82)
保密普查 …… (83)
制定“六五”保密法制宣传教育规划2013年年度规划 …… (83)
保密宣传教育 …… (83)
保密干部师资力量培训 …… (83)
保密全员培训 …… (83)
计算机信息系统分级保护 …… (83)
推进全市党政机关互联网集中统一接入建设 …… (83)
保密业务综合管理平台建设 …… (83)
全市涉密计算机户籍管理与违规外联监控平台建设 …… (84)
涉密计算机维修定点单位复查 …… (84)
国家统一考试保密管理 …… (84)
涉密文件清退督查和保密审查 …… (84)

市直机关工委 …… (84)
思想建设 …… (84)
组织建设 …… (84)
制度建设 …… (85)
作风建设 …… (85)
廉政建设 …… (85)
统战、工会、共青团、妇女工作 …… (85)
“领导挂点、部门包村、干部帮户”活动 …… (86)

党校工作 …… (86)
概　况 …… (86)
干部培训 …… (86)
继续教育教学管理和招生 …… (87)
科研工作 …… (87)

宣讲工作 …… (87)
图书馆、信息化建设 …… (88)

机构编制管理 …… (88)
概　况 …… (88)
行政机构编制管理 …… (88)
事业机构编制管理 …… (88)
事业单位分类改革 …… (88)
实名制管理与督查 …… (88)
事业单位登记管理 …… (88)

攀枝花市人大常委会 …… (88)
市九届人民代表大会会议 …… (88)
市九届人大常委会议 …… (88)
市九届人大常委会主任会议 …… (89)
调查　考察 …… (90)
办理代表批评、建议和意见 …… (97)
人事任免 …… (97)

攀枝花市人民政府 …… (98)
综　述 …… (98)
国民经济 …… (98)
城乡建设 …… (98)
社会事业 …… (98)
人民生活 …… (98)

重要举措 …… (99)
大力实施投资拉动 …… (99)
稳步发展工业经济 …… (99)
加速壮大第三产业 …… (99)
加快发展现代农业 …… (99)
着力保障和改善民生 …… (99)
切实加强环境保护 …… (100)
不断增强发展活力 …… (100)
协调发展社会事业 …… (100)

重要会议 …… (100)
攀枝花市与省级银行机构银政企对接会 …… (100)
全市经济工作会议 …… (100)
全市创建国家森林城市、国家园林城市和全国文明城市攻坚大会 …… (101)
全市科学技术奖励大会 …… (101)
全市工业经济形势分析暨先进表彰工作会 …… (101)
全市创建中国阳光康养旅游城市暨旅游新村建设攻坚大会 …… (101)
攀西国家级战略资源创新开发试验区建设工作会在攀召开 …… (101)
全省百镇建设暨重点旅游项目推进现场会在攀召开 …… (101)

重要事件 …… (102)
攀枝花全域纳入攀西战略资源创新开发试验区 · (102)
三线建设博物馆开工建设 …… (102)
攀枝花市纳入全国老工业基地调整改造规划 …… (102)
攀枝花至大理（过境）高速公路合作意向协议签订 …… (102)
攀枝花机场复航 …… (102)
攀枝花市成为全省首批现代物流示范市 …… (102)
攀枝花携手中国电信打造四川首个“全光网城市” …… (103)
攀钢钒钛资源综合利用实验室升级为国家重点实验室 …… (103)
“攀枝花钒钛资源综合利用院士行暨 2013 · 攀枝花钒钛（国际）论坛”活动 …… (103)

表彰奖励 …… (103)

政务工作 …… (104)
办理人大代表建议和政协提案 …… (104)
政务公开 …… (104)
政务信息 …… (104)
政务调研 …… (104)
紧急救援与应急保障 …… (104)

信　访 …… (105)
概　况 …… (105)
信访目标管理 …… (105)
矛盾纠纷排查化解 …… (106)
联合调处 …… (106)
领导包案化解信访积案 …… (106)
领导接访下访和联合接访 …… (106)
“12345”市民热线 …… (107)
重大敏感时期的信访维稳 …… (107)
信访事项复查复核 …… (107)
全国信访信息系统推广应用 …… (107)

人力资源综合管理 …… (108)
概　况 …… (108)
就业工作 …… (108)
创业带动就业 …… (109)
职业能力建设 …… (109)
公共服务体系建设 …… (109)
高校毕业生就业创业 …… (110)
藏区“9+3”学生就业安置 …… (110)
农民工工作 …… (110)

居民增收规划 …………（110）
公务员管理 …………（111）
事业单位人事管理 …………（111）
专业技术人员管理 …………（111）
人才工作 …………（112）
人力资源市场监督管理 …………（113）
人才服务 …………（113）
人事考试 …………（113）
工资福利 …………（114）
军转干部安置解困维稳 …………（114）
依法行政 …………（114）
和谐劳动关系 …………（114）
劳务派遣行政许可 …………（115）
劳动保障监察 …………（115）
劳动人事争议仲裁 …………（115）
人力资源和社会保障信息工作 …………（115）
攀枝花市民卡首发 …………（115）
信访、维稳、综治、行政“大调解” …………（116）

外　事 …………（116）
因公出国（境） …………（116）
外宾来访接待 …………（116）

侨　务 …………（116）
概　况 …………（116）
侨务捐赠 …………（117）
侨益维护 …………（117）
侨务招商引资、引智 …………（117）
侨务联谊 …………（117）
参政议政 …………（118）
侨务宣传 …………（118）

机关事务管理 …………（118）
概　况 …………（118）
房地产管理 …………（118）
公务车辆管理 …………（119）
公共机构节能管理 …………（119）
政府采购 …………（120）

扶贫与移民 …………（121）
概　况 …………（121）
在建水利水电工程移民 …………（121）
移民后期扶持 …………（121）
煤炭采空沉陷区居民搬迁安置 …………（122）
扶贫工作 …………（122）
信访维稳 …………（123）
扶贫移民资金管理 …………（123）

安全生产监督管理 …………（123）
概　况 …………（123）
安委会工作 …………（124）
安全教育培训 …………（124）
安全监管监察执法 …………（124）
纪检监察 …………（124）
“12350”举报投诉电话 …………（125）
安全生产宣传 …………（125）
依法行政 …………（125）
安全文化建设 …………（125）
安全生产月活动 …………（125）
安全生产行政审批 …………（126）
煤矿安全监督管理 …………（126）
职业健康监督管理 …………（126）
非煤矿山安全监督管理 …………（126）
危险化学品安全监督管理 …………（126）
烟花爆竹安全监督管理 …………（127）
民用爆炸物品安全监督管理 …………（127）
冶金安全监督管理 …………（127）
园区安全监督管理 …………（127）
工贸企业安全生产标准化建设 …………（128）
安全生产监测监控 …………（128）

旅　游 …………（128）
概　况 …………（128）
全市旅游工作会 …………（128）
编制规划 …………（129）
招商引资 …………（129）
项目建设 …………（129）
宣传营销 …………（129）
行业管理 …………（129）
争取政策支持 …………（129）

政务服务 …………（130）
概　况 …………（130）
深入行政审批服务改革 …………（130）
推进窗口服务标准化体系建设 …………（130）
并联审批服务 …………（131）
深化政务公开 …………（131）
规范公共资源交易平台 …………（131）
强化中心效能监督 …………（131）

住房公积金管理 …………（132）
概　况 …………（132）
住房公积金缴存管理 …………（132）
住房公积金使用管理 …………（132）
住房公积金运营效益及收益分配 …………（132）
利用住房公积金贷款支持保障性住房建设 …………（132）

资金管理及安全 …… (133)
个人贷款管理模式改革 …… (133)
住房公积金管委会会议 …… (133)
便民措施 …… (133)

招商引资 …… (134)
概 况 …… (134)
攀枝花市参加全省投资促进“三大”活动 …… (134)
攀枝花市参加世界华商大会 …… (134)
攀枝花市第十四届西博会签约项目突破千亿元 …… (135)
驻点招商成效 …… (135)
首次实行协会招商 …… (135)
攀钢集团研究院与日本银河株式会社签订钒电池电解液项目合作基本合意备忘书 …… (135)
中国重汽西南地区矿用车生产基地落户攀枝花市 …… (135)
攀枝花与四川科锐得实业集团签订100兆瓦屋顶光伏开发合作协议 …… (135)

政协攀枝花市委员会 …… (135)
政协第八届攀枝花市委员会第二次会议 …… (135)
主席会议 …… (136)
常委会议 …… (136)
提案工作 …… (137)
领导考察 …… (137)
专题调查 …… (138)
学习会和培训会 …… (138)
经济形势报告会 …… (138)
联席会议 …… (139)
协商座谈会 …… (139)
委员无题座谈会 …… (139)
宣传工作 …… (140)
文史工作 …… (140)
上下联动活动 …… (140)
助推试验区建设 …… (140)
“急难险重”任务 …… (140)

民主党派·工商联 …… (141)
中国国民党革命委员会攀枝花市委员会 …… (141)
组织状况 …… (141)
主要工作 …… (141)

中国民主同盟攀枝花市委员会 …… (142)
组织状况 …… (142)
主要工作 …… (142)

中国民主建国会 攀枝花市基层委员会 …… (143)
组织状况 …… (143)
主要工作 …… (144)

中国民主促进会攀枝花市委员会 …… (145)
组织状况 …… (145)
主要工作 …… (145)

农工民主党攀枝花市委员会 …… (147)
组织状况 …… (147)
主要工作 …… (147)

中国致公党攀枝花委员会 …… (148)
组织状况 …… (148)
主要工作 …… (149)

九三学社攀枝花市委员会 …… (149)
组织状况 …… (149)
主要工作 …… (150)

攀枝花市工商业联合会 …… (150)
概 况 …… (150)
服务非公有制经济有制经济发展 …… (151)
引导非公有制经济有制经济人士健康成长 …… (151)
营造非公有制经济有制经济发展氛围 …… (151)
参政议政 …… (151)
组织建设 …… (152)

群众团体 …… (152)
攀枝花市总工会 …… (152)
概 况 …… (152)
建功立业促发展行动 …… (152)
“蓝领人才”培养工程 …… (152)
职工经济技术创新工程 …… (152)
维权与维稳 …… (153)
困难帮扶体系建设工程 …… (153)
“送温暖”活动 …… (153)
“寒窗助学”行动 …… (153)
就业创业促进活动 …… (153)
职工生命健康关爱行动 …… (153)
工资集体协商工作 …… (153)
厂务公开民主管理 …… (153)
“双基”夯实行动 …… (154)
劳模评选与关爱行动 …… (154)
企业和职工文化建设工程 …… (154)
中共攀枝花市工会第九次代表大会 …… (154)
工会自身建设 …… (154)

共青团攀枝花市委 …… (154)
组织状况 …… (154)

青少年思想道德建设 …… (154)
围绕中心促发展 …… (155)
整合资源促成长 …… (155)
青少年权益保护 …… (156)
团组织的自身建设 …… (156)
关心下一代工作 …… (156)

妇联工作 …… (157)
概　况 …… (157)
妇联组织建设 …… (157)
“巾帼建功”活动 …… (158)
“两纲”实施 …… (158)
妇女儿童维权 …… (159)
家庭建设 …… (159)
妇女小额担保贷款财政贴息工作 …… (159)
“幸福教练”工程 …… (160)
事实无人抚养儿童特别关爱帮扶行动 …… (160)
攀枝花市妇女第九次代表大会 …… (160)

武　　装

地方武装 …… (161)
概　况 …… (161)
思想政治建设 …… (161)
战备训练 …… (161)
党委班子建设 …… (162)
安全管理 …… (162)
基层建设 …… (162)
后勤建设 …… (163)
参建参治 …… (163)

武　警 …… (163)
思想政治教育 …… (163)
组织建设 …… (164)
干部队伍建设 …… (164)
军事训练 …… (164)
战备执勤 …… (165)
后勤建设 …… (165)
拥政爱民 …… (165)
文化宣传 …… (166)

人民防空 …… (166)
概　况 …… (166)
组织指挥 …… (166)
工程建设 …… (166)
平战结合 …… (166)
警报建设 …… (167)
疏散基地建设 …… (167)
群防组织 …… (167)
宣传教育 …… (167)

消　防 …… (168)
概　况 …… (168)
火灾及接警出动情况 …… (168)
火灾隐患整治 …… (168)
消防宣传 …… (168)
班子和队伍建设 …… (169)
后勤建设 …… (169)
党风廉政建设 …… (169)
思想政治建设 …… (170)
构建和谐警营 …… (171)
构建和谐警民关系 …… (171)
盐边县红果棚户区重大火灾隐患整改销案 …… (171)
消防安全大排查大整治 …… (171)
芦山地震救援 …… (172)
打造“钢城消防铁军” …… (172)
“6·12”氯气泄漏事故抢险 …… (172)
东区“2·14” 统一家私背后居民楼火灾 …… (173)

武警攀枝花市森林支队 …… (173)
思想政治建设 …… (173)
组织建设 …… (173)
中心工作 …… (175)
正规化建设 …… (175)
安全工作 …… (175)
后勤保障 …… (176)
按纲建队 …… (176)

政　　法

综治管理 …… (177)
维护社会稳定 …… (177)
社会管理综合治理 …… (177)
服务经济社会发展 …… (177)
领导责任制 …… (177)
基层基础工作 …… (178)
铁路护路联防 …… (178)
队伍建设 …… (178)

公　安 …… (178)
概　况 …… (178)
打击刑事犯罪 …… (178)
治安管控 …… (179)
禁毒缉毒 …… (179)

打击经济犯罪 ………………………………………… (179)
安全监管 ……………………………………………… (179)
交通管理 ……………………………………………… (180)
服务民生 ……………………………………………… (180)
绩效考核 ……………………………………………… (180)
队伍建设 ……………………………………………… (180)

检　察……………………………………………… (181)
概　况 ………………………………………………… (181)
案件集中管理 ………………………………………… (181)
刑事检察 ……………………………………………… (181)
查办和预防职务犯罪 ………………………………… (181)
诉讼监督 ……………………………………………… (181)
社会治理创新 ………………………………………… (182)
检察宣传 ……………………………………………… (182)
法律政策研究 ………………………………………… (182)
检察技术 ……………………………………………… (182)
司法警察 ……………………………………………… (182)
人民监督 ……………………………………………… (183)
规范化建设 …………………………………………… (183)
内部监督制约 ………………………………………… (183)
队伍建设 ……………………………………………… (183)

审　判……………………………………………… (183)
概　况 ………………………………………………… (183)
刑事审判 ……………………………………………… (183)
民商事审判 …………………………………………… (184)
行政审判 ……………………………………………… (184)
执行工作 ……………………………………………… (184)
能动司法 ……………………………………………… (184)
司法为民 ……………………………………………… (184)
审判质效 ……………………………………………… (185)
队伍建设 ……………………………………………… (185)
司法公开 ……………………………………………… (185)
基层基础建设 ………………………………………… (186)

司法行政…………………………………………… (186)
概　况 ………………………………………………… (186)
劳教及强制隔离戒毒 ………………………………… (186)
家长学校 ……………………………………………… (186)
疾病防治 ……………………………………………… (187)
人民调解 ……………………………………………… (187)
司法所建设 …………………………………………… (187)
安置帮教 ……………………………………………… (187)
服刑在教人员未成年子女排查帮扶 ………………… (187)
社区矫正 ……………………………………………… (187)
社区矫正人员清理交接 ……………………………… (187)
律师工作 ……………………………………………… (187)
基层法律服务 ………………………………………… (187)
司法考试 ……………………………………………… (188)
公证工作 ……………………………………………… (188)
司法鉴定 ……………………………………………… (188)
法律援助 ……………………………………………… (188)
困难群众法律援助信息库试点 ……………………… (188)
“六五”普法中期督导检查 …………………………… (188)
法治基层行 …………………………………………… (188)
“12·4”全国法制宣传日 ……………………………… (188)
外来企业投诉 ………………………………………… (188)
外来企业周边专项法制宣传活动 …………………… (188)
队伍建设 ……………………………………………… (189)

政府法制…………………………………………… (189)
审查、制定市政府规范性文件 ……………………… (189)
规范性文件备案 ……………………………………… (189)
行政权力公开透明运行平台建设 …………………… (189)
行政审批制度改革 …………………………………… (189)
行政复议 ……………………………………………… (189)
行政执法证件办理 …………………………………… (190)
行政执法人员资格认证 ……………………………… (190)
行政执法人员基本信息公开 ………………………… (190)
行政处罚案卷评查及重点领域行政执法监督检查 …… (190)
重大行政处罚和重大行政强制备案 ………………… (190)
行政执法与刑事司法衔接 …………………………… (190)
修改法规、规章草案 ………………………………… (190)
行政调解 ……………………………………………… (190)
攀枝花仲裁委员会换届 ……………………………… (190)
宣传培训 ……………………………………………… (190)

经济管理

宏观经济管理……………………………………… (191)
经济目标完成情况 …………………………………… (191)
发展规划制定与实施管理 …………………………… (191)
固定资产投资 ………………………………………… (191)
农业农村工作 ………………………………………… (192)
重点交通项目 ………………………………………… (192)
重点能源项目 ………………………………………… (192)
“缅气入攀”项目 ……………………………………… (192)
电网建设 ……………………………………………… (192)
攀西国家级战略资源创新开发试验区建设 ………… (192)
老工业基地调整改造 ………………………………… (193)
清洁汽车产业 ………………………………………… (193)

产业规划编制与项目建设 ……………………………（193）
节能减排与环境资源 ……………………………（193）
医药卫生体制改革 ……………………………（193）
社会事业发展 ……………………………（193）
经济体制改革与就业收入分配 ……………………………（194）
企业债券发行监管与外资 ……………………………（194）
价格调控 ……………………………（194）
价格管理 ……………………………（194）
收费管理 ……………………………（195）
重点项目稽查与代建项目管理 ……………………………（195）
招标投标管理 ……………………………（195）
行政审批与监察 ……………………………（195）
价格监督与认证 ……………………………（196）
成昆铁路米易至攀枝花段扩能改造工程 ……………………………（196）
丽—攀—昭—遵铁路 ……………………………（196）
铁路物流体系建设 ……………………………（196）
攀西资源开发 ……………………………（196）
项目监管与重大项目建设 ……………………………（196）
国家、省级资金争取 ……………………………（197）
对口援建 ……………………………（197）
“急难险重”目标任务 ……………………………（197）

工业经济管理 ……………………………（197）
工业经济综述 ……………………………（197）
生产要素协调与保障 ……………………………（197）
重大工业产业化项目推进 ……………………………（198）
经济发展方式转变 ……………………………（198）
信息化工作 ……………………………（199）
“两化”互动工作 ……………………………（200）
产业园区建设 ……………………………（200）
太阳能产业发展 ……………………………（200）
无线电管理 ……………………………（201）

国有资产投资经营管理 ……………………………（201）
概　况 ……………………………（201）
资产结构调整 ……………………………（201）
资产管理 ……………………………（201）
融　资 ……………………………（202）
项目代建 ……………………………（202）

城市建设投资经营管理 ……………………………（202）
城市基础设施建设 ……………………………（202）
拆迁安置 ……………………………（205）
筹融资 ……………………………（205）

交通投资开发经营建设和管理 ……………………………（205）
概　况 ……………………………（205）
招投标 ……………………………（205）
竣工决算 ……………………………（206）
拓展融资渠道 ……………………………（207）
重点路桥建设 ……………………………（207）

国有资产监督管理 ……………………………（208）
国有资产管理 ……………………………（208）
企业改革 ……………………………（208）
监管企业发展 ……………………………（209）
国有资本经营预算 ……………………………（209）
监管企业安全和稳定 ……………………………（209）
国有企业党建 ……………………………（209）
国有企业党风廉政建设 ……………………………（209）

统　计 ……………………………（210）
统计报表 ……………………………（210）
统计调查 ……………………………（210）
经济普查 ……………………………（210）
统计服务 ……………………………（211）
“四大工程”建设 ……………………………（211）
统计规范化建设 ……………………………（211）
统计信息化建设 ……………………………（212）
统计法制建设 ……………………………（212）
统计队伍建设 ……………………………（212）

审　计 ……………………………（212）
概　况 ……………………………（212）
预算执行情况审计 ……………………………（212）
领导干部任期经济责任审计 ……………………………（213）
投资建设项目审计 ……………………………（213）
专项资金审计（调查） ……………………………（213）
审计自身建设 ……………………………（214）

工商行政管理 ……………………………（214）
个体私营经济管理 ……………………………（214）
企业注册登记管理 ……………………………（214）
非公经济扶持 ……………………………（215）
商标监督管理 ……………………………（215）
市场监督管理 ……………………………（215）
保护消费者合法权益 ……………………………（216）
公平交易执法 ……………………………（216）
合同监督管理 ……………………………（217）

质量技术监督 ……………………………（217）
质量监督抽查 ……………………………（217）
质量管理 ……………………………（217）
国家钒钛质检中心建设 ……………………………（217）

质量档案 …… (218)
食品安全监管 …… (218)
品牌战略实施 …… (218)
生产许可证管理 …… (218)
质量专项监督检查 …… (218)
消费者质量投诉 …… (219)
标准化工作 …… (219)
地标工作 …… (219)
市场计量专项整治 …… (219)
认证工作 …… (220)
计量检定与计量测试 …… (220)
特种设备安全监察 …… (220)
法人代码、商品条码工作 …… (220)
质监行政执法建设 …… (220)

国土资源管理 …… (220)
耕地和基本农田保护 …… (220)
保障经济社会发展用地 …… (220)
矿政管理 …… (220)
执法监察 …… (221)
地质灾害防治 …… (221)
政务服务 …… (221)
国土资源基础能力建设 …… (221)
攀西钒钛磁铁矿整装勘查 …… (221)
钒钛磁铁矿综合利用示范基地建设 …… (221)
工矿废弃地复垦利用试点工作 …… (221)
保障性安居工程用地 …… (221)
机构和队伍建设 …… (221)

食品药品监督管理 …… (222)
概　况 …… (222)
保健食品“打四非”专项整治 …… (223)
药品“两打两建”专项整治 …… (223)
食品药品监管体制改革 …… (223)
食品药品及医疗器械检验检测 …… (224)

民营经济 …… (224)
概　况 …… (224)
非公有制工业 …… (224)
非公有制经济队伍 …… (224)

工　业

钒钛工业 …… (225)
概　况 …… (225)

钒产业 …… (225)
概　况 …… (225)
攀钢集团钒业有限公司 …… (225)
攀枝花市柱宇钒钛有限公司 …… (226)
攀枝花钢城卓越钒钛有限公司 …… (226)

钛产业 …… (226)
概　况 …… (226)
攀钢集团钛业有限责任公司 …… (226)
攀枝花钢企欣宇化工有限公司钛业分公司 …… (227)
四川安宁铁钛股份有限公司 …… (228)

冶　金 …… (228)
钢铁生产 …… (228)
生产经营 …… (228)
改革改制 …… (228)
企业管理 …… (229)
科技工作 …… (229)
工程建设 …… (229)
环保节能 …… (229)
领导班子调整 …… (229)
国家设立攀西战略资源创新开发试验区 …… (230)
集团机关改革 …… (230)
板块化管理 …… (230)
钢轨产量突破 120 万吨 …… (231)
鞍攀协同建设百米钢轨生产线 …… (231)
全流程自动化控制炼钢 …… (231)

矿业生产 …… (231)
基本情况 …… (231)
生产经营 …… (232)
工程建设 …… (232)
财务管控 …… (232)
物资管理 …… (232)
设备管理 …… (232)
能源动力 …… (233)
安全环保 …… (233)
科技质量 …… (233)
资源综合利用 …… (233)
改革创新 …… (233)

冶金建设 …… (233)
概　况 …… (233)
工程建设 …… (234)
企业文化建设 …… (234)
科技创新 …… (234)

煤　炭……………………………………………………（234）
概　况……………………………………………………（234）
生产经营…………………………………………………（234）
安全工作…………………………………………………（235）
煤炭生产…………………………………………………（235）
相关产业…………………………………………………（235）
深部资源勘探……………………………………………（235）
红坭公司成立……………………………………………（235）
经营管理…………………………………………………（236）
焦化托管…………………………………………………（236）
人力资源…………………………………………………（236）
科技创新…………………………………………………（236）
六大系统建设……………………………………………（237）
综合信息化建设…………………………………………（237）
节能环保…………………………………………………（237）
和谐矿区建设……………………………………………（237）

电　力……………………………………………………（238）
国网四川省电力公司攀枝花供电公司……………………（238）
概　况……………………………………………………（238）
人力资源…………………………………………………（238）
电网建设与发展…………………………………………（238）
经营管理…………………………………………………（238）
安全生产…………………………………………………（238）
科技与信息化……………………………………………（239）
市场服务…………………………………………………（239）

雅砻江流域水电开发有限公司二滩水力发电厂……（239）
概　况……………………………………………………（239）
主要指标完成情况………………………………………（239）

华电四川发电有限公司攀枝花分公司…………………（239）
概　况……………………………………………………（239）
生产经营…………………………………………………（240）
安全管理…………………………………………………（240）
依法执企…………………………………………………（240）
项目拓展…………………………………………………（240）
党建和企业文化建设……………………………………（241）

化工工业…………………………………………………（241）
概　况……………………………………………………（241）
重点化工企业……………………………………………（241）

地方工业…………………………………………………（242）
概　况……………………………………………………（242）
冶金行业…………………………………………………（242）
轻工行业…………………………………………………（242）
机械行业…………………………………………………（242）

主要工业企业……………………………………………（242）
攀枝花钢城集团有限公司………………………………（242）
渣钢渣铁钒钛资源资源综合利用项目建成投产·（244）
四川德胜集团攀枝花煤化工有限公司…………………（244）
攀枝花立宇矿业有限公司………………………………（244）

农　　业

种植业……………………………………………………（245）
粮食生产…………………………………………………（245）
水果生产…………………………………………………（245）
蔬菜生产…………………………………………………（246）
蚕桑生产…………………………………………………（246）
植物检疫…………………………………………………（247）
病虫害防治………………………………………………（247）
农药市场监管……………………………………………（247）
无公害农产品监测………………………………………（247）

养殖业……………………………………………………（248）
畜牧生产…………………………………………………（248）
动物防疫…………………………………………………（249）
畜产品检疫………………………………………………（250）

农业服务…………………………………………………（250）
农民负担监管……………………………………………（250）
落实惠农政策……………………………………………（250）
农广校招生与培训………………………………………（250）
种子管理…………………………………………………（251）
农田基本建设……………………………………………（251）
农村能源建设……………………………………………（251）
农业抗灾救灾……………………………………………（251）
农机发展与管理…………………………………………（251）
农业产业化………………………………………………（252）

水　务……………………………………………………（252）
概　况……………………………………………………（252）
“急难险重”项目建设……………………………………（253）
骨干水源网工程建设……………………………………（253）
抗　旱……………………………………………………（253）
防　汛……………………………………………………（253）
农田水利基本建设………………………………………（254）
水资源管理………………………………………………（254）
供排水建设与管理………………………………………（254）
水土保持…………………………………………………（254）

水利工程质量监督……（254）
水产业发展……（254）
渔政管理……（255）
政策法规和行政执法……（255）
水利普查……（255）
高效节水项目建设……（256）
基层水利服务机构建设……（256）

农业综合开发……（256）
概　况……（256）
土地治理……（256）
产业化经营……（256）
试点项目和基地发展项目实施……（256）

交　　通

公　路……（257）
概　况……（257）
交通基础建设……（257）
筹融资……（257）
公交客运……（258）
公路管养……（258）
行政执法……（258）
路政管理……（258）
运政管理……（259）
海事监管……（259）
收费站管理……（259）
国省干线公路改造……（259）
132 台新型空调公交车投入运营……（260）

铁　路……（260）
概　况……（260）
境内运输经营……（260）

航　空……（260）
滑坡治理工程……（260）
复　航……（260）
运　营……（260）

信息产业

邮　政……（261）
概　况……（261）
代理金融网点转型……（261）
承办四川省第十一届集邮展览……（261）
能力建设……（261）

中国电信攀枝花分公司……（261）
概　况……（261）
打造全省首个“全光网城市”……（262）
通信保障……（262）
客户服务……（262）
队伍建设……（262）
安全生产……（262）

中国移动攀枝花分公司……（263）
概　况……（263）
网络运营……（263）
服务社会……（263）
业务发展……（263）
客户服务……（263）
效率提升专项活动……（263）

中国联通攀枝花市分公司……（263）
概　况……（263）
网络运营……（264）
客户服务……（264）
业务发展……（264）
通信保障……（264）
能力培训……（264）

电子政务……（264）
电子政务管理……（264）
电子政务基础设施建设……（265）
电子政务应用……（265）
市电子政务内网门户网站……（265）
市人民政府门户网站……（265）
政务信息公开……（265）
信息网络安全与运维保障……（265）

口　　岸

攀枝花海关……（267）
概　况……（267）
海关监管……（267）
税收征管……（267）
防范风险……（267）
服务地方经济……（267）

出入境检验检疫……（268）
概　况……（268）

出口产品检验检疫监管……（268）
进口产品检验检疫监管……（268）
外来有害生物监测和农（兽）残、疫情监控……（268）
产地证签证……（269）
出口食品企业备案及监管……（269）
服务地方经济发展……（269）
实验室建设……（269）

开发区建设

四川攀枝花钒钛高新技术产业园区……（271）
开发区建设概况……（271）
经济发展状况……（271）
产业发展……（271）
招商引资……（271）
基础保障……（271）
安全环保……（271）
农业和农村经济……（271）
民生事业……（272）

攀枝花市花城新区……（272）
概　况……（272）
项目建设……（272）
要素保障……（272）
专项规划……（272）

林业·环保

林　业……（273）
概　况……（273）
天然林资源保护工程……（273）
退耕还林工程……（273）
森林城市创建……（274）
森林资源管理……（274）
林业行政执法……（274）
野生动植物保护及自然保护区建设……（274）
森林病虫防治检疫……（274）
森林防火……（274）
林业产业……（275）
林业宣传……（275）
林业改革与发展……（275）
林业科技……（275）

环境保护……（276）
环境质量……（276）
污染治理……（276）
环境法治……（277）
环境宣传教育……（277）
环境污染强制责任保险……（277）
强制清洁生产审核……（277）
环境影响评价管理……（277）
科技标准监测管理……（277）
农村生态环境保护……（278）
环境监察执法……（278）
核与辐射环境监管……（278）
环境信访……（278）
排污费征收……（278）

城乡规划建设·城市管理

住房和城乡规划建设……（279）
管理机构……（279）
城乡规划……（279）
基础设施建设……（279）
住房保障……（280）
房地产业……（280）
建筑业管理……（280）
测绘业管理……（281）
勘察设计业管理……（281）
质量安全监管……（281）
建筑节能管理……（281）
工程造价管理……（281）
行政审批……（281）
依法行政……（282）

城市管理……（282）
概　况……（282）
城乡环境综合治理……（282）
市容环卫……（282）
市政设施……（283）
城市绿化……（283）
城市供气……（283）
城管执法……（283）
制度建设……（283）
数字化城管系统……（283）

商　　贸

商贸和粮食流通……（285）
对外贸易……（285）

利用外资 …… (285)
外经合作 …… (285)
国家级经技技术开发区创建 …… (285)
社会消费品零售 …… (286)
惠民工程 …… (286)
市场体系建设 …… (286)
市场流通监管 …… (286)
商贸服务活动 …… (286)
统筹服务业发展 …… (286)
应急保供体系建设 …… (286)
项目资金争取 …… (287)
职能调整 …… (287)
城乡环境综合治理 …… (287)
粮油购销 …… (287)
粮油市场供应 …… (287)
储备粮管理 …… (287)
粮食行政执法 …… (287)
粮食市场保供体系建设 …… (287)

供销合作商业 …… (287)
概　况 …… (287)
农资经营 …… (288)
农民专业合作社 …… (288)
三农服务中心 …… (288)
社有企业 …… (288)
项目申报 …… (289)
信访处理 …… (289)

石油营销 …… (289)
概　况 …… (289)
油价调整 …… (289)
综合管理 …… (290)

烟草营销 …… (290)
概　况 …… (290)
烟叶生产 …… (290)
烟草技术推广应用 …… (290)
现代烟草农业建设 …… (291)
卷烟营销 …… (291)
专卖管理 …… (291)
重大案件 …… (291)
企业管理 …… (291)

盐业营销 …… (292)
概　况 …… (292)
食盐供应 …… (292)
多种经营 …… (292)
市场监管 …… (292)
碘缺乏病防治 …… (292)

金　融

银　行 …… (293)
概　况 …… (293)

中国人民银行攀枝花市中心支行 …… (295)
概　况 …… (295)
货币政策执行 …… (295)
存款准备金管理 …… (295)
货币信贷调控方式创新 …… (295)
金融综合管理 …… (296)
金融风险管控 …… (296)
外汇管理改革 …… (296)
货物贸易监管 …… (296)
企业年检 …… (296)
综合行政执法检查 …… (296)
农村支付环境建设 …… (296)
打击银行卡犯罪 …… (297)
“反洗钱”监管 …… (297)
国库现代化建设 …… (297)
国库监管 …… (297)
金融统计调查 …… (297)
调研与信息反馈 …… (297)
《征信管理业条例》宣传 …… (297)
社会信用体系建设 …… (298)
机构信用代码管理 …… (298)
两类机构信用评级 …… (298)
动产融资公示系统建设和运用 …… (298)
推广金融 IC 卡 …… (298)
货币发行与管理 …… (298)
内控管理 …… (299)
职工队伍建设 …… (299)
党风廉政建设 …… (299)

中国银监会攀枝花监督分局 …… (299)
概　况 …… (299)
市场准入 …… (299)
现场检查 …… (300)
法人机构监管 …… (300)
清理规范融资平台 …… (300)
房地产贷款风险防控 …… (300)
案件防范 …… (301)
小微企业融资 …… (301)
三农金融服务 …… (301)
民生保障 …… (301)

小微企业金融服务宣传月活动……（301）

中国工商银行攀枝花分行……（302）
概　况……（302）
存款业务……（302）
信贷业务……（302）
中间业务……（302）
改革创新……（303）
金融服务……（303）
队伍建设……（303）
内控管理……（303）

中国农业银行攀枝花分行……（303）
概　况……（303）
重点项目营销……（304）
构建营销团队……（304）
存款业务……（304）
运营体系建设……（304）
网点转型……（305）
信贷业务……（305）
中间业务……（305）
服务“三农”与县域……（305）
委托资产管理……（306）
人力资源改革……（306）

中国银行攀枝花分行……（306）
概　况……（306）
负债业务……（307）
资产业务……（307）
中间业务……（307）
产品创新……（307）
内控管理……（307）
渠道建设……（308）
队伍建设……（308）
企业文化……（308）

中国建设银行攀枝花分行……（308）
概　况……（308）
资产业务……（308）
负债业务……（309）
中间业务……（309）
队伍建设……（309）
内控管理……（309）

交通银行攀枝花分行……（310）
概　况……（310）
资产业务……（310）
负债业务……（311）
中间业务……（311）
内控管理……（311）
规范化服务……（312）
管理改革……（312）

中国农业发展银行攀枝花市分行……（312）
概　况……（312）
信贷业务……（312）
存款业务……（313）
中间业务……（313）
信贷管理……（313）
财会管理……（313）
内控管理……（313）
风险防控……（313）
队伍建设……（314）

攀枝花市商业银行……（314）
概　况……（314）
跨区域发展……（314）
存款业务……（314）
服务地方经济……（315）
服务小微企业……（315）
风险和案件防范……（315）
新产品研发……（315）
人才引进和培养……（315）
履行社会责任……（316）
新一代核心业务系统上线运行……（316）
增资扩股……（316）
董事会、监事会换届……（316）

攀枝花农村商业银行……（316）
概　况……（316）
存款业务……（317）
信贷投放……（317）
业务拓展……（317）
电子渠道建设……（317）
内控管理……（317）
优质服务……（317）
社会履职……（317）

中国邮政储蓄银行攀枝花分行……（318）
概　况……（318）
资产业务……（318）
负债业务……（318）
惠民工作……（318）
队伍建设……（319）
渠道建设……（319）
内控管理……（319）

证　　券……（319）
华西证券攀枝花经营部……（319）
概　况……（319）
管　控……（319）
财富管理……（320）
资本中介……（320）
安全工作……（320）

保　　险……（320）
中国人民财产保险攀枝花市分公司……（320）
概　况……（320）
业务发展……（320）
内部管控……（321）
售后服务……（321）
重大赔案……（321）

中国人寿保险攀枝花市分公司……（321）
概　况……（321）
业务发展……（322）
满期给付和非正常集中退保……（322）
客户服务……（322）
企业文化建设……（323）
内控合规建设……（323）
队伍建设……（324）
重大赔案……（324）

中国平安寿险攀枝花中心支公司……（324）
概　况……（324）
业务发展……（325）
客户服务……（325）
重大赔案……（325）

中国平安财险攀枝花中心支公司……（325）
概　况……（325）
内控合规建设……（325）
客户服务……（326）
公益事业……（326）
案件查处……（326）
重大赔案……（326）

中国太平洋财险攀枝花中心支公司……（326）
概　况……（326）
改革创新……（326）
管理创新……（327）
机构和渠道建设……（327）
合规经营……（327）
服务创新……（328）
重大赔案……（328）

中国太平洋寿险攀枝花中心支公司……（328）
概　况……（328）
制度建设……（329）
客户服务……（329）
产品开发……（329）
重大赔案……（329）

中华联合财险攀枝花中心支公司……（329）
概　况……（329）
重大赔案……（330）

天安财险攀枝花中心支公司……（330）
概　况……（330）
基础管理建设……（330）
客户服务……（330）
重大赔案……（330）

阳光财险攀枝花中心支公司……（331）
概　况……（331）
理赔服务……（331）
重大赔案……（331）

华安财险攀枝花中心支公司……（331）
概　况……（331）
员工培训……（332）
合规管理……（332）
客户服务……（332）
重大赔案……（332）

财政・税务

财　政……（333）
概　况……（333）
全市财政预算执行情况……（333）
市本级财政预算执行情况……（333）
资金筹集……（334）
财政助推新村建设……（334）
财政优先保障民生工程……（334）
财政国库管理改革……（334）
深化财政预算管理改革……（334）
首次举行财政预算听证会……（334）
财政部专家作“深化财税改革”主题报告……（335）
财政部科研基地落户攀枝花……（335）
财政监督检查……（335）
投资评审……（335）
美丽乡村建设试点……（335）
“一事一议”财政奖补……（335）

支持农民专业合作社建设 ……………………（336）
妇女小额担保贷款财政贴息 ……………………（336）
攀枝花会计资格证考试实现无纸化 ……………（336）
会计人员继续教育 ……………………………（336）
课题研究 ………………………………………（336）
加强与人大代表、政协委员的联系 ……………（337）
政务公开 ………………………………………（337）
干部队伍建设 …………………………………（337）

税　务……………………………………………（337）
国家税务…………………………………………（337）
概　况 …………………………………………（337）
税收收入 ………………………………………（338）
税收征管 ………………………………………（339）
风险管理 ………………………………………（339）
营改增 …………………………………………（340）
税政管理 ………………………………………（340）
依法治税 ………………………………………（341）
纳税服务 ………………………………………（342）
队伍建设 ………………………………………（342）
政务管理 ………………………………………（343）
党风廉政建设 …………………………………（344）

地方税务…………………………………………（344）
概　况 …………………………………………（344）
组织收入 ………………………………………（345）
依法行政 ………………………………………（345）
税收征管 ………………………………………（345）
纳税服务 ………………………………………（346）
党风廉政建设 …………………………………（346）
队伍建设 ………………………………………（346）

科　　学

自然科学…………………………………………（347）
科知工作…………………………………………（347）
概　况 …………………………………………（347）
重点产业技术攻关和成果转化 …………………（347）
统筹城乡发展科技行动 …………………………（348）
推进科技服务民生 ……………………………（348）
知识产权 ………………………………………（348）
科技工作体制创新 ……………………………（348）
决策咨询 ………………………………………（349）

科学技术协会……………………………………（349）
《科学素质纲要》实施 …………………………（349）
科普宣传 ………………………………………（350）
基层科普行动计划 ……………………………（350）
农村专业技术协会 ……………………………（350）
科普示范县（区）和社区创建 …………………（350）
青少年科技教育 ………………………………（351）
学术交流 ………………………………………（351）
院士专家工作站 ………………………………（351）
金桥工程 ………………………………………（351）
科技工作者之家建设 …………………………（352）

防震减灾…………………………………………（352）
概　况 …………………………………………（352）
地震监测预报 …………………………………（352）
地震活动 ………………………………………（352）
地震观测环境保护 ……………………………（352）
攀枝花及邻区震情趋势会商会 …………………（352）
防震减灾科普宣传 ……………………………（353）
防震减灾领导小组工作会议 ……………………（353）
地震应急演练 …………………………………（353）
修订地震应急预案 ……………………………（353）
完善应急设备 …………………………………（353）
确定应急演练日 ………………………………（353）
防震减灾工作纳入政府目标管理 ………………（353）

气　象……………………………………………（353）
概　况 …………………………………………（353）
气候综述 ………………………………………（354）
气　温 …………………………………………（354）
降　水 …………………………………………（355）
日照时数 ………………………………………（355）
相对湿度 ………………………………………（355）
气象灾害 ………………………………………（355）
科技创新 ………………………………………（356）
学术交流 ………………………………………（356）

农林科研…………………………………………（356）
概　况 …………………………………………（356）
蔬菜研究 ………………………………………（356）
特色水果研究 …………………………………（356）
园林绿化研究 …………………………………（357）
烟草研究 ………………………………………（357）
畜牧研究 ………………………………………（357）
林业研究 ………………………………………（358）
节水研究 ………………………………………（358）
成果转化与示范 ………………………………（359）
交流与合作 ……………………………………（359）
技术培训 ………………………………………（359）

社会科学…………………………………………（360）

社科联…………………………………………………………（360）
概 况…………………………………………………………（360）
学术活动………………………………………………………（360）
社科规划………………………………………………………（360）
优秀成果评奖…………………………………………………（360）
社科知识普及…………………………………………………（361）
学会管理………………………………………………………（361）
《攀枝花社会科学》刊物编发………………………………（361）

地方志·年鉴事业………………………………………………（361）
概 况…………………………………………………………（361）
部门志、专业志编修…………………………………………（361）
《中国苴却砚图志》编纂……………………………………（361）
《攀枝花年鉴（2013）》编纂出版…………………………（361）
县（区）年鉴编纂出版………………………………………（361）
企业、单位年鉴编辑出版……………………………………（362）
《攀枝花史志》编发…………………………………………（362）

党史研究…………………………………………………………（362）
概 况…………………………………………………………（362）
《中国共产党攀枝花执政实录》（第6卷）出版…（362）
《攀枝花纪事》编辑出版……………………………………（363）
编修《中国共产党攀枝花历史大事记》……………（363）
开展《中国共产党攀枝花历史》（第一、二合卷）
编纂…………………………………………………………（363）
各县（区）委执政实录出版…………………………………（363）
《中共攀枝花市东区历史大事记（1973—2011）》
出版…………………………………………………………（364）
《辉煌西区四十年（1973—2013）》出版……………（364）
党史征编利用…………………………………………………（364）
宣传教育………………………………………………………（364）
资政工作………………………………………………………（364）
专题研究………………………………………………………（364）

文 化

概 况…………………………………………………………（365）

艺术创作…………………………………………………………（365）
音乐创作………………………………………………………（365）
舞蹈创作………………………………………………………（365）
戏剧创作………………………………………………………（365）
文学作品………………………………………………………（366）

艺术表演…………………………………………………………（366）
重大演出………………………………………………………（366）
获 奖…………………………………………………………（366）

美术·书法·摄影·展览…………………………………………（366）
美术作品………………………………………………………（366）
书法作品………………………………………………………（366）
摄影作品………………………………………………………（366）
展 览…………………………………………………………（366）

群众文化…………………………………………………………（366）
公共文化服务体系……………………………………………（366）
公共图书馆……………………………………………………（367）
文化馆事业……………………………………………………（367）
大地书香新农村家园工程……………………………………（367）

文化遗产保护……………………………………………………（367）
文物保护………………………………………………………（367）
第一次全国可移动文物普查…………………………………（367）
四川攀枝花三线建设博物馆…………………………………（368）
非物质文化遗产保护…………………………………………（368）

印刷·出版·发行…………………………………………………（368）
印 刷…………………………………………………………（368）
出 版…………………………………………………………（368）
发 行…………………………………………………………（368）

文化市场…………………………………………………………（368）
概 况…………………………………………………………（368）
版权保护………………………………………………………（368）
文化产业………………………………………………………（368）
文化市场行政执法……………………………………………（368）
“扫黄打非”……………………………………………………（369）

广播影视…………………………………………………………（369）
新闻宣传………………………………………………………（369）
事业建设………………………………………………………（369）
电影管理………………………………………………………（370）
安全播出………………………………………………………（370）

文联工作…………………………………………………………（370）
为城市文化塑造和地方文化打造建言献策……（370）
梅花奖艺术团“送欢乐、下基层”赴攀枝花市
慰问演出……………………………………………………（370）
中国作家协会创联部副主任尹汉胤一行到攀枝花
市文联指导工作……………………………………………（370）
著名作家张扬赴攀考察采风…………………………………（371）
著名作家为攀枝花文学创作把脉……………………………（371）
文艺成果………………………………………………………（371）
金沙江彝族文学笔会…………………………………………（371）
《格萨拉传奇》作品首发及研讨会…………………………（372）
《咏木棉》《木棉诗话》创作研讨会………………………（372）

“芬芳大地”摄影作品展 ……（372）
“未来作家”系列讲座 ……（372）
赴木里县学习 ……（372）
攀枝花市文学艺术界联合会第六次代表大会召开 ……（372）
《攀枝花文学》创刊40周年座谈会 ……（372）

地方报业 ……（372）
概　况 ……（372）
改进创新版面编排和内容设置 ……（373）
改进创新言论评论 ……（373）
改进创新时政报道 ……（373）
改进创新典型报道 ……（373）
改进创新头版头条视野 ……（373）
改进创新“走转改”活动 ……（374）
“党报进社区”工程 ……（374）
新媒体发展 ……（374）
强化民生视角突出主题报道 ……（374）
全市中心工作宣传 ……（374）
强化舆论监督服务民生 ……（374）
“金沙”副刊杂志化 ……（374）
报业人才队伍培养 ……（374）

教　育

概　况 ……（375）

基础教育 ……（376）
幼儿教育 ……（376）
义务教育 ……（376）
普通高中教育 ……（376）
特殊教育 ……（376）
职业教育 ……（376）
藏区学生“9+3”教育 ……（376）
高等教育和成人教育 ……（376）
民办教育 ……（376）
教育督导 ……（377）
教育科研 ……（377）
学校后勤与产业 ……（377）
语言文字工作 ……（377）
教师队伍建设 ……（377）
中小学德育 ……（377）
体育卫生艺术教育 ……（378）
科技创新教育 ……（378）
教育投入 ……（378）
改善办学条件 ……（378）
营养改善计划 ……（378）
教育技术装备 ……（379）
教育信息化工程 ……（379）
学生资助工作 ……（379）
人事制度改革 ……（379）
依法行政 ……（379）
教育法制宣传 ……（379）
规范教育收费 ……（380）
招生考试 ……（380）
教育国际合作与交流 ……（380）
中小学学籍管理 ……（380）
教育宣传 ……（380）
行政审批 ……（380）
“三大”主题教育活动 ……（380）
“中国梦”主题教育活动 ……（380）
党建工作 ……（381）
领导班子和干部队伍建设 ……（381）
精神文明建设 ……（381）
安全维稳工作 ……（381）

高等教育 ……（382）
攀枝花学院 ……（382）
概　况 ……（382）
学科专业建设 ……（383）
课程教学与实践教学 ……（383）
继续教育 ……（383）
普教招生和就业 ……（383）
学生奖助学 ……（384）
师资队伍建设 ……（384）
科研工作 ……（384）
专业技术职务评审 ……（385）
对外交流与合作 ……（385）
校园文化建设 ……（385）
人才培养改革 ……（385）
攀枝花学院附属医院建设 ……（385）
第六届本科教育教学工作研讨会 ……（386）
后勤服务 ……（386）
党建工作 ……（386）

四川机电职业技术学院（攀钢党校） ……（386）
概　况 ……（386）
职业教育与培训 ……（386）
骨干院校建设与专业建设 ……（387）
教学科研 ……（387）
人文与素质教育 ……（387）
招生与就业 ……（387）
对标挖潜工作 ……（387）
四十年校庆 ……（388）
后勤管理工作 ……（388）

党的群众路线教育活动 …… (388)
党建工作 …… (388)

体育·卫生

体　育 …… (389)
体育管理、服务机构 …… (389)
攀枝花市全民健身志愿服务队成立 …… (389)
“全民健身日”系列群众体育活动 …… (389)
“假日体育”健身活动 …… (389)
市内群众体育竞赛 …… (389)
参加省级及以上群众体育竞赛 …… (389)
社会体育指导员培训 …… (389)
群众选手参加国际马拉松比赛 …… (389)
川滇友邻市州第九届男子篮球联赛 …… (390)
举办“欢乐阳光节”首届定向越野比赛 …… (390)
参加全省地掷球比赛获得冠军 …… (390)
参加四川省第九套广播体操比赛荣获冠军 …… (390)
引导健身气功发展 …… (390)
攀枝花市全国群众体育先进集体代表和个人受到总书记习近平接见 …… (390)
攀枝花市体育训练特殊学校基地 …… (390)
备战“省十二运会” …… (390)
市内青少年体育竞赛 …… (390)
参加四川省青少年体育锦标赛 …… (390)
举办青少年健身操舞比赛 …… (390)
一线教师体质测试 …… (391)
四川省体育人才基地创建 …… (391)
优秀体育人才培养输送 …… (391)
举办全国皮划艇激流回旋春季冠军赛 …… (391)
体育产业发展 …… (391)
首批初级救生员职业资格培训 …… (391)
体育基础设施建设 …… (391)
体育民生工程 …… (391)
体育行政确认 …… (391)
体育行政执法 …… (392)
体育彩票销售 …… (392)
启动攀枝花市第六次全国体育场地普查工作 …… (392)

卫　生 …… (392)
医疗卫生机构和队伍 …… (392)
深化医药卫生体制改革 …… (392)
卫生应急 …… (392)
卫生基础设施建设 …… (392)
疾病预防控制 …… (393)
食品安全监管 …… (393)
卫生监督执法 …… (393)
基层医疗卫生体系建设 …… (393)
医政管理 …… (393)
妇幼卫生 …… (394)
无偿献血 …… (394)
人才引进与培养 …… (394)
中医药工作 …… (394)
优质服务主题活动 …… (394)
惠民医疗服务 …… (394)
红十字会工作 …… (394)
爱国卫生运动 …… (394)

社　　会

人口和计划生育 …… (395)
基本情况 …… (395)
上级检查考察 …… (395)
人口计生目标管理 …… (395)
人口计生宣传 …… (395)
依法行政 …… (396)
综合治理出生人口性别比偏高问题 …… (396)
计生民生工程 …… (396)
服务百姓健康活动 …… (396)
流动人口服务管理 …… (397)
人口计生管理体制改革 …… (397)
人口信息化建设 …… (397)
重要调研活动 …… (397)
计生协会工作 …… (398)
阳光计生行动 …… (398)
队伍建设 …… (398)

民政事业 …… (398)
概　况 …… (398)
城乡居民最低生活保障 …… (399)
城乡医疗救助 …… (399)
农村五保 …… (400)
城乡困难群众重特大疾病医疗救助 …… (400)
临时救助 …… (401)
精减退职老职工生活救济 …… (401)
居民家庭经济状况核对机制建设 …… (401)
城乡社会救助体系建设 …… (401)
救　灾 …… (401)
优待抚恤 …… (402)
退役士兵安置 …… (402)
双拥工作 …… (402)
基层群众自治组织和社区建设 …… (402)
社会福利事业和福利企业 …… (403)
社会慈善捐助 …… (403)

行政区划和地名管理 ……………………………… (403)
民间组织管理 …………………………………… (403)
婚姻登记和收养登记 …………………………… (404)
殡葬管理 ………………………………………… (404)
流浪乞讨人员救助 ……………………………… (404)

档案事业 ………………………………………… (404)
概　况 …………………………………………… (404)
民生档案管理 …………………………………… (405)
新农村建设档案管理 …………………………… (405)
重大建设项目档案管理 ………………………… (405)
档案文化建设 …………………………………… (405)
档案信息化建设 ………………………………… (406)
档案法制建设 …………………………………… (406)
档案馆建设 ……………………………………… (406)
档案部门自身建设 ……………………………… (406)

残疾人事业 ……………………………………… (406)
概　况 …………………………………………… (406)
攀枝花市残疾人联合会第六次代表大会 ……… (406)
残疾人组织建设 ………………………………… (407)
残疾人社会保障体系建设 ……………………… (407)
“量体裁衣”式个性化服务 ……………………… (407)
残疾人康复 ……………………………………… (408)
残疾人扶贫 ……………………………………… (408)
残疾人教育 ……………………………………… (408)
残疾人就业 ……………………………………… (408)
残疾人维权 ……………………………………… (408)
残疾人宣传 ……………………………………… (409)
残疾人体育 ……………………………………… (409)
残疾人文化艺术 ………………………………… (409)
残疾人民生工程 ………………………………… (409)

民族宗教事务 …………………………………… (410)
概　况 …………………………………………… (410)
民族地区开发资金投入及项目 ………………… (411)
民生工程建设 …………………………………… (411)
计生“三结合” ………………………………… (412)
对口“扶贫帮村” ……………………………… (412)
维护民族宗教领域稳定 ………………………… (412)
依法办理民族宗教事务 ………………………… (413)
攀枝花市制定少数民族地区实施免费中等职业
　教育优惠政策 ………………………………… (413)
加大民族地区发展投入 ………………………… (413)
民族事务服务体系建设 ………………………… (413)
资助少数民族贫困生 …………………………… (413)
制定出台民族团结进步示范创建标准 ………… (413)

社会保障 ………………………………………… (413)
社会保障城乡统筹建设 ………………………… (413)
社会保险扩面征缴 ……………………………… (413)
社会保险待遇 …………………………………… (413)
社会保障服务 …………………………………… (414)
养老保险 ………………………………………… (414)
医保工作 ………………………………………… (414)
失业保险 ………………………………………… (414)
失业预警试点 …………………………………… (414)
社保基金监督 …………………………………… (415)
劳动能力鉴定 …………………………………… (415)

老龄事业 ………………………………………… (415)
概　况 …………………………………………… (415)
政府购买居家养老服务“提标扩面” …………… (415)
建成智能居家养老服务信息平台 ……………… (416)
举办“金婚老人阳光行”活动 ………………… (416)
高龄津贴和长寿津贴发放 ……………………… (416)
老龄工作调研 …………………………………… (416)
“敬老文明号”创建 …………………………… (416)
敬老月活动 ……………………………………… (416)
老年学校示范校创建 …………………………… (416)

附　　录

市级领导名录（2013年） ……………………… (417)
中共攀枝花市委 ………………………………… (417)
攀枝花市人大常委会 …………………………… (417)
攀枝花市人民政府 ……………………………… (417)
政协攀枝花市委员会 …………………………… (417)
攀枝花军分区 …………………………………… (417)

统计资料 ………………………………………… (418)
攀枝花市国民经济和社会发展主要统计指标表 · (418)
攀枝花市规模以上主要产品生产量 …………… (423)
攀枝花市全社会固定资产投资 ………………… (424)

2013年重要文件目录 …………………………… (425)
2013年市委、市委办制发文件目录 …………… (425)
2013年市政府、市政府办制发文件目录 ……… (427)

索　　引

Contents

Special Reports

In the party's mass line education practice mobilization meeting of the speech ······ (1)
Government work report ······ (4)

Memorabilia

The important thing to record

Five creating joint boot ······ (23)

General Survey

Natural feature ······ (25)
General situation of national economic and social development ······ (26)
The brief of districts and counties ······ (29)
East District ······ (29)
West District ······ (32)
Renhe District ······ (38)
Yanbian County ······ (42)
Miyi County ······ (47)

Parties · Government · Non – government organizations

Panzhihua Municipal Committee of the Chinese Communist Party ······ (53)
General ······ (53)
Important meetings ······ (55)
Important decisions ······ (58)
Systems construction ······ (60)
Policies investigation ······ (61)
Discipline inspecting and administrative supervising ······ (62)
Organization ······ (67)
Publicity ······ (71)
The construction of spirit civilization ······ (74)
The goal of supervision and inspection ······ (77)
United front work ······ (78)
Taiwan affairs office of shaanxi provincial people's government ······ (81)
Confidential work ······ (82)
Work Committee for offices directly under the Panzhihua Municipal Committee of the CPC ······ (84)
The work of the Party School ······ (86)
Preparation of management ······ (88)
Standing Committee of Panzhihua Municipal People's Congress ······ (88)
Panzhihua Municipal People's Government ······ (98)
General ······ (98)
Important actions ······ (99)
Important meetings ······ (100)
Important events ······ (102)
Honors and awards ······ (103)
Administrative ······ (104)
Letters and visits ······ (105)
Comprehensive human resource management ······ (108)
Foreign affairs ······ (116)
Affairs concerningnationals residing abroad ······ (116)
Government offices administration ······ (118)

Poverty alleviation and Immigrant work …………………… (121)
Supervision and administration of safe production ……… (123)
Tourism …………………………………………………… (128)
Administrative service …………………………………… (130)
Manage housing fund …………………………………… (132)
The introduction of capital ……………………………… (134)
Panzhihua Municipal Committee of the CPPCC …… (135)
Democratic Parties·Federation of Industry and Commerce …………………………………………… (141)
Panzhihua Committee of Revolutionary Committee of The Chinese ………………………………………………… (141)
Panzhihua Committee of Chinese Democratic League …… (142)
China Democratic National Construction Association of Panzhihua Municipal Local Committee ……………… (143)
Panzhihua Committee of The China Association for the Promotion of Democracy ………………………………… (145)
Panzhihua Committee of The Peasants and Workers Democratic Party ……………………………………… (147)
Panzhihua Committee of Zi Gong Dang ………………… (148)
Panzhihua Committee of Jiu San Society ………………… (149)
Panzhihua Federation of Industry and Commerce ……… (150)
Mass organization ………………………………………… (152)
Panzhihua Federation of Labor unions ………………… (152)
Panzhihua of the communist Youth League ……………… (154)
Women's work ……………………………………………… (157)

Armed forces

Local arms …………………………………………………… (161)
Armed police ………………………………………………… (163)
Mass air defense …………………………………………… (166)
Fire fighting ………………………………………………… (168)
Forest armed police detachment of Panzhihua City …… (173)

Legal System

Manage of comprehensive control ………………………… (177)
Public security ……………………………………………… (178)
Procuratorial work ………………………………………… (181)
Justice work ………………………………………………… (183)
Administration of justice ………………………………… (186)
Legal institutions of government ………………………… (189)

Economic Management

Macro economy ……………………………………………… (191)
Industrial economy ………………………………………… (197)
State—owned assets investment and operation ………… (201)
Ubran construction investment and operationg ………… (202)
Traffic construction investment and operationg ………… (205)
State—owned assets supervision and management …… (208)
Statistics …………………………………………………… (210)
Audit ………………………………………………………… (212)
Administration management for industry and commerce (214)
Supervision of quality and technology …………………… (217)
Land and resources management ………………………… (220)
Food and Drug Administration …………………………… (222)
Non—state—operated economy …………………………… (224)

Industry

Vanadium and titanium industry ……………………… (225)
Vanadium industry ………………………………………… (225)
Titanium industry …………………………………………… (226)
Metallurgy ………………………………………………… (228)
Production of iron and steel ……………………………… (228)
Production of mineral ore ………………………………… (231)
Metallurgy construction …………………………………… (233)
Coal ………………………………………………………… (234)
Power ……………………………………………………… (238)
Ichuan Provincial Electric Power Company of Panzhihua Electric Power Bureau ………………………………… (238)
The Yalong River Basin Hydropower Development Company Limited two beach hydroelectric power plant ……… (239)
The power of Sichuan Power Company Limited Panzhihua branch ……………………………………………………… (239)
Chemical industry ……………………………………… (241)
Local industry …………………………………………… (242)

Main industrial enterprises …… (242)

Agriculture

Crop farming …… (245)
Breeding …… (248)
Agricultural service …… (250)
Water resources …… (252)
Agricultural comprehensive development …… (256)

Traffic

Highway …… (257)
Railway …… (260)
Aviation …… (260)

Informationg Industry

Post …… (261)
Panzhihua Telecom Branch …… (261)
Panzhihua Branch of Sichuan Mobile Communication Co.,Ltd …… (263)
China Unicom Panzhihua Br hanc …… (263)
Electronic administrative …… (264)

Ports

Panzhihua Customs …… (267)
Administration of Entry and Exit Inspection and Quarantine …… (268)

Construction of Development Areas

Panzhihua vanadium and titanium Development zone …… (271)
Panzhihua City of Huacheng new district …… (272)

Forestry · Environment protection

Forestry …… (273)
Environmental protection …… (276)

Urban and Rural Planning and ConstructionUrban · Management

Housing and urban and rural planning and construction …… (279)
Urban management …… (282)

Commerce and Trade

Circulation of commerce and trade and Grain circulation …… (285)
The supply and marketing cooperative business …… (287)
Petroleum marketing …… (289)
Tobacco marketing …… (290)
Salt marketing …… (292)

Finance

Banks …… (293)
Panzhihua Center Branch of People' s Bank of China …… (295)
Panzhihua Banking Regulatory Branch …… (299)
Panzhihua Branch of China Industrial and Commercial Bank Co.,Ltd …… (302)
Panzhihua Branch of Agricultural Bank of China …… (303)
Panzhihua Branch of China Bank Co.,Ltd …… (306)
Panzhihua Branch of China Construction Bank Co.,Ltd …… (308)
Panzhihua branch of Bank of Communications …… (310)
Panzhihua Branch of Agricultural Development Bank of China …… (312)
Panzhihua Municipal Commercial Bank …… (314)
Panzhihua Rural Commercial Bank …… (316)
Postal Savings Bank of China Panzhihua branch …… (318)
Secerities …… (319)
Panzhihua Business department of Huaxi Securities …… (319)
Insurance …… (320)
Panzhihua Branch of PICC Property and Casualty Co.,Ltd …… (320)
Panzhihua Branch of China Life Insurance Co.,Ltd …… (321)

China Ping An Life Insurance Panzhihua branch ········ (324)
Panzhihua Branch of Ping An Property and Casualty Instrance Co.,Ltd ········ (325)
Panzhihua Branch of China Pacific Property and Casualty Insurance Co.,Ltd ········ (326)
Panzhihua Branch of Ping An Life Insurance Co.,Ltd ········ (328)
Panzhihua Branch of China Ally Property and Casualty Co.,Ltd ········ (329)
Panzhihua Branch of Tian An Insurance Co.,Ltd ········ (330)
Panzhihua Branch of Sunshine Property and Casualty Insurance Co.,Ltd ········ (331)
Panzhihua Branch of Hua' an Property and Casualty Insurance Co.,Ltd ········ (331)

Finance · Taxation

Finance ········ (333)
Taxation ········ (337)
State taxation ········ (337)
Local taxation ········ (344)

Science

Natural science ········ (347)
Technology and intellectual property rights ········ (347)
Association of science and technogy ········ (349)
Seismology ········ (352)
Meteorology ········ (353)
Research in Agricultural and Forestry sciences ········ (356)
Social science ········ (360)
Association of social science ········ (360)
Local chronicle' s work ········ (361)
Research of Party' s history ········ (362)

Culture

Artistic creation ········ (365)
Artistic performances ········ (366)
Fine arts Calligraphy Photography Exhibition ········ (366)
Mass culture ········ (366)
The protection of cultural heritage ········ (367)
Printing Publication Copyright ········ (368)
Culture market ········ (368)
Radio and Television ········ (369)
Municipal federation of literary and art circle ········ (370)
Local newspapers ········ (372)

Education

Summary of education ········ (376)
Higher education ········ (382)
Panzhihua University ········ (382)
Sichuan Electromechanical Institute of Vocation and Technology ········ (386)

Physical Culture · Public Health

Physical culture ········ (389)
Public health ········ (392)

Society

Population and birth control ········ (395)
Civil affairs ········ (398)
Archives work ········ (404)
The cause of the disabled ········ (406)
Ethnic and religious affairs ········ (410)
Social security ········ (413)
Old people' s affairs ········ (415)

Appendix

The leadership of the city directory (2013) ········ (417)
Statistical data ········ (418)
In 2013 an important file directory ········ (425)

Indexes

特　　载

在全市党的群众路线教育实践活动动员大会上的讲话

中共攀枝花市委书记　刘成鸣

2014 年 2 月 12 日

同志们：

按照中央和省委统一安排，市委决定，从今年 2 月起，用 8 个月左右时间，在全市深入开展党的群众路线教育实践活动。去年，攀枝花市攀钢、攀煤、十九冶、移动、电信、联通和攀枝花学院等 7 家中央、省属企业和在攀高校参加了第一批教育实践活动，取得了良好成效，积累了宝贵经验。同时，我们在全市深入开展了“实现伟大中国梦，建设美丽繁荣和谐四川”“思想大解放，作风大转变，工作大落实”主题教育活动和“百千万·干群心连心”“走基层、解难题、办实事、惠民生”等惠民利民活动，为开展群众路线教育实践活动奠定了坚实的思想基础、工作基础和群众基础。

今天，市委召开动员大会，主要任务是全面贯彻落实中央和省委决策部署，对全市深入开展群众路线教育实践活动作出安排部署，组织动员广大党员干部，把思想和行动统一到中央和省委要求上来，积极投身到教育实践活动之中，以作风建设的显著成效汇聚起率先全面建成小康社会的强大力量。省委对攀枝花市教育实践活动高度重视，派出了第三督导组专门到会指导，第三督导组组长魏福友同志将作重要讲话，我们要认真学习、抓好落实。下面，我就开展好攀枝花市党的群众路线教育实践活动，讲四点意见。

一、深入学习把握中央和省委部署要求，切实增强抓好教育实践活动的自觉性

1 月 20 日和 25 日，中央和省委先后召开了党的群众路线教育实践活动第一批总结暨第二批部署会议，习近平总书记和省委王东明书记分别出席会议并作了重要讲话，旨在层层落实责任、层层传导压力。习近平总书记从全局和战略的高度，总结了第一批教育实践活动取得的 5 大丰硕成果、5 条宝贵经验，要求第二批教育实践活动要更加注重发挥群众积极性、更加注重问题导向、更加注重严格要求、更加注重衔接带动、更加注重分类指导，努力取得人民群众满意的实效。东明书记总结了我省第一批教育实践活动取得的阶段性成效，对全省第二批教育实践活动进行了深入动员、全面部署。中央教育实践活动领导小组办公室印发了第二批活动的指导意见，省委制订了第二批活动的实施方案，明确了活动的目标任务、方法步骤和工作要求等。中央、省委的会议和文件精神，是开展第二批教育实践活动的基本遵循。各级各部门各单位要增强使命意识和责任担当，以高度的思想自觉、行动

自觉和工作主动，深入贯彻落实中央、省委部署要求，切实抓好教育实践活动，确保活动在攀枝花落地生根、开花结果。

第一，准确把握开展群众路线教育实践活动的重大意义

群众路线是我们党的生命线和根本工作路线。习近平总书记指出，开展党的群众路线教育实践活动，是我们党在新形势下坚持党要管党、从严治党的重大决策，是着眼全面深化改革、激发创造活力的重大部署，是着力夯实基层基础、增强服务群众本领的重要举措。党的十八届三中全会作出了全面深化改革的重大部署，省委十届三次全会确定了实施“三大发展战略”、推进“两个跨越”的总体思路，市委九届六次全会进一步明确了坚定不移推进“三个加快建设”“三个走在全省前列”、集中力量打好“六大硬仗”、在全省率先全面建成小康社会的奋斗目标。要实现这些目标任务，关键在于全市各级党组织的坚强领导，关键在于各级党员干部的务实进取，关键在于广大人民群众的积极参与和全力支持。开展群众路线教育实践活动，就是要贯彻党要管党、从严治党方针，解决好党员干部的思想作风问题，来一次全方位的自我净化、自我完善、自我革新、自我提高，切实增强党的凝聚力、创造力、战斗力，以优良作风把人民群众紧紧团结在一起，为实现共同的目标而努力奋斗。当前，一些单位，特别是一些党员领导干部的思想认识还不到位，感觉去年以来攀枝花市各类活动开展比较密集，产生了不以为然、等待观望、厌倦懈怠等消极思想，必须及时彻底加以清除。各级党委（党组）和全体党员干部要站在讲政治、顾大局的战略高度，把开展群众路线教育实践活动作为当前和今后一个时期的首要政治任务，坚决克服厌倦情绪、懈怠思想、过关念头，时刻拧紧螺丝、上紧发条，通过活动开展，把为民务实清廉的价值追求深深植根于党员干部的思想和行动中，以作风建设的新成效夯实群众基础、汇聚推动改革发展的正能量。

第二，准确把握开展群众路线教育实践活动的总体要求

中央、省委提出第二批教育实践活动“主题不变、镜头不换”，明确活动的总要求是：照镜子、正衣冠、洗洗澡、治治病；解决的根本问题是：党和人民群众的关系问题；聚焦的突出问题是：形式主义、官僚主义、享乐主义和奢靡之风；基本的规定动作是：学习教育、听取意见，查摆问题、开展批评，整改落实、建章立制；达到的目标要求是：党员干部思想认识进一步提高，作风进一步转变，党群干群关系进一步密切，为民务实清廉形象进一步树立，基层基础进一步夯实。我们一定要完整准确地理解和把握好中央、省委的总体要求，从攀枝花实际出发，找准教育实践活动的结合点和切入点，紧扣“为民务实清廉”主题，切实加强广大党员干部马克思主义群众观点和党的群众路线教育，建强各级班子和党员干部队伍，带着感情、带着责任为群众的利益出实招、办实事、求实效，让人民群众充分享受发展成果，通过良好的党风带政风、促民风，最广泛、最充分地调动广大群众积极投身攀枝花的改革发展。

第三，准确把握开展群众路线教育实践活动的主要任务

这次教育实践活动的主要任务是聚焦作风建设，集中解决形式主义、官僚主义、享乐主义和奢靡之风这“四风”问题。去年，攀枝花市集中开展了“中国梦”主题教育活动和“三大主题”教育活动，发现整改了一批突出问题，干部作风有了很大转变，取得了阶段性效果。但是，作风问题具有顽固性和反复性，形成优良作风不可能一劳永逸，克服不良作风也不可能一蹴而就。由于种种原因，“四风”问题在攀枝花市各级领导班子和党员干部队伍中都不同程度地存在，有的还比较严重。在活动筹备阶段，市委教育实践活动领导小组办公室集中近1个月时间，通过发放调查问卷、召开座谈会、实地调研等方式，征求到攀枝花市“四风”具体问题13种、25条，收集到群众反映强烈的问题及建议58条，反映出部分党员干部不同程度存在“虚假空”的功利思想，“冷横硬”的衙门作风，“庸懒散”的懈怠心理，“奢私贪”的堕落行为，具体表现在：从县级领导班子和领导干部看，有的搞形象工程、政绩工程，换一任领导、变一套思路；有的满足现状、不思进取，求稳怕乱、不敢担当，为了不出事、宁可不干事；有的组织观念淡薄，热衷于“走门子”“入圈子”，身陷饭局牌局，流连茶馆酒楼，甚至以权谋私、弄权贪腐。从市、县机关及其直属单位看，有的作风漂浮，工作纪律散漫，上下班不按时，随意脱岗串岗，不求过得硬、只求过得去；有的遇事拖沓、推诿扯皮，唱功好、做功差，以责任书推卸责任、用任务书摆脱任务。从执法监管部门和窗口单位、服务行业看，有的滥用职权，吃拿卡要，有利就上、无利就让，执法不公、选择性执法、随意性执法；有的政策不熟、业务不精、态度生硬，对群众呼来喝去，让群众办事往返跑。从乡镇、街道领导班子和领导干部看，有的不关心群众冷暖，坐等上门多、深入基层少，遇到矛盾绕道走；有的方法简单粗暴，对群众摆架子、装样子、打官腔，弄虚作假，欺上瞒下，糊弄群众。从村、社区等基层组织看，有的服务群众意识和能力不强，“机关化”“衙门化”现象严重；有的办事不公，在征地拆迁、低保办理、扶贫慰问等方面假公济私、偷梁换柱、优亲厚友；等等。以上这些问题，本质是违背党的性质和宗旨，根子在背离群众路线，归根到底是因为理想信念动摇。各级党委、领导班子和党员干部队伍必须要深刻认识“四风”问题带来的严重危害，深刻领会中央、省委、市委整治作风顽疾的坚定决心，下大气力对作风之弊、行为之垢来一次大排查、大检修、大扫除，以解决问题的新成效让人民群众看到活动带来的新变化、新气象。

二、以整风精神开展教育实践活动，真正做到“照镜子、正衣冠、洗洗澡、治治病”

根据中央、省委部署要求，市委已经印发文件，明确了攀枝花市开展教育实践活动的指导思想、目标任务、基本原则和方法步骤。一会儿，熊伟同志还要作具体安排。各县（区）、各部门各单位要按照中央、省委、市委的安排部署，切实把“照镜子、正衣冠、洗洗澡、治治病”贯穿活动全过程，以整风精神扎实开展教育实践活动。

（一）突出理论武装，边学边查“照镜子”。解决“四风”问题，首先要发现问题。看不到、抓不住问题就是最大的问题。党员干部“照镜子”，就是要以党章为镜，对照党的纪律、对照工作要求、对照先进典型、对照群众期盼、对照改进作风规定，在宗旨意识、工作作风、廉洁自律上摆问题、找差距、明方向。要把搞好学习教育、思想理论武装摆在第一位，深入学习党章，学习党的十八大精神，特别是学习习近平总书记系列重要讲话精神，学习省委十届三次、四次全会和市委九届六次全会等重要会议精神，学习中央、省委规定的“3 本学习材料”和攀枝花市群众工作乡土教材，扎实开展理论宣讲教育、先进典型引导教育、结对帮扶实践教育、反腐倡廉警示教育“四项专题教育”和群众路线怎么走、改进作风怎么办、五好干部怎么做“三个专题讨论”，真正在思想上受到一次马克思主义群众观点和党的群众路线深刻教育。

（二）突出问题导向，边查边做“正衣冠”。面对问题，态度端正是第一位的。习近平总书记在全国组织工作会议上就“怎样是好干部、怎样成长为好干部、怎样把好干部用起来”作了深刻论述，每名干部都要自觉按照“好干部”的标准来严格要求自己。党员干部“正衣冠”，就是要按照为民务实清廉要求，敢于正视矛盾和问题，敢于触及思想灵魂，增强自律观念，自觉把党性修养正一正、把党员义务理一理、把党纪国法紧一紧，保持共产党人的良好形象。各级领导干部要紧密联系思想、工作和作风实际，深入分析在“四风”方面存在的主要问题、具体表现、思想根源，对存在的问题从深处查找，对产生的原因从根源剖析，切实把矛盾和问题找准、找实。

（三）突出从严要求，边做边改“洗洗澡”。习近平总书记强调，这次教育实践活动，要在批评和自我批评上好好下一番功夫。党员干部“洗洗澡”，就是要以整风的精神开展批评和自我批评，要特别重视开好专题民主生活会和组织生活会，开展积极健康的思想斗争，既深刻剖析和检查自己，又开展诚恳的相互批评；既要醒醒脑、红红脸，又要出出汗、排排毒。主要领导要带头开展批评与自我批评，打消自我批评怕丢面子、批评上级怕穿小鞋、批评同级怕伤和气、批评下级怕丢选票等顾虑，营造讲党性、讲真话、讲实话的氛围。要组织群众广泛参与，切忌“自说自话、自谈自唱”，不搞闭门修炼、体内循环，使活动成为群众支持、群众检验、群众满意的民心工程。

（四）突出正风肃纪，边改边整“治治病”。这次教育实践活动，关键在解决问题。要把解决问题摆在首要位置，针对排查梳理出的问题，逐项研究，逐个解决，集中做好督促整改、清理检查和制度完善工作，动真碰硬，一抓到底。各县（区）、各部门各单位要坚持“惩前毖后、治病救人，区别情况、对症下药”的原则，对作风方面存在问题的党员、干部进行教育提醒，对问题严重的进行查处，对不正之风和突出问题进行专项治理。对活动中发现的违纪违法典型，要综合运用通报批评、责令整改、书面检查、诫勉谈话、组织处理、纪律处分等方式，严格依纪依法进行查处。特别是对顶风违纪、边整边犯的，要快查严办重处。要对典型案件进行内部通报，并适时对外曝光，实现查办一件、教育一片、规范一线的综合效果。

三、紧密联系攀枝花实际，以活动开展汇聚推进跨越发展的强大动力

省委要求，教育实践活动要坚持“五个结合”，真正把开展活动的过程变成凝心聚力的过程，变成转变作风的过程，变成落实工作的过程，变成推动发展的过程，变成改革提升的过程。

一是要与巩固“中国梦”和“三大主题”教育活动成果紧密结合起来。要充分运用这两次主题教育活动中形成的好的经验做法和体制机制，特别是要把具有攀枝花特色的群众工作方法提炼出来，总结好、运用好、发扬好，持续破除“怕、满、慢、浮、僵”的消极思想，始终保持“闯、进、快、实、活”的进取精神，推动群众路线教育实践活动在更高的平台上开局起步。要对活动中查找的问题一条一条进行梳理，对涉及群众利益的问题，要督促落实、深化解决。对长期整改、长期存在的“老大难”问题，要出重拳、动真格，真正在转变作风、服务群众上有新突破、新成效。

二是要与落实省委十届三次、四次全会和市委九届六次全会各项部署紧密结合起来。当前，“总量小、不协调、欠发达”仍然是攀枝花市经济发展的最大实际，“发展不快、发展不够、发展不充分”仍然是攀枝花市最突出的市情，加快发展仍然是解决攀枝花市一切问题的根本和关键。省委十届三次全会确立了实现四川“两个跨越”、确保与全国同步全面建成小康社会的奋斗目标，十届四次全会提出了要全面深化改革的要求；市委九届六次全会从全市长远发展的战略高度，将攀西国家级战略资源创新开发试验区建设、“五创联动”、花城新区建设、区域交通枢纽建设等一大批重点项目纳入“急难险重”任务集中攻坚，任务很重、压力很大，需要各级党员干部艰苦奋斗、超常努力，才能圆满实现。大家要把教育实践活动融入到抓发展的具体工作特别是“急难险重”的工作任务当中去，攻坚克难、敢于担当，以实实在在的发展成果彰显教育实践活动的作用和价值。

三是要与矛盾化解紧密结合起来。发展必然伴生矛盾。攀枝花作为资源型工业城市，经过前期的高速发展，长期积累下来的社会矛盾逐步显现。要把矛盾化解作为践行群众路线的落脚点，创新矛盾排查机制，找准矛盾根源，有效化解各类矛盾。要开展化解信访积案专项行动，集中力量分层、分类排查矛盾纠纷，实打实地解决一批群众反映强烈的信访突出问题。各级领导干部要带头接访、带案下访和包案处理信访案件。机关党员干部要主动下访接访、办好初信初访，帮助基层做好思想工作、帮扶工作，把矛盾纠纷化解在基层，营造和谐稳定的发展环境。

政府工作报告

——2014年2月25日在攀枝花市第九届人民代表大会第三次会议上

市　长　　张　剡

各位代表：

现在，我代表市人民政府，向大会报告工作，请予审查，并请政协委员和列席同志提出意见。

一、2013年工作回顾

过去的一年，是攀枝花市发展历程中极不平凡而又特殊的一年。在省委、省政府和市委的坚强领导下，在市人大、市政协的监督支持下，市政府认真履行职能，紧紧依靠全市各族人民，攻坚克难，奋力拼搏，经济社会发展稳中有进、稳中向好，民生得到持续改善。全年实现地区生产总值800.88亿元，比上年（下同）增长10.7%，位居全省第八；完成全社会固定资产投资545.74亿元，增长17.8%；实现社会消费品零售总额219.33亿元，增长14.2%；

实现全口径公共财政收入116.09亿元，其中，地方公共财政收入58.55亿元，增长2.4%；城镇居民人均可支配收入24906元，增长9.2%，农村居民人均纯收入9838元，增长12.7%；城镇登记失业率为3.5%；人口自然增长率为2.6‰；单位生产总值综合能耗预计下降3.3%。

经济结构调整取得积极进展。始终坚持做精一产、做强二产、做大三产的思路，持续推进产业升级和结构优化，关闭煤矿42家，淘汰了22户企业的落后产能，第一产业实现增加值27.88亿元，增长4.5%，第二产业实现增加值597.19亿元，增长11.7%，第三产业实现增加值175.81亿元，增长8%，三次产业对经济增长的贡献率分别为1.4%、83.2%和15.4%，民营经济增加值占GDP比重达46.1%，高新技术产业产值首破百亿、达110亿元。工业经济平稳较快增长。出台了稳定工业增长的系列措施，设立了企业应急转贷专项资金，累计周转资金12.92亿元，55家企业获得应急帮助。钒钛及相关产业实现产值175.9亿元，增长12.2%；机械制造业实现产值142.5亿元，增长18.9%。钒钛产业园区创建为四川省高新技术产业园区，六大工业园区实现规模以上工业总产值750亿元，增长14%。攀钢减亏61.7亿元，钢城集团名列2013年中国民营企业500强第175位和中国制造业500强第292位，十九冶利润增长11%。规模以上企业净增38户，总数达到376户，实现规模以上工业增加值452.9亿元，增长12.8%，位居全省第七。第三产业加速壮大。《中国阳光康养旅游城市发展规划》编制实施，“八大旅游项目群”加快建设，乡村旅游异军突起，重大旅游项目建设经验在全省推广，欢乐阳光节影响力逐步扩大，攀枝花市荣膺中国最具魅力的节庆城市，旅游总收入增长52.9%。攀枝花市成为全省首批现代物流业示范市，炳草岗商贸流通集聚区被列为四川省现代服务业集聚区，格里坪鑫铁工业物流园一期、米易青杠矿山服务物流中心等项目顺利竣工，快递业健康发展。城市商业网点规划修编完成，在全省同级市州中率先引进马来西亚金狮百盛国际知名连锁品牌和台湾太平洋大型连锁企业，消费带动和辐射能力增强。全市金融机构本外币各项存款余额达785.7亿元、贷款余额达611.58亿元，分别较年初增长3.5%和14.5%，存贷比位居全省第一。现代农业加快发展。积极推进国家现代农业示范区建设，实现农林牧渔业总产值48.1亿元，增长4.6%，其中晚熟芒果、早春蔬菜、优质烤烟分别实现产值5.19亿元、11.07亿元和4.15亿元，分别增长15.6%、7.7%和4%。创新品牌营销模式，在成都成功举办首次特色水果推介会。攀枝花块菌、盐边桑葚、米易苦瓜、米易山药被认定为国家地理标志保护产品。新增家庭农场367个、农民专业合作社148家。马鞍山水库、梅子箐水库（扩建）等项目进展顺利，整治病险水库20座，建成高标准农田1533.33公顷，综合治理水土流失117.5平方千米。46个市级新村点完成年度建设任务。

投资拉动成效显著。《2013—2017年重大项目规划》编制完成，涵盖项目804个。实行“一个项目、一套班子、一套方案、一抓到底”的工作机制，强力推进重大项目。朵实10万吨锻铸件、密地尾矿回收利用、西宇生物一期、攀枝花学院2.1兆瓦太阳能屋顶光伏发电等重大项目竣工投产，富邦1000万件钒钛制动毂、瑞钢渣钢渣铁综合利用、观音岩和桐子林水电站、国省干线改扩建等项目推进加快，成昆铁路新线攀枝花段、缅气入攀、观音岩引水工程等项目开工建设，机场成功复航并增开至重庆、北京航线，丽攀高速公路攀枝花城区段建成通车，攀大（理）绕城高速公路招商成功。积极参加世界华商大会、西博会、科博会、农博会等活动，主动对接知名企业，新签约项目233个（其中投资额10亿元以上重大项目40个），履约项目372个，到位资金434.65亿元，增长6.4%。

城乡面貌有了新的变化。深入实施“五创联动”，加快推进68个攻坚项目，顺利通过省级森林城市、省级文明城市考核验收。启动编制全省首个市域城乡统筹发展规划，积极推进道路网络、城市风貌等专项规划编制。新密地大桥、龙密路、炳二区主干道等项目建成通车，倮果大桥、巴关河大桥等5座桥梁完成重建或除险加固，马坎污水处理厂及截污干管工程、花城大道老黑地至龙塘沟及连接线等项目有序推进，硬化县乡道路48.3千米，建成通乡柏油路（水泥路）64.9千米、通村公路257.84千米。建成6处地下人行过街通道，有效缓解了中心城区交通拥堵问题。花城新区建设提速，以“双十字”路架为支撑的重大项目群加快推进。历时5年、共48个项目、惠及1.8万户群众的旧城改造正式启动，

瓜子坪商场老旧房屋改造等8个项目开工建设。小城镇建设成效显著，全省“两个现场会”在

攀枝花市召开，红格镇、普威镇成为全省产城融合的典范。花城景观、沿江景观打造扎实推进，生态景观效应不断凸显。强化市城管委职能和监管力度，城市管理水平有效提升。

环境保护进一步加强。扎实开展国模创建，全面加强污染源和城乡环境综合治理，狠抓城市扬尘治理，深入推进重金属、危险废物和持久性有机污染物防治，主要污染物排放完成省政府下达的目标任务，预计单位工业增加值综合能耗下降6%。启动开展重点区域流域污染防治三年攻坚，完成年度攻坚项目36个，二氧化硫浓度下降25.6%，氮氧化物年均浓度下降7.5%，环境空气质量优良率达92.6%。切实加强饮用水水源地、地表和地下水系环境监管，水环境质量继续保持较好水平。

发展活力有效增强。经过多年努力，攀西国家级战略资源创新开发试验区（以下简称“试验区”）成功获批，钒钛资源创新开发上升为国家战略，三区两县成为核心区。率先推动试验区建设向“深水区”挺进，科学编制了一系列工作规划，积极争取上级支持，获得专项资金3.3亿元，在直购电试点、资源税改革试点、工矿废弃地复垦利用、设立国家级“攀枝花（钒钛）产业投资基金”等方面取得突破性进展，科技攻关、人才培养、项目集成等工作取得阶段性成效。全国唯一的跨省区产权交易机构西南联合产权交易所在攀枝花市组建分所，资源市场化配置能力有效提高。市属经营性国有资产进一步整合，户籍制度改革试点有序开展，食品药品监管机构改革基本完成，农村综合配套、人事制度、文化体制、医药卫生体制等各项改革取得新进展。加大简政放权力度，市级行政审批事项取消14项、下放2项。加快推进国家外贸转型升级专业型示范基地建设，实现外贸进出口总额1.87亿美元，东盟成为攀枝花市最大出口市场。国家知识产权示范城市创建工作扎实开展，第二届攀枝花钒钛（国际）论坛成功举办，重大关键技术攻关取得新成绩，“三大国家级创新平台”建立运行，科技进步获奖数量位居全省第二，新增国家高新技术企业16户，专利转化实现产值32.4亿元。

民生保障更加有力。圆满完成十大民生工程，总投资达39.99亿元，增长23.1%，民生支出占公共财政支出的64.7%。城镇新增就业1.77万人，失业人员再就业8015人，就业困难人员再就业2186人，藏区“9+3”学生初次就业率达100%。全市15万企业退休职工月均基本养老金达2063元，高出全省平均水平528元；新型农村合作医疗参保率稳定在99%以上。集医保卡、银行卡、公交卡等功能于一体的市民卡正式发行。在全省率先建成“12349”居家养老服务信息平台，面向全市18.3万老年人提供紧急救援、生活帮助、主动关爱和医疗服务。开工建设保障性安居工程6384套、竣工4189套，发放廉租住房补贴3440户，公租房对外来务工人员定向提供比例达90%。完成农村危房改造2728户，解决了4.6万农村人口的饮水安全问题。移民后扶整村推进示范片加快建设，“8+8”对口援边成效显著，建成产业路93千米，受益群众超过2万人。加强食品药品安全监管，公众饮食用药安全得到保障。居民消费价格指数上涨1.3%，比全国、全省平均指数低1.3和1.5个百分点。地震监测手段数字化改造顺利完成。按照省委、省政府要求，对口援助藏区凉山州木里县、灾后援建雅安市名山区等工作扎实推进、成效显著。

社会事业全面进步。各级各类教育协调发展，新建城乡公办幼儿园8所；五十一阳光家园小学建成投用，“两免一补”实现城乡全覆盖，三区顺利通过省政府义务教育均衡发展督导评估，在全省率先实行一师一校教师外出疗养制度；本科和重本上线率分别达42.5%、9.3%，均高于全省平均水平；3所中职学校成为国家中等职业教育改革发展示范学校建设单位；攀枝花学院学科建设迈上新台阶，四川机电职业技术学院被列为国家高技能人才培养基地。首批国家公共文化服务示范项目“大地书香新农村家园工程”顺利通过国家验收，三线建设博物馆开工建设，文物征集有序进行，文艺创作成果丰硕，文化产业加快发展。应急广播体系建设的“攀枝花模式”在全国推广，广电公共服务水平保持全省领先。县级公立医院全面取消药品加成，市中心医院第二住院大楼竣工投用，市中心医院医学影像中心建成省级重点专科，新增住院医师规范化培训基地8个，示范社区卫生服务中心数量在全省仅次于成都。国家卫生城市创建成果不断巩固，新增省级卫生乡镇4个、省级卫生村46个。全民健身计划深入实施，公共体育场馆免费开放79万人次，阳光体育产业加速发展。

社会治理创新得到强化。抓好本质安全型城市构建和全国综合减灾示范社区建设，深入开展安全生产专项整治，加大煤矿整顿力度，安全生产形势持续好转。积极开展社会稳定风险评估，有效畅通群众诉求渠道，“12345”市民热线办结率为99.5%，重点信访积案化解率达100%，网上信访办理率实现“四个100%”。积极开展“五规范五减少社区（村）”创建活动，试点社区（村）治安案件、可防性侵财案件发案率分别下降11.8%和8%。进一步完善社会治安整体联动防控体系，深入开展各类专项整治行动，群众安全感达95.2%。在全省率先普推“计生e通”，人口环境保持良好。积极维护民族团结，依法管理宗教事务，社会大局保持稳定。

此外，审计、人防、国安、出入境检验检疫、海关、气象、供销、档案、机关事务管理、住房公积金管理、地方志、邮政、外事、台务、侨务、妇女、儿童、残疾人等各项工作都取得了新成绩，国税、地税、工商、质监、烟草、通讯、石油、保险等驻攀单位也为全市经济社会平稳较快发展作出了新贡献。

各位代表，成绩来之不易，凝聚了大家的智慧和力量！这是市委坚强领导的结果，是市人大、市政协监督支持和军分区有力保障的结果，是全市上下开拓进取、主动作为的结果。在此，我代表市人民政府，向全市各族人民，向驻攀解放军、武警官兵和政法公安干警，向给予政府工作大力支持的人大代表、政协委员、各民主党派、工商联、无党派人士、人民团体和社会各界人士，向各位老领导、老同志，向来攀枝花市创业发展的建设者、投资者，表示衷心的感谢，并致以崇高的敬意！

总结一年的工作，我们清醒地看到，在全国、全省经济持续下行的压力传导下，攀枝花市长期积累的结构性矛盾与产能过剩、要素制约、煤矿整顿关闭等阶段性困难叠加交织，影响了地区生产总值、公共财政收入、城镇居民人均可支配收入等预期目标的实现。此外，攀枝花市发展中还存在不少矛盾和问题，主要表现在经济总量不大、产业结构不优、三产发展滞后、转型任务繁重、经济发展质量和效益不高、增长动力不足、投资大带动强的重大项目少、边远山区生产生活条件仍然较差等方面。从政府自身来说，效能建设仍需加强，少数工作人员还存在推诿扯皮、作风飘浮等现象。对这些问题，我们将高度重视，绝不以事艰而不为，绝不因任重而畏惧，采取有力措施，切实加快解决。

二、2014年主要任务

今年，政府工作的总体要求是：以党的十八大和十八届二中、三中全会精神为指导，深入贯彻落实中央和省委经济工作会议暨城镇化工作会议、市委九届六次全会精神，以科学发展为主题，以转变发展方式为主线，以新型城镇化为引领，以在全省率先全面建成小康社会为统揽，牢牢把握试验区建设、全国老工业基地调整改造和全省实施“三大发展战略”等重大机遇，坚持抢抓机遇、稳中求进、改革创新、加快发展，全力稳增长、抓改革、促转型、增效益、防风险、惠民生、创和谐，深入开展党的群众路线教育实践活动，坚定不移推进“三个加快建设”“三个走在全省前列”，集中力量打好“六大硬仗”，以优异成绩迎接建市50周年。

全市国民经济和社会发展主要预期目标为：地区生产总值确保增长10%，力争11%；全社会固定资产投资增长13%；公共财政收入增长7%；社会消费品零售总额增长12%；城镇居民人均可支配收入和农村居民人均纯收入均增长11%；城镇登记失业率控制在4%以内；人口自然增长率控制在4‰以内；单位生产总值综合能耗下降3%。

上述指标的确定，主要基于两个方面的原因：一是充分考虑发展大势和政策导向。当前，宏观经济形势依然严峻，下行压力仍然较大，经济增长由“高速”向“中高速”转换渐成共识，淡化增长、调整结构、突出改革已成全国全省工作主调。顺应大势，攀枝花市必须把经济增长的速度控制在合理范围内，以经济增长的主动适度减档为转方式、调结构留出必要空间。二是充分考虑发展实际和转型需要。“发展不足、发展不够、发展不充分”仍然是攀枝花市的最大实际，如果没有积极可行的发展速度，完成“十二五”规划、保障改善民生等都将难以实现。立足实际，我们必须既主动“抓紧转”，又坚持“加快赶”，在提质增效的前提下努力保持快于全国全省的增长速度，进一步做大总量，为在全省率先全面建成小康社会奠定坚实基础。

今年，要重点做好四个方面的工作：

（一）以提升质量和效益为核心，坚定不移稳增长、调结构，迈出转型发展新步伐

——力促经济平稳较快增长。强化投资关键作用，实行重大项目市长推进制。完成134个重大项目的年度任务，其中，开工建设攀钢钛业10万吨钛白粉、中国重汽矿用车组装线、天民钛业二期等58个重大项目，加快推进特利小五金产业孵化园、瑞钢渣钢渣铁综合利用、观音岩和桐子林水电站等49个重大项目，确保富邦1000万件钒钛制动毂、攀枝花Ⅱ220千伏输变电工程等27个项目竣工投产。继续实施“一企一策”，做好服务帮扶和梯次培育工作。有序推进煤矿复产，积极争取电价优惠，确保工业平稳运行。加快园区基础设施和服务平台建设，力争将钒钛产业园区创建为国家级高新技术产业开发区和国家级出口质量安全示范区。突出特色，错位发展，不断壮大县区经济，加快形成多点支撑发展的新格局。

——推动经济结构转型升级。坚持走新型工业化道路，确保规模以上工业增加值增长12%以上。推动小选矿、表外矿利用、钛白等企业兼并重组，探索“煤电冶”或“水电冶”集团发展模式。加快建设以攀昆公司为主的钛材深加工园，推动金沙纳米与中信集团深度合作，积极争取钒钛新材料在全省装备制造业中的应用推广，拓宽钒产业发展空间，延伸钛产业链，做大做强钒钛、机械制造、矿业等特色优势产业，努力化解过剩产能。大力发展太阳能、生物等新兴产业。加快发展现代服务业，确保服务业增加值增长8.5%。有序推进阿署达花舞人间、普达阳光国际康养度假区等项目群建设，加快打造庄上等旅游新村，确保红格温泉旅游度假区创建为国家级旅游度假区。加快推进密地现代商贸物流园、攀青煤炭物流中心、银泰城市综合体等重点项目，做好现代物流领域标准化试点示范工作。大力发展阳光康养、物流快递、社区服务等生活性服务业，着力推进生产性服务业与制造业融合发展，力争成为全省现代服务业改革试点市。大力发展现代农业，确保农林牧渔业总产值增长4%。以特色优势产业为重点，以门里集团现代农业综合产业园等项目为带动，加大国家现代农业示范区建设力度，加快发展外向农业、品牌农业、设施农业和观光休闲农业。扎实推进马鞍山水库、观音岩引水工程、梅子箐水库（扩建）等重点水利项目，建设高标准农田1333.33公顷，新建万亩示范区3个。积极培育农业产业化龙头企业、大户集群和新型农业经营主体，强化农产品质量安全监管，构建内外相连、产销相见的农产品营销网络，促进农业增效、农民增收。扩大农业保险范围，提升抗灾能力。

——加快建设攀西试验区主体功能区。先行先试，探索借鉴“负面清单”等管理模式，力争在产业、交通、投资、财税、土地、环保、供电等重点领域和关键环节实现更大突破，加快把攀枝花市建设成为钒钛产品生产中心、质检中心、研发中心和交易中心。做好项目谋划、储备和包装，力争更多项目进入国家和省上的总盘子。进一步完善科技攻关、财税支持等工作方案，用好用活试验区建设专项资金，举办钒钛产业博览会等活动，吸引带动更多资本和研发机构参与钒钛资源创新开发。

（二）以改革开放为引擎，坚定不移抓创新、破难题，增添转型发展新动力

——全面深化各项改革。继续深化国资国企改革，推动市属国有资产布局结构调整。支持非公有制经济健康发展，鼓励和引导符合条件的个体工商大户转型升级。稳妥做好农村承包土地确权颁证试点工作，探索建立农村土地产权交易中心。稳步推进户籍制度改革，优先引导在城镇有稳定就业和住所的农村转移人口落户。积极推进事业单位分类改革，进一步深化财政、科技、教育、文化、卫生等体制改革。

——不断扩大对外开放。创新方式招大引强，着力引进产业链构建中的关键企业和带动力强的品牌企业，实现招商引资到位资金450亿元。以国家外贸转型升级专业型示范基地建设为抓手，鼓励攀钢、东方钛业、白云铸造、十九冶等外贸领军企业做大做强，支持天成丝绸、新中钛科技、海峰鑫化工等外贸成长型企业壮大规模，助推兴中钛业、恒源石化等潜力企业实现自营出口。鼓励开展国际工程承包和劳务合作，积极推动境外投资。围绕试验区建设，强化与凉山、雅安等市州的战略合作，推动建立市州联席会议、重大项目会商等工作机制，力争在打破行政壁垒、优化区域产业布局等方面取得新成效。

——提升科技创新能力。依托钒钛资源综合利用国家重点实验室、国家钒钛检测重点实验室和四川钒钛产业技术研究院等科研平台，鼓励攀钢、龙蟒、钢城集团等企业采取市场运作方式，协同开展关键瓶颈技术攻关。办好试验区科技专项对接会，做好重大科技项目招投标工作。加快科技成果转化及产业化步伐，积极打造国家级太阳能应用研发基地，新培育国家高新技术企业8户，实现高新技术产业产值130亿元，争取成为国家创新型城市试点，

确保创建为国家知识产权示范城市。

——努力破解发展难题。探索“财政支持金融、金融扶持产业”发展模式，不断拓宽筹融资渠道。大力推进老工业基地调整改造、“城市矿产”建设试点和钒钛磁铁矿整装勘查工作，建立健全矿产资源开发进入和退出机制。加快推进成昆铁路新线攀枝花段、攀大（理）绕城高速公路等项目建设，做好丽攀昭遵铁路、攀盐（源）高速公路等项目前期工作。全面完成国省干线三年攻坚任务，力争开通至广州、上海等航线。切实抓好节能减排，扎实推进重大节能工程和污染源限期治理项目，淘汰一批落后产能。创新人才政策，加大对高层次、领军型人才的引进和培养力度，加快建设国家钒钛产业高技能人才培养基地。

（三）以新型城镇化建设为抓手，坚定不移统城乡、增内涵，展现转型发展新成效

——大力推进城乡建设。科学统筹城乡全域规划，加强规划管理和执行。强力推进以“双十字”路架为中心的花城新区基础设施和重大项目建设。加快实施旧城改造，按计划推进创业路、华山片区原建二公司等老旧房屋改造项目。推广红格小城镇建设经验，更加注重产城融合，积极打造一批独具特色、风格各异的新型城镇。不断优化市域路网，加快推进干坝塘至鱼塘高速路出口连接线等项目，开工建设红格西环线一期、地龙箐至金沙江大道连接线立交工程等项目。加快构建贫困地区交通大环线，力争提前实现 100%的行政村通柏油路（水泥路）。继续抓好省级新农村建设成片推进示范项目和新村点建设，确保通过省级验收。

——不断改善人居环境。纵深推进“五创联动”，确保完成年度任务。继续抓好沿江景观和花城景观打造，积极推进沿江休闲、娱乐等设施建设，加快把金沙江中心城区段两岸打造成独具特色、风景亮丽的生态景观带和休闲娱乐带。结合环境空气质量新标准的实施，突出抓好扬尘专项治理，深入开展以“三片一线一企”为重点的区域流域污染综合整治，督促推进攀钢新 1 号烧结机脱硫系统优化改造等项目，促进环境空气质量明显提升。加大饮用水源一级保护区隔离带建设力度，确保饮水安全。深入实施市区环城景观林建设和天保二期工程，争取启动金沙江干热河谷区生态恢复和治理试点工作。强化城市管理，建立完善覆盖城区和重点乡镇的数字化城管体系，继续抓好城乡环境综合治理。

——着力提升文化软实力。积极倡导社会主义核心价值观，大力实施公民道德建设工程，有效提升市民文明程度。加快建设区域文化高地，高效推进三线建设博物馆、市中心图书馆等标志性文化设施建设，规划建设一批特色鲜明、内涵丰富的街区街景，办好四川省第七届少数民族艺术节。高标准构建以县级为枢纽、乡级为骨干、村级为基础的基层公共文化服务体系。加快发展文化产业，有序推进国家级苴却砚文化园区等项目。以迎接建市 50 周年为契机，深度凝练三线文化精髓，传承弘扬攀枝花精神，增强市民的归属感和自豪感。

（四）以民需民盼为导向，坚定不移惠民生、促和谐，凝聚转型发展新合力

巩固创业型城市创建成果，确保就业总量稳中有增、就业质量不断提升。积极构建一体化的城乡居民社会保障体系，调整城乡居民养老保险缴费档次和补贴标准，提高医疗保险及大病报销水平。围绕区域教育高地建设，坚持教育优先发展，抓好中小学信息化和标准化建设，着力促进城乡教育均衡发展，努力提高教育教学质量。以打造区域医疗卫生高地为抓手，加快花城新区医院、市妇幼保健院（迁建）等项目建设，完善卫生应急指挥决策系统，不断提升医疗服务水平和公共卫生保障能力。认真落实《全民健身条例》，组团参加第十二届省运会，大力发展阳光体育产业，努力打造亚高原训练和冬季训练两大品牌。深入开展对口帮扶，实施“五大扶贫工程”，促进边远民族地区加快发展。强化食品药品安全监管，确保“舌尖上的安全”。加强价格监管，保持物价平稳。畅通诉求表达渠道，推动信访积案化解，维护群众合法权益。强化隐患排查治理，坚决遏制重特大安全事故发生。加强社会治安综合防控，不断提升群众安全感。认真落实党的民族和宗教政策，巩固各民族团结奋斗、繁荣发展的良好局面。按要求实施“单独两孩”政策。切实抓好全国和谐社区建设示范城市创建工作。进一步做好国防动员、民兵预备役和“双拥”工作。扎实开展第三次经济普查。重视并做好人防、国安、出入境检验检疫、海关、气象、档案、防震减灾、地方志、外事、台务、侨务、妇女、儿童、残疾人等工作。

各位代表，今年，市政府将切实开展“走基层、解难题、办实事、惠民生”活动，继续加大投入力度，深入实施民生工程，为老百姓办好 18 件实事：

硬化县乡道路160千米、村道60千米；建设公路安全护栏330千米；新增（更新）一批公交车辆；建设保障性安居工程6730套；新建一批人行过街设施；对1.8万名农村义务教育阶段经济困难寄宿学生补助生活费；减免1.94万名贫困家庭及民族地区家庭幼儿保教费；免除1.29万名中职学校学生学费；资助普通高中家庭经济困难学生6700人、中职学校家庭经济困难学生7400人；城镇新增就业1.6万人、失业人员再就业5000人、就业困难人员再就业1200人；建设村卫生室14个；完成8个贫困村整村推进任务，加快建设彝家新村；完成“8+8”对口援边投资2400万元以上；解决8.038万农村人口的饮水安全问题；建设城乡社区日间照料中心46个；资助5789名重度残疾人护理费用；新增78个行政村通宽带；新建金海农贸市场。

三、政府自身建设

加强政府自身建设，是做好工作、推动发展的前提和基础。2013年，我们以“抓落实”为核心，坚决执行中央“八项规定”和省、市“十项规定”，深入开展“实现伟大中国梦、建设美丽繁荣和谐四川”及“三大主题”教育活动，全面加强自身建设，政府执行力、创新力、公信力和应对复杂局势、驾驭发展全局的能力有了新提升。新的一年，面对深化改革和转型发展的重任，我们将时刻牢记“空谈误国、实干兴邦”，夙夜在公，勤勉工作，坚定发展信心，营造发展氛围，创新发展举措，保持发展态势，着力打造人民满意的法治政府、廉洁政府和服务型政府，以政府的“辛苦指数”提升城市的“发展指数”和市民的“幸福指数”。

——抓改革，加快转变政府职能。紧紧围绕市场在资源配置中的决定性作用来转变政府职能，处理好政府与市场、政府与社会的关系。进一步深化行政审批制度改革，强化审核事项后续监管，推进工商登记制度改革，探索建立省、市、县（区）三级联动的并联审批机制，逐步推行“联合审办、超时默认、缺席默认、勘查‘一车制’”。调整优化政务服务中心进驻项目，进一步简化办事流程。统筹用好有限的财政资金，最大限度发挥财政资金的导向作用。积极探索在筹融资、资源有偿使用等方面的创新和改革，有效防范和化解政府性债务风险。

——抓法治，提高依法行政能力。始终坚持以法治思维和法治方式履行政府职能职责，妥善解决各种矛盾和问题。自觉接受人大、政协及社会各界的监督，认真办理人大代表建议和政协提案，广泛听取社会各界意见建议。进一步健全行政决策机制，规范行使行政执法自由裁量权，落实行政执法责任制，营造公平开放的市场经济法治环境。深入开展“六五”普法，不断提升市民法律素质。

——抓作风，加强政府廉政建设。按照“照镜子、正衣冠、洗洗澡、治治病”的总要求，认真开展党的群众路线教育实践活动，确保活动出亮点、见实效。探索建立长效机制，巩固“四风”整治成果。进一步强化服务意识，使“马上办、现场办”“你有事、我加班”成为常态。严格执行《党政机关厉行节约反对浪费条例》等规定，细化操作规程，严控三公经费，严查违规行为。积极倡导敢于负责、勇于担当、勤于落实、善于突破的工作作风，严厉查处“慵懒散”及行政不作为、慢作为、乱作为等问题。加强惩防体系和廉政风险防控机制建设，保持惩治腐败的高压态势，及时有效解决损害群众利益的突出问题。加大审计监督力度，支持执纪执法部门依法开展工作。

——抓落实，确保完成工作任务。全面推进战略思路的方案化、项目化、具体化，打造决策、执行、监督、考评、奖惩一体化的“落实链条”，到一线、到现场去解决难题、推动工作。着力打破少数干部遇事先找“教条”、办事先看“惯例”、干事先想“常规”的思维，对既定事项雷厉风行抓落实，对急难险重任务勇于担当抓落实，对重大项目和民生实事定责问效抓落实。大力精简会议活动，大幅减少文件简报，腾出更多的时间和精力促发展、惠民生。

各位代表，困难和挑战考验着我们，责任和使命激励着我们！让我们在中共攀枝花市委的坚强领导下，同心同德，真抓实干，开拓进取，为把攀枝花建设得更加美丽、为让攀枝花人民生活得更加幸福而努力奋斗！

大　事　记

1 月

4 日　攀枝花市与省级银行机构银政企对接会在成都世纪城新会展中心举行。会上，攀枝花市政府获得授信金额1021.9亿元，攀枝花9户企业获得授信金额131.4亿元。副省长甘霖出席会议并讲话。市委书记刘成鸣出席会议并致辞，市委副书记、市长张剡作项目推介并代表市政府与省级银行机构签署战略合作框架协议。省政府金融办主任陈跃军主持会议，省政府副秘书长吴显奎，人民银行成都分行行长周晓强，四川银监局局长王筠权，市委常委、常务副市长杨自力出席会议。

△　攀枝花市人民政府与成都铁路局在四川铁道大酒店会议中心举行战略合作框架协议签字仪式。市委书记刘成鸣，市委副书记、市长张剡，成都铁路局局长武勇，成都铁路局党委书记王晓州，市委常委李章忠，副市长柳康健、刘建明，成都铁路局副局长黎宏、荆世明出席会议。张剡、武勇分别代表攀枝花市政府、成都铁路局签订战略合作框架协议。

7 日　中共攀枝花市委九届四次全体（扩大）会议暨市委经济工作会议在攀枝花会展中心举行。会议应到市委委员45名，市委候补委员10名；实到市委委员44名，市委候补委员10名，符合规定人数。会议深入学习贯彻落实中共十八大、中央和省委经济工作会议精神，客观回顾总结2012年工作，研究部署2013年工作，并动员全市上下抢抓机遇、攻坚克难，全力促进社会经济持续快速发展，朝着在全省率先全面建成小康社会的目标奋勇前进。市委书记刘成鸣代表市委常委会向全委会报告2012年工作并安排部署2013年工作。市委副书记、市长张剡安排2013年经济工作，会议审议并通过《中共攀枝花市委九届四次全会决议》。

10—14 日　中国人民政治协商会议第八届攀枝花市委员会第二次会议在攀枝花会展中心举行。大会应到委员299人，实到273人，符合《政协章程》规定。这次会议审议并通过《政协第八届攀枝花市委员会第二次会议决议》《政协第八届攀枝花市委员会第二次会议提案委员会关于提案审查情况的报告》。

11—14 日　攀枝花市第九届人民代表大会第二次会议在攀枝花会展中心大会堂举行。会议应到代表277人，实到代表243人，符合法定人数。会议以投票方式选举产生刀丽平（女、彝族）、卢旭东、史志伦、刘卫东、刘成鸣、刘晓华、李洪琼（女、苗族）、肖佑嘉（女）、吴强、余自甦、张剡、张汝林、陈可红、陈素清（女）、范晓红（女）、林双庆、罗阳勇、赵琪（女）、姜晓亭、祝鸿、郭永祥、覃发树、谢道全、雷雨、熊学琴（女）、潘世伟26名攀枝花市出席四川省第十二届人民代表大会代表和补选张大德、陈向东2名市九届人大常委会委员，当选代表的代表资格将报四川省人大常委会代表资格审查委员会审查，省人大常委会确认。会议通过：《关于攀枝花市人民政府工作报告的决议》《关于攀枝花市2012年国民经济和社会发展计划执行情况及2013年国民经济和社会发展计划的决议》《关于攀枝花市2012年财政预算执行情况和2013年财政预算的决议》《关于攀枝花市人民代表大会常务委员会工作报告的决议》《关于攀枝花市中级人民法院工作报告的决议》《关于攀枝花市人民检察院工作报告的决议》。

15 日　“2012中国•攀枝花欢乐阳光节”活动板块之一——“行远牧业”杯电视厨艺争霸赛在市中心广场开赛。市委常委、市总工会主席许健民，市人大常委会副主任张汝林，市政协副主席刘德顺出席活动。副市长柳康健为活动致辞。

16 日　市委书记刘成鸣，市委副书记、市长张剡在深圳华润大厦会见华润（集团）有限公司副总经理、华润电力控股有限公司董事局主席周俊卿。双方就进一步深化合作，共同推进银江水电站建设达成共识。市委常委李章忠，长江勘察设计研究院副院长程卫民，市级相关部门、华润电力及攀枝花华润水电开发有限公司相关负责人参加会见。

18 日　九三学社攀枝花市委员会成立30周年纪念大会在攀枝花学院举行。中共攀枝花市委副书记赵辉，市政协副主席赵勇、伍维根、何群、吴文发、周治端应邀参加大会。副市长、九三学社攀枝花市委主委刘建明主持大会。

△ “榜样的力量”攀枝花第二届道德模范颁奖晚会在市中心广场举行。市委副书记赵辉、市人大常委会副主任王向阳、副市长张敏、市政协副主席庞向东、攀枝花军分区政委陈向东出席晚会。

△ 畅想阳光•最美攀枝花主题摄影展在成都宽窄巷子“宽窄光影”摄影长廊举行。市委常委、市委宣传部部长沈钧出席摄影展览。

20 日 下午，市委副书记、市长张剡与鞍钢集团公司董事长、党委书记张广宁一行座谈，双方就深入推进攀钢改革，携手加快地企发展进行交流。市委副书记赵辉，市委常委、常务副市长杨自力，副市长刘建明参加座谈会。

31 日 市总工会、市商业银行联合举办“让会员证香起来”活动启动仪式暨工会联名卡发放仪式，标志着全市近 50 万工会会员拥有一张属于自己的优惠卡、实惠卡和贴心服务卡。市委常委、市总工会主席许健民出席发放仪式。

2 月

3 日 省委书记、省人大常委会主任王东明率省委、省政府慰问团，到攀枝花市看望基层干部群众。省委常委、秘书长陈光志，武警四川省总队司令员肖凤合陪同看望慰问并调研。上午，王东明在攀枝花市委书记刘成鸣，攀枝花市委副书记、市长张剡的陪同下，来到东区大花地社区和东风社区的困难职工钟家广、秦广义家中慰问。慰问期间，王东明还前往攀钢集团轨梁厂，调研企业生产经营情况。省委、省政府慰问团在攀期间，市领导谢道全、单荣、赵辉、杨自力、许健民、王海波、殷旭东、刘建明、贾德华陪同慰问或参加工作汇报会。

4 日 中共攀枝花市委常委（扩大）会议在攀枝花会展中心召开。市委书记刘成鸣主持会议。市委副书记、市长张剡在会上传达了王东明书记在攀枝花市慰问和调研时的重要指示精神。

25 日 省委常委、省委宣传部部长吴靖平在市委书记刘成鸣，市委副书记、市长张剡的陪同下，深入攀枝花市部分企业、社区和重点工程建设现场调研。省纪委常委、监察厅副厅长贾瑞云，省委组织部副部长戴允康参加调研。市领导沈钧、王海波、贾德华陪同调研。

26—27 日 全市县（区）工作暨急难险重任务推进会召开。26 日，市委书记刘成鸣，市委副书记、市长张剡与出席全市县区工作暨急难险重任务推进会的代表们，走进攀枝花市部分急难险重任务项目一线看亮点、比成效、学经验，谋划发展新思路，探讨工作新举措。27 日，全市县（区）工作暨急难险重任务推进会在攀枝花会展中心举行。会议确定 2013 年度全市急难险重任务，涉及重大基础设施建设、“五创联动”、花城新区建设等 14 类项目，相关责任县（区）负责人在会议现场签订目标考核责任书，明确责任，逗硬奖惩。会上，刘成鸣、张剡先后与市委、市政府分管领导和部分县（区）、市级部门负责人签订 2013 年急难险重目标考核责任书。

28 日 中共攀枝花市委工作会议在攀枝花会展中心召开。市委书记刘成鸣出席会议并讲话。会上，市委分管领导分别就全市统战工作、反腐倡廉建设工作、宣传思想文化工作、政法维稳信访工作、机关党的建设工作、组织工作进行总结部署。刘成鸣代表市委与各县（区）委、部分派出党工委签订党建工作目标责任书。

3 月

6 日 市委书记刘成鸣率市党政代表团赴云南省楚雄彝族自治州学习考察。市委常委、常务副市长杨自力陪同考察。

8 日 由市委书记刘成鸣率领的市党政代表团前往云南省丽江市学习考察。市委常委、常务副市长杨自力参加考察。

12 日 《笮山若海旅游区全案策划》汇报会在攀枝花会展中心举行。市委常委、常务副市长杨自力，副市长柳康健出席会议。

12—14 日 以省政府副秘书长、参事室主任蔡竞为组长的省政府安全生产综合督查组一行，分成 5 个小组分别对攀枝花市部分煤矿、非煤矿山、道路交通、冶金等行业的安全生产工作进行现场督查。副市长殷旭东陪同督查。14 日，莅攀督查攀枝花市安全生产工作的省政府安全生产综合督查组一行，在会展中心听取市政府相关工作汇报。市委常委、常务副市长杨自力主持汇报会，副市长、市安委会常务副主任殷旭东代表市政府汇报攀枝花市安全生产工作情况。

18 日下午 “攀枝花钒钛资源综合利用战略研究”项目启动会在北京召开。市委副书记、市长张剡出席会议。

19 日 市委、市政府与中国国际经济交流中心在京举行《攀西战略资源创新开发试验区》战略合作座谈会。会议由中国工程院副院长干勇主持，市委书记刘成鸣，市委副书记、市长张剡出席会议。

22 日 市政府与中国联通四川省分公司就共建“智慧攀枝花”，共同推进攀枝花信息化建设签订框架协议。副市长刘建明与中国联通四川省分公司副总经理王胜明代表双方签订框架协议。

29 日 上午，2013 年攀枝花市环境保护暨创国模攻坚大会在会展中心召开。市委副书记、市长张剡主持会议并代表市政府与相关县（区）和企业签订目标责任书。

31 日　全国政协常委、中国文联原党组书记、副主席胡振民率领中国剧协“梅花奖”艺术团一行，调研攀枝花市苴却砚文化产业发展等情况。副市长张敏陪同调研。

4 月

2 日　全市水务局长会议召开。2013 年攀枝花市计划投入资金 6 亿元以上，加快推进中型水利、民生水利等工程项目建设。副市长李仁杰出席会议。

8—9 日　水利部新闻宣传中心主任郭孟卓带领由《人民日报》、新华社、中国新闻社、《农民日报》等 12 家中央、省级新闻媒体组成的采访报道团，深入攀枝花市盐边县红格镇金河村、仁和区平地镇平地村等旱情严重地区，对抗旱保供水工作进行为期一天半的集中采访。副市长李仁杰陪同采访。

11 日　市长张剡主持召开市政府第 19 次常务会议，会议审议并原则通过《关于全市林业产业发展情况的报告》等。

12—13 日　国家新闻出版广播电影电视总局规划财务司副司长于保安一行莅临攀枝花市，就农村广播影视公共服务体系建设和市应急广播系统工程进行调研。副市长张敏陪同调研。

14—15 日　国家水利部农村水利司司长王爱国率队前往攀枝花市米易县、仁和区、盐边县部分乡镇实地解小型农田水利工程建设、使用、管理情况，并与基层干部群众座谈。副市长李仁杰陪同调研。

15 日　市委副书记、市长张剡在成都先后与日照钢铁控股集团有限公司、浙江森禾种业股份有限公司、江苏三木集团有限公司相关负责人举行会谈，就进一步加强交流合作进行深入探讨。

18 日　市委书记刘成鸣率攀枝花市党政代表团赴重庆市万州区考察，并与重庆市委常委、万州区委书记吴政隆座谈，学习万州区在城市建设方面的先进经验，探索山地城市规划建设的新路子。副市长贾德华参加相关活动。

19 日　市委书记刘成鸣率攀枝花市党政代表团前往重庆市涪陵区，在涪陵区区委书记秦敏的陪同下，对涪陵区部分城市建设重点项目进行实地考察，学习涪城区在城市建设中的成功经验。副市长贾德华参加考察。

△　全省旅游多点多极发展攀西片区座谈会议在攀召开。市委副书记、市长张剡致辞，副市长柳康健出席会议。

△　攀枝花市政府与北京京城机电控股有限责任公司举行项目对接座谈会。市委常委、常务副市长杨自力出席会议。

20 日　环境保护部政策法规司司长李庆瑞一行在市委副书记、市长张剡的陪同下，就攀枝花市国模创建工作进行调研。

△　雅安芦山发生地震，市委副书记、市长张剡第一时间对支援雅安地震灾区工作进行安排部署，全市迅速启动支援工作。

△　市委书记刘成鸣率攀枝花市党政代表团，前往重庆市主城区进行实地考察，并与重庆市城乡建委党组书记、主任程志毅会谈，就加强城市规划建设、推动城市转型进行深入探讨。副市长贾德华参加考察。

22 日　攀枝花市卫生防疫救援队在市疾控中心集结，立即赶赴雅安市芦山区开展救援。副市长张敏代表市委、市政府为救援队送行，并希望救援队做好支援灾区工作，尽最大努力为灾区人民提供帮助。

24 日　下午，国家发改委副主任、国家能源局局长吴新雄在北京就攀枝花钒钛产业园区申请直购电事宜，听取市委副书记、市长张剡的专题汇报。

25 日　上午，市委副书记、市长张剡率市级相关部门负责人，在蓉拜会国家开发银行四川省分行行长王中，重点就开发性金融支持攀枝花建设攀西战略资源创新开发试验区、国家现代农业示范区、中国阳光康养旅游城市等事宜进行对接。

26 日　市委、市政府与攀钢集团有限公司举行地企对接合作工作座谈会。市委副书记、市长张剡出席会议并提出要求。

27 日　市委副书记、市长张剡在市政府大楼前，与全市人民一道，深切哀悼“4•20”芦山 7.0 级地震遇难同胞和在抗震救灾中牺牲的英雄。

△　攀枝花市科学技术奖励大会在攀枝花会展中心举行，转炉—方圆铸机流程优特钢生产集成技术与产品开发等项目、四川安宁铁钛股份有限公司等单位获得奖励。市委副书记、市长张剡主持会议，市委常委、常务副市长杨自力作全市科技和知识产权工作报告。

5 月

6 日　市委召开常委会议，传达贯彻中共中央总书记、国家主席、中央军委主席习近平关于抗震救灾工作重要批示精神和省委常委会议、全省市州长专题会议精神，市委副书记、市长张剡在会上传达全省市州长专题会议精神。

7—8 日　十届省政协副主席解洪在攀枝花会展中心为攀枝花市领导干部作《加快试验区建设努力实现跨越突破》的专题报告。同日，省政协副主席解洪率省政协调研组，深入攀枝花市东区、西区、盐边县和钒钛产业园区，就加快推进攀西战略资源创新开发试验区建设工作进行调研。市委常委、常务副市长杨自力陪同调研。8 日，解洪副主席及省政协调研组听取攀枝花市加快推进攀西战略资源创新开发试验区建设汇报。市委常委、常务副市长杨自力出席会议并做汇报。

8日　上午，全市开展“实现伟大中国梦、建设美丽繁荣和谐四川”主题教育活动动员大会在攀枝花会展中心召开，市委副书记、市长张剡主持大会并就贯彻落实会议精神提出要求。

10日　攀枝花市委、市政府主办的攀枝花旅游投资说明会在云南省丽江市举行。副市长柳康健出席会议。

16日　晚上，市委副书记、市长张剡在成都会见鞍钢集团公司董事长、党委书记张广宁，双方就开展地企合作相关事宜深入交换意见。副市长李仁杰参加会见。

△　攀枝花市与中国水利水电建设股份有限公司在成都举行项目促进会。市委副书记、市长张剡，副市长李仁杰出席签约仪式。

△　下午，以“同舟共济、携手奋进”为主题的“央企入川”活动座谈会在成都锦江宾馆举行。副市长李仁杰主持座谈会。

17日　四川省与中央企业深化合作座谈会在成都锦江宾馆召开，攀枝花市钒钛产业园区、西区人民政府分别与中石化石油工程公司、攀钢集团公司签订总投资达50亿元的项目开发协议。市委副书记、市长张剡出席座谈会并在主席台就座。

22日　攀枝花市政府与华润（集团）有限公司合作座谈会在成都锦江宾馆举行。副市长柳康健、李仁杰出席座谈会。

19—23日　市委副书记、市长张剡率队前往广东省、浙江省实地考察，并与恒大集团董事局主席许家印，以及浙江森禾种业股份有限公司、永康五金城等知名民营企业负责人进行座谈。

23日　“四川—香港投资贸易合作推介会”在成都锦江宾馆举行。攀枝花市与4家企业签订4个项目合同，合同金额达76.38亿元。副市长李仁杰出席推介会议。

24日　环保部西南督查中心、四川省环保厅总量减排督查组在攀枝花会展中心专题听取攀枝花市2013年主要污染物总量减排工作汇报。副市长贾德华汇报相关情况。

28日　香港中文大学首席教授、著名经济学家郎咸平应邀到攀，在攀枝花会展中心大会堂作题为“中国梦•这里仁和：区域经济发展与展望”主题演讲。

6月

3日　市长张剡主持召开市政府第22次常务会议。会议审议并原则通过《中国阳光康养旅游城市发展规划》《四川省攀枝花市创建国家环境保护模范城市规划》《四川省攀枝花市创建环保模范城市实施方案（2013—2014年度）》和《攀枝花市发展和改革委关于申报国家级新能源示范城市的请示》等。

7日　2013年高考正式拉开帷幕，攀枝花市8000余名考生步入各考点参考。市委常委、市委宣传部部长沈钧，副市长张敏率市级相关部门负责人，巡视攀枝花市部分高考考点。

8日　下午，市委副书记、市长张剡在金海开元名都大酒店会见由达州市市委副书记、市长包惠带队的达州市考察团一行。副市长贾德华参与会见。

9日　攀枝花市政府与四川省铁路产业投资集团有限责任公司在成都签订攀枝花至大理（过境）高速公路合作意向协议。市委副书记、市长张剡与省铁投集团副董事长、总经理何兴江在合作意向协议上签字。

15日　为期9天的第四届中国成都国际非物质文化遗产节在成都开幕。副市长张敏先后前往“全国非遗生产性保护示范基地保护成果展”和“中国工艺品艺术博览会”展厅参观攀枝花市苴却砚展出。

26日　川滇黔赣冀五省二十市州政协第三十三次联席会议在攀枝花会展中心举行。

△　省政协副主席、秘书长高烽在市委书记刘成鸣陪同下，实地调研攀枝花市区域交通枢纽建设、钒钛产业发展等情况。副市长柳康健、殷旭东陪同调研。

7月

1日　晚上，由市委宣传部、市直机关工委主办的攀枝花市庆祝中国共产党成立92周年暨“实现伟大中国梦、建设美丽繁荣和谐四川”主题教育活动专题文艺晚会《迎风飘扬的旗》在市中心广场举行。

2日　下午，随着国家电网四川攀枝花供电公司负责人下达合闸指令，国内最大民用光伏发电项目——攀枝花学院2.1兆瓦太阳能屋顶光伏发电项目正式并网投运。该项目的投运，将进一步推动全国分布式光伏发电产业发展，对攀枝花市新能源开发应用具有重要意义。市委常委、市委秘书长王海波出席投运仪式。

3日　攀枝花市关心下一代基金会成立大会在攀枝花会展中心召开。四川省原省长、省关工委常务副主任张中伟出席成立大会并讲话。省关工委副主任雷新乾、安春华，市委常委、常务副市长杨自力，市委常委、市关工委主任许健民，市政协副主席马晓凤，市老领导、市关工委执行主任赵世华出席大会。会议还为捐款单位颁发捐赠证书，并授予攀枝花钢城集团有限公司、四川龙蟒矿冶有限责任公司“关心下一代模范企业”称号。成立大会前，张中伟一行在许健民的陪同下前往东区炳草岗街道西海岸社区进行调研。

4日　国家发改委、四川省人民政府在北京召开攀西战略资源创新开发试验区首次部省联席会议，标志着攀西战略资源创新开发试验区建设正式启动。会议听取四川省关于攀西战略资源创新开发试验区建设有关情况的汇报，审议《攀西国家级战略资源创新开发试验区建设规划（2013－2017年）》《攀西国家级战略资源创新开发试验区建设重点工作方案（2013－2014 年）》，并对试验区建设重点工作进行安排部署。国家发改委副主任胡祖才，四川省副省长王宁出席会议并讲话。攀枝花市委副书记、市长张剡参加会议。

△ “实现伟大中国梦、建设美丽繁荣和谐四川”四川省万名青少年夏令营主营暨攀枝花米易分营举行开营仪式，800 名青少年将参加为期 5 天的活动。原省长、省关工委常务副主任张中伟宣布夏令营开营。市委常委、市关工委主任许健民在开营仪式上致辞。此次夏令营活动由省关心下一代工作委员会、省精神文明办、团省委、省教育厅、省关心下一代基金会联合主办。参加此次夏令营活动的营员来自米易县 12 个乡镇的 21 所中小学校，包括边远山区儿童、特殊青少年、留守学生、农民工子女、困难职工子女、事实无人抚养儿童及优秀学生代表共 800 人。

8 日　中共攀枝花市委常委（扩大）会议在攀枝花会展中心召开。会议传达贯彻中共中央政治局专门会议精神、《中共四川省委关于认真学习贯彻习近平总书记来川视察重要讲话精神的通知》精神、全省党的群众路线教育实践活动工作会议精神等，并结合攀枝花市实际，研究贯彻落实的具体措施。市委书记刘成鸣主持会议并讲话。市委副书记、市长张剡对中央、省委相关精神和攀西战略资源创新开发试验区首次部省联席会议精神进行传达。市领导谢道全、单荣、赵辉、杨自力、李群林、沈钧、张伟、王海波、李章忠、熊伟等出席会议。

10 日　中共攀枝花市委九届五次全体（扩大）会议在攀枝花会展中心举行。会议应到市委委员 43 名，市委候补委员 10 名；实到市委委员 40 名，市委候补委员 7 名，符合规定人数。全会由市委常委会主持。全会听取和讨论市委书记刘成鸣受市委常委会委托作的工作报告，审议通过《中共攀枝花市委关于深入贯彻落实党的十八大精神为在全省率先全面建成小康社会而奋斗的决定》。市委副书记、市长张剡就《决定（审议稿）》向全会作说明，并对全市经济工作作总结和安排。市领导谢道全、单荣、赵辉、杨自力、李群林、程少华、沈钧、张伟、王海波、李章忠、熊伟等出席会议。

△ 四川省军区宣布攀枝花军分区班子调整命令大会召开。省军区副司令员地的古火宣读中央军委命令和省军区党委通知。原攀枝花军分区司令员程少华达到服役最高年龄退休，张青担任攀枝花军分区司令员。市委副书记赵辉参加会议并讲话，攀枝花军分区政委陈向东主持会议。程少华、张青分别在大会上讲话。攀枝花军分区党委、机关干部、各县（区）人武部干部参加大会。

15 日　攀枝花市召开第三次全国经济普查工作动员大会，标志着攀枝花市第三次全国经济普查工作全面启动。此次普查的标准时间为 2013 年 12 月 31 日，分普查准备、登记、数据发布和资料开发应用四个阶段。市委常委、常务副市长、市政府经济普查领导小组组长杨自力，市人大常委会副主任王向阳，市政协副主席何群出席会议。

15—16 日　按照省委、省政府统一部署和要求，省委常委、省委宣传部部长吴靖平率领的省委、省政府督导组在市委书记刘成鸣，市委副书记、市长张剡陪同下，深入攀枝花市部分地质灾害隐患点、水利工程、道路交通运输单位督查安全工作。吴靖平对攀枝花市地质灾害防治、防汛减灾、矿山安全生产等工作给予充分肯定。在攀督导期间，吴靖平还组织召开防汛减灾工作会，听取攀枝花市相关工作情况汇报。省委宣传部巡视员郝跃南、省人防办巡视员李春华；市领导李群林、王海波、柳康健、贾德华参加调研或工作会。16 日，省委在省防汛指挥中心召开全省防汛减灾工作视频会，解决部分市州防汛减灾、恢复重建工作进展情况及存在的问题、困难，并对近期防汛减灾工作进行再动员、再部署。吴靖平、刘成鸣、张剡、郝跃南、李春华等在攀枝花市防汛指挥部参加会议，并就攀枝花市贯彻会议精神，做好防汛减灾工作提出要求。

16 日　副省长黄彦蓉在市委副书记、市长张剡陪同下，深入攀枝花市部分厂矿、高校、重点项目建设工地，调研安全生产、城市建设、教育发展情况。黄彦蓉充分肯定、高度评价攀枝花市的工作，并指出攀枝花市要加强向上对接，争取更多支持，不断夯实全力实施“三大发展战略”、奋力推进“两个跨越”的底部基础，巩固壮大发展成果，积极探索，走出一条在全省率先全面建成小康社会的特色之路。省教育厅厅长朱世宏、省住房和城乡建设厅厅长何健，市领导沈钧、贾德华陪同调研。

△ 攀枝花市泸州商会成立大会在攀枝花会展中心召开，这是第二个在攀落户的异地商会。四川省工商联副主席陈建，泸州市委副书记曹建国，攀枝花市委副书记赵辉，攀枝花市政协副主席赵勇出席成立大会。攀枝花市政协副主席、市工商联主席吴文发主持会议。

18—20 日　第十七届中国西部国际装备制造业博览会在成都世纪城新国际会展中心举行。攀枝花市鸿舰重型机械制造公司、富邦钒钛制动毂公司、大西南实业有限公司等 11 家机械制造加工企业参展，产品涉及钒钛制动毂、汽车齿轮等种类。副市长刘建明出席开幕式。

19 日　市委书记刘成鸣在攀枝花会展中心会见到攀考察的耀贵集团董事长董平一行，双方重点围绕推动攀枝花机械制造业加快发展进行深入交流。市委常委、市总工会主席许健民参加会见。

21—22 日　省委常委、省委组织部部长范锐平深入攀枝花市厂矿、农村、园区，围绕党的群众路线教育实践活动和省委十届三次全会精神贯彻落实情况等进行调研。市委书记刘成鸣，市委常委、市委组织部部长熊伟陪同调研。

23 日　市委书记刘成鸣率攀枝花市对口援建工作领导小组成员，赴雅安市名山区开展对口援建工作。当天下午，在名山区委会议室，攀枝花市对口援建工作领导小组成员与雅安市党政领导就援建工作进行对接，对援建工作进行再细化、再落实。

23—25 日　国务院安委会安全生产综合督查第十一组莅攀，对攀枝花市安全生产工作进行督导检查。23 日下午，国务院国资委综合局副局长刘源等督查组成员听取攀枝花市安全生产工作情况汇报，省安全生产委员会办公室副主任、省安全监管局副局长苏国超等陪同参加汇报会议。副市长殷旭东代表市政府汇报全市安全生产工作情况。汇报会后，督查组还查阅攀枝花市安全生产工作相关资料。24 日，国务院安委会安全生产综合督查第十一组分煤矿、非煤矿山，电力消防、建筑施工和危险化学物品四个小组，前往攀枝花市相关县（区）、企业和单位进行现场督导检查。刘源率第一小组督导检查攀枝花市煤矿、非煤矿山安全生产工作。市委副书记、市长张剡，省安全生产委员会办公室副主任、省安全监管局副局长苏国超陪同第一小组督查。25 日上午，国务院安委会安全生产综合督查第十一组向攀枝花市反馈督查意见。督查组认为，攀枝花安全生产形势总体稳定。国务院国资委综合局副局长刘源等督查组成员，省安全生产委员会办公室副主任、省安全监管局副局长苏国超，副市长柳康健出席会议。

24 日　市委副书记、市长张剡主持召开市政府第 23 次常务会议，会议审议并原则通过《关于调整全市最低工资标准的请示》《关于启动攀枝花市民卡工程建设的请示》《攀枝花市钒钛磁铁矿开发利用排土场、尾矿库统筹规划》《攀枝花市抗震减灾规划》《关于加快推进城区老旧房屋（含筒子楼）改造有关政策的试行意见》《关于进一步支持小型微型企业发展的实施意见》《攀枝花市 2013—2017 年重大项目规划》等。

24—26 日　省委常委、省委政法委书记刘玉顺，副省长、省公安厅厅长侍俊率省调研组，深入攀枝花市部分基层政法单位和街道、社区进行调研，看望慰问基层政法干警和干部群众。市委书记刘成鸣陪同。省委政法委秘书长潘奇峰、省公安厅副厅长王雄、省公安厅禁毒总队政委晏长林参加调研。市委常委、市委政法委书记张伟，市委常委、市委秘书长王海波，副市长、市公安局局长殷旭东，副市长贾德华陪同调研或参加汇报会。

26 日　市财政局预算听证委员会组织召开全省首个财政预算听证会，听取 14 名听证人员对全市红绿灯及相关基础设施改造工程项目的意见建议。此次听证会共确定 14 名听证人员，其中项目陈述人 2 名、公众陈述人 12 名，范围涵盖市人大代表、政府相关部门、社会公众代表等。听证会上，市公安局交警支队作为项目陈述人，介绍全市红绿灯及相关基础设施改造工程项目具体内容。

27 日　东区创业路老旧小区房屋自主改造项目正式启动。市委书记刘成鸣出席启动仪式，现场解改造工作进展情况，并向在场的街坊邻居们表示祝贺。副市长贾德华陪同。

29 日　仁和区平地镇迤沙拉太阳能提灌站建成投入使用。该太阳能提灌站扬程高达 882 米，为全世界最高。

30 日　中国人民解放军军事科学院原副院长、中国三线建设研究会筹备领导小组组长钱海皓中将，原国家计委三线建设调整办公室主任、中国三线建设研究会筹备领导小组副组长王春才，在攀枝花会展中心会见市委书记刘成鸣，市委副书记、市长张剡。钱海皓对攀枝花市改革发展取得的成绩给予充分肯定，希望攀枝花继续传承和发扬三线建设精神，加快四川攀枝花三线建设博物馆的各项建设工作，为参与三线建设的历代建设者营造一个共同的精神家园。市委常委、市委宣传部部长沈钧，副市长张敏，攀枝花军分区司令员张青参加会见。

△　全国钛白粉产业技术创新战略联盟首届理事会第三次全体会议暨攀枝花钛白粉产业发展研讨会在攀枝花会展中心举行，会期 2 天。市委副书记赵辉应邀出席会议并致辞。国家化工行业生产力促进中心钛白分中心主任毕胜，全国钛白粉产业技术创新战略联盟理事长、攀钢集团钛业有限责任公司副总经理郑少华出席会议。

31 日　攀枝花市召开会议传达贯彻中央政治局会议精神。市委书记刘成鸣强调，各级各部门要把思想和行动统一到中央对经济形势的判断和要求上来，查找差距，增添措施，强力推进，确保完成全年目标任务。市委副书记、市长张剡传达中央政治局会议精神。市政协主席单荣、市委副书记赵辉等市委、市人大、市政府、市政协领导出席会议。

△　攀枝花市召开“2013 攀枝花企业 50 强”发布暨攀枝花企业高峰会。会上，攀枝花市企业联合会、攀枝花市企业家协会发布“2013 攀枝花企业 50 强”名单，其中，一产企业首次进入 50 强、排 45 名。市委副书记、市长张剡，市政协主席单荣，市委副书记赵辉，市人大常委会副主任张如英出席会议并为企业代表颁发证书。会上还发布“2013 攀枝花制造业企业 50 强”“2013 攀枝花企业纳税 50 强”名单，并首次发布“2013 攀枝花服务业企业 30 强”“2013 攀枝花农牧业企业 20 强”名单。9 家企业代表分别在会上做交流发言。

△　西区梅子箐水库扩建工程的水库枢纽工程中的大坝新建工程开工。市委常委、市纪委书记李群林，副市长李仁杰到现场检查指导工作。

8 月

1 日　攀枝花市鱼塘至机场路新建道路工程开工，市委书记刘成鸣，市委副书记、市长张剡，副市长柳康健出席开工仪式。

2 日　市委书记刘成鸣，市委副书记、市长张剡会见鞍钢集团公司董事长、党委书记张广宁，鞍钢集团公司总经理张晓刚一行。

7 日 攀枝花市政府与中国重汽集团在济南市签订战略合作框架协议。市委书记刘成鸣、中国重汽集团有限公司总经理蔡东出席签约仪式。市委常委、市总工会主席许健民、副市长刘建明参加签约仪式。

8 日 攀枝花市炳三区机场路、仁和下沙沟 2 座 LNG 加气站建成，具备供气能力。

10 日 攀枝花至大理（过境）高速公路工程可行性研究报告通过省交通运输厅评审，项目力争年内开工。

11 日 “2013 攀枝花金芒果节”在成都市青羊区宽窄巷子东广场正式启动。市委常委、市纪委书记李群林，副市长李仁杰出席启动仪式。

13 日 市委书记刘成鸣会见华润新能源控股有限公司副总经理刘凡顺一行，双方就加快银江水电站建设交换意见。副市长柳康健参加会见。

14 日 市委常委、常务副市长杨自力代表市政府与成都天府通公司签订攀枝花市民卡项目合作协议。

23 日 副省长曲木史哈率队调研攀枝花市农业和农村工作，市委副书记、市长张剡，副市长李仁杰陪同调研。

△ 市委副书记、市长张剡主持召开市城市管理委员会 2013 年第二次主任会议，审议《攀枝花中心区金沙江沿江景观设计—植物景观专项方案》等五项内容。副市长殷旭东、贾德华出席会议。

26 日 攀枝花市与名山区正式签订《攀枝花市对口支援雅安市名山区“4•20”地震灾后重建框架协议》。市委副书记、市长张剡出席签约仪式。

27 日 省政府第 21 次常务会议审议通过《攀西国家级战略资源创新开发试验区建设规划（2013—2017 年）》和《关于支持攀西国家级战略资源创新开发试验区建设的政策意见》。

28 日 攀枝花市与中国电信四川公司在攀枝花会展中心签署“宽带中国•光网攀枝花”战略合作协议。市委副书记、市长张剡，市委常委、常务副市长杨自力出席签字仪式。

31 日 攀枝花市申报的“钒钛资源综合利用新技术和新产品开发（限于合资、合作）”被列入《中西部地区外商投资优势产业目录（2013 年修订）》。

9 月

1 日 省委、省政府公布 2012 年度环境优美示范城镇乡村名单，攀枝花市东区银江镇、米易县普威镇 2 个镇和西区格里坪镇大麦地村、仁和区大田镇班庄村、盐边县益民村等 30 个村上榜。

△ 攀枝花市正式启动“盐边县晚熟芒果标准化生产技术集成与产业化示范”和“仁和区芒果优质安全标准化生产技术集成示范与推广”两个 2013 年省级科技富民强县专项计划项目。项目预计新增水果产量 3.3 万吨，新增产值 2.4 亿元，带动项目区人均增收 1000 元以上。

3 日 攀枝花市重点工程——花城新区干坝塘供水管网工程顺利完工。工程新建输水主干管 13 千米，建设规模达到 3.38 万立方米/天，将为花城新区建设提供供水保障。

4 日 市委副书记、市长张剡在成都双流机场与省机场集团董事长李伟会谈，双方就攀枝花机场航班运行、航线开发等情况进行深入交流。副市长柳康健参加会谈。

5 日 市委副书记、市长张剡与成都铁路局局长武勇进行座谈，双方重点就成都铁路局支持攀枝花建设四大物流园区有关事宜进行对接。

6 日 成昆铁路扩能改造工程攀枝花段初步设计方案获中国铁路总公司批复，标志着攀枝花市成昆铁路扩能改造工程段进入实质性实施阶段。

8 日 《2013 攀枝花欢乐阳光节总体活动方案》正式确定，活动将于 12 月举行。此次欢乐阳光节涵盖 3 大板块，20 余项活动，将全面助推攀枝花旅游城市打造。

9—11 日 市委副书记、市长张剡率队赴南京、昆山、太仓等地考察学习东部地区在发展非公经济、机械制造、汽车及零部件制造等产业的先进经验和做法。市政协副主席、市委统战部部长赵勇陪同考察。

12 日 市委副书记赵辉在攀枝花会展中心会见中国邮政集团公司党的群众路线教育实践活动第七督导组组长李永康、四川省邮政公司总经理韩广岳一行。双方就四川邮政公司在服务地方经济发展，开展多领域合作方面进行交流。副市长柳康建参加会见。

13 日 攀枝花市召开创建省级森林城市工作汇报暨检查验收会。四川省绿委办主任、省林业厅副厅长、省创森检查验收组组长包建华宣布攀枝花市初步通过省级森林城市检查验收。市人大常委会主任谢道全，市委常委、市纪委书记李群林，副市长李仁杰、市政协副主席庞向东出席会议。

14 日 科技部下文批准“钒钛资源综合利用国家重点实验室”通过验收，攀钢钒钛资源综合利用实验室成功升级为国家重点实验室。

16 日 参加第四届川滇黔十二市州合作与发展峰会的攀枝花市政府代表团与丽江市政府代表团在贵州省毕节市召开座谈会。市委副书记、市长张剡与丽江市委副书记、市长和良辉出席座谈会。双方在丽攀高速建设、观音岩水电站库区管理等方面达成共识。

17 日 云南省委常委、常务副省长李江率领考察团一行，先后前往攀枝花钒钛产业园区的攀钢海绵钛厂、花城新区和沿江景观项目建设点，对攀枝花市钒钛产业发展、城市建设等进行考察。云南省政府副秘书长黄立新、楚雄州州长李红民和云南省发改委、省工信委等部门负责人参加考察。

市委书记刘成鸣，市委常委、常务副市长杨自力，市委常委、市委秘书长王海波，副市长张敏陪同考察。

17日　第四届川滇黔十二市州合作与发展峰会在贵州省毕节市召开。攀枝花市委副书记、市长张剡出席会议，并作题为《联动推进新型城镇化 共同建设川滇黔活力城市圈》的主题演讲。峰会上，十二市州就合作事项达成六点共识，并共同签署《川滇黔十二市州区域规划发展及交通基础设施合作备忘录》《川滇黔十二市州投资促进工作备忘录》等文件。

21日　攀枝花首个重大项目专项规划——《攀枝花市重大项目规划（2013—2017年）》出台。根据《规划》，从2013年起到2017年，攀枝花市将实施重大项目804个，规划总投资6737亿元，2017年底之前计划投资2414亿元。

23日　攀枝花市对口援建木里县城市供水改扩建及管网改造两项工程已全线贯通，预计2013年年底可投入使用。

24日　省国土资源厅厅长杨冬生前往攀枝花市喻家坪滑坡（泥石流）地质灾害工程治理项目现场、川煤集团攀煤小宝鼎矿、省地矿局106地质队红格钒钛磁铁矿项目普查部、红格钒钛磁铁矿矿区，就攀枝花市地质灾害防治、矿产资源开发利用等方面工作进行调研。市委副书记、市长张剡，副市长贾德华陪同调研。

25日　国家安全监管总局第三小组（非煤矿山组）先后前往攀钢集团攀枝花新白马矿业有限公司白马选矿厂、攀枝花青杠坪矿业有限公司的矿山、尾矿库等地，就攀枝花市安全生产工作进行检查。

26日　第十二届世界华商大会在成都圆满闭幕。本届华商大会，攀枝花市5个项目成功签约，总金额21.5亿元。

27日　全市医疗领导小组会议在攀枝花会展中心召开。会议专题讨论并审议《攀枝花市县级公立医院取消药品加成经费补偿实施方案》和《攀枝花市疾病应急救助制度实施方案》。市委常委、常务副市长杨自力，副市长张敏出席会议。

△　森林公安川西南片区攀枝花、凉山、雅安、甘孜四地市州跨区域警务合作第一次联席会议在攀枝花市召开。

28日　攀枝花市举行66个新项目开工动员大会。项目涉及社会事业、产业发展、基础设施等内容，项目总投资达75.25亿元，2013年计划投资15.83亿元。市委书记刘成鸣、市政协主席单荣、市委副书记赵辉、市委常委李章忠、市人大常委会副主任张如英、副市长柳康健出席动员大会。

29日　上午，"全省两个现场会"（全省百镇建设现场会和重点旅游项目推进现场会）六十天奋战动员大会在攀枝花会展中心召开。会上，市委副书记、市长张剡传达省委、省政府相关精神，并代表市政府与责任单位签订目标责任书，市委书记刘成鸣就全市重点项目推进、攀枝花形象展示以及会议筹备工作进行部署。市领导单荣、赵辉、王海波、张如英、柳康健、殷旭东、贾德华出席动员大会。

10月

1日　国家质检总局发布2013第134号公告，对攀枝花市"攀枝花块菌"实施国家地理标志产品保护。这是攀枝花市继国胜茶、苴却砚后取得的第6个受国家保护的地标产品。

7日　"十一"黄金周期间，全市共接待游客43.19万人次，同比增长21.86%；旅游收入2.33亿元，同比增长39.71%。

8日　市委召开市委常委（扩大）会议，传达学习总书记习近平关于贯彻落实中央八项规定重要指示精神，对第四季度工作进行安排部署。市委副书记、市长张剡，市委常委、常务副市长杨自力出席会议。

10日　国家计生委办公厅公布全国183个示范卫生服务中心名单，攀枝花市大渡口社区卫生服务中心成为攀枝花市首个入选国家级示范单位的基层卫生机构。

12日　下午，市委副书记、市长张剡在成都与四川航空集团公司党委书记、四川航空股份公司总经理李海鹰进行座谈。共同决定从10月开通攀枝花—重庆—北京航线。副市长柳康健参加座谈。

13日　国家质监委公布2013年第一批出入境检验检疫行业标准制（修）订计划项目，攀枝花市申报的《出口钒铁中硅、铝、锰、磷、铜、镍、铬、钛的测定电感耦合等离子体原子发射光谱法》标准制定项目获批立项。

14日　攀枝花市出台《中共攀枝花市委攀枝花市人民政府关于进一步扩大和深化对外开放合作的实施意见》。明确攀枝花市对外开放合作指导思想和奋斗目标，对未来3年攀枝花市进一步扩大和深化对外开放合作进行安排。

△　攀枝花市成功申报全省首批现代物流示范城市和四川省现代服务业聚集区（炳草岗商贸流通集聚区）。

15日　2013年中国科技城科技博览会在四川绵阳开幕。全国政协副主席、科技部部长万钢，四川省委书记、省人大常委会主任王东明，四川省委副书记、省长魏宏莅临攀西经济区展馆，视察攀枝花市展区参展情况。市委副书记、市长张剡陪同参观。

△　下午，攀西经济区科技投资推介会在绵阳召开。攀枝花成功签约重大投资项目12个，重大科技成果转化项目5个，签约金额达57亿余元。市委副书记、市长张剡出席推介会议。

16日　副省长刘捷前往2013年中国科博会攀枝花市展区，视察攀枝花市钛产品及钛行业发展状况。市委副书记、市长张剡陪同视察。

16—17日　宜宾市党政代表团一行前往攀钢轨梁厂、沿江景观打造项目现场、钒钛产业园区等地，对攀枝花市经济社会发展情况进行考察。考察结束后召开攀枝花—宜宾区域经济合作会议，共同签订战略合作框架协议书。市委书记刘成鸣，市委副书记、市长张剡，市委常委、常务副市长杨自力，副市长贾德华出席会议。

17日 2013年度全省“环境优美示范城镇乡村”争创范围名单公布。攀枝花市盐边县和仁和区务本乡、米易县得石镇、攀枝花钒钛产业园区金江镇3个乡镇及仁和区大田村、米易县回箐村、盐边县淌水村等40个村庄入围。

18日 攀枝花市国家钒钛检测重点实验室与上海大学所属的上海市钢铁冶金新技术开发应用重点实验室，签署框架合作协议书，就含钛矿物的钛铁分离研究、钛白原料除磷工艺及方法研究等方面达成合作意向。

22日 第十四届中国西部国际博览会暨2013年四川农业博览会在成都开幕。农业部副部长于康震，全国工商联专职副主席、中国民间商会副会长黄荣，省委常委、省委农工委主任李昌平，副省长曲木史哈到会并前往攀枝花市展馆，对攀枝花市展区参展情况进行视察。副市长李仁杰陪同视察。

23日 市委、市政府在成都举行攀枝花城市推介会暨项目签约仪式。省委常委、宣传部部长吴靖平到会祝贺，市委书记刘成鸣出席推介会并致辞，市委副书记、市长张剡作城市推介，副市长李仁杰参加推介会。

△ 市委书记刘成鸣，市委副书记、市长张剡在成都会见日本双日株式会社全球执行董事、中国总代表大野滋，日中经济协会总代表横山达也，久保田（中国）投资公司总经理魏杰。双方就合作发展清洁能源、机械制造、电化工等产业交换意见。副市长李仁杰参加会见。

24日 市委书记刘成鸣，市委副书记、市长张剡在成都分别会见川威集团、中国重汽、香港蔬菜协会、成都伟经投资集团等企业负责人，就促进重大项目在攀落地等事宜进行会谈。副市长李仁杰参加会见。

△ 攀枝花市在成都举行攀枝花阳光康养产业恳谈会。市委书记刘成鸣，市委副书记、市长张剡出席会议并向应邀参会的香港世茂集团、首旅集团等众多知名旅游康养企业代表推介攀枝花市旅游产业。副市长李仁杰参加会议。

△ 下午，市委书记刘成鸣，市委副书记、市长张剡在成都分别会见四川省铁路产业投资集团有限公司、中水电、阿尔斯通、SMG基金公司、中国铸造协会各有关负责人，就资源综合开发利用、城市建设、新能源利用等进行深入交流，并与省铁投公司正式签订《攀枝花至大理（过境）高速公路投资合作框架协议》。副市长李仁杰参加会见。

25日 省委书记、省人大常委会主任王东明，省委副书记、省长魏宏到西博会攀枝花市展馆视察。市委书记刘成鸣，市委副书记、市长张剡陪同视察。

△ 市委书记刘成鸣出席米易县在成都举办的装备制造业发展项目推介会。推介会上米易县与四川省机械研究院签订投资协议，议定省机械研究设计院攀西分院落户米易。副市长李仁杰出席推介会。

△ 市委副书记、市长张剡在成都与成都铁路局局长武勇，四川省能源投资集团党委书记、董事长郭勇进行座谈。分别就攀枝花格里坪到丽江石龙坝铁路线、金沙水电站建设等情况交换意见。

26日 在第十四届西博会上，攀枝花市签订项目合作协议119个，签约资金总额（含框架协议）达1119.31亿元，签约金额首次突破千亿元大关。

△ 丽攀高速公路华坪至丽江段正式开工。项目全长169千米，总投资290亿，计划于2018年通车。

27日 攀枝花—重庆—北京航线正式开通。新航线使用A319机型，每日1班，全程历时4小时。

△ 省政协副主席、农工党四川省委主委王正荣率队就攀枝花市公立医院改革、基本药物制度实施情况进行调研，并向米易县医院捐赠价值60万元的药品和医疗器械。副市长贾德华出席捐赠仪式。

29日 省政府在攀召开攀西国家级战略资源创新开发试验区建设工作会。省委副书记、省长魏宏出席会议，听取有关攀西战略资源创新开发试验区工作情况汇报，并提出工作要求。市委书记刘成鸣，市委副书记、市长张剡，市委常委、常务副市长杨自力出席会议。同日，省委副书记、省长魏宏前往迤资工业园区富邦公司和丽攀高速攀枝花段建设现场进行调研。

△ 攀枝花市出台《攀枝花市老龄事业发展规划（2013—2020年）》。规划明确到2020年攀枝花市将全面形成90%的老年人实现居家养老，7%的老年人实现社区照料养老，3%的老年人实现机构集中养老的“9073”养老格局。

11月

3日 攀枝花市申报的2013年省级农业综合开发新农村示范县产业项目经省农发办评审后获批准。该项目集中布局在仁和区大田镇。

4日 攀枝花市三中成功入选2014清华大学自主招生“新百年领军计划”，成为该计划优质生源基地。市三中也是攀枝花市首个入围清华大学“领军计划”的学校。

5日 科技部发布《关于公示2013年度产业技术创新战略联盟拟试点名单的通告》，攀钢与中国科学院牵头成立的钒钛资源综合利用产业技术创新战略联盟正式列入国家试点联盟。

6日 市委副书记、市长张剡与中国水电水利规划设计总院副院长彭程在昆明进行座谈。围绕乌东德、金沙、银江、观音岩等各水电站移民搬迁工作情况和项目推进等问题交换意见。副市长李仁杰参加座谈会。

9日 攀枝花市出台《关于进一步完善城乡社会救助体

系建设的意见》，到2020年，将全面建成以最低生活保障为核心，以医疗、住房、教育、就业等专项救助为补充，与公益慈善和社会帮扶有效衔接，覆盖城乡困难群众的社会救助体系。

11日　攀枝花市编制完成《攀枝花市特色机械产业技术路线图》规划，这是攀枝花市首次全面系统地对特色机械产业在技术上进行顶层设计。该规划是四川省首个产业技术路线图，也是国内首个基于资源综合利用、全球首个有关钒钛资源开发利用的技术路线图。

11—12日　省委常委、常务副省长钟勉先后前往东区、仁和区、钒钛产业园区、西区等地，实地调研攀枝花市战略资源开发、产业园区建设、地质灾害防治等工作开展情况。省财政厅厅长王一宏，省国土资源厅厅长杨冬生，市委副书记、市长张剡，市委常委、常务副市长杨自力，副市长贾德华陪同调研。

13日　市委副书记、市长张剡与中国水利水电建设股份有限公司副总经理刘明江一行在攀枝花会展中心进行座谈，就加快推进盐边县120万千瓦光伏发电项目交换意见。

14日　市委书记刘成鸣，市委副书记、市长张剡与省交投集团公司董事长朱以庄一行在攀枝花会展中心举行座谈，就共同加快推动丽攀高速攀枝花段建设、深化合作等达成共识。省交投集团公司董事、川高公司董事长唐勇，副市长柳康健参加座谈。

15日　市委副书记、市长张剡与省烟草专卖局（公司）局长（总经理）、党组书记胡存忠在成都举行座谈，就继续加强烟草收购工作、烟叶计划指标、土地整理及政策支持等方面进行深入交流。省烟草专卖局领导肖瑞、唐强，副市长李仁杰参加座谈会。

△　“十二五”规划教育部重点课题“非物质文化遗产校园传承研究——民族音乐”四川省开题会在四川师范大学举行，攀枝花市仁和区平地镇中心学校“谈经古乐的学习传承研究”课题成为全市入选此项目研究的唯一子课题，平地中学被授牌为“非物质文化遗产校园传承研究项目学校”。

16日　米易县东方钛业有限公司成功申报为省级企业型外贸发展示范基地，“东太”也被省商务厅认定为2013年四川省重点培育和发展出口品牌。

17日　攀枝花市钒钛检验实验室通过国家认证认可监督管理委员会和中国合格评定认可委员会专家组评审。标志着攀枝花市钒钛检测实验室向国家钒钛检测重点实验室迈出重要一步。

18日　在2013年德国纽伦堡国际发明展览会上，攀钢参与展出的“氧化钒的清洁生产方法”和“联轴器”项目分别收获1金1银两个奖项。德国纽伦堡国际发明展是世界上最具影响力的国际发明展之一，至今已有60多年的历史。

20日　晚上，市委副书记、市长张剡主持召开市政府常务会议。审议并原则通过《攀枝花市人民政府关于保留、取消、调整行政审批项目的通告》《关于调整攀枝花市城乡医疗救助政策的通知》《攀枝花市促进充分就业实现居民增收工作规划（2013—2020年）》等文件，并决定取消调整57项行政审批项目。

22日　由攀钢集团钢铁钒钛股份有限公司、国家钒钛制品质量监督检验中心、冶金工业信息标准研究院等联合起草的国家标准GB/T3282-2012《钛铁》，由国家质量监督检验检疫总局和国家标准化管理委员会正式发布实施。

23—24日　攀枝花钒钛资源综合利用院士行暨2013•攀枝花钒钛（国际）论坛活动在红格镇举行。第十届四川省政协副主席、第五届致公党四川省委主委陈杰，市委书记刘成鸣，中国工程院院士、中国工程院副院长干勇，澳大利亚墨尔本大学教授马前等260余位钒钛科研领域的专家学者出席本次论坛。23日下午，参加攀枝花钒钛资源综合利用院士行暨2013•攀枝花钒钛（国际）论坛的中国工程院课题组，就攀枝花钒钛资源综合利用战略研究课题作中期汇报。中国工程院院士、中国工程院副院长干勇，中国工程院院士、长沙矿冶研究院教授级高工余永富，市委书记刘成鸣，市委常委、常务副市长杨自力出席会议。24日，参加攀枝花钒钛资源综合利用院士行暨2013•攀枝花钒钛（国际）论坛的专家，前往钒钛产业园区参观解攀枝花市钒钛产业发展情况，并与企业负责人进行深入交流。

△　攀枝花市制定出台《行政复议陪议办法（试行）》。该《办法》通过创新行政复议审理模式，对行政复议听证制度和专家、公众参与制度进行进一步完善和延伸。

25日　市委副书记赵辉在会展中心会见中国铸造协会耐磨分会专家组一行，就攀枝花市资源开发、机械加工以及本地耐磨铸造业发展等交换意见。副市长李仁杰参加会见。

△　米易县成功通过科技部考核，并荣获“全国科技进步先进县”称号。这是攀枝花市唯一获此殊荣的县（区）。

28日　上午，攀枝花市首届职工经济技术创新成果展示活动在市工人文化宫举行。展示会全面展示攀枝花市“十二五”规划以来的100项职工经济技术创新成果。市委常委、常务副市长杨自力出席展示会。

28日　国家发改委副主任胡祖才一行前往攀钢钒生产管控中心和轨梁厂、钒业公司，攀枝花市钒钛产业园区，对攀枝花市钒钛资源综合利用工作进行调研。市委书记刘成鸣，市委副书记、市长张剡陪同调研。

29日　下午，国家发改委在西昌市召开攀西战略资源创新开发试验区建设专题座谈会。市委副书记、市长张剡出席会议并做专题汇报。国家发改委副主任胡祖才与张剡就攀枝花市试验区建设交换意见。

29日　攀枝花市特利小五金产业孵化园等38个项目集中开工仪式在钒钛园区举行。此次集中开工的38个项目总投资达68.7亿元。市委书记刘成鸣，市委副书记、市长张剡出席开工动员大会。

30 日　市委、市政府下发《关于加快推进小城镇建设的实施意见》。《意见》要求，到 2020 年，攀枝花市规划人口在 1 万人以上的二级、三级城镇建成“七个一”工程，确保在推进新型城镇化建设、实现统筹城乡全程全域全面发展方面走在全省前列。

12 月

1 日　攀枝花市第三届校园专利竞赛活动和发明创造竞赛圆满结束。活动期间共收到能够申请专利技术的交底材料 712 件，其中攀枝花学院有 240 件优秀成果获得奖励。

2 日　市委书记刘成鸣，市委副书记、市长张剡在雅安市委书记叶壮，市委副书记、市长陈越良的陪同下，前往雅安市名山区、中峰万亩生态茶园、蒙顶山茶叶批发市场等地，实地考察当地产业援建以及茶叶产业等发展情况。张剡代表攀枝花市政府与名山区政府负责人签订雅攀蒙顶山茶产业园区框架协议。

3 日　攀钢重大关键项目《高效自动化炼钢集成技术的研究与应用》取得突破。新项目实现冶金过程关键变量的高性能闭环控制，预计实现年经济效益 3000 万元以上。截至目前，围绕项目研发申请专利 40 项，已授权专利 20 项。

△　攀枝花市召开“攀枝花块菌国际学术交流会”，围绕“世界块菌发展现状、国际块菌市场、块菌文化”等进行论述，为攀枝花市块菌产业发展提供指导。

4 日　市委书记刘成鸣，市委副书记、市长张剡在攀枝花会展中心会见省电力公司党委书记刘勤一行。双方就深化合作，推动地企共同发展进行深入交流。市委常委、常务副市长杨自力参加会见。

△　2013 年中国政府网站绩效评估结果发布，攀枝花市政府门户网站在全国 300 个地级市政府网站中位列第 19 位，列西部 130 个地级市第 5 名。

4 日　国务院印发《全国资源型城市可持续发展规划（2013—2020 年）》，攀枝花市作为资源成熟型城市被纳入《规划》中。

5 日　全省百镇建设暨重点旅游项目推进现场会在攀枝花市召开，与会代表先后前往攀枝花市米易县、仁和区等地，对攀枝花市重点旅游项目推进情况进行集中考察。副省长黄彦蓉、省政府副秘书长王七章，省旅游局局长郝康理参加考察，市委书记刘成鸣，副市长柳康健陪同考察。

6 日　全省百镇建设暨重点旅游项目推进现场会在红格假日酒店召开。副省长黄彦蓉出席会议并讲话，市委书记刘成鸣在大会致辞，市委副书记、市长张剡作交流发言。来自全省各市（州）政府，省级相关部门以及全省“百镇试点行动”代表乡（镇）负责人参加会议。

△　2013•攀枝花欢乐阳光节开幕式暨重点旅游项目集中开工仪式在盐边县红格镇四川省体育竞训中心棒垒球基地举行。副省长黄彦蓉，省旅游局局长郝康理，市委书记刘成鸣，市委副书记、市长张剡出席开幕开工仪式。

△　米易县攀西农产品交易中心被国家农业部认定为定点市场，蔬菜远销北京、哈尔滨等地。

7 日　第二届米易中华养生健康产业发展高端论坛在米易县开幕。副市长张敏出席开幕式。

△　钢城集团瑞地矿业公司获得“四川省企业技术中心”资质。2013 年攀枝花市共有 2 家单位获此殊荣。

9 日　全省国际税收课题研讨交流会在米易县召开。来自成都、自贡、攀枝花等 19 个市（州）的代表分别就构建纳税人需求型服务体系等课题进行交流发言。

10 日　2013 年攀枝花市职工社会保障卡发卡量达 11.2 万余张，新农保社会保障卡发卡量达 9.5 万余张，合计发卡量达 20.7 万余张，覆盖全市 97%的城镇参保人员，覆盖率居全省首位。

11 日　市委副书记、市长张剡主持召开市政府第 27 次常务会议。审议并原则通过《攀枝花市攀西国家级战略资源创新开发试验区建设实施方案》《关于进一步加强最低生活保障工作的实施意见》等事项。

12 日　由攀枝花市牵头制定的钒铁（GB/T4139-2012）、钛铁国家标准（GB/T3282-2012）获国家质量监督检验检疫总局和国家标准化管理委员会批准正式发布，将于 2014 年 2 月后在全国实施。

13 日　攀枝花市人民政府与成都市人民政府在假日酒店签订《农业区域合作框架协议》。成都市副市长谢瑞武、攀枝花市副市长李仁杰代表双方签署协议。

14 日　省环境保护厅通报米易县创建省级环境保护模范县的复查考核意见，宣布米易县通过省级环保模范县复查。

15 日　由攀钢设计院总承包建设的攀钢钛业公司高钛渣高效扩能改造（一期）工程开始烘炉。扩能改造的 1 号钛渣炉为攀枝花市拥有自主知识产权、目前国内最大的钛渣炉。

△　人民银行攀枝花中心支行向上争取的 4 亿元再贴现规模指标全部投放完毕，累计办理再贴现 4.34 亿元，支持企业 71 户，其中，中小微企业票据再贴现 2.7 亿元，占比 62.2%。

△　攀枝花市西区被省人口计生委正式评定为“2013 年度全省人口计生依法行政示范区”。

16 日　攀枝花 3 家企业获得 2400 万元的中央财政预算内投资。投资项目包括节能重点工程、循环经济和资源节约能源工程。3 个项目实施完成后，每年可节约 1.11 万吨标煤、可利用废弃低品位表外矿 200 万吨、选铁尾矿 300 万吨。

17 日　攀枝花欢乐阳光节城市推介会暨川滇黔毗邻市州工商联（总商会）第九次联席会议在红格温泉假日酒店召开。

来自安顺市、楚雄州、凉山州等川滇黔 9 市州的工商联（总商会）及企业家代表参加会议。副市长柳康健出席推介会。

18—19 日 攀枝花市举行“资源型城市可持续发展•打造中国经济升级版”高层研讨会。会议全面总结我国资源型城市转型发展的巨大成就，对《全国资源型城市可持续发展规划（2013—2020）》进行权威解读。第十一届全国政协副主席阿不来提•阿不都热西提向研讨会发来贺信。市委书记刘成鸣出席研讨会并致辞，市委副书记、市长张剡作主题演讲，市委常委、常务副市长杨自力，副市长柳康建出席会议。19 日，参加“资源型城市可持续发展—打造中国经济升级版”高层研讨会的专家们，前往钒钛产业园区、沿江景观带、阿署达等地，对攀枝花市可持续发展成功进行考察。市委书记刘成鸣，市委副书记、市长张剡陪同考察。

19 日 财政部科研所与攀枝花市合作共建科研基地签字暨揭牌仪式在攀枝花会展中心举行。市委常委、常务副市长杨自力出席签约仪式。

△ 财政部财政科学研究所所长贾康应邀来到攀枝花，以“在全面改革中深化财政改革”为主题，为攀枝花市党员干部作中共十八届三中全会精神专题报告。市委常委、常务副市长杨自力主持报告会。

△ 中国民主促进会攀枝花市委员会召开成立 30 周年纪念大会。副市长贾德华出席纪念大会。

△ 2013 攀西片区特色农业科技成果推介会在攀枝花市召开。会上，攀西片区 67 家农业龙头企业发布技术需求，并重点推广 50 项农科成果。

20 日 民盟第十八次川西南片区盟务工作研讨会在攀枝花市举行。市委副书记、市长张剡出席会议并致辞。

△ 19 点 30 分左右，仁和区太平乡灰嘎村一辆载有 7 人的面包车不慎掉入黑谷田水库。事故发生后，副市长殷旭东率救援人员赶往事发地点组织施救。确认有 4 名人员遇难，1 名失踪。

21 日 攀枝花市正式启动高速公路货车超限超载整治行动，严控高速公路货车入口关，对驶入的货车进行计重检查。副市长殷旭东对当天整治行动开展情况进行检查。

△ 经农业部审核，攀枝花市仁和区被认定为全国一事一议规范管理县，成为全国首批 100 个一事一议规范管理县（市、区）之一。

△ 全市新登记民营企业及分支机构达 1286 户，与 2012 年同期相比增加 6.19%。全市现有民营企业共计 9829 户，与 2012 年同期相比增加 4.64%。

23 日 市文学艺术界联合会第六次代表大会在攀枝花会展中心举行，会议选举产生市文联第六届领导组成成员。市委副书记、市长张剡，副市长张敏出席会议。

△ 市委副书记、市长张剡在攀枝花会展中心会见四川省能源投资集团有限责任公司董事长郭勇一行。双方围绕金沙水电站建设、盐边县风电项目开发等内容深入交换意见。

25—26 日 副省长甘霖在市委书记刘成鸣，市委副书记、市长张剡，市委常委、常务副市长杨自力的陪同下，前往攀枝花市部分金融机构、产业园区、小集镇和旅游新村，对攀枝花市推动产业升级、城市转型相关工作进行调研。

26 日 丽攀高速公路攀枝花城区段建成现场工作会在庄上互通立交收费站举行。市委副书记、市长张剡，副市长柳康出席现场会。

△ 攀枝花城市天然气管道供气项目获省发改委批复，4 条管道均属中缅天然气管道攀枝花支线项目，项目包括油气支线管道工程和终端市场利用工程。

27 日 总投资达 158 亿元的 30 项成昆铁路米易至攀枝花段扩能改造工程在花城新区集中开工。市委书记刘成鸣，市委副书记、市长张剡，副市长柳康健、贾德华出席开工动员会。

△ 由省委省政府决策咨询委员会常务副主任、省县域经济学会顾问李成云，省县域经济学会会长、省政府参事张成明带领的省县域经济学会调研组一行，前往米易县、阿署达以及红格旅游集镇，就攀枝花市新型城镇化和旅游新村建设进展情况进行调研。市委常委、常务副市长杨自力，副市长李仁杰陪同调研。

△ 攀枝花市召开女企业家联谊会第二次会员大会，大会通过《攀枝花市女企业家协会联谊会章程》，选举产生新一届联谊会领导班子。副市长张敏出席会议。

28 日 攀枝花市首届汉字听写大赛优秀选手个人挑战赛暨颁奖典礼在市四十中小举行。副市长张敏到场观看比赛，并为团体冠军颁发奖杯。

29 日 全国桥牌公开赛在攀枝花市开赛，来自全国 8 个省、直辖市、自治区和攀枝花本地的 400 多名选手参加比赛。

△ 攀钢钒炼钢厂 2013 年共生产钒渣 24.8 万吨，品位达到 17.35%，分别超年度基本目标 0.8 万吨和 1.35 个百分点。

30 日 攀枝花市与四川科瑞得实业集团有限公司 100 兆瓦屋顶光伏签约仪式在金海开元名都大酒店举行。项目建成后，预计每年可为攀枝花市节约电费成本 650 万元。副市长李仁杰出席签约仪式。

31 日 中共攀枝花市委九届六次全体（扩大）会议暨市委经济工作会议举行。会议传达学习中共十八大和十八届二中、三中全会，中央和省委经济工作会议暨城镇化工作会议精神。市委书记刘成鸣作 2013 年工作报告并安排部署全市 2014 年工作，市委副书记、市长张剡安排 2014 年全市经济工作。

（李冠华）

要 事 纪 略

五创联动

【概　况】 2013 年，攀枝花市创建国家环保模范城市、国家森林城市、国家园林城市、中国阳光康养旅游城市、全国文明城市（以下简称“五创联动”）各专项指挥部、县（区）和有关部门，紧扣“三年打基础、五年基本达标、力争通过验收”的工作目标，按照“五创联动工作领导小组统筹指挥，专项创建指挥部牵头抓总，县（区）属地负责”的组织架构，健全工作机构，迅速完善工作机制，形成一级抓一级、层层抓落实的责任体系，各项工作进展顺利，年度目标全面完成。2013 年，按照“在联字上做文章”的要求，市“五创办”牵头对 5 个专项创建所有指标进行梳理细化，整理出建成区绿化覆盖率、人均公园绿地面积、区域环境噪声平均值、公众对城市环境保护满意度和城市生活污水集中处理率等共同指标 14 项，并将共同指标进度情况分别上墙公示。至年底，城市生活污水集中处理率、市民义务植树尽责率、区域环境噪声平均值等 10 项共同指标已达标（城市生活污水集中处理率为 84.25%，市民义务植树尽责率为 85%，区域环境噪声平均值≤51.60 分贝，环境保护投资指数为 4.80%，建成区绿化覆盖率为 38.47%，生活垃圾无害化处理率 96.75%，城市建成区绿地率为 35.59%，城市及集中式饮水水源地达标率为 100%，古树名木保护率达 100%）。尚有人均公园绿地面积未达标，城市道路绿化普及率、城市道路完好率和公众对城市环境保护的满意率等 3 项指标数据未开展调查统计。同时，确定纳入 2013 年市“五创联动”重点项目 68 个，至年底已完成钒钛产业园区城区 2 号路行道树栽植、金沙江大道（阿基鲁桥至倮果桥段）绿化景观建设等 64 个攻坚项目，其他项目均完成工程量 90%以上，促进各项创建指标稳中有升。

【宣传督查】 2013 年，市“五创办”着眼于真正发动全民参与，按照精选工作亮点、突出工作重点、彰显活动特点的思路，持续开展创建主题宣传，通过发放资料、开展主题活动等方式进行全方位、多角度宣传引导。在新闻媒体上公布“五创联动”工作热线电话 20 余个，共开辟媒体专栏 40 个，播放宣传片、公益广告片 83 篇，开展志愿者服务活动 746 次，文明劝导行动 1507 次，发放各类宣传单 3.4 万份。将督查督办作为深化创建工作的有力抓手，着力构建人大和政协监督、社会监督、新闻监督和集中督办、挂牌督办、分区督办、专项督办的综合督查体系，形成高压态势，做到强势推进。市人大成立了 5 个专项督查组，并会同市“五创”办采用定期检查、调研等多种方式，对 5 个专项创建涉及的重点指标和项目进行常态化督查。共开展督查 40 次，印发工作月报 12 期、督查通报 16 期。

【国家环保模范城市创建工作进展】 2013 年，攀枝花市围绕西区、东区倮果——五道河片区、钒钛产业园区、金沙江攀枝花城区段沿线、攀钢等“三片一线一企”区域污染防治工作重点，狠抓项目攻坚，着力解决一系列环境突出问题，使环境安全形势进一步好转、环境质量进一步改善，国家环保模范城市（以下简称“国模”）创建总体有序推进。国模考核 5 大类 26 项考核指标已有 13 项基本满足条件。创“国模”规划的 231 个规划项目已启动 222 个，2013—2014 年创“国模”75 项重点攻坚项目已完成 36 个。创“国模”5 项“急难险重”任务顺利完成。纳入 2013 年市“五创联动”重点项目 14 个已全面完成。全市二氧化硫浓度较 2012 年同期下降 25.6%，二氧化氮浓度较 2012 年同期下降 7.5%。水环境质量继续保持较好水平，噪声环境质量相对稳定。

【国家森林城市创建工作进展】 2013 年，攀枝花市紧扣“四川省森林城市现场考核验收”的目标，在着力抓好迎检工作的同时，全面推进花城景观、环城生态景观林、森林廊道、矿山迹地植被恢复、山地森林保育、生态产业和生态文化“七大创森工程”，环城森林屏障逐步形成。通过努力，攀枝花市“四川省森林城市”创建工作于 9 月 13 日通过了四川省绿化委员会办公室、四川省林业厅组织的现场考核验收，四川省绿化委员会办公室将按程序上报省绿化委员会审定后批准。至年底创建国家森林城市 40 项考核指标已达标 35 项。纳入 2013 年市“五创联动”重点项目 14 个已按计划完成 12 个，其中 2 个项目转入下一年继续实施，全年完成义务植树 234.27 万株，落实全市 32.33 万公顷天然林管护任务，巩固历年退耕还林成果 1.83 万公顷。

【国家园林城市创建工作进展】 2013 年，攀枝花市以巩固省级园林城市成果为重点，以大力实施“扩大绿化面积”工程为抓手，立足“阳光花城”打造，全面实施节约型园林建设和生物多样性保护，创建国家园林城市（以下简称“创国园”）指标稳中有升，城市园林规划、建设和管理水平不断提高。“创国园”63 个指标已达标 15 项。城市园林绿化管理机构、三线管理、城市园林绿化制度建设等 7 项指标已完成基础工作。市级花城景观打造、仁和大河河道整治二期工程景观建设、西区凉风坳洞口至清乌复线沿线立体绿化等纳入 2013 年市“五创联动”的 24 个重点项目已全面完成。

【中国阳光康养旅游城市创建工作进展】 2013 年，攀枝花市编制《中国阳光康养旅游城市发展规划》，强化宣传营销，提升服务能力，着力推进旅游产业项目群建设，城市品牌效应和辐射能力明显增强。2013 年，实现旅游总收入 102.18 亿元，同比增长 49.21%；全年旅游招商引资合同项目 19 个，实际到位资金 26.95 亿元，旅游投资总金额 50.43 亿元，超额完成全年旅游招商引资 5 亿元的目标任务，各项指标均创历史新高。红格温泉旅游度假区、阿署达花舞人间景区和普达阳光国际康养度假区等纳入 2013 年市五创联动 8 个重点项目已完成 6 个。

【全国文明城市创建工作进展】 2013 年，攀枝花市重点组织实施“市民素质提升、全民共建、城乡共进、克难治顽、品牌培育”五大工程，强化创建宣传引导，抓好指标攻坚提升，城市公共文明指数测评全省排名第二位，顺利通过省级文明城市考核验收。成功选树省第三届道德模范 2 人，第三届全国道德模范提名奖 1 人。乡村学校少年宫实现全市 44 个乡镇全覆盖，市未成年人心理成长指导中心建成并投入使用，西海岸社区“辉荣春芽”书屋等爱心平台广泛建立，创新开展多项未成年人主题教育实践活动，未成年人思想道德建设综合测评全省排名第三位。推出四川省首届十大最美志愿者 1 人、优秀志愿者 5 人，组建各类志愿服务支队 43 支、志愿服务大队 269 个。2013 年市“五创联动”年度目标任务 8 项中已完成 7 项（建成第三届四川省文明城市工作待中共四川省委办公厅文件确认）。

（李程林）

改造后的滨江大道景观　　（宋俊康　摄）

概 貌

自然概貌

【地理位置】 攀枝花市是中国四川省直辖市，位于中国西南川滇交界部，北纬 26° 05′ —27° 21′，东经 101° 08′ —102° 15′，金沙江与雅砻江交汇于此。东、北面与四川省凉山彝族自治州的会理、德昌、盐源 3 县接壤，西、南面与云南省的宁蒗、华坪、永仁 3 县交界。北距成都 749 千米，南接昆明 351 千米，是四川省通往华南、东南亚沿边、沿海口岸的最近点，为“四川南向门户”上重要的交通枢纽和商贸物资集散地。

【建置人口】 2013 年，攀枝花市辖东区、西区、仁和区、米易县、盐边县。有 16 个街道办事处、44 个乡镇、130 个社区居委会、352 个村民委员会。全市有 42 个民族，其中汉族占全市人口的 86.6%，41 个少数民族中人口较多的彝族占 8.89%，其次是傈僳族、苗族、纳西族、白族、傣族、满族等。

全市年末户籍总人口 112 万人，其中农业人口 52.13 万人、非农业人口 59.87 万人，男性人口 57.20 万人、女性 54.80 万人。全年出生人口 9639 人，死亡人口 6094 人，人口自然增长率 3.17‰。年末常住人口 123.33 万人，城镇化率为 63.43%，比 2012 年提高 0.42 个百分点。全年全市结婚 11061 对，离婚 4373 对。

【地形河流】 攀枝花市地处攀西裂谷中南段，属侵蚀、剥蚀中山丘陵、山原峡谷地貌，具有山高谷深、盆地交错分布的特点，地势由西北向东南倾斜，山脉走向近于南北，是大雪山的南延部分。海拔最高点位于盐边县境内的柏林山穿洞子（4195.5 米），最低点位于仁和区平地镇师庄（937 米），相对最大高差 3258.5 米，一般相对高差 1500 米—2000 米。

攀枝花市隶属长江水系，河流多，境内有大小河流 95 条，分属金沙江水系、雅砻江水系，两水系在雅江桥处汇合。流域控制面积较大的主要有安宁河、三源河、大河三大支流。其中流域面积大于 500 平方千米以上的 6 条，100 平方千米—500 平方千米的 26 条，50 平方千米—100 平方千米的 18 条，5 平方千米—50 平方千米的小河流只统计直接汇入金沙江、雅砻江的 45 条。

【气 候】 攀枝花市属南亚热带——北温带的多种气候类型，被称为“南亚热带为基带的立体气候”，具有夏季长，四季不分明，而旱、雨季分明，昼夜温差大，气候干燥，降雨量集中，日照长，太阳辐射强，蒸发量大，小气候复杂多样等特点。年平均气温是四川省年平均气温总热量最高的地区，无霜期 300 天以上。

2013 年，攀枝花市平均气温 19.8℃—21.2℃，较常年略偏高 0.1℃—0.7℃。全年月平均气温最高出现在 6 月（26.1℃—27.8℃），月平均气温最低出现在 12 月（10.8℃—11.9℃）。全年总降水量 716.2 毫米—977.3 毫米，较常年略偏少 87.9 毫米—197.6 毫米，偏少幅度达 11%—22%。年日照时数 2383.9 小时—2859.9 小时，较常年值仁和区偏少 169.5 小时，其他地区偏多 164.1 小时—228.4 小时。年平均相对湿度 52%—58%，较多年平均明显偏小 8%—16%。

【国土资源】 2013 年，攀枝花市辖区面积 7440.403 平方千米，全市土地面积 7440 . 403 平方千米。其中农用地约 666200 万平方米（耕地保有量为 49800 万平方米、基本农田保有量为 43100 万平方米）；建设用地约 30300 万平方米；未利用地约 45900 万平方米。

【水能资源】 攀枝花水能资源丰沛，水能资源理论蕴藏量

687.9 万千瓦以上，可开发量达到 599.4 万千瓦，2013 年装机容量约 350 万千瓦。攀枝花地区水能资源分布集中，主要分布在过境的金沙江、雅砻江，以及支流安宁河、永兴河、藤桥河。

【矿产资源】 全市发现矿产 76 种，探明储量的矿产 39 种，得到开发利用的矿种 45 种。全市发现矿产地 490 余处（含矿点、矿化点），其中，特大型、大型矿床 46 个，中型矿床 30 个。

全市优势矿种的保有资源储量为：煤 36947.26 万吨，钒钛磁铁矿 669374.10 万吨，伴生钒矿 1037.59 万吨，伴生钛矿 42457.93 万吨，熔剂石灰石 29493.10 万吨，冶金用白云岩 36347 万吨，晶质石墨 1539.80 万吨，硅藻土 1355.60 万吨，直却砚石 2098 万吨，饰面用花岗石 8375 万立方米。

【生物资源】 攀枝花市的植物和野生动物种类繁多，达 2500 多种。珍贵稀有动物中，国家一级重点保护动物有 4 种（金雕、豹、黑颈鹤、四川山鹧鸪），国家二级重点保护动物 30 种。国家重点保护的一级、二级珍稀濒危植物 14 种，其中，一级重点保护珍稀濒危植物攀枝花苏铁举世称奇，成片生长，达 20 多万株，且年年开花，雌雄竞放，与恐龙、熊猫一并被誉为“巴蜀三宝”。

国民经济和社会发展概貌

【经济综述】 2013 年，攀枝花市面对复杂多变的国内外环境，坚持“稳中求进、提质增效、争先进位、跨越提升”的工作基调，积极克服宏观经济持续下行等不利因素，迎难而上，奋力拼搏，经济社会发展稳中有进、稳中向好，保持平稳发展的态势。全年全市实现地区生产总值（GDP）800.88 亿元，按可比价计算，增长 10.7%。其中：第一产业增加值 27.88 亿元，增长 4.5%，对经济增长的贡献率为 1.4%，拉动经济增长 0.2 个百分点；第二产业增加值 597.19 亿元，增长 11.7%，对经济增长的贡献率为 83.2%，拉动经济增长 8.9 个百分点；第三产业增加值 175.81 亿元，增长 8.0%，对经济增长的贡献率为 15.4%，拉动经济增长 1.6 个百分点。人均地区生产总值 65001 元，增长 10.1%。三次产业结构由 2012 年的 3.5∶75.8∶20.7 调整为 3.5∶74.6∶21.9。全市非公有制经济实现增加值 368.90 亿元，增长 13.0%，占 GDP 的比重为 46.1%，非公有制经济对全市经济的贡献率 51.4%。

全年东区实现地区生产总值 326.86 亿元，增长 8.8%；西区 92.07 亿元，增长 8.7%；仁和区 170.02 亿元，增长 14.5%；米易县 108.08 亿元，增长 15%；盐边县 103.86 亿元，增长 8.5%。

【农　业】 2013 年，全市农林牧渔业总产值 48.08 亿元，增长 4.6%。其中：农业产值 28.22 亿元，增长 5.1%；林业产值 0.78 亿元，增长 4.3%；牧业产值 14.55 亿元，增长 3.7%；渔业产值 3.87 亿元，增长 4.2%；农林牧渔服务业产值 0.66 亿元，增长 5.6%。

全年全市农作物播种面积 6.91 万公顷，增长 0.9%。其中：粮食播种面积 4.0 万公顷，增长 1.3%；油料播种面积 0.24 万公顷，增长 1.4%；烟叶播种面积 0.95 万公顷，下降 3.1%；蔬菜播种面积 1.31 万公顷，增长 4.1%。全年粮食总产量 21.39 万吨，增长 0.4%；油料产量 0.36 万吨，增长 3.8%；烟叶产量 1.93 万吨，下降 4.0%；蔬菜产量 64.65 万吨，增长 6.7%；水果类产量 19.77 万吨，增长 7.8%。全年完成造林面积 1040 公顷，封山育林面积 20067 公顷，育苗面积 4.3 公顷，森林覆盖率达 60.03%。

全年全市生猪出栏 61.05 万头，增长 2.2%；牛出栏 2.50 万头，增长 3.0%；羊出栏 24.91 万只，增长 2.9%；家禽出栏 358.30 万只，增长 4.8%。肉类总产量 5.17 万吨，增长 6.8%。其中：猪肉产量 3.88 万吨，增长 7.8%；牛肉产量 0.29 万吨，增长 3.2%；羊肉产量 0.42 万吨，增长 3.0%；禽肉产量 0.53 万吨，增长 5.2%；禽蛋产量 0.96 万吨，增长 2.3%；蚕茧产量 0.32 万吨，下降 1.5%；水产品产量 3.07 万吨，增长 1.1%。

全年全市农业生产条件继续改善，农业机械总动力达 653137 千瓦，增长 1.8%；机耕负担面积 48.55 千公顷，增长 10.2%；年末有效灌溉面积 22.76 千公顷，排灌机械保有量 4354 台。

【工　业】 2013 年，攀枝花市规模以上工业累计完成工业总产值 1437.12 亿元，增长 12.8%；实现增加值 452.90 亿元，增长 12.8%。从轻重工业看，重工业实现增加值 433.44 亿元，增长 13.0%；轻工业实现增加值 19.46 亿元，增长 9.1%。从登记注册类型看，国有工业完成增加值 18.45 亿元，下降 6.2%；集体工业完成增加值 3.99 亿元，增长 51.1%；股份制工业完成增加值 412.33 亿元，增长 13.0%。

规模以上工业企业实现销售产值 1393.63 亿元，增长 12.5%；产销率为 97.0%，回落 0.2 个百分点；实现利润总额 13.52 亿元，增长 125.9%；利税总额 69.74 亿元，增长 6.3%。

【建筑业】 2013 年，全市年末资质等级以上总承包和专业承包建筑企业（含劳务分包）91 个，建筑企业实现总产值 182.10 亿元，增长 14.9%。

【固定资产投资】 2013 年，全社会固定资产投资完成额 545.74 亿元，增长 17.8%，其中固定资产投资完成额 524.94 亿元，增长 16.1%。从管理渠道看，基本建设完成投资 247.74 亿元，增长 23.2%；更新改造完成投资 222.87 亿元，增长 14.7%；房地产开发完成投资 51.16 亿元，下降 6.4%。从投资主体看，完成国有投资 262.63 亿元，增长 48.0%；完成民间投资 271.65 亿元，增长 3.7%。从三次产业看，第一产业完成投资 15.79 亿元，增长 116.7%；第二产业完成投资 250.43 亿元，增长 12.1%；第三产业完成投资 279.51 亿元，增长 20.2%。

【房地产业】 2013 年，全市房屋施工面积 645.29 万平方米，增长 36.9%。房屋竣工面积 95.49 万平方米，增长 84.7%。商品房销售面积 133.86 万平方米，增长 65.7%，其中住宅销售面积 122.69 万平方米，增长 60.8%。

【国内贸易】 2013 年，全年社会消费品零售总额 219.33 亿元，增长 14.2%，其中，限上企业实现零售额 104.86 亿元，增长 19.1%。按行业分，批发业 10.27 亿元，增长 8.1%；零售业 180.91 亿元，增长 14.5%；住宿业 1.47 亿元，增长 46.0%；餐饮业 26.68 亿元，增长 13.3%。

【旅 游】 2013 年，全市旅游总收入 102.18 亿元，增长 52.8%。接待旅游总人数 1039.58 万人次，增长 21.9%。全市共有名胜风景区和文物保护区 13 个，星级饭店、宾馆 18 个。

【对外经济】 2013 年，全市招商引资到位资金 434.65 亿元。全年全市实现进出口总额 18714 万美元，下降 29.0%。其中，出口总额 12306 万美元，下降 44.1%；进口总额 6408 万美元，增长 47.8%。

【交 通】 2013 年，全市等级公路 2958.33 千米，其中高速公路 144.72 千米。全年完成公路旅客运输量 6257 万人，增长 6.1%；客运周转量 162978 万人千米，增长 20.5%；货物运输量 12513 万吨，增长 9.3%；货物周转量 603741 万吨千米，增长 6.2%。全市机动车保有量 20.66 万辆，其中汽车 11.78 万辆，私人汽车 9.39 万辆；摩托车 8.86 万辆；营运车辆 2.22 万辆，出租汽车 1477 辆。

境内铁路营运里程 181.6 千米，与 2012 年持平；境内火车站个数 16 个；全年完成铁路客运量 194.29 万人，下降 5.1%；铁路货运量 3089.64 万吨，增长 9.6%。水路旅客周转量 780 万人千米，下降 0.6%；水路货运周转量 996 万吨千米，下降 1.2%。

【通信、邮电】 2013 年，全市邮电主营业务收入 12.21 亿元，其中电信业务主营收入 11.38 亿元、邮政业务主营收入 0.82 亿元。年末拥有邮电局（所）47 处；全年报刊发行量 2841.49 万份；函件 296.54 万份；特快专递 13.36 万件；邮路长度（单程）1048 千米。年末固定电话用户 33.08 万户；年末移动电话用户数 128.04 万户，其中 3G 移动电话用户数 40.41 万户；国际互联网用户数 24.24 万户。

【财政、税收】 2013 年，全市地方财政收入 82.96 亿元，增长 0.02%。其中，公共财政预算收入 58.55 亿元，增长 2.4%。地方财政支出 143.62 亿元，增长 5.8%。其中，公共财政预算支出 115.05 亿元，增长 6.3%。全年全市国税组织收入 51.42 亿元，下降 4.0%。其中，税收收入 51.64 亿元，下降 4.7%；增值税 39.87 亿元，下降 4.6%；消费税 0.63 亿元，增长 6.4%。全市地税组织收入 52.66 亿元，增长 2.6%。其中，税收收入 46.23 亿元，增长 4.7%；营业税收入 14.22 亿元，增长 11.3%。

【金融、保险】 2013 年年末，全市金融机构人民币各项存款余额 784.18 亿元，比年初增加 26.42 亿元，增长 3.5%。其中，储蓄存款余额 395.94 亿元，比年初增加 36.95 亿元，增长 10.3%。金融机构人民币各项贷款余额 608.93 亿元，比年初增加 76.74 亿元，增长 14.4%。年末共有保险公司 16 家。全年实现保费收入 16.60 亿元，其中财产保险保费收入 6.94 亿元、人寿保险保费收入 9.66 亿元。保险赔款支出 6.50 亿元，其中财产保险赔款支出 3.39 亿元、人寿保险赔款支出 3.11 亿元。

【教 育】 2013 年，全市拥有普通高等学校 2 所，普通中等学校 60 所，中等专业学校 7 所，小学学校数 64 所，幼儿园 201 所。全市普通高等学校在校生 24689 人，普通中等学校在校生 86314 人，其中普通中学在校生 70698 人，小学在校生 79729 人，幼儿在园儿童数 31094 人。全市专任教师总数 12047 人，其中普通中等学校专任教师 5540 人、小学专任教师 5055 人。学龄儿童入学率 100%，初中毕业生升学率 96.3%，小学教师学历合格率 100%。

【科　技】 2013年，全市各项专利申请数1627项，高新技术产业实现产值121.46亿元。全年安排科技项目1552项，其中安排高新技术项目220个，全年新上高新技术项目161个。各类科技项目获市级以上科技成果奖93项，其中省部级奖18项。新增国家高新技术企业16户，科技新增经济效益29.6亿元。全年拥有国内专业技术人员62776人，增加57人，其中具有中级职称以上人员24327人，农业技术人员892人。

【文　化】 2013年，全市拥有博物馆和展览馆2个，文化（艺术）馆50个，其中文化站44个，剧场影院5个，公共图书馆6个，全年公共图书馆藏书总量83.85万册。乡镇广播电视站44个，352个行政自然村全部开通广播和电视。有线电视用户入户率达68%；广播节目综合人口覆盖率98.02%，比2012年提高1.02个百分点；电视节目综合人口覆盖率98.5%，比2012年提高0.9个百分点。

【卫　生】 2013年，全市拥有医院、卫生院72个，疾病预防控制中心6个，妇幼保健站6个。医院、卫生院技术人员6993人，其中，执业医师2395人，注册护师、护士3221人。年末卫生机构床位数9249张，5岁以下儿童死亡率8.5‰。产妇住院分娩比例99.8%。

【体　育】 2013年，全市拥有体育场（馆）6个，各级体育社会团体56个，全民健身路径30条，社会体育指导站261个。全市各类运动队夺得全国比赛银牌2枚、铜牌4枚，省级比赛金牌52枚、银牌40枚、铜牌37枚。全年举办38次全民健身活动，参加活动人数45310人。

【生态建设】 2013年，全市完成义务植树234.27万株，落实323333.33公顷天然林管护任务，巩固历年退耕还林成果18333.33公顷。全市二氧化硫浓度较2012年同期下降25.6%，二氧化氮浓度较2012年同期下降7.5%。

【环境保护】 2013年，全市环境空气质量优良率达92.6%，建成区绿化覆盖率为38.47%，城市及集中式饮用水源地达标率100%，城市生活污水集中处理率为84.25%，生活垃圾无害化处理率为96.75%。全年单位GDP能耗下降3.3%。

【收入及消费】 2013年，全市城镇居民人均可支配收入24906元，增长9.2%。其中：工资性收入17232元，增长5.8%；财产性收入540元，增长60.8%；转移性收入8032元，增长12.9%。城镇居民人均消费支出16553元，增长8.3%。其中：食品支出6755元，增长3.9%，恩格尔系数为40.8%；衣着支出1436元，增长8.3%；居住支出1497元，增长14.5%；家庭设备用品及服务支出增长39.4%；交通和通讯支出增长7.4%；医疗保健支出增长23.4%；教育文化娱乐服务支出下降0.3%。

全市农村居民人均纯收入9838元，增长12.7%。其中：家庭经营纯收入6356元，增长12.7%；工资性收入2698元，增长12.5%；财产性纯收入163元，增长13.4%；转移性纯收入622元，增长13.8%。农村居民人均生活消费支出8481元，增长19.2%。其中：食品支出3941元，增长16.0%；衣着支出增长16.0%；家庭设备用品及服务支出增长17.6%；居住支出增长38.4%；交通和通讯支出增长33.2%；文化教育及娱乐支出增长11.8%；医疗保健支出下降4.3%。

【物价水平】 2013年，全市居民消费价格总水平（CPI）上涨1.3%。其中，食品类价格上涨3.0%，家庭设备用品及维修服务上涨1.2%，医疗保健和个人用品上涨1.1%，衣着、娱乐教育文化用品及服务、居住类价格分别上涨0.3%、0.1%和0.8%，烟酒和交通通信类价格分别下降0.7%和0.1%。工业生产者出厂价格（PPI）下降3.4%，工业生产者购进价格下降3.0%。

【居住条件】 抽样调查表明，2013年年末，城镇居民人均住房建筑面积29.04平方米，增长1.1%；86.2%的城镇居民家庭拥有自有房屋产权；96.8%的城镇居民家庭住进单元房。

【社会保障】 2013年，全市参加养老保险的人数49.61万人，增加3.09万人；参加医疗保险人数65.67万人，减少0.29万人；参加失业保险人数21.59万人，减少0.6万人；参加工伤保险人数22.23万人，增加0.64万人；参加生育保险人数23.52万人，增加0.35万人。城镇登记失业率为3.57%，比2012年下降0.03个百分点。

全市享受城镇居民最低生活保障人数20715人，减少139人；享受农村居民最低生活保障人数28654人，减少743人；社会救济对象人数53008人，减少909人。全市拥有社会福利收养性单位32个，床位3279张；社会福利院7个，床位数787张；敬老院25个，床位数2492张。

（赵雪松）

县（区）概貌

东 区

【建置人口】 东区为攀枝花市主城区，是全市政治、经济、文化、金融和商贸中心，位于北纬 26° 32′ —26° 39′ 、东经 101° 39′ —101° 49′ 。行政区域东起渡（口）金（江）公路雅砻江与金沙江汇合处下行 850 米处；西至云盘山顶、凉风坳分别与仁和区、西区接壤；南抵攀枝花大道中段巴斯箐；北至大黑山麓、老岩山与仁和区、盐边县分界。面积 167.225 平方千米，其中耕地面积 209.60 公顷，占辖区总面积的 1.25 %。

东区辖 1 个镇、9 个街道办事处，9 个村民委员会、61 个社区居民委员会。2013 年年末，全区人口总数 84719 户 311618 人，其中男 160661 人、女 150957 人。总人口中非农业人口 303696 人（男 156828 人、女 146868 人）、农业人口 7922 人 （男 3833 人、女 4089 人）。全年出生 1917 人，出生率 6.20‰；死亡 1463 人，死亡率 4.70‰；人口自然增长率 1.50‰。全区有少数民族 32 个，人口 10321 人。

【经济发展状况】 2013 年，东区实现地区生产总值（GDP）326.86 亿元，同比增长 8.80%；完成区属经济增加值 186.59 亿元，同比增长 12.50%；完成固定资产投资 163.34 亿元，同比增长 21.30%；地方财政收入 9.47 亿元，同比增长 22.90%；实现社会消费品零售总额 133.74 亿元，同比增长 14.30%；招商引资实际到位资金 93.55 亿元，同比增长 11.50%；城镇居民人均可支配收入 27281 元，同比增长 9.30%；农民人均纯收入 12172 元，同比增长 12.90%。

2013 年东区主要经济指标

表 1

指标名称	单位	2013 年	比 2012 年增长（%）
年末总人口	人	311618	-0.71
地区生产总值	万元	3268560	8.80
第一产业总产值	万元	5568	3.50
第二产业总产值	万元	2261600	8.90
第三产业总产值	万元	1001392	8.50
旅游人数	万人次	290.46	7.80

续表 1

指标名称	单位	2013 年	比 2012 年增长（%）
旅游收入总额	万元	390200	42.30
金融机构各项存款余额	万元	4853320	0.50
参加基本养老保险职工数	人	220130	2.00
参加失业保险人数	人	169323	-2.80
城镇登记失业人数	人	7092	-14.10
电信业务总量	万元	82178	10.90
全社会固定资产投资总额	万元	1633375	21.30
社会消费品零售总额	万元	1337426	14.30
地方财政收入	万元	94714	22.90
地方财政支出	万元	150373	13.70
城镇居民人均可支配收入	元	27281	9.30
农民人均纯收入	元	12172	12.90

【工业经济】 2013 年，东区研究出台《攀枝花市东区促进新型工业加快发展扶持奖励办法》《攀枝花市东区工业企业应急转贷专项资金管理暂行办法》，全面落实“一企一策”帮扶措施，积极为企业争取各类发展补助资金 2700 万元、应急转贷资金 1.40 亿元，对企帮扶力度日益增强。积极开展升规培育工作，全年新增规模以上企业 13 户。兴茂公司全尾矿深度回收利用工程、丰源 100 万吨（每年）技改扩能等项目顺利投产，静脉产业逐步做大做强。银晨工贸 20 万件（每年）刹车毂生产线投入生产，长森工贸钒钛磁选机新建项目加快建设，机械制造业不断发展壮大。国内最大民用光伏发电项目——攀枝花学院 2.1 兆瓦太阳能屋顶电站正式并网运营，君晟 5 兆瓦屋顶太阳能发电、金勇太阳能钒电池储能提灌设备生产等项目进展顺利，太阳能综合利用产业蓬勃发展。突出规划引领，优化空间布局，全力加快园区扩区调位，攀枝花高新技术产业园区成功纳入攀西国家级战略资源创新开发试验区建设规划，并被省、市政府确定为重点支持发展的产业园区，为奋力打造“千亿园区”创造重要前提条件。倮果至五道河片区尾矿干堆场、鼎星公司至环山路连接线、1000 万吨（每年）取水工程等项目稳步实施，园区基础配套不断完善。强化与驻区大企业沟通协调，与攀钢矿业、攀钢钒、攀钢机制公司等建立战略合作机制，地企协作日益深化，全年实现地企协作贸易额 35 亿元。实现工业增加值 226.16 亿元，增长 8.90%；区属地方规模以上工业增加值 62.26 亿元，增长 23.30%。

【农业和农村经济】 2013年，东区小箐沟、大湾丘新村聚居点建设完成，沙坝五社、阿署达村民集中居住区（二期）基本建成，总建筑面积14万平方米，3500余人可实现集中居住，新村建设成效显著。辖区水库、山坪塘等水利设施整治全面完成，乡村道路改扩建不断加快，农村基础设施不断完善。大祥果品、半坡咖啡入选第三批农业部热作标准化生产示范园名单，安国枣获中国绿色食品认证，农业产业化进程不断加快。改造提升乡村旅游接待床位1514张，阿署达旅游新村顺利通过市级验收；得天独厚公司参与阿署达乡村客栈经营管理，乡村旅游管理服务水平不断提升，近郊休闲旅游产业持续发展壮大。农村养老、医疗保障水平进一步提升，医疗卫生服务实现城乡一体化管理，城乡公共服务水平更趋均衡。全年实现第一产业增加值5568万元，增长3.50%。农民人均纯收入12172元，同比增长12.90%。

【第三产业】 2013年，东区修订完善《攀枝花市东区促进服务业发展扶持奖励办法》，研究出台《攀枝花市东区服务业发展目标考核办法》，服务业发展激励机制进一步健全。全年新增限额以上单位62家，三产对区属经济贡献率47.20%，服务业发展水平稳步提升。曼哈顿百盛广场开业运营，台湾太平洋集团成功入驻，炳草岗商贸流通集聚区成功申报省级现代服务业集聚区，农贸市场、社区便民蔬菜直销网点更加完善，商贸流通体系建设取得新进展。金海AAAAA级写字楼商户入驻，钢城经贸大厦、上恒广场等商务楼宇加快建设，楼宇经济和总部经济快速发展。密地现代商贸物流园区与成都铁路局的合作取得突破性进展，现代物流产业集聚区建设顺利推进。“96196”阳光服务平台功能逐步完善，冰点水“当地送”网上商城投入运营，社区服务信息化建设成果初显。花舞人间景区加快建设，玉佛寺主寺院区建成并正式开放，菩提苑康养基地项目开工建设，阳光康养旅游竞争力稳步提升，全年实现旅游收入39.02亿元，增长42.30%。北京华联等异地法人成功纳入本地统计，“个转企”工作取得突破性进展；积极引导餐饮行业适应市场变化，主动转变经营模式，提高服务质量；成功举办首届迎春庙会、第九届啤酒节、第四届金沙江汽车展、“魅力东区”周边行等节庆会展活动，消费拉动经济增长作用进一步凸显。全年完成三产增加值100.14亿元，增长8.50%；实现社会消费品零售总额133.74亿元，增长14.30%。

【招商引资】 2013年，东区制定出台《攀枝花市东区重点招商引资项目奖励暂行办法》和《攀枝花市东区招商引资表彰办法》，充分调动招商引资积极性，全员招商氛围日渐浓厚。研究确定重点招商引资项目32个，招商引资项目库实现动态更新。重点开展小分队赴外招商，积极参加西博会、“民企、央企”入川、港澳企业四川行等经贸洽谈活动，招商引资再创佳绩。全年新签约引进项目42个，其中亿元以上项目20个，完成招商引资实际到位资金93.55亿元，其中，国内、省外到位资金69.30亿元。

【科　技】 2013年，东区申报国家、省、市科技项目（品种）60个，其中省级重大科技成果转化项目3个、市级重大科技成果转化项目5个、国家基层科普行动计划2个、省级基层科普行动计划2个。收集科研课题资料，包装“年产250吨微生物环保（抗菌除臭）剂项目”“年产500台新型高效联合铁钛分选一体机产业化项目”“工程机械部件制造项目”和“年产5000台太阳能恒温系统沼气罐项目”招商引资储备项目4个。获得27项国家、省、市科技计划项目支持资金461万元，其中国家级基层科普行动计划项目2个、省级基层科普行动计划项目1个、省级科技计划项目6个、市级科技计划项目18个。全区专利申请累计完成192件，其中发明专利申请累计完成53件。全区共有全国科普教育基地1个，壁挂式科技馆1个，科普活动中心18个，科普图书室13个，科普电影队10个，标准化科普画廊16个，科学家画廊4套。

【教　育】 2013年年末，东区有区属学校27所，其中小学13所、九年一贯制学校10所、初级中学2所、高完中1所、幼儿园1所。教职工4110人，其中在职2160人、离退休1950人，在校学生3万余人。东区辖区内有民办学校89所。筹措资金1.50亿元，完成7所学校校舍安全工程、3所学校运动场改造、1所学校文体活动用房建设，有序推进市第二十七中小学校改扩建、市第三十九小学校新建，办学条件不断改善。金宝乐乐、香港伟才等民办幼教健康发展，学教育不断优化；年度全市统考综合RSR值小学全市第一、初中县（区）第一，义务教育继续保持全市领先；超额完成高考本科上线奋斗目标，高中阶段教育水平不断提升。以“学区联盟”和学校“协同发展共同体”为载体，大力推进教育均衡发展，顺利通过省政府义务教育均衡发展督导评估，率先达到“四川省义务教育发展基本均衡县”标准。全面落实义务教育“两免一补”（免杂费、免书本费，补助寄宿生生活费）政策，全年发放“两免一补”资金600万元，受益学生5.60万人次。妥善安置2113名进城务工随迁人员子女就近入学，入学率100%。

【文　化】 2013年，东区有文化、新闻出版经营单位395家，其中歌舞娱乐场所88家、游艺娱乐场所22家、网吧72家、音像制品32家、国内出版物零售81家、打字复印100家。研究出台《攀枝花市东区关于进一步加强公共文化服务体系建设实施意见》，投入95万元，打造15个社区书屋，建成9个农村广播站（室），免费放映公益电影578场，公共文化服务体系进一步完善。举办2013年春节、“五一”、中秋、国庆群众文艺演出、第九届社区艺术节、“三下乡”

（文化、科技、卫生下乡）、“四进社区”（文化、科技、卫生、法律进入社区）活动，参加首届攀枝花市春节联欢晚会、“攀枝花市 2013 年迎春书画摄影展”。开展文化市场检查 6300 家次，出动车辆 520 台次，取缔无证经营游商 13 家，收缴非法出版物 128 册、非法音像制品 1200 张（碟）、游戏机 8 台、电脑主机 1 台，立案调查 20 家，现场处罚 2 家，停业整顿 4 家，罚款 6 万余元。文化、新闻出版市场年审、换证 361 家。全年全区文化行政许可申请 67 件，其中许可 18 家、变更 28 家、注销 4 家、不予许可 17 家。

【体 育】 2013 年，东区举办国际象棋大师柳大华一对十盲棋表演赛、第七届运动会、第四届东华山登山节、首届排舞大赛等大型体育活动，开展风筝、羽毛球、乒乓球、地掷球比赛等各类群众性全民健身体育活动 27 次，积极组队参加省第十届老年羽毛球比赛、2013 四川省青少年体操、跳水、排球锦标赛、攀枝花市第四届羽毛球比赛等多项体育赛事，均取得优异成绩。完成 2013 年度室外体育器材（体彩健身路径）维修，高危体育场馆安全检查，兑现体彩助学金 19200 元、资助贫困学生 20 名。

【卫 生】 2013 年，东区境内有各级各类医疗卫生机构 287 个，其中国家三级甲等综合医院 2 所、国家三级甲等专科医院 2 所、二级甲等综合医院 2 所、镇卫生院 1 个、村卫生站 9 个、社区卫生服务中心（站）19 个、个体医疗机构以及企业、学校医务室 252 个。拥有病床 3895 张，平均每千人占有病床 11.46 张；卫生技术人员 4896 人，平均每千人拥有卫生技术人员 14.40 人。深化医药卫生体制改革，全面实施国家基本药物制度。成功创建国家级、省级示范社区卫生服务中心各 1 个，基层医疗卫生服务水平不断提升。完成食品药品监管体制改革和机构调整，实现食品药品集中统一监督管理。成功创建省级餐饮服务食品安全示范区。

【民生工程】 2013 年，东区投入资金 1.90 亿元，全面完成“十大民生工程”。深入推进创业就业工作，全年完成各类创业就业培训 8683 人次，就业援助 746 人，发放小额担保贷款 230 万元，发放各类补贴 1320 万元，失业保险金扩大支出 1200 万元，城镇新增就业 6195 人，城镇登记失业率控制在 3.30%以内，“零就业”（在劳动年龄段内无一人就业）家庭实现当期动态消零。积极推进养老服务体系建设，高标准建成社区日间照料中心 2 个，民乐社区、民建社区创建为省级养老服务社会化示范社区；深入推进智能养老平台建设试点，为 484 位老人免费发放 GPS 定位手机，补贴居家养老信息服务费 17.70 万元；为 4256 位 80 岁以上老人发放长寿生活补贴 266 万元。加快保障性安居工程建设，新开工建设廉租房 108 套、公租房 260 套，发放廉租住房补贴 1124 户、202 万元。

以抓扩面、促征缴、保基本为主线，全面统筹城乡居民社会保险，全年完成各类社会保险征缴 23 万人次 1.88 亿元。强化低收入群体帮扶，扎实开展重特大疾病医疗救助，率先将城乡特殊困难家庭纳入救助范围。全年发放城乡低保金 5.50 万人次 1465 万元，发放城乡医疗救助资金 4931 人次 200 万元，发放慈善助医、助学补助 238 人 159 万元。

坚持“平安惠民”理念，健全立体社会治安防范体系，扎实开展“雷霆行动”“肃毒害、创平安”等专项行动，社会治安形势持续好转，群众安全感、满意度位列全市首位。建立健全递进式矛盾纠纷排查调处和应急处置机制，连续 8 年保持“全国平安建设先进区”称号。

【项目建设】 2013 年，东区全年完成固定资产投资 163.34 亿元。包装推出区级重点项目 78 个，完成年度投资 40 亿元，项目支撑作用进一步凸显。修订完善《攀枝花市东区项目储备管理办法》，编制完成《攀枝花市东区重大项目规划（2013—2017）》，梳理谋划重点项目 398 个，五年计划投资逾 500 亿元，其中 300 个项目纳入市级五年规划，项目储备更加丰富。建立健全项目包抓责任制，全力推进“急难险重”项目建设。切实履行沿江打造业主职责，全年投入资金 1.50 亿元，全面完成征地拆迁安置、景观绿化、美化亮化、公共服务设施、市场化运作等项目年度目标任务，集生态、景观、休闲、娱乐为一体的沿江风貌初步形成。花舞人间文化旅游特色街区、花香果园区一期等初具规模，龙岗水库水土保持牌坊至凤凰山舍道路开工建设，阿署达景区建设纵深推进。

【“五创联动”】 2013 年，东区投入资金 1.70 亿元，全力推进创建项目 119 个，对应提升创建指标 78 项，“五创联动”（攀枝花市创建国家环保模范城市、创建国家森林城市、创建国家园林城市、创建中国阳光康养旅游城市、创建全国文明城市）攻坚持续深入。企业环境综合整治、城市道路建设、社区养老服务、景区建设等创建项目亮点纷呈，主要污染物总量削减、道路完好率、社会道德风尚等创建指标巩固提升，顺利通过省级森林城市检查验收和省级文明城市考核，“五创联动”工作继续走在全市前列。

【城市建设】 2013 年，东区奥林匹克中心·花园、金域阳光一期等项目完成主体建设，恒大城、帝景华庭等项目加快推进，城市新区人气商气进一步集聚。研究制定全区旧城改造五年计划，东风创业路老旧小区居民自主改造项目正式启动，瓜子坪人民商场、五十四金华巷、德阳巷等旧城改造项目加快建设，老旧城区居住环境持续改善。丽攀高速公路攀枝花城区段建成通车，鱼塘至机场路连接线开工建设。新建、改扩建休闲文化广场 12 个，维修改造垃圾房 87 座，整治沿江生活排污口 13 处，改造老旧小区煤气管网 5 千米，新建城区雨水管网 4 千米，城市基础设施不断完善。

【城市管理】 2013 年，东区研究出台《东区城市管理暨城乡环境综合治理日常检查考核办法》，城市管理长效机制不断健全。顺利承接部分市级城市管理职责，全面接管中心广场、大梯道、商业街等重点区域。持续深化数字化城管平台建设，大力推进“疏堵结合”新型城市管理模式试点，城市管理更加科学。深入开展噪音、扬尘、“五乱”（摊位乱摆、车辆乱停、垃圾乱扔、广告乱贴、工地乱象）等专项治理，城市主次干道清扫保洁率继续保持 100%，生活垃圾无害化处理率 95%，城乡环境综合治理不断深化。

【街道、镇发展状况】 2013 年，东区辖大渡口、炳草岗、密地、瓜子坪、向阳村、枣子坪、弄弄坪、长寿路、南山 9 个街道和银江镇。各街道和银江镇围绕区委、区政府中心工作及年初下达的目标任务，严格按照“为在全市率先全面建成小康社会而奋斗的决定”谋划部署各项工作，以区委、区政府和辖区群众的认可满意为目标，通过狠抓党的建设，认真落实各项重点项目、重点工作和民生工程，继续强化社会管理工作，努力促进软硬两个环境持续改善。

2013 年东区各街道、镇基本情况

表 2

街道（镇）名称	常住人口（人）	面积（公顷）	社区（个）	农民人均纯收入（元）
大渡口	32661	5	6	—
炳草岗	111563	7.50	13	—
密　地	16471	6.70	6	—
瓜子坪	44728	5.20	9	—
向阳村	11932	13.50	4	—
长寿路	10522	2.70	2	—
枣子坪	22516	3	4	—
弄弄坪	28057	4.80	9	—
南　山	6717	2.50	2	—
银江镇	26451	116.10	14	i2172

说明：银江镇人口数包括农村人口 7922 人、社区数包括村委会 9 个。

（张忠庆、鄢　平）

西　区

【建置人口】 西区位于攀枝花市西部，东与东区为邻，南、北与仁和区接壤，西和云南省华坪县交界，面积 123.96 平方千米。辖 1 个镇、10 个村，6 个街道办事处、33 个社区居委会。2013 年年末，全区人口总户数 54101 户，人口总数 146443 人（男 75450 人、女 70993 人）。非农业人口 50575 户、136627 人（男 70601 人、女 66026 人），农业人口 3526 户、9816 人（男 4849 人、女 4967 人）。全年出生 713 人，出生率 4.9‰；死亡 778 人，死亡率 5.3‰。

【经济发展状况】 2013 年，全区完成地区生产总值 92.07 亿元，同比增长 8.7%。其中：第一产业增加值 0.84 亿元，同比增长 3.3%；第二产业增加值 77.86 亿元，同比增长 9%；第三产业增加值 13.37 亿元，同比增长 6.8%。三次产业所占比重为 0.9∶84.6∶14.5，对经济增长的贡献率依次为 0.3%、89%、10.7%。实现民营经济增加值 44.36 亿元，同比增长 10.6%。完成地方财政收入 1.87 亿元，同比下降 21%。完成固定资产投资 74.05 亿元，同比增长 25.3%。实现社会消费品零售总额 25.28 亿元，同比增长 13.2%。全区有限额以上商贸业法人 28 家、个体 20 家。农民人均纯收入、城镇居民人均可支配收入分别达到 11645 元、23748 元，分别增长 11.2%、8.7%。

2013 年西区主要经济指标

表 3

指标名称	单位	2013 年	比 2012 年增长（%）
地区生产总值	万元	920661	8.70
其中：区属增加值	万元	810159	11.50
第一产业增加值	万元	8375	3.30
第二产业增加值	万元	778554	9.00
其中：规上工业增加值	万元	674868	12.60
第三产业增加值	万元	133732	6.80
粮食产量	吨	2618	-0.80
蔬菜产量	吨	10200	1.30
肉类产量	吨	2088	6.30
禽蛋产量	吨	1468	2.30
固定资产投资总额	万元	740534	25.30
社会消费品零售总额	万元	252751	13.2
招商引资到位资金	万元	623415	—
地方财政收入	万元	18705	-21.0
城镇居民人均可支配收入	元	23748	8.70
农民人均纯收入	元	11645	11.20

说明：区属增加值是指区生产总值扣除大企业增加值部分，西区扣除攀枝花煤业（集团）有限责任公司增加值部分。

【工业经济】 2013年，西区加快重大项目建设、工业园区建设、企业复工复产和生产要素保障等工作。按照“急难险重”目标任务要求，加大重点项目推进力度，完成恒达板簧、恒泰雅化等9个技改扩容项目，启动席草坪老工业区环境整治和产业换代升级改造项目，开工建设攀钢1×300兆瓦煤矸石综合利用技改项目。紫茎泽兰综合利用项目一期工程竣工，进入设备调试阶段，攀创一期建成投产，邦钛科技木质纤维素试生产，攀创二期铸件生产线、10万吨钛白粉等项目加快推进。扬驰胶业、博信化工等一批循环经济技改项目建成投产。园区基础设施建设加快，完成园区总体规划修编和产业发展规划编制，启动田华路（格里坪镇境内省道310线格福路德胜焦化厂路口至504电厂大门口，全程1.2千米）建设，全面启动大水井变电站升压工程，枣子坪220千伏输变电站工程、工业园区电网工程建设加快推进。园区入驻规模以上工业企业35户，巩固“百亿园区”成果，完成园区销售收入150亿元，同比增长21.7%。西区按照“四大板块”（煤渣的综合利用区、载重汽车配件及检测区、公共配套区、机械加工区）要求，加快区属煤矿兼并重组工作，关闭矿井6个，区属煤矿企业由9家减至4家，矿井由16个减至8个。全年，完成工业总产值200.71亿元，同比增长15.36%，其中地方规模以上完成工业总产值175.02亿元，同比增长20%；攀煤（集团）公司实现总产值25.69亿元，同比下降8.7%。规模以上工业增加值完成67.49亿元，同比增长12.6%，其中地方工业规上工业增加值完成56.44亿元，同比增长18.2%；攀煤（集团）公司实现增加值11.05亿元，同比下降7.6%。煤及煤化工、钢铁深加工、建材、电力四大支柱产业分别实现产值158.23亿元、4.61亿元、7.08亿元、10.87亿元。完成非公经济增加值44.36亿元，同比增长10.6%；完成工业投资30.2亿元，同比增长13%；规模以上万元工业增加值综合能耗同比下降8%。

【新农村建设】 2013年，西区按照“一村一品、突出特色”发展思路，加快发展特色现代农业。农村基础设施不断完善，修建生产用水池44口、“三面光”沟渠2.6千米、人饮工程8处，改田改土2.67公顷，铺设管道40万米，完成水土治理4.5平方千米。10月，梅子箐水库扩建工程管理局与梅子箐水库扩建工程5家中标单位签订合同，两个标段进场施工。农业品牌效益增强，优质晚熟芒果、苏铁山药、虎泉椪柑等特色种植业规模不断扩大，国家地理标志产品——攀枝花噜噜鸡品牌效益初见成效。农业产业化有序推进，重点打造庄上村高端花卉基地，建成花卉大棚6万平方米，年产高端花卉80万盆，实现产值1500万元。11月，西区首个家庭农场——新庄宏富家庭农场挂牌成立。全区拥有农业产业化市级龙头企业3家、农民专业合作社19家、协会组织4个、家庭农场2家。按照“统筹城乡、产村融合”的要求，整体推进新庄、大水井、格里坪和庄上四大片区的组团式新村建设，重点打造全市乡村旅游示范村——庄上·梅子箐彝家水寨项目，完成8个新村聚居点规划编制，庄上村47户新村民居、太阳沐歌乡村酒店和旅游接待中心基本形成接待能力，新庄梨树苑聚居点2#楼主体完工，3#楼完成第一层修建，金沙滩新村完成29户农房建设，野猪塘新村点完成32户房屋主体施工。全年完成农业增加值0.84亿元，同比增长3.3%，农民人均纯收入达到11645元，同比增长11.2%。

【第三产业】 2013年，西区积极培育生产性现代物流业，按照“一区多点”规划，加快推进以铁路物流运输为主的鑫铁物流中心、以电煤储备和公路物流功能为主的攀青煤炭物流中心和以铁路物资、集装箱运输为主要功能的攀西铁路物资集散中心（新启物流）建设。12月，鑫铁格里坪铁路物流中心一期建设全面完工。完成投资2亿元，建设面积17.3公顷，货场改造面积8.8公顷，改造铁路专用线2条，全市首家物流信息平台进行试运行，形成年发运能力600万吨、年卸车能力300万吨，实现年产值2亿元以上，实现税收1000万元以上，向社会提供就业岗位120个。同月，攀枝花电煤战略储备基地——攀青煤炭物流中心一期竣工。完成投资6000万元，建成标准化、数字化、环保节能煤炭仓储区和洗选配加工区2.9公顷，电煤储备基地4公顷，形成电煤储备能力70万吨/年，电煤周转能力100万吨/年。投产后，预计产值1亿元以上，实现税收500万元以上，可满足攀枝花地区半月电煤需求总量。至年底，新启铁路物资集散中心一期完成投资2800万元，获成都铁路局建设批复，施工设计图纸已通过成都铁路局审核；与泸州港签订水路联运框架协议；场平工程接近尾声；变电站、旧库房完成搬迁，项目建设总承包单位已进场，站台、龙门吊基础部分开始施工，龙门吊开始现场制作。新启铁路物资集散中心总投资2亿元，总规划面积40公顷，分三期建设完成，预计2017年完工。

西区着力打造精品旅游景区，积极推进乡村旅游和生态旅游，重点打造庄上精品旅游新村和西佛寺旅游景区，西佛寺后山景观带初步建成，庄上旅游新村形成接待能力，格里坪大酒店、青瓦台、菊花台成功创建三星级乡村酒店。国庆黄金周西区累计接待游客5.74万人次，其中一日游游客4.6万人次、入住游客1.14万人次，实现旅游总收入2875万元。全年累计接待游客119万人次，同比增长43.4%，实现旅游收入8.5亿元，同比增长50.13%。

【招商引资】 2013年，西区加大重点项目招商，先后考察淮北、徐州、西安等地现代装备制造业发展经验，赴省外开展招商活动10余次，对接中国500强企业2家、民营企业14家。参与全国知名民企进川、央企入川、港澳企业四川行和华商大会等活动，积极推介西区产业优势，在重庆市成功举办西区招商项目推介会。北京京城机电控股公司攀西工业贸易集中区、攀钢1×300兆瓦煤矸石综合利用、年产80万吨冶金石灰及污水处理型环保灰等一批重大项目顺利签约。全年招商引资履约项目75个，实际到位资金62.34亿元，完成全年目标任务60亿元的103.9%。其中，国内、省外项目59个，到位资金54.62亿元，完成全年任务50亿元的109.24%。10月，第十四届西博会签约项目12个，其中四川省集中签约项目8个、攀枝花市集中签约项目4个，签约总金额130亿元。全年"四个一批"重大项目开工43个，其中新开工29个，完成投资30.2亿元，竣工5个，完成投资2.7亿元。

2013年，西区采取部门联动和集中争取的方式争取上级资金支持。全年争取资金6.1亿元，同比增加7515万元，同比增长14%，其中，固定转移支付补助实现2.7亿元，同比增加8400万元，同比增长45%。

【城市建设】 2013年，西区纵深推进城市建设"三年攻坚"，完成清香坪、大水井片区控规修编，完善文化岛新城、大水井通江大道、大水井城市景观中轴线、格里坪镇新区城市设计及沿江景观西区段规划设计。同步推进清香坪、大水井、新庄片区开发及旧城改造，清香坪"文化岛"项目一期土地上市，大水井片区完成项目方案策划，用地征收已签订协议120户；启动新庄片区城市设计。完成铸钢厂、福广金城、老法院等旧城改造项目前期工作，成功拍卖文化岛农贸市场宗地，第十四届西博会期间，与四川省温州商会签订大水井片区"宜水金沙"项目意向性投资协议。商品房建设进度加快，蓝湖国际A区二期、西贵金沙交付使用，书香御景开盘销售，玉泉华庭加快建设。加快城市公共配套设施建设，苏铁中路、清乌复线"花城"景观打造成效明显，蓝湖森林公园建设加快推进。城市建成区面积新增40公顷，城镇化率达94.5%。

【交通建设】 2013年，西区"四纵多横"路网结构初见形态。城市道路建设提质加速，完成格福路一期（格里坪村委会至格里坪收费站）改造，丽攀高速西区段及沿江快速通道一、二标段建成通车，7月，巴关河大桥维修加固工程完工，提前3个月实现通车。沿江快速通道与省道310连接线完成路基施工，全面启动格福路二期（格里坪收费站至福田段）、玉巴路下段、502厂区道路维修改造工程，西贵金沙东向连接线、通江大道等道路前期工作进展顺利。全年增设35路、66路、110路3条公交线路。农村路网进一步完善，金竹路路基施工基本完成，庄上村新村连接线一、二标段完工，大水井尖山通村公路建设加快，田家湾西侧城市主干道、田家湾安置区内部市政道路及配套工程开工建设。全区公路通车里程达210千米，同比增长14.2%，公路网密度达到1.37千米/平方千米，同比增长14.3%。

【环境整治】 2013年，西区加快推进环境综合整治"三年攻坚"，继续实施环境综合整治44个攻坚项目，加快实施隆鑫冶炼厂原址重金属污染整治，完成10家堆混煤场专项整治，加快广厦采石场工矿迹地生态恢复，实现生态修复66.67公顷，完成席草坪片区、清乌复线15家企业"关停并转迁"工作，推广干雾抑尘、挡风抑尘等先进环保技术。实施攀煤、三维发电、504电厂等高耗能企业节能技术改造，引导企业依靠技术创新，采用先进工艺、技术和装备改造传统产业。完善工业污染防治体系，推进污染防治设施建设。成功探索生态修复和景区建设相结合的"西佛寺模式"，环境整治和新村建设相结合的"金家村模式"，环境治理和产业升级相结合的"席草坪模式"，环境综合整治成效明显。西区生活垃圾处理中心二期续建完成垃圾坝体、排洪沟、临时进场道路等修建。至年底，环境空气质量达标天数322天，优良率达88.95%，同比提高10.5%，可吸入颗粒物日均浓度每立方米同比下降0.008毫克，二氧化硫日均浓度每立方米同比下降0.03毫克。全年实现单位国内生产总值能耗下降2.8%，

【科　学】 2013年，区属企业申报国家级高新技术企业1户、省级创新型企业2户。申报完成市级以上科技成果鉴定4项，其中省级科技成果鉴定1项、市级3项。全年申请专利46件，其中发明专利15件，完成专利应用转化6件，专利实施新增产值1.18亿元。获攀枝花市科技进步奖二等奖2项。组织申报并批准立项实施的市级以上科技计划项目13项，其中省级科技计划项目5项、市级科技项目8项；组织申报并批准立项实施的市级成果转化项目1项。全年争取市级以上项目经费163万元，其中省科技型中小企业早期科技创新省级扶持资金计划20万元、省科技型中小企业技术创新资金35万元、省战略性新兴产品计划30万元、省专利实施与促进10万元、市级项目经费68万元。实施区级科技项目4个，安排项目经费23万元，其中特级再生橡胶新工艺研究及产业化示范6万元、紫茎泽兰综合利用及产业化8万元、现代农业节水技术示范5万元、50万吨/年钢铁冶炼中间渣资源化利用中试研究（科技成果转化项目）4万元。规模以上工业企业技术开发经费完成3700万元。全年，举办生产管理技术培训班46期，培训种养殖户2100人次。

【教 育】 2013年，攀枝花市西区有区属中小学校15所，其中高中1所、初中2所、九年一贯制学校5所、小学7所（其中格里坪镇中小学校辖村小教学点5个、办学点1个，市38中小学校辖办学点1个）。有公办幼儿园1所、民办学校38所（其中民办幼儿园32所、民办教育机构6所）。全区有在编教职工1239人，专任教师1142人，其中省特级教师2名、省级骨干教师16名、市级学科带头人7人、市级骨干教师116人、区级学科带头人11人、区级骨干教师120人。参加全市支教教师25名，参加区内支教教师16名。民办幼儿教职工484人，专任教师246人，专任教师学历达标100%。全区有在校中小学生16841人，其中小学生9971人、初中生5265人、高中生1605人，有在园幼儿3777人。

全区高考本科上线总人数突破90人，累计上线94人，其中重点本科上线3人、一般本科上线91人（含艺体本科上线40人）。义务教育质量RSR综合评价在5个县（区）中居第二，市第十初级中学校、市第十八小学校、市第十九小学校、市第二十八小学校、市第三十一中小学校5所学校步入全市第一方阵。有70项教育科研课题立项，其中市级立项3项、区级立项67项。

加强学校教育信息化建设，继市第十二中学校、市第十八小学校之后，市第二十八小学校成为实现“优质教育资源班班通”学校，市第十初级中学校、市第十二中学校成为省信息化教育试点示范学校，西区成为省信息化教育试点示范区。

素质教育成效显著，西区学生参加四川省第九届小学生艺术人才大赛，获市级一等奖47名、二等奖73名、三等奖192名。参加全省中小学“阳光阅读·文轩杯”读书小明星大赛暨中央电视台“读书达人”全国选拔赛（四川赛区）评选活动，获省级一等奖1名、省级二等奖2名、省级三等奖1名。参加市中小学生机器人竞赛，获一等奖1名、二等奖1名、三等奖3名、优秀奖2名。组织开展第二十八届青少年科技创新大赛活动，获省级二等奖3名、市级一等奖2名、市级二等奖5名、市级三等奖13名。获市中小学生电脑制作一等奖8名、二等级6名、三等奖7名。参加全市体育运动比赛，市第十初级中学校获初中女子篮球比赛第1名，市第十二中学校获高中男子篮球第4名，市第十八小学校获小学足球第4名。

实施“两免一补”政策，惠及城市义务教育阶段学生14861人；下拨农村学校住宿生生活补助13.25万元、肉食补助2.968万元；新接收进城务工人员子女入学665人；免收城市义务教育阶段学生教科书费28791人次（春季学期14868人、秋季学期13923人）；发放生源地信用助学贷款9.75万元、高校家庭经济困难新生入学项目资金3.8万元，发放高中家庭经济困难学生补助70.575万元，幼儿园学前资助400名。

【文 化】 2013年，全区有国家二级文化馆、图书馆和镇综合文化站各1个，有村文体活动室10个、社区文体活动中心32个。社区和村均拥有图书阅览室、综合教育培训室、多功能文化活动室和文化宣传画廊、室外活动场地、文体演出队伍。全区有各类文化休闲广场40多个，社区健身器材65套，拥有室内文体活动场地1.1万平方米、室外活动场地14.6万平方米。举办、承办各类群众文化活动20场次，下基层辅导90余次，举办馆内基层文化专干培训2次，格里坪镇基层文化培训1次，培训300余人；全年免费培训达600余小时，参加人员达4000余人次，借阅图书10000余册。开展专项行动检查60余次，出动人数230余人次，检查经营户1300家次，对3家落实不到位企业下达停业整顿通知书，对2家达标企业恢复生产，收缴淫秽、盗版等非法音像制品550余盘，取缔无证经营点12个、非法经营出版物及流动摊贩12家。文艺创作扎根基层，创作诗歌《西区文化大发展喜迎十八大》、歌曲《我的家乡是西区》、快板《中国梦》、舞蹈《卓姆》《苏铁花开》等一批具有地方特色和时代主旋律的文艺作品。全年，辖区娱乐场所经营面积4000多平方米，投资在100万元以上的有5家。四川浩天网络服务有限责任公司投入120多万元进一步扩大连锁经营范围，拥有网吧直营店11家、加盟店5家。西区苏铁文化旅游节活动期间，区文联书协、美协与市文联书画院在青瓦台山庄开展艺术交流活动，创作书画作品30余幅。“傈傈姑娘”组合在四川省第一次“放飞梦想·石海之韵”民歌大赛中获银奖，并代表四川省参加广西壮族自治区“刘三姐杯”全国民歌邀请赛，获最佳表演奖。全年，放映公益电影306场，观众达50000余人次。

【体 育】 2013年，全区40个小广场每晚举行“坝坝舞”、交谊舞等健身活动，参与全民健身的群众达50%。投入4万元维修清香坪街办、玉泉街办、河门口街办辖区健身路径。免费开放体育场地，至年底，全区参与健身运动6.9万人次。安装体育健身路径3套，更换篮球板9套、乒乓球架5副，资助贫困体育特长生20人，学校组织业余训练达300人次。6月，西区代表队参加四川省老年人太极拳（剑）比赛，分别获团体42式太极拳竞赛套路、42式太极拳剑竞赛套路、其他各式传统太极器械套路优胜奖，个人项目获第一名2人、第二名2人、第四名1人、第八名1人。7—8月，参加四川省青少年锦标赛暨备战省十二届运动会资格赛，获乙组女子篮球第十名、男子篮球第十四名，获柔道第五名1人、第七名3人，他们和参加田径（投掷）运动的8人次均入围省运会资格。8月，举办“全民健身日”群众体育活动，开展全民健身国民体质监测。

【卫　生】 2013年，西区推进医疗卫生体制改革，全面执行基本药物制度及一般诊疗费制度，有序推进西区基层医疗卫生机构事业单位法人治理结构建设试点工作，深化基层卫生服务机构人事制度改革，健全基层医疗卫生服务体系。辖区7个基层医疗卫生机构全部由政府举办，成为由政府财政拨款的事业单位。全年有各级各类医疗卫生机构134家，其中，市级医院1家，企业医院1家，民营医院2家，镇卫生院1家，妇幼保健院1家，村卫生站9家，社区卫生服务机构19家，门诊部3家，个体诊所80家，医务室3家，卫生所3家，其他类型医疗机构11家。全区有病床1280张，观察床100张，卫技人员1257人，其中医院社区卫生服务机构以及诊所1216人、村卫生站15人、疾控中心17人、卫监所3人、妇幼保健院6人。全年，各级各类医疗机构诊疗755260人次。完成执业（助理）医师报考登记40人、职称报考登记34人、护士报考登记24人。完成首次护士注册26人，执业（助理）医师注册6人，变更注册139人次。完成医师定期考核283人，护士延续注册144人。审议变更医疗机构相关事宜41家次，注册医疗机构3家，注销医疗机构2家。成功创建省结核病防治示范区。

全年，西区新型农村合作医疗参合农民8700人，参合率99.21%。新农合按照政策要求提高补偿比例，封顶线10万元，人均筹资340元/年（各级政府补助人均280元/年、农民自筹人均60元/年）。累计筹集资金325.35万元，支出资金总额321.41万元，其中住院补偿支出276.53万元、门诊统筹支出17.69万元、孕产妇正常分娩支出6.15万元、慢性病补偿支出20.54万元、体检支出0.5万元。农民累计受益6413人次，其中住院补偿923人次、门诊统筹受益5199人次、孕产妇正常分娩受益55人次、慢性病受益136人次、体检100人。城镇居民健康档案电子建档率达到99.55%，农村居民健康档案电子建档率达到96.58%；预防接种总人次数达49560人次；儿童保健达17003人次；孕产妇保健达6236人次；老年人保健达22448人次；慢性病管理总人次数达38915人次；重性精神疾病管理达1178人次。

【民生工程】 2013年，西区投入7.5亿元（其中区级资金2.3亿元、其他资金5.2亿元），推进就业促进、扶贫解困、教育助学、社会保障、医疗卫生、百姓安居、道路通畅、民生基础设施、生态环境、文化体育10大项、150个分项民生工程。其中：省市民生工程101项，完成100项，全市均无法完成1项；区级民生工程49项，完成46项，取消1项，延缓实施2项。全年城镇新增就业4302人，城镇失业人员再就业3056人，城镇登记失业率控制在4%以内，在全市创新开展城市低收入群体就业工作，为低收入群体提供就业岗位1875个，动态消除零就业家庭，发放小额担保贷款160万元，促进15名高校毕业生实现创业。实现社会保险制度全覆盖，全面完成参保群体征缴任务，全年基本养老保险参保19641人，工伤保险参保9632人，生育保险参保9877人，失业保险参保7795人，城镇居民基本医疗保险参保51207人，城镇职工基本医疗保险参保12225人，城乡居民养老保险参保5239人。全年保障城市低保对象58415人次，支出保障金1897万元；保障农村低保对象4185人次，支出保障金75万元；为6108人次发放城市医疗救助金218万元，为710人次发放农村医疗救助金32万元；发放高龄津贴6314人次94万元，发放长寿生活补贴405人次12万元。加快推进安居工程建设，启动龙洞片区居民自愿搬迁工程，围绕棚户区改造和失地农民安置两个重点，建设保障性住房2880套，其中建成1144套、在建1736套，发放廉租住房租赁补贴1200户，补助资金225万元，改造农村危房46户。格里坪田家湾安置房三期、四期全面开工，清香坪廉租房、河门口廉租房三期、格里坪安置房二期完成主体封顶，河门口采空区安置房二期竣工并将交付使用，河门口廉租房一期、二期实现分配入住。继续推进廉租住房共有产权试点，推进廉租住房建设。

【金沙江西区段沿江景观概念性规划初步设计方案评选】 2013年1月6日，西区从5份设计方案中评选出“金沙江西区段沿江景观概念性规划初步设计方案”（以下简称“方案”）。方案经过专家评审组打分、工作领导小组集体研究评出。方案以生态保护和生态修复为重点，围绕金沙水电站至观音岩水电站水线、岸线、道路线“三线”，突出大水井康养运动段、玉泉沿江休闲文化段、格里坪水岸体验段、庄上文化旅游度假段、观音岩生态保育段“五段”，拟打造峡谷平湖、宝鼎映月、花山横舟、渡江公园、金沙水上公园、清明上河图“六景”。

【《攀西工业贸易集中区物流中心规划》通过评审】 2013年1月24日，《攀西工业贸易集中区物流中心规划》（以下简称“《规划》”）在成都市接受四川省物流办专家组评审。攀枝花市商务和粮食局副局长、攀枝花市物流办主任杨旋主持评审。区委常委蔡永光介绍《规划》的编制背景。省政府副秘书长、省物流办主任李家国在评审会中提出：要进一步细化定位和规划，使项目更具操作性；加大物流转运设施、现代化仓储设施的规划力度，提高物流中心运作能力；提高现代物流信息化程度；抓好城市物流节点间的协调运作，加强区域合作能力；完善支持现代物流业发展的政策措施。《攀西工业贸易集中区物流中心规划》通过评审。

【签署合作框架协议】 2013年4月19日，西区与北京京城工业物流有限公司签署合作框架协议，共同打造攀西工业贸易集中区。集中区按照“一平台两中心九片区”（信息平台；工业贸易中心和物流中心；工程机械交易中心、机电交易区、钢材交易区、钒钛交易区、综合配套区、信息服务区、仓储配送区、钢材配套区、货运配载区）布局。京城机电控股公司发挥工业综合物流服务、设备融资租赁等方面优势，推动西区现代工业综合物流、重大设备融资租赁等业务发展。西区提供政策支持、协调服务。

【新农村综合体和新村聚集点建设规划编制】 2013年8月，西区召开新庄村庙儿湾新村综合体修建性详细规划、松子梁子新村、苦荞村小滥坝、罗家坪子新村聚集点建设规划方案专家评审会，西区2013年新农村综合体和新村聚集点建设规划编制目标任务完成。

西区新庄村庙儿湾新村综合体建设结构为“一心、两轴、七片、一带”（一心：规划区中北部的服务中心；两轴：东西向城市支路形成区域发展主轴，南北向城市支路形成的区域发展次轴；七片：指居住组团、南侧防护工程区、公共服务组团、教育服务组团、西南侧防护工程区和安置组团等七个功能组团；一带：工程防护绿化带与健身公园构筑的生态景观带）。规划区以清香坪生活组团东侧为主要拓展区，搬迁安置为主，集商贸服务、教育配套、娱乐休闲为一体，为生态居住新区。

新庄村松子梁子新村、苦荞村小烂坝和罗家坪子新村建设规划立足于西区新村总体布局，以发展生产和促进农民增收为宗旨，坚持保护耕地和节约资源的原则，结合农业生产布局，从发展定位、产业支撑、公共设施配套等方面进行详细规划。

【巴关河大桥维修加固完工通车】 巴关河大桥桥型为7孔30米装配式预应力砼简支T梁桥，全桥长216.64米，横向由8片T梁组成，共56片梁，设计荷载公路I级（原来为II级），桥面宽度19.5米，行车道宽15米，两侧人行道及护栏宽度2.25米。T梁预制采用C50混凝土，桥面铺装为10厘米沥青混凝土+8厘米C50混凝土。2013年2月21日断道，2月26日施工单位进场，经过3个月抢修，7月1日完工投入使用，提前3个月实现通车。维修加固总投资1352万元。

【西博会签约】 2013年10月，西区在第十四届中国西部国际博览会上签约项目12个，签约金额130亿元，突破签约金额100亿元大关。10月23日，在成都世纪城国际会议中心举行的“阳光攀枝花财富钒钛城——攀枝花城市推介会暨项目签约仪式”上，签约年产10万吨硫酸法金红石型钛白粉项目、宜水金沙开发、大理石开采加工等市级签约项目4个，签约金额80亿元。在第七届中国西部投资说明会暨经济合作项目签约仪式上，签约云南百润工贸年产80万吨冶金石灰及污水处理型环保灰项目、云南攀创科技综合利用高炉渣等省级签约项目8个，签约金额50亿元。

【席草坪片区环境综合整治及产业升级改造】 2013年5月，攀枝花市西区席草坪老工业区环境综合整治及产业升级改造启动，内容包括环境整治和旧城改造。项目计划投资3.2亿元，由攀枝花市攀创科技开发有限责任公司投资。项目占地63.33公顷，预计2018年完成。项目主要利用巴关河渣场高炉渣，建设高炉渣综合开发循环利用园、小企业孵化园、老工业基地绿色休闲公园，拟打造集休闲酒店餐饮区、城市文化休闲游览区、机电汽配交易区、工业加工厂区、中小企业孵化基地五大功能。项目完成后，预计年利润达1.4亿元，实现税收1.02亿元。

【电煤应急战略储备基地建设】 2013年6月，鑫铁物流有限公司、攀青物流有限公司在格里坪镇投资建设的攀枝花市电煤应急战略储备基地建设完工，投入使用。鑫铁物流有限公司、攀青物流有限公司所建的储煤场地面积均在3000平方米以上、年储备电煤量30万吨以上，为全省率先建立的电煤应急战略储备基地。其中：鑫铁物流有限公司占地108.33公顷，总投资4.28亿元；攀青物流有限公司占地50公顷，总投资2亿元。电煤储备基地将调节丰水期和枯水期电煤储存供应，平衡电煤缺口，确保电煤紧缺时期、应急状况下攀枝花市电厂保持正常发电的用煤需求。

【木质纤维素项目进入试生产】 2013年8月，西区邦钛科技木质纤维素项目进入试生产。项目占地1.67公顷，总投资1600万元。项目达产后，将年产纤维素1万吨、助滤剂2000吨，实现销售收入5000万元、利税500万元。

【格福路改造】 2013年8月28日，西区格福路（格里坪至福田）改造一期工程完工通车。工程总投资6050万元，路段总长2.53千米。其中格里坪至504电厂路口段2千米改造为双向四车道，504电厂路口至收费站段仍按双车道改造，路面宽分别为15米和8米。年底，二期工程开工（格里坪收费站至福田段）。改造总投资预计1.4亿元，路段总长20.3千米，路面宽8米。

【紫茎泽兰综合利用项目一期工程竣工】 2013年9月，攀枝花市西宇生物科技有限公司紫茎泽兰综合利用项目一期工程竣工，进入设备调试阶段。项目消耗紫茎泽兰1760.105吨，生产肥料1722.07吨。项目全面达产后，每年可消耗紫茎泽兰近30万吨，生产有机肥料5万吨、活性炭500吨、炭渣2000吨，预计实现年产值上亿元。

【行政处罚案件公开】 2013年1月11日，西区法制办公室牵头，市公安局西区分局、西区路政管理所、西区食品药品监督管理局、西区卫生局及西区农林畜牧局等相关部门将行政处罚案件相关内容录入系统，包括违法事实、处理依据、自由裁量权基准、处理结果及办结情况等。1月18日，完成288件行政处罚案件的录入并在网上公开透明运行。西区率先在全省公开行政处罚案件。

【重点税源调查】 2013年1月，西区开展国税重点税源专题调查，重点调查“8·29”事故对50余家涉煤企业的影响程度。调查重点了解原煤采掘企业停产整顿进展情况、复产时间和复产产能情况；洗煤及炼焦企业原煤需求程度和当前产能饱和程度，做好负面或减收因素分析，掌控和预测税源总量；掌握在建企业生产工艺流程、工程进度、建设投入、主要设备安装情况及正式投产时间，做好新增税源专题分析预测；详细评估矸石发电、焦炉煤气发电、渣铁冶炼等一批循环经济项目生产成本、经济效益和税收贡献，算清细账，管住税源。专题调查共调查重点税源企业60余家。

【街道、镇发展状况】 2013年，西区辖6个街道、1个镇，即清香坪街道、玉泉街道、河门口街道、陶家渡街道、摩梭河街道、大宝鼎街道、格里坪镇。全年6街道1镇共完成地方规模以上工业总产值175.02亿元，招商引资到位资金22.08亿元。

2013年西区街道、镇基本情况

表4

街道、镇名称	人口（人）	面积（公顷）	社区（个）	工业总产值（现价）（万元）	招商引资到位资金（万元）	农民人均纯收入（元）
清香坪	44776	715	8	42493	28000	
玉　泉	15123	520	5	37058	5100	
河门口	16078	177	3	64644	10900	
陶家渡	24714	350	5	9278	34100	
摩梭河	12437	710	3	58258	26000	
大宝鼎	11104	425	3	63176	26000	
格里坪镇	22211	10874	15	1475295	90700（含园区）	11645

说明：格里坪镇社区数包括10个村委会，人口数中包括非农业人口123952人。
工业总产值与工业增加值均只统计规模以上企业。
陶家渡、摩梭河、大宝鼎面积为建成区面积。

（杨　岷、胡茂林）

仁和区

【建置人口】 仁和区地处攀枝花市南部，位于北纬26°06′—26°47′、东经101°24′—101°56′。东临会理县，南接云南省永仁县，西靠云南省华坪县，北连盐边县。辖8个镇、6个乡和1个街道办事处，共设81个行政村、604个村民小组、19个居民委员会、144个居民小组。全区辖区面积1727.07平方千米，其中耕地面积10029公顷。全区共23个民族，有平地、啊喇、大龙潭、福田、金江5个少数民族乡镇、32个民族行政村、267个民族村民小组，民族乡镇总人口 62174 人。全区总户数 72894 户，总人口 220079 人。其中男性 115767 人，女性 113312 人，非农业人口 95469 人，人口自然增长率为 3.0‰。

【经济发展状况】 2013 年，仁和区完成国内生产总值 170.02 亿元，同比（与 2012 年相比，下同）增长 14.50%。其中：第一产业完成增加值 7.79 亿元，同比增长 4.00%；第二产业完成增加值 140.11 亿元，同比增长 16.20%；第三产业完成增加值 22.12 亿元，同比增长 7.60%。完成全社会固定资产投资 135.29 亿元，同比增长 2.40%。招商引资快速增长，全年签约项目 33 个，招商引资到位资金 90.16 亿元，同比增长 13.90%。大力实施项目攻坚，实现地方财政收入 13.06 亿元，同比增长 8.25%。城镇居民人均可支配收入达 21354.00 元，同比增长 9.40%。全年实现社会消费品零售总额 26.07 亿元，同比增长 15.20%。

2013 年仁和区主要经济指标

表 5

指标名称	单位	2013 年	比 2012 年增长（%）
地区生产总值	亿元	170.02	14.50
第一产业增加值	亿元	7.79	4.00
第二产业增加值	亿元	140.11	16.20
其中：工业增加值	亿元	133.99	16.20
第三产业增加值	亿元	22.12	7.60
粮食总产量	万吨	6.35	0.40
蔬菜总产量	万吨	23.66	2.60
水果总产量	万吨	7.99	5.18
肉类总产量	万吨	1.69	3.60
禽蛋产量	吨	3672	0.30
烤烟总产量	吨	2415	-13.80
固定资产投资总额	亿元	135.29	2.40
社会消费品零售总额	亿元	26.07	15.20
招商引资到位资金	亿元	90.16	13.90
地方财政收入	万元	13.06	8.25
城镇居民人均可支配收入	元	21354.00	9.40
农民人均纯收入	元	10388.00	11.40

【工业经济】 2013 年，仁和区积极响应国家淘汰过剩产能号召，主动对接省、市政府工业增长措施，全力帮助企业破解难题，稳定生产。共兑现技改、奖励扶持资金 1.08 亿元，协助 9 户企业申报周转资金 1.50 亿元，协助 25 户企业融资 18.00 亿元。新培育三圣和吉源科技等 19 户规模以上企业，32 户规模以上企业恢复生产，88 户正常生产。

富邦 1000 万件钒钛制动毂项目一期、钢城集团渣钢渣铁钒钛资源综合利用项目一期顺利建成并实现调试性生产，贝特风机、汉风物流钢材剪切线和东泰平板太阳能热水器生产线投产，宏基商品混凝土、钒制品加工等项目顺利推进。淘汰落后产能，拆除恒鼎、圣达 6 座落后焦炉。

全区共投入 1.15 亿元，完成迤资园青富路改造和富邦、钢城集团项目临时供水、供电设施建设，橄榄坪园道路、供电和绿化设施进一步完善。入园企业达 59 家，实现增加值 17.6 亿元，同比增长 21.5%。

仁和区强化煤炭安全监管力度，整改隐患 308 条。积极推进煤矿兼并重组，工作方案和方式得到省、市政府认可，煤矿企业由 36 个减少到 10 个，矿井数由 53 个减少到 25 个。全年实现工业总产值 366 亿元，同比增长 21.7%。

【农业经济】 2013 年，仁和区根据国家对农业建设的要求，现代农业示范区建设顺利推进，建成高产农田 1266.67 公顷、高标准芒果基地 480 公顷。全年共投入水利资金 1.82 亿元，实施大竹河水库枢纽及渠系建设、跃进水库中型灌区节水配套改造、高效节水灌溉、“五小”水利等工程和项目，在混撒拉村建成每小时 100 立方米的大流量提灌站，在迤沙拉村建成世界扬程最高的太阳能提灌站，改善灌面 1200 公顷。新增水果种植面积 466.67 公顷，养殖户 260 户，烟叶产值和蔬菜、粮食产量实现稳定增长。加强农业专合组织建设，龙头企业增至 21 家，农民专业合作社增至 212 家，协会增至 13 家。全年筹资 3.04 亿元，集中打造 18 个新村聚居点，全面实施产业扶持、基础设施建设和村落民居改造项目 212 个。加强农产品质量安全监管，抽检合格率保持在 98%以上，全年无重大农产品安全事件。采取以奖代补和农超对接的办法，拓宽销售渠道，提高农产品市场占有率，扩大农业效益。转移农村富余劳动力 2.87 万人，实现劳务收入 3.52 亿元。兑现惠农补贴 3168 万元。采用“一事一议”方式建设农村公益事业 50 项，财政奖补 2023 万元，12.2 万人直接受益。全年实现农业总产值 13.2 亿元，同比增长 4.0%。实现农民人均纯收入 10388 元，同比增长 11.4%。

【第三产业】 2013 年，仁和区对接促进消费措施，研究制定第三产业发展规划和奖励办法，兑现扶持资金 910.00 万元，全年新增 18 户限上企业。科学规划商业网点，改造升级五金机电和钢材交易市场，起辰·和瑞汽车文化广场投入运营，新增商业经营面积4万平方米。成功举办美食节、苴却砚文化艺术节和汽车联展、商品展销会等节庆活动，实现交易额1.75亿元。上城、泰悦居、御景城和浩远兰庭等精品楼盘实现预售，房地产业占税收收入的22%。普达阳光国际康养度假区累计投资3.40亿元，征地拆迁、规划设计和业态招商等工作顺利推进，安置新村建设完成80%工程量，重点基础设施和门户花海景观建设全面开工。花城大酒店基本建成，即将投入运营。建成6个AA级景区、98个旅游新村农家乐及乡村酒店，创建二星级农家乐19家、一星级农家乐3家，旅游接待能力进一步提高。全年新增个体工商户1992户、私营企业135户；大力推广城市形象，加强城市营销，“这里仁和”品牌知名度进一步提升。全年接待游客220万人次，实现旅游收入16亿元，同比增长49%。

【城乡建设】 2013年，仁和区科学规划城区，对接成昆铁路新线、花城新区规划，完成城区控规修编，城市控规面积达67.50平方千米。布德镇、同德镇、太平乡等6个乡镇城镇总体规划和34个行政村规划编制全面完成并通过专家评审。四号地块、莲花村、弯庄和宝灵4个小区城市拓展区建设全面推进。城区1号道路桥梁工程、宝灵寺周边景观打造、城区污水管网工程建设启动。同乐路连接线、云盘路、银华路、大河南路改线段及老黑地、田坝、普达、下沙沟等安置点加快建设。浩远兰庭、上城、泰悦居、御景城等房地产项目进展顺利。改造城区道路3.40千米、国道18.60千米、县乡道15千米、村道30千米；新建农村社区6个、城市社区1个、新村综合体2个；新村聚居点、移民后扶示范项目扎实推进。大河南路改线段完成，渡仁西线复线莲花村段道路建设前期工作顺利启动，成昆铁路新线开工建设，丽攀高速攀枝花城区段建成通车。推进主城区污水管网和排水设施改造，建成3000米城区供水管网。完成大河两岸3000米河道景观建设，宝灵寺河道景观打造项目全面推进。改造农村电网14.80千米，缅气入攀、成品油管道入攀等能源工程扎实顺利。

【生态环境建设】 2013年，仁和区重点开展金属非金属矿山整治和扬尘治理，完成省、市节能减排任务。围绕国家园林城市创建，加快大河两岸景观建设，实施联通路、仁和街、宝兴街、渡仁西线立面绿化、亮化、美化，新增公共绿地17公顷。继续实施农村环境连片综合整治及风貌打造，提高生态乡镇、生态村、生态家园等细胞工程建设水平，省级生态区创建通过省生态办公室技术评估，完成7个省级生态乡镇验收命名。大河、小河、纳拉河、把关河、摩梭河及灰老沟流域沿线企业及环境综合整治项目初见成效，年度二氧化硫、氮氧化物排放量分别控制在2200吨、380吨以内，化学需氧量、氨氮分别削减7%、3.20%；城市集中式饮用水水源地质100%达标，生活垃圾无害化处理率100%；治理水土流失面积30平方千米，统筹推进“五创联动”，顺利通过省级文明城市、森林城市考核验收和生态区创建技术评估。城区空气质量优良率保持在96%以上，宜居质量稳步提升。

【重点项目建设】 2013年，仁和区主动对接抓投资稳增长措施，落实项目专责制，加强统筹协调，全力推进83个“急难险重”项目，普达阳光国际康养度假区、弯腰树汽车产业城和钢城集团渣钢渣铁钒钛资源综合利用等项目按计划推进。加强项目包装，310个重大项目纳入储备库。富邦钒钛制动毂项目点火试产，瑞钢公司整体搬迁完成，钢城集团60万吨轧钢生产线、中国重汽矿用车生产线等项目加快推进。完成招商引资建设项目45个，其中新开工26个，协议投资上亿元的在建项目33个，实现到位资金71.8亿元。创新招商方式，积极招大引强，中国重汽矿用车生产线和北京天润集团风力发电等项目在第十四届西博会上签订投资协议，全年成功签约项目41个，协议投资额达253.7亿元。全区完成固定资产投资113亿元，同比增长0.40%。

【旅游新村建设】 2013年，继续加强对旅游新村基础设施、景观、绿化、标识标牌、游客中心建设的指导工作；协调开展新村建设工程验收、接待能力验收、制度建设、报账等指导工作，完成旅游功能设施建设工作。开展旅游新村现状调查，加强部门协作，共同推进上糯河等全区旅游新村建设；指导中坝乡“山水人家”申报“花园农家乐”，对中坝乡团山村、大田镇片那立村开展“乡村旅游标准示范村”打造。按照《农家乐（乡村酒店）旅游服务质量等级划分与评定》（DB51T 976—2009）标准，加强旅游新村农家乐建设指导及星级评定工作，全区19家被评为二星级农家乐、3家评为一星级农家乐，新建、改建农家乐及乡村酒店98个，形成一次性就餐13470人和住宿2747人的接待能力，提高仁和区旅游接待档次和旅游承载能力。

【交通建设】 2013年，仁和区新建通村公路通畅工程20.8千米，丽攀高速、省道214、国道108改、扩建项目均按市级要求完成征地拆迁协调服务工作。仁拉路改造全长14千米，路面宽7.5米，安保工程全长5.615千米，安装波型防撞护栏、警示标志标牌，总投资1500万元，进行旧路路面破除、土石方开挖等路基改造施工，已完成破损路面修补4000平方米，完成涵洞4道，中坝桥基础开挖。乡道民生工程平啊路改造全长15千米，路面宽4.5米，总投资2400

万元，2013—2014 年全面完成路面硬化，至年底已完成全部水泥稳定层，路面已铺筑 8 千米。完成通村公路民生工程 30 千米、公路安全保障设施建设 3.2 千米、区级急难险重项目通村公路通畅工程 20.8 千米。垭口桥改造项目全长 34 米，双曲拱，四类中型桥梁，旧桥拆除，桥梁新建，2013 年开工建设，至年底已完成桥头引导路基防护、土石方施工，桥基开挖。全年完成固定资产投资 18650 万元。

【教　育】 2013 年，全区有学校 23 所，其中完全中学 1 所、初级中学 4 所、民族中学 1 所、九年一贯制学校 3 所、小学 14 所；乡镇中心校 13 所，农村小学教学点 38 个。有幼儿园 37 所，其中区属示范幼儿园 1 所、乡镇中心幼儿园 13 所、国企幼儿园 1 所、民办幼儿园 22 所。全区有在职教职工 1725 人，其中专任教师 1635 人、工勤人员 90 人；有民办幼儿教职工 377 人。秋季学期，全区有小学教学班 332 个、初中教学班 152 个、高中教学班 59 个；中小学有在校学生 23553 人，其中义务教育阶段在校学生 20255 人、高中在校学生3298 人，在园幼儿 5914 人。全区小学入学率 100%，初中入学率 99.70%以上；小学辍学率为 0.11%，初中辍学率为 0.6%；小学生毕业率 99.9%，初中毕业率 97%。完成 186 个校安工程项目，五十一小学阳光家园校区投入使用，实施 7 所农村教师周转房和 5 所中心幼儿园建设。全面落实义务教育阶段学生“两免一补”政策，免杂费、教科书费、作业本费共 1295.74 万元，家庭困难住校生享受生活补助 695.40 万元、肉食补贴 171.47 万元；投入资金 1260 万元，实施营养改善计划，惠及学生 20252 人；投入资金 700 万元添置教学设备，教学设备配齐率达到 95%以上。积极探索高效课堂教学模式，教学质量稳步提升，通过义务教育发展基本均衡县省级督导评估。义务教育均衡发展试点区工作稳步推进，大河中学高考本科上线 449 人，比 2012 年增加 64 人，在全市高考排位中名列第三、县（区）第一。

【科　技】 实施科技兴区战略，年内共实施国家、省、市科技项目 21 项，申请专利 62 项，推进科技成果转化 7 项，青少年科技创新成绩名列全市第一，顺利通过国家科技进步县考核。制定并实施苴却砚文化产业发展规划，积极参加西博会、法国农业博览会等国内外展出，苴却砚文化品牌的影响力进一步扩大。

【文化体育】 2013 年，仁和区大力推进体育器材进社区和农民体育健身工程，全民健身活动广泛开展。新建 2 个文化大院和 5 个综合文化站；继续推进农村广播电视“村村通”“村村响”工程，安装直播卫星设备 1726 套，建成地面数字电视基站 18 个。

【医疗卫生】 2013 年，辖区有各类医疗卫生机构 253 个，其中区级综合医院（二级甲等）1 个、疾病预防控制机构 1 个、妇幼保健院（一级甲等保健院）1 个、卫生监督所 1 个、区新型农村合作医疗服务中心 1 个、社区卫生服务中心 2 个、社区卫生服务站 8 个、乡镇卫生院 16 个、民营专科门诊部 5 个、个体诊所 82 个、企业卫生所和学校医务室 18 个、全区 81 个行政村设有村卫生室 117 个。开设病床 463 张，每千人拥有病床数 2.18 张；有卫生专业技术人员 815 人，每千人拥有卫生技术人员 3.85 人。

仁和区深化医药卫生体制改革，新区人民医院顺利建成并投入使用，区卫生监督所和福田镇卫生院主体完工，仁和社区卫生服务中心成功创建为省级示范中心，区、乡、村三级医疗卫生网络更加健全，艾滋病、肺结核等重大传染病防控有力有效。新型农村合作医疗参合率达到 95.08%，基本药物制度覆盖继续巩固，11 项国家基本公共卫生服务项目有序开展，6 个乡镇卫生院的污水处理系统建设及 26 个村卫生室建设项目加快推进。全面落实计划生育利益导向机制，人口自然增长率控制在 3.24‰。

【社会保障】 2013 年，仁和区民生工程共投入资金 7.98 亿元，推进以就业促进、扶贫解困、教育助学等为主要内容的十大民生工程建设，年内完成民生实事 173 项。建成保障性住房 1302 套、失地农民居住安置房 1188 套、生活安置房 81660 平方米、煤炭采空区安置房 60 套，农村危房改造 278 套。不断拓宽就业渠道，新增城镇就业 3120 人，失业人员再就业 1567 人，城镇登记失业率 3.80%。发放妇女财政贴息贷款 1.3 亿元，带动 6924 名妇女创业就业。社会保障覆盖面不断扩大，养老、失业、医疗、工伤、生育保险参保人数达 7.06 万人；城乡居民社会养老保险 2.36 万人，享受待遇 1.70 万人，发放养老金 904 万元。发放城乡低保金 3114 万元，16 万人次享受低保待遇。完成廉租房 200 套、公租房 408 套、经济适用房 264 套、棚户区改造安置房 430 套、实施农房改造 278 户，620 户城镇低收入家庭享受廉租房租赁补贴。为 4393 户残疾人家庭提供个性化服务，农村“五保”对象集中供养率达 65%。

【街道、乡镇发展状况】 2013 年，仁和区辖 8 个镇、6 个乡和 1 个街道办事处，共设 81 个行政村、604 个村民小组、19 个居民委员会、144 个居民小组。

2013 年仁和区街办、乡镇基本情况

表 6

街道乡镇名称	人口（人）	耕地面积（公顷）	农业总产值（万元）	工业总产值（万元）	粮食（吨）	蔬菜（吨）	水果（吨）	出栏肥猪（头）	农民人均纯收入（元）
大河中路街道	28466			10065					
仁和镇	42462	95	7995	7130	1207	10943	4524	9756	11218
平地镇	15066	1590	12303	4550	4465	15952	11310	17814	10093
大田镇	8842	400	8994	2000	3614	21942	10785	10492	10389
福田镇	4680	318	3566	15469	2862	3801	4300	7294	10364
同德镇	14244	949	12722	199998	7327	14427	4300	19585	10318
布德镇	16537	1180	14141	130029	7844	38841	5743	26044	10363
前进镇	19117	387	7110	461820	2926	15072	5184	10455	10856
大龙潭彝族乡	15647	2475	15617	755	11929	29760	12780	26248	10343
啊喇彝族乡	9359	693	7940	1015	5116	10136	3200	9533	9969
总发乡	8850	313	10870	10800	3079	22848	3903	12104	10748
太平乡	9431	456	5401	342526	4118	6474	3890	11452	10523
务本乡	8840	376	5379	33711	2322	11012	4510	10661	10351
中坝乡	10516	539	14252	8330	4101	24188	2891	11733	10418
金江镇	17422	258	6006	21011	2631	11165	2530	7785	10593
合　计	229079	10029	132296	1249209	63541	236561	79850	190956	10388

（马尚平）

盐边县

【建置人口】　盐边县地处攀枝花市北部，位于北纬 26°25′—27°21′、东经 101°08′—102°04′。东邻米易县、凉山彝族自治州会理县，南接市郊仁和区，西与云南省华坪县、宁蒗彝族自治县接壤，北与凉山彝族自治州盐源县毗邻。县政府驻桐子林镇，距攀枝花市中心 28 千米、桐子林火车站 3 千米、攀枝花机场 44 千米、西攀高速公路盐边入口处 18 千米。境内矿产资源富集，光热资源丰富，旅游资源独特。盐边县辖区面积 3269.453 平方千米。下辖 4 个镇、12 个乡、164 个村、826 个村民小组、7 个居民委员会。共居住有 25 个民族，其中汉族人口最多，其余人口较多的依次为彝族、傈僳族、苗族、回族、纳西族、傣族等。年底，全县共有 65762 户、211353 人，其中男 108363 人、女 102990 人；农业人口 181742 人，占 85.99%，非农业人口 29611 人，占 14.01%。人口自然增长率 6.06‰，计划生育率 86.41%。

【经济发展状况】　2013 年，盐边县县属（不含二滩发电厂）生产总值完成 103.86 亿元，同比增长 8.5%。其中，第一产业增加值 81463 万元，同比增长 4.6%；第二产业增加值 801718 万元，同比增长 9%；第三产业增加值 155448 万元，同比增长 24.1%。地方财政收入完成 7.5 亿元，同比减少 21.92%；财政支出 16.81 亿元，同比减少 7.61%。国税收入完成 4.21 亿元，同比减少 21.77%；地税收入完成 5.9 亿元，同比减少 20.3%。城镇居民人均可支配收入 21897 元，同比增长 9.1%。农民人均纯收入 9028 元，同比增长 12.9%。全县金融机构各项存款余额 494656 万元；金融机构各项贷款余额 387716 万元。

2013 年盐边县主要经济指标

表 7

指标名称	单位	2013 年	比 2012 年增长（%）
地区生产总值	万元	1038629	8.5
第一产业增加值	万元	81463	4.6
第二产业增加值	万元	801718	9
工业增加值	亿元	74.1	8
规模以上工业增加值	亿元	64.72	7.6
建筑业增加值	亿元	6.07	—
第三产业增加值	万元	155448	24.1
民营经济增加值	亿元	44.91	10.2
农业总产值	亿元	15.44	4.85
规模以上工业产值	万元	1460835	3.6
全社会固定资产投资额	亿元	75.77	41.6
社会消费品零售额	亿元	11.56	13.3
地方财政收入	亿元	7.5	-21.92
#一般预算收入	亿元	5.79	-21.37
地方财政支出	万元	168095	-7.61
#一般预算支出	万元	141716	-6.71
国税收入	亿元	4.21	-21.77
地税收入	亿元	5.9	-20.3
金融机构各项存款余额	万元	494656	—
金融机构各项贷款余额	万元	387716	—
农民人均纯收入	元	9028	12.9
城镇居民人均可支配收入	元	21897	9.1

【农业经济】 2013 年，盐边县发展设施蔬菜 133.33 公顷、核桃 1333.33 公顷、优质晚熟芒果 1006.67 公顷。种植烤烟 3393.33 公顷，收购烟叶 6595 吨，销售收入 1.4 亿元。水产品产量 1.46 万吨，实现产值 1.86 亿元。加快农业产业化进程，引进攀枝花得天独厚公司、瑞济农业有限责任公司、箐河源农业开发公司进入北部发展，新增市级农业龙头企业 6 家。全面实施“农业品牌建设”行动计划，新取得绿色食品证书 3 个、农产品地理标志 2 个。四川省无公害国胜茶农业标准化示范区通过验收。县农产品质量检测中心投入使用。农民专业合作社和家庭农场发展迅速，新增注册农民专业合作社 74 家，登记家庭农场 18 户，盐边县黑沙湾家庭农场成为攀枝花市注册的首个家庭农场。加快农田水利设施建设，小河沟水库、星秀坪水库枢纽工程前期工作有序推进。投入 1.1 亿元，实施规模化节水灌溉 373.33 公顷、高效节水灌溉 1400 公顷、“五小”（小水池、小水窖、小坝塘、小水渠、小提灌）水利工程新增改善灌溉 350.67 公顷，整治病险水库 18 座，解决人饮安全 3 万余人。跨区域实施格萨拉供水工程，受益 2300 余人。全年农业总产值完成 15.44 亿元，同比增长 4.85%。

【工业经济】 2013 年，盐边县工业经济稳步发展。生产铁精矿 686.4 万吨、钛精矿 101.3 万吨、球团 312.4 万吨，同比分别增长 31.8%、34.5%、15.9%。得天矿业钒钛磁铁矿综合开发、大老包铁矿扩能、桐子林水电站等项目加快建设。中水电万家山 3 万千伏光伏发电、川能投 4.6 万千伏风电场等项目前期工作基本完成。加强园区基础设施建设，云钛公司钛锭项目进场路、新九弯板桥至蚂蝗沟水库道路改造工程完工；安宁园区西干线（二期）工程 2 标段路面硬化，省道 310 至一立公司、一立公司至穗金公司主干道改造等基础设施项目按计划推进。健全煤、电、油、运应急预警体系，建设南部供水工程，企业生产要素得到保障。中干沟钒钛磁铁矿探矿权出让获得省政府批准。启动安宁园区农户集中搬迁安置试点工作。招商工作取得新突破，招商引资累计到位资金 75.59 亿元，同比增长 26.19%。全年工业产值完成 168 亿元，同比增长 5.27%；规模以上工业产值完成 146.1 亿元，同比增长 3.6%。

【招商引资】 2013 年，盐边县围绕招大引强，重点培育“集群化工业”“特色农业”和“康养生态旅游业”，实行“一企一组”，实施“一企一策”，进一步统一思想、创新工作方式，推进招商引资工作。以骨干企业为龙头，深入挖掘钒钛产业链项目，结合铸造、新能源、新材料开发。做好项目包装及储备工作，全年新包装推出 10 个市级重大招商引资项目，并编制项目建议书。积极参加“渝洽会”“昆交会”“中博会”“西博会”等省内外各类招商引资洽谈会，其中在 14 届西博会上签约 8 个项目，协议金额 190.5 亿元，一产项目 1 个、二产项目 5 个、三产项目 2 个。同时，积极参加市委、市政府统一组织的中国水电、中国天诚集团、日本久保田株式会社、香港蔬菜协会、苏宁集团、SMG 基金公司、中国铸造协会等世界 500 强和中国 500 强企业的对接和恳谈活动，大力宣传盐边县改革开放和经济建设成果，全面展示盐边县“特色、生态、文明、和谐、幸福”的形象。至年底，全县招商引资累计到位资金75.59亿元。

【科　技】 2013年，盐边县组织上报市级以上项目26个，其中国家级3个、省级6个、市级17个。获得上级支持13个，其中国家级项目1个、省级项目4个、市级项目9个，获项目资金支持343万元。

【教　育】 2013年，盐边县共有在职教职工1909人，其中小学1096人、初中624人、高中189人。中小学专任教师1835人中，有特级教师1人，各级学科带头人、骨干教师437名，占教师总人数的23%，其中省级骨干教师23人、市级学科带头人8人、市级骨干教师197人、县级学科带头人20人、县级骨干教师189人。小学、初中、高中专任教师学历达标率分别为100%、100%、98.6%。

全县共有中小学校85所，其中完全中学1所、单设中学5所、九年一贯制学校1所、乡镇中心小学校15所、县城独立小学1所、教学点62个（一师一校12所）。全县在校中小学生27930人（小学在校生人数16084人、初中在校生人数9412人、高中在校生人数2434人）。有县城独立公办幼儿园1所，乡镇公办中心幼儿园16所，民办幼儿园18所，中心校附设学前班40个，全县共有在园幼儿5978人，共有幼儿教职工459人。

【文　化】 2013年，盐边县精心组织、配合相关部门策划开展“第八届笮山情”歌手大赛、“二滩至格萨拉”徒步大会文艺晚会、“实现伟大中国梦·建设美丽繁荣和谐四川·盐边篇”——《好梦盐边》主题晚会、“八一军民联欢会”、《庆祝老年佳节 梦圆幸福晚年》等9场次。积极开展本土文化的挖掘力度，创编彝族母语禁毒宣传话剧《远山的呼唤》，歌曲《孜莫拉》《一杯美酒》《百灵山下渔家乐》《白家姑娘》，小品《我的梦》《有女胜儿男》《多子无福》等。歌曲《孜莫拉》参加“中国攀枝花欢乐阳光节开幕式”文艺演出。开展全省第一次乡镇综合文化站评估定级工作，初评3个一级站、7个二级站、6个三级站。文化馆、图书馆、乡镇文化站切实做好免费开放工作，图书馆开展送书到乡镇、社区，推荐好书等活动，全年服务读者5000余人次，借阅图书6000余册。启动全国第一次可移动文物普查工作，成立盐边县第一次全国可移动文物普查工作领导小组。开展三线建设时期文物征集，收集三线建设文物360件。新闻宣传工作紧紧围绕全县2013年攻坚克难项目、民生工程建设等深入采访、策划制作《聚焦盐边“三会”（人代会、政协会、党代会）》《主播关注》《走基层、问民生》《纵深推进七大战略》《文明创建》《中国梦、盐边梦、我的梦》等版块。全年制作播出《盐边新闻》312期，播发新闻稿件3730条；策划采访“中国梦·我的梦”等系列主题性报道497集；策划摄制省级文明县城创建等专题汇报片8部。在省、市级媒体播发新闻稿件655条，其中省级媒体（含四川新闻网）刊发343条、市级媒体播发312条，尤其是反映新农村建设成果的系列报道《纳尔河村的十年》在四川卫视《四川新闻联播——巴蜀小康行》头条连续播出3集。新闻特写《攀枝花市盐边县：大走访 暖民心》在四川卫视《四川新闻联播》播出。协助央视2套《消费主张》和7套《乡土》栏目拍摄5期。与攀枝花市广播电视台联合制作《聚焦盐边》栏目52期，策划《盐边观察》52期。组织选送11件广播电视作品参加第十七届攀枝花广播电视节目奖评奖工作，7件获奖，《盐边新闻》获新闻编排优秀奖。制作播出《走近盐边》48期、《盐边警讯》《笮山党建》《住建之窗》各12期。全县有新华文轩出版连锁店1家，个体书报刊零售单位28家，个体打字复印单位30家，电子出版物零售1家，音像制品零售（出租）21家。

【体　育】 2013年，全县公共体育场馆全年向群众免费开放体育锻炼62000余人次，全县体育人口上升为43.5%。同时积极组织参加省、市各单项赛事。采用体教结合方式，以田径、乒乓球为主，武术、羽毛球、游泳等项目为辅的训练工作，形成梯队训练模式。按照备战省运会方案，注册7名小年龄组运动员。乒乓球队参加全市中小学生比赛获小学女子组团体第二名、小学男子组团体第七名；武术获全市中小学生武术比赛小学组团体第六名，单项六名、七名、八名各1个。县田径队、乒乓球队分别参加2013年四川省青少年田径锦标赛和青少年乒乓球锦标赛，获男子1500米（甲组）第八名，男子标枪（甲组）第四名，女子4×400米接力赛（乙组）第八名的成绩，获得2014年省运会参赛资格。

【卫　生】 2013年，盐边县共有各级医疗机构257个，其中县级医疗机构4个、乡镇卫生院16个、社区卫生服务中心1个、村卫生站179个、个体诊所27个，其他医疗机构30个。全县卫生系统核定总编制数691人，在职人员579人。其中有高级职称22人、中级职称134人、初级职称351人。全县平均每千人拥有卫生技术人员约2.5人，开设病床690张，平均每千人口拥有病床数为2.67张。

【民生工程】 2013 年，盐边县认真解决事关群众切身利益的热点难点问题，投资 6.05 亿元实施 10 大项 135 分项民生工程。大力推进城乡统筹就业，新增就业岗位 1775 个，城镇下岗失业人员再就业 319 人，就业困难对象再就业 90 人，城镇登记失业率控制在 3.4%以内。社会保障体系逐步完善，参加企业办法基本养老保险 30955 人，新农保参保缴费 54146 人，发放 60 岁以上老人基础养老金 1580 万元，发放率和确保率 100%。发放低保金 2793.84 万元，发放医疗救助金 426.97 万元，资助 418 名贫困学子圆大学梦。489 套保障性住房全面动工建设。完成农房风貌塑造 127 户、农村危房改造 418 户。

教育基础设施不断完善，永兴中学综合教学楼、红宝幼儿园完工；共和中小学操场和学生宿舍、鳡鱼幼儿园、新九幼儿园完成主体工程。盐边中学创建省级示范高中工作扎实开展。投入 2300 余万元，实施边远艰苦地区教师特殊津贴、民族地区学生免费中职教育计划、中北部地区高中生交通补贴和学生营养餐改善计划。加快推进基本医疗保障制度建设，城镇职工基本医疗保险参保 35131 人；新农合参合 173293 人，参合率 99.17%。全县基层医疗机构全部实施国家基本药物制度。积极稳妥推进公立医院改革试点，启动县医院全面取消药品加成工作。县医院创二甲和创建省级卫生应急示范县工作有序开展。成功申报全国社会扶贫创新协作试点县，扶贫方式更加丰富。积极开展人口和计划生育服务工作，全面完成国家免费孕前优生健康检查示范县任务，综合治理出生人口性别比偏高问题，全县符合政策生育率 86.41%，人口出生率 11.69‰，人口自然增长率 6.06‰。完成全国第三次经济普查准备工作。大力实施全民科学素质计划和知识产权战略，申报专利 33 件。创建第二届省级双拥模范县工作有序推进，优抚安置政策全面落实。

【2013·中国攀枝花格萨拉索玛花节暨攀枝花欢乐阳光节开幕式】 2013 年 12 月 6 日，由四川省旅游局、攀枝花市人民政府主办、盐边县人民政府承办的“2013 攀枝花欢乐阳光节”开幕式在红格镇举办。四川省人民政府副省长黄彦蓉、省政府副秘书长王七章、攀枝花市委书记刘成鸣、省旅游局局长郝康理、全省 21 个市（州）政府分管领导及旅游局负责人、成都及云南自驾车队、旅游企业、新闻媒体代表共 2000 余人参加开幕式。此次欢乐阳光节以“畅想缤纷冬日 相约阳光花城”及“阳光、运动、休闲、康养”为主题，以务实节俭为要求，依托“金婚老人阳光行”、全国阳光桥牌赛、小球赛、乡村游、山地徒步赛、“最美攀枝花”“拍客”（摄影、摄像）大赛等活动，让广大旅游者和攀枝花百姓共享一场欢乐盛宴。开幕式上，省人民政府副省长黄彦蓉宣布 2013 攀枝花欢乐阳光节开幕，省旅游局局长郝康理在听取各项目现场情况报告后宣布项目开工，市委书记刘成鸣致辞。“2013 攀枝花欢乐阳光节”开幕式的成功举办，开创了全省重大旅游活动由县（区）承办的先例。

【二滩至格萨拉全国山地徒步大会】 2013 年 12 月 29 日至 2014 年 1 月 1 日，以“绿色徒步 休闲暖冬”为主题的“2013 攀枝花欢乐阳光节·二滩山地徒步大会”在百里生态长廊沿线举办，活动包括徒步大会启动仪式、“阳光温泉·康养红格”7 千米漫步体验游、“水墨二滩”20 千米徒步赛、“大地画廊格萨拉”25 千米徒步赛、“沐浴暖冬·相约盐边”二滩自驾之旅、徒步大会颁奖仪式。此届徒步大会共有全国 15 个省 426 人参加，是举办徒步大会以来参与人数最多、影响最广的一届。大会期间，盐边县各景区共接待游客 4.172 万人次，实现旅游综合收入 3037.216 万元，与 2012 年同比增长 36.03%。

【廉政建设】 2013 年，盐边县加大审计监督力度，完成工程项目审计 119 个，工程项目送审总金额 35298 万元，审减率 2.2%。加强国有资产管理督查，深入开展往来款项清理。认真贯彻落实中央“八项规定”和省、市、县“十项规定”，严控“三公”经费支出。积极开展廉政风险防控工作，严肃查处发生在群众身边的腐败问题，查办违反党纪、政纪案件 28 件 28 人。

【乡镇概况】 2013 年，盐边县下辖 16 个乡镇，其中 4 个镇（桐子林镇、红格镇、渔门镇、永兴镇）、12 个乡（新九乡、和爱彝族乡、益民乡、红果彝族乡、鳡鱼彝族乡、共和乡、惠民乡、国胜乡、红宝苗族彝族乡、箐河傈僳族乡、温泉彝族乡、格萨拉彝族乡）、164 个村、826 个村民小组。其中格萨拉彝族乡辖区面积最大，为 339.55 平方千米；桐子林镇人口最多、国内生产总值最大，分别为 25042 人、64046 万元；益民乡蔬菜产量最大，为 28807 吨；共和乡烤烟产量最大，为 1374 吨；永兴镇蚕茧产量最大，为 966 吨；渔门镇水产产量最大，为 9750 吨；国胜乡为茶叶之乡，茶叶产量达 65 吨。

2013 年盐边县乡镇情况

表 8

指标 / 乡镇名称	面积（平方千米）	村（个）	人口（人）	国内生产总值(万元)	工业总产值(万元)	财政收入(万元)	农民人均纯收入(元)	农业总产值(万元)	粮食总产量（吨）	蚕茧产量（吨）	蔬菜产量（吨）	水果总产量（吨）	畜禽出栏				水产品产量（吨）	烤烟产量（吨）	茶叶产量（吨）
													生猪（头）	牛（头）	羊（只）	家禽（只）			
桐子林镇	240.00	4	25042	255880	1161885	29538	11102	8256	3030	—	10075	5420	9940	390	2176	67936	167	—	—
红格镇	160.23	4	14121	76204	129160	3331	9783	9906	4131	—	22474	4874	11183	328	2778	48427	152	316	—
渔门镇	236.64	17	17686	54046	21761	2381	9395	23579	6077	279	5286	867	24453	539	5776	97956	9750	542	—
永兴镇	223.02	18	22750	25299	16869	380	14465	14690	8236	966	7318	1630	29474	410	2469	84603	623	617	1
益民乡	66.75	10	13196	21581	17612	244	9973	11456	3636	—	28807	6163	16522	239	1229	85728	172	—	—
新九乡	124.80	7	11953	258020	274418	18845	9666	5060	5270	—	2916	410	13316	188	1489	12959	215	214	—
和爱彝族乡	64.50	4	5390	9050	815	355	9006	4660	1499	—	6837	1070	4718	149	2185	14823	45	696	—
红果彝族乡	245.73	11	12982	22472	16424	758	17238	8937	4385	—	3283	1782	14224	201	6899	32513	1050	780	—
鳡鱼彝族乡	272.00	14	10128	6217	415	344	9017	6134	2556	101	1524	819	6591	245	5042	14943	388	763	—
共和乡	240.84	17	9636	11200	228	639	10020	7760	3423	-1	3289	432	9236	422	6999	17475	205	1374	2
国胜乡	321.42	14	18558	19867	18025	206	9995	12182	6671	253	6654	1757	14840	311	5390	49754	995	103	65
红宝苗族彝族乡	304.00	7	5242	4281	978	157	8924	3773	1083	12	881	149	3574	200	6050	8710	8	212	4
惠民乡	146.67	13	17821	26500	2150	176	9573	16304	9427	936	6118	1349	26757	338	2794	63317	712	160	—
箐河傈僳族乡	115.38	6	6439	8128	4292	115	9098	3654	2995	22	2131	326	5393	55	3180	11165	20	154	4
温泉彝族乡	167.92	7	7539	6568	2100	166	8936	5744	2016	43	2595	301	12996	1689	12478	28895	13	540	—
格萨拉彝族乡	339.55	11	12870	12566	5280	275	9185	7862	2568	—	3518	—	18551	1087	19306	25380	94	229	—

（刘贵云 冯子国）

米易县

【建置人口】 米易县位于攀枝花市东北部，辖区面积2153平方千米，其中实有耕地16412公顷。2013年，全县森林面积129601公顷，覆盖率达61.4%。辖7个镇，5个乡（少数民族乡4个），88个村（少数民族村38个），826个村民小组（少数民族村民小组187个），11个城镇社区居委会，189个居民小组。总人口221480人（其中农业人口188264人），少数民族人口占18.7%。全县出生人口2127人，人口自然增长率为3.79‰。全县登记流动人口38271人，占常住人口的17.9%。

【经济发展状况】 2013年，米易县紧紧围绕"率先全面建成小康社会"的目标，县域生产总值迈上百亿台阶，完成地方财政收入9.82亿元，经济增速保持全市领先，县级经济综合评价排名进入全省山区县前列。设施农业规模更大，特色产品品质更优，"阳光米易"品牌更响，农产品交易中心被认定为国家级农产品标准批发市场，农民增收位居全省山区县前列，被评为全省农田水利基本建设先进县。工业经济增加值增速保持全市领先。

2013年，实现县域生产总值108亿元，增长15%。其中第一产业增加值10.6亿元，增长5%；第二产业增加值72.7亿元，增长18.8%；第三产业增加值24.8亿元，增长8.4%。完成地方财政收入9.82亿元，增长15.6%；完成社会消费品零售总额22.7亿元，增长14.2%。城镇居民人均可支配收入和农民人均纯收入分别达到22627元和10178元，分别增加1906元和1218元。

2013年米易县主要经济指标

表 9

指标名称	单位	2013年	比2012年增长（%）
县域生产总值	万元	1080781	15.0
第一产业增加值	万元	105537	5.0
第二产业增加值	万元	726948	18.8
第三产业增加值	万元	248296	8.4
粮食总产量	吨	79919	0.7
肉类总产量	吨	13615	6.9
禽蛋产量	吨	865	1.9
牛奶产量	吨	91	-90.4
水果产量	吨	60 623	11.8
蔬菜产量	万吨	27.99	11.0
水产品产量	吨	13700	0.7
社会消费品零售总额	万元	226829	14.2
固定资产投资总额	万元	890857	11.6
地方财政收入	万元	98225	15.6
财政总支出	万元	209656	18.1
地税税收收入	万元	80941	19.6
国税税收收入	万元	56020	-5.7
农民人均纯收入	元	10178	13.6
城镇居民人均可支配收入	元	22627	9.2

【工业经济】 2013年，米易县坚持做大总量、提升质量、促进转型，推进重大产业化项目建设和工业园区发展，实施"一企一策"帮扶措施，落实企业帮扶措施55项，兑现企业奖励和补助资金3500万元，协调企业生产要素保障，力保企业正常生产经营。释放新白马矿业、安宁铁钛、立宇矿业等重点骨干企业产能，司普瑞纳米材料一期、华星钒钛一期、锦秀机械二期、东方钛业新建6万吨钛白粉、吉鑫耐磨管道等项目相继投产，推进白马三期、白马选钛、正源偏钛酸、钛白粉包膜剂等项目，新材料孵化中心项目开工建设，立宇钒钛磁铁矿综合利用中试项目通过调试，推进钒钛耐磨铸锻造项目前期工作。安宁铁钛等3户企业被列为四川省信息化示范试点企业，地兴矿业等5户企业成功培育升规。完成工业增加值70.6亿元，增长21%以上。白马工业园区规模不断壮大，园区入住企业84户，其中规上企业25户；完成工业产值155.5亿元，较2012年增长28.93%，超计划目标4.82%；完成销售收入151亿元，比2012年增长23.15%，超计划目标0.15%；实现出口额2933万美元；从业人员1.25万人，较2012年增长2.64%。

【农业和农村经济】 2013年，米易县现代农业全面提升，设施农业规模扩大，特色产品品质、品牌知名度提升，攀西农产品交易中心被认定为国家级农产品标准批发市场，连续3年被评为全省"三农"工作先进县。现代农业全面发展，探索构建集约化、专业化、组织化、社会化相结合的新型农业生产经营体系，出台《农民增收考核办法》，突出抓农业基础设施、产业发展、农民增收。农业基础设施不断完善，推进马鞍山水库、安宁河堤防、小河流域治理等农业基础设施建设，麻晃引水工程开工建设，新建高标准农田336公顷，新增高效节水灌面1400公顷。农业产业不断优化，国家农业示范区、省级现代农业深化提升县、省级现代林业重点县建设按计划推进，实现粮食总产7.99万吨；建成水果、蔬菜万亩示范区4个，蔬菜种植面积5333.33公顷，实现销售收入7.1亿元；完成烟叶收购9400吨，实现产值2.4亿元；新建标准化养殖场8个，培育农业龙头企业16家，门里集团现代产业园区、万民深加工基地加快推进，新发展农民专合组织22个；推广"阳光米易"区域品牌，县乡村三级农产品质量安全检验检测体系基本建成，认证无公害产品、绿色食品、有机食品、地理标志产品31个。

【旅游服务业】 2013年，米易县着眼于打造与县城相补充、与新村相衔接、与景点相配套的集康养休闲为一体的旅游载体，推进阳光车旅、岐黄养生大院等康养项目，开展若水国际度假区、龙文化风景区等旅游项目前期工作，建设鱼米阳光度假村等乡村度假项目，完善城乡规划建设中心、安宁城建公司等城乡建设管理和融资机构，推进城北闸坝及湖面景观设计、"米易时光"度假区规划、城乡文化提升和旅游形象策划等工作；打造健身绿道、克朗滨河景观、光都景观、花园县城建设等城市精品工程；推进海棠花语、迷阳湖大桥、普威省级小城镇试点等康养项目及配套设施建设；提升灯会、花会等节庆赛会活动美誉度，举办第二届米易中华养生论坛。海塔、独树创建为国家AA级景区，丙谷芭蕉箐村创建AA级景区已通过市级初评；安全、马槟榔、雷窝、芭蕉箐、独树、贤家6个旅游新村成功创建，陆续开展旅游接待，新村新增接待床位2582张。建成旅游接待中心5个，新建、改造乡村酒店26家。全县接待游客224.28万人次，实现旅游收入16.51亿元，分别增长31.08%和64.41%。攀西农产品交易中心冷链物流项目完成；青杠粮食仓储一期工程基本完成；实现外贸出口3000万美元。

【重点项目建设】 2013年，米易县完成田白（挂榜田家至白马）路、湾黄（湾丘至黄龙）路、丙垭（丙谷至垭口）路、小黄（小街至黄草）路、德盐（德昌至盐源）路等道路的改扩建工程，新改扩建通村公路86千米。成昆铁路扩能改造工程开工建设，中缅天然气管道米易段建设前期工作按计划推进。一枝山渣场一期工程、青杠铁路货站扩建工程、500千伏开关站配套220千伏线路工程建成投运，完成农村电网改造47.8千米。被纳入全省采矿用地改革试点县，争取全省首批工矿废弃地复垦项目4个，可复垦耕地面积110万平方米，二调显化耕地24个土地整理项目入库，可新增耕地5907公顷。

年内，米易县实施高龙安置区7.9千米对外交通道路建设、马鞍山水库7.1千米环湖路建设项目。完成86千米村道公路硬化建设项目，启动南七路22.1千米道路改建、米会（米易县至会理县）一级公路建设项目和G5高速公路米易A级服务区及客运站建设项目，维修海塔旅游线和白麻路沥青路面，安全检测安宁河大桥、小街大桥、坊田大桥，维修坊田大桥。累计完成投资13593万元。

【招商引资】 2013年，米易县出台《招商引资项目会商办法》《招商引资新签约项目联动机制》等制度，通过西博会、农博会等招商引资平台，与门里集团、省机械设计研究院、省人民医院、武汉理工大学等大型集团公司及院校建立战略合作关系，实现新签约引进项目19个，签约金额135亿元。77个重点督办项目完成78%，完成固定资产投资89.08亿元，增长11.6%。对接波鸿集团高端汽车零部件、荣武集团卡车整装项目、川威集团城南新区及山地体育公园、齐翔通用航空攀枝花通用航空基地等项目42个，接洽40批次200人次的客商考察。签订正式投资协议的新引进项目13个，其中亿元以上项目6个（含10亿元以上项目2个）。实现新签约引进项目19个，比2012年增长111%，其中亿元以上项目12个（含10亿元以上项目4个），同比增长71%。

2013年，招商引资累计到位资金实现77.25亿元，比2012年增长18.75%，完成目标任务（县政府下达）75亿元的103%。国内省外到位资金实现64亿元，增长16.07%，超目标任务7个百分点。完成新引进并履约项目19个，新包装项目29个。

【科　技】 2013年，米易县组织实施优质早熟梨新品种标准化种植示范、科技示范户培养等科技兴村计划、新农村示范片农业科技园区早春蔬菜技术集成与综合示范、二滩水淹区扶贫开发晚熟芒果技术集成与综合示范等重大科技计划项目，争取省、市农业科技成果转化资金，带动全县农业科技创新。制作早春蔬菜主要病虫害防治技术及早春枇杷栽培技术光碟500张，印制米易县晚熟芒果栽培技术和早春枇杷栽培技术手册3500册；开展全县集中技术培训2场次，其中脱产培训1次，主要针对全县乡镇农业服务中心的农技员及果蔬种植能手，全县培训达550人次。申报国家、省、市科技项目62项，获批19项，获得国家专项资金316万元，国家高新技术企业增至6家，被科技部授予"国家科技进步先进县”。人才优先发展试验区加快创建，与高校及科研机构建立人才交流机制，人才队伍结构不断优化，引进补充人才 172 名。

【教 育】 2013 年，米易县教育事业协调发展。创建省级义务教育发展基本均衡县，探索建立城乡教师合理流动的良性循环机制，初中学校标准化建设基本完成，草场、新山等 3 个乡镇教师周转房建成。义务教育阶段学生营养餐改善计划扩面实施，投入 170 万元实施住校学生义务教育交通补助和学生免费饮用水工程，惠及学生 25000 人。米易县高考、中考升学率稳步提升，中学高考本科上线总数为 359 人，较 2009 年增加 228 人。教育基础设施建设投入资金 6000 万元，新建第一初级中学、第二初级中学、第四初级中学和民族中学各 300 米运动场；改建白坡中心校 200 米沙石路面运动场为塑胶运动场；改造 12 所村小校舍和农村学校食堂 4500 平方米；完成第二初级中学教学楼、民族中学学生宿舍等工程。实施高中学生奖学金政策，每年发放奖学金 60 万元；兑现 21 所学校、25235 名学生营养改善资金 880 万元。面向省内外高校考聘应届大学毕业生 37 名，引进合格教师 1 名，公开招考教师 3 名，公开招聘县幼儿园保育员 4 名。安排全县 2153 名中小学、幼儿园教师参加各级各类培训，与攀枝花电大、西南大学合作，培训教师在职研究生课程 125 名。探索“跨校评聘”工作，让参加“跨校评聘”的教师按照规定到参评的农村学校任教 5 年以上，促使城区优秀教师到农村学校交流任教，发展农村教育。

【文 化】 2013 年，米易县通过第三届省级文明城市考核，有线数字电视、地面数字电视整转任务提前两年完成。完成撒莲、丙谷等 4 个乡镇 35 个村的“村村响”工程，白马镇省级示范综合文化站投入使用。首届电视歌手大奖赛等文化活动蓬勃开展，《傈傈欢歌》获全省首届广场舞大赛银奖。国家县级一级图书馆、国家级一级综合档案馆创建通过验收，县历史文化展览馆投入使用，开展省级农村公共服务运行维护机制建设试点。

【体 育】 2013 年，米易县群众体育和竞技体育取得长足发展，被国家体育总局授予全国群众体育先进单位。承办全国皮划艇激流回旋春季冠军赛、全国皮划艇激流回旋冠军赛，申办皮划艇激流回旋全国性比赛成功，该项目比赛自 2014 年始成为米易县每年承办的全国性赛会。组织参加四川省青少年锦标赛暨十二届省运会资格赛比赛，获得皮划艇激流回旋项目金牌 1 枚，银牌 1 枚，团体总分第一名；获得摔跤项目银牌 1 枚，铜牌 2 枚，第五名、第七名各 1 个；女足取得第八名；女曲获得乙组第四名，甲组第七名。组织举办第 34 届元旦健身跑、第四届徒步 50 千米、第三届自行车比赛、气排球邀请赛、全民健身日群众体育（健身秧歌、健身腰鼓、太极拳剑）展示、桥牌团体赛、中国象棋比赛、第八届姚记扑克大赛等全民健身活动。举办舞龙、舞狮培训班 1 期，培训 150 人。

【卫 生】 2013 年，米易县医疗卫生服务体系建设不断完善。县中医院二期建设项目主体封顶；白马镇中心卫生院迁建工程竣工验收，“三合一”（米易县卫生系统科研培训中心、急救中心、卫生监督所业务综合楼）联建项目完工。推进白坡、垭口等乡镇卫生院升级建设，县医院托管乡镇卫生院模式探索启动，建设县乡医疗信息共享工程，药品零差率销售实现全覆盖，公共卫生医疗服务中心成功创建为省级示范社区。创建为省级免疫规划示范县，超额完成国家免费孕前优生健康检查任务，符合政策生育率达 87.4%。筹集 760 万元资金，规范化建设全县预防接种门诊，县中医医院和乡镇卫生院添置基本医疗设备。通过引进、招考等方式，配备医务人员 85 名，完成县、乡、村医疗卫生人员各类培训、进修任务，开展城乡医疗对口支援工作和巡回医疗服务。全县新农合参合率达 99.21%，人均筹资水平提高到 340 元，门诊统筹补偿比例提高到 60%，监管定点医疗机构的基金使用，保障儿童先心病、肺癌等 20 种重大疾病救治，全年有 247223 人次享受新农合各类补偿，补偿金额 6359.91 万元，新农合住院费用政策范围内补偿比例达 76.07%，住院费用实际补偿比例达 62.51%。

【救灾救济】 2013 年，米易县城乡低保实现动态管理下的“应保尽保、分类施保”。提高城乡低保保障标准，全年为享受城市低保待遇的 14126 户次 23841 人次发放保障金 657.27 万元，为享受农村低保待遇的 48375 户次 117660 人次发放保障金 1645.05 万元。开展困难群众重特大疾病医疗救助工作，有 87 人受惠，发放救助资金 46.37 万元。实施先心病儿童救助行动，救治 8 名符合救治条件的先心病儿童。全年城市医疗救助 2786 人次，支出救助资金 72.23 万元。资助城市低保对象参加医保，参保率达 100%。农村医疗救助 27149 人次，支出救助资金 632.81 万元，其中全额资助农村低保对象、农村“五保”对象参加合作医疗，参合率达 100%。提高农村“五保”供养水平，发放“五保”供养经费 743.32 万元，落实孤儿福利保障政策，发放孤儿、艾滋病儿童及事实无人抚养儿童生活补助资金 67.2 万元，落实优抚安置政策，完成优抚对象建房 25 户并发放补助资金 15.5 万元。

建立健全减灾救灾工作体系，修改完善《自然灾害应急救助规程》，完善灾害信息员数据库，组织县、乡、村三级灾害信息员44人次参加省、市灾害信息报送业务培训。建成防灾减灾应急指挥系统，完成省、市、县三级信息对接调试。抓汛期24小时值班和灾情统计、核查、上报工作。全年，各类自然灾害造成全县直接经济损失14783.58万元，受灾人口达15万人次。发放救灾资金356.5万元、救灾棉被1720床、棉衣裤350套、羽绒服180件，妥善解决受灾困难群众的基本生活。

【民生工程】 2013年，米易县加大民生工程投入和建设力度，调整支出结构，民生支出占财政总支出的50%以上，累计投入7亿元，实施市、县民生工程项目209项。《棚户区和老旧危房屋改造指导意见》《安置房建设意见》等民生政策制定出台，就业、社保、扶贫等基础性民生工作取得实效。成昆铁路扩能改造工程开工建设，新改建通乡通村公路92千米。白马二期移民安置工作取得突破，建成保障性住房841套（其中公租房240套、廉租房60套、限价商品房463套、棚户区改造78套），在建1471套（其中草场克郎城镇保障性住房年度目标任务310套、公租房84套、廉租房120套、棚户区改造957套）。发放一次性廉租住房补贴131户28.44万元，实施残疾人等农村危房改造2065户；争取省级大中型水库移民解困试点项目资金6500万元，开展对口扶贫工作。解决2万名农村人口的饮水安全，完成户用沼气800户，建成沼气服务网点5个。开展失业预警、养老保险公共服务体系建设试点，建成就业和社会保障服务平台，新增就业1800人，城镇失业再就业人员466人，累计发放社会救助资金3708万元；城镇居民基本医疗保险及养老保险保持全覆盖，新农合参合率99.2%、新农保参保率95.1%、“五保”户集中供养率67%，发放社会救助资金3708万元；推进农村支付结算讯通工程，率先在全市实现金融服务城乡全覆盖，发放妇女创业小额贴息贷款1.38亿元，占全市的46%。

2013年，米易县开展城市低收入群体就业援助，实施就业帮扶计划、创业促进计划、职业培训计划，建立完善县、乡（镇）、社区（村）三级就业援助基础台账和就业援助帮扶工作机制，全年帮扶188名城市低收入劳动者实现就业。向上级争取资金1354万元，引导企业稳定招用农民工2998人，促成城镇就业困难人员1190人实现灵活就业。出台城市低收入群体创业小额免担保借款、创业享受场租补贴等政策，落实小额担保贷款、城乡劳动者免费创业培训、高校毕业生创业补贴等政策，开展城镇失业人员和农村转移就业劳动力就业技能培训，增强就业能力，实现“培训一人，就业一人”和“就业一人，培训一人”目标；组织开展“春风行动”“民营企业招聘周”“就业援助月”“城市低收入劳动者专场招聘会”等专项活动，为城乡劳动者和用工单位搭建对接平台。全年，高校毕业生创业30人，发放小额担保贷款120万元，开展创业意识培训475人，创业能力培训309人，城镇失业人员职业培训252人，农村劳动力技能培训1180人。城镇登记失业率控制在4%以内，全县就业局势基本保持稳定。

2013年，米易县执行相关优惠政策，采取工业企业阶段性缓缴、降低生育保险费率等措施，全年缓缴社会保险费78.57万元，帮助企业渡过难关。将县域内失地农民纳入社会保险，办理620名被征地农民参保手续，征收养老保险基金3796万元；解决被辞退民办代课教师养老保险待遇问题，共登记办理1537名民办代课教师参保手续。落实调待措施，不断提高社会保障待遇水平。全县企业退休职工人均每月养老金达1460元，失业保险金标准每月上调到798元。

【城镇建管】 2013年，米易县完善城乡规划建设中心、安宁城建公司等城乡建设管理平台和融资机构，采用BT建设模式引入民间资本参与城市开发建设，解决财政资金投入不足问题。推进尚品国际、海棠花语、龙阳丽园、宏坤中央公园、林业系统棚户区改造等项目建设，开发住房5400套；实施迷阳湖大桥、城南基础设施、大坪子水厂改造、污水处理厂扩容等项目，完善城市基础配套建设；河西中央公园、光都工程、花城打造等项目初见成效，实施花城景观打造3.3公顷。丙谷、白马等4个集镇总体规划及普威等2个集镇控制性详细规划编制完成，启动普威省级小城镇试点，推进白马景观大道、湾丘林荫大道建设等集镇品质提升工程，完善丙谷、垭口等中心集镇配套设施。生活垃圾无害化处理率、密闭化运输率分别达92%和100%，路灯亮化率达95%，市政设施完好率达90%以上。实施尚品国际、第一中学运动场片区等旧城改造项目，下发《关于加快县城区棚户区和老旧危房屋改造工作指导意见（试行）》，促进旧城改造。

【新村建设】 2013年，米易县启动“美丽乡村”建设，投入财政补助资金5575万元，15个新村聚居点1075户农房主体工程基本完成，完善新村公共服务设施，全县建成新村聚居点37个，省级新村综合体加快推进。探索建立“基层组织自治管理、专合组织自主经营”的新村运行管理机制，新村建设和管理走在全市前列，荣获全省新村基础设施建设工作优秀单位称号。

新建农村户用沼气池800户，总投资400万元，其中国家投资160万元、农户自筹240万元；建成农村（新村集居点）服务网点 5 个，总投资 32.80 万元，完成目标任务的 100%，其中国家投资 22.50 万元、地方配套 5 万元、其他投资 5.30 万元。完成沼气池升级改造 1500 户，总投资 120 万元。完成太阳能推广 5000 户，总投资 1100 万元。

【国土资源管理】 2013 年，历时 3 年的全国第二届国土资源节约集约模范县创建成功，国土资源部奖励米易县年度建设用地计划指标 33.33 公顷。省国土资源厅批准米易县二调显化耕地 24 个土地整理项目入库，占全市入库项目的 73.53%，省财政分 5 年投资 3.84 亿元，占全市省投资金的 71.64%，新增耕地 59067 公顷，占全市新增耕地的 69.76%，县级分享占补平衡指标 1333.33 公顷。

2013 年，米易县开展矿山临时用地试点工作，米易县先后出台《矿山临时用地管理办法》《矿山临时用地复垦保证金缴纳标准》，规范矿山临时用地行为。2011 年起，办理矿山临时用地 28 宗 167.5 公顷，化解矿山用地瓶颈。省国土资源厅将米易县纳入全省 4 个采矿用地改革试点县（区）之一，批准米易县第一批工矿废弃地复垦利用项目 4 个，复垦区项目面积 237.02 公顷，可复垦耕地面积 110.3 公顷，占全市第一批复垦项目数的 80%，面积的 94%。高龙复垦项目全面完成，二滩粘土矿矿山地质环境恢复治理示范工程获得省财政厅、省国土资源厅立项批复，省财政出资 1590 万元开展项目工作，矿区复垦项目开始招标。

【生态环境建设】 2013 年，米易县开始建设包容和谐的生态米易，以生态文明建设为主线，强化监管，严格执法，推进污染防治，促进和推动县域经济社会可持续发展。完善环保基础设施建设，顺利通过省级环境保护模范县复查工作，继续保持环保模范县荣誉称号。干热河谷生态脆弱区生态修复工程暨鸡罩山公园建设稳步推进，完成苗木栽植和 3 次抚育除草及施肥工作，节水灌溉工程完成并通过验收。完成 1000 公顷新造核桃基地的挖窝、树苗定植工作。县城区绿化覆盖率达 35.2%。绿化造林、天然林保护和视野区生态修复工程加快推进，森林覆盖率达 61.4%。国家级生态县创建和“五创联动”工作扎实推进，白马球团、中禾球团烟气脱硫基础设施正常运行，瑞达水泥烟气脱硝治理项目完成，节能降耗成效明显，规上工业能耗下降 5%。攀莲、白马、垭口 3 个国家级生态乡镇创建通过省级核查，新山、湾丘、得石 3 个乡镇开展省级生态乡镇创建工作，得石镇和白马镇挂榜村等 16 个环境优美示范乡镇村庄建设加快推进，全年申报生态村 26 个，生态家园 260 户。城区环境空气质量优良率达 95.8%，地表水、城镇集中式饮用水水质达标。城区区域环境噪声为 51.9 分贝、交通噪声为 66.8 分贝，均达到目标要求。年内，米易县二氧化硫削减 7018.78 吨、氮氧化物削减 131.85 吨、化学需氧量削减 1567.43 吨、氨氮削减 51.81 吨。

【现代烟叶生产】 2013 年，米易县以现代烟草农业建设为统领，以烟叶基地单元建设为载体，以提高烟叶质量、促进烟农增收为目标，推进烤烟生产各项工作。完成固定资产投资 6129 万元，完成计划任务 5000 万元的 122.58%；完成攀莲烟叶基地单元和普威烟草科技示范园建设，启动白坡烟叶基地单元和丙谷新安村 66.67 公顷基本烟田土地整理项目。全年，有 73 个村、341 个社、5936 户农户种植烤烟 4866.67 公顷，完成种植计划任务的 102.82%；收购烟叶 9400 吨，完成计划 9250 吨的 101.62%，其中上中等烟叶比例 98.75%，低等次烟叶比例 1.25%；烟叶均价达每千克 23.49 元，与 2012 年相比，烟叶均价每千克提高 3.42 元；实现烟农收入 24075.41 万元（含烟叶税返、燃煤补贴），比 2012 年增加 2432.1 万元；烟叶生产实现全县农民人均纯收入 966 元。

【社会管理】 2013 年，米易县推行网格化社会管理模式，平安建设成效显著，刑事发案呈连年下降趋势，“7·12”特大运输毒品案成功侦破，群众安全感满意率达 96.3%。“六五”普法通过中期督导检查，推进省级法治县创建工作。开展社会稳定风险评估 61 项、调处矛盾纠纷 1456 件、办结信访 1223 件，办理回复“市长信箱”“县长信箱”266 件，妥善处置湾丘基地滞留人员等信访突出问题，维护成都全球财富论坛等敏感时期社会稳定。集中开展重点行业安全专项整治，与省安科院建立战略合作关系，创建省级安全生产示范县，开展打非治违、食品药品监管工作，增强突发公共事件应急处置能力。社会信用体系建设取得阶段性成效，认定信用乡镇 2 个、信用村 14 个、信用农户 6242 户。

【民区经济】 2013 年，米易县民族地区经济健康发展，5 个民族乡镇国内生产总值实现 236213 万元，地方财政收入实现 21509.6 万元，农民人均纯收入实现 8196 元。指导民族地区发展烤烟 3080 公顷，实现产量 7075 吨，产值 16752.58 万元。按照“政府主导、群众主体、项目带动”民族资金投入机制，完成 466.67 公顷林下产业基地建设，建设核桃基地 1000 公顷。年内，向上级争取民族资金项目 25 个，资金 792.5 万元。其中，沟渠整治项目 3 个 45 万元，桥梁修建项目 3 个 47 万元，道路硬化项目 9 个 336 万元，太阳能及厕所改造 1 个 18 万元，学校设备购置 2 个 40 万元，宗教场所改造项目 1 个 25 万元，安全饮水项目 1 个 18 万元，其他项目 5 个 253.5 万元。

【主题教育活动】 2013年，米易县根据中央和省、市“实现伟大中国梦”和“三大主题”教育活动安排，组织开展宣讲报告65场次、专题培训55期、重大课题调研29项、理论知识测试13600人次，开通“问政于民”网络微博和手机互动平台，开展“亮身份、作承诺”电视公开承诺，兑现“一句话承诺”2386项，落实整改事项371项，改进便民服务措施282项，完善规章制度301项，群众意见建议办结率、满意率分别达100%和98%。

【乡镇经济】 2013年，米易县12个乡镇探索构建集约化、专业化、组织化、社会化相结合的新型农业生产经营体系，出台《农民增收考核办法》，突出抓好农业基础设施、产业发展、农民增收。推进马鞍山水库、安宁河堤防、小河流域治理等农业基础设施建设，麻晃引水工程开工建设，新建高标准农田336公顷，新增高效节水灌面1400公顷。培育农业龙头企业16家，推进门里集团现代产业园区、万民深加工基地建设，新发展农民专合组织22个，认证无公害产品、绿色食品、有机食品、地理标志产品共31个。

2013年米易县乡镇主要经济指标

表10

乡镇名称	人口（人）	耕地面积（公顷）	农业总产值（万元）	乡镇工业产值（万元）	粮食产量（吨）	蔬菜产量（吨）	烤烟产量（吨）	甘蔗产量（吨）	园林水果产量（吨）	出栏生猪（头）
攀莲镇	55163	1729	25682	181672	13477	55500	544	26720	5361	25015
丙谷镇	25291	2247	21312	116131	11376	51780	827	15660	5917	18511
撒莲镇	16666	1204	16326	42816	7712	51988	415	3050	5565	11592
垭口镇	10549	608	7906	417836	3262	25558	41	2730	1706	7151
得石镇	8473	670	13672	35074	2360	5676	446	2400	2785	7586
新山傈僳族乡	7093	1060	7709	629	4008	9405	790	9960	2486	15839
湾丘彝族乡	16120	1101	10598	627122	5952	13725	464	98	1719	9793
白马镇	29711	1981	17811	255268	13051	22822	525	3800	9390	17039
草场乡	19961	1658	14888	4458	9240	20406	770	15987	8264	15073
普威镇	13327	1128	10231	920	2544	6258	1471	368	10941	13364
麻陇彝族乡	8738	1400	7756	432	3229	7757	1353	450	1294	8513
白坡彝族乡	10388	1626	13650	317	3708	8996	1784	4550	2627	11969
合　计	221480	16412	167541	1682675	79919	279871	9430	85773	58055	161445

（周在元　周朝海　吴兴刚　王小岚）

党 政 群 团

中共攀枝花市委

综 述

【国民经济发展】 2013年，中共攀枝花市委团结带领全市人民，积极应对宏观经济下行压力，努力克服产能过剩、出口不畅、内需不足、成本上行、效益下滑、煤矿关停的困难局面，齐心协力、攻坚克难，千方百计稳增长、调结构、促改革、惠民生，在严峻复杂形势和特殊困难下，保持经济社会平稳健康发展。全年实现地区生产总值800.88亿元，增长10.7%；完成地方公共财政收入58.55亿元，增长2.4%；城镇居民人均可支配收入和农民人均纯收入分别达到24906元、9838元，增长9.2%和12.7%。

【工业经济】 2013年，攀枝花市坚持市级领导对口联系帮扶重点企业，深入工厂、深入项目，了解情况，谋划对策，解决问题，全力帮助企业渡难关。积极启用1亿元的财政资金，撬动12.9亿元的搭桥贷款，加强煤炭、原油、电力等能源保障和铁路运输保障，确保企业资金链条不断裂、市场不丢失、员工不裁减、新的发展机遇不错过，稳住了企业、稳住了工业、稳住了财政。钒钛产业园区创建为省级高新技术产业园区，富邦1000万件钒钛制动毂、朵实10万吨铸锻件等重点项目竣工投产，瑞钢渣钢渣铁综合利用、黑沙钒钛20万吨高性能铸件等重点项目加快推进。全年完成规模以上工业增加值452.9亿元，增长12.8%。

【农业农村经济】 2013年，攀枝花市依托国家现代农业示范区，推动农业向优质化、标准化、集约化、品牌化方向发展，农业产业结构不断优化，特色农产品产量和效益明显提高。农业产业化经营成效明显，早春蔬菜、特色水果、优质烤烟、畜牧水产等产业基地规模进一步扩大。国家现代农业示范区建设完成高标准农田1333.33公顷，一批农产品被公示为无公害农产品，新增2个国家地理标志产品。农村生产生活条件不断改善，农田、水利、道路及公共服务设施加快建设，马鞍山水库、观音岩饮水工程、梅子青水库扩建工程及高效节水工程等项目进展顺利，综合治理水土流失面积117.5平方千米，解决农村人饮安全4.6万人。新村建设取得实效，第二轮省级成片推进示范县、省级财政新村基础设施、新农村综合体、市级新村聚集点等项目建设扎实推进，西攀高速沿线、二滩环线、城镇周边地区新村加快建设。全年实现农业增加值27.88亿元，增长4.5%。

【现代服务业】 2013年，攀枝花市坚持以旅游业、现代物流业为主导，促进服务业不断发展壮大。围绕打造中国阳光康养旅游城市，加快建设精品景点景区，红格、阿署达、普达等项目进展迅速、成效显著。16个旅游新村服务设施加快完善，接待能力显著提升。全方位、多角度推介“阳光花城、康养胜地”品牌形象，成功举办“欢乐阳光节”“米易•迷易花会”等节庆活动，成功承办全省百镇建设暨重点旅游项目推进现场会，为推进新型城镇化和发展特色旅游增添了信心动力。围绕打造全省二级物流节点城市，加快推进密地、格里坪等物流项目建设，成功申报为全省首批现代物流示范市，密地、攀青、鑫铁等6家企业成为全省首批重点物流企业。全年实现旅游总收入102亿元，增长52.63%；接待游客1200万人次，增长45%；实现第三产业增加值175.81亿元，增长8.0%。

【地方经济和民营经济】 2013年，攀枝花市继续把县（区）作为推动国民经济跨越发展的战略支点，充分挖掘县（区）发展潜力，加快提升县（区）整体经济实力，实现县（区）公共财政预算收入29.98亿元，占全市的49.47%。坚定不移地支持民营经济发展，充分发挥财政资金的导向作用，多渠道缓解中小企业融资难问题，鼓励和支持民营企业参与优势资源就地开发、产业链就地延伸，充分激发民营经济发展活力，实现民营经济增加值 368.9 亿元，增长 13%，占 GDP 的比重提高到 46.06%。

【项目建设】 2013 年，攀枝花市坚持市级领导对口联系抓重点项目，强力推进 10 大类 55 项“急难险重”工作，国省干道改扩建、西区沿江快速通道、桐子林水电站、观音岩水电站、“缅气入攀”工程、梅子箐水库、马鞍山水库加快建设，成昆铁路攀枝花段扩能改造开工，攀宜高速、攀大高速前期工作有序开展。实行重点项目会审制，致力解决征地拆迁、行政审批等实际问题，确保项目建设顺利实施。着眼打基础、利长远、促转型，编制了涵盖 804 个项目、计划总投资 6735 亿元的《攀枝花市 2013—2017 年重大项目规划》，为长远发展构筑坚实支撑。全年完成固定资产投资 545.74 亿元，增长 17.8%。

【招商引资】 2013 年，攀枝花市依托“民企入川”“央企入川”“港澳企业四川行”和西博会、昆交会、广交会等活动搭建招商对接平台，继续加强与长三角、珠三角、环渤海、成渝经济区的区域合作，以钒钛、机械、物流、旅游等为招商重点，组建小分队赴北京、上海、广州、深圳等地开展专题招商，实行市主要领导带队招商，积极引进大企业、大项目。全年开展全国性招商活动 120 余次，举办投资说明会 10 余场，新签约项目 197 个，招商引资到位资金 434.65 亿元，增长 6.37%。

【城市建设】 2013 年，攀枝花市坚持把城市作为经济、社会建设的主战场，一批重大基础项目加快建设，城市综合承载力不断提升。交通枢纽建设扎实推进，机场恢复通航，丽攀高速攀枝花主城区段贯通，新建密地大桥，倮果大桥、巴关河大桥、荷花池大桥除险加固工程完工，国省干道改扩建攻坚、西区沿江快速通道等项目进展顺利，成昆铁路攀枝花段扩能改造正式开工，攀宜、攀大高速公路前期工作加快推进。新区建设全面铺开，花城大道、阳光大道、三线建设博物馆、新区医院、山地森林公园等重点工程加快推进，核心区路、水、电等基础设施工程进展顺利。沿江景观打造初见成效，人行步道、自行车道、绿化工程及排污口整治均已竣工，公益服务设施正加紧施工，美化、亮化、绿化工程正有序推进。“五创联动”工作扎实开展，顺利通过省级森林城市、省级文明城市的考核验收，空气优良率保持在 90% 以上，城市发展环境和发展空间不断优化。

【对内改革和对外开放】 2013 年，攀枝花市牢牢把握攀西国家级战略资源创新开发试验区建设的重大机遇，率先推动试验区建设向“深水区”挺进，科学编制系列工作规划，积极争取上级支持，获得专项资金 3.3 亿元，在直购电试点、资源税改革试点、工矿废弃地复垦利用、设立国家级“攀枝花（钒钛）产业投资基金”等方面取得突破性进展，科技攻关、人才培养、项目集成等工作取得阶段性成效。市属经营性国有资产进一步整合，户籍制度改革试点有序开展，食品药品监管机构改革基本完成，农村综合配套、人事制度、文化体制、医药卫生体制等各项改革取得新进展。深化区域交流合作，先后组团赴云南楚雄、大理、丽江等地开展交流合作，精心组织参加“川滇黔十二市地州合作与发展峰会”等区域合作活动，积极融入成渝经济圈和昆明经济带等区域发展格局。

【民生工程】 2013 年，攀枝花市共投入资金 35.3 亿元，深入推进“十大民生工程”，大力实施居民收入倍增计划，突出农村居民、企业职工、中低收入者和困难家庭“四个群体”，拓宽创业、就业、社保、投资和帮扶“五大渠道”，进一步扩大城乡低保、城乡医疗救助、临时救济、社会互助等救助范围，在农村突出抓好“8+8”对口援助边远民族地区工作，在城市强力推进宜居工程建设，在全省率先启动“筒子楼”改造，切实解决低收入群体生产生活中的实际困难，推动保障和改善民生工作逐步从基本保障型向福利普惠型转变。全年新开工建设保障性住房 6276 套，开工率 106%，建成 4390 套；城镇登记失业率控制在 3.6%以内；城镇居民人均可支配收入和农民人均纯收入分别居全省第二和第三位。

【社会事业】 2014 年，攀枝花市围绕建设区域教育卫生文化高地，大力推进社会事业全面进步。各级各类教育协调发展，“两免一补”实现城乡全覆盖，三区顺利通过省政府义务教育均衡发展督导评估，在全省率先实行一师一校教师外出疗养制度；本科和重本上线率分别达 42.5%、9.3%，均高于全省平均水平；3 所中职学校成为国家中等职业教育改革发展示范学校建设单位，四川机电职业技术学院被列为国家高技能人才培养基地。文化事业繁荣兴旺，首批国家公共文化服务示范项目“大地书香新农村家园工程”通过国家验收，三线建设博物馆开工建设，文物征集有序进行。体育事业加快发展，广电公共服务水平保持全省领先。国家卫生城市创建成果进一步巩固，新增住院医师规范化培训基地 8 个，新增省级卫生乡镇 4 个、省级卫生村 46 个，市中心医院医学影像中心建成省级重点专科，示范社区卫生服务中心数量在全省仅次于成都。

【社会稳定】 2013 年，攀枝花市积极加强和创新社会管理，着力构建党委领导、政府负责、社会协同、公众参与、法治保障的社会管理体制，社会管理科学化、精细化水平明显提高。充分发挥市民热线、效能热线等载体作用，矛盾纠纷源头处理、动态调解和应急处置能力不断提升。突出抓好本质安全型城市构建和全国综合减灾示范社区建设等工作，公共安全监管体系不断完善。成功化解省挂牌信访积案 53 件，化解率 94.64%，全年没有出现大的群体性事件和恶性事件，实现全国全省重大节会期间非访“零进京”、集访“零赴蓉”的目标。1—11月，全市社会治安满意率达到94%，位居全省第三。

【民主法治建设】 2013年，攀枝花市高度重视和不断加强民主法治建设，支持人大依法履行职权，切实提升工作监督、法律监督的科学化水平；支持政府深化行政管理体制和机构改革，推进法治政府、责任政府和阳光政府建设；支持政协丰富政治协商形式，完善民主监督机制，提高参政议政水平。加强同各民主党派、工商联和无党派爱国人士的广泛联系，统一战线工作不断巩固和壮大。高度重视老干部和关心下一代工作，工、青、妇等群团组织的桥梁纽带作用得到充分发挥。民族、宗教、妇儿、残联、侨务、外事、对台等工作取得新的成绩。加快推进依法治市进程，积极开展“六五”普法活动，全社会学法、守法、用法的自觉性不断增强。积极加强国防动员和国防后备力量建设，军政军民团结得到巩固和发展，党管武装工作水平进一步提高。

【党建工作】 2013年，攀枝花市坚持“好干部”标准，鲜明“崇尚实干”用人导向，突出选拔在“急难险重”岗位勇挑重担、在重大工程项目建设一线攻坚克难、在招商引资和经济建设主战场建功立业的优秀干部，形成干事创业、争先进位的良好氛围。深化干部人事制度改革，选优配强领导班子，统筹推进干部交流，突出加强年轻干部培养，提拔交流县级干部343名，大批优秀年轻干部列入重点培养对象。大规模全覆盖开展干部培训，各级领导干部1万余人次参加各类培训，74名优秀年轻干部选派到“四个一线”接受锻炼、加速成长。全面加强基层组织建设，着力打造基层党建“五彩花城”工作品牌。深入开展“实现伟大中国梦，建设美丽繁荣和谐四川”和“思想大解放，作风大转变，工作大落实”主题教育活动，党员干部作风持续好转。深入推进反腐倡廉建设，惩治和预防腐败体系更加健全，反对“四风”成效明显。

重要会议

【市委九届四次全体（扩大）会议暨市委经济工作会议】 2013年1月7日，中共攀枝花市委九届四次全体（扩大）会议暨市委经济工作会议在攀枝花会展中心举行。全会由市委常委会主持。市委书记刘成鸣代表市委常委会报告2012年工作，提出2013年的工作意见，市委副书记、市长张剡代表市委常委会对2013年经济工作作了具体安排。

刘成鸣指出，2012年是攀枝花发展史上很不寻常、很不平凡的一年。在省委、省政府的正确领导下，市委团结带领全市干部群众，深入学习贯彻落实中共十八大、省第十次党代会和市委九届三次全会精神，坚定信心、振奋精神，攻坚克难、务实进取，积极应对严峻复杂的宏观经济形势和主导产业市场疲软、效益下滑的困难局面，努力化解“8·29”事故带来的负面影响，围绕实施“三个加快建设”、推进“三个走在全省前列”、打好“六大硬仗”，稳中求进抓工业，强化措施抓转型，攻坚克难抓交通，统筹城乡抓新村，多措并举抓旅游，创新方式抓开放，排忧解难抓民生，痛定思痛抓整治，协调各方抓合力，率先垂范抓党建，全市综合实力持续增强、城市面貌明显改观、枢纽建设扎实推进、农业农村发展成效明显、阳光康养旅游品牌初步形成、发展活力不断激发、安全生产形势逐步稳定、民主政治建设进一步加强、社会大局更加和谐稳定，实现了经济社会持续快速健康发展，呈现出众志一心谋发展、加压奋进攻难关、创新实干求突破的良好局面。

刘成鸣指出，2013年是全面贯彻落实中共十八大精神的开局之年，是实施“十二五”规划的关键一年，是打好“六大硬仗”的攻坚之年，是为在全省率先全面建成小康社会奠定坚实基础的重要一年，做好全年工作，任务艰巨、意义重大。要坚持以中共十八大精神为总揽，全面贯彻落实中央和省委经济工作会议精神，以科学发展为主题，以转变经济发展方式为主线，以提高经济增长质量和效益为中心，牢牢把握“稳中快进，提质增效，争先进位，跨越提升”的工作基调，突出产业支撑、投资拉动、“四化”同步、统筹城乡、改善民生，大力推进“三个加快建设”“三个走在全省前列”，继续打好“六大硬仗”，全力促进经济持续快速发展、社会更加和谐稳定。全年要确保地区生产总值增长13.5%，力争14%以上；规模以上工业增加值增长16%，力争17%以上；全社会固定资产投资增长17%，力争18%以上；社会消费品零售总额增长15%，力争16%以上；地方财政收入增长14%以上；城镇居民人均可支配收入和农民人均纯收入增长14%，力争15%以上。

刘成鸣强调，要按照中共十八大精神及中央和省委经济工作会议要求，准确把握各方面形势任务变化，科学谋划和推动各项工作。要围绕“六大硬仗”，坚持不懈地打好资源综合开发利用的硬仗，在建设中国钒钛之都上取得新突破；坚持不懈地打好建设宜居宜业大城市的硬仗，在建设中国阳光花城上开创新局面；坚持不懈地打好区域交通枢纽建设的硬仗，在构建四川南向开放门户上形成新格局；坚持不懈地打好农业发展和新村建设的硬仗，在建设国家现代农业示范区上取得新进展；坚持不懈地打好全国著名阳光休闲康养旅游目的地建设的硬仗，在推动服务业大发展上取得新成效；坚持不懈地打好民生改善和社会事业发展的硬仗，在建设幸福攀枝花上迈出新步伐，奋力推进经济社会发展新跨越。要坚定不移地深化改革开放，加快推进各项改革，全面扩大对外开放，突出抓好招商引资，不断增强经济社会发展的动力与活力。坚定不移地加强和改进党的建设，加强民主政治建设，凝聚强大合力；强化思想理论武装，推进思想解放；优化监督考评机制，强化工作执行；创新选人用人机制，鲜明实干导向；推进基层组织建设，夯实执政基础；深化党风廉政建设，永葆清廉形象，为加快发展提供坚强的政治保证。

刘成鸣号召，全市上下要紧密团结在以习近平为总书记的党中央周围，以中共十八大精神为指引，高举中国特色社会主义伟大旗帜，深入贯彻落实科学发展观，解放思想、坚定信心、振奋精神、顽强拼搏，奋力推进全市经济社会发展新跨越，为在全省率先全面建成小康社会而努力奋斗！

【全市“实现伟大中国梦、建设美丽繁荣和谐四川”主题教育活动动员大会】 2013年5月8日，全市开展“实现伟大中国梦、建设美丽繁荣和谐四川”主题教育活动动员大会在攀枝花会展中心召开。市委书记刘成鸣出席会议并讲话，市委副书记、市长张剡主持大会并就贯彻落实会议精神提出要求。

会议指出，全省“实现伟大中国梦、建设美丽繁荣和谐四川”主题教育活动的开展，是对全市“三大主题教育”活动进行再深化、对市情进行再认识、对思路进行再明晰、对措施进行再落实的有利契机，是推进攀枝花科学发展、跨越发展的又一重大机遇。全市上下要深刻把握活动的重大现实意义，切实增强开展好活动的紧迫感和主动性；深刻把握活动的总体要求，不折不扣地把省委的部署要求落到实处。要通过活动的开展，再添措施、再鼓干劲，再提高、再突破，坚定不移、凝心聚力推动全市经济社会发展再上台阶，加快把攀枝花建成全省新的经济增长极，为建设美丽繁荣和谐四川作出应有的贡献。

刘成鸣强调，攀枝花作为四川重要的工业基地和南向开放门户，要努力在活动的开展和全省的发展大局中发挥作用、展现特色、做出贡献，既要解决好思想上的问题，还要努力实现发展上的突破。要与“三大主题”教育活动紧密结合起来，进一步巩固和深化活动成果，大力弘扬“闯、进、快、实、活”的精神，凝聚正能量，增强主动性，打好攻坚战，以实实在在的发展成绩促进全市经济跨越、社会进步、民生改善和人民幸福。要与实施多点多极支撑发展战略紧密结合起来，为实施多点多极支撑发展战略凝聚共识、明晰思路、增添动力，教育引导各级各部门紧紧围绕全市总体发展思路和目标，思想再统一、认识再提高、作风再务实，聚精会神搞建设，一心一意谋发展，努力把攀枝花建成四川发展的重要一极。要与完成年度“急难险重”任务紧密结合起来，充分调动一切积极因素，超常付出，百倍努力，确保各项“急难险重”任务全面完成，为攀枝花长远发展、可持续发展打下坚实基础。要与克服当前发展困难紧密结合起来，寻找办法，突破难题，全力抓好各项重点、难点工作，形成系统化的措施和制度化的成果，始终保持经济持续健康发展的良好势头。

刘成鸣要求，要精心组织，落实责任，确保主题教育活动扎实深入开展；强化组织领导，形成一级抓一级、一级带一级、一级对一级负责、层层抓落实的工作局面；强化分类指导，紧密结合教育对象的实际，分别提出教育活动的具体要求，分层分类进行指导，切实增强活动的针对性和实效性；强化宣传引导，促进主题教育活动进机关、进学校、进企业、进社区，营造浓厚的社会氛围；强化检查督导，严格检验各县（区）、各部门（单位）通过开展主题教育活动取得的实际成效，确保活动开展的过程成为党员干部受教育、科学发展上水平、人民群众得实惠的过程。

【市委九届五次全体（扩大）会议】 2013年7月10日，中共攀枝花市委九届五次全体（扩大）会议在攀枝花会展中心举行。全会由市委常委会主持。全会听取和讨论市委书记刘成鸣受市委常委会委托所作的工作报告，审议通过《中共攀枝花市委关于深入贯彻落实党的十八大精神为在全省率先全面建成小康社会而奋斗的决定》。市委副书记、市长张剡就《决定（审议稿）》向全会作了说明，并对上半年全市经济工作作了总结和安排。

刘成鸣指出，市委九届三次全会以来，喜逢中共十八大和省第十次党代会胜利召开，时逢宏观经济形势复杂多变、全市主导产业市场疲软，全市经济结构艰难调整，城市加快转型。市委、市政府团结带领全市人民，坚持继往开来不折腾，不断明晰发展路径，全市思想更加统一；坚持加快发展不动摇，集中精力搞建设，发展信心更加坚定；坚持改善民生不放松，着力提高群众生活水平，发展成效更加明显；坚持攻坚克难不懈怠，切实加强队伍和作风建设，工作干劲更加高涨。一年多的时间里，中共攀枝花市委不断审视市情，统一了思想，更达成了共识；迎难而上，经历了艰难，更凝聚了力量；抢抓机遇，经受了挑战，更增强了信心，全市上下始终以昂扬的斗志、务实的作风和扎实的举措，推动经济社会健康平稳发展，形成了众志成城谋跨越、加压奋进克难关、齐心协力求突破的良好局面。

刘成鸣指出，当前攀枝花正处于全面建成小康社会的“关键期”，“两化”互动、“四化”同步、城乡一体化发展的“加速期”，老工业基地持续发展的“振兴期”，改革开放、创新驱动的“突破期”，扶贫解困的“攻坚期”，由资源之都向产业之都、经济之都跨越的“质变期”，必须紧跟全国、全省发展步伐，在更高层次谋划，以更大力度推进，集中力量打一场全面小康决战决胜的总体战，奋力实现在全省率先全面建成小康社会的目标，谱写伟大中国梦的攀枝花恢弘篇章。

刘成鸣强调，要准确把握在全省率先全面建成小康社会的目标任务，紧扣“率先”要求，实现进度的超前性；紧扣“全面”要求，增强发展的统筹性；紧扣“小康”要求，体现成果的普惠性。要准确把握在全省率先全面建成小康社会的战略途径，认真落实多点多极支撑发展战略，大力推进县域经济跨越发展，在钒钛资源综合开发利用上再上台阶，在阳光康养旅游城市建设上取得突破，在构建区域综合交通枢纽上迈出步伐，在建设区域商贸物流中心上见到成效，在打造区域教育文化卫生高地上形成优势，充分发挥区域性中心城市的引领作用，提升攀枝花在攀西城市群和川滇结合部的战略地位；大力实施“两化”互动、城乡统筹发展战略，推进产城融合发展、城乡一体化发展，全面增强产业核心竞争力、城市整体竞争力和区域综合竞争力，形成“四化”同步、良性增长的发展格局；大力实施创新驱动发展战略，推进发展理念创新、科学技术创新、体制机制创新，促进经济增长由要素支撑向创新驱动转变、由资源依赖向科技依托转变，增强科学发展、转型升级的内生动力。

刘成鸣要求，今后几年，要紧紧围绕省委“三大发展战略”“两个跨越”的战略部署，按照市委既定的思路和目标，突出重点，把握关键，坚持以做大经济总量为基础，以提高发展质量和效益为核心，以推动产业升级和城市转型为重点，以特色优势产业发展、新型城镇化建设、城乡统筹发展为支撑，以改革开放和创新驱动为动力，扎实深入推进各项工作，着力优化发展格局、培育竞争优势、增强跨越动力，向着在全省率先全面建成小康社会的目标奋力前行。为此，要大力推进产业发展，提升整体经济实力；大力推进新型城镇化建设，拓展产业发展空间；大力推进农业农村发展，夯实统筹城乡发展基础；大力推进基础设施建设，强化加快发展的基础保障；大力推进改革开放，增强加快发展的动力与活力；大力推进生态文明建设，提高可持续发展能力；大力推进扶贫攻坚，促进全域同步全面小康；大力保障和改善民生，保持社会和谐稳定。

刘成鸣指出，实现目标任务，关键在党、关键在人，必须进一步加强思想理论建设，着力提升党员干部思想政治素质；进一步加强班子和干部队伍建设，着力提高领导能力和工作水平；进一步加强基层组织建设，着力夯实促发展惠民生的工作基础；进一步加强干部作风建设，着力营造为民务实清廉的良好风气。

刘成鸣强调，面对复杂多变的宏观经济形势，要坚持目标不变、要求不变、任务不变、决心不变，突出重点，狠抓落实，以非常之策，行非常之举，少一些指指点点和说三道四，多一些扎扎实实和示范带头，强化激励鞭策，坚决逗硬奖惩，确保任务定一项、抓一项、项项落地，工作干一件、成一件、件件落实，圆满完成年度各项目标任务。

【全市“实现伟大中国梦、建设美丽繁荣和谐四川”暨“思想大解放，作风大转变，工作大落实”主题教育活动总结表彰大会】 2013年7月30日，全市“实现伟大中国梦、建设美丽繁荣和谐四川”暨“思想大解放，作风大转变，工作大落实”主题教育活动总结表彰大会在攀枝花会展中心召开。市委书记刘成鸣出席会议并讲话，市委副书记、市长张剡主持表彰大会。

刘成鸣指出，从2012年12月中旬至2013年7月中旬，全市先后开展了“思想大解放，作风大转变，工作大落实”和“实现伟大中国梦、建设美丽繁荣和谐四川”两次主题教育活动，分别有92个和100个一级单位参加。活动中，全市各级党组织、各级各部门坚持突出务实性，着力加强组织领导；坚持突出思想性，着力强化理论武装；坚持突出针对性，着力推动环节创新；坚持突出统筹性，着力彰显实践特色；坚持突出开放性，着力扩大社会参与，推动两大活动在全市深入展开、掀起热潮，较好地完成各阶段、各环节的工作。通过活动的开展，全市广大党员干部思想认识有新收获，作风素质有新提升，推进发展有新起色，改善民生有新作为，队伍建设有新成效，建章立制有新进展，在组织党代表、人大代表、政协委员、基层干部对两次主题教育活动进行的测评中，满意度均达到94.96%。

刘成鸣要求，要认真总结提炼教育活动中好的理念、好的做法、好的制度，着力形成长效机制，持续深入推进思想解放、作风转变和工作落实，为加强和改进新形势下党的建设，推进攀枝花科学发展、加快发展注入源源不竭的动力。要坚持解放思想，推动工作创新，增强党组织的生机与活力；坚持领导带头，发挥表率作用，凝聚加快发展的强大合力；坚持群众路线，为群众办实事，以实际行动赢得群众的真心拥护；坚持分类指导，加强督导检查，激发广大党员参与活动的内在动力；坚持典型引领，强化正面引导，营造干事创业的浓厚舆论氛围，不断巩固和深化主题教育活动成果。

刘成鸣强调，要积极总结运用主题教育活动成果，突出加强制度创新，建立健全促进科学发展的长效机制；持续转变工作作风，全力破解制约科学发展的突出问题；切实保障和改善民生，努力让人民群众得到更多实惠；坚持加强和改进党的建设，全面提升党的建设科学化水平；始终保持加速快进，奋力推进攀枝花发展新跨越，加快把攀枝花建设成全省发展的重要一极。

【市委九届六次全体（扩大）会议暨市委经济工作会议】
2013年12月31日，中共攀枝花市委九届六次全体（扩大）会议暨市委经济工作会议在攀枝花会展中心举行。全会由市委常委会主持，市委书记刘成鸣受市委常委会委托向全会报告2013年工作，并对2014年工作提出建议，市委副书记、市长张剡代表市委常委会对2014年经济工作作了具体安排。

刘成鸣指出，2013年，是攀枝花发展进程中极不寻常、极不平凡的一年。在省委、省政府的坚强领导下，市委、市政府团结带领全市人民，牢牢把握“稳中快进、提质增效、争先进位、跨越提升”的工作基调，积极应对宏观经济下行压力，努力克服产能过剩、出口不畅、内需不足、效益下滑、煤矿关停的困难局面，千方百计稳工业、扩投资、调结构、抓城建、促开放、惠民生、强党建，发展活力充分激发，发展后劲不断增强，发展方式逐步转变，产业实力持续提升，城市面貌明显改观，群众生活显著改善，执政基础更加稳固，在严峻复杂形势和特殊困难下，保持了经济社会平稳较快发展，各方面都取得了令人鼓舞的新成绩。

刘成鸣指出，2014年，是攀枝花市全面深化改革的开局之年，是在全省率先全面建成小康社会的关键之年，是以优异成绩迎接建市50周年的攻坚之年，机遇与挑战并存，希望与困难同在。全年工作要以中共十八大和十八届二中、三中全会精神为指导，深入贯彻落实中央和省委经济工作会议暨城镇化工作会议精神，以科学发展为主题，以转变发展方式为主线，以新型城镇化为引领，以在全省率先全面建成小康社会为统揽，牢牢把握国家攀西战略资源创新开发试验区建设、全国老工业基地调整改造和省委实施“三大发展战略”等重大机遇，坚持抢抓机遇、稳中求进、改革创新、加快发展，全力稳增长、抓改革、促转型、增效益、防风险、惠民生、创和谐，深入开展党的群众路线教育实践活动，坚定不移推进“三个加快建设”“三个走在全省前列”，集中力量打好“六大硬仗”，努力确保地区生产总值增长10%、力争11%，规模以上工业增加值增长12%、力争13%，地方公共财政收入增长7%、力争8%，全社会固定资产投资增长13%、力争14%，社会消费品零售总额增长12%、力争13%，城镇居民人均可支配收入和农民人均纯收入增长11%、力争12%，CPI控制在4%以内，城镇化率提升1%—1.5%，以优异成绩迎接建市50周年。

刘成鸣要求，做好2014年工作，必须突出重点，狠抓落实，确保各项目标任务落到实处。要围绕率先全面建成小康，坚持对准小康目标找差距，狠抓项目建设稳增长，深化招大引强增后劲，做强县域经济强基础，迈出跨越发展新步伐；要围绕全面深化改革开放，着力推进关键领域改革，全面扩大对外开放合作，深入实施创新驱动战略，增强跨越发展新动力；要围绕建设攀西战略资源创新开发试验区，在抢抓机遇中求突破，在承担主体责任上有作为，在改革创新上下功夫，在争取支持上聚合力，在转型发展上有影响，在钒钛之都建设上见到新成效；要围绕推进新型城镇化和城乡统筹，加快推进花城新区建设，继续抓好沿江景观打造，着力提升城市品位，深入推进“五创联动”工作，全力统筹城乡一体化发展，掀起阳光花城建设新热潮；要围绕保障和改善民生，千方百计增加城乡居民收入，全力以赴加快社会事业发展，更大力度完善社会保障体系，让人民群众得到新实惠；要围绕促进公平正义，深入推进民主政治建设，平安法治建设和社会管理创新，构建社会和谐新格局；要围绕提升党的建设科学化水平，致力凝聚加快发展的精神力量、践行执政为民的群众路线、建设干事创业的干部队伍、构筑固本强基的战斗堡垒、营造风清气正的政治环境，切实形成为民务实清廉的新作风。

刘成鸣强调，蓝图绘就，目标明确，关键在人，关键在干，关键在落实。全市上下要更加紧密地团结在以习近平同志为总书记的党中央周围，坚定信心，抢抓机遇，乘势而上，奋力开创攀枝花各项事业发展新局面，以优异的成绩向建市50周年献礼！

重要决策

【加快农村扶贫开发】 为进一步加快贫困地区发展，促进共同富裕，实现在全省率先全面建成小康社会的奋斗目标，根据《中国农村扶贫开发纲要（2011—2020年）》和《四川省农村扶贫开发纲要（2011—2020年）》总体部署，2013年2月1日，中共攀枝花市委、攀枝花市人民政府下发《关于印发〈攀枝花市农村扶贫开发纲要（2011—2020年）〉的通知》（攀委发〔2013〕2号）。《纲要》明确了攀枝花2011—2020年农村扶贫开发工作的总体要求、目标任务、对象范围、专项扶贫、行业扶贫、社会扶贫和政策保障。《意见》提出，到2015年，要全面消除绝对贫困，稳定解决扶贫对象温饱问题，实现贫困居民显著减少，进一步夯实贫困居民达小康的基础。到2020年，要稳定实现扶贫对象不愁吃、不愁穿，保障其义务教育、基本医疗和住房；贫困地区农民人均纯收入在2010年基础上翻两番以上并接近全市农村平均水平，基本公共服务主要领域指标接近全市平均水平，扭转发展差距扩大趋势；贫困村向新农村、小康村转变，贫困户向宽裕户、小康户转变，与全市同步达到全面小康目标。

【实施多点多极支撑发展战略】 为全面贯彻落实省委、省政府《关于实施多点多极支撑发展战略的指导意见》，2013年3月27日，中共攀枝花市委、攀枝花市人民政府下发《关于实施多点多极支撑发展战略的意见》。《意见》指出，实施多点多极支撑发展战略必须坚持以邓小平理论、“三个代表”重要思想、科学发展观为指导，深入贯彻落实中共十八大和省第十次党代会精神，紧紧抓住国家新一轮西部大开发、国家攀西战略资源创新开发试验区建设、四川突出南向发展等重大机遇，充分发挥资源优势和产业优势，以做大经济总量为基础，以提高经济增长质量和效益为中心，以推动产业升级和城市转型为重点，以特色优势产业发展、新型城镇化建设、城乡统筹发展为支撑，以改革开放和创新驱动为动力，分类指导，重点突破，以点带面，由点到极，做强优势产业，做大县域经济，构建多点多极支撑发展格局，有效带动和支撑全市经济社会发展，努力提升攀枝花在全国、全省的战略地位，奋力实现在全省率先全面建成小康社会的目标。《意见》从打好“六大硬仗”、着力次级突破，做强县域经济、夯实底部基础，健全推进机制、完善保障措施三个方面对落实多点多级支撑战略发展战略作出安排部署，提出到2015年，地区生产总值、地方财政收入、城镇居民人均可支配收入和农民人均纯收入在2010年的基础上翻一番，固定资产投资总量在前五年的基础上翻一番；到2017年，全市经济总量进入全省“第二方阵”，2—3个县区综合实力走在全省类县（区）的前列。

【在全省率先全面建成小康社会】 为深入贯彻落实中共十八大、省委十届三次全会精神，推进攀枝花由资源大市向经济大市跨越、由总体小康向全面小康跨越，在全省率先全面建成小康社会，2013年7月11日，中共攀枝花市委下发了《关于深入贯彻落实党的十八大精神为在全省率先全面建成小康社会而奋斗的决定》(攀委发〔2013〕10号)。《决定》指出，要充分认识在全省率先全面建成小康社会的重大意义，科学研判在全省率先全面建成小康社会的整体形势，准确把握在全省率先全面建成小康社会的目标任务和战略途径，以经济、政治、文化、社会、生态文明“五位一体”建设为总体布局，深入实施“三大发展战略”，大力推进“三个加快建设”“三个走在全省前列”，持续打好“六大硬仗”，努力实现“四个翻番”，奋力夺取在全省率先全面建成小康社会的新胜利，确保到2015年，全市地区生产总值、地方公共财政收入、城乡居民收入在2010年的基础上翻一番，固定资产投资总量在前五年的基础上翻一番；力争2014年地区生产总值达到1000亿元，2017年达到1500亿元，进入全省“第二方阵”；确保在2020年以前，在全省率先全面建成小康社会，人均地方生产总值处于全省领先地位，城乡居民人均收入高于全国当年水平，经济、政治、文化、社会、生态文明建设各项事业在更高层次协调发展，实现由资源大市向经济大市跨越、由总体小康向全面小康跨越，建成宜居宜业、繁荣富裕、和谐美好的特色经济强市。《决定》要求，要深入实施多点多极支撑发展战略，进一步提升攀枝花在攀西城市群和川滇结合部的战略地位；深入实施“两化”互动、统筹城乡发展战略，努力走出“四化”同步发展新路子；深入实施创新驱动发展战略，切实增强转型发展、跨越提升新动力；大力保障和改善民生，始终保持社会和谐稳定；加强和改进党的建设，为各项事业发展提供坚强的组织保障。

【实施创新驱动发展战略】 为深入贯彻落实中共十八大，全国、全省科技创新大会，省十次党代会、省委十届三次全会、市委九届五次全会精神，2013年8月20日，中共攀枝花市委、攀枝花市人民政府下发《关于实施创新驱动发展战略，增强攀枝花转型发展新动力的意见》。《意见》提出，要全面贯彻落实科学发展观，抓住国家新一轮西部大开发、国家攀西战略资源创新开发试验区建设、四川省实施三大发展战略的机遇，以提高自主创新能力为核心，以推动经济发展方式转变、增强产业核心竞争力为主线，以推动产业技术升级和培育战略性新兴产业为中心任务，以整合科技创新资源、创新体制机制为突破口，着力推进创新体系建设，大力引进和培育创新创业人才，优化创新环境，推动全市经济社会步入创新驱动轨道，努力创建国家创新型城市。未来5年，全市要基本形成以企业为主体、市场为导向、产学研紧密结合，在全省具有示范和带动作用、在全国具有鲜明地区特色的区域创新体系，全市自主创新能力大幅度提升，创新环境明显改善，创新产出能力成效显著；从事科技活动的人员达到2万人以上，高技能人才达到3.5万人，力争建成国家钒钛产业高技能人才培训基地；专利申请量年均增长18%以上，发明专利占总申请量的比重保持在40%左右，科技成果转化率达到60%以上；以新材料为主的高新技术产业产值年均增幅达到20%以上，开发战略性新兴产品20项。要力争到2020年，全市创成国家级高新技术产业园区1个，高新技术产业产值规模达到500亿元、占工业总产值比重达到22%，战略性新兴产业产值达到800亿元；全社会R&D投入占地区GDP比重达到2.2%；综合科技竞争力进入全省前三位，建成国家级创新型城市，成为四川省经济社会发展的重要战略支撑。《意见》要求，要实施企业创新主体培育工程，推动企业建设高水平研发机构，支持企业实施科技成果转化，培育一批创新型、成长型企业，推动企业开放合作，全面提升企业自主创新能力；实施产业创新牵引升级工程，突破关键共性技术，培育战略性新兴产业，推动传统产业改造升级，促进经济结构转型发展；实施区域创新发展示范工程，加快建设攀西战略资源创新开发试验区，加快发展高新技术产业园区，加快建设攀枝花国家现代农业示范区，推动形成多点多极发展新格局；实施产学研协同创新工程，完善创新资源统筹协调机制，加快建立产学研合作的科技创新组织，完善科技成果转移转化机制，强化科技创新资源开放共享，提高技术创新体系整体效能；实施创新人才发展工程，大力培养一批优势产业创新人才，大力引进一批拔尖人才，优化完善创新人才发展环境，坚实创新驱动发展的智力支撑；推进政策措施落实，强化科技创新的组织保障，健全多元化的投融资体系，确保攀枝花创新型城市建设取得实效。

【扩大和深化对外开放合作】 为深入贯彻落实《中共四川省委 四川省人民政府关于进一步扩大和深化对外开放合作的意见》和《中共攀枝花市委关于深入贯彻落实党的十八大精神 为在全省率先全面建成小康社会而奋斗的决定》精神，进一步扩大和深化对外开放合作，全面提高开放型经济发展水平，加快建设四川南向开放门户，为推进“两个跨越”、在全省率先全面建成小康社会集聚动力、提供支撑，2013年10月9日，中共攀枝花市委、攀枝花市人民政府下发《关于进一步扩大和深化对外开放合作的实施意见》。《意见》提出，要以邓小平理论、“三个代表”重要思想和科学发展观为指导，深入贯彻落实中共十八大精神，围绕市委、市政府“三个加快建设”“三个走在全省前列”“六大硬仗”“四个翻番”整体部署，抢抓国家实施新一轮西部大开发、推进老工业基地调整改造、建设攀西战略资源创新开发试验区以及四川省实施多点多极支撑发展战略、发展攀西经济区、建设攀西城市群等一系列重大战略机遇，按照中央调结构、转方式、促内需的要求，坚持开放合作战略，以解放思想为前提，以改革为动力，以扩大开放为先导，以招商引资发展产业为重点，以优化环境为保障，创新开放模式，拓展开放领域，集成开放优势，构建全方位、宽领域、多层次的对外开放体系，全面提升对外开放合作水平。到2015年，全市招商引资累计到位资金确保完成1300亿元，力争实现1500亿元；累计引进外商直接投资4亿美元；累计外经合作营业额4000万美元；货物贸易进出口总额突破3亿美元；积极推动服务贸易稳步发展，力争服务贸易进出口总额突破1000万美元。

《意见》要求，要强力抓好招商引资工作，更新招商理念，创新招商方式，扎实抓好产业招商，强化招商引资基地建设；大力促进外经贸发展，稳步扩大外资领域，做大对外贸易规模，优化对外贸易模式，创建外贸示范基地，积极推进对外经贸合作；深入推进多层次区域合作，深化国内区域合作，加快对外开放大通道建设；全力提升服务业对外开放水平，加强口岸基础设施建设，扩大服务业开放，加快中国阳光康养旅游城市创建；切实强化对外开放保障措施，强化充分开放合作要素支撑，打造优质高效政务服务环境，推进开放型人才队伍建设，建立健全对外开放体制机制，加强对外开放工作组织领导，全力构建攀枝花“全域开放”新格局。

【加快产业园区发展】 为认真贯彻落实市委九届五次全会精神，抓住和用好当前新一轮西部大开发、推进国家老工业基地调整改造、建设攀西战略资源创新开发试验区和省政府实施“51025”重点产业园区发展计划等发展机遇和有利条件，深入落实“三大发展战略”，奋力推进“两个跨越”，推动攀枝花市产业园区发展迈上新台阶，实现产城科学互动发展，2013 年 11 月 4 日，中共攀枝花市委、攀枝花市人民政府下发了《关于进一步加快产业园区发展的意见》。《意见》提出，要全面落实科学发展观，紧紧围绕打造中国钒钛之都的战略目标，坚持“集聚发展，集约发展，关联发展，成链发展，合作发展”的原则，促进攀枝花市产业园区从布局分散向布局集中转变、从要素投入为主向内生增长为主转变、从粗放发展向集约发展转变、从数量扩张向质量提升转变，形成产业独具特色、功能配套完善、质量效益显著、可持续发展的产业园区，把产业园区建设成为经济发展的“加速区”、产业集聚的“承载区”、科技创新的“先导区”、投资创业的“优选区”、产城一体的“示范区”。到 2017 年，建成国家级产业园区 1 个，省级产业园区 2 个；建成营业收入超过 1000 亿元的园区 2 个，即扩区后的四川攀枝花钒钛产业园区和扩区后的攀枝花高新技术产业园区（含高粱坪园，弄弄坪、瓜子坪工业集中区）；建成营业收入超过 500 亿元的园区 2 个，即西区格里坪工业园区和米易县白马工业园区；建成营业收入超过 200 亿元的园区 1 个，即仁和区南山循环经济发展区的橄榄坪园；建成营业收入超过 100 亿元的园区 1 个，即盐边县新九工矿区；实现全市产业园区营业收入超过 3000 亿元，工业集中度达到 80%以上。《意见》要求，要强化规划引领，促进园区产业集聚发展；强化基础设施和公共服务平台建设，提升园区配套能力；强化项目推进，增强园区发展后劲；强化科技创新和人才支撑，增强园区的可持续发展能力。同时，要加大财政投入，强化用地支持，保障要素供应，加强人才支撑，改善融资环境，优化政务服务，确保园区企业正常生产经营，推动园区不断做大做强。

【加快推进小城镇建设】 为加快全市新型城镇化进程，把小城镇建设成为连接中心城市、辐射新型农村社区的重要公共服务平台和新的经济增长点，促进小城镇健康协调可持续发展，根据《中共四川省委 四川省人民政府关于加快推进新型工业化新型城镇化互动发展的意见》和《四川省人民政府关于 2013 年加快推进新型城镇化的意见》的相关精神，2013 年 11 月 18 日，中共攀枝花市委、攀枝花市人民政府下发了《关于加快推进小城镇建设的实施意见》。《意见》提出，要以邓小平理论、“三个代表”重要思想、科学发展观为指导，深入贯彻落实党的十八大和省委十届三次全会精神，把加快小城镇建设作为推进“两化”互动、城乡统筹的重要战略支撑，坚持“四化”同步、全域统筹、因地制宜、分类指导，以人的城镇化为核心，以科学规划为引领，以产业发展为依托，以基础设施建设为重点，以基本公共服务均等化为根本，以体制机制创新为动力，着力优化空间布局，发展绿色低碳经济，保护自然生态环境，加强社会管理创新，切实增强小城镇产业发展、公共服务、吸纳就业、聚集人口等功能，推动小城镇建设工作走在全省前列。《意见》指出，要坚持规划引领、分步实施，因地制宜、突出特色，上下联动、属地为主，政策推动、改革创新的原则，力争通过几年的努力，把全市小城镇培育建设成为布局合理、规模适中、环境优美、功能齐备、经济繁荣、辐射力强、各具特色的新型城镇，形成全市城乡统筹、共同繁荣的新格局。《意见》要求，要大力实施“七个一”工程，在每个乡镇建设一个宜居社区、一条贯通的路网、一套完善的市政基础设施、一所寄宿制小学、一个标准卫生院、一个完善的综合服务中心、一个标准化集贸市场，其中四级城镇根据实际情况开展“七个一”工程建设，规划人口在 1 万人以上的二、三级城镇到 2020 年要全面建成“七个一”工程，切实推动攀枝花在新型城镇化建设、统筹城乡全程全域全面发展方面走在全省前列。

制度建设

【进一步改进工作作风、提高工作效能的规定】 为深入贯彻落实中共十八大精神和《中央政治局关于改进工作作风、密切联系群众八项规定》《中共四川省委、四川省人民政府关于改进工作作风、密切联系群众的规定》要求，进一步巩固攀枝花市“思想大解放，作风大转变，工作大落实”主题教育活动成果，经市委九届三十六次常委会研究通过，中共攀枝花市委、攀枝花市人民政府于 2013 年 2 月 22 日下发了《关于进一步改进工作作风、提高工作效能的规定》（攀委发〔2013〕3 号）。《规定》从改进调查研究、精简会议活动、精简文件简报、帮助基层和联系群众、提高工作效率、规范考察活动、严控文稿发表、规范请销假手续、厉行勤俭节约等十个方面，对攀枝花深入落实中央和省委规定，切实改进工作作风、提高工作效能作出明确规定，对全市各级各部门和广大党员干部提出新的行为准则。

【建立市领导联系指导县（区）和基层工作制度】 为深入贯彻党的十八大精神，切实执行好中央和省、市委关于改进工作作风、密切联系群众有关规定，推动省委多点多级支撑发展战略和市委、市政府重大决策部署有效落实，中共攀枝花市委办公室、攀枝花市人民政府办公室于2013年4月6日下发了《关于建立市领导联系指导县（区）和基层工作制度的通知》。《通知》明确了市领导联系指导县（区）和基层工作的基本原则、主要任务和工作要求，明确自2013年起，每个县（区）确定1位市领导为联系人，其他市领导每人对口联系1个乡（镇）、1个村和3户困难群众，指导当地按照市委、市政府安排部署，找准发展定位，完善发展思路，制定好经济社会发展规划，确立好阶段性的发展重点和工作目标。《通知》要求，联系领导要尊重地方的主体性，切实改进作风，加强调查研究，强化督导检查，狠抓工作落实，每年至少到联系点开展6次调研，专题研究县（区）工作不少于4次，确保各项工作取得实效。

【深化户籍制度改革】 为深入推进“三个加快建设”、奋力实现“三个走在全省前列”的目标，按照《四川省人民政府办公厅关于积极稳妥推进户籍管理制度改革的通知》要求，结合《中共攀枝花市委、攀枝花市人民政府关于加快推进新型工业化新型城镇化互动发展的实施意见》精神，中共攀枝花市委、攀枝花市人民政府于2013年4月28日下发《中共攀枝花市委、攀枝花市人民政府关于进一步深化户籍制度改革的意见（试行）》。《意见》指出，要以科学发展观为统领，以加快转变经济发展方式为主线，以服务全市新型工业化新型城镇化互动发展为目标，遵循城镇化发展规律，放宽和落实攀枝花市城镇户籍准入条件，加强相关政策配套衔接，提高城市吸引力，引进外来人才和劳动力，推动攀枝花市农村人口向城镇合理、有序、加快流转，全面提升攀枝花城镇化水平。《意见》明确，要根据有利于统筹城乡发展、科学有序管理、保障和改善民生的原则深化户籍制度改革，力争到2015年，在与户籍制度改革相配套的土地、住房、社保、医保、就业、教育、卫生等支撑保障体制机制基本健全的基础上，全市深化户籍制度改革工作取得实质性进展，外来人口和攀枝花市农村人口向城镇有序流动，全市城镇化率达到70%，“两化”互动建设成效明显，实现打造百万人口大城市的目标。同时，《意见》还对如何推进户籍制度改革作出具体规定，落实市级相关单位的职责分工，提出明确的工作要求。

【制定重大项目规划（2013—2017年）】 为科学指导攀枝花市今后一段时期各领域重大项目建设，在总结与对接各专项规划的基础上，市发改委牵头组织编制《攀枝花市重大项目规划（2013—2017年）》，经市委、市政府审定，中共攀枝花市委办公室、攀枝花市人民政府办公室于2013年9月10日正式下发文件。《规划》提出2013—2017年重大项目建设的总体思路、基本原则和发展目标，规划一批关系全局、意义深远、带动性强的重点工程和骨干项目。《规划》要求，坚持以中共十八大精神为总揽，以科学发展为主题，以转变经济发展方式为主线，以提高经济增长质量和效益为中心，抢抓攀西国家战略资源创新开发试验区建设、全国老工业基地调整改造等重大战略机遇，以超前眼光谋划项目，以一流标准建设项目，着力创新项目管理方式，充分发挥重大项目的引领带动作用，大力推进“三个加快建设”“三个走在全省前列”，继续打好“六大硬仗”，深入实施“多点多极”支撑发展战略，为实现攀枝花在全省率先全面建成小康社会提供有力支撑。《规划》明确，要围绕力争地区生产总值2014年突破1000亿元、2017年达到1500亿元，固定资产投资总量（2011—2017年）累计突破4500亿元，2017年当年达到1000亿元的目标，规划基础设施、产业发展、社会民生、生态文明四大领域总投资6737亿元的重大项目804个，2013—2017年计划投资2414亿元，其中招商项目192个、总投资1693亿元。要围绕“千个项目、万亿投资”的常态化项目储备目标，努力实现重大项目投资占全社会固定资产投资总量的50%左右，重大产业化项目投资占重大项目投资的50%以上，推动全市基础设施日益完善、产业结构逐步优化、社会民生显著提升、生态文明明显改善，为攀枝花加快进入全省“第二经济方阵”提供有力支撑。

【出台目标绩效管理办法】 为增强全市目标绩效管理工作的科学性和规范性，充分发挥目标绩效考核的导向和激励作用，确保市委、市政府重大决策部署的落实，切实推进攀枝花经济社会全面协调可持续发展，经市委、市政府同意，中共攀枝花市委办公室、攀枝花市人民政府办公室于2013年11月26日下发《关于印发〈攀枝花市目标绩效管理办法〉的通知》。《办法》明确，市委、市政府目标管理工作领导小组负责全市目标绩效管理工作重大事项的组织协调工作；领导小组办公室设在市目标督查办，负责全市目标绩效管理的日常工作；各单位主要领导为本单位目标绩效管理的责任人，承担目标任务的组织实施工作；单位办公室或目标督查机构承担目标绩效管理的综合协调职能，明确专人负责目标绩效管理具体事务。《办法》按照科学合理、简便高效，互动联动、民主参与，调控执行、跟踪督查，绩效考评、严格奖惩的原则，对与实施目标绩效管理相关的年度综合目标设置、制定一级目标的主要依据、综合目标制定程序、目标绩效监控制度、目标绩效考核程序及市政府专项工作目标的设置等事项作出了明确的规定。

政策研究

【深化“两化”互动、统筹城乡发展的研究】 为增强发展动力、推进跨越发展，创新资源开发模式、转变经济发展方式，消除“三大差距”、建设幸福攀枝花，2013年，市委办公室对全市“两化”互动、统筹城乡发展情况进行调查研究，形成《深化“两化”互动、统筹城乡发展，奋力开创攀枝花科学发展新局面》的调研报告，就攀枝花深化“两化”互动、统筹城乡发展提出建设性意见。《报告》提出，要以科学规划为龙头，强化顶层设计，突出整体性；做好政策对接，突出全局性；全面覆盖城乡，突出全域性；促进衔接联动，突出统筹性，不断增强“两化”互动、统筹城乡的牵引力。要以产业发展为支撑，创新开发钒钛战略资源，充分利用独特的自然资源，切实发挥优越的光热条件，不断增强“两化”互动、统筹城乡的支撑力。要以城镇建设为基础，加快建设区域性百万人口中心城市、城市副中心和一批有承载能力的小城镇，不断增强“两化”互动、统筹城乡的承载力。要以推进综合配套改革为抓手，推进城乡一体的户籍制度改革，加快建立健全促进农民工有序进城入户的制度；推进城乡一体的社会保障制度改革，加快建立健全新型农村社会保障制度；推进城乡一体的公共服务制度改革，加快建立健全新型农村公共服务制度；推进城乡一体的产权制度改革，加快建立健全促进农村土地承包经营权、宅基地使用权、集体收益分配权依法自愿有偿流转的制度；推进城乡一体的规划建设制度改革，加快建立健全城乡建设多规衔接制度、农房建设严格审批制度和乡村规划师制度；推进城乡一体的社会管理制度改革，加快建立健全村委会议事制度、监事制度、基层民主自治制度，不断增强“两化”互动、统筹城乡的内驱力。

【加强反腐倡廉建设、永葆党的先进性和纯洁性的研究】 为牢牢把握加强党的执政能力建设、先进性和纯洁性建设这条主线，不断提高党的领导水平和执政水平、提高拒腐防变和抵御风险能力，积极应对世情、国情、党情发生深刻变化的挑战，2013年，市委办公室对全市反腐倡廉建设工作进行调查研究，形成《加强反腐倡廉建设　永葆党的先进性和纯洁性》的调研报告。《报告》指出，反腐倡廉建设是保持党的先进性和纯洁性的基础性、保障性工作，是时代所需、社会所盼、人民所愿，必须始终坚持中国特色反腐倡廉道路，坚持“标本兼治、综合治理、惩防并举、注重预防”的方针，警钟长鸣，常抓不懈，大力促进干部清正、政府清廉、政治清明，不断增强党的创造力、凝聚力、战斗力，切实保证我们党永不变色、永葆先进，始终成为中国特色社会主义事业的坚强领导核心。《报告》从五个方面对深化反腐倡廉建设提出建议：坚持教育引导、营造氛围，进一步筑牢反腐倡廉的思想防线；坚持围绕中心、服务大局，进一步增强反腐倡廉的服务功能；坚持以人为本、关注民生，进一步夯实反腐倡廉的群众基石；坚持建章立制、强化规范，进一步健全反腐倡廉的长效机制；坚持从严治党、刹风正纪，始终保持反腐倡廉的高压态势。

【边远民族地区奔小康的探索】 为推进边远民族地区经济社会跨越发展，让边远民族地区迅速赶上全市平均发展水平，与全市同步实现小康，2013年，市委办公室对盐边县渔门镇朵古村龙洞湾傈僳族社2012年以来的发展巨变进行调查研究，形成《边远民族地区奔小康的有益探索——盐边县龙洞湾傈僳族社巨变调查》的调研报告，就边远民族地区奔小康提出意见和建议。《报告》指出，贫困地方特别是边远民族地区的小康建设是全面建成小康社会的关键；依山就势、错落有致的理念，规划和建设村民聚居点，让村民适度集中，是贫困地方走向文明、富裕的基础；突出发展主题，着力构建产业支撑和产业扶持，是贫困地区脱贫致富奔小康的根本；明确目标，细化责任，逗硬考核和各级干部务实的工作是实现目标任务的保证。《报告》建议，要进一步完善和细化边远民族地区脱贫致富的规划，集中财力，一个点一个点地建设；加强领导，集中人力，一个点一个点地抓落实，加快推动边远民族地区跨越发展，为攀枝花在全省率先全面建成小康社会夯实基础、筑牢支撑。

【攀枝花市农村义务教育情况调查研究】 为切实掌握攀枝花市农村义务教育的发展现状和水平，2013年，市委办公室对仁和区、米易县和盐边县的部分中小学校、教学点进行了调查了解，与县（区）教育主管部门、学校、教师以及学生家长进行了走访、座谈，形成《攀枝花市农村义务教育情况调查》的调研报告。《报告》分析了当前攀枝花市农村义务教育工作的特色和亮点，指出存在的问题。《报告》建议，尽快在攀枝花市研究实施十二年义务教育，深入落实惠民助学的政策措施，切实解决好教师待遇问题，努力推动全市各类教育均衡、协调发展，为打造区域教育文化高地提供有力支撑。

（但镗宏、王晓龙、陈太秋、冯光旭）

纪律检查与行政监察

【概　况】 2013年，全市各级纪检监察系统以邓小平理论、“三个代表”重要思想、科学发展观为指导，深入贯彻落实中共十八大及十八届二中、三中全会精神，主动把握反腐倡廉新任务新要求，切实加强对中央“八项规定”和省、市“十项规定”、省纪委“二十一条”执行力度，坚决纠正“四风”问题，认真落实党风廉政建设责任制，进一步健全党风廉政建设制度机制，提高党风廉政建设群众满意度，着力优化发展软环境，为推动全市经济社会科学发展、加快发展作出积极贡献。

市纪委、市监察局严格按照中央和省市相关文件要求，加强和改进市直机关纪检组织建设，在对97个市直机关、32个机关党委、51个机关党总支、606个机关党支部的纪检组织建设情况（包括机构设置、编制、人员配备等方面）进行全面摸底的基础上，综合各方意见建议，起草相关文件上报市委常委会，并以“两办”名义下发《攀枝花市加强和改进市直机关纪检组织建设实施意见》，市级部门增设18个派驻纪检组织、7个派驻监察组织，人员正在陆续配备之中。建立《特约纪检员特邀监察员管理办法》《市纪委约谈市纪委委员、县区纪委书记、市直部门纪检机构主要负责人暂行办法》等制度。根据省纪委省监察厅6月19日召开贯彻落实中央纪委主要领导人重要指示精神座谈会上明确提出“对进一步优化纪检监察机关的职能定位、全面加强自身建设等工作进行全面部署”的要求，市纪委、市监察局对机关内设机构进行调整和增设，经市纪委常委会同意，市委编办已下文批复。撤销党风廉政建设室和纠风室，成立党风政风监督室；撤销执法监察室，成立执法和效能监督室；设立纪检监察三室；监察综合法规室更名为监察综合室（加挂派出机构工作室牌子），法规工作职责调整到案件审理室；新成立预防腐败局，调研宣教室加挂预防腐败室牌子。同时，新设立市委巡视组联络办和市纪检监察教育培训中心。市纪检监察教育培训中心为市纪委、市监察局下属全额拨款事业单位，其职责是承担全市纪检监察干部培训和查办案件的后勤保障服务工作，通过公开选调形式招录5名工作人员。进一步转变职能、理顺关系、提高效率，及时对纪委书记分管工作进行清理规范，对市纪委、市监察局原牵头或参与的128个议事协调机构（领导小组）进行调整，按照省纪委省监察厅已保留的全部保留、市委市政府有明确要求的予以保留、确需纪检监察机关牵头负责的予以保留、由其他机关牵头但与纪检监察机关职责直接相关的予以保留的原则，保留或继续参与60个，占47%；凡是能转为日常工作的、与纪检监察机关业务关系不大、职责能转到其他部门的取消或不再参与的原则，取消或不再参与68个，占53%。

【市纪委九届三次全会】 2013年2月27日，中国共产党攀枝花市第九届纪律检查委员会第三次全体会议在攀枝花会展中心召开。全会应到委员33人，实到委员29人，符合规定人数。各县（区）纪检监察机关负责人，市级各部门及企事业单位纪检监察组织负责人，市纪委特约纪检员、特邀监察员等79人列席会议。全会由市纪委常委会主持。市委书记刘成鸣出席全会第一次大会并作重要讲话。市委常委，市人大常委会主任，市政协主席，市人大常委会、市政府、市政协领导，市法院院长，市检察院检察长出席会议。市委常委、市纪委书记李群林代表市纪委常委会作《深入贯彻落实党的十八大精神，为在全省率先全面建成小康社会提供坚强纪律保障》工作报告。全会传达学习省纪委十届三次全会精神，总结2012年全市党风廉政建设和反腐败工作，研究部署2013年工作任务。全会指出，2012年，市委、市政府始终把党风廉政建设和反腐败工作摆在事关全局的重要位置来抓。全市各级党委、政府认真贯彻落实党风廉政建设责任制，切实承担起党风廉政建设政治责任。全市各级纪检监察机关坚持标本兼治、综合治理、惩防并举、注重预防的方针，毫不动摇保障跨越发展，全力以赴促进社会和谐，旗帜鲜明维护党的纯洁，扎实推进党的纪律建设、作风建设、反腐倡廉建设和自身队伍建设，党风廉政建设和反腐败工作取得新成效。全会强调，2013年是全面贯彻落实党的十八大精神的开局之年，是实施“十二五”规划的关键一年，是攀枝花市全力打好“六大硬仗”、为在全省率先全面建成小康社会奠定坚实基础的重要一年。要实现目标任务，就必须善于发现机遇、抢抓机遇；必须敢于碰“硬”，打破常规，重点突破。面对新形势、新要求，各级纪检监察机关要明确职责定位，理清工作思路，坚持把反腐倡廉建设放到全市总体工作格局中去谋划和推进，坚持把维护群众利益作为开展工作的立足点和出发点，坚持锐意进取、开拓创新，切实增强忧患意识、风险意识和责任意识，既要坚定果断刹风整纪，又要坚持常抓不懈，努力为服务保障全市经济社会发展大局作出更大贡献。要严明纪律，确保党的路线方针和重大决策部署贯彻落实；狠抓作风，认真贯彻落实改进作风各项规定；惩防并举，构建不敢腐、不能腐、不易腐机制；改革创新，不断提升防治腐败的科学化水平；强基固本，打造人民满意的纪检监察干部队伍。全会还审议通过市纪委工作报告和市纪委九届三次全会决议。

【省委领导到攀调研】 2013年3月14—15日，省委常委、省纪委书记王怀臣在市委书记刘成鸣陪同下，深入攀枝花市部分村组、企业、重点项目建设现场调研纪检监察等工作，看望慰问基层干部群众。通过实地调研，王怀臣对攀枝花党风廉政建设工作给予充分肯定。他指出，加强党风廉政建设的关键在基层，要量化工作评价，以群众满意为标准，继续把党风廉政建设群众满意度测评纳入惩防体系建设，着力创新工作机制，全面提高纪检监察工作科学化水平，用建设成果取信于民、造福于民。调研中，王怀臣还看望慰问市纪委市监察局机关干部职工，并与大家亲切交谈。王怀臣说，攀枝花广大干部、群众抓发展、谋发展的生动实践和鲜活力量让人深受感染和冲击。在攀枝花市委高度重视、务实推进下，攀枝花纪检监察工作，尤其是在落实“一岗双责”、纪检监察组织实现“横向到边、纵向到底”全覆盖等方面的经验和做法，为全省提供借鉴。希望攀枝花要巩固提升经济发展和党风廉政建设“两手抓、两手硬”的成果和态势，坚持党委政府中心工作在哪里，群众热点难点问题在哪里，纪检监察工作就跟到哪里，全力打造一支“党委政府放心、人民群众信赖、能战斗能打硬仗”的纪检监察队伍，为地方经济社会科学发展、加快发展提供坚强纪律保证。市委常委、市纪委书记李群林，市委常委、市委秘书长王海波陪同调研。

【巡视组反馈意见整改落实情况汇报会】 2013年4月8日，省委第六巡视组组长杨素一行到攀枝花市，就攀枝花市和东区、米易县对巡视组巡视反馈意见整改落实情况进行回访。4月8日上午，省委第六巡视组巡视攀枝花市在攀枝花会展中心召开。省委第六巡视组副组长黄桂花出席。市委书记刘成鸣作汇报，市委副书记、市长张剡主持，市人大常委会主任谢道全、市政协主席单荣、市委副书记赵辉出席。会上，杨素介绍此次巡视回访的重要性和必要性、主要任务、时间和方法等。杨素希望攀枝花市级领导班子和全市干部群众进一步提高对巡视回访工作的认识，积极支持、全面配合，确保巡视回访工作顺利进行。2012 年 3 月，巡视组反馈对攀枝花市及东区、米易县巡视的基本情况，中肯地指出攀枝花市存在经济总量偏小、发展不平衡、经济结构不够优化，党风廉政建设还有差距，干部队伍建设还有薄弱环节，人才队伍还不很稳定，一些涉及群众切身利益、影响改革发展稳定全局的社会矛盾尚未有效化解，扩大内需和灾后重建项目的监管上还不同程度存在问题等意见。市委高度重视，多次召开会议进行研究，将整改工作与日常工作有机结合，制定整改方案，明确整改责任，细化整改措施，狠抓整改落实，有力有效地促进各方面工作明显提升。刘成鸣汇报时说，攀枝花市高度重视省委巡视组反馈的巡视意见，在整改落实中，以中共十八大精神为指引，积极调整完善发展思路。按照十八大精神和省委实施“多点多极支撑”发展战略的部署，确定“稳中快进、提质增效、争先进位、跨越提升”的总体工作基调，力争到 2014 年全市 GDP 突破千亿元大关，到 2017 年达到 1500 亿元，跃进全省“第二方阵”，在全省率先全面建成小康社会，为四川建设西部经济强省作出新的更大贡献。具体反馈意见整改落实情况，坚持以科学发展观为指导，以提升综合竞争实力为目标，充分发挥特色和优势，积极调整优化产业结构，加快转变经济发展方式，努力做大经济总量、做强综合实力，切实提升攀枝花市在全省发展格局中的战略地位。

市领导杨自力、李群林、程少华、沈钧、张伟、王海波、熊伟、张如英、张汝林、许秀峰、柳康健、李仁杰、贾德华、赵勇、庞向东、伍维根、吴文发、刘德顺出席会议。参会人员还填写整改情况满意度测评表。

【警示教育大会】 2013 年 2 月 27 日，市纪委召开典型案件警示教育大会。市委、市人大、市政府和市政协全部领导及县区党政一把手和市级部门负责人参加会议。会上，市纪委通报 2012 年全市查办案件情况，重点通报查处的市机关事务管理局原局长、副局长在政府采购中收受贿赂案；市钒钛工业园区原主任、财政局局长收受下属企业贿赂及红包、礼金案；仁和区务本乡财政所原会计贪污、挪用惠民补贴案；米易县看守所干部滥用职权案等。会上通报的案件既有正县级领导干部，也有普通工作人员；既有贪污贿赂、收受红包礼金案件，也有侵占群众利益案件。通过通报干部身边的典型案件，使参会领导干部充分认识到当前反腐败面临的形势，切实增强其廉洁自律和履行反腐倡廉第一责任人的意识。市委书记刘成鸣参加会议，并对查办案件工作作出明确要求，加大案件查办力度，始终保持惩治腐败的高压态势，让腐败分子无处遁形，按照中央和省委确定的查案重点，坚持“老虎”“苍蝇”一起打，既严肃查处领导干部违纪违法案件，又切实解决发生在群众身边的不正之风和腐败问题；既要严肃查处受贿行为，又要加大对行贿行为惩处力度。坚持有案必查，不管涉及谁，都要一查到底，决不姑息。各级党委、政府要全力支持纪检监察机关依纪依法查办案件，纪检监察、司法、公安、执法等机关和部门要加强协作，形成查办案件的强大合力。

【“中国梦”主题教育活动专题报告会】 2013 年 5 月 28 日上午，市委常委、市纪委书记李群林在攀枝花会展中心报告厅为市纪委、市监察局和 8 个市级部门的干部职工作“实现伟大中国梦，建设美丽繁荣和谐四川”主题教育活动专题报告。各单位班子成员、中层干部和部分职工到会聆听报告。李群林结合古今中外各国发展史、国家振兴道路，“美国梦”和“中国梦”的区别等方面，从“中国梦”的意义、内涵和本质要求及当前四川省和攀枝花市的现状、面临的问题及发展机遇等方面作详细讲解。李群林强调，纪检监察系统和农口广大干部职工要深入学习理解“中国梦”的深刻内涵，充分把握其精神实质，深刻理解省委十届三次全会提出的“三大发展战略”和“两个跨越”目标，抓住成立“攀西战略资源创新开发试验区”的机遇，坚定发展信心，振奋精神，为在全省率先全面建成小康社会做出贡献。李群林要求，农口广大干部职工要以此次主题教育活动为契机，深入分析全市农业农村工作中存在的问题，寻找办法，突破难题，为攀枝花市农业和农村的长远发展、可持续发展打下坚实基础。

【新提拔县级领导干部集体廉政谈话】 2013 年 5 月 30 日，市纪委、市监察局对 2012 年 10 月以来职务变动的 57 名县级领导干部进行廉政谈话，从关心爱护领导干部的角度，对领导干部廉洁从政和廉洁自律进行经常性的提醒和警示。市纪委、市监察局领导结合“实现伟大中国梦，建设美丽繁荣和谐四川”主题教育实践活动作专题报告。县级领导干部通过了解当前全国、全省、全市开展反腐倡廉工作情况的展板、观看警示教育片、听反腐倡廉主题教育报告等形式，对平时抓反腐倡廉工作和廉洁从政、廉洁自律工作进行对照检查和思考，并纷纷签订《县级领导干部廉洁自律承诺书》。表示在今后的工作中将认真执行党风廉政建设责任制，做到业务工作和反腐倡廉工作一起抓，做为民务实清廉的好干部。

【全市纪检监察系统“三项建设”主题活动总结会】 2013 年 6 月 24 日，市纪委、市监察局组织召开全市纪检监察系统“能力素质建设、思想作风建设、基层组织建设”活动总结大会，对全市“三项建设”活动中涌现出的 22 个先进集体、33 名先进个人进行表彰。会议回顾总结 2012 年全市纪检监察系统“三项建设”活动开展情况，以思想作风建设为前提、以能力素质建设为抓手、以基层组织建设为根本，凸显“思想清晰，特色明显；载体丰富，氛围浓厚；体系健全，制度规范”的特色，打造出攀枝花“阳光纪检”品牌，全面提高广大干部群众对纪检监察工作的知晓率和认可度。会议明确要求，全市纪检监察系统要结合“实现伟大中国梦，建设美丽繁荣和谐四川”主题教育活动，从三方面继续推进自身建设。明确目标，认真总结，继续加大纪检监察机关自身建设工作力度。进一步巩固深化“三项建设”活动成果，牢固树立“监督者更要带头接受监督”的意识，切实提高纪检监察干部思想作风和履职能力，充分发挥基层纪检组织的保驾护航作用和派驻（派出）机构的职能职责；严明纪律，突出重点，强力推动全市纪检监察工作开创新局面。紧紧围绕全市中心大局，认真谋划反腐倡廉建设的主要任务、工作思路和具体措施，深入调查研究，推动纪检监察工作开创新局面；统一思想，凝聚共识，认真开展“实现伟大中国梦”主题教育活动。把主题教育活动与加强纪检监察机关自身建设、推动纪检监察工作结合起来，切实加强主题教育活动的督导巡查。及时掌握上报主题教育活动进展情况，严格考核，逗硬奖惩，防止走过场、搞形式，确保巡查工作高效推进。

【重大决策部署落实情况监督检查】 2013 年，市纪委、市监察局切实加强对学习贯彻中共十八大、十八届二中、十八届三中全会精神的监督检查，切实把思想和行动统一到十八大精神上来，用十八大精神指导工作。对落实始终保持党的纯洁性的要求开展监督检查，把党员干部执行政治纪律的表现情况，纳入领导班子民主生活会、领导干部述职述德述廉和党风廉政建设责任制，严格考核，严肃问责。加强对构建多点多极支撑、“三个加快建设”、推进转型发展、“四化”同步、新型城镇化等战略部署以及四个“八条措施”“急难险重”项目、扶贫资金项目管理、民生工程、“五创联动”、援藏和援建工作等重大决策部署的监督检查，严把政策落实关、项目建设关、资金管理关和干部履职关。开展执法和效能监督项目 33 项，牵头组织和参与配合各类监督检查 261 次，发现和纠正违规问题 10 个，参与一般安全生产事故调查 18 次。参与工程建设招投标、政府采购和土地矿权出让、国有资产处置招拍挂监督 1080 宗。受理招投标投诉举报 38 件，依法依规调查核实 38 件，取消中标候选人资格 10 家，没收投标保证金 94 万元，罚款 35 万元，通报批评 2 家，处理机关工作人员 7 人。出台《攀枝花市政府投资工程建设项目招标后督查工作实施意见》，对人行过街设施项目等重大民生工程开展专项招投标后督查工作，督查发现施工和监理单位投标文件承诺的项目管理人员未到场履职等 3 个方面 13 个问题，提出 5 条处理建议，对相关单位进行处罚和批评教育。

【强化正风肃纪】 2013 年，市纪委、市监察局认真落实中央“八项规定”，省、市“十项规定”和省纪委“二十一条”，切实改进作风，狠刹“四风”。多形式多层次加大宣传教育力度，将改进工作作风各项规定和典型案件的学习列入各级各部门党委（党组）理论学习中心组、机关职工会、组织生活会学习的重要内容。相继印发《关于进一步改进工作作风、提高工作效能的规定》《关于建立推动落实改进工作作风、密切联系群众有关规定工作机制的通知》《关于加强改进工作作风密切联系群众有关规定落实情况监督检查工作方案的通知》和《明察暗访工作制度》等系列规定，督促各级领导班子和领导干部带头执行改进工作作风各项规定。2013 年围绕“三公”经费支出、公车私用私驾、工作作风等问题，通过专项治理、明察暗访、视频检查等方式，对全市各级各部门开展 5 次拉网式全覆盖专项监督检查。针对发现问题，全市各级纪检监察机关召开通报会 23 次，印发通报 49 期，约谈部门主要领导、纪委书记、纪检组组长及存在苗头性问题的干部共 142 人，下发整改通知 393 份、责令整改通知书 10 份、监督检查意见书 117 份。查处涉及“四风”方面案件 69 件。全市各级领导干部 95 人主动上缴现金、有价证券、商业预付卡共 128.68 万元。

【全面落实党风廉政建设责任制】 2013 年，市纪委、市监察局将 2013 年党风廉政建设年度任务细化分解为 14 个大项、112 个小项，逐项落实到 13 位党政领导班子成员和 40 个牵头部门、68 个协办部门，做到管人与管事相结合、抓业务工作与抓党风廉政建设相结合、整体部署与工作“台账”管理相结合，实现反腐倡廉建设与业务工作同部署、同落实。督促落实“一岗双责”，督促党政领导班子成员认真填写党风廉政建设和反腐败工作手册，实现台账管理。组织召开牵头部门、协办单位会议，深入农村、社区、企业和各级职能部门调查研究，加强监督检查和工作指导，协调解决工作中出现的问题，对有苗头性问题的领导干部及时交心谈心，及时提醒纠正，督促把问题消灭在萌芽状态。进一步完善落实党风廉政建设责任制情况考核办法，委托市社情民意调查中心采用计算机辅助调查系统对各县（区）党风廉政建设进行社会评价，调查结果纳入市委、市政府目标绩效考核，拓宽群众参与、了解、支持、评判反腐倡廉工作的渠道。切实抓好各级各部门落实党风廉政建设责任制情况的日常督促检查和重点抽查，坚持把党风廉政建设情况纳入各级各部门年度综合目标考核。对履职不到位的 12 名领导干部进行责任追究。

【着力优化发展软环境】 2013 年，市纪委、市监察局围绕软环境发展切实强化效能提升。夯实基础，提升服务水平。完成电子监察系统延伸到全市 60 个乡镇（街道）便民服务中心、国地税办税大厅、公安车管所大厅，做到全覆盖，实现对各基层窗口办件情况的实时监控，全面提升乡镇政务服务水平。组织相关部门制定和修订完善攀枝花市政务服务的标准化指标体系，在市、县（区）政务服务中心和乡镇（街道）便民惠民中心积极推进政务服务标准化建设，启用全省统一的新的市场准入、建设项目并联审批双系统，扩大并联审批范围，进一步优化并联审批流程，有效巩固行政审批服务“两集中、两到位”改革成果。强化测评，推进责任履行。2013 年先后 3 次组织党代表、人大代表、政协委员、机关干部代表、农民和城镇居民代表、企业和个体工商户代表、新闻媒体代表等九方面 1750 余人，采取窗口拦截、预约上门、面访调查和集中测评调查等方式，对与软环境密切相关的 117 个市级部门单位和各县（区）进行测评，向相关单位反馈测评情况及具体意见和建议，对排名后三位的单位下发限期整改通知书。至 2013 年年底，已初步形成发展软环境测评的长效机制。强化公开，切实简政放权。印发《关于进一步深化行政审批制度改革的意见》，保留行政审批项目 323 项，取消 14 项，暂停 7 项，转为服务事项 35 项，下发到县（区）级 2 项，对清理后的行政权力实施动态调整，及时更新数据库。全力推进省、市、县区三级联网的“行政权力公开透明运行平台”建设及电子监察平台建设，目前各部门单位正在查找和设置权力运行和权力风险防控点、监察点。2013 年，共受理行政效能投诉 51 起，办结 51 起，播出“效能热线”节目 27 期，现场解答和解决群众问题 216 件，满意率均为 100%。

【违纪违法案件查处】 2013 年，市纪委、市监察局坚持“老虎”“苍蝇”一起打，认真履行查办案件基本职能。增设纪检监察室，建立办案人才库，切实加强办案力量。修订完善反腐败协调小组议事规则及案件协调办法，整合办案力量，制定《实施“两规”措施工作责任制》《监控及办案指挥系统管理制度》，编制《办案安全工作手册》，突出办案安全，消除泄密隐患。全市纪检监察机关受理来信来访 1418 件，其中检举控告类信访 979 件次；初核线索 353 件；立案 183 件 183 人，比 2012 年同期上升 19.6%；大要案件 74 件，其中县处级领导干部 10 人，所立案件中涉及民生领域的案件 54 件；结案 182 件，给予党纪处分 121 人，政纪处分 97 人，组织处理 6 人，其中受双重处分 40 人；挽回经济损失 384.69 万元。涉及“四风”方面案件 69 件，其中收受红包礼金 5 件、吃拿卡要 9 件、失职渎职 38 件、庸懒散拖 5 件、生活作风 3 件、其他方面 9 件。严肃查处钒钛产业园区管委会原副主任、园区建设交通局原局长、攀钢（集团）矿业公司原总经理、朱矿原矿长等一批典型案件。配合国务院事故调查组完成“8・29”特别重大瓦斯爆炸事故的调查工作，44 名党员干部受到党纪政纪处分或司法处理。对存在苗头性、倾向性和一般性轻微违纪问题的党员干部实施提醒谈话 87 人次、信访诫勉谈话 25 人次；坚持惩处与保护相结合，为 174 名党员干部澄清是非，维护党员干部的合法权利。

【专项治理】 2013 年，市纪委、市监察局以服务民生为根本，进一步加强和改善全市各级各部门、行业（单位）面向群众服务窗口机构工作作风、服务质量和效率，对各级各部门、基本公共服务行业面向群众服务窗口 2101 项主要服务和审批工作内容进行收集整理，对 300 余个值班电话号码进行清理，并将组织新闻媒体等单位对窗口工作情况进行明察暗访，同时在报纸、网络等媒体上公布热线值班电话；对攀枝花市吉祥驾校、市驾校等 10 所驾校自 2011 年以来收费情况进行专项监督检查，清理违规收费 49.77 万元，督促相关部门依法进行行政处罚，没收并上缴财政 43.42 万元，向驾校学生退还 6.35 万元，切实加强全市各驾校的监督管理力度；严肃查处全市各级各类学校乱收费问题 17 个，涉及金额 207.81 万元，特别是针对 2012 年底检查发现的全市高中阶段学校普遍存在的“超三限”乱收费等问题，对市教育局主要领导、分管领导，各有关县（区）政府分管领导共 7 名领导干部严肃进行诫勉谈话；纠正虚报、冒领、套取、挤占、截留、挪用和骗取涉及民生的政府专项资金管理和使用中的突出问题 5 个，涉及金额 61.4 万元；查处纠正医药购销和医疗服务中的不正之风问题 183 个，涉及金额 69.81 万元。

【深化源头治理】 2013 年，市纪委、市监察局强化创新机制，深入推进惩防体系建设，认真谋划攀枝花市 2013—2017 年惩防体系建设工作，进一步修订、完善全市惩防体系基本框架及电子手册，增加制度 12 项，更新 8 项。推动公共资源交易信息发布媒体规范化管理，改变由四川建设网发布的单一局面；改革现行投标保证金和履约保证金的缴纳和管理方式，改为由市政府归集管理。积极推动攀枝花市招投标运行监管体制机制改革，学习借鉴外地先进经验，提出对使用市本级资金、总投资额在 3000 万元以下的项目，可采用政府确定合同总价，通过抽签确定中标人等 6 条改革建议。制定《招标人权利、义务、行为规范和责任追究办法》和《投标人权利、义务、行为规范和责任追究办法》，明确招标人的 19 项权利、22 项义务、18 项行为规范和 16 种责任追究情形；投标人的 11 项权利、7 项义务、16 项行为规范和 13 种责任追究情形，规范招投标市场主体的行为，堵塞制度漏洞，从源头上扼制招投标领域消极腐败等问题的发生。制定《攀枝花市国有投资工程建设项目招标投标活动投诉处理办法》，进一步规范政府投资工程招投标投诉受理、调查、处理各环节工作。推进公共资源电子交易平台建设，制定公共资源交易保证金集中统一管理规定。全面开展制度廉洁性审查，建立健全制度执行监督和问责机制，提高制度执行力。

【领导干部廉洁自律】 2013 年，市纪委、市监察局注重教育监督，进一步巩固“大宣教”工作格局，建立健全由纪检监察、组织、宣传等 17 个单位组成的反腐倡廉宣传教育、廉政文化建设联席会议制度。充分利用网络、短信、报刊、广播电视等平台加大党风廉政建设宣传力度。截至 2013 年年底，3 次对全市手机用户发送反腐倡廉宣传短信。筑牢廉洁从政思想防线，将党的反腐倡廉重要思想，反腐倡廉形势与任务等党风廉政建设相关规定纳入中心组学习、民主生活会的内容，积极组织学习《领导干部从政道德启示录》，进一步提升领导干部从政道德修养。把反腐倡廉教育纳入党员远程教育之中，列入市委党校（行政学院）教学计划，开设班次 21 期。对职务变动或其他需要谈话的 57 名县级领导干部进行廉政谈话，对全市 600 余名县处级领导干部进行以案说纪的警示教育。切实督促各级领导班子和领导干部带头执行改进工作作风各项规定，引领作风转变，全市各级领导干部 95 人主动上缴现金、有价证券、商业预付卡 128.68 万元。认真贯彻落实《党政领导干部选拔任用工作责任追究办法（试行）》《关于拟提拔任用市管干部党风廉政情况考察的实施办法（试行）》等制度，审查 55 批 343 人次拟提拔任用、表彰和因私出国（境）人员党风廉政情况。开展“加强作风建设，促进廉洁从政从业”党风廉政知识测试活动，收回副县级以上领导干部试卷 600 余份。组织全市党员领导干部“两片一书”（教育片《忏悔实录》《象牙塔里的蜕变》和教育读本《忏悔实录Ⅰ》）观看学习活动，县级领导干部撰写读书心得 600 余篇。扎实推进廉政文化建设，印发《攀枝花市反腐倡廉宣传教育暨廉政文化建设联席会议制度》《攀枝花市廉政文化示范点管理办法（试行）》，深入推进廉政文化“八进”活动，积极推动竹湖园廉政主题公园、西区国税局、蓝湖社区“廉政园”等重点廉政文化示范点创建工作。精心打造省级廉政教育基地“金色攀枝花展览馆”。会同宣传、广电部门组织创作具有地方特色的廉政公益广告；广泛征集廉政文化作品 40 件，廉政漫画作品 120 件，向省纪委择优报送廉政文化作品 31 件。

【干部队伍建设】 2013 年，市纪委、市监察局根据省纪委监察厅统一部署，认真开展“三项建设”活动，以建设一支忠诚可靠、服务人民、刚正不阿、秉公执纪的纪检监察干部队伍为目标，丰富活动载体、改进思想作风、夯实组织基础、提升工作能力，着力打造具有攀枝花特色的“阳光纪检”。认真落实中央纪委、省纪委有关精神，全市纪检监察系统 957 人积极参与会员卡专项清退活动，真正做到零持有零报告。认真贯彻执行省委省政府“十项规定”和省纪委“二十一条”，大力精简会议和文件，改进调查研究，厉行勤俭节约，严守工作纪律，以实际行动正文风、改会风、转作风。制定纪检监察机关财务内部定期通报、接待预审、办公用品调拨公示、项目支出票决等办法，强化内部监管。强化公开透明，全力构建社会参与机制，建立健全纪检监察干部直接联系群众制度，深化纪委书记下基层、“纪委开放日”、纪检监察系统作风巡察工作机制。制定《建立新闻发言人制度的实施办法》，召开首次反腐倡廉工作新闻发布会，公开发布攀枝花市贯彻落实中央“八项规定”、狠刹“四风”问题的情况以及查办违纪违法案件情况，18 家省市级媒体给予报道；开展“纪委开放日”集中宣传活动，全市两级纪检监察机关以发放资料、布设展板、现场接待咨询、文艺演出等形式，展示和宣传攀枝花市反腐倡廉建设成效，共发放宣传资料 11300 余份，现场接待来访群众 110 余人次，发放“心连心”联系卡 1000 余张。开展“纪委书记下基层”活动，市、县（区）纪委监察局领导班子成员、大企业纪委书记通过调研走访、带案下访、明察暗访、定点接访等方式深入机关、社区、企业、农村一线，通过发放宣传资料、走访群众、现场接受信访件等多形式多层次宣传反腐倡廉工作。建成市县两级纪检监察综合信息业务专网平台、视频会议和信访可视接待平台、互联网门户网站宣传平台、手机信息平台等系统，全面推进纪检监察信息化建设，有效提高纪检监察工作科学化水平。

（林　莉）

组织工作

【概　况】 2013 年，全市组织工作以学习贯彻十八大、十八届三中全会和省委十届三次全会精神为主线，牢固树立“干部工作出人才、组织工作出经验、人才工作出成果”的工作理念，围绕中心、服务大局，积极探索、大胆实践，大力提升组织工作科学化水平，在改革创新中实现组织工作新发展。全市党员总数 108273 人，其中女党员 28253 人、少数民族党员 7534 人。全年调整县级干部 343 人次，培训各级各类干部 11462 人次，发展党员 2185 名。

2013 年攀枝花市党组织基本情况

表 11

类　别		数量（个）	类　别		数量（个）	类　别		数量（个）
党的地方委员会		6	党的基层组织数		4654	城市街道、社区、镇乡、建制村法人单位建立基层党组织数	城市街道	16
其中	省辖市委	1	其中	党　委	266		乡镇	44
	县　委	2		党总支	371		城市社区	86
	市辖区委	3		党支部	4017		乡镇社区	43

续表 11

<table>
<tr><th colspan="2">类　别</th><th>数量（个）</th><th colspan="2">类　　别</th><th>数量（个）</th><th colspan="2">类　　别</th><th>数量（个）</th></tr>
<tr><td colspan="2">市委直属党（工）委</td><td>25</td><td rowspan="6">其中</td><td>城市街道</td><td>335</td><td></td><td>建制村</td><td>351</td></tr>
<tr><td rowspan="4">其中</td><td rowspan="2">工　　委</td><td rowspan="2">4</td><td>乡　镇</td><td>952</td><td colspan="3" rowspan="5">补充资料：城市街道党工委16个；建制村党支部（总支部）书记351名，其中女性12名；村民委员会主任351名，其中女性10名</td></tr>
<tr><td>企　业</td><td>2210</td></tr>
<tr><td>派出党委</td><td>10</td><td>机　关</td><td>764</td></tr>
<tr><td>基层党委</td><td>11</td><td>事业单位</td><td>679</td></tr>
<tr><td colspan="2">市委直属党组</td><td>51</td><td>其　他</td><td>1001</td></tr>
</table>

2013 年攀枝花市党员基本情况

表 12

<table>
<tr><th colspan="2">类　别</th><th>数量（人）</th><th colspan="2">类　别</th><th>数量（人）</th></tr>
<tr><td colspan="3">党员总数</td><td colspan="3">108273</td></tr>
<tr><td rowspan="3">其中</td><td>预备党员</td><td>2491</td><td rowspan="5">职业</td><td>在岗职工党员数</td><td>51656</td></tr>
<tr><td>女 党 员</td><td>28253</td><td>农牧渔民党员数</td><td>15246</td></tr>
<tr><td>少数民族党员</td><td>7534</td><td>学生党员</td><td>1488</td></tr>
<tr><td rowspan="6">年龄</td><td>35岁及以下</td><td>18727</td><td>离、退休（退职）人员</td><td>34059</td></tr>
<tr><td>36—45岁</td><td>30931</td><td>其　他</td><td>5824</td></tr>
<tr><td>46—54岁</td><td>17092</td><td rowspan="6">学历</td><td>研 究 生</td><td>1878</td></tr>
<tr><td>55—59岁</td><td>8010</td><td>大学本科</td><td>22620</td></tr>
<tr><td rowspan="3">60岁及以上</td><td rowspan="3">33513</td><td>大学专科</td><td>21620</td></tr>
<tr><td>中　专</td><td>12254</td></tr>
<tr><td>高　中</td><td>12191</td></tr>
<tr><td></td><td></td><td></td><td></td><td>初中及以下</td><td>37710</td></tr>
</table>

【“中国梦”主题教育活动】 2013 年市委组织部认真做好市委“实现伟大中国梦、建设美丽繁荣和谐四川”主题教育活动的具体牵头组织工作。活动期间共收集整理群众意见、建议 300 多条，讨论成果 675 项，解决了一批影响和制约科学发展的问题，健全了一批务实管用的制度。通过 2 个月活动开展，全市干部群众进一步统一思想，振奋精神、凝聚力量，为奋力推进全市经济社会加快发展、跨越发展谱写“中国梦”的攀枝花恢弘篇章汇聚强大正能量。

【“思想大解放、作风大转变、工作大落实”主题教育活动】 2013 年，按照市委总体部署，统筹抓好领导点评、教育培训、民主评议、公开承诺和考核问效等组织指导工作，创新推出以“自己找、群众提、成员评、领导点”为主要内容的“点评法”，帮助各级干部深入查找问题、深刻剖析原因、公开承诺整改，破除“怕、满、慢、浮、僵”等消极思想，弘扬“闯、进、快、实、活”的进取精神。活动中，共查找问题 2067 个，征集群众意见 1132 个，提出班子整改措施 650 条、个人整改措施 1568 条，56 个单位在攀枝花日报、34 个单位在攀枝花电视台公开承诺，接受群众监督。

【年轻干部培养选拔】 2013 年，市委组织部认真实施省委“优秀年轻干部人才递进培养计划”，强力推进年轻干部“5211”工程，统筹开展非定向推荐县级后备干部工作和潜力型、培养型优秀年轻干部建议人选推荐工作，初步掌握 500 名潜力型、200 名培养型、100 名备用型和 100 名储备型干部。建立年轻干部“发芽式培养、发现式管理、发掘式使用”的递进培养机制，注重在“四个一线”中培养锤炼年轻干部，选派 49 名优秀年轻干部参与第二批“挂包帮”活动。创新开展市级党政机关与在攀国有大企业、高等院校优秀年轻干部“一对一”双向交叉挂职，首批双向交叉挂职干部 14 名。深化拓展“友好市区”“市院合作”等干部实践锻炼平台，与北京市西城区双向互派挂职干部 12 名。

【村（社区）党组织换届】 2013 年，抓好西区河门口街道、仁和区大龙潭乡、务本乡3个试点乡镇（街道）的村（社区）党组织换届选举试点工作，试点的12个村、3个社区新一届班子中，“一好双强”型干部占93%以上，群众满意率达87%以上。2篇经验材料在全省村（社区）“两委”换届工作会上交流。深入县（区）、乡镇（街道）开展村（社区）党组织换届集中调研和专项督查，安排42名换届工作指导员进行蹲点指导，坚持分类指导，按照换届日程正常推进，全市352个村（社区）党组织换届工作圆满完成。

【干部人事制度改革】 2013年，市委组织部鲜明选人用人导向。坚持“信念坚定、为民服务、勤政务实、敢于担当、清正廉洁”好干部标准，鲜明“重品行、重实干、重公认”用人导向，紧扣市委“崇尚实干”的用人理念，注重在“急难险重”任务、招商引资工作、边远民族地区、群众信访工作“四个一线”培养干部、锤炼干部、选用干部。2013年，全市共调整县级干部343人次，其中调整补充女干部60人次、少数民族干部16人次、党外干部21人次。加强领导班子模型化管理。探索建立领导班子结构模型，将县（区）划分为中央商务区、综合能源区、新材料产业基地、特色经济强县四大类型，将部门划分为党群部门、经济部门、社会管理部门、政法部门四种类别，综合考虑学历、专业、性格、工作经历等多种因素，进一步优化班子结构。重点加强一把手等关键岗位干部选配，对3个县（区）的6个党政正职进行调整，对31个市级部门（单位）的一把手岗位进行重点配备。突出差异化考核。根据不同单位类型、不同领导职务、不同工作职能，合理确定考核重点和评价指标，探索建立各有侧重、各具特色的差异化考核评价体系。创新开展跟踪考核、巡视考核、调研考核。2013年，分期分批开展5个县（区）领导班子换届后跟踪考核，76个市级部门领导班子巡视考核，政法、卫生、金融系统等9个领导班子调研考核。推进干部统筹联动交流，坚持全市干部“一盘棋”的整体思想，加大干部跨地区、跨层级、跨部门、跨行业交流力度，有计划地对5个县（区）、50个市级部门（单位）的99名县级领导干部进行统筹联动交流，从企事业单位调任2名优秀干部到市级部门（单位）主持工作。加大干部教育培训，坚持“干什么学什么、管什么训什么、缺什么补什么”的原则，大力推行模块式培训、差异化培训、菜单式培训，分级分类开展全覆盖的大规模干部培训，2013年全市累计培训党政领导干部11462人次。

【干部管理监督】 2013年，市委组织部完善领导干部预防预警机制，着眼早发现、早提醒、早纠正，强化日常监督管理，全年共函询6人、约谈14人。创新一把手监督方式，试点开展领导干部履行干部选拔任用工作职责和任期经济责任“双责联审”，首次对4名市级部门一把手进行“双责联审”。畅通干部监督举报渠道，市、县（区）同步开通手机短信举报系统，构建信访、电话、网络、短信“四位一体”的“12380”信访举报平台。注重对干部政治上关怀、工作上关注、生活上关心、心理上关爱，树立向基层倾斜、向主干线倾斜、向艰苦地区倾斜的导向。建立全覆盖的谈心谈话制度，做到岗位变动时、提职晋升时、上派下挂时、心理波动时“四必谈”。健全面向基层公开遴选公务员常态机制，全年从基层遴选38名公务员进入市级机关，14个公务员岗位面向具有两年以上基层工作经历人员公开招录，13个乡镇机关公务员岗位面向优秀村（社区）干部和服务基层项目人员定向招录。认真落实市委干部职级待遇政策，健全完善基层政法干警待遇和垂管部门纳入地方享受医疗待遇有关政策。全年共办理享受上一级非领导职务工资、医疗待遇231人，组织5200余名干部人才健康体检。

【党的基层组织建设】 2013年，市委组织部大力创建基层党建“五彩花城”工作品牌。以三角梅、凤凰花、蓝花楹、苏铁、攀枝花五种花，对应“红、橙、蓝、绿、金”五种色彩，分别代表“先进、服务、和谐、活力、成效”等基层党建的内在特质，创新设计品牌标识，编制推介项目书，在四川卫视、《四川日报》《四川政要参考》《四川组工信息》等省级重要媒体、刊物集中宣传报道，产生了良好的品牌效应。塑造基层党建先进典型，精心塑造钒钛领军人、花城好大妈、钢城螺丝钉、援藏助梦人、花城追梦人、花城守望人、我们的村官等7组“群雕”共28个先进典型，经验做法成为全省“中国梦”主题教育活动特色工作优秀成果。在农村选树以李德、李玉娇、渡口村、纳尔河村等为代表，在社区选树以丁爱谱、王辉荣、湖光社区、高峰社区等为代表的一批“树得起、立得住、推得开”的党建工作典型，推荐丁爱谱、李德作为全省群众路线教育实践活动先进典型。申报东区湖光社区、西区巴关河社区、米易县河西社区为省级服务型示范社区党组织。“盐边县纳尔河村党支部为民服务促发展”先进事迹被《四川日报》头版头条登载、《四川新闻联播》连续3天播出。推广“爱谱连锁”群众工作方法，成功注册攀枝花市东区爱谱连锁工作室联合会，首批建设10个爱谱工作室（站）。打造安宁河流域党建长廊，采取统一规划新村项目、统一选训基层干部、统一调配实用人才、统一考核标准、统一奖惩制度等“五统一”措施，在空间和产业上形成由点及片、连片成带的“两化”互动、统筹城乡、农业现代化组团发展的党建示范带，推动安宁河流域党建工作和经济社会发展相融互动。加强边远民族地区党建，创新边远民族地区党建作用发挥机制，紧扣产业发展、农民专合组织建立产业党支部或联合党支部，开展“三争当、三争做”活动，即争当产业发展先锋、争做致富带头人；争当项目推进先锋、争做项目落地助推者；争当为民服务先锋、争做和谐乡村促进员，服务和保障边远民族地区对口援助项目落地，推动边远民族地区跨越发展。探索“边界党建”模式。在盐边县与盐源县相邻区域组建边界“大党委”，建立“组织共抓共建、干部人才互派共训、致富信息互通共享、边界事宜共商共处”

四大机制，开展矛盾联调、治安联防、工作联动、平安联创、应急联处“五联”活动。“边界党建”模式得到省委组织部肯定，《四川组工信息》专题刊发。

加强党员教育管理服务，按照“控制总量、优化结构、提高质量、发挥作用”的总体要求，分领域、分行业、分类别制定“保、压、减、增”工作目标，严格实行发展党员工作记实制和预审制，建立“谁介绍、谁考察、谁审批、谁负责”的工作责任追究制度，全年共发展党员2185人。以学习贯彻十八大精神为重点，扎实开展以理想信念教育为主、实用技术培训为辅的远程教育培训活动，对基层党组织书记、新党员、大学生村官进行重点培训，全年开展各类党员教育和远程教育培训1000余次，培训党员干部和群众3万余人次。广泛开展以“流动党员信息更新、《流动党员活动证》发放、流动党员服务中心（站、点）情况调查、流动党员先进典型推荐宣传活动、流动党员中优秀人才摸底、流动党员服务管理工作自查”为主要内容的“六个一”活动。完成基层党组织和党员信息库建设，全市基层党组织和党员信息100%入库，实现党组织和党员队伍基本情况、党员个人信息网上即时查询。全年共组织走访慰问老党员、困难党员5584人次，发放走访慰问金285.19万元。

大力实施“两新”党建强基工程，健全完善“4+2”分级分类管理机制。将“两新”党建工作责任和任务划分为571个责任区块，分解落实到市、县(区)、乡镇(街道)、村(社区)四级属地党组织和市、县（区）两级行业主管部门党组织，形成“分级负责、分类指导、定职定责、示范晋级”的工作运行机制，切实加强对“两新”党建工作的组织领导。持续开展“百日攻坚”建党行动和工业园区建党行动。全年全市共新建“两新”基层党组织106个，全市“两新”基层党组织达到556个，党组织覆盖面达69%。其中：非公企业基层党组织445个，覆盖面达68.5%；新社会组织党组织111个，覆盖面达69.5%。着力打造金沙江流域“两新”党建示范集群，以“双强六好”为主要内容，在单独建党的非公企业中选点打造金沙江流域“两新”党建示范集群，实施“先锋”行动和“金沙民生”党建工程，积极引导“两新”组织创新发展和回报社会。命名16个市级示范党组织、19个县（区）示范党组织，示范党组织沿金沙江两岸分布，形成“以点带线、以线促面”的集群效应。

【人才工作】 2013年，市委组织部在人才工作中注重全过程服务，形成一批制度成果。围绕实施创新驱动战略聚人才，构建多层次人才支撑体系，制定出台《关于进一步加强和改进人才工作服务全市经济社会发展大局的实施意见》和宣传文化系统“四个一批”人才、农村土专家选拔培养办法等，修订完善《攀枝花市专家示范基地管理办法》，起草《攀枝花市钒钛产业优秀企业家培养暂行办法》。建立科技成果转化激励制度，对重大科技成果转化项目，由市财政给予20万元—100万元的资金支持。实行高层次人才津贴制度，对首批认定的316名市级及以上专家、学术和技术带头人等高层次人才发放津贴补助等1300余万元。探索建立期权激励、低职高聘、服务代理、未聘人才享受待遇等制度，形成促进人才竞争的政策优势。初步构建起涵盖人才引进、培养管理、作用发挥、成果转化、表彰激励等人才工作全过程的人才政策体系。

把握试验区机遇，形成一批创新成果。遴选确定攀枝花学院、米易县等5个市级人才优先发展试验区，发挥先行先试、典型带动作用，整体推进全市人才开发。在全省率先设立市州级“五位一体”人才奖的基础上，探索建立人才综合奖、科技单项奖相结合的长效激励机制。针对高层次人才引不进、留住难的问题，建立100万元—500万元的“市长引才基金”，划出一定事业编制用于高端、特需、关键岗位特殊类人才的引进。创新高层次优秀人才评价机制，采取邀请省级专家参评、现场随机抽签确定市级评委、两轮投票表决等方式，确保专家评审客观公正，受到高层次人才高度评价。

突出高层次重点，形成一批实践成果。大力实施高层次人才“聚焦工程”“钒钛之光”人才培养工程、人才引进“千人计划”和攀籍人才回归工程。高层次人才培养取得新突破，首批遴选确定76名高层次专业技术人才和高技能人才进行重点培养，在攀钢、仁和区等企业确定4个市级技能大师工作室，四川华铁钒钛科技股份有限公司入选省第二批院士（专家）工作站，十九冶高级技师周树春成为全省第一个国家级技能大师工作室领办人，攀枝花学院崔旭梅教授成为攀枝花市入选国家“西部之光”访问学者培养计划的第一人，2名高层次人才获得国务院政府特殊津贴。高层次人才引进取得新成效，1名海外高层次人才获省海内外引才“千人计划”资助，1名优秀人才获第十二届四川省青年科技奖，攀钢研究院、米易县白马工业园区和攀枝花学院分别从美国、加拿大、澳大利亚引进钒钛产业领域高层次科技领军型人才3名，积极争取中科院工程研究所1名博士、第14批“博士服务团”2名博士到攀枝花市挂职。智力引进取得新进展，新获准国家、省引智项目10项，获资助94万元，引进乌克兰等外国专家8名。新建11个专家示范基地，参与服务的专家和人才达139人。新聘请政府顾问专家44名。《攀枝花钒钛产业人才开发研究》获得全市第十次哲学社会科学优秀成果特等奖。2013年，全市刚性引进高层次人才172人，其中博士研究生8人、硕士研究生159人、副高职称5人。通过论坛、科技攻关、项目合作等方式柔性引进高层次人才280余人，其中院士5名、海内外专家60名。

【老干部工作】 2013年，市委组织部牢固树立“多一点细心，多一点耐心，多一点恒心”的工作理念，以加强离退休干部思想政治建设为基础，定期向离退休干部通报重大决策和重要工作情况，让离退休干部了解掌握攀枝花市经济社会发展情况和市委、市政府重大决策部署。加快推进市老干部活动中心建设，组织开展市干部学习活动，组建棋牌娱乐、健康运动、休闲活动兴趣小组并开展活动，积极为老干部办实事、解难事，离退休干部老有所乐、老有所学、老有所为，努力实现让市委放心、让老干部满意的目标。

【援藏工作】 2013年，市委组织部突出“民生援助”主题，会同木里县完善《对口援藏五年规划》，明确保障和改善民生、基础设施建设、产业培育优化、基层政权建设、创新社会管理等五大援建内容，涵盖7大援助工程、37个援助项目。全年投入资金2720万元，重点实施医院设备购置、公安流动警务室和巡逻车购置、干部人才培训等项目，木里县微创泌尿外科技术中心及管网改造等一批民生项目建成使用。注重培养培训藏区本土人才，分批分期组织木里县各级干部及大学生村官等参加攀枝花市委组织部组织的各类干部集中培训和实践锻炼，共培训各类干部人才1100余名。务实推进藏区“9+3”免费教育计划，在攀就读毕业的465名木里藏族学生全部落实就业岗位。在全省首推对口援藏标志，突出以“攀枝花”“格桑花”两种花朵为设计元素，以拉手环绕为整体造型，积极传递“真情、务实、长效”的援藏理念，大力营造“共同繁荣发展、共同团结进步”的浓厚氛围。结合攀枝花市对口援藏工作实际，研究制定《攀枝花市援藏干部人才管理暂行办法》，进一步规范援藏干部人才管理服务工作。援藏工作经验得到省委组织部充分肯定并刊发交流，驻甘孜县群众工作组被评为全省7个先进集体之一。

【自身建设】 2013年，市委组织部围绕“讲政治、重公道、业务精、作风好”模范部门目标，坚持从严治部、从严律己、从严带队伍，扎实推进组织部门自身建设。健全工作机制，实施项目管理。确定10项重点任务，落实责任领导、责任处室、目标要求和完成时限，建立重点工作月报、定期分析、督查通报等工作机制，实行月自查、季通报、年考核。创新工作手段，打造“智慧组工”。落实《2012—2015年全省组织系统信息化工作规划》，整合攀枝花党员教育网、基层党建手机信息平台、党员数字化管理系统等智能平台资源，集成党员、干部、人才基础信息管理数据库。加强教育培训，促进干部成长。选派15名机关干部参加各类培训和跟班学习，选派5名机关干部到省委组织部帮助工作，从县（区）委组织部抽调12名优秀年轻干部到市委组织部顶岗锻炼。认真落实中央和省、市委关于改进作风的各项规定，建立组工干部直接联系服务群众制度，认真做好迤沙拉村对口帮扶工作。创新信息宣传工作方式方法，深度挖掘全市组织工作特色亮点和经验做法，全年编发《攀枝花组工通讯》30期、《攀枝花组工信息》22期，编发网站信息1600余条，被中组部基层动态采用22条，被省委组织部《四川组工信息》采用12条，被《四川组工通讯》采用7条，被《四川组工网宣》采用2条，被省委组织部基层动态采用179条，被《中国组织人事报》《当代组工干部》《四川日报》《四川党的建设》等中央、省级报刊上采用信息56条，《四川新闻联播》采用专题2个。全市原创网评文章5560篇，被中组部采用和表扬5篇，省委组织部采用18篇，全省排名稳居前10位。

（刘成龙）

宣传工作

【概　况】 2013年，中共攀枝花市委宣传部机关行政编制27人，工勤人员编制3人，实有干部27人，工勤人员3人。内设办公室、政策法规研究室、干部管理处（挂离退休人员工作处牌子）、理论处、宣传处、文艺教育处、新闻出版处、对外宣传处、网络文化和建设管理处、网络监管协调服务处。市精神文明建设办公室下设综合处（挂未成年人思想道德建设工作处牌子）、创建协调处。代管四川电台电视台攀枝花记者站、四川日报攀枝花记者站、市舆情信息中心（挂攀枝花市互联网不良与违法信息举报中心）。

全市宣传思想战线高举中国特色社会主义伟大旗帜，以邓小平理论、“三个代表”重要思想、科学发展观为指导，以学习宣传贯彻中共十八大精神为主线，紧紧围绕市委中心工作，深入开展中国特色社会主义宣传教育，深入开展中华民族伟大复兴中国梦学习宣传教育，着力建设社会主义核心价值体系，着力巩固壮大主流思想舆论，着力深化文化体制改革，为率先在全省全面建成小康社会提供了强大的思想保证、精神动力、舆论支持和文化条件。

【理论武装】 2013年，市委宣传部深入开展理论学习。以市委理论学习中心组为龙头，以县级干部为重点，通过组织专题学习会、专题讲座、专题报告等形式，深入学习宣传贯彻中共十八大、十八届三中全会精神和总书记习近平系列重要讲话、全国、全省宣传思想工作会议、省委十届三次全会和市委九届五次全会精神。全年组织市委中心组专题学习15次，形成理论文章41篇。以创建各类学习型组织为抓手，积极举办“攀枝花市第三届全民读书月”“全民读书节”系列读书活动。扎实开展理论研究和理论宣传，开展《注重创新、促进融合、突出特色，大力推动攀枝花文化产业发展》《一心为民，过好“三坎”—攀枝花群众工作创新实践》《牢固树立宗旨意识，密切党群干群关系》《攀枝花精神的继承和弘扬》等课题研究。组织“我为发展献良策”“实现伟大中国梦、建设美丽繁荣和谐四川”主题征文活动，收到征文585篇。以“攀枝花发展讲坛”“攀枝花市民讲坛”为平台，深入机关、农村、社区、学校、企业，举办中共十八大、十八届三中全会、“中国梦”、省委十届三次全会精神等宣讲报告会10035场，参加人员达30多万人次。邀请厉无畏、黄苇町、王振耀、辛鸣、陈启清、解洪等知名专家、学者等到攀枝花市为市委中心组（扩大）作专题报告9场。全年，“攀枝花发展讲坛”共举办10期，受众7000余人次；“攀枝花市民讲坛”共举办47期，受众5000余人次。

【舆论宣传】 2013年，市委宣传部学习宣传贯彻中共十八大精神、党的十八届三中全会精神、中国特色社会主义道路和改革开放理论宣传、省委十届三次全会和市委九届五次全会精神宣传，大力宣传攀枝花市在推动“三大发展战略”和“两个跨越”的新思路、新举措。集中开展经济发展主题宣传，大力宣传攀枝花市深入推进多点多极支撑发展战略，转变经济发展方式，深化经济结构战略性调整，奋力推进科学发展、加快发展的措施成效。重点关注攀西资源创新开发试验区、丽攀高速公路、沿江景观打造、花城新区、缅气入攀等重大项目推进情况。广泛开展“思想大解放、作风大整顿、工作大落实”主题教育活动宣传，及时宣传报道各级各部门针对自身存在的主要问题、不足等进行的公开答复、公开亮相承诺和整改落实的成效亮点。深入开展“实现伟大中国梦、建设美丽幸福攀枝花”主题教育活动，重点挖掘和宣传平凡人物的普通梦想。市级各新闻单位刊发、转载相关稿件1381条，发表系列评论员文章6篇，刊登公益广告133条。开设“急难险重打硬仗、争先跨越惠民生”等相关专题专栏，及时跟踪报道2013年各项急难险重任务的推进情况、存在问题。及时深入报道全国、全省和攀枝花市两会工作，让全市人民及时全面了解两会最新动态。及时关注“4·20”雅安芦山地震等重大事件，先后对全省两个现场会、五创联动、第三次全国经济普查工作、创先争优、双拥、反腐倡廉、机关效能建设等重大活动展开宣传。大力宣传2013年全市十大民生工程进展情况，全面宣传各级党委、政府在解决住房、教育、就医、就业、抗旱、扶贫帮困、援藏、“挂包帮”、“百千万·干群心连心”等方面采取的惠民政策、工作措施和取得的成效。重点做好房价、物价、食品安全等社会热点问题的舆论引导，暑期学生安全宣传工作氛围浓厚，引导有力。大力宣传中央、省、市关于改进工作作风、密切联系群众的规定，规范会议和领导活动报道。组织记者开展新春走基层活动、积极关注“一师一校”，推动“走转改”活动常态化。

【文化建设】 2013年，市委宣传部坚持文化惠民，以文化人，促进文化事业文化产业繁荣发展。创新公共文化服务方式，首批国家公共文化服务示范项目——“大地书香新农村家园工程”顺利通过国家验收，成为全省获此殊荣的2个项目之一。城市应急广播工程建设模式得到国家新闻出版广电总局重视和肯定，在全国、全省推广。强力推进“四川省攀枝花三线建设博物馆”建设。积极开展三线建设文物征集工作，目前已征集入库文物4000余件，完成口述历史采集68人。加快推进攀枝花市文学艺术创作中心主体框架基础建设。深化国有文艺院团改革，创新管理机制，积极探索企业运行机制。加快文化市场综合执法改革“三化”建设进程，深化文化市场综合执法改革，全面提升文化市场综合执法工作实效。加强和扶持文艺精品创作，扶持文学作品集《流淌的时光》、长诗《水边书》两部文艺作品。重点推进长篇小说《长河逐日》《黑丧鼓》、音乐舞蹈剧《迤沙拉》等一批重点文艺创作项目。围绕“四川省第七届少数民族艺术节”和“建市50周年”两大主题，组织精干力量积极策划文艺创作活动。长篇小说《一个说纳西话的人》获第五届四川民族文学奖、油画《雪域之路》获首届四川文华美术奖作品展二等奖、《傈僳欢歌》获四川省首届群众广场舞大赛银奖。抓好重大文化活动，组织开展“花城春汛”2013年春节团拜电视文艺晚会和“本土知名作家集体签售会——攀枝花故事”活动。大力扶持文化产业发展，加大对苴却砚产业发展的支持和推广。成立苴却砚文化产业暨文化产业发展推进领导小组，《攀枝花市文化产业发展扶持和奖励办法（试行）》和《攀枝花市人民政府关于加快推进苴却砚文化产业发展实施意见》等政策即将出台。积极申报仁和区苴却砚园区为国家级文化产业示范园区。苴却砚文化产业园、苴却砚文化艺术城、苴却砚特色小镇等纳入文化产业发展总体规划。加强对外文化交流与合作，鼓励、扶持本土文化企业和文化产品“走出去”，拓展发展空间。苴却砚等文化产品先后在“非遗节”、东盟博览会、“西博会”“文博会”等进行展示和交易。

【培育和践行社会主义核心价值观】 2013年，市委宣传部坚持倡导富强、民主、文明、和谐，倡导自由、平等、公正、法治，倡导爱国、敬业、诚信、友善等，积极培育和践行社会主义核心价值观，推动社会主义核心价值体系建设。

坚持深入人心、家喻户晓，大力开展核心价值观基本内容的宣传。在市级媒体开设栏目，刊播公益广告56期；市政研会会刊《影响》固定设置“攀枝花红”栏目宣传好人好事，弘扬正能量；作为社会氛围营造的重要内容，在全市重要点位、人群集散地设置大型户外宣传牌42处；在机关、学校、企业、社区等设置宣传栏1028个；印制宣传《文明的阶梯》等宣传册23种、15万册；在中国·攀枝花网设立专栏，开设互动话题，点击率超过15万次。

坚持榜样力量、典型引路，大力开展先进典型的挖掘和宣传。以攀枝花市第二届道德模范评选表彰颁奖晚会为素材，制作《榜样的力量》光盘1000份，组织全市干部群众学习；组织参加四川省道德模范和全国道德模范的评选工作，攀枝花市徐刚、杨为之被评为四川省第三届道德模范，杨为之获得第四届全国道德模范提名奖，陆学英被评为“四川十大最美志愿者”。精心挖掘一批常年从事基层社会宣传、默默奉献的宣传工作者，在市级主要媒体进行集中宣传；攀枝花市典型库建设继续加强，至年末，形成各类先进典型782人次。

坚持依托基层、联系群众，大力开展形式多样的群众活动。在全市组织12个宣讲团，在市级机关、县（区）、社区、乡村作核心价值观宣讲报告会325场；深入开展“三下乡”活动，广泛宣传科技、文化、卫生知识，在盐边县渔门镇开展的“三下乡”集中示范活动，为近5000名群众送去价值18.94万元的物品；大力推行诚信体系建设，命名6条商业街、3家市场、16家商业店铺为攀枝花市“百城万店无假货”示范单位荣誉称号，推动了攀枝花市诚信经商理念的深化和诚信体系建设；开展“我们的节日”“过好传统节日弘扬传统文化”等主题活动，营造浓厚传统节日氛围，传承中华传统文化。

【对外宣传】 2013年，市委宣传部坚持整合资源、搭建传播平台，有效提升对外传播影响力。围绕“阳光花城”主题文化定位，开展系列宣传推介活动。全面完成2012中国•攀枝花欢乐阳光节宣传工作；邀请四川电视台新闻资讯频道开展“阳光之旅——攀枝花”大型直播活动；举行“畅享阳光 最美攀枝花”主题摄影展，深度展示攀枝花独特的地域文化，大力提升攀枝花“阳光花城•康养胜地”的旅游城市形象；邀请央视7套“科技苑”栏目、“乡土”栏目和央视“永远的铁道兵”摄制组到攀枝花市完成对米易县早春枇杷、攀枝花傈僳族婚礼习俗、城市建设历程等系列专题片的拍摄；积极筹划攀枝花旅游投资说明会；邀请川驻攀媒体、云南省级驻各地媒体和三地地方主流媒体、网站等22家媒体记者在大理白族自治州、丽江市先后开展多层次的宣传交流活动；邀请旅游卫视“文明中国行”摄制组到攀拍摄6集专题片，并在国庆节期间推出，引起社会广泛关注。积极参与报道第14届中国西部博览会、科技博览会、世界华商大会、“川、滇、黔10地市州峰会”和攀枝花钒钛资源综合利用院士行暨2013•攀枝花钒钛（国际）论坛活动的宣传报道工作；做好西博会期间的对外宣传工作，召开新闻发布会1场，在《四川日报》等省级媒体发布专题宣传稿件29篇。切实加强市委外宣办对外宣工作的统筹协调、宏观指导和归口管理，不断拓展对外宣传和对外文化交流的领域和渠道。加大与中央、省级主流媒体的沟通和供稿，全年，中央、省以上新闻媒体刊（播）攀枝花市新闻稿件1935篇（条）；健全外宣工作机制，每季度组织全市行业管理部门、工业园区、各县（区）宣传部定期召开外宣工作联系会，梳理重大外宣选题，会商下一阶段外宣工作要点；完善新闻发布制度，制作完成“攀枝花新闻发言人”手册；有针对性地开展政务信息发布工作，召开新闻发布会17场。

【互联网宣传管理及舆情信息】 2013年，市委宣传部坚持正确导向，强化互联网管理，着力构建大网络大舆情全媒体工作格局。加强互联网工作领导，成立市互联网领导小组，出台《攀枝花市重大网络舆情管控及突发网络舆情事件应对处置联动工作方案》，完善网上舆情监测预警、风险评估、网络舆论引导、突发事件应急处置等工作机制，建立网络发言人制度，制定网管工作考核办法和考核细则；加强网络管理部门建设，独立成立市互联网信息办公室，强化管理和协调职能。大力推进政务微博建设，建立了市级网评员队伍；顺利开通“攀枝花手机报”的工作，用户数维持在1.6万余户。注重舆情分析研判，加强网上舆情信息的收集、分析、归纳和整理；加大对各网站互动栏目的管理，严格执行24小时值班制度、论坛先审后发制度、敏感字过滤制度、版主实名制制度，全力杜绝网络有害信息的出现；对重要社会舆情进行长期跟踪分析研究，准确判断舆情变化的走势，为领导的决策提供参考；至年底，编报网络舆情信息专报12期，编发《舆情摘报》36期，报送舆情信息158条，编辑国内社会舆情和网络舆情173条，外界网络舆情150条，领导批示167条。积极应对重大舆情事件，积极推进全省统一的应急管理指挥分中心建设和技术平台建设，健全重大舆情快速反应机制和沟通协调机制，应急管理资源和渠道建设有较大进展；主动占领宣传阵地，重点关注民生、经济、科技、教育、医疗、卫生等涉及群众自身利益方面的敏感舆情，把握舆论主动权，及时将可能酿成重大舆情危机的不稳定舆情苗头化解在萌芽状态。

【宣传干部队伍建设】 2013年，市委宣传部坚持能力提升，加强作风建设，着力提升宣传干部队伍整体素质。加大人才流动力度和部内中层干部选拔力度，新提拔部内科级领导干部6人，推选出县级领导职务后备干部3人。进一步完善上挂下派工作机制，从市级媒体和企事业单位中选拔4人到部机关上挂锻炼，选派2人到下属事业单位、乡镇挂职锻炼。加大干部教育培训力度，制定《中共攀枝花市委宣传部2013—2017年全市宣传文化系统干部教育培训规划》。组织全市各县（区）、市级有关部门、有关企事业单位的新闻发言人、网络新闻发言人和部分副县级以上领导干部58人在省委党校进行专题培训。组织宣传文化系统干部参加“第七期新任县委宣传部部长培训班”“2013年哲学社会科学教学科研骨干研修班”等各类培训班，进一步提高了系统内干部的综合能力和素质。全力推进“四个一批”人才队伍建设工程，出台《攀枝花市宣传文化系统“四个一批”人才选拔培养管理工作实施办法》，启动“四个一批”人才推荐选拔工作。加强机关党风廉政建设，认真落实中央“八项规定”，继续推进惩防体系建设，积极开展反腐倡廉教育，不断增强党员干部的廉洁自律意识。全面加强机关党的建设，党组织的凝聚力、吸引力、战斗力不断增强。

【“实现伟大中国梦、建设美丽幸福攀枝花”主题教育活动宣传报道】 2013年，市委宣传承担“实现伟大中国梦、建设美丽幸福攀枝花”主题教育活动宣传组的工作，为在全市营造良好舆论氛围，推进活动深入开展发挥重要作用。制发《宣讲提纲》等文件，精选学习篇目37篇，编写《学习宣传手册》《文明的阶梯》2个小册子，及时发到各行业各系统的职工和基层党员群众手中；积极推进《攀枝花100问》出版发行工作，指导编写乡土教材指导县（区）编发各种宣传资料近200种，50多万份。组建主题教育活动宣讲团，调组织专家宣讲报告会 43 场，指导区县和大企业单位成立宣讲团 12 个，宣讲小分队 361 支，宣讲员和学习辅导员共 426 人，广泛开展宣讲活动；配合省委宣讲团组织 6 场巡回宣讲报告会，3400 名干部群众聆听报告；邀请省政协原副主席解洪等专家开展 4 次专题学习报告会，2500 人次党员、干部、职工聆听主题报告会；举办社科界座谈会，并整理出优秀发言稿在《攀枝花日报》刊登。组织全市干部群众 20845 人次参观展览金色攀枝花等爱国教育基地；组织“明天的攀枝花”主题巡展，参观人数近 40 万人次。组织主题教育活动《迎风飘扬的旗》《梦想 • 中国》等专题文艺演出 10 余场。积极开展“同心共筑中国梦”社科理论征文活动，收到征文 297 篇；开展“共圆中国梦”文学征文活动，收到文学作品 101 篇，在《攀枝花日报》推出专栏七期，共刊发文艺作品 31 件；《攀枝花文学》印刷发行“共圆中国梦”特刊，共刊发 22 位作者文学艺术作品征文 22 件；开展公益广告征集活动，征集 23 件作品。巡回放映爱国主义教育电影 299 场，观影人数达 9 万人次；在中国攀枝花网专栏更新信息 300 余条，市级主要网站点击率超过 110 余万次。各市级媒体刊发主题教育活动新闻稿件 991 条，公益广告 133 条，系列评论员文章 6 篇，转载新华社社论 4 篇、人民日报评论员文章 14 篇、四川日报社论 7 篇；新闻网站刊发转载相关新闻稿件 786 条，省级媒体刊播攀枝花市消息 30 多条。及时转发省委下发的 12 条标语，下发主题教育活动相关宣传标语 17 条，贯彻落实学习省委十届三次全会精神宣传标语 13 条；设置单立柱及公益广告，制作宣传栏，张贴标语，印发宣传资料，做到宣传工作进家入户，“中国梦”宣传入脑入心，实现主题教育活动要求的全覆盖。

【“资源型城市可持续发展——打造中国经济升级版”高层研讨会】 2013 年 12 月 18 日，攀枝花市成功举办“资源型城市可持续发展——打造中国经济升级版”高层研讨会。此次高层研讨会由中国经济体制改革研究会主办，中共攀枝花市委、市人民政府和中国经济体制改革杂志社承办。会上第十一届全国政协副主席阿不来提 •阿不都热西提向研讨会发来贺信。中国经济体制改革研究会会长、原国务院振兴东北办副主任宋晓梧，市委书记刘成鸣出席研讨会并致辞。国家发改委东北振兴司副司长姜四清，东北师范大学资源型城市研究中心主任支大林，市委副书记、市长张剡先后在研讨会上作主题演讲。研讨会由中国经济体制改革研究会副秘书长、中国经济体制改革杂志社社长兼总编辑马克主持。会议围绕中国资源型城市转型发展的巨大成就，权威解读国务院发布的《全国资源型城市可持续发展规划（2013—2020）》，引导和推动资源型城市加快转变经济发展方式，提升发展质量和效益，研究、探讨中国资源型城市十多年转型发展过程中政策制定以及实践探索中存在的问题等相关内容，为国内资源型城市和其他国家资源型城市可持续发展提供支持和借鉴。市领导谢道全、单荣、杨自力、沈钧、王海波、柳康健，四川省相关部门和企业负责人，山西省、山东省和河南省的部分资源型城市有关负责人出席研讨会。新华社、中新社、中央电视台、《人民日报》《光明日报》、中国改革杂志社、《四川日报》等十余家国内主流媒体对此次研讨会进行采访报道。并于 11 月在《改革内参》上发表特稿《攀枝花：资源型城市转型发展　打造经济升级版》。

【城市形象宣传“六个一”工程】 按照市委书记刘成鸣在攀枝花城市形象营销工作专题调研会上提出的“六个一”(征集设计城市形象标识、制作一部宣传片或微电影、设计一句城市宣传口号、制作一部宣传册、创作一部电视剧或纪录片）的工作要求，市委宣传部成立工作领导小组，召集两次“六个一”工作牵头单位和责任单位召开攀枝花城市形象营销工作任务落实会，对各分项目工作进行安排部署。至年底，共收到宣传口号 1209 条，城市形象标识 209 件，最终评选出 5 条宣传口号，5 件宣传标识。宣传画册的编辑于 12 月 13 日完成终稿二审、版式样稿二审。宣传片、纪录片等工作正有序推进。

【《攀枝花手机报》开办】 《攀枝花手机报》由攀枝花市委宣传部、市舆情信息中心、四川手机报、中国移动攀枝花分公司联合主办，是攀枝花市唯一的手机报。每天通过图文并茂的彩信形式，为读者提供最重要、最实用、最好看的新闻资讯，充分利用手机这一方便、快捷、高效的信息接收平台，及时为市民提供市内、川内、国内外各类咨讯，及时传达党和政府的声音，及时收集基层群众的民声诉求，并努力在党委政府和市民之间架起一座强化沟通的新桥梁。《攀枝花手机报》设置封面新闻、花城要闻、花城视野、民声快递、一览四川、网络天下、文体看台、福彩体彩、开心一乐、生活小贴士、有奖互动等 11 个栏目。从 2013 年 3 月 4 日起，《攀枝花手机报》正式上线运营。至 2013 年 12 月 31 日当天的用户数为 12991 人。

（雍茹元）

精神文明建设

【文明城市创建】 2013 年，市精神文明建设办公室坚持将文明城市创建作为年度重点工作，认真履行组织协调职能，建立健全高效有序运行的工作机制，保持与上级部门的密切沟通联系，多次向省文明办专题汇报创建工作，准确掌握工作要求和工作动态，做到快速反应、应对到位，确保创建工作有效推进；强化指挥部统筹揽总、牵头责任单位具体负责、成员部门密切配合的工作推进机制，建立重点指标任务和新闻线索直报制度，定期向市委常委会、市“五创”领导小组汇报创建工作情况，多次召开专题会议研究部署创建工作任务，确保创建工作有序推进；健全工作点评、市民巡访、听证会等群众监督机制，构建人大和政协监督、社会监督、新闻监督和集中督办、挂牌督办、分区督办、专项督办的综合督查体系，经常性开展专项督查，确保创建工作有力推进。吃透、把准《四川省文明城市考核测评细则（2013年版）》的测评要求，围绕测评指标攻坚克难，及时分解2012年度城市公共文明指数测评反馈问题，督促责任单位按时完成新增指标，责成责任单位针对城市基础设施、市场经营秩序、社会文化环境、窗口行业规范服务等方面存在的突出问题，加大投入、集中攻坚、狠抓管理、综合整治，城市功能不断完善、创建基础更加坚实；坚持不懈地整治“垃圾乱扔、摊位乱摆、车辆乱停、广告乱贴、工地乱象、污水乱排”现象，深入持久地开展平安畅通交通建设，锲而不舍地抓好“门前五包”制度落实，持续执行主城区禁烧蜂窝煤、禁燃烟花爆竹等环保措施，营造整洁优美、和谐文明、安全稳定的社会环境；引入第三方单位开展专业性评估，市“四大班子”主要领导和分管领导适时开展专题调研，及时发现焦点性问题、危险性苗头、典型性隐患，有效解决工作中遇到的各种难题。围绕四川省第三届文明城市考核检查程序做好各项工作，在暗访测评方面，精选申报暗访点位，协调各方力量共同打好暗访测评攻坚战，攀枝花市在全省17个接受城市公共文明指数测评的市（州）中排名第二；在档案资料方面，明确档案收集标准和要求，指导责任单位严格对照指标收集整理，组织专人集中审核检查，437卷档案资料受到省考核检查组好评；在明察考核方面，科学制定迎检方案，倾心打造迎检点位，精心筹办文艺演出，全方位、多角度、艺术性地展示创建文明城市的工作成果。

（雍茹元）

【第三届四川省文明城市迎检】 2013年10月15—16日，由四川省文明办专职副主任张亚平率领的第三届四川省文明城市明察考核测评组通过现场观察、听取汇报、核查资料等方式，对攀枝花市创建四川省文明城市工作进行检查考核。15日，省测评组深入湖光社区、市政务服务中心、市未成年人心理辅导中心、市中西医结合医院、温州农贸市场等，检查指导相关工作，对437卷创建档案资料进行认真详细的核查。15日晚，省测评组在市中心广场与3000多名群众共同观摩“与文明同行”群众文艺汇演，了解攀枝花市群众文化活动情况。16日，省测评组在攀枝花会展中心综合厅，听取攀枝花市创建四川省文明城市工作汇报，市委书记、市文明委主任刘成鸣出席汇报会并致辞，市人大常委会主任谢道全主持汇报会，市委常委、宣传部部长、市创建全国文明城市指挥部指挥长沈钧从工作推进情况、取得成效、创建体会三个方面汇报攀枝花市创建省级文明城市工作，市政府副市长贾德华出席汇报会。省测评组认为攀枝花市委、市政府市高度重视文明城市创建工作，把文明城市创建工作作为贯彻落实科学发展观、提高市民文明素质和提升社会文明程度的基础工程、系统工程、民心工程来抓，坚持组织领导到位、投入保障到位，建立起高效工作机制；突出八项环境建设，夯实城市文明基础；实施六大工程，走好特色创建道路；城市综合实力不断增强，城市转型步伐不断加快，改善民生质量不断提高，城乡面貌发生巨大改变，社会文明程度显著提升，希望攀枝花坚持不懈抓创建，进一步提升城市形象，在政治、经济、文化、社会各方面取得更大的成就。2014年2月，市委、市政府被省委、省政府授予“第三届四川省文明城市”（市级城市）荣誉称号，米易县、盐边县获“第三届四川省文明城市”（县级城市）荣誉称号。

【农村精神文明建设】 扎实推进农村精神文明建设，组织开展文化、科技、卫生“三下乡”集中服务活动，大力宣传普及与群众生产生活相关的文明礼仪、医疗保健、优生优育等知识，倡导健康文明生活方式。组织开展送温暖献爱心、扶老助残、关爱留守儿童等志愿服务活动，立足市情开展抗旱救灾志愿服务活动，推动志愿服务在农村广泛开展。持续开展文明单位“结对共建新农村”活动，分类推进村庄村落、产业发展、基础设施、公共服务、农村基层组织等建设项目，建成旅游新村38个，省级新农村示范片2个，农村社会文明程度进一步提升。加强农村文明细胞创建，建成全国文明村镇3个、省级文明村镇9个，组织评定星级文明户1.5万户、星级农户49479万户，米易县“星级农户”创评活动在全省范围得到推广。加强农村集市诚信建设，评定农村文明集市10个，培育农村文明新亮点。广泛开展文明家庭创建活动，评选“好儿女、好公婆、好夫妻、好邻居”等群众身边典型，推出市第二届尊老爱幼模范高汝莲、刘中美等先进典型，在农村形成尊老爱幼、男女平等、团结友爱、礼让宽容的和谐氛围。

【文明细胞建设】 2013年，市精神文明建设办公室不断深化文明县城创建，督促米易、盐边两县整改城市公共文明指数测评反馈问题，指导两县完成创建第三届四川省文明城市的申报推荐、暗访测评和明察考核工作。加强文明单位动态管理，在各级文明单位中开展“五个一”（即“一堂”，建好用好道德讲堂；“一队”，建立学雷锋志愿服务队；“一牌”，设置遵德守礼提示牌；“一桌”，开展 “文明餐桌”行动；“一传播”，建立网络文明传播志愿服务小组）创建活动，3家全国文明单位实现全覆盖；86家省级文明单位复查登记合格，新晋升省级最佳文明单位3个、省级文明单位7个、省级文明村镇（社区）6个，393家市级文明单位复查登记合格，新命名市级文明单位标兵22个、市级文明单位12个、市级文明社区15个，文明单位创建质量和水平全面提升。完成攀枝花文明网建立工作，初步建起攀枝花精神文明建设工作的新阵地。加强信息报送工作，在四川省文明办工作简报、中国文明网、《精神文明报》、四川文明网上刊载有关精神文明建设工作的信息270余条次，充分展示攀枝花的城市文明气象。

【讲文明、树新风活动】 2013 年，市精神文明建设办公室围绕动员全民参与文明城市创建工作，从点入手、按线推进、抓面深化，在攀枝花市 80% 以上的街道建立市民学校，在社区居委会普遍建立教学点，广泛开展市民素质宣传教育活动。开展创建文明城市集中宣传活动，免费发放 1.5 万册《攀枝花市民素质手册》、53 万余份文明创建宣传单及 2 万副宣传扑克牌，张贴 4 万张公益招贴画和 2 万份公开信，做到机关、社区、服务窗口、公共场所等重点区域全覆盖，群众参与活动达 60 万余人次。深化文明餐桌行动，命名 32 家大型餐饮企业、19 家学校食堂为首批“文明餐桌行动”示范单位，倡导“文明用餐、节俭惜福”勤俭风尚。以培育文明风尚、倡行公德规范、提升服务水平、改善城乡环境为重点，组织实施“事事关系城市文明、人人代表城市形象”文明礼仪教育普及行动、“文明在细节”行为养成实践行动、窗口行业优质服务竞赛评比活动，塑造出整洁优美、规范有序、安全稳定、和谐文明的城市形象。在各级文明单位中开展“发挥示范作用 推进文明创建”主题活动，在党政机关开展“创文明机关，做人民满意公务员”活动，在窗口服务行业开展“礼貌待人、诚信服务”活动，在各类企业开展“践行道德承诺、诚信做产品”活动，形成良好社会风尚。在市级媒体开设专题专栏，实现“电视有画面、报刊有版面、网站有页面”；在各类公共场所、繁华地段、重点区域普遍设置宣传栏、电子显示屏等公益广告阵地，做到“月月有主题，时时发声音”；保持文明创建热线服务电话畅通优质服务，万众一心、齐心协力创建文明城市的氛围更加浓厚。

【道德楷模选树宣传活动】 2013 年，市精神文明建设委员会举办攀枝花市第二届道德模范颁奖晚会，多形式、多角度生动再现道德模范的先进事迹，表彰 11 名道德模范，产生广泛的社会影响；授予“攀枝花最美司机”喻维泉攀枝花市道德模范称号；出台《攀枝花市帮扶生活困难道德模范实施细则》，进一步规范生活困难道德模范帮扶工作。市精神文明建设办公室选报 10 人参评四川省第三届道德模范，组织干部群众和 400 多名“公众代表”参加全国和省道德模范评选投票活动，徐刚、杨为之被评为四川省第三届道德模范，杨为之获得第四届全国道德模范提名奖。制作 1500 盘“第二届道德模范颁奖晚会”光碟，发放各行各业和社区村镇，深入传播道德模范的崇高品质；邀请道德模范走进道德讲堂，分享个人实践经历和心灵感悟；组织新闻媒体开设专题专栏，集中刊播群众身边涌现的好人好事和道德模范先进事迹，推动学习宣传道德模范机制常态化、形式多样化、内容丰富化。动员社会力量捐款捐物，在春节期间关爱帮扶生活困难道德模范，累计送去爱心捐款 7 万余元。

【公民道德建设专项行动】 2013 年，市精神文明建设办公室指导各级文明单位按照流程仪式化、对象大众化、队伍社会化、形式多样化、时间经常化的要求，迅速建起一批示范效应强、带动作用大的道德讲堂；通过自编自演情景剧、播放道德楷模事迹短片、点评生活中的道德现象等形式，广泛开展道德宣讲活动，大力传播“存好心、做好事、当好人、有好报”的价值导向。推进道德领域突出问题专项教育和治理活动，制订实施方案，成立领导小组，建立联席会议制度，加强对专项活动的组织指导；依法惩处食品药品行业中存在的违法违规行为，开展社区食品药品安全知识宣传，加强食品药品经营单位日常监管，营造安全、放心、健康的消费环境；落实公共服务行业“八项”管理规定，提升服务质量、效率和能力；综合治理公共场所不文明行为，规范设置文明提示语，加大新闻媒体公开曝光不文明行为的力度，引导人们谦恭有礼、文明友善。开展“公民道德宣传教育月”和“公民道德宣传日”主题活动，深入学习宣传各行各业涌现出来的先进典型，深化人们对先进典型人物感人事迹和崇高精神的认识和感悟。在春节、清明节、中秋节、重阳节等传统节日期间，以“我们的节日”为主题，组织开展节日民俗展示、文艺表演、祭扫参观等活动，引导干部群众了解、热爱和继承中华民族的优秀传统文化。

【志愿服务体制建设】 2013 年，市精神文明建设办公室加快发展志愿服务队伍，组建各类志愿服务支队 43 支、志愿服务大队 269 个，全市登记志愿者 54739 人。统一全市志愿服务标识，举行攀枝花市志愿服务集中行动启动仪式，向 38 支志愿服务支队授旗，完善志愿服务管理制度，促进志愿服务队伍规范化发展。以各级文明单位为主体，建起由 200 余人组成的网络文明传播志愿者队伍，基本实现省级以上文明单位全覆盖。加强对网络文明传播志愿者的管理和考核，指导网络文明传播志愿者积极参与重大网络志愿服务活动。协调市级新闻媒体开设“学雷锋 志愿者在行动”“弘扬雷锋精神 倡导文明新风”等专栏，普及志愿服务知识，倡导志愿服务精神，报道各县（区）、相关单位和行业开展志愿服务活动的进展情况。加大先进典型选树宣传力度，先后推出“金牌志愿者”徐刚、“花城大妈”丁爱谱等先进志愿者典型和辉荣志愿者协会、东区青年志愿者协会等先进组织典型。推荐一批社区志愿服务项目、组织和社区志愿者参加 2013 年四川省志愿服务评选活动，广泛动员各界群众参加投票，陆学英被评为“四川省首届十大最美志愿者”之一，鹿雯立等 5 人被评为“四川省优秀志愿者”。利用节假日等契机，通过市内报刊、网络等发出志愿服务倡议，号召广大市民参与志愿服务活动，推动形成良好社会氛围。

【志愿服务活动】 2013 年，市精神文明建设办公室组织协调各县（区）、市级各单位以“红红火火过大年”为主题，组织志愿者开展春运、新春庙会、旅游志愿服务活动，为市民、游客提供信息咨询、乘车引导、行李搬运、道路指引、秩序维护、文明劝导等服务，累计服务 11 万余人次、服务时间 1 万余小时。围绕“学雷锋日”“国际志愿者日”等纪念性节日，组织志愿者集中清理居民住宅楼外围的小广告，美化亮化公共场所环境，开展宣传教育和服务咨询、便民利民服务活动，掀起学雷锋志愿服务的热潮，累计参与志愿者5000余人、提供服务3万余人次。围绕“同创文明城 共筑中国梦”等主题，组织志愿者开展文明城市创建知识宣传普及，向市民介绍文明城市创建的内容、措施和市民应知应晓的知识；开展“手机晒光盘行动”，累计发送手机彩信26700余条，倡导文明、理性、健康的生活习惯；成立常态化文明劝导队伍，定时段、定区域、定内容地开展文明劝导活动，引导市民遵守交通秩序；开展“欢乐阳光节”志愿服务活动，招聘培训60名阳光志愿者，为四川省旅游项目推进会、四川省百镇建设现场会、攀枝花欢乐阳光节、攀枝花市重点旅游项目开工典礼等节会提供礼仪引导、情况介绍、心理辅导、医疗急救等方面的志愿服务。围绕“关爱山川河流”主题，广泛宣传生态环保节能知识，组织4万余名干部群众参加“关爱山川河流志愿服务知识竞赛”，迅速掀起关爱自然、保护环境志愿服务热潮，10人荣获省文明办授予的“知识竞赛优秀奖”；开展关爱山川河流公益广告和志愿服务心得征集活动，3篇志愿服务心得、2幅平面类公益广告获得省文明办表彰。着力推动志愿服务惠民利民，大力关爱弱势群体，组织志愿者开展法治宣传活动，向社区居民提供各类刑事、民事、行政等法律咨询，为社区弱势群体提供法律援助，解决困难群众实际问题；大力关爱留守儿童，组织志愿者深入社区、村镇、学校和福利机构，捐赠学习用品，进行学习辅导，提供心理咨询，帮助未成年人健康成长；大力关爱空巢老人，组织志愿者走进福利院、养老院、居民家庭，义务为老人理发、量血压、测血糖、打扫庭院、修剪树枝，与老人贴心交流，为老人们表演文艺节目，让他们能够安享晚年；广泛动员干部群众参加“4·20”芦山地震灾区大型募捐活动，募集到捐款39万余元。

【未成年人思想道德建设】 2013年，市精神文明建设办公室着力推动未成年人思想道德建设工作机制常态发展，协助市委目标督查办对57个未成年人思想道德建设责任单位2012年的工作情况进行目标考核；向市委常委会专题汇报2013年未成年人思想道德建设工作要点，并以攀委办文件下发执行；做好未成年人思想道德建设工作测评的指标分解和任务落实，在四川省未成年人思想道德建设工作测评中排名第三位，实现历史性突破。进一步发挥“五老”人员在加强思想道德教育、净化社会文化环境等方面的积极作用，调动全社会关心、支持未成年人健康成长的积极性和主动性，构建更加完善的学校、社会、家庭“三结合”教育网络。持续巩固未成年人思想道德建设工作阵地，对2011、2012年度中央专项彩票公益金支持建设的乡村学校少年宫进行专项督查，做好项目总结及展示资料收集整理工作；完成2013年度中央专项彩票公益金支持建设的4所乡村学校少年宫项目的筹建工作，2013年年底全市自建乡村学校少年宫完成乡镇全覆盖目标任务；建成攀枝花市未成年人心理成长指导中心并正式投入运行，开展相关的心理辅导和学习交流活动；指导34所未成年人思想道德建设示范学校开展主题教育实践活动，发挥在构建社会主义核心价值体系方面的引领、带动、示范作用；向四川省文明办推荐“做一个有道德的人”联系点学校道德实践创新案例4例。广泛开展未成年人思想道德建设主题实践活动，以“中国梦”为主题，组织中小学生参加“网上祭英烈”和“学习雷锋、做美德少年”网上签名寄语以及热爱祖国、热爱人民、热爱中华民族“三热爱”等活动，引导未成年人传承弘扬民族传统美德、践行社会主义核心价值观；开展第二届全省优秀童谣推荐活动，收到各县（区）上报的优秀童谣150余首，向四川省文明办推荐优秀童谣20首；指导中小学校开展学雷锋活动，组织未成年人参加“我当一天家”“我为父母洗洗脚”等活动，激励未成年人崇尚先进、见贤思齐；开展美德少年推荐评选活动，向四川省文明办推荐10名候选人参加四川省“学习雷锋，争做美德少年”评选表彰，4名候选人荣获四川省美德少年称号。强力净化社会文化环境，督促相关单位以网吧违规接纳未成年人、安装绿色上网软件、非法出版物、娱乐场所违规接纳未成年人、校园周边流动摊贩为重点，加大净化社会文化环境力度，为广大青少年营造出良好的学习和生活环境。

（刘嘉华）

目标督查

【目标管理】 2013年，市委、市政府健全完善全市目标绩效管理体系，进一步突出导向性和科学性。制发《攀枝花市目标绩效管理办法》，在认真分析、总结2012年绩效考核工作的基础上，对2013年的目标绩效考核体系进行重新梳理，修订《攀枝花市市级党群部门及归口单位目标绩效考核办法（试行）》《攀枝花市政府部门目标绩效考核办法（试行）》《攀枝花钒钛产业园区综合工作考核办法》《攀枝花市县（区）目标绩效管理办法（试行）》，考核办法在体现市委党群部门职能目标和市政府部门业务目标差异化的基础上，对共性目标、单项目标、绩效评估、省级目标、加扣分项等目标进行规范，在县（区）目标绩效考核体系中增加社会评价指标，力求更加真实、全面反映各县（区）的年度工作绩效。召开专题会议，向19个市级部门，分解下达省级目标任务，并对相关业务工作进行培训。向纳入市委、市政府考核范围内的79个市级部门、5个县（区）和钒钛产业园区下达2013年度目标任务，明确一级目标，督促制定58个二级目标考核细则。对2012年市级部门、各县（区）、钒钛产业园区综合目标完成情况进行考核，按照考核办法进行奖励。

【督查督办】 2013年，紧紧围绕中心工作，制定完善有效的督促检查工作机制，努力创新督查工作方式方法，确保政令畅通，推动各项工作落实。制定《攀枝花市督查工作规则》《重大决策部署贯彻落实工作考核细则》《攀枝花市督查督办工作考核办法》，突出抓好中央“八项规定”、省委、省政府、市委、市政府“十项规定”、省委十届三次全会精神、省政府稳增长“四个八条”措施落实情况、省委省政府重点工作安排以及市委、市政府重要会议议定事项的督促检查。认真做好领导批示交办事项督办，重点围绕城市建设、社会事业发展、重大项目推进、维稳信访、安全生产等领导批示交办事项开展督查。全年，共督办市委常委会议、市政府常务会议议定事项146项，督办领导批示、指示360余项，形成办理情况专报7期，编发重大决策《督查专报》13期，上报各类专题报告5份，《督查通报》10期。全年，收集、整理并通过市委、市政府审定的“急难险重”项目共10大类55大项82小项，制定《攀枝花市“急难险重”目标任务管理办法》，建立工作台账，逐项确定工作任务，界定时间节点，明确责任单位，按照督查程序实施跟踪督查、现场督查，定期通报工作进展情况。全年共对沿江景观打造、五创联动、花城新区建设等“急难险重”项目开展专项督查20余次，印发《督查通报》9期，确保各项目标任务的顺利推进。制定《攀枝花市2013年度“急难险重”目标任务考核实施细则》，严格考核。82项细分任务中，全面完成年度目标任务有54项，占全部目标任务的73.97%；考核分在80分—99分有12项，占全部目标任务的16.44%；考核得分在70分—79分的有7项，占全部目标任务的9.59%，其余9项依据相关规定，按程序予以取消考核。

【民生工程】 2013年，在市委、市政府的坚强领导下，全市各级各部门上下联动、横向互动，创新举措、合力攻坚，建立起解决民生问题的工作机制。为强化民生工程建设的绩效管理，制定《攀枝花市民生工程目标绩效管理办法》，对民生工程目标任务的确定、日常监督管理、绩效考核以及结果运用作详细规定，并建立完善民生工程联络员制度、跟踪制度、定期报告制度等各项制度，推动民生工程建设工作有序规范。对民生工程建设实行精细化管理，所有民生工程项目都建立工作台账，明确建设的时间节点，对项目实施进度和资金拨付进度按月形成统计报表，梳理汇总全市民生工程开展情况，对欠进度项目及时跟踪督办，协调解决工程推进中的困难和问题。加大民生工程宣传报道，充分利用广播、电视、报刊等媒体，全方位宣传民生政策、工作措施、项目建设、惠民成效、先进典型等情况，让人民群众及时了解、支持并主动参与民生工程建设，不断提升广大市民对民生工程建设的知晓度、满意度和参与度。2013年，民生工程项目总数为10大项118个分项，比2012年增加15个分项；总投资达到35.8亿元，比2012年增加4.2亿元，增长13.3%。

【办理人大代表建议和政协提案】 2013年，市政府强化责任落实，进一步加强组织领导，建立一级抓一级，层层抓落实的办理工作责任制。制定出台《攀枝花市人民政府办理市人大代表建议和政协提案办法》，对办理范围、办理原则、办理程序、组织领导等方面提出明确要求，对办理各环节进行规范，同时还首次建立量化考评制度，印发《攀枝花市人大代表建议和政协提案办理工作目标考核实施细则（试行）》，从“领导参与率”“办结率”“面商率”“满意率”等方面，从建议提案办理的各个环节入手，加强对建议提案办理工作的目标绩效管理。与市人大、市政协一起，采取现场督查、联合督查、跟踪督查、回访督查等方式，及时协调解决问题，督促落实办理措施，切实提高办理工作的时效性和落实率。全年办理市人大代表建议112件、市政协提案269件，按时办复率达100%，人大代表对办理工作的满意率为97.9%，政协委员对办理工作的满意率为96%，分别比2012年提高8.7个百分点和5.5个百分点。

（罗　敏）

统战工作

【概　况】 2013年，中共攀枝花市委统战部内设办公室、干部处、党派知识分子处、经济联络与海外处，机关事务管理处、民族宗教处6个处（室）；行政编制12名，单列管理行政编制3名，机关后勤事业编制4名，实有在职干部职工18人。

2013年，中共攀枝花市委统战部按照中央和省、市委的工作部署，紧紧围绕“争创一流业绩，打造活力统战”的工作目标，认真贯彻落实统战系列方针政策，组织和动员全市统一战线围绕中心、服务大局，充分发挥独特优势和作用，突出重点，整合资源，大力开展以争取各民主党派、工商联上级组织支持为重点的“同心·共推发展”主题活动、以专题调研为重点的“同心·共献良策”主题活动、以统一战线集中三下乡活动为重点的“同心·共促民生”主题活动、以参与和服务社区社会管理为重点的“同心·共建和谐”主题活动等“四大同心”实践活动，打造“同心”品牌；认真贯彻落实中央、省、市关于加强党外代表人士队伍建设相关文件精神，狠抓党外干部发现储备、教育培养、举荐使用和规范管理等四个关键环节，扎实推动党外代表人士队伍建设；结合工作实际，不断加强政治引导、协商民主、自身建设和作风建设，进一步提升统战工作科学化水平，为服务全市科学发展和促进社会和谐做出积极贡献。

【多党合作】 2013年，攀枝花市委、市政府认真落实政治协商制度，召开征求意见会、情况通报会、民主协商会、座谈会共8次，充分听取民主党派和无党派人士意见和建议，切实保证政治协商的制度化、规范化和程序化。注重发挥民主党派和无党派人士参政议政作用，始终坚持市委常委联系党外县级干部、市政府领导分工联系民主党派、政府相关部门对口联系民主党派等制度，邀请党外人士列席政府全体会议和专题调研成果汇报会，从拓宽参政议政知情渠道和保障工作经费等方面，为党外人士建言献策提供有利条件。政协攀枝花市八届二次会议上，各民主党派共提交大会发言9篇，提交集体提案50余件。

【政治引导】 中共攀枝花市委统战部组织全市统一战线广大成员认真学习贯彻中共十八大、十八届三中全会精神，先后召开统一战线十八大精神通报会、非公经济人士学习十八大精神报告会、学习十八届三中全会精神讨论会等活动，不断加强对统一战线的政治引导。结合纪念“五一口号”发布65周年，开展学习践行社会主义核心价值体系活动、“同心”主题教育活动、“实现伟大中国梦、建设美丽繁荣和谐四川”主题教育活动和“思想大解放、作风大转变、工作大落实”教育实践活动和传承优良传统专题活动，引导统一战线广大成员增强中国特色社会主义道路自信、理论自信和制度自信。举办统一战线“同心·共建幸福攀枝花”征文演讲比赛，开展全市非公有制经济人士理想信念教育实践活动。组织各民主党派、工商联、知联会负责人到西区开展第22期暑期教育活动，深入西佛寺景区、花卉基地和观音岩水电站等项目现场实地考察。

【拜访各民主党派上级组织】 2013年1月上旬，中共攀枝花市委统战部分别组织召开各民主党派、工商联拜访上级组织工作座谈会和与政府对口部门联系协调会，中共攀枝花市委副书记赵辉出席会议，亲自部署工作并提出要求，会议形成21个与民主党派上级组织的对接课题，分工落实到近30个市级部门，并以市委办正式文件印发。受中共攀枝花市委书记刘成鸣委托，2013年5月，中共攀枝花市委副书记赵辉带队拜访各民主党派四川省委和四川省工商联；8月，在四川省委统战部的协调帮助下，特邀各民主党派四川省委相关领导一道前往北京，拜访民革中央、民盟中央、民建中央和致公党中央；12月，再次赴北京拜访民革中央和民进中央。拜访过程中，中共攀枝花市委副书记赵辉一行得到陈昌智、严隽琪、张宝文、齐续春、陈晓光等民主党派中央领导人的亲切会见，并就对接课题相关事宜达成一致共识。

【助推发展】 民盟中央调研组莅临攀枝花市调研后，向国务院提交的《关于试点建设攀枝花国家级钒钛产业高技能人才培养基地的建议》，于2013年3月得到国务院总理李克强和副总理刘延东、马凯的重要批示。四川机电学院被纳入省级、国家级高技能人才培养基地建设项目，并获得800万元资金支持。2013年7月，在民盟四川省委的协调下，攀枝花建设国家钒钛产业高技能人才培养基地座谈会在成都举行，会议就在攀枝花市建设国家钒钛产业高技能人才培养基地达成共识。民盟四川省委起草的《关于加快推进国家钒钛产业高技能人才培养基地建设，助力攀西地区成为我省新的增长极的建议》上报省政府。

九三学社中央调研组到攀枝花市调研后，向国务院提交的《关于促进钒钛资源综合利用产业发展的建议》得到中共中央政治局常委、全国人大常委会委员长张德江的批示；《关于金沙江干热河谷生态恢复与治理的建议》作为九三学社中央的集体提案于2013年年初提交全国政协。

通过九三学社中央和九三学社四川省委的帮助，攀枝花市向上争取的农产品质量安全监督检验检测中心建设项目，被纳入农业部2013年支持四川省项目建设的首批计划，获得500万元资金支持。

2013年5月，全国政协原副主席、民革中央原第一副主席、经济学家厉无畏先生应邀到攀枝花市，以《“十二五”规划与发展创意产业、促进经济发展方式的转变》为题作专题讲座，全市共600余位领导干部现场聆听报告。

2013年6月，民建中央委员、新浪网创始人、民建中央中华思源工程扶贫基金会理事汪延，民建四川省委原秘书长秦启光一行到攀枝花市，对盐边县渔门中学开设的“扬帆”班建设情况进行考察，并就与攀枝花市建立对外宣传合作事宜进行座谈。

2013年7月，民建四川省委副主委、省政协常委杨明洪一行到攀枝花市，调研攀西战略资源创新开发试验区建设体制机制创新工作，帮助攀枝花市在推进攀西战略资源创新开发试验区建设体制机制创新方面争取更多支持。

2013年8月、12月，致公党四川省委先后组成专家调研组就攀枝花市农业产业发展、农民土地流转、实施创新驱动战略、建设攀西战略资源创新开发试验区金融支持、发展现代农业政策需求等课题进行调研，并形成调研报告上报。

2013年8月，国际欧亚科学院院士、北京大学人民医院心研所所长胡大一及大医博爱协会专家一行到攀枝花市，代表大医博爱志愿者服务总队向全市乡镇卫生院捐赠价值100余万元的30台心电图仪，并授牌成立“胡大一院士工作站”和“攀枝花市心脏康复中心”。2013年10月，农工党四川省委主委、四川省政协副主席王正荣率队到攀枝花市，就农村医疗卫生工作进行调研，并向米易县医院捐赠了价值60万元的药品和医疗器械。

2013年11月，农工党四川省委主委、四川省政协副主席王正荣，中国西部研究与发展促进会社会扶贫委员会执行主任兼秘书长狄森率队到盐边县，就把盐边县纳入全国社会扶贫创新试点县进行调研。

2013年12月，四川省政协副主席、中共四川省委统战部部长崔保华一行到攀枝花市检查指导统战工作，听取全市党外代表人士队伍建设、工商联工作等方面情况汇报。中共攀枝花市委书记刘成鸣，攀枝花市政协主席单荣，中共攀枝花市委常委、组织部部长熊伟，攀枝花市政协副主席、市委统战部部长赵勇，攀枝花市政协副主席、市工商联主席吴文发参加汇报会。四川省政协副主席、中共四川省委统战部部长崔保华对攀枝花市统战工作取得的成绩给予高度评价，要求攀枝花市统一战线紧紧围绕中心、服务大局，发挥凝聚力量、凝聚共识的重要作用；完善体制机制，发挥优势，找准统一战线发挥作用的着落点和切入点；积极主动作为，切实提高统战工作科学化水平，最大限度把各种力量凝聚到党委政府的中心工作和奋斗目标上来，形成强大合力。

【建言献策】 2013 年，按照“党委出题、党派调研、政府采纳、部门落实”的模式，中共攀枝花市委统战部组织全市各民主党派、工商联和党外知识分子联谊会开展专题调研活动，集中向党委、政府建言献策。2013 年 11 月 26 日，全市统一战线专题调研成果汇报会在攀枝花会展中心举行，中共攀枝花市委书记刘成鸣，中共攀枝花市委副书记、市长张剡，攀枝花市政协主席单荣，攀枝花市人大常委会副主任张如英、攀枝花市政协副主席、中共攀枝花市委统战部部长赵勇出席会议。中共攀枝花市委副书记赵辉主持会议。攀枝花市各民主党派、工商联、党外知识分子联谊会和市级相关部委的负责人参加会议。此次专题调研共形成 9 项成果，涉及阳光花城建设、四川南向门户建设、区域性文化中心城市建设、桥梁建设、设立钛精矿收储调节库、现代特色农业发展、区域交通枢纽建设、助推非公经济发展、建设宜居城市等方面。中共攀枝花市委书记刘成鸣，中共攀枝花市委副书记、市长张剡在听取调研成果汇报后，对各民主党派、工商联所做务实有效的工作给予高度评价，强调要认真贯彻落实十八届三中全会精神，围绕全市中心工作，充分发挥人才、智力优势，争取各界支持、凝聚各方力量，为努力实现攀枝花“两个跨越”和在全省率先全面建成小康社会的目标务实奋进。

【服务民生】 中共攀枝花市委统战部充分发挥统一战线资源优势，积极推进光彩事业、对口帮扶、捐资助学和“挂包帮”等工作，服务民生改善。2013 年 11 月，全市统一战线“同心·服务民生”社会服务活动在西区清香坪街道路南社区举行，攀枝花市民主党派、工商联、知联会相关负责同志及成员 100 余人参加活动。活动现场开展医疗义诊、法律咨询、培训讲座、文艺演出、就业指导等服务，现场捐赠物资价值 23.7 万元，把惠民服务送到群众家门口，受到基层群众热烈欢迎和好评。发挥统一战线优势，集中开展“挂包帮”工作，帮助盐边县新九乡柳树村改善生产生活条件，争取道路建设资金 52 万元资金用于柳树村道路建设和路面硬化。

【服务社会管理】 2013 年，按照中央和省、市委关于加强和创新社会管理的工作部署，中共攀枝花市委统战部动员全市统一战线积极参与和服务社会管理创新工作，继续在东区、西区、仁和区试点社区深化开展统一战线服务社区社会管理工作，在社区开展“社区为统战成员服务，统一战线为社区建设添彩”主题活动，建立民主党派、工商联定点联系社区工作机制，为社区建设、收集社情民意等搭建平台。全市统一战线在定点社区积极开展法律援助、捐资助学等各类社会服务活动，切实帮助社区做好社会管理工作。

【民族宗教工作】 中共攀枝花市委统战部会同有关部门深化民族团结进步和和谐寺观教堂创建活动，对一批民族团结进步示范村、社区、学校、企业和单位进行评选表彰。2013 年 9 月 17 日，攀枝花市召开宗教界代表人士座谈会，中共攀枝花市委副书记赵辉出席会议并作讲话，要求凝聚全市信教群众智慧和力量，找准促发展保稳定的着力点，做社会和谐的促进者、文化建设的参与者和宗教活动场所的管理者。中共攀枝花市委统战部建立与宗教界代表人士定期联系沟通机制，定期走访慰问代表人士，充分发挥宗教界代表人士联系广大信教群众的主渠道作用，确保民族宗教领域和谐稳定。

【党外代表人士队伍建设】 中共攀枝花市委统战部认真贯彻落实中央和全省党外代表人士队伍建设工作电视电话会议精神，全力推进党外代表人士队伍建设，确保中央和省、市委关于党外代表人士队伍建设的相关政策在贯彻落实过程中不走样、不缩水、不打折。中共攀枝花市委常委会专题听取关于党外干部工作的汇报，中共攀枝花市委书记刘成鸣、中共攀枝花市委副书记赵辉对如何进一步抓好党外代表人士队伍建设提出具体要求。2013 年 5 月 6 日，市委组织部和市委统战部召开党外干部工作联席会议，专题研究党外干部工作，就贯彻落实中央精神达成共识。在此基础上，结合攀枝花市实际，中共攀枝花市委统战部起草《中共攀枝花市委关于加强新形势下党外代表人士队伍建设的工作意见》和《攀枝花市 2013—2017 年党外代表人士队伍建设规划》，并报市委常委会审定，以市委文件下发执行。中共攀枝花市委于 9 月下旬分别召开全市党外代表人士队伍建设工作座谈会和全市党外代表人士座谈会，对加强党外代表人士队伍建设工作进行再部署、再落实。

中共攀枝花市委统战部联合市委组织部开展党外干部调查统计工作，收集 931 名党外干部的基本信息，建立党外干部数据库，实现对党外代表人士队伍建设的宏观管理；对 46 名党外干部进行考察，共同提出党外干部使用计划，作为党外干部使用的重要依据。全年提拔使用党外县级领导干部 5 名（其中正县级 2 名），全市党外干部在各级人大、政府、政协领导班子中的安排均达到中央、省委文件规定比例；加大党外干部的培训力度，将党外干部的培训纳入党委干部教育培训总体规划，制定科级以下党外干部培训五年规划，党外干部培训程序不断规范和完善，形成党外科级、县级、厅级干部调训的工作程序。2013 年，推荐 9 名党外干部参加各级挂职锻炼，推荐 36 名党外干部参加省级培训班，市级培训近 100 人。

【民主党派代表人士综合评价试点工作】 为认真贯彻落实中央和省委关于加强新形势下党外代表人士队伍建设的意

见精神，切实把“综合评价作为党外代表人士推荐使用的必经环节”的要求落到实处，按照中共四川省委统战部《关于开展民主党派代表人士综合评价试点工作的通知》文件精神，2013年8—10月，中共攀枝花市委统战部组织开展为期3个月的民主党派代表人士综合评价试点工作，在全市1932名民主党派成员中遴选181名民主党派代表人士，涉及全市科技界、教育界、文化界、医卫界、经济界等各个界别，既有厅级、县级、科级干部，也有新的社会阶层的代表人士；既有高等院校、科研院所、医院、学校等事业单位的专业人员，也有国有大企业、民营企业的经营管理人员，确保了综合评价试点工作具有代表性和广泛性。从评价结果来看，基本符合全市民主党派代表人士的实际情况，体现了指标体系的科学性、实用性、可操作性。攀枝花市民主党派代表人士综合评价试点工作为全省开展民主党派代表人士综合评价工作提供了经验和依据，得到了省委统战部的高度评价。

【自身建设】 2013年，中共攀枝花市委统战部把加强统一战线自身建设作为履职的组织保障，积极协助统战广大成员加强自身建设，不断提升统一战线服务科学发展和实现自身科学发展的能力。协助攀枝花市个民主党派加强基层组织规范化建设和制度建设，规范机关管理，做好后备干部的推荐、考察工作，充实和调整后备干部队伍，搞好组织成员的发展工作；举办2013年攀枝花市各民主党派入党积极分子培训班，对7个民主党派的44名入党积极分子进行培训。组织召开攀枝花市各民主党派领导班子建设座谈会，制定出台《攀枝花市各民主党派关于加强领导班子建设座谈会纪要》；协助完成民革攀枝花市委换届前主委中调工作和换届后秘书长任命工作；协助致公党攀枝花市委副主委、市委委员补选工作；协助九三攀枝花市委委员增补工作；圆满完成民革攀枝花市委和民进攀枝花市委换届工作。全面加强统战部门自身建设，加强统战干部队伍建设、作风建设，强化对基层统战工作的指导、督促、考核，不断夯实统战基础工作，基层统战工作取得全面进步。

（郭　建）

对台工作

【贯彻中央对台方针政策】 2013年，中共攀枝花市委台湾工作领导小组办公室（以下简称市台办），站在巩固深化两岸关系的政治高度，及时传达贯彻落实全国、全省对台工作会议精神，收集整理对台工作信息，将有价值、有前瞻性的信息向上级机关和市对台工作领导小组成员报送，按上级要求积极配合中央开展反对“台独”及其分裂活动的斗争，努力推动攀台交流交往，经济合作。增进两岸互信，增进两岸人民的理解认同。

【对台经济】 2013年，市台办紧紧围绕“三个加快建设”“三个走在全省前列” 的战略目标，加强对“工业园区”模式下对台招商的调查研究，探索切合攀枝花市实际的对台招商新方式，以重点台商为主要工作目标，重点帮扶现有台资和台属企业，积极为其排忧解难，搞好协调服务，推动他们扩大投资，做大做强，希望通过他们的示范带动作用，吸引更多的台商到攀枝花市投资兴业。与此同时，及时收集涉台经济政策、台商投资信息并向有关单位提供，协助有关单位搞好项目对接。

2013年，市台办认真落实市委书记刘成鸣、市长张剡的批示和市委副书记赵辉、副市长李仁杰的工作要求，配合市农牧局、市投促局、盐边县政府加快推进盐边台湾农民创业园核心区的建设工作，力推攀枝花永丰余公司引进芒果深加工项目。陪同台商洪肇铭前往盐边县国胜乡、益民乡新民村、红格镇大面山等地进行实地考察，多次与相关单位沟通，协调其所需土地解决办法。积极推动四川东泰投资有限公司新增2600万美元投资建设铝基蓝钛膜平板太阳能集热器和搪瓷内胆水箱生产线项目，达产后企业将新增年销售收入35000万元，新增利税6000万元。该项目已于2013年12月正式投入生产。西区的石灰石（大理石）品质优良、开采容易，经大力宣传，吸引台资企业上海谅兴石材制品有限公司到攀枝花市投资石灰石装饰板材生产加工项目。为使其顺利试产，市台办协调解决该公司到攀枝花市注册手续，试开采、加工期间与大唐电力公司在安全用电等方面的纠纷。由于攀枝花市资源丰富，台办服务周到，该公司已在2013年西博会上和西区正式签约，决定在西区投资3200万美元，进行石材加工、生产、销售。为推动东泰农业科技有限责任公司金钻鹅养殖、加工项目落地，派专人带领台商宁建国到米易县、西区多处考察、选址。积极组织市农牧局、盐边县、盐边台湾农民创业园和攀枝花市部分农业龙头企业，参加由国务院台办、台盟中央联合在大连举办的首届两岸现代农业产业项目交流对接会。攀枝花参会人员同与会客商进行广泛交流，2家台商表示合适的时候将到攀枝花市进一步对接、洽谈。专程考察内江台资企业四川佳美食品工业有限公司，向其推介攀枝花市良好的投资环境，积极邀请其到攀枝花市投资水果深加工项目。考察学习了内江市台办以“大千文化”为主题的两岸文化交流和引进台资企业方面的经验。

至年底，攀枝花市落户台资企业9家，注册资金1135万美元，实际到位资金3822.3美元。

【对台交流】 2013年，市台办认真贯彻执行《四川省对台交流管理办法》和省台办《关于做好新形势下对台交流工作的意见》。草拟制定《攀枝花对台交流管理规范》（初稿）。突出“阳光花城、钒钛之都、四川南向开放门户”等自然、资源、地理优势，协同有关部门筛选包装一批有特色、有价值、有一定吸引力的对台交流项目上报省台办，通过2013年西部海峡两岸经贸合作交流会发给参会台商，为今后对台交流打下基础。2013 年组织市级部门、县（区）相关人员组成城市管理和景观建设、文化创意产业和教育、特色农业和乡村旅游业 3 个团组赴台学习，在此过程中，联系台湾有关方面，妥善处理一起突发事件。协助攀枝花苏铁国家级自然保护区组织省市专家赴台，促进两岸苏铁保育工作的学术交流和合作。为在攀台资企业有关人员去台学习办理相关手续、提供政策咨询等服务。积极救助因在大陆旅游途中丢失证件财物的台胞林献龙，使其顺利返台。全年共办理因公赴台手续 56 人次。共接待台胞 30 人次。

【对台宣传和涉台教育】 2013 年，市台办将宣传介绍攀枝花市情和项目的资料，通过各种途径传送到台湾岛内，加强入岛宣传。特别是利用参加首届两岸现代农业产业项目交流对接会和 2013 年西部海峡两岸经贸合作交流会宣传攀枝花市的投资环境，重点介绍攀枝花市发展特色农业和机械制造业的有利条件、发展前景。配合市委统战部，利用全市统一战线中秋国庆茶话会，向台胞台属通报攀枝花市经济和社会发展情况，征求他们的意见。及时向省台办所办刊物《四川对台工作》和《中国台湾网-四川网站》《锦绣四川》网站报送信息，反映攀枝花市对台工作动态。组织《四川日报》《华西都市报》《四川经济日报》《攀枝花日报》、四川新闻网攀枝花分频道、攀枝花电视台等多家媒体，从平面、广电、网络等多角度对攀枝花的莲雾进行宣传，扩大攀枝花市莲雾的知名度。应邀为民革攀枝花市成员作台海形势报告，参加人数 200 余人，收到较好宣传教育效果。2013 年，市台办组织开展 3 次专题走访调查研究，对东泰、大友和四川长矶复合材料有限公司等在攀台资企业情况进行调研，了解其生产经营和企业发展状况，认真分析其存在的问题，提出改进建议。2013 年向省台办报送信息 23 条，汇报材料 2 篇，向市委办公室报送信息 23 条。

【台胞台属工作】 2013 年，市台办认真开展春节走访慰问台胞台属活动，逐户走访全市台资和台属企业。对台胞台属反映生产、生活中的问题和诉求进行梳理，逐一协调解决或落实。帮助台胞关介玉妥善处理在“欢乐阳光美食节”上纠纷；与市国资委共同努力，协调解决台属韩见秋长期反映的因原单位破产造成养老保险金接续问题，使其在 2013 年开始正常领取养老保险金；协调有关单位解决台属赵平经济纠纷案，退回其岳父台胞张耀德的保证金 88.2 万元；认真执行国台办《关于进一步加强台商投诉协调工作的意见》，做好台商投诉工作，帮助攀枝花大友农业开发有限公司，解决其与金江镇沟坝村的土地租赁纠纷；帮助台湾农民创业园核心区的种植户解决莲雾销售问题，向省台办汇报多次与雅安市台办协调沟通，积极支持四川长矶复合材料有限公司，妥善解决其与雅安市荥经县福荥公司经济诉讼案件；帮助东泰农业科技有限责任公司办理工商注册项目变更等事项。协助有关单位妥善处理台湾客家党主席温锦泉来攀参加相关活动事宜。同时，全年共处理台胞台属信访 5 件次，结案率 100%，做到件件有答复、事事有落实，没有一起因处理不当造成的涉台上访事件，没有重大涉台问题发生。

【台胞捐赠】 2013 年，市台办台湾中航集团董事长彭荫刚继续捐资 3 万元人民币，资助攀枝花 50 名贫困小学生完成小学学业，其捐资款按要求及时发放到受助学生手中。

【队伍建设】 2013 年，市台办按照培养一支“政治坚定、业务精通、纪律严明、作风过硬”的对台干部队伍要求，加大对台干部的送培力度，全市共有 15 名对台干部参加各级各类组织的各种培训活动，其中 5 名干部参加国台办组织的业务培训。

（王　铎）

保密工作

【增设总工程师领导职务】 2013 年，攀枝花市党政机关有上万台计算机，各类计算机信息系统上百种，各机关单位相继建立起错综复杂相互交织的信息网络，面对日益复杂严峻的网络安全形势，针对使用单位技术防范手段落后、管理宽松以及操作不规范等问题，市保密局率先在全省各地市州设立总工程师职务，提高攀枝花市保密工作人才的技术档次，为今后的信息技术条件下的保密工作打下坚实基础。

【目标管理】 2013 年，市委、市政府将保密工作纳入市委、市政府综合目标考评保证目标内容。市保密局本着“客观公正、注重实绩、奖惩并行”原则，结合工作实际，制定《攀枝花市 2013 年保密工作目标考核细则》，突出重点，对保密工作目标任务进行分解量化；从 6 大项（组织领导、保密制度、国家秘密载体管理、保密技术防范、保密宣传教育、保密督促检查）18 个小项，对全市共 119 个县级（含县级以上）单位 2012 年度保密工作目标任务完成情况进行综合考核评定，达省一标（95 分以上）的单位有 77 个，占 64.7%；达省二标（90 分以上）的单位有 22 个，占 18.5%；达省三标（85 分以上）的单位有 9 个，占 7.6%；未达标的单位有 11 个，占 9.2%。

【保密管理统计】 4 月，在全市范围内开展保密管理情况统计，进一步摸清各县（区）、各部门保密管理工作底数和存在的问题。共统计全市各级机关 451 家，其中涉密或内部工作计算机 600 余台，与互联网连接的计算机 26562 台，部门门户网站 78 个，正在用各种网络 10 个，销毁文件资料 18456.8 千克。

【政府信息公开保密审查专项检查】 2013 年，市保密局下发《组织开展政府信息公开保密审查专项检查的通知》，在各县（区）、各单位全面自查的基础上进行了重点抽查，共检查机关单位内设部门1142个，机关、单位网站53个，涉密网络2个，涉密计算机702台，非涉密7818台，检查涉密移动存储介质144个，非涉密移动存储介质2643个，删除敏感信息2条。

【保密普查】 2013年7—10月，根据中央的要求，市保密局积极参加全省的保密普查工作培训，成立领导小组指导各部门的保密普查工作，并结合实际制发《攀枝花市国家保密局开展全市保密普查工作的通知》，对全市保密普查工作进行安排部署，明确普查的内容包括：国家秘密、涉密人员、保密要害部门部位、涉密计算机、涉密移动存储介质及其他涉密设备、涉密网络、保密行政管理部门及工作机构、保密工作经费、失泄密案件等方面，要求摸清保密工作底数，掌握基本情况，建立保密工作基础数据库，促进保密工作精准化管理，提升保密工作科学化水平。分八组对全市各县(区)、各级单位进行培训。全市共普查各级机关单位(含二级机构)592家，统计涉密文件4000余份(其中2012年产生300余份)，涉密人员1750人，涉密单机127台，涉密U盘或移动硬盘61个。

【制定“六五”保密法制宣传教育规划2013年年度规划】 2013年，根据市委保密委员会、市司法局、市法建办、市保密局联合下发《攀枝花市“六五”保密法制宣传教育规划》，制定2013年度工作目标，对全市保密法制宣传教育进行安排部署。

【保密宣传教育】 2013年，市保密局制作，互联网标识5000张9万条，电子政务内网标识700张1万条，涉密标识500张2000条，下发到全市各单位，进一步规范了计算机的分类管理。播放《保密技术专题演示》《信息化条件下的主要技术窃密手段及其防范》专题片10场，1000余人观看；在市委党校中青班举办保密专题讲座1期。全市各级各部门还按照市委保密委员会的统一安排，通过检查、标语、专栏、学习讨论、挂图展示、手机短信等多种形式，深入学习宣传新《保密法》，增强了全市干部职工保密法制意识。市保密局向省保密局投稿55份，征订《保密工作》杂志368份。为全市保密宣传教育提供的充足的资料。

【保密干部师资力量培训】 为贯彻中央保密办、国家保密局《关于开展全国保密干部全员培训的通知》要求，组织全市各县（区）保密局工作人员24人分两个班次，参加了省保密局7月20—27日在成都举办的全省保密干部师资班培训班。培训内容包括保密工作基本问题、保密法制、定密工作、保密宣传教育、保密管理、保密科学技术、保密检查、保密违法案件查处、保密干部队伍建设等，提高了保密干部的专业知识。

【保密全员培训】 2013年，市保密局按照省委保密办、省国家保密局《关于开展全国保密干部全员培训四川省培训的通知》要求，全员保密培训分省级和市级两级进行培训。8月1—3日，组织全市93家市直机关部门、人民团体、企事业单位办公室负责同志及保密机构工作人员和5个县（区）党委保密委员会负责人125人参加省级培训，取得了很好的效果。省级培训结束后，市保密局积极筹划攀枝花市的全员培训工作。按照全员培训要坚持“全面覆盖”和“分级负责”的要求，这次全市组织的保密干部全员培训主要负责培训所属县（区）党政机关办公室有关负责人、保密专兼职工作人员。同时，因故未参加省统一组织的保密干部全员培训的市级有关部门办公室负责人、专兼职保密干部一并纳入此次培训。此次集中培训总人数为723人，共分四期进行，由攀枝花市委党校负责承办。培训严格按照9个方面的内容进行。每期结束后都进行严格的考试并颁发结业证书，培训合格率100%。整个培训工作安全圆满，达到预期目标。

【计算机信息系统分级保护】 2013年，市保密局认真贯彻落实《信息系统和信息设备使用保密管理规定》，落实计算机信息系统“分类管理、分级保护”要求，开展计算机信息系统清理核查工作，有计划地开展涉密信息系统的分级保护工作，配备相应的防护设备。经过核查，全市共登记备案涉密单机100余台，没有经过测评和审批的涉密网络。

【推进全市党政机关互联网集中统一接入建设】 2013年年初，市保密局组织全市三大电信运营商（电信、联通、移动），共同制定全市党政机关互联网集中统一接入技术规范。计划第一期将全市市级90家党政机关单位纳入集中统一接入，第二期将全市所辖县（区）的各党政机关单位纳入集中统一接入，第三期将国有大型企事业单位纳入集中统一接入。将大幅度减少党政机关互联网出口上百个，集中管控计算机超万台。该项目邀请3家电信运营商携手合作，共同出资，共建共享共管，确保各党政机关的各种网络需求，后期公开公平竞争。这在全省保密系统范围内尚属首次。

至年底，已经完成设备选型、初步谈判和核心层设备安装，2014年年初完成第一期工程，投入试运行，确保网络安全。

【保密业务综合管理平台建设】 保密业务综合管理平台是2013年省委下达市州目标工作任务之一。2013年市委保密办根据省局的统一要求，积极争取财政的支持，已与清华高科公司签订项目合同，保密业务综合管理平台已经安装调试成功。

【全市涉密计算机户籍管理与违规外联监控平台建设】 2013 年，市委保密办完善攀枝花市涉密计算机户籍管理系统和涉密计算机违规外联阻断系统，至年底，已有 48 个部门、5 个县（区），共 700 余台计算机纳入户籍管理系统，有效防止了计算机违规接入互联网造成泄密事件的发生。已初步完成了涉密移动存储介质管控系统、政府互联网门户网站保密检查平台和重要涉密单位互联网出口检查检测平台的建设。1 个系统和 3 大平台的建成，将使全市保密技术防范水平和技术监管水平提升到一个新水平。

【涉密计算机维修定点单位复查】 市保密局为加强涉密计算机的管理，根据《四川省涉密计算机维修管理办法》的要求，通过场地检查、公司技术人员保密培训、维修任务等，对已确定为攀枝花市涉密计算机维修定点单位的攀枝花市宇森公司和志林公司进行复查，有效期到 2014 年 4 月止。

【国家统一考试保密管理】 2013 年，市保密局积极指导、协助和配合教育、招生、人事、司法、财政、卫生、统计等主管部门，切实做好全市国家统一考试保密管理工作。把高考试卷的安全保密作为重中之重，市保密局与市教育局、市招办、市公安局组成联合检查组，对县（区）高考保密室的安全保密情况进行复查，还坚持高考期间对高考情况、保密室值班情况和保密制度执行情况进行抽查。各县（区）保密局对高考进行全程跟进。同时，市保密局统一协调其他几项国家考试的试卷存放问题，加强检查和指导，2013 年全市人事考试和司法考试中，市保密局配合人事局、司法局做好试卷押送工作，加强了试卷保密室的督促检查和指导，防止了失泄密事件的发生。年内全市各项国家统一考试未发生泄密事件。

【涉密文件清退督查和保密审查】 2013 年，市保密局根据省委的要求，加大对涉密文件清退督查力度，并处理相关责任人。清退不齐文件的单位在年度目标中进行倒扣分处理。同时做好公开出版刊物审查工作。审查包括《攀枝花年鉴》等公开出版刊物共 300 多万字。

（丁　利）

市直机关工委

【思想建设】 2013 年，中共攀枝花市直属机关工作委员会（以下简称市直机关工委）以贯彻落实十八大精神为主线，不断强化“服务中心、建设队伍”的大局意识，组织市直机关各级党组织和广大党员干部通过举办专题培训、参加业务学习、推进“学习型机关”创建活动等多种形式，加强市直机关党员干部思想教育工作。

以“实现伟大中国梦，建设美丽繁荣和谐新四川”为主题，大力开展“六个一”（一次知识竞赛、一期科级干部培训班、一次征文比赛、一场市直机关文艺汇演、一次挂包帮下派干部培训会、一次演讲比赛）活动，市直机关党员干部广泛参与。8 月 3 日，就如何贯彻《中国共产党党和国家机关基层组织工作条例》和“如何当好机关党组织书记”等知识，对市直机关 520 余名党组织书记和组织委员进行培训，进一步提高党务干部的业务工作水平。

2013 年 4 月，对 2011—2012 年度市直机关“学习型机关”创建活动进行总结表彰，有 15 个市直单位继续保持“学习型机关”创建活动优秀单位称号，新命名 16 个市直单位为“学习型机关”创建活动优秀单位。

为进一步增强市直机关共产党员的党性意识，牢记党的宗旨和使命，提高政治觉悟，引导广大机关党员当模范、做表率，举办一系列教育活动。年初，举办市直机关“在党旗下成长”第 32 期入党积极分子培训班；10 月中旬，组织 35 名党务干部赴井冈山江西干部学院学习培训；10 月 25 日，组织 300 名机关新老党员参加“市直机关新党员入党宣誓暨老党员重温入党誓词仪式”。指导市水务局机关党委拍摄电教专题片《水务党建谱新篇——攀枝花市水务局党建工作巡礼》。组织党员干部参加征文、课题和评论撰写，工委机关上报的题为《一调二培三增、真情帮扶见实效》的征文获得三等奖，《普通党员的自信》获“实现伟大中国梦，建设美丽繁荣和谐四川”主题教育活动优秀评论。工委还形成《浅谈加强服务型机关党组织建设工作》等课题延伸学习平台，深化学习效果。

【组织建设】 2013 年，市直机关工委加强党务干部队伍建设，各直属机关党组织新任专职书记 7 名，专职副书记 2 名，新任兼职书记 4 名，兼职副书记 1 名。新成立机关党组织 1 个，共指导 22 个机关党组织按期换届。

启动“五彩花城党建”品牌创建工作，印发《关于开展“五彩花城党建”品牌创建的实施意见》，把基层党建工作的五种基本理念总揽为抓手和载体，服务各项党建工作。

党员发展工作进一步规范完善，按照“控制总量，优化结构，提升素质，发挥作用”的要求，严格落实发展党员公示、票决、预审和责任追究等制度，认真做好发展党员工作，确保新发展党员质量。2013 年，市直机关新发展党员 55 名，预备党员转正 69 名。

机关党建目标管理进一步规范，制发《市直机关党建目标管理考核办法（试行）》及《2013 年市直机关党建目标管理考核评分细则》，共四章 11 条，4 个项目 29 条考核内容，细化 89 个评分标准，内容涉及党组（党委）执行《条例》情况、服务中心工作、队伍建设和年度重点工作等方面，使机关党建目标考核工作更加科学规范。坚持召开机关党委、党总支专职书记年度考核述职测评会。

党内关怀机制不断健全，2013 年，对市直机关困难党员基本情况进行重新摸底统计，更新 32 名困难党员台账；完善生病住院党员和去世党员家属走访慰问制度，全年为 196 名生病住院党员和去世党员家属发放慰问金 37320 元。

【制度建设】 2013 年，市直机关工委对内部管理制度进行认真清理和修改完善，使其更加规范有序。重新明晰工委各内设部委室工作职责，使各部门工作与新形势、新情况、新要求结合更加紧密。制发《市直机关党员思想政治工作分析报告制度》；加大与党员谈心谈话力度，形成“四必谈”（申请入党必谈、矛盾纠纷必谈、工作不在状态必谈、违反规章制度必谈）工作制度。加强对机关党员思想状况的动态掌握；实行新任机关党委、党总支专职书记谈话制度，全年对新任 7 名专职书记进行集体谈话；明确机关党组织负责人岗位职责，制发《市直机关基层党组织书记工作职责》。

【作风建设】 2013 年，市直机关工委坚持深入一线做调研、掌实情。工委先后组织近 40 个直属机关党组织分别召开座谈会 3 次，并对 8 个机关党委、3 个机关党总支和 1 个机关党支部等 12 个直属机关党组织进行实地走访调研，着重就市直机关党组织现状、机关党务干部履职情况、退休党员的管理等开展调研。

坚决贯彻落实中央八项规定、省市十项规定，认真执行反对“四风”的各项规章制度。工委机关在执行好规定的同时，积极参与全市开展的专项监督检查工作，共派出 2 名工委领导和 1 名工委干部参与检查组。

大力推进市直机关党员志愿服务工作，启动机关基层党组织和在职党员到社区“双报到”试点工作。市委组织部、市民政局、团市委机关党组织作为试点单位，与结对共建社区党组织相继开展各具特色的“双报到”志愿服务活动，为机关基层党组织践行党的群众路线，发挥骨干带头和示范表率作用搭建了平台。

深入开展“思想大解放，作风大转变，工作大落实”主题教育活动，加强领导，成立市直机关工委主题教育活动领导小组，制定了《市直机关工委深入开展“思想大解放，作风大转变，工作大落实”主题教育活动方案》；精心组织，对主题学习教育、开展“五个是否”大讨论、征求意见、民主评议、整改落实等工作任务都进行细化分解和落实。活动期间，征集意见和建议共 23 条，明确了 5 个整改事项，8 条整改措施；健全完善机制，结合工作实际，进一步健全完善《市直机关工委关于进一步改进工作作风、提高工作效能的规定》《市直机关工委课题调研管理办法》等制度。

【廉政建设】 2013 年，市直机关纪工委完成“三项建设”（全市纪检监察系统“能力素质建设、思想作风建设、基层组织建设”主题教育活动）工作任务，被评为全市“三项建设”主题教育活动先进单位。新选任纪工委委员 5 名，新调整配备纪工办主任 1 名。纪工委根据中纪委关于清退会员卡的要求，对纪工委纪检干部持会员卡问题进行清理和自查。

全年，市直纪工委受理并办结党员申述 1 件；市廉政办转办的查报结果件 1 件。全年查办违纪案件 1 件，1 名党员副科级干部给予党内严重警告处分，提出撤销行政职务的建议。

抓好廉政文化建设进机关工作，按照市纪委《关于反对“四风”进一步加强作风建设的通知》，定期组织机关干部学习《中国共产党纪律处分条例》《关于实行党风廉政建设责任制的规定》《中国共产党党员领导干部廉洁从政若干准则》等内容，并组织副科级以上党员干部进行“加强作风建设，促进廉洁从政从业”党风廉政知识集中测试。同时，抓好警示教育，为直属机关党组织征订发放警示教育片 10 部、光碟 420 张。

【统战、工会、共青团、妇女工作】 2013 年，市直机关工委重视和加强统战工作理论宣传教育力度，加强市直机关优秀党外干部的调查统计和推荐工作，引导、调动和组织各民主党派人士和党外知识分子充分发挥各自优势力量，推进攀枝花市经济社会又好又快的发展。协助市委统战部、侨联、侨办和台办举办“三胞三属”中秋茶话会，安排 8 名侨眷和台属参加茶话会，按时为 5 名困难老归侨发放生活补助费。

市直机关工会工委积极开展“送温暖”活动，在元旦、春节和“七一”期间，组织机关干部走访慰问老干部、对口帮扶职工生活困难户、市直机关特困职工、死亡职工遗属等，慰问金总额 33200 元。在工会工委牵头下，市直机关文体活动进一步丰富，坚持组织机关干部参加元旦健身跑活动；坚持举办市直机关元宵节登山活动；举办市直机关第九套广播操大赛，市直机关共有 50 支参赛队伍，近 2000 名选手参加比赛。

市直机关团工委全年共指导新建团组织 2 个，指导 10 个团组织顺利完成换届选举。坚持在机关团员青年中开展手机团委团购打折活动，2013 年为机关团员青年节约开支 12 万余元。同时，坚持抓好关工委工作。2013 年，市直机关各部门在“五四”青年节和“六一”儿童节、暑假期间分别组织开展形式各样的关爱青少年活动 70 余次。

市直机关妇工委以建设“坚强阵地”和“温暖之家”为目标，以服务大局、服务妇女为根本，依托“幸福攀枝花、巾帼齐行动”活动和“五好文明家庭”“绿色家庭”等载体，在市直机关中深入开展“巾帼建功”活动和家庭建设工作，取得明显成效。2013 年，牵头选举产生市直机关出席市第九次妇代会代表 33 名，获得市妇联评选的年度业务目标综合考核一等奖，被授予“攀枝花市优秀妇女之家”“攀枝花市三八红旗集体”称号。

【"领导挂点、部门包村、干部帮户"活动】 2013年，市直机关工委全力推进"挂包帮"活动，组织召开全市首轮"挂包帮"活动总结大会，87个先进单位和49名优秀下派干部获得市委、市政府的表彰，并启动第二轮"挂包帮"活动。市、县（区）两级"挂包帮"活动领导小组再次派出234名"挂包帮"下派干部到基层开展工作，各级帮扶部门制定新一轮"挂包帮"活动3年规划和年度计划，签订帮扶协议，各项帮扶工作进一步落实。整个活动做到"四个全覆盖"，即"市级领导参与挂点全覆盖、352个行政村和132个社区被帮扶全覆盖、市县（区）两级部门包村全覆盖、央属省属国有企业包村全覆盖"，并动员民营企业参与其中。

扎实做好统筹结对帮扶工作，工委牵头完成《关于统筹结对帮扶工作的通知》，对全市各类结对帮扶工作进行梳理和整合，以"挂包帮"活动结对关系为基础，把市领导联系指导县（区）和基层工作、百千万·干群心连心活动、城乡党组织互助、定点扶贫、新村共建、"扶贫帮困送温暖"活动、计划生育"三结合"等结对帮扶工作进行统筹协调，明确一个单位结对帮扶一个村（社区），结对帮扶关系原则上稳定3年。

全力推进万名干部直接联系服务群众工作。2013年8月，全市以一帮一、几帮一的方式，启动科级和一般干部结对联系服务群众工作。全年已完成12932名干部与8048户群众的结对联系，其中1304名县级、厅级干部联系户有3644户；11628名科级和一般干部联系户有4404户。仅2013年，联户干部们为联系户提出发展建议2000多条，解决实际困难1200多个。

完善考核工作，市"挂包帮"办对考核办法做了进一步的修改和完善，细化措施，明确责任，强化考核的导向。对目标任务、工作责任等作了进一步的细化，确保"群众有干部联系卡、干部有民情记录本、单位有帮扶工作台账"，切实做到思想认识到位、组织协调到位、制度建设到位、监督考核到位。

（李　楠）

党校工作

【概　况】 2013年，攀枝花市委党校、攀枝花行政学院、攀枝花社会主义学院（以下简称校院）有职工66人（含离岗待退3人、人大任职1人），副教授11人（含离岗2人、副研究馆员2人）中级13人（含离岗1人、馆员2人），初级2人（助教1人、助馆1人）。内设15个处室，即办公室、组织人事处、科研处、图书馆（信息技术部）、机关党委办公室（工会）、继续教育处、联络处、后勤管理处、教务处、公务员培训处、党建党史教研室、经济学教研室、行政学教研室、哲学文化教研室、科社法学教研室。

全年校院有四川省突出贡献优秀专家1人（吴宏放），四川省宣传文化系统"四个一批"人才1人（吴宏放），攀枝花市学术和技术带头人1人（吴宏放），攀枝花市学术和技术带头人后备人选2人（王跃、代发君）；有攀枝花市突出贡献优秀专家1人（罗莲），市级优秀人才示范岗2人（吴宏放、罗莲）。校院第七届校学科带头人2人（吴宏放、罗　莲）、校院专业技术骨干1人（冯国权）、校院优秀青年教师校1人（代发君）。

全年校院共完成主体班培训21个班次，共轮（培）训1556人。全年校院教研人员共发表各级各类理论文章81余篇，立项、完成各级各类课题18项。

全年，市委党校积极开展"挂包帮"和结对共建新村活动，被市委、市政府授予全市"领导挂点、部门包村、干部帮户"活动先进单位荣誉称号。在2013年有1户家庭被评为全市"十佳学习型"家庭，受到市级表彰。校（院）34人与米易县草场乡明德小学30名困难学生结成帮扶对子，送去学习用品和助学金。

【干部培训】 2013年，围绕党委政府中心工作，做好干部教育培训，充分发挥校（院）在干部教育培训中的主渠道、主阵地作用。

全年共完成21个培训班次，轮（培）训学员1556名。举办攀枝花市乡镇党委书记（乡镇长）、街道党工委书记（街道办主任）培训班3期，每期培训时间1周，共培训学员123名；举办第24期中青年干部理论培训班1期，培训时间为2个月，培训学员45名；举办2013年选调生岗前培训班1期，培训时间为1周，培训学员25名；与清华大学继续教育学院、浙江大学继续教育学院、广东省委党校联合举办攀枝花市"实施多点多极支撑发展战略"专题研讨班6期，每期培训时间为1周，培训学员286名；完成公务员初任培训班2期，培训学员172人；完成全市党外年轻干部培训班1期，培训学员48人；完成民主党派入党积极分子培训班1期，培训学员45人；与攀枝花市教育局委员会共同举办教育系统关于开展学习贯彻中共十八大精神培训班1期，培训时间为3天，培训学员72名；与市保密局共同举办攀枝花市保密干部培训班4期，每期培训时间为2天，共培训学员740名。

全力办好富有特色的县干班，按照市委"深入实施多点多极支撑发展战略，进一步提升攀枝花在攀西城市群和川滇结合部的战略地位"、全面打好"六大硬仗"的重大决定。院校分"实施多点多极支撑发展战略，建设中国钒钛之都"、实施多点多极支撑发展战略，推进阳光度假康养旅游目的地建设""实施多点多极支撑发展战略，推进区域交通枢纽建设""实施多点多极支撑发展战略，推进现代农业和新村建设""实施多点多极支撑发展战略，建设中国阳光花城""实施多点多极支撑发展战略，推进民生改善和社会事业发展"六个专题研讨班班次，对全市相关部门的人员进行异地培训。主要委托清华大学、浙江大学、广东省委党校培训。6 个班实行对口调训，以县级领导干部为主，并调训与专题研讨班相关部门的科级干部，第一次对干部培训按工作性质进行混合培训，在培训工作中紧紧围绕市委的中心工作展开干部培训轮训，努力推进党委的重大决策部署进课堂、进教材、进头脑，引导广大党员干部凝心聚力，克坚奋进，实现攀枝花市跨越式发展，在全省率先全面建成小康社会而积极投奋斗。

突出中青年干部理论培训班的实效性，在第 24 期中青年干部理论培训中，将市委重大工作安排进教学任务。组织学员对攀枝花市新农村建设进行专题调研。分 5 个小组对益民乡的益民村、总发乡的立新村、白马镇的马槟榔村、西区的庄上村、仁和大田片那里村进行现场调研。最后各小组汇总调研内容，讨论形成《关于攀枝花新村建设的调查与思考》调研报告。结合“实现伟大中国梦、建设美丽繁荣和谐四川”主题教育活动，第 24 期中青年干部理论培训班，以“实现伟大中国梦、建设美丽繁荣和谐四川及建设美丽幸福攀枝花”为主题组织学员论坛，学员代表分别在论坛会上发言，从不同角度及方面，畅谈“实现伟大中国梦、建设美丽繁荣和谐四川及美丽幸福攀枝花”的战略构想，并形成主题教育活动的思想成果 10 篇，刊登于 2013 年 6 月 10 日《攀枝花日报》。继续拓展办班形式，全年对全市乡镇党委书记（街道党工委书记）、乡镇长（街道办主任）进行异地培训。这是十年之内，第一次大规模对乡镇党委书记（街道党工委书记）、乡镇长（街道办主任）进行的调训。培训使学员们对基层党建、社会管理创新、城乡统筹理论与实践、群体性与突发性事件、网络舆情管控等有了更全面的认识。

【继续教育教学管理和招生】 2013 年，市委党校加强四川省委党校研究生、东北财经大学网络学院攀枝花教学点的招生宣传和招生报名录取注册工作，全年研究生招生 63 人，东北财经大学网络学院攀枝花教学点录取注册 68 人。完成研究生三个年级共 83 人的教学管理及考试工作。完成东北财经大学网络学院攀枝花教学点 196 人的教学管理和考试工作。2013 年，攀枝花市委党校被四川省委党校评为“在职研究生综合目标管理先进单位”“招生工作先进单位”。攀枝花市委党校四川省干部函授学院攀枝花分院被四川省干部函授学院评为“学院网络教育先进学习中心”。

【科研工作】 2013 年，校（院）科研工作坚持为提高教学质量服务、为地方党委政府决策服务、为“五大建设”服务、为理论创新服务，积极履行党的哲学社会科学研究机构的职能，主动成为党委政府重要的思想库，进一步提升党校的学术地位和社会影响力。

完成各级各类课题 19 项，包括四川省哲学社会科学研究规划项目 1 项（结项）、国家行政学院年度课题 1 项（在研）、攀枝花市 2013 年度重点软课题 1 项（结项）、2013 年省党校重大研究课题（市州项目）1 项、省党校系统调研课题 9 项（结项 8 项）、攀枝花市党校系统年度重点课题 6 项。此外，还承担多项市级部门课题撰写任务。

全年全校共发表各级各类理论文章 84 篇，其中核心期刊 1 篇（吴宏放撰写的《执政党规律探索的中国路径》），省级公开刊物 21 篇，市级刊物 62 篇。

获四川省党校系统第八届优秀科研工作组织奖 1 项、优秀科研成果奖 9 项（二等奖 5 项、三等奖 4 项）、优秀科研个人奖 1 项、优秀科研管理工作者奖 1 项；获攀枝花市第十次哲学社会科学优秀成果奖 12 项，其中一等奖 2 项（《论马克思主义中国化的主要特征》作者：吴宏放；《论民主的价值构成、价值量及评判标准》作者：赵厚钊）、二等奖 4 项、三等奖 6 项。此外，多项成果在省、市研讨会、评奖活动和征文活动中获奖。

编发报送“调研咨询专报”二期，分别是《攀枝花市“苴却砚文化产业园区”品牌建设研究》《基于国家级开发区转型背景下的攀西战略资源创新开发试验区发展探析》，得到主要领导批示和有关部门的认可。

按时编辑出版校刊《攀枝花新论》四期。

【宣讲工作】 2013 年，按照市委的安排部署，围绕“实现伟大中国梦，建设美丽繁荣和谐四川”主题教育活动和学习十八届三中全会精神的活动，市委党校选派教学和宣讲经验丰富的专家教授参加市委宣讲团，参加宣讲的老师均是学校理论学习中心组成员，他们的宣讲为全市深入开展“实现伟大中国梦，建设美丽繁荣和谐四川”主题教育活动和学习十八届三中全会精神起到极好的推动作用。党校专家教授深入到市级各部门（单位）、县（区）、企业、部队进行理论宣讲，全年共宣讲 40 余场。收到良好效果，获得社会各界的一致好评。

【图书馆、信息化建设】 2013 年，院校积极发展远程教育“中国西部开发远程学习网（英文缩写：CDDLN）”，借助该远程学习平台，为全市各级各类部门提供免费远程培训课程。全年开设“宏观经济热点”“改革专题”“新型城镇化问题研究”“城市管理热点问题研究”等 7 个专题，共计培训学员 300 人次。2013 年攀枝花市委党校远程学习中心被国家发展和改革委员会西部开发司授予“中国西部开发远程学习网优秀学习中心”称号，全省 10 个学习中心只有 3 所市州党校获此殊荣。

顺利完成 2 次（197 人）拟任县处级领导干部政治理论水平远程考试。考试组织严密、措施得力，获得有关部门的好评。

不断完善 OA 办公系统。对校（院）教职员工进行办公自动化（OA 系统）的培训，推广其在管理、教学、科研等业务管理中的应用，逐步推进党校的电子化办公和无纸低碳办公，提高办公效率，节约办公成本。

（周　玮）

机构编制管理

【概　况】 2013年，攀枝花市有市委工作部门10个，市委办事机构1个，市政府工作部门32个（部门挂牌12个），政府派出机构5个，议事协调机构的常设办事机构1个，部门管理机构2个，群团组织、民主党派机关16个，其他机关4个，市政府直属事业单位8个，市委直属事业单位3个。

【行政机构编制管理】 2013年，中共攀枝花市委机构编制委员会、中共攀枝花市委机构编制委员会办公室调整党群、政法机关机构编制事项23项，行政机关机构编制事项24项。重点是整合设立市委市政府目标督查办公室、市委巡视工作联络组办公室、市委政法委纪工委、钒钛产业园区管委会纪工委；在红格管委会基础上组建花城新区管委会；解决盐边县北部地区和红格景区管理体制问题，设立盐边县北部工作委员会，设立盐边红格旅游度假区管理委员会；完成市本级食品药品监管体制改革，组建新的市食品药品监督管理局；修订完成市公安局“三定”规定。

【事业机构编制管理】 2013年，中共攀枝花市委机构编制委员会、中共攀枝花市委机构编制委员会办公室调整事业单位相关机构编制事项28项。重点完成中职学校教职工编制的动态调整工作，重新核定市经贸旅游学校、市建筑工程学校教职工编制；核定100名专项事业编制用于暂无空余事业编制的单位解决急需人才储备。

【事业单位分类改革】 出台《中共攀枝花市委 攀枝花市人民政府办公室关于开展市属事业单位分类工作的实施意见》；完成《攀枝花市市属事业单位分类指导目录》（征求意见稿）及市属事业单位模拟分类工作；完成市属事业单位的分类意见收集、整理工作。

【实名制管理与督查】 加强机构编制实名制网络建设，市级部门机构编制调整相关文件信息和人员信息录入率达到100%；完成各级各类编制使用前置审批891名；开展“12310”机构编制投诉举报电话受理工作，对市级部门执行“三定”规定等情况进行监督检查，将机构编制工作纳入市委、市政府对县（区）党委、政府的目标绩效考核。全年未接到机构编制相关违纪违规问题举报。

【事业单位登记管理】 2013年，市事业单位登记管理局开展事业单位登记管理工作，全市已登记为法人事业单位的1143个；市级已登记为法人事业单位的254个，其中新登记8个、年检合格246个；县（区）级已登记为法人事业单位的889个（东区108个、西区105个、仁和区230个、米易县207个、盐边县239个），其中新登记21个、年检合格868个；事业单位年检率为100%。

（陈绍伟）

攀枝花市人大常委会

【市九届人民代表大会会议】 2013年1月11—14日，攀枝花市第九届人民代表大会第二次会议在攀枝花会展中心召开。会议议程：听取和审查攀枝花市人民政府工作报告；审查和批准攀枝花市2012年国民经济和社会发展计划执行情况的报告及2013年国民经济和社会发展计划（草案）；审查攀枝花市2012年财政预算执行情况的报告及2013年财政预算（草案），批准2012年攀枝花市本级财政预算执行情况的报告及2013年市本级财政预算；听取和审查攀枝花市人民代表大会常务委员会工作报告；听取和审查攀枝花市中级人民法院工作报告；听取和审查攀枝花市人民检察院工作报告；选举。

会议作出攀枝花市人民政府工作报告、攀枝花市2012年国民经济和社会发展计划执行情况及2013年国民经济和社会发展计划、攀枝花市2012年财政预算执行情况及2013年财政预算、攀枝花市人大常委会工作报告、攀枝花市中级人民法院工作报告、攀枝花市人民检察院工作报告等的决议。

会议依法选举史志伦、刘晓华、肖佑嘉、陈素清、姜晓亭、郭永祥、潘世伟、刁丽平、卢旭东、刘卫东、刘成鸣、李洪琼、吴强、余志甦、张剡、张汝林、陈可红、范晓红、林双庆、罗阳勇、赵琪、祝红、覃发树、谢道全、雷雨、熊学琴等26人为出席四川省第十二届人民代表大会代表，补选张大德、陈向东为攀枝花市第九届人大常委会委员。

【市九届人大常委会议】 2013年，市九届人大常委会召开了第9—15次常委会议，会议审议的议题是：讨论修改攀枝花市人大常委会2012年度工作报告；审议通过市九届人大二次会议有关事项；审议通过攀枝花市第九届人大常委会

2013 年工作要点；审议通过市人大常委会代表资格审查委员会关于个别代表资格的审查报告；听取和审议市政府关于贯彻落实财政投资评审工作决议情况的报告；听取和审议市政府关于林业产业发展情况的报告；审议通过市人大常委会代表资格审查委员会关于个别代表的代表资格审查的报告；听取和审议市政府关于创建国家环保模范城市工作进展情况的报告；听取和审议市人民政府关于贯彻执行全民健身条例情况的报告；审议《攀枝花市人大常委会预算审查监督暂行办法（草案）》；听取和审议市中级人民法院关于全市法院创新和加强审判管理工作情况的报告；听取和审议市人民检察院关于全市检察机关民事行政检察工作情况的报告等；审议通过《攀枝花市人民代表大会常务委员会关于广泛动员全市人民积极投入创建国家环保模范城市的决议》《攀枝花市人大常委会预算审查监督暂行办法》。对常委会审议意见办理情况进行满意度测评；听取和审议市政府关于“五创联动”工作进展情况的报告；听取和审议市政府关于攀枝花市民族工作情况的报告；听取和审议市政府关于攀枝花市 2012 年度财政预算执行和其他财政收支审计工作情况的报告；听取和审议市政府关于 2012 年财政决算和 2013 年 1—6 月预算执行情况的报告；审查和批准 2012 年市级财政决算；通过《攀枝花市人民代表大会常务委员会关于举全市之力深入推进“五创联动”工作的决议》（草案）；听取和审议市人民政府关于 2013 年上半年国民经济和社会发展计划执行情况的报告；听取和审议市政府关于创建国家森林城市工作、创建国家园林城市工作、加强法治政府建设、高中阶段教育改革发展情况的报告，听取和审议市政府关于办理市人大代表在市九届人大二次会议上所提建议、批评和意见情况的报告；通过《关于进一步动员全市人民积极投入创建国家森林城市工作的决议》和《关于进一步动员全市人民积极投入创建国家园林城市工作的决议》；审议通过《攀枝花市第九届人民代表大会常务委员会代表资格审查委员会关于个别代表资格的审查报告》；审议通过市九届人大常委会代表资格审查委员会关于个别代表的代表资格的审查报告、市九届人大常委会第 15、16、17、19、20 号审议意见及“一府两院”办理情况摘登公告的报告；听取和审议市政府关于 2013 年民生工程实施情况、2012 年度审计查出问题整改情况的报告；审查市政府关于攀枝花市 2013 年市本级预算调整的报告，批准攀枝花市 2013 年市本级预算调整方案；对市人大常委会审议意见办理情况进行满意度测评；通过《攀枝花市第九届人大常委会关于召开攀枝花第九届人大常委会关于召开攀枝花市第九届人民代表大会第三次会议的决定》。历次会议还进行“一府两院”及市人大常委会的人事任免。

【市九届人大常委会主任会议】 2013 年，市九届人大常委会召开第 17—31 次主任会议。审议和讨论的议题是：听取市九届人大二次会议筹备工作情况；听取市人大常委会代表资格审查委员会关于个别代表的代表资格审查的报告；听取市人大常委会办公室关于市九届人大常委会第十次会议召开时间和建议议题的情况报告；讨论市人大常委会 2013 年工作要点。听取市人大常委会相关专（工）委会关于个别代表资格审查的报告（草案）、常委会视察方案的报告、常委会审议意见办理情况的报告（书面）、常委会第十一次会议召开时间和建议议题的情况汇报；听取市人民政府、市中级人民法院有关人事事项的报告；讨论《攀枝花市人大常委会审议意见办理情况满意度测评办法》（草案）；听取市人大常委会关于组织人大代表督查“五创”联动工作方案；听取市政府关于攀西战略资源创新开发试验区建设情况的报告；讨论通过关于提请市九届人大常委会第十二次会议审议《攀枝花市人大常委会预算审查监督暂行办法（草案）》的报告；听取相关专（工）委关于市人大常委会会议审议意见初稿的情况报告和常委会审议意见办理情况的报告；会议听取市人民政府 2013 年上半年工作情况报告；听取市中级人民法院、市人民检察院 2013 年上半年工作情况报告；听取市人大法委、市人大城环资委、市人大常委会教科文卫工委关于市人大常委会审议意见的情况汇报；讨论修改《攀枝花市人民代表大会常务委员会关于举全市之力深入推进“五创联动”工作的决议》；听取市九届人大常委会第十三次会议召开时间和建议议题的情况汇报；听取市人民政府、市中级人民法院、市人大常委会人事代表工委有关人事事项的汇报；传达学习市委贯彻落实省政府出台的“四个八条措施”的会议精神；听取市政府关于打好“六大硬仗”工作推进情况、贯彻执行《四川省防震减灾条例》情况的汇报；听取市人大相关专（工）委关于常委会审议意见的情况汇报；听取市人大常委会办公室关于《攀枝花市重大项目管理办法》备案审查意见的报告、关于市九届人大常委会第十四次会议召开时间和建议议题的情况汇报，审议通过《攀枝花市人大常委会组成人员出席常委会会议请假规定》《攀枝花市人大专委会、常委会工作委员会组成人员参加会议和活动请假规定》。决定市九届人大常委会第十四次会议召开时间；听取市人大相关专（工）委会关于加强法治政府建设工作、高中阶段教育改革发展情况、森林城市创建工作、国家园林城市创建工作进展情况的审议意见；听取市政府关于攀枝花农村卫生事业改革与发展情况的报告、市人大财经委关于攀枝花市国民经济和社会发展第十二个五年规划实施情况的中期评估报告审议工作方案（草案）的报告。听取“一府两院”、市人大常委会人事代表工委有关人事事项的汇报、市人大常委会代表资格审查委员会关于个别代表的代表资格审查的汇报、市人大财经委关于市人民政府请求调整攀枝花市 2013 年市本级预算的情况说明；听取市人大法委、财经委、市人大常委会教科文卫工委、农业民族宗教侨务工委关于市人民政府办理市人大常委会审议意见（第 15、16、17、19、20 号）情况的汇报；听取市人大常委会研究室关于2013年下半年市人大常委会审议意见及市政府办理情况进行摘登的汇报；听取市人大常委会办公室关于市人大常委会审议意见（第15、16、17、19、20号）测评方案的汇报；听取市人大常委会办公室关于召开市九届人大三次会议的决定（草案）的汇报；讨论市人大常委会工作报告（讨论稿）。

【调查　考察】 2013年，围绕市九届人大常委会议和主任会议审议的议题，市九届人大有关专门委员会和市九届人大常委会有关工作委员会，先后就全市林业产业发展情况、加快推进财政投资评审工作情况、创建国家环境保护模范城市工作进展情况、贯彻落实《全民健身条例》、全市法院创新和加强审判工作情况、全市检察机关民事行政检察工作情况、民族工作情况、2012年度市级财政预算执行和其他财政收支审计情况、2012年上半年国民经济和社会发展计划执行情况、2013年上半年国民经济和社会发展计划执行情况、贯彻执行《四川省防震减灾条例》情况、创建国家森林城市工作情况、开展创建国家园林城市工作情况、加强法制政府建设工作情况、高中阶段教育改革情况、农村医疗卫生事业发展情况等问题开展调研，并形成调查报告，提出存在的问题和解决问题的建议，为常委会议在审议"一府两院"的有关议题时，当好参谋和助手。

关于林业产业发展情况，调查报告认为，存在的主要问题是：全市林地生产力水平整体较低。自1998年实施天保工程后，林业产业逐步从"木材生产为主"转变到"生态建设为主、产业发展并重"。但从总体来看，攀枝花市林业产业发展不足、发展不充分、发展不平衡，低效林占比高，开发投入大，产业基地建设标准低，产业链条短，产品附加值低等。林业科技推广服务力度不足，制约林业产业发展。乡镇编制配置不合理，机构多，编制少，乡级林业专业技术人员紧缺和现有人员老化，林产业新品种引进、新技术科研、推广培训工作开展困难。林产业发展的政府财政投入扶持机制不完善。由于缺乏稳定的扶持资金来源，林区水、电、路、通讯等基础设施落后，影响了林业产业在促进地方经济发展、增加农民收入等方面的潜力和作用。林业产业组织化程度不高，林产品加工增值力弱，林业资源综合利用水平低。针对存在的问题，调查报告建议：要坚持生态和产业相结合，完善林业产业管理体制和发展机制，优化林产业发展环境；进一步理顺农口部门涉林事务的职权职责，认真落实国家发展林产业的各项优惠政策；积极建立"多级投入、各方支持、各界参与"的多元化长期投入机制，为林业及林产业可持续发展搭建良好机制平台。要坚持规划和政策引领，科学实施林产业规划，不断加快林产业培育，壮大林业经济；让农民充分利用林业生产资料实现森林资源财产的保值增值，依托林业致富增收。要认真抓好林业服务体系和科技人才队伍建设，尽快建立和完善市、县、乡、村林业技术社会化服务体系，让林产业依靠科技提质升级，促进现代林业产业的可持续发展。

关于市政府贯彻落实《攀枝花市人民代表大会常务委员会关于加快推进攀枝花市财政投资评审工作的决议》的情况，调查报告认为，存在的主要问题是：政府对财政投资评审工作重要性和必要性的认识还不足。一些单位和部门故意拖延申报评审时间，规避投资评审程序；有的项目业主单位甚至与施工单位一起给评审工作施加压力，以达到增加审定金额的目的。对财政投资评审范围还不宽。对项目的概算评审和决算评审还未全过程的开展。政府采购标准的制定、专项资金的核查和绩效评价、部门预算项目支出的评审等方面还未涉及。项目评审结果的约束力不够，项目建设和实施过程中，更改建设内容和建设标的，增加附属工程，千方百计扩大投资规模，不断追加投资等现象极为普遍。评审工作队伍建设和制度建设还需加大力度。目前投资评审中心力量不足，难以承担随着社会发展带来的更为广泛的评审任务。调查报告建议：政府要进一步提高对财政投资评审工作重要性和必要性的认识，积极支持、主动配合财政投资评审工作，推动财政投资评审全面深入开展。进一步延伸和拓展投资评审范围，扩大评审工作覆盖面。进一步注重对评审结果的运用，增强评审结果的约束力。进一步建立健全评审制度，抓好队伍建设。

关于创建国家环境保护模范城市工作进展情况，调查报告认为，存在的主要问题是：产业结构不合理，结构性污染突出，总量减排任务繁重，形势严峻。涉及大企业和垂直管理单位的攻坚项目普遍推进缓慢，沟通协调工作还有待进一步加强。部分企业主体意识不强，偷排漏排等环境违法事件时有发生。虽然各县（区）都与市政府签订了"创模"责任书，但"创模"工作推进情况差距较大，部分区县还停留在制定规划、宣传造势等方面，具体项目进展情况较差。资金投入不足，环境保护基础设施建设滞后，环保队伍建设需要进一步加强。调查报告建议：进一步加大宣传工作力度，着力提高全社会"创模"知晓率和参与率；要组织相关企业、单位、部门的领导和工作人员进行"创模"知识和业务工作培训，营造"人人参与、共创共享"的良好社会氛围。进一步树立环境优先的发展理念，加快经济结构调整步伐，推动总量减排目标实现。进一步加大环保基础设施投入，努力解决"创模"底子薄弱的问题。进一步加大执法监管和沟通协调力度，努力实现"创模"目标。

关于贯彻落实《全民健身条例》的情况，调查报告认为，存在的主要问题是：体育场馆总量不够、分布不均、公共体育场馆人均面积低，不能满足全民健身的需求。公共体育场馆运行、设施运修更新缺乏保障机构、体彩公益金使用不规范，没有建立起全民健身表彰奖励制度。各区、县公共体育场地设施和群众体育工作基础存在较大差异，全民健身事业发展不平衡。调查报告建议：完善群众体育经费和公共体育设施财政预算制度，并纳入考核。把场馆建设、运行及设施器材维护更新和群众性体育活动经费专项纳入年度本级财政预算。同时，保证体育彩票公益金返还经费按规定用于全民健身工作中。按照群众健身就地、就近原则，加强规划，科学推进公共体育基础设施建设步伐。突出重点环节和重点工作，把全民健身工作重点放在基层，进一步活跃全民健身活动。

关于全市法院创新和加强审判管理工作情况，调查报告认为，存在的主要问题是：有的办案法官没有充分认识到创新和加强审判管理对实现司法公正、高效、廉洁的重要性和必要性，对审判管理产生了抵触情绪。全市基层法院设立审判管理机构时间较短，不同程度地存在职能不够健全，职责不够清晰，使其作用没有得到充分发挥。受政策的影响激励力度不够，对办案法官的激励效果不够明显。审判质效评估的部分指标设置不科学，有的指标可操作性不强，有的指标不能真实反映审判工作实绩，有的指标没有顾及到各地的实际情况差异。调查报告建议：要加强对全体法官的学习教育，提高对审判管理重要性和必要性的认识。要建立一支政治素质过硬、审判经验丰富、有一定管理能力和组织能力、协调能力的审判管理队伍，提升审判管理队伍的整体素质和水平。要进一步健全与审判管理机制相衔接配套的激励机制，将审判绩效考核结果作为法官评先评优、晋职晋级的主要依据，充分调动法官在审判管理和审判工作中的积极性。要充分发挥审判质效评估指标的导向作用，不断提高审判质量和效率。

关于检察机关民事行政检察工作情况，调查报告认为，存在的主要问题是：民事行政检察工作的力度有待加强，质量有待提高，在开辟案源、认定事实、采信证据、适用法律、释法说理、办案效率、办案效果等方面存在一些问题或不足。社会公众对全市检察机关民事行政检察工作知晓度及认可度不够高，不少民事行政案件当事人还不知道可以并能够通过向检察机关申诉依法维护自己的合法权益。民事行政检察工作人员不足，办案力量较为薄弱。民事行政检察工作的内部机制和与法院在民事行政检察工作对接、协调配合方面的机制不完善。调查报告建议：检察机关在全方位履行民事行政检察职能的同时，进一步强化对生效的民事行政裁判的监督，加强对损害民生民利的民事行政案件的监督，要坚持把化解矛盾贯穿在办案的始终。利用报刊、广播电视、互联网和手机短信等方式，借助检察室、司法所等平台，大力加强民事行政检察的宣传力度，逐步提高公民、法人和其他组织民事行政检察申诉的法律意识，推动被监督机关增强自觉接受监督意识。通过技能培训、岗位练兵等途径，加强民事行政检察干警的业务培训力度；根据民事行政检察工作的实际需要，合理配置民事检察工作人员。要进一步完善民事行政检察的检务公开、案件流程管理机制、内部分工制约机制和案件质量管理与监督机制，进一步完善以市级院为主体、基层院为基础的一体化办案机制，不断完善检察机关与法院民事行政检察工作对接、配合协调方面的机制。

关于民族工作情况，调查报告认为，存在的主要问题是：部分干部对主动做好民族工作的思想意识不够强，政策落实不够好。民族地区基础设施建设和产业发展扶持投入力度不够，民族地区经济社会发展不平衡。科技普及不足，干部队伍建设和人才培养难度大。调查报告建议：要进一步增强各级干部做好新时期民族工作的责任感和紧迫感，强化措施，凝聚力量，推进民族地区跨越发展。要切实用好国家和省对民族地区的扶持政策，认真贯彻落实市委、市政府对民族地区的帮扶政策，完善民族地区经济社会发展扶持机制。要重点督促少数民族地区发展专项资金的落实，研究制定专项资金管理使用办法，充分发挥此项资金推动民族地区健康发展的支撑作用。

关于攀枝花市2012年度市级财政预算执行和其他财政收支审计情况，调查报告认为，存在的主要问题是：整改工作仍需加强。2009年以来，审计查出的违规资金虽逐年下降，但是管理不规范金额居高不下，反映出个别被审计单位存在避重就轻，侥幸心理。竣工决算审计力度尚需加大。2010—2012年，共审计50个项目，竣工决算审减额累计15个，222.74万元。审计反映出工程超概算、多计工程量、多计工程造价等问题非常严重，极大地浪费了财政资金。民生工程领域审计还需强化。近几年，市人民政府对养老、医疗保险、保障性住房等民生项目进行了专项审计和审计调查，审计发现存在养老金收取不到位、存放不规范、虚领、冒领等诸多问题，这些问题在群众中反响强烈，需引起高度重视。为此，调查报告建议：着力提升审计整改的质量和成效，运用好审计成果。整改结果事关政府的权威和公信力，事关法治政府、廉洁政府建设，市人民政府要高度重视，建立和完善督促审计整改的联动机制，形成政府领导、部门负责、审计机关督促、各有关方面协调配合的整改工作机制，对每个问题都紧盯不放，确保事事有回音、件件有交代。要注重对审计成果的分析，找出规律性、普遍性和倾向性的问题，坚持查处问题和推动改革、完善管理相结合，以促进被审计单位加强源头治理和长效机制建设。进一步深化财政预算执行审计，更加注重竣工决算审计。要继续做好预算执行审计，关注法定支出、预备费、政府采购，以及“三公经费”支出情况。要进一步强化竣工决算审计，集中力量对基础设施、环境整治、城市建设等重大项目开展审计，审计部门要同财政投资评审中心对接，分别对财政投资项目进行投资评审和竣工决算审计，共同把好财政资金使用的“入口”和“出口”关，切实解决工程超概算、多记工程量等老大难问题。强化民生工程专项审计，注重绩效审计。要进一步加大涉及社保、教育、医疗卫生、民政、移民扶贫等民生专项资金的审计监管力度，高度重视民生工程查出的问题，该问责的要问责，该处理的要处理，切实保障老百姓的利益不受侵犯。要对近几年财政投资的专项资金开展绩效审计，跟踪了解资金的投向和管理使用情况、效益发挥如何、老百姓究竟得到了多少实惠，并对存在的问题进行客观披露，最大限度地减少资金的闲置和浪费，充分发挥财政资金的使用效益。

关于2012年财政决算和2013年1—6月预算执行情况，调查报告建议：要努力做好增收节支工作。要全力组织收入，切实采取有效措施，加大税收征管力度，加强非税收入和基金收入的征收管理，确保收入及时足额入库，确保年初预算收入目标的完成。根据当前严峻的财政收支形势，一方面要全面清理结余资金，充分发挥好财政资金的作用；另一方面要进一步调整支出结构，在确保民生项目支出和城乡居民收入不断增加的前提下，努力压缩行政运行成本，从严控制“三公”等一般性支出，按照轻重缓急统筹安排，严格按年初批准的预算执行，从严控制新增支出，确保全年预算平衡。要抓住各种机遇，积极向上反应困难，争取各种政策和资金支持，以缓解当前财政支出压力。全力支持经济发展。要继续落实好各项税费减免等优惠政策，切实减轻企业和社会负担，支持在建、续建项目加快推进，千方百计使停产和半停产企业恢复正常生产，全面释放产能，帮助企业渡过难关。要充分发挥财政投融资导向作用，正确引导民间资本参与技术创新、机械制造、特色农业、现代服务业等领域，把财政资金集中投向能带动其他投资主体和产业效益较大的关键环节，使财政资金真正起到杠杆作用，推动产业优化升级，确保经济稳定增长，进一步培植和壮大财源。要认真贯彻《攀枝花市人大常委会预算审查监督暂行办法》的规定，研究全口径预算决算编制和管理，进一步完善全口径预算决算编制及管理制度，规范和细化预算决算草案的编制。要加强财政支出绩效评价工作力度，将财政支出绩效评价结果作为预算编审的依据之一，对组织管理不力、效益不好、违规使用资金的项目，应调减或取消该类项目及以后年度的预算安排，通过绩效评价工作，进一步健全制度机制，优化项目决策程序，调整项目管理制度，完善资金管理办法，强化预算责任。强化财政管理工作。加强预算单位预算执行的均衡性和时效性工作，严格按计划进度拨付财政资金，最大限度提高财政资金的使用效益。加强财政监督检查工作，大力规范预算单位财务管理，加强指导和管理预算单位的会计基础工作，建立健全并严格执行责任追究制度，规范会计核算，严格会计监督，严肃财经法纪。加大财政专户清理力度，建立健全财政专户规范管理长效机制。要加强政府债务管理，切实防范化解财政风险。

关于2013年上半年国民经济和社会发展计划执行情况，调查报告认为，存在的主要问题是：必须清醒认识目前经济运行中存在的困难和问题。绝大部分指标欠计划进度。2013年上半年除全社会固定资产投资、城镇新增就业人数、城镇登记失业率完成计划任务外，地区生产总值、规模以上工业增加值、社会消费品零售总额、财政收入、城镇居民人均可支配收入、农民人均纯收入等指标均未完成计划任务。工业经济形势严峻。上半年，全市规模以上工业增加值增长呈回落趋势，2月、3月、4月、5月、6月全市规模以上工业增加值累计增速分别为14.8%、16%、16%、15.2%、14.7%；全市规模以上工业企业亏损118户，亏损面达33.9%；钒钛产业园区43户规模以上企业亏损面超50%，整体产能释放仅为40%左右，部分企业处于限量生产和停产状态；仁和区124户规模以上企业停产半停产达53户，盐边县42户规模以上企业仅有26户在生产；全市工业用电量同比下降6.41%。重大项目推进缓慢。上半年，全市生产性、税源性等大项目较少，民间投资和工业投资同比分别下降40.4和23.54个百分点，特别是2013年51个市级重大工业产业化项目仅完成投资13.63亿元，占年计划的15.4%。地方煤炭企业全部停产。受2012年“8·29”和2013年泸州“5·11”事故影响，目前全市煤矿除攀煤公司外全部停产、停工，洗煤企业除个别加工部分煤矸石外大多处于停产状态；煤矿行业的资源重组、整合、技改扩能经历了“3改6”“6改9”“9改15”的若干阶段，而复产、复工仍遥遥无期，政策的不稳定性严重挫伤了煤矿业主的投资积极性，对地方财政收入、就业、棚户区改造、社会稳定带来一系列影响。此外，产业结构单一、产能过剩、用地指标不足、融资难以及征地拆迁、环评、交通运输、能源供应等因素的制约依然存在。调查报告建议：要全力以赴抓工业生产。抓好工业经济是保持经济持续稳定增长、完成今年各项目标任务的关键所在。要抓住攀西战略资源创新开发实验区正式获批设立、成功纳入全国老工业基地调整改造目录以及全省多点多极支撑发展战略启动实施等重大机遇，认真研究落实国家关于稳增长和省上近期出台的《2013年下半年工业经济稳增长八条措施》等政策，尽快出台相应的办法措施，扭转当前工业经济的不利局面。要针对攀钢、钢企等大企业以及钒钛产业园区存在的问题，实施“一企一策”、分类指导的办法，帮助企业渡过难关。要强化要素保障，建立健全煤炭储备机制，抓好直供电落地政策争取工作，加强运输供需对接，努力化解用地指标不足、融资难等问题。要利用经济增速放缓的时期，引导企业强化内部管理，降低生产成本，依靠科技创新、技术改造，淘汰落后产能，开发、生产高附加值产品，延伸产业链，提高经济发展质量。继续强化项目投资。强化投资和重大项目建设是稳增长、增强发展后劲的主要动力。要按照国家和省上发展规划，认真研究产业政策和投资方向，主动对接，争取更多的项目纳入国家和省上“盘子”，争取更多的资金支持。要加大项目协调服务力度，加快在建项目建设进程，推动新中钛科技钒钛系列工程、富邦1000万件钒钛制动鼓、攀钢煤矸石综合利用等一批重大产业化项目按期投产达效；积极推进攀大（理）高速、成昆铁路扩能改造工程、丽攀昭遵铁路等重大交通基础设施早日开工建设。要加强项目储备，挖掘投资潜力，超前谋划、论证和储备一批对长远发展影响面大、带动力强的重大项目。要进一步优化发展环境，在土地、资金以及项目审批等方面加大支持力度，认真贯彻落实国家鼓励引导民间投资的相关政策，激发企业和民间资金的投资积极性。要突出钒钛深加工、机械制造、新能源、阳光康养旅游等产业特色，着力引进一批投资规模大、科技含量高、税源能力强的大企业、大项目，增强经济发展后劲。大力发展第三产业。大力发展第三产业是加快转变经济发展方式和促进城市转型的客观要求和必然选择，也是培植地方税源和增加就业的重要途径。统计显示，2012 年，全市第三产业以 20%左右的 GDP 贡献了 40%以上的地方税收，东区第三产业以 30%左右的 GDP 贡献了 70%以上的地方税收；全市第三产业从业人数达 10 万人，占全部从业人数的 34%。要充分认识第三产业在经济社会发展中的重大意义，切实做到以重视农业的态度重视第三产业，以抓工业的力度抓第三产业。要完善发展规划，注重前瞻性，强化与其他规划之间的协调、衔接，引导第三产业健康有序发展。要以“创建阳光康养旅游城市”为目标，突出发展旅游业，全力推动红格、普达、阿署达等旅游重点项目建设。要积极发展与先进制造业相匹配的现代物流、金融保险、科技研发等生产性服务业，重点推进密地物流园区、攀青物流中心、炳三区高端城市综合体等重大项目建设。要不断改造提升教育医疗、餐饮娱乐、休闲健身等生活性服务业，提高服务质量和管理水平，进一步巩固和扩大优势规模。要加快发展信息、节庆会展、商务服务和社区服务等新兴服务业，形成多元发展的良好格局，努力推进全市第三产业发展上规模、上档次、上水平。高度重视煤炭产业。煤炭产业作为基础能源是攀枝花市国民经济的重要组成部分，所占比重接近 1/5，为地方财政收入和解决就业做出巨大贡献。以 2012 年为例，煤炭产业直接上缴税费总额达 150，984 万元，占公共财政总收入的 13.12%，提供的就业岗位近 2.4 万个。煤炭企业关闭改造期间，云南、贵州、新疆等地区煤炭源源不断进入，全市地方煤矿面临严重的生存危机。要从攀枝花经济社会发展的角度出发，高度重视煤炭产业发展。要结合攀枝花市地方煤矿资源地质结构的特点，研究制定科学、合理的煤矿资源整合方案，及时与省级相关部门沟通、汇报，争取支持，力争得到针对攀枝花市煤矿资源特点并保持一段时期相对稳定的煤矿开采政策，尽快恢复煤炭生产。要客观、理性对待煤矿安全事故，制定煤炭产业中长期发展规划，加大财政支持力度，清理、降低涉煤收费项目和标准，减轻煤炭企业负担，加快新技术、新工艺的开发和综合利用，促进煤炭产业可持续发展。着力保障和改善民生。要着眼率先全面小康的目标，坚持民生优先、共同富裕，继续加大民生投入，保障民生工程顺利实施，切实抓好保障性安居工程建设、棚户区改造、农村危房改造等工作。要结合统筹城乡发展战略，进一步夯实农业发展基础，稳定传统农业生产，大力推动现代特色农业加快发展，提高农民生产生活水平。要实施更加积极的就业政策，着力稳定就业形势，促进城镇居民可支配收入稳步增长。要加快发展社会事业，优先发展教育，提高医疗卫生服务水平，健全公共文化服务设施，完善社会保障体系。要着力保持市场物价基本稳定，确保市场有效供给，加大对物价的调控监管力度，严肃查处价格违法行为，努力维护正常市场价格秩序，保证群众生活稳定。要以“五创联动”为抓手，大力推进生态文明建设，提高可持续发展能力。要不断加强和创新社会管理，切实抓好安全监管工作，密切关注煤矿关停整治可能带来的不稳定因素，完善信访“大调解”工作体系，有效化解各种矛盾纠纷，营造安全稳定的社会环境，全力构建和谐幸福攀枝花。

关于贯彻实施《四川省防震减灾条例》的情况，调查报告认为，存在的主要问题是：修订后的《四川省防震减灾条例》个别条款存在不利于提高效率，难以实施的情况。如第三十三条第三款“建设项目在进行立项、选址、施工图审批时应将有关文件抄送同级人民政府防震减灾主管部门备案，并在 10 日内提出意见”的规定，与《中华人民共和国行政许可法》《中华人民共和国建筑法》和国务院、省相关法规及部委规章有关各部门应严格遵守法律法规授权的各类行政许可行政审批事项的规定不符。根据中央机构编制委员会办公室关于建设部、国家地震局有关职责分工协调意见的函关于“按照地震局确定地震到什么程度，建设部据此确定工程（建筑物）抗震到什么程度的原则”，抗震设防要求属于抗震设计范畴，针对抗震设防要求对建设工程抗震设防准则及在一定风险水准下抗震设计采用的地震烈度或地震动参数，建设主管部门在对工程设计、施工图审查、施工图审查备案实施监管的过程中，已严格按职责监督管理，如再增加其他备案管理程序，将使项目建设前置条件增多，建设周期延长，进而影响到工作效率和建设方利益。全市防震减灾组织机构有待进一步完善。各县（区）除仁和区外，均没有独立的防震减灾机构和专职人员，东区的防震减灾机构设在区城建局，西区设在区应急办，米易县和盐边县设在县科技局，而且各县（区）均未按“条例”要求将防震减灾经费纳入本级财政预算。总体上来看，全市防震减灾工作经费缺口较大，项目经费到位比较困难，办公硬件条件与实际工作需要相比还有较大差距。尚未建立专用的地震应急指挥中心，缺少专用设备，不能适应越来越高的防震减灾工作需要。调查报告建议：要进一步加大宣传力度，不断提高市民防震减灾意识。市政府要充分利用新闻出版、广播电视、科技文艺等职能部门的优势，进一步加大对地震和防震减灾工作的宣传报道力度，特别是要加强对中小学生防震减灾知识的普及工作。要通过扎实有力、有效的宣传教育，让人民群众正确认识地震和掌握必要的自护自救、避难逃生技巧，不断提高各级领导干部和人民群众的防震意识和地震科普知识水平。要高度重视，稳步推进应急救援工作体系建设。市政府要在对全市地震震情综合评估基础上，根据实际情况尽快启动地震应急指挥中心建设项目，并统筹规划、逐步完善相关专业仪器、救生设备以及应急物资的配备工作，确保一旦地震发生后，全市抗震救灾决策指挥工作和救援安置工作能够快速、有序启动和高效运作，准确作出灾情评估上报、救援决策指挥和灾后重建部署，真正做到“宁可有防无震，不可有震无防”。要不断加强防震减灾队伍建设，改善防震减灾工作的软硬件条件。市政府应按照事权和财权相统一的原则，严格按照“条例”对地震监测设施和地震观测环境保护的有关规定，继续加大对全市各地震监测台、网的建设、维护、保护和管理工作，高度重视防震减灾专业技术人员的引进和培养，不断改善防震减灾工作的硬件条件，进一步提高防震减灾工作能力。

关于创建国家森林城市工作进展情况，调查报告认为，存在的主要问题是：指标完成和重大项目推进方面：与创建指标体系进行对照，目前还存在人均公共绿地面积、道路绿化率和水系绿化率三项指标未达标，优化指标要依靠一系列项目的继续实施作支撑，加快规划项目建设进度极为迫切；当前部分重大创森项目建设欠计划进度，涉及项目实施中存在的各种障碍因素应加快化解，确保进度以满足创建指标要求和群众对项目的期望。投入保障方面，在省级森林城市创建阶段，按照创建规划，整合投入促进项目实施，有效推动创森取得了阶段性成果。调查中基层普遍反映，后续创森项目不断实施，资金筹集已十分困难，极大地制约着下一步创森工作的开展和项目建设。创森工作呈现出先易后难的状况，后续创森重大项目实施时多面临地质条件更差、工程难度更大、所需项目资金更多的现实，项目建设中投融资保障成为关键因素。工作机制建设方面：创森项目陆续建成后，项目后期运行管护工作急需加强和规范，创建成果的巩固已成为创建工作的重要内容。目前，全市创森项目后期运行管护机制建设正在探索，现已建成项目的运行管护主要是通过政府指定，暂由各级林业部门承担，缺乏较为稳定的经费作保障，运行管护工作压力很大。县（区）普遍要求，尽快研究出台全市规范、统一的创森绿化工程项目运行管护指导意见，建立机制平台，有效巩固创森成果，充分发挥项目的社会效益和生态效益，提升创建整体质量。调查报告建议：市政府要认真分析全市当前的创建形势，加快国家森林城市创建成果后期运行管护机制建设，充分发挥现有成果对创建的支撑作用。要高度重视已建成项目后期运行管护工作的落实，市政府应根据当前实际，尽快研究出台全市创森绿化项目后期运行管护实施指导意见，从项目管护主体、责任界定、运行经费保障等方面加以制度明确，有效巩固创森成果，努力提升项目的生态效益和社会效益。要加快社会力量、社会资金参与创森项目建设机制的探索，适时出台相应政策，扩大和拓宽社会力量参与创建的广阔空间。要充分发挥财政资金的支撑和引领作用，结合阳光康养、休闲度假旅游项目建设，鼓励和激励社会力量、社会资金通过工程化、基地化、专业化手段参与创森工程建设和绿地养护。在创森宣传中，进一步加大国务院《关于开展全民义务植树运动的实施办法》和《四川省绿化条例》的法律宣传教育力度，扩大创森更深层次的影响和更为广泛的社会参与，把“人人参与森林城市创建，个个分享林业发展成果”作为创建森林城市的出发点和落脚点，广泛作好社会宣传发动工作。要进一步强化公民积极参与义务植树造林的履责意识，组织开展更多内容丰富、形式多样、社会参与的创森活动，使生态文明理念更加深入人心，壮大创森力量。抓住国家启动“加快西部生态建设规划实施”的机遇，结合创森实际，及时修订完善攀枝花市生态建设相关规划，积极做好工作（项目）对接，争取上级资金、项目对攀枝花市创森工作的支持。

关于创建国家园林城市工作进展情况，调查报告认为，存在的问题是：绿量指标缺口很大是最主要的问题。从目前了解到的情况看，统计指标与航测摸底指标差距很大。从航测数据看，建成区绿化覆盖率、绿地率、人均公园绿地面积等三大绿化重点指标绿量严重不足，例如绿化覆盖率，2012年的统计指标为38.47%，航测仅为14.91%。因此，需要增补的绿量很大，仅2013年需要增补绿地约700公顷。调查报告认为：强化领导，严明责任，抓好投入。要强化组织领导，进一步提高认识，严明创国园责任；一把手负总责、分管领导具体抓，以及相关考核等机制要切实落实到位；创国园的各级组织机构要认真发挥作用；要有相对固定的足够的具体工作人员。要进一步积极探索多元化的投入机制，将政府投入与市场化运作有机地结合起来，多渠道筹措创建资金，鼓励社会各界广泛参与，积极吸引民间资本，推动项目建设。整合资源，在项目和特色方面进一步下功夫。在整合资源方面，要将创建国家园林城市与创国家环保模范城市、创国家森林城市、创国家文明城市、创国家康养旅游城市进一步优化整合，互促互动。要强力推动项目攻坚，以项目为抓手，特别是要抓紧落实创国园所涉项目需要的点位与土地，千方百计增大绿量和提高景观效果。要在特色绿化方面多作文章，因地制宜，突出重要节点，打造精品特色绿地。加快基础数据的调查摸底，做好各类资料的收集归档。创建国家园林城市涉及的基础数据需要全面摸底调查，这项工作从2013年7月中旬开展以来进展比较迟缓。这是一项非常重要的基础工作，应进一步加大力度，集中足够的物力人力财力，尽快完成此项任务。要按照创国园的标准，查漏补缺，做好日常工作中每一项资料的收集，及时归类建档，避免出现遗漏。加大宣传力度，强化全民参与意识。创建国家园林城市不仅是各级政府的事，更是全体市民自己的事，因此，单靠政府不行，必须全民参与，真正形成政府与市民的互动机制。要通过各种舆论平台，采取多种方式，对创国园工作进行全方位、多角度的宣传，使创建国家园林城市这个概念及基本要求在每一位市民中入脑入心，并自觉参与其中。

关于加强法制政府建设工作的情况，调查报告认为，存在的主要问题是：违法及不当行政行为时有发生。个别行政机关发生违法及不当行政行为，导致发生重大责任事故、事件或者严重违法行政案件。疏于监管，执法不严，违法不究，执法程序及实体违法，执法方式简单、粗暴，办事不公，效率不高，态度不好，推诿扯皮等问题不同程度存在。县（区）政府法制机构力量较为薄弱。县（区）政府法制办均与政府办公室合署办公，配备的人员（含领导）多为兼职，相当多时间忙于政府办公室事务，专职人员实际上多数不足2人，还未达到行政复议案件应由2人以上办理的要求，且人员流动性大，稳定性差。配备的人员与其所承担的职责和任务明显不适应。对行政行为的监督力度不够。对行政行为的监督存在缺位、缺威、滞后现象，各种监督尤其是各种内部监督协调、配合不够，以致行政责任追究制度落实不能完全到位，一些违法及不当行政行为得不到有效预防和控制。行政体制方面存在一些问题。县（区）政府和市、县（区）政府部门对行政体制方面的问题反映较多。市、区政府以及乡（镇）政府在财税分配、国土、规划、城市管理等方面存在体制上的弊端，影响了行政整体功能的发挥。有的执法领域存在职权交叉、多头执法、重复执法、执法扰民等问题，个别部门之间存在管理职能划分不清的问题。调查报告建议：努力提高行政机关工作人员依法行政意识和水平。全市行政机关工作人员特别是领导干部要带头学法、遵法、守法、用法，牢固树立依法行政理念，切实提高运用法治思维和法律手段解决经济社会发展中突出矛盾和问题的能力。市政府及其部门和县（区）政府要进一步完善依法行政考核评价机制，将其结果作为领导干部政绩考核的重要内容，作为干部选拔任用、公务员考核和晋级晋职重要依据。全市行政机关要进一步完善领导干部学法用法制度并严格执行。市政府法制办要进一步加强行政执法人员和法制机构工作人员法律知识的培训力度。加强法制机构和队伍建设。县（区）政府要切实落实人员编制，配备不少于2人的具有法律专业知识的专职人员。市、县（区）政府及其部门要积极支持法制机构的工作，提升法制机构的权威，充分发挥法制机构及其工作人员在依法行政方面的参谋、助手和顾问作用；加大对法制干部的培养、使用和交流力度，充分调动其工作的积极性、主动性和创造性。强化对行政行为的监督。首先，要进一步建立健全内部监督机制。上级行政机关要切实加强对下级行政机关的监督，不断加强行政复议工作，严格落实行政执法投诉制度；全市各级政府要保障和支持监察、审计等部门独立行使监督权，充分发挥其职能作用；监督的重点要放在决策和执行环节；各种内部监督要相互协调、配合，形成合力。其次，要自觉接受外部监督。全市各级政府及其部门要自觉接受人大及其常委会的法律监督和工作监督、政协的民主监督、人民法院的司法监督和社会舆论监督。深化行政体制改革。市、县（区）政府要积极理顺市、区政府以及乡（镇）政府相关管理体制，稳妥推进相对集中行政处罚权试点工作，及时解决好个别部门之间管理职能划分不清的问题。完善行政决策机制。全市行政机关要不断完善行政决策机制，尤其要增强决策的前瞻性和民主性，加大对重大行政决策的跟踪反馈和责任追究力度。

关于高中阶段教育改革发展情况，调查报告认为，存在的主要问题是：普通高中发展经费保障机制尚不完善。过去几年市、县（区）政府虽然都加大了投入改扩建或新建学校，极大地改善了高中阶段学校校舍面貌和条件，但是，在国家“以财政投入为主，其他渠道筹措经费为辅”的政策框架下，普通高中经费保障却面临困惑和两难。一方面财政投入能力有限，另一方面“其他渠道筹措经费为辅”政策，既不明确也缺乏更多渠道。中等职业教育改革发展的社会环境、政策制度还不够完善。教师队伍建设中存在需要尽快研究解决的问题。受编制限制，不少教师超工作量工作。各学校普遍存在老师生病请假和离岗培训安排不出顶替人员问题。教师招考办法中“3人开考”经常致使学校招不到人，开学安排不出上课教师。职业学校“双师型”和专业教师引进还缺乏特殊支持政策，引进难。普通高中奖励性绩效工资以学年度为单位考核发放，不利于科学公正评价教师工作过程。调查报告建议：加快完善普通高中“以财政投入为主，其他渠道筹措经费为辅的机制”。按照保队伍稳定、保基本运转、促持续发展的原则，对学校日常运转和发展经费进行测算，研究合理的生均公用经费拨付标准。研究解决好不该由学校承担的基础设施建设和大宗设备购买债务偿还问题。积极向省反映普通高中投入机制保障中存在的问题，争取在国家取消择校费政策后，能够对普通高中“其他渠道筹措经费”政策有新的规范和办法；争取省上对普通高中学杂费标准有合理的调整。帮助学校争取社会捐资助学，争取社会资金合作办学。同时，要不断加强和规范学校资金使用管理。深化学校用人和分配制度改革，扩大学校用人自主权。政府职能部门在加大对教育行政部门和学校招考录用教师政策执行、程序规范、原则把握等的监督力度基础上，允许学校在编制和用人计划内，按照招考录用工作政策、原则和纪律，自主考录或到高校选录专任教师。要根据实际灵活掌握“3人开考”规定，研究制定中等职业学校“双师型”和专业教师引进专门政策。完善奖励性绩效工资考核奖励和高考奖激励办法。探索将奖励性绩效工资考核发放分为月考核发放和学年度考核发放两部分，使之更好发挥引导教师重视工作过程与成效的导向激励作用。探索变高考奖励一次性性质为三年过程奖励性质。进一步促进普通高中教育和中等职业教育健康协调发展。按照既积极又稳妥原则，处理好经济社会发展要求与群众需求与意愿的关系。在促进中等职业教育发展上，更多地通过深入细致的政策和就业形势宣传，引导群众作出正确选择；更多地通过提高中等职业学校教育质量和办学水平，吸引学生选择适合自己的教育；大力推进落实“职业准入制度”。要结合攀枝花城乡人口结构和产业发展实际，坚持中等职业教育发展规模、质量、效益相统一原则，正确把握国家“根据经济社会发展需要，合理确定普通高中和中等职业学校招生比例，今后一个时期总体保持普通高中和中等职业学校招生规模大体相当”要求。积极推动普通高中多样化发展，通过先行试点，探索普职沟通，为学生发展提供更多机会，为两类教育健康协调发展探索更多途径。进一步发展高等职业教育，促进中、高职教育更好衔接，满足群众希望子女获得更高学历教育的愿望，为职业教育发展开拓更大空间。应努力在对接和服务攀枝花产业发展上取得突破。加强中等职业学校专业设置战略研究，在特色、重点专业建设上取得新进展，推进校企实质性合作。进一步加大对企业、民办中等职业学校的扶持力度。积极支持十九冶技工学校尽快创办成国家技师学院。

关于农村医疗卫生事业改革发展情况，调查报告认为，存在的主要问题是：新农合基金运行存在一定风险。基金存在补偿比例高但筹资水平低问题。近年来，新农合补偿比例不断调高，报销范围大幅扩大，保障水平逐步提高，深受农民欢迎。但是，相比之下 340 元/人·年的筹资标准却较低，有补偿负担大于筹资水平的风险。资金测算和监管难度加大。补偿比例提高、报销范围扩大、定点医疗机构增多，在增加资金测算量和监管面的同时，使每年通过测算制定补偿方案的难度不断加大，也增加资金使用运行风险。另外，因为农村基层卫生医疗机构用药局限、水平有限而新农合补偿政策好，农民就医需求提高，就医选择大医院的越来越多，不仅增大基金报销补偿额度，也增加基金监管难度。据一些县（区）统计，县（区）新农合统筹基金报销补偿约 70% 流向县和市级医院。2012 年西区、仁和区、米易县、盐边县新农合统筹基金分别为 259.15 万元、3675.26 万元、5204.82 万元、5288.44 万元，实际分别支付 308.84 万元、4142.91 万元、5327.49 万元、5191.9 万元。多数县（区）出现基金透支。基本药物制度有待完善。国家、省遴选确定的药物品种还不完全符合农村群众需求和乡（镇）村医疗机构使用实际。不少药不适用，部分抗肿瘤药基本不用，而常见病、慢性病所需的常用药、基本药品种仍显不够。存在采购和配送渠道不畅问题，省对经过招投标选定的生产和配送企业缺乏制约机制。一些厂家不愿生产利润低的药，致使常见病、慢性病所需常用药、基本药采购不到或不能及时配送，甚至长期短缺。医生因此开不出药，看不了病，群众意见大。还有的打开必须一次性使用的药或用品，没有小瓶小剂量包装的，乡（镇）卫生院和村卫生室使用浪费很大。投入和补偿政策落实存在不同程度不到位，农村医疗机构诊疗条件还不能满足群众就医基本需求。有的县（区）政府在全额承担乡（镇）卫生院基本建设、设备购置、人员经费和公共卫生服务业务经费和落实村卫生室及村医补助上，存在不足额、不及时、没到位问题。乡镇卫生院基本建设、设备购置没有纳入财政预算，日常运行、临聘人员报酬、医疗纠纷处理经费均由卫生院自行解决，投入保障长效机制还没有完全建立起来。个别县（区）有些村卫生室 1000 元补助还没发放到位。不少乡（镇）卫生院、村卫生室基本设施设备陈旧、不全，未标准化建设村卫生室多数用房简陋。加之基本药物制度后乡镇卫生院以药创收的利益机制被破除，现行绩效工资制度缺乏激励制约效能，新的激励机制还没有建立起来，一些卫生院和医生工作积极性不高，乡（镇）卫生院诊疗服务能力和群众满意度比较基本药物制度前有所滑坡。队伍建设面临诸多困难和问题。农村基层医疗卫生机构工作环境、生活条件比较县、市医院差，待遇低，绝大多数连周转房也没有，专业人员难引进，难留住，队伍不稳定。人员普遍学历低、年龄大，业务能力和水平提高难度大。普遍存在引不进急需又符合条件的人问题。调查报告建议：加大力度完善和落实政府卫生投入机制。进一步落实政府在提供公共卫生和基本医疗服务中的主导责任。根据“逐步提高政府卫生投入占卫生总费用的比重”和“政府卫生投入增长幅度高于经常性财政支出增长幅度”等要求，切实把农村卫生作为政府新增卫生投入的一个重点，作为新增卫生资源投向的一个重点。应按国家规定将乡（镇）卫生院基本建设、职工周转房建设、设备购置经费纳入县（区）政府财政预算，保证每年财政有一定经费投入用于购买、补充、更新基本设备，建立长效保障机制。建立市级农村医疗卫生投入体制落实和补偿政策按时、足额到位考核评估制度。在政府不承担卫生院运行经费的情况下，探索给予卫生院服务收入费支配使用更大自主权。加快实施乡（镇）卫生院职工周转房建设工程。加快推进农村医疗机构管理运行机制和人事制度改革。进一步加强对农村医疗卫生体制机制改革的统筹领导。敢于创新突破，着重在农村医疗机构管理运行机制改革，建立有利于调动基层医疗卫生工作人员积极性、有利于激发基层医疗卫生机构发展活力机制上，加大指导和推动力度，增强基层医疗卫生机构服务能力。总结完善米易深化绩效工资改革、卫生院服务收入管理使用改革等的经验，加大推广力度。加大农村基层医疗机构全科医生培养和配备力度。完善选人进人标准和办法，通过在职培养、定向培养和招录，加快全科医生配备步伐。科学设置卫生院人员工作量，通过引入竞争激励机制，鼓励兼职和一专多能，发挥现有人员资源效应，缓解人手不够和医技人员引进困难。重视解决好村医的问题，促进农村公共卫生和医疗服务体系不断健全，服务水平不断提高。探索按乡（镇）人口数和服务面与量实际调配和核定卫生院人员及编制。

针对新农合和基本药物制度实施中出现的政策性问题，如新农合门诊与住院补偿报销比例问题、筹资水平与补偿水平问题，基本药物种类结构和配送与企业监管问题，卫生部门应进一步加强与上级部门的沟通和情况反映。要重视新农合统筹资金风险管控，深入分析问题原因，进一步积极有效应对。

8 月 19—20 日，攀枝花市人大常委会组织全国人大代表攀枝花代表小组和省人大代表攀枝花代表团的部分代表深入钒钛产业园区、红格镇，通过实地察看、听取汇报、召开座谈会等方式，就攀枝花市推进“两化”互动、城乡统筹发展情况进行调研。在攀的全国、省人大代表张剡，全国人大代表唐历参加了调研。攀枝花市代表团省直机关代表史志伦、肖佑嘉、陈素清、潘世伟来攀参加调研。在攀的省人大代表谢道全、张汝林、祝鸿、陈可红、覃发树、赵琪、林双庆、范晓红、熊学琴、刀丽平、李洪琼参加调研。

调研组先后前往攀钢海绵钛厂、攀枝花大互通钛业有限公司、新中钛科技有限公司等企业和金江镇阿基鲁社区、红格镇，详细了解攀枝花市“两化”互动和城乡统筹发展情况，听取了攀枝花市人民政府关于推进“两化”互动、城乡统筹发展情况的工作汇报，同时还进行座谈，代表们纷纷发表意见和建议。

【办理代表批评、建议和意见】 市九届人大二次会议期间，代表提出的议案转建议19件：建议、批评和意见93件，共计112件。其中，涉及法制方面的8件，占7%；涉及财政、经济、交通方面的37件，占33%；涉及城市规划、管理、国土资源、环保方面的34件，占30.4%；涉及教育科学文化、卫生方面的16件，占14.3%；涉及农业民族方面的9件，占8%；涉及社会劳动保障、人事方面的6件，占5.4%；其他的2件，占1.9%。在112件代表建议中，交由市政府办理104件、由市委编办办理1件、市委组织部办理1件、市委农工委办理3件、市人大常委会办公室办理1件、市妇联办理2件。

截至8月31日，市政府办理104件建议的情况是：代表所提问题已经解决或基本解决的有36件，占总数的34.6%；代表所提问题正在解决或列入规划逐步解决的有60件，占总数的57.7%；代表所提问题因条件所限暂不能解决的有8件，占总数的7.7%。

由市委编办办理1件：所提问题因条件所限暂不能解决；市委组织部办理1件：所提问题已经解决；市委农工委办理3件：3件所提问题正在解决或已列入计划逐步解决；市人大常委会办公室办理1件：所提问题已经解决；市妇联办理2件：1件已经解决、1件正在解决或已列入计划逐步解决。

在各承办部门的努力下，112件建议已按要求全部答复代表。市人大常委会人事代表工委收到代表对办理情况的反馈意见294份，代表对办理情况满意的286份，占97.3%；基本满意的8份，占2.7%；没有不满意的。其中，领衔提出112件建议的112名代表，有110名领衔代表对110件建议办理情况表示满意，占98.2%；有2名领衔代表对2件建议办理情况表示基本满意，占1.8%。

【人事任免】 2013年，市九届人大常委会议任免“一府两院”及市人大常委会国家工作人员42人次，分别是：4月26日，市九届人大常委会第11次会议任命彭维滨为攀枝花市中级人民法院审判员、审判委员会委员、副院长；陆伟为攀枝花市中级人民法院审判委员会委员、刑事审判第二庭庭长；饶庆华为攀枝花市中级人民法院行政审判庭庭长；刘文玲为攀枝花市中级人民法院刑事审判第一庭副庭长；龚卫东为攀枝花市中级人民法院民事审判第二庭副庭长；鲜林为攀枝花市中级人民法院民事审判第三庭副庭长。免去陈志峰的攀枝花市中级人民法院审判员、审判委员会委员、副院长职务；肖春富的攀枝花市中级人民法院行政审判庭庭长职务；陆伟的攀枝花市中级人民法院刑事审判第一庭庭长职务；刘文玲的攀枝花市中级人民法院刑事审判第二庭副庭长职务；龚卫东的攀枝花市中级人民法院民事审判第三庭副庭长职务；鲜林的攀枝花市中级人民法院民事审判第二庭副庭长职务。6月25日，市九届人大常委会第12次会议任命刘文玲为攀枝花市中级人民法院刑事审判第一庭庭长；王金涛为攀枝花市中级人民法院民事审判第三庭庭长。免去刘文玲的攀枝花市中级人民法院刑事审判第一庭副庭长职务；王金涛的攀枝花市中级人民法院民事审判第三庭副庭长职务。根据许军峰的辞职请求，决定接受许军峰辞去市九届人大常委会的辞职请求。8月29日，市九届人大常委会第13次会议决定任命熊启高为攀枝花市经济和信息化委员会主任；刘华太为攀枝花市环境保护局局长。决定免去罗军的攀枝花市经济和信息化委员会主任职务；肖光辉的攀枝花市环境保护局局长职务。任命王世全为攀枝花市人大常委会副秘书长。10月30日，市九届人大常委会第14次会议任命文仁寿为攀枝花市中级人民法院审判员；张渝婕为攀枝花市中级人民法院审判员；阙甜甜为攀枝花市中级人民法院审判员；蔡林玲为攀枝花市中级人民法院审判员。免去邢东林市九届人大常委会农业民族宗教侨务工作委员会副主任职务；肖建忠的攀枝花市中级人民法院民事审判第一庭庭长职务；鲜林的攀枝花市中级人民法院民事审判第三庭副庭长职务；罗春梅的攀枝花市人民检察院副检察长、检察委员会委员、检察员职务；谭德云的攀枝花市人民检察院检察委员会委员、检察员职务。12月20日，市九届人大常委会第15次会议根据刘敏、杜春文、张大奇辞职请求，决定接受刘敏、杜春文、张大奇辞去市第九届人民代表大会常务委员会委员职务的辞职请求。决定任命何昌文为攀枝花市食品药品监督管理局局长；卢开南为攀枝花市人民防空办公室主任。任命赖卫国为攀枝花市人民检察院副检察长；王建方为攀枝花市人民检察院检察员。决定免去杜勇进的攀枝花市人民防空办公室主任职务；李泽文的攀枝花市中级人民法院审判员、审判委员会委员、副院长职务；梅进的攀枝花市中级人民法院审判员、审判委员会委员、民事审判第二庭庭长职务；王建方的攀枝花市中级人民法院审判员职务。

（王　熙）

攀枝花市人民政府

综　述

【国民经济】　2013 年，全市实现地区生产总值 800.88 亿元，比 2012 年（下同）增长 10.7%，居全省第八位。其中，第一产业实现增加值 27.88 亿元，增长 4.5%；第二产业实现增加值 597.19 亿元，增长 11.7%；第三产业实现增加值 175.81 亿元，增长 8%。人均地区生产总值 65001 元，增长 10.1%。工业经济平稳较快增长，实现规模以上工业增加值 452.9 亿元，增长 12.8%，居全省第七位。规模以上企业净增 38 户，总数达到 376 户。第三产业加速壮大，实现社会消费品零售总额 219.33 亿元，增长 14.2%，旅游总收入 102.18 亿元，增长 52.8%。现代农业加快发展，实现农林牧渔业总产值 48.1 亿元，增长 4.6%，其中晚熟芒果、早春蔬菜、优质烤烟分别实现产值 5.19 亿元、11.07 亿元和 4.15 亿元，分别增长 15.6%、7.7%和 4%。全市非公有制经济实现增加值 368.9 亿元，增长 13%，占 GDP 的比重为 46.1%，非公有制经济对全市经济的贡献率为 51.4%。钒钛产业园区创建为四川省高新技术产业园区，六大工业园区实现规模以上工业总产值 750 亿元，增长 14%。财税金融平稳运行，实现地方财政收入 82.96 亿元，增长 0.02%，其中，公共财政预算收入 58.55 亿元，增长 2.4%；地方财政支出 143.62 亿元，增长 5.8%，其中，公共财政预算支出 115.05 亿元，增长 6.3%。国税组织收入 51.42 亿元，下降 4%；地税组织收入 52.66 亿元，增长 2.6%。年末金融机构人民币各项存款余额 784.18 亿元，比年初增加 26.42 亿元，增长 3.5%；金融机构人民币各项贷款余额 608.93 亿元，比年初增加 76.74 亿元，增长 14.4%。全年实现保费收入 16.6 亿元。

【城乡建设】　2013 年，新型城镇化建设稳步推进，全市城镇化率达 63.43%，比 2012 年提高 0.42 个百分点。修编完成城市总体规划，启动编制全省首个市域城乡统筹发展规划。新密地大桥、龙密路、炳二区主干道等项目建成通车，倮果大桥、巴关河大桥等 5 座桥梁完成重建或除险加固，花城新区花城大道和阳光大道“双十字”路架、鱼塘至机场路连接线、老黑地至龙塘沟及连接线等项目有序推进，硬化县乡道路 48.3 千米，建成通乡柏油路（水泥路）64.9 千米、通村公路 257.84 千米。花城景观、沿江景观打造扎实推进，生态景观效应不断凸显。省市重点小城镇建设步伐加快，红格镇、普威镇纳入全省“百镇建设试点行动”，全省百镇建设暨重点旅游项目推进现场会在攀枝花市成功召开。跨时 5 年、共 48 个项目、惠及 1.8 万户群众的旧城改造正式启动，瓜子坪商场老旧房屋改造等 8 个项目开工建设。深入推进“五创联动”，马坎污水处理厂及截污干管工程等 68 个“五创联动”年度攻坚重点项目顺利实施，顺利通过省级森林城市、省级文明城市考核验收。新农村建设扎实推进，16 个旅游新村形成旅游接待能力，年初确定的 46 个新村点和 8 个新农村综合体建设完成年度目标任务。全年完成义务植树 234.27 万株，建成区绿化覆盖率为 38.47%。

【社会事业】　2013 年，第二届攀枝花钒钛（国际）论坛成功举办，全年各项专利申请数达 1627 项，科技进步获奖数量位居全省第二，新增国家高新技术企业 16 户，高新技术产业实现产值 121.46 亿元。三区顺利通过省政府义务教育均衡发展督导评估，全市本科和重本上线率分别达 42.5%、9.3%，均高于全省平均水平。首批国家公共文化服务示范项目“大地书香新农村家园工程”顺利通过国家验收。县级公立医院全面取消药品加成，市中心医院第二住院大楼竣工投用，市中心医院医学影像中心建成省级重点专科，全市新增住院医师规范化培训基地 8 个，示范社区卫生服务中心数量在全省仅次于成都。全民健身计划深入实施，公共体育场馆免费开放 79 万人次。人口自然增长率 2.6%，控制在目标（4%）以内。积极开展社会稳定风险评估，有效畅通群众诉求渠道，“12345”市民热线办结率为 99.5%，重点信访积案化解率达 100%，网上信访办理率实现“四个 100%”。进一步完善社会治安整体联动防控体系，深入开展各类专项整治行动，群众安全感达 95.2%。

【人民生活】　2013 年，全市城乡居民收入持续提高，城镇居民人均可支配收入 24906 元，增长 9.2%；农村居民人均纯收入 9838 元，增长 12.7%。全年居民消费价格总水平（CPI）上涨 1.3%。城镇居民居住条件持续改善，抽样调查表明，年末城镇居民人均住房建筑面积 29.04 平方米，增长 1.1%；86.2%的城镇居民家庭拥有自有房屋产权；96.8%的城镇居民家庭住进单元房。全年开工建设保障性安居工程 6384 套、竣工 4189 套，发放廉租住房补贴 3440 户，公租房对外来务工人员定向提供比例达 90%。完成农村危房改造 2728 户，解决 4.6 万农村人口的饮水安全问题。社会保障体系进一步完善，全市参加养老保险的人数 49.61 万人，增加

3.09万人；参加医疗保险人数65.67万人，减少0.29万人；参加失业保险人数21.59万人，减少0.6万人；参加工伤保险人数22.23万人，增加0.64万人；参加生育保险人数23.52万人，增加0.35万人。城镇登记失业率为3.57%，比2012年下降0.03个百分点。

重要举措

【大力实施投资拉动】 2013年，完成全社会固定资产投资545.74亿元，增长17.8%，增速比年初预期目标高0.8个百分点，对经济增长的贡献率超过50%。从投资主体看，完成国有投资262.63亿元，增长48%，完成民间投资271.65亿元，增长3.7%。从三次产业看，第一产业完成投资15.79亿元，增长116.7%；第二产业完成投资250.43亿元，增长12.1%；第三产业完成投资279.51亿元，增长20.2%。编制完成涵盖804个项目的《2013—2017年重大项目规划》，实行"一个项目、一套班子、一套方案、一抓到底"的工作机制，强力推进重大项目。朵实10万吨锻铸件、西宇生物一期、攀枝花学院2.1兆瓦太阳能屋顶光伏发电等重大项目竣工投产，瑞钢渣钢渣铁综合利用、观音岩和桐子林水电站、国省干线改扩建等项目加快推进，成昆铁路新线攀枝花段、缅气入攀、观音岩引水工程等项目开工建设，机场成功复航并增开至重庆、北京航线，丽攀高速公路攀枝花城区段建成通车，攀大（理）绕城高速公路招商成功。

【稳步发展工业经济】 2013年，出台稳定工业增长的系列措施，制定实施"一企一策"，帮助企业渡难关，设立企业应急转贷专项资金，累计周转资金12.92亿元，55家企业获得应急帮助。密地尾矿库回收利用、朵实10万吨锻铸件、云钛钛锭等重点项目竣工投产，富邦1000万件钒钛制动毂、瑞钢渣钢渣铁综合利用等重点项目加快推进。钒钛及相关产业实现产值175.9亿元，增长12.2%；机械制造业实现产值142.5亿元，增长18.9%。出台进一步加快产业园区建设发展的意见，各园区建设步伐加快，钒钛产业园区创建为四川省高新技术产业园区，创建国家级园区工作有序推进。六大工业园区实现规模以上工业总产值750亿元，增长14%。攀钢减亏61.7亿元，钢城集团名列2013年中国民营企业500强第175位和中国制造业500强第292位，十九冶利润增长11%。规模以上企业净增38户，总数达到376户，实现规模以上工业增加值452.9亿元，增长12.8%，居全省第七位。

【加速壮大第三产业】 2013年，制定出台加快服务业发展提升服务业水平的意见，完成城市商业网点规划修编、市铁路物流体系规划和市轨道交通规划编制。《中国阳光康养旅游城市发展规划》编制实施，金沙江中心区段沿江景观带项目群、阿署达花舞人间景区项目群、米易城南休闲度假旅游区项目群等"八大旅游项目群"加快建设，乡村旅游异军突起，重大旅游项目建设经验在全省推广。红格温泉旅游度假区、密地商贸物流园一期、新启铁路物流项目一期、奥林匹克城市商业综合体等项目加快推进。欢乐阳光节影响力逐步扩大，攀枝花市荣膺中国最具魅力的节庆城市。全年实现旅游总收入102.18亿元，增长52.9%。攀枝花市成功申报全省首批现代物流业示范市，炳草岗商贸流通集聚区被列为四川省现代服务业集聚区，格里坪鑫铁工业物流园一期、米易青杠矿山服务物流中心等项目顺利竣工，快递业健康发展。成功引进奔驰、路虎等4S店，并在全省同级市州中率先引进马来西亚金狮百盛国际知名连锁品牌和台湾太平洋大型连锁企业，消费带动和辐射能力进一步增强。

【加快发展现代农业】 2013年，积极推进国家现代农业示范区建设，完成水果、蔬菜等8个万亩示范基地建设，全市第一产业增加值实现27.88亿元，增长4.5%。全年农作物播种面积6.91万公顷，增长0.9%，粮食、蔬菜、水果、肉类、水产品产量分别达到21.39万吨、64.64万吨、19.77万吨、5.17万吨和3.07万吨，收购烟叶18250吨，实现农林牧渔业总产值48.1亿元，增长4.6%。其中，晚熟芒果、早春蔬菜、优质烤烟分别实现产值5.19亿元、11.07亿元和4.15亿元，分别增长15.6%、7.7%和4%。农业生产条件持续改善，全年农业机械总动力达65万千瓦，增长1.8%；机耕负担面积48.55千公顷，增长10.2%；年末有效灌溉面积22.76千公顷，排灌机械保有量4354台。创新品牌营销模式，在成都市成功举办首次特色水果推介会。攀枝花块菌、盐边桑葚、米易苦瓜、米易山药被认定为国家地理标志保护产品。新增家庭农场367个、农民专业合作社148家。马鞍山水库、梅子箐水库（扩建）等项目进展顺利，整治病险水库20座，建成高标准农田1533.33公顷，综合治理水土流失117.5平方千米。46个市级新村点完成年度建设任务。

【着力保障和改善民生】 2013年，圆满完成十大民生工程，总投资达39.99亿元，增长23.1%，民生支出占公共财政支出的64.7%。就业规模持续扩大，城镇新增就业1.77万人，完成全年目标任务的116.3%；失业人员再就业8015人，就业困难人员再就业2186人，藏区"9+3"学生初次就业率达100%。全市15万企业退休职工月均基本养老金达2063元，高出全省平均水平528元；新型农村合作医疗参保率稳定在99%以上。集医保卡、银行卡、公交卡等功能于一体的市民卡正式发行。在全省率先建成"12349"居家养老服务信息平台，面向全市18.3万老年人提供紧急救援、生活帮助、主动关爱和医疗服务。全面完成省、市财政投入扶贫攻坚项目21个，移民后扶整村推进示范片加快建设，"8+8"对口援边成效显著，建成产业路93千米，受益群众超过2万人。加强食品药品安全监管，公众饮食用药安全得到保障。居民消费价格指数上涨1.3%，比全国、全省平均指数分别低1.3和1.5个百分点。地震监测手段数字化改造顺利完成。按照省委、省政府要求，对口援助藏区凉山州木里县、灾后援建雅安市名山区等工作扎实推进、成效显著。

【切实加强环境保护】 2013年，扎实开展国模创建，全面加强污染源和城乡环境综合治理，狠抓城市扬尘治理，深入推进重金属、危险废物和持久性有机污染物防治，主要污染物排放完成省政府下达的目标任务，二氧化硫浓度下降25.6%，氮氧化物年均浓度下降7.5%，环境空气质量优良率达92.6%，全年单位GDP能耗下降3.3%。全年67个污染综合治理项目进展顺利，启动开展重点区域流域污染防治三年攻坚，完成年度攻坚项目36个。淘汰落后产能、落后工艺力度加大，恒鼎焦化、圣达焦化等22户企业按期关闭。重点节能工程、节能产品惠民工程、清洁生产等有序推进，市危险废物处置中心建成投产。切实加强饮用水水源地、地表和地下水系环境监管，水环境质量继续保持较好水平，城市及集中式饮用水源地达标率100%，城市生活污水集中处理率为84.25%，生活垃圾无害化处理率为96.75%。环城生态景观林建设、矿山迹地植被恢复等生态功能区建设重点工程有序推进，全年完成义务植树234.27万株，落实32.33万公顷天然林管护任务，巩固历年退耕还林成果1.83万公顷。

【不断增强发展活力】 2013年，攀西国家级战略资源创新开发试验区（简称“试验区”）成功获批，攀枝花市三区两县全域纳入，钒钛资源创新开发上升为国家战略。攀枝花市科学编制一系列工作规划，积极争取上级支持，获得专项资金3.3亿元，在直购电试点、资源税改革试点、工矿废弃地复垦利用、设立国家级“攀枝花（钒钛）产业投资基金”等方面取得突破性进展，科技攻关、人才培养、项目集成等工作取得阶段性成效。全国唯一的跨省区产权交易机构西南联合产权交易所在攀枝花市组建分所，资源市场化配置能力有效提高。市属经营性国有资产进一步整合，户籍制度改革试点有序开展，食品药品监管机构改革基本完成，农村综合配套、人事制度、文化体制、医药卫生体制等各项改革取得新进展。加大简政放权力度，市级行政审批事项取消14项、下放2项。加快推进国家外贸转型升级专业型示范基地建设，实现外贸进出口总额1.87亿美元，东盟成为攀枝花市最大出口市场。积极参加世界华商大会、西博会、科博会、农博会等活动，主动对接知名企业，新签约项目233个（其中投资额10亿元以上重大项目40个），履约项目372个，到位资金434.65亿元，增长6.4%。

【协调发展社会事业】 2013年，国家知识产权示范城市创建工作扎实开展，重大关键技术攻关取得新成绩，“三大国家级创新平台”建立运行。各级各类教育协调发展，新建城乡公办幼儿园8所，五十一阳光家园小学建成投用，学龄儿童入学率100%，初中毕业生升学率96.3%，小学教师学历合格率100%。“两免一补”实现城乡全覆盖，在全省率先实行一师一校教师外出疗养制度；3所中职学校成为国家中等职业教育改革发展示范学校建设单位；攀枝花学院学科建设迈上新台阶，四川机电职业技术学院被列为国家高技能人才培养基地。少数民族艺术节活动场馆改造、“三线”建设博物馆等项目扎实推进，“三线”文物征集有序进行，文艺创作成果丰硕，文化产业加快发展。应急广播体系建设的“攀枝花模式”在全国推广，广电公共服务水平保持全省领先，公益电影服务体系基本建立，农村广电信号实现全覆盖。市中西医结合医院改扩建、攀西职业病防治中心、花城新区医院以及基层医疗服务体系建设等进展顺利。国家卫生城市创建成果不断巩固，新增省级卫生乡镇4个、省级卫生村46个。阳光体育产业加速发展，市青少年体育活动中心等体育公共服务项目进展顺利。在全省率先普推“计生e通”，人口环境保持良好。社会治理水平不断提高，和谐社区和“平安攀枝花”建设持续深化，公安智能系统等项目开工建设。

重要会议

【攀枝花市与省级银行机构银政企对接会】 2013年1月4日，攀枝花市与省级银行机构银政企对接会在成都世纪城新会展中心举行。副省长甘霖出席会议并作重要讲话。省政府副秘书长吴显奎，人民银行成都分行行长周晓强，四川银监局局长王筠权出席会议。会议由省政府金融办主任陈跃军主持。市委书记刘成鸣出席会议并致辞，市委副书记、市长张剡作项目推介并代表市政府与省级银行机构签署战略合作框架协议。会上，攀枝花市共向各省级银行机构推介项目136个，预计投资总额685.89亿元，融资需求346.57亿元。国开行四川省分行、农发行四川省分行等8家省级银行机构分别与攀枝花市签署战略合作框架协议，授信金额1021.9亿元。工行攀枝花分行、农行攀枝花分行等9家攀枝花市级银行与攀枝花市9户企业代表签署银企授信协议，授信金额131.4亿元。

【全市经济工作会议】 2013年1月7日，全市经济工作会议在攀枝花会展中心召开。会议的主要任务是：贯彻落实中共十八大、中央和省委经济工作会议精神，总结部署全市经济工作。会议由市委常委会主持。市委书记刘成鸣代表市委常委会向全委会报告2012年工作并安排部署2013年工作。市委副书记、市长张剡安排2013年经济工作。会议传达学习中央、省委经济工作会议精神，审议并通过《中共攀枝花市委九届四次全会决议》。市领导谢道全、单荣、赵辉、杨自力、李群林、程少华、沈钧、许健民、张伟、王海波、李章忠、熊伟出席会议。会议指出，2013年，是全面贯彻落实中共十八大精神的开局之年，是实施“十二五”规划的关键一年，是打好“六大硬仗”的攻坚之年，是为在全省率先全面建成小康社会奠定坚实基础的重要一年。2013年全市经济社会发展的主要预期目标是：地区生产总值确保增长13.5%，力争14%以上；城镇居民人均可支配收入和农民人均纯收入确保增长14%，力争15%以上。会议强调，全市上下要牢牢把握“稳中快进，提质增效，争先进位，跨越提升”的工作基调，坚持不懈地打好“六大硬仗”，深化改革开放，更加坚定不移地加强和改进党的建设，朝着在全省率先全面建成小康社会的目标奋勇前进。

【全市创建国家森林城市、国家园林城市和全国文明城市攻坚大会】 2013年4月27日，市委、市政府在攀枝花会展中心召开攀枝花市创建国家森林城市、国家园林城市和全国文明城市攻坚大会，就2013年度创建攻坚工作进行安排部署。市委书记刘成鸣出席会议并作重要讲话。市领导张剡、谢道全、单荣、赵辉、沈钧、许健民、张敏、李仁杰、贾德华等出席会议。 市委常委、常务副市长杨自力主持会议。会议指出，创建工作是贯彻落实中共十八大精神的具体体现，是推动攀枝花发展质量、城市环境、市民素质取得质的提升和实现经济社会全面协调可持续发展的关键步骤，是产业升级、城市转型上的一次大动作，是结构调整和环境改善上的一次“大手术”。会议强调，全市上下要坚决克服困难，加快创建步伐，不断改善城市环境，提高城市发展质量，增强市民归属感、荣誉感，提升攀枝花的知名度和美誉度。

【全市科学技术奖励大会】 2013年4月27日，全市科学技术奖励大会在攀枝花会展中心召开。大会对2012年全市科技工作进行总结并对2013年科技工作进行安排部署，表彰2012年度为全市经济社会建设作出突出贡献的科技工作者和先进单位，奖励金额371万元。市委书记刘成鸣出席会议并作重要讲话。市委副书记、市长张剡主持会议。市领导赵辉、杨自力、张汝林、庞向东等出席会议。会议指出，创新已经成为时代最显著的特征，科技已成为最核心的竞争力，走常规发展道路很难实现跨越追赶，只有依靠科技创新，不断攻克发展中存在的一系列技术瓶颈，用科技创新提升产业发展水平，才能抢占产业发展的制高点。会议强调，要深刻认识推进科技创新的重要作用，不断强化科技创新能力，提高科技成果的产业化转化率，优化科技创新的环境，努力缩小科技发展水平与经济发展需要，推动全市科技事业不断向前发展，加快把攀枝花市资源优势转化为产业优势、经济优势。

【全市工业经济形势分析暨先进表彰工作会】 2013年6月20日，全市工业经济形势分析暨先进表彰工作会在攀枝花会展中心召开。市委书记刘成鸣出席会议并作重要讲话。市委副书记、市长张剡主持会议。市人大常委会主任谢道全，市政协主席单荣出席会议，市委常委、常务副市长杨自力出席会议并作主题报告。会议表彰2012年度工业经济、非公经济工作先进单位和首届攀枝花市优秀中国特色社会主义事业建设者，并启动“企村（社区）互动、共谋发展”工作。会议指出，全市发展的重点在工业，关键在工业，难点在工业，加快工业经济发展意义重大。会议要求，全市上下要坚定“坚持就是胜利”“信心比黄金更重要”的发展信念，以披荆斩棘的勇气、苦练内功的行动，确保工业经济健康平稳发展，为加快建设中国钒钛之都和在全省率先全面建成小康社会奠定坚实基础。

【全市创建中国阳光康养旅游城市暨旅游新村建设攻坚大会】 2013年6月22日，全市创建中国阳光康养旅游城市暨旅游新村建设攻坚大会召开。市委书记刘成鸣出席会议并作重要讲话。市委副书记、市长张剡，市人大常委会主任谢道全分别对创建工作提出要求。市政协主席单荣出席会议。市委副书记赵辉主持会议。会议指出，创建中国阳光康养旅游城市是攀枝花优化经济结构、转变经济发展方式的重要举措，是扩大内需的重要抓手，是提高人民群众生活质量的现实需要，是促进城乡协调发展的助推器。会议强调，全市上下要以强烈的使命感和责任感，全力以赴推进创建攻坚工作，加快产业结构调整，加快城市转型步伐，实现攀枝花从“钢铁之城”到“阳光花城”的成功转型。

【攀西国家级战略资源创新开发试验区建设工作会在攀召开】 2013年10月29日，省政府在攀召开攀西国家级战略资源创新开发试验区建设工作会。省委副书记、省长魏宏出席会议并作重要讲话。 副省长王宁主持会议。省政协副主席、凉山州委书记翟占一，市委书记刘成鸣，市委副书记、市长张剡，常务副市长杨自力出席会议。 会议审议促进攀西试验区创新开发科学发展的工作指导意见和攀西试验区科技攻关协同推进、战略资源开发管理、生态建设环境保护等五个工作推进机制。市委副书记、市长张剡汇报攀枝花市加快建设攀西战略资源创新开发试验区的工作进展情况。会议指出，攀西地区是中国重要的战略资源富集地，是四川省多点多极支撑发展的重要增长极，国家设立攀西试验区，是目前全国唯一的国家级战略资源创新开发试验区，为在更高层次深入推进攀西资源综合利用带来重大机遇。会议强调，要最大限度用好试验区这块“金字招牌”，探索创新体制机制，努力打破行政壁垒，走出一条试验区战略资源创新开发、综合利用的新路子，推进攀西地区科学发展、加快发展。

【全省百镇建设暨重点旅游项目推进现场会在攀召开】 12月6日，全省百镇建设暨重点旅游项目推进现场会在红格温泉假日酒店召开大会。副省长黄彦蓉出席会议并作重要讲话。省政府副秘书长王七章主持会议。市委书记刘成鸣出席会议并致辞，市委副书记、市长张剡作交流发言。来自全省各市（州）政府，省级相关部门以及全省"百镇试点行动"代表乡（镇）负责人参加会议。会议指出，攀枝花以新理念、大手笔推进小城镇建设和重点旅游项目建设，正在实现由工矿型城市向阳光康养旅游城市的华丽转身，在城市转型和产业升级等方面取得突出的成效。会议要求，全省各地各有关部门要认真学习领会十八届三中全会精神，充分认识小城镇建设的重要意义，学习借鉴攀枝花的先进经验，坚持走中国特色新型城镇化道路，推进以人为核心的城镇化，促进大中小城市和小城镇协调发展，产业和城镇融合发展，加快推动"百镇建设试点"工作取得新成效，四川省由旅游资源大省向旅游产业强省跨越。

重要事件

【攀枝花全域纳入攀西战略资源创新开发试验区】 2013年3月1日，目前全国唯一获准设立的资源开发综合利用试验区——攀西国家级战略资源创新开发试验区（简称"试验区"）获批，攀枝花被全域纳入。试验区的获批，对攀枝花经济社会跨越式发展具有重大意义。作为唯一全域纳入试验区的地级市，率先推动试验区建设向"深水区"挺进，编制完成《攀枝花市攀西国家级战略资源创新开发试验区建设实施方案》，推行政策试点、先行先试，力争在财税、供地用地、直供电、资源配置管理、生态补偿等五个方面取得突破，推动机制体制创新，突出试验区的示范作用。2013年，攀枝花市获试验区建设专项资金3.3亿元，在直购电试点、资源税改革试点、工矿废弃地复垦利用、设立国家级"攀枝花（钒钛）产业投资基金"等方面取得突破性进展，为资源富集地区的资源科学利用和产业发展探索有益经验。

【三线建设博物馆开工建设】 2013年3月1日，四川攀枝花三线建设博物馆（攀枝花博物馆）场平工程在花城新区干坝塘破土动工。三线建设博物馆是市委、市政府建设文化强市，推动文化大发展大繁荣的重要举措。博物馆规划占地面积3.93公顷，建筑总面积2.4万平方米，预计总投资3.2亿元，计划于2015年3月4日即"三线建设"50周年和攀枝花市建市50周年之际对外开放。建成后将重点展示三线建设时期全貌，并全面反映攀枝花历史和经济社会文化发展的丰硕成果。

【攀枝花市纳入全国老工业基地调整改造规划】 2013年4月1日，《全国老工业基地调整改造规划(2013—2022年)》获得国务院批准，国家将在资金、土地政策等方面扶持老工业基地经济社会发展。攀枝花作为全国老工业基地重要组成部分，顺利纳入该规划。积极着手制定攀枝花老工业基地调整改造规划，将采取一系列的措施加快产业结构调整升级，加强基础设施建设和环境保护力度，着力解决攀枝花当前面临的突出问题，预计经过10年努力，基本完成攀枝花老工业基地的调整改造工作。

【攀枝花至大理(过境)高速公路合作意向协议签订】 2013年6月9日，市政府与四川省铁路产业投资集团有限责任公司在成都签订攀枝花至大理（过境）高速公路合作意向协议。市委书记刘成鸣，省铁建办副主任、省铁投集团董事长、党委书记孙云出席签约仪式。市委副书记、市长张剡与省铁投集团副董事长、总经理何兴江在合作意向协议上签字。省国资委党委副书记雷建，省交通运输厅副巡视员黄兴棣，省铁投集团董事、党委副书记、副总经理杨川出席签约仪式。省铁投集团副总经理陈大智主持签约仪式。攀枝花至大理（过境）高速公路是《四川省高速公路网规划（2011年调整方案）》新增的7条出川通道之一。项目总投资56.3亿元，起于G5京昆高速公路总发互通，经仁和区总发乡、中坝乡、太平乡，由太平乡进入云南省地界，全长约40.2千米，按双向4车道设计，并将与丽攀高速公路实现互通，计划工期4年。项目建成后，将强化四川与滇中及东盟的联系，加强两地旅游业的联动发展，促进两地矿产资源开发利用及沿线经济发展，并可带动攀枝花市西南片区的开发，充分发挥攀枝花区域中心城市的辐射带动作用，同时对攀枝花加快建设四川南向开放门户，打造中国阳光花城和中国钒钛之都将起到极大的推动作用。

【攀枝花机场复航】 2013年6月28日，市政府召开新闻发布会宣布：经主管部门检查批复同意，攀枝花机场29日正式复航往返成都航线。攀枝花保安营机场位于攀枝花市区东南部，离攀枝花市中心直线距离9.5千米，空中距离成都537千米、昆明193千米，是四川省建成投入使用的第二座民用机场。2011年6月25日，攀枝花机场因滑坡地质灾害被迫关闭，停航治理，同年10月20日，治理工程开工。由于攀枝花机场跑道海拔1980米，属高原特殊机场，持续强降雨造成滑坡体巨大，治理技术复杂，施工难度大，因此历时近两年才完成治理，同年10月27日，攀枝花—重庆—北京航线正式开通，进一步满足攀枝花市航空市场发展和广大民众的出行需要，也为攀枝花与重庆、北京等地的经贸交往带来崭新的机遇。

【攀枝花市成为全省首批现代物流示范市】 2013年8月，攀枝花市成功申报全省首批现代物流示范城市，获得支持资金440万元，并于10月成功申报四川省现代服务业集聚区（炳草岗商贸流通集聚区），获得支持资金200万元。在发展现代物流业方面，攀枝花具有资源富集配套、产业基础良好、市场需求巨大、要素保障到位等优势，成为四川省首批现代物流示范市将为攀枝花市物流业发展创造良好的条件。攀枝花市正抓紧制定和完善《攀枝花市四川省现代物流试点示范工程（示范市）推进总体方案》等相关工作方案，借助省级现代物流示范市和省级现代服务业集聚区的政策和资金支持，将进一步推动全市服务业和现代物流业的发展。

【攀枝花携手中国电信打造四川首个“全光网城市”】 2013年8月28日，攀枝花市与中国电信四川公司在攀枝花会展中心签署“宽带中国·光网攀枝花”战略合作协议，携手打造全省首个“全光网城市”。市委副书记、市长张剡，市委常委、常务副市长杨自力，中国电信四川公司总经理赵麦庆等出席签署仪式。根据协议，在“十二五”期间，中国电信四川公司将在攀投资6亿—8亿元，利用当今世界新一代通信技术，在攀枝花全市范围内建设覆盖“全光纤通信网络”，努力实现光纤入户、百兆进家庭、千兆到政府企业，为攀枝花加快转型升级、实施“智慧城市”工程、建设美丽幸福攀枝花创造良好条件。

【攀钢钒钛资源综合利用实验室升级为国家重点实验室】 2013年9月16日，国家科技部下文批准攀钢“钒钛资源综合利用国家重点实验室”通过验收。国家重点实验室作为国家科技创新体系的重要组成部分，是国家组织高水平基础研究和应用基础研究、聚集和培养优秀科技人才、开展高水平学术交流、科研装备先进的重要基地。攀钢钒钛资源综合利用实验室升级为国家重点实验室后，将逐步建设成为辐射先进技术、开展科技交流、推动产学研相结合的开放平台和具有国际一流水平的钒钛资源综合技术开发实验室，必将对推动中国钒钛磁铁矿资源利用技术研发水平的提升、带动行业技术进步、变资源优势为经济优势产生重要的作用。

【“攀枝花钒钛资源综合利用院士行暨2013·攀枝花钒钛（国际）论坛”活动】 2013年11月23日，“攀枝花钒钛资源综合利用院士行暨2013·攀枝花钒钛（国际）论坛”在红格温泉假日酒店举行。第十届四川省政协副主席、第五届致公党四川省委主委陈杰，市委书记刘成鸣，中国工程院院士、中国工程院副院长干勇，澳大利亚墨尔本大学教授马前等260余位钒钛科研领域的专家学者出席此次论坛。论坛由市委副书记赵辉主持。此次论坛由中国工程院、四川省政府共同主办，四川省科技厅、攀枝花市政府、钒钛资源综合利用产业技术创新联盟联合承办。旨在提高攀西战略资源创新开发工作的科技攻关水平，搭建高层次的科技创新平台，探索建立重大科技攻关成果和知识产权的分享机制，努力走出一条在全世界具有典范意义的资源创新开发之路。论坛上，干勇、张懿院士团队、马前、科瓦尼斯基·维克多、金元镕和攀钢集团研究院教授陈永先后作主题报告。

表彰奖励

1月25日，市政府决定，对2012年度应急管理工作成绩突出、效果明显的市水务局等27个部门和米易县人民政府等4个县（区）进行通报表彰。

2月26日，市政府决定，对2012年度1个“省级政务服务示范窗口”、13个“市级政务服务示范窗口”、11个“市级政务服务标兵”、5个“优秀县（区）政务服务中心”、68名“优秀市级窗口工作人员”予以表彰。

2月27日，市政府决定，对钛渣连续酸解工艺技术研究等6个钒钛磁铁矿资源综合开发利用技术创新项目予以表彰。

2月27日，市政府决定，授予四川安宁铁钛股份有限公司等6家单位促进高新技术产业发展业绩奖，授予钒钛制动毂产业化等3个项目促进高新技术产业发展项目奖，授予攀枝花市生产力促进中心等3家单位促进高新技术产业发展工作奖。

3月18日，市政府决定，对市发改委等30家2012年度金融工作先进单位予以表彰。

3月22日，市政府决定，对陆思杰等30名个人予以表彰，并授予“攀枝花市第二届创业明星”荣誉称号。

3月18日，市政府决定，对企业“一套表”联网直报工作中表现突出的东区统计局、西区统计局、仁和区统计局、米易县统计局、盐边县统计局、钒钛产业园区统计局、攀钢集团有限公司、恒鼎煤焦化有限公司、中石油攀枝花销售分公司等9家单位进行通报表彰。

3月18日，市政府决定，对在县级统计机构规范化建设中成绩突出的东区统计局予以通报表彰。

4月26日，市政府决定，对邹京宗等22名政务信息工作先进个人予以通报表彰。

4月27日，市政府决定，对在2012年度两项资金管理工作中成绩突出的仁和区民族宗教事务局等8个先进单位予以通报表彰。

5月9日，市政府决定，对在招商引资工作中取得优异成绩的东区人民政府等10个先进单位、古树明等50名先进个人、阿署达景区等10个优秀项目团队和仁和区人民政府等43个先进集体予以表彰。

6月5日，市政府决定，对2012年度非公经济工作先进县（区）进行表彰，东区、米易县获一等奖，仁和区、西区、盐边县获二等奖。

6月5日，市政府决定，对2012年度工业经济工作中表现突出的攀钢集团有限公司等单位予以表彰。

6月5日，市政府决定，对钢城集团有限公司等2012年度全市营业收入前10强非公企业和四川龙蟒矿冶有限责任公司等2012年度全市纳税前10强非公企业进行通报表彰。

8月6日，市政府决定，对2011—2013年度获得中国驰名商标等品牌的攀钢集团钢铁钒钛股份有限公司等43家企业及组织予以表彰和奖励。

10月9日，市政府决定，对在2013年度餐饮、住宿、美容美发行业达标创优活动中评选出的攀枝花市东区成都辣王酒楼等8家获奖企业予以通报表彰，并给予奖励；对梨园祥丽雅阁酒楼等8家获得2012年度“攀枝花十大餐饮名店”的企业保持授牌称号。

12月25日，市政府政务调研成果评审委员会决定对米易县人民政府、市财政局等5个政务调研工作先进集体和《攀枝花干热河谷荒漠化生态治理及植被恢复调研报告》《攀枝花市少数民族人口变化与经济社会和谐稳定发展对策研究》等60篇政务调研优秀成果予以通报表彰。

政务工作

【办理人大代表建议和政协提案】 2013年，市政府精心组织开展办理人大代表建议和政协提案工作，市领导亲自研究和牵头处理综合性强、涉及面广、处理难度大的人大代表建议和政协提案。市政府进一步规范办理工作的相关制度，印发《攀枝花市人民政府办理人大代表建议和政协提案办法》和《攀枝花市人大代表建议和政协提案办理工作目标考核实施细则（试行）》，建立目标明确、程序规范、责任落实的工作机制。各承办单位把办理人大代表建议和政协提案工作列入年度工作重点，专门召开办理工作会议，成立办理工作小组，协调联动，形成合力，切实转变作风，注重办理工作实效。2013年，市政府系统承办重点督办的人大代表建议15件、政协提案5件，切实落实办理措施，突出重点，着力解决热点难点问题。全年办结人大代表建议共104件，按时办复率达100%，满意率为97.9%；办结政协提案共256件，按时办复率达100%，满意率为94.9%。

【政务公开】 2013年，制定出台了攀枝花市政府网站管理办法，完善政府网站绩效评估体系，修改攀枝花市公文规范，建立健全了信息公开监督保障和绩效考核的长效机制，进一步规范了政府信息公开工作，更加注重主动公开、及时公开、定期公开和依法公开。全年主动公开概况信息397条，计划总结信息187条，法规公文信息4399条，工作动态信息736541条，人事信息202条，财政信息158条，行政执法信息517条，其他信息455126条。通过政务服务中心查询信息187.25万条，通过档案馆查询286 981条，通过图书馆查询14005条，通过政务微博和政务微信发布各类信息11879条，全年召开新闻发布会17场，播出“效能热线”节目27期。全市44个乡镇和352个村都设立固定的政务公开栏，成立村务公开监督委员会和村民民主理财小组，以村务公开栏和村民会议、村民代表会议、村组干部会议等形式实施村务公开，全市乡镇政务公开面达100%，规范面达96%，村务公开面达100%，规范面达94%。

【政务信息】 2013年，完成市政府办公业务资源网的改版和党政信息统一报送系统的建设工作，新增《报省政府信息》内刊。组织省级培训2次，市级培训6次，参训人员达800人次，信息工作调研8次，大幅提高攀枝花市政务信息员的信息编写水平。全年共收到各县（区）政府、各市级部门、各企事业单位报送的信息11930条，从报刊、媒体、互联网等其他渠道获取信息2650余条，编报《上报省政府信息》182期，《上报省政府信息特刊》36期，向省政府报送政务信息1407条，经省政府办公厅报送国务院办公厅被国办采用动态信息6条、专报信息3条，被省政府办公厅采用动态信息70条、专报信息1条，省政府领导批示1条，市领导批示3条。全年共编发《攀政快讯》117期1646条，编发《攀政快讯特刊》32期，为市领导决策提供了有力参考，为各部门提供了及时、准确、全面的信息服务。

【政务调研】 2013年，市政府围绕全省“三大发展战略”，立足自身发展实际，切实转变工作作风，改进调研方式，深入基层一线，开展系列富有成效的专题性、重点性的调查研究，完成《大力发展钒钛产业、加快建设世界级“钒钛之都”》《关于攀枝花市加快推进攀西战略资源创新开发试验区建设的对策研究》《攀枝花车辆检验的对策研究》等重大课题的调研工作。精心组织开展全市政府系统2013年度政务调研成果评选活动，共收到调研文章365篇，评出《攀枝花干热河谷荒漠化生态治理及植被恢复调研报告》《攀枝花市少数民族人口变化与经济社会和谐稳定发展对策研究》等获奖文章60篇和米易县人民政府、市财政局等5个政务调研工作先进集体，并予以表彰奖励，精选出78篇优秀文章汇编成《2013年度攀枝花市政务调研成果选编》一书，有力地推动了全市各级政府、部门政务调研工作的全面开展，为领导决策提供重要参考。

【紧急救援与应急保障】 2013年，全年发生自然灾害57起（较大以上2起），生产经营、公共卫生、社会安全领域发生突发事件183起（无较大以上发生），死亡46人，直接经济损失4.55亿元。其中，发生旱灾、洪涝、滑坡、山洪泥石流、大风、冰雹、低温冷冻、森林火灾等自然灾害57起，致44.1万人次受灾，紧急转移安置507人，饮水困难人口11.16万人，农作物累计受灾3.97万公顷，损坏房屋518间，倒塌房屋161间，因灾死亡3人，直接经济损失4.35亿元。其中，12月发生严重低温冻害，5个县（区）43个乡镇受灾，农作物受灾面积20.33万公顷，成灾0.91万公顷，减产0.39万公顷，绝收0.52万公顷，直接经济损失2 5497万元。发生生产经营性道路交通、工矿商贸、火灾伤亡事故180起，死亡44人，受伤52人，直接经济损失2 015.6万元。无较大以上生产经营性伤亡事故发生。报告突发公共卫生事件4起（均为传染病），累计发病167例，无人员死亡。全年未发生恐怖袭击事件和较大以上金融突发事件、涉外突发事件、影响市场稳定突发事件、群体性事件。

（陈　丽、郭成峰）

信　访

【概　况】 2013年，全市有专门信访机构11个，市委群工局（市政府信访局）领导班子职数一正二副，内设机构为四处一室一中心（办公室、接访处、办信处、督查督办处、网络投诉处、“12345”市民热线受理中心），全局共有行政编制11名，工勤编制2名，事业编制5名，科级领导职数6名，因领导班子调整其分管工作也作相应调整。全市5个县（区）均设立县（区）委群众工作局（政府信访局）及群众工作中心（副科级事业单位），共有行政编制19人，事业和工勤编制25人；在市级部门中市人大、市政协、市纪委、市公安局、市人社局、市国资委内设机构中设置有专门的信访处（室），配备专职信访工作人员；攀钢、攀煤、十九冶、钢企、电力等五大企业设有专职信访机构，配备专职信访工作人员。

市、县（区）、乡（镇）三级党政部门和有关企事业单位共配备专兼职信访干部1083，其中专职信访干部186人、兼职信访干部897人，硕士研究生14人，大学本科650人，大专及以下419人；35岁及以下325人，36—49岁739人，50岁以上19人，干部队伍年龄结构、学历层次趋于合理，综合素质较高。

2013年，市、县两级党政机关信访部门受理群众信访总量为1922件（批）次7391件（人）次。其中：集体访400批次4949人次，重信重访120件（批）次617件（人）次。与2012年相比：信访总量件（批）次下降8.0%，集体访年年批次下降3.8%，重信重访件（批）次下降36.4%。

市委群工局受理群众信访总量为1168(批)次4891(人)次，占全市两级信访总量的55.6%。其中：来信112件次，来访1056批次4779人次；集体访257批次3607人次，重信重访152件（批）次1073件（人）次。同比：信访总量件（批）次下降34.0%、件（人）次下降11.7%；来信次下降82.2%；来访批次下降7.4%、人次下降2.4%；集体访批次上升31.8%、人次上升3.5%；重信重访件（批）次下降37.4%、件（人）次下降16.4%。

受理网络、电话等形式信访14460件次，其中，“市长信箱”接收群众来信2471件，回复率100%；人民网书记留言58件，办结率100%；“省长信箱”留言124件，回复率100%；12345市民热线受理中心接收群众来信来电11738件，办结回复率100%

群众到省上访75批189人次，同比上升47.1%；进京访32件（批）48件（人）次，同比下降5.9%，无进京重复非访，全市未发生信访恶性事件，未发生较大规模的信访群体性事件。

办理中联办，省联办，省委、省政府信访办交办的要结果的案件16件，办结率100%；自立信访案件56件，处理复查复核信访事项16件；市领导阅批重要来信18件，办结率、回复率均达到100%。

群众信访反映的问题按件（批）次计算，排前五位的是：城乡建设类546件（批）次，占22.1%，同比下降10.8%；劳动社保类467件（批）次，占18.9%，同比下降8.3%；涉法涉诉243件（批）次，占9.9%，同比下降38.5%；土地征用213件（批）次，占8.6%，同比上升2.9%；资源能源类162件（批）次，占6.6%，同比上升62.0%。

2013年，全市信访总量、集体上访、进京上访继续下降，重信重访大幅下降，到省上访大幅上升，信访秩序趋于向好。市委群工局获全省信访积案化解工作先进集体、全省信访系统“创先争优·能力建设活动”先进集体、全市群众信访工作先进集体、全市法制宣传教育先进集体、全市人民调解工作先进集体、社会治安综合治理一等奖、维护社会稳定工作先进集体一等奖等称号。全市群工信访系统和干部，获全国系统表彰“优秀办信员”1名，获全省系统表彰“先进集体”7个、“先进个人”7名，获市级表彰各类“先进集体”33个、“先进个人”45人，陈德香被授予“全国信访系统优秀办信员”荣誉称号。

2013年，实现重大节日活动、全国全省两会、2013成都财富全球论坛、第十二届世界华商大会、第十四届西博会和党的十八届三中全会期间等重要敏感期非访“零进京”和集访“零赴蓉”的工作目标。

存在的主要问题：全市信访总量仍在高位运行，市、县（区）两级信访量严重倒置，越级信访明显；群众反映的问题多样多元，化解难度越来越大，仍存在一定数量的疑难复杂信访积案未得到彻底化解，已成为引发恶性信访事件的极大不稳定因素；信访老户缠访闹访影响恶劣，依法管控任务艰巨；从群众信访的情况来看，反映出依法行政、社会管理服务以及工作效能方面存在一定的偏差和不到位的方面；群众信访工作总体水平与当前新时期、新形势、新任务的要求和人民群众的需求尚有差距。

【信访目标管理】 2014年2月，市委召开市委工作会议，对2014年的信访工作进行安排部署，对2013年度成绩突出的43个先进集体和65名先进个人进行表彰。

按照《中共攀枝花市委办公室关于印发〈2012 年攀枝花市市级党群部门及归口单位目标绩效考核办法〉的通知》和《攀枝花市人民政府关于印发〈攀枝花市政府部门目标绩效考核办法（试行）〉的通知》要求，市委群工局结合 2013 年度全市群众信访工作的安排部署和工作重点，下发《关于 2013 年度群众信访工作目标管理考评的通知》，专门成立群众信访工作目标管理考核小组，对照相应考评细则，对申报群众信访工作目标考评的县（区）、市级部门、人民团体和企事业单位 2013 年度群众信访工作目标任务完成情况进行抽查考核和综合考评。2013 年 12 月，市委群工局代表市委、市政府对各级各有关部门和单位的目标执行情况进行检查考评，业务目标合格率 100%。考核评定结果：综合业务合格单位 55 个，优秀单位 37 个，开展领导干部接访和下访活动先进集体 5 个，开展“信访积案化解”先进集体 8 个，进京到省非正常上访处置工作先进集体 5 个，到市集访处置工作先进集体 5 个，市长信箱、市民热线办理先进集体 8 个，群众信访工作体制机制创新先进集体 5 个。

【矛盾纠纷排查化解】 2013 年，攀枝花市各级各部门深入贯彻落实《关于把矛盾纠纷排查化解工作制度化的意见》，把矛盾纠纷排查化解工作作为信访工作的重中之重来抓，注重源头治理防范，促使大量的矛盾和问题化解在初始和萌芽阶段。

全市群工信访部门采取经常性排查和集中排查相结合、一般排查和重点排查相结合、块块排查和条条排查相结合等形式，对劳动社保、房屋拆迁、征地安置、涉法涉诉、环境保护等突出领域的矛盾纠纷，尤其是对有可能发生大规模集体上访、越级非正常上访和群体性事件的苗头性、倾向性的不稳定因素进行全面排查。对排查出来的矛盾纠纷和突出问题逐一建立台账，落实责任单位，制定工作方案，明确化解时限，疑难复杂的实行领导包案，综合采取经济、法律、解释、教育等方法进行化解。2013 年，共排查矛盾纠纷 1178 件，化解 1006 件，化解率为 85.4%，在日常排查的基础上，先后开展集中排查 12 次，共排查出信访突出问题 687 件次，化解 651 件次，化解率 94.7%。其中，排查信访涉稳突出问题 108 件次，重信重访问题 33 件次，纳入重点稳控人员 158 人。

【联合调处】 强化基层联合调处机制，促进源头防治常态化。坚持“大调解”促“大和谐”、推“大发展”工作思路，加大人民调解、行政调解、司法调解“三调联动”的工作体系，整合乡镇信访、综治、维稳、民政、司法和工会、共青团、妇联等工作力量，健全信访调解对接机制，将人力、物力、财力向基层倾斜，积极搭建从市级到村（社区）四级工作平台，推动群众工作网络触角向最基层延伸，进一步形成群众工作大家做、共同做、就近做、随时做的工作格局，做到调小防大、调个体防集体、调萌芽防扩大。2013 年，共调处各类矛盾纠纷 2568 件，成功调处 2386 件，调处成功率达 93%。

【领导包案化解信访积案】 2013 年，全市各级各部门继续落实领导包案制度。按照“五定、五包”原则（定领导、定方案、定专人、定质量、定时限、包掌握情况、包解决问题、包教育转化、包稳控措施、包依法处理），落实工作责任，按照“五个一”（对所包案件的处理作出批示或指示一次，参加调查研究一次，同信访人或信访人代表见面交谈一次，对案件办理督查督办一次，对办结书面材料审查签批一次）底线，确保包案效果。市委、市政府领导以身作则，率先垂范，压实各级责任，实现接案、办案、督案三环节责任措施层层落实，采取领导带头包案化解一批、用好信访专项资金化解一批、集中专项攻坚一批、依法终结备案一批等多种方式并举，有力推动上级交办案件事项得到妥善化解、人员得到有效稳控。省联席办交办的 16 件积案分别由市委、市政府领导一人一件包案落实，已全部化解并结案入库，化解结案率 100%；化解省联席办挂牌督办案件 1 件并结案上报，对省联席办交办的 16 件重点信访事项和 43 个重点人员的涉事单位下达《化解稳控责任通知书》分别落实稳控责任，未出现到市大规模集体上访或进京到省非正常上访情况。全市梳理排查出的 56 件信访突出问题全部化解。申请协调配套特殊疑难信访专项资金 210 余万元，化解无责任主体案、历史沉积案 21 件；研究重点信访积案 73 件、息诉罢访 24 件。

【领导接访下访和联合接访】 2013 年，全市各级各部门按照《关于领导定期接待群众来访的意见》和《关于机关干部下访的意见》要求，有序有效开展领导定期接访和机关干部下访活动。

按照公开透明、规范有序、方便群众、解决问题的原则，把握公示、接访、包案、落实四个环节，确保领导定期接访活动有序有效开展。刘成鸣、张剡、张伟等市主要领导带头，各班子成员每季度安排 1 天时间到市群众工作中心接待来访群众。县(区)委、人大、政府、政协领导每月安排 1 天时间到县（区）群众工作中心接待来访群众。市、县级各部门主要负责人及班子成员每月安排 2 天时间接待来访群众。乡镇(街道)领导干部和企事业单位的负责人实行滚动接访制，随时接待群众来访。各级党代表、人大代表、政协委员都选择适当时间并保证全年不少于 2 次接待来访群众。2013 年，全市各级领导干部 511 人次共 4203 人次，解决 509 件信访问题，其中市领导接访 41 批 283 人次解决信访问题 126 件。

全市各级各部门把干部下访活动纳入重要议事日程，坚持“三个结合”（面上推动和重点推动相结合，解决问题和研究政策相结合，总结经验和查找问题相结合），融合“三大主题”教育活动、“百千万・干群心连心”“挂包帮”活动与“双联”工作有效对接、“村（居）民说事日”、信访代理、送法进村等活动，综合采取督促检查、带案督办、座谈走访、调查研究等方式，深入到重信重访、到省进京上访较突出的重点区域，督导贯彻落实上级决策部署的情况，收集群众意见和建议，协调处理疑难信访问题。张剡、杨自力、张伟、殷旭东等市委、市政府领导分别就重大节日、重要敏感节点和事关全市信访稳定的重大问题多次批示，并身体力行带头接访群众、下访基层、带头包案化解社会矛盾纠纷，在全国全省两会等重要政治敏感时段，带着重大信访问题深入群众、深入一线下访、走访。市委常委、政法委书记、市信访联席会议主要召集人张伟根据不同时段的工作重点组织相关部门开展集中下访16次。各级各部门确保每月至少组织干部下访1次，乡镇（街道）干部每月2次到村（社区）、村民小组或居民小区下访。全年全市各级各部门组织机关干部集中下访698批1856人次，化解各类矛盾纠纷721件，走访慰问困难信访群众267户。

群众工作中心“一站式”办理机制不断完善，效能进一步提高，先后有98个部门和单位在市、县（区）两级群众工作中心联合接访群众315批1659人次；全市各级领导干部166人次共127次第一时间到达第一现场接访群众662人次。

【“12345”市民热线】 “12345”市民热线以“一号对外，集中受理、归口办理、统一监管、分别回复、分类选登”的方式办理、回复市民来电来信，解决市民日常生活一般性求助、各类建议和诉求、投诉举报、政策法规咨询。自2012年6月1日开通以来，群众积极来电来信反映问题、建言献策。2013年，“12345”市民热线共接到群众来信来电件13563件，已办结13387件，办结率达98.7%。

对“12345”市民热线来电来信、市长信箱群众来信等重要信访情况，及时收集、研判，并通过《群工专报》《每月信访情况通报》等形式反馈给县区党委、政府主要领导，分管领导和涉事部门，及时向党委政府和涉事责任主体单位提供快捷准确的信息，切实把各种已经显现的或潜在的矛盾隐患解决在初期。全年共编发各类情况通报141期，收集反馈信访信息487条，推动化解矛盾隐患487件。

【重大敏感时期的信访维稳】 在元旦、春节、全国两会、全省两会、成都2013全球财富论坛和第十二届世界华商大会、“西博会”等重要时期和敏感时段前对可能发生非正常上访、大规模集访和群体性事件的苗头性、倾向性信访问题进行滚动排查，做到排查矛盾纠纷“纵向到底、横向到边”，不留死角和空档。

在重要时期和敏感时段，超前谋划，启动“村组（社区）、出攀（川）通道、途中车上、中转地点、北京外围”五道防线稳控机制，实现重大节日活动、全国全省两会、十八届三中全会期间等重要敏感期非正常上访“零进京”和集访“零赴蓉”。全面排查化解矛盾纠纷，按照“发现得早、化解得了、控制得住、处理得好”的要求，各级各有关部门和单位共排查出信访突出问题、重点信访问题108件次，重信重访问题33件次，落实领导包案73件，落实责任单位76家；主动掌握情报信息，执行“日碰头、周研判、零报告、24小时值班”制度，累计收集信访维稳信息126条，其中重大紧急信息21条，为后续工作赢得主动和时间；市委常委、政法委书记、市信访联席会议主要召集人张伟带队，市维稳办、市委群工局参加联合组成督导组到各县（区）、重点部门和大企业检查指导人员稳控情况、值班接访情况、领导接访情况、包案情况、干部下访情况以及非访处置情况等，确保信访渠道畅通，责任落到实处；切实筑牢“五道防线”，强化属地稳控措施，采取24小时防控；信访、公安、铁路、公路、民航等部门联动，重点单位设卡布防，成功劝阻试图进京上访4名。

根据中央、省信访联席会议的精神和省委、省政府领导指示、批示精神，市委、市政府在重要时期和敏感时段，从市、县（区）两级公安、信访等有关部门，以及在攀大企业抽调人员与北京联络处、成都办事处组建驻京工作组、驻蓉工作组。工作组人员服从安排、遵守纪律、团结协作、克服困难，做好巡查值守和对非正常上访人员劝返工作，为完成目标任务做出积极贡献。

【信访事项复查复核】 2013年，严格按照《信访条例》和攀枝花市人民政府《规范市级信访事项复查复核暂行办法》的规定，对申请复查复核信访事项审查把关，加强业务指导，规范责任单位的办理程序，使复查复核工作的权威性得到进一步提升；加强协调，整合力量办难事。对因机构合并、职能转变后责任主体不够明确的，或涉及部门较多，难度较大的复查复核事项，通过加大协调力度，整合各方力量，推动复查复核工作的开展；开展信访事项终结和备案工作；耐心做好复查复核申请人的政策解答和思想疏导工作，推动信访人息诉息访。全年市复查复核委员会办公室共收到群众向市政府申请复查复核信访事项16件，均依法按程序进行办理。

【全国信访信息系统推广应用】 2013年，按照国家、省关于推广应用全国信访信息系统分步走的要求，进一步规范办信接访程序，拓展强化网上信访办理工作，及时转办交办、加强督导协调，市、县（区）两级群工信访部门在全省率先实现全国信访信息系统推广应用，确保群众来信来访及时办理，信息系统运用率、录入率均达到100%。市委群工局应用全国信访信息系统共受理群众信访2466件（批）次8797件（人）次，市领导阅批145件次，立案交办98件（批）次，复查复核15件，召开协调会议67次，群众信访诉求得到及时妥善处理，受到省信访局通报表扬。

（廖东明）

人力资源综合管理

【概　况】 2013 年，全市有 6 个人力资源和社会保障局，其中市局 1 个、县（区）5 个；下辖 9 个直属单位，分别是市社保局、市就业局、市医保局、市人才服务中心、市转业军转培训中心、市劳动保障监察支队、市人事局考试中心、市劳动争议仲裁院、市劳动保障信息中心，其中副县级单位 5 个，参照公务员法管理事业单位 3 个。全系统共有在编职人员 258 人，其中共产党员 204 人，占 68.2%；35 岁以下 67 人，占 23%；大学本科及以上学历 167 人，占 70%。全系统中有高级职称 2 人，中级职称 15 人，初级职称 9 人。

实施就业促进攻坚，切实保障民生，努力实现由“稳就业”向“提质量”转变。通过完善就业机制、落实扶持政策、加大就业帮扶、深化创业促进、加强技能培训、强化就业服务等措施，全年城镇新增就业 17683 人，城镇登记失业率控制在 3.52%以内，全市就业局势稳定。开展就业创业培训 1.37 万人次，开发公益性岗位 360 个，帮扶失业人员、低收入群体等困难人员再就业 9200 人，兑现各项补贴 5000 余万元，建立大中专毕业生就业见习基地 42 个，发放小额担保贷款 1.19 亿万元。实施社会保障统筹，切实改善民生，努力实现由“扩基数”向“广覆盖”转变。重点推进全市统筹城乡一体社会保障制度建设，切实加强社会保险扩面征缴工作，社会保险待遇水平进一步提高。全年参加企业职工养老、医疗、失业、工伤、生育保险人数达 155.79 万人次，基金总收入 34.9 亿万元，企业退休人员平均基本养老金达到 2052 元，高于全省平均水平近 500 元。职工和居民医保政策范围内报销比例分别达到 86.9%和 70.8%。失业保险待遇从 672 元提高到 798 元。实施人才人事优化，切实服务民生，努力实现由“添实力”向“增活力”转变。加大人才政策创新力度，完善高层次人才优惠政策，基本构建了具有区域竞争力的人才激励机制。全年引进高层次人才 172 名、外国专家 8 名，兑现高层次人才津贴 1500 多万元。进一步深化人事制度改革，完善人事考试各项制度，确保了人事考试公平公正，全年共招录公务员（参公人员）270 名，公开考试考核招聘事业单位工作人员 390 名。实施和谐劳动关系建设，切实巩固民生，努力实现由“解纠纷”向“促双赢”转变。深入开展“和谐劳动关系构建年”活动，深入推进“小企业劳动合同制度实施专项行动计划”，加大对拖欠工资、不签订劳动合同、不缴纳社会保险费、违法超时加班等违法行为的监察执法力度。切实加强劳动人事争议调解仲裁、信访维稳综治等工作，维护社会的和谐稳定。实施行政能力提升，切实优化服务，努力实现由“强基础”向“上台阶”转变。以提升行政能力为切入点，进一步加强人力资源社会保障系统队伍建设、公共服务体系规范化、标准化和信息化建设，强基固本，争先创优，促进各项工作上新台阶。

存在的主要问题：就业形势错综复杂。就业总量和就业结构性矛盾并存。城镇就业困难人员、低收入群体就业压力，高校毕业生就业压力，农业富余劳动力转移压力相互交织，新增劳动力量大与新增就业岗位较少之间的供需矛盾突出；企业“招工难”与劳动者“就业难”现象并存，就业结构有待优化。工业企业生产经营困难，煤炭行业关停整顿，失业率变动不大，但隐性失业、停业现象严重，潜在的失业风险巨大。企业养老保险基金支撑能力脆弱。2013 年，企业退休人员超过全市城镇人口的 1/5，供养比达 1.49：1，养老金存在巨大缺口，保发放压力巨大。基层平台建设相对滞后。尚未完全达到建设标准化、规范化、信息化要求，就业和社会保障公共服务能力和水平亟待提高。人才人事工作尚待完善。人才人事工作政策碎片化的问题仍然存在。人才引进、人才使用、人才服务等相关制度不够完善，缺乏成熟有效的待遇留人机制，部分引进人才人岗不尽匹配，发挥作用不充分。构建和谐劳动关系任务艰巨，劳动关系不稳定性因素增加。

【就业工作】 2013 年，攀枝花市人力资源和社会保障局千方百计稳岗位，保民生，促就业，努力实现就业服务事业新发展。就业促进民生工程顺利推进。坚持实施更加积极的就业政策，统筹推进就业促进工程，不断拓宽就业渠道，改善就业结构和就业环境，进一步扩大和稳定就业。全市全年城镇新增就业人数 17683 人，完成全年目标任务的 110.52%；失业人员和失地无业农民实现再就业 8015 人，完成全年目标任务的 160.3%；其中就业困难对象再就业 2186 人，完成全年目标任务 182.16%；保证每户“零就业”家庭至少已安置 1 名登记失业人员实现就业，动态消除了当期“零就业”家庭；城镇登记失业率为 3.52%，全市就业局势基本稳定。促进各类重点群体实现就业。将促进城市低收入群体和就业困难人员实现就业作为急难险重”目标任务，积极建立公益性岗位托底安置制度，把公益性岗位优先用于安排符合条件的就业援助对象。结合全市“五创联动”工作，大力开发文明劝导、交通协管、数字化城管、社会治安协管等公益性岗位，开发公益性岗位 360 个，安置就业困难人员 360 人。全年认定低收入家庭人员 1477 人，帮扶 1060 名城市低收入群体实现就业。继续扎实开展“千人就业援助”活动，通过送政策、送岗位、送技能、送服务、送资金“五送”活动，初步建立起规范化、精细化和长效化的就业援助制度和“就业、培训、社保、维权、服务”五位一体的工作机制。帮助就业困难对象再就业 2186 人，完成全年目标任务的 182.16%。为 16133 人次落实各项补贴政策，使用资金 2523.48 万元。其中社会保险补贴 1764.37 万元，职业培训补贴 660.68 万元，见习补贴 71 万元。推进高校毕业生就业创业，做好高校毕业生就业见习工作。组织开展高校毕业生创业意识培训 1125 人次，创业能力培训 510 人次。帮助 161 名高校毕业生实现创业，完成全年目标任务160人的100.63%。建立大中专毕业生见习基地42个，完成目标任务40个的105%，组织516名高校毕业生参加就业见习。扎实开展藏区“9+3”学生就业工作。加强与市教育局、市国资委等成员单位协调，督促中职学校加强校企合作，鼓励学生顶岗实习企业吸纳学生就业。145名藏区“9+3”毕业学生全部实现初次就业，就业率达100%。

【创业带动就业】 2013年，攀枝花市人力资源和社会保障局将创建国家级创业型城市工作推向纵深，基本形成促进创业带动就业工作长效机制。认真落实各项创业政策，创业环境进一步优化。全年发放小额担保贷款808笔，合计发放金额11910.5万元（其中：个体工商户小额贷款780笔，发放金额7350.5万元；中小企业小额贷款27笔，发放金额4560万元），完成目标任务7500万元的158.81%，申报贴息资金共计656万元，创历史新高。贷款直接扶持812人自主创业，带动吸纳31500人实现就业。进一步实施税收优惠、市场准入、资金补贴、场租补贴、费用减免等政策，重点抓好对符合条件的创业成功大学生人员一次性给予5000元创业扶持补贴，对失业人员在领取失业金期间创业成功一次性给予3000元补贴等扶持等政策的落实。强化创业服务，创业服务体系进一步完善。逐步在各级就业服务机构建立创业指导中心（站），并积极发挥各级创业指导机构功能和作用。健全创业信息服务网络和信息发布制度，加强创业项目库建设，及时发布、更新创业项目667个。推进创业基地建设，为创业者提供专业化开业指导、培训推介、税费减免、跟踪扶持等创业服务。强化宣传，创业活跃度进一步提升。召开全市就业创业工作暨2013年度高校毕业生就业工作会，对全市就业创业成绩突出集体、个人及第二届创业明星进行表彰。同时，通过报纸、电视、广播、宣传栏、互联网等多种媒体，积极宣传各项创业扶持政策，营造浓厚的创业氛围，极大调动市民的创业激情。全市全年新增创业实体10452户，新增创业者10028人，带动就业31025人。

【职业能力建设】 2013年，攀枝花市人力资源和社会保障局加强职业能力建设工作，积极开展各类职业技能培训、岗位技能提升培训、创业培训、职业技能鉴定、高技能人才培养工作，取得明显工作成效。按照“政府引领、社会参与、竞赛推动”的工作思路，以提升职业素质和职业技能为核心，以技师和高级技师为重点，加强对工业优势产业发展有重要影响的主要专业技能人才、通用基础专业技能人才的培训和培养，大力推进技能人才队伍建设。全市建成市级技能大师工作室5个，省级技能大师工作室1个。按照“攀枝花市高技能人才培养计划”，已确定21名高级技师培养对象，25名技师培养对象，培养对象已经全部建档完毕，正式进入培养程序。全力指导十九冶高级技工学校参加第42届世界技能大赛，参赛选手获得优胜奖。积极指导十九冶高级技工学校备战第43届世界技能大赛，首批入围选手进入紧张训练之中。四川机电职业技术学院先后被国家和省确定为国家和省级高技能人才培训基地建设单位，获得国家500万元，省级300万元资金支持。创新工作机制，全面抓好职业培训，推进城乡统筹发展。制定《攀枝花市职业培训超市工作方案》，采取“两个平台、三级网络”的运作体系，收集、整理、发布培训机构、项目、课程等培训信息，做到全市培训信息实时公布，帮助全市劳动者，重点是“城镇登记失业人员、农村转移就业劳动者、毕业年度高校毕业生、城乡未能继续升学的应届初高中毕业生”及时掌握培训动态。培训超市网络已经建设完毕，上网试运营。各项技能培训任务圆满完成。组织城镇登记失业人员技能培3450人，完成目标任务的127.8%；农村劳动力技能培训5764人，完成目标任务的122.6%。对攀钢集团、十九冶、钢城集团等企业新招收965员工开展岗位技能提升培训。组织创业意识培训4876人，完成目标任务的152.3%；创业能力培训3910人，完成目标任务的144.8%。强化培训机构管理。重新认定20家职业培训定点机构。稳步推进高校毕业生和社会各类人员的培训和职业技能鉴定工作。组织电工、焊工、人力资源、物流等15个职业的鉴定考试工作，10000余人报名参加考试，有8726人取得职业资格证，初级工1244人，中级工7142人，高级工340人，高级工1420人，技师（含高级技师）516人（其中高级技师102人）。960余名机关事业单位工人报名参加考试，各项考试工作已经全部完成。加强4所技工学校学生学籍注册、助学金、零时价格补贴等管理和向上申报工作。和教育部门一道，做好学校加强师资配备、课程设计、教学科研、考试考核、教材使用、学生安全等方面的日常教学监督管理。及时办理其他技校学生咨询、投诉事件。及时作好技工学校实习指导教师技术职称评定的申报组织工作。支持十九冶技工学校申报技师学院、高技能人才培养基地等项目。加强全市公务员和事业单位人员培训工作。开展2010—2012年全市新录用公务员培训，培训168人；组织100名优秀公务员和事业单位管理骨干赴四川省国家公务员培训中心学习；事业单位公需科目培训考试工作稳步推进，全年共完成9615名事业管理人员和专业技术人员《职业道德和创新能力》的培训考试工作。

【公共服务体系建设】 2013年，攀枝花市人力资源和社会保障局以推进平台建设为基础，健全基层劳动就业和社会保障公共服务体系。积极争取市委市政府的支持，将基层平台建设纳入市委、市政府2013年度“急难险重”目标任务。加强制度建设，制定《关于进一步加强基层劳动就业和社会保障公共服务平台和网络建设的实施意见的通知》《关于调整劳动就业和社会保障公共服务平台规范化建设工作联系指导组的通知》和《关于进一步加快推进劳动就业和社会保障公共服务平台规范化建设工作有关问题的通知》，统筹规划基层平台规范化建设。建立健全工作机制，成立劳动就业社会保障公共服务平台规范化标准化建设工作联系指导组，由主要领导统一指挥，分管领导、直属单位、机关各处（室）分别组成县（区）联系指导组督促和检查各自负责的县（区）基层平台规范化标准化建设工作，同时明确各县（区）联系领导、责任单位和处室，并实行季度会议分析、月度通报工作进展情况制度。在25个街道（乡镇）、社区（行政村）打造基层劳动就业社会保障公共服务平台建设规范化、标准化、信息化示范点。召开全市基层平台建设工作现场会，相关单位主要领导参加会议并参观示范点，有力的推动基层平台建设规范化建设。全市建立街道、乡镇服务中心60个，建立社区服务站128个，建立行政村服务站275个，基本构建起市、县（区）、街道（乡镇）、社区（村）四级就业服务体系。通过“金保工程”建设，全市基层平台实现联网运行。

【高校毕业生就业创业】 2013年，攀枝花市人力资源和社会保障局以就业创业扶持为手段，进一步做好高校毕业生就业创业工作。年初联合市教育局等相关部门召集高校、中职学校召开座谈会，了解高校毕业生的就业状况及服务需求，提早准备高校毕业生就业工作。同时对各县（区）相关负责部门进行走访调研，随时掌握和解决全市高校毕业生创业工作中的重点、难点问题。在此基础上制订工作计划，安排部署全年高校毕业生就业工作。灵活应对形势，加大高校毕业生就业政策支持力度。出台《攀枝花市人民政府办公室关于进一步做好普通高等学校毕业生就业工作的通知》，并筹备召开全市就业创业暨高校毕业生就业工作会。强化就业援助，稳步实施离校未就业高校毕业生就业促进计划。在高校毕业生报到的同时进行实名制登记，并且建立离校未就业高校毕业生工作台账。指派专人做好“一对一”的跟踪服务工作，切实促进离校未就业学生就业。深化创业引领，全力促进高校毕业生创业。借助《攀枝花日报》《攀枝花晚报》、广播电台等新闻媒体发布宣传创业政策、创业成功典型，营造良好的创业氛围；积极开展创业培训，同时组织成功创业者参加省厅组织的提升培训；切实落实各项创业扶持政策，鼓励高校毕业生自主创业；强化创业服务，加强创业指导，完善创业孵化基地管理，为创业高校毕业生提供低成本的生产经营场所和企业孵化服务。加强就业见习，缓解就业困难学生压力。再次认定一批就业见习基地，扩大见习单位数量，优化见习单位结构。同时加强与见习基地的沟通联系与日常管理。密切同高校联系，组织就业见习专场招聘会，积极组织有见习意愿的未就业高校毕业生参加就业见习，落实好高校毕业生就业见习基本生活补助的政策，将就业见习期限从“6个月”调整为“最长不超过一年”，一定程度上缓解就业困难学生的就业压力。

【藏区“9+3”学生就业安置】 2013年，攀枝花市人力资源和社会保障局以就业促进工作为己任，全力落实藏区“9+3”免费教育计划学生的就业安置任务。制定《攀枝花市藏区“9+3”免费教育计划学生就业促进工作协调小组关于印发〈2010级“9+3”学生就业促进工作实施方案〉的通知》，并组织召开“9+3”就业协调小组成员单位会议，安排部署“9+3”学生就业促进工作。与攀钢、水务集团等大型国有企业对接，收集就业岗位400余个次。积极协调市“9+3”学生就业协调领导小组相关成员单位根据自身的职责，收集所属企业空岗情况，向“9+3”学生提供就业岗位1000余个次。举办招聘会，扩大就业空间。在攀西人才市场，专门为中职学生举办专场招聘会，邀请市内外多家企业到场招聘。做好学生信息登记、交接工作。同时加强对在攀枝花市就业学生的跟踪服务，将在攀枝花市就业的“9+3”学生信息按照属地管理的原则通报给县（区）就业局。随时掌握其就业情况，做好跟踪服务。

【农民工工作】 2013年，攀枝花市人力资源和社会保障局按照民生工程要求，全面推进劳务开发和农民工工作，确保目标任务的全面完成。全市全年转移和输出农村劳动力11.03万人，其中省内输出9.75万人，省外输出1.27万人。实现劳务收入12.8亿元，外出务工人均劳务收入9972元，同比增加532元，农民人均劳务收入2214元，同比增加32元。农民人均劳务收入占农民人均纯收入的26%。全面完成省市下达的各项民生工程培训任务。完成“农村劳动力技能培训”4576人，为目标任务的114.4%，转移就业率93%；“农民工在岗培训”9650人，为目标任务的101.5%；完成“劳务品牌培训”650人，为目标任务的100%；“新型农民培训”5034人，为目标任务的100.7%；“农村实用技术培训”30.2万人次，为目标任务的100.7%；“阳光工程培训”3890人。

【居民增收规划】 2013年，攀枝花市人力资源和社会保障局积极开展促进居民收入增长工作。代市政府制定出台《促进充分就业实现居民增收工作规划》（以下简称《规划》），通过采取积极推进就业事业发展、完善社会保障体系建设、深化收入分配制度改革、积极构建和谐劳动关系、加强公共服务体系建设5方面措施，推动更高质量和更充分的就业，实现居民收入和经济发展同步增长。《规划》提出，到2020年，全市新进入人力资源市场的劳动者80%以上经过中等以上教育或职业资格培训，持职业资格证书的比例达60%以上；基本消除结构性失业矛盾，有就业愿望的城乡就业困难人员援助率达100%；全市城乡劳动者全面纳入社会保障。根据《规划》，全市将全面推进就业促进民生工程，统一就业管理服务机构，统一服务内容和标准，为城乡劳动力提供统一的就业服务，到2020年开展各类职业培训10万人次；将现有城镇居民养老保险和农村居民养老保险整合为城乡居民养老保险制度；加强企业工资宏观调控，完善机关事业单位工资制度，提高艰苦边远地区津贴标准；强化劳动保障监察执法，建立符合仲裁规律的工作运行机制和监督管理机制；在街道（乡镇）和社区（行政村）基本建立健全劳动就业社会保障公共服务平台和网络，全面实施社会保障“一卡通”。

【公务员管理】 2013年，攀枝花市人力资源和社会保障局按照科学化、规范化和专业化要求，进一步促进公务员管理工作。以公平公正为生命线抓考试录用。圆满完成2012年公务员公招、定向招录乡镇公务员、政法干警试点班招录体检、考察、录用等后续工作，以及2013年定向招录乡镇公务员工作，共招录公务员（参公人员）270名；出台《攀枝花攀枝花市公务员录用体检实施细则（试行）》，下发《关于印发公务员录用体检操作手册（试行）有关修订内容的通知》，进一步规范细化体检工作，提高公务员招录体检工作的社会公信力。以细化规范为大方向抓考核奖惩，完成2012年公务员考核工作。根据2012年考核结果，评选出优秀公务员657名，并为连续三年获得优秀的167名公务员记三等功，在公务员队伍中掀起向优秀学习、争当攀枝花建设排头兵的热潮。继续巩固清理规范评比达标表彰活动成果，按规定做好表彰工作，会同有关部门向国家、省推荐先进集体55个、先进个人196名。以科学有序为主旋律抓职位管理。办理公务员转正登记128人，重新确定职务19人，晋升副主任科员、主任科员非领导职务226人，为2人办理享受上级非领导职务待遇审批。同时，组建攀枝花市级机关公务员申诉公正委员会，公正及时地处理公务员申诉、再申诉案件，保障公务员合法权益。以务实严格为总基调抓遴选调任。公开遴选38名基层公务员进入市级机关。立足公务员管理工作，主动融入中心大局，以服务攀西国家级战略资源创新开发试验区建设服务为切入点，推动攀枝花在全省多点多极战略实施中实现次级突破。积极向省公务员局汇报请示，衔接落实行政机关紧缺急需的高层次人才，按照特殊职位招录或按照《聘任制公务员管理办法（试点）》进行聘任的人才引进政策，为试验区建设提供人才保障。

【事业单位人事管理】 2013年，攀枝花市人力资源和社会保障局深入推进事业单位人事制度改革工作。切实加强对事业单位岗位设置管理情况的监督、检查，进一步规范事业单位岗位设置和岗位聘用管理，基本实现事业单位人员实名制和全员聘用合同制管理；加快事业单位人事管理制度化、科学化、规范化建设，认真贯彻执行事业单位工作人员公开招聘、流动、晋升、处分、申诉等政策规定；积极探索事业单位人员年度考核管理办法，全面推行绩效考核制度。全市有事业单位961个，编制数25674个，实有人数24565人，核准设置岗位25674个。完成人员聘用岗位24565个，聘用面达100%，其中管理岗位2309人，专业技术岗位19898人，工勤技能岗位2358人；市属事业单位岗位聘用9752人，县区岗位聘用14813人，共变动岗位2232人次。全市组织开展公开考试招聘14次（含区县），考试招聘计划数641个，实际考试招聘409人；考核招聘计划数311个，实际考核招聘206人。政策性安置事业单位工作人员6名。进一步规范人员流动条件和程序，全年办理169人的流动手续。

24482名工作人员参加2012年年度全市事业单位考核，其中，考核为优秀的3330人，占13.6%。

【专业技术人员管理】 2013年，攀枝花市人力资源和社会保障局以加强服务专业技术人才为重点，以发挥专业技术人才作用为核心，拓展工作思路，创新工作方法，强化工作落实，全面完成专业技术人员管理工作。按照《攀枝花市“高层次专业技术人才培养计划”实施意见》要求，组织开展首批高层次专业技术人才培养人选的遴选工作，经推荐申报、资格审查、专家评审（议）、市人才工作领导小组会议审定，确定首批高层次专业技术人才培养对象30人。根据《关于实行导师制度试行办法》，组织开展第四批各类别专家承担导师任务的结对工作。经推荐申报，资格审查，批准95名专家承担新一批次导师结对辅导任务，结对辅导对象共131名，均为基层和农村的专业技术骨干人才。开展新一批次市级专家推荐选拔。经推荐申报、资格审查、专家评审（评议）、市人才工作领导小组审核、面向社会进行公示和市委、市政府审定，确定第六批市学术和技术带头人50人、第六批市学术和技术带头人后备人选100人、第八批市有突出贡献专家50人，涵盖自然科学、工程科学技术（技能型人才）、农业科学技术、卫生科学技术、人文社会科学、中小学教育等学科、专业领域。为加强卫生行业人才队伍建设，攀枝花会展中心举办护理质量管理和医院绩效管理高级讲座，邀请四川省人民医院护理部主任护师温贤秀和成都市第三人民医院院长赵聪教授进行主讲，通过培训、交流和研讨，提升卫生行业专业技术人员和管理人员的业务水平和实践能力。组织工程、农业、教育、卫生等领域的专家代表赴新疆进行为期8天的短期休假考察，促进不同学科领域专家之间的沟通交流。做好专业技术职称评定工作。全面完成中小学教师职称制度改革扩大试点工作，全市149所中小学校（单位）10052名中小学教师职称（职务）实现过渡，新增专业技术岗位743个（其中高级岗位316个、一级岗位353个、二级岗位74个），推荐评审正高级教师6人，评聘教师专业技术（职称）职务932人（其中高级教师213人、一级教师449人、二级和三级教师270人），解决聘而未聘人员340（其中高级教师53人、一级教师287人）。按照《攀枝花市中级专业技术职称评审委员会管理暂行办法》要求，对全市中级专业技术职称评审委员会专家库成员进行清理、调整和补充。经资格审查，批准16个专业系列中级职称评审委员会委员 398 人，为中级专业技术职称的评审工作提供保障。组织召开非公有制企业职称评定工作座谈会。会议听取有关部门（单位）、非公有制企业代表对非公有制企业专业技术职称（称号）评定工作的意见和建议。深入各县（区）和企业，加强职称政策宣传，使广大专业技术人员及时准确解职称评审政策、申报条件、申报渠道、申报程序、申报材料、申报时间等规定和要求。积极做好职称申报评审有关政策的解答释疑工作。安排布置全市 2013 年度中级、初级专业技术职务任职资格的推荐申报和评审工作。全年通过评审和确认取得专业技术职务任职资格 1531 人（高级 402 人、中级 301 人、初级 828 人），其中民营企业 367 人，占取得评审类职称人数的 24%；评审民营企业中级专业技术称号 38 人；通过考试取得各类专业技术资格、职业（执）资格 887 人；办理各级评审类证书 681 本，办理考试类资格证书 5400 余本。加强对职称考试工作的管理、指导和协调，强化报名组织和资格审查，严肃考风考纪，协调解决职称考试中反映出的问题。做好专家下基层行动和专家示范基地建设工作。重新修订《攀枝花市专家服务示范基地管理办法》，规范和完善基地的申报及审批程序，明确基地相关主管部门、基地项目承担单位和基地单位的工作职责，建立基地考核指标体系和服务专家激励保障机制。研究制定《攀枝花市专家下基层行动实施方案》，明确从 2014 年起，每年组织 200 名专家和高层次人才深入基层和农村，转化科技成果，推广实用技术，解决技术难题，培养基层人才；规划教育、科技、城乡建设和旅游、文化、农业、医疗卫生等 7 个重点工程，并制定相关激励保障措施。经推荐申报，资格审查，专家评审（议），批准建设 11 个专家示范基地，其中农业专家示范基地 4 个、林业专家示范基地 2 个、卫生专家示范基地 2 个、教育专家示范基地 3 个。参与服务的专家和专业技术人员共计 139 人。为切实做好市人社局定点扶贫村——米易普威镇西番村的扶贫帮困工作，针对西番村近 333.33 公顷核桃种植规划，将其纳入 2013 年度专家示范基地建设计划，建立西番村核桃标准化种植技术示范基地，由市农林科学院等 8 名农林专家组成专家团队，为基地提供技术支持、技术指导和技术服务，实现专家示范基地建设与扶贫帮村工作紧密结合，探索出科技扶贫的新路子。

【人才工作】 2013 年，攀枝花市人力资源和社会保障局以科学人才观为指导，大力实施“人才强市”战略，以重点行业重点领域人才开发为抓手，整体推进各类人才队伍建设。研究制定 3 个专业人才队伍建设规划（《攀枝花市专业技术人才队伍建设中长期规划（2012—2020 年）》《攀枝花市高技能人才队伍建设中长期规划（2012—2020 年）》《攀枝花市农村实用人才发展中长期规划（2012—2020 年）》，提出攀枝花市专业技术人才队伍、高技能人才队伍、农村实用人才队伍中长期发展目标、主要任务和重点人才项目。总结评估攀枝花市人才队伍建设“十二五”发展规划，确保规划目标任务全面实现。修改完善攀枝花市高层次人才引进稳定培养暂行办法。针对 2010 年《攀枝花市高层次人才引进稳定培养暂行办法》（以下简称《办法》）实施过程中出现的政策不尽合理、政策覆盖面不全，以及政策碎片化等问题，对《办法》进行修改完善，使人才类别更加合理，待遇设置更加科学，特别是对现有人才津贴政策进行整合，解决人才政策“碎片化”问题。研究制定攀枝花市引进领军型创新创业人才及其项目团队办法。为切实解决顶尖创新创业人才及其项目团队引进难的问题，在广泛借鉴国内各地、特别是领军型创新创业人才集聚较快城市的经验和措施，结合攀枝花市实际，拟定《攀枝花市引进领军型创新创业人才及其项目团队办法》，构建具有区域竞争力的领军人才特惠激励机制。修改完善《“攀枝花市十佳技术能手”评选奖励办法》和《“攀枝花市农村优秀人才奖”评选奖励办法》，已上报市人才办。拟定《“攀枝花市银发人才奖”评选奖励办法》（征求意见稿），待征求各部门、单位、专家意见后，提交市人才工作领导小组审议。落实兑现高层次人才优惠政策，做好高层次人才申报认定和待遇兑现工作。兑现经认定的首批 300 名高层次人才 2012 年 1 月至 2012 年 12 月的安家补助、工作津贴、租房补贴共 600 余万元。启动 2013 年度高层次人才申报、初审工作，提出初审意见，市人才工作领导小组审核认定 132 名第二批高层次人才，待公示后兑现相关待遇。推进人才优先发展实验区建设。市人社局在米易县建立人才优先发展试验区，定期沟通交流，市、县携手共推试验区建设。统筹推进高层次人才开发。引进高层次人才 172 名。其中，市本级共引进 74 名（博士研究生 4 名、硕士研究生 68 名、副高职称 2 名）；各区（县）及攀钢、攀煤、十九冶、钢企共引进 98 名（博士研究生 4 名，硕士研究生 91 名，副高职称 3 名）。加强柔性引进国内外专家力度。聘请政府顾问和政府特聘专家 44 名。获准国家、省引智项目计划 10 项，获得资助经费 94 万元，引进哈萨克斯坦、以色列、奥地利、乌克兰、芬兰、泰国等国外专家 8 名。加强重点优势领域海外高层次人才引进力度。攀钢集团有限责任公司引进 1 名加拿大蒙特利尔大学工学院冶金工程博士缪辉俊，从事钛资源原料的开发与利用技术研究。市中西医结合医院引进 1 名具有海外留学经历的骨科专家秦宏敏博士，带动医院骨科技术的发展。加强医疗卫生专业技术人员队伍建设。经市政府同意，2013 年向国家外专局申报一期卫生专业技术人员出国培训项目。统筹推进农村人才开发。积极开展低收入群体技能培训和农村劳动力技能培训工作，全年培训低收入群体 220 人，农村劳动力 476 人。实施高校毕业生“三支一扶”计划，为盐边县补充 3 名“支医”人员，开展“三支一扶”计划征文活动，西区第三十二中学 1 名支教大学生撰写的“让青春在基层闪光”的文稿入选获奖。进一步加强对“三支一扶”大学生的管理，及时兑现绩效工资及生活补贴经费，按照规定购买各项社会保险，完善大学生服务农村的长效机制。加强和规范机关事业单位编外用工管理。制定《攀枝花市市级机关和市财政全额保障事业单位编外合同制用工管理办法（试行）》（以下简称办法），按照规定办理“交通协管员”“城监协管员”“天网工程图像监控员”等13个部门、单位130余名编外聘用人员与《办法》接轨手续。经第一次编外合同制用工管理工作联席会议研究同意，市交警支队新补充交通协管员105名，市建设工程质量安全监督站编外聘用25名专业技术人员。

【人力资源市场监督管理】 2013年，市人力资源和社会保障局开展2012年全市人力资源服务机构年度检查工作。对41家人力资源服务机构的“人力资源服务许可证”“工商营业执照”、场地使用情况、从业人员职业资格证书、学历情况、劳动合同签订、保险缴纳情况等进行检查，并将年检结果在攀枝花日报上进行公示。2家人力资源服务机构因未按要求开展业务活动，申请注销，其余39家机构均具备相关的资质条件，能够严格按照国家法律法规及相关政策的规定，依法开展人力资源服务活动，年检合格。开展人力资源服务机构统计工作。对全市年检合格的39家人力资源服务机构情况进行统计，全面掌握全市人力资源服务机构的机构、人员、业务发展情况，对有效促进人力资源公共服务机构和人力资源市场经营性服务机构的协调发展，进一步加强全市人力资源市场建设管理起到基础性作用。开展推进人力资源市场整合调研工作。组织开展市、县（区）两级人力资源市场整合调研摸底工作。对全市人才服务机构和就业服务机构的现状、主要开展的工作、整合后相关问题的意见和建议等进行调研分析，为健全统一规范灵活的人力资源市场，推动人力资源市场整合奠定基础。

【人才服务】 2013年，攀枝花市人力资源和社会保障局全方位做好服务工作。积极开展高校毕业生就业指导及服务工作，成功举办“人社局长、人力资源经理进校园活动”，市人社局领导宣讲就业形势、就业政策；来自攀枝花钢城集团有限公司、四川省富邦钒钛制动鼓有限公司的人力资源经理就企业文化、职场环境和职业生涯规划建议等内容进行宣讲。做好2013年高校毕业生报到及就业指导服务工作，制发《关于2013年高校毕业生报到有关事项的通知》，就高校毕业生报到流程、组织关系接转、档案管理和人事代理、就业指导服务等方面进行明确规定。开设“高校毕业生政策咨询和职业指导”服务窗口，积极为高校毕业生进行政策咨询和职业指导。接待政策咨询和职业指导的高校毕业生1000余人，发放《高校毕业生就业政策百问》宣传手册1200余份。全力做好未就业高校毕业生实名制登记服务工作。接收2013年毕业生报到登记1925人，成功帮助605人实现就业。加强对困难家庭高校毕业生的就业援助工作，成功帮助254名高校毕业生实现就业。超额完成高校毕业生就业见习工作目标任务。建立见习基地45个，超额完成目标任务，派遣516名高校毕业生到各见习基地参加就业见习，有144人通过就业见习被单位录用，留用率为82.76%。严格资金管理，按时兑现见习生活补贴，为436人兑现见习补贴116.09万元。160名高校毕业生实现创业人数，全面完成高校毕业生创业目标任务。市场促就业成绩突出。与攀枝花学院联合举办2013届和2014届毕业生双选会，461家单位入场招聘，提供3415个职位，进场求职人数达4526人，达成意向性人数为1508人。举行高校毕业生就业见习专场招聘会，192家单位入场招聘，提供4600个见习岗位，招聘见习人员777人。开展“民营企业招聘周”活动。177家单位入场招聘，提供295个职位，进场求职人数达244人，达成意向性人数为714人。严密组织日常招聘会。举办95场现场招聘会，434家招聘单位入场招聘，提供50771个职位，进场求职人数达61502人，达成意向性人数为12328人。根据企业需要开展专场和专区招聘会。为中国平安股份有限公司和四川省富邦钒钛制动鼓有限责任公司举办专场和专区招聘会。专场招聘会，提供100个职位，进场求职人数达500人，达成意向性人数为80人；专区招聘会提供70个职位，有56人达成意向性协议。大力发展网络招聘。在攀西人才网发布招聘信息的用人单位达9009家，为求职人员提供12245个职位；求职人员在攀西人才网上发布8920条求职信息，为招聘单位查询1503条求职人员信息。进一步加强人事人才服务工作。档案管理及人事代理进一步规范；人事代理服务不断加强。全年接收档案4492份，转出档案1234份，接收归档材料5497份，更换个人防潮袋2721份，为635人提供档案查询、查阅、借阅服务。办理人才流动手续158人，为200余人办理转正定级手续，出具各类证明856份，办理工资审批215人，代办职称评审37人，为40家企事业单位170人缴纳五项社会保险费240余万元。成功组织攀枝花市2013年党政储备人才招聘工作。通过进高校直接招聘和在攀枝花设点进行招聘两种渠道进行，计划引进党政储备人才45名左右。进高校招聘分南、北两个招聘组，分赴北京、上海、重庆、成都、武汉、南京、昆明，走进清华、北大、中国人大、复旦、上海交大、同济等29所“985”“211”重点高校，开展党政储备人才招聘活动。在攀枝花人才服务中心设点开展招聘活动。此次招聘活动共吸引全国各地的811名大学本科及以上优秀毕业生前来竞聘并参加面试。811名应聘人员中，博士研究生16人，硕士研究生737人，本科生58人。完成高层次人才申报资格初审工作。初审人数达127人。做好证书发放工作，办理和发放全市考试类专业技术、职（执）业资格证书6160本；审核并整理高层次人才申报资料127份。

【人事考试】 2013年，攀枝花市人力资源和社会保障局认真贯彻落实“人才强市”战略，增强服务意识和责任意识，有效组织各项人事考试。出色地完成全市公务员、事业单位公招及职称考试。组织完成9项（笔试5项，面试4项）公务员考试，参考人数7154人，科次13089科。组织完成5项（笔试2项，面试3项）事业单位考试，参考人数2628人，科次2923科。顺利组织实施各类专业技术资格（水平）考试22项，参考人数11665人，23335科次，其中全国外语职称考试2514人、二级建造师及相应专业执业资格考试1904人，全国会计专业技术资格考试1983人。高质量完成社会化代理和其他考试5项，参考人数544人，科次563科。全年完成各类人事考试41项，参考人数21991人，39910科次。加强题库建设，提升自主命题能力，确保考试安全、科学。完成题库系统建设一期工程，题库达到2000道试题的最低保有量，初步具备自主命题保障能力；实现人事考试"命题—制卷—考试实施—阅卷—登分"一条龙工作流程。以人事考试指挥系统建设和人事考试网站建设为抓手，大力推进人事考试信息化建设。制定完善考试指挥系统建设方案，完成工程招标工作；顺利恢复攀枝花市人事考试网，服务平台得到完善，提高服务质量。

【工资福利】 2013年，攀枝花市人力资源和社会保障局积极思考、严格落实，圆满完成工资福利工资任务。按照《人力资源和社会保障部财政部关于调整艰苦边远地区津贴标准的通知》精神，完成全市机关事业单位艰苦边远地区津贴标准调整工作。根据事业单位实施绩效工资相关政策规定，完成市属事业单位2012年度绩效工资总量和奖励性绩效工资审核工作。配合市财政部门完成市级机关公务员进一步规范津贴补贴的审核工作，并结合市属事业单位实际，制定市属事业单位同步提高收入水平的实施意见并组织实施。根据相关文件精神，完成2013年市级机关（含参公管理事业单位）工作人员按年度考核结果晋升级别、机关（含参公管理事业单位）工作人员正常晋升级别（岗位）工资档次、事业单位工作人员正常增加薪级工资和机关（含参公管理事业单位）工作人员年终一次性奖金审核工作。积极配合有关部门做好市直机关公务员2012年度预留津贴补贴部分（目标考核奖）审核发放工作。按照市政府的统一安排，审核、兑现市级机关、事业单位2012年度目标绩效奖。审核、兑现市级机关事业单位职工2012年度应休未休年休假酬金。按照《人力资源社会保障部、财政部关于人民法院和人民检察院工作人员法定工作日之外加班发放补贴的通知》精神，完成人民法院和人民检察院工作人员法定工作日之外加班补贴发放工作。根据《中共攀枝花市委办公室攀枝花市人民政府办公室关于调整市级机关事业单位按照攀委办〔2005〕90号文聘用的工勤岗位人员管理政策的通知》文件精神，开展攀枝花市市级机关事业单位按攀委办〔2005〕90号文聘用人员改签劳动合同后的工资增长工作，以及攀枝花市市级机关事业单位按攀委办〔2005〕90号文聘用的退役士兵并轨后工资确定工作。

【军转干部安置解困维稳】 2013年，攀枝花市人力资源和社会保障局采取积极措施，圆满完成军转安置及企业军转干部解困维稳任务。按四川省军转办要求接收安置军转干部12名，其中计划分配军转干部10名、自主择业军转干部2名。随调家属安置1名。计划分配团职干部干部2名，均安置在公务员岗位并落实相应领导职务；计划分配营职干部5名、连职干部1名及技术干部2名，全部安置在公务员岗位；

自主择业军转干部2名，分别安置在仁和区、东区；随调家属1名，对口安置在市属全额拨款事业单位。按月发放退休军转干部的生活困难补助，在四川省调整政策后及时兑现补助。为4000余人次退休军转干部、失业军转干部、在岗（再就业）军转干部发放生活困难补助，补助金额达736.74万元；个案补助特别困难人员100人次。为失业军转干部、再就业军转干部代缴养老保险。对所有企业军转干部（不包括离休人员）进行建军节、春节慰问。

【依法行政】 2013年，攀枝花市人力资源和社会保障局采取积极有效措施，全面推进人力资源和社会保障依法行政。建立健全人力资源和社会保障行政执法有关制度；明确规定行政执法法律、法规、规章依据；明确规定行政执法主体、执法内容、执法类别三方面的内容；严格规定行政执法机构及其执法权限；建立人力资源和社会保障行政执法监督检查制度和执法责任制的考核奖惩制度。严格依法配备执法人员，按照规定申领行政执法证件，确保执法人员的合法性。切实加强对执法证件的管理，对调进、调出的执法人员及时办理执法证件的注销和申领。全年新报和更换执法证15人，行政执法监督证2人，并拟上报公布31名行政执法人员和5个执法主体。把好抽象行政行为即规范性文件的合法关；把好具体行政行为合法关，对行政审批、行政许可、行政确认、行政处罚、行政复议等具体行政行为以及对作出行为的过程都建立行为规范准则，公布上墙，严格执行。清理2013年之前颁布的行政权力事项，清理后的行政权力104项。依法办理复议案件，做好行政应诉工作。共参与省、市政府法制办提出行政复议答复10件，参加行政应诉17件。依法开展行政审批工作。办理工伤性质认定163件、提前退休审批885件、审查集体合同35份、特殊工时审批3户件。

【和谐劳动关系】 2013年，攀枝花市人力资源和社会保障局把"构建和谐劳动关系年"活动作为重要工作来抓，采取积极措施，全力推进工作开展，保持劳动关系和谐稳定。借助社会力量合力推动和谐年建设活动。有效整合组织、宣传、国资、交通、工商等部门参与活动，形成党委重视、政府支持、多部门配合、企业和职工积极参与活动的工作格局。参与活动单位将收入分配改革、企业工资集体协商、基层劳动保障平台建设、基层非公企业党组织建设等纳入全市急难险重工作和民生工程，积极争取党委政府的重视和支持；将劳动保障法律法规宣传、劳动关系协调、维权保障等列入各部门目标任务考核，确保活动的顺利开展。加强形势研判和矛盾处置。妥善处理攀钢清退9000余名劳务派遣人员、关停并转30万吨以下煤矿企业人员分流等有关人员的安置问题。全力推进劳动关系协调，全市劳动合同签订率达到90%以上，劳动关系和谐企业创建面达到90%以上，完成东区弄弄坪和西区玉泉街道两个省级和谐劳动关系街道创建工作。深化收入分配制度改革，全市最低工资标准调整为1140元/月，低收入群体收入稳固增长；发布全市年度企业工资指导线，指导企业建立正常工资增长机制。贯彻落实企业工资集体协商办法，全市单独签订工资集体协议3335份，涵盖企业共5711家。

【劳务派遣行政许可】 2013年，攀枝花市人力资源和社会保障局按照部、省关于贯彻实施新修订劳动合同法严格规范劳务派遣的安排部署，依法推进劳务派遣行政许可工作。下发《关于成立实施劳务派遣行政许可工作领导小组的通知》和《关于对实施劳务派遣行政许可工作进行任务分工的通知》，成立由行政审批、劳动关系和监察仲裁等相关职能处（室）和直属单位组成的工作领导小组，统筹负责市本级劳务派遣行政许可工作，各县（区）人社部门也相应成立领导小组及其办公室。市县两级人社部门同时将政策答复、人员培训、定期报告、诚信评价、信息公开、日常监管等具体工作分解落实到相应的工作机构和办事人员，加强内部职能机构和直属单位的协调配合，形成工作合力，依法做好本行政区域内劳务派遣行政许可工作。下发《关于贯彻落实〈劳务派遣行政许可实施办法〉的实施意见》《关于劳务派遣经营许可证有关事宜的通知》等5个文件。按照分级管理、属地管理相结合的原则，明确各级人社部门的管辖分工，提出经办工作的具体要求，细化行政许可的审批流程，规范行政许可的法律文书。对21家劳务派遣公司进行行政许可。

【劳动保障监察】 2013年，攀枝花市人力资源和社会保障局加大劳动保障监察执法力度，及时妥善地处理各种举报投诉案件和群体突发事件，有力地促进整个劳动保障工作的开展。主动监察用人单位645户，涉及劳动者19210人。审查用人单位报送书面材料55户，涉及劳动者2.217万人；参与处理突发事件4件，涉及劳动者人数135人；追发劳动者工资待遇459万元，涉及劳动者220人；督促3户用人单位为4名劳动者缴纳社会保险费15.6万元；督促1户用人单位为2名劳动者办理社会保险登记；受理举报投诉案件34件，立案30件，结案30件，结案率100%。

【劳动人事争议仲裁】 2013年，攀枝花市人力资源和社会保障局依法推进劳动人事争议仲裁工作。牢固树立法治观念，把程序是否完整、处理是否合法、效果是否明显作为判断仲裁办案质量的重要标准；牢固树立权威观念，着力提升仲裁的社会公信力和发挥仲裁前置“过滤网”作用；牢固树立联动观念，努力促进仲裁工作的社会化。全年处理劳动争议2042件，涉及劳动者2468人，涉及标的8803万元。劳动争议增长势头得到有效遏制，处理绝对数量减少22件，下降1%，立案受理绝对数减少30件，下降4%。

【人力资源和社会保障信息工作】 2013年，攀枝花市人力资源和社会保障局进一步推进信息化建设工作。制发社会保障卡206295张，圆满完成20万张发卡指标任务，发卡总量达807234张。启动新农保的发行工作，通过对全市近20万人的新农保参保群体进行集中发卡，基本实现社会保障卡全覆盖。组织第三方安全公司对金保系统进行全面安全检测，努力发现并修复系统漏洞，保障金保系统安全稳定运行。处理个人数据合并30605户，合并单位142家。认真做好12333话务工作来电总量达160121人次，超过年初制定的10万目标。

【攀枝花市民卡首发】 2013年，攀枝花市人力资源和社会保障局按照市委市政府的要求，积极推进攀枝花市民卡建设。12月17日，在市中心广场举行攀枝花市民卡首发仪式暨现场体验活动。市委书记刘成鸣，市委常委、常务副市长杨自力，市人大副主任许秀峰，市政协副主席庞向东，成都天府通金融服务有限责任公司董事长蒲自力出席活动仪式。市政府副秘书长李兴华主持仪式。攀枝花市民卡工程建设项目，是市委、市政府为加快智慧城市建设，提高城市综合管理能力，强化政府公共服务，提升市民幸福指数而实施的一项重要的惠民工程、民生工程。工程建设纳入2013年“急难险重”项目管理和督查督办。经过一年的努力，攀枝花市民卡工程一期建设任务如期完成，胜利实现市民卡首发。攀枝花市民卡将陪伴广大市民，在为市民生活提供方便、快捷、优惠、优质服务的同时，承担为广大市民“记录一生、管理一生、服务一生”的重任，真正成为市民的放心卡、温馨卡、贴心卡。市委市政府授权攀枝花市民卡公司负责市民卡的发放、管理、服务和应用拓展。市民卡公司将通过利用安全、快捷、可靠的平台，为市民提供政府公共服务、公用事业服务、商务服务和金融服务。为满足市民的个性化需求，

同步推出功能一致、服务一致、优惠便捷一致的政务卡、商务卡、手机卡和金融IC卡，供市民自由选择。市民卡首批加载的功能，初步实现市民卡在社保、门诊挂号、公交刷卡、超市、商场、餐饮消费、通信业务缴费等便民支付领域的应用服务，并同步实现与成都的互联互通，攀枝花、成都两地的市民持本地市民卡均可以在对方城市畅通使用，并享受同城市民的同等优惠待遇。市民卡的首发仅仅是一个开

始，作为通往智慧城市的金钥匙，市民卡在未来还将搭载民政、卫生、公安、教育、物业等多种功能，通过庞大的后台数据库，和遍布全省的交易网络真正实现“一卡在手通花城，惠民利民行天府”的目的。

【信访、维稳、综治、行政“大调解”】 2013年，攀枝花市人力资源和社会保障局认真贯彻落实中央、省、市关于信访、维稳、综治、行政“大调解”工作的指示精神，按照“全员信访、全程维稳、主动应对、提前介入、及时处理和疏导”的工作举措，有效化解涉及人力资源和社会保障方面的不稳定因素，切实维护广大劳动者、用人单位的合法权益。以“事要解决”为主要抓手，不断创新工作方法，狠抓信访“骨头案”“钉子案”排查化解，严格实行责任追究制，使信访形势逐步好转，信访秩序不断规范，为妥善处理复杂疑难信访案件和群体性问题投入较大资金支持，信访存量大幅减少，信访人满意率明显上升。全年受理群众来信、国家投诉网、人民网、市长信箱、“12345”市民热线、局长信箱524件次，涉及人数669人次；接待来访群众2046批次，涉及群众5198人次；及时化解集体访55批次，涉及农民工等群众1981人次。圆满完成市政府交办的13件信访案件，配合有关部门化解信访积案24件。专题召开有关部门参加的研究信访人诉求联席会议18次，召开人社系统信访维稳工作布置会议5次。

（肖礼荣）

外　事

【因公出国（境）】 2013年，全市派遣因公出国（境）共15批36人（党政机关17人）。因公出国、赴港澳总人数分别为27人及14人；自组团5团、总人数26人。分赴以色列、约旦、美国、加拿大、澳大利亚、德国、韩国等十多个国家和中国香港等地区执行医疗合作、招商洽谈、文化交流和学习培训等任务。

【外宾来访接待】 2013年，攀枝花市先后邀请9位来自泰国、哈萨克斯坦、以色列、奥地利、芬兰和乌克兰的外国专家到攀枝花市进行技术指导和学术交流，完成芒果新技术引进、心身医学的基础与临床新进展、骨科脊柱系统恶性肿瘤系统治疗策略和欧洲COSS（德奥两国骨肉瘤化疗协作研究小组）系统化疗方案、高品质海绵钛关键生产技术及装备优化、ECOFER（公司名）渣钢铁高效回收处理技术及装备和精四氯化钛生产工艺的优化研究等6个引智项目。

2013年，全市累计接待外国游客376人次。

（曾　媛）

侨　务

【概　况】 2013年，全市侨务工作新增国内工作对象4人。至年底，全市国内、国外侨务工作对象分别达到3740人和2227人。

全年，市侨办、侨联紧密团结广大归侨侨眷和海外侨胞，紧紧围绕市委、市政府的中心工作，发挥侨务优势，积极为侨服务，依法维护侨益，努力开展招商引资引智工作，发挥好桥梁纽带作用，各项工作取得新成绩。争取到海外侨胞捐赠救护车1辆，香港同胞继续在攀枝花市捐资助学；组建攀枝花市代表团参加“第十二届世界华商大会”“第十一届东盟华商投资西南项目推介会暨亚太华商论坛”“2013海外高新科技暨高端人才洽谈会”；走访慰问16户生活困难的归侨侨眷，送去慰问金（慰问品）近万元，为仁和区、米易县3户散居农村贫困侨眷家庭送去帮扶资金9000元，继续为攀枝花市49名老归侨发放生活补助费41160元；选派攀枝花市3名优秀教师赴泰国等2个东南亚国家任教，做好攀枝花市第十五届世界华人学生作文大赛的参赛组织工作；大力加强组织建设，工作稳步推进，定期召开全市“五侨”联席会议暨主席办公会，彼此交流涉侨侨务工作情况，研究讨论如何进一步做好侨务工作，进一步延伸侨务工作手臂，增强工作合力；同时帮助支持市侨声合唱团、县（区）及大企业侨联基层组织开展工作，并取得良好效果；市侨联积极参政议政，在省、市政协、人大等有关会议中，侨界人大代表和政协委员提交人大建议、政协提案20余份；派1名侨眷代表参加第九次全国归侨侨眷代表大会；组织攀枝花市11名归侨侨眷代表参加四川省第七次归侨侨眷代表大会，在此次大会上，攀枝花市代表中有3名当选为省侨联六届委员会委员，1名当选为常委；在归侨钱学森100周年诞辰之际，市侨联牵头与市委组织部、市直机关工委、市教育局等6个市级部门联合下发《关于认真组织观看电影故事片〈钱学森〉的通知》，全市近千人观看此电影；市侨办与市公安局联合转发《四川省华侨回国定居实施办法》，规范攀枝花市华侨回国定居办理工作；全年接待、处理归侨侨眷来信来访10件次；组织“2013年全市统一战线各界人士迎中秋茶话会”等活动；参加“市政府与市级群团组织联席会”；先后深入开展“思想大解放、作风大转变、工作大落实”和“实现伟大中国梦、建设美丽繁荣和谐四川”等主题教育活动，以“中国梦”为引领，把全市侨务干部和侨界群众的思想统一起来，力量凝聚起来，充分发挥侨务优势，主动为攀枝花市三个加快建设贡献力量，在2013年公布的2012年度全市84个市级单位党风廉政建设社会满意度调查中，市侨办位居第四名。市政府副市长李仁杰在3月对市侨办（侨联）工作点评意见中指出：侨务工作政策性很强，市侨办（侨联）全面完成各项工作任务，特别是在贯彻落实《侨法》和党的侨务方针政策，包括侨务扶贫、涉侨维稳和信访等方面做大量的卓有成效的工作；市侨办（侨联）结合省里的一些大型涉侨活动认真组织，积极参加，促进攀枝花市经济社会事业发展，取得初步的效果。

12 月，在第九次全国归侨侨眷代表大会上攀枝花市侨联被中国侨联评为“全国侨联系统先进组织”，侨眷丁爱谱被授予“全国归侨侨眷先进个人”荣誉称号；6 月，在四川省第七次侨代会上攀枝花侨联办公室被四川省人社厅、四川省侨联评为“四川省侨联系统先进集体”；张穗蓉、温滔、黄跃邦 3 人被评为“四川省侨联系统先进工作者”；《攀枝花年鉴》《中共攀枝花执政实录》侨务部分的编撰工作先后被市委办、市政府办评为优秀单位。

【侨务捐赠】 2013 年，继续争取海外侨胞、中国香港同胞在攀枝花市开展助学等公益活动。2 月 21 日，钟碧梅代表 15 名香港同胞专程到攀枝花市仁和区大龙潭彝族乡干坝子侨心小学看望全体师生和长期资助的 20 名贫困学生，捐赠助学金 14000 元，并向师生们发放新年礼物和慰问金。12 月 3 日，经市侨办、侨联争取海外侨胞陈沙立先生向攀枝花市米易县丙谷镇中心卫生院捐赠救护车 1 辆，改善当地的医疗卫生条件。

2013 年，市侨办、侨联走访看望帮扶的仁和区和米易县 3 户贫困侨眷家庭，送去帮扶资金 9000 元，并实地查看生产和生活状况，在得知仁和区一户侨眷家庭缺少打井抗旱资金后，争取省侨办支持专项资金 6000 元，帮助他们渡过难关，发展生产。这 3 户侨眷家庭近年来在市侨办坚持不懈地帮扶下，努力发展牛羊养殖、葡萄种植等致富项目，挖水井、买牛羊等新的发展项目正在筹划之中，大家发展生产热情高涨，家庭生活面貌得到较大改善。

【侨益维护】 广泛宣传侨法，利用机关会议、工会活动等时机学习法律法规，并且利用办理归侨侨眷身份证明、开展侨务走访慰问、举办归侨侨眷茶话会等联谊活动、在市侨办互联网页登载侨法宣传内容等多种途径广泛宣传侨法，机关学侨法、用侨法，依法行政意识进一步增强。12月4日，市侨办组织开展形式多样的“12·4”全国法制宣传日活动，民建社区、攀钢矿业公司等以法律宣传展板、挂图、法律咨询、有奖答题、发放“常用侨务法律法规汇编”宣传册等形式，开展法制宣传活动，进一步增强侨法宣传的广度和深度。

全年，接待、处理归侨侨眷来信、来访 10 件次，涉及归侨侨眷在住房、升学等诸多方面的困难和问题，经多方协调为 2 户侨眷解决住房困难，做到事事有落实，件件有结果，化解矛盾，维护侨益、维护稳定，得到攀枝花市归侨侨眷和海外侨胞的赞誉。

【侨务招商引资、引智】 6 月，市侨办、侨联组团参加“第十一届东盟华商投资西南项目推介会暨亚太华商论坛”。东盟华商会是国务院侨务办公室和云南省人民政府联合主办的涉侨招商引资活动。为充分利用这个平台，服务攀枝花市打造四川南向开放门户战略，市侨办、侨联组织仁和区等 3 个县（区）19 个重点招商引资项目参加会议。会议期间，参会人员和来自美国、印尼、缅甸等多个国家和地区的 20 余名华商进行交流洽谈，并就中老年保健药物种植及药品加工项目等项目达成初步合作意向，同时与多个海外侨社负责人建立联系，取得较好效果。

9 月，组团参加在成都举行的“第十二届世界华商大会”。世界华商大会每两年举办一次，是全球最具规模和影响力的华人商界盛会。此届大会有 100 多个国家和地区的 3000 多名海内外嘉宾参会，创下历届之最，也是市侨办、侨联近年来首次组团参加如此大规模的国际性会议。市侨办、侨联为做好此次组团参会工作，一方面主动向市委市政府和省侨办侨联领导汇报工作进展，积极争取上级领导的支持指导；另一方面努力克服人员少、经费紧、任务重等诸多困难，用真诚热情、耐心细致的工作感动许多海外侨领。会议期间，市委书记刘成鸣、市委常委许健民率领由市侨办、市投促局等 7 个市级部门和 5 个县（区）负责人组成的攀枝花市代表团参加会议。攀枝花市领导及代表团成员参加会议主办方组织的开幕式及中国经济论坛、四川省投资合作项目推介暨签约仪式、城市形象展示等投资促进、商贸合作系列活动，并专门组织开展攀枝花市与华商大会企业座谈会、攀枝花市与世界华商合作交流座谈会等活动，百余名华商参加，深化与世界华商的对接合作，主动寻觅发展良机，攀枝花市有 7 个项目成功签约，总金额 32.5 亿元，取得丰硕成果。

10 月，参加“2013 海外高新科技暨高端人才洽谈会”。海外高新科技暨高端人才洽谈会由国务院侨办和四川省委、省政府主办，是国家侨务系统围绕西部大开发战略，发挥资源优势支持区域经济协调发展，引进海外人才智力、推动地方科技创新发展的一项重要平台活动，市侨办、侨联利用这个平台开展侨务引智工作，在会议上发布攀枝花市海外高层次引智项目 1 个，海外高层次人才需求 7 人，主动为攀枝花学院等单位引进海外高层次人才牵线搭桥。

【侨务联谊】 9 月，市侨办、侨联与市委统战部等单位共同召开“2013 年全市统一战线各界人士迎中秋茶话会”，中共攀枝花市委副书记赵辉出席茶话会，并代表中共攀枝花市委向全市三胞三属等统一战线人士表示节日的祝贺及亲切的问候。赵辉希望全市统一战线人士始终不渝坚定政治信念不断凝聚共识；继续发挥自身优势，深度服务攀枝花发展；坚持维护祖国统一，切实加强海外联谊交流；继续发扬优良传统，不断加强自身建设，共同谱写攀枝花跨越发展新篇章。攀枝花市 23 名侨眷代表参加会议，侨眷代表在发言中表示将充分发挥优势，围绕中心，服务大局，积极建言献策，为建设幸福攀枝花做出新的更大贡献。

进一步加强对外文化交流。选派华文教师赴海外任教，是拓展攀枝花市对外文化交流的一个重要渠道。2013 年，通过市侨办、侨联的争取，国侨办选派攀枝花市 3 名优秀教师赴泰国等 2 个东南亚国家任教，同时，市侨办、侨联认真做好攀枝花市第十五届世界华人学生作文大赛的参赛组织工作，通过认真组织和筛选，报送攀枝花市 9 所学校 82 篇作文参加大赛评选。

继续密切与海内外侨胞的联系，一方面以参与第十一届东盟华商会等重大侨界活动为契机，发放宣传资料近百份，广交新朋友，大力推介宣传攀枝花；另一方面热情做好到攀捐资助学的香港同胞的接待工作，主动邀请在攀侨资企业参与中秋茶话会等侨务联谊活动，在春节、端午、中秋等中华民族传统佳节之际向侨务工作对象发放电子贺卡上百份，进一步加强与他们的沟通合作。

【参政议政】 市侨联积极参政议政，在市政协八届二次大会上做了题为《以攀枝花市“三个加快”建设为载体、整合城市营销、提升城市竞争力》的大会发言，并获得大会发言鼓励奖，市侨联同时提交的《关于公开征集攀枝花市城市标志的建议》集体提案已经被攀枝花市采纳实施。在省、市政协、人大等有关会议中，侨界人大代表和政协委员提交《关于提升攀枝花市旅游软实力，以增强经济发展竞争的建议》等人大建议案、政协提案 20 余份，其中攀枝花市侨眷、市人大代表赵鸥在市人大九届二次会议上提交 16 份建议案，攀枝花市 1 名侨界省政协委员还多次参加省、市政协组织的学习和考察活动，为全市各项事业的发展建言献策。

【侨务宣传】 2013 年，市侨办、侨联在《四川侨报》《四川侨联简讯》《攀枝花日报》《攀枝花晚报》《攀枝花每日晨报》及攀枝花电视台、广播电台等新闻媒体，宣传报道 20 余篇次。在“实现伟大中国梦，建设美丽幸福攀枝花”主题教育活动中，“花城好大妈”先进群体代表侨眷丁爱谱在“市委主题教育活动先进典型事迹报告会”上发言，并被《攀枝花日报》刊登，12 月，在第九次全国归侨侨眷代表大会上攀枝花市侨联被中国侨联评为“全国侨联系统先进组织”、丁爱谱被授予“全国归侨侨眷先进个人”荣誉称号，《四川侨报》刊登攀枝花市侨联、丁爱谱的先进事迹。市侨办还积极通过互联网开展网络侨务工作，及时更新、完善市侨办、侨联网页。通过宣传，使攀枝花市更多的部门与市民了解侨务工作。

（张穗蓉）

机关事务管理

【概　况】 2013 年，攀枝花市及所辖 5 个县（区）人民政府均设有机关事务管理局。攀枝花市机关事务管理局是直属攀枝花市人民政府参照公务员法管理的正县级事业单位，共有在岗职工 21 人，设办公室、房地产管理处、车辆管理处、节能管理处、物业管理处 5 个处室及 1 个下属事业单位（市政府采购中心），主要负责攀枝花市本级党政机关、事业单位的房地产管理、公务车辆管理、公共机构节能管理和政府采购等工作。全年共组织实施办公用房维修、新建工程 28 项，预计投资 7083 万元，完成 745 万元投资项目。完成跨年新建人才公寓和干部周转房（炳三区廉租房）工程 2 项，总建筑面积 59000 平方米，总绿化面积 8000 平方米，全年共投资 14473 万元。继 2012 年继续开展全市公务用车问题专项治理工作。报经中央批准专项治理违规公务车 352 台，超标车 214 台，超编车 111 台，清退违规借车 27 台。全市按标准新购置公务车 285 台，投入资金 7418.44 万元。

【房地产管理】 2013 年，攀枝花市市级机关纳入管理办公用房 552 处，面积 50.6 万平方米；办公地产 159 宗，面积 1069483.06 平方米，均与 2012 年持平。全年开展经营性房地产委托管理，共向财政上缴收益资金 75.7 万元，同比增长 81.5%。

2013 年共组织实施计划内和计划外办公用房维修、新建工程 28 项，其中计划内工程 13 项，计划外工程 15 项，预计总投入 7083 万元，实际完成 745 万元投资项目，其余 6338 万元投资项目因工程前期程序性工作及资金投入不足等因素，留作 2014 年跨年度项目。

组织实施计划内维修工程 13 项，计划投资 300 万元，已全部完成投资及项目建设。分别是：中共攀枝花市委办公楼维修改造工程，计划投资 18 万元；攀枝花市政府大楼变电房、车队和干部公寓门卫室维修改造工程，19 万元；攀枝花市人大、政协办公楼维修改造工程，8 万元；攀枝花市民族宗教事务委员会维修改造工程，26 万元；攀枝花市城市管理局维修改造工程，54 万元；攀枝花市国资委办公楼屋面维修改造工程，12 万元；攀枝花市防震减灾局维修改造工程，8 万元；攀宾南楼维修改造工程，57 万元；攀枝花市政务中心办公用房及附属设施维修工程，20 万元；攀枝花市住房和城乡规划建设局维修改造工程，12 万元；攀枝花市法院办公楼屋面维修改造工程，12 万元；攀枝花市安全生产远程监控中心维修改造工程，4 万元；各项工程前期费用及零星抢险工程，50 万元。

组织实施计划外工程共 15 项，计划投资 6783 万元，完成 445 万元投资及项目建设。

其中组织实施计划外专项资金应急维修整改工程 6 项，计划共投资 1394 万元。2013 年完成 5 项，待完成 1 项，共投资 429 万元，分别是：原攀枝花市质量技术监督局试验楼维修改造工程，181.8 万元；攀枝花会展中心议事厅改造工程，34.77 万元；攀枝花市民政局办公楼电梯更换工程，36.8 万元；攀枝花市档案局消防改造工程，96 万元；攀枝花市教育局变压器增容工程，42.82 万元；待完成工程 1 项，即攀枝花市会展中心安全隐患整治工程，计划投资949万元，已投资前期设计等费用36.8万元，完成设计，立项，清单编制，招投标前期工作，因投入资金缺口，延迟到2014年实施。

实施计划外应急零星工程6项，计划共投资16万元，已全部完成投资建设。分别是攀枝花市住建局空调井改造、原土地储备中心变压器抢修、攀枝花市直机关工委办公楼粉刷、攀枝花会展中心冷却塔维修等计划外应急零星工程。

新建工程1项，计划总投资4267万元，未完成投资建设，2014年继续组织实施建设。即组织开展攀枝花市政府交办的攀枝花市人防战备应急物资储备库、司法业务用房综合楼新建工程，总建筑面积10724平方米，计划总投资4267万元，已开展前期方案设计。

实施攀枝花市政府交办的四川省民族艺术节场馆改造工程，组织开展现场踏勘评估、施工设计、调整改造内容等前期工作，2014年继续实施建设，计划投资1122万元。

代攀枝花市煤气总公司组织其新建办公楼项目的招投标工作，由该公司投资40.04万元完成建设。

完成跨年新建人才公寓和干部周转房（炳三区廉租房）工程2项，室内外装修及附属工程全部竣工。总建筑面积59000平方米，总绿化面积8000平方米，全年共投资14473万元，共6栋高层电梯公寓、757户，配备12部电梯，地下车库配备96个机动车位，小区内绿化、道路、运动场等附属设施工程全部竣工，室内外装修工程完毕，水、电、气均已开通，具备入住基本条件。其中干部周转房（炳三区廉租房）建筑面积35000平方米，投资7677万元，4栋高层电梯，共700户；人才公寓建筑面积24000平方米，投资6796万元，其中地下车库3000平方米，1栋管理用房3层附楼1000平方米，2栋高层电梯公寓20000平方米，共257户。

2013年，攀枝花市政府为解决攀枝花市文广新局、教育局等13家市级党政机关、事业单位办公用房困难，外租办公用房10150平方米，比2012年减少1273平方米，同比下降11%，共投入财政资金300.46万元，比2012年减少41.34万元，同比下降12.1%。

存在的问题和不足：

计划外维修改造项目增多，打乱全年工作计划，增加不必要的工作量，影响维修改造工程进度。2013年攀枝花市机关事务管理局共收到47个市级部门（单位）维修办公用房的申请，初步预算共需投入维修资金2137万元。攀枝花市机关事务管理局与攀枝花市发改委、攀枝花市财政局召开联席会议，在考虑待维修工程的轻重缓急和财政资金实际支付能力等情况后，筛选出攀枝花市城管局办公大楼、攀宾南楼等13个维修改造工程项目，列入2013年市级部门（单位）办公用房维修计划，预计财政共投资300万元。在2013年办公用房维修过程中又针对存在严重安全隐患、影响使用和职能扩展必需改造的15处办公（业务）用房，采取一事一议的方式向攀枝花市政府申请专项资金维修改造。2013年实际组织实施维修、新建项目28个，其中计划内维修项目13个，计划投资300万元，计划外维修项目15个，预计投资6783万元，预计总投资7083万元，计划内投资占所需总投资的4.2%，计划外投资占所需总投资的95.8%。

投资缺口巨大，保障安全运转尤显困难。攀枝花市办公楼大多修建于二十世纪七八十年代，房屋破旧程度严重，维修改造资金需求巨大。2013年预计需投资7083万元，实际投资仅745万元，投资缺口达6338万元，占预计需投资的89.5%。攀枝花市机关事务管理局想方设法用极少的投资解决大量的房屋设备设施维修改造，很难满足市级党政机关事业单位最基本的办公需求和安全运转。

【公务车辆管理】 2013年，纳入管理的市级公共机构公务车2022台，其中小轿车1176台，越野车320台，特种专业技术用车58台，其他车辆468台。

2013年继续开展全市公务用车问题专项治理工作。攀枝花市公务用车问题专项治理工作领导小组重新认定全市违规车辆352台，核实超标车214台，再次报经中央批准可继续使用的超标车总数143台，其中可留用的125台，可调剂使用的18台，其余71台超标车作报废处置。再次核定全市超编车111台，其中60台作报废处置，44台调剂使用，7台作拍卖处置。清退违规借车27台。

2013年，全市按标准新购置公务车285台，投入资金7418.44万元，其中市级部门购置144台，3958.08万元，各区（县）购置141台，3460.36万元。

按程序公开拍卖公务车9台，拍卖资金总计25.24万元；报废公务车10批，共计195台，收回报废资金3.46万元，共上交财政资金28.7万元。按需求调拨公务车18台。

完成全市医院、学校公务车辆编制的新一轮核定工作。按照四川省公务用车问题专项治理工作领导小组办公室《关于填报执法执勤单位公务用车相关数据的通知》（川公车办〔2013〕30号）文件精神，经过清理、核定并报四川省公车办批准，全市纪检、公安、检察院、法院、司法、林业、森林公安、农业、畜牧、水产、药监、交通等12家中央认定的执法执勤系统执法执勤部门一般公务用车编制数为354台。

积极推进全市公务车管理信息化平台建设，10月底完成硬件安装，初步通过与四川省公务车主管部门信息平台的联网检测。建立完善该信息化管理平台后可以准确掌握车辆的基本动态信息、运行信息、保险信息、维修信息、油耗信息、年检记录、违章记录等详细内容，为优化车辆配置，合理调配车辆提供适时依据，将起到规范公务用车管理、提高工作效率、节约经费开支、堵塞管理漏洞的作用。

【公共机构节能管理】 2013年，开展全市公共机构2012年度能耗统计，根据统计情况撰写2012年度能耗分析报告并报送四川省省直机关事务管理局。2012 年全市公共机构统计数量 1040 个，公共机构办公用房建筑面积 291.51 万平方米，用能人数 271958 人，用能汽车数量 2822 辆。全年公共机构消耗电 15494.31 万千瓦小时，消耗水 1024 万立方米，消耗汽油 1054.97 万升，消耗柴油 197.56 万升。消耗能源折合标煤 19.49 万吨，人均消耗标煤 0.71 吨，同比下降 2.2%，每万平方米建筑面积消耗标煤 668.62 吨，同比下降 3.07%，人均用水 37.65 吨，同比下降 4.2%，均完成省里下达的目标任务。

贯彻落实《公共机构能源资源消耗统计制度》，结合全市实际制定并印发《攀枝花市公共机构能源资源消耗统计实施方案》。2013 年 4 月，组织 100 余家市级公共机构进行统计平台建设业务培训。6 月 26 日至 28 日，东区、西区、仁和区、米易县机关事务管理局各组织辖区内共 331 家公共机构分四场次开展公共机构能耗统计平台建设培训。组织各县（区）进行名录库建设培训，经过收集整理公共机构基本信息，利用省里下发的公共机构名录库建设软件，建立全市公共机构名录库，共收录全市 1484 个公共机构基本信息，并将攀枝花市公共机构名录库数据及时上报，为下一步公共机构节能工作信息化奠定基础。贯彻落实《攀枝花市公共机构节能十二五规划》，督促各县（区）及时编制本地区公共机构“十二五”节能工作规划，并分解和落实 2013 年节能目标任务。完成市疾控中心既有建筑节能改造和市财政局办公楼中央空调节能改造示范项目的申报、节能诊断、委托设计、设计审查、投资财评、立项、招投标、委托工程监理、进场施工等工作。市疾控中心办公楼节能改造工程正进行外墙装饰砂浆施工，预计 2014 年初结束改造，计划投资 199 万元。开展市财政局办公楼中央空调节能改造项目的节能诊断、委托设计、招标采购，工程监理队伍比选、图纸会审、施工进场准备等工作，预计投资 150 万元。

按照国管局、四川省省直机关事务管理局颁布的节约型公共机构示范单位建设标准，通过攀枝花市教育局推荐，攀枝花市发改委、攀枝花市财政局、攀枝花市住建局、攀枝花市机关事务管理局审核，将攀枝花市二中列为国家第一批节约型公共机构示范单位进行创建，并上报四川省省直机关事务管理局转报国管局审核批准。委托相关单位完成攀枝花市二中的节能诊断、节能改造设计等工作。攀枝花市二中的自评工作已完成，接受评审的相关资料已上报四川省省直机关事务管理局进行初评，此项工程获得四川省省直机关事务管理局 15 万元节能改造补助资金的支持。配合攀枝花市发改委和攀枝花市财政局，积极协调公共机构落实 6 万余只节能灯具的推广和使用工作。6 月 15 日至 21 日开展节能宣传周活动，组织全市 1000 余个公共机构采取办讲座、制作宣传栏、张贴宣传画报、书写宣传标语、悬挂宣传横幅、发送宣传短信、播放有线电视节目等形式对《中华人民共和国节约能源法》《公共机构节能条例》和国家能源状况，以及节能降耗的目的意义、节能小常识、节能方式方法等进行广泛宣传学习，培养和倡导广大干部职工树立节能意识，形成“节约光荣，浪费可耻”的良好风尚，充分发挥党政机关事业单位在全社会节能工作中的表率作用。宣传周期间，共发放公共机构节能宣传画 3000 张，发送节能宣传短信 35000 余条，印发节能常识宣传资料 1500 余份，悬挂宣传横幅、标语 1000 余条，公共机构宣传覆盖面达 100%。协调相关部门将炳三区廉租房、人才公寓太阳能供热示范项目纳入建筑主体工程一并设计、施工，两个太阳能热水供应系统集热面积达到 0.24 万平方米，该太阳能利用示范项目已经进入施工阶段，将随住房一并投入使用。2013 年 5 月，与攀枝花市发改委等相关部门协同配合，开展全市公共机构节能工作落实情况考核评比检查。对贯彻落实《攀枝花市公共机构节能“十二五”规划》及节能目标任务分解完成情况进行督促检查，通过查看资料，听取汇报，实地查看等方式进行打分和考核评比，及时反馈信息，提出指导性意见和建议。

【政府采购】 2013 年，市政府采购中心累计编制招标文件 322 个，同比增加 63 个，增长率 19.6%；共组织实施政府采购项目 298 次，同比增加 39 次，增长率 13.1%；实际采购金额达 21946.4 万元，同比增长 45.4%，创历史新高；节约资金 2591.4 万元，节支率 10.56%，完成攀枝花市财政局下达的全年采购目标任务。

攀枝花市政府采购中心与攀枝花市公共资源交易中心联合印发《关于政府采购项目开标评标工作流程（试行）办法》，安排专职监督干部全程参与监督，规范开标评标现场纪律。

贯彻执行《四川省政府采购评审工作规程》文件要求，结合川财采〔2011〕64 号文件，拟定出公开招标、竞争性谈判、询价、单一来源评审工作规程和招标文件范本等采购文件，提高规范化程度。为扩大政府采购信息公示范围，提高影响力和透明度，攀枝花市政府采购中心通过四川政府采购网和攀枝花市公共资源交易网同时发布政府采购信息及招标公告。

坚持投标供应商网上报名、网上缴纳报名费和投标保证金，投标供应商资格性审查和符合性审查由专家评审，有效防止串标、围标行为的发生。

继续实行上门回访制度，虚心听取采购人对政府采购工作的意见和建议。坚持开展季度分析，并撰写《季度市级政府采购信息统计分析》送领导参考审阅。加强《政府采购评审规程》《政府采购供应商质疑处理》《政府采购电子化管理交易系统操作》《政府采购反腐倡廉》的学习和培训，不断提高从业人员的业务技能和反腐倡廉意识。

面临的困难和不足：

由于攀枝花市财政局未实行年度政府采购预算计划，以流水的形式给攀枝花市政府采购中心下达政府采购任务，其时间紧，任务重，政府采购中心处于无工作计划、疲于应付的被动工作局面。

按2013年四川政府采购网升级更新要求，在原政府采购工作的基础上增加招标文件预公告、抽取专家等多项工作程序，鉴于攀枝花市政府采购中心电子化程度不高，局域网络服务器带宽较窄，协议供货采购处于原始手工操作状态等因素，工作效率难以提高。建议加快攀枝花市电子化政府采购平台建设，以提高工作效率。

（陈其祥）

扶贫与移民

【概　况】 2013年，全市扶贫移民系统紧紧围绕年度目标任务，认真学习中共十八大精神，以科学发展观为指导，以推进在建水利水电工程移民搬迁安置为重点，以稳定解决扶贫对象温饱并实现脱贫致富为主线，以加大移民后期扶持力度为中心，以推进扶贫移民机构队伍建设为保障，以维护扶贫移民区社会稳定为目标，奋力拼搏，扎实工作，全面推进攀枝花市经济社会发展，各项工作取得明显的成效。至年底，完成四川省下达的脱贫减困1.05万人任务，贫困人口由2010年底的8.5万人，减少到6.3万人。2013年全市农村贫困人口人均纯收入达7273元。

2013年，攀枝花市扶贫和移民工作局机构继续稳定在6个。市及仁和区、东区、西区、盐边县、米易县扶贫和移民工作局均为独立机构。市、县两级扶贫和移民工作局工作人员为105人。

【在建水利水电工程移民】 桐子林水电站移民。农村部分的移民搬迁安置工作按规划报告要求有序推进。专业项目完成1.7千米改造和异地选址复建安宁河大桥交通设施复建项目，机耕道复建项目完成90%的工程量；完成电力、通信设施迁复建项目。指导督促长江造林局委托米易县代建的500套38865平方米安置职工住房建成并移交使用，已有417户完成选房工作，占总搬迁户的86%；办公综合楼已完成主体工程目标任务；苗圃场生产功能恢复项目已开工建设。多次就桐子林水电站移民搬迁安置工作进展情况、困难及下一步工作打算，向四川省扶贫和移民工作局和攀枝花市政府作出详细报告。积极协调二滩公司、综合监理、综合设代做好桐子林水电站移民工作实施过程中出现的问题。

乌东德水电站移民。通过各方密切配合，征地移民安置搬迁前期工作进展顺利，已完成攀枝花区域移民规划大纲编制征求意见稿。作好各县（区）对《规划大纲》（攀枝花部分）的意见征求工作，并对各县（区）的合理意见进行整理分析。由于乌东德水电站建成蓄水后，库尾进入攀枝花市主城区，对攀枝花市生产生活影响较大，多次协调设计院、三峡集团公司、国家规划总院、四川省扶贫和移民工作局，力求帮助解决好因攀枝花市属山地性城市，存在土地资源十分紧缺，保护城市有限的建设用地，有效降低移民安置工作难度，化解移民搬迁安置矛盾等问题。至年底，大多数问题已得到解决，正在就防护工程方案、专业项目复建和100家企业的处理方案等问题分别沟通协商之中。

观音岩水电站移民。参与协调处理电站移民搬迁安置过程中的有关问题。督促指导仁和区完成移民安置点环保项目、移民工程增量、增项的处理。

金沙电站。完善“封库令”申报的基础资料及“封库令”通告的下发工作；协调长江设计院、能投攀枝花公司开展金沙水电站实物指标调查的准备工作，协调仁和区、西区政府启动实物指标调查工作，下拨前期工作经费90万元；配合仁和区、西区政府对建设征地实物指标进行调查，协调处理调查中出现的相关问题。对金沙电站建设征地范围内的实物指标进行实地调查登记，并作好三榜公示的相关工作；督促钢城集团作好瑞钢公司的迁建工作，实地查看新建厂房的建设进度，下拨补偿款2.8亿余元；完成《金沙水电站可研阶段建设征地补偿临时控制标准》的制定；完成总规的编制咨询工作，完成大纲编制，年底进入征求意见阶段。

银江水电站移民。协调长江设计院、华润集团公司作好预可研的审查工作；协调长江设计院作好银江电站拟建库区指标与乌东德电站库区实物指标重叠部分进行区分和估算；协调办理“封库令”申请的相关准备工作。

梅子箐水库移民。下达2013年梅子箐水库扩建工程建设征地移民安置资金计划，下拨移民补偿资金1100万元，兑现施工枢纽区的青苗补偿；启动梅子箐组安置点的规划设计工作；与项目业主共同完成对综合监理、综合设代的委托工作，促成召开梅子箐水库第一次监理例会；与西区、仁和区政府、梅子箐水库工程建设管理局签订征地补偿和移民安置协议，明确工作任务、资金管理、各方职责，积极协调处理枢纽区移民搬迁过程中的相关问题。

马鞍山水库移民。完成移民综合设计代表、移民综合监理的确定工作；召开年度资金及工作计划会，讨论确定年度工作计划及投资计划；督促米易县扶贫和移民工作局开展因工程变更及设计漏项新增的实物指标补充调查工作。征地补偿、专项设施复建等工作有序推进。下拨移民补偿费用5177.9万元，占年度计划的100%。农村移民补偿4898.1万元，其中青苗补偿1378.5万元、土地补偿3519.6万元；电力专项37.3万元；移动通信复建14.5万元；交通专项118万元；管理费等110万元。指导米易县扶贫和移民工作局完善移民安置政策措施，制定《马鞍山水库工程建设征地补偿及移民搬迁安置补充规定》。

【移民后期扶持】 项目资金安排及完成情况。2013年，四川省下达攀枝花市移民后期扶持资金4404万元。

重点项目移民后扶整村推进示范片项目资金3400万元，其中盐边县2300万元、仁和区1100万元。具体项目包括基础设施、新村建设、产业发展、农户人居环境建设、社会事业等方面内容。

一般项目资金916万元，其中盐边县663万元、米易县253万元。盐边县安排下达一般项目19个，目前已完成15个，完成投资530万元，项目完成率80%。米易县一般项目全部安排在白坡彝族乡，5个项目已全面完成。

培训资金88万元。全年共举办培训12期次，培训移民7118人次，发放培训资料15000余份。

移民后扶整村推进示范片建设工作。盐边县投入资金4757万元，其中省级移民后扶资金2300万元、县级整合资金720万元、群众自筹资金1737万元。已划拨到项目责任部门和项目乡(镇)资金2765万元，资金拨付率91%。完成硬化村道6.5千米、产业路12千米、连户路4千米，新建机耕道14.58千米、新建沟堰(排水沟)14千米、架设生产用水管道48千米、新建蓄水池16口4600立方米、新建狮子社聚居点基础设施；完成新种芒果26.67公顷、新种枇杷32.33公顷、培养养鸡大户10户；农户人居环境建设，完成农户住房风貌打造635户、狮子码头管理房风貌打造210平方米，安装太阳能路灯8盏。项目实施完成率为85%，未完成项目正按年度工作目标和要求推进。仁和区投入资金3535.7万元，其中：省级移民后扶资金1100万元，整合项目资金1095.85万元，群众自筹（含投劳折资）1339.85万元。已完成4千米村道、14.2千米社道路面硬化项目，新建蓄水池12口共计2000立方米，6座提灌站建设基本完成，解决饮水不安全人口1270人；产业发展项目中，200公顷板栗和200公顷核桃改良项目已完成，完成实用技术培训2600人次；完成农房改扩建150户，白拉古村学校围墙建设、学校操场硬化，村卫生室建设、健身设施建设等已全部完工。

移民后期扶持直发直补工作。对享受后期扶持直补政策的农村移民，坚持做好人口核增核减工作，按时报送移民后期扶持人口动态管理表，与攀枝花市财政局搞好移民直补资金发放数额的衔接，确保每个移民按时足额领到直补资金，充分维护移民的利益，保证移民稳定。全年共发放移民后期扶持直补资金1659.64万元。

二滩库区滑坡塌岸移民安置工作。对二滩库区2009—2010年新增滑坡塌岸进行地质鉴定、对象认定和实物指标调查，形成《攀枝花市二滩库区米易、盐边县2009—2010年新增滑坡塌岸地质灾害调查专题报告》和《二滩水电站攀枝花库区2009—2010年新增滑坡塌岸影响区移民安置实施规划设计报告》，上报四川省扶贫和移民工作局审定并批准下达实施。争取并落实到位省级滑坡塌岸移民安置专项资金1763万元。该项目于2012年启动，截至2013年7月，除盐边县惠民乡银河村滑坡塌岸移民韩继发1户尚未搬迁到位外，其余70户全部搬迁安置到位，完成计划任务的98%，其中后靠安置49户、外迁安置6户、进镇进城购房安置15户。11.9千米机耕道等专业项目建设完成并恢复功能。

后扶项目监测评估、移民工程统计报表工作。组织各县区开展移民后扶项目监测评估工作，为领导决策提供依据。开展移民工程统计报表培训2次，按时完成四川省扶贫和移民工作局安排布置的填报工作任务。

【煤炭采空沉陷区居民搬迁安置】 2013年，攀枝花市安置居民152户508人，安置资金投入3483.3万元（两区自筹），居民房屋受损地质成因鉴定606户，资金投入45.24万元（市财政）。

西区安置居民132户455人，资金投入2295.5万元。货币安置居民4户9人，资金投入16万元；过渡居民62户，拆除搬空居民房屋1500平方米，过渡费、监测费资金投入27.5万元；格里坪安置点一期安置采空区居民75户252人，资金投入1000万元；河门口二期96户278人，该项目立项投资概算1809万元，到位资金1252万元。居民房屋受损地质成因鉴定313户，资金投入19.48万元(市财政投入)。

仁和区安置居民20户53人，资金投入1187.8万元。花山分插、货币资金投入530万元；花山安置点二期建设安置房60套，建筑面积6120平方米，资金投入620万元；过渡费、监测费资金投入37.8万元。落实前进镇胜利村、布德镇老村子集中安置点资源。居民房屋受损地质成因鉴定303户，资金投入25.76万元（市财政投入）。

【扶贫工作】 资金投入。2013年，攀枝花市投入各类扶贫开发资金1.2亿元，其中：无偿扶贫资金5800万元（省级扶贫专项资金2300万元、市级扶贫资金含民族发展资金1100万元、“8+8”帮扶投入2400万元），捆绑或带动其他扶贫投入6200多万元（带动贷款投入4000万元、打捆交通公路建设资金1600万元、其他资金及投工600万元）。在市级扶贫投入大幅度增加的同时，各县（区）财政的扶贫专项投入也在持续增长。盐边县、米易县扶贫专项投入分别达到1500万元和200万元，在2012年基础上翻了一番。

大力开展“8+8”对口援边。2013年，帮扶单位投入资金2400多万元，帮助边远民族贫困地区改善基础条件，培训技术人员，发展农业产业，已经取得显著成效。启动实施交通建设项目近100千米，完成56千米，已开工23.6千米的盐宁路，年底前还可开工22千米米易南七路。攀枝花市钒钛产业园区对口帮扶项目箐河乡9千米长的作房堰三面光硬化工程和钢城集团帮扶平地镇迤萨拉880多米扬程的太阳能光伏提水工程已经竣工，改善2000多人的饮水和生产灌溉，帮助群众解决多年急切盼望而又长期制约生产发展的难题。十九冶（集团）有限公司帮扶温泉乡建设的农户聚居点，年底前全面完成，改造33户群众居住环境，配套完成饮水直供、体育设施等公共服务，生活条件上了一个台阶，完成人畜分居这个历史性跨越。

扶贫帮困。继续推行干部包村帮户责任制，落实驻村干部，签订帮扶责任书。继续落实扶贫工作到村到户，在帮扶的措施、帮扶的项目和扶贫资金安排上切实做到到村入户，使贫困村、贫困户直接受到帮助和扶持，保证贫困户“有资金扶、有办法干”；在扶贫中不仅帮扶生产和基础条件，而且还对教育、卫生、环境、人畜饮水等进行综合改造，切实做到扶贫一个村，见效一个村，受益一村群众，为2020年实现小康提供保障。

贫困地区基础设施。2013年，全市在贫困地区启动盐边县红宝共和三谜路、盐宁路、箐河乡村道、鳡鱼乡产业路、米易南七路、碗厂村道和仁和区贫困地区产业路建设，共计138千米。年底前可以完成93千米，受益群众达2万多人。特别是三谜路、南七路建设项目，将形成贫困地区交通大环线，有效解决4个乡镇经济社会发展根本制约问题。完成箐河沟渠整治项目，平地太阳能提灌等水利建设项目，解决1万多人的生产生活用水难的问题。完成共和集镇建设项目。

发展增收致富支柱产业。2013年，在林果业方面共投入专项扶贫资金800万元，新发展群众增收支柱产业1080公顷，其中核桃733.33公顷，枇杷80公顷，芒果266.67公顷，使项目区群众人均拥有0.33公顷以上增收产业，为实现2020年前收入翻番打下基础。

智力扶贫。增强贫困群众科技意识。2013年，科技扶贫投入达130万元，对贫困地区的干部群众进行4次科技培训，受训的村社干部420人次。市、县、乡还采取分级培训、以会代训等形式对贫困户进行实用技术培训，培训贫困农民约1.3万人次，使贫困户实用技术受训面超过80%。编印各类农业实用科技资料1.8万余册，转移就业培训贫困劳动力300人。

在高寒山区引进的20只杜泊羊种羊已饲养成功，试验试种小仔洋芋并获成功。2个新品种的成功试验，为2014年进行大面积推广打好基础，可望成为高寒山区贫困群众脱贫致富的新经济增长点。

社会力量帮扶活动。依靠大企业，大力开展社会扶贫工作，动员全市社会各界力量加入到扶贫开发工作中来，整合壮大社会扶贫力量，开创依靠大企业、推动社会扶贫工作的新局面。在具体工作中，积极搞好协调，推动双向互动、建立长效机制，坚持形式多样、量力而行、倾尽全力这个方针。各帮扶单位把帮扶工作与本单位的实际工作紧密结合起来，做到有钱出钱、有力出力，深入村社、真帮实扶。2013年，攀枝花市定点帮扶单位下乡村开展帮扶工作达1985人次，其中领导干部下乡925人次，帮扶项目211个（社会扶贫专项活动18个），直接支援无偿资金2685万元，其中帮扶物资（以资折款）26万元，协调引入资金1500万元，建成扶贫新村聚居点3个，科技培训15887人次，送科技资料12550册，有力地推动贫困地区经济和社会事业的发展。

【信访维稳】 2013 年，市扶贫办制定和实行信访工作制度，实行与盐边县、米易政府、移民、信访、维稳等部门以联席会议制形式研究处理移民上访反映的突出问题、疑难案件和突发事件。在深入基层调查、掌握真实情况基础上，带案下访与信访人面对面座谈，认真做好信访人的答疑解惑工作，动真格、献真情，为群众排忧解难。2013 年，带案下访 32 批、68 人次，因桐子林水电站小得石林场搬迁安置问题集中下访达 3 批 20 人次。坚持每月对移民区和采空沉陷区的矛盾纠纷进行一次排查，对梳理出的重大疑难信访问题落实领导“五定、五包”，坚持依法、按政策解决群众合理诉求。2013 年，先后化解 4 件时间跨度长、情况复杂的信访积案，其中 2 件实行信访三级终结，结案率达 100%，三级终结息访息诉率达 100%。《四川扶贫与移民》专题转发攀枝花市信访三级终结经验材料。2013 年，共接待来信来访 30 件（其中来信 14 件、来访 16 件），办结 30 件，办结率为 100%。攀枝花市信访联席会议及办公室、攀枝花市委群众工作局交办的案件有 6 件，办理网上投诉信访件 3 件，已全部按时办理，无退回案件。

【扶贫移民资金管理】 2013 年，市扶贫办对移民资金实行专户存储，专账核算，专款专用，建立健全严格的拨付资金审批程序和手续制度，为移民工作的正常开展提供资金保障。按规定时限和要求编制上报移民资金年度使用计划和有关财务报表，及时将省下达和业主划拨的移民资金下拨到位，并加强监督管理，确保移民资金安全运行。按照省、市统一部署，组织财政、审计、监察、扶贫移民、民宗等部门开展 2 次全市扶贫资金大检查，保持扶贫资金按章使用的高压态势，有效地保证扶贫资金安全；发挥扶贫资金监管联系会作用，召开 2 次联席会议，加强资金监控，全年未出现一例扶贫移民资金违规操作，提高资金使用效益，保障资金安全。

（张细平）

安全生产监督管理

【概　况】 2013 年，全市安全生产工作在市委、市政府正确领导下，按照中央、省、市安全生产工作部署，坚持科学发展、安全发展，以构建本质安全型城市为总目标，以安全生产大检查和“打非治违”为抓手，深刻吸取“8 • 29”事故教训，进一步增强安全生产意识，建立健全安全生产制度，落实安全生产责任，强化安全生产措施，提升企业本质安全水平，有效防范生产安全事故，安全生产形势持续稳定好转。

2013 年，全市共发生各类（生产经营性道路交通、工矿商贸、火灾）事故 180 起，死亡 44 人，受伤 52 人，直接经济损失 2015.6 万元。同比事故起数减少 13 起，下降 6.74%；死亡人数减少 61 人，下降 58.09%；受伤人数减少 72 人，下降 58.06%；直接经济损失减少 5835.3 万元，下降 74.32%。死亡人数占省政府下达攀枝花市控制指标 65 人的 67.69%。其中：工矿商贸事故死亡 25 人，同比减少 59 人，下降 70.24%；生产经营性道路交通事故死亡 19 人，减少 1 人，下降 5.00%。未发生较大及以上事故（省下达攀枝花市较大事故控制指标 3 起）。

四项相对指标完成情况：亿元国内生产总值生产安全事故死亡率 0.054（指标 0.14），工矿商贸就业人员 10 万人生产安全事故死亡率 5.55（指标 9.00），道路交通万车死亡率 0.919（指标 2.8），煤矿百万吨死亡率 0.71（指标 1.889），四项相对指标全部控制在省委省政府下达的目标任务之内。

【安委会工作】 2013 年，市安委会按照省政府下达的安全生产控制目标（死亡指标控制数 65 人），分解落实全市 2013 年度的安全生产目标任务，与各县（区）人民政府、市级有关部门、各大企业签订安全生产目标责任书，将安全生产责任层层落实到各级政府、各有关部门、各企业。印发《2013 年攀枝花市安全生产工作重点任务分解表》，强化安全生产"一岗双责"，实行量化指标管理和"一票否决"。市安委会组织考核组，对各县（区）、市级各部门、各大企业完成年度控制指标和工作任务情况进行考核。

2012 年 12 月 20 日至 2013 年 3 月 31 日，攀枝花市开展以"落实责任、强化措施、严格执法、确保平安"为主题的"百日安全活动"。与安全生产专项整治相结合，确保春节、春运、两会期间安全生产形势稳定。专项整治出动检查人员 2681 人次，检查单位和场所 1491 处，查出隐患 981 项，下发整改指令书 188 份，处罚决定书 37 份，停产停业整顿 8 家。"打非治违"专项行动打击非法违法行为、治理纠正违规违章行为 4499 起。

6 月 7 日、9 日全国、全省安全生产电视电话会议布置全国安全生产大检查工作后，市安委会从 6 月上旬至 9 月底，在全市广泛动员，深入开展安全生产大检查活动。市政府成立以分管副市长为组长、市级有关部门负责人为成员的安全生产大检查工作领导小组，下设综合、宣传、统计、督导 4 个工作组。市政府印发《攀枝花市集中开展安全生产大检查方案》，明确大检查范围、内容、方式、步骤。市安委会、市安办分别印发《关于深入开展全市安全生产大检查的通知》和《关于扎实推进安全生产大检查工作深入开展的通知》，对安全生产大检查活动提出了具体要求。按照"全覆盖、零容忍、严执法、重实效"的总体要求，全市各级各部门采取自查自纠、督查、抽查、交叉检查、明察暗访等多种形式，在全面检查基础上，突出煤矿、非煤矿山、危化、消防、道路交通、建筑施工等重点行业领域，突出事故多发的重点地区，突出农民工等人员集中的劳动密集型企业，突出反复发生、长期未得到根治的重点问题开展重点检查。对国务院安委会综合督查第十一组、省政府安委会综合督导第八组到攀枝花市检查指导发现的问题和安全隐患及时通报，督促整改落实到位。大检查活动结合"打非治违"、汛期安全、群死群伤隐患排查治理等专项行动，全市共组织督查组 655 个，暗察、突击检查组 378 个，交叉检查组 169 个，检查人员 12510 人次，监督检查企业 8225 家次，排查出安全隐患 7569 条，已整改 7314 条，整改率 96.6%；排查重大安全隐患 21 条，已整改 19 条，整改率 90.4%。查处违法行为 72514 起，责令停产、停业、停止建设 79 家，实施处罚罚款 380.95 万元，行政拘留 91 人。

2013 年，全市召开安委会 3 次，安排部署各阶段的安全生产工作，全面完成省、市政府下达的安全生产各项目标任务，保持安全生产形势的稳定。

【安全教育培训】 2013 年，市安监局组织培训机构全面开展全员培训。全年共培训生产经营单位负责人 1185 人，安全管理人员 3395 人，特种作业人员 8735 人。培训其他各类从业人员 8 万余人。

【安全监管监察执法】 2013 年，攀枝花市监察执法工作以各项执法行动为主线，覆盖煤矿、非煤矿山、危化、民爆、烟花爆竹、冶金、重大建设项目等行业，监察内容涵盖了企业主体责任、安全隐患整改、安全教育培训、安全费用提取、风险抵押金交纳、职业卫生、建设项目"三同时"、标准化建设等安全生产监管主要内容。同时根据不同的行业，侧重点有所不同，煤矿监察执法方面，以煤矿在停工停产期间的监控、通风等系统是否按要求运行，在停产整顿期间是否存在违法生产等方面进行执法检查。非煤矿山监察执法方面，根据全市非煤矿山特点，把握重点季节和重要时段，扎实开展地下矿、高边坡露天矿山、尾矿库、排土场等为重点的安全生产监察执法。危化监察执法方面，以钒钛产业园区危险化学品生产经营单位为重点，重点检查"三同时"审查、特种设备设施的检测检验、重大危险源管理、危化品安全保护装置的配备及维护保养、安全防护距离等方面存在的安全生产违法行为。冶金方面重点突出冶金炉体安全、钢包吊运、煤气等重点环节。烟花爆竹以春节打非治违为重点。

全市全年共出动执法人员 650 人次，按计划监察企业 82 家，抽查县（区）企业 60 家，下达检查记录 70 份、责令改正指令书 54 份，完成监察计划任务，执法计划完成率 100%；立案查处 12 件（其中安全隐患立案查处 7 件、事故立案查处 5 件）、下达行政处罚决定书 20 份、罚款 61.4 万元，实际收缴 52.4 万元，处罚案件执行到位率 96%；全年受理举报、信访案件 91 件，查处率 100%；未有听证、行政复议、行政诉讼案件。

【纪检监察】 坚持"四同时""四到位"，认真落实党风廉政责任制和"一岗双责"要求。以"8·29"警示教育、廉政"双向教育"、廉政大讲堂活动为载体，创新廉政教育方式，在安监系统形成讲廉、诺廉、践廉浓厚氛围，增强企业安全主体意识，增进企业对安监干部的理解信任，从源头上控制和杜绝红包、礼金现象；健全完善了公务接待，公车使用管理、财务管理、政务公开、日常效能检查、三重一大决策等十项制度，构建安监系统 2013—2015 年惩防体系建设基本框架；加强制度执行跟踪检查力度，实现事项办理过程中的时效、流程、内容、裁量、廉政风险点的动态监控；加强行政执法的监督，严格实行2人执法，亮证执法、文明执法，提升程序化、规范化水平；健全完善行政执法廉政五汇报和跟踪反馈卡制度，强化事前防范、过程监督和事后监督。实行“一站式服务”“一次性告知”等制度，严禁申请人与行政许可经办人私下接触，强化行政许可的监督；强化纪检监察“一线”责任意识，更好地发挥纪检监察服务和保障安全发展的功能和作用；围绕文明执法、规范执法和效能提升，切实加强行风政风建设杜绝门难进、脸难看、话难听、事难办和“懒、散、拖”现象；正风肃纪，厉行中央“八项规定”和省、市“十项规定”，树立为民务实清廉的安监队伍形象。

【“12350”举报投诉电话】 “12350”安全生产举报电话24小时通畅，接受安全生产相关举报。2013年，共收到举报79起。转各县（区）处理31起，转相关部门处理23起，市安监局自行处理25起，已全部调查处理。

【安全生产宣传】 2013年，按照贴近群众、贴近社会、贴近生活的原则，开展“安全生产事故警示教育周”“安全文化周”“安全生产咨询日”“桥牌赛”“安全生产应急救援演练”等形式多样、社会广泛参与的宣传教育活动。活动中坚持注重借助有效载体，做到“十有”，即电视上有图像、报纸上有文字、广播里有声音、手中有书读、手机上有信息、网络上有专栏、广告上有位置、电子屏上有口号、街面上有标语、公共场所有图版。全市累计设立宣传站点100余处，开办生产安全、消防安全、交通安全常识讲座42场次，悬挂、张贴各类安全生产标语、海报6000余幅，发放安全宣传资料22000余份；发送各类安全宣传短信4万余条；开展各类安全咨询、宣传活动120余场，接受各类咨询1000余人次。“12350”安全生产举报热线电话24小时开通，接受安全咨询和举报。利用LED电子屏滚动播出宣传标语，提升广大群众关注度、知晓度。

市安监局副局长宋光钦作客攀枝花电视台公共频道《金沙江播报》栏目，就安全社区创建工作进行详细解读。动员社会各方力量关注、支持、参与安全社区创建。

【依法行政】 2013年，市安监局认真开展清理规范行政权力工作，在市安监局局网站公布。经清理，全局共有行政权力297项，其中行政审批（行政许可）13项、行政处罚274项、行政征收1项、行政强制3项以及其他行政行为6项。

规范行政执法，完成行政权力清理审核、职权目录编制工作，按照“规范权力流程，简化办事程序，提高办事效率”的原则，完善行政权力公开透明运行工作流程图。进一步明晰工作标准、岗位职责、工作程序，建立权责明晰、行为规范、监督有效、保障有力的工作体制。

市安监局建立法律顾问制度，长期聘请攀枝花市知名律师担任法律顾问，对市安监局安全生产行政执法工作提供专业咨询服务。建立遇到重大事项，充分听取法律顾问意见，在发挥集体智慧实行民主决定的基础上，坚持实体和程序“两手抓”，促进具体事项运作的实体和程序“双合规”。

市安监局在互联网设立门户网站，方便公众查询监督。该网站对法律法规、行政审批、安全监管、安全培训、安委会工作、领导班子、执法人员信息等情况实行公开，适时更新，并开设公众参与专栏，提供举报、投诉、咨询等便民通道，依法行政实现公开化、透明化。

【安全文化建设】 年内，市安监局对攀枝花市2013年申报创建省级安全文化建设示范企业的7家企业进行初步检查验收并报省安监局审核。攀钢集团矿业有限公司、攀钢冶金材料有限责任公司、雅化集团攀枝花恒泰化工有限公司、攀枝花龙蟒矿产品有限公司、攀钢钛冶炼厂5家企业符合安全文化示范企业的相关标准，被授予“省级安全文化建设示范企业”的荣誉称号。

【安全生产月活动】 6月，市安监局牵头组织开展以“强化安全基础，推动安全发展”为主题的“安全生产宣传咨询日”活动。活动现场设置市安监局、市公安局、攀枝花质监局、攀钢、攀煤、十九冶、钢城集团等重点部门和大企业共27个宣传咨询台，接受咨询800余人次；展出宣传展板46块，悬挂挂图80余幅，发放安全宣传资料4万余份。

6月上旬，以工矿安全、交通安全、消防安全、校园安全、社区安全等为主要内容，分片区、分行业、分层次、分类别组织开展“警示教育周”活动，通过举办事故案例教育讲座、开展反思大讨论等形式，增强企业和职工自我防范意识，推动安全生产各项工作落实识。6月中旬，开展“安全文化周”活动，通过向职工发放安全知识手册、安全读本，组织职工阅读安全图书等方式大力开展安全文化创建活动，传播和普及安全文化知识，各企业积极参与基层职工群众喜闻乐见的文化宣传、各类文艺演出、法制教育等活动，普及安全生产法律法规，传播安全文化，营造浓厚的文化氛围。发放安全宣传读本书籍2000余册、各类宣传资料5万余份。6月下旬，在多个行业和方面广泛开展不同层级、形式多样的应急演练。在二十三中小学校等部分学校开展应急逃生演练活动，组织攀钢汽运分公司在马坎九车队开展紧急疏散、伤员应急包扎、救火等应急演练。在钒钛园区开展液氯泄漏应急救援演习。通过一系列演练，增强安全生产战线干部职工的组织协调能力和勇敢果断处置水平，提高广大应急救援工作人员业务素质和实战能力。

在全市400余辆公交车和1400余辆出租车LED显示屏滚动播发安全生产主题宣传标语，扩大宣传覆盖面。通过攀枝花人民广播电台进行安全生产生活常识、安全生产公益宣传。向广大手机用户发送2万余条安全生产宣传短信。组织煤矿企业进一步深入宣传贯彻《煤矿矿长保护矿工生命安全七条规定》和煤矿安全生产“七大攻坚举措”（统称“双七条”）。

6月，市安监局和市体育局联合举办“众望·国泰民安安全杯”第九届桥牌团体赛暨双人赛。来自凉山州、西昌市以及攀枝花市各相关部门和企业的21支代表队参加比赛。

【安全生产行政审批】 2013年，市安监局进一步优化审批工作流程，提高办事效率和服务质量，及时受理并办结各项行政审批事项，共受办结事项16520件。办理提速72.45%，累计提速天数达3739天。实现“三百一零”（现场办结率100%，按时办结率100%，群众测评满意度100%，有效投诉率为零）。

【煤矿安全监督管理】 煤矿整顿关闭工作。省政府下达攀枝花市2013年第一批关闭矿井任务19处，第二批关闭矿井任务20处，攀枝花市实际关闭41处，其中第一批19处，第二批22处，超额完成省政府下达任务。

煤矿企业兼并重组。按照《四川省人民政府关于推进煤矿企业兼并重组的实施意见》精神，结合各产煤县（区）实际，制定下发《关于印发<攀枝花市煤矿企业兼并重组实施方案>的通知》。方案支持川煤集团、攀煤公司、恒鼎、华阳等大型企业以煤炭资源和相邻矿井为基础，以产权为纽带，通过企业并购、协议转让、联合重组、控股参股等方式，兼并重组中小煤矿企业。通过煤矿企业兼并重组，2013年煤矿企业数量已由63家减少到46家，计划到2015年减少到16家。

煤矿复工复产。按照省煤矿复产复工的工作要求，结合攀枝花市煤矿企业兼并重组实施方案，通过整顿关闭和兼并重组，全市保留的41处主体矿井具备复产复工的条件，其中：盐边县8处(生产矿井2处，建设矿井5处，1处主体矿井尚未确定)；仁和区25处(生产矿井6处，建设完成进入联合试运转矿井6处，建设矿井13处)；西区8处(生产矿井4处，建设完成进入联合试运转矿井2处，建设矿井2处)。41处矿井均为县属煤矿，各产煤县（区）政府是此次煤矿复产复工验收的责任主体，负责制定复产复工工作方案，组织开展相关工作。部分煤矿企业已经开展完职工全员培训，申请启动复产复工工作，进入入井侦察阶段，制定隐患排查方案，将在2014年春节后陆续复产复工。

煤矿安全生产大检查。全年出动检查人员575人次，开展煤矿安全生产检查115矿次，纠正各类违法违规行为67起。检查覆盖率达到100%。

【职业健康监督管理】 2013年，市安监局全面加强职业健康管理在《中华人民共和国职业病防治法》宣传周、安全生产宣传月等期间，广泛开展职业病防治宣传，设立咨询台、设置展板、设置巨型横幅和发放宣传资料，积极宣传职业健康知识，发放《中华人民共和国职业病防治法》以及各种职业病防治宣传资料约2000份，现场接受群众咨询1000余人次。

全年组织800余名企业负责人和职业卫生管理人员进行职业健康专项培训，经考试合格，发放职业健康培训合格证，提高了企业对职业健康工作重要性的认识，有力推进职业健康工作的开展。

职业病危害因素申报。全年各县（区扩）大申报范围，全市700余户企业进行申报。

开展《作业场所职业病危害因素监测监管》《水泥生产企业职业病危害专项治理》等专项治理。2013年，全市400余户重点行业企业按要求进行每年一次的职业病危害因素监检测，全市4家水泥生产企业全部按要求进行现场整改、资料完善和检测工作。

开展职业卫生“三同时”工作，攀枝花市在企业立项时，将职业卫生“三同时”与安全生产“三同时”同步推进。年内专门对在市级立项但未按期履行职业卫生“三同时”手续的企业进行摸底排查，督查了65户企业，下达责令限期整改指令书35份。全年，共开展职业卫生“三同时”审查29起，其中预评价21起、设施设计专篇3起、控制效果评价竣工验收5起。组织开展职业卫生现状评价4起。

【非煤矿山安全监督管理】 2013年，市安监局强化行政执法检查工作。狠抓重点行业、重点对象和重点时段的检查，加大对尾矿库、地下矿山、矿山排土场和高边坡采场的监管力度。市、县（区）安监局共检查非煤矿山企业167个，监察覆盖率达95.8%，检查次数达1133次，查出一般事故隐患或问题1610条，已完成整改1527条，整改率为98.8%；行政处罚37次，责令停产整顿17家，罚款27次、处罚金额为47.45万元；制作现场检查记录714份、责令整改指令书203份。市安监局全年开展各类检查共65次，其中根据需要出具现场检查记录22份。

开展金属非金属矿山整顿工作，制定并印发《攀枝花市金属非金属矿山整顿工作方案》，将省局下达的30个关闭名额逐年分解至各县（区），完成2013年关闭10个金属非金属矿山的任务。

开展尾矿库综合治理行动，根据省安监局等6部门印发的《四川省尾矿库综合治理行动实施方案》的要求，结合攀枝花市尾矿库特点及存在问题，市安监、发改、经信、财政、国土、环保等部门共同制定了《攀枝花市尾矿库综合治理行动方案》，启动了尾矿库综合治理行动工作。

全面完成非煤矿山安全生产标准化建设。截至2013年年底，全市非煤矿山全部实现达标，其中达到二级标准化的30家、三级标准化的97家。

【危险化学品安全监督管理】 2013年，市安监局开展四川省重点监管危险化学品企业摘牌验收工作。攀枝花兴辰钒钛有限公司、四川金光化工股份有限公司、四川省卓越钒钛有限公司、攀枝花东方钛业有限公司被省安监局确定为省重点监管危险化学品企业。4月，根据《四川省安全生产重点监管危险化学品、烟花爆竹企业管理办法（试行）》（以下简称《办法》）的规定，市安监局组织专家对4家企业进行摘牌验收。通过听取汇报、查阅资料、现场检查，并对照《办法》中规定的条件逐项检查，攀枝花兴辰钒钛有限公司、四川金光化工股份有限公司、四川省卓越钒钛有限公司3家企业顺利通过摘牌验收，攀枝花东方钛业有限公司因存在不符合项，不予摘牌。

开展在役化工装置安全设计诊断工作，5月底，根据《四川省安全生产监督管理局关于在役化工装置开展设计安全诊断的有关工作的通知》要求，在全市开展在役化工装置安全设计诊断工作。全市有3家企业（四川德胜集团攀枝花煤化工有限公司、攀枝花华铁科技有限责任公司和攀枝花市红杉钒制品有限公司）存在未经正规设计的在役化工装置，四川德胜集团攀枝花煤化工有限公司、攀枝花华铁科技有限责任公司正在联系有资质的单位对装置开展诊断和设计，攀枝花市红杉钒制品有限公司因涉及搬迁问题，诊断工作顺时延后。

全面完成危化企业安全生产标准化建设，2013年，全市现有危化生产企业48家，除13家因停产或“三同时”手续未完成等原因尚不具备标准化建设条件的企业外，其余35家企业均已开展标准化建设或已达标，其中24家为二级安全标准化企业，7家为三级安全标准化企业、4家正在开展标准化建设，标准化建设达标率100%，完成省安监局下达的目标任务。

开展石油化工企业、石油库安全专项检查，共检查石油化工企业1家（南方炼油厂）、石油库5座（中石油金江油库、中石化大沙坝油库、三众石化油库、攀钢钒物流中心油库、攀钢发电厂油库）。

开展涉氨、涉氯、乙醇企业安全专项大检查，攀枝花市分别于6月、9月、10—12月先后3次对全市涉氨、涉氯、乙醇(除酒类产品)生产经营使用企业开展安全专项大检查。全市无液氨生产经营企业。共检查液氨使用企业14家，其中制冷企业5家、非制冷企业9家；涉氯企业5家，其中液氯生产企业1家、使用企业4家。乙醇经营企业8家。

【烟花爆竹安全监督管理】 2013年，市安监局强化烟花爆竹经营安全监管。督促各批发企业把好产品进货关，确保了采购合法企业生产的不含氯酸钾的合格产品。同时督促县（区）严把烟花爆竹零售关，形成烟花爆竹零售点布局合理、安全规范、定点挂牌、亮证经营的良好经营秩序。

开展烟花爆竹生产经营（批发）企业安全标准化建设，全市有1家鞭炮生产企业、3家烟花爆竹经营企业，均在2013年全部开展三级标准化建设，并于12月上旬申请评审。目前，攀枝花市花冠烟花爆竹有限公司和攀枝花市仁和区烟花鞭炮厂已完成不符合项整改，并已对其授牌发证。其余2家企业正在对不符合项进行整改，力争2014年完成标准化达标工作。

【民用爆炸物品安全监督管理】 2013年，市安监局开展民爆行业安全生产大检查专项行动。为贯彻落实《四川省民用爆炸物品行业2013年安全生产大检查实施方案》精神，组织专家会同县（区）民爆物品安全监管部门对全市民爆生产、经营企业开展全覆盖检查，认真对照相关规范标准查找安全隐患，纠正各类违规违章作业行为。检查中，共发现安全隐患和问题30项，整改30项，整改率100%。

【冶金安全监督管理】 2013年，市安监局积极推进冶金企业安全生产标准化建设。根据全省工贸企业安全生产标准化建设工作推进会会议精神，攀枝花市大力推进冶金企业安全生产标准化建设工作。全年共有12家冶金企业完成三级安全标准化达标工作，其余多家企业正在进行安全标准化建设考评之中。

【园区安全监督管理】 2013年，攀枝花市工业园区发生生产安全事故3起（1月3日霖玺工贸机械伤害事故，2月28日欣宇化工还蒸车间窒息伤害事故，5月25日，长欣工贸机械伤害事故），死亡3人，与控制指标（3人）持平，与2012年同期（发生事故3起，死亡5人）相比下降40%。

安全生产教育培训，编写《钒钛产业园区安全生产动态》《园区涉氯事故应急处置办法》，汇编《危险化学品安全法规规章和政策措施文件选编》《化学品生产单位作业安全规范》，免费向园区负有安全生产监管职责的部门、单位和园区企业发送，加强安全生产指导和服务。以园区生产安全事故案例为素材，制作生产安全事故分析教育片，作为园区安全生产教育教材。组织130余名园区煤气操作工进行安全培训并取得特种作业人员操作证。

加强企业安全文化建设，邀请省安科院院长为园区企业负责人举办企业安全文化专题讲座，组织园区6户企业安全管理人员参加安全生产高级研讨会，增强企业安全生产意识、树立安全发展理念。督促企业把员工安康幸福、社会责任融入企业发展总目标，激发员工抓好安全生产正能量，实现企业和员工利益双丰收。

企业安全生产标准化建设，大力度推进规模以上工矿商贸企业安全生产标准化创建，全年有15家企业达到安全生产标准化三级标准。

制订园区安监分局2013年安全监管（执法）工作计划，编制企业安全生产检查表，重点对企业安全生产行政许可、企业落实安全生产主体责任、安全生产标准化建设、安全教育培训、隐患排查治理、危险化学品“两重一大”管理等进行检查。全年共检查危化企业214家次、冶金及选矿企业检查132家次、其他行业企业检查79家次，累计查出863项安全隐患，督促整改856项，对不能及时整改到位的安全隐患强化安全监管措施。

建立危化企业应急联动机制，推动攀钢海绵钛厂与金江钛业建立了厂级领导联系措施，向金江钛业提供200套防毒面具及一些毒害物质应急处置宣传单；成立园区综合应急救援大队危化行动组，选聘8名涉氯事故应急处置专家为园区涉氯企业安全生产提供保障。

整理钒钛产业园区2008年以来涉氯事件，2013年4月10日，市委副书记赵辉主持召开园区涉氯事件典型案例分析会，剖析园区典型涉氯事件原因、经验和教训，探讨加强和改善涉氯安全环保管理的思路、办法和措施。

【工贸企业安全生产标准化建设】 2013年，攀枝花市制定并印发《攀枝花市工贸行业企业安全生产标准化建设工作方案》，明确目标任务及市级相关部门的保障职责，落实各行业牵头责任单位。制定《攀枝花市商贸企业安全生产标准化考评标准（试行）》《攀枝花市小微型工贸企业安全生产标准化考评办法（试行）》，为攀枝花市商贸企业、小微型工贸企业安全生产标准化工作提供可操作性的依据。至年底，全市共101家工贸企业达标，其中二级达标26家、三级达标75家。

【安全生产监测监控】 2013年1月，攀枝花市安监局承接的国家安监总局关于“基于物联网的远程安全监管监察与事故应急处置系统试点工作”通过国家验收。该试点工作由四川物联恒安公司承建，选取32家企业在GIS地图上做了企业入口标记，26家企业监测监控信息接入攀枝市安全生产远程监控中心监控平台，其中煤矿企业14家、非煤矿山6家、危化企业4家、烟花爆竹3家、加油站5家，针对不同行业安全度评价指标的不同，确定并实施不同行业的监控内容，具有以下功能：基于GIS地理信息系统的企业标注和管理；企业的安全生产场所视频和监管参数实时查看；企业报警信息智能流程处置；重大危险源监测监控和事故应急处置；报表统计分析、县（区）煤矿产量查询。从而实现监管部门对企业生产过程、作业场所、安全要素进行“全方位、全天候、全因素、全过程”监控和智能处置。

重大危险源监测监控系统建设，市安全生产远程监控中心监控平台在原瓦斯监控平台的基础上完善“攀枝花市重大危险源监测监控系统”建设，该项目建设由政府投入270余万元，配备12块60英寸DLP无缝拼接大屏、4台服务器、2台磁盘矩阵、硬件防火墙等硬件设备和具有GIS地图、应急救援、行政执法、安全培训监管、职业健康管理、重大危险源监管等功能模块，涵盖煤矿、非煤矿山、尾矿库、危化企业、烟花爆竹、民爆、加油站等行业和领域的“安全生产物联网综合监管平台”软件。该系统的建成，能更有效的利用资源、提高监管工作效率、降低运行成本，实现“间断性检查”向“连续性实时监控”“人为判断”向“智能分析”“事后应急反应”向“事前预警、自动响应”三大转变，有利于企业安全管理方式和政府安全监管方式实现“变检查为监控”的根本性改变。2013年，市安全生产监控中心监控平台监控仁和区、西区、盐边县煤矿（矿井）共67个，接收煤矿非掉线类报警147164起，掉线报警14947起，其中非掉线类三级报警383起，全市未发生瓦斯事故。

（肖皇尧）

旅　游

【概　况】 2013年，攀枝花市旅游局按照市委、市政府的决策部署，紧紧围绕创建中国阳光康养旅游城市的目标任务，创新思路求突破，科学规划谋布局，筑巢引凤抓招商，全力以赴抓建设，强力营销抢市场，强化服务抓提升，确保了在困难局面下全市的创建工作有序、快速推进，取得阶段性成效。全年实现旅游总收入102亿元，同比增长52.6%，超额完成四川省旅游局和攀枝花市政府下达的旅游总收入目标。12月，在攀枝花市红格镇召开的全省百镇建设暨重点旅游项目推进工作现场会上，攀枝花市的重点旅游项目建设工作得到省委、省政府的充分肯定，其成功经验与做法，在全省起到了示范引领作用。但是，在推进创建中国阳光康养旅游城市工作中仍存在一些问题和困难：旅游配套设施不够完善，制约重大旅游项目建设快速推进的因素较多，旅游人才队伍建设机制不够健全，促进旅游发展的政策与创建工作的要求不够适应。

【全市旅游工作会】 4月9日，全市旅游工作会议在攀枝花会展中心国际厅召开。中共攀枝花市委常委、市委宣传部部长沈钧、市人大常委会副主任许秀峰、市政府副市长柳康健、市政协副主席庞向东出席会议。各县（区）党委、政府分管旅游工作领导、市旅游产业发展领导小组成员有关单位负责人、各县（区）旅游局局长、部分旅游企事业单位负责人共140余人参加会议。会议分析总结2012年度全市旅游工作，安排部署2013年旅游工作任务，表彰奖励2012年旅游产业发展先进单位、创优评先先进单位，签订2013年旅游产业发展目标责任书。会议由市政府副秘书长唐成斌主持。

柳康健在主题报告中围绕创建中国阳光康养旅游城市工作目标，总结2012年旅游工作经验，分析当前旅游发展形势，明确2013年旅游发展任务，提出具体措施和工作要求。

沈钧肯定2012年全市旅游工作取得的成绩，阐述加快发展旅游业的必要性、重要性、紧迫性，明确推动旅游产业大发展措施：抓项目建设，为阳光康养旅游城市提供产品支撑；抓重点旅游区域打造，增强攀枝花市旅游的吸引力；抓旅游基础设施完善，提升攀枝花市旅游的竞争力；抓重点营销，塑造“阳光花城·康养胜地”品牌；抓重点产业融合，实现旅游与相关产业协调发展；加强组织领导，强化督办协调，增强自我发展能力，确保各项工作扎实推进。

【编制规划】 攀枝花市旅游局遵循“城旅一体、整体发展、相互依托”的原则，坚持“高起点定位、高标准规划、高水平开发”的理念，对全市旅游资源重新开展普查，邀请全国多家知名的高规格的规划单位，对全市旅游发展和项目开发进行规划、策划。编制完成《中国阳光康养旅游城市规划》《二滩小环线得石镇片区核心景区修建性详细规划》《米易龙潭溶洞中国龙文化主题景区旅游文化策划方案》，评审通过“中国阳光康养旅游城市”征集概念，完成米易龙潭溶洞景观设计及专题动漫设计、《二滩湖区旅游开发总体策划》《阿署达花舞人间景区总体规划（2012—2030）及控制性规划》。

【招商引资】 2013 年，攀枝花市按照“科学规划、适度包装、整体推出、各个突破、着眼效果”原则，坚持把招商引资作为打造旅游精品项目的第一要务，转变观念和思路，创新方式和举措，完善机制和体制，优化投融资环境、搭建投融资平台，在大招商、招大商、选优商基础上，优选项目、优化环境、优质服务，引资和引智紧密结合，大力实施以会招商、上门招商、小分队招商、以商招商、友情招商。编制《旅游产业投资项目计划表（2013—2020）》《攀枝花市旅游重大投资项目会商暂行办法》，建立招商项目数据库和旅游投资“客商库”。在成都、广州、重庆及丽江、大理等地举办系列旅游投资说明会、洽谈会。仅丽江、大理旅游投资说明会、洽谈会，攀枝花市与当地 23 家企业和商会签订旅游合作、项目建设框架协议，投资金额约 18 亿元；促成澳大利亚斯德威尔公司与华西希望集团合作建设阿署达项目；米易县与香港动蛋王国文化娱乐有限公司签订项目投资协议、与香港精英联合会洽谈的四驱车项目、与香港观澜集团洽谈的推进在建高尔夫项目、与香港中旅集团洽谈的温泉开发项目。2013 年，全市旅游招商引资合同项目 19 个，完成项目签约金额 141 亿多元，实际到位资金 26.95 亿元，旅游投资总金额 50.43 亿元，各项指标均创历史新高。

【项目建设】 2013 年，根据市委、市政府下达的“急难险重”目标任务，全市进一步建立健全旅游重大项目建设领导机制、协调机制、监督机制、奖励机制。按照“一个重大项目、一名领导牵头、一班专门人员、一个奖惩制度”的组织领导原则，坚持“定责到人、定期到月、半月督察、每月分析、季度考评、及时通报、即时奖惩、现场协调、现场落实”的项目推进制度，采取分解细化任务、层层落实责任、加强协调督办、落实绩效考评、加大问责力度等措施，形成一把手亲自抓、负总责，分管领导具体抓、抓落实的工作格局，确保红格温泉旅游度假区、普达阳光国际康养度假区、阿署达花舞人间景区等八大旅游项目群建设有序推进，按进度完成全年任务。

【宣传营销】 全市围绕“阳光花城·康养胜地”城市旅游品牌形象的树立，创新提出“阳光攀枝花·悠然康养城”宣传口号，务实高效开展一系列宣传营销工作。

以各类媒介为载体，强化“阳光花城”旅游新形象的宣传。首次在央视 4 套进行为期 1 个月的旅游形象广告播出，在川台卫视、旅游卫视、四川新闻资讯频道播出专题片，在省内外大型报刊、全国大型网站开展专题宣传，开通攀枝花旅游官方微博。

以旅游节庆、专题营销活动为载体，扩大攀枝花旅游影响力。举办攀枝花欢乐阳光节、格萨拉索玛花节等 6 个节庆活动，组织开展传统客源市场专题宣传、系列自驾游、阳光旅游志愿服务行动等 10 余项活动。

以各类展会为载体，加强对外交流。组织参加西博会、旅游交易会、经济体合作年会、旅游营销论坛会等各类会展 12 次，分别与西昌、大理、丽江、楚雄签订旅游发展合作协议。

在成、渝、昆部分交通干道、主要人群聚居区和雅攀高速沿线设立广告牌，修订并编印一系列旅游宣传手册。

【行业管理】 2013 年，攀枝花市旅游局以创省级标准化旅游试点城市为抓手，强化服务监管、完善服务功能、提升接待能力，确保了安全、质量、秩序、效益“四统一”。

加强旅游标准化建设，创建全省旅游标准化试点城市工作已通过初检。新增 AA 级景区 2 个、等级农家乐（乡村酒店）6 家、等级旅游餐馆 6 家，完成红格温泉旅游度假区省级验收、AAAA 级景区市级初检和金海开元名都大酒店 5 星级酒店、绿色饭店省级初评工作。

加强服务能力的提升，举办全市涉旅企业服务技能大赛，开展旅游服务技能等培训、讲座 65 期，培训 4329 人次，完成全年任务的 144%，在高速公路沿线设立 34 块旅游新村标牌，协调企业加大投入，健全服务基础设施，提升服务质量和档次。

加强旅游市场综合整治，制定并完善各类旅游突发事件应急预案，加大安全生产检查和隐患排查力度，全年出动检查人员 200 余人次开展各类专项整治活动 11 次，成功应对春节、国庆黄金周游客“井喷”。全年无一例行政责任事故和旅游案件发生，无一起行政复议和行政诉讼案件。

【争取政策支持】 2013 年，攀枝花市旅游局采取向各级各部门积极汇报、强化协调、及时跟进、专人负责等措施，在组织保障、技术、智力、项目、资金等方面积极争取省市各级对创建工作的支持。

争取技术、智力支持。四川省旅游局多次派出工作组到攀枝花市调研指导，形成《攀枝花市旅游业发展调研报告》，派出师资120人次到攀枝花市组织开展理论培训、技能指导。

争取重大旅游项目支持。二滩国家森林公园旅游基础设施建设投入项目，完成向四川省旅游产业发展领导小组和国家旅游局申报工作。

争取旅游发展专项资金支持。攀枝花欢乐阳光节、全省重大旅游项目推进现场会，向四川省旅游局申报并到位补助资金75万元；普达阳光国际康养度假区项目，向国家申报并同意给予旅游发展基金贷款贴息补助260万元。

（张志明）

政务服务

【概　况】 2013年，攀枝花市人民政府政务服务中心（以下简称中心）按照中央、省、市关于进一步深化行政审批制度改革的意见和省、市政务服务建设的一系列指示精神，继续深化行政审批体制改革，做好行政审批的取消和承接工作，探索解决行政审批服务环节普遍面对的问题，推进窗口服务标准化体系建设，创新行政审批服务方式，加强并联审批服务工作，深化政务公开，全方面推进审批服务实效和水平提高。

2013年，中心共进驻行政审批管理部门、公共服务单位、公共资源交易部门、代理收费银行和监督管理部门共66个，进驻项目614项，进驻人员450人。2013年共办理事项近328万件，按时办结率100%，现场办结率96.7%，办理提速92.45%，群众满意率99.99%。

攀枝花市公共资源交易中心开展建设工程招投标537个项目，总交易金额288774.53万元，中标价246406.45万元，节约率达14.67%。

【深入行政审批服务改革】 按照国家、省、市行政审批制度改革的要求，全面推进行政审批事项的调整。2013年国家、省级对行政审批事项进行大幅度的下放、取消，市政府于12月对市级保留的行政审批事项进行清理和公告，保留的审批事项358项（含市级部门、省直部门）、取消13项、暂停7项、转为服务的35项。中心据此提出调整要求：部门新增行政审批事项必须严格按照“两集中、两到位”的要求全部进驻中心；审批转服务的事项解必须以服务类面向群众；取消的事项一律在中心停止办理，在办件系统中清除；暂停事项向暂停办理，待市政府指令，并对申办人做好宣传说明工作；对省级下放和市级下放事项在部门上下系统、部门与中心间进行承接安排和跟踪。至年底，此项工作除下放事项外已全面完成。全面清理中心进驻事项，规范办理。在公告行政审批事项的基础上，中心对所有进驻事项进行清理、规范。至年底中心进驻事项614项，其中，行政审批事项352项（除交警机动车审批的6项外）、服务事项143项、其他管理事项113项。中心对照省市新公告的项目名称进行全面的修改规范，对原不规范的办理事项进行规范。此项工作攀枝花走在全省前列。优化审批流程。对建设项目审批流程、市场准入审批流程进行再次梳理和时间压缩，建设项目承诺时间由原433个工作日压缩为150天，市场准入项目时间由原5天压缩为3天。进驻政务服务中心事项在2012年承诺时限的基础上总体再提速20%。二手房交易“国五条”出台时，中心将与房产交易有关的7个部门全部纳入中心提供“一站式”服务，共同梳理优化办事流程，在全省率先编制一次性告知办事指南并发放1万余份，有效引导办事群众高效办事；市国土局将受理、审核、制证办理时限由原来的5个工作日压缩为即办即取；市工商局的一般、简易事项变一审一核为1人审核；市住建局的十余个审批事项打捆一次性告知、受理、办理；市安监局的职业病防护设施与安全设施“三同时”审批同步推进；深化进驻部门“两集中、两到位”。在继续加强审批部门“两集中、两到位”监督管理的基础上，深化公共服务的“两集中、两到位”，将市主城区（东区）的11个派出所30余万人的户籍办理全部集中在市政务服务中心大厅现场办理，使中心有关事项涉及户籍问题、不同派出所之间户籍转移、各种有关证照办理领取实现一条龙服务。形成建设项目和市场准入项目2个并联审批，房产交易、社会保障、公安市民管理、惠民帮扶4个公共服务一条龙。

【推进窗口服务标准化体系建设】 攀枝花市政务服务标准化建设一直走在全省前列，2010年全省政务服务标准化建设现场会在攀召开，2011成功申报并获准为“全省政务服务标准化试点城市”，探索政务服务标准化如何向窗口操作程序延伸、向基层延伸。2013年，全面完成市级政务服务标准体系的搭建和评审备案，市级政务服务标准囊括6个服务通用基础标准、36个服务保障标准、88个服务提供标准（即操作程序标准）共计三大部分130个区域性地方标准，对审批操作程序、服务规范、服务质量、运行管理、环境、人员、安全与应急、职业健康、信息、财物、设施设备及用品、人力资源等16个方面进行规定；指导各县（区）完成县（区）政务服务标准体系搭建、评审，指导政务服务共性标准向乡镇（街道）延伸。至年底，市级政务服务42个共性标准已在市、县（区）、乡镇（街道）全面实施，全市政务服务系统按相同的标准为办事群众提供共性服务。此二项工作走在全国前列；不断提高中心管理服务的设施功能标准，采用脸谱识别考勤、安装应用智能排号叫号机、扩建1.3万平方米免费停车场、设立失物招领处等，提高服务质量和标准。

【并联审批服务】 2013年6月，中心组织13个主要并联审批部门的首席代表赴杭州余杭区、秦皇岛市、天津市政务服务（行政许可）中心进行学习考察，受到很大启发，着手开展以下几方面工作。完善并联审批综合窗口。加强对窗口人员的咨询、一次性告知、办理、督办、综合协调培训，以适应网上审批、联合审批的需要；扩大并联审批范围。将涉及两个以上部门的审批（工商部门与有关部门、住建部门与有关部门等）、企业变更登记均纳入并联审批，并梳理所涉5个部门的办事流程、编制办事指南。在全省率先编制并完善投资建设项目并联审批工作手册、市场准入并联审批手册；完善重点项目跟踪、督查、通报制度。将市级急难险重、重大工业产业化、四个一批、花城新区建设、第十三届西博会、沿江景观打造、安居工程等243个项目中，按照属地、类别等原则，选择43个项目作为中心重点跟踪项目，按项目报建的各审批阶段，确定牵头责任窗口及前期准备服务时限、审批办理时限，下发各并联审批窗口，并积极督导各窗口做好项目前期服务和审批服务。对重点跟踪项目实行窗口一月一报，由中心收集、整理、汇总各并联审批窗口项目办理信息并及时向各相关审批部门进行通达传递，方便其全面及时掌握项目报建进度情况；建立市、县（区）上下联动，部门之间、部门内部平行互动的并联审批机制。比如对炳草岗六个人行通道项目，中心组织市住建局、市国土局、市发改委、市水务局、市城管局和东区有关部门实行一次性告知、联合审查、联合踏勘、联合出证，高效完成市委、市政府交办任务。市住建局内部10余个项目一个窗口对外一次性告知的内部小并联；创新并联审批服务方式，变在家坐等企业上门为主动提前介入，为企业提供保姆式服务。中心和各并联审批窗口指定专人与跟踪项目联系，通过上门、邮寄或电话告知的方式，向企业提供告企业通知书、办事流程和办事指南等相关资料，并随时根据企业需求，组织开展预约、上门等各种特殊服务。组织召开阿署达花舞人间、与仁和区互动的跃鹿汽车销售（陆虎、捷豹）4S连锁店等的联合咨询、联合审查。

【深化政务公开】 中心通过加强政务公开平台建设和丰富政务公开形式深化政务公开。以群众更加便捷获取政务信息为目标，对中心门户网站进行全面改版，充实政策动态、工作动态、进驻项目及其办事指南等方面的内容，增加主任信箱、意见征集等互动功能，并加强网站的日常更新维护，保证政务公开更加全面及时。中心梳理出企业和群众经常办理的90余类事项，将各类别事项涉及的所有进驻事项的办事指南予以综合，编制90余个类别事项的办事指南“一卡通”，企业和群众只需手持“一卡通”，就可清晰全面地知晓办事流程、申报材料和联系方式，这种系统化的公开告知方式，更加贴近企业和群众的办事实际，得到省政务服务中心的肯定和建议推广。中心不断提高政务大厅办事能力，网上办理事项和网上预审事项分别占进驻事项的78%和100%。同时将“96196”政务服务热线扩展为公共服务热线，在全省范围内率先突破行政审批服务的局限，在提供行政审批服务的同时，还提供医疗卫生、餐饮住宿等10余类社会中介信息服务，各进驻部门也在逐步开通专业网上办理业务。工商、社保、房管等窗口在中心增设触摸屏查询系统。

【规范公共资源交易平台】 中心对集中交易建立以“三个公开”(信息公开、过程公开、结果公开)、“三个必须”(所有国家投资的建设项目、政府采购项目、国有土地矿权拍卖项目必须在交易中心统一进行)、“四个统一”(公共资源交易活动统一进场交易、统一工作流程、统一电子监察监控、统一交易资料)为主要内容的工作运行机制，全年共完成交易项目共537项（不包括交易失败项目），总交易金额288774.53万元，中标价为246406.45万元，节约率达到14.67%。11月，经市政府第25次常务会议审议并通过《攀枝花市公共资源交易保证金集中统一管理规定（试行）》。根据规定对攀枝花市内政府投资的建设工程招投标，国有建设用地使用权招拍挂，探矿权、采矿权招拍挂，政府采购及国有资产转让项目的保证金采取“集中收取、统一管理、分步实施、全面到位”的原则，实行“统一收取、统一退还”的管理体制。

【强化中心效能监督】 按时保质完成全省行政效能电子监察系统延伸工程。在市委、市政府的领导下，组织、指导各县（区）政务服务中心、各乡镇（街道）便民服务中心，配合有关部门，进行进驻部门和进驻事项的全面清理，分类进行进驻部门、进驻项目、项目依据、申报材料、制度规定的“五统一”和办理程序、办理时限的部分统一；对5个县（区）60个乡镇（街道）、2个税务大厅、公安车管所核心工作人员进行管理和业务培训；指导督促网络需求、采购、安装、调试，在9月30日前全面完成行政效能电子监察系统的延伸；加强内部监督管理。中心将效能监督与攀枝花市创建省级文明城市、三大主题教育活动结合起来，广开言路，开门纳谏，电话、网上、问卷等多种形式征求的办事群众意见，召开前台、党员、后台、管理人员多次上百人的中心座谈会。对照各级明察暗访、反馈意见、自查问题，及时进行整改：与市效能办建立联合巡查制，聘请10个政务服务监督员，采用屏蔽软件屏蔽窗口游戏炒股视频，实行大厅值班长制，加大巡查监督力度，并视违规违纪者情形通过警示教育大会、通报、批评、扣分等多种形式进行处理。增强考核力度：将政务服务工作纳入市级目标考核，努力使考核分值由2分升至5分。通过开展文化建设切实加强自身建设，本着中心引导、适当支持、个人自愿的原则，窗口工作人员自发组成登山社、羽毛球社、瑜伽社、读书社、歌舞社、棋牌社6个社团，自主开展有益于身心健康的活动；定期举办文化讲坛。中心与窗口工作人员骨干在广泛征求意见的基础上，每月有针对性的举办各类专题讲座培训。

（高泽林）

住房公积金管理

【概　况】 攀枝花市住房公积金管理中心是直属于攀枝花市人民政府、不以营利为目的的正县级事业单位。其主要职能是按照国务院《住房公积金管理条例》及国家相关政策规定履行本市行政区域内的住房公积金管理职能。攀枝花市住房公积金管理中心设资产保全部、资金部、信贷部、综合部、项目贷款部5个职能部门和仁和区办事处、盐边县办事处、米易县办事处、西区办事处、东区办事处五个派出机构，至2013年年底在岗职工38名，其中正县级干部1名、副县级干部2名、正科级干部10名、副科级干部4名。另有编外临聘人员10人。

【住房公积金缴存管理】 2013年新增缴存住房公积金173563万元，较2012年增加20070万元，增长13.08%。完成市政府确定的年度目标任务100000万元的173.56%。截至2013年年底，累计缴存总额1029348万元。2013年12月末缴存余额666298万元。

2013年全市单位和职工个人住房公积金缴存比例为各5%—12%。单位和职工个人月缴存上限1424元，月缴存下限是57元。2013年人均月缴存额867.23元（单位+个人），较2012年同期757.09元（单位+个人）增加110.14元，增长14.55%。2013年年末职工人均住房公积金余额3.99万元，较2012年同期3.47万元增加0.52万元。

2013年新增缴存人数6975人（其中：新增缴存单位52户、1300人），比2012年新增缴存人数3275人增加3700人，同比增长112.97%。2013年减少缴存人数9147人，其中：封存账户2437人，因离退休等原因销户6710人。由于2013年离退休人员增加较多等原因，2013年年末实际缴存人数166779人，比年初下降2172人。全市住房公积金缴存覆盖率86.38%，同比下降1.13个百分点。

【住房公积金使用管理】 2013年攀枝花市缴存职工使用住房公积金186428万元，超过同期缴存额12866万元，占当年缴存额173563万元的107.41%，同比增加15.99个百分点。住房公积金使用额的大幅增加，不仅增强了职工购房支付能力，也促进攀枝花市房地产市场的发展。

2013年全市共提取住房公积金93337万元，较2012年增加30894万元，同比增长49.47%。其中：购房提取43948万元（8111人次）、偿还购房贷款本息提取26895万元（14895人次）、离退休提取19203万元（5027人次）、完全丧失劳动能力并与部位终止劳动关系提取9万元（8人次）、户口迁出攀枝花市转出1672万元（983人次）、租赁住房提取5万元（5人次）、其他提取1605万元（911人次）。提取住房公积金成为广大职工家庭购买住房和偿还住房贷款的重要资金来源之一。

2013年攀枝花市共向5025户职工家庭发放住房公积金贷款93091万元，较2012年增加40611万元，同比增长77.38%。完成市政府确定的年度目标任务40000万元的232.73%。至年底，累计向31141户缴存职工家庭发放公积金个人住房贷款393944万元。2013年12月末个人贷款余额245979万元，同比增加61089万元，增长33.04%。住房公积金个人贷款的及时发放，极大地缓解职工购房资金压力。

【住房公积金运营效益及收益分配】 2013年，住房公积金业务收入为26778万元：其中住房公积金利息收入12016万元、增值收益利息收入970万元、委托贷款利息收入13792万元。业务支出为14953万元：其中支付职工个人住房公积金利息14532万元、归集手续费支出149万元、委托贷款手续费支出272万元。2013年实现增值收益为11825万元，比2012年8843万元增加2982万元，增长33.72%。

2013住房公积金增值收益分配：计提个人贷款风险准备金7094.88万元、计提项目贷款风险准备金423.9万元、分配管理费用644.53万元、分配廉租住房补充资金3661.4万元。至年底，个人贷款和项目贷款风险准备金余额为27028.82万元、累计提取廉租住房补充资金10037.03万元，住房保障能力和抗风险能力不断增强。

【利用住房公积金贷款支持保障性住房建设】 攀枝花市认真做好“利用住房公积金贷款支持保障性住房建设”第一批试点及扩大试点工作。至年底，共向17个保障性住房建设项目发放公积金贷款96660万元，支持建设保障性住房9393套。2013年1月，省住房和城乡建设厅《关于攀枝花市公积金中心完成公积金扩大试点贷款任务的通报》对攀枝花市提前完成贷款发放任务、顺利收回贷款本息，无一逾期，试点工作走在全国前列进行了通报表扬。2013年国家未继续扩大试点规模，攀枝花市无新的项目贷款发放，重点工作是加强贷后管理。至年底，已有14个住房公积金贷款支持的项目共8311套保障性住房建成陆续投入使用，其中攀煤清香坪小区3120套、十九冶地龙箐安置房1536套、西区格里坪一期棚户区改造400套、西区格里坪二期棚户区改造160套、西区西贵金沙棚户区改造200套、西区河门口二期棚户区改造96套、西区宗意书香御景80套、盐边县经济适用住房480套、米易经济适用住房900套、米易城北城中村改造165套、米易弯丘攀钢基地棚户区改造220套、仁和老街棚户区改造420套、仁和弯庄棚户区改造336套、炳三区人才公寓公租房198套。解决了8311户共2.6万余人的住房问题。

至年底，按期收回攀煤清香坪小区、十九冶地龙箐安置房、西区格里坪一期、西区西贵金沙、人才公寓公租房项目、盐边县经济适用住房、米易经济适用住房项目7个项目贷款本金共61440万元，至年末有项目贷款余额35160万元。年内，西区格里坪一期棚户区改造、西贵金沙、盐边县经济适用住房、攀煤清香坪小区、十九冶地龙箐安置房、米易经济适用住房6个项目贷款本息偿还完毕，已经解除监管。至年底，按合同约定累计收回17个项目到期贷款利息8238.95万元，未发生一笔逾期贷款和逾期利息，为“贷得出、用得好、收得回”开了一个好头，实现住房公积金闲置资金的良性循环。

2013年10月22—24日，住房和城乡建设部稽查办主任王早生为组长的住房公积金贷款支持保障性住房建设试点工作检查组，对攀枝花市试点工作进行检查调研。检查组采取听汇报、现场实地察看、查阅资料等方式，系统、全面地了解攀枝花市试点工作取得的经验。

【资金管理及安全】 2013年攀枝花市住房公积金可用资金充足。2013年12月末，住房公积金缴存余额666298万元，贷款余额281139万元（含项目贷款），剩余资金385159万元。加上已提取的贷款风险准备金和增值收益存款，2013年12月末，住房公积金在银行的存款达到411330万元（其中：定期404450万元）。

2013年度住房公积金个人购房贷款回笼情况良好，回笼资金32002.48万元。2013年12月末个人贷款逾期余额56.7万元（其中担保公司54.2万元、单位担保2.5万元）。个人贷款逾期率为0.23‰，项目贷款无逾期，贷款风险得到有效控制。

【个人贷款管理模式改革】 2013年，攀枝花市为进一步改进服务、提高办事效率、降低贷款费用、防范化解资金风险。市住房公积金管理中心组织考察组对省内成都市公积金中心、省级公积金中心、德阳市公积金中心、绵阳市公积金中心进行学习考察。积极与攀枝花市房地产开发商、担保公司、各经办银行和公积金业务系统软件开发商协商，在充分调查研究的基础上，提出“建立贷款服务大厅、采用开发商或担保公司阶段性担保、房产抵押给银行”的贷款管理模式改革方案。起草了《关于改革个人贷款管理模式的实施意见》上报市住房公积金管委会和市政府。

【住房公积金管委会会议】 2013年5月17日下午，在市住房公积金管理中心会议室召开攀枝花市住房公积金管理委员会三届二次会议，审议2012年度住房公积金归集使用情况和增值收益分配方案，通报市住房公积金管理中心2013年以来的工作和改进服务便民措施，对2013年度住房公积金管理工作提出要求：继续加强和改进住房公积金管理工作。要进一步完善内部各项规章制度，加强稽核检查，强化措施的手段，确保住房公积金资金安全；高度重视住房公积金支持保障性住房项目贷款工作。公积金中心加强监管、成员单位各司其职、贷款单位以及属地政府主动作为，形成齐抓共管的良好格局。公积金中心要全面梳理，总结试点工作中的好经验、做法，制定出有效措施，保证试点项目有序推进，保证贷款资金安全；要优化服务意识，继续落实公积金中心提出的便民服务措施。加强宣传，让广大职工知晓住房公积金政策，为更好利用住房公积金这一惠民政策提供了信息支持。认真听取职工群众的意见和建议，不断创新工作方法和措施，在公积金的使用上做到更加方便快捷，体现便民惠民的宗旨，为实现“居者有其屋”提供更多更好的资金支持。个人贷款已经实现住房公积金管理中心“零”收费的基础上，希望积极协调中介机构，把中介费降至最低。

2013年12月25日，在市住房公积金管理中心会议室召开攀枝花市住房公积金管理委员会三届三次会议，审议《关于增加住房公积金经办银行的请示》和《关于改革人个贷款管理模式的实施意见》，对2014年度住房公积金管理工作提出要求：在保证资金安全的前提下，把资金用好用活，进一步发挥住房公积金的政策作用，要积极研究住房公积金闲置资金支持“保障性住房建设和新型城镇化建设”的思路，与国家住建部、省住建厅沟通汇报；加快推进信息化建设；加大信息化建设的投入，更新软件系统，升级硬件配置，争取做到双机热备份（异地备份），通过技术手段提高工作效率，弥补管理人员的不足；集中力量推进个人贷款模式改革，把改革放在重中之重的位置，处理好缴存职工、经办银行、担保公司和开发商的关系，按照“便民利民、降低费用、管理规范”的原则积极推进个人贷款模式改革。

【便民措施】 2013年攀枝花市住房公积金管理中心以人为本，在发挥住房公积金政策作用、减轻职工负担上推出实实在在的便民利民新措施，得到广大职工的欢迎和肯定。

推进建立个人贷款“一站式”服务大厅。积极与工商银行协商，租用工行三楼约380平方米的大厅，引入担保公司、经办银行入驻个贷服务大厅，完善业务系统功能，实现个人贷款“一站式”服务。

以开展“三大主题教育活动”为契机，出台《攀枝花市住房公积金管理中心关于“三大主题教育活动”落实便民措施的通知》，在发挥住房公积金政策作用、减轻职工负担上推出7大便民利民新措施，得到了广大职工的欢迎和肯定。

继续发放职工个人公积金对账单，方便缴存职工了解自己的公积金缴存使用情况和有关住房公积金缴存、使用方面的政策规定及办理流程。

提高提取额度，缴存职工符合住房公积金提取条件，要件齐全的，可申请提取本人和配偶的住房公积金，提取额不超过本人和配偶住房公积金账户的上年度储存余额。

放宽提取范围。如果职工购买首套自住住房时已经提取过住房公积金(5 万元以内的福利房不算),在购买第二套(含)以上住房时可以支取第二次,但第一次和第二次支取金额不能超过第一套房的购房款总额;如果职工已经以购房名义提取过住房公积金,还可以申请还贷名义提取,但还贷提取额要扣除已提取的住房公积金额;除列入医保范围的重大疾病外,对年医疗费用自费部分超过 1 万元的其他疾病也可以申请提取住房公积金。

简化公积金提取手续。完善住房公积金管理信息系统和住房公积金联名卡功能,对住房公积金贷款还贷提取时逐步实现自动提取还贷功能(需签订受托银行、借款人、公积金中心三方协议)。

延长提取时限。从购房合同在房管部门备案之日起至办妥房屋产权证 1 年以内,职工均可凭相关资料,申请以购房名义提取住房公积金。

提高住房公积金贷款额度。职工家庭只有一方缴存公积金的最高贷款额度由 20 万元提高到 25 万元。

取消个人贷款保证金。取消向借款人按贷款总额的 1% 收取的贷款保证金,已经收取的贷款保证金逐步清退。

建成“12329”服务热线,“12329”服务热线采用外包给中国移动公司办理,2013 年 8 月开通,可接受职工来电咨询,职工满意率 90%以上。

(张治文)

招商引资

【概　况】 2013 年,攀枝花市招商引资工作紧紧围绕中共四川省委、省政府实施多点多极支撑发展战略和攀西战略资源创新开发试验区建设等一系列重大机遇,进一步创新招商引资方式,丰富招商活动,拓宽信息渠道,完善政策机制,优化投资环境,着力招大引强,通过内外联络、上下联手、部门联动,招商引资工作取得丰硕成果。

2013 年,全市招商引资履约项目 372 个,到位资金总额 434.65 亿元,完成市政府下达目标任务的 108.66%,同比增长 6.37%;其中,国内省外履约项目 251 个,到位资金 347.55 亿元,完成省政府下达目标任务的 117.81%。全市新签约引进 10 亿元以上项目 40 个,其中投资额 30 亿元以上项目 9 个;新引进并履约的项目中世界 500 强投资项目 3 个,中国 500 强投资项目 2 个。在引进带动力强的品牌企业、产业链构建中的关键企业上实现新突破。

2013 年,攀枝花市招商工作围绕钒钛、机械制造、新能源、阳光康养等产业重点,瞄准世界 500 强,中国企业 500 强,中国工业企业,机械、汽车、铸造产业 100 强,重点央企等行业领军企业,积极对接中船重工、日本三菱、日本双日株式会社、普洛斯等国内外知名企业,有针对性的延链补链,招大引强。抓好钒钛产业招商。与日本银河株式会社、北京金能燃料电池公司、宝钛集团、中航工业航材院等领军企业建立了良好的沟通渠道,积极对接,充分展示攀枝花发展优势,吸引企业到攀考察,寻求合作。与宝钛集团、中航工业航材院签订战略合作框架协议;与日本银河株式会社已签订钒电池电解液基本合意备忘书;天民钛业落户钒钛产业园区,生产出攀枝花市第一个钛铸件产品,钒钛产业正向着高附加值的产业链后端发展。突出机械制造产业招商。充分发挥攀枝花市在含钒钛(低微)合金钢铁料材料优势及区域市场优势,积极与中国铸造协会、中国重型汽车集团有限公司、波鸿集团、特利再生资源公司等行业协会及实力企业对接,引进深加工等后延产业链企业到攀投资并初显成效。培育新能源产业招商。依托攀枝花独特的太阳能资源,吸引华能集团、三峡集团、中水电集团、四川能源投资有限公司、中广核太阳能开发有限公司、云南君晟能源公司、天佑新能源公司等国内知名企业到攀考察、投资。华能集团、中水电集团、四川能源投资有限公司、中广核太阳能开发有限公司等已与攀枝花市签订合作协议,投资太阳能、风能等发电项目。其中,中水电集团拟投资 135 亿元,在攀建设全国最大的地面太阳能光伏发电项目(123 万千瓦);四川能源投资有限公司投资 15 亿元,建设 15 万千瓦风电项目;天佑新能源公司投资 30 亿元,建设 30 万千瓦风力发电项目;云南君晟能源公司投建的国内最大民用光伏发电项目——攀枝花学院 2.1 兆瓦屋顶光伏发电项目已建成投运,成为四川首个成功并网的光伏发电项目。加强现代服务业、旅游业招商。按照“做大服务业”发展战略,全市加快引进了一批现代服务业和阳光康养产业项目。广东海一投资有限公司投资 100 亿元的雅砻江项目综合开发项目、四川莱克投资责任有限公司投资 12 亿元的攀西地区最具影响力和辐射力汽车主题商贸园——莱克•攀枝花国际汽车商贸城项目、恒大地产集团有限公司投资 40 亿元的炳四区城市综合体项目、成都广禾龙达文化投资有限公司投资 11 亿元的红格笮村项目、四川省德铭投资有限公司投资 10 亿元的菩提园阳光康养示范基地项目、投资 3.5 亿元的攀西阳光康养保健中心项目等一大批具有引领示范作用的三产项目陆续签约开工建设,促进了全市经济转型升级。

【攀枝花市参加全省投资促进“三大”活动】 2013 年,省委、省政府首次举办“民企入川”“央企入川”和“港澳企业四川行”三大投资促进活动。会上,攀枝花市推出 55 个新项目,投资额超过 600 亿元;召开 16 场重大项目促进座谈会,成功对接中船重工、中国一汽、中粮集团等知名企业 38 家;签订正式合同 11 个,投资总额 191.2 亿元,引进一批投资结构优、具有行业引领作用的重大项目。

【攀枝花市参加世界华商大会】 2013 年 9 月,中共市委书记刘成鸣率队参加第十二届世界华商大会。会上，攀枝花市举办与世界华商的合作交流座谈会，就攀枝花的科技支撑、精品农业、冬日旅游、东盟一体化战略进行交流座谈，成功签约 5 个项目，总金额 21.5 亿元。

【攀枝花市第十四届西博会签约项目突破千亿元】 10 月 23 日，第十四届中国西部国际博览会在成都开幕。会议期间，攀枝花市举办包括“阳光攀枝花、财富钒钛城”为主题的城市推介会、两场专题恳谈会、6 个重点招商项目促进、8 家重要客商会见和两场投资项目考察在内的特色鲜明的活动。期间，攀枝花展馆得到省领导一致好评，“攀枝花阳光康养产业专题恳谈会”进入第十四届西博会全省 49 项重要活动之列。攀枝花市在会上签约 119 个项目，投资总额达 1119.3 亿元，签约金额创历史新高。

【驻点招商成效】 2013 年，攀枝花市继续在北京市、上海市、深圳市、成都市派驻驻点招商工作组，加强与长三角、珠三角、京津冀和成渝经济区等发达地区的经济合作。驻点招商工作组通过信息的第一手获取，项目的第一手对接，收集到重要信息 294 条，共促成 95 家企业到攀考察，其中，世界 500 强企业 6 家，中国 500 强企业 12 家。促成攀枝花市与中水电集团、日本银河集团、京城控股、上海四极化工等企业签订光伏发电、钒电池电解液项目合作、攀西机电钢材物流城建设、特种钛白生产等项目，协议金额达 176.6 亿元。

【首次实行协会招商】 2013 年，攀枝花市探索产业协会、学会招商模式，通过联系全国性的冶金、机械、铸造、投资等协会、学会，为全市提供投资项目的信息资源。协会招商模式促成了中国铸造协会耐磨铸件分会组织行业领军企业及实力科研院所到攀枝花市考察、洽谈，达成打造耐磨铸造产业园的共识，欲在此基础上引进一批耐磨铸造龙头领军企业，力争形成总投资 20 亿元，年产值达 60 亿元的耐磨铸造产业集群。

【攀钢集团研究院与日本银河株式会社签订钒电池电解液项目合作基本合意备忘书】 7 月 2 日，攀钢集团研究院有限公司与日本银河株式会社签订钒电池电解液项目合作的“基本合意备忘书”，建立双方硫酸氧钒的长期购销关系。条件成熟后，攀枝花市将与日方合作建设钒电池电解液生产线及组装项目，促进全市钒企业科研技术成果转化，加快全市钒电池相关产业的探索步伐和进程。

【中国重汽西南地区矿用车生产基地落户攀枝花市】 8 月 7 日，攀枝花市政府与中国重汽在济南市签订战略合作框架协议，中国重汽西南地区矿用车生产基地正式落户攀枝花市。按照协议，中国重汽将在攀枝花市打造中国重汽西南地区矿用车生产基地，双方还将建立信息共享、市场互通、互惠互利的发展机制，在矿用车生产、销售、售后服务以及零部件生产配套、采购等领域开展全方位合作，建立长期稳定战略合作关系。

【攀枝花与四川科锐得实业集团签订 100 兆瓦屋顶光伏开发合作协议】 12 月 30 日，攀枝花市与四川科锐得实业集团有限公司成功签订 100 兆瓦屋顶光伏开发合作协议。按照协议，四川科锐得实业集团有限公司将在攀枝花市投资 10 亿元，利用攀枝花公共建筑、商业建筑、民用建筑、厂房等屋顶资源，建设 100 兆瓦屋顶光伏项目。该项目是目前攀枝花市引进的最大的屋顶光伏发电项目，项目建成后，预计每年可节约电费成本 650 万元，实现利税 1200 万元。

（陈斌良）

政协攀枝花市委员会

【政协第八届攀枝花市委员会第二次会议】 2013 年 1 月 10—14 日，中国人民政治协商会议第八届攀枝花市委员会第二次会议在攀枝花会展中心举行。会议应到委员 299 人，实到 285 人。

出席开、闭幕大会并在主席台前排就座的有市政协主席及副主席。应邀出席会议并在主席台就座的有中共攀枝花市委、市人大、市政府、市纪委、攀枝花军分区、市中级人民法院、市人民检察院的领导，原市领导、七届市政协主席及副主席，各民主党派、工商联的领导；在攀第十届省政协委员应邀参加开、闭幕大会。市委、市政府部门及有关单位负责人，市级民主党派、工商联负责人，大企业分管统战工作的领导，不是市政协委员的大企业、攀枝花学院、市直机关工委统战部（科）负责人，市政协机关县级干部应邀列席会议。

大会期间，有 10 人代表市级各民主党派、工商联、各人民团体、委员学习活动组及委员个人发言，另有 11 篇以书面形式发言。发言围绕打造四川南向开放门户、打造攀枝花“千亿钒钛产业”、促进民营经济良性发展、打造国际冬季阳光康养胜地、建设和谐宜居幸福攀枝花、外来务工人员融入"攀枝花百万人口大城市"、将攀枝花建设成为国内乃至国际第一个定向运动城市等方面积极建言献策。

与会委员集中视察丽攀高速公路、盐边县红格镇温泉旅游度假区和盐边县安宁工业园区攀枝花云钛实业有限公司等。

与会委员列席市九届人大二次会议，听取并讨论政府工作报告、市中级人民法院工作报告、市人民检察院工作报告，讨论2012年国民经济和社会发展计划执行情况及2013年计划草案的报告、2012年财政预算执行情况和2013年财政预算草案的报告，会议对以上报告表示赞同。

会议审议并通过市政协主席单荣代表政协第八届攀枝花市委员会常务委员会所作的工作报告和市政协副主席吴文发代表政协第八届攀枝花市委员会常务委员会所作的关于八届一次会议以来提案工作情况的报告。

会议一致通过《政协第八届攀枝花市委员会第二次会议决议》《政协第八届攀枝花市委员会提案委员会关于八届二次会议提案审查情况的报告》。

【主席会议】 2013年，市政协共召开13次主席会议。会议学习传达中共十八届三中全会精神、全国政协十二届一次会议精神、全国政协主席俞正声在政协第十二届全国委员会第一次会议闭幕会上的讲话精神、省政协十一届一次会议精神、市委九届五次全体（扩大）会议精神、全市县（区）工作暨急难险重任务推进会会议精神，《中央政治局关于改进工作作风、密切联系群众八项规定》《中共四川省委、四川省人民政府关于改进工作作风、密切联系群众的规定》《政协四川省委员会办公厅关于配合做好抗震救灾工作的通知》《中共攀枝花市委、攀枝花市人民政府关于进一步改进工作作风、提高工作效能的规定》等文件精神，以及全国政协《关于加快攀西战略资源创新开发试验区建设的调研报告》主要内容和领导批示。

会议听取市政协八届二次会议各小组讨论常委会工作报告和提案工作报告情况汇报，市中级人民法院、市人民检察院2013年上半年工作情况的通报，市纪委（监察局）2013年上半年党风廉政建设情况的通报、市公安局关于全市公安工作情况的通报、市国土资源局关于攀枝花市钒钛磁铁矿矿产资源配置情况的通报、市民政局关于攀枝花市城镇困难群众帮扶救济工作情况的通报、市民宗委关于全市农村无户籍人口问题情况的通报、市防震减灾局关于防震减灾工作情况的通报、市林业局关于创建国家森林城市工作情况的通报，以及市政协经济委员会、教科文卫体委员会、社会和法制委员会外出学习考察汇报，市政协各工作机构2013年上、下半年工作情况汇报。

会议审议通过《政协第八届攀枝花市委员会2013年工作意见》《政协第八届攀枝花市委员会2013年工作安排》《关于表彰市政协八届二次会议大会发言的决定》《关于政协第八届攀枝花市委员会增补委员参加专委会方案》《政协第八届攀枝花市委员会增补委员参加学习活动小组方案》，2013年市政协主席会议成员督办的5件重点提案，《关于评选优秀提案、提案办理先进单位和先进个人有关问题的方案》《市政协八届三次全委会议筹备工作日程安排》《市政协八届三次会议筹备工作机构各组负责人名单》《政协第八届攀枝花市委员会第三次会议大会执行主席分组名单》《2013年攀枝花市政协新年茶话会方案》等。会议还审议通过市政协经济委员会、人口资源环境委员会、教科文卫体委员会、社会和法制委员会、联谊民族宗教委员会的相关调查报告。

会议通报市委、市政府领导对市政协2013年上、下半年报送的调查视察报告、情况专报、政协信息的批示情况，审议《政协攀枝花市委员会关于表彰优秀提案、办理提案先进单位和个人的决定（草案）》以及有关人事事项，研究筹备召开2013年常委会议和川滇黔赣冀五省二十市州政协第33次联席会议有关事宜。

【常委会议】 2013年，市政协共召开5次常委会议。会议学习传达中共十八届三中全会精神，全国政协《关于加快攀西战略资源创新开发试验区建设的调研报告》主要内容及领导批示，省纪委、监察厅关于涉及"四风"问题典型案件的通报。

会议听取市政协八届二次会议各小组讨论《政府工作报告》和《计划》《预算》报告、"两院"工作报告、会议决议及提案审查报告情况汇报，市环保局关于攀枝花市环境空气质量现状的通报、市教育局关于攀枝花市继续教育发展情况的通报、市民宗委关于攀枝花市民族地区农业产业结构调整情况的通报、中国人民银行攀枝花市中心支行关于金融部门支持全市企业发展情况的通报、市中级人民法院关于全市法院人才队伍建设情况的通报，市政府关于市政协八届二次会议以来提案办理情况的通报、市政协提案委员会关于市政协八届二次会议以来提案工作情况的汇报，市发改委关于攀枝花市2013年经济社会发展目标完成情况及2014年经济社会发展目标的初步安排情况的通报、市纪委（监察局）关于党风廉政建设情况的通报，书面听取市政协各专门委员会2013年工作总结及2014年工作要点汇报。

会议审议通过《中国人民政治协商会议第八届攀枝花市委员会常务委员会工作报告（草案）》《中国人民政治协商会议第八届攀枝花市委员会常务委员会关于八届二次会议以来提案工作情况的报告（草案）》《政协攀枝花市委员会关于表彰优秀提案、办理提案先进单位和个人的决定》《政协第八届攀枝花市委员会提案委员会关于八届二次会议提案审查情况的报告（草案）》《政协第八届攀枝花市委员会第二次会议决议（草案）》，以及《政协第八届攀枝花市委员会常务委员会关于免去骆景山同志政协第八届攀枝花市委员会学习文史委员会副主任职务的决定》《政协第八届攀枝花市委员会常务委员会关于免去杨青中等同志政协第八届攀枝花市委员会专门委员会主任职务的决定》《政协第八届攀枝花市委员会常务委员会关于同意王毓等三位同志辞去常务委员职务的决议》《政协第八届攀枝花市委员会常务委员会关于同意王毓等八位同志辞去委员职务的决议》《政协第八届攀枝花市委员会常务委员会关于任命政协第八届攀枝花市委员会专门委员会兼职副主任的决定》《政协第八届攀枝花市委员会常务委员会关于任命余敦一同志为政协第八届攀枝花市委员会社会和法制委员会副主任的决定》《政协第八届攀枝花市委员会常务委员会关于任命税军、卢国胜同志为政协第八届攀枝花市委员会专门委员会主任的决定》《政协第八届攀枝花市委员会常务委员会关于任命李泽文同志为政协第八届攀枝花市委员会社会和法制委员会副主任的决定》《政协第八届攀枝花市委员会常务委员会关于增补万明渊等十位同志为政协第八届攀枝花市委员会委员的决议》，还审议通过市政协经济委员会、人口资源环境委员会、教科文卫体委员会、社会和法制委员会、联谊民族宗教委员会的相关调查报告。

【提案工作】 八届二次会议以来，提案委员会共收到提案281件，经审查立案269件。其中：委员提案180件，占66.9%；集体提案89件，占33.1%。按类别分：经济建设方面111件，占41.3%；教科文卫体方面48件，占17.8%；其他方面110件，占40.9%。立案提案均已办复，办复率达100%。提案所提问题已经解决或基本解决的86件，占32%；正在解决或列入规划解决的151件，占56.1%；因条件所限，暂时难以解决的32件，占11.9%。委员对提案办理结果表示满意的为95.2%，基本满意的为4.8%。

10月11日，市政协召开重点提案督办会，就《关于缓解攀枝花市主城区交通拥堵的几条建议》提案进行督办。市政协主席单荣，副主席庞向东、伍维根、何群出席会议，会议听取市住建局、市国土资源局、市公安局等相关部门负责人提案办理情况介绍，并交流对办理工作的意见，形成《市政协主席单荣等领导督办重点提案就缓解攀枝花市主城区交通拥堵提出建议》情况专报，市委书记刘成鸣对专报作出批示。11月1日，市政协提案委员会组织召开全市政协提案工作座谈会，市政协副主席何群、周治端，县（区）政协分管副主席，市、县（区）政协提案委员会负责人参加会议。会议总结交流攀枝花市2013年政协提案工作的经验和做法，探讨改进和创新提案工作的新思路、新举措。11月8日，市政协召开重点提案督办会，就《关于进行攀西战略资源创新开发试验区相关配套政策研究的建议》提案进行督办。市政协主席单荣，副主席赵勇、何群、刘德顺出席会议。会议听取市发改委等相关部门负责人提案办理情况介绍，并交流对办理工作的意见。

【领导考察】 2013年3月20日，市政协提案委员会与联谊民族宗教委员会组织部分市政协委员，对攀枝花市出租汽车管理体制改革进行考察。市政协副主席赵勇、何群、周治端参加考察。3月22日，市政协教科文卫体委员会组织部分市政协委员，在市政协副主席庞向东、伍维根的带领下，对攀枝花市观音岩水电站建设工程和引水工程进行考察。4月9日，市政协主席单荣率市政协常委会组成人员、驻攀省政协委员和部分市政协委员对攀钢改革发展情况进行考察，市政协副主席赵勇、伍维根、何群、吴文发、刘德顺、马晓凤，秘书长唐云城参加考察，市委常委、常务副市长杨自力及市级相关部门负责人陪同考察，形成《关于攀钢改革发展情况的考察报告》。市委副书记、市长张剡，市委常委、常务副市长杨自力分别对报告作出批示。5月24日，市政协主席单荣率市政协主席会议成员前往市中西医结合医院，对医院新住院大楼、“治未病中心”建设情况和骨科医院进行考察，市政协副主席赵勇、庞向东、伍维根、何群、刘德顺、马晓凤，秘书长唐云城参加考察。在此基础之上，市政协教科文卫体委员会经过几个月的深入调研，完成《攀枝花市医药卫生体制改革与发展研究》课题报告。市委书记刘成鸣、副市长张敏分别对报告作出批示。8月2日，市政协主席单荣率市政协常委会组成人员、驻攀省政协委员、部分市政协委员、县（区）政协主席，对攀枝花市创建中国阳光康养旅游城市进行考察，市政协副主席赵勇、庞向东、何群、吴文发、刘德顺、马晓凤、周治端，秘书长唐云城参加考察，副市长柳康健、市级相关部门及县（区）负责人陪同考察，形成《关于创建中国阳光康养旅游城市的考察报告》。市委书记刘成鸣、副市长柳康健分别对报告作出批示。9月13日，市政协主席单荣率市政协常委会组成人员、驻攀省政协委员、部分市政协委员、县（区）政协主席对攀枝花市新农村建设情况进行考察，市政协副主席庞向东、伍维根、何群、吴文发、马晓凤、周治端，秘书长唐云城参加考察，市政府秘书长徐明义、市级相关部门及县（区）负责人陪同考察，形成《关于新农村建设情况的考察报告》。市委书记刘成鸣，市委常委、市纪委书记李群林，副市长李仁杰分别对报告作出批示。9月24日，市政协联谊民族宗教委员会组织部分市政协委员，在市政协副主席马晓凤的带领下，赴仁和区大龙潭乡和平地镇考察烟叶收购工作。10月29日，市政协主席单荣率市政协常委会组成人员、驻攀全国政协委员和省政协委员、部分市政协委员、县（区）政协主席，对攀枝花市沿江景观打造情况进行考察，市政协副主席赵勇、庞向东、伍维根、何群、马晓凤、周治端，秘书长唐云城参加考察，市政府副市长贾德华、副秘书长唐刚和相关单位负责人陪同考察，形成《关于沿江景观打造情况的考察报告》。市委书记刘成鸣，市委副书记、市长张剡，市委副书记赵辉，副市长贾德华分别对报告作出批示。11月28日，市政协社会和法制委员会，组织部分市政协委员，在仁和区政协、仁和区法院负责人陪同下，赴仁和区啊喇乡旺牛社区、大田法庭，考察攀枝花市“无讼社区”建设情况。

3月13—23日，市政协经济委员会组织部分市政协委员，在市政协副主席赵勇带领下，赴外地考察国家级工业园区，了解园区有关政策，为攀西战略资源创新开发试验区建设提供借鉴和参考，形成《借鉴经验 助推攀西战略资源创新开发试验区建设》考察报告。市委书记刘成鸣、副市长柳康健分别对报告作出批示。7月1—11日，市政协教科文卫体委员会组织部分市政协委员，在市政协副主席庞向东带领下，赴外地考察学习城市文化建设方面好的经验和做法。8月23日至9月3日，市政协社会和法制委员会组织部分市政协委员，在市政协副主席吴文发、马晓凤带领下，赴外地考察城镇困难群众帮扶救济工作和政协委员履行职能方面的经验和做法。

【专题调查】 2013年4月11—12日，市政协经济委员会组织部分市政协委员，在市政协副主席赵勇带领下，就攀枝花市钒钛磁铁矿资源配置情况进行调研，形成《关于攀枝花市钒钛磁铁矿资源配置情况的调查报告》，副市长贾德华对报告作出批示。4月16—17日，市政协教科文卫体委员会组织部分市政协委员，在市政协副主席庞向东、伍维根带领下，对攀枝花市继续教育发展情况进行调研，形成《积极发展继续教育 加快推进学习型社会建设——关于攀枝花市继续教育发展情况的调查报告》，副市长张敏对报告作出批示。4月18—19日，市政协联谊民族宗教委员会组织部分市政协委员，在市政协副主席吴文发、马晓凤带领下，对攀枝花市民族地区农业产业结构调整现状进行调研，形成《加快民族地区农业产业结构调整 为倾力打造现代特色农业基地献计出力——关于攀枝花市民族地区农业产业结构调整现状的调查报告》。4月25日，市政协人口资源环境委员会组织部分市政协委员，在市政协副主席庞向东、伍维根带领下，对攀枝花市环境空气质量现状进行调研，形成《关于攀枝花市环境空气质量现状的调查报告》，市委书记刘成鸣两次对报告作出批示。5月6日，市政协社会和法制委员会组织部分市政协委员，在市政协副主席马晓凤带领下，对攀枝花市城镇困难群众帮扶救济工作情况进行调研，形成《关于攀枝花市城镇困难群众帮扶救济工作的调查报告》，市委书记刘成鸣，市委常委、常务副市长杨自力分别对报告作出批示。7月11—12日，市政协联谊民族宗教委员会组织部分市政协委员，在市政协副主席吴文发、马晓凤带领下，对全市农村无户籍人口问题情况进行调研，形成《关于全市农村无户籍人口问题的调查报告》。副市长李仁杰对报告作出批示。7月18—19日，市政协经济委员会组织部分企业家委员，在市政协副主席赵勇、刘德顺带领下，对金融部门支持企业发展情况进行专题调研，形成《银企对接 共谋发展——关于攀枝花市金融部门支持企业发展情况的调查报告》，市委书记刘成鸣对报告作出批示。8月15日，市政协社会和法制委员会组织部分市政协委员，在市政协副主席吴文发、马晓凤带领下，对攀枝花市法院系统人才队伍建设工作进行专题调研，形成《关于攀枝花市法院系统人才队伍建设工作的调查报告》。9月18日，市政协教科文卫体委员会组织部分市政协委员，在市政协副主席庞向东、伍维根带领下，对攀枝花市防震减灾应急防御工作进行调研，形成《健全地震应急防御体系 提升综合防范应对能力——关于攀枝花市防震减灾工作情况的调查报告》，副市长贾德华对报告作出批示。10月25日，市政协人口资源环境委员会组织部分市政协委员，在市政协副主席庞向东、伍维根带领下，对全市“创森”工作进行调查，形成《创国家森林城市 谱生态和谐新篇——关于攀枝花市森林城市创建工作情况的调查报告》。

【学习会和培训会】 2013年3月14日，市政协召开委员学习活动组工作会议，市政协主席单荣，副主席何群、周治端出席会议。会议总结2012年委员学习活动组工作，讨论通过《市政协委员学习活动组2013年工作计划》。8月29日，市政协主席单荣主持召开学习会，传达学习省政府“四个八条措施”有关文件精神和市委九届五次全会精神。市政协副主席赵勇、庞向东、伍维根、何群、刘德顺、周治端，秘书长唐云城出席会议。市政协各工作机构、各民主党派、工商联及县（区）政协负责人，部分市政协常委、委员参加学习会。

9月13日，市政协举办全市政协系统青年干部公文写作培训班，邀请相关专家为青年干部讲解机关公文与常用应用文写作知识、传授办文经验，市、县（区）政协机关30余名青年干部共同聆听讲座并进行座谈交流。11月15日，市政协举办全市政协系统青年干部提案业务培训班，邀请相关专家为青年干部讲解提案业务知识，市、县（区）政协机关、市级各民主党派、工商联、人民团体30余名青年干部共同聆听讲座并进行座谈交流。

【经济形势报告会】 2013年8月2日，市政协办公室、市委统战部联合举办经济形势报告会。市政协主席单荣出席会议并讲话，会议由市政协副主席赵勇主持。会议邀请市委常委、常务副市长杨自力作经济形势报告。市政协副主席庞向东、何群、刘德顺、马晓凤、周治端，秘书长唐云城出席报告会。驻攀省政协委员、部分市政协委员，各民主党派、工商联班子成员、市委委员、基层组织主要负责人，各人民团体负责人，大企业、攀枝花学院统战部（科）负责人，市县（区）政协、市县（区）委统战部、各民主党派、工商联机关全体干部近300人参加报告会。市委常委、常务副市长杨自力对2013年上半年全市经济社会发展取得的成绩和存在的问题进行分析，并结合面临的形势，对攀枝花下一步发展思路进行讲解。

【联席会议】 2013年6月26—27日，川滇黔赣冀五省二十市州政协第三十三次联席会议在攀枝花会展中心举行。会议深入学习贯彻中共十八大精神，交流探讨新形势下发挥人民政协协商民主重要渠道作用的做法和经验。四川省政协副主席、秘书长高烽出席会议并讲话，市委书记刘成鸣致辞，市政协主席单荣主持会议。市人大常委会主任谢道全，市政府副市长柳康健，市政协副主席赵勇、庞向东、何群、刘德顺、马晓凤，秘书长唐云城出席会议。四川省乐山市政协、云南省昆明市政协、贵州省安顺市政协、江西省新余市政协和四川省攀枝花市政协分别作大会交流发言。会议商定川滇黔赣冀五省二十市州政协第三十四次联席会议于2013年下半年在贵州省六盘水市举行。会上，单荣与六盘水市政协主席唐方信交接会议承办书，唐方信代表第三十四次联席会议承办单位讲话。会议审议通过《川滇黔赣冀五省二十市州政协第三十三次联席会议纪要》。与会代表还先后参观攀钢集团有限公司、攀枝花公园苏铁园、金色攀枝花展览馆，了解攀枝花开发建设史和经济社会发展成就。市政协主席单荣，副主席伍维根、何群、马晓凤，秘书长唐云城陪同参观。

5月30日，市政协召开市、县（区）政协、各民主党派、工商联秘书长联席会议。市、县（区）政协秘书长、副秘书长，办公室主任、副主任，各民主党派、工商联秘书长，办公室主任、副主任，《四川政协报》攀枝花市工作站通讯员参加会议。会议深入学习中共十八大精神，交流探讨新形势下如何做好政协、统战宣传工作，并对2012年度攀枝花市政协新闻宣传工作先进单位和先进个人进行表彰。

【协商座谈会】 2013年5月3日，市政协社会和法制委员会约请市中级人民法院、市人民检察院、市委组织部等市级相关部门和部分市政协委员，就加强攀枝花市政法队伍人才建设工作进行对口协商。听取相关单位情况通报后，委员们建议优化政法人才队伍管理体系、推进人才建设机制改革、健全和完善人才培养引进机制、进一步提高政法队伍人才素质。市政协副主席马晓凤出席会议。

5月22日，为跟踪2012年市政协办公室向市委、市政府报送的《预防为主　科学防治　综合防治　为打造现代特色农业基地保驾护航——关于攀枝花市农业病虫害防治情况的调查报告》落实情况，推进农牧部门深入开展工作，市政协联谊民族宗教委员会约请市农牧局召开专题对口协商会。在听取相关情况通报后，委员们建议高度重视防治工作，贯彻重在预防、预防为先的方针；提升科技人才素质，提高科学防治水平，按照规范化、制度化、标准化建立防治体系；建立保障机制，提高保障水平，大力推广农业保险；进一步抓好基层基础工作，做到经费上保证、预警上靠前、信息渠道上通畅，提高全员防治意识。

6月，市政协人口资源环境委员会组织部分市政协委员，约请相关部门就攀枝花市城市园林景观建设情况开展对口协商。委员们在视察阿署达花舞人间度假区项目，听取市城市建设管理局相关负责人情况介绍后，就旅游项目开发、基础设施建设、规范市场运作、加大宣传力度等方面提出意见和建议。

6月18日，市政协经济委员会约请市经信委、市国资委、市国税局、市地税局等市级相关部门以及企业家代表，就攀枝花市企业负担情况进行协商座谈。在听取相关情况通报后，与会人员建议，企业坚定信心，振奋精神，搞好企业经营；加快转型，延伸链条，为新一轮快速发展奠定基础、赢得先机；扩大开放，加强联合，实现优势互补、资源整合、共同发展。市级相关部门要继续为企业营造良好的发展环境，加大对中小企业的金融和财税支持力度，加大费项改革力度，进一步减轻企业负担。市政协主席单荣出席会议并讲话，市政协副主席赵勇、刘德顺出席会议。

11月14日，市政协教科文卫体委员会组织部分市政协委员，对攀枝花市院士工作站建设暨科协工作进行视察并协商座谈。与会人员建议提高认识，落实柔性人才引进政策，提升攀枝花市在院士专家高层次稀缺人才资源领域的竞争力；完善院士专家工作站运行机制，安排年度专项工作经费，纳入常态化预算管理；对已建院士专家工作站的企业给予一次性专项财政资金补助；建立企业与院士专家团队签约项目直接参与市级科研、技改和财税扶持项目申报制度。市政协副主席庞向东、伍维根参加视察并出席会议。

12月29日，市政协副主席赵勇主持召开市政协八届三次会议集体提案和大会发言专题协商会，市政协秘书长唐云城出席会议。各县（区）政协、各民主党派、工商联、各人民团体、大企业统战部（科）负责人通报大会发言和集体提案的准备情况。

【委员无题座谈会】 2013年3月15日，市政协召开委员无题座谈会，市政协人口资源环境委员会、教科文卫体委员会部分委员参加会议，市政协副主席伍维根出席会议。7月5日，市政协召开委员无题座谈会，市政协提案委员会、学习文史委员会部分委员参加会议，市政协副主席何群出席会议。9月5日，市政协召开委员无题座谈会，市政协经济委员会部分委员参加会议，市政协副主席赵勇出席会议。11月1日，市政协召开委员无题座谈会，市政协社会和法制委员会、联谊民族宗教委员会部分委员参加会议，市政协副主席马晓凤出席会议。在四次会议上，委员们分别就交通、人才、教育、城市建设、文化建设、交通建设、环境污染、政务公开、经济发展、医疗卫生、食品安全、军事设施保护、工商登记制度改革、过街设施管理、煤炭采空沉陷区等方面问题提出意见和建议，形成政协信息《攀枝花市部分市政协委员反映的几个问题》，分4期报送市委、市政府。市委书记刘成鸣两次对信息作出批示，要求相关部门针对委员反映的问题进行整改。各部门迅速行动，积极与委员沟通，认真提出整改意见和落实方案，并书面反馈市政协，促进了一些具体问题的解决。

【宣传工作】 2013 年，全年在市内外报纸杂志及各级新闻网上发表宣传政协工作的稿件 420 余篇（幅）。继续在《攀枝花日报》上举办《政协之窗》专版，办好市政协网站。市政协被评为 2013 年全省政协新闻宣传报道先进单位。市政协办公室、市委宣传部联合举办第十九届"宣传中国共产党领导的多党合作和政治协商制度好稿件"评选活动，市级新闻单位、各县（区）政协、各民主党派、工商联、大企业统战部（科）、市政协机关选送稿件 41 件，由市政协办公室、市委宣传部、各新闻媒体负责人及有关人士组成的评委组，经过认真评审，评出一等奖 1 件、二等奖 3 件、三等奖 5 件、优秀奖 27 件。

【文史工作】 做好攀枝花文史资料第 17 辑《天堑变通途》交换发行工作，该书于 2013 年 7 月 31 日，在国家图书馆评审会上被评为一级图书资料，永久收藏于中国国家图书馆地方文献资料库。完成文史资料第 18 辑的征集工作。

11 月 5—15 日，市政协学习文史委员会组织市政协书画院成员，在市政协副主席周治端带领下，到革命老区巴中市采风。

【上下联动活动】 2013 年 5 月 23 日，十一届全国政协副主席、民革第十一届中央委员会常务副主席厉无畏，先后前往攀钢轨梁厂、"金色攀枝花"展览馆等地参观考察，市政协副主席赵勇陪同参观考察。6 月 4 日，四川省政协副主席、民盟四川省委主委赵振铣前往盐边县温泉彝族自治乡调研经济社会发展情况，市政协副主席伍维根陪同调研。6 月 25—26 日，参加川滇黔赣冀五省二十市州政协第三十三次联席会议的省政协副主席、秘书长高烽同部分驻攀省政协委员开展座谈，市政协主席单荣，副主席赵勇、庞向东、刘德顺、马晓凤，秘书长唐云城出席座谈会。高烽一行还实地调研攀枝花市区域交通枢纽建设、钒钛产业发展等情况，市政协副主席赵勇、庞向东陪同调研。7 月 4 日，由省政协社会和法制委员会主任黄启国率领的调研组，前往金沙江大道沿江景观打造现场、花城新区等地，对城市群发展机制和政策研究工作进行调研。市政协副主席马晓凤陪同调研并主持汇报会。12 月 19 日，省政协副主席赵振铣一行到攀枝花市，深入盐边县温泉彝族自治乡开展对口帮扶工作调研和慰问活动，市政协副主席伍维根陪同调研。

【助推试验区建设】 2013 年 3 月，国家发改委批准设立攀西战略资源创新开发试验区后，市政协把加快试验区建设的政策研究和政策争取作为全年工作重点。主动向省政协专题汇报试验区建设情况，省政协将试验区建设作为全省多点多极战略重要组成部分向省委、省政府作汇报，受到省委、省政府主要领导高度重视，确定将试验区建设提升到国家战略层面强力推动。为此，省政协向全国政协主席俞正声作专题汇报，全国政协决定赴川专题调研试验区建设。

市政协对钒钛磁铁矿资源配置情况开展调研，就可持续合理配置矿产资源研讨对策；将《关于进行攀西战略资源创新开发试验区相关配套政策研究的建议》列为主席督办重点提案，促进解决有关问题；组织专家委员考察外地国家级工业园区建设，学习借鉴发达地区园区建设的先进理念和经验；多次召开专题座谈会和协商会，围绕高层推动机制、直供电政策、矿产资源开发、差别化产业政策、重大科技攻关等核心问题形成 11 条意见，经市委、市政府主要领导审阅后，作为攀枝花市的汇报材料向全国政协和省政协调研组汇报。5 月 7—8 日，十届省政协副主席解洪率省政协调研组到攀枝花市，就加快推进攀西战略资源创新开发试验区建设工作进行调研、听取汇报，并为攀枝花市领导干部作题为《加快试验区建设 努力实现跨越突破》的专题报告。8 月 20—21 日，由全国政协常委、全国政协经济委员会副主任、第二炮兵原政治委员彭小枫上将任组长的全国政协调研组深入攀枝花市企业、厂矿和科研机构，通过实地察看、听取汇报等方式，对攀枝花加快建设攀西战略资源创新开发试验区的各项工作进行调研。十一届全国政协常委、原铁道部副部长、中国工程院院士孙永福，十一届全国政协常委、国家发改委原副主任、国家能源局原局长张国宝等参加调研。十届省政协副主席解洪，市委书记刘成鸣，市委副书记、市长张剡，市人大常委会主任谢道全，市政协主席单荣，市委副书记赵辉，市政协副主席赵勇、刘德顺陪同调研。在详细了解试验区建设相关情况后，调研组高度认可攀枝花市提出的意见建议，尤其是建立高层推动机制、实行差别化产业政策、恢复直供电等事关攀枝花加快试验区建设的关键问题的建议，被全国政协调研组吸收纳入调研报告。在全国政协上报中共中央、国务院报告上，李克强、俞正声、张高丽等中央领导作出重要批示，要求采取有效支持措施，加快攀西战略资源创新开发试验区建设。

【"急难险重"任务】 2013 年，市政协主席单荣牵头负责"急难险重"任务交通项目，市政协副主席赵勇、庞向东、伍维根、何群、吴文发、刘德顺、马晓凤、周治端协助参与 5 大具体项目推进工作，市政协各工作机构配合做好服务、加强督办。市政协通过深入一线调研，组织项目论证会和专题研究会，随时了解情况、研究对策、解决问题。在市政协积极参与支持下，攀枝花机场地质灾害综合治理、丽攀高速公路攀枝花段建设、国省干道建设等一批重点工程年度目标如期完成。

（舒晓艳）

民主党派·工商联

中国国民党革命委员会攀枝花市委员会

【组织状况】 2013年，中共国民党革命委员会攀枝花市委员会（以下简称民革市委）共发展党员8人，平均年龄37岁，其中有攀枝花市人民政府驻京联络处主任助理、攀枝花市安监局法规处副处长、攀枝花市规划建筑设计研究院副总工程师3人加入民革组织。至年底，民革攀枝花市委会有基层组织5个，民革党员108人（原111人，转出组织关系3人）。其中，有女党员41人，占总数38%；按界别划分：科技界18人，占16%；教育界18人，占16%；医卫界15人，占14%；政府机关、群团组织机关31人，占30%；大企业10人，占9%；新的社会阶层人士16人，占15%。从学历职称看，具有大专以上学历的党员99人，占91%；具有高级职称的党员38人，占35%；具有中级职称的党员33人，占31%；从年龄结构看，党员平均年龄49岁，其中40岁以下的20人，占18%；41—50岁的53人，占49%；51—60岁的15人，占13%；60岁以上的20人，占20%。离退休党员25人，占23%。

至年底，民革党员中担任各级人大、政府领导职务的有：主委魏渠河担任盐边县副县长，市委委员邓冰蓉担任市人大城环资委主任，民革党员魏功训担任市水利农机局总工程师，民革党员刘辅江担任市财政局国库支付中心主任。全市民革党员中，省人大代表1人、省政协委员1人；市人大常委1人、市人大代表1人、市政协常委2人、市政协委员7人；有东区人大常委1人、政协常委2人、政协委员4人；西区政协常委2人，政协委员1人；仁和区政协常委1人：米易县人大代表1人；盐边县人大代表1人。担任各类特约检察员、监督员的共5人。

【主要工作】 2013年8月，民革攀枝花市委第三次代表大会，选举魏渠河为主委，陈伟、杨映弘2人为副主委；圆满完成了换届工作。第三届委员会制定和完善《领导班子分工》《市委会议制度》《基层组织主副委职责》《参政议政及反映社情民意奖励》等系列制度，班子成员分工明确，职责清晰，重大事项、重要决策由主委会和市委会讨论，保证了市委集体领导，科学、民主决策。

2013年，民革市委积极争取民革中央、省委领导的关心支持。5月，邀请全国政协原副主席、民革中央原第一副主席厉无畏到攀枝花举办《发展创意产业，实现伟大中国梦》专题讲座；8月和12月，在民革省委领导的帮助协调下，主委魏渠河陪同中共攀枝花市委副书记赵辉、统战部部长赵勇先后拜访民革中央副主席修福金和全国政协副主席、民革中央常务副主席齐继春，就水电开发移民政策调整、加强社会公益性组织的培育与孵化问题和打造阳光康养城市等进行专题汇报。

市委会领导和各类特约监督员积极地参加中共市委、市人大、市政府、市政协及相关部门召开的民主协商会、座谈会、情况通报会、行风评议会、征求意见会共30余次。在2013年市政协八届二次会议上，提交大会发言《充分利用得天独厚的自然禀赋，把攀枝花建成国际冬季阳光康养胜地》以高票获一等奖；提交集体提案8件；委员提交个人提案7件；内容涉及城市建设、社会管理创新、教育以及生态环境等方面，立案率达均达100%。其中，集体提案《关于攀枝花市实行城乡医疗保险统一的建议》被评为优秀提案，被承办部门采纳，建议内容被列入下步工作重点。在统一战线调研成果汇报会上，《攀枝花市桥梁建设现状、存在问题及对策措施》获二等奖。10月，民革市委与民革省委组成联合调研组开展调研，其调研成果《全面深化法治城市创建活动，加快推进法治四川建设进程》作为民革省委集体提案在省政协大会上提交。民革市委主动加强与市司法局、市商务粮食局、市农牧局和市台办的对口联系，做到“互通工作信息，支持党派调研，提供参政素材”的良好工作局面；在进行“推进法治城市建设”课题调研中，邀请司法局干部共同开展调研；在进行“农民增收现状及对策建议”课题调研中，邀请农牧局开展专题座谈。

全年共召开主委会7次，市委会（扩大）7次，全体党员活动2次。召开年终总结表彰会，5个基层支部获民革市委先进集体荣誉称号，13位党员获先进个人荣誉称号。市委会结合基层支部工作实际，制定《民革攀枝花市委基层支部工作考核试行办法》，编制《民革攀枝花市委基层支部工作手册》，加强对基层支部在自身建设、参政议政、宣传信息、祖统工作、社会服务等方面的指导，并进行年终督查和考核，强力推动了各基层支部的工作。“三八”国际妇女节之际，组织女党员登方山、参观旅游新村；“九九”重阳节看望慰问退休老党员；每逢重大节日、党员生日，发短信送去组织的关怀和祝福。

2013年民革市委以“民革中山合唱团”为抓手，民革组织的凝聚力和向心力得到加强。“民革中山合唱团”在市委会的领导下，树立品牌，扩大民革的影响力。年内到仁和区敬老院开展演出慰问活动；参加市委统战部举办的“同心服务社区”演出活动。

作为以促进祖国和平统一为重点工作的参政党，民革市委牢牢把握海峡两岸大交流、大合作、大发展趋势，突出特色，加强联络，切实做好祖统工作。中秋节之际，民革市委组织召开台海形势报告会，邀请市台办主任作台海形势报告，在攀台资企业家介绍企业生产经营、发展情况。8 月，开展“重走滇缅抗日路，纪念抗战胜利 68 周年”活动，征集缅怀抗日英烈、抒发海峡两岸情感的诗歌及散文 5 篇。民革党员吕涛自愿前往腾冲国殇墓园，对 3800 块墓碑上模糊不清的字迹进行重新描摹，以此表达对抗日英烈的缅怀之情。

年内，组织党员前往瓜子坪四合院社区开展“同心·服务社区”活动，中山合唱团为社区群众表演形式多样的文艺节目，党员中的书法爱好者、法律专家、医生“送医、送法律、送春联”到社区；并慰问社区 2 户台属。10 月，联合九三学社为东区瓜子坪街道四合院社区捐建“同心”书屋，购买书架、阅览桌椅、各类书籍价值 1 万余元；11 月，在参加全市统一战线“同心·服务民生”活动中，为攀枝花市特殊教育学校捐赠价值 1 万元图书。响应民革省委号召，组织党员为雅安庐山“4·20”地震灾区捐款 10 万余元；向仁和区总发乡敬老院孤寡老人捐款 1.5 万元。民革党员杨杰、高建山继续捐助仁和区、米易县、东区、市七中和盐边县民族中学等 7 名贫困学生。

全年发《攀枝花民革》简报 8 期，向民革省委、市政协、市委统战部发送消息、报道 40 余条，民革省委网站采用文章 37 篇，四川新闻网站采用民革市委开展活动图片 4 幅，《攀枝花日报》采用文章 4 篇，攀枝花市有线电视台新闻栏目报道厉无畏主席到攀枝花开展讲座和民革市委召开第三次代表大会的情况。民革市委有 8 个单项工作被民革省委评为先进集体。

民革党员周欣被民革省委评为反映社情民意先进个人；民革市委主委魏渠河记公务员三等功；民革市委副主委、市中心医院普外科主任杨映弘获得“攀枝花市创新人才奖”荣誉称号；民革市委委员、市中心医院骨科副主任赵晨阳，民革党员、市中心医院麻醉科主任杨昶评为攀枝花市高层次人才；民革党员、攀枝花学院人文社科学院副院长（主持工作）、教授王明中被评为攀枝花市第八批有突出贡献专家；民革仁和区支部副主委、市农林科学研究院助理研究员黄云被评为攀枝花市第六批学术和技术带头人后备人选。

（曹文飞）

中国民主同盟攀枝花市委员会

【组织状况】 2013 年，中国民主同盟攀枝花市委员会有总支 2 个，支部 18 个。年内新发展盟员 18 人，至年底有盟员 409 人，其中女盟员 138 人，占盟员总数 34%；具有中共党员和民盟盟员双重身份的有 27 人，占 7%。按界别划分，教育界 205 人，占 50%；科技医卫文化界 110 人，占 27%；政府机关、群团组织机关等 48 人，占 12%。新社会阶层人士 10 人，占 2%；公有制经济 35 人，占 9%。从学历职称看，具有大专以上文化程度的 348 人，占 85%；具有高级职称者 188 人，占 46%；具有中级职称者 185 人，占 45%。从年龄结构看，全市盟员平均年龄 55 岁，其中 40 岁以下的 45 人，占 11%；40—50 岁的 154 人，占 38%；51—60 岁的 77 人，占 19%；60 岁以上的 133 人，占 33%。离退休盟员 157 人。

2013 年，盟员中有市人大代表 4 人，其中常委 1 人，县（区）人大代表 3 人，其中副主任 2 人；省政协委员 2 人，市政协委员 9 人，其中副主席 1 人，常委 2 人，县（区）政协委员 17 人，其中常委 4 人，副主席 1 人；市特约检察员 1 人，人民监督员 1 人，特约监督员 1 人，四川省旅游服务质量监督员 1 人，市旅游质量监督员 1 人，市教育督导员 1 人，市公安局特邀监督员 3 人。他们在参政议政岗位上，不负社会和盟组织的重托，注意观察和发现身边的各种情况，积极反映群众的意见和要求，为中共市委、市政府能及时掌握社情民意作出了贡献。

【主要工作】 2013 年在市政协八届二次大会上，民盟攀枝花市委就《让钒钛之花盛开、确立新优势；让含钒钢铁出彩、促进新发展》和《关注弱势，应对短板，努力提升社会和谐幸福指数》在大会上发言，受到市政协的充分肯定，其中《让钒钛之花盛开、确立新优势；让含钒钢铁出彩、促进新发展》大会发言获得二等奖，《关注弱势，应对短板，努力提升社会和谐幸福指数》大会发言获得鼓励奖。提交《关于帮助企业脱危解困、切实维护社会稳定的建议》《关于整治马家田路口至机电学院大门支线公路的建议》《关于促进攀枝花市城市支柱产业群结构性风险最小化的建议》《关于打通两大交通瓶颈、落实城区缓堵工作的建议》《关注偏远地方农村儿童上学难问题、慎重对待攀枝花市农村中小学布局调整》《关于重视攀枝花市旧城改造中预留公共用地的建议》等集体提案 6 件。这些提案质量普遍较高，具有一定的前瞻性和实效性，得到有关部门的重视，一些建议被市委、市政府及职能部门采纳，并转化为决策内容和工作措施。

为借助民盟省委、民盟中央力量助推攀枝花经济社会发展，发挥民主党派中央、省、市三级工作网络全、联系对象多、接触范围广、层次高的独特优势，民盟市委积极奔走，“走上去，请下来”，主动谋事，认真干事，努力成事。

2013 年 1 月，盟中央从“基地的预期总投资是否有分步走战略”等 5 个方面要求盟市委提供补充材料。针对民盟中央罗列的 5 大类问题，中共攀枝花市委高度重视，迅即要求各有关部局按照盟中央要求补充落实相关材料，并于 1 月 18 日就 5 大类问题形成《上报民盟中央的补充材料》。

2013 年 3 月 18 日，民盟中央将赴攀调研成果及后续认识以政策建议信上报国务院，民盟中央建议：由国家投资，在四川省攀西地区试点建设国家层面的钒钛产业高技能人才培养基地，并在学校基础设施建设、综合利用应用实训、钒钛科技创新与成果转化、钒钛重大尖端技术攻关、统筹钒钛资源开发等方面给予政策支持。3 月 25 日，国务院总理李克强在民盟中央《关于试点建设钒钛产业高技能人才培养基地的建议》信中作出重要批示："请延东、马凯同志阅转有关部门统筹研究。"随即副总理刘延东 3 月 26 日批示：请贵仁同志按克强同志批示精神认真研究。副总理马凯 3 月 29 日批示：请人力资源与社会保障部商有关部门研究提出意见。

在获知民盟中央《关于试点建设钒钛产业高技能人才培养基地的建议》得到总理、副总理重要批示后，盟省委、中共攀枝花市委和盟市委均决心把批示精神落在实处，推动"国家钒钛产业高技能人才培养基地"项目立项建设。

5 月，盟市委拟就《关于与"试点建设钒钛产业高技能人才培养基地"相关、亟须四川省相关部门支持与帮助的汇报材料》报送民盟四川省委，并陪同中共攀枝花市委副书记赵辉再次拜访民盟四川省委，就切实推进"国家钒钛产业高技能人才培养基地"立项实施进行了充分交流。

6 月，盟省委主委赵振铣再次到攀枝花市考察调研四川机电职业技术学院。赵振铣表示，要充分利用国家领导人对"关于试点建设钒钛产业高技能人才培养基地的建议"作出批示的契机，通过省政协、民盟省委等渠道尽力为学院发展争取四川省的支持。

7 月，由民盟四川省委主办，四川省教育厅、人社厅、发改委、财政厅和中共攀枝花市委、民盟攀枝花市委参加的"攀枝花建设'国家钒钛产业高技能人才培养基地'（成都）座谈会"在成都举行。赵振铣主委在座谈会上指出：推动"国家钒钛产业高技能人才培养基地"立项建设，必须抓住"攀西战略资源创新开发试验区"规划获批的大好机遇，将出发点和落脚点转移到为"攀西战略资源创新开发试验区"建设提供高技能人才队伍支撑上来；同时也指出了推进"国家钒钛产业高技能人才培养基地"立项建设过程中存在的主要问题，并要求转变观念、理顺思路、确定正确的工作方法，站在国家战略的高度，站在为全国服务，为钒钛产业振兴、发展、转型升级服务的高度进一步推进"国家钒钛产业高技能人才培养基地"的立项建设工作。

8 月，盟市委陪同中共攀枝花市委副书记赵辉一行再次拜访民盟中央，受到民盟中央主席、全国人大常委会副委员长张宝文接见。赵辉汇报了攀枝花市情和民盟市委工作情况后表达：此行再次拜访贵党中央，我们在表示谢意的同时，也衷心希望贵党中央能够继续关心和支持攀枝花市经济社会发展，对于试点建设钒钛产业高技能人才培养基地的课题进展情况，恳请贵党中央持续关注，并再次邀请各位领导莅攀继续调研指导。张宝文主席表示，民盟中央提交的政策建议信，对攀枝花地方经济社会发展有所帮助，我们也感到非常高兴，这是我们民盟作为参政党应该做的。民盟中央要求各级地方组织要继续发扬"奔走国事、关注民生"的优良传统，围绕地方经济、政治、文化、社会和生态文明"五位一体"建设，发挥我们的特色和优势，提出更多有价值的意见、建议。攀枝花市抓住钒钛产业职业技能人才培养，针对性很强，路子是对的，民盟中央在这方面会继续给予支持，提出建议。

搞好调研工作，反映社情民意。2013 年，民盟市委中标民盟四川省委调研课题 4 个（《促进四川省钒钛科技成果转化情况调研及政策建议》《工伤保险制度实施情况调查及政策建议》《烤烟生产对生态环境的影响调查及政策建议》《贫困地区中小学教育装备建设情况调查及政策建议》），完成中共攀枝花市委、政府重点调研课题《加快中国阳光花城建设之路径解析》的调研工作。此外，受副市长张敏委托，民盟市委独立开展了《攀枝花农村基础教育现状调查与对策研究》，以上调研均已结题。

发挥自身优势，做好社会服务工作。民盟攀枝花市委联系四川机电学院，在 2013 年招生指标特别紧张的情况下，优先录取贫困民族乡镇温泉乡 34 名、米易县攀莲镇柳溪村 5 名有意向就读四川机电职业技术学院"3+3"专业（机电技术应用专业、电气技术应用专业，"3 年中专+3 年对口高职"）的初中应届毕业生，为发展民族边远地区教育、人才培养做好服务工作。

3 月，米易支部开展"送科技下乡活动"，发放农业科普知识书籍 1200 册、林业知识宣传 500 份、森林防火宣传袋 200 个、婚姻登记法律宣传 200 册、"安宁河"文化书籍 50 册。接受群众咨询 100 余人次。此次科技下乡活动受到老百姓的普遍欢迎，为推动农业科技发展、政策法规的落实、丰富农村文化等起到了较好的作用，将为老百姓致富增收添措施。

4 月 20 日，雅安芦山发生 7.0 级地震。4 月 22 日，攀枝花民盟就雅安芦山县发生 7.0 级地震致雅安民盟慰问电。同日，攀枝花民盟卫生支部盟员、攀枝花市疾控中心专家蒋德勇随攀枝花医疗救援队到达地震重灾区芦山县参加救援。芦山地震发生后，攀枝花民盟盟员在各自单位捐款，民盟攀枝花市委专项捐款 6000 元。

8 月，民盟市委与农工党市委在西区路南社区联合举办法律知识咨询活动。组织律师赴西区清香坪街道路南社区帮助个体工商户维权进行法律咨询。

2013 年，盟员刘成栋喜获全国住房城乡建设系统先进工作者，享受部省级先进工作者和劳动模范待遇。

（蒋冰韬）

中国民主建国会攀枝花市基层委员会

【组织状况】 2013 年，中国民主建国会攀枝花市基层委员会（以下简称民建市基层委员会）发展3名会员，至年底现有会员54人，设3个支部（攀钢支部、综合支部、产业支部）。会员平均年龄44岁，有女会员16人。具有大学以上学历的42人，其中9人为研究生学历；有高级职称的7人。会员中有省政协委员1人；有市人大常委1人、市人大代表1人、县（区）人大代表1人；市政协委员4人，县（区）政协委员9人；有市公安局特邀监督员3人，市检察院特邀检察员1人，市法院特邀监督员1人；民建省委专门委员会委员6人。会员中经济界人士39人，占72%，其中24人为非公有制经济人士和新的社会阶层代表人士，经济界人士中有国有企业管理人员，钢铁钒钛产业业主及管理人员，流通领域业主等。机关内设办公室，有1名行政编制人员和1名工勤岗位人员。

【主要工作】 2013年8月13日，全国人大常委会副委员长、民建中央主席陈昌智在民建中央机关接见专程赴京拜会的中共攀枝花市委副书记赵辉和民建省委副主委王元勇一行。陈昌智对近年来攀枝花市经济社会发展所取得的成绩给予肯定，并对中共市委长期以来对民建攀枝花地方组织的关心帮助表示感谢。陈昌智希望攀枝花要注重资源的科学利用，通过高新技术的运用，做好产业的转型升级；在加快城镇化建设过程中，一定要从自身实际出发，做好科学规划，要认真研究城镇化中工商业的发展，让工商业的发展为人民群众生产生活提供更好的服务；在发展过程中要特别注重民生的改善，体现发展为了人民，发展依靠人民的理念。陈昌智还对在座的攀枝花民建组织负责人就加强自身建设，特别是年轻会员的思想建设工作等问题提出了具体要求。赵辉代表中共市委就攀枝花市情、多党合作贯彻落实情况、攀枝花的民建组织工作等作汇报，表示将继续贯彻落实多党合作和政治协商制度，为民主党派发挥优势、彰显作为创造更加良好的条件，营造更加和谐的氛围，恳请民建中央一如既往地发挥智力、人才和资源优势，为攀枝花经济社会的改革发展、加快发展给予指导和帮助。王元勇就民建市基委会的组织建设情况作了简要汇报。市政协副主席、市委统战部部长赵勇，民建市基委会主委李绍华参加会见。

民建市基委会充分发挥经济界优势和特色，围绕党委、政府中心工作，深入调研，积极向党委和政府建言献策。在市政协八届二次大会上作《关于引导攀枝花出口水果产业规范发展的建议》的书面发言，会员中各级人大代表、政协委员共提交提案、建议9件；在全市统一战线调研成果汇报会上，《在建设金沙江流域区域资源开发协作区背景下提升攀枝花交通运输能力的建议》的书面发言获得三等奖。

7月，民建省委副主委、省政协常委杨明洪一行到攀枝花市调研攀西战略资源创新开发试验区建设情况，调研组与攀枝花市相关部门进行座谈，到工矿企业、农业开发项目等实地考察。关于攀西战略资源开发试验区建设体制机制创新的调研课题，将作为民建省委在2014年省政协全会上的集体提案，并将作为社情民意信息报送民建中央和相关机构。

在市中级人民法院“开放日”座谈会上，综合支部会员代表提出《尽力杜绝案件审理“发回重审”》的建议；民建产业支部组织会员中的企业家、机关干部、法律工作者调研自发迁居移民情况，经与当地干部群众沟通交流，实地了解情况，形成《关于外来迁居农民安置工作的调研报告调研报告》，在仁和区调研成果汇报会上作书面发言。

民建攀枝花市会员通过“中华思源工程扶贫基金会”，为雅安地震灾区捐款21900元；另外，攀枝花市民建会员通过其他渠道，又为雅安地震灾区捐款13260元。

1月，民建市基委会组织会员和企业家，把价值6万多元的毛毯、食用油等生活物资送到炳草岗街道，分发给辖区的100户困难群众，含民建组织“统战进社区工作”联系单位红星社区10户群众。

6月，民建中央委员、新浪网创始人、民建中央“中华思源工程扶贫基金会”理事汪延、民建省委秘书长秦启光一行到盐边县渔门中学进行走访，对“中华思源工程扶贫基金会”赞助实施的“扬帆班”开班以来运行情况实地考察，与师生交流谈心，充分肯定“扬帆班”所取得的成绩，表示将继续给予更多社会力量的帮助。2013年，“扬帆班”50名学生每人都得到2000元的生活学习资助，共计10万元。

11月，在全市统一战线“同心服务民生”社会活动中，民建市基委会捐赠现金1万元，用于资助社区困难家庭。

年内，建立与会员单位中共党组织走访联系制度和情况通报制度、会员动态信息制度和基层委员会委员、支部委员联系会员制度。为发挥会员专业特长和资源，成立民建书画文艺创作室，启动民建会内文化建设工作，社会服务活动的开展条件和会员文化生活环境进一步优化。

2013年，市基委会划拨给每个支部开展活动经费1万元，用于会员联系、学习调研、社会服务等活动，保障支部活动的多样性、经常性和针对性。各支部平均每季度开展1次组织学习和联谊活动，通过新会员培训班、积极分子见面会、小组理论研讨会、会员集中听讲座和报告会等形式，有目的开展多层次、多渠道、多形式的思想教育活动，将思想教育工作融于丰富多彩的活动中，并且积极创造会内民主和谐、兼听博纳的气氛，畅通交换意见、及时沟通信息的渠道。民建市基委会领导班子成员走访会员企业6家，与会员代表座谈9次。

积极为会员推荐争取业务培训、进修、专业学习的机会，支持会员成长和发展，选派2名会员参加民建省委和省社会主义学院举办的培训班，组织2名积极分子参加市委统战部、市社会主义学院举办的培训学习。

2013年民建市基委会把学习贯彻相关重要精神与树立和践行社会主义核心价值体系活动相结合，与民建十大和民建省第八次代表大会精神相结合，不断夯实多党合作的思想政治基础。突出思想建设重点，引导支部和会员讲政治、顾大局，讲团结、争奉献，按照建设学习型参政党的目标要求，不断巩固政治交接学习教育活动和树立践行社会主义核心价值体系的成果，不断增强民建会员的责任感和使命感。

年内，民建3个支部在班子成员的带领下，努力克服困难，加大组织活动开展力度，积极邀请所在部门或单位的党政领导参加活动和指导，争取对民建工作的大力支持。同时，针对民主党派成员大多分散在各个单位，成员之间直接联系机会不多，组织结构松散等特点，以日常活动为载体，并结合会员畅谈本职工作开展谈心活动，将思想建设与社会服务工作相结合，把开展各项有意义的社会服务活动作为思想宣传教育的载体和场所；将思想建设与参政议政工作相结合，通过参政议政工作的开展，促进和转化会员对多党合作的认识，开阔视野，集思广益，鼓励他们在参政党政治理论和政党机制建设方面提出见解，以促进参政党思想建设。

（于立光）

中国民主促进会攀枝花市委员会

【组织状况】 2013年，中国民主促进会攀枝花市委员会（简称民进市委）共有总支部3个(下设7个支部)、直属基层支部11个，会员359人，其中女会员157人。会员中具有大专以上学历的知识分子329人，占会员总数91%，其中有博士2人、博士后1人。具有高级职称的会员86人，中级职称的会员245人。获特级教师称号7人。会员中教育界300人，其他界别59人。

会员中，有市人大常委1人，市人大代表3人；有县(区)人大副主任1人，常委3人，人大代表5人；有省政协委员1人，市政协副主席1人，市政协常委2人，委员9人；有县（区）政协常委4人，委员16人；市政府行政执法监督员1人，市人民检察院特约检察员1人，市中级人民法院司法监督员1人，市司法行政系统政风行风特邀监督员1人，市新闻评论员1人，市监察局特邀监察员1人，市卫生局医德医风监督员1人，市交警支队警风监督员1人，市公安局特邀监督员2人，市教育局行风监察员5人，市环保局监督员1人。会员中有中共党员22人。全年发展会员5名，其中基础教育界2人、行政机关2人、私营企业界1人。

2013年，在民进攀枝花市第七次代表大会上，通过投票选举，产生民进攀枝花市第七届委员会及新一届领导班子。周治端当选为主委，朱发彬、汪沛川、郝刚、田从学当选为副主委，会议任命朱发彬为民进攀枝花市委秘书长（兼）。

【主要工作】 12月，民进攀枝花市委主委周治端、专职副主委兼秘书长朱发彬在中共市委副书记赵辉率领下拜访民进中央，得到了全国人大常委会副委员长、民进中央主席严隽琪的接见，并就民进中央到攀枝花就“长江上游金沙江流域水资源开发利用与保护”开展调研达成初步共识。年内，民进市委积极与民进省委沟通协调，邀请民进中央副主席、全国政协常委、副秘书长朱永新到攀枝花举办新教育实验讲座一事取得实质进展，朱永新同意于2014年到攀讲学。

3月，民进攀枝花市委主委周治端、专职副主委兼秘书长朱发彬前往中国科学院光电研究所拜访了民进中央副主席、四川省政协副主席、民进四川省委主委、中国科学院成都分院院长、中国科学院光电研究所所长张雨东，就攀枝花邀请全国人大常委会副委员长、民进中央主席严隽琪等中央领导莅攀调研相关事宜进行汇报。张雨东认真听取了汇报，并表示民进四川省委将对邀请民进中央领导莅攀一事给予大力支持，但对调研课题还须认真斟酌，建议与攀枝花申报“中国三线建设博物馆”一事脱钩。

4月，民进攀枝花市委召开六届十四次全委（扩大）会议暨班子民主测评推荐会，民进四川省委副主委刘激涛、民进四川省委组织处处长胡敏代表民进省委主持民进市委民主测评推荐工作。会议对民进攀枝花市第六届委员会领导班子工作进行民主测评、对民进攀枝花市第七届委员会领导班子建议人选的进行民主投票推荐和谈话推荐，民进攀枝花市委的换届工作取得重大进展。8月6日，中国民主促进会攀枝花市第七次代表大会在攀枝花会展中心召开。来自攀枝花民进18个支部的77名会员代表参加大会。民进中央副主席、民进四川省委主委、四川省政协副主席张雨东出席大会祝贺并作重要讲话，民进云南省委副主委、民进昆明市委主委、昆明市政协副主席汪叶菊，昆明市委秘书长余平、民进广元市委副主委兼秘书长李子林、民进德阳市委秘书长刘锵专程赴会表示祝贺，民进巴中市委、民进四川省委直属资阳总支部等兄弟市民进组织发来贺电。大会审议通过民进攀枝花市第六届委员会工作报告，选举产生民进攀枝花市第七届委员会，通过民进攀枝花市第七次代表大会决议，选举产生民进攀枝花市第七届委员会和新一届领导班子，圆满完成民进攀枝花市委换届工作。8月20日，中共攀枝花市委书记刘成鸣、副书记赵辉分别就民进攀枝花市委换届工作情况报告作出批示。刘成鸣向民进攀枝花市委新当选班子成员表示祝贺，勉励新班子继往开来、开拓创新，为攀枝花经济社会振兴发展作出更大贡献。赵辉希望新班子自换届之日起，加强班子建设、机关建设，从而加强组织建设，在参政议政、民主监督、社会服务等方面取得新的更大进步。

《民进攀枝花志》成书约38万字，历时两年终出版付印，民进中央副主席、民进四川省委主委、四川省政协副主席张雨东为志书题词，并呈送民进中央主席严隽琪。作为当前四川民进地方组织编撰出版的首本志书，《民进攀枝花志》一书展示攀枝花民进三十年来的风雨历程和突出成绩，展现攀枝花民进人在改革开放各个时期和建设中国特色社会主义前进道路上的卓然风采，内容生动翔实、图文并茂、结构严谨、层次分明，获得民进中央主席、民进省委领导和广大会员的一致好评。

12 月 19 日，民进攀枝花市委成立 30 周年大会在攀枝花学院召开。来自全市民进组织 150 多名在攀会员参加大会。省内 8 个兄弟市州民进市委发来贺电，民进四川省委副主委刘激涛代表民进四川省委作重要讲话，中共攀枝花市委常委、市委秘书长王海波代表中共攀枝花市委、市人大、市政府、市政协表示祝贺并讲话，大会通过民进攀枝花市委主委周治端作主题报告、老领导老会员代表发言、会员献礼等多种方式重温历史、弘扬传统，会员政治共识得到进一步加强，思想信念得到进一步坚定，自身建设迈上新台阶，党派影响进一步扩大。

民进市委 9 名市政协委员和 3 名市人大代表参加两会，2 人列席市政协会议，1 人列席市人大会议。大会期间，向政协大会提交大会发言《抢抓机遇 加快把攀枝花打造成四川南向开放门户》和大会书面发言《加强监管 综合治理 努力保障全市餐饮食品和药品安全》。提交《以区域产业互补为突破 加快产业结构调整的建议》《加强攀枝花市小餐饮环境卫生整治 确保食品安全》《加强人才队伍建设 发展苴却砚文化产业》等 7 件集体提案；向市人大提交《加快推进交通枢纽建设 助推攀枝花经济社会跨越式大发展的建议》《关于建设攀枝花市美术馆的建议》《加强村社妇女小组长建设 解决补贴 推进社会管理创新》等 9 件建议。主委周治端代表民进攀枝花市委在市政协八届二次会议上作大会发言。民进市委人大代表、政协委员向两会提交了个人、联名提案、建议共 18 件。民进攀枝花市委《抢抓机遇 加快把攀枝花打造成四川南向开放门户》的大会发言获政协八届二次会议大会发言二等奖（第二名），《加强监管 综合治理 努力保证全市餐饮食品和药品安全》的书面发言获鼓励奖。

2013 年年初，民进攀枝花市委从中共市委、市政府向统一战线提出的课题中，选择“打造四川南向开放门户的路径研究”作为调研课题，在 2012 年与民进省委就攀枝花打造四川南向开放门户开展联合调研的成果基础上，结合 2013 年中共四川省委、省政府提出“多点多极支撑发展战略”对打造攀西增长极的定位和要求，把握建设“中国攀西战略资源创新开发试验区”对四川南向开放门户的内在需求，潜心调研、多方论证，提出“主动抢抓全省实施多点多极支撑发展战略机遇，牢牢把握钒钛资源创新开发利用争取差别化政策扶持，借力突破南向开放门户建设瓶颈，实现战略资源创新开发利用和南向开放门户建设相辅相成、互为依托的攀枝花多点多极发展新格局”的对策建议。在攀枝花市统一战线专题调研成果汇报会上，民进攀枝花市委主委周治端代表民进市委作《打造四川南向开放门户的路径思考》的调研成果汇报，受到与会领导的一致好评。经与会领导及部门负责人无记名投票方式对调研成果进行测评，民进攀枝花市委的调研成果荣获攀枝花市统一战线 2013 年度专题调研二等奖。

民进攀枝花市委主委周治端率班子成员和机关干部围绕攀枝花水资源综合利用与抗旱水利工程建设多次赴仁和区、市水务局开展调研，形成专题报告《做好“水文章” 实施“水利攀枝花”战略 让“两江”之水更好地惠及攀枝花》并作为 2014 年政协大会发言，积极应对攀枝花逐年加重的旱情和城市发展日益高涨的用水需求，为保障攀枝花“水安全”积极建言。围绕攀枝花文化产业发展、三线建设博物馆建设、新农村建设、食品药品安全等问题，市人大常委、民进攀枝花市委专职副主委兼秘书长朱发彬率队多次赴多次赴仁和区、米易县、市文化局开展调研，并帮助进行呼吁和协调。

民主监督工作。2013 年，民进攀枝花市委围绕全市的中心工作，积极为全市的经济建设和社会发展建诤言献良策。民进攀枝花市委领导班子、省市县（区）人大代表、政协委员及各类特邀人员共参加中共攀枝花市委、市人大、市政府、市政协及县（区）党政部门、市公检法等部门召开的协商会、通报会、座谈会、研讨会、学习会和各项调研、视察活动 80 余次，就攀枝花市的重要人事安排、经济社会发展、城市建设、产业发展、新村建设、“五创联动”、机关效能建设等重大项目建设和民生工程方面提出许多好的意见和务实的建议，得到市委、市政府主要领导的好评，不少意见得到采纳。

组织建设工作。11 月，市人大常委、民进攀枝花市委专职副主委兼秘书长朱发彬参加中共四川省委统战部、四川省委组织部联合主办的“四川省党外中青年干部培训班”（复旦班第三期）调训。后备干部培养迈出新步伐。民进组织 3 人入选攀枝花市党外干部队伍建设推荐人选，机关干部 1 人作为年轻后备干部到攀钢（集团）公司政工部交流挂职锻炼。组织入会积极分子参加由中共市委统战部组织的民主党派入党分子培训班 5 人次。进一步加强对基层组织的指导、帮助，加强与县（区）委统战部和基层组织所在单位党组织的联系与交流，全年到各县（区）调研 12 次。基层组织开展以政治学习、参政议政、社会服务等为内容的会务活动 40 余次，会内各项工作开展得有声有色，做到“计划完善、总结详尽、主题鲜明、记载完整、汇报及时”，促进了党派基层工作的正规化建设。

社会服务工作。3 月，民进米易支部进行送文化、送科技下乡活动，在丙谷镇开展家庭教育咨询、环保知识宣传，发放宣传资料 450 余份。4 月，攀枝花民进积极响应民进中央、民进省委号召，向“4·20”雅安芦山地震灾区总计捐款 23670 元。11 月，经多方协调努力，民进攀枝花市委在攀枝花市统一战线 2013 年“同心·服务民生”社会服务活动中为西区部分农村学校捐赠价值 10 万元的校服 650 套，为民进攀枝花市委历年来社会服务活动捐赠数额之首。1 月、6 月，市委主委周治端、专职副主委兼秘书长朱发彬多次带领机关干部前往米易县垭口镇、盐边县格萨拉、新九乡柳树村、猛粮村和仁和区老街等地开展联系走访活动，看望慰问7户联系户，为困难群众送去米、油和慰问金，详细了解联系户面临的困难。

宣传工作。全年，机关编发简报13期，向民进省委、市政协、市委统战部发送消息、报道160余条，团结报采用信息1篇，民进中央网站采用稿件3篇，中国经济报刊网采用稿件2篇，《四川政协报》采用信息2篇，《攀枝花日报》采用稿件1篇，《四川民进》采用稿件47篇，较2012年增幅达88%，攀枝花公众信息网采用稿件4篇，中共攀枝花市委统战部网站采用文章1篇，民进省委网站采用稿件159条，较2012年增幅达60%；会刊《四川民进》采用稿件数量从2012年的25篇升至2013年的47篇。王文君、朱发彬、王波共有5篇文章入选《多党合作在四川（民进卷）》。机关干部谢昌霖被民进四川省委评为2013年度优秀通讯员。

机关建设工作：市委机关规范化、程序化、标准化、组织化建设水平进一步提高，机关建设再次获评民进四川省先进单位称号。9月，机关干部4人参加民进四川省委举办的民进四川省专职干部培训会。10月，机关干部2人参加中共市委统战部组织的攀枝花市统战系统科级干部统一战线理论与实践培训班。11月，机关干部谢昌霖参加中共四川省委统战部第27期党派中青年干部培训班。机关干部统战理论水平和综合素质得到进一步提高。

2013年，民进攀枝花市委荣获民进四川省委“参政议政工作先进单位”“网络宣传工作先进单位”“社会服务工作先进单位”“机关建设工作先进单位”4个奖项表彰。

（谢昌霖）

农工民主党攀枝花市委员会

【组织状况】 2013年，农工民主党攀枝花市委员会（以下简称农工党市委）共有17个基层组织，其中4个总支委员会，13个支部。至年底，全市共有农工党员276人。其中，男党员138人，占党员总数50%；女党员138人，占党员总数50%；具有中共党员和农工党员双重身份的有14人。按界别划分，教育界12人，占4.3%；科技界3人，占1.1%；医药界227人，占82.3%；公有制经济1人，占0.4%；新的社会阶层1人，占0.4%；法律界4人，占1.4%；政府机关、党派机关、环保等26人，占9.4%；其他界别2人，占0.7%。从学历职称看，具有大学以上文化程度的130人，占47.1%；具有高级职称的69人，占25%；具有中级职称的191人，占69.2%。从年龄结构上看，全市农工党员平均年龄52岁。其中，40岁以下48人，占总人数的17.4%；41—50岁的99人，占35.9%；51—60岁的45人，占16.3%；61—70岁的44人，占15.9%；71岁以上的40人，占14.5%。在职党员165人，占总人数的59.8%；离退休党员111人，占40.2%。

全市农工党员中有省人大代表1人，省政协委员2人，市人大常委会副主任1人，市人大代表1名，市政协委员11人，其中，担任市政协常委3人。县（区）人大代表2人，县（区）政协委员7人，县（区）政协常委4人，市公安局特邀监督员2人。

市委会批准符合发展条件的10人为农工民主党党员，其中男4人、女6人，平均年龄为37岁。新党员中，硕士研究生1人，大学本科学历7人、大专学历2人；高级职称2人，中级职称4人，初级职称2人，其他2人。

2013年，农工党攀枝花市委会党员中因工作调动转出2人。

【主要工作】 2013年，农工党攀枝花市委会以《优化城市发展空间格局 推进布局污染治理进程努力建设和谐宜居的幸福攀枝花》为题在市政协八届二次全委会上发言。农工党市委共提出集体提案7件，个人及个人联名提案16件。这些提案内容涉及攀枝花市经济、交通、医疗卫生、旧城改造、食品安全、人才引进等多个方面。无论是集体提案还是个人或个人联名提案，大多得到提案承办单位满意或较满意的回复，有的提案承办单位在办理提案过程中还主动与农工党市委进行面对面意见交流。农工党市委还积极参加市有关部门和单位组织的各种活动和会议。

2013年，农工党市委积极开展调研活动。3月，在农工党中央关于长江中上游生态屏障建设调研过程中，农工党市委在中共市委统战部的支持与帮助下，积极与市林业局、市环保局、市国土资源局等相关部门联系，并数次召开座谈会，最终形成《攀枝花市生态环境现状》及《关于加强长江上游生态环境保护的建议》两篇相关素材，并通过农工党省委报送中央，由于素材翔实、可靠，有大量近年来的准确数据作为支撑，受到农工党中央的充分肯定。5月，中共攀枝花市委副书记赵辉，市政协副主席、市委统战部部长赵勇，市人大常委会副主任、农工党市委会主委张汝林率相关人员一行走访农工党四川省委机关，与农工党省委副主委夏华祥，秘书长邓荣玲及部分处室负责人进行座谈。10月，农工党四川省委赴攀枝花召开全省机关工作会议。会前，主委王正荣一行对攀枝花市农村医疗卫生工作进行视察指导，并深入了解攀枝花市公立医院改革、基本药物制度实施等情况，认真听取了相关部门的意见建议。随后，农工党四川省委与攀枝花市卫生单位联合召开了调研座谈会。11月中旬，四川省政协副主席、农工党省委主委王正荣，中国西部研究与发展促进会社会扶贫工作委员会执行主任兼秘书长狄森，带领考察团一行在省级贫困县——攀枝花市盐边县，就社会扶贫工作进行调研。在调研后的汇报会上，主委王正荣及秘书长狄森听取了盐边县委、县政府的汇报，并表示将积极开展工作，支持盐边县申报“全国社会扶贫创新试点县”。在11月下旬召开的有中共市委书记、副书记、市长、副市长及政府相关部门主要负责人参加的全市统一战线建言调研成果汇报会上，农工党攀枝花市委会作题为《从“功能城市”到“文化城市”，努力打造区域性文化中心城市——关于加强攀枝花城市文化建设的对策思考》的调研成果专题汇报发言，此汇报发言获得调研成果三等奖。

7月底，市委统战部为进一步帮助各民主党派加强对入党积极分子的培训教育，引导其树立多党合作意识，培养参政议政意识，积极协助各民主党派加强自身建设，举办第二期民主党派入党积极分子培训班，并将入党前培训纳入民主党派发展成员培养教育期的重要内容。农工党市委7名入党积极分子参加此次培训。

6月，根据市委统战部要求，农工党市委积极组织党员参加统战部举办的“同心•共建幸福攀枝花”征文暨演讲比赛。党员干立武撰写的《肝胆相照谱新篇　同心共筑“中国梦”》获得评比三等奖，陈良毓获得演讲比赛三等奖。

2013年年初，农工党市委开展为期近半年的“思想大解放，作风大转变，工作大落实”主题教育活动。通过活动开展，农工党市委认真查找工作中存在的不足和漏洞，加强整改，认真解决领导干部和职工各方面存在的问题，取得了阶段性的效果。

5月，根据《中共攀枝花市委关于在全市广泛开展“实现伟大中国梦、建设美丽繁荣和谐四川”主题教育活动的意见》精神，农工党市委结合自身工作实际，积极参与到此项主题教育活动中来，通过主题教育活动的深入开展，使机关职工达到坚定政治信念、提高思想认识、推进自身建设、强化履职能力的目的。

2013年春节前夕和6月底中国共产党建党节前夕，按照中共攀枝花市委办公室“百千万•干群心连心”文件精神，农工党市委副主委兼秘书长许勤分别走访了所联系的困难群众，带去党和政府的关心，增强机关干部与群众的感情。

2013年1月，市委会根据《中共攀枝花市委统战部关于统一战线定点联系试点社区和服务社区社会管理工作的意见》要求，走访农工党市委联系的攀枝花市西区路南社区，并与社区相关领导进行了座谈。座谈会后，市委开展法律咨询服务；大型义诊活动及帮助1名贫困学生完成大学学业等活动。

4月，雅安市芦山县发生里氏7.0级地震，农工党市委号召全市农工党员积极为灾区人民献爱心，有钱出钱，有力出力。共向地震灾区捐款12570元，党员白永华、李井宾、高元等赴地震灾区救援。因3人积极深入地震灾区进行抗震救灾，被农工党省委评为抗震救灾先进个人。

8月底，经农工党市委努力，北京大医博爱志愿者协会胡大一院士到攀枝花向本市捐赠了价值百余万元的心电图仪30台，用于改善本市基层卫生院医疗条件，并向本市中心医院授牌成立“胡大一院士工作站”“攀枝花市心脏康复中心”。

10月，农工党全省机关工作会议在攀枝花市召开。会前，根据农攀合作协议，农工党四川省委向米易县医院捐赠了价值60万元的药品和医疗器械。

11月初，攀枝花市全市统一战线2013年“同心•服务民生”社会服务活动在西区清香坪街道路南社区启动。农工党市委组织医卫专家开展了义诊和免费药品发放活动，并向西区格里坪镇卫生院捐赠价值6万元的心电图仪1台。

12月，农工党市委还对攀枝花市盐边县渔门镇卫生院继续进行定点帮扶工作，组织专家学者对卫生院管理，医疗培训等方面进行帮扶。

（王沛然）

中国致公党攀枝花委员会

【组织状况】　2013年，中国致公党攀枝花市委员会（以下简称致公党市委）发展新成员8名，至年底成员总数177名。成员平均年龄51岁。其中女成员83人，占总数47%。成员中有侨海关系的103人，占58%。成员从事教育工作的占22%，科技工作的占12%，医疗卫生工作的占11%，公有制经济的占12%，党政机关的占31%，其他占12%。成员担任四川省、攀枝花市各级人大代表、政协委员情况为：市人大常委1人、市人大代表1人、省政协委员2人、市政协副主席1人、市政协常委1人、市政协委员12人、县（区）政协常委7人、县（区）政协委员19人。有1人担任市侨联主席、侨办副主任。有1人被聘为市纪委监督员、1人被聘为市公安局警风警纪监督员、1人被聘为市法制局行政执法特邀监督员、1人被聘为市中级人民法院调解员、1人被聘为市政府教育督导员、1人被聘为市公交公司行风义务监督员、2人被聘为东区检察院特约检察员、1人被聘为东区纪委特约监督员、1人被聘为东区特邀纪检监察员、1人被聘为西区环保局特约监督员、1人被聘为仁和区国税局义务监督员、1人被聘为米易县公安局警风警纪监督员、2人被聘为盐边县人民法院监督员、1人被聘为盐边县工商局行风监督员。

3月7日，致公党市委召开五届十次市委（扩大）会议、五届十一次市委会议，根据会议选举结果，增补邓永玲（女）为致公党攀枝花市第五届委员会副主委，陈颖（女、藏族）、范大才为致公党攀枝花市第五届委员会委员。

8月24日，致公党市委指导致公党西区支部，经民主推荐、民主选举，增补张洪为致公党西区支部副主委、丁加凤（女）为致公党西区支部委员。

10月21日，致公党市委五届九次主委会议研究决定，任用马萍（女）为致公党攀枝花市委组宣和参政议政部副部长。

【主要工作】 2013 年，致公党市委向政协攀枝花市八届二次会议上提交大会发言 1 篇，集体提案 5 件，其中大会发言《整合科技创新资源，提升攀枝花钒钛产业科技支撑能力》获三等奖。攀枝花市致公党员向政协四川省十一届一次会议提交个人提案 2 件，向政协攀枝花市八届二次会议提交个人提案 15 件，向攀枝花市各区（县）政协会议提交提案 39 件。何群向政协攀枝花市八届二次会议提交的个人提案“关于进行‘战略资源创新开发试验区’相关配套政策研究的建议”被列为 2013 年攀枝花市政协主席督办重点提案。

2013 年致公党市委积极开展课题调研活动，调研报告《加快设立钛精矿收储调节库，助推钒钛之都建设——关于设立攀枝花钛精矿收储调节库的建议》获攀枝花市“我为发展献良策”主题征文一等奖和全市统一战线专题调研成果二等奖；《民主党派后备干部培养研究》被致公党四川省委采纳。

2013 年致公党市委继续开展致福工程、温暖工程，向仁和区 16 名贫困女童及仁和区、盐边县、米易县农村 33 名贫困孤儿资助 1 学年的学习费用，捐赠金额 6.7 万元；向攀枝花市第十九中小学校捐赠价值 2.5 万元的鼓号器材及服装，成立了攀枝花市第 6 支“致公爱心鼓号队”；向攀枝花市特殊教育学校捐赠价值 1.5 万元的书籍，丰富了市特殊教育学校图书室藏书。

针对近年来攀枝花市部分区（县）旱情严重的情况，致公党市委向米易县新山乡中山村捐赠价值 1.4 万元，总长 7200 米的“25”型水管，帮助村民提水灌溉、抗旱减灾；组织致公党员赴仁和区调研太阳能提灌站工程，为仁和区抗旱减灾出主意、想办法。

结合攀枝花市“百千万·干群心连心”活动中，致公党市委领导班子成员积极走访困难户，为困难户带去关怀与帮助，特别向米易县麻陇彝族乡马颈村特困村民送去慰问金和种子以及种植、养殖技术。

雅安市芦山县发生 7.0 级地震后，致公党市委积极响应致公党四川省委会关于向雅安地震灾区捐款的倡议，动员全市致公党员行动起来，慷慨解囊奉献爱心，为灾区捐款 1.2 万元。

2013 年致公党市委面向内部印发 6 期《攀枝花致公》。宣传稿件有 2 篇被致公党中央网站登载，3 篇被四川政协网登载，2 篇被《攀枝花日报》登载。

2013 年致公党市委档案管理达省二级标准，保密工作达省一级标准，被评为“致公党四川省参政议政优秀集体”、编纂《攀枝花年鉴（2013）》先进单位，荣获“致公党四川省‘学习贯彻中共十八大和致公党十四大精神知识竞赛’优秀组织奖”。

2013 年全市致公党员立足本职、建功立业，为攀枝花市经济社会发展作出积极贡献，取得的主要成果有：致公党员李仲先、陈颖、杨应东被评为“致公党四川省参政议政工作先进个人”；马萍被评为“致公党四川省机关参政议政优秀工作者”；吴雪松被评为“四川省优秀律师”；付林才被评为“攀枝花市第二届创业明星”；曾国涛获全国校园文学社报刊优秀主编奖；杨应东被评为攀枝花市第八批有突出贡献专家、攀枝花市农林科学研究院“先进科技工作者”；王怀斌被评为攀枝花市第六批学术和技术带头人；郝建璋、唐光荣被评为攀枝花市第六批学术和技术带头人后备人选；彭涛被评为 2012—2014 年度攀枝花市市级学科带头人；唐光荣参与撰写的《加强科技创新，实现攀枝花钒钛产业新跨越》荣获攀枝花市“实现伟大中国梦、建设美丽繁荣和谐四川”征文活动二等奖；张洪参与撰写的《加快资源枯竭型城市发展转型，全力助推攀枝花打造钒钛之都》获攀枝花市“我为发展献良策”征文活动二等奖；曾国涛撰写的《培育美丽的产业、建成幸福攀枝花》获攀枝花市“我为发展献良策”征文活动优秀奖；陈颖撰写的《投资拉动、项目承载，力促县域经济加快发展》获攀枝花市 2013 年度政务调研成果三等奖；衡先奎撰写的《营造试验氛围、提升教育品味》获四川省校本研究基地教研成果论文评选二等奖；刘明申请国家发明专利 38 项；郝建璋获国家发明专利授权 2 项，授理 3 项；张景垒获国际发明专利授权 1 项，国家发明专利授权 2 项，授理 1 项；李开华获国家发明专利授权 6 项，授理 6 项；王怀斌获国家发明专利授权 2 项；杨应东获得国家知识产权局实用新型专利 4 项。

（马　萍）

九三学社攀枝花市委员会

【组织状况】 2013 年，九三学社攀枝花市委员会（以下简称九三学社市委）有基层委员会 1 个、基层支社 15 个，共有社员 603 人，其中女社员 222 人，占 37%。按界别分：科技界 218 人，占 36%；医卫界 151 人，占 25%；教育界 86 人，占 14%；公有制经济 48 人，占 8%；政府机关 60 人，占 10%；其他界别 40 人，占 7%。其中高级技术职称 198 人，占 33%；中级技术职称 393 人，占 65%。社员平均年龄 55 岁，40 岁以下 64 人，占 10%；41—50 岁 223 人，占 37%；51—60 岁 79 人，占 13%；60 岁以上 237 人，占 39%。有离退休社员 267 人，占 44%。2013 年，九三学社市委发展社员 16 名，平均年龄 39 岁，其中女社员 8 名，高级职称 6 名，中级职称 8 名，硕士 5 名。

九三学社市委现有社员中现有社中央委员 1 人；社省委副主委 1 人，委员 2 人；省政协常委 1 人，省人大代表 1 人；市政协委员 23 人（其中常委 5 人），市人大代表 6 人（其中常委 1 人）；各县（区）政协委员 24 人，人大代表 8 人（其中常委人）。有 18 人担任各级部门特约、特邀人员。在政府机关担任副厅级领导 1 人，在政府机关、科研院校、大企业和高等院校担任县级领导 24 人，市决策咨询委员会成员 7

人。据不完全统计，社员本年度荣获省级科技成果奖4项，其中一等奖1项；市级科技成果奖8项，其中一等奖1项。市第六批学术和技术带头人2名，第八批有突出贡献专家2名，学术和技术带头人后备人选8名。

5月29日下午，九三学社市委召开七届六次全委（扩大）会，增补谢波、孙昌勤为第七届委员会委员。

5月31日，九三学社市委指导九三学社市政一支社，增补周淼、但娟为市政一支社委员。

8月17日，九三学社市委召开七届十五次主委会研究决定，任用韩林同志为九三学社市委组织宣传和参政议政部部长。

12月12日，九三学社市委指导攀钢三支社选举产生第七届支委会，支委会主委刘锦燕，副主委杨保祥，支委朱美华、李龙、宁雄显。

12月15日，九三学社市委指导选举产生市政二支社第三届支委会，主委伍文霞，副主委刘云诗、袁凤琼，支委向维新、唐兵、黄杨利、熊德庆。

【主要工作】 参政议政。2012年7月，九三学社中央副主席王志珍、张桃林、赖明率调研组莅攀，就“绿色农业发展与工业转型”进行调研，形成的《钒钛磁铁矿资源综合利用产业发展及政策建议》《金沙江干热河谷流域生态恢复与治理的建议》，作为2013年全国政协会九三界别提案，得到中共中央政治局常委、全国人大常委会委员长张德江批示；社中央在此基础上，形成的《关于加强绿色农业发展建议》提交全国政协，被列为2013年全国政协1号提案。攀枝花市两会期间，九三学社社员中的人大代表和政协委员共提交提案、议案46件，在市政协八届二次会议上提交集体提案14件，大会发言2篇。大会发言《打造攀枝花“千亿钒钛产业”的建议》获三等奖，关于组建钒钛资源公司、整合全市钒钛科研及检测力量等建议，都得到有关部门的采纳和落实；《关于升级改造攀枝花农贸市场的对策建议》，承办单位对农贸市场标准化改造纳入“急难险重”任务，近年内将分步对7个农贸市场进行升级改造。提案《关于在全市农村中小学生推广戴“小黄帽”的建议》已被采纳落实，全市所有义务教育阶段学校2013年秋季学期由财政支付，为全体学生每人配发一顶“安全小黄帽”，并以此为契机开展交通安全教育活动。

3月5日，九三学社市委召开2013年建言献策座谈会，确定今年重点课题调研方向。通过深入调研，形成《加快攀枝花现代特色农业发展对策建议》的调研报告，获2013全市统一战线专题调研成果二等奖。

因参政议政工作成效显著，九三学社市委被评为九三学社省委2013年参政议政先进集体，2名社员获九三学社中央2013年参政议政先进个人荣誉称号。

九攀合作。九三学社市委协助市政府相关部门申报《攀枝花市农产品质量安全监督检测检验中心建设项目》，获国家农业部列项支持，争取项目资金1000万元，2013年已到位项目资金500万元。九三学社市委有7名社员是攀枝花决策咨询委员会成员，他们围绕打造中国阳光康养旅游城市、攀西战略资源创新开发试验区建设、加快攀枝花国家现代农业示范区建设等开展调研，为攀枝花市发展献计出力。九三学社市委组织专家对富邦1000万吨钒钛制动鼓战略勘探配置及迤沙拉民族村规划建设情况开展调研，为项目实施和规划落实提出建议。

社会服务。九三学社市委组织各级基层支社和社员积极参与科技下乡、捐资助学、援建图书室等活动。在仁和区平地镇开展“科技三下乡”，发放科普资料1000余册；在盐边县新九乡踏鲊村开展捐资助学活动，给2名困难学生送去东区支社为每人捐助2000元，通过攀枝花学院支社争取到每人每年3000元助学金；在西区清香坪街办参与全市统一战线“同心·服务民生”社会服务活动，同时成功开展第二十五届中国“国际科学与和平周”活动，开展义诊、捐赠、文艺表演等，免费发放3500余元常用药品、为20户特困户共计捐赠价值12000元的生活用品。在定点联系的东区瓜子坪街办四合院社区，集资5000余元完成“同心书屋”建设。第二十五届“国际科学与和平周”活动获九三学社中央表彰，并被社省委评为一等奖。九三学社市委被评为社省委2013年社会服务工作先进集体。

社务活动。1月18日，九三学社市委举行成立三十周年纪念大会。大会邀请中共市委、市人大、市政协、中共市委统战部、各民主党派、工商联领导，与全市100余名社员欢聚一堂，共同回顾社市委30年的风雨历程。编撰印发《九三学社攀枝花市委30周年纪念册》1000册，纪念册图文并茂的展示30年来的工作亮点和特点。认真组织广大社员参加中共市委统战部举办的“同心·共建幸福攀枝花”主题征文和演讲比赛。《“九攀合作”具体化 同心共建攀枝花》获征文比赛二等奖，《我的三个选择》《同心聚力铸辉煌》获演讲比赛三等奖。

机关建设。九三学社市委认真贯彻中共中央“八项规定”和《九三学社中央关于加强机关建设的意见》精神，切实加强机关作风建设和效能建设；鼓励机关干部加强业务知识及政治理论学习，不断提高自身素质。以参加培训班、专题研讨、调研考察等形式，加强机关干部的培养力度，有1名机关干部职务得到晋升。

（郭绍珊）

攀枝花市工商业联合会

【概　况】 2013年年底，市工商联有执委75人，其中，主席、副主席18人（企业家副主席14人），副会长11人（企业家副会长8人），秘书长1人，常委37人。下属行业商（协）会8个。机关有干部职工9人，其中，行政人员7人，工勤人员2人。

2013年，市工商联创新举措，强化服务，狠抓落实，各项工作成效明显，10月，在国家人社部与全国工商联开展的工商联系统先进评选表彰活动中，攀枝花市工商联被评为先进集体，成为全省工商联系统唯一获此殊荣的单位，也是市工商联首次荣获的全国工商联系统最高集体荣誉。

【服务非公有制经济有制经济发展】 按照市委、市政府的工作要求，优选确立2013年市级领导联系的重点企业，发挥好市级领导联系民营骨干企业领导小组办公室协调作用，认真做好市领导到联系企业走访调研的联络工作和有关企业反映问题的协调工作。倡导、组织30户非公有制企业参与并开展“企村（社区）互动，共谋发展”活动，推动市委、市政府印发了专门文件（攀委办发〔2013〕9号），在工作中认真履行领导小组办公室职责，积极推动企村互动工作开展。继续开展并完成攀枝花市民营企业年度50强评选活动，建立健全市工商联维权服务工作体系，努力做好民营企业维权服务工作，全年为企业维权47次。6月，市工商联获得攀枝花市政府2012年度工业工作先进单位一等奖。

大力争取上级工商联的支持，努力推动省工商联和市政府的战略合作工作，借助全国工商联、省工商联举办的“西博会”知名企业家四川行会务活动，积极向全国、全省100余位知名企业家宣传、推介攀枝花投资项目；结合攀枝花“欢乐阳光节”活动，举办川滇黔毗邻市州工商联第九次联席会和欢乐阳光节民营企业家攀枝花行活动，积极邀请相关市州40多位知名企业家随团到攀考察并与攀枝花市企业家对接；组织骨干民营企业家参加“西博会”攀枝花展区活动；认真完成市政府到大理、丽江举办的旅游招商活动的有关工作；按照市委、市政府要求，组织民营企业家到雅安名山地震帮扶区，开展有关项目对接，加强与外地工商联和行业商（协）会的联系，其中资阳、六盘水等地工商联、四川省矿业商会等先后率企业家到攀对接，着力推动民间商会活动开展；进一步深化企业家领导班子成员轮值制度，创新主席（会长）会、常委会开会模式，把有关会议与加强基层工商联建设、促进本土招商和推进银企合作结合，切实助推有关工作开展。

【引导非公有制经济有制经济人士健康成长】 按照市委要求，开展“首届攀枝花市优秀中国特色社会主义事业建设者”评选工作，会同市委统战部等5家单位联合制发《关于表彰首届攀枝花市优秀中国特色社会主义事业建设者的决定》。获得首届攀枝花市优秀建设者称号的30位民营企业家中，9人是市工商联副主席（副会长），15人是市工商联执委或执委企业负责人。

扎实开展攀枝花市非公有制经济有制经济人士理想信念教育活动并形成了长效机制，选树一批“两个健康”先进企业和先进人士，切实加强对非公有制经济有制经济人士的思想政治引导、对民营经济转型升级的服务引导，继续开展非公有制经济人士专业技术职称（称号）评审工作，大力推动民营企业文化建设并获得省工商联表彰（先进单位）。

按照形式多样、经费多元、效果明显的原则，开展分级负责、多渠道、多层次、多形式的教育培训，做好规划，完善制度，认真实施，确保非公有制企业人才教育培训有序进行。组织开展党的十八大及十八届三中全会精神宣贯、当前经济形势分析与未来发展机遇、民营经济人士务实培训等各类培训活动5期，年内实现培训非公有制经济人士1000多人次，组织民营企业家赴革命圣地井冈山开展坚定理想信念，坚定不移跟党走的主题教育活动，引导民营经济代表人士争做优秀的中国特色社会主义事业建设者。

着力打造市工商联“非公有制经济荣誉体系”。按照相关程序，认真评审年度“攀枝花市民营企业50强”“攀枝花市优秀民营企业家”“商界精英”“光彩之星”“优秀轮值主席（会长、常委）”等称号，在媒体上广泛宣传，增强了工商联组织的影响力。

【营造非公有制经济有制经济发展氛围】 争取市委宣传部等部门支持，开展“民营经济集中宣传”活动，在攀枝花市各大媒体对获得首届攀枝花市优秀中国特色社会主义事业建设者的部分民营企业家进行集中宣传报道，大力弘扬守法经营，锐意进取、勇担责任的新时期民营企业家精神。

发挥自办网站和刊物宣传作用，编辑出版《金沙商界》4期；利用市工商联网站、省工商联网站、四川新闻网等媒体和平台，发布工商联工作简讯200余篇，信息数增质升，较多信息被国家级媒体采用，宣传力度不断加大。

通过编发“工商手机时报”、印发相关文件等，定期向执委以上人员发布时政要闻、产业发展新政策等，不断提高企业家政治素质、业务能力、思想境界，着力提高宣传引导覆盖面。

【参政议政】 圆满承办市委、市政府“民营企业家新春座谈会”，对会议中市级主要领导的讲话精神、民营企业家反映的问题和提出的建议进行认真梳理，并争取市委发文进行专项督查。10月，促成市委召开专题会议就会议精神的落实情况逐一进行通报，并得到民营企业家的认可。

全年开展“稳增长、谋转型”等主题调研活动，机关干部先后到一百多户企业走访调研，认真分析存在问题，研究解决措施，形成《攀枝花市民营骨干企业的现状及建议》等专题调研报告；在市政协八届一次大会期间，提交《关于继续加强民营企业家培训工作的建议》等9个集体提案，作出《优化环境，加大扶持，促进民营经济良性发展》的大会发言；积极探索并开展的“非公有制经济要情”编发工作，拓展了工商联反映问题的直通车渠道，获得非公有制经济人士一致好评，如：某期要情反映就为企业减负2.5亿元以上。

认真完成全国工商联、省工商联组织的上规模民营企业调研工作、小微民营企业现状及发展的调研工作；积极配合市级有关部门完成相关调研；结合实际，从促进民营企业健康发展的目的出发，对市政府和有关部门出台的《最低工资调整方案》《构建和谐劳动关系年工作方案》《攀枝花市“十二五”主要污染总量减排考核办法》等文件进行认真研究并提出意见建议。

【组织建设】 进一步加大会员发展力度，积极吸纳优秀的私营企业、股份制企业和社会中介机构入会，不断加强会员发展工作制度化、规范化建设，确保会员队伍总量增加、质量提高、结构优化；继续加强行业商（协）会的培育培养，年内组建成立了攀枝花花泸州商会、攀枝花市广安商会、攀枝花市快递协会；继续加大对已建行业商（协）会的指导和管理；积极指导各县区工商联做好乡镇、街道等基层商会的组建工作。

按照市委“三大教育活动”及“中国梦主题教育活动”的部署，积极开展工作，认真做到规定动作不走样，自选动作有创新，经过努力，全面完成了工作目标要求并获得市委表彰（优秀组织奖）。积极参与社会管理服务工作，认真做好关心下一代、保密、普法、“双拥”“挂包帮”等工作，积极参与非公有制经济组织有关社会管理服务工作，建立健全工作机制，形成工商联服务社会管理的宽领域、多层次工作格局。进一步加强班子思想建设、组织建设、作风建设、党风廉政建设、制度建设，加强机关干部职工的教育培训，努力提高干部的综合素质，牢固树立服务意识，切实增强研究能力、办事能力、执行能力，倾听基层的意见建议，热心为会员排忧解难，进一步增强了工商联吸引力、凝聚力和战斗力，努力建设一支勤奋学习、业务精良、求实创新、廉洁自律、团结奉献的干部队伍，不断开创新形势下工商联工作新局面。

（刘　波）

群　众　团　体

攀枝花市总工会

【概　况】 2013年，攀枝花市各级工会紧紧围绕市委和省总决策部署，以打造服务型工会组织为目标，突出服务中心工作、服务和谐建设、服务职工需求、强化自身建设“三服务一强化”要求，充分发挥工会组织职工、引导职工、服务职工和维护职工合法权益作用，在服务攀枝花发展大局中彰显新作为，为建设幸福攀枝花、率先在全省全面建成小康社会做出了积极贡献。据统计，全年工会工作获各种表彰奖励30项，其中省级以上表彰19项，市级表彰11项。

截至2013年年底，全市已组建各类工会组织4270个，发展会员51万余人，共有专职工会干部431名（不包括省属企事业单位专职工会干部）。市总工会现有职工（含直属事业单位及临聘人员）为171人，其中：在职在编职工62人，离退休职工69人，聘用人员32人（机关聘用人员11人，特派员17人，专职社会化工会工作者4人）。

【建功立业促发展行动】 2013年，市总工会围绕全市“急难险重”目标任务，深入实施重点工程竞赛，促进市委、市政府确定的基础设施建设工程项目早日发挥效益。在20个重点工程项目中实施了重点工程竞赛活动，参赛职工达12万人，涉及重点工程建设投资金额达117亿元。通过竞赛，工程质量进一步提高，所完成的工程质量合格率达到100%，优良率达到98%，创节约价值1.3亿元。

【“蓝领人才”培养工程】 2013年，市总工会启动了“企业订单，职工选单，工会供单”培训，全年筹资10万元，委托四川机电职业技术学院对123名职工分别进行了电工、冷作工、焊工等6个工种的订单式定向培训。攀钢选手参加第八届国际网络炼钢大赛获“东亚—大洋洲”赛区冠军，十九冶选手参加第42届世界技能大赛获焊接项目优胜奖。全年通过技能培训、技术练兵、技术比赛等活动，全市有1200余名职工实现技术等级提升。

【职工经济技术创新工程】 2013年，市总工会扎实开展攀枝花市“钒钛之光”职工经济技术创新活动，积极引导职工立足岗位，开展合理化建议、技术革新、技术发明等活动，全年共收集职工提合理化建议2.8万余条，被采纳实施2.2万余条，节约可计算经济价值上亿元，产生国家级科技成果8项，省级34项。深入实施“五小”（小设计、小革新、小发明、小建议、小窍门）活动，全力支撑企业生产工艺设备的优化升级。隆重举办职工经济技术创新成果展示暨技术交流活动，精选展出职工经济技术创新成果100项。

【维权与维稳】 2013年，市总工会进一步加大对职工权益维护工作汇报、协调、沟通力度，通过两会、联席会等途径积极向市各级党政组织提出意见和建议70余件，广泛参与涉及职工切身利益的《四川省工伤保险条例》（征求意见稿）、《攀枝花市贫困家庭脑瘫儿救助工程》等法律法规、政策方案制定，主动加强源头维权，切实维护职工合法权益。不断健全维护职工合法权益机制，全市已建成乡镇（街道）及社区法律援助分中心50家、组建率达83%，企业工会职工法律援助分中心（援助站）201家、组建率达67%；全市已建劳动争议调解委员会3023个、劳动法律监督委员会3031个。充分发挥基层工会法律顾问和维权基地作用，全年接待职工来信来访1985件次，提供个案援助、法律咨询、法律代书等服务427件次，共清理拖欠农民工工资及帮助追讨赔偿金6617.92万元。

【困难帮扶体系建设工程】 2013年，市总工会积极推动建立全市城乡居民困难帮扶体系，在巩固、发展市、县（区）困难职工帮扶中心标准化建设基础上，积极推进帮扶网络向乡镇（街道）、社区、企业延伸，年内10家乡镇（街道）工会、1家企业工会困难职工帮扶分中心通过标准化验收达标，截至年底，全市已成立困难职工帮扶中心、帮扶工作站181个（其中乡镇街道55个、社区100个，企业21个）。启动“特困职工帮扶计划”，发放临时困难、大病医疗、专项生活救助金548.15万元，救助10385人次。

【“送温暖”活动】 2013年，市总工会紧紧围绕全面改善民生，着眼更好满足职工群众脱困、就业、增收、文化、心理等多层次需求，深化“四季送”工程。元旦、春节走访慰问离退休职工、困难职工、下岗失业职工、农民工等43349户（人），发放慰问款物价值1477.13万元，1528名各级领导干部对口帮扶困难职工1836户，发放临时困难救助、专项生活救助、医疗专项救助548.15万元，救助10385人次，超额完成“全年符合条件的建档困难职工救助300—1000元”的目标任务，实现对建档困难职工“全覆盖、不遗漏”集中走访慰问。

【“寒窗助学”行动】 2013年，全市工会系统继续开展“寒窗助学行动”，本着不重复、不遗漏的资助原则，加强与民政、慈善机构的沟通协作，进一步加大对考上大学的城乡贫困学生进行助学救助，努力实现城乡困难学生助学覆盖面最广、救助学生最多、助学金额最大的目标。2013年，共发放助学金409.08万元，资助1091名家庭经济困难学生圆了大学梦，实现了城乡困难学生助学覆盖面最广、救助学生最多、助学金额最大目标。

【就业创业促进活动】 2013年，全市各级工会积极推动政府就业政策落实，优化工会就业帮扶形式，通过开展下岗失业职工、农民工技能培训、创业培训和创业援助工作，将扶贫向扶志、扶技延伸，由输血转化为造血，提升服务水平。积极开展农民工岗前培训、转岗培训、法律知识培训等基础性培训，下岗失业职工、农民工技能培训，创业意识、创业能力培训、创业贷款贴息、创业担保补贴、创业资金扶持等工会创业援助工作，帮助下岗职工、农民工自主创业来实现就业、带动更多人就业。全年举办各类招聘活动50余场，600余家用工单位提供用工岗位8000余个，提供免费职介服务1.8万余人次，为7000余名下岗失业职工、农民工提供就业再就业帮助。开展下岗失业职工、困难职工、农民工技能培训3275人次，发放培训补贴128.15万元。

【职工生命健康关爱行动】 2013年，全市工会系统狠抓安全隐患排查治理，紧扣重点行业（矿山、建筑、冶金、危化品生产等）、重点时段（元旦、春节两节期间）两个关键点，开展经常性、全方位、多层次、多形式安全生产监督检查，努力推动职工作业环境进一步好转，维护职工群众的生命健康权益。积极参与安全事故调查处理，广泛开展安全生产隐患和事故的举报活动，全年参与安全生产责任事故调查22次。创新实施“双卡一证”有效探索农民工欠薪治理长效机制，从源头上保障农民工合法权益，全年清理拖欠农民工工资及帮助追讨赔偿金6617.92万元。深入开展“安康杯”竞赛，全市共有1560家企业、2万余个班组、23万职工参加竞赛活动。组织开展安全生产培训、专题讲座等500余期，参与职工达20万人次以上。广泛开展安全生产隐患和事故的举报活动，全年参与安全生产责任事故调查22次。

【工资集体协商工作】 2013年，市总工会以“工资集体协商质量提升年”活动为抓手，紧紧围绕“抓规范、提质量、树典型、出经验”目标，全力推进工资集体协商工作。大力开展工资集体协商“集中宣传月”活动，着力打造一批先进典型。出台《攀枝花市企业工资集体协商实施细则》推进工资集体协商规范化建设，健全完善各项制度保障，全面提升工资集体协商质量。全市签订工资集体协议3335份，涵盖企业共5711家，全市已建工会企业工资专项集体合同签订率达95.3%。世界500强企业沃尔玛的攀枝花店成功签订工资集体协商专项合同，有力地推动工资正常增长机制的建立，促进职工共享发展成果。

【厂务公开民主管理】 2013年，市总工会创新推进厂务公开民主管理工作，进一步健全目标责任机制、工作运行机制、工作考评机制、责任追究机制，推动厂务公开民主管理工作整体水平不断提高。全市已建工会的公有制企业厂务公开、职代会建制率达100%，规范化率达98%以上；已建工会的非公有制企业建制率达90%以上，规范化率达85%以上，职工董事、职工监事制度实行率达70%以上。积极探索职工代表巡视、区域（行业）职代会制度，成功召开全市厂务公开民主管理工作总结暨推进会，表彰示范单位7家、先进单位25家和先进个人14名，为进一步提高全市厂务公开民主管理制度化、规范化水平提供坚实保证。

【“双基”夯实行动】 2013年，全市各级工会全力抓好非公企业、小型分散企业、有雇工个体户的建会工作，着力解决一些“钉子户”“遗漏户”“挂名户”的建会问题。全市新建工会组织835家（涵盖法人单位），建会率达93.5%，净增会员30419人，职工入会率为97%。非公有制企业5057家，其中4945家企业建立工会组织，建会率为97%，超额完成省总任务。大力推进“亮工会会员证，购物消费有优惠”惠民活动，继续推行“双亮”工程，不断提高工会干部参与工会决策、工会工作和工会活动主动性和积极性。成功召开全市基层工会组织规范化建设现场交流会，表彰一批先进工会组织、优秀工会工作者、优秀工会之友、优秀工会积极分子，全面提升基层工会工作水平。

【劳模评选与关爱行动】 2013年，市总工会切实加强劳模先进的选树和事迹宣传，凝聚经济社会发展正能量，推选出省级以上五一劳动奖状先进单位1个、“工人先锋号”班组3个、五一劳动奖章获得者2人。结合主题教育活动，组织劳模开展谈理想、谈人生活动，激励广大职工为推动经济社会发展作出新贡献。充分发挥劳模示范带头作用，在冶金、煤矿、医疗、城市管理等行业创建首批12个劳模创新工作室，开设劳模网络工作室，进一步延伸、放大劳模在推动企业科技进步、科技创新中的作用，全年产生创新技术成果15项，创经济效益近亿元。

【企业和职工文化建设工程】 2013年，市总工会广泛开展社会主义核心价值体系和形势政策宣传教育，结合市工会九大开展“五个一”宣传活动，全年组织报告宣讲会10场，发放宣传资料6000余份。推进企业和职工文化建设四年工作规划落实，组织开展以弘扬“中国梦.劳动美”时代主旋律为主题的歌曲征集、文艺展演、排舞培训、国学讲座、全市职工运动会、节日送话剧送邮展送游园等多项活动，丰富职工文化生活。深化职工书屋建设，目前全市有全国“职工书屋”示范点134个、全国职工教育培训示范点10个。市工人文化宫突出公益性和服务性，实施18个惠民公益项目，并承办多项国家级、省级活动，共接待职工1.3万余人次，职工“学校和乐园”作用进一步显现。

【中共攀枝花市工会第九次代表大会】 6月13—14日，攀枝花市工会第九次代表大会在攀枝花宾馆大会堂隆重召开。市委书记刘成鸣出席开幕式并讲话，四川省总工会副主席胥纯到会祝贺，市领导张剡、谢道全、单荣、赵辉、李群林、程少华、许健民、张伟、王海波、李章忠、熊伟、何群、马晓凤、周治端出席会议。全市各级工会代表、特邀代表、嘉宾共400余人参加会议。部分群团组织、民主党派、工商联代表在会上致辞，攀钢集团有限公司劳模宣读劳动竞赛倡议书，会上为参加“急难险重”任务劳动竞赛参赛单位和“工人先锋号”创建单位授牌，为市职工文明志愿服务队授旗，并为市先进工会组织、优秀工会工作者、优秀工会之友、优秀工会积极分子进行表彰。

会议深入总结过去五年取得的成绩和经验，围绕中共十八大和市委、省总的决策部署，提出今后五年工会工作的指导思想和“确保四川一流、争创全国先进”的奋斗目标，进一步明确强化打造服务型工会的前进方向。

【工会自身建设】 2013年，市总工会以市工会九大换届为契机，全市各级工会干部全年参加培训达3000余人次，其中组织包括全市60个乡镇（街道）工会主席在内的150名基层工会干部到中国劳动关系学院深入培训。着力培养干部服务意识、群众意识、忧患意识、实干意识、创新意识；印发市总工会《转变工作作风、提高工作效能的实施办法》，探索实施服务对象评价制度，不断转变干部工作作风。努力增添工会机关“干部的书香气、工作上的朝气、作风上的正气”，开展“读好书”活动启智，一年来，市总工会班子成员撰写读书笔记达2万字以上，中层干部达1万字以上。不断健全、完善各项管理规章制度，大力弘扬为民、务实、清廉新风正气，全市工会干部职工的精神面貌有了进一步改观，服务意识逐步加强，群众满意度日益提高。

（张　磊）

共青团攀枝花市委

【组织状况】 截至2013年年底，攀枝花市有基层团委332个，团总支132个，团支部3229个，其中，直属团（工）委、总支28个，协管团委3个。有团员79758人，占全市14—35周岁青年数382361的20.8%。有团干部5134人，其中专职团干部编制72个，在编51人，44个乡镇、16个城区街道组织格局创新选配团干部734人。团市委机关有行政编制14个（2个为关工委专门编制），实有人员12人，在岗10人，书记空缺，副书记3名（1名由关工委专职秘书长兼任）。下属事业单位为市少年宫和金色攀枝花展览馆，少年宫编制数25个，在编22人（离岗待退2人），展览馆编制数9个，在岗8人。

【青少年思想道德建设】 2013 年，团市委坚持以中共十八大精神统领共青团工作，深入学习贯彻中共十八大、十八届三中全会精神，用青年喜闻乐见、易于接受的方式和语言进行宣讲，引导青少年广泛知晓、理解认同、自觉践行十八大、十八届三中全会精神，青少年思想道德建设取得新进展。

通过团日活动、学习交流、专题培训等形式，运用团属网站、金色攀枝花展览馆等青少年宣传活动阵地和新媒体手段，深入开展“三观”“三热爱”主题教育实践活动。在大学、中职、中小学校广泛开展“与信仰对话”“与人生对话”“迈入青春门”“成人礼”等主题教育活动，以实践体验方式学习贯彻十八大、十八届三中全会精神。开展“从身边变化说发展”“红领巾心向党”“传承攀枝花精神”“学习兰辉事迹、领悟奉献精神”等主题教育活动，加强理想信念和思想道德教育，坚定青少年永远跟党走中国特色社会主义道路的信心和决心。金色攀枝花展览馆不断更新完善解说内容，弘扬攀枝花精神，充分发挥爱国主义教育基地和廉政教育基地的作用，接待观众 5 万余人次。

广泛开展“中国梦”主题教育活动。深入企业、农村、机关、学校、社区等，以“实现中国梦，青春勇担当”为主题，通过选树典型、举办演讲赛、报告会、座谈会等活动，引导广大青少年深刻领会“中国梦”内涵，为实现伟大中国梦、建设美丽幸福攀枝花凝心聚力。广泛开展“中国梦 • 家乡美”系列活动，创新活动内容和载体，举办了“共创环保模范城、共建美丽攀枝花”环保漫画大赛、少儿美术、书法及摄影大赛、“同创文明城、共筑中国梦”演讲赛、“我是阳光花城小导游——城乡少年手拉手”实践活动、“实现伟大中国梦，建设美丽繁荣和谐四川”“追寻中国梦，少年走军营”青少年夏令营、“红领巾相约中国梦”主题微队会课评比等主题活动，以活动开展凝聚青春力量，提供发展动力。依托“手机团委”平台，运用网站、微博、QQ 群等新媒体方式，引导青少年以“中国梦，我的梦”等主题，发微博，谈体会，传递青春正能量，吸引带动身边的青少年投身“中国梦”的伟大实践，为实现梦想而奋斗。

【围绕中心促发展】 2013 年，团市委围绕省委“三大发展战略”“两个跨越”战略部署，切实服务全市全力打好“六大硬仗”中心，团结带领团员青年为建设美丽幸福攀枝花贡献青春力量。

以“青春建功新跨越”为主题，深入开展青年创新创效、科技攻关、技能比武等活动，发挥青年文明号、青安岗等“青字号”品牌作用，助推经济社会科学发展、加快发展。继续开展青年突击队建功竞赛活动，组织动员工业生产、招商引资、工程建设、安全生产、科技创新等 6 大类 72 支青年突击队，通过赛增效增收、增值增效、到位资金、安全防范、创新成果，在全市急难险重任务和重大项目建设中，发挥团组织和青年的生力军作用。

围绕全市“五创联动”，深入开展“争做五创志愿者，共建幸福攀枝花”志愿服务活动和“同创文明城市，共建幸福家园”演讲比赛。组织开展春运、庙会节庆日服务、“五创联动”宣传、文明风尚引导、城乡环境治理、植绿护绿实践、生态环境保护、阳光旅游等志愿服务 3 万余人次，服务群众 30 余万人次。国庆期间，直接招募组织 84 名青年志愿者在全市重要旅游景区、交通要道开展旅游志愿服务工作，累计接待游客 20754 次、便民服务 15535 次、应急服务 42 次，向到攀枝花游客发放旅游手册 27151 册。

围绕攀枝花市欢乐阳光节，组织 60 余名志愿者服务于欢乐阳光节开幕式、全省百镇建设暨重点旅游项目推进现场会，主要从事跟车讲解、旅游宣传、现场引领、秩序维护、站点咨询等志愿服务，较好地展示了攀枝花青年良好的精神面貌和青春风采，得到市委市政府的表彰奖励。

大力服务抗旱救灾。深入了解灾情，组织志愿者为受灾群众送水、铺设水管等，向旱区中小学校和农户捐赠饮用水等，完成 160 口共青水池捐建工作。

积极支援“4 • 20”芦山地震抗震救灾。配合有关部门组织救援、卫生、心理专业的青年骨干驰援灾区，第一时间向灾区团组织捐赠特殊团费 3 万元，动员青联委员、各级团队组织为灾区捐款捐物，传递爱心结对贺卡等。按时保质完成留守学生之家建设、农村青年技能培训等青少年民生工程项目。

积极争取社会资源，向上争取青少年校外活动阵地、青少年宫建设等项目，申报 3 所“希望工程”学校援建项目，持续开展社会力量捐资助学。坚持帮扶攀枝花市边远贫困山区，组织青联委员、企业家等走访慰问盐边北部山区，帮助困难群众制定发展规划，对接发展项目，向市委报送情况报告，为扶贫解困提意见建议。

加强与青年社会组织的联系、服务和管理，积极推进枢纽型团组织建设。重点发现、培育 1 个青年社会组织——攀枝花义工联合会，帮助其依法注册登记成立。加强对青年社会组织骨干的培养管理和服务，积极向党政部门争取政策、资金和项目，支持援少会等青年社会组织实施流动儿童管理、留守儿童关爱等公益活动服务项目。在市文明办统筹指导下，筹建攀枝花市青年志愿服务支队，继续抓好志愿服务站、志愿者队伍建设，并依托“手机团委”平台推出志愿者注册登记、分层分类等管理制度，围绕党政中心，丰富服务内容，创新开展各类志愿服务活动。新招募大学生西部计划志愿者 62 名，全市共有 104 名西部计划志愿者服务于攀枝花市基层一线的教育、卫生及基层社会管理等事业，为改善基层人才结构，推动当地经济社会发展发挥了积极作用。

【整合资源促成长】 2013 年，团市委整努力整合社会资源，争取各类公益基金，扩大工作有效覆盖面，切实服务青少年成长成才。

大力服务青年就业创业，联合金融机构推进青年小额贷款项目，开展“农村青年信用示范户”评选、“送金融知识下乡”等活动，发放青年贴息小额贷款200万元，为252名青年发放贷款252笔、2500万元。指导县（区）团委建立青年就业创业见习基地，组织青年见习上岗150人。大力开展就业创业培训，累计培训农村青年2500人次，落实培训资金10万元，其中农村青年技能培训320人。

依托“手机团委”平台有效服务青年，不断扩大“手机团委”覆盖面和影响力，巩固联盟商户和手机团委用户，继续开展消费打折、团购、“安全短信”等活动，2万余名团员青年申请消费打折认证资格并享受日常生活消费打折服务；开展“手机团委”团购活动两次，新增3D观影券、温泉消费券、怡康水券等商品，团购商品价值近280万元，为青年节约生活成本200余万元；利用“手机团委”短信平台直接发布服务青年就业创业宣传信息5次，共10万余条。

开展重点和特殊困难青少年群体关爱工作，成立攀枝花市关心下一代基金会，争取财政资金400万元，落实社会第一批捐赠资金100万元。新建“七彩小屋”1所、留守学生之家3所，深入开展关爱留守学生和进城务工人员子女行动，组织实施暑期“快乐学校”专项志愿服务行动。深化“阳光小梦想，快乐微公益”爱心圆梦活动，直接帮助600余名贫困青少年“圆梦”。积极搭建关爱帮扶平台，联系复旦大学EDP乐益会、川北医学院支教队、长江商学院EMBA第21期学员、壹基金等公益组织到边远民族地区开展帮扶活动，直接捐助超过42万元的物资，并促成部分人员建立长期结对援助关系。积极向团省委争取到“我要上大学”“芙蓉学子”“国酒茅台”等贫困学子捐助项目65名，捐助资金32.5万元，配合民政、工会等部门做好捐赠贫困大学生各项工作。发挥少年宫作为青少年校外活动主阵地的作用，加强校外素质教育培训，培训学员近15000人次，更加注重公益性、服务性和体验性，创作《金沙童话》儿童音乐剧，开展拥军慰问、流动少年宫科技暖春爱心行动、少年军校等活动。

【青少年权益保护】 2013年，团市委继续以青少年法制宣传、自护教育为重点，结合禁毒、防艾宣传、校园周边环境治理等，深化未成年人维权行动。

继续建好“12355”心理服务平台，举办“12355”心理健康专栏进校园，依托微博发布关爱青少年心理健康小常识，直接组织开展中高考“减压讲座”进校园21场次。围绕青年职工在城市融入、婚恋交友、情感关怀等方面的需求，举办单身青年联谊会、共青影院免费观影等活动，推进关爱行动。推进与人大代表、政协委员“面对面”活动，推动有关青少年提案落实，拟定《关于深入开展“共青团与人大代表（政协委员）面对面”活动的实施意见》等，积极探索畅通青少年实现有序政治参与的诉求渠道。

【团组织的自身建设】 2013年，团市委紧紧依靠党建带团建，抓住《中共四川省委关于进一步加强和改进新时期工会、共青团、妇联工作的意见》下发契机，切实完善自身建设，深入贯彻落实中央、省市委关于改进工作作风、密切联系群众各项规定，深入开展市委“思想大解放，作风大转变，工作大落实”主题教育活动。

修改完善共青团工作的考核实施细则，重点督导“县级财政按照青少年人数人均不低于1元标准，在预算中安排县级团委工作经费”“每个乡镇（街道）团委经费每年不低于3万元并列入预算”和“县级团委的全体机关干部和班子配备率达到90%以上”三项指标落实情况。加强基层团组织建设，新建非公有制经济组织团组织25个，市级行业团组织1个，积极推进规模以上企业建团，建团率达到70%；按规模、分层级拓宽对非公企业团组织的直接联系管理，全市现有70家市级联系企业，210家县（区）级联系企业；指导推进全市16个街道，按照常住人口进行团建覆盖，采取兴趣小组建团、楼栋建团等方式建立团组织385个。

开展“学习型团组织”建设和“争当学习型团干部”活动，对全市团干部进行集中培训，邀请青年工作专家、老团干、经济工作主战线领导为团干部解读“中国梦”、攀枝花发展战略、团干部成长规律、基础团务知识等内容，组织团干部赴江西井冈山开展党性教育培训。做好团干部转岗、挂职、驻点等工作，转岗交流4人，选调2人充实机关工作力量，2名学校团干到团市委机关挂职，派出1人到基层挂职，派出3人驻点指导基层共青团工作，使团干部接受多岗位锻炼，提升综合素质。

认真践行中央、省、市委关于改进工作作风、密切联系群众各项规定，深入开展市委“思想大解放，作风大转变，工作大落实”主题教育活动。活动期间，刊登学习资料25篇，向广大团干部、团员青年、人大代表、政协委员、NGO非政府组织代表等征集“共青团提案”34个、“共青团工作金点子”36个，向省、市两会提交提案、建议6个，完成4个整改项目，落实整改措施9条。建立健全办文、议事、办事制度，健全改进工作作风、密切联系青年有关制度。深化“挂包帮”和“百千万·千群心连心”活动，组织机关团干部带头深入到乡镇、社区，深入开展“两深入、四同、一带头”活动，围绕党政大局，开展生产发展、防汛减灾指导、扶贫助困等工作，团市委机关干部带头结对贫困青少年27人、贫困户80户。

【关心下一代工作】 2013年，全市共有关心下一代工作组织1735个，“五老”志愿者15130人。市关工委有8人，1名专职秘书长，1名办公室干部。

2013年，米易县攀莲镇关工委、东区西海岸社区关工委获“全国五好基层关工委先进集体”殊荣，东区长寿路街道等8个基层关工委被评为"四川省六好基层关工委先进单位"，攀枝花市丁爱谱老人在全省首批10名"四川关爱明天十佳五老"排名第一。

争先成立关心下一代基金会，7月3日，攀枝花市关心下一代基金会正式成立。市财政向基金会提供注册资金400万元，钢城集团、龙蟒矿冶等爱心企业捐赠善款118.98万元，四川省关心下一代基金会奖励攀枝花市基金会项目资金50万元。基金会启动了"关爱特殊青少年计划""阳光小梦想 快乐微公益"活动，500余名特殊青少年儿童直接受益。

成功举办公益夏令营活动，7月4—8日，"实现伟大中国梦、建设美丽繁荣和谐四川"全省万名青少年夏令营主营暨攀枝花米易分营活动在米易中学成功举办。攀枝花市部分边远山区的儿童、特殊青少年、留守学生及优秀学生代表等共800余名参加活动。

主动服务文明城市创建，2013年，全市关工组织面向广大青少年持续开展"攀枝花精神教育"、争当"优秀小公民"及"五创联动 老少同行"实践活动，使其成为具有攀枝花特色的品牌活动。全年，全市老少志愿者开展集中活动约200次，参与者达15000人次。

深入推进基层试点工作，3月，市关工委再次发文明确7个试点单位的14项试点任务及要求。"创建四零（零犯罪、零吸毒、零失学、零网瘾）社区""新时期青少年社会主义核心价值教育"等试点工作取得良好成果。青少年校外辅导教育工作受到省关工委高度赞誉，吸引泸州、乐山等关工委到攀枝花学习。

深化高校互动合作机制，2013年，市关工委与攀枝花学院的合作机制成效显著，共同组建13个关爱工作团，结成150多个关爱对子，通过"集体宣讲、双向交流、老少恳谈、通讯密聊、共度假日"等新的交流方式，帮助大学生解决实际问题。

（何晓燕）

妇联工作

【概　况】 2013年，攀枝花市妇女联合会（以下简称市妇联）内设机构为"3部1室1中心"，即组织联络部、宣传教育部、权益部、办公室（市政府妇儿工委办）和攀枝花市妇女儿童服务中心。有正式职工16人。全市县（区）、乡镇（街道）、村（社区）及机关事业单位均建有妇联组织，各级工会女职工委员会为妇联组织的团体会员。

年内，全市妇联组织以学习贯彻中共十八大及十八届三中全会精神为主线，围绕中心、服务大局，立足基层、服务妇女，团结引领全市妇女在助推攀枝花加快发展、科学发展中贡献智慧和力量。

2013年，市妇联被省妇联评为四川省基层组织建设先进单位、四川省家庭教育工作、关爱留守儿童（特殊困难儿童工作）先进集体，在各市州2013年业务目标综合考核中获一等奖。多项工作受到市委、市政府表彰。但全市妇女发展和妇女工作中还存在一些困难和问题：男女平等基本国策的宣传贯彻力度还需进一步加大，保障妇女儿童权益的措施还需进一步完善，妇女参与科学发展的能力有待进一步提升，妇联自身建设水平还需进一步提高。对此，必须在今后的工作中采取更加有力的措施，切实加以解决。

【妇联组织建设】 2013年，市妇联深入开展"思想大解放、作风大转变、工作大落实"三大主题教育活动和"实现伟大中国梦　建设美丽繁荣和谐四川"主题教育活动。广泛征求对市妇联班子存在的主要问题以及对全市妇女工作及妇联队伍建设的意见和建议，通过梳理，查找到市妇联在思想解放、工作作风、工作落实3个方面7大类影响和制约妇联工作科学发展的突出问题、基层和妇女群众关心关注的热点问题以及班子和个人对照"怕、满、慢、浮、僵"五方面存在的问题，提出11条整改措施。层层开展自查点评工作，完成公开承诺事项。以"奉献巾帼情　共筑中国梦"为主题，将主题活动与全年工作任务结合，与建设美丽幸福攀枝花结合。向全市妇女发出"实现中国梦 巾帼勇担当"倡议书。专题召开各界妇女代表座谈会，讲梦想，谈发展，说行动。通过学习宣传，动员全市妇女融入"中国梦"、传承"中国梦"、共筑"中国梦"。

巩固发展村（居）换届选举成果，在全市第九届村（居）换届选举中，为进一步推进女性进"两委"、提高村（居）"两委"中女性比例，确保完成全市100%的村（社区）"两委"班子中至少有1名女性成员、100%的村妇代会主任（社区妇联主席）进"两委"的两个100%工作目标，注重源头参与，与民政部门衔接，将村（居）民选举委员会中应有女性成员、女性成员"专职专选"、确保"两委"班子中至少有1名女性成员等相关规定纳入市里换届选举工作实施办法中。同时积极与基层沟通，了解工作进展，帮助解决存在的困难和问题。

促进女性成长成才，开展全市女干部相关情况调研，形成攀枝花妇女参政议政情况分析报告。完善女干部人才信息库，向省妇联推荐6名正县级优秀女干部和13名杰出女性人才。举办女性人才座谈会，促进学习交流，增强参政议政能力，激励女性人才为幸福攀枝花建设作出积极贡献。

加强培训提高素质。2013年市、县（区）妇联举办维权信访工作、和谐家庭建设、换届选举、旅游新村建设、"两纲"实施等相关业务培训班20余次，700余人次参加培训。组织28名妇联干部参加省妇联岗位培训班，组织70余名妇女干部参加清华大学"四川省优秀女干部能力提升研修班"。

加强"妇女之家"建设，在做好"妇女之家"规范化管理基础上，充分发挥"妇女之家"作用。"妇女之家"组织开展倡导文明礼仪、建设美丽幸福家园、“做幸福女人 建幸福家庭”、共筑“中国梦”等活动，参与妇女达10万余人。

发挥巾帼志愿者队伍作用，成立攀枝花市巾帼志愿者服务支队，各县（区）、市直机关和企事业单位妇女组织成立巾帼志愿者服务大队，全市登记在册的巾帼志愿者5000余人。巾帼志愿服务者们依托“妇女之家”开展政策宣传、知识传播、信息传递、服务妇女等活动，引导妇女提升综合素质，投身社会主义新农村建设、和谐社区建设。

【“巾帼建功”活动】 2013年，全市各级妇联以“幸福攀枝花 巾帼齐行动”为主题，开展“双学双比”和“巾帼建功”等活动。举办“农家女大课堂”，开展科普宣传教育活动，发放环保袋、宣传团扇等有关绿色环保的宣传资料20000余份，组织有条件的农村妇女参加全国农村妇女科学素质网络知识竞赛。联合农科院等部门组织农业专家送科技进村入户，为农村妇女开展烟草、果树、蔬菜、畜牧等种植、养殖实用技术培训。组织女职工参加“争创一流岗位，争创一流业绩”活动，开展业务培训、技能大赛、安全协管、技术革新、节能减排、提合理化建议等活动，促进女职工岗位练兵、岗位成才。开展“岗村联动”，发挥巾帼示范岗资源优势，帮助农村妇女不断提高自主发展能力。

组织实施“母亲水窖”项目，与省妇基会签订项目管理协议，督促、指导县（区）实施好“母亲水窖”项目。米易县白马镇中心校10万元和仁和啊喇乡中心校40万元的“母亲水窖”——校园饮水安全项目工程实施80%，资金和相关设备全部到位。完成并落实60万元的项目实施报告。

开展巾帼现代农业示范基地创建，通过项目开发建设，水利、农业与科技措施的综合开发，项目区生产环境得到有力改善，妇女综合生产技能和组织化程度提高，致富能力增强，经济收入增加。已实施的全国巾帼现代农业科技示范基地——丙谷镇雷窝村，妇女人均纯收入全年增加1300元，实现“发展一个点，带动一大片”的目标。

实施计生“三结合”帮扶和“挂包帮”工作，市妇联到帮扶基地调研，交流座谈，了解计生“三结合”和“挂包帮”结对帮扶户的生产、生活、生育情况，组织领导、专家深入帮扶基地为村民们做“中国梦”主题报告。与20户新增户签订帮扶协议，兑现帮扶经费，送去抗旱救灾资金，同时还发放市妇联征订的《分忧》杂志及“中国梦”倡议书等宣传资料。

做好女企业家联谊会工作，以“商海流芳、绽放女性正能量”为主题举办2013年攀枝花市女企业家年会，女企业家们就如何积极有效应对复杂严峻的宏观经济形势进行分享。组织优秀女企业家参加幸福教练培训和女性人才座谈会，开阔女企业家视野，提高综合素质。完成女企业家联谊会换届相关工作，选举产生新一届理事、会长和副会长。

【“两纲”实施】 2013年，攀枝花市妇联强化《攀枝花妇女发展纲要（2011—2020）》《攀枝花儿童发展纲要（2011—2020）》（简称“两纲”）目标管理。3月，市妇儿工委组织召开全市新一轮“两纲”实施推进会，将10年的“两纲”任务分解落实到各成员单位，签订目标责任书。在2013年11月市政府与群团联席会上确定，将“两纲”实施工作纳入市委、市政府对各县（区）的年度一级目标考核和对市级成员单位的年度业务目标考核内容。各县（区）及市级各成员单位结合工作实际，分别制定“两纲”10年规划和年度计划。

加大“两纲”宣传力度，市妇儿工委办印制“两纲”手册1万册、“两纲”解读资料3000份、“两纲”宣传画100份，利用“三八”妇女节、“安全宣传日”“法治宣传月”“6·26”国际禁毒宣传日等活动进行“两纲”知识宣传。市电视台和市有线电视台等市内多家新闻媒体对全市新“两纲”实施情况报道10余次。

加强“两纲”监测统计，调整“两纲”监测工作领导小组，将重难点领域的专业技术人员充实到监测统计工作组和专家评估组。制定统计监测实施方案、统计报表制度等，逐步实现监测统计工作的规范化、制度化。举办“两纲”监测培训会议，将涉及妇女儿童发展的125项工作目标分解到33个部门，明确主体责任，做到统计口径一致，准确掌握全市妇女儿童事业发展情况。

强化免费婚检工作，推动市委、市政府办出台《攀枝花市关于进一步加大婚前保健服务工作力度 提高出生人口素质的意见》，市妇儿工委办、市民政局、市卫生局等部门制定具体的《攀枝花市深入实施免费婚前保健服务工作方案》。强化组织领导和工作推动，把免费婚前保健服务纳入公共卫生考核内容，实行年度目标管理责任制。强化部门之间的协作与配合，市妇儿工委办负责牵头抓总，市委宣传部、市民政局、市卫生局、市人口计生委等7个成员单位的职责清晰、任务具体。规范覆盖范围，将女性年龄48周岁以下和男性任何年龄段准备初婚或再婚的人员纳入婚检范畴。强化经费保障，调整补助标准，将补助标准调整为男性婚检补贴130元/人，女性婚检补贴136元/人，市、县（区）两级财政各承担50%，确保婚前保健服务项目顺利开展。2013年全市婚检率达79.46%，较2012年增长15.34%，该项工作走在全省前列。

市妇儿工委从各县（区）实际出发，坚持“适宜什么发展什么”的原则，对每个县（区）的优势工作给予重点支持。东区的“免费婚检一站式服务”、西区的“家庭教育”、仁和区的“城乡统筹妇女发展”、米易县的“和谐家园建设”、盐边县的“儿童友好家园”等成效突出。免费孕前优生健康检查实现三区两县全覆盖，全年检查4083人，目标人群参检率达90%，超额完成省级下达80%的目标任务。继续实施孕产妇住院分娩补助项目，全年孕产妇死亡率19.11/10万，较2012年同比下降31.28%。进一步提高女性社会保障水平，全市女职工参加基本养老保险212530人，占全市参保人数的42.17%；参加城镇职工基本医疗保险181034人，参保率较2012年同比增长63.06%；参加城镇居民医疗保险194846人，参保率较2012年同比增长33.79%。

【妇女儿童维权】 2013年，市妇联着力拓展维权服务新途径。市妇联于2013年1月正式开通“维权心理热线”（3316065），7位专业志愿者每天轮流值班，答疑解惑。至12月底，群众打进热线150人次，接待来访群众367件次，来访群众395人次，心理帮扶120人次。8月，在社会爱心人士的捐赠下市妇联成立的“爱心沙盘工作室”，通过沙盘技术对遭受伤害的儿童和妇女进行心理辅导与创伤修复，已接待80余人次，同时通过“爱心沙盘”每周定期为儿童福利院8名儿童做成长性辅导。

举办维权技能培训。4—5月，市妇联对5个县（区）的200余名妇联干部进行维权技能培训。培训中就市妇联近4年的维权信访数据统计、目前信访中形成倒三角形的信访局面及在信访中存在的突出问题进行翔实的分析与讲解。

解决信访突出问题，2013年市妇联接待群众来访280件，结案率达100%。在信访工作中，坚持解决实际问题与加强教育相结合，引导妇女群众正确处理婚姻家庭矛盾和利益关系。对于信访重大问题，及时与县（区）妇联联系，与公安、司法、心理卫生中心等部门协调沟通，切实维护妇女儿童合法权益。

开展扶贫济困和慰问活动，实施“两癌”（宫颈癌、乳腺癌）筛查项目，全市全年筛查11851人，查出“两癌”患者109人，有13人获得“两癌”项目每人1万元的救助，新申报救助22人。全市各级妇女组织利用春节、“三八”节、母亲节走访慰问贫困母亲150余名，发放慰问金55000元；利用“六一”节到市儿童福利院、特殊教育学校等开展困难儿童关爱慰问活动。

【家庭建设】 2013年，市妇联开展“家”字号品牌活动。各级妇联围绕“以德治家、以学兴家、以法护家、以俭持家、以洁美家”五家建设活动，以“五创联动 两化互动 巾帼齐行动”为主题，开展“爱心家庭”“学习家庭”“平安家庭”“低碳家庭”“洁美家庭”“星级农户”创评示范工作，以创评促参与。市第九次妇代会上表彰了全市十佳“五家”建设家庭50户。

组织家庭教育公益讲座，市妇联联合市关工委、市教育局、市文明办以“立德树人、用智慧提升孩子生命质量”为主题，邀请省家庭教育讲师团专家打造家庭教育精品公益讲座。就孩子在幼小衔接、小初衔接、初高衔接等不同阶段家长所要做的准备工作，讲解技巧和方法，让孩子顺利渡过每一个关键期。开展巡回讲座63场次，受益家长2.5万人次。

推动未成年人思想道德建设，开展优秀“小公民”评选表彰宣传活动，表彰全市“小公民”30名。对2006—2012年表彰过的优秀“小公民”开展回头看调研活动，向市文明办推荐“美德少年”4名。“六一”国际儿童节期间，举办“我是阳光花城小导游”主题活动、“我的童年、我的梦”等文艺晚会，展示攀枝花少年儿童朝气蓬勃、勇于探索、健康向上的精神风貌。

发挥巾帼文明健身队宣传作用，县（区）妇联在已建成的74支巾帼文明健身队（含秧歌队、舞蹈队、腰鼓队）2034名队员的基础上，进一步加强队伍建设，按照“每个乡镇不少于2支队伍，每支队伍人数不少于30人，其中女性占80%以上”的目标创建，全面完成了创建任务。

举办第五届“小科帮忙相亲汇”活动，以“牵手七夕、相约幸福”为主题，为600余名适婚单身男女搭建婚恋平台，邀请幸福教练、专家举办婚恋交友培训，帮助单身男女树立正确的价值观、婚恋观，建立幸福家庭。自2009年活动举办以来，有200余对新人喜结良缘。

举办“母亲节”宣传活动，母亲节期间，倡导尊重母亲、感恩母亲、孝敬母亲的良好社会风气，开展“感恩母亲”寄贺卡活动。市妇联联合邮政局制作“感恩母亲”贺卡，发动5个县（区）妇联组织1200余名“留守儿童”为自己的母亲和“爱心妈妈”寄贺卡，以表达感恩之情和节日祝福。

【妇女小额担保贷款财政贴息工作】 2013年，市妇联积极开展妇女小额担保贷款财政贴息工作。1—6月发放妇女财政贴息小额贷款37807.35万元，完成省、市下达的7000万元目标任务的540%。下半年因政策调整，暂缓放贷。全年获贷妇女5986名，其中城市妇女282名，获贷金额2880万元；农村妇女5704名，获贷金额34927.35万元。为创业妇女申请财政贴息资金2761.58万元，帮扶带动了17000余名城乡妇女创业就业。2013年，市妇联被市政府评为“就业创业工作先进单位”。

制定目标，强化督导。3月1日，召开市妇女贴息小贷联席会议，总结2012年工作情况，安排部署2013年工作，对县（区）和金融机构进行目标分解，要求纳入各县（区）、成员单位年终目标考核。

开展调研，规范运行。3—4月组织部分成员单位及县（区）妇联，深入基层围绕妇女小贷与产业发展、与扶贫攻坚、与居家灵活就业工作相结合的情况，就贷款对象的遴选和审核是否体现“扶小扶弱”原则、规范操作上是否存在转贷行为和提前扣息、贷款资金的使用是否与贷款发展项目相符及资金风险防控等方面开展专题调研，推动惠民政策扶持创业就业行动，增强家庭自我发展能力，变“输血”式扶贫为“造血”式扶贫。

政策解读，宣传培训。3月，以“推动男女平等 共建幸福家庭”为主题开展“三送”（送十八大精神、送政府惠民政策、送幸福健康理念）宣传培训活动，分别在攀煤集团、钢企（集团）、渔门镇等地开展12场巡回宣传和培训，2000余名妇女参加培训，发放环保袋等宣传品5000余份，妇女小贷知识等宣传资料1万余份。

加强联动，督导检查。6月，市妇女小贷联席会议办公室组织市财政局、市人社局、市妇联及相关金融单位对全市妇女小贷工作政策执行情况进行全面检查。通过听取各县（区）妇联、经办银行的工作汇报、查阅贷款户档案资料、现场抽查贷款户等方式，认真询问、核实贷款使用、项目进展收益情况，提出工作建议，总结工作中存在的问题，形成专题报告向市委、市政府及省联席会议办公室报告。12月，按照省联席会议及市政府的要求，开展小贷清理核实工作，对贴息贷款进行逐户检查，准确掌握全市贴息贷款的真实情况，为政府贴息工作安排提供决策依据。

掌握动向，专题汇报。因2013年年底部分贴息资金未兑现，贷款群众对政府和金融机构公信力产生质疑，在部分地区负面舆情较为突出，出现了集中不付银行利息的现象，媒体也进行关注。针对这一情况，一方面及时有效地与媒体进行沟通，做好政策解释，同时做好群众的安抚解释工作，另一方面及时向市委、政府分管领导汇报，使困难和问题得以解决。

【“幸福教练”工程】 2013年3月，市妇联联合中共攀枝花市纪委、市委组织部、市委宣传部等12个部门开展为期3年的“做幸福教练　建幸福家园”活动。倡导广大妇女做自己幸福生活的教练，做家庭幸福生活的教练，不断增强幸福生活理念，学习掌握幸福生活的技巧和方法，并通过提升自己，传递幸福，带动家庭其他成员共同成长。具体来讲，“幸福教练”包含四个方面的内容，即幸福个人成长、幸福婚姻关系、幸福亲子关系、幸福职场关系。计划用3年时间在攀枝花本地培训1000名“幸福教练”骨干，通过这样一支队伍，每年带动六万人以上的普通老百姓，强化幸福理念，提升家庭生活质量。

“三八”国际妇女节期间，市妇联邀请上海幸福教练联盟专家对全市各级妇女组织推荐的900余名妇女进行培训，为首批“幸福教练”颁发证书，确定21个“幸福教练工作站”。7—9月，在四川省妇女干部学校举办4期幸福教练培训班，培训骨干220人。通过幸福教练辐射所在的部门、县（区）、企事业单位、学校和基层群众，提升广大女性及家庭的幸福指数。

【事实无人抚养儿童特别关爱帮扶行动】 2013年，市政府妇儿工委通过深入调研，于5月10日，由市政府妇儿工委办、市教育局、民政局、财政局、人社局、卫生局六部门联合出台《攀枝花市事实无人抚养儿童特别关爱帮扶行动工作方案（试行）》。对认定为事实无人抚养的儿童，建立了基本生活补助、教育就学、看病就医三大保障机制。6月27日，攀枝花市事实无人抚养儿童特别关爱帮扶行动实施推进会在攀枝花市会展中心召开，30余位各单位、部门负责人参加，妇联、财政、民政、教育等部门汇报了相关工作，会议围绕怎样切实推进特别关爱帮扶行动展开讨论，市政府副市长、市妇儿工委主任张敏出席会议并讲话，要求尽最大努力覆盖到全市每一位符合特别关爱条件的儿童。

全市全年认定事实无人抚养儿童67人，从2013年8月开始对67名儿童发给每人每月300元—400元的生活救助，采取市、县（区）财政各承担50%的方式予以救助。

【攀枝花市妇女第九次代表大会】 2013年，市妇联按照市委“节俭办会，注重实效”的要求，积极做好第九次妇代会的各项筹备工作，11月8日上午，攀枝花市妇女第九次代表大会在攀枝花市会展中心开幕。来自全市各条战线的291名妇女代表聚集一堂，共商妇女事业发展大计。省妇联副主席李静到会祝贺并讲话。市领导刘成鸣、张剡、谢道全、单荣、赵辉、杨自力、许健民、张如英、张敏、马晓凤出席会议。

会议指出，市妇女第八次代表大会以来的五年，是全市广大妇女解放思想、锐意进取，为攀枝花又好又快发展作出突出贡献的五年；是各级妇联组织主动作为、开拓创新，妇女工作取得显著成绩，妇女事业蓬勃发展的五年。

会议提出，今后五年，全市妇女工作的主要任务是：围绕市委、市政府中心工作和妇女需求，充分发挥妇联的政治优势和组织优势，深入实施素质提升、巾帼建功、幸福家庭、维权服务、强基固本“五大行动”，着力把妇女工作阵地做实、品牌做优、队伍做强，以在全省争创一流为目标，全力推动攀枝花妇女工作取得新突破、实现新发展。

李静代表省妇联对大会的召开表示祝贺，她指出，攀枝花市委、市政府和各级党政高度重视妇女事业发展，认真贯彻男女平等基本国策，切实加强对妇女工作的领导，制定一系列涉及妇女权益维护、健康保障、教育就业等方面政策文件，持续加大人财物的投入，为妇女工作开展创造有利条件，促进了妇女儿童事业与攀枝花经济社会同步协调发展。

赵辉代表市委、市人大、市政府、市政协，向全市广大妇女和妇女工作者致以诚挚问候。希望全市妇女加强学习、提升素质，在增强自身本领中塑造新形象；立足本职、奋发进取，在推动科学发展中创造新业绩；传承文明、弘扬美德，在促进社会和谐中引领新风尚。

大会审议并通过刘道泸代表攀枝花市妇联第八届执行委员会所作的工作报告——《汇聚巾帼正能量　共建幸福攀枝花　为攀枝花市在全省率先全面建成小康社会而努力奋斗》，表彰妇女先进集体和先进个人，选举产生新一届领导机构，圆满完成各项议程。

（徐云芳）

武 装

地方武装

【概 况】 2013 年，攀枝花军分区辖东区、西区、仁和区、米易县、盐边县 5 个人武部和攀钢集团公司、攀煤（集团）公司、中国十九冶集团公司 3 个大企业武装部。7 月，军分区司令员程少华退休，张青任军分区司令员。11 月，军分区政治委员陈向东调云南大理军分区任职，李钊任军分区政治委员。

2013年，军分区党委紧紧围绕“听党指挥、能打胜仗、作风优良”强军目标要求，深入学习贯彻中共十八大、十八届三中全会精神，按照两级军区党委安排部署，坚持持之以恒抓作风、统筹结合抓落实、开拓进取抓创新、跟踪问效抓质量，部队和国防后备力量建设呈现良好的发展态势。

【思想政治建设】 2013年，军分区坚持把学习贯彻中共十八大精神作为首要政治任务，按照党委机关抓深化、基层官兵抓普及的思路，广泛掀起学习宣传贯彻中共十八大、十八届三中全会精神热潮。采取领导串讲、课题研究、讨论交流等形式，抓好党委中心组带机关、带人武部理论学习，先后12次采取聘请地方党校讲师团、军分区党委常委辅导授课和座谈交流等形式组织专武干部和民兵骨干参加学习班，培养理论学习骨干128人；注重使学习教育活动向民兵预备役中推进，军分区党委常委和人武部主官先后30多次深入地方企事业单位、民兵常驻分队进行宣讲。不断打牢部队听党指挥的思想根基，深入开展“坚定信念、铸牢军魂”主题教育和“强军梦、官兵梦”“学习全会精神，拥护支持改革”专题学习教育，引导官兵强化中国特色社会主义道路自信、理论自信和制度自信，深扎党对军队绝对领导的思想根基。持续培育当代革命军人核心价值观，加强党史军史学习和中国共产党、中国人民解放军优良传统教育，发扬长征精神和战区“五种精神”（“一不怕苦、二不怕死精神”、老西藏精神、老山精神、川藏线精神、抗震救灾精神），特别是弘扬攀枝花市仁和区铁路桥隧守护民兵连“36年如一日忠诚履行使命”的精神，使之成为激励官兵和民兵预备役的强大精神动力。通过建好管好用好军史馆、荣誉室，开展“军歌嘹亮”歌咏活动、“迎春杯”运动会、营区设置标语口号、灯箱、橱窗和宣传牌，不断浓厚健康向上、特色鲜明的军营文化氛围。加强隐蔽斗争、“四反”（反渗透、反心战、反窃密、反策反）和警示性法纪教育，确保官兵任何时候任何情况下坚决听从党中央、中央军委和主席习近平指挥。扎实抓好军事斗争准备中政治工作，围绕战斗力标准，完善军分区作战和非战争军事行动政治工作方案，深入抓好根本职能和战斗精神教育，历练英勇顽强的战斗作风，特别是在雅安“4·20”芦山地震抗震救灾中，锤炼和提升了部队和民兵预备役人员的英勇顽强的战斗作风，为完成任务提供强大精神动力和可靠保证。不断加强文字成果研究，制定下发《军分区部队新闻报道奖惩实施方案》，有力推动新闻报道工作。军分区在省级以上媒体上稿380篇，其中《解放军报》上稿11篇、《战旗报》上稿38篇、其他中央级媒体上稿11篇、中央电视台2条、总政《政治工作通讯》1篇、《四川省军区要讯》8篇。

【战备训练】 2013年，军分区认真贯彻《战备工作条例》，及时修订完善1个作战预案、6个应急预案和30个保障预案，形成完整的预案体系。持续深化战备值班综合整治，加强战备值班督查，战备值班秩序进一步正规。开展辖区核化生战场环境基础数据普查，采集影像和数据资料2000余条。加强战备设施建设，制作军分区作战室挂图，补充指挥作业器材，完善战备设施设备，强化常态化战备演练，战备水平进一步提高。坚持在实战中锤炼和提升部队遂行多样化军事任务能力，雅安“4·20”芦山地震发生后，军分区组织由44人组成的民兵医疗救护队，赴灾区执行医疗救护任务18天。先后在芦山县清仁乡6个村定点接诊555人次，巡诊2415人次，洗消防疫18000平方米，发放震后防疫宣传册380余份，挖掘排水沟1300米，清理废墟12处，搬运救灾物资11.5吨，为群众搭建帐篷42顶，为抗震救灾作出应有贡献。严格落实党委议训制度，定期分析军事训练形势，认真纠治训练中存在问题。组织48名专武干部、62名民兵连（排）长、1481名基干民兵进行队列、射击、防暴、抢险救灾等基础训练和通信、工兵、防空、医疗救护等专业训练；组织首长机关开展“新老六会”（读、计、算、写、画、传）、指挥信息系统操作等专业训练和政策法规、军事理论、参谋“六会”（读、计、算、写、画、传）等课目的教学训练，圆满完成年度军事训练任务。军分区官兵在省军区范围内率先完成手榴弹实投训练任务，参加省军区应急指挥所紧急拉动考核，32分钟完成指挥所开设，总评成绩优秀。坚持保障向军事训练活动聚焦，协调经费500余万元，新建轻武器射击场，购置自动报靶系统等训练保障器材，有力保障了军事训练活动正常开展。深入贯彻全省民兵工作会议精神和省政府、省军区2013年民兵整组通知，扎实抓好以基干民兵应急力量为核心的国防后备力量队伍建设，将全市原有的基干民兵“四支队伍”（作战队伍、应急队伍、保障队伍、其他队伍）整合为“应急”“支援”“储备”三支队伍，在5个县（区）、攀钢、攀煤组建民兵应急队伍，各乡（镇、街道）组建民兵应急独立排，有效提升应急救援能力。认真贯彻全省征兵工作会议精神，加强组织领导，广泛开展宣传动员，坚持质量征兵、廉洁征兵，圆满完成兵员征集任务。

【党委班子建设】 2013年，军分区根据班子调整的实际，认真学习民主集中制，修订党委议事规则，强化集体领导，增强班子团结，呈现出新班子、新面貌、新气象、新作为的良好态势。认真学习贯彻军委、军区党委机关改进作风“十条规定”和省军区党委机关改进作风的规定，结合实际制定贯彻落实具体措施。认真贯彻《军队党员领导干部廉洁从政若干规定》，加大工程建设、物资采购、兵员征接监管力度。扎实抓好党委机关“学习贯彻党章、弘扬优良作风”教育活动和纠治“四风”、基层风气专项整治教育，围绕解决“四风”问题、“五个方面不良风气”和“六个方面倾向性问题”大力开展整治活动，党委机关风气进一步纯正。坚持用制度管权、按制度办事、靠制度管人，及时修订各类预案，完善各项规章制度，强化依法开展工作意识，切实增强制度刚性，营造浓厚氛围。持续纠治酗酒、违规驾车、赌博、乱告状、乱议论、乱交往、收受钱物和奢侈浪费等倾向性问题。按照德才兼备的原则，调整2个人武部党委班子，提升正团职干部1名、副团职干部2名、正营职干部1名，树立注重基层、注重实干、注重官兵公认的选人用人导向。

【安全管理】 2013年，军分区认真落实军区《关于建立贯彻落实共同条令长效机制的意见》，扎实开展条令学习月活动，深入开展作风纪律教育整顿，大力培养军人作风，严肃军规军纪，不断强化官兵条令意识和纪律意识。依据《中国人民解放军安全工作条例》，完善由25个预案组成的防范重大安全问题预案体系，细化量化安全管理规定，层层签订人员、保密、车辆等安全责任书。认真开展“百日安全‘三无’竞赛”活动，确保部队安全稳定。深入贯彻“眉山会议”精神，扎实开展正规化建设达标活动，制定下发军分区正规化建设方案，突出人武部和小散远直单位正规化建设清理整治，进一步规范“四个秩序”（战备秩序、训练秩序、工作秩序、生活秩序）和各类登记统计。3月，军分区机关正规化建设通过省军区达标考核验收。认真贯彻《四川省人民武装基层建设纲要》，开展基层武装部规范化建设三年达标活动。人员管理上，突出抓好干部、职工八小时以外社会交往管理，干部、职工没有发生严重违纪和有社会影响的问题。选派精兵强将管理勤务队，着力纠治公勤人员管理松懈现象，勤务队面貌焕然一新。枪弹管理上，开展武器装备普查，认真清理清查武器弹药数质量情况和安全管理情况。组织民兵武器装备仓库看管人员业务培训，规范库室作业程序。加强警卫值勤人员教育管理，为武器库配发桌椅、衣柜等物资，民兵武器仓库秩序进一步正规。5月27—29日，安全完成2类1579发（枚）约2吨新增民兵报废弹药调运至成都的任务。车辆管理上，定期组织车辆技术状况检测，坚持动用请示报批制度，加强军车出入营门登记检查。扎实开展“严格军车管理、维护军队良好形象”专项整治活动，着力纠治特权思想，整顿驾驶作风。营区管理上，加强营门警卫值班人员的管理，认真落实出入营门人员、车辆的盘查、登记制度；加强盘查询问和夜间营区巡逻力度，确保营区安全。安全保密上，认真落实移动存储介质登记管理制度，加强对计算机和涉密文件资料的安全管理，不定期对各单位保密室和涉密存储载体进行安全检查，确保信息绝对安全。

【基层建设】 2013年，军分区深入开展“学纲要、知纲要、用纲要”活动，突出基本职责学习履行，持续推进《基层建设纲要》落实。参照成都警备区先行试点经验做法，集中组织基层党委（支部）正副书记轮训，立足党委（支部）班子岗位开展练兵活动，增强党委（支部）按纲抓建、自主抓建能力。着力提高经常性基础性工作质量，深化两个经常性工作能力培训成果，坚持不懈地抓好“三个一线”（一线指挥部、一线战斗堡垒、一线带兵人队伍）、“四个基本”（基本教育、基本队伍、基本制度、基本设施）和八项经常性主要工作，认真落实“两课一讲评”（党课、政治课，讲评干部）、“六项制度”（定期分析部队思想形势、定期讲评干部骨干、定期谈心谈话、定期安全检查、定期排查个别人、对要害部位人员进行政审），安排5个工作组蹲点调研和4名机关干部当兵锻炼，开展以“如何推进基层按纲抓建”为课题的调研，有效推进经常性基础性工作落实。加大基层帮建力度，开展“1名常委挂钩联系1个单位”活动，突出抓好人武部和2个小散远直单位的帮带。注重为基层办实事解难题，与市政府联合出台《军人子女教育优待办法实施细则》，协调市财政局为驻攀部队23名干部随军未就业家属发放生活补助费5.5万余元。

【后勤建设】 2013年，军分区坚持党委理财，认真落实党委集体领导下的“一支笔”签字审批制度和人武部双主官签字制度。坚持纪委参与、审计前移，在全区开展年度预算安排审计和政府专项经费审计，使经费投入向“能打仗、打胜仗”聚焦。深入贯彻军委、总部和两级军区厉行节约、反对铺张浪费的一系列重要指示，以落实审计整改意见为契机，规范财经秩序，大力压缩行政消耗性开支，提高经费保障效益。开展账户资金清理检查，强化资金和银行账户管理，确保资金安全。组织财务干部业务培训，集中编制年度预算，规范经费管理。参加省军区财务业务评比，综合成绩“优秀”。3月底，组织全区16名驾驶员进行为期15天的复训，提高了驾驶员业务技能和车辆安全性能。努力提升综合保障效益，积极协调地方政府完成市国防动员综合教育训练基地建设。圆满完成“2012”新式军车号牌换发和领导干部、机关公务用车问题专项治理工作，开展新式军车运行专项军地联合执法检查行动，确保军车运行规范。绿化美化营区环境，军分区被评为全军绿色生态营区。围绕担负多样化军事任务，积极探索民兵预备役非战争军事行动常态化、多样化、大规模化后勤保障方法，圆满完成雅安“4·20”芦山抗震救灾保障任务。

【参建参治】 2013年，军分区扎实推进国防后备力量建设工作落实，协调市委、市政府把国防后备力量建设纳入各县(区)党委、政府和市级部门目标管理考核内容，把乡（镇）武装部发动民兵参建参治情况纳入年度目标考核，有力地推动了全市国防后备力量建设。3月底、12月中旬，军分区对5个县(区)党委、政府加强国防后备力量建设工作情况进行考核，人武部对乡镇武装部发动民兵参建参治情况进行考核，成绩均为“优秀”。着力推动军民双拥共建，依据市委“挂、包、帮”计划，军分区、人武部建立双拥共建单位14个、扶贫联系点6个，先后为贫困山村协调投入帮扶资金150余万元。深化全民国防教育，广泛开展双拥共建，推动军政军民团结，攀枝花市连续三届被评为“全国双拥模范城”。积极组织民兵预备役参建参治，围绕市委经济建设总体思路和目标任务，共出动民兵10200多人次，圆满完成煤炭管理秩序维护、打击煤炭私挖盗采、保护直却矿、护林防火、抗旱救灾、重大活动维稳执勤、维护征地拆迁秩序等任务70多次，建立民兵芒果基地、蔬菜基地、养殖专业合作社、葡萄示范基地、示范林30多个，受到市委、市政府的肯定。

（李　进）

武　警

【思想政治教育】 2013 年，武警攀枝花市支队坚持把听党指挥作为最高政治要求，努力在思想政治建设下功夫，确保部队绝对忠诚、绝对纯洁、绝对可靠。充分运用热点讨论、板报宣传、实践感悟等方法，扎实抓好《党的十八大基本思想、基本观点、基本要求》以及中共十八届三中全会精神的学习宣讲，组织部队重点学习国家军委主席习近平关于国防和军队建设及武警部队建设与改革的系列重要指示，组织理论骨干培训，切实筑牢忠诚可靠的思想理论基础；结合中华人民共和国成立 64 周年和纪念毛泽东等为雷锋题词 50 周年，广泛开展党史军史警史专题讲座、党章知识竞赛和“升国旗”爱国主义教育等系列活动，不断铸牢官兵强军之魂。充分运用“1+3”教育模式，采取讨论辨析、体会交流、演讲比赛等手段，深入开展“坚定信念、铸牢军魂，永远做党和人民的忠诚卫士”主题教育活动，贴近实际抓好“中国梦、强军梦、我的梦”学习教育，切实筑牢官兵听党话、跟党走的思想根基；组织 “4·20” 芦山抗震救灾事迹报告会，激励官兵立足岗位为支队建设增光添彩；突出抓好意识形态领域工作，采取常委每人上党课、邀请市国安局专家辅导授课等形式，专题开展时事政治、形势政策、防间保密、防范邪教等教育，制定《做好“四反”斗争意见》，严格落实“三个半小时”（每天半小时收听广播、半小时收看新闻联播、半小时读报评报）制度，加强网络和手机管控，确保官兵政治坚定、内部纯洁巩固。大力开展“真知兵、深知兵、细知兵”交心谈心活动，认真研究分析官兵思想心理、行为方式和价值取向，组织对官兵思想状况、现实表现、实际困难定期调查分析，梳理问题、研究对策，着力解决官兵困难疑惑、关爱官兵身心健康；认真研究新训时间调整带来的新情况，严密组织新兵“三查一除”（政治复查、体格复查、心理测查，组织退兵）工作，以总部首长“一封信”精神为指导，以开展“四真”（真知、真爱、真帮、真训）活动为载体，扎实抓好新兵“第一适应期”教育训练工作落实，不断打牢新兵“四个基础”（政治思想基础、军事技能基础、作风纪律基础、身体心理基础），确保部队内部纯洁巩固。1 个中队、4 个班排荣立集体三等功，22 名官兵荣立个人三等功，140 名战士被支队评为“优秀士兵”，1 名优秀士兵保送入学，1 名大学生士兵提干。

【组织建设】 2013 年，武警攀枝花市支队认真贯彻国家军委主席习近平“三个坚持”（坚持领导带头、坚持严字当头、坚持在求实务实落实上下功夫）、“三个着力”（着力纠治官兵反映强烈的不正之风、着力解决深层次矛盾和问题、着力构建规范化制度化的长效机制）的重要指示，坚持突出党委班子和领导干部这个关键，抓住增强党性这个根本，扭住改进作风这个要害，扎实抓好党委班子建设。深入开展“学习贯彻党章、弘扬优良作风”教育活动，注重学深悟透十八大报告、新党章，党中央、中央军委、武警党委和总队党委关于改进作风的要求规定，奠定解决问题的理论基础。在党委机关扎实开展“强化法纪观念、反对拜金主义”教育和“树立正确理念、明辨是非界限”学习讨论活动，促使大家明确是非界限、端正价值追求、扎实改进作风。严密组织基层风气专项整治活动，全面分析查找基层风气建设和党委机关在“四风”（形式主义、官僚主义、享乐主义、奢靡之风）上存在的突出问题和表现，深刻分析原因危害，研究制定党委机关加强风气建设和深入推进整治活动措施，有序推进 9 类 32 个问题的治理。扎实开展“五超”（超标准用车、超面积住房、超预算花钱、超规格接待、超编制用人）专项治理，压减超编干部 1 人，清理超占兵员 2 名，将 4 台超标车辆作为执勤战备车辆统一调派使用，收回外借车辆号牌 3 副。严格落实民主集中制，靠依法民主科学保证决策的正确性，靠经常交心交流增强班子团结，靠公平公正处理热点敏感问题增强班子凝聚力感召力，组织班子成员作公开承诺，申报个人事项，班子团结协调质量得到提升。在选准配强基层班子的基础上，严密组织基层党支部岗位练兵、党课教育、政工例会和基层党支部书记和新任委员网上培训活动，认真落实蹲点调研、常委包队、股室挂钩责任制，使组织功能得到强化。至年底，基层 8 个党支部发展平衡，没有明显弱的班子。年内，调整使用 35 名干部、组织 11 名战士考学、选送 18 名技术学兵、确定 41 名预提指挥士官集训人员，部队上下信服。支队被武警四川省总队表彰为“基层建设先进支队”，支队党委被武警四川省总队表彰为先进旅团级单位党委，支队团委被武警四川省总队表彰为红旗团委，第二中队、第五中队、盐边县中队分别被武警四川省总队表彰为“基层建设先进中队”，第五中队党支部、团支部分别被武警四川省总队表彰为先进基层党组织、先进团支部。勤务中队中队长胥小刚、盐边中队指导员徐怀杰、勤务中队排长银兴武、第四中队战士甘本飞分别被武警四川省总队表彰为优秀共产党员、优秀党务工作者、优秀团干部、优秀团员。

【干部队伍建设】 2013 年，武警攀枝花市支队充分运用中央纪委通报的 6 起典型问题和军队违纪违法典型案例，围绕建设过硬干部队伍，先后开展政策法纪、“四个正确对待”（正确对待组织、正确对待同志、正确对待进步、正确对待走留）、纠治不良风气、“明辨是非荣辱、端正价值追求”“学本职、钻本职、干本职”等教育，广泛开展谈心交心活动，积极引导各级干部端正事业追求，校正价值偏差，立足岗位奉献。公正抓调配，针对干部队伍任职时间偏长、结构比例失调的实际，采取既用任职时间长工作踏实肯干的老干部、也用工作实绩突出的年轻干部的办法，认真落实干部逢提必考选人原则和“双推双评”（组织推荐、群众推荐，民主评议、民主测评）用人程序，科学制定调配方案，搞好群众推荐、任前公示、公开承诺、常委谈话。严格抓管理，认真落实总队《从严教育管理干部规定》，研究制定《进一步加强干部队伍建设的意见》，采取“定专人负责、包传达上级指示要求、包了解在外表现、包接受情况汇报、包做思想工作、包不发生问题”等措施加大在外干部管控，坚持运用谈心谈话、思想汇报、全面监督、全时管控、平时考评等手段，确保广大干部履职尽责。注重抓能力，通过开展岗位大练兵活动、组织基层党支部书记培训，搞好“基地式”培训；通过组织干部轮流授课、函授学习，推荐优秀干部到总队以工代学，选送干部到院校深造，搞好“自修式”培训；通过广泛开展军事会操、知识竞赛等活动，搞好“擂台式”培训；通过重大活动交任务、压担子，搞好“实践式”培训；通过以会代训、蹲点帮扶，搞好“帮带式”培训，督促各级干部加强在职学习、岗位实践、任务锻炼和问题研究。着力抓解难，组织对 96 名干部逐个调查摸底，梳理具体困难，解决“四个具体问题”（随军家属就业、转业安置、子女入学、大龄干部婚恋）、开展“三项暖心工程”（为随军无工作家属争取地方补助、保证干部休假、每年组织干部体检），关心关爱干部，努力为干部排忧解难，促进干部安心尽心上心。全年，先后完成 6 名干部入学深造，看望慰问生病住院、结婚生子、家庭困难的干部及家属 40 余人次，为 18 名无工作随军家属争取自谋职业补助 4 万余元，帮助解决干部家属工作调动、子女入学入托问题，协调地方军转部门为 5 名转业干部安置单位。

【军事训练】 2013 年，武警攀枝花市支队坚持以提高遂行任务能力牵引，大力强化当兵打仗、带兵打仗、练兵打仗思想，突出基础训练、专勤专训、技战术训练以及人装结合训练，严密组织军事比武、冬季新兵野营拉练、“卫士-13”演习和防汛抗洪检验性实兵演练，提高部队遂行任务能力。以季度会操为载体，突出干部、士官这个重点，每季度随机抽点官兵进行军事业务技能会操，带动和促进部队训练质量提升。以季度考核为手段，积极探索全员训练、分层训练、过关训练、达标训练的方法。以教导队为支撑，严密组织反恐、勤训轮换和预提指挥士官集训，冬季新兵训练在总队考核中取得总评优秀的成绩，较好发挥了随营警校作用。积极推进信息化条件下的训练改革，组织网上训练集成箱操作使用演示现场会，着力推行网上训、网上教、网上考、网上管。司令部被武警四川省总队表彰为先进司令部，1 名干部、2 名士官分别被武警四川省总队评为优秀参谋、百名优秀士官，3 名官兵被武警四川省总队树为百名训练尖子，2 名干部和 9 名战士分别被武警四川省总队表彰为“文明带兵好干部”“尊干爱兵好班长”。

【战备执勤】 2013年，武警攀枝花市支队认真贯彻总部中心工作网上集训精神，采取网络覆盖全程管、不打招呼随机查、跟踪督导末端抓、通报讲评限期改等方法，落实常委编组查勤、值班干部网上录像、每日网络通报、每周交班会汇报、每月常委会分析、大交班会讲评的运行机制，深入开展勤务“六查”（查思想认识、查执勤领导、查执勤部署、查执勤制度、查执勤能力、查执勤设施）专项治理活动，查找执勤隐患、规范勤务值班、正规执勤秩序，确保目标绝对安全。始终保持“箭在弦上、引而待发”的戒备状态，充分做好全国两会等特殊敏感时期和重大节日战备工作，扎实抓好情报收集、形势研判、方案修订和经常性战备工作，提高部队战备水平。强力推进“四防一体化”（人防、物防、技防、联防一体化）建设，组织对所有执勤目标摄像头安装位置进行重新调整，完成机关营门卫兵执勤方式调整部署，协调二滩水电站与五中队完善进入目标人员联合查证查验制度和米易县看守所监门哨上勤工作。精心组织各类临时勤务，先后出动兵力1892人次、车辆上百台次，圆满完成“肃毒一号”社会治安综合治理行动、“卫士-13”演习、领导警卫和重大活动安保、火车站春运执勤、武装巡逻设卡、押运押解、三中队撤勤搬迁等任务16起。特别是在雅安市芦山县“4·20”抗震救灾工作中，参加总队军事业务集训的8名官兵，在一线连续奋战14个昼夜，出色地组织群众徒步勘察清理210省道、转移灾民、搬运救灾物资、帮助灾民搭建帐篷、挖排水沟、收割庄稼、扑灭山火等任务，用实际行动树立了人民武警爱人民、为人民的良好形象，事迹先后被中央、省、市媒体报道。

【后勤建设】 2013年，武警攀枝花市支队坚持以“保中心、保基层、保生活”为重点，加强科学精细管理，注重勤俭节约，下功夫增强后勤综合保障的质量效益。积极搞好综合服务保障，按照规范经费保障、优化伙食保障、拓宽卫勤保障、改良应急保障的思路，突出官兵心理卫生、生活服务，加强预测、咨询、治疗和“四配套”（执勤设施配套、训练设施配套、文体设施配套、生活设施配套）体系建设，大力推进警营饮食文化建设，提高保障科学化水平。强力推进支队机关、教导队和盐边县中队后续工程建设，有针对性地开展后勤业务综合检查。

大力加强规范化管理，认真贯彻上级关于厉行勤俭节约、反对铺张浪费的指示规定，修订完善经费物资、公务接待、会议集训等管理规定，简化迎来送往，规范接待范围权限；严格落实公务卡结算、大额结算集中支付、信息回访和“一事一票一报”等制度，每月组织司务长集体办公，每季度组织对基层后勤管理情况进行检查考评，对大宗物资、办公用品进行集中采购，提高了保障效益。全年，支队较2012年同期集中采购经费相比节约3万余元，公务接待经费相比节约近30万元。积极与交警部门联系，建立军车违纪周通报制度，严格车辆派遣程序，健全干部带车、车场值班、营门哨兵监督“四证齐全”的全员全时管控制度，确保车辆运行安全。

不断提升应急保障能力，深入研究应急保障特点规律，修订完善各类应急保障方案，加强应急保障物资储备，与驻地医院建立官兵就医绿色通道，每月下基层巡诊，加大应急力量建设和能力训练，扎实开展实兵实装演练，深化后勤专业岗位练兵成果，加强专业人才队伍分类培训，不断提高应急保障能力。

【拥政爱民】 2013年，武警攀枝花市支队开展拥政爱民工作，支持驻地新农村建设，与盐边县惠民乡跃进村结成定点扶贫帮村对子，定期走访慰问该村，帮助村民解决实际困难，并与其党支部签订“领导挂点、部门包村、干部帮户”责任书，筹集资金1.16万元，用于对该村修缮公路塌方体和资助2个特困家庭3名小孩上学期间的个人生活费用。积极倡导“少抽一包烟、少喝一瓶水”，发动广大官兵向地震灾区、特困群众、希望工程捐款60850元，参与活动“让贫困学子圆大学梦”，资助近10名贫困学生完成学业。与地方21个单位结成共建对子，开展警民联欢、座谈会、篮球友谊赛、“优秀摄影师进警营”等活动29次，参加地方义务巡诊、义务劳动日、义务植树、军乐队义务演出58次，深入市、县福利院、敬老院、特殊学校走访慰问，配合驻地院校加强国防教育，为攀枝花学院、机电学院、攀枝花市第三中学、第十中学、第十一中学、第十五中学、第十九中学、经贸旅游学校、十九冶技工学校等单位军训学生11529人。三中队战士刘先东、杨磊被市委、市政府表彰为“攀枝花市见义勇为模范”。

【文化宣传】 2013 年，武警攀枝花市支队巩固支队文化建设成果，广泛开展群众性读书学习、岗位练兵成才活动，组织“情暖警营”文艺晚会、“军魂永驻”读书演讲、“流动图书进警营、法律服务到警营”和战斗精神优秀影视展播等系列文化活动，积极打造军乐队、腰鼓队、威风锣鼓队等特色队伍，深化以“值日小讲评”“进步小周记”“警营小板报”“学习小交流”“情感小故事”“新闻小点评”“才艺小表演”“影视小评论”为内容的“八小”教育活动，举办文艺骨干、新闻报道员、篮球裁判员培训和“八一杯”篮球赛，营造了健康向上的文化氛围和育人平台，促进了官兵全面发展、全面进步。大力开展舆论宣传工作，年内，先后在各报、刊、台和新闻网发表稿件 690 篇(其中中央和国家级 5 篇、省级 25 篇、市级 35 篇、总队局域网 625 篇)。

（孙玉壶）

人民防空

【概　况】 攀枝花市人防(民防)工作始终以军事斗争人防应急准备为牵引，遵循“长期准备、重点建设、平战结合”的方针和“与经济建设协调发展，与城市建设相结合”的原则，推进防空防灾“两防一体化”建设。2013 年继续以“六个一”项目（一个基本指挥所、一个移动指挥所、一个规模化人防工程、一个核心疏散基地、一个民防宣教中心、一个万人以上乡镇安装一套警报设施）建设目标为抓手，不断提高人民防空的战备效益、社会效益和经济效益，走融合式发展道路。积极融入政府应急管理体系，融入社会经济发展，加强民防知识宣传教育，扎实推进基层人防建设，完善人防应急救援指挥平台，整组人防专业队伍，成立民防志愿者队伍，不断充实人防工作内涵，拓展民防工作外延。

【组织指挥】 2013 年，市人防办（民防局）继续强化以地面站、市机动通信系统以及盐边县、米易县为依托的全市人防应急机动通信系统建设，完善以卫星地面站、短波通信、超短波通信、3G 图传和警报信号发放等多手段一体化的网络体系，确保全市人防（民防）卫星通信、短波通信、视频会议、北斗导航和警报统控系统的统一性和互联互通。设立攀枝花市应急联动中心，将各部门现有的应急指挥平台进行整合，实现统一高效的组织指挥，使人防战备资源更好地为政府应急救援发挥作用。“4·20”雅安芦山地震，人防应急救援通信分队紧急驰援，在震区的 9 天 9 夜充分展现出人防不怕困难、勇于担当、团结协作的精神，共完成与国务院总值班室、国家人防、北京民防、省应急办、省人防、省军区等部门指挥中心的灾情传输任务，协助北京电视台在芦山现场直播报道任务。由于在雅安“芦山”抗震救灾中通信保障工作的突出表现，攀枝花市人防办获四川省人民防空办公室表彰，记集体三等功 1 次。

【工程建设】 2013 年，攀枝花市人防办（民防局）坚持“以建为主，以收促建”的原则，认真执行《人民防空工程建设管理规定》等法规制度，严格执行“两集中、两到位”（推进一个行政机关的审批事项向一个处室集中、行政审批处室向行政审批服务中心集中，保障进驻行政审批服务中心的审批事项到位、审批权限到位），认真执行首问责任制、一次告知制、限时办结制，实现“咨询一人清楚，进一门办好，按承诺时限办结”。完成审批“流程优化”工作，将人防工程的质量监督和竣工验收的非行政审批项目纳入中心窗口服务，把 20 个工作日的审批流程精简到 5 个工作日，实行事前施工图交底，事中跟踪上门服务，事后分步工程验收及工程竣工验收，为办件提速提供实质性的保障。依法开展结合民用建筑修建防空地下室工作，至年底，全市易地建设审批及工程建设审批项目共 79 件，审批人防结建工程面积 35330 平方米，竣工验收人防工程 13 件，建筑面积 23155 平方米，完成年度竣工验收计划的 110%。严格按照《关于规范和调整防空地下室易地建设收费的通知》收取易地建设费 1500 多万元，超额完成年初下达目标任务（600 万元）。对廉租住房、公共租赁房、经济适用房、棚户区改造等保障性住房项目免收人防易地建设费，其他所有项目全部按照《中华人民共和国人民防空法》的要求，应建必建。继续发挥人防工程单位面积效益，走分散化向集约化转变道路。2013 年银泰城规模化人防工程和万友·香榭丽都规模化人防工程开工建设，建设面积共 3.5 万平方米。

【平战结合】 2013 年，为不断提高人防工程设备设施开发利用程度和服务民生的能力水平，攀枝花市人防办（民防局）重点突出主城区平战结合人防工程建设，完成社会投入人防工程建设资金 13879.2 万元；开发利用人防工事 3.2 万平方米，累计创工事产值（营业额）1 亿元，平战结合收入 120 万元，人防“结建”工程平战结合利用率达 90%，超额完成市委、市政府下达的新增 1500 个停车位民生工程建设任务，提供就业岗位 1050 个。将人防工程开发利用与日常维护管理并行，强化全市 14.8 平方米公共人防工程的维护管理，按照“一把手亲自抓、分管领导具体抓，安全问题责任到人”的原则，对地下宫、竹湖园人防工程分别建立防火档案，制定灭火、应急疏散预案，坚持做好安检记录；坚持重大节假日，旱、雨季现场检查与不定期检查相结合的方法，发现问题，及时查找原因，制定措施，限期督促整改，彻底消除安全隐患。全年对攀枝花市人防应急指挥中心、竹湖园人防工程、中心广场地下宫等人防工程的消防设施进行检查，包括对报警联动、启动水泵、冲水放水等系统功能的测试和抽查，除人防应急指挥中心屋顶消防水管漏水，需要更换排水管及补防水外，其余安全防卫系统均运行正常，完好有效。

【警报建设】 逐步完善攀枝花市人防应急指挥中心指挥信息系统工程及城市二级短波指挥通信网，进一步巩固市人防指挥所、三区两县、大企业、社区人防工作站之间的通信联络。全年组织业务训练共 20 余次，固定卫星地面站开通时间长达 368 小时；省级短波网联络次数 328 次，沟通 316 次，收报 300 份 7000 组（字），发报 3 份共 1000 组（字）；市级短波二级网全年共联络 25 次，沟通 25 次，发送报文 30 份共 600 组（字），沟通率为 100%。组织全市短波网电台人员野外业务培训班一期，时间 4 天，参训人员 50 人，地域为全市及周边地区，收发报文共 1800 组，未发生安全性事故。完善警报无线多媒体发放系统，将人防通信警报体系与政府灾害预警系统相融合，完善新型无线统控警报器和车载移动式警报器建设，实现防空警报网络的无线统控以及电视、广播等多媒体警报发放的报知。紧扣防空防灾“两防一体化”建设，固定报警和移动报警相互结合，强化警报音响的覆盖，预警报警体系建设向村（社）延伸，保证了战时群众掩蔽和平时应急抢险的报警需要。2013 年 4 月中旬和 9 月初，完成全市防空警报设备设施的普查、抽查工作；全年新增电声警报器 1 台、改造电动警报控制器 1 台；备份大黑山警报差转台 1 套、新购 5 台电动警报控制终端；维修电声警报控制终端 8 台，电声警报主机 5 台；完成全市警报“九一八”试鸣工作，鸣响率达 98%。

【疏散基地建设】 2013 年，攀枝花市人防办（民防局）结合新农村建设，对口帮扶，不断加大疏散基地建设力度，切实加强战时（应急）人口疏散基地规范化建设。在硬件建设上，不断完善疏散基地的交通、通信、生活等设施建设，提高人员防护掩蔽保障能力，加大城市应急避难场所建设，积极利用体育场所、广场、绿地、公园、人防工程等建设应急避难场所，落实疏散场所标识牌，完善平战转换方案。在软件建设上，按照《四川省人防战时疏散基地建设意见》有关要求，继续加快推进防空防灾人口疏散方案分解工作，将人口疏散方案具体落实到每个乡镇（街道）、每个社区（村居）以及每个住户和个人，并在社区建立起人口疏散志愿者队伍，负责紧急情况下引导居民有序疏散，逐步构建起市、县（区）、乡镇、社区四级人口疏散体系。推进城市人口疏散地域（基地）建设融入城乡统筹发展战略，统筹规划城市人口疏散地域(基地)建设与新农村建设相结合的实施计划，实现疏散地域（基地）建设和新农村建设双向互动、互利双赢。全年新建成达标疏散基地 2 个，即仁和区的中坝乡和米易县的白马镇，可疏散 3 万人。至年底，全市建有 4 个战时（应急）人口疏散基地和 39 个接收安置点，可疏散安置人口 39 万。

【群防组织】 2013 年，攀枝花市人防办（民防局）根据攀枝花市政府、攀枝花军分区《关于加强人民防空专业队伍建设的意见》要求，整合抢险抢修、医疗救护、防化防疫、通信、运输、消防、治安 7 种专业队伍，全年完成全市 1767 人的人防专业队伍整组，结合民兵训练开展骨干训练 300 余人。4 月 1 日，成立由 30 名志愿者组成的攀枝花市民防志愿者队伍，该队伍积极开展扶贫济困、捐资助学等奉献社会服务，参加“4·20”雅安芦山抗震救灾，到米易县湾丘乡青山村帮扶困难群众，并担负起全市民防知识宣传、应急交通、医疗救护、心理咨询等志愿服务工作。注重加强志愿者队伍的业务培训，培训内容包括民防理论知识和专业技能训练两部分，确保志愿者队伍能够拉得出、用得上，并结合民防志愿者自身特点，发挥其特长，积极开展各种丰富多彩的民防宣传教育及公益活动，把民防知识传播到千家万户。

【宣传教育】 2013年，攀枝花市人防办（民防局）认真落实《关于加强人防宣传教育工作的意见》，充分发挥各种宣传平台的作用，广泛宣传防空防灾知识。通过及时更新和完善攀枝花市防空防灾信息网、攀枝花人防官方微博，组织拍摄长达15分钟的《融合式发展的攀枝花人防》宣传片，展示人防工作情况，普及人防（民防）知识，交流人防经验。运用传统宣传阵地作用，在攀枝花公园、机场路等地，建立图文宣传教育阵地，制作人防法律法规和民防知识宣传栏，悬挂宣传标语，为广大市民提供学习人防法律和民防知识的平台。全年在《攀枝花日报》《攀枝花晚报》《阳光花城》等，开辟《关注民防、平安生活》公民避难知识宣传系列专栏48期；坚持以重大活动为载体，抓住契机搞好人防宣传，两会期间，市人防办（民防局）向人大代表、政协委员提供500余份《人防（民防）应急手册》，作为人防（民防）知识宣传读本供其阅读；“三一”国际民防日，市人防办（民防局）

组织干部、职工在竹湖园广场向全市群众发放宣传手册和宣传单3000余份；组织开展学校民防教育，向全市部分中学生发放由四川省应急办、省教育厅、省人防办组织有关专家编写的《人防防空与应急防护》教材近2000本。

（杨子仪）

消　防

【概　况】 2013 年，攀枝花市公安消防支队深入贯彻落实中共十八大重要精神，紧抓历史发展机遇，攻坚克难，开拓奋进，以实现在全省消防部队“争先进位”为目标，以“风气先导、建设先行、铁军先进、文化先锋”和“执法最阳光、队伍最和谐”为要求，凝心聚力、加鞭快进，建立完善“政府统一领导、部门依法监管、单位全面负责、群众积极参与”的消防工作新格局，全市保持火灾形势持续稳定，连续 8 年未发生较大以上火灾事故，为经济社会快速发展、百姓安居乐业创造良好的消防安全环境。至年底，全市消防部队共接警出动 1575 次，出动消防车 2802 辆次、官兵 17253 人次，抢救被困人员 263 人，疏散人员 2925 人，抢救保护财产价值逾 553 万元。2013 年，支队被市委、市政府表彰为 2009-2012 年度“圆梦行动”爱心助学先进单位，攀枝花大道特勤中队党支部被公安部消防局表彰为全国“先进基层党组织”，米易县城北新区中队被团省委评为“五四红旗团支部”，支队共有 84 人次立功受奖，其中攀枝花大道特勤中队代理排长马良获评全省“最美青工”并被推荐为“全国最美青工”候选人。中共中央总书记、国家主席、中央军委主席习近平在视察雅安灾区时亲切慰问支队援建官兵，省委常委、省政法委书记刘玉顺，副省长、省公安厅厅长侍俊到攀枝花市调研指导工作时专门慰问部队，并对全市消防工作高度肯定。

【火灾及接警出动情况】 2013 年，攀枝花市共发生火灾 630 起，受伤 0 人，死亡 1 人，受灾户数 68 户，烧毁建筑 4724.5 平方米，直接财产损失 188.1 万元。与 2012 年相比，火灾起数上升 472.7%，伤亡人数持平，直接财产损失下降 29.2%。连续 8 年未发生较大以上火灾事故，防范火灾工作保持稳定。

全年，全市消防部队共接警出动 1575 次，出动消防车 2802 辆次、官兵 17253 人次，抢救被困人员 263 人，疏散人员 2925 人，抢救保护财产价值逾 553 万元，无灭火救援失误。

【火灾隐患整治】 2013 年，市消防支队坚持学习实践科学发展观，认真按照《2013 年全市防火工作要点》和《2013 年消防监督执法工作目标责任书》要求，全面加强消防监督执法工作，强力推进火灾隐患排查整治，社会消防安全环境明显改善。完成“除火患、保平安”冬春专项行动及春节、元宵、清明、“五一”、中秋、国庆等重大消防安全保卫工作，切实开展“消防安全大排查大整治”活动、“平安四川”消防安全隐患整治行动、“火灾隐患排查整治”“畅通生命通道”“养老院医院等场所”“人员密集场所及彩钢板建筑”等各类专项整治工作，从源头上阻断消除各类消防安全隐患，有效预防和遏制火灾事故的发生。全年全市各级消防部门检查各类单位（场所）6021 家，发现火灾隐患 2926 处，已督促并整改 2806 处，填发《责令改正通知书》2365 份，办理消防行政案件 301 件，实施“三停”（停止施工、停止使用、停止营业处罚）53 家，临时查封 38 家，罚款 243.38 万元，拘留 19 人；办理消防审核 82 件，消防验收 45 件，消防设计备案 122 件，消防验收备案 65 件；组织实施火灾原因调查 75 起。在火灾隐患排查整治方面，达到“单位（场所）排查率 100%、隐患整改合格率 100%、重点部位隐患不反弹率 100%”的“三个 100%”的工作要求。在案件办理中，实现无执法投诉、无执法过错、无行政复议和诉讼的目标。在创新专项工作方面，人员密集场所的一般单位“四个能力”（消除火灾隐患的能力、扑救初起火灾的能力、人员疏散逃生的能力、宣传教育培训的能力）建设达标率为 100%，重点单位消防安全“户籍化”档案建档率为 100%，在人员密集场所的重点单位大力开展消防安全“三提示”（提示群众已进入公共聚集场所的火灾危险性；提示群众所在场所安全逃生路线、安全出口的具体位置，及逃生自救方法；提示群众场所内消防设施、器材具体放置位置和使用方法）工作，实现 100%覆盖。

【消防宣传】 2013 年，市消防支队以提高全民消防安全素质为目标，以社会化消防宣传和媒体消防宣传为抓手，建立政府主导、立体互动的消防宣传新格局。在全省率先组建“攀枝花市消防宣传教育中心”，以宣贯《全民消防安全宣传教育纲要（2011—2015）》为主线，强化与宣传、教育、文广、网监等部门单位的合作，建立完善舆情处置机制，进一步成功抢占并巩固中央和省、市各级主流媒体阵地，市消防部队各类重大抢险救援、火灾扑救、推优树典、民生服务等宣传工作有声有色；投入 20 多万元开设电视、广播消防专栏，开通在线服务 QQ 群、重点单位 QQ 群和微信微博，全面搭建“立体化宣教平台”；联系发动中共十八大代表丁爱谱等“城市名片”深入开展消防知识宣传；联合教育部门印制《防火宝典》，全面普及《消防安全常识二十条》；开办“流动消防学校”和“网络培训学校”，针对施工现场农民工群体、福利院等特殊人群开办“消防夜校”，以多种形式进一步扩大消防宣传声势。据统计，全年支队印发消防安全宣传单 11 万余份，印制《防火宝典》4 万册，发送消防提示短信 30 万余条；开办流动学校培训 22 期，覆盖全市 30 余个行业系统，直接培训人员达 1.2 万余人；在中央、省级媒体刊播新闻、信息、图片 2450 余条次，中央电视台专题节目、《人民日报》《人民公安报》头版均多次反映支队工作。与市电视台合办《攀枝花消防》栏目 12 期，全年在全省消防部队内网宣传排名支队级第一、在社会媒体宣传排名支队级第五。

【班子和队伍建设】 2013 年，市消防支队始终坚持抓班子、带队伍、促发展的指导思想，牢牢把握领导班子和队伍建设这一根本，以能力和素质建设为核心，强力推进部队执政能力建设。

着力提升各级班子领率能力，严格落实支队级党委班子“四项配套制度”（领导班子分工、党委议事决策、重大事项票决制、党委例行制度），切实提高支队党委班子核心领导能力，全年召开党委会 15 次，研究解决重大议题 155 个，中心组学习 16 次，民主生活会 2 次，为基层解决实际困难 38 件。以落实总队新“145”工程要求为抓手，组织开展“行动大响应，措施大落地，工作大推动”专项整治活动，健全以考在平时、争在平时的夺旗争星评比竞赛机制，调整充实 9 个基层班子，举办基层党组织书记培训班和入党积极分子培训班，基层组织的战斗堡垒作用显著增强。

着力加强人才队伍建设，出台《成才在警营指导意见》，固化战士考学、干部师徒结对、干部异岗异地锻炼、基层骨干人才培养、两用人才培养等方面的工作流程，并积极创造条件，切实从制度机制层面关心爱护官兵的成长进步，年内支队战士考学录取人数位居全省第二，创建队以来新高。进一步规范建立防火监督、灭火救援、文体骨干等各类人才库，并明确相关专家人才的传帮带责任和后备人才建设的工作要求。制定《营职领导干部竞争选拔工作办法》，严格落实营职干部“双考”（笔试、面试，体能测试）要求，推行机关干部“公选”，形成“凭实干进步、靠业绩用人”的导向。加强干部教育培训，分两期组织干部全员轮训，开展政工干部岗位练兵和“四会”（会搞思想调查和计划安排教育，会运用现代化教学手段备课讲课，会做思想工作，会进行心理教育疏导）政治教员评比，分岗位举办 4 期干部业务培训班。

着力抓好思想政治教育，全年邀请党校教授及其他专家学者上“大课”18 次，组织部队内部教员上“串课”39 次。重点部署开展“坚定信念，铸牢警魂”、中国梦和党的群众路线三大主题教育活动和“为何从警、如何做警、为谁用警”大讨论活动，牵头抓好全省第四教育片区工作，主题教育经验被总队《政工简报》刊载反映，并先后获得全市“中国梦”演讲比赛第一名和总队主题演讲比赛第二名，1 名官兵被评为全省“最美青工”并推荐为全国“最美青工”候选人。开展以“比表现、比训练、比安全、比存款、有孝道”为主要内容的“四比一有”活动，邀请攀钢困难职工到部队现身说法，组织官兵到生产一线开展“珍惜岗位见学实践”。抓好经常性思想和心理服务工作，对全市官兵开展心理健康“巡诊”，对防火干部和新兵进行专题心理辅导。严格落实党委议教、教育准备会、推门听课等政治工作制度，切实推进“法制政工”建设。

【后勤建设】 2013 年，市消防支队始终将强化后勤保障能力建设作为重中之重，抢抓机遇，深化管理，突出重点保障工作，强力推进基础建设，大力提升后勤正规化建设水平和可持续保障能力。强化基层基础建设，积极争取地方党委、政府和相关部门的重视支持，推进支队重点项目建设。

注重完善经费保障机制，紧紧抓住落实《四川省地方消防经费管理实施办法》的良好契机，积极奔走、多方汇报，推动地方政府主动履行消防经费保障责任，支队本级执行消防业务经费最新保障标准，消防文员、应急救援支队保障经费纳入财政常规预算，并与市财政局联合下发《攀枝花市多种形式消防队伍经费基本保障标准》，消防经费保障长效体系初步形成。

注重夯实基层基础建设，培训基地暨战勤保障大队和盐边县消防站动工开建，改造钢城大道中队迁建营房和加固钒钛产业园区特勤中队营房堡坎，完善攀枝花大道特勤中队、金沙大道中队、瓜子坪消防站工作生活设施。购置城市主战消防车、登高平台车等车辆 11 台、个人防护装备及灭火救援器材 5300 余件（套）、各类消耗性灭火药剂 72.5 吨，超额完成总队下达的目标任务。

注重提升保障效益，按照“权在党委、钱在财务、事在部门”的经费管理要求，严把经费的投向投量，压缩三公经费等消耗性支出，制定《公务卡管理实施细则》，从严规范官兵福利发放。超常规开展土地房屋专项治理工作，共补办 1 宗土地证、7 栋房屋产权证，确保部队土地房屋相关证件如期全部办完。推进战勤保障社会化，与地方单位签订联勤保障协议 15 份，组织开展大型战勤保障实战演练 2 次。圆满完成“三州”（甘孜州、阿坝州、凉山州）三年帮扶任务。

【党风廉政建设】 2013 年，市消防支队紧紧围绕省厅纪委和总队党委提出的党风廉政建设责任制任务和目标，始终把惩治和预防腐败作为一项重要政治任务，努力从源头上预防和治理腐败，建立党委书记负总责、纪委书记具体抓、党委成员分工抓的责任体系，坚持用制度管权、管人，全年部队无违法违纪行为发生。

加强责任落实，支队新一届党委坚持严人先严己、严下先严上，履新之际向部队做出“管好自己、管好家属、严守党的纪律、严格遵守党章”的公开承诺。执行党风廉政建设“一票否决”制度，与机关各部门、各大中队逐级签订《党风廉政建设责任书》，并健全《干部廉政档案》。落实党委定期“议廉制”，每季度召开党风廉政建设和队伍形势分析会。明确党委班子党风廉政建设责任分工，推进落实“一岗双责”。

加强教育整顿，贯彻落实各级改进作风要求，开展厉行勤俭节约，反对铺张浪费专题教育排查活动。开展正反两面教育，组织官兵学习刘鹏、兰辉等先进典型的事迹，进一步扬正气、驱歪风；组织官兵观看警示教育片，实地参观看守所，增强教育的震撼力。定期组织官兵学习“五条禁令”“三项纪律”等法纪铁规，增强“高压线”意识。强力开展消防监督执法突出问题专项整治活动，督促每名执法干部对照“十项内容”严格查摆剖析，做出廉政承诺，期间支队军政主官、纪委书记亲自开展廉政集体谈话和廉政授课，工作做法在总队《政工简报》刊载反映。

加强监督制约，结合实际重新排查各岗位廉政风险点，完善防控措施，堵塞漏洞。进一步推进纪委全程介入大宗物资采购、工程建设、士官选改、干部调整等重大事项，全面推行消防监督网上执法。全面落实消防监督执法回执和面向社会公开述职述廉制度，年内支队全体执法干部均开展公开述职述廉活动。以执法服务对象走访问廉活动为抓手，走访群众500余人、企事业单位100多家，发放问卷500余份，征求各类意见建议68条。完善党风廉政特邀监督员制度，坚持每半年召开一次座谈会，每季度征求一次意见建议。抓好督察审计，年内开展督察38次，编发《督察通报》10期，下发整改通知书8份，整改问题42个，并对2个大队进行离任审计、对4个大队进行常规审计。

【思想政治建设】 2013年，市消防支队以中共十八大和十八届三中全会精神为指引，以科学发展观和“三句话”总要求为统领，坚持政治建警、从严治警，坚持围绕中心、服务大局，着力在举旗铸魂上下功夫，在固本强基上出实招，在转变作风上求突破，在规范建设上有提升，开创思想政治工作新局面。

在落实好“双四一”（即“四个知道一个跟上，四个报告一个依靠”：自己的下级、战士要做到随时知道他们在哪里、在干什么、在想什么、需要什么，思想工作及时跟上；要向上级及时报告自己在哪里、在干什么、在想什么、需要什么，有了问题依靠组织解决）、“三互”（互帮、互学、互教）等传统经常性管理教育方式的基础上强力推进实施“三察（查）”（以依托信息化手段的随机检查、每月一次的定期督察和特殊时段专项纠察）、“五长联动”（支队长、大队长、中队长、班长、小组长五长职能联动）、“三点一线”（形势分析做到点穴、空白盲点经常点击、工作情况定期点评和推行一线工作法）、师徒“结对子”等制度，确保经常性教育工作实效。加强经常性思想骨干建设，指导各基层中队对思想骨干队伍进行补充完善和强化培训。组织全体政工干部开展经常性教育课件制作评比竞赛，有效提升政工干部开展经常性教育能力。加强经常性心理工作，为全市消防官兵建立健全心理健康档案，并定期开展心理测查和心理健康“巡诊”，逐渐形成心理工作长效机制。充分行使思想政治教育“四种权利”（教育内容的调整权、教育时机的选择权、形式与方法的决定权、经常性思想教育的自主权），深化推行“三课”（以盘活驻地教育资源上大课、整合政治教员资源上串课、用好传统教育手段上小课）制度，使思想政治教育时间、人员、内容、制度得到有效保障，在基层实现减负增效，受到官兵欢迎。2013年，共邀请地方专家学者上“大课”10次，组织部队政治教员上串课28次，统筹“学雷锋”活动、“缅怀先烈、牢记使命、建功立业”活动、全国全省两会精神学习、省委十届三次全会精神学习、“寻找最美消防员”、向刘鹏和兰辉学习、十八届三中全会精神学习和四川消防战斗精神口号征集等专题教育活动和要求。开展“坚定信念、铸牢警魂”“实现伟大中国梦、建设美丽繁荣和谐四川”主题教育和党的群众路线教育实践活动，开展“珍惜岗位、履职尽责”见学实践、“领导下基层，官兵（群众）面对面”“科队联创，互帮互学”、党的群众路线教育实践活动内部外部征求意见座谈会、集中读书交流、“四查四看”（一查思想认识，看是否树牢了群众观点、站稳了群众立场；二查工作作风，看是否深入基层、贴近群众，工作扎实有效；三查方式方法，看是否为群众所接受、真正受到群众欢迎；四查政策措施，看是否真正符合群众需求、惠及广大群众）、“我为第二故乡做贡献”“练强健体魄，育战斗精神，履忠诚使命”主题警营体育运动会、“最具活力幸福警队”和“十大和谐家庭”评选等活动，相关工作做法被总队《政工简报》刊载。作为第四教育片区牵头单位，支队积极发挥牵头协调作用，承办片区联席会和演讲比赛，并协调片区各支队举行片区授课比赛、知识竞赛和文艺汇演，获得总队政治部领导的高度评价。按照“法制政工”建设要求，严格落实党委议教、教育准备会、政工例会、教育督导考评等制度，督促各级配备政工百宝箱，组织政工干部遂行参与重大任务演练2次，开展推门听课活动20次，思想政治教育情况检查督导14次，集中调阅基层部队政治工作软件资料并讲评通报6次。制定下发2013年度政治干部岗位练兵活动方案，先后组织全体政工干部开展视频抽考、实地考试4次，集中培训3次，授课竞赛及课件评比10余次，召开练兵心得交流会2次，开展“四会”优秀政治教员评比并评选出优秀教员6名。

【构建和谐警营】 2013年，市消防支队先后斥资45万余元，持续推进支队“英雄”主核、分核警营文化建设，得到省委常委、省政法委书记刘玉顺和副省长、省公安厅厅长侍俊等领导的高度肯定。至年底，城北新区中队“感恩”文化、钒钛产业园区特勤中队“坚守”文化、新街社区中队“为民”文化、金沙大道中队“忠诚”文化、攀枝花大道中队“战斗”文化等分核文化已基本打造完成。以星级俱乐部创建和“五小一交流”（警营文化建设的小辅导员、小节目、小竞赛、小演出、小专栏，每年组织一次交流汇演）活动为载体，积极落实《全市消防部队警营文化兴趣爱好队伍建设细则（试行）》，对支队官兵文化爱好特长进行摸底登记，充实文体人才库，组建10余个文体兴趣小组并定期开展文体娱乐活动，推出城北社区中队“一米阳光”乐队、钢城大道中队舞龙、攀枝花大道中队腰鼓等特色亮点节目，开展主题征文、书画摄影比赛、主题警营体育运动会等活动，部队警营文化建设呈现硬件更硬、软件不软的良好态势。2013年，支队以“实现伟大中国梦、建设美丽繁荣和谐四川”、总队以“坚持党的群众路线，培育消防战斗精神”为主题分别荣获攀枝花市演讲比赛冠、亚军。

【构建和谐警民关系】 2013年，市消防支队以“学雷锋、树新风”、市委“挂包帮”和新村帮扶等活动为载体，全面开展亲民爱民助民活动，取得实际效果。春节前夕，支队与盐边县惠民乡水库村签订新一轮三年帮扶协议。支队协调媒体对新街社区中队官兵20年如一日接力帮扶仁和片区中心敬老院孤寡老人的感人事迹进行广泛报道。在元旦、春节、“三八”节等重要节点，支队党委成员分别率队看望慰问支队离退休老干部、竹湖园社区、市福利院困难群众、拥军模范唐明宪、中共十八大代表丁爱谱等，传递消防部队的深情厚谊，得到地方政府和辖区群众的高度认可和赞誉。同时，各级党委政府、机关单位和各界群众也纷纷走进部队，慰问官兵，共叙鱼水深情。丁爱谱、唐明宪还发挥自身优势，积极投身消防安全宣传教育工作，带头宣传消防知识。

【盐边县红果棚户区重大火灾隐患整改销案】 红果棚户区位于攀枝花市盐边县红果彝族乡红果村，占地面积2万余公顷。棚户区内电线随处乱接、乱拉，冬天室内生火取暖，使用易燃材料，耐火等级低，防火间距基本没有，居民消防安全意识和自防自救能力很差，消防车通道和消防给水等设施均不完善，并且红果棚户区距离盐边县城1个小时车程、路窄弯多，一旦发生火灾，消防队员很难及时到达，极易火烧连营，后果不堪设想。

攀枝花市公安消防支队多次向盐边县委、县政府沟通协调，明确将棚户区火灾隐患整改工作纳入政府议事日程，并安排防火和灭火技术骨干到现场指导，商讨详细的整改方案，有力地助推了棚户区火灾隐患的整改。经反复调研和磋商，县政府发布《红果彝族乡棚户区改造实施方案》，决定拨出整改专项资金，成立以常务副县长任组长的整改工作领导小组，县安办牵头，县消防大队为主，红果乡各部门全力配合，拉开整改决战的序幕。

“搬”出安全隐患，将幼儿园和家具作坊搬出棚户区，教育局协调将该园儿童并入红果中心幼儿园就读；“拆”出防火间距，将四级耐火等级建筑摸排，在划定的消防车通道上的房屋，一律拆除；“造”出消防水源，在山顶修建2个消防水池，再从水池中用管径10厘米的主管在消防车通道旁敷设消防管网800多米，12个室外消火栓；“铺”出消防车通道，既保证了消防车通行，也方便了棚户区居民的出行；“敷”出电器线路，老化的电器线路全部更换，每户加装漏电保护开关，配电盘底座全部使用不燃材料；“配”出消防器材，新增ABC干粉灭火器113具，新增消防水带80根，变型接头10个（65/50），消防水枪5支，消防梯4把，斧头8把，火钩10把，初期火灾的扑救能力显著增强；“划”出消防网格，棚户区划分成7个网格，每个网格有一名负责人，负责日常的巡查和消防器材的保管，在发生火灾时负责清点本片区人员，初期扑救和救援，确保不发生人员伤亡；“带”出志愿消防队，成立一支30人组成的志愿消防队，并设消防值班室一个，每天由3人24小时值班，定期组织培训、演练，负责接“火警电话”，对棚户区的消防水源、蓄水池及消防设施的巡查。乡上的一辆医疗救护车也随时待命。

2013年9月24日，市安办、市消防支队组成的联合验收组，顺利通过对盐边县红果棚户区重大火灾隐患整治工作的验收，红果棚户区重大火灾隐患终于整改销案。

【消防安全大排查大整治】 为认真贯彻公安部“6·9”电视电话会议精神，根据公安部、省公安厅和市公安局的安排部署，为确保攀枝花市火灾形势稳定，市消防支队决定从2013年6月15日至10月15日，在全市范围内开展消防安全大排查大整治活动。支队立足实际、精心组织、重拳出击、层层加压，联合各行业系统、职能部门扎实开展消防安全大检查，多措并举深入推进专项工作有效开展，进一步提高社会抗御火灾的能力，有效预防和减少火灾事故的发生。

大排查大整治专项工作开展中，全市公安民警和消防部队官兵以前所未有的力度和超常规举措，以“网格化”排查、“户籍化”管理为依托，采取“多警联勤、行业联动、群众联防”等手法，共检查单位2400余家次，发现并依法整改火灾隐患及违法行为1200余处，下发《责令改正通知书》950余份，临时查封25家，责令“三停”33家，行政罚款96.76万元，行政拘留8人。全市公安派出所共发动执法力量5500余人次，检查单位2500余家，发现并依法整改火灾隐患及违法行为1200余处，下发《责令改正通知书》500余份。

【芦山地震救援】 4月20日上午8时2分，雅安市芦山县发生7.0级地震。地震发生后，攀枝花市公安消防支队迅速贯彻落实省消防总队各项工作指示要求，迅速启动地震应急救援预案，第一时间集结68名官兵、一支重型搜救队携8台抢险救援车辆、1000余件（套）各类大、小救援器材装备奔赴雅安市芦山县灾区。经过4个昼夜艰苦卓绝的救灾战斗，支队在宝兴县境内共营救1人，转移遇难者遗体1具，疏散转移群众61人，抢救保护财产价值100余万元，开展防灾、防火宣传27次，为灾区群众搭建帐篷24顶，送粮、送水300余千克，圆满完成上级交给的各项任务。

随着灾情日趋稳定，在重型搜救队回攀后，攀枝花市公安消防支队先后3次派出消防官兵赶赴芦山地震灾区援建。5月21日，中共中央总书记、国家主席、中央军委主席习近平到四川芦山县看望慰问受灾群众，部署下一步抗震救灾工作。中共中央政治局常委、国务院副总理张高丽等陪同看望。期间，习近平总书记亲切看望慰问攀枝花市援建芦山地震灾区的消防官兵。

【打造“钢城消防铁军”】 2013年，市消防支队以“拉得出，打得赢”为工作目标，进一步强化“打造钢城消防铁军”工作，全力提升部队战斗力灭火救援攻坚制胜能力。夯实战训基础工作，大力开展全员岗位练兵活动，举办“基层指挥员初战指挥暨安全员”“基层指挥员暨攻坚组队员”“制图暨灭火救援业务管理系统应用”“火场新闻摄像”等培训班，开展冬训考核、攻坚班组考核、执勤岗位练兵、执勤中队指挥员能力考评等考核，优良率均达90%以上。开展铁军中队创建活动，对3个一星级铁军中队、2个二星级铁军中队优先满足人员编配、优先配置车辆装备、优先保障经费，并严格组织考核，确保创建工作有序推进。夯实战训工作基础，部署开展“战训大讲堂”“战训兴趣小组”等活动，强化官兵对业务理论知识的熟悉掌握，共开展“战训大讲堂”授课8次，各级指战员在各级网页发表战训调研文章110篇。开展战训基础资料评比活动，完成省消防总队下达的十七类预案模版编制工作，完善修订重点单位、节庆场所灭火预案、重点单位熟悉卡540余份，完善电子地图9份，规范制作各类应知应会资料500余册，排查消火栓597个。开展实兵实战演练，随机抽取演练地点，采取按预案展开、临机设置灾情、中队干部指挥作战的形式，不断提高预案的针对性和实战性，不断提升基层指挥员组织指挥水平。推进专职队伍建设，组织专职队员轮训活动和比武活动。夯实应急救援工作基础，完善应急救援力量建设，加强应急救援装备建设，并将应急救援保障经费纳入每年财政预算。定期召开应急救援成员单位联席会议协调落实工作配合，加强应急救援演练，开展地震、高层、地下、化工等各类灾害事故演练。充分发挥应急救援力量作用，圆满完成各种应急救援任务，在3月12日攀西战区联合实战演练中，出色完成“力量调集、灾情侦察、阵地设置、紧急撤离、冷却抑爆、战勤保障”等演练任务，有力彰显了钢城铁军敢打必胜的战斗作风，得到各级党委政府、社会群众和社会媒体的积极评价。

【“6·12”氯气泄漏事故抢险】 2013年6月12日23时10分，攀枝花市运达钛业有限责任公司液氯库发生氯气泄漏，附近的天亿化工、海峰鑫化工、乙源化工等企业和员工受到威胁，情况十分紧急。事故发生后，市消防支队紧急调集2个特勤消防中队、2个普通中队，65名官兵和8台消防车辆赶赴现场展开救援。13日0时5分，市消防支队支队长罗军到达现场，在了解情况后，立即组织官兵疏散人员，划定警戒区域，设立安全带。侦察人员随即着重型防化服，携有毒气体探测仪深入事故现场进行侦察。同时，在相关技术人员的协作配合下，铺设300余米水带干线，用喷雾水枪对泄漏的氯气进行进一步稀释，利用厂区的事故池，将罐体浸泡在碱性溶液中进行中和反应，用水枪喷洒罐体及周围污染区，净化空气。1时许，市政府副市长柳康健率相关部门到达现场，组织应急处置工作。支队长罗军当即向市领导汇报前期处置情况。副市长柳康健首先对消防官兵快速反应、有效处置给予充分肯定，同时要求：相关部门要严密现场监控，确保救援人员自身安全；要对运达钛业公司相关人员进行全面身体检查，确保生命安全；消防官兵要充分发挥技术、装备的优势，尽快将事态控制在最小范围内；要迅速组织查明事故原因，召开安全生产紧急会议，开展对园区化工企业进行专项检查。4时30分，事故罐体泄漏现象逐渐消失，经检测罐区周围氯气浓度已降至安全范围，险情成功排除，数十名人员得到安全疏散转移，消防官兵撤离现场。

【东区“2·14” 统一家私背后居民楼火灾】 2013 年 2 月 14 日 16 时 35 分许，位于五十四统一家私背后一栋居民楼发生火灾，过火面积约 150 平方米，主要烧毁平房 15 间、家具、家电等。16 时 36 分，市消防支队指挥中心接到报警，立即调集辖区攀枝花大道中队 3 台消防车、20 名消防官兵前往处置，并相继调遣特勤一中队、三中队、四中队、特勤二中队、一中队 5 个作战单位 6 台消防车、42 人前往增援。16 时 37 分，中队到达现场后，发现山坡上一排平房（1 号平房）起火，现场火势处于猛烈燃烧阶段，正借风势往上坡方向毗邻居民楼（2 号、3 号平房）蔓延。着火平房邻近居民楼内仍有 10 余户群众正在围观和抢救财物，并未安全疏散。中队指导员覃立经询问和了解现场暂无人员被困，随后立即下达命令：由副中队长周峰标率抢险班对着火平房邻近居民楼逐户呼喊、清查、疏散群众并对火场情况进行侦察；由一班和三班从着火平房上侧分别出两支水枪阻截火势蔓延，并立即向指挥中心请求增援。16 时 45 分，一班在着火平房北侧已完成部署一支水枪阻截火势蔓延，二班在着火平房北侧和西侧分别完成部署一支水枪阻截火势蔓延；抢险班对着火平房北侧和西侧居民楼内群众疏散完毕，随即从西侧对着火平房进行侦察，经侦查了解确认着火平房内无人被困。17 时 03 分，周围群众报告有一老人由东侧返回着火平房抢救财产被困，中队立即命令由副中队长周峰标带领抢险班 1 人佩戴空呼由报告群众带领从着火平房东侧下方接近着火平房展开救人，17 时 15 分，现场 1 名被困人员安全救出。17 时 05 分，支队当日指挥长后勤处处长霍建鑫率全勤指挥部及特勤一中队五十铃、东风 2 台水罐车增援力量到达现场，并命令特勤一中队出一支水枪由 3 号平房西侧灭火。17 时 10 分三中队斯太尔王水罐车增援力量到达现场供水。17 时 30 分，一中队斯太尔王水罐车、四中队斯太尔王水罐车、特勤二中队斯太尔王泡沫水罐车增援力量相继到场。支队全勤指挥部立即命令六中队三班对 3 号平房窗户进行破拆，命令六中队一班 1 名战斗员和三队 1 名战斗员对 2 号平房西侧墙体进行破拆，打通进攻路线；命令后续增援力量为前线作战车辆供水。18 时 10 分许，参与现场指挥的东区大队大队长王树华命令六中队在水枪阵地的掩护下，对最后一个平房起火点进行破拆排烟。18 时 40 分，火势全面得到控制。六中队保留一支水枪扑灭余火，其余中队陆续撤离现场。20 时 10 分，火灾被完全扑灭。

（王 姣）

武警攀枝花市森林支队

【思想政治建设】 2013 年，武警攀枝花市森林支队始终把高举旗帜、听党指挥作为建队育人之本，持续抓好中共十八大、中央军委主席习近平一系列重要指示和指挥部、总队党委（扩大）会议精神的学习贯彻。整理汇编学习资料，坚持“每天学一问”，举办知识竞赛、演讲比赛、读书交流等活动，通过支队政工网、黑板报、橱窗、局域网等进行立体宣传，坚定广大官兵理想信念。3 月，集中一个月时间办“夜校”组织“三学”（学理论、学法规、学业务），坚持每周二、四晚上转入常态化学习，切实解决业务能力弱的问题。针对部队驻地森林火灾频发，加之又是川滇两省接壤区、少数民族聚居区、贫富交织区、邪教组织渗透区、事故案件高发区、酒绿灯红影响区等特点，坚持按纲施教，先后 4 次组织党委议教，8 次召开教育准备会，每月首长办公会审定教育计划，中队授课教案每周经政治处审批实施，不断规范教育秩序。紧贴职责使命抓好“坚定信念、铸牢军魂，永远做党和人民忠诚卫士”主题教育，按时间节点完成 5 个专题大课辅导和小课串讲。组织官兵观看《周恩来的四个昼夜》教育片，深入开展“当好兵、读好书”和“绿色卫士心向党”系列活动，助推教育“四落实”（人员、时间、内容、制度）。持续抓好职能使命、核心价值观、民主法纪等教育，确保部队纯洁稳定，涌现出荣获武警部队优秀班长称号的比机拉贵等一批先进典型。注重加强支队政工信息网建设，不断拓展教育平台。跟进做好任务中思想政治工作，为圆满完成中心任务提供强大精神动力。充分发挥思想骨干队伍和“三互”（互帮、互学、互管）、“双四一”（干部对战士做到在想什么、在干什么、在做什么，思想工作要及时跟上；报告自己在想什么、干什么、做什么、需要什么）、“三帮一”（一名干部、班长、思想骨干帮助一名士兵）等载体作用，坚持“五个过一遍”，过细做好新兵第二适应期和落榜考生思想稳定工作，做法分别被总部转发。至年底，支队在省部级以上媒体刊稿 326 篇。

【组织建设】 2013 年，武警攀枝花市森林支队各级党组织把关定向好，团结质量高，民主气氛浓，坚持原则，弘扬正气，充分发挥核心领导作用。始终把党委班子和干部队伍建设作为龙头工程、基础工程和长远工程，注重培育，全面规范，持续抓好。

科学理论武装。坚持每周五上午，采取个人自学、集中组织、专题辅导、专家授课、笔记展评、研讨交流等，组织党委中心组带机关理论学习 37 次。参加指挥部和总队网上理论读书班两期，共14天，深入学习中共十八大精神和中央军委主席习近平一系列重要指示，深刻领会其精髓要义，不断增强“三个自信”（道路自信、制度自信、理论自信），自觉做到“四个服从”（服从大局、服从组织、服从领导、服从上级），注重联系实际进行理性思考，党委班子有3篇研讨文章被全军和武警部队刊物刊发。6月中旬，在各级党委（支部）中开展为期10天的民主集中制专题教育，打牢集体领导思想基础，提升依法决策、民主决策、科学决策的质量。先后调整任用干部19名，选送28名技术学兵、9名战士考入警（士）官院校，1名士官提干，按法定程序组织3个基建工程建设“阳光”招标，上下反应较好。

教育疏导激励。3月，严密组织党委机关“学习贯彻党章、弘扬优良作风”教育活动，不断强化党的意识、党员意识和党章意识。4月，针对部分干部安心不尽心的问题，派出4名常委深入大、中队指导召开专题民主生活会，现场帮带，激发动力。6月开始，在各级党组织中开展“强化法纪观念、反对拜金主义”教育和“树立正确理念、明辨是非界限”大讨论活动，帮助理清模糊认识，推动工作落实。坚持每月一堂党课教育，安排党委常委大课辅导9次。针对支队少数干部年龄偏大、动力不足的实际，突出抓了“两尽三想”（当兵尽义务、岗位尽职责，常想组织重托、常想肩负使命、常想官兵需要）、“四个正确对待”（正确对待走留、正确对待进步、正确对待荣誉、正确对待同志）、“三守两满意”（坚守党性原则、恪守公道正派、严守清正廉洁，做到让组织放心满意、让官兵信任满意），以及指挥部要求的“四个专题”教育（历史使命教育、理想信念教育、当代军人核心价值观教育、战斗精神教育），切实增强责任担当，减少暮气，焕发朝气。先后23次利用个别谈心、集体谈话、季度考评和组织生活等时机，对干部进行教育引导，使广大干部端正态度，遵章守纪，干好本职。至年底，干部中无严重违纪的人和事发生。

培训帮带提高。先后选派12名干部参加指挥部以上培训，不断拓展视野，培育独立开展工作的能力。年初，组织开展党委（支部）正、副书记培训，4月27日至5月9日，集中对基层党支部委员、团支部书记和军人委员会主任“三类组织”业务培训，安排3个专题理论辅导，邀请攀枝花大学教授到队作“形势政策”报告，打牢胜任本职工作的素质能力。组织机关干部读、写、背、记、研，加强业务建设。广泛开展岗位练兵和大练基本功活动，整体素质得到完善。通过“夜校”、以会代训和一线指挥等途径，锤炼培养干部。三中队两名主官配合默契，主动想事、干事、谋事，带领中队跨入先进。落实“一帮二”挂钩帮带责任制，1名党委常委帮带1个大队，重点帮2名大队主官，2名机关干部帮带1个中队，重点帮带2名中队主官，以此带动干部能力的提升和基层发展。

改进作风聚力。认真落实中央8项、军委10项规定和武警部队32条措施，研究制定支队《加强和改进作风建设整改措施》，从党委机关抓起管严。5月，开展党纪条规学习月活动，3月、9月，进行扫除“四风”（享乐主义、形式主义、官僚主义、奢靡之风）、治理“五超”（超财力用钱、超配额用车、超比例用建房、超编制用兵、超面积住房）活动，先后清理超占公寓住房11套，腾退5房7户，压缩各类经费开支近150万元。制定《支队领导和机关干部下连当兵、蹲连住班计划》，组织6名党委常委，9名机关干部到基层当兵锻炼。注重情系官兵、心系基层，集中财力物力为基层安装哨兵防暑降温设施、班排配发饮水机、装配移动战备物资库、维修太阳能热水器、配发文体娱乐器材、统一更换营区灯箱和不锈钢调料盒等7件实事。党委常委平均跑面13次，找官兵谈心390余人次，场地办公7次，促进了基层建设和内部和谐。

严格制度约束。每季度支队坚持干部“六个一”（一次测评、一次考核、一次排名、一次谈心、一次讲评、一次公示），不断激发爱岗敬业的政治热情。坚持党管党员、党管干部，严格落实组织生活制度，党支部每月上党课、学党章、汇报思想和检查讲评，增强凝聚力和战斗力。落实在外人员周五报平安制度，每周交班会上进行通报，使官兵始终不游离于组织之外。严格干部请销假制度，坚持干部工作日八小时以外外出报政治处备案，节假日和特殊时期报支队主官审批，确保在职在位。坚持能级管理，纯洁干部“三圈”（生活圈、社交圈、娱乐圈）。加大检查考勤力度，提升干部队伍整体形象。

纯正风气促动。注重抓党建带团建和“三大组织”（党组织、团组织、军人委员会）联建联创，充分发挥各级组织的监督功能。广泛开展“三大民主”（政治民主、经济民主、军事民主），建立“246”工作机制，及时解决官兵关注的热点敏感问题，保证基层行使正当权力。坚持干部军事训练、理论学习、严重违纪、安全工作“四个一票否决”制，每季度对干部进行考核排序，并通报部队，发挥了很好的导向作用。坚持按照《森林部队干部任职资格规定》选拔任用干部，做到上下满意，官兵服气。设立建言箱，开通网上首长信箱，发挥纪检监督作用，积极构建团结和谐警营。在官兵中大力弘扬“四心队风”（忠心对党、全心为民、尽心履职、诚心待人）和“五种精神”（拼劲、创劲、实劲、争劲、韧劲），部队求真务实、创先争优氛围日趋浓厚。认真贯彻主席习近平“厉行节约、反对浪费”政治要求，在官兵中叫响“我节约、我行动、我带头”口号，开展“六节”（节约一滴水、一分钱、一度电、一粒米、一两油、一张纸）活动，倡导“两多两少”（多用针线包、少掏小钱包，多买一本书、少抽一包烟），引导官兵计划消费，战士做到“五不一有”（不向家里要钱、不买高档用品、不下馆子、不吃零食、不相互攀比，人人有存款），部队勤俭节约氛围日趋浓厚。并坚持中队长管“士兵证”、指导员管“银行卡”，既帮助官兵合理消费，又促进部队管理。支队团委被森林指挥部表彰为“先进团委”，三中队党支部被总队表彰为“先进基层党组织”，攀枝花大队团总支、三中队团支部和警勤排团支部被总队表彰为“先进团组织”。

【中心工作】 2013年，武警攀枝花市森林支队严格落实战备制度，深入开展战备形势教育，及时修订方案预案，完善指挥编成和兵力配备，落实值班坐班制度，坚持基指全时备勤，促进战备工作落实。组织入伍、单兵专业、分队合成训练阶段考核和训练尖子比武，实行预选指挥士官训后直选、全程淘汰和新兵自训自管自用机制，形成大抓训练的良好氛围，提升部队遂行多样化任务能力。贴近实战，及时修订完善灭火作战、抢险救灾、执勤和处置突发事件预案，并抓好针对性演练。4次召开党委议中心、议训练和议战备会议，集中精力研究“四种能力”（灭火战斗、处突维稳、抢险救灾、空中机动）建设，着力在加快“五个转变”（灭火手段由以风为主向以水为主转变，灭火方式由人力向机械化转变，灭火指挥由传统性向科学性转变，灭火战法由地面向立体作战转变，灭火组织由以我为主向军警民联合作战转变）上下功夫。1月1日，支队召开2013年度开训动员大会，1月5—14日，举办新选（晋）士官和班长骨干集训，不断强化能力素质。注重按纲施训，坚持“网上查、网上考、网上评”，每月开展军事会操和体能测试，确保训练“四落实”（时间、内容、人员、效果）。圆满完成总队“常态化战备工作评估”试点工作，为战斗力生成打下坚实基础。4月20日，芦山县发生7.0级强烈地震，支队在2小时内完成战备等级转换，检验了部队“常态化”战备水平。8月8日，在总队组织的单兵专业训练网上考评中，支队受到通报表彰。9月，组织为期20天的“两化”（野外化、实战化）训练和建制单位军事大比武，夯实核心军事力量基础，野外驻训做法被总队转发。先后出动兵力1970人次、车辆125台次，圆满完成东区机场路、西区苏铁保护区、仁和区团山村和桐子林金河村等21次灭火作战以及35次防火执勤任务。特别是“清明”期间，火灾呈爆发态势，2天内连续奔赴5个火场，6名党委常委始终做到靠前指挥、果断决策，为部队树立榜样，广大官兵英勇善战、果敢顽强，以实际行动践行火场精神，实现“打早、打小、打了”的目标，受到地方党委、政府和人民群众的高度评价。按照“就近用兵、主动用兵、前置用兵、集中用兵”原则，4月3日至5月12日，扑救森林火灾8次、防火执勤12次，为地方培训灭火骨干150余人，受到省防火指挥部表扬，经验做法被总队转发。全年，投入近1500人次，开垦荒地10公顷，在仁和区总发乡建成第一期“绿色卫士林”基地。

【正规化建设】 2013年，武警攀枝花市森林支队落实指挥部两个《细则》（《机关正规化管理实施细则》《基层正规化管理细则》），认真组织条令条例和安全法规学习教育，不断强化依法抓建、依法管理、依法带兵理念。3月30日开始，在全支队广泛开展“条令学习月”活动，并持续抓教育成果转化。注重点滴养成，严格一日生活制度，坚持每周升国旗、会操、评比竞赛、警容风纪和卫生检查，逐步形成机关按条令指导、部队按条令运转、官兵按条令行动的局面。关注新兵“第二适应期”管理教育，开展“十个一”（打一次报平安电话、面对面谈一次心、帮助整理一次内务、引导参观一次营区、进行一次队史教育、开好一次座谈会、上好一次法纪教育课、会好一次餐、开展好一次集体活动、进行一次岗位分工教育）配合活动，帮助新兵尽快融入部队生活，管理教育做法被总队转发。加大人员管理力度，落实“五位一体”（派车领导、带车干部、驾驶员、营门哨兵、车管干部）车辆管理制度，完善军械室设施，严格上级关于治酒的规定，以务实的举措推动“五个重点问题”（加强人员管理、密切内部关系、严格枪弹管理、严防车辆事故和加大“治酒”力度）治理。严管严格网络、手机和干部私家车，对办公电脑、涉密载体、存储介质逐一建档登记，专人负责，日清月检，确保万无一失。坚持小的放大抓、远的拉近管，支队先后20次通过视频、16次不打招呼实地查看等方式，对官兵在位情况进行突击检查，有效杜绝不假外出等现象发生。对照两个《细则》逐条规范，组织到内卫支队参观见学，在指挥部“三项军事工作”（正规化建设、遂行任务能力、司令部建设）考评后及时查漏补缺，并先后投入8.2万元加强正规化建设，不断固牢部队发展基础。以高标准迎接森林部队“三项军事工作”达标检查验收为契机，指导部队完善基础设施，规范库室设置，整治营区环境，改建装修支队机关办公楼和公寓房太阳能热水器，部队正规化建设水平有新的提高。

【安全工作】 围绕“七不”（不亡人、不丢枪、不发生政治性问题、不发生经济问题、不发生责任事故、不超生、不发生警民纠纷）控制性目标要求，扭住政治安全、任务安全、日常安全和经济安全不放松，突出防范重大安全问题，紧盯新兵补入、老兵退伍、重大节日、执行任务等关键环节，加大“五个重点问题”治理，排查整治安全隐患和事故苗头，购置配发电脑手机保管箱，牢牢把握安全工作主动权，部队全年实现“三无”（无严重违纪、无刑事案例、无行政责任事故）目标。在新兵入营、干部调整和遂行任务等时机，及时成立安全工作领导小组，确保工作无缝链接。坚持中队和班（排）每周、大队每两周、支队每月进行安全隐患排查分析，及时纠偏问效。特别是6月28日和7月27日，总队政委金德成、副总队长于永湖分别带领工作组对支队安全工作进行“地毯式”检查后，支队党委针对查摆出的问题，专门召开会议研究整改措施，逐级建立“安全隐患排查治理登记册”，实行挂账销号。针对一般隐患，坚持现场查摆、现场解决，做到“事不过夜”。对一时整改不了的，认真进行梳理，明确整改措施和责任人，列出“时间表”，限期整改。9月底，结合季度考评，采取逐个“过”的方法，对安全隐患排查治理“回头看”，重点突出双休日和“八小时以外”，采取不打招呼、拍摄录像、现场曝光等方法进行突击检查，及时督导整改安全隐患13处，对1个整改不及时的单位进行通报批评，有效防止小隐患变大、新隐患抬头、旧隐患“回潮”。投入近12万元，更换盐边大队电线杆、增设拦网围墙，为大队安装避雷针，在驾驶员复训、官兵地方就医、参加驻地公益活动等，都指派干部全程负责，有效杜绝安全隐患。支队被武警总部表彰为“连续8年安全无事故先进单位”。

【后勤保障】 2013年，武警攀枝花市森林支队坚持围绕中心抓保障，及时修订完善应急保障方案，开展战时装备抢修、物资补给、战场救护等应急保障演练，狠抓司务长、炊事员、驾驶员、卫生员等各类专业骨干培训，为部队遂行任务提供有力支撑。按照灭火作战应急保障“五项要求”（野外救护、野外就餐、野外维修、野外宿营、野外医疗），及时修订完善灭火作战、抢险救援、处置突发性事件等保障预案，加强经常性战备演练。筹备经费19万余元，维修保养车辆33台。拿出近5万元，为官兵和车辆购买保险。投入经费5.9万余元，购置配发12种战备给养物资和35类常用药品。积极研究伴随保障方式方法，并投入7万元对输送灭火装备的东风车辆进行改进，建成移动战备物资库，受到指挥部首长的充分肯定。坚持每月组织司务长和管理员集体办公，不断强化业务素质。1月1日至2月8日，集中40天时间组织驾驶员复训，人均行程1000千米，提高了驾驶员队伍技术水平。落实总队后勤现场会精神，5月25—26日，组织基层后勤队伍培训，邀请市林科所专家授课，到驻地种植（养殖）基地参观见学，为后勤发展提供人才支撑。先后投入30万元，对大队菜地、猪圈等进行改建，指导基层发展“两业”（养殖业、种植业）生产，不断丰富官兵“菜篮子”。坚持以人为本，每季度免费为战士发放香皂、毛巾、牙膏、牙刷、洗衣粉、信笺等生活用品。拿出近20万元，及时将5名身患重病的官兵送院治疗。在上级和地方政府的支持下，攀枝花大队综合楼、盐边大队运动训练场和支队机关灭火装备综合楼已开工在建并于年底全部竣工。加强炊事骨干培养，实现每个中队有1—2名等级厨师，督导基层落实伙食管理“五项制度”（定食谱、食物留验、饮食卫生、经济民主、伙食账目公布），官兵对伙食普遍满意。

【按纲建队】 2013年，武警攀枝花市森林支队依据《纲要》《三十条》和森林部队《实施办法》抓经常打基础，基层建设稳中有升。采取多回合、小集中的办法开展岗位实践活动，各级按纲抓建能力显著提升。年初，在全支队调整14名党员，全年按规定发展新党员19名，保证班有党员、排有小组，每个中队和警勤排都有正式党员11名以上。1月23日，支队召开党委扩大会议，分析总结部队建设形势，对新年度工作进行安排部署。1月下旬，集中3天时间组织机关和基层学习《纲要》《三十条》、武警党委文件，以及森林部队《实施办法》和上级党委扩大会议精神，修订完善《两个计划》，建好《两个档案》。支队结合召开党委议中心、议教育暨基层建设形势分析会议，不断理思路、教方法、传帮带。1月29日至2月6日，派出第一批联合工作组，深入基层蹲点调研，对部队学习贯彻上级党委扩大会议精神、中心工作和安全管理等进行指导。注重发挥“四会一线”（党委常委会、每月首长办公会、每周交班会、每日交班会，值班室一条线）作用，统筹协调抓基层的力量。坚持“季蹲点、月住班、周检查”，以扎实的工作作风推动工作落实。7月中旬，组织半年工作总结，开展“双向讲评”，并依据上级党委（扩大）会议精神对年度工作进行微调，使之科学合理。8月，重点运用总队按纲抓建全要素运转“四个规范”（统一规范秩序、统一规划部署、统一协调工作、统一解决基层无力解决的问题），统筹基层建设，坚持每季度“第一个月中队自检自查、第二个月大队交叉检查、第三个月支队普考普查”的路子有序展开，在相互学习借鉴中共同提高，部队建设基础不断牢固。广泛开展“双争”（争创先进中队和争当优秀士兵）和“士兵之星”评比活动，官兵创先争优热情高涨。全年，5个单位受到上级表彰奖励，76人受到嘉奖、7人荣立“三等功”，40名战士被评为“优秀士兵”，部队争先创优氛围日益浓厚。

（孟存业）

政 法

综治管理

【维护社会稳定】 2013年，各级、各部门注重源头治理、动态管理和应急处置有机结合，坚持一手抓矛盾存量的攻坚化解、一手抓矛盾增量的源头预防，深入推进社会稳定风险评估，探索开展项目节点“五查”（一查项目进程伴生矛盾化解情况，二查项目报批手续及方案落实情况，三查依法维护各方权益情况，四查依法履职到位情况，五查竣工项目遗留问题处理情况）活动，建立健全重要敏感时段维稳机制，联动排查调处社会矛盾纠纷，确保各类矛盾纠纷及不稳定因素及时化解、有效稳控。全年挂牌督办涉稳信访积案56件，化解率达100%；调解各类矛盾纠纷登记5104件，调解成功率达95.4%；实施稳定风险评估及“五查”活动380余次，化解隐患360余件；依法妥善处置200余起集体上访、群体性事件及苗头，最大限度减少社会危害，有效维护社会大局稳定，全市没有发生重大政治事件、严重暴力恐怖事件、大规模群体性事件、大规模进京上访和重大个人极端事件、重大公共安全事件，连续14年实现“三零”（零进京、零聚集、零插播）、“三无”（无在当地进行非法公开聚集事件、无重大恶性反宣案件、无规模性团伙活动案件）和“七个绝对不能发生”（绝对不能发生进京闹事、绝对不能发生大规模非法聚集、绝对不能发生恶性煽动事件、绝对不能发生自焚跳楼等极端恶性事件、绝对不能发生插播无线和有线广播电视、绝对不能发生插手群体性事件、绝对不能发生规模性骚扰电话）的工作目标，项目节点“五查”活动在全省作经验交流。在省委、省政府组织的年终检查中，攀枝花市维稳工作获得好评，进入全省优秀行列。

【社会管理综合治理】 2013年，各级各部门坚持以加强社会管理为引领，以加强基层基础工作为重点，以破解群众参与难为突破，以提高人民群众安全感为目标，扎实推进平安攀枝花建设，有效保持社会治安秩序平稳。全面启动“五规范五减少社区（村）”（“五规范”即规范维稳综治机构和社区服务平台建设、规范网格设置和网络工作队伍建设、规范矛盾纠纷排查和化解机制建设、规范平安创建和法治创建制度建设、规范服务管理和经费保障机制建设，“五减少”即辖区可防性侵财案件发案明显减少、辖区10人以上集体访和赴省进京访无信息报告的情况明显减少、辖区发生重大民事转刑事案件明显减少、辖区群众对社区管理和服务意见明显减少、辖区特殊人群违法犯罪人数明显减少）创建、治安突出问题整治等重大活动，深入开展“打黑除恶”“缉枪治爆”“两抢一盗”“打非治违”等专项行动，有序推进流动人口服务管理、特殊人群帮扶管控、社会组织管理等重点工作，全年整治治安重点问题9处，启动、建成社会管理项目11个，占“十二五”规划项目的52.39%，一批社会管理突出问题有效解决。全市182个社区（村）实施网格化管理，网格化管理和社区信息平台建设工作在全省交流推广，社会治安满意率达95.15%、位居全省第三，全市平安建设群众满意度综合测评得分83.09分、在全省排名第二、创历史新高。在省委、省政府组织的年终检查中，攀枝花市综治工作获得好评，进入全省优秀行列。

【服务经济社会发展】 2013年，全市政法系统坚持以服务科学发展为取向，主动承担幸福攀枝花建设者、捍卫者职责使命，认真研究政法工作服务保障发展的新思路，积极探索服务保障发展的新举措。牵头开展打击合同诈骗、金融诈骗、偷税漏税、职务侵占、商业贿赂、阻碍施工等违法犯罪活动，努力营造安全规范、充满生机活力的经济发展环境。深入开展“服务企业、服务基层”等专项行动，依法调处丽攀高速公路、桐子林水电站、炳二区高架桥及龙密大桥等“急难险重”项目建设过程中的各类矛盾纠纷，为重大项目落地、重大项目建设营造良好环境。全年政法机关打击、破获、审结各类经济及民商事案件8629件，查办贪污、贿赂、渎职侵权等职务犯罪54件60人，挽回经济损失15.2亿余元；提供法律援助服务18810人次，减、免、缓交诉讼费179.15万元，为困难群众挽回和避免经济损失300余万元。

【领导责任制】 2013年，全市政法系统牢固树立“第一责任与第一要务统筹抓”的理念，坚持把维稳综治工作摆上重要议程，纳入经济社会发展全局来研究和谋划，作为“保障工程”“民生工程”来抓，做到维稳综治工作与经济社会发展同规划部署、同研究落实、同考核奖惩。依托维稳综治领导责任制和目标考核体系，全市各级党政主要领导同下属单位层层签订责任书，切实将责任逐级、逐项细化分解落实到部门、落实到岗位、落实到人头，在全市范围内建立和完善党政主要领导负总责、班子成员负责分管维稳综治工作的责任体系，党政领导、综治维稳协调、部门负责、社会协同、公众参与的“大维稳”“大平安”工作格局初步构建，上下联动工作格局不断形成，齐抓共管工作合力有效发挥。市委维稳办、市综治办会同市委目标督查办、市政府目标督查办把综治维稳工作的进展情况和工作成效作为全局工作的重要考核指标，加强日常督促检查，推动综合治理和维护稳定各项措施的落实。

【基层基础工作】 2013 年，市委政法委牢固树立固本强基思想，不断建立健全重心下移、力量下沉、保障下倾的工作机制。建立健全专群结合、人防物防技防、打防控管建结合的社会治安整体联动防控体系，探索开展“五规范五减少社区（村）”创建活动，全力推动“天网二期”工程建设，不断深化平安乡村、平安社区、平安市场、平安景区等各种形式的创建活动，不断发展壮大平安志愿者、社区工作者、义工、群防群治队伍等专业化、职业化、社会化力量，社会治安综合治理和平安创建根基不断夯实，基层实力、基层活力、基层战斗力进一步增强，基层在服务人民群众、预防化解矛盾、促进社会和谐中的第一道防线作用充分发挥。至年底，全市 11 个街道完成职能转变，16 个乡（镇）实现重心转移，试点社区配备网格员 10417 名、社工 283 名。全市 325 个村、114 个社区建立调解室，建成社区警务室 129 个、企业警务室 146 个、农村警务室 19 个，校园警务“室站点”覆盖面达 100%。

【铁路护路联防】 2013 年，市铁路护路领导小组坚持把铁路护路联防工作和平安铁道线建设纳入社会治安综合治理工作的重要内容，同部署、同要求、同考核、同奖惩。紧紧围绕全市中心工作，以深化“平安铁道线”和“九无”（无货盗案件、无拆盗案件、无割盗案件、无路外伤亡事故、无大牲畜上道、无机动车上道肇事事件、无摆放路障、无石击列车事件、无乱耕滥种）平安铁路示范村（社区）创建活动为载体，以“爱路护路联户代表”活动为抓手，以重点时期的铁路安全畅通为重点，整合各种群防群治力量，实现“一段一警（路地公安民警）、一段一人（护路承包责任人）、一段一队（各类群防群治队伍）”，形成全方位、全时段、全覆盖的防控格局，始终确保铁路沿线治安秩序良好，确保铁路运输安全畅通，全年实现“零发案、零货盗、零破封、零险情”的工作目标，实现涉路刑事和治安案件发案率全省最低，涉路可防性案件发案率全省最低，因治安问题引发的铁路货赔额全省最低。

【队伍建设】 2013 年，全市政法系统坚持把主题教育实践活动与“警民亲”“创先争优”“挂包帮”“百千万干群心连心”活动紧密结合起来，扎实开展“三大主题”“中国梦”“警民亲”“转变作风，司法为民”等主题教育实践和学习活动 203 次，开展岗位练兵、实战演练 105 次，培训政法干警 4713 人次；各级干警深入基层、深入一线进行调查研究 1566 次，走访群众 155077 人次，听取群众意见 351 条，完善便民利民措施 156 条，整改群众反映问题 68 个，查处政法干警违法违纪案件 22 件 22 人，实现教育实践活动与政法业务工作双促进、双提升。全年政法系统受省以上表彰先进集体 76 个、个人 172 名，群众对政法机关满意度居全省第三。以“公开、公平、公正”为原则，严把选人关、笔试关、面试关、体检关，完成政法干警体改生招录工作和政法干警招录工作，做到考生满意、用人单位满意、党委政府满意、社会满意。

（敬　波）

公　安

【概　况】 2013 年 11 月 19 日，中共攀枝花市委组织部任命李国宏为攀枝花市公安局党委委员，唐堃杰为攀枝花市公安局政治部主任、党委委员。11 月 19 日，原攀枝花市公安局党委委员、政治部主任刘建华调攀枝花市中级人民法院工作。2013 年 12 月 31 日，攀枝花市政府任命李国宏为攀枝花市公安局副局长。

2013 年，全市公安机关围绕市委、市政府工作大局，组织开展“春季平安战役”、深化“平安四川”建设、“肃毒害、创平安”等系列专项行动，统筹做好打击防范、安全监管、社会管理创新等各项工作，积极服务经济社会发展。全年共立刑事案件 7541 起，破获 4312 起；抓获各类刑事案件作案成员 2568 人，逮捕 931 人，起诉 1848 人；破获毒品案件 307 起，缴获毒品海洛因 98940 克；侦破经济犯罪案件 237 起，挽回经济损失 8978.5 万元；查处治安案件 11055 起，治安处罚 10358 人。全年接受人大、政协和社会各界监督，办理建议、提案 25 件，满意率达 100%。国家统计局攀枝花调查队调查结果显示，群众安全感达 95.15%，较 2012 年上升 0.27 个百分点。

【打击刑事犯罪】 2013 年，攀枝花市公安局以提升群众安全感为目标，坚持“既破大案，又管小案”的理念，组织开展“春季平安行动”“保财产安全”等系列行动，着力在团伙性、系列性、流窜性侵财犯罪打击上狠下功夫，始终保持对多发性侵财犯罪的高压态势，有效维护广大群众的生命财产安全。全年共立刑事案件7541起，破4312起；抓获各类刑事案件作案成员2568人，逮捕931人，起诉1848人。破获19起现行命案，成功破获东区“7·17”劫持人质案、“8·15”故意杀人案、“10·10”机场路焚尸案等恶性案件。坚持“黑恶必除、除恶务尽”原则，完善黑恶线索摸排研判长效机制，共摸排涉恶线索17条，打掉涉恶团伙8个。全年共立侵财案件5801起，破2647起，破案率45.6%，成功破获东区街头抢夺黄金项链、西区钻锁芯入室盗窃、仁和砸车窗盗窃、盐边盗窃机关单位等系列案件。

【治安管控】 2013年，全市公安机关以治安“大巡防”为载体，深入推进街面、社区、校园“三张防范网络”建设，针对易发、多发的街面“两抢”（抢劫、抢夺）、公共场所扒窃、居民区入室盗窃等案件，加强日常警情监测和发案规律分析，采取网格布警、机关增援、电子巡更、蹲坑守候等灵活措施，最大限度地把警力摆到防范薄弱部位，深夜、凌晨时段和案件高发的居民小区、背街小巷，影响群众安全感的八类暴力犯罪案件、抢劫、抢夺、入室盗窃案件同比分别下降7.6%、14.5%、36.2%、20.7%。统筹推进夏秋治安整治、“肃毒害、创平安”百日攻坚、“打假”、打击涉网违法犯罪“破案会战”、深化“平安四川”等各类专项行动，集中开展涉稳因素、安全隐患、重点区域、重点场所的排查整治，重点整治西区太平矿、仁和区回龙湾、盐边县北部片区等涉毒重点区域，重点打击滋生黑恶势力的殴打他人、寻衅滋事和“黄赌毒”等治安突出问题，重点整治全市25个治安乱点地区，消除治安隐患，金福小区、渡口“天外天”、金江火车站等重点区域治安秩序明显好转。健全“黄赌”案件责任倒查和“黄赌”线索举报奖励机制，持续开展整治行动，全年全市共查处涉赌案件346起、同比下降20.8%，治安处罚1092人，行政拘留252人；查处涉黄案件133起，同比下降38.1%，治安处罚282人，行政拘留249人。全年全市共受理治安案件11450起，查处11055起；查处违法人员12802人，其中治安处罚10358人（警告4616人、治安罚款2455人、治安拘留3287人）。大力开展“标准地址和实有人口、实有房屋、实有单位”基础信息“大采集”工作，全市已采集标准地址471889条，采集实有人口292442条。按照“严之又严，细之又细，实之又实”要求，圆满完成“全省百镇建设现场会”“重点旅游项目推进现场会”和欢乐阳光节开幕式等系列大型群众性活动、重大活动安全保卫。

【禁毒缉毒】 2013年，攀枝花市公安局结合攀枝花市毒情形势，以打击零星贩毒为重点，组织开展“扫毒害保平安”严打整治行动、“肃毒一、二、三、四、五”号集中行动、“钢城利剑行动”“肃毒害、创平安”百日攻坚会战等系列专项行动，严厉打击整治各类毒品违法犯罪活动。全年共破获毒品刑事案件435件，抓获毒品犯罪嫌疑人393人，缴获毒品海洛因98940克，冰毒7710克；全市共查处吸毒人员1284人。开展娱乐场所、涉毒重点区域、重点部位整治和吸毒人员“大收戒”，全年强制隔离戒毒545人。加大易制毒化学品管理力度，确保易制毒化学品不流入非法渠道。强化农村群众、外出返乡人员、在校学生等重点群体的宣传，向农村群众免费发放禁种铲毒宣传年画15000份；向外出返乡人员发放宣传资料2200余份，接受现场咨询达5000余人次；针对中小学、大中专院校在校学生，开展新学期禁毒宣传主题班会、邀请加入禁毒微信认证、组织参加禁毒动漫制作比赛等活动，增强重点群体的“知毒、拒毒、防毒”意识。探索禁毒宣传新模式，组织民警、社区禁毒工作者、禁毒志愿者，走进社区、村组、单位，重点走访吸毒人员、戒毒人员家庭，广泛宣传禁毒知识，听取社会各界对禁毒工作的意见和建议，赢得人民群众的理解、支持。强化对外宣传，在中央、省级媒体刊播30余条，在市级媒体刊播百余条，大力宣传缉毒破案战果和禁毒工作成效，营造良好的社会舆论氛围。

【打击经济犯罪】 2013年，全市公安机关坚持打击与服务并举，组织开展“打假”等系列专项行动，严厉打击金融诈骗、侵犯知识产权等破坏社会主义市场经济秩序犯罪和涉企性、涉众性等关系民生的经济犯罪，全力维护全市经济秩序。全年共立各类经济犯罪案件243起，破案237起，涉案金额15346万元；抓获犯罪嫌疑人134名，为国家、企业和群众挽回经济损失8978.5万元。成功破获涉案金额1000余万元杜某销售假冒注册商标商品案、涉案金额500余万元董某等人非法经营烟叶案、涉案金额1500万元的攀枝花兆丰公司骗取贷款案、涉案700余万元的谢某非法吸收公众存款案、涉案金额700余万元的王某虚开增值税专用发票案等一批影响大、危害大的经济犯罪案件。

【安全监管】 2013年，全市公安机关按照18类47项排查重点，全面开展危爆物品、道路交通、消防安全、内部监所的大检查、大整治。组织开展全市治安系统安全生产隐患大排查、大整治工作，出台重点单位分级判定标准及规范，严查严管旅馆业、涉枪涉爆涉危单位、金融珠宝行业、校园、要害部位等各个重点领域，及时消除安全隐患，全市65家剧毒化学品从业单位未发生一起剧毒化学品丢失、被盗案件和责任事故。强化民爆监管，远程联网监控民爆物品储存库，实现技防全覆盖；规范民爆物品管理，制定煤矿山、非煤矿山和其他爆破项目火工产品使用量参考值，开展15个爆破方案评审，规范行业协会7项制度，组织300余名涉爆人员进行民爆系统升级操作流程培训；排查登记涉枪涉爆重点人员7人，落实监控工作，全年未发生涉爆安全责任事故。全年全市共发生道路交通事故262起，死亡94人，伤311人，直接经济损失102.1万元，同比分别下降12.1%、11.3%、23.8%、18.1%。

连续10年未发生一次死亡10人的特大交通事故，预防重特大事故工作经验得到四川省公安厅肯定；发生火灾事故630起，死1人，受伤0人，直接经济损失188.1万元，事故起数同比下降35.5%，伤人数同比下降100%，火灾形势保持平稳。全市公安监所以“两防一退”（防安全事故、防在押人员非正常死亡，退出舆情关注热点）为重点，持续开展安全隐患大排查等专项行动，未发生安全责任事故；全年监所共获取各类违法犯罪线索1098条，协助破获刑事案件705起，抓获犯罪嫌疑人172人。

【交通管理】 2013 年，全市公安交警部门围绕全市发展大局，以“道路安全畅通，队伍不出问题，执法更加规范，群众更加满意”为目标，以“缓堵保畅”为重点，组织开展“压事故，保平安”等系列专项行动，保持严管高压态势，加大严重违法行为查处力度，最大限度缓解交通拥堵，确保全市道路交通安全形势平稳。全年共查处各类交通违法 509886 起，其中超速 107200 起、无证驾驶 1498 起、饮酒后驾驶 131 起、醉酒后驾驶 140 起，暂扣驾驶证 121 起、吊销驾驶证 166 起，行政拘留 834 人次，未发生一次死亡 3 人以上的较大交通事故。依托电台、电视台、报社、网络等省、市主要媒体，刊登各类新闻稿件 1469 篇，播出交通安全公益广告 380 条。组织民警深入 346 家单位、社区、村镇、学校上交通安全课 653 场次，发放各类宣传资料《学生交通安全书签》《交通事故警示挂图》等 18 种 40 余万份。举办各类专题宣传活动 60 场次，召开新闻发布会、情况通报会、媒体座谈会等 10 场次，组织新闻记者随警报道 80 余次，配合开展“文明交通劝导”活动 6 次。发布安全诱导、警示提示和交通违法告知等手机短信 80 余万条。

【服务民生】 2013 年，全市公安机关围绕市委、市政府决策部署，把保障和改善民生作为出发点和落脚点。深化户籍制度改革，提请出台《攀枝花市关于进一步深化户籍制度改革的意见（试行）》，牵头组织仁和区完成户籍制度改革试点工作，放宽和落实攀枝花市城镇户籍准入条件，服务城镇化建设。组织“民营企业家座谈会”“警民亲”活动，广泛征求意见。主动改进行政审批措施，落实便民利民举措，实行主城区户籍业务进驻政务中心，受理、办结行政审批服务事项 2.4 万余件，办理证照 3.2 万余份；积极应对城市基础设施建设带来的交通管理压力，优化交通组织，缓解城区道路拥堵问题；从基础设施建设、交通组织完善、禁左措施实行、调整限速标准、智能系统改造等方面，出台缓堵保畅 5 项举措，整合红绿灯一期、二期系统，完善红绿灯倒计时装置，在 8 条主干道安装中心护栏 4300 米，保障市内 6 座地下人行通道、金沙江大道、倮果大桥、龙密路等重点工程建设。积极回应民意需求，办理人大建议、政协提案和市长信箱、市民热线、局长公开电话及邮件来信来电 645 件。开通“@攀枝花公安”政务微博，上线运营 2 个多月，共发微博 110 余条，拥有粉丝 7000 余名，在公安宣传、警民沟通、协助破案、助力防范上效果初显。

【绩效考核】 2013 年，攀枝花市公安局深化绩效考核层级考核机制，以“四定三考”（定岗、定员、定责、定目标，考勤、考纪、考绩）为核心，健全自下而上、层级分明的全员绩效考核机制，完善“311”（三个办法、一个规定、一个标准）规范性制度体系，重新分类确定全市公安机关 116 个主要工作岗位“考绩”共性指标，严格实行“五项流程”（日记、周评、月考、季通报、年汇总），严格考核结果在公务员考核、晋职晋级、立功受奖、培训深造、经济待遇等方面运用，积极营造“能者更能、弱者跟上、良性竞争”的工作氛围，激发公安民警干事创业积极性。年内对 2012 年度 10 名四级绩效民警和连续两年三级绩效民警进行离岗培训。

【队伍建设】 2013 年，攀枝花市公安局全面推进队伍规范化、职业化、现代化“三化”建设，大力提升公安民警精准打控、网络作战、综合支撑、危机处理、内在驱动、公共服务“六种能力”。深入推行领导干部工作动态每日公示、中层干部每月到基层当一天民警、履职情况每月报告、工作绩效季度评定等制度，以制度创新、目标管理、责任落实、实绩评价，提升领导干部综合素质。配合市委组织部完成对 4 名县级干部的推荐、考察工作，完成 10 名县级领导干部和 6 名新任科级领导试用期转正任职考察工作。组织开展“思想大解放、作风大转变、工作大落实”主题教育活动、“转变作风、司法为民”教育活动和“大学习、大排查、大反思、大整改”集中教育整顿活动，开展涉案人员非正常死亡、公务用车、涉案和非涉案财物保管等专项整治，进行正反廉政警示教育，改进工作作风。制定教育训练三年规划和实施方案，分解细化年度重点教育工作任务，采取内聘、外请、特邀等办法，以优质的师资力量确保教育训练质量。组织参加县级领导干部轮训、军转干部培训、领导干部素质提升、警务技能、群众工作能力、法律大讲堂、刑事法规等专题培训 61 期 9600 余人次。组织 200 余名民警参加川西片区远程拉动演练；组织参加“全省特巡警大比武”，获得全省公安系统团体总成绩第六名；组织参加全省教官教学技能比武，取得三人战术协同射击第二名、3000 米武装越野第一名、理论教官现场教学小组第一名的成绩；组织参加全省公安文秘大比武、法制员业务技能大比武，荣获法制比武“优秀单位”称号，2 人分别荣获“十佳写作能手”“十佳法制员”称号；组织 150 名民警开展为期半年的集中轮值轮训。加大宣传工作力度，全市公安机关共刊播新闻稿件 2608 件，其中省级媒体发稿 715 件、中央级媒体上稿 12 件。依托《攀枝花警界》《公安之声》两档自创栏目，制作反映“中国梦”主题教育、“三大主题”教育、“平安四川”“肃毒行动”“节前治安防范”“打两抢保民安”、普法宣传等专题节目 53 期；组织 2013 年“春季平安战役”“严打整治集中行动”两场新闻发布会。全年全市公安机关共 64 个集体受到部、省、市级表彰，420 名个人受到中央、省、市级表彰。攀枝花市公安局交警支队车管所被公安部评为“2011—2012 年度青年文明号创建活动成绩突出单位”，78 名个人荣记个人三等功，其中 5 人获得“全省政法系统先进个人”称号。

（姜　鑫）

检　察

【概　况】 2013 年，全市设市和县（区）两级检察院 6 个，共有在职检察官 216 名，其他工作人员 116 人。全市检察机关依法打击各类刑事犯罪，全力维护社会和谐稳定，共批准（决定）逮捕各类刑事犯罪案件 608 件 901 人，提起公诉 1421 件 2252 人。依法查办和预防职务犯罪，促进反腐倡廉建设，立案查办贪污贿赂、渎职等职务犯罪案件 54 件 60 人，其中大案 50 件，占立案总数的 92.6%；查办县处级以上领导干部 8 人，占立案人数的 13.3%；为国家挽回直接经济损失 3138.6 万元。围绕大局抓保障，不断提升服务实效；围绕公正抓监督，努力推进法治进程；围绕能力抓建设，不断夯实基层基础。两级检察院受到最高人民检察院、省级和市级以上表彰的先进集体 22 个次、先进个人 17 人次。

【案件集中管理】 2013 年，市检察院全力推进案件集中管理工作。以统一业务软件应用为基础，使案件办理实现“全员、全面、全程、规范”的集中管理、动态监督。严格进行流程管理和质量管理，全年共受理并分流案件 2540 件。严格按照最高人民检察院的安排部署，做好检察机关统一业务应用系统的运行工作。积极对案件管理工作中形成的经验和遇到的问题进行调研总结，形成一批高质量的理论调研文章，市检察院案件管理办公室撰写的《困惑与突破：检察机关个案管理的流程配置》在最高人民检察院“姑苏杯”征文活动中获得优秀奖；《刑事诉讼在管理过程中的影像》在中国政法大学组织的首届司法管理学征文中获得优秀奖。

【刑事检察】 2013 年，全市检察机关立足检察职能，维护市场经济秩序，促进经济健康发展。依法打击金融诈骗、合同诈骗、非法集资、侵犯知识产权等经济犯罪，批准逮捕 22 件 25 人，提起公诉 47 件 67 人。重点打击盗窃工业器材、影响企业发展刑事犯罪，批准逮捕 7 件 8 人。以行政执法与刑事司法衔接为平台，加强与市场管理等部门的联系，促其移送涉嫌破坏市场经济秩序案件 13 件 18 人。依法平等保护各种所有制经济合法权益，办理合同纠纷、产权纠纷等民事行政监督案件 20 件。

维护社会和谐稳定，促进平安攀枝花建设。突出打击邪教组织犯罪，切实维护国家安全，严厉打击严重暴力、黑恶势力、多发性侵财、毒品和危害食品药品安全等犯罪，切实增强人民群众安全感。共批准（决定）逮捕各类犯罪 608 件 901 人，提起公诉 1421 件 2252 人。在严厉打击犯罪的同时，认真贯彻“少捕、慎诉、少监禁”和“两减少、两扩大”（对初犯、偶犯、未成年犯、老年犯中一些罪行轻微的人员，依法减少判刑、扩大非罪处理；非判刑不可的，依法减少监禁刑、扩大适用非监禁刑和缓刑）政策，共决定不批准逮捕 103 件 193 人，不起诉 35 件 51 人。

维护民生民利，服务幸福攀枝花建设。严厉打击危害食品药品安全及制假售假犯罪，批准逮捕生产销售假药及有毒有害食品犯罪 2 件 6 人、提起公诉 3 件 7 人，批准逮捕制售假农资犯罪 1 件 2 人、提起公诉 1 件 1 人。围绕生态文明建设，批准逮捕破坏环境资源犯罪 4 件 5 人；集中开展涉农惠民领域职务犯罪专项整治行动，共立案查办 3 件 3 人。不断完善便民利民措施，畅通和规范群众诉求渠道，通过“12309”举报电话、网上信访、来信、来访等途径共受理控告、申诉、举报 329 件，坚持做到件件有着落、事事有回音。

【查办和预防职务犯罪】 2013 年，全市检察机关共立案查办职务犯罪 54 件 60 人，其中贪污案件 5 件 9 人、贿赂案件 43 件 43 人、挪用公款案件 1 件 3 人、玩忽职守案件 3 件 3 人、滥用职权案件 2 件 2 人，通过办案挽回经济损失 3138.6 万元。共查办大案 50 件 56 人，要案 8 件 8 人。集中开展查办发生在群众身边、损害群众利益的职务犯罪专项活动，立案查办 3 件 3 人。查办行政部门、重点领域和关键环节职务犯罪 10 件 10 人。加大惩治行贿犯罪力度，共查办 7 件 7 人。

深化职务犯罪预防效果，积极创新预防机制，在部分单位的内部局域网探索开辟预防职务犯罪专栏，在政府采购领域试行廉洁准入制度，在全省率先与同级纪委建立职务犯罪预防协作机制，共同制定的《关于建立预防党员干部职务犯罪专项协作机制的实施意见》被市委转发、省检察院推广。创新预防宣教方式，使用三维动画、卡通形象和电子演示课件等大众化形式开展预防宣传教育；组建预防职务犯罪宣讲团，深入国有企业、党政机关、行政执法等单位宣讲 60 余场次，受众达 5000 余人次。扎实推进丽攀高速等重点项目跟踪服务，加强与烟草、电业、税务等重点行业和单位的共建预防。全年共提出预防建议 13 件，开展专项预防调查 10 件，预防咨询 52 件；开展职务犯罪个案预防 14 件，推动建立制度 6 项；深入重点工程开展跟踪服务 29 次，受理并提供行贿犯罪档案查询 198 次。

【诉讼监督】 2013 年，全市检察机关加强立案侦查监督，全年共办理立案监督案件 26 件，依法纠正侦查违法情形 9

件次，纠正漏捕犯罪嫌疑人 11 件 14 人；督促行政执法机关移送涉嫌犯罪案件 17 件 23 人；深化对公安基层派出所执法活动监督，经验做法在省检察院作交流发言。

加强诉讼活动监督，全年共追诉遗漏罪行 7 件 20 人、遗漏同案犯 13 人；提出刑事抗诉 7 件 7 人，法院已审结 3 件，均获改判；向法院发出纠正审判活动违法通知书 4 份，均得到纠正；坚持做好量刑建议，对 1031 人提出量刑建议；简易程序刑事案件 100%派员出庭。受理各类民事行政申诉案件 71 件，其中提请民事抗诉 4 件，省检察院全部采纳；向法院发出个案再审检察建议 17 件，法院已采纳 14 件；办理执行监督案件 25 件，支持起诉 8 件，督促起诉 6 件，办理刑事附带民事诉讼案件 12 件。

加强刑罚执行和监管活动监督，监督减刑案件 1 件，开展入所检察 1578 人次、出所检察 1237 人次，纠正监管场所各类违法 5 人次。开展各类安全检查 80 余次，发现、消除各类安全隐患 20 余起。继续保持全市各诉讼环节“零超期”成果。

【社会治理创新】 2013 年，进一步规范社区矫正法律监督，提出纠正脱管漏管建议 9 件次。加强检察门户网站建设和管理，健全舆情引导、应对机制，积极引导群众理性合法表达诉求。认真研究社会治理中的突出问题，形成检察调研报告 7 份，为党委、政府提供决策参考。以“四点一线”（以案件质量为立足点、打牢维稳基础，以风险预警为切入点、抓准敏感信息，以释法说理为着力点、全力化解矛盾，以延伸公诉职能为巩固点、推动社会管理创新，以实现办案的政治效果、法律效果和社会效果有机统一的检察环节维稳工作方法）为主线，创新开展检察环节维稳工作成效明显，得到省检察院肯定。丰富载体培养公民法治意识，通过媒体渠道及“举报宣传周”“法律宣传日”等活动营造法治氛围。

依法化解矛盾纠纷，完善执法办案风险评估预警机制，健全检调对接机制，深化释法说理机制，加强上下联动，整合资源，把矛盾化解贯穿到执法办案每一环节，开展释法说理 500 余件次，促成当事人在审查起诉阶段达成刑事和解 107 件，促成民事行政申诉案件当事人和解 5 件。立足检察职能，努力协助有关单位化解涉稳信访积案 10 件。

关注维护特殊人群合法权益，探索建立未成年人案件“捕、诉、监、防、教”一体化工作机制，适用适合未成年人身心特点的办案模式，提起公诉 57 件 127 人，封存未成年人犯罪记录 38 件 76 人。深入开展送法进校园活动，促进依法治校。加大对弱势群体特殊保护力度，开展法律援助 85 人次，开展刑事被害人救助 8 件 16 人。认真开展清理拖欠农民工工资专项行动，为农民工诉求开辟绿色通道，通过检察建议、法律援助等监督途径共清理拖欠工资 370 余万元，涉及农民工 130 多人。

【检察宣传】 2013 年共制作播出“阳光检察”电视栏目 50 期，收到较好反响。加大平面和网络媒体宣传报道力度，稿件被国家级媒体采用 10 篇、省级媒体采用 70 余篇，扩大了检察机关影响力。大力培养宣传先进典型，注重先进典型的示范引领作用，积极挖掘、培养、树立、宣传体现检察特色、弘扬时代精神、具有人格魅力的先进集体和模范人物。继续开展各种类型的读书活动，办好内部刊物，为干警学习交流提供平台，营造好学奋进的检察文化氛围。全年共有 22 个集体、17 名先进个人受到市级（含市级）以上表彰，2 名干警被省检察院记二等功。

【法律政策研究】 2013 年共完成调研文章 122 篇，其中被市级刊物采用 16 篇、被省级刊物采用 19 篇、被国家级刊物采用 5 篇。全年共向“全省检察理论研究年会”“执法公信力论坛”“未成年人检察制度”论坛等各类征文活动报送论文 50 余篇，其中《新刑诉法下就犯罪嫌疑人身体状况进行羁押适宜性审查之探索》获得“全省检察理论研究年会”优秀奖。《当前米易县检察院检察工作站面临的问题与思考》《对有效推进基层检察院管理科学化建设的思考》等 4 篇调研论文被国家级公开刊物采用。组织两级检察院检委会成员通过网络集体学习、讨论修改后的刑事诉讼法、民事诉讼法，坚持网上议事议案，规范检察委员会的工作程序和管理办法，全市两级检察院及时完成检察委员会记录和纪要，执行上级和本院检察委员会决定 100 件，执行率达 100%。

【检察技术】 2013 年，全市检察机关共办理检察技术案件 210 件，其中法医文证审查和司法会计检验鉴定案件共 168 件、技术协助 42 件。不断完善“同步录音录像”保障机制，建立对职务犯罪案件讯问过程实行远程网上安全巡查通道，有效提高对办案现场的监督，深化“检医联动”，建立“法医介入自侦讯问”机制。深入推进视频会议系统、网上办公、办案系统的应用，加强网络的规范化管理工作。积极参加由国家认可委员会和公安部刑事侦查局联合组织的实验室能力验证，其中法医人体损伤程度鉴定（CNAS T0695）获得专家组“满意”评审结果、法医学死亡原因鉴定（CNAS T0694）获得专家组“基本满意”评审结果。

【司法警察】 2013 年，全市检察机关司法警察共参与查办职务犯罪案件 54 件 60 人，执行看管 348 人次，执行拘传 12 人次，执行传唤 26 人次，协助执行逮捕 25 人次，执行提押 74 人次，参与搜查出警 46 人次，参与扣押（查封）36 人次，参与查询出警 291 人次，协助调查取证出警 388 人次，协助执行监视居住房 108 人次，送达法律文书 174 人次。在涉黑、涉恶以及有重大影响案件的提押、出庭公诉工作中，参与刑事检察案件出警 727 人次，切实保护检察官人身安全，维护正常办案秩序。高度重视办案安全防范工作，加强办公办案工作区规范化建设，不断完善办公办案工作区审批、出入登记、交接、执勤等规章制度，进一步提高机关安全保卫工作水平。

【人民监督】 深化代表、委员立体联络机制，通过多种形式主动征求代表、委员对检察工作的意见和建议，并及时反馈整改落实情况，逐步使之常态化。坚持向代表、委员及社会各界通达检察机关重大安排部署、工作动态、重大社会影响案件办理情况。进一步完善接受人大及其常委会监督的工作机制，向市人大常委会专题汇报民事行政检察工作情况，邀请市人大法制委员会和人大代表视察调研全市检察机关民事行政检察工作。深入推进人民监督工作，邀请人民监督员对重大职务犯罪案件讯问进行全程监督，组织特约检察员监督强制措施变更审查，邀请各界代表参与“检察开放日”、案件评查、不起诉听证、观摩评议公诉出庭、涉检信访接待、执法检查等活动。主动接受社会监督，进一步完善检务公开制度，保障人民知情权、参与权、表达权和监督权，确保检察权在阳光下运行。高度重视社会舆论和网络舆情，加强检察工作正面宣传，树立检察良好形象。充分利用检察门户网站、检察微博等网络力量，加强与群众的交流互动。

【规范化建设】 进一步完善相关执法规范和配套制度，认真摸排分析自身执法不规范的突出问题，继续深化和完善办案责任制和案件评查机制，梳理细化完善内部各项管理规章制度，不断提升工作效率。深化信息化运用，全面推行网上流转公文、网上办案、检委会案件网上讨论、利用视频会议系统参加各级会议、远程讨论案件和教育培训等工作，加强侦查指挥中心、远程视频接访系统建设基础工作和方案设计等工作。全面完成分级保护建设、统一业务应用系统建设等工作。

以《中华人民共和国刑事诉讼法》和《中华人民共和国民事诉讼法》修改实施为契机，加强与其他政法部门的联系沟通，细化刑事诉讼规范。与公安机关、法院建立联席制度，会签规范性文件 19 项，解决司法实践相关问题，确保“分工负责、互相配合、互相制约”的诉讼原则落实到位。邀请律师代表座谈，听取意见建议，共同探讨承担社会责任、维护公平正义之策。依法保障犯罪嫌疑人、被告人诉讼权利和律师执业权利。

【内部监督制约】 2013 年，继续完善执法部门和执法环节交叉监督的“双向制约”（职能部门内部、职能部门之间、上级检察院对下级检察院三个层面对执法办案活动实行监督和制约）工作机制，实现执法过程互相监督。全面落实讯问职务犯罪嫌疑人同步录音录像，实现办案全程监督；全面实施职务犯罪审查逮捕上提一级和一审判决“两级同步审查”（上下两级检察院对职务犯罪案件第一审判决进行同步审查），促进办案质量不断提升。坚持重大案件回访考察及“一案二卡”（办理每一件案件时印制发放“办案告知卡”“廉洁办案卡”“回访监督卡”）等制度，加大对重点执法岗位、执法环节和执法人员的监督检查力度，全年无违纪违法情形发生。

【队伍建设】 2013 年，继续深入开展领导素能、任职资格、专项业务、岗位练兵等活动。大力开展检察人员职业信仰、职业精神、职业道德教育，加强检察文化建设，以实际成效彰显攀枝花检察新形象。全面深化公诉见习制度，建立完善 10 余项配套机制，全面促进并带动公诉人及检察队伍整体发展。加大培养选拔优秀年轻干部力度，建设高素质、专业化领导干部和业务骨干队伍。探索实行“双岗双责”（检察干警在做好本职工作的基础上，通过组织安排或自愿申请参加第二岗位的工作）制度，缓解人少案多矛盾，共有 100 余名干警参加第二岗位锻炼。

认真贯彻执行中共中央关于改进工作作风、密切联系群众的八项规定和中共四川省委、攀枝花市委相关规定，着力营造为民务实清廉的良好作风。全面推进检察机关自身惩治和预防腐败体系建设，严格执行党风廉政建设责任制，加大监督检查和问责追究力度，严格规范检察人员对外交往行为，建立廉政隐患摸排预警制度，检察人员谈心谈话制度，重点岗位轮岗交流制度。加强和改进检务督察、专项检查工作，严格执行各项禁令规定。

（王　凯）

审　判

【概　况】 2013 年，全市国家审判机关有市中级人民法院、东区人民法院、西区人民法院、仁和区人民法院、米易县人民法院、盐边县人民法院，共设 16 个人民法庭。全市法院共有政法专项编制 452 个，实际在编人员 386 人。其中：法官 159 人，占 41.19%；司法警察、书记员及其他工作人员 227 人，占 58.81%。市中级人民法院内设机构 27 个，实际在编人员 104 名。

全年全市法院以保障全市改革发展稳定大局为己任，以“明责厉行、创新攻坚”为基调，以争创“两个一流”（争创一流业绩，打造一流队伍）活动为平台，全面加强审判执行，巩固深化自身建设，各项工作取得新进展。共受理各类案件 16579 件，同比上升 5.88%；办结 16231 件，同比上升 6.61%。市中院办结 1710 件，同比上升 20%。全市法院共有 69 个集体、83 名个人受到市级以上表彰。

【刑事审判】 2013 年，全市法院共受理刑事案件 1393 件，审结 1376 件，同比分别下降 7.25%、8.02%。

强化人民群众安全感，依法审结杀人、抢劫等严重暴力犯罪案件62件，群众反映强烈的盗窃、抢夺、诈骗等多发性犯罪案件329件。切实保障生产安全，妥善审理“8·29”事故系列案件，35人被依法追究刑事责任。坚持净化社会环境，审结毒品犯罪案件106件。努力推动反腐败，审结贪污、受贿、挪用公款等案件52件。重视人权保障，用好宽严相济，消除社会对抗，适用缓刑、罚金等非监禁刑726人，免予刑事处罚22人。预防和减少重新犯罪，参与社区矫正482人次，回访帮教刑释解教人员235人次。

【民商事审判】 2013年，全市法院共受理民商事案件9968件，审结9712件，同比分别上升11.87%、12.54%。

促进平等交易，审结买卖、借款、建筑工程等合同纠纷案件4416件。维护市场信用，审结融资、股权纠纷、民间借贷等案件924件。保护自主创新，审结专利权、商标权、著作权等知识产权案件23件。倡行“和谐司法”，坚持自愿合法原则，民商事案件调撤率达67.23%。推进整体联动，加强“诉非衔接”，精心指导人民调解、行政调解，成功调解矛盾纠纷1589件。

【行政审判】 2013年，全市法院共受理行政案件59件，审结58件，同比分别下降37.29%、28.75%。

促进依法行政和保护相对人合法权益并重，判决维持18件、赔偿1件，驳回起诉和诉讼请求9件，以其他方式处理16件。优化行政案件协调和解机制，撤诉14件，撤诉率达23.73%；非诉案件自动履行率达87.5%。强化行政审判与行政执法互动，继续发布《行政审判白皮书》。

【执行工作】 2013年，全市法院共受理执行案件4621件，执结4551件，标的总金额4.29亿元，同比分别上升18.46%、20.52%、58.88%。

9月，开展“推公开、转作风、强执行、树公信”执行专项活动，强化主体责任，强化队伍素质，树立“穷尽执行手段”理念，最大限度让打赢官司的当事人及时实现权益。加大强制执行力度，依法拘留“老赖”25人，罚款20万元，限制出境12人，限制高消费379人，公开曝光119人，纳入失信“黑名单”77人。10月，召开全市执行工作联席会，与银行、车管、工商、税务、国土、房管等16部门签订“点对点”共建协议，查询4393次。上级挂牌督办案件全部执结。市中院、米易县法院、盐边县法院获全省集中清理积案专项活动先进。

【能动司法】 2013年，市中院将贯彻市委九届四次全会任务分解成22个大项，实行“目标化管理、项目化实施、工程化推进”，明确责任、创新方法、加强督查、确保落实。

充分发挥审判职能，审理涉及“三大发展战略”的案件2360件，大力促进转型升级、稳中求进。审理非法采矿、合同诈骗等破坏市场经济秩序犯罪案件62件，切实维护经济安全。审理资金拆借、承包租赁等案件362件，助推企业克难发展。审理劳动就业、社会保障等案件1351件，有力推动社会事业进步。

前瞻参与社会治理创新，3月，报送关于全市煤矿整顿关闭等专题调研报告，为党政决策提供有益参考。4月开始，开展涉诉信访改革试点，坚持“四个到位”（诉求合理的解决问题到位，诉求无理的思想教育到位，生活困难的帮扶救助到位，行为违法的依法处理到位），落实“五包”（包掌握情况，包思想教育，包解决问题，包稳控管理，包依法处理）责任，大力推动在法治轨道内化解矛盾纠纷，来信来访同比下降19.36%，11件上级督办信访案件妥善化解10件。主动服务机关企事业单位防范法律和诉讼风险、提升依法办事水平，在全省率先发布三大审判白皮书和实施“两法”（2013年1月1日起正式实施的修改后的《中华人民共和国民事诉讼法》《中华人民共和国刑事诉讼法》）专题报告，发放《司法服务联络卡》400余张，走访“三上”企业（规模以上工业企业，限额以上批发零售、住宿餐饮企业，资质以内的建筑企业、房地产开发企业）300余人次，编赠《钒钛产业园区典型案例选编》400余册，提出司法建议100余条。“三大主题教育”活动20项公开承诺全部兑现。7月，选派1名中层正职到木里县法院挂职援藏。认真开展“挂包帮”“走基层”等活动，一线调研200余人次、办实事150多起、慰问贫困群众76户、资助贫困学生46人。全年，全市两级法院为木里、芦山震区和贫困村、户捐助款物共47万余元。

【司法为民】 2013年，全市法院不断强化宗旨意识，创新和丰富司法为民、便民、利民、惠民的各项举措。

精心审理涉民生案件，依法审结未成年人犯罪、生产销售有毒有害食品、假药等案件52件，回应社会关切。审结医疗纠纷23件，促进医患关系和谐。审结离婚、赡养、抚养、继承等纠纷1253件，弘扬公德美德。开展以“涉民生案件专项执行”为主题的“司法大拜年”活动，兑付农民工工资300余万元，赢得群众称道。

全市法院均建成诉讼服务中心，实现法律咨询、起诉立案、信访接待等“一站式”服务，接待群众2万余人次。加强诉讼指导，强化权利义务、举证责任、风险告知。切实尊重群众对司法公正的普遍认知和共同感受，开展“菜单式”法制宣传100余场次，受教育群众1万余人次。米易县法院高度关注未成年人成长，开展法制副校长讲座10次。注重发挥人民法庭解决基层民间纠纷的特殊优势，在全省率先将诉讼服务站建在每个人民法庭之上，着力打造司法为民“升级版”。

大力减轻群众诉累，积极探索小额速裁和简易程序适用，推进简案快审，一审简易程序适用率85.51%，同比增长 16.22%。在社区、乡镇、企业、学校建立“法官便民工作室”“便民工作岗”107 个，开展巡回审判 400 余场次。通知法律援助机构为符合条件的刑事被告人指派辩护人 92 人，为符合法律规定的当事人缓、减、免诉讼费 154.88 万元，努力让有理无钱的人打得起官司。

【审判质效】 2013 年，全市法院坚持把办案质量作为生命线，加强审判管理和质效评估，创新开展“五个一”（全体法官“每天一回顾”，反思质效得失；业务部门“每周一小结”，专题分析本部门审判质效；审判门类各条线“每月一剖析”，加强中院和基层法院的互动协调；各个法院“每季一总结”，及时研判影响各项主要指标的原因，逐一制定整改方案，努力争比进位；全市法院“每年一集中”，召开审判质效经验交流和问题整改专题会，研究当年部署来年）、“三提高”（提高民商事审判人员素质，提高民商事审判工作质效，提高民商事审判公信力）等专项活动，实行办案进度“月通报、周督促、日推进”，努力让有理有据的人打得赢官司，不断提升司法公信力。

公正指数明显提升，二审开庭审理率 70.19%，同比上升 26.65%；再审审查询问（听证）率 78.13%，同比上升 22.96%；启动再审 9 件，改判、发回重审 4 件，坚决让确有错误的裁判依法得到纠正。

审判效率明显提升，法定正常审限内结案率 99.69%，同比上升 2.19%；法官人均结案 70.51 件，同比增加 8.13 件；民事、执行案件平均审执时间分别缩短 13.4 天、8.3 天。三年以上未结案件全部审结。

办案效果明显提升，全市审判质效均达一流值，实际执行率 99.1%，均衡结案率 65.49%，同比分别上升 2.83%和 3.21%。市中院被评为全省法院审判管理和化解长期未结疑难案件先进单位。

【队伍建设】 2013 年，全市法院以“实现伟大中国梦、建设美丽繁荣和谐四川”主题教育活动、“三大主题”教育实践活动和“转变作风，司法为民”主题教育活动等为抓手，不断推动队伍建设再上新台阶。

加强思想政治建设，深化社会主义法治理念和司法核心价值观教育，强化司法良知和职业伦理操守训导，用科学理论武装人。远学“背篼法官”郭兴利，近学“田坎法官”胡华元、“花城守望人”卢志坤，树推顾玉、肖春富等本土“业务专家”，评选表彰争创一流“十大之星”“创新突破十大亮点”“优势品牌项目二十强”，用先进典型鼓舞人。

加强素质能力建设，内涵式发展与外向型锻造互动相促，开展网络、在职、专题培训等 1000 余人次，组织 70 余名干警赴外单位学习取经。坚持“好干部”标准、坚持重品行重实干重公认、坚持引人才育新秀，审判事业活力后劲不断增强。市中院充实调整领导班子 6 人，选任、交流中层干部 9 人。全市遴选公招 37 名人员，新增硕士研究生 7 人。经各方努力，基层法庭干警职级待遇取得历史新突破。

加强法院文化建设，打造“文化四室”（院史展览室、图书室、荣誉室、文体活动室），组建学习兴趣团队，8 月 9 日，市中院顺利通过省级文明单位考核验收。11 月，和攀枝花市委宣传部联合下发《进一步加强全市法院文化建设的意见》，积极弘扬攀枝花法院精神，引领法官职业修养和形象塑造。全市 1 名干警被表彰为全国法院先进个人，6 人荣获全省办案标兵、调解能手称号，13 人在全省法院学术讨论会获奖。

加强党风廉政建设，警示教育自始至终，全市法院召开警示教育大会 30 余次、院领导上廉政课 40 余次、开展廉政谈话 60 余人次。狠抓作风由表及里，细化落实中央“八项规定”，省、市“十项规定”和各项禁令；扎实开展“转变作风，司法为民”活动，针对“庸懒散拖”“冷硬横推”，全员逐字查找共性、个性问题 30 个，制定整改措施 90 余条，建立完善制度机制 50 余项。12 月，制定出台《攀枝花市中级人民法院诉讼费退费办法》，着力解决“退费难”“立案难”等问题；向当事人发放“审判作风监督卡”5000 余份；梳理 24 条干警日常行为规范并制成标牌发到每人，常提醒，严自律，省高院予以高度评价。严格查究防微杜渐，6 月，聘任 15 名廉政监督员和 16 名作风评查员，邀请参加庭审评查、作风巡查等 60 余人次。通报批评和诫勉出现“苗头”问题的各 4 人。

【司法公开】 2013年，全市法院牢固树立接受监督意识，不断加大司法公开力度，法院依法行权水平和司法公信力不断提升。

强化审务公开，积极推进审判流程公开。利用电子公告屏、触摸屏、诉讼指南等形式，公开机构信息、审判人员、诉讼须知、案件排期、法律法规等信息。加强诉讼档案电子化以便当事人检索，利用官方微博公开直播庭审过程。加快推进裁判文书公开，12月，制定《裁判文书上网公布办法》，明确公开范围、方式、程序，指定专门机构，负责裁判文书公布的组织、管理、指导和监督。大力推进执行信息公开，11月，开通执行服务窗口，设置执行案件查询触摸屏，建成执行信息公开网。

自觉接受人大、政协监督，对两会和闭会期间及多方收集的 25 条类型化意见建议，逐项制定改进措施，全面反馈落实情况。“一对一”登门走访代表、委员 500 余人次，寄送《法院重大事项通报》4000 余份，发送手机彩信周报 6000 余条，邀请旁听庭审、监督执行、参加重要会议和活动 140 余人次。各位代表委员对法院工作更加理解帮助，以人民法院人民建设、人民法院人民爱护的模范履职，极大促进了审判事业的科学发展。

迎接社会各方监督，依法支持配合检察机关法律监督。

广泛推进司法民主，8月，与市委统战部联合下发《关于进一步加强人民法院与民主党派、工商联和知联会联系的意见》。每季度专题举行“法院开放日”，切实拓宽接受监督渠道。注重新媒体时代新闻舆论监督和引导，11月，在全省法院率先成立新闻处，开通法院微博，及时对外发布重要工作情况。播发“现在开庭”“每周一案”和“法庭聚焦”130余期，发表宣传稿件500余篇。6月14日，在全省政法宣传工作会上，市中院作题为《充分利用电视媒体奏响司法公正强音》的典型交流发言。

【基层基础建设】 2013年，全市法院以建设“三型法院”（服务型法院、阳光型法院、效能型法院）为抓手，不断夯实基层基础。

服务型法院。仁和区法院推动建立“无讼村”18个、“无讼社区”4个，在全省“大调解”负责人培训班作交流发言。盐边县法院“动态化跟踪”服务重点项目建设，落实司法服务措施23条，解决涉法涉诉难点问题9个。西区法院开展“警民半月谈”，社区司法便民全覆盖，提供法律咨询200余人次，参与化解矛盾纠纷173件次。

阳光型法院。基层法院全部建成门户网站，在前沿阵地通过多种方式大力推进司法公开，不断增进司法亲和力；人民陪审员参审案件1332件，陪审率同比上升7.74%；开展“法院开放日”10次，参与群众300余人次。

效能型法院。东区法院积极探索案件繁简分流，在全市率先成立的速裁法庭月均办案80件以上，81.55%的案件在10天内结案；创建“三型法院”事迹被《人民法院报》头版头条专报。米易县法院全年实现“零发回”“零重大改判”，多项核心指标位居全市法院前茅。仁和区法院被省高院荣记集体三等功，米易县、仁和区各1个基层法庭被评为全省优秀人民法庭。

（郑天君）

司法行政

【概　况】 攀枝花市司法行政系统包括市司法局机关、市劳教（司法强戒）所、市法律援助中心、5个县（区）司法局、6个公证处、60个司法所、17个律师事务所、18个基层法律服务所。全市司法行政系统主要由公务员、劳教人民警察、法律服务人员3支队伍组成，有机关公务人员207人、劳教人民警察97人、法律服务人员320人，市司法局机关内设13个职能处室和政治部（警务部）、机关党委、纪检处。

2013年，攀枝花市司法局建成1个县级规范化法律援助接待受理厅（西区）、2个乡镇（街道）规范化法律援助工作站（米易县白马镇和新山乡）、成立市级法律援助流动工作站（西区分站），提供法律援助服务18810人次，完成年度总目标任务110%。市劳教（司法强戒）所持续保持场所安全稳定，连续13年实现“四无”（无脱逃、无所内案件、无非正常死亡、无重大安全事故），实现全年无毒品流入所内和复吸毒事件发生，所内毒瘾戒断达100%。全年深入基层开展普法宣讲16场，座谈38场次，辅导干部群众2万人次，印发《百姓生产生活常用法律知识手册》6万册，发放法制宣传资料9.5万册，提供法律咨询7800余人次。排查调解矛盾纠纷9531件，调处成功9440件，调解成功率99%，防止群体性上访142件2237人。接收刑释解教人员559人，安置519人，安置率达92.84%，帮教559人，帮教率达100%，无一人重新违法犯罪。全市在册社区矫正对象1199人，成功教育改造解除社区矫正763人，无漏管、无脱管、无影响安全稳定事件的发生。全市律师共办理各类案件6148件，担任行政、企事业和社会团体法律顾问517家，开展公益事业和社会活动1200人次，提供法律援助667件。基层法律服务机构担任法律顾问186家，代理各类案件1894件，办理法律援助案件473件，解答法律咨询6000件，为当事人避免或挽回经济损失2000余万元。公证机构办理各类公证7515件，司法鉴定机构办理案件2024件。

2013年，攀枝花市司法行政系统荣获全国维护妇女儿童权益先进单位、全国模范人民调解委员会等国家级荣誉2项，荣获四川省司法行政系统先进集体、2006—2010年全省法制宣传教育先进集体等省级荣誉9项。城乡环境综合治理、社会治安综合治理、维稳、执政实录、信访、年鉴、“挂包帮”等工作获得市委、市政府表彰。

【劳教及强制隔离戒毒】 2013年，攀枝花市劳教（司法强戒）所加强隐患排查整改，对23项安全隐患逐一进行整改，确保场所安全稳定。开展“教育质量年”活动，积极推进“常青藤四分管理模式”，对戒毒人员进行“分类编队、分期戒治、分区管理、分级处遇”管理，提高矫治质量。全年累计收治强戒人员120人，全所在册强戒人员236人，在所231人，所外就医5人，所内实现全年无毒品流入和复吸毒事件发生，毒瘾戒断达100%，所内案发率、脱逃率、重新违法犯罪率、责任事故率、毒品流入率、非正常死亡率均为零，劳教及强制隔离戒毒场所安全稳定。继续保持“省级文明劳教所”“省级优秀劳动教养学校”“省级文明单位”“全国劳教系统卫生先进单位”称号，连续13年成为全国“四无”劳教所。

【家长学校】 2013年，攀枝花市劳教（司法强戒）所积极建设“家长学校”，帮助戒毒人员亲属了解戒毒知识，引导戒毒人员亲属积极参与戒毒，帮助戒毒人员树立戒毒信心。全年举办3期“家长课堂”，为141名强戒人员亲属传授戒毒理念和戒毒知识。

【疾病防治】 2013 年，攀枝花市劳教（司法强戒）所每名强戒人员从收治之日起就建立健康档案，全年新建健康档案 118 份。所内坚持每日巡诊制度和每周一、周三、周五危重病患巡查制度，全年强戒人员所内门诊 6500 人次，出所就诊 93 人次。建立艾滋病、结核病、性病等重大传染性疾病定期体检体系，7 月在所内建立艾滋病快速检测点，全年筛检出艾滋病感染人员 34 名，占收治比例的 14.23%，其中 28 名感染人员于 2013 年 12 月 3 日安全转送到资阳市强制隔离戒毒所。

【人民调解】 2013 年，攀枝花市有人民调解组织 963 个，人民调解员 10019 人，全市 6 个法院、1 个基层法庭、37 个公安派出所均设立人民调解室，175 名人民调解员进驻开展工作；全市 9 个交警大队设立道路交通事故损害赔偿人民调解委员会；全市设立"五进"〔矛盾纠纷"大调解"进城镇小区、进车站（码头）、进农村院落（集中居住区）、进规模性市场（商场）、进开发区（园区、景区）〕工作窗口 203 个，"五进"调解网络覆盖面达 85%以上。全年全市共排查调解矛盾纠纷 9531 件，调处成功 9440 件，调解成功率 99%；防止民间纠纷引起的自杀 9 件 10 人，防止民转刑案件 53 件 254 人，制止群体性械斗 9 件 256 人，防止群体性上访 142 件 2237 人。3 名个人、1 个集体受到司法部表彰。

【司法所建设】 2013 年，攀枝花市有乡镇（街道）司法所 60 个，94 名专职司法助理员。全年全市司法所共参与调解疑难复杂纠纷 611 件，进行法制宣传 308 次，受教育人数 22 万人，为基层政府提供司法建议 70 条，被采纳 65 条，参与处理社会矛盾纠纷 4388 件，处理成功 4366 件，排查调解矛盾纠纷 2586 件，社区矫正、安置帮教工作全面覆盖，无脱管、漏管。

【安置帮教】 2013 年，攀枝花市市、县两级司法行政机关严格落实刑释解教人员必接必控、重点对象接送、教育改造质量评估、帮困扶助制度和联席会议制度，及时沟通情况，强化衔接管理，全年核查服刑在教人员基本信息 1893 人，核查率达 100%。全市接收刑释解教人员 559 人，安置 519 人，安置率达 92.84%，帮教 559 人，帮教率达 100%，无一人重新违法犯罪。

【服刑在教人员未成年子女排查帮扶】 2013 年，攀枝花市建立底数完备、事项明确的服刑在教人员未成年子女基本信息管理台账，准确掌握服刑在教人员未成年子女数量和就学、就业及生活方面存在的困难和问题。并协同民政、财政、教育、人力资源和社会保障、妇联、团委等部门开展服刑在教人员未成年子女帮扶，落实抚养、监护、教育、就学、技能培训、低保、心理行为引导等方面帮扶措施，帮助解决就学、就业及生活方面存在的困难和问题。全年排查出服刑在教人员未成年子女 206 人，开展服刑在教人员亲属走访 811 人次，开展服刑在教人员家庭子女帮扶活动 312 人次。

【社区矫正】 2013 年，攀枝花市共成立市、县（区）、乡（镇）、街道社区矫正工作领导小组及办公室 66 个、社区矫正工作站 60 个，矫正小组 1157 个，有执法工作者 117 名，专职社会工作者 6 人，社会志愿者 1292 人。社区矫正执行档案和工作档案建档率达 100%，有效避免人员脱管、漏管。建立 2 个社区矫正警示教育基地、44 个公益劳动基地，适时组织矫正对象到基地接受警示教育、参加义务劳动，纠正行为恶习。利用服务中心、中途之家等载体加强社区矫正人员教育矫正和帮扶工作，开展法律、道德等方面教育，组织职业培训和就业指导，落实社会保障措施，提高社区矫正对象适应社会能力。全年全市在册社区矫正对象 1199 人，成功教育改造解除社区矫正 763 人，无漏管、无脱管、无影响安全稳定事件的发生。

【社区矫正人员清理交接】 2013 年 3 月，攀枝花市司法局、攀枝花市公安局会同市法院、市检察院开展全市社区矫正人员清理、核实和移交工作。全市司法所接受派出所移交社区矫正人员共 865 人，其中缓刑 729 人、管制 26 人、假释 60 人、暂予监外执行 36 人，司法所移交给派出所剥夺政治权利类社区矫正人员 26 人。

【律师工作】 2013 年，攀枝花市 17 家律师事务所、214 名执业律师积极参与土地征用、城市建设拆迁、环境保护治理、企业重组改制和破产中涉及的涉法涉诉问题以及就学、就业、社会保障等民生问题，积极为全市招商引资、工业发展、城市建设、新农村建设和农村产权改革等提供法律服务。全年全市律师办理各类案件 6148 件，担任行政、企事业和社会团体法律顾问 517 家，开展公益事业和社会活动 1200 人次，提供法律援助 667 件。市律协党委被命名为全省、全市"创先争优，树立四个新形象"示范党组织，3 名党员律师被命名为全省"创先争优，树立四个新形象"党员示范岗，1 家律师事务所获全省律师行业创先争优先进集体，2 名律师获全省律师行业创先争优先进个人，1 家律师事务所被评为全省优秀律师事务所，4 名律师被评为全省优秀律师。

【基层法律服务】 2013 年，攀枝花市 18 个基层法律服务所 64 名基层法律服务工作者积极为基层群众提供公益性、便民性法律服务，引导群众依法合理表达利益诉求，维护和谐稳定。担任法律顾问 186 家，代理各类案件 1894 件，办理法律援助案件 473 件，解答法律咨询 6000 件，为当事人避免或挽回经济损失 2000 万元。

【司法考试】 2013年，攀枝花市国家司法考试工作严格执行司法部对报名审查、考点设置、考场布置、试卷保密、试卷运送、监考督考等各环节规定，实现“零违纪、零投诉、零举报”，达到“规范有序，万无一失”总目标。攀枝花市共有442名考生报名参加2013年国家司法考试，比2012年增长11%。

【公证工作】 2013年，攀枝花市6个公证处17名公证员积极参与重点工程和项目建设、招投标、土地使用权转让、房屋拆迁、城市改造、基础设施建设等领域的公证，靠前提供法律服务，预防矛盾纠纷的发生。全年办理各类公证7515件，办证合格率达到98%以上，无错证、假证，为企业提供“法律体检”107次，建立企业“健康档案”66个。

【司法鉴定】 2013年，攀枝花市3家司法鉴定机构积极开展司法鉴定援助、上门服务、减免缓收费、鉴定预检等活动，拓宽业务领域，全力维护当事人的合法权益和社会稳定。全年完成司法鉴定案件2024件，业务量同比增长10%，办理司法鉴定援助案件40件，上门服务25件，案件限时办结率、合格率达100%，鉴定结论采信率达98%，提前办结率50%以上。

【法律援助】 2013年，攀枝花市法律援助工作进一步扩大援助范围，降低受援条件，提高法律援助覆盖人群比例，做到应援尽援。积极介入涉法涉诉信访工作，引导群众依法理性表达诉求，把矛盾纠纷化解在萌芽。全年全市法律援助机构为困难群众提供法律援助服务18810人次，完成省级目标任务110%，为困难群众挽回经济损失500余万元，免收困难群众各项法律服务费用100余万元。建成1个县级规范化法律援助接待受理厅（西区）、2个乡镇（街道）规范化法律援助工作站（米易县白马镇和新山乡）、成立市级法律援助流动工作站（西区分站），全面完成省、市两级法律援助民生工程目标任务。

【困难群众法律援助信息库试点】 2013年，攀枝花市司法局以米易县草场乡为试点，建立以残疾人、低保、“五保”困难群众为主要人群的“困难群众法律援助信息库”（其中残疾人185人、低保户453户1196人、“五保”群众104人）。库内每位困难群众都持有法律援助联系卡，凭此卡申请法律援助时，无需进行经济状况审查，予以优先办理，及时提供法律援助。

【“六五”普法中期督导检查】 2013年8月26日至9月1日，攀枝花市集中开展“六五”普法中期督导检查，市法建办成立4个督导检查小组，现场抽查5个县（区）、14个县（区）所属单位和28个市级部门，集中检查51个市级部门。同时，按照属地管理原则，全市5个县（区）分别对辖区的54个乡镇（街道）、12个村（社区）、25个企业、76所学校、227个机关单位进行检查督导。

【法治基层行】 2013年6月，攀枝花市司法行政系统开展“法治基层行”集中统一行动，行动由“共建平安家园、同创法治四川”主题宣传日行动、司法行政“开放日”行动及“6·26”宣传日行动组成。行动中，全市69名基层司法所所长、司法助理员进村入户231家、送法下乡312人次，司法行政机关干部进社区500人次，设立宣传点25个，开展集中宣传38场次，举办法制讲座41场次，免费发放《“六五”普法公民常用法律知识手册》2000本、《公民应知应会法律宣传手册》6万册、法制宣传资料9.5万份（册）、普法购物袋1.36万个、普法扇子8000把，展板挂图299幅，提供法律咨询1830人次。邀请8名人大代表、政协委员以及警风警纪特邀监督员到市劳教（司法强戒）所实地察看所内强制隔离工作，检查指导场所安全工作，近百名戒毒人员家属走进市劳教（司法强戒）所参加第二期“家长课堂”活动，制作22块禁毒戒毒展板，发放禁毒知识宣传资料800份。

【“12·4”全国法制宣传日】 2013年，攀枝花市“12·4”全国法制宣传日以“大力弘扬法治精神，共筑伟大中国梦”为主题。全市“12·4”活动期间共发放宣传资料30余万份，悬挂宣传挂图1200幅，张贴悬挂标语横幅3000幅，设置展板1500块，播放宣传片200场次，举办宣传板报专栏60期，举行各类讲座30场次，播放音像资料120小时，解答法律咨询5万人次，出动流动宣传车40台次，发放法制宣传挂历、扑克、围腰、购物袋30余万个，参与各种法律知识竞赛活动14万余人，向30余万户手机用户发送法制宣传短信。

【外来企业投诉】 2013年，攀枝花市司法局积极整合法律服务资源，将服务触角延伸到企业一线，在园区管委会设立调解机构、在外来企业设立法律服务工作室，及时开展法律咨询、法律顾问、法律风险评估、法律事务处理、公证办理、司法鉴定、矛盾纠纷排查化解、法律援助等服务，切实维护外来企业及其职工合法权益。全年为外来企业开展法制宣传170场次，举办法制讲座97场次，解答投资商法律和政策咨询714人次；担任外来企业常年法律顾问166家、处理外来企业法律事务412件；帮助外来企业申请仲裁2件、提起民事诉讼7件、提供公证法律服务2件、提供法律援助51件，避免和挽回经济损失200余万元。

【外来企业周边专项法制宣传活动】 2013年10—11月，攀枝花市司法行政系统开展“外来企业周边专项法制宣传活动”。活动期间，开展法制宣传45场次，举办法制讲座46

场次，出动宣传车 38 台次，发放宣传资料 3 万份，悬挂横幅 280 幅，张贴标语 512 条，外来企业周边村（居）民受教育人数达 10 万人次。

【队伍建设】 2013 年，攀枝花市司法局进一步完善班子内部议事规则和决策机制，班子决策民主化和科学化水平进一步提高，开展党组中心组学习 2 次，中心组扩大学习 3 次，支部学习 20 次，学习讨论 23 次，座谈交流 11 次。开展扶贫解困工作，为帮扶村、社、群众办实事、解难事、做好事，提出合理化建议 12 条，确定帮扶事项 6 个，为帮扶村修缮党员活动中心，为帮扶家庭送去帮扶物品和帮扶资金共 7 万余元，为贫困学生捐献衣服 278 件、鞋 14 双。加强作风教育整顿，认真贯彻落实中央“八项规定”和省、市“十项规定”，严格执行厉行节约、制止奢侈浪费的规定，加强监督检查，切实转变作风，严格落实党风廉政责任制，强化内部管理和外部监督机制，做到干警清正、机关清廉、执法清明。推行“阳光执法”，邀请人大代表、政协委员以及其他各界代表人士参观政法机关或参与执法司法过程 8 人次，开展警务督察和执法执纪专项检查 20 次。

(唐位伟)

政府法制

【审查、制定市政府规范性文件】 2013 年，市政府法制办公室共收到攀枝花市政府各部门报送的拟以攀枝花市政府名义下发的规范性文件草案及其他涉法文件草案 40 件，均按期审查完毕，向市政府提交审查报告 16 件，确保市政府规范性文件合法、有效。

【规范性文件备案】 严格执行《攀枝花市行政规范性文件制定和备案规定》，市政府发布的规范性文件均按时向市人大常委会和省政府法制办报送备案，无一件被确认违法或撤销。同时做好各县（区）政府和市政府各部门规范性文件的备案审查工作，全年共收到报送备案审查的规范性文件 115 件，均按时审查完毕，发现问题及时纠正，做到“有件必备，有备必审，有错必纠”。

【行政权力公开透明运行平台建设】 为确保在规定时间内实现攀枝花市行政权力公开透明运行平台与全省平台的互联互通，市法制办与市电子政务办公室联合拟定《攀枝花市行政权力公开透明运行平台技术保障工作方案》，经市政府研究批准后实施。2013 年 12 月，市法制办与市电子政务办公室完成“攀枝花市行政权力公开透明运行平台”的安装部署调试，邀请省电子政务办公室专家在攀枝花市举办平台运行使用基础知识培训，组织市级行政部门录入基础数据，督导各部门建立行政权力公开透明运行内部流程图，按期实现与省政府行政权力公开透明运行平台对接运行。

【行政审批制度改革】 2013 年，为进一步转变政府职能，优化政务服务环境，市政府法制办公室将清理、调整行政审批项目作为深化行政审批制度改革和简政放权的突破口，代市政府拟定《关于进一步深化行政审批制度改革的意见》，从精简审批项目、优化审批流程、完善政务服务体系、保障措施、任务分工等 5 个方面安排部署全市新一轮行政审批制度改革工作。

2013 年 6 月，市政府法制办公室组织市级各部门对行政审批事项进行全面认真清理，并与省政府 2013 年 6 月公布的《第一批取消调整 136 项行政审批项目》和 2013 年 8 月公布的《第二批取消调整 100 项行政审批项目》进行对接。清理结束后，市政府法制办公室及时将清理结果及处理意见上报市政府。经市政府第 26 次常务会议审议通过，2013 年 12 月，市政府下发《关于保留、取消、调整行政审批项目的通告》，确认市级行政审批项目取消 14 项、转为服务事项 35 项、暂停 7 项、下放管理层级 2 项。清理结果在《攀枝花日报》上向社会公布。

至年底，攀枝花市市级部门保留的行政审批项目共 237 项（含省级部门下放到该市 27 项），法律、法规授权组织保留的行政审批项目共 67 项，省级垂直管理部门保留的行政审批项目共 19 项（含省级部门下放到该市 5 项）。各县（区）政府和市级有关部门也按照职责分工做好落实和衔接工作，优化审批程序，加强后续监管，确保取消、调整的行政审批项目落到实处，切实简政放权，进一步激发市场主体活力。

【行政复议】 2013 年，市政府法制办公室收到公民、法人和其他组织向市政府提起的行政复议申请 19 件，已审结 20 件（含 2012 年结存 1 件）。行政复议案件涉及县（区）政府、劳动保障和质量技术监督等多个部门，案件内容涉及工伤认定、国有土地上房屋征收补偿等多项行政执法领域。在案件审理中，坚持秉公办理，不偏袒，不护短，依法维护当事人合法权益；立足“案结事了、定纷止争”原则，不断创新工作方法，充分发挥行政调解功能，有效化解行政争议。

行政复议制度建设取得新进展，5 月，市政府法制办公室修订《攀枝花市人民政府法制办公室行政复议案件办理程序（细则）》；8 月，市政府法制办公室制定《行政复议陪议办法（试行）》，探索创新行政复议审理模式，为保证公开、公平、公正审理行政复议案件提供更完备的制度保障。

延伸行政复议监督功能，对行政复议过程中发现的行政行为存在程序瑕疵、不宜撤销等违法情形，通过制发行政复议建议书的方式，向相关部门提出改进建议。2013 年，市政府法制办公室向 5 个部门（单位）发去《行政复议建议书》，督促其及时改正在行政执法活动中存在的问题。

【行政执法证件办理】 2013年，市政府法制办公室办理各类行政执法证件计572本，其中行政执法证430本、委托执法证142本。年审合格有效的行政执法证1989本。

【行政执法人员资格认证】 2013年，市法制办严格执行行政执法人员资格认证制度。将行政处罚证据知识、行政执法程序和行政执法案卷制作作为培训重点内容，结合具体行政处罚案例进行讲解，取得良好效果，举办行政执法人员资格认证培训5期，培训行政执法人员694人。

【行政执法人员基本信息公开】 2013年，为方便公众查询，主动接受监督，市政府法制办公室探索行政执法人员基本信息动态监管机制，在公开运行的行政执法人员信息网上查询系统上根据人员变动情况及时更新人员信息，全年上传更新行政执法人员信息397条。

【行政处罚案卷评查及重点领域行政执法监督检查】 2013年，为推行柔性执法，提倡说理式文书，市政府法制办公室强化行政执法监督力度，将行政处罚案卷评查同重点领域行政执法监督检查工作一并进行，开展行政执法案卷评查暨优秀行政处罚决定书评选工作，对29个市级行政执法部门报送的56份行政处罚决定书采取"集中人员、集中时间、集中地点"的方式进行封闭交叉评查，评选出2个"说理式"优秀行政处罚决定书、4个优秀行政处罚决定书，并通报表彰。

10月，市政府法制办公室对市级5个重点领域行政执法情况进行监督检查，调阅市人社局、市住建局、市卫生局、市食品药品监督管理局、市环保局行政处罚案卷25卷，发现在行政处罚自由裁量权运用过程中普遍存在的问题，督查其限期改正，促进各级行政执法机关严格、规范、公正、合理、文明执法。

【重大行政处罚和重大行政强制备案】 在全国率先制定重大行政强制备案制度的基础上，狠抓制度落实。2013年，市政府法制办公室审查各县（区）政府和市级各部门报送的重大行政强制备案5件、重大行政处罚备案62件，通过备案审查提前介入，实现层级监督关口前移，及时发现和纠正违法或不当的行政行为。

【行政执法与刑事司法衔接】 2013年，按照省依法行政领导小组安排，市政府法制办公室与市检察院联合下发《关于开展危害民生刑事犯罪专项立案监督活动的实施细则》，开展危害民生刑事犯罪专项立案监督检查，配合市食品安全委员会以涉及食品药品等涉民生执法领域为重点，对全市5个县（区）有关执法部门的行政执法活动开展监督检查。

【修改法规、规章草案】 2013年，市政府法制办公室收到省政府法制办发来的《四川省政府投资建设审计条例》《省农业机械安全监理和事故处理条例》等地方性法规、省政府规章征求意见稿8件。市政府法制办及时向市政府各部门及县（区）政府征求意见，并将意见收集、汇总、研究后按时反馈书面意见，为立法工作提供建议意见。

【行政调解】 2013年，市政府法制办公室及时传达2013年全省行政调解工作意见，督导市级各行政调解主体创新完善行政调解工作机制，努力提升行政调解能力。制发行政调解专刊，及时通报各县（区）、各行政机关行政调解成功案例，总结推广行政调解工作先进经验。认真做好行政调解数据统计，对全市行政矛盾纠纷形势及时作出研判。全年，市各级行政机关受理行政调解案件5492件，调解成功4966件，调解成功率90.42%。其中市级部门受理4311件，调解成功3849件；县（区）受理1181件，调解成功1117件。市政府法制办公室被市委、市政府评为2012年度全市维护社会稳定工作目标先进单位。

【攀枝花仲裁委员会换届】 根据《中华人民共和国仲裁法》和国务院法制办有关规定，攀枝花仲裁委员会2012年开始筹备换届。2013年3月，第四届攀枝花仲裁委员会成立，聘任68位涉及法律、经济贸易等领域的专家、教授及退休法官等经验丰富人士为仲裁员。其中具有硕士以上学位20名，占29.4%；具有高级职称33名，占48.6%。

2013年，攀枝花仲裁委员会受理仲裁案件252件，争议标的额达1.2亿余元，创历史最高水平；审结仲裁案件57件，其中调解、和解结案19件。

【宣传培训】 2013年，攀枝花市启动市政府常务会议学法制度，市政府法制办公室组织就《全面推进依法行政实施纲要》《中华人民共和国行政处罚法》《国有土地上房屋征收与补偿条例》等法律知识进行专题讲解，进一步增强领导干部依法行政和依法办事的意识。

10月，市政府法制办公室与中国政法大学联合举办"攀枝花市第四期依法行政高级培训班"，培训住建、国土、城管等部门行政执法人员及市政府法制办机关工作人员32人。

全年市政府法制办编印《政府法制工作摘要》15期，为领导决策提供参考。继续办好"攀枝花市政府法制新闻网"，全年上传更新各类信息数据160余条，上传更新各类信息数据125条，网站全年点击访问量达29万余次，充分发挥法制信息服务决策、交流经验、指导工作的作用。组织征订《地方依法行政实用手册》397本。完成《攀枝花年鉴（2013）》"政府法制"部分的撰稿工作，获"先进单位"称号，受到市委、市政府通报表彰。

（何　鹏）

经　济　管　理

宏观经济管理

【经济目标完成情况】 2013 年全市实现地区生产总值 800.88 亿元，增长（同比，下同）10.7%。其中，第一产业实现增加值 27.88 亿元，增长 4.5%；第二产业增加值实现 597.19 亿元，增长 11.7%。其中，规模以上工业增加值实现 452.9 亿元，增长 12.8%。全市民营经济实现增加值 368.9 亿元，增长 13%；第三产业增加值实现 175.81 亿元，增长 8%。全市旅游业实现总收入 102.18 亿元，增长 52.85%。全市社会消费品零售总额实现 219.33 亿元，增长 14.2%。实现公共财政收入 58.55 亿元，增长 2.4%。城镇居民人均可支配收入达 24906 元，增长 9.2%。农村居民人均纯收入达 9838 元，增长 12.7%。居民消费价格指数（CPI）累计上涨 1.3%，控制在调控目标(4%)范围内。单位生产总值能耗下降 3.3%，化学需氧量排放量、二氧化硫排放量完成省下达目标。

【发展规划制定与实施管理】 启动攀枝花市“十二五”规划中期评估，制定《攀枝花市国民经济和社会发展第十二个五年规划纲要中期评估工作方案》，开展攀枝花市“十二五”规划纲要实施中期预评估，初步形成《攀枝花市国民经济和社会发展第十二个五年规划纲要中期评估报告》。牵头制定《攀枝花市关于贯彻落实四川省金沙江下游沿江经济带发展规划的实施方案》，经政府同意正式下发实施。完成《攀枝花市对口支援凉山州木里藏族自治县经济和社会建设发展规划（2012—2016 年）》的修改完善工作。编制完成《攀枝花市重大项目规划（2013—2017 年）》，市委办、市政府办已印发执行。与市旅游局共同牵头组织完成《中国阳光康养旅游城市发展规划》，经市政府第 22 次常务会议审议并原则通过实施。围绕经济运行中的新情况、新问题，会同市级相关部门，做好月度、季度、年度经济运行分析工作，加强对国家、地区、省宏观经济运行及调控的分析研究，加强对周边地区经济发展的比较分析和各主要指标之间的关联分析，加强对铁路货运量、信贷投放、新开工项目以及工业用电量等先行指标的监测预测和物价走势监测预警及价格指数预测分析，对全市经济社会发展中遇到的热点、难点问题开展专题调研，委领导带队到各县区、企业、项目现场开展调研 130 余次，邀请攀钢、钢企、攀煤、龙蟒等企业，以及各县区发改、统计、园区等部门进行交流座谈 10 余次，针对调研情况进行分析研究，提出对策措施建议。向市委、政府提交各类调研报告、呈阅件 50 余件，如：《攀枝花市 2013 年上半年国民经济和社会发展计划执行情况的报告》《关于攀枝花市 2013—2017 年政府投资项目及融资分析报告》《攀枝花市 2013 年主要商品及服务价格运行情况》《关于四个“八条措施”的对接落实情况及下一步工作措施汇报》《攀枝花市关于攀西战略资源创新开发试验区、全国老工业基地调整改造工作的汇报》《攀枝花铁路物流体系规划研究（征求意见稿）》等。

【固定资产投资】 下发《关于切实做好 2013 年投资和重点项目推进工作的意见》，牵头制定《攀枝花市重大项目管理办法》《重大项目协调推进工作例会制度》《攀枝花市投资项目会商办法》及实施细则、《攀枝花市固定资产投资和重大项目目标考核办法（试行）》等项目管理制度。组织召开全市固定资产投资工作会，与各县区、钒钛园区签订投资和重大项目目标责任书。编制上报《关于 2013 年市本级基本建设预算安排方案的请示》，市政府批准执行。按月召开发改系统投资工作会议，督促指导县区、企业投资工作，加强对资金、工程质量和工程进度的管理，按月对投资和重大项目计划执行情况进行监测分析。筹备召开重大项目协调推进会议，9 月 3 日，市委书记刘成鸣、市长张剡组织召开全市重大项目推进会，4 月和 10 月市长张剡两次专题召开重大项目协调会，解决省、市重大项目推进中存在的困难和问题。2013 年全市全社会固定资产投资总额实现 545.74 亿元，增长 17.8%，增速比年初预期目标高 0.8 个百分点，实现年初下达的目标任务，对经济增长的贡献率超过 50%。

【农业农村工作】 贯彻中央1号文和中央、省、市农村工作会议精神，围绕国家稳增长、调结构的重点支持方向，做好全市农业新建项目储备和2013年度农业项目实施计划。2013年争取到位省级以上农业项目资金20846.8万元，重点支持攀枝花市农业重大水利工程、农田水利基础设施、特色农业产业化建设和生态环境综合治理等项目。米易县马鞍山水库、西区梅子箐水库扩建项目进入建设阶段，观音岩引水工程列入2013年全省重点工程，正式取得省发改委立项批复。盐边县2013—2015年规模化节水灌溉增效示范项目完成年度方案细化，通过初审。全市2012—2013年中小河流水文监测系统建设项目和米易县安宁河干流米易县撒莲垭口段马脚泉堤防工程完成省级审查已批复，烟区水源项目等骨干水源工程进展顺利，市林业生态修复工程和小型水库建设项目（东区大河沟水库、仁和区三道门水库等）前期加快推进。联合相关部门完成2011—2012年生猪标准化规模养殖场（小区）建设、2008—2011年仁和区沼气建设、盐边县现代畜牧业重点县建设、财政专项扶贫资金及各类扶贫项目的专项检查，定期或不定期对年度项目建设、资金使用、项目管理、档案等项目情况进行督促检查。联合农口部门推进新农村建设，搞好棚户区改造及相关配套基础设施建设。按照森林城市建设要求，加快天保工程二期、生态修复工程等项目的实施。衔接水利、农牧、林业等部门开展“十二五”规划实施以来全市农业农村发展现状及成果调查，完成市农业“十二五”规划中期实施情况评估。

【重点交通项目】 全市重点交通项目计划投资17.6亿元，1—12月完成投资19.11亿元，完成年度计划的108.4%。2013年，争取项目支持包括交通农村公路改造项目、公路客运站场项目、国省干线联网畅通工程及公路安保工程资金共计38676万元。攀枝花机场地质灾害治理结束，2013年5月31日，攀枝花机场通过四川省机场集团有限公司复航工程竣工验收，6月29日复航，10月新开通攀枝花至北京航线。市委、市政府确定的三年攻坚建设项目共有8条路，4座桥，道路里程长203.8千米，桥梁长635延米。其中：国道108线拉鲊至川滇界段扩建工程、省道214总发至平地段改造工程、省道310线格里坪至504电厂改造工程、省道310线倮果—渡口段（倮渡北线）路面改造工程、荷花池桥加固工程、巴关河大桥、纳拉河桥维修加固工程顺利完工。丽江—攀枝花高速公路攀枝花市区段通车；西区沿江快速通道一标段已完工，二标段累计完成95%。农村公路改造升级工程全面超额完成年度目标任务。鱼塘至机场路新建工程、花城大道、阳光大道开工建设。

【重点能源项目】 全市重点能源项目计划投资42.4亿元，1—12月完成投资44.2亿元，完成年度计划的104.2%。编制完成国家新能源示范城市规划上报国家发改委审查。2013年1月，攀钢自备电厂扩建工程项目（1×30万千瓦煤矸石电厂）取得国家发改委核准。批复项目总投资159000万元，2013年计划投资55000万元，1—12月完成投资21090万元。全市首个风电场项目——干坝子49.5兆瓦风电场项目取得省发改委核准，已开工建设。桃树平、大面山风电场项目获得核准批复。国家金太阳示范工程——攀枝花学院2.1兆瓦太阳能屋顶电站项目全面并网发电，攀枝花金勇公司5兆瓦太阳能屋顶电站项目完工，实现攀枝花大型太阳能屋顶电站并网发电零的突破。观音岩水电站2013年计划投资15亿，1—12月完成投资22.23亿元，完成年度计划的145%。桐子林电站进入大坝浇筑高峰期。金沙电站业主营地完工，1号道路进场施工（含过坝隧洞）；完成狮子石Ⅳ区危岩体爆破和清理并开始进行支护施工，建设进度满足全市“急难险重”工作目标结点要求。银江电站坝址、坝线和正常蓄水位报告通过评审，正在开展施工道路建设工作。参与金沙江乌东德水电站《移民安置规划大纲》，调查和编制等工作，力争将攀枝花市金沙江沿江道路和桥梁纳入《移民安置规划大纲》。

【“缅气入攀”项目】 省发改委于2013年10月审查新街村至钒钛园区、钒钛园区至花城新区、钒钛园区至金江天然气管道项目可研报告；攀枝花门站征地工作已完成，正在实施移民安置，钒钛园区—云南大互通项目管沟开挖6.7千米，焊接6.7千米，已完成96%的工程量；钒钛园区—新中钛项目管沟开挖2.9千米，焊接2.7千米，已完成85%的工程量。钒钛园区站—仁和配气站管道工程管沟开挖2.8千米，焊接1.8千米。东区机场路、仁和区下沙沟LNG加气站基本建成，西区元宝山、东区十九冶大花地LNG加气站正在加快开展项目前期工作。

【电网建设】 攀枝花电网2013年计划投资42698万元，包括：米易500千伏输变电220千伏配套工程，安宁、枣子坪220千伏输变电工程，向阳、上板桥、安宁、枣子坪、太平、河石坝110千伏输变电工程。其中：米易500千伏输变电220千伏配套工程、向阳、上板桥、河石坝110千伏输变电工程已竣工。2013年1—12月完成投资38292万元，完成年度计划的101%。农网升级改造工程2013年计划改造线路213千米，1—12月完成改造线路254.8千米，完成年度计划的120%。2013年争取农网改造升级工程中央预算内投资600万元，其中中央预算内资金90万元、统贷统还资金510万元。

【攀西国家级战略资源创新开发试验区建设】 参与试验区

建设规划的修改完善工作，提出修改建议，并得到采纳。向省发改委及相关部门报送试验区需要国家、省里给予的支持政策措施。2013 年 7 月 4 日，国家发改委、四川省人民政府在北京召开攀西战略资源创新开发试验区首次部省级联席会议，试验区建设工作正式启动。会议审议《攀西国家级战略资源创新开发试验区建设规划（2013－2017 年）》《攀西国家级战略资源创新开发试验区建设重点工作方案(2013—2014)》，并对试验区建设重点工作进行安排部署。8 月 26 日，省政府常务会正式审议通过《攀西国家级战略资源创新开发试验区建设规划（2013－2017 年）（送审稿）》和《关于支持攀西国家级战略资源创新开发试验区建设的政策意见(送审稿)》。四川省政府成立由副省长王宁为组长的试验区建设工作领导小组，省发改委负责日常工作。根据国家《钒钛资源综合利用和产业发展“十二五”规划》、四川省《攀西国家级战略资源创新开发试验区建设规划（2013—2017 年）》，牵头组织完成《攀枝花市攀西国家级战略资源创新开发试验区建设实施方案（草案）》，组织召开“攀西国家级战略资源创新开发试验区工作情况汇报会”征求部门及相关领导修改意见，修改完善《实施方案》。

【老工业基地调整改造】 指导东、西区分别完成《东区老工业基地调整改造实施方案》《西区老工业基地调整改造实施方案》，草拟《攀枝花市老工业基地调整改造实施方案（初稿）》上报市委、市政府。组织东、西区储备、包装一批条件成熟的老工业基地调整改造搬迁项目，与省发改委进行对接。

【清洁汽车产业】 牵头组织相关部门召开清洁汽车产业工作协调会，调整市清洁汽车工作领导小组成员，协调解决全市清洁汽车工作推进过程中的相关问题。通过调查研究、与相关部门、单位沟通衔接，向市政府提出对 28 辆环卫车、30 辆出租车进行油改气示范工作的请示。协调解决川港公司加气站建设及油改气工作中遇到的困难和问题，推进全市油改气工作。

【产业规划编制与项目建设】 配合省发改委完成攀枝花市新材料产业发展规划，规划期为 2013—2015 年，展望到 2020 年。会同市物流协会编制完成攀枝花市物流业中长期发展规划（2013—2020 年）草案。支持协助新中钛科技有限公司取得省发改委同意 60 万吨/年人造金红石及富钛料项目开展前期工作批示。争取上级资金 2250 万元支持攀枝花市工业、服务业项目建设 8 个，其中战略性新兴产业资金 1580 万元，国家服务业引导资金 120 万元，国家物流业调整和振兴项目资金 250 万元，省预算内资金 300 万元。

【节能减排与环境资源】 制定全市 2013 年度节能计划目标，对节能减排指标考核标准进行完善和细化，实行目标责任管理，由市目标办分解下达到县（区），全市完成地区生产总值能耗下降 3.3%的目标任务。牵头组织完成《关于贯彻落实四川省节能环保产业发展规划的实施方案》上报市政府。2013 年 4 个资源节约和环境保护项目、2 个污水管网建设项目争取到中央预算内补助资金 5650 万元。根据国家鼓励支持节能、节水、循环经济、资源综合利用、污染防治等项目建设的要求，牵头市及县（区）相关部门组织项目业主申报国家资源节约和环境保护 2014 年中央预算内投资备选项目，经筛选初审，上报省发改委 2014 年储备项目 20 个。按照《固定资产投资项目节能评估和审查办法》规定，全年对 47 个项目进行节能评估和审查，其中节能评估报告书 11 个、节能评估报告表 6 个、节能登记表 30 个。对 2012 年推广的高效照明产品、国家资源综合利用“双百工程”示范基地和骨干企业项目进展和资金使用情况、控制温室气体排放目标责任落实情况等进行监督检查并上报，配合省发改委等相关部门对攀钢作为国家“十一五”第一批开展循环经济示范试点工作进行验收。

【医药卫生体制改革】 组织成员单位编制《攀枝花市深化医药卫生体制改革实施方案（2013—2015 年）》，市政府印发执行。编制《攀枝花市深化医药卫生体制改革 2013 年度主要工作安排》《攀枝花市县级公立医院综合改革试点工作实施意见》，市政府办印发。制定印发《攀枝花市深化医药卫生体制改革目标考核试行办法》及 2013 年度全市医改目标责任考核指标体系。按国务院、省医改办要求，开展村卫生室各项政策落实情况包括村医补偿政策落实况、乡村医生社会保障政策执行、村卫生室建设等情况自查。组织 2012—2013 年度医改专项督查调研。开展城乡居民大病保险试点前期工作、三级医疗机构费用调查等。印发《攀枝花市医改信息工作制度（2013 版）》，加强全市医改信息工作管理。协调米易县做好取消以药补医试点工作，建立取消“以药补医”补偿新机制，督促米易县谋划县级公立医院综合改革，从 2013 年 10 月 1 起在全市开展县级医院取消药品加成工作，出台相应实施方案。协调开展建立疾病应急救助制度工作。

【社会事业发展】 与教育、卫生、文化、广电、民政等部门到县（区）、医院、学校、乡镇、社区等对社会事业发展政策及项目建设进行调研，督促落实市二医院外科住院大楼、攀西职业病防治中心等项目建设，协调三线建设博物馆（市重点项目）、花城新区医院、市妇女儿童医院等项目前期，完成三线博物馆在省发改委的立项和调规。2013 年共争取中央、省投入攀枝花市社会事业项目建设资金4250万元。含教育口2150万元，包括市经贸旅游学校实训楼项目（总投资2000万）中央资金投资1400万；农村初中校舍改造项目（总投资323万）、边远艰苦地区农村学校教师周转房项目（总投资427万）共计750万全是中央资金投入。民政口50万，社区服务体系建设项目（总投资168万）中央资金投资50万。卫生口2050万元，重大疾病防治设施建设项目（总投资805万）中央资金投资350万；基层医疗卫生服务体系和地级市医院建设项目：乡镇卫生院14个（总投资2000万）中央资金投资1400万；村卫生室60个（总投资760万）中央资金投资300万。与市旅游局共同牵头组织完成《中国阳光康养旅游城市发展规划》，经市政府第22次常务会议审议并原则通过实施。

【经济体制改革与就业收入分配】 积极做好经济体制改革的综合协调工作，着力推进重点领域和关键环节的改革。完成并上报省发改委2012年攀枝花市加快改革创新和2012年、2013年上半年统筹城乡综合配套改革工作情况报告。拟定并以攀办发〔2013〕24号文下发《攀枝花市2013年深化经济体制改革重点工作意见》。开展“十二五”规划纲要中期评估，总结“十二五”规划前期全市重点领域改革成效，针对攀枝花市经济体制改革工作中存在的主要困难和面临的主要问题，提出下一步经济体制改革工作的十大重点。开展全市农村产权交易平台和体系建设情况初步调查，参与推进市属国有企、事业单位整改和集体企业改革等工作。认真落实新形势下就业创业工作的新要求，努力在职责范围内做好相关推进工作。2013年争取上级资金318万元（其中：中央预算内投资248万元，省补助资金70万元）支持西区区级就业和社会保障服务中心和辖区四个街道就业和社会保障服务站“一拖四”项目建设。

【企业债券发行监管与外资】 2013年完成攀枝花市国有资产投资经营有限责任公司2013年申请发行8亿元第三期企业债券的申报工作，11月获国家发改委核准批复，债券发行总额为人民币6亿元，债券期限7年，为实名制记账式公司债券。所筹资金将全部用于新区干坝塘至鱼塘高速路出口连接线道路项目建设。根据国家、省发改委关于对企业债券发行申请部分企业进行专项核查的通知要求，开展攀枝花市国有资产投资经营有限责任公司申请发行企业债券专项核查，该公司第三期发债申请流程合法有效，符合国家有关政策文件要求。按照国家发改委关于进一步加强企业债券存续期监管工作要求，对市国投公司2010年发行的6亿元债券和2012年发行的10亿元债券就履行债券《募集说明书》承诺及公司经营、资产、财务状况进行监管。配合市开发性金融合作办公室开展项目评审、融资规划、前期及开发性金融服务工作。对攀枝花市利用世行贷款和外国政府贷款项目的进度进行掌握，攀枝花市利用世行贷款——四川小城镇发展项目攀枝花市米易县攀莲镇子项目（总投资12936万元）使用世行贷款1000万美元。已完成项目施工图设计，与山东天诚市政公路工程公司和四川省华城建筑公司联合完成土建工程合同的签署，施工单位正进行前期准备。攀枝花市利用沙特政府贷款项目——市中西医结合医院门诊医技楼建设（面积16000平方米，总投资7759.29万元）和攀枝花市仁和区人民医院建设（面积18430平方米，总投资10810万元）两项目各使用沙特基金会贷款1000万美元。中西医结合医院项目2013年完成原人社局居民住宅楼建筑物拆除、场平，出具地勘报告。项目整体方案设计通过市住建局审定批复，项目医疗流程通过省卫生厅评审，项目土建施工图审图完成，进行项目清单及预算控制价和技术标编制工作及装修方案设计。仁和区人民医院住院楼项目完成总进度的95%，保障性用房完成总进度的90%，全部工程计划于2014年2月底完工。协助开展攀枝花开元气体有限公司、无锡市圣马气体有限公司攀枝花分公司、四川攀钢梅塞尔气体产品有限公司制氧机组等外资项目的核准审查。

【价格调控】 贯彻落实国家、省、市各项价格调控政策，控制价格总水平过快上涨，保持物价基本稳定。跟踪监控市场价格动态，做好肉、禽、蛋等主副食品及化肥、建材、成品油等价格的应急和常规监测，加强价格监测预警预报，完成上报国家、省各类周报、旬报、月报、季报等报表，上报率100%。分半月、月、季、半年、年度定期开展物价运行走势预测、重要商品价格波动、结构性价格矛盾对CPI影响等分析。针对9月攀枝花市牛羊肉价格暴涨现象进行专门监测、调研，撰写专题分析报告上报市政府。开展价格宣传，接受电视台、报纸等新闻媒体采访10余次，定期在《攀枝花日报》刊登全市主要农贸市场副食品、蔬菜价格，引导市场消费预期。2013年1—10月，征收铁矿资源及铁矿产品价格调节基金783万元。按市政府文件精神，于11月暂停铁矿资源及铁矿产品价格调节基金的征收。

【价格管理】 解除攀枝花市发电用煤临时价格干预措施，争取攀枝花钒钛产业园区优惠电价政策，为园区企业的正常生产经营奠定基础。贯彻执行国家、省制定公布的药品、医用耗材最高限价，稻谷、小麦最低收购价格，烟叶、蚕茧收购价，成品油及道路旅客运输价格调整，降低农产品生产、流通环节水电价格等政策。加强成本调查和成本监审，不断健全和完善价格成本约束机制，加强农调户的业务培训和工作指导，完成小麦、中籼稻、烤烟、生猪等常规成本、“4·20”

芦山地震灾后重建建材类、原煤、洗精煤等重要商品生产成本及攀钢热轧普碳板卷、攀枝花啤酒、米易白砂糖等6家企业8个品种工业品生产经营成本调查。完成6项成本监审和成本测算工作，共核减不合理成本1520.32万元，核增成本970.20万元。完成农户存粮、种植意向、农资购买专项、主要农产品成本预测、蔬菜和生猪流通环节成本调查、种养殖业各品种生产成本等分析材料13篇。

【收费管理】 加强行政事业性收费监管。清理不合理收费项目，全年取消46项、免征17项、降低23项行政事业性收费。同时，取消车辆通行“年费+次费”收费项目。按照市委、市政府促进地方工业经济发展的要求，降低全市事业单位和社团组织对小型、微型企业收费标准。继续开展规范医疗服务价格工作，集中对9360项医疗服务价格进行初步核定，成为全省首家完成所有医疗服务项目核定的地区。同时，对省管243项医疗服务价格标准及攀枝花市确需保留的172项医疗服务项目价格提出意见建议上报省发改委。从2013年10月1日起，在全市县级公立医院实行取消药品加成经费补偿办法，取消药品加成，提高普通门诊诊查费、急诊诊查费、住院诊查费、专家诊查费及Ⅰ、Ⅱ、Ⅲ级护理费等收费标准。开展涉农、涉企、教育收费公示，调整市级公办幼儿园保教费收费标准，提出调整停车场收费标准方案。审核26个停车场收费和27个学校培训收费标准，对市有线电视的数字电视增值业务收费、19个小区物业服务收费进行备案。开展驾驶员培训学校收费调研，接待、处理11件市长信箱的答复、6件“12345”市民热线转办信访及2件提案。

【重点项目稽查与代建项目管理】 牵头相关部门联合对安宁铁钛、青杠坪矿业、华瑞工贸等3个企业2013年中央预算内投资项目涉及项目申报、审批、财务、招投标、建设等情况进行专项稽查。2013年4月，配合参与省稽查办对攀枝花市大竹河水库项目前期、建设规模和标准执行、建设进度和质量管理、资金管理使用、招投标管理等情况进行专项稽查。2013年5月协助参与国家发改委稽查特派员卢卫生一行来攀对战略性新兴产业项目——华铁钒钛科技股份有限公司2万吨/年脱硝催化剂载体材料自主产业化、华益能源有限责任公司蒽油加氢项目涉及项目审批、项目实施、资金落实及使用等情况专项稽查。对稽查中发现的问题要求项目业主进行限期整改，省、市稽查办多次到企业督查整改情况，督促指导各项整改措施落到实处。加强政府投资代建项目管理，全年共下达市级政府投资代建项目25个，项目总投资控制额46746.79万元。在已下达的代建项目中，前期项目8个，投资控制额13840.33万元；在建项目5个，投资控制额23503.02万元；竣工项目12个，投资控制额9303.44万元。

【招标投标管理】 按照《四川省国家投资工程建设项目招标投标条例》及《四川省国家投资工程建设项目标准招标代理机构比选文件》依法核准国家投资工程建设项目招标事项，规范招标文件文本编制，规范监督开标、评标行为。2013年，市本级依法依规完成招标共计85个标段，项目招标总控制价84426.3659万元，总中标金额69539.3303万元，节约资金14887.0356万元，节资率为17.63%。按照《四川省人民政府关于修改<四川省政府投资工程建设项目比选办法>的决定》规定，监管权限内政府投资工程比选，规范招标代理机构比选活动。全年完成市本级比选共计30个合同段，项目总控制价7701.4522万元，总中选金额6452.02292万元，节约资金1249.42928万元，节资率为16.22%。执行招标（比选）项目备案制，对项目业主提交的招标公告、招标文件、评标报告、中标通知书、合同等资料进行审查备案，共计完成备案628余次。按照《工程建设项目招标投标活动投诉处理办法》受理投标人及其他利害关系人的投诉，全年受理办结1件招投标投诉。2013年9月11日，协同市监察、住建、城投公司联合对人行过街设施建设项目推进及施工现场管理情况开展专项督查，对办理报建手续、合同签订、人员到位、资金管理、工程质量、进度安全、工程变更和设备采购等情况进行检查。与市监察局共同牵头草拟《攀枝花市市级政府投资项目采用抽签法确定中标人(试行)办法》《攀枝花市国家投资工程建设项目招标投标活动投诉处理办法（试行)》，上报市政府。

【行政审批与监察】 落实行政审批制度改革，清理确认行政审批6项、行政处罚78项、行政征收1项、行政确认1项，其他行政权力19项，合计105项。按照市纪委办公室《关于转发<中共四川省纪委关于印发行政权力依法规范公开运行电子监察系统监察点位设置及参考模板的通知>及省纪委监察厅领导讲话的通知》和市监察局、市政府法制办《关于清理规范行政权力运行基础数据的通知》要求，重新梳理适合权力运行实际办理需要的内部业务流程，并设置权力运行电子监察点和廉政风险防控点，进一步完善相关防控监管措施。组织开展全市“收费许可证”年度审验，办理“收费许可证”年审294件；换发、核发、变更“收费许可证”99件。牵头组织建设项目并联审批，1—12月完成企业投资项目备案32个，核准4个，项目总投资额达61.29亿余元，受理企业延长备案项目19件；实现现场办结率100%，按时办结率 100%，群众评议满意率 100%，有效投诉为零。

【价格监督与认证】 加强日常、节假日市场价格监管，组织开展涉农价格与收费、旅游、驾校收费等专项检查及公路和铁路客运票价及服务收费、旅游景点门票价格、游乐设施收费及公示、停车场收费、沃尔玛、苏宁电器、北京华联等大型零售企业的明码标价等重点检查，配合开展大型零售企业向供应商违规收费的监督检查。共查处各类价格违法案件10件，实施经济制裁497708.00元，其中退还消费者63556.00元，没收违法所得434152.00元。“12358”价格举报语音平台建立，全年共受理群众来信来访来电790件，调查处理完结并给举报人答复790件，办结率100%。加强价格认证，规范涉案价格鉴定，化解价格矛盾。2013年1—12月，共办理刑事案件价格鉴定642件，鉴定金额963万元；办理民事、行政案件46件，鉴定金额526万元；调解处理价格矛盾纠纷案件62件，鉴定金额230万元。促进社会公平正义，维护社会和谐稳定。

【成昆铁路米易至攀枝花段扩能改造工程】 成昆铁路米易至攀枝花段扩能改造工程是2013年市委、市政府确定的“急难险重”项目之一。工程北起米易县，向南经盐边县、攀枝花市东区、仁和区至川滇省界。建设标准为Ⅰ级新双线，设计时速160千米，正线长93.87千米，其中桥隧总长86.612千米，桥隧比重为92.27%。设有米易东、丙谷东、盐边、普达、攀枝花南、先锋营六个车站，批复总概算投资126.9亿元（不含站房工程及配套设施），工期5.5年。成昆铁路米易至攀枝花段扩能改造工程于2010年12月17日获得项目建议书批复，2012年8月29日获得可行性研究批复，2013年7月28日获得初步设计批复，2013年8月完成施工图设计，2013年10月18日挂网招标，2013年12月12日招投标工作结束，2013年12月27日，成昆铁路米易至攀枝花段扩能改造工程开工动员大会在花城新区举行，成昆铁路米易至攀枝花段扩能改造工程正式开工建设。

【丽—攀—昭—遵铁路】 2013年，与滇、黔两省相关市、州就丽—攀—昭铁路建设项目的前期进行对接、衔接，2013年7月17日，四川省发改委向国家铁路局上报《四川省铁路“十二五”规划实施情况及分类建设疏理情况的函》，提出“为了支撑攀西国家级战略资源创新开发实验区建设，将丽—攀—昭—遵铁路纳入‘十二五’规划，启动前期工作，争取在‘十三五’初开工建设”的目标。

【铁路物流体系建设】 与成都铁路局、丽江市就攀枝花铁路物流体系和华坪—石龙坝铁路线建设达成原则性意见，青杠铁路物流园区即将建成投运，新启铁路物流园区开工建设，金江、密地等铁路物流园区前期工作加快推进，华坪—石龙坝铁路线建设项目完成预可研修编。2013年11月26日，攀枝花市政府、成都铁路局及中铁二院专家组对《攀枝花铁路物流体系规划研究（含货运通道专项研究）》进行审查，一致同意研究结论，予以审查通过。

【攀西资源开发】 根据《四川省金沙江下游沿江经济带发展规划（2012—2017年）》及实施方案要求，起草《攀枝花市贯彻落实〈四川省金沙江下游沿江经济带发展规划〉的实施方案》，报市政府印发实施。根据省委、省政府《安宁河谷地区跨越式发展规划》和攀枝花实际，2013年着力推进重大项目、重大产业、重大基础设施和重大民生工程建设，推进安宁河谷地区经济发展。参加攀枝花市—凉山州区域合作会，代市委、市政府草拟《关于成立攀枝花市区域合作领导小组的通知》，全面统筹区域合作工作，强化区域合作。做好攀西资金项目研究储备和审查申报，2013年争取省攀西资金2400万元（其中盐边县500万元）。加强2014年攀西资源开发重点项目的编制、储备，通过筛选初审上报基础设施建设、产业发展、民生及社会事业、生态环保等46个重点项目纳入2014年省攀西办项目储备库。根据省攀西办《关于提出推进攀西地区资源综合利用开发需争取的政策支持事项的通知》要求，上报攀枝花市关于推进攀西地区资源综合利用开发需争取的政策支持事项的报告。组织、陪同省政府副秘书长范波调研攀西国家级战略资源创新开发试验区建设、省“攀西—六盘水资源富集地区发展研究”课题组调研攀西地区“十二五”期间在资源开发、特色产业发展和基础设施建设情况。按照国家发展改革委办公厅关于2013年东部城市对口支持西部地区人才培训计划的安排，组织全市相关人员参加了6期人才培训班学习，并开展2013年西部地区公共管理硕士（MPA）学位研究生报名工作。

【项目监管与重大项目建设】 按照《国家发展改革委关于正确把握投资方向加快中央预算内投资计划执行进度的通知》《攀枝花市市级政府投资项目公示试点办法》和基本建设程序，指导业主加强项目建设内容、规模标准、投资概算、资金筹措、经济社会效益以及项目风险等前期研究，做实项目立项前的各项工作，执行专家咨询评估制度，加强项目前期协调、开工建设和项目监管。围绕全市重点项目建设目标和任务，加强项目储备招商，建立“四个一批”项目库，策划收集重大项目804个，规划总投资6737亿元。筛选攀枝花市重大投资项目105个，上报纳入省发改委重大项目发布名录。《四川日报》《攀枝花日报》、攀枝花电视台等新闻媒体对攀枝花市66个重大项目集中开工进行报道。编制《攀枝花市重大项目规划（2013—2017年）》共策划收集重大项目804个，规划总投资6737亿元。1—12月，全市100个重大项目完成投资188.64亿元，超年计划进度4.3个百分点。其中：13个省考核重点项目完成投资40.47亿元，超年度计划47.7个百分点，重大项目投资占全社会固定资产投资比重达34.57%。

【国家、省级资金争取】 根据国家资金投向，筛选、包装、申报项目争取国家、省级资金支持，截至2013年12月底，共争取中央和省级各类资金36870万元（含盐边），其中中央资金23855万元，省级资金13015万元。会同市财政局争取地方政府债券4.16亿元。

【对口援建】 履行对口援藏工作项目组的职责，做好援藏项目的统筹安排、对接协调、跟踪推进、建议指导、情况收集工作。修改完善《对口支援木里县发展规划（2012—2016年）》，省委援藏办和省发改委已同意；拟定对口援藏项目2013年度计划，报市援藏办领导小组审定通过，2013年共安排援藏项目12个，项目总投资40990万元，安排援藏资金2720万元，至2013年年底，共完成投资1976万元，提前开展2014年援藏项目的计划编制。协调指导援藏项目加快推进，每半月汇总报送项目进度情况，会同市监察局、市审计局、市财政局等部门对援藏项目进行监督检查。履行对口援建雅安市名山区地震灾后恢复重建工作领导小组办公室的职责。积极做好组织、工作、项目、人员对接，先后筹备了8月26日《攀枝花市对口支援雅安市名山区“4·20”地震灾后重建框架协议》、12月2日《关于合作共建雅攀蒙顶山茶产业园区的框架协议》的签字仪式，11月25日的领导小组扩大会议；选派1人长驻雅安市名山区，负责联系、协调、现场管理对口援建的相关事宜；协调市住建局、市国资委系统选派5名专业技术人员于9月22日赴名山区开展对口援建工作；攀枝花市援建资金总额2860万元，至2013年年底，协调划拨援建资金1000万元。

【“急难险重”目标任务】 2013年承担5项“急难险重”目标任务，已完成“谋划2013—2017年重大项目规划”和“攀枝花市攀西国家级战略资源创新开发试验区建设实施方案”2项任务。第3项成昆铁路攀枝花段扩能改造，该工程米易至攀枝花段项目开工动员大会2013年12月27日在花城新区举行，正式开工建设。第4项金沙电站建设，电站业主营地已完工，1号道路进场施工（含过坝隧洞），完成狮子石Ⅳ区危岩体爆破和清理并开始进行支护施工，建设进度满足全市“急难险重”工作目标结点要求。第5项银江电站建设，电站坝址、坝线和正常蓄水位报告通过评审，现正开展施工道路建设工作。

（杨　文）

工业经济管理

【工业经济综述】 2013年，全市工业经济紧紧围绕“稳中快进、提质增效、争先进位、跨越提升”的工作要求，以转变经济发展方式为主线，以提高经济增长质量和效益为中心，突出产业支撑、投资拉动、“四化”同步、统筹城乡、改善民生，大力推进“三个加快建设”“三个走在全省前列”、打好“六大硬仗”，积极应对宏观经济下滑影响，主动作为、真抓实干，实现全市工业平稳增长。2013年全市实现规模以上工业总产值1437.12亿元，同比增长12.8%；实现规模以上工业增加值452.9亿元，同比增长12.8%，欠市人代会下达目标3.2个百分点；实现工业投资249.19亿元，同比增长11.9%，完成省下达目标的98.11%；实现技改投资222.87亿元，同比增长14.7%，完成省下达目标的100.39%；完成非公有制经济增加值368.9亿元，同比增长13.0%。非公有制经济占GDP比重达到46.1%、比上年度提高2.3个百分点；万元工业增加值能耗下降6.23%、低于省下达目标0.77个百分点。全年规模以上工业实现利润13.52亿元、同比增长125.9%，超省下达目标6.3亿元。但由于宏观经济下滑、主要行业市场不景气和突发事故影响，工业企业产销率为97.0%，比全省平均低0.9个百分点，比上年回落0.2个百分点。

【生产要素协调与保障】 2013年，受2012年“8·29”煤矿事故及国内宏观经济形势紧缩影响，全市煤炭行业艰难运营，面临价格加速下跌、市场需求量萎缩、有价无市、行业企业普遍经营亏损的困难局面。“8·29”煤矿安全事故的发生，使得本来就十分困窘的煤炭经营行业雪上加霜，使得煤炭保供，电力供应趋紧，成品油供应紧张形势凸显，全市煤、电、油、运等要素保障供应运行更加困难。

市经信委加快完善攀青物流、鑫铁物流两个攀枝花市电煤应急战略储备基地的建设，促进两个电煤储备基地发挥作用，确保春节期间有煤可供。市经信委继续组织市里骨干煤炭生产经营企业赴新疆、甘肃、内蒙古、云南和贵州等地采购，尽全力弥补电煤供应缺口。通过与云南省丽江市华坪县政府进行多次沟通、协调，于10月达成协议，对华坪县进入攀枝花电厂的低热值煤矸石电煤的过关费从每吨58.1元降到每吨16元，促使华坪县低热值煤矸石电煤顺利进入攀枝花电厂，保障全市电煤供应。全年累计供应电煤408.35万吨。截至年底，3个主网火电企业电煤累计库存47.48万吨，全面完成省政府下达的46万吨电煤储备任务。按统计口径数据，2013年全市重点耗煤企业消耗煤炭累计1436.10万吨，同比下降4.71%；12月末，重点耗煤企业库存煤炭72.90万吨，同比下降3.01%；外调煤炭入攀1325.29万吨，同比增长1.51%。

加快完善成品油经营企业设施设备，推进加油站点的改建、迁建进程。2013年，全市累计购进成品油70.44万吨，同比下降2.73%；全市销售成品油70.29万吨，同比下降2.18%。12月底，全市成品油库存量2.02万吨，同比增长24.73%。

全面落实成都铁路局、攀枝花市人民政府《关于攀枝花地区铁路物流园区建设有关问题的会议纪要》精神，加快推进攀枝花市米易青杠铁路货场物流园区、西区鑫铁铁路货场二期等建设，确保年底投入运行，缓解运输需求与铁路运输能力的矛盾，进一步促进攀枝花地区经济和社会发展。2013年，累计铁路客运量194.29万人次，同比下降5.07%。累计货运量3089.64万吨，同比增长9.63%，突破3000万吨大关。

【重大工业产业化项目推进】 2013年，继续实施重大工业产业化项目推进责任制。51个重大工业产业化项目中30个已开工项目在2013年完成投资276750万元、开工累计完成投资835523万元，重大工业产业化项目成效较显著。

一批项目相继投产。一批重大工业产业化项目在市级领导的亲自推进和各责任单位、项目实施单位的共同努力下相继竣工投入生产。本年度有东方钛业4改10万吨/年硫酸法金红石型钛白技改项目、西宇生物一期项目、吉鑫聚纳米氨酯管生产线、华星耐磨钒钛钢球生产线、云钛实业钛锭项目、富邦1000万件载货汽车制动鼓项目、有色金砂1万吨/年新型选矿药剂项目生产线项目、攀钢密地选厂全尾矿库深度回收利用工程、钢城瑞钢搬迁及渣钢渣铁综合利用等9个项目竣工或部分竣工，有的已投入试生产。

一批项目实现年内开工。经过责任单位和协调责任部门及项目建设单位积极推动，本年度有攀钢2×300兆瓦煤矸石发电项目、黑沙钒钛科技20万吨/年高性能钒钛铸件项目、四川一美能源科技磷酸钒铁锂储能材料及高能电池项目、攀钢密地选厂全尾矿库深度回收利用工程、钢城瑞钢搬迁及渣钢渣铁综合利用等5个项目实现年内开工目标。

一批项目推进较顺利。攀钢朱兰采场开拓运输系统改造项目全年累计完成投资9760万元、开工累计完成投资43475万元，岩石破碎运输及三电工程全部建设完成，对岩石破碎运输进行安全隐患整改，对胶带通廊进行消缺；攀钢2×300兆瓦煤矸石发电项目全年累计完成投资21090万元、开工累计完成投资25120万元，主厂房上部结构柱施工，烟囱基础施工，汽机平台施工；兰尖铁矿尖山采场露天转地下开采工程开工累计完成投资58000万元，回收挂帮矿开拓运输系统已投入运行，正在进行1200米、1000米、960米掘进施工，无轨修理间基础完，胶带井至选矿管道安装；富邦1000万件载货汽车制动鼓项目全年累计完成投资46500万元、开工累计完成投资1181500万元，高炉热风炉已烘炉即将进行试生产，铸造车间1号铸造生产线已投产，2号铸造线即将投产；钢城瑞钢搬迁及渣铁渣钢综合利用项目全年累计完成投资47008万元、开工累计完成投资54008万元，一号线的建设已完成，11月29日完成首次热负荷试车，并生产出一套钢锭浇铸；黑沙钒钛20万吨/年高性能钒钛铸件项目全年累计完成投资14500万元、开工累计完成投资15500万元，项目场平完工，正在进行大型设备选型订购及融资洽谈；得天矿业350万吨钒钛磁铁矿综合开发利用项目全年累计完成投资12200万元、开工累计完成投资20200万元，正在进行设备安装、生产用电线路架设，精矿输送管道施工，厂房及中转场建设；东方钛业4改10万吨/年硫酸法金红石型钛白技改项目全年累计完成投资15000万元，开工累计完成投资40000万元，主要设备安装完毕，12月下旬已竣工投入试生产。圣地元科技硫酸亚铁综合利用项目全年累计完成投资2625万元、开工累计完成投资5425万元，场平已完工，正在进行设备基础施工和设备订购安装等。

部分项目进度滞后，个别项目暂停实施。由于市场、技术、政策等原因，21个项目未能在2013年实现开工，其中暂停实施的6个项目是安宁130万吨护炉球团项目、菲斯特科技5万吨/年塑胶功能高分子材料项目、长平管道500万吨/年钒钛铁精矿管道输送项目、林威20万吨/年动力机械铸件项目、攀鑫炉料2×130万吨护炉钒钛球团项目、德攀2×5000吨/年五氧化二钒项目。

【经济发展方式转变】 2013年，切实做好电力运行协调，为社会经济平稳健康发展提供可靠保障。2013年，全市全社会累计用电1125523万千瓦时，工业累计用电1002343万千瓦时。

2013年全市工业增加值下降6.23%。

全力推进淘汰落后生产能力工作。2013年全市安排淘汰落后产能企业共22户，截至9月30日，全市淘汰落后产能工作目标已全面顺利完成。通过淘汰落后产能累计节能128.124万吨标煤，减排二氧化碳5321.7吨，涉及关停和淘汰落后工艺设备的企业需分流安置的2300名职工已全部妥善安置。2013 年，全市共争取中央淘汰落后产能奖励资金、关小资金及省财政淘汰落后产能奖励资金共计 857 万元，已全部足额安排落实到相应企业（项目）。

加大技术改造和创新力度。2013 年直接办理技术改造备案项目 30 个。建立完善重大工业产业化项目推进机制，全力协调项目规划、环保、土地等前期手续办理，使项目尽快开工建设。通过攀钢兰尖铁矿尖山采场露天转地下开采工程、煤矸石发电机组项目、白马选钛项目、密地选厂全尾矿深度回收利用工程、富邦 1000 万件载货钒钛制动鼓项目、钢城瑞钢搬迁改造及渣铁渣钢综合利用项目、黑沙 20 万吨/年高性能钒钛铸件项目、钛都 5 万吨/年化纤钛白项目、盐边得天钒钛磁铁矿综合开发利用项目、新中钛钒钛系列项目、圣地元科技硫酸亚铁综合利用项目、有色金砂新型选矿药剂项目、云钛实业 2 万吨钛锭项目等一大批重大技术改造项目的带动示范作用，有力促进了投资。2013 年完成工业投资 249.3 亿元、完成更新改造投资 222.8 亿元，分别较 2012 年度增长 11.9%、14.7%，工业投资和更新改造投资已成为拉动全市工业经济快速增长的重要动力，为全市经济持续、快速发展做出积极贡献。加快企业技术创新步伐，2013 年全市企业实现技术创新投资 8.3 亿元，在资源综合利用、钒钛产品开发、新材料等领域关键技术研发取得重要突破。2013 年全市新增省级企业技术中心 2 个（攀枝花市钛都化工有限公司、攀枝花钢城集团米易瑞地矿业有限公司），全市省级企业技术中心达到 10 个。2013，市经信委技改创新口共争取到国家级和省级财政资金 3540 万元，其中，中小企业技改专项资金 200 万元，省级技改资金 1250 万元、省级产业研究与发展资金 340 万元、2013 年度开门红资金 110 万元，战略性新兴产业发展专项资金 870 万元，战略性新兴产业发展专项资金（工业发展资金部分）650 万元，安全措施费 60 万元，技改前期费 60 万元。2013 年市经信委、市财政局共安排市级工业发展资金 1900 万元，重点支持攀钢矿业公司尖山采场露天转地下开采工程、钢城集团瑞钢工业有限公司整体搬迁项目等项目。

加大资源综合利用工作力度。2013 年，积极推进攀钢矿业兴茂公司 760 万吨攀钢钒钛磁铁矿尾矿再选 19 万吨钛精矿和 13.5 万吨次铁精矿项目、皓盛翔公司利用黄磷渣等废渣生产 60 万吨/年超细微粉项目、聿明科技利用 30 万吨硫酸渣和 10 万吨废酸生产 15 万吨/年铁精粉和 600 千克金属钪项目、圣地元公司年处理 30 万吨七水硫酸亚铁生产 20 万吨硫酸和 14 万吨铁精粉项目、钢城集团瑞天环保钛白粉废酸资源化利用项目等重大资源综合利用项目加快建设，提高全市钒钛资源综合利用产业清洁生产的水平。组织完成对攀枝花攀煤水泥制品公司等 6 户企业的资源综合利用企业（产品）认定工作，协调市国税帮助攀化科技、攀钢高炉 TRT 项目享受税收减免，增强企业开展资源综合利用的积极性。出台《关于进一步做好攀钢工业废弃物综合利用的意见》，对攀钢工业废弃物资源综合利用进行规范管理。

【信息化工作】 2013 年，市经信委紧紧围绕攀枝花市打造“中国钒钛之都、中国阳光花城、四川南向开放门户”，建设“美丽幸福攀枝花”的发展战略，在统筹推进全市信息化发展，强化规划引领，加强对电子政务、电子商务的指导，夯实信息基础设施建设，指导推动企业信息化发展，提高信息化队伍素质等方面取得积极成绩。

截至 2013 年年底，攀枝花市共有光缆 2.91 万皮长千米，手机基站 2298 个。全市城域网出口带宽 240G。全市固话用户 35.56 万户；在网手机用户 125.07 万户；固网宽带用户 25.07 万户。数字电视用户 9.7 万户；有线电视接入用户总数 12.9 万户。全市通信企业营业总收入 106042.73 万元。

建立健全信息化工作机制。编制并出台《攀枝花市智慧城市总体规划》《攀枝花市信息化发展规划(2013-2017)》《攀枝花市政府投资信息化项目管理办法》《攀枝花市非政府投资信息化项目登记管理办法》《攀枝花市通信基础设施共建共享指导意见》《关于实施〈四川省住宅建筑通信配套光纤入户工程技术规范〉的通知》《攀枝花市应急通信保障实施方案》《攀枝花市地震应急通信保障实施方案》《攀枝花市信息化工作领导小组会议制度》《智慧城市年度推进方案》等一系列信息化发展规划、管理办法和实施方案。

调整完善信息化专家库，建立 80 人的信息化专家库，拟定下发《信息化专家库管理办法》。建立信息化项目库，入库项目 81 个，总投资 13.2 亿元。其中，政府部门项目 44 个，投资约 2.2 亿元；企业和园区项目 37 个，投资约 11 亿元。

全面完成民生工程各项任务，2013 年累计完成投资 3062.35 万元，55 个 20 户以上自然村通电话，22 个行政村通宽带，建设 69 个光网智慧小区。

统筹推进政府部门信息化建设和应用。开展数字城管一期验收、市民卡实施方案、市公安智能安全系统、协同办公平台等项目评审；完成市人大、市经信委、市保密局等部门网站建设工作。完成电子政务内网新版公文传输系统、“12349”居家养老服务信息平台、教育局直属学校监控安防系统建设，实施“校校通”和直属学校“班班通”工程，市基层医疗卫生机构管理信息系统开始试运行。

扎实推进信息化与工业化深度融合。启动企业两化融合试点示范工作，初步完成两化深度融合指导意见编制，组织 11 家技术支撑单位与 12 家首批参与企业进行对接。组织申报两个项目首次获得省级“两化融合”专项资金补助 140

万元。

积极推进信息产业持续健康发展。经积极争取，攀枝花市被纳入全省数据中心布点。与市商务粮食局协同组织开展“天府网交会”和“四川名优产品网购节”活动。“天府网交会”活动组织500余家本地企业将具有攀枝花特色的各类商品组织上线展示、展销，活动期间交易额15238万元，零售额3413万元；“四川名优产品网购节”活动组织64户企业参加，活动期间交易额达到100余万元；组织申报5个电子商务集成创新试点工程项目，其中攀枝花市锐华农业开发有限责任公司《求证点评型产品追溯信息网络系统》通过国家工信部评审，纳入电子商务集成创新试点工程。

组织完成申报创建文明城市的相关材料收集、整理汇编和上报，组织开展2013年度纠正电信领域侵害消费者权益问题专项行动和排查清理涉嫌非法集资广告资讯信息以及重点领域网络与信息安全检查工作。

【“两化”互动工作】 安排部署全市2013年度“两化”互动、统筹城乡重点工作，落实省统筹城乡发展工作部署，及时出台《关于分解2013年度推进统筹城乡发展工作主要任务的通知》（攀委办〔2013〕74号）。为进一步了解和掌握全市城镇建设基本情况，市“两化”办和市住建局对纳入市中心城区规划范围的二、三、四级乡镇共计39个乡镇开展城镇建设现状调查。配合市公安局拟定、出台《关于关于进一步深化户籍制度改革的意见（试行）》，并积极开展试点工作。配合市住建局拟定并出台《关于加快推进小城镇建设的实施意见》。

【产业园区建设】 2013年，全市产业园区总体发展水平稳步提升。全市园区实现规模以上工业总产值750亿元，同比增长14%。

各园区大力推进入园项目建设，努力形成新的经济增长点。2013年建成富邦1000万件钒钛制动鼓、钢城集团渣钢渣铁钒钛资源综合利用、旭鼎机械10万吨动力机械发动机钒钛铸件项目等30个重点项目。2013年在建的有新中钛科技公司钒钛二期、黑沙钒钛400万套/年汽车板簧、皓盛翔建材60万吨/年超细微粉等36个重点项目。

各园区加大基础设施建设力度，大力完善园区配套能力。钒钛产业园区的迤马线工程除新增挡墙等小部分工程外，其余工程全部完成。南山园区迤资园区青富路A、B标段及B标延伸段完成；金拉路（迤马段）的道路施工完成并投入使用；富邦、钢城集团项目建设所需的临时供水、供电等设施建设完成。盐边园区云钛公司钛锭项目进厂道路工程、新九弯板桥至蚂蝗沟水库道路改造B标段等工程建设完成。格里坪园区绿化工程、南山园区4号支线、高新技术产业园区锦利公司至桐雅公路连接线、米易白马园区的一枝山工业固体废弃物处置场等11个重点基础设施项目正按计划推进。

2013年7月，钒钛产业园区被列入省“51025”重点园区培育计划，并被认定为省级高新技术产业园区。钒钛产业园区正在筹备申报国家级高新技术产业园区。

2013年11月，市委、市政府组织召开全市产业园区工作会，并下发《关于进一步加快产业园区发展的意见》，进一步明确产业园区工作的思路、方向和目标，完善相关的工作措施和保障机制。

2013年市经信委从省经信委争取到1646万元产业园区发展引导资金。

【太阳能产业发展】 根据对各县区、市级各部门及企业项目征集、梳理和调研，印发《2013年全市太阳能应用和产业化实施项目的通知》，明确全年全市太阳能光热、光电、重大产业化、研发能力及平台建设等十一个领域的37个重点项目。

出台《攀枝花市人民政府关于规范新能源签约项目工作的通知》。为进一步加快太阳能应用和产业发展，结合国家光伏应用有关补贴政策代市委、市政府草拟《关于促进太阳能应用和产业加快发展的若干政策意见》。

编印《太阳能应用工作简报》宣传攀枝花市太阳能资源优势和利用工作推进情况，其中国务院办公厅《国办专报》采用《关于对攀枝花市大力推广太阳能应用带动特色配套产业发展的对策和建议》，进一步扩大攀枝花市太阳能利用工作的影响。

积极协调盐边太阳能招商引资、金勇工贸5兆瓦、汉风物流1.5兆瓦屋顶电站等项目，确保重点项目的顺利实施。

继续开展对全市太阳能应用和产业化示范项目专项资金申报，对东泰新能源10万套蓝钛膜平板热水器产业化项目、平地镇迤沙拉村太阳能提灌等4个示范项目给予共计105万市级财政专项资金支持。同时为东泰新能源争取省级工业节能专项资金84万元。

为了解学习国内钒电池技术发展及行业现状，引进钒电池技术和产业化项目，组织钒电池招商小分队，对中关村储能产业技术联盟储能专业委员会、北京普能世纪科技有限公司、北京金能世纪公司科技有限公司山西朔州钒电池生产线、大连化学物理研究所进行考察学习和合作对接，并取得积极成果。

大力开展招商引资，提升太阳能应用整体水平。2013年先后引进广东明阳新能源、中国水电建设集团、三峡水电新能源、四川科瑞德实业集团等到攀枝花市投资考察，并与中国水电建设集团、四川科瑞德实业集团签订盐边30兆瓦太阳能地面电站建设、全市100兆瓦屋顶分布式光伏开发建设合作协议。

【无线电管理】 全年年审在用电台2923个。抽检发射设备217台（含新设台检测），无线电频率占用收费15.1万元，收取设备检测费3.9万元。

规范配置无线电频率、合理批复无线电台站设置。新指配无线电频率5条、新设台站含公众通信基站105个。开展现场执法检查，积极推进无线电管理基础制度建设，开展无线电主题宣传两次。获得省无线电办公室关于无线电管理行政执法先进单位表彰。

开展无线电监测，开展8个频段频谱月度监测等3000小时；及时处理无线电干扰申诉，开展对航空、铁路无线电专用频率的保护。全年受理并排查干扰申诉2起，查获一起民航地空通信干扰事件。

开展重要时段、重大活动、重大节日无线电安全保障监测216小时。开展各类考试防无线电作弊保障监测31场次，查获1起多人无线电考试作弊案件，阻断1起无线电作弊信号。

无线电技术设施建设取得较大进步，监测网络基本覆盖三区两县。业务技能培训大力推进，全省培训演练取得好成绩。

（郭英卓）

国有资产投资经营管理

【概　况】 2013年，攀枝花市国有资产投资经营有限责任公司（简称“市国投公司”）面对极为错综复杂的经济形势，及时调整结构、转换机制，优化公司资产结构，加强内部管理，扩大融资渠道，化解各种矛盾，完成董事会制定的工作目标和政府交办的各项任务。截至2013年12月31日，公司资产总额1072550万元，较2012年净增36118万元。融资余额343600万元，担保余额87459万元。

【资产结构调整】 2013年，公司围绕调结构主线，加大投资做大主业，资产结构进一步优化。

出资500万元成立金宇投资公司，出资4000万元作为主要发起人组建金丰小贷公司，从而形成金鼎担保、金源创投、金惠农担、金宇投资、金丰小贷“五朵金花”相互协作的中小企业服务体系，为攀枝花市中小企业解决融资难问题搭建良好的服务平台。截至2013年12月31日，金鼎担保公司在保余额249968.74万元，金源创投公司在投企业4家，金惠农担公司在保余额11000万元，金宇投资公司共发放贷款4400万元，金丰小贷公司共发放贷款33665万元，有效帮助攀枝花市中小企业化解资金链断裂风险。

参与攀枝花市商业银行的扩股，并参股花城投资公司。公司自筹资金4174.8万元，参与市商业银行2013年度的溢价增资扩股，至2013年年底，公司拥有市商业银行股份8946万股，优质资产得到进一步的增长。为改善花城投资公司股本结构，公司购买花城投资公司3000万元股份，占花城投资公司注册资本总额的20%。

继续发挥投资平台的作用，积极参与攀枝花市重大工程投资和资源配置工作。公司受市政府委托，完成与四川能投公司攀枝花水电公司的出资谈判工作，双方达成了入股能投公司攀枝花水电公司15%的相关协议；积极参与“成昆铁路米易至攀枝花段扩能改造工程项目”投资，按分期入股计划，2013年已出资20000万元。协助原水公司完成沙坝田水库资产收购方案的制定，并向市政府提交参与全市矿产资源配置的方案。

截至2013年12月31日，公司共拥有参控股企业20家，涵盖金融、保险、担保、房地产开发、电力、创投、天然气、原水等行业。资产总额从2012年年底的1036432万元上升到2013年12月31日的1072550万元，净增36118万元。

【资产管理】 2013年，公司继续围绕企业转型，进一步完善集团公司内控管理体系，健全管控模式，强化资产处置、战略规划、资源配置、风险控制等管理。

进一步规范资产处置。2013年，在市财政局和监管机构支持配合下，进一步规范了土地开发公司成本核算、费用分摊、利润上缴方式，强化了集团公司内部会计制度的建设和规范，维护了公司在融资市场的良好信誉。同时，公司严格按照有国家关部门的监管要求，规范使用债券募集资金，保障房建设资金和债券募集资金的专项核查工作中，得到相关部门和领导的肯定。

强化集团公司内部财务管控。公司先后向国资管理部门提交《关于市产投公司审计机构招标及利润上缴程序的报告》，积极争取相关部门对公司规范子公司财务行为的支持。向子公司下发《关于转发审计机构〈管理建议书〉以及有关事项的通知》等文件，对统一会计政策、规范管理等作出了明确细致的要求。

加强子公司重大决策事项管控。对参控股的下属子公司，要求股权代表以及各子公司拟进行“三重一大”等重大决策时，必须先向公司报告，以维护公司合法权益；对公司未派出股权代表的子公司，要求实施重大决策备案制，凡对外担保等重大决策，一律报母公司备案或由母公司董事会审批。

【融　资】　2013 年，在国家进一步加强融资平台公司的检查和管理、严格规范平台公司融资行为的情况下，公司进一步解放思想，创新思维，紧紧围绕攀枝花地方经济的发展需求，规范、有效地开展融资工作。

积极做好三期债券的申报。2013 年年初，公司启动三期债的申请发行工作。配合、协调各中介机构，完成 2012 年度土地、金源、金惠、金鼎、原水投资、公司本部和集团公司三年连审报表度审计工作。自觉配合承销商、会计师、评估师和律师的专业要求，完成三期企业债的申报工作。11 月 8 日，公司 60000 万元三期债顺利通过国家发改委审批，将择机发行。

做好间接融资工作。为支持市重点项目的推进，帮助解决项目遇到的建设资金短缺的问题，公司在全面落实反担保措施的前提下，共为富邦钒钛公司 1000 万件钒钛制动毂项目提供人民币 20000 万元的贷款担保，帮助富邦钒钛公司从银行融到项目所需的建设资金，保证市重点项目有效推进。

做好转贷应急资金的管理。2013 年，公司在代各级政府管理企业转贷资金中，共为 53 户企业发放应急资金 104 笔，累计发放金额达 120920 万元，受惠企业涵盖冶炼、化工、机械制造、煤炭开采加工、物流、农业产业化龙头项目等，有效地帮助企业在银行贷款转贷过程中的资金不足问题，并为企业减少财务费用达 2000 万元以上。

【项目代建】　中心医院二住院楼建成并投入使用。中心医院二住院楼是市重大民生工程，是公司承接的最大的代建项目。公司代建项目组全体成员和监理、施工、设计等各相关责任方共同努力，2013 年 6 月，工程如期交付使用，年底前完成项目竣工验收。

成功化解十九冶技校停工问题。由于受居民阻扰，十九冶技校教学楼自 2011 年 3 月以来一直处于停工状态。2013 年，公司成立由总经理担任第一责任人、相关部门人员协同参与的矛盾化解班子，下大力气解决该问题。经过近一年的艰苦努力和反复谈判、协商。12 月 6 日，在给予一定的合理补偿后，6 户居民终于签订了不再阻扰施工的协议书，工程项目得以在 2013 年 12 月 12 日恢复施工。

化解公园索道资金不足停工的问题。该项目由于可研报告漏项太多而导致立项投资规模严重偏低，不能满足索道建设的需求，公司在代建过程中，一边建设，一边向城建局等相关部门提供调整投资规模的基础材料。在有关部门未对投资规模做出调整前，为保工程进度，公司从大局出发，先行垫资 100 万元，推动这一全市人民关注的民生工程的建设。至 2013 年年底，该项目主体工程全部完工。使用单位正在联系国家索检中心对索道工程进行质量和安全检测。

至 2013 年 12 月 31 日，公司在建项目 2 个，待验收项目 6 个。

（张小勇）

城市建设投资经营管理

【城市基础设施建设】　2013 年，市城投公司共组织实施新开工项目 14 项，续建项目 7 项，拟开工项目 4 项，已完工项目 12 项，完成投资 47296.7 万元。这些项目中含有一批市重点民生工程、急难险重工程。市城投公司以项目的总体推动为总揽，以项目管理手段为依托，以项目管理制度和办法为根本，有效推出“制度完善、流程清晰、操作规范”的特色管理。在民生工程建设方面，大力实施畅通工程、沿江景观打造等项目。密地桥南至龙箐大桥主干路完工试通车；北京华联、交警二大队、体育馆等六处人行过街设施（除川剧团地下通道 2014 年春节前完工外）已完工投入使用；金沙江南岸仁和沟口大桥至密地桥段步行系统除沿江亲水栈道外，人行步道、自行车道及绿化工程均已施工完毕；三线建设博物馆完成施工、监理招标；花城大道老黑地至龙塘沟及连接线道路正在开展拆迁及土石方挖运工作；马坎污水处理厂完成场平及基础工程，正在进行主体施工，截污干管工程完成管道安装 3.5 千米。在代建项目实施方面，公司全力推动中西医结合医院、中心医院、四医院、二医院等大型公立医院的代建项目，截至 12 月底，中西医结合医院完成住院大楼主体工程及标段内安装、内外装饰工程，正在进行二装施工；四医院门诊医技办公综合楼工程完工；攀西职业病防治中心项目完成场平土石方和锚杆挡墙工程，正进行二层施工；全科医生临床培养基地项目完成主体工程，正进行装饰施工。完成（2011）仁和区廉租住房、国营林场总场危旧房改造、市三中新建行政办公楼、省运动技术学院红格训练基地场馆、运动员宿舍、食堂、二期景观绿化等已招标工程、金沙江大道中段十二座桥梁维修加固（二期）及金沙江大道中段混凝土路面改为沥青路面、金瓯广场公交专用车道等重点工程建设。攀枝花公园愉悦苑改造暨攀枝花文艺中心、老干部活动中心、青少年活动中心、国家基本气象站迁建及市公安局指挥中心二期侦查技术用房等工程均在稳步推进中。沿江步行系统北岸段、城市主干道无障碍设施改造、市公安局技术用房装备及应急物资库房等工程均在抓紧开展前期准备工作。

2013 年攀枝花市城市建设投资经营有限公司建设项目情况

表 13

项目名称	建设规模	资金来源及金额
攀枝花大道中段川剧团人行过街设施建设工程	该处人行地道呈“工”字形布置，通道垂直下穿攀枝花大道中段，全长 22.24 米，净宽 4 米，净空高度 2.5 米；通道两侧设置四个梯道，梯道净宽 2.5 米，净高 2.5 米；修建水泵房；安装地道照明电气系统 1 套；沥青砼路面修复和人行道修复；安装轮椅升降平台、盲文标志牌、行人诱导隔离栏杆、标志标牌等	696.3 万元
机场路口人行过街设施建设工程	该处人行地道呈“工”字形布置，通道垂直下穿机场路，全长 22.9 米，净宽 4 米，净空高度 2.5 米；通道两侧设置四个梯道，梯道净宽 2.5 米，净高 2.5 米；修建水泵房；安装地道照明电气系统 1 套；沥青砼路面修复和人行道修复；安装轮椅升降平台、盲文标志牌、行人诱导隔离栏杆、标志标牌等	669.9 万元
攀枝花大道中段北京华联人行过街设施项目建设工程	该处人行地道呈“工”字形布置，通道垂直下穿攀枝花大道中段，全长 22.01 米，净宽 4.1 米，净空高度 2.5 米；通道两侧设置四个梯道，梯道净宽 2.5 米，净高 2.5 米；修建水泵房；安装地道照明电气系统 1 套；沥青砼路面修复和人行道修复；安装轮椅升降平台、盲文标志牌、行人诱导隔离栏杆、标志标牌等	654.3 万元
攀枝花大道中段市体育馆人行过街设施项目建设工程	该处人行地道呈“工”字形布置，通道垂直下穿攀枝花大道中段，全长 23.69 米，净宽 4 米，净空高度 2.5 米；通道两侧设置四个梯道，梯道净宽 2.5 米，净高 2.5 米；修建水泵房；安装地道照明电气系统 1 套；沥青砼路面修复和人行道修复；安装轮椅升降平台、盲文标志牌、行人诱导隔离栏杆、标志标牌等	571.8 万元
攀枝花大道东段原交警二大队人行过街设施项目建设工程	该处人行地道呈“工”字形布置，通道垂直下穿攀枝花大道中段，全长 15.3 米，净宽 4 米，净空高度 2.5 米；通道两侧对称布置四个梯道，梯道净宽 2.5 米，净高 2.5 米；修建水泵房；安装地道照明电气系统 1 套；沥青砼路面修复和人行道修复；安装轮椅升降平台、盲文标志牌、行人诱导隔离栏杆、标志标牌等	693.2 万元
竹湖园临江路口人行过街设施项目建设工程	该处人行地道呈“工”字形布置，通道垂直下穿攀枝花大道中段，全长 19.66 米，净宽 4.1 米，净空高度 2.5 米；通道两侧设置四个梯道，梯道净宽 2.5 米，净高 2.5 米；修建水泵房；安装地道照明电气系统 1 套；沥青砼路面修复和人行道修复；安装轮椅升降平台、盲文标志牌、行人诱导隔离栏杆、标志标牌等	671.5 万元
市中西医结合医院住院大楼工程	总建筑面积 27000 平方米	7500 万元
省运动技术学院红格训练基地	总建筑面积 34578.8 平方米	19960 万元
红格开发区地热水资源勘探项目	勘探范围为红格开发区及其周边约 37 千米，通过野外地质、水文地质调查、地球物理勘探、水文采集分析等选定布井位，布设钻孔 4 个，探采井施工约 1400 米	226 万元
密地桥南至龙箐大桥主干路	主线里程 4150.22 米，道路标准路幅宽 23 米，双向四车道。	31026 万元
攀枝花市建设工程质量安全数字化管理平台项目	修建施工现场远程视频监控综合楼及水、电、气、装饰装修等配套设施，其中综合楼按钢框架结构设计，总建筑面积 412.8 平方米。地面 1 层为车库，第 2 层为监控中心、设备机房、观察室，第 3 层为机要档案室等其他业务用房	172 万元

续表 13

项目名称	建设规模	资金来源及金额
花城大道老黑地至龙塘沟及连接线道路工程	花城大道老黑地至龙塘沟段主线，道路总长 1.639 千米；连接线华沙路前段道路全长 0.43 千米，华沙路后段道路全长 0.655 千米；连接线川沙路道路全长 0.294 千米；连接线干荷道路全长 0.919 千米。主要建设内容包括道路、桥涵、沿线市政管网、交通设施、照明工程、绿化等	30625 万元
金瓯广场增设公交专用车道建设工程	在攀枝花大道东段鸿海巷段道路两侧扩建公交专用停靠车道、出租车停靠点及人行步道扩建，共设一组两个。建设内容：1.公交专用车道为现有站台位置拆除原人行道进行扩建，单个长约 100 米，宽 3.5 米；2.出租车停靠点均随原有道路进行扩建，其中沃尔玛站方向为 3 个车租车位，总长约 18 米，宽 2.5 米。移动公司站为 2 个出租车位，总长约 30 米，宽 2.5 米；3.人行步道随新建专用车道及出租车停靠点位置向外扩建	500 万元
攀枝花市公安局指挥中心二期侦查技术用房	总建筑面积为 6300 平方米	1550 万元
城市主干道无障碍设施改造项目一期工程	增设盲道砖 14181 平方米；增设盲文标志牌 100 块；增设提示音响 98 个等	496.7 万元
老干部活动中心	该项目总占地面积 10833 平方米，总建筑面积 6273 平方米	1923 万元
仁和区 2011 年廉租房	新建廉租房住房 200 套，总建筑面积 10000 平方米并配套建设给排水、供电、供气、道路、绿化等基础设施。（其中：沙沟片区 S-16 地块 80 套，仁和沙沟 P2010-22 地块 96 套，总发乡 24 套，每户 50 平方米，两室一厅）	1924 万元
国营林场总场危旧改造工程	国营林场总场建筑规模 9600 平方米，危改住户 132 户，每户 70 平方米	1646 万元
攀枝花公园愉悦苑改造暨攀枝花文艺中心	攀枝花愉悦苑 7600 平方米，新建攀枝花文艺中心 2500 平方米，特设园林建筑，框架结构	895 万元
四医院门诊医技办公综合楼项目	拆除受灾的原门诊医技办公综合楼，原址新建门诊医技办公综合楼，框架结构，建筑面积 4725 平方米	1200 万元
国家基本气象站迁建工程项目	该项目规划占地面积 7702.91 平方米。	730 万元
市三中新建行政办公楼	拆除半截楼（原学生宿舍），原址新建行政办公楼，框架结构，四层，建筑面积 1203 平方米	266 万元
攀枝花市青少年体育活动中心	建设总面积 17550 平方米	2200 万元
攀西职业病防治中心建设项目	总建筑面积 12500 平方米	5760 万元
攀枝花市全科医生临床培养基地建设项目	新建培养综合楼 4400 平方米	2500 万元
金沙江大道中段十二座桥梁维修加固工程项目	金沙江大道中段沿线 12 座桥梁，包括：沿江大桥、1—9 号桥、匝道 1 号桥、匝道 2 号桥。桥梁载荷等级维持原设计标准；只对破损桥面及结构进行修补加固	476 万元

续表 13

项目名称	建设规模	资金来源及金额
四川攀枝花三线建设博物馆（攀枝花博物馆）	总建筑面积 20000 平方米	19703 万元
金江污水处理厂和马坎污水处理厂及截污干管工程	1.金江污水处理厂厂址位于火车站南 1.3 千米处，金江水泥厂北侧空地，设计污水处理能力总规模 1.5 万立方米/天（其中一期 0.75 万立方米/天，二期 0.75 万立方米/天），截污干管收集的污水范围为金江船厂至火车站区域，总面积约 668 万平方米，干管沿攀枝花大道敷设至金江污水处理厂内，全长 7 千米 2.马坎污水处理厂厂址紧邻金沙江北岸位于倮果桥北上游约 1.3 千米处，设计污水处理能力 4 万立方米/天，截污干管以污水处理厂为分隔点，分为上游和下游两段；上游段西起于弄弄坪片区钢花村，沿金沙江江岸向东行至渡口吊桥，而后靠钢城大道外侧继续向东，最后到达污水处理厂，全长 14.818 千米，下游段东起倮果大桥桥北，沿钢城大道东段向西行至污水处理厂厂内终点提升泵站，全长 1.815 千米	攀枝花市金江、马坎污水处理厂及截污干管工程总投资估30749.71 万元。 1.金江截污干管及厂外提升泵站预计投资1436.47 万元，污水处理厂内总投资 5503.24 万元。2.马坎污水处理厂及厂外截污干管项目总投资 17910 万元（含污水处理厂 10120 万元，厂外截污干管 7790 万元）

【拆迁安置】 2013 年，公司积极协助、配合项目所在辖区的相关单位和部门协调解决龙密路、花城大道、马坎污水处理厂、省运动技术学院红格训练基地等项目的征地拆迁安置补偿问题，使拆迁安置工作满足工程建设的需要。

【筹融资】 2013 年，在建设任务最为繁重、资金需求巨大、财政有效资金严重不足的局面下，公司客观分析形势、认真研究对策、创新工作举措、强化对上的沟通协调，千方百计筹措建设资金，着力突破资金瓶颈，合理调配、高效使用资金，保证工程款的支付，全年共筹集建设资金 24312 万元，确保项目推进和公司正常运转。同时，合理安排收支预算，严格预算管理和财务收支管理，并加强对固定资产管理，公司整体运转呈现良好平稳态势。

（蔡　茵、李建莉）

交通投资开发经营建设和管理

【概　况】 攀枝花市交通投资开发有限公司(以下简称“交投公司”)成立于 2002 年 12 月，注册资本金 12.47 亿元人民币，经营范围是对交通基础设施建设投资；对道路、桥梁、隧道工程建设经营；汽车站点、船舶码头建设投资，属国有独资企业，攀枝花市交通运输局作为公司唯一股东。公司成立的初衷是构建一个融资平台以筹集全市交通路桥建设所需要的建设资金，无任何经营性质收入。2013 年，交投公司围绕市委、市政府开展的为期三年“国省干线公路改扩建攻坚活动”（即“三年攻坚”活动）任务和要求，严格按照国家基本路桥建设程序和有关规定组织建设，建立建全管理制度，加强工程优质、高效、安全、节约、廉洁等方面的全过程控制，各项目实行标准化管理，努力实现工地标准化、施工标准化、管理标准化，文明施工，顺利完成市交通局规定的 2013 年工作目标任务。2013 年，交投公司共完成招投标重点项目 9 个，中标金额 53767.2291 万元；通过各种渠道到位资金 38039 万元；代建重点路桥建设大项目 12 个，完成总投资 29666 万元，圆满完成全年工作目标任务。

【招投标】 2013 年，交投公司认真做好各项目招投标准备工作，强化合同管理，督促施工、监理、监控等参建单位严格履行合同义务和各自职责，认真核查建设、监理单位资格条件，确保建设管理机构和管理人员条件合格、素质过硬、管理规范，并制定对建设单位和施工、监理管理人员的考核办法，努力为各项目的开工建设创造有利条件。2013 年共完成招投标大项目 9 个，中标金额共计 53767.2291 万元。

2013 年攀枝花市交通投资建设招投标项目情况

表 14

	工程项目		开标日期	中标单位	中标金额（万元）
1	巴关河大桥维修加固工程	施工	2013-01-23	四川川交路桥有限责任公司	1352.8859
2	省道 310 线纳拉河桥、灰老沟桥新建工程	施工	2013-03-04	攀枝花公路桥梁工程有限公司	1821.4350
3	鱼塘至机场路新建工程	勘察设计	2013-01-30	四川省交通运输厅交通勘察设计研究院	626.2880
		监理	2013-07-23	四川省城市建设工程监理有限公司	311.79
		BT 招商	2013-07-18	重庆市黄浦建设（集团）有限公司	24864.3602
4	国道 108 线 K3019+101—K3076+585 段路面改造工程	路面	2013-04-03	江西中煤建设集团有限公司	2125.6606
		交安 I 合同段	2013-03-07	四川嘉和交通工程有限公司	638.0258
		交安 II 合同段	2013-05-30	四川鑫圆建设集团有限公司	530.307
		附属工程	2013-05-06	四川长和建筑工程有限公司	865.939
5	省道 310 线格福段（K252+770--K255+300）改造及路面大修工程路面及沿线设施	施工	2013-04-28	四川志德公路工程有限责任公司	949.465
6	省道 310 线格福路 K255+300—K275+586 段改建工程	监理	2013-09-13	四川省亚通公路工程监理所	220.39
		BT 招商	2013-09-13	核工业西南建设集团有限公司	17203.2018
7	攀枝花市沿江快速通道西区段工程 K0+000—K4+700 沥青混凝土面层	施工	2013-07-15	攀枝花公路桥梁工程有限公司	1776.4321
		交安	2013-07-15	四川京川公路工程(集团)有限公司	273.6676
8	国省干道安保工程(一期)B 标段（S214 线桐子林至雅江桥段）	施工	2013-09-16	攀枝花攀路交通工程有限公司	154.2411
9	攀枝花市金沙江三堆子跨江大桥工程	代理机构	2013-04-17	四川联华工程技术有限公司	—

【**竣工决算**】 2013 年，交投公司加强投资控制和资金管理，严格执行概算不超估算，预算不超概算的原则，坚持以批准的预算为基准，以招标价为依据，加强设计变更管理，合理控制设计变更，积极开展优化设计工作，杜绝超计和重复计量，做到专户储存，努力创造良好的工程投资环境和条件，全年完成工程竣工决算大项目 3 个，批复结算金额共 6324.7673 万元。

2013 年攀枝花市交通建设竣工决算情况

表 15

工程项目	施工单位	监理单位	合同金额（万元）	变更金额（万元）	批复结算（万元）
渡口桥南立交 DEF 匝道工程（I 标段）	中铁十八局集团第五工程有限公司	重庆育才工程咨询监理有限公司	2929.2536	513.7947	3442.98
渡口桥南立交 DEF 匝道工程（II 标段）	四川星星建设集团有限公司		1599.3954	59.7491	1659.1445
攀田高速总发连接线工程	攀枝花瑞达交通工程有限责任公司	广安通力交通工程监理咨询有限公司	1099.4456	123.1972	1222.6428

【拓展融资渠道】 2013 年由于国家金融政策的调整，公司积极配合各家贷款银行，对交通基础设施建设的债务进行清理核实，并按照国家政策要求对各项贷款进行资料补充完善，全力搞好银企关系。积极配合市局财务处和公路管理处对二级收费公路的新增债务进行统计上报，申报金额为 1.2 亿元。2013 年度通过各种渠道到位资金 38039 万元，其中：省补资金 339 万元，财政投入 23800 万元（贴息资金 5130 万元，归还银行借款本金 18170 万元，巴关河大桥建设资金 500 万元），交通投入 3000 万元，用于支付项目工程款，新增借款 8900 万元，其他拨款 2000 万元。在资金日常支付过程中，严格实行专款专用，专项存贮，保证资金的安全有效。

【重点路桥建设】 2013 年，市交投公司继续强化精细化管理理念，落实精细化管理措施，努力做到靠前指挥、靠前协调、靠前服务，项目管理责任人员积极深入建设一线和施工现场，对项目建设各环节各工序进行监督和管理，对工程建设过程中存在的问题及时发现、及时处理，积极协调外部施工环境，创造良好的施工氛围和条件，努力提高工程品质。全年交投公司组织实施代建重点建设项目 12 个，其中续建的 8 个项目为：新密地大桥工程、省道 214 线总发至平地段改建工程、沿江快速通道西区段Ⅰ标段工程、沿江快速通道西区段Ⅱ标段工程、省道 310 线格福路（格里坪至 504 电厂段）改建工程、省道 310 线倮渡北线路面改造工程、荷花池大桥维修加固工程、国道 108 线拉鲊至川滇界段示范工程；新开工的 4 个项目为：为巴关河大桥维修加固工程、纳拉河桥新建工程、灰老沟桥新建工程、鱼塘至机场路新建工程。全年累计完成总投资 29666 万元。

新密地大桥工程。项目全长 296 米，桥面宽 30 米，4 车道双向独立通行，批复金额为 9729.6 万元。2009 年 2 月正式开工建设，2011 年 9 月实现上游幅桥通车的目标任务，极大改善了大桥南北两岸的交通压力和通行条件，同时出色完成新老桥人车分流的组织工作，消除旧桥行车的安全隐患。下游幅桥于 2012 年 6 月 19 日完成主拱圈浇注，2013 年 2 月建成通车。

省道 214 线总发至平地段改建工程。项目起点为省道 214 线总发（130 千米+880 米）与攀田高速总发立交相连处，途经大田镇、白拉姑、太坪掌、止于平地镇（166 千米+336.78 米），是通往云南及凉山州会理地区的重要公路，道路总长 35.87 千米，为三级公路。路基宽度 8.5 米、路面宽度 8 米，沥青混凝土路面，项目总投资约 18404.9 万元，工期 1 年。该项目是攀枝花市启动国省干线公路改扩建三年攻坚工作实施的第一个项目，2012 年 2 月开工建设，2013 年 2 月提前三个月建成通车。

沿江快速通道西区段Ⅰ标段工程。该项目全长 2.68 千米，投资总概算 4048 万元，2010 年 4 月正式开工建设。2013 年累计完成投资 231.75 万元。

沿江快速通道西区段Ⅱ标段工程。项目全长 2.2 千米，起点位于原攀枝花市肉联厂，经格扬路，止于宝鼎大桥，路基宽度 22 米，公路等级为一级公路，设计行车速度为每小时 60 千米，投资总概算 8875 万元，合同总工期为 24 个月。2012 年 2 月正式开工建设，2013 年完成投资 4653.9 万元。

省道 310 线格福路（格里坪至 504 电厂）改建工程。该路段全长 2.53 千米（长链 229 米），起点位于西区格里坪镇石场交叉口（252 千米+770 米），经西区电煤化产业园区，终点止于格里坪收费站附近（255 千米+300 米）。按二级公路标准建设，设计行车速度 40 千米/小时，为双向四车道，路基宽度 20 米，路面宽度 15 米。路面类型为沥青混凝土。项目总投资为 6050 万元。2012 年 5 月开工建设，2013 年 8 月底提前三个月建成通车。

省道 310 线倮渡北线路面改造工程。项目是穿越攀枝花市东西向的省道 310 线的重要组成部分，为过境车辆穿过主城区的主要干线公路。项目起于倮果大桥桥北桥头附近，途经烂院子，止于新渡口大桥，路线全长 14.16 千米，路基宽 12 米，路面宽 11.4 米，设计荷载为公路Ⅰ级，采用白加黑路面结构，总投资为 5803 万元。2012 年 9 月开工，2013 年 4 月底建成通车。

荷花池大桥维修加固工程。荷花池大桥横跨金沙江，是攀钢原料、物资、产品进出厂区的重要通道，为城市路网的重要组成部分。大桥全长 274.3 米，全宽 15.5 米，维修加固工作设计荷载按照公路Ⅰ级进行。大桥维修加固工程的主要工作有对全桥所有结构裂缝、结构缺陷进行修补，更换全部 T 梁，对主桥拱圈、盖梁、拱上立柱进行加固补强，重新做桥面系结构，总投资为 1823.56 万元。2012 年 8 月开工，2013 年 3 月底提前 60 天建成通车。

国道 108 线拉鲊至川滇界段示范工程。国道 108 线攀枝花段位于攀枝花市仁和区境内，起点于攀枝花市与凉山州会理县分界的 108 线拉鲊战备码头（改造后起于鱼鲊金沙江大桥桥南 B 匝道），终点止于川滇界，全长 56.1 千米，贯穿攀枝花市东南，是攀枝花市主要的国道干线公路，该项目总投资 11668 万元，2012 年 10 月开工，2013 年 10 月完工。

巴关河大桥维修加固工程。巴关河大桥全长 216.6 米，宽 19.5 米，维修加固工作设计荷载按照公路Ⅰ级进行。大桥维修加固工程的主要工作有对全桥所有结构裂缝、结构缺陷进行修补，更换全部 T 梁，对盖梁进行加固补强，重新桥台和桥面系结构，总投资为1177.29万元。项目于2013年2月提前启动T梁预制工作，3月25日正式断道施工，7月1日提前3个月建成通车。

纳拉河桥新建工程。纳拉河桥位于仁和区前进镇，拟拆除旧桥，新建新桥，桥长46米、宽22.5米、引道长329米，上部结构采用1-30米预应力T梁，下部结构采用重力式桥台加桩基，扩大基础。项目总投资1461.06万元。2013年5月开工建设，2013年12月20日建成通车。

灰老沟新建工程。灰老沟桥桥长98米、宽24.5米、引道长218.87米，上部结构采用3-30米预应力混凝土T梁，下部结构桥墩采用实心薄壁墩，项目总投资1536.62万元。2013年5月开工建设，2013年12月20日建成通车右半幅桥，左半幅桥预计2014年6月底完工。

鱼塘至机场路新建工程。项目起于攀田高速公路鱼塘互通A匝道终点，跨大箐沟，经神树梁子、跨博箐沟、于麦子箐水库尾的刘家田湾设1.1千米隧道下穿寒婆岭至凹乌林后，接花舞人间景区道路，止于花舞人间景区与机场路平交口，全长5.008千米，按一级公路标准建设，路基宽20米，估算投资为5.65亿元。近期实施半幅，即按双车道10米宽路基建设，投资为3.23亿元。2013年8月开工，2013年完成投资3185万元。

另外，2013年完成省道310线纳拉河桥、灰老沟桥新建工程、巴关河大桥维修加固工程、国道108线K3019+101—K3076+585段改造工程、省道310线格福段（K252+770—K255+300）改造及路面大修工程、等项目招标工作，共签订合同41个。

在征地拆迁工作上，市交投公司积极与当地政府密切配合，督促有关部门尽快完成征地拆迁，配合解决项目建设中出现的拆迁矛盾，充分做好协调服务工作。2013年较好地组织完成了新密地大桥、省道214线总发至平地段改建工程、省道310线倮渡北线、荷花池大桥维修加固等项目征地拆迁收尾工作；配合项目所在辖区政府组织实施国道108拉鲊干海子段、巴关河桥、纳拉河桥、灰老沟桥三桥维修加固，格福路前段，沿江快速通道一、二标段，鱼塘至机场路新建工程等项目的征地拆迁工作；启动格福路后段改建工程的征地拆迁工程。年内共签订征地拆迁补偿协议300余份，补偿金额5000余万元。组织完备并上报省道214总发至平地段、省道310格里坪至福田段、国道108拉鲊至干海子段、鱼塘至机场路新建工程等建设项目的用地报批需业主提供的所有材料和及时办理工程建设临时用地手续。

在安全控制管理上，切实加强工程建设的全过程安全管理，深入开展“百日安全”“打非治违”“9月份安全大检查”“平安工地”创建等活动，并根据交通建设项目的实际情况，采取有效措施狠抓施工现场、人员驻地安全预防预控工作。2013年，各重点建设项目较好地开展安全生产工作，各项目均未发生源头管理的人员死亡和重伤事故。

（周　勇、黄冯莉）

国有资产监督管理

【国有资产管理】 2013年，国资监管企业资产总额34.50亿元，同比增长10.50%，所有者权益12.70亿元，同比增长4.70%，实现经营收入8.50亿元，同比增长12.60%，上缴税金8100万元，同比增长10.13%，实现利润4000万元同比增长14.10%，实现国有资产保值增值率103.1%。

市水务集团公司花城新区供水工程已顺利实现通水，观音岩引水工程炳草岗大桥至密地桥段管道工程进展顺利，炳草岗污水处理厂升级改造及中水回用、小沙坝污水处理厂、水源地保护及备用水源地建设、钒钛园区污水处理厂托管等项目已全部实施完毕。

攀枝花宾馆以建立完善服务标准体系为重点，编印《攀枝花宾馆企业管理标准》《攀枝花宾馆创建四川省旅游标准化示范企业迎检资料》，修订完善原服务标准34个，新制定标准42个，创建四川省旅游标准示范企业取得阶段性成果。

市建设工程公司进一步加强代建管理，继续保持全市代建工作第一名荣誉，着力打造的市政府救灾应急平台硬件设施建设上台阶，保有成套救灾应急设备7套、架管156吨42042米、扣件16700套，具备较强的承担市政府救灾应急的能力。

市产业投资公司成功引进全国知名商务连锁酒店“锦江之星”，“锦江之星”现已投入1800万元进行高规格打造，发挥其管理优势，“锦江之星”攀枝花连锁店正在成为攀枝花市商务酒店的龙头企业，对带动全市商务酒店品质的提升发展起到较好的示范带头作用。市建设工程公司按西区政府建设物流园区现代生产服务业的规划，将原金江水泥厂拆除后的土地对外招商，成功引进“北奔”重装生产线建设，计划投入5000万元，已投入3000余万元，该项目的建成将有力推动西区机械制造行业的发展。

【企业改革】 市汽车运输总公司巴斯箐及五十一片区190套职工安置房大部分施工已完成。协调处理原改制企业职工安置房修建工作中的遗留问题。截至2013年年底全市已修建完成改制企业职工安置房建设5278套，基本解决改制企业职工住房难问题。

针对市艺术剧院公司事业单位改制转型较为困难的实际，市国资委党委研究制定督促企业推进转型发展的工作方案，成立领导小组，落实班子成员及相关处室的责任，指导和推动市艺术剧院公司按照市场化转型方向对“干部队伍建设、内部管理、加快发展”等3个方面7项工作开展整改。市艺术剧院公司资产已清理完毕，进入移交程序，启动公司党组织及工会、共青团等群团组织的组建工作；深化分配制度改革方案正在拟定之中。

组织对市通力集团公司下属万科房地产公司和通力装饰公司资产及职工安置问题存在问题进行全面清理，彻底明晰资产产权，落实国有资产保值增值责任，对40余名职工进行妥善安置。

【监管企业发展】 市水务集团公司积极实施“双轮驱动”战略规划，加强资本运作，完成市商业银行增资扩股定向认购，成功参股金丰小额贷款公司和市民卡公司，参与银行投资理财，提高资金利用效率，成功投资金雅仙客改造旅游发展项目，进一步增强公司影响力和风险控制能力；市产业投资公司投资1500万元入股市金丰小额贷款公司，加快公司转型发展步伐。市金泰房地产集团公司“金泰·公园大地”项目全面竣工交付业主使用。市国正投资公司交通宾馆项目已按照协议完成还建；攀枝花宾馆、阳光影业公司安全隐患改造项目已全面实施。

市水务集团公司继续推行“5+1”考核，成功争取到西部大开发10年期企业所得税税收优惠及节能节水设备税收优惠等政策及重点项目地方配套资金，大幅降低企业成本，缓解花城新区、炳三区、炳二区等项目工程建设资金压力。

市产业投资公司、市建设工程公司按照攀枝花市创模要求，结合西区辖区创模、环境整治和旅游项目打造，利用原白灰厂土地与西佛寺片区开发商灵通物流公司合作，打造西区水上娱乐项目；市建设工程公司对原四川广厦建材公司二砖厂和硅酸盐厂土地和地面附着物采取开发式整治措施，引进攀创科技公司，计划投入1.5亿元进行环境整治开发，其中基础设施及环境整治投入6000万元，项目进展较为顺利。

全面完成市危险废弃物处置中心项目建设，该项目已成功实现点火试运行。

【国有资本经营预算】 2013年，市国资委监管企业上缴国有资本经营预算收入400万元。其中，市水务集团公司上缴国有资本红利340万，市金泰房地产集团公司上缴国有独资企业利润收入60万。

【监管企业安全和稳定】 落实委班子成员信访维稳工作包案责任制及企业信访稳定工作第一主体责任，重点加强党的十八届三中全会，全国、省、市两会及春节、国庆等重要节假日的安全稳定工作。重点对市汽车运输总公司西区河石坝商场集体企业职工上访、交通宾馆重建、原市建筑机械化施工公司部分职工反映公司改制期间国有资产流失等群体信访问题进行妥善处理，市国资委系统实现进京到省上访零记录。

对企业落实安全生产工作责任制进行监督检查，重点指导督促攀枝花宾馆、阳光影业公司等企业结合企业发展需要，全力组织实施好宾馆东楼、餐饮及会展中心、攀枝花影城的安全隐患的整改，监管企业继续保持安全记录。

【国有企业党建】 制定《攀枝花市国资委监管单位领导班子及领导人员年度考核暂行办法》《关于市国资委管理的监管单位干部任免有关问题的补充规定》。规范各监管单位纳入市国资委任免并领取绩效考核薪酬的领导班子职数及各公司董事会和经理层换届制度。

制订委系统全年党员发展计划，全年共发展新党员9名，对5名预备党员进行转正。深入监管企业调研，全面完成各监管单位党员信息库建设。

加大监管单位领导班子调整交流及年轻干部的培养使用力度，全年新提拔企业领导人员1人，交流调整6人，选拔调整6名监管单位年轻干部到委机关上挂锻炼。

加大企业领导干部的培训力度，组织监管企业和管班子企业班子成员50余人赴江西井冈山干部学院开展理想信念教育。

【国有企业党风廉政建设】 加大企业党风廉政（洁）集中教育培训力度，两次组织对监管企业领导班子成员及资产、财务、人力资源管理等重点岗位负责人开展系统的党风廉政建设教育培训。邀请市检察院专家开展以“敬畏法律，远离职务犯罪”为主题的预防职务犯罪专题辅导；组织企业领导人员和重要岗位管理人员40余人到凉山监狱参观，进行现场警示教育。

全面落实企业党风廉政建设责任制，将市国资委承担的2013年度全市党风廉政建设和反腐败工作的四项牵头任务和四十八项协办任务进行分工，印发“攀枝花市国资委2013年党风廉政建设和反腐败工作任务分工表”，委党委与委班子成员、机关处室主要负责人、监管单位和管班子企业党组织全面签订党风廉政建设责任书，层层落实工作责任。

突出效能监察和专项检查，结合实际，两次组织对委系统监管单位劳动纪律情况进行全面检查。认真组织开展“三项建设”活动，根据市纪委、市监察局对国资委纪委、监察室开展作风巡查的反馈意见和整改建议，制定整改方案，组织国资委系统纪检干部结合自身实际，查找不足、剖析原因，认真落实整改；全面建立完善纪检监察组织，各监管单位全部设立监察室，配备专用印章，确保基层纪检监察组织全覆盖。

切实夯实企业廉洁文化建设，把廉洁文化建设纳入到构建惩防体系和企业文化建设的总体规划，组织召开“廉洁文化进企业”联席会议，对廉洁文化进企业活动进行安排部署，完成市水务集团公司廉政文化示范点申报工作。

（任文辉、杨　惠）

统　计

【统计报表】 2013 年，市统计局始终坚持统计数据的准确性、及时性和完整性，规范专业数据的审核、评估、上报和发布程序，密切加强与上级业务主管部门的协调沟通，认真组织开展各项常规统计调查工作，圆满完成工业、农业、能源、服务业、贸易外经、劳动工资、社会科技、投资、建筑业、综合等涉及一、二、三产业，国民经济行业 20 个门类、96 个大类、432 个中类、1094 个小类，20 个专业，40 余套统计月报、季报和年报，230 多张定期报表，共 1 万多个统计指标。

【统计调查】 2013 年，市统计局始终坚持统计为社会经济发展服务的理念，紧紧围绕市委市政府“稳中快进，提质增效，争先进位，跨越提升”的工作基调，圆满完成城乡居民收入调查、投入产出、单位清查、平安创建、“两纲”监测、旅游产业、乡镇信息、民营经济、文化产业、工业经济效益评价、非公有制经济、非公人才统计监测，五创联动、“6+2”重点产业运行监测、工业景气指数、劳动力抽样调查等统计监测和统计调查工作。除完成常规统计调查工作外，为夯实社情民意调查工作基础，在有关部门大力支持下，2013 年，市、县（区）两级统计部门均成立社情民意调查机构，全市社情民意调查机构共建设 80 个访问（管理）坐席的计算机辅助电话访问系统（CATI），配备专兼职工作人员，开展相关调查工作。攀枝花市成为最先完成省统计局提出的建立全省社情民意调查“1+N”工作机制（“1”指省调查中心，“N”指各市州乃至县（市）的分中心）的市州，社情民意调查基础工作走在全省前列。

【经济普查】 根据《全国经济普查条例》和《国务院关于开展第三次全国经济普查的通知》要求，国务院决定 2013 年开展第三次全国经济普查，攀枝花市第三次全国经济普查工作，按照“全国统一领导、部门分工协作、地方分级负责、各方共同参与”的原则，提早谋划，提前介入，普查各项准备工作取得明显成效。

市委、市政府将经济普查工作纳入“急难险重”目标管理，市政府成立以市委常委、常务副市长为组长、26 个成员单位主要负责人为成员的“三经普”领导小组，及时召开第三次经济普查相关工作会议，对全市第三次全国经济普查工作进行安排部署。

成立市、县（区）第三次全国经济普查领导小组办公室。市、县（区）、乡镇（街道）普办共落实普查工作人员 652 人。市、县（区）向财政部门报送第三次全国经济普查经费预算，总体上比“二经普”有所提高，保证普查工作的顺利开展。市政府与五个县（区）政府、26 个市级成员部门签订经济普查目标责任书，明确各级各部门的职责。落实普查办公场所，建立“三经普”周例会制度，制定“三经普”工作计划、工作进度表和办公室工作规则，联合印发工作考核办法，加强专项督查。

市委宣传部和市经普办联合下发《攀枝花市第三次全国经济普查宣传工作方案》，召开全市第三次经济普查宣传工作会议，通过开通网站、增设专栏、开通经济普查电话彩铃、张贴标语、设立户外大型广告、巧用微博微信及 LED 显示屏、印制经济普查宣传画册、致普查对象的一封信和开通手机短信等形式，多渠道宣传经济普查工作。2013 年 12 月 7 日上午，攀枝花市第三次全国经济普查宣传月活动启动仪式在市中心广场隆重举行，市政府副市长殷旭东出席并宣布宣传月活动正式启动。

扎实开展全市经济普查综合试点工作，在综合试点工作中，建立健全试点工作领导机构和工作机构，确保机构、人员、经费、责任、措施落实到位。各县（区）在学习观摩市级综合试点基础上，结合本地实际情况，认真开展县（区）级综合试点工作。

2013 年 9 月中旬攀枝花市启动单位清查工作，工商、民政、编办、国税、地税、质监部门对相关资料进行搜集、整理和比对，经信、住建、商务粮食和统计部门对“三上企业”和房地产开发企业进行审核和确认。各县（区）、有关部门按照职责分工，加强组织协调，充分发挥行业主管部门的职能优势，切实解决单位清查过程中的具体问题，共同做好单位清查工作。

全市严格按照普查方案要求，制订业务培训计划，认真学习普查综合试点方案、实施细则、单位划分和普查表填报方法，积极开展单位清查摸底、普查区划分、电子地图绘制、PDA 数据采集和审核、普查综合业务、数据处理和汇总等相关业务技能的培训。

【统计服务】 2013 年，市统计局特别注重加强统计分析和预测预警，按季度召开经济运行形势分析会，密切关注经济运行过程中的苗头性、趋势性问题，不断提高对宏观经济形势的把握能力和预判能力，攀枝花统计服务实现提速、提质、提效。撰写的《顺应国家统计方法制度确保攀枝花 GDP 总量破千亿的思考》获得攀枝花市 2013 年度优秀政务调研成果二等奖。2013 年 1—12 月，国家局内网采用 4 篇工作动态；省统计网站“市州工作”栏目采用工作动态 90 条，省局内网经济分析文章采用 62 篇，经济信息采用 418 条，《四川省情》采用 3 篇。2013 年 1—12 月，市统计局网站“工作动态”栏目加载 153 条，市局内网加载经济信息 348 条。市统计局报送的统计分析、统计专报、统计信息被市级领导批示 16 篇，市统计局发布的信息被省市各大媒体采用 87 篇。2013 年 1 月—12 月，市统计局报送的信息被市委办公室《每日晨报》40 条；被市政府办公室《攀政快讯》采用 52 条，《省内要情》采用 1 条，2 篇统计分析被《四川省情》杂志采用，超额完成两办下达的政务信息目标任务。改版编印《攀枝花统计月报》《攀枝花统计年鉴（2013）》《攀枝花乡镇统计年鉴》《攀枝花统计》季刊。制定新闻发布制度，确定新闻发言人，召开半年和全年两次新闻发布会，在攀枝花市各主流媒体上及时发布各项统计数据，受到社会各界的高度关注，统计优质服务水平不断提升。

【“四大工程”建设】 统计“四大工程”包括：建设真实完整、及时更新的基本单位名录库；建立统一规范、方便填报的企业（单位）一套表制度；建设功能完善、统一兼容的数据采集处理软件系统；建设安全畅通、便捷高效的联网直报系统。

基本单位名录库建设。2013 年，按照“先入库、后有数”的工作要求，出台《攀枝花市调查单位入库申报审批管理工作考核评比办法》，规范开展“四上”企业入库审批管理以及全市名录库建设、维护、使用和管理工作。全市名录库延伸实现了所有乡镇、街道全覆盖，乡镇、街道延伸覆盖率达 100%，社区延伸覆盖率为 99%，村委会延伸覆盖率近 11%；法人单位覆盖率达 81%，产业活动单位覆盖率达 79%。

“一套表”改革。开展统计人员进万家企业督导“一套表”工作，认真组织专业人员参加全省一套表平台切换培训，分组对各县（区）专业人员进行现场培训指导，取得较好的效果，“一套表”平台切换工作顺利推进。

数据采集处理。紧紧围绕“一套表”工作，优化统计数据采集流程，加强对四川统计数据采集处理系统内容的更新、维护和管理，积极构建规范统一、运转高效的统计信息资源工作平台和共建共享、互通有无的信息交换机制。

联网直报。要求各县（区）政府积极为基层提供联网直报的工作环境，增强网上直报意识，加强联网直报系统建设，全市各级“一套表”综合用户和直报用户恪守“四条红线”，不断增强网上直报意识，加强联网直报系统建设，保证较高的上报率和直报率。700 多家联网直报用户 2013 年各月直报率均保持在 97%以上。

【统计规范化建设】 2013 年，市统计局以深入开展统计规范化建设活动为抓手，统计基层基础得到有效夯实，部门联动、上下互动、企业主动的工作机制初步建立。

按照《乡镇统计工作规范（试行）》和《县级统计机构规范化建设考核实施细则》以及《攀枝花市县级统计机构工作规范化管理办法》《攀枝花市乡镇统计基础工作规范化管理办法》的具体要求，建立“领导包片、干部包点”的工作机制，2013 年 5—6 月，局领导班子深入到五县（区）局指导督促规范化建设，切实帮助县（区）统计局和乡镇（街道）、社区规范统计行为，提高统计履职能力。在 2012 年东区被评为全省统计机构规范化建设先进单位的基础上，2013 年力争全市新增两个县（区）统计机构规范化建设工作达省级标准目标。

根据《攀枝花市部门、企业统计工作联络员制度》要求，制定下发《攀枝花市统计局领导联系大企业、园区企业及职工联系“三上”企业及房地产开发企业工作制度》，加强市、县（区）、乡镇（街道）统计机构业务人员一对一联系部门、企业的统计工作机制，常态化开展统计人员进万家企业督导企业统计工作，进一步完善统计基础，确保源头数据真实有效。建立和完善规模以上工业企业、能源统计电子台账，规范基层基础，不断提高“四上企业”的注册登记率和持证率，截至 12 月，“四上企业”注册登记率已达 93.4%，统计从业人员持证上岗率达 62.6%。

认真修订和完善局机关内部管理制度，规范局机关内部管理标准和流程。修订完善《攀枝花市统计局绩效考核办法（试行）》《攀枝花市县区统计工作绩效考评办法（试行）》和《攀枝花市统计系统政务信息管理办法（试行）》，对局机关各处（室）、直属事业单位和县（区）统计局绩效进行量化考核，进一步提高各项工作的制度化、规范化水平。

【统计信息化建设】 2013年，市统计局网络扩容改造工作基本完成，互联网接入全部从市局分离，互联网传输不再占用统计内网带宽，提高统计内网传输效率，确保网络安全。此外，为进一步适应新形势下的统计工作发展需要，更好地为政府决策服务，满足社会、企业日益提高的统计信息需求，对攀枝花统计信息网站进行改版维护。改版后的网站界面排版更加清晰明了，内容设计更便于统计信息的发布。信息、公报等数据发布版面设计更人性化，群众查询更加方便快捷。

【统计法制建设】 加大统计执法检查力度。全市统计系统开展专业检查、统计巡查、统计从业资格和从业人员继续教育等专项执法检查。不断加强与部门的协调沟通，建立以专业抽查、专家核查、统计巡查和执法检查“四位一体”的统计执法监督工作机制，进一步增强统计执法效果。启动统计“六五”普法中期督导检查工作，制定并下发《关于加强联网直报平台日志监管的通知》《关于开展全市联网直报专项执法检查工作方案》等文件，开展企业“一套表”联网直报“三查”工作、联网直报专项执法检查工作、全市重点服务业企业数据质量核查工作，通过开展统计执法检查，强化对基层和企业的服务和指导，不断夯实统计基层基础工作。

强化统计法制宣传力度。制定下发《开展〈中华人民共和国统计法〉颁布30周年纪念宣传活动方案》，进一步加大《中华人民共和国统计法》《四川省统计管理条例》等统计法律法规的宣传力度。利用经济普查、中国统计开放日、企业一套表联网直报等载体，切实做好普法宣传工作，扩大宣传范围，进一步提升各级领导和社会公众对统计的认识。

【统计队伍建设】 为加强干部队伍建设，在班子中开展“四好”活动，坚持中心组理论学习和领导干部上廉政党课，坚持和健全民主集中制，通过召开办公例会，通达情况，汇报工作，反映重大事项，解决实际问题，确保政令畅通。按照《党政领导干部选拔任用条例》规定，加强对优秀干部的培养，推荐2名正科级干部作为后备干部，推荐6名符合条件的正科级领导干部参加全市干部遴选，进一步激发年青职工的工作积极性和主动性，为统计工作提供人才保证。

为提高基层统计从业人员工作水平，积极组织人员参加相关业务培训，着力提高统计队伍分析问题和解决问题的能力。组织1名县级领导干部到复旦大学学习，组织1名县级领导干部参加全省统计系统赴美国学习考察活动；组织2名县（区）统计局长参加国家统计局举办的业务培训。全市组织86人参加全国统计中、初级职称考试，756名统计人员参加统计从业资格培训和考试，有869人参加统计继续教育，统计继续教育培训人数创新高。

为进一步加强党风廉政建设和党建工作，严格执行中央“八项规定”的要求，认真学习贯彻省、市纪委全会精神和《廉政准则》，制定党风廉政建设实施方案，层层落实分解目标责任。加强机关党建工作，扎实开展以“三大”主题教育活动和“中国梦”学习实践活动、城乡环境综合治理、“挂、包、帮”、新村结对帮扶、关心下一代等各项工作稳步推进。

（肖文才）

审　计

【概　况】 2013年，攀枝花市审计局人员编制57人，在编52人。领导职数6名。设有办公室、人事教育处、监察室、法规处、内部审计监督指导处、经贸审计处、行政事业审计处、固定资产投资审计处、财政金融审计处、经济责任审计分局、农业与资源环保审计处、社会保障与外资审计处等12个职能处（室）、分局。

2013年，全市审计机关围绕市委市政府的工作中心，开拓进取，务实创新，充分发挥审计监督职能作用，努力提升依法审计、服务大局的能力和水平，为服务全市科学发展做出积极贡献。全市审计系统共完成审计和审计调查项目183个，查出违规金额5117万元，查出管理不规范金额79840万元。审计处理后，已上交财政收入2218万元，已减少财政拨款和补贴638万元，已归还原渠道资金12837万元，已缴纳其他资金70万元，已调账处理金额20055万元，核减工程投资22765万元。向市委、市政府及省审计厅报送审计信息、审计专报及审计工作动态135篇。

攀枝花市审计局被中国审计报社表彰为2012年度通联宣传工作优秀单位，对攀枝花市金鼎融资担保有限公司2011年度资产、负债和损益审计项目被省审计厅评为2012年优秀审计项目，市审计局自行完成的《环境效益审计研究》课题在2013已全部顺利结题，全文在《现代审计》刊载，子课题《经济责任视角下的区域政府环境效益审计评价指标》被省审计厅评为2012年度中高级审计师研究能力培训优秀论文一等奖、被审计署评为2012年度中高级审计师研究能力培训优秀论文三等奖。

【预算执行情况审计】 2013年的预算执行审计继续按照“目标统一、内容衔接、层次清晰、全局联动”的财政审计大格局新思路，以促进完善部门综合预算管理，提高年初预算到位率和预算执行的均衡性、严肃性，推动部门进一步提高依法理财能力为目标，不断拓展预算执行情况审计的广度和深度。市审计局结合领导干部任期经济责任审计，对市财政局、市地税局、市发改委、市交警支队、市住建局、市公安局、市国资委（国有资本预算管理）、市交通运输局、市教育局、市农牧局、市水务农机局、市民政局、市疾控中心、市档案局等14个单位2012年预算执行情况开展审计；对农民工工资保障金、市级政府采购情况进行专项审计调查。

审计查出共管资金3063万元未按规定时间下达，部门和单位以前年度预算指标结余较大（13902万元尚未执行，项目执行进度缓慢），2012年全市新注册工商户中资本金10万元以上的有581户未在规定时限内办理税务登记，改变资金用途94.46万元，会计核算不合规90.01万元，财务管理不规范111万元，公务卡推进效果不理想以及市级建设领域农民工工资保障金审计调查中发现市城投公司未足额缴纳保障金等问题，并提出相应的审计意见和建议。违规和管理不规范资金已得到有效纠正，多数审计意见和建议被采纳。形成的《市级2012年度预算执行和其他财政收支情况的审计工作报告》《关于2012年度市级预算执行和其他财政收支审计整改情况的报告》通过人大常委会的审议。

【领导干部任期经济责任审计】 2013年，全市审计机关按照“积极稳妥、量力而行、提高质量、防范风险”的经济责任审计工作原则，不断探索审计模式、拓展审计内容，开拓审计思路、创新审计方式方法，积极开展领导干部经济责任审计工作。同时，主动加强与市经济责任审计联席会议成员单位的沟通和联系，通达经济责任审计工作开展情况，研究解决在经济责任审计工作中存在的困难和问题。有效发挥“制约权力、揭示问题、改进工作”的职能作用。

2013年市审计局开展的经济责任审计，按照有关文件精神，认真做好牵头工作，成效明显，得到市党风廉政建设办公室的高度评价。在项目具体实施过程中，加强制度建设，创新经济责任审计组织方式和方法。创新干部监督方法，试行“双责联审”工作；推行《四川省党政领导干部离任经济责任事项交接办法（试行）》，成效明显。2013年，市本级共完成经济责任审计项目21个（含结合审计8个），通过审计查处违规金额8.4万元，管理不规范金额17248万元。审计处理后，已上缴财政收入8.4万元，已归还原渠道资金84万元，已调账处理金额164.1万元。

【投资建设项目审计】 2013年，全市审计机关进一步加大对政府投资建设项目的审计监督力度。在审计项目的安排上，对投资规模大、党委政府关注和群众关心的民生项目优先审计，以大项目、热点项目、民生项目审计带动其他政府投资项目审计，采取跟踪审计，参与项目前期筹备等，适时跟进，规范过程，切实做到最大限度节约财政资金，提高投资效益，为政府财政资金支出把好“最后一道关口”。加强对人才公寓、钒钛园区公路、马鞍山水库、恒德废物集中处理中心、喻家坪滑坡工程治理、阿署达景区新村等建设项目的现场跟踪审计，做好跟踪记录，及时发现问题提出审计建议。

2013年，全市固定资产投资审计项目共核减工程投资22765万元，投资审减额创历史新高，为政府节省大量建设资金。

【专项资金审计（调查）】 2013年，全市审计机关继续加大对党委、政府重视、社会关注、群众关心的热点、难点资金的审计监督力度。围绕民生民本效能转型，加强专项资金审计（调查）。

整合审计资源，全面开展政府性债务审计工作。政府性债务审计工作是2013年国务院临时部署的一项重要工作，是全国审计机关的一项重要任务，也是进一步推动地方加快转变经济发展方式、实现科学发展的重大举措。按照审计署、省审计厅的统一部署和分工要求，市审计局负责全市各区县政府性债务审计工作，市本级政府性债务审计由省审计厅派审计组审计。为保证攀枝花市政府性债务审计工作的顺利开展，全面完成审计任务，市审计局整合审计资源抽调审计人员50余名，统一组成5个审计组，分别对攀枝花市的五个区县政府性债务进行审计。全面完成对五个县（区）2012年和2013年6月政府性债务审计工作。此次审计将为市委、市政府相关决策提供重要的参考依据。

按照审计署、省审计厅的统一安排部署，市审计局精心组织攀枝花市2012年城镇保障性安居工程跟踪审计。此项工作从2012年10月31日进场至2013年3月31日结束，按时向省审计厅报送综合报告。并据此撰写《对攀枝花市2012年城镇保障性安居工程建设管理情况的调研报告》，获得市政府2013年度政务调研报告一等奖。

按照省审计厅的统一安排部署，市审计局及时牵头市发改委、市财政局、市交通运输局3家单位组成联合审计核实小组，克服诸多困难，及时完成市政府收费还贷二级公路新增债务及里程审计核实工作，形成审计综合报告，汇齐相关原始资料，按时限要求报省上验收，经省审计厅、省发改委、省财政厅、省交通运输厅4家部门联合验收，锁定攀枝花市政府收费还贷二级公路截至2013年8月20日的累计债务金额。为上级财政部门调拨资金偿还有关债务，有效防范和化解潜在风险提供切实依据。

按照省审计厅的统一安排部署，市审计局及时组织米易县、盐边县和仁和区审计局对民族地区教育发展十年行动计划2012年度专项资金进行审计；及时组织米易县、盐边县和仁和区审计局对辖区内2013年春季学期农村义务教育学生、2013年秋季学期所有义务教育学生营养改善计划实施情况进行专项审计调查，针对审计（调查）中发现的问题及存在的困难，市审计局提出有针对性、可操作性的审计建议。并按时向省审计厅报送综合报告。

结合攀枝花市实际情况，市审计局对攀枝花公路桥梁工程总公司2009年3月至2012年12月改制资金进行专项审计。对被审计单位不应列入改制资金支出的300多万元列入改制资金支出的问题，及时协调各方予以整改，进行剔除，为国家节约大量资金，减少改制成本。

【审计自身建设】 2013年，全市审计机关以造就一支政治坚定、纪律严明、作风优良、业务精湛的审计队伍为目标，以加大干部培训力度为抓手，以建立相应制度为保障，不断加强教育培训，优化队伍结构，为审计事业的发展提供人才及智力支持。坚持正确的用人导向，推进干部选拔任用工作科学化、民主化、制度化的进程，不断增进审计队伍实战能力。

加强机关文化建设，提升审计队伍的精气神。通过“抓班子、带队伍、促发展”，增强审计队伍的凝聚力、向心力和战斗力。加强思想政治教育。实行年初培训月整训、定期举行中心组理论学习及积极开展主题教育活动并结合每季度处室政治理论学习等，树立审计干部队伍社会主义价值观和荣辱观，坚决贯彻落实“八项规定”，并突出审计工作特色，强化“监督者更要带头接受监督”的理念，进一步提升和转变全局干部职工的能力素质和工作作风；严格执行《党政领导干部选拔任用工作条例》，坚持正确的用人导向，继续实行竞争上岗及定期轮岗制度，激发审计人员好学向上、不断探索的能力；不断增强审计机关学习氛围，努力实现“三个提高”。即审计工作相关专业背景、大学本科以上文化程度、审计工作相关的中级以上专业技术资格的公务员比例不断提高。

加强法制建设，发挥审计法制工作服务保障作用。进一步规范流程，严把审理质量关，促进审理复核工作顺利开展。在2012年《攀枝花市审计局关于印发审计项目审理、审计复核及业务会议三项制度的通知》（攀审法〔2012〕89号）的基础上补充制定相关规定，使市审计局的审计业务文书流程更加规范，增强审计质量控制水平；积极开展业务培训和业务指导。在年初培训月中，对审计人员就“审计项目质量反映出的常见问题及规范化要求”进行全面详细的讲解。应市卫生局的邀请，结合卫生系统工作特点，对市医疗卫生系统的财务人员和内审人员进行“卫生系统案例及审计规范”培训，宣传审计相关业务和法律法规，促进卫生系统的财务人员和内审人员业务水平的提高。根据市审计局的工作安排，到部分县区审计局通过查阅业务档案、交流审计业务经验、解答提出的审计执法和审计实务相关问题等方式进行审计业务指导。

不断推进审计信息化建设。全市审计机关继续以金审工程二期建设为依托，不断加快审计信息化建设步伐，逐步把数字化技术应用到机关行政管理和审计质量控制的诸多环节。2013年，市审计局采取年初安排计算机审计项目计划和跨处室安排人员参加计算机审计的方式，在计算机审计方式方法上有所突破，形成计算机审计成果。在对攀枝花市地方税务局的审计中，在税收征管方面，利用计算机审查税务登记及漏征漏管情况，查找税源管理存在的薄弱环节和漏洞，促进地方税收加强征管质量；在对攀枝花市第二人民医院医院信息系统和2012年度财政财务收支情况审计中，使用计算机查询，查出涉及多次住院、多次影像检查、药品有效期、药品和医疗耗材加价收费、诊疗项目收费等情况的疑点数据记录。

（蔡　华）

工商行政管理

【个体私营经济管理】 2013年，全市新增个体工商户8001户，注册资金62268.37万元，新增从业人员15048人，与2012年比分别下降26.45%，5.58%，21.42%。全市共有个体工商户43832户，注册资金238345.79万元，从业人员84555人，与2012年比分别下降1.17%、21.67%、8.52%。新增私营企业1151户，注册资金217968.1万元，新增从业人员9970人，与2012年比分别下降4.64%、21.28%、11.74%。全市共有私营企业9100户，注册资金2411832.6万元，从业人员98545人，与2012年比分别增长9.15%、18.95%、6.92%。

2013年，全市新登记各类服务业市场主体8633户，其中私营企业815户，非私营企业68户，个体工商户7750户，全市共有服务业主体50337户，同比增长1.2%。

【企业注册登记管理】 2013年，市工商局把服务经济发展作为第一要务，在服务市场主体、壮大市场主体上下功夫，促进攀枝花市市场主体总量和质量提升。全市新登记各类市场主体 9469 户，其中新登记企业 1312 户、同比增长 7.45%，新登记个体工商户 8001 户，新登记农村专业合作及家庭农场 156 户。全市各类市场主体 54444 户、同比增长 1.16%。办理动产抵押、股权出质设立登记 398 件，向金融机构申请质押等融资 94.04 亿元。市工商局企业科被推荐为政务服务省级示范窗口。有序推进商标培育争创、“个十百千”工程和进园区工作，全市申请认定省著名商标 7 件。2013 年，全市实现地区生产总值 800.88 亿元，增长 10.7%，增速比全省平均水平高 0.7 个百分点，在全省排第 8 位，其中：第一产业增加值 27.88 亿元，增长 4.5%，第二产业增加值 597.19 亿元，增长 11.7%，第三产业增加值 175.81 亿元，增长 8.0%。

2013 年，市工商局积极开展全市市场主体发展状况调研分析，向市委、市政府呈报《2013 年上半年攀枝花市市场主体发展状况报告》。7 月 29 日，联合市政府新闻办首次举办全市市场主体发展状况新闻发布会，在社会上引起强烈反响，受到省、市 20 余家新闻媒体的关注。

【非公经济扶持】 2013 年，市工商局共办理动产抵押登记 234 件，抵押物价值 546858.57 万元，主债权价值 429499.09 万元。攀枝花市下岗失业人员持“再就业优惠证”申办个体工商户 213 人，投资兴办私营企业 40 人，个体工商户吸纳下岗失业人员实现再就业 134 人，私营企业吸纳下岗失业人员实现再就业 173 人。高校毕业生自主创业 113 人（其中：申办个体工商户 68 人，开办私营企业 45 人），个体工商户吸纳高校毕业生就业 67 人，私营企业吸纳高校毕业生就业 165 人。

2013 年 8 月 23 日，市工商局出台《攀枝花市工商局关于促进攀枝花市在全省率先全面建成小康社会的实施意见》（20 条），从服务新型工业化发展、服务园区企业、服务现代服务业发展、服务农业农村经济、服务民营经济等五大方面，提出工商部门的具体实施意见。

2013 年，市工商局加大农民专业合作社发展支持力度。依托攀枝花市烟叶、茶叶、坚果、蔬菜、水果等经济作物和生猪、牛、羊、鱼等养殖特色农业，发展壮大农民专业合作社，把推进农专社的发展作为创新服务农村发展的重要举措。特别是仁和区工商局与区农牧局 2013 年 10 月联合出台《关于大力支持发展农民专业合作社的意见》，为进一步促进农民专业合作社发展提供制度保障。全市新增农专社 145 户，出资总额 40099.05 万元，农民成员 3144 人，与 2012 年比分别增长 19.83%、10.44%、23.29%。全市共有农民专业合作社 702 户，出资总额 199817.06 万元，农民成员 14294 人，与 2012 年比分别增长 30%、45.99%、38.52%。

2013 年 9 月 30 日，市工商局和市农牧局联合出台《攀枝花市开展家庭农场注册登记管理工作的意见》（试行）。此意见的出台为攀枝花市培育农村新型市场主体，进一步推动攀枝花农业发展，服务“三农”，提供了保障。全市已登记注册家庭农场 11 户。特别是盐边县工商局在《意见》出台前，率先开展家庭农场登记探索，为《意见》的出台打下了基础。8 月 5 日，攀枝花市首个家庭农场——盐边县黑沙湾家庭农场（个人独资企业）获准登记。

【商标监督管理】 2013 年，市工商局完善攀枝花市注册商标专用权保护机制。共计指导 8 件商标申请省著名商标认定，其中新申报 1 件，复审认定 7 件，并且通过挂包帮等活动，使攀枝花市锐华农业开发有限公司的攀枝花牌芒果通过中国绿色食品认证和欧洲良好农业规范（GAP）认证，标志着“攀枝花市”芒果获得欧洲市场的“准入证”，让世界各地吃上“攀枝花”芒果梦想成真；市烟草公司与全部烟农签订合同，明确双方的权利义务，且履约效果好。

2013 年，市工商局按照省工商局和市“双打”领导小组的要求，继续深入开展打击侵犯知识产权和制售假冒伪劣商品工作。开展保护苹果公司注册商标专用权专项行动，共查办相关案件 12 件；开展保护宝洁公司注册商标专用权专项行动，查处涉嫌销售侵权商品的商家 6 家。共查办“双打”案件 54 件，案值 7.18 万元，罚款 35.72 万元，其中商标侵权案件 25 件，案值 1.58 万元，罚款 20.6 万元，没收侵权商品 973 件。其中查办侵犯外国商标注册人权益案件 20 件，罚款 11.4 万元。

2013 年，市工商局继续推进商标“个十百千”工程，确定攀枝花市一个重点联系园区——攀枝花钒钛产业园区；确定每个商标工作人员具体联系的十户企业；确定攀枝花市德益果品开发有限公司等 100 户企业为重点培育对象；确定全市 1000 户市场储备主体。

2013 年，市工商局制定印发《攀枝花市工商行政管理局关于开展商标战略进园区工作的通知》（川工商攀〔2013〕24 号），对全市商标战略进园区工作进行安排部署。在全市现有的 4 个“四川省培育成长型特色产业园区”和 1 个“各市（州）和县（市、区）重点推荐建设产业园区”内启动商标战略进园区工作。

【市场监督管理】 2013 年，全市工商系统认真开展城乡结合部市场治理和市场监管综合整治工作。在辖区集贸市场、大型超市、流通领域和餐饮业及沿街商铺开展“大力治环境，攻坚促深化”“集中治理城乡环境，提升城市形象”专项治理工作的宣传，使经营者树立良好的精神风貌，合法经营、文明经营的理念深入人心。共在市场置宣传栏17个，悬挂标语2幅，编发工作简报2期。此次专项整治活动，市工商局共计出动执法人员719人次，执法车辆180台次，治理集贸市场431个次，检查经营户4892户次，清理自发市场6处，清理卫生死角垃圾61吨，清理占道经营401起，清理规范推位乱摆行为44起，清理坐商不归店127处，清理户外广告80处，规范车辆乱停536辆，有效地维护集贸市场秩序，创造干净的购物环境，提升城市整体形象。

2013年元旦、春节前，市工商局抽调专门人员对节前市场进行督促检查，特别是影响市场安全的食品卫生、烟花爆竹、旅游景点进行专项检查，整治行动中，市工商局共出动检查人员528人次，出动检查车辆132台次，检查集贸市场51个、专业市场7个、超市8个，检查经营户2661户，清理下水道120余米，清理死角垃圾17吨，清理店外占道经营58户，规范户外广告151家，清理户外广告836处，取缔流动行医摊点3户，查处违法广告4起，确保元旦、春节期间市场的良好环境卫生和交易秩序。

2013年春耕护农专项行动中，市工商局共出动执法人员995人次，检查农资经营个体户1681户，检查农资经营企业213家，检查农资市场205个次，发放宣传资料1035份。检查发现有问题的农资经营户35户，凯瑞达牌辣椒专用椒病净共22瓶（20毫升装），过期沃利牌西红柿专用肥料23瓶（200克装），多粘类芽孢杆菌15袋（500克装），过期农药菌毒清33瓶（20毫升装），查扣各类过期农药38千克，过期农药货值金额约2400元。执法人员对上述过期农药当场采取强制措施，并立案查处3件。在此次专项行动中，对3户经营不规范的进行现场责令改正，取缔5户无证无照经营，查处无照经营农资案1件；同时，还查扣过期飞歌牌莴笋种子15瓶（30克装），过期“金赛”豫玉22玉米种子48千克，仿冒“海禾一号”商标的玉米杂交种772千克，查处“三无”肥料17袋，暂扣不合格化肥17.32吨。对销售上述假劣种子化肥的16户经营户分别进行立案调查。另外，受理涉农消费者举报和投诉1件，为农民挽回经济损失0.06万元。

2013年，市工商局转发省工商行政管理局《关于推荐2012—2013年度全国诚信市场创建活动工作突出单位和诚信示范市场的通知》，在全市市场范围内开展创建诚信市场活动，在2012年创建攀枝花市同乐世界为中国诚信市场的基础上，向省工商局推荐攀枝花德瀚商务管理有限公司的德铭阳光为中国诚信市场，攀枝花恒力（集团）投资有限公司的攀枝花市恒力西海岸生活广场为省级诚信市场。市工商局在已命名19个“三化市场”（标准化、制度化、规范化）的基础上，继续开展“三化市场”建设，对“三化市场”进行自查、整改。11月1日，省工商局组织各市地州交叉检查验收组亲临攀枝花市各区、县市场实地进行检查验收，除已自行关闭的仁和区攀西建材城、东区圣世美家居市场和拟将面临拆除重建东风市场外，均通过检查组的验收。

【保护消费者合法权益】 2013年，全市共受理消费者投诉503件，为消费者挽回经济损失1055万元；接待来访咨询1267人次。

2013年，东区、仁和区、米易县消委会共新建消费维权服务站35个，使全市的基层消费维权组织覆盖更广、社会知晓度更高。同时，仁和区、西区消委会对3个未发挥作用的消费维权服务站予以取消，确保建成的站点高质量、高效能地发挥作用，全市已建成消费维权服务站100个，培训食品安全监管人员300人次，培训流通环节食品经营人员7000余人次。

2013年，全市工商系统共核发“食品流通证”1445户，全市流通环节食品经营户达8185户；抽样检验食品547批次，查办食品经营违法案件169件，比2012年增长8.32%、36.29%。

2013年，全市工商系统加强食品安全舆情监测，及时发现和稳妥处置社会热点问题。积极稳妥处置社会热点问题和消费者申诉举报。积极稳妥地处置“美素丽儿奶粉”和“秀域玫瑰卡”等事件，成功调解数起上千人的消费纠纷。开展流通环节皮蛋产品专项清查，对1944枚来自江西南昌的“鹌鹑皮蛋”，作下架退市处理。认真排查“毒血旺”，检查血旺经营户47户，快速检测血旺样品39份，均未检出甲醛。彻底清查肉毒杆菌污染的奶制品，检查各类主体乳制品经营户2333户次，约见厂方代表2家，受理消费者咨询投诉62件，退市4个批次共798罐涉嫌含肉毒杆菌乳制品。

【公平交易执法】 2013年全市工商系统共查处各类经济违法违章案件591件，同比上升18.5%。开展各类市场专项整治19次。其中查处违反不正当竞争法规案件16件，查处违反消费者权益保护法规案件79件，查处违反商标法规案件38件，查处违反广告法规案件20件，查处违反产品质量法规案件80件，查处违反企业登记管理法规案件106件，查处违反合同法规案件9件，查处违反其他法规及无照经营案件243件。

2013 年，无照经营检查专项行动中，工商系统共出动执法人员 2745 人次，执法车辆 2169 台次，检查各类市场主体 8235 户次，依法查处无照经营案件 191 件（其中：无需前置许可的无照经营案件 147 件），发出责令改正通知书 78 份，对 279 家一般无照经营行为进行规范引导，对发现的 44 家需要前置许可的无证无照经营行为向相关部门进行了抄告。

2013 年，工商系统会同文化、公安等部门认真开展网吧专项治理工作，先后出动执法人员 1280 人次，在对已登记的 157 户网吧进行日常监管的同时，加大对黑网吧的取缔整治力度，共查处取缔黑网吧 5 户（其中农村 3 户），查封违法经营场所 2 处，没收专门用于无照经营的电脑 37 台，交换机 2 台。罚没入库 2.05 万元，申请人民法院强制执行 19.9451 万元，向电信部门发送抄告函 1 份。

【合同监督管理】 2013 年中，市工商局以“红盾春雷行动”、电子产品领域、物业服务、汽车销售合同等“霸王条款”整治为契机，利用报刊、公众信息平台发布专项整治公告 5 次，散发专项整治宣传资料 500 余份，全年共检查电子产品、旅游、物业、物业管理、房地产等重点整治行业企业 170 户，检查各类合同 527 份，审查格式条款 768 条，纠正侵权格式条款 70 条，调解合同争议 28 件，解决争议金额 6.43 万元；查处合同违法案件已结案 14 件。检查涉农企业 379 户、涉农合同签约 7600 份。办理各类拍卖 12 次，现场监督 1 次，拍卖金额达 1567 万元。

2013 年年初，市工商局认真组织实施国家总局守重企业申报工作，省级守重企业中有中国十九冶集团有限公司、攀枝花煤业集团有限公司等 4 户企业获得国家工商总局 2010—2011 年度守重企业公示资格。为确保 2012 年度“守合同重信用”企业的质量，经工商、税务、银行等部门认定，40 户因未申报、不符合相关认定条件或有失信行为的企业，不再享有“守合同重信用”企业称号，公示的 2012 年度省、市、县(区)级“守合同重信用”企业共计 181 户（其中省级 15 户、市级 40 户、县级 126 户），企业的合同信用意识和综合竞争力明显增强，一大批企业已成为攀枝花市合同信用建设的主力军。

（杨承刚）

质量技术监督

【质量监督抽查】 2013年，根据四川省质量技术监督局的安排部署，攀枝花质量技术监督局制定下达《攀枝花市2013年产品质量定期监督检验计划》，共抽查农用、建材、钒钛、冶金、能源、化工、机电、轻工、其他等9类42种工业产品246家企业340批次。其中，检验合格333批次，不合格7批次，产品抽查批次平均合格率为97.94%，比2012年下降1.41个百分点。

【质量管理】 2013 年，攀枝花质量技术监督局引导企业开展 QC 小组活动，召开全市质量管理小组代表会，评选出 59 个市优秀质量管理小组、19 个市优秀质量信得过班组、7 家优秀企业、26 位优秀个人。

开展“质量监管 质量提升”示范推广活动。在全市各行业中选取 66 家规模以上企业参加 2013 年的“质量提升”示范推广活动，下发《“质量监管，质量提升”示范推广工作实施方案》，将“一标（严格按标准组织生产）、三关（强化原材料进厂验收关，强化生产过程控制关，强化出厂检验关）、两符合（符合法律法规规定，符合许可认证要求）”的打造要求作为推动质量提升的核心和总纲。结合攀枝花企业实际，编制企业“质量监管 质量提升”示范推广达标标准。

【国家钒钛质检中心建设】 2013 年，国家钒钛制品质量监督检验中心按照《国家质检中心管理办法》《国家质检中心能力建设与评估指南》《国家质检中心能力建设评价指标》要求，积极开展各项工作。在实验室基础设施建设、人才队伍建设、检测技术装备配置、管理制度体系建设、运行及能力验证等方面均取得成效。

2013 年 2 月 4 日，国家钒钛制品质量监督检验中心获国家质检总局、国家认监委批准正式成立。

2013 年 8 月 30 日至 9 月 1 日，中国合格评定国家认可委员会受国家认证认可监督管理委员会的委托，派出专家组对国家钒钛制品质量监督检验中心进行实验室定期监督+扩项评审。国家钒钛制品质量监督检验中心现场通过定期监督+扩项评审，国家钒钛制品质量监督检验中心两个基地均具备独立开展钒钛制品质量检测的能力和资质。

2013 年 11 月 23 日，国家钒钛制品质量监督检验中心联合攀枝花钒钛检测重点实验室承办由中国工程院、四川省人民政府主办的攀枝花钒钛资源综合利用院士行暨 2013 攀枝花钒钛（国际）论坛钛应用检测学术交流会。来自澳大利亚皇家墨尔本理工大学、钢铁研究总院、西北有色院、四川大学、重庆大学、成都理工大学、国家钒钛制品质量监督检验中心、攀枝花学院的 10 余名专家学者出席并作专题交流。

2013 年，国家钒钛制品质量监督检验中心申请立项《钛精矿标准样品的研制》《新型钒钛材料及制品中痕量氧氮氢的质谱联测方法研究》《攀枝花钒钛资源综合利用科技创新支撑平台建设》3个科研项目。

【质量档案】 结合攀枝花企业的实际情况，攀枝花质量技术监督局全面落实产品质量分类监管制度，针对调查发现的质量问题，及时加强监管和跟踪服务，为政府宏观决策提供科学依据。在2013年建立质量档案的基础上，继续补充完善质量档案和加强质量档案的更新工作。截至2013年12月31日，已完善1300家企业的质量档案，完成60%行政许可管理产品（生产）企业质量信用档案建档工作，100%完成行政许可管理产品（生产）50家企业质量信用档案建档工作。

【食品安全监管】 2013年，攀枝花质量技术监督局抽查全市290家食品生产企业及小作坊开展食品及风险监测，抽查样品1102批次，合格1076批次，综合平均合格率97.64%，较2012年上升1.02个百分点。其中省质监局下达省级定期监督抽查任务247批次，实际完成218批次；下达专项抽查13批次，完成13批次；下达三聚氰胺风险监测20批次，完成20批次。拟进行市级定期监督抽查480批次，完成425批次；计划进行专项抽查及风险监测共439批次，完成426批次。超额完成民生工程重点食品定期监督抽查411批次，全年完成率102.8%，风险及专项已完成262批，全年完成率104.8%；市食安委下达民生工程生产环节食品监督抽查212批次，完成212批次。

2013年，攀枝花质量技术监督局加大执法力度，认真开展各类专项整治工作。全年共出动执法人员1300人次、车辆490台次，检查食品生产企业及小作坊1056户次，立案查处食品涉嫌违法案件22件，结案19件，查封不符合食品安全标准食品2吨，罚没款合计9.59万元。

开展白酒质量安全专项整治，制定《攀枝花市白酒质量安全突发事件应急处置工作预案》、开展《四川省白酒企业安全生产管理规范》宣贯培训，走访调查白酒生产企业及小作坊36户次，对37批次白酒中邻苯二甲酸酯类物质等开展风险监测，及时根除食品安全隐患。

继续深化重点食品、高风险食品的综合治理，除重点开展酒类、食品添加剂专项整治外，重点开展茶叶、饮料、食用油、调味品、肉制品和食品包装材料等六大类产品开展专项整治，立案查处一起涉嫌伪造冒用食品生产许可证、产地案件，下达责令改正通知收12份。

【品牌战略实施】 2013年，攀枝花质量技术监督局加强和创新品牌建设，抓好四川名牌产品培育工作，新培育12个产品（服务）参加第十一届四川省名牌评审。组织12家企业申报第十一届四川省名牌，其中6家已通过省级现场检查，开展1次名牌产品专项监督抽查，建立全市名牌产品经济指标数据库，编写年度名牌产品分析报告，建立全市名牌产品经济指标数据库。

2013年，攀枝花市政府拿出715万元对获得首届市政府质量奖的1家企业和2011年以来获得的中国驰名商标、国家地标保护、四川省名牌等43家企业和组织进行表彰奖励。

【生产许可证管理】 2013年，攀枝花质量技术监督局加强生产许可证的换发证及发证后的监管工作。截至12月31日，开展工业产品获证企业巡查回访62家次，应年审54家次，其中实际年审合格43家次，11家次停产。食品生产许可证新办4张、变更3张、换证14张、现场核查未予通过3张，委托加工备案3家。

【质量专项监督检查】 2013年，攀枝花质量技术监督局重点开展强制性认证、食品安全、建材、3C认证、执法打假等专项整治行动。

开展对全市的强制性认证产品生产企业进行拉网式检查，查处1家企业擅自将列入目录未经认证的产品出厂销售。

以饮料、肉制品、糕点、米线、葡萄酒、啤酒等热销食品为重点，深入食品生产加工企业开展执法检查，全力开展法定节假日前食品安全专项整治行动。截至12月31日，共检查食品生产加工企业（含小作坊）100余家，未发现在食品生产加工过程中滥用食品添加剂、用非食品原料和有毒有害物质生产食品、生产加工假冒伪劣食品等严重违法行为，部分小企业、小作坊仍然存在环境卫生状况差等问题。

开展建材专项整治，围绕保障性住房建设等重点工程，大力开展建材打假战役，严厉打击“粉末砖头”“瘦身钢筋”和“地条钢”反弹。组织执法人员对全市的19家建筑用砖生产企业、10家建筑用钢筋生产企业以及水泥、建筑用排水管等其他38家建材生产企业进行检查，大多数企业所生产产品经检验合格出厂。同时充分应用好“12365”质量投诉热线，根据群众举报的违法线索，查获3家企业生产“地条钢”，没收“地条钢”和用于生产“地条钢”的模具56余吨。

开展3C认证产品专项整治，共出动执法人员32人次，对16家超市、商场、书店进行3C认证产品执法检查，对检查中发现的产品标识不清、现场无法提供强制性产品认证证书的儿童用品，要求经销单位立即下架，并及时进行自查清理，严禁销售不符合健康安全要求的儿童用品。

开展农资执法打假专项整治，共出动执法人员200余人次、车辆100余台次多次开展农资、酒类产品、“家电下乡”产品专项打假行动，共检查农资批发商3家、农资经销门市26个，累计检查复混肥、磷肥、农药等100余吨，抽取样品21个批次各类农机50余台，未发现假冒伪劣农资。检查化肥生产企业3家、农资经销单位30余家、建材产品生产销售企业30家、汽配产品销售企业18家，家电产品生产销售企业16家、饮料、糕点、面条、米线等重点食品生产企业100余家，全年未发生影响恶劣的假冒伪劣产（商）品事件。

开展打假保名优工作。10月底，攀枝花质量技术监督局联合攀西阳光酒业有限公司对攀枝花市唯一酒类产品四川名牌——“攀西阳光”牌葡萄酒开展打假保名专项行动。共检查3家销售葡萄酒的大型超市，检查“攀西阳光”牌葡萄酒17个系列300余瓶。通过查验产品进货凭证、产品批次检验合格证明以及生产厂家专业人员现场鉴定等，未发现销售的“攀西阳光”葡萄酒存在假冒等侵权行为。

【消费者质量投诉】 2013年攀枝花质量技术监督局共受理各类投诉、举报33件，涉及的主要产（商）品有产品质量、特种设备、计量、建材、食品、农资等，其中，产品质量类3件，占9%；计量类16件，占49%；建材类4件，占12%；食品类3件，占9%；农资类1件，占3%；特种设备类6件，占18%；办结率100%。

【标准化工作】 2013年，攀枝花质量技术监督局积极督促、帮助企业收集国家标准、行业标准、地方标准，指导企业制定产品标准。截至12月31日，攀枝花质量技术监督局备案企业标准126个，注销24个，累计备案1857个企业标准。县、区备案企业标准16个，注销8个，累计备案614个，完成2013年全市企业产品标准复审备案计划，达到标准清理登记100%、标准复审100%、产品标准覆盖100%。

2013年，攀枝花质量技术监督局牵头完成全国铁矿石与直接还原铁标准化技术委员会钒钛磁铁矿分技术委员会的组建。协助钒工作组、钛工作组分别举行1次年会，完成1个标准立项。协助国家钒钛制品质量监督检验中心召开全国生铁及铁合金标准化技术委员会钒、钛标准化工作组年会，组织攀枝花钢城集团有限公司向国家标准委申报《钛白粉用还原铁粉》行业标准制订项目，于6月正式立项。

继续开展企业联盟标准工作，新组织攀枝花市钒钛铁球团矿行业企业联盟1个，新建《钒钛铁球团矿联盟标准》。

编写地方标准工作。强化基础工作，批准发布区域性地方标准5项。

围绕服务业升级和“三中心”建设，不断拓展服务业标准化新领域，完成攀枝花市政务服务标准体系建设，编写区域性地方标准15项。加强攀枝花市地理标准保护产品的标准制修订工作，完成《地理保护标准产品苴却砚》《米易何首乌》区域性地方标准的制定，省质量技术监督局已审批发布。

采用国标工作。加快攀枝花产品与国际接轨的步伐，全市采用国际标准和国外先进标准达10个，帮助攀钢集团攀枝花钢钒有限公司、攀钢集团钛业有限公司等5家企业的冷成型用热轧低碳钢带、黄磷包装、海绵钛等10个产品顺利通过认可，取得“四川省采用国际标准产品认可合格证书”和“采用国际标准产品标志证书”。

截至2013年12月31日，全市共有76个单位160个产品采用国际标准或国外先进标准。

【地标工作】 2013年，攀枝花质量技术监督局围绕产业发展，挖掘市域特色，突出品牌建设，发挥集聚效应取得新突破。

2013年9月26日，国家质检总局发布第134号公告，对攀枝花市行政辖区的“攀枝花块菌”实施国家地理标志产品保护。这是攀枝花市继国胜茶、苴却砚、何首乌、礌礌鸡、油底肉后取得的第6个受国家保护的地标产品。“攀枝花块菌”是全国在真菌方面的第一个保护产品。至此，攀枝花市地标产品增至6个。

【市场计量专项整治】 2013年，攀枝花质量技术监督局落实“诚信计量进市场”活动，检定41家集贸市场3322台件在用计量器具，免收检定费25.6万余元；与大专院校合作设立能效评价研究室，对重点耗能企业开展调查和在用锅炉能效普查，引导80家企业健全完善计量标准体系建设，积极促进攀枝花节能减排。开展定量包装检查，加强对各类计量器具的管理，全年对全市35家企业250批次定量包装商品进行检查，合格217批次，不合格20批次，批次合格率为90%。检查各类计量器具600余台件。

检测各类计量器具74331台件，其中加油机和出租汽车计价器1500余台，受检率为100%。全年共派出检测人员150余人次，出动车辆60余车次，对东区、西区、仁和区、米易县、盐边县44家集贸市场的在用计量器具进行全面免费检定，共计检定各类在用计量器具3322台件，合格率为95%。

【认证工作】 2013年，攀枝花质量技术监督局开展4次定期检查和2次专项检查，涉及获3C认证生产企业11家电线电缆、电动工具、汽车配件、儿童玩具等3C产品。共计检查“3C”产（商）品1600余批次，检查合格率达96%以上。检查经销商260家，通过质量管理体系认证企业82家，获得省级资质认定实验室30家，通过测量管理体系确认企业1家。

【计量检定与计量测试】 2013年，计量检定与测试工作以对强制计量器具的强制检定为重点，全年测试和强制检定计量器具44374台件。其中出租车计价器强检率达100%；燃油加油机税控装置、流量计强检率达100%；商用贸易结算计量器具强检率达90%。组织对各医疗机构的专项计量监督检查，乡镇以上医疗单位在用强检计量器具受检率在95%以上。

【特种设备安全监察】 2013年，攀枝花质量技术监督局印发《攀枝花质量技术监督局2013年“特种设备百日安全生产活动”实施方案》，深入落实《攀枝花市电梯安全监督管理暂行办法》。

2013年，攀枝花质监局采用现场授课的形式开展特种设备作业人员和特种设备安全管理人员培训。截至12月31日，全市特种设备作业人员共计19959名，其中起重机械作业人员13540名，压力容器操作人员2261名，电梯操作人员383名，锅炉司炉工1568名，特种设备焊工217名，厂车作业人员1820名，游乐设施操作人员45名，特种设备安全管理人员463名。

截至2013年12月31日，攀枝花市特种设备数量为17306台（套），其中锅炉883台，压力容器5970台（不含气瓶），电梯1860台，起重机械6727台，游乐设施153台（套），厂（场）内机动车辆1577台，压力管道2220条。全市18家工业及民用气瓶充装单位共办理“气瓶使用登记证”4500份，涉及各类气瓶220213只（其中无缝气瓶59919只，溶解乙炔气瓶44305只，焊接气瓶900只，民用液化石油气瓶115089只），排查安全隐患175起，下达“特种设备安全监察指令书”119份；对其中14起严重地违反特种设备安全管理要求的违法违规行为予以立案查处。

2013年无重特大安全生产事故发生，特种设备事故死亡人数为零。

【法人代码、商品条码工作】 2013年，全市代码数据库总数19173家、新办2500家、年检11634家、换证2428家、变更1499家、废置1079家、迁出261家、迁入258家、废置恢复104家，电子档案录入22329家、沉淀数364，代码数据更新率达100%，电子档案数据质量合格率达95%以上，有效数据质量合格率达98%，代码过期沉淀数据率1.65%，并及时对代码档案进行了归档。

【质监行政执法建设】 贯彻落实行政执法责任制和错案追究制及《中华人民共和国行政许可法》，做好涉案物品和罚没物品管理，建立相关台账，并翔实规范做好记录，加强案卷的规范管理，规范执法行为。2013年攀枝花质量技术监督局办理当场处罚案件45件，立案处罚案件结案8件，结案率达100%，回访率达15%以上，案件准确率达100%，上级交办案件在规定的时间内回复率达100%。全年无败诉案、无行政复议撤销案。

（李　建）

国土资源管理

【耕地和基本农田保护】 2013年，市政府与各县（区）政府签订耕地保护暨国土资源管理目标责任书，严格实行耕地保护目标一票否决制度，坚守耕地保护“红线”。

抓好基本农田保护，完成3673.3公顷高标准基本农田建设。3个“二调”（第二次全国土地调查）耕地显化项目获准立项，总面积967.3公顷，预计新增耕地819.2公顷，总投资6673.04万元。2013年，全市基本农田4.32万公顷，实有耕地7.52万公顷。

【保障经济社会发展用地】 2013年，全市国土资源管理系统围绕市委、市政府中心工作，依法统筹各业用地，做好重大产业化项目、新区建设和民生工程用地服务，优先保证能源、交通、水利等重要基础设施用地。全年共上报农用地征（转）用面积755公顷，获省政府批准面积529公顷；供应国有建设用地256宗，面积472.24公顷。

【矿政管理】 2013年，继续推进矿业权市场建设，全年共征收入库矿产资源补偿费3312.35万元，征收采矿权价款26500万元。

全年共办理采矿权抵押备案3起，授信金额达2500万元，拓宽中小矿山企业的融资渠道；完成2012年度全市234

个矿山企业采矿许可证年检和“三率”（采矿回采率、采矿贫化率、选矿回收率）指标考核工作。

2013 年 7 月，全市 7 家矿山企业全部通过 2010、2011 年度共计 6400 万元的矿产资源节约与综合利用专项资金使用情况以奖代补绩效评估检查和示范工程验收。

【执法监察】 2013 年，全市国土资源系统共开展土地、矿产动态巡查 2544 次，重点区域巡查覆盖率达 100%，其他区域动态巡查覆盖率达 92%以上；依法制止土地、矿产违法行为 382 件，制止率 100%；全年共立案查处土地、矿产违法案件 45 件，结案 38 件。

开展 2012 年度土地矿产卫片执法检查工作，顺利通过省国土资源厅交叉检查验收。

【地质灾害防治】 2013 年，共发布地质灾害预警预报信息 34 次，发布短信 60704 条；开展地质灾害汛期巡查工作 50 余次、应急调查 67 次；共组织开展应急演练 70 余次，参加演练人数 5000 余人；举办 4 期地质灾害防治知识培训班，培训各类人员 500 余人；在报纸刊登地质灾害防治知识 10 期，发放《地质灾害应急手册》等资料 9000 余册（份）。

对全市排查出的 270 处隐患点均建立了市、县（区）、乡（镇）、村、社五级防灾网络；完成 50 户分散农户地质灾害避险搬迁安置。

共实施 13 处重大地质灾害治理项目，其中仁和区平地镇巴布苦泥石流治理等 4 处民生工程项目已完成目标任务。

【政务服务】 2013 年，共办理土地、矿产行政审批及服务事项 17112 件，上门服务 18 次，窗口现场办结率 100%，按时办结率 100%，窗口工作群众评议满意率 100%。

【国土资源基础能力建设】 2013 年，建成市、县（区）、乡（镇）三级土地利用总体规划（2006—2020 年）体系，完成市、县（区）土地整治规划编制与审批。

共调查完成集体土地所有权 2349 宗，集体建设用地使用权 1209 宗，农村宅基地使用权 137236 宗，并完成数据库建设基础数据入库工作。

启动全市宗地统一代码编制、农村集体土地确权登记及数据库管理系统建设、城镇地籍管理信息系统升级工作。

完成 13 个批次和其他单独选址项目的勘测定界成果检查验收；完成 2012 年度土地利用现状变更调查工作，共完成 649.61 公顷、709 个遥感监测图斑的内、外业调查核实和数据库更新上报。

【攀西钒钛磁铁矿整装勘查】 2013 年，攀枝花市获省地勘基金批准 4 个整装勘查项目（新立 1 个，续作 3 个），共投入基金 8075.39 万元，预获铁矿石 8 亿吨、煤 1.18 亿吨。

攀枝花市 4 宗钒钛磁铁矿探矿权完成地质工作，查明资源储量共 7.588 亿吨，投资约 1.15 亿元。

《中干沟勘查区规划功能调整方案暨论证报告》获国土资源部批复；飞机湾钒钛磁铁矿普查项目通过基金验收，并经省储量评审中心审查备案。

【钒钛磁铁矿综合利用示范基地建设】 2013 年 3 月，攀枝花市钒钛磁铁矿综合利用示范基地项目接受国土资源部、财政部关于 2011—2012 年度专项资金使用情况的评估检查。

2013 年 5 月，接受省国土资源厅对示范基地三家依托企业 2012 年基地项目建设投入资金和专项资金使用情况的专项审计。

【工矿废弃地复垦利用试点工作】 2013 年 1 月，省政府批准《攀枝花市工矿废弃地复垦利用专项规划（2012—2015 年）》，67 宗 2761 公顷工矿废弃地纳入规划。

完成第一批试点 8 个项目（面积 553 公顷）的实施方案及立项申报资料编制，省国土资源厅批准 5 个项目立项，面积 252.77 公顷。

【保障性安居工程用地】 2013 年，市国土资源局全力为保障性住房提供用地，建立“优先保障、按需供应、应保尽保”的土地供应机制，提高用地质量，优先使用储备土地。全年，共落实保障性安居工程用地 15.67 公顷，实际用地保障套数 4224 套，开工率达 100%，用地落实率达 100%。

【机构和队伍建设】 2013 年，启动市国土资源局事业单位分类改革工作，制定事业单位分类改革方案。

协助省国土资源厅党委选配 1 名县级领导干部，办理 1 名县级领导干部试用期满任职；开展系统内 9 名科级领导干部任免工作；为两县国土资源局配备 2 名领导班子成员；开展 2 名科级干部轮岗交流。

通过公开招考新引进 1 名公务员、3 名参公人员和 2 名事业单位人员。

（唐　锐）

食品药品监督管理

【概 况】 2013 年，攀枝花市辖区内共有药品生产企业 2 户，药品批发企业 16 户，药品零售连锁企业 4 户，药品零售单店 110 个，连锁门店 425 个。有医疗器械生产企业 2 户，医疗器械经营法人企业及分支批发 23 户，分支零售门店 170 个。市食品药品监管局监管 10 家市属及大企业医疗机构、1 家市级疾病预防控制中心的药械使用。

全市有持证餐饮服务经营户 4750 户，其中市食品药品监管局监管 62 家大型餐饮服务单位和市管学校食堂。全市有保健食品经营户 587 户（在工商行政管理部门登记标注保健食品经营范围），化妆品经营户 1050 户（在工商行政管理部门登记标注化妆品经营范围），其中市食品药品监管局监管 30 家较大的保健食品经营企业，33 家较大的化妆品经营企业。

2013 年，市食品药品监管局在职人员 89 人，其中：行政人员 44 人，事业执法人员 11 人，事业检验检测人员 31 人，工勤人员 3 人。离退休人员 29 人。

2013 年，市食品药品监督管理局以保障安全为首要任务，以体制改革为根本动力，以强化监管为主攻方向，以转变作风为重要保障，守住不发生重大食品药品安全问题的底线，巩固食品药品安全形势稳定向好的局面，增强人民群众对食品药品安全的信心，圆满完成市委、市政府赋予的各项工作，获得全省保健食品“打四非”专项整治先进集体，全市“四项重大活动”先进单位等荣誉。

2013年，市食品药品监管局按照监管制度化、标准化、痕迹化要求，大力推进日常监管工作规范化建设。按照提速增效要求，进一步规范行政审批，制定新的行政审批流程和标准规范，加强行政审批各环节的监督。全年全市办理餐饮服务、药品和医疗器械行政许可2597件次，其中，药品159件，餐饮服务2226件，医疗器械212件。实际办理提速91.71%，做到无一超时限办理，无一群众投诉，群众测评满意度为100%。

进一步加强监管的制度化建设，促进日常监督检查全覆盖。全年全市出动执法人员29224人次，检查药品经营使用单位4287家次，检查医疗器械经营使用单位2695家次，检查保健食品、化妆品经营单位1772家次，检查餐饮服务单位18705家次。积极推进餐饮量化分级管理，落实餐饮服务单位食品安全主体责任，对4750家持证餐饮单位进行量化分级管理，量化分级评审4584家，其中 A 级25家，B 级559家，C 级4000家，量化分级率达96.5%。

2013年，市食品药品监管局不断加强农村集体聚餐监督管理，完善农村集体聚餐申报程序，严格落实50人以上的群体性聚餐监管指导制度。加强重大活动餐饮服务食品安全保障，先后派驻30名执法人员对10个接待餐饮单位的食品加工进行全程监控，指定接待单位的蔬菜、大宗食品采购供应点，并对其食品主材开展快速检测，组织开展对接待餐饮单位从业人员的培训，确保全市“四项重大活动”接待及两会餐饮食品安全。

启动零售药店药品电子监管，在全省率先正式启动第一期药店电子监管终端试点工作，全市首批250家零售药品企业终端电子监管联机入网，监管能力得到新的提升。加强药械企业分类管理工作，全面完成 GSP（药品经营质量管理规范）认证，药品市场经营秩序进一步规范。全年对药品零售企业资料审查56家，完成认证56家，责令限期整改4家。

2013年，市食品药品监管局不断规范执法行为，深入开展“行政执法规范年”活动，切实提高执法规范化水平。进一步完善行政执法集体审议、行政执法责任追究、行政执法评议考核、投诉举报等制度，规范自由裁量权、行政许可、行政处罚、行政强制等执法行为。建立健全执法人员法律知识培训、考试考核制度，全年组织20人参加通用法律知识和专业法律知识培训考试，组织2次公务员和执法人员法律知识培训。严格执法程序，做到亮证执法、程序合法、公正执法、文明执法，全年无一起行政复议案件，行政执法人员无一起违纪违规行为发生。全年立案225件，罚没款共计63万余元。

加强食品药品科普宣传。2013年，全市食品药品监管系统始终把宣传培训作为整个监管工作的重要方面，放在十分突出的位置，给予高度重视。制定餐饮行业从业人员培训管理办法，指定定点培训机构。全年全市培训餐饮食品、保健食品化妆品经营单位法人代表、质量管理人员、重要岗位人员、从业人员5000余人，对14家医疗机构、250家零售药店负责人、质量管理人员进行培训。加大对公众的宣传教育，以“第十三届科技活动周”“6·26”禁毒宣传日、“食品安全宣传周”“安全生产宣传周”为契机，利用多种宣传形式，加大药品、医疗器械、食品管理法律法规的宣传教育，发放《农村群体聚餐特别提示》宣传画13万张，《饮食用药安全常识手册》1000多册，饮食用药安全扑克牌1000份，投放食品药品安全公益广告，开展“食品药品走基层活动”，“全国安全用药月”“食品药品安全知识大讲堂”等宣传活动。

2013年，市食品药品监管局坚持把开展专项整治作为集中治理食品药品安全隐患和突出问题的有效手段，大力开展食品药品专项整治。在餐饮服务环节开展春、秋两季学校食堂、食品非法添加和滥用食品添加剂以及鲜肉及其制品、食用油、调味品、酒类等专项整治和小餐饮整规。清理小餐饮1909家，出具监督意见书277份，处理小餐饮投诉举报70件，取缔无证小餐饮40户。在药品医疗器械方面，大力开展药品流通领域、农贸市场非法售药、中药饮片、特殊药品等专项整治，开展查处假冒数字电子体温计、定制式义齿、麻醉药品、一类精神药品区域性批发企业等专项检查，对7家违法违规诊所进行立案查处，责令16家诊所对使用药品存在的不规范行为进行整改。

【保健食品“打四非”专项整治】 根据国家食品药品监管总局、省食品药品监管局相关规定要求，市食品药品监管局在全市开展打击保健食品“非法生产、非法经营、非法添加、非法宣传”（简称“四非”）专项行动。2013 年 5 月 27 日，四川省食品药品监管局打击保健食品“四非”专项行动工作电视电话会议召开后，市食品药品监管局召开全市打“四非”专项行动动员大会，安排部署相关工作，明确攀枝花市打“四非”专项行动的工作思路。成立打“四非”专项行动领导小组，制定《攀枝花市开展打击保健食品“四非”专项行动工作方案》，切实保障打“四非”专项行动的速度和力度。打“四非”专项行动启动后，在攀枝花市公众信息网、《攀枝花日报》《攀枝花晚报》、市食品药品监督管理局网站、攀枝花市有线电视、攀枝花市电台等新闻媒体上发布《关于严厉打击保健食品“四非”的公告》，大力宣传开展打击保健食品专项行动的决心和信心。编印《攀枝花市打击保健食品“四非”专项行动工作手册》供执法人员学习。结合监管工作实际，按照监管、规范、引导、便民的原则，以彻底检查辖区内保健食品经营企业为切入点，以规范市场秩序为基础，以拒绝假劣、净化市场、保障安全为目标，以重点产品、重点企业、重点区域、重点案件为突破口，以建立长效机制为最终方向，严厉打击违法犯罪行为，取得明显成效。全市共出动执法人员 997 人次，车辆 187 台次，检查经营企业 751 家次，责令限期整改 82 家次，立案 4 件，结案 3 件，罚没金额 49566 元，接投诉举报 3 件，处理 3 件，处理率 100%。

【药品“两打两建”专项整治】 2013 年 7 月至 12 月，市食品药品监管局按照国家食品药品监督管理局的统一安排和部署，在全市集中开展以“严厉打击药品违法生产、严厉打击药品违法经营、加强药品生产经营规范建设和加强药品监管机制建设”（简称“两打两建”）为主要内容的专项行动。成立以局长何昌文任组长，副局长李继彬、杨文元任副组长，各业务处（室、队）负责人为成员的药品“两打两建”整治行动工作领导小组。制定《攀枝花市 2013 年药品“两打两建”整治工作方案》，专门成立以局长负总责、局党组成员分别任组长（四个督导小组）的药品“两打两建”专项行动督导组，适时召集相关处室人员分析、研究、总结“两打两建”专项行动遇到的问题和困难，及时了解、准确掌握全市“两打两建”专项行动进展情况和工作成效。专项行动展开之前，在本系统挑选 5 名工作能力强，实际经验丰富的职工担任教员对全市药品执法人员进行执法培训，提高专项整治实际工作能力。对全市 915 家诊所、522 家药品零售药店进行监督检查，对 7 家违法违规诊所进行立案查处，责令 16 家诊所对使用药品存在的不规范行为进行整改，与公安机关密切配合，成功捣毁 1 个非法贩卖二类精神药品和医疗器械的窝点，抓获犯罪嫌疑人 4 名，有力地震慑了违法犯罪分子，净化了药品市场。

【食品药品监管体制改革】 党的十八大对食品药品监管体制改革作出明确要求，从中央到地方组建权威的食品药品监督管理部门，对食品药品实行集中统一监管。2013 年，市食品药品监督管理局按照中央、省、市关于食品药品监管体制改革的总体要求，坚持一手抓监管，一手抓改革，加强与相关部门的协调配合，有序开展职能职责和人员移交工作，确保各项工作的平稳过渡。2013 年 10 月 22 日，攀枝花市人民政府办公室下发《攀枝花市食品药品监督管理局主要职责内设机构和人员编制规定》，取消由市政府公布取消的行政审批事项和需要取消的其他职责，将原市食品药品监管局、原市食品安全办的职责、攀枝花质监局的生产环节食品安全监督管理职责、攀枝花市工商局的流通环节食品安全监督管理职责、市商务粮食局的酒类流通食品安全监督管理职责、市经信委的农产品加工环节涉及食品安全的职责整合划入市食品药品监管局。将市卫生局贯彻实施药品法典、贯彻国家食品安全检验机构资质认定的条件和检验规范的职责，划入市食品药品监管局。将攀枝花质监局化妆品强制检验的职责，划入市食品药品监管局。核定攀枝花市食品药品监督管理局机关行政编制 40 名。其中：局长 1 名、副局长 3 名，纪检组组长 1 名，机关党总支书记 1 名，食品安全总监 1 名；正科级领导职数 13 名（含监察室主任 1 名），副科级领导职数 8 名。机关后勤服务人员控制数（机关后勤事业编制）6 名。设 12 个内设机构：办公室（规划财务处）、综合协调处（食安办综合处）、政策法规处（行政审批处）、食品生产监管处、食品流通监管处、餐饮服务食品监管处、医疗器械监管处、药品化妆品生产监管处、药品化妆品市场监管处、风险监测与应急管理处、科技与宣传处、人事处。市食品药品监督管理局、各县（区）食品药品监督管理局先后于 2013 年 11 月 20 日、2013 年 12 月 15 日按时顺利完成食品职能职责移交、人员划转等工作。

【食品药品及医疗器械检验检测】 2013 年，在市财政的大力支持下，投入 579 万元（改造实验室 189 万元，配置检测设备 390 万元），扩建市食品药品检验所实验室，配置检验设备。取得药品及食品两个实验室资质认定计量证书，检验检测能力扩展到药品、食品（保健食品）、化妆品、医药产品生产环境洁净（区）环境监测、生活饮用水、食品相关产品（一次性餐饮具）检测六大类 306 项。其中，药品检测参数 98 项、食品（保健食品）检测参数 123 项、化妆品检测参数 21 项、医药产品生产环境洁净（区）环境监测检测参数 9 项、生活饮用水检测参数 22 项、食品相关产品（一次性餐饮具）检测参数 33 项。

2013年，完成药品抽样检验803批次，快检检测药品410批次，涉及品种228个，覆盖乡镇34个，医疗器械监督抽样36批次，食品监督抽样225批，餐饮服务食品安全快速检测139批次。完成外环境委托监测25批次，结果全部符合规定，药品委托检验16批次，医院制剂委托检验2批次，经营单位委托检验1批次，其他委托检验13批次。加强不良反应监测，收集、核实、评价321个基层监测单位上报的药品不良反应病例报告表959份，共收集上报6个药物滥用监测点的药物滥用监测调查表842份，收集、核实、评价111家医疗器械经营企业上报的医疗器械不良事件报告187份。

2013年7月23日是市食品药品检验所成立40周年纪念日。市食品药品检验所开展建所40周年纪念活动，制作《攀枝花市食品药品检验所建所40周年纪念册》和视频宣传片，邀请退休老职工和市食品药品监管局领导参加了座谈会。

（蒋劲松）

民营经济

【概 况】 2013 年面对市场需求不足、产品价格低迷、企业成本上升、工业增速回落、经济下行压力加大等严峻形势，全市非公经济发展工作紧紧围绕“稳中快进、提质增效、争先进位、跨越提升”工作要求，以转变经济发展方式为主线，以提高经济增长质量和效益为中心，突出产业支撑、投资拉动、“四化”同步、统筹城乡、改善民生，大力推进“三个加快建设”“三个走在全省前列”、打好“六大硬仗”，实施创新驱动，努力帮助企业化解各种困难和风险，全市非公经济保持平稳健康发展态势，在拉动投资增长、增加财政收入、促进科技创新等方面发挥重要的作用，成为经济增长的重要力量、地方税收的重要来源和吸纳就业的重要渠道。

2013 年非公有制经济总量持续增加，全市非公有制经济完成增加值 368.90 亿元，同比增长 13%。其中：第一产业完成增加值 9.51 亿元，第二产业完成增加值 265.65 亿元，第三产业完成增加值 93.75 亿元，分别增长 4.6%、14.9%、8.5%。个体私营经济是非公有制经济主力，全市非公有制经济中个体私营经济占 99%，外商、港澳经济仅占 1%，非公有制经济三次产业比例为 2.58∶72.01∶25.41。

非公有制经济占 GDP 比重进一步提升。全市非公有制经济增加值占 GDP 比重为 46.1%，比 2012 年提高 2.3 个百分点；非公有制经济增加值对国民经济的贡献率为 51.4%。非公有制经济已成为商品流通领域的主要力量。全市运输仓储邮政业和批发零售业中，非公有制经济增加值分别为 17.59 亿元和 31.28 亿元。

【非公有制工业】 2013 年非公有制工业增势强劲。非公有制工业实现增加值 245.75 亿元，占全市非公有制经济增加值的 66.7%，较 2012 年提高 0.2 个百分点，对全市 GDP 增长的贡献率为 41.7%。非公有制工业增长 15.8%，增速比全市非公有制经济高 2.8 个百分点，遥遥领先于其他行业。

【非公有制经济队伍】 2013 年，随着非公有制经济的快速发展，个体工商户和私营企业蓬勃发展，全市非公有制企业注册资金大幅提高，经济规模不断扩大，企业竞争实力不断增强。全市共有各类非公有制经济组织 53945 户，其中：个体工商户 43983 户，私营企业 9194 户，外商投资企业 60 户，农民专业合作社 708 户；全市个体工商户注册资金 24.21 亿元，同比增长 8.4%，私营企业注册资金 245.50 亿元，同比增长 19.39%；全市个体工商户从业人员 8.57 万人，私营企业从业人员 9.91 万人。

（邓 勇）

工 业

钒钛工业

【概 况】 2013年，攀枝花钒钛产业实现平稳发展。全年生产钒渣25.46万吨，与2012年基本持平；五氧化二钒15846吨，同比增长48.4%；三氧化二钒16055吨，同比增长0.3%；高钒铁27948吨，同比下降4.4%。钛精矿283.25万吨，同比增长46.7%；钛白粉49.56万吨，同比增长32%；高钛渣60.52万吨，同比增长60.8%；海绵钛全年产量2545吨，同比下降19.1%。

2013年，全市钒钛产业项目建设取得新进展：攀钢钒业形成4000吨钒氮合金生产能力，开发出ALV65、ALV75、ALV85等钒铝合金产品并实现小批量生产，为攀钢建设600吨钒铝合金生产线奠定基础，同时钒电池电解液也实现小批量生产；天民钛业2000吨钛铸（锻）件项目建成投产，形成生产15个品种钛铸（锻）件的能力；东方钛业二期新增6万吨金红石型钛白粉在年底建成，成为全市首个10万吨级的大型钛白粉生产企业；国钛科技采用2.5万千伏安大型密闭石墨电极钛渣冶炼炉年产6万吨钛渣项目建成，6月投入试生产，并生产出合格钛渣；奥磊工贸12万吨/年一期6万吨采用6300千伏安电炉冶炼钛渣项目11月投产；多个钛精矿扩能项目建成投产，到2013年年底全市钛精矿产能预计接近350万吨，攀钢矿业兴茂公司建成年利用760万吨全尾矿选钛精矿、次铁精矿生产线，使得攀钢钒钛磁铁矿选矿尾矿得到再利用；同时新开工一批项目，如天伦化工4万吨/年改8万吨/年锐钛型钛白粉、钛都化工3万吨/年改11万吨万吨/年金红石型钛白粉、尚亿科技1.2万立方米板式脱硝催化剂生产线、四川钒钛10万吨/年金红石型钛白粉、华铁钒钛新增1万吨/年脱硝钛白生产线等项目正在加快建设。

钒钛产业发展科技创新平台建设加快。7月底在攀枝花市组织召开“全国钛白粉产业技术创新战略联盟首届理事会第三次全体会议和攀枝花钛产业发展研讨会”。11月23日在攀枝花市举办“攀枝花钒钛资源综合利用院士行暨2013攀枝花钒钛（国际）论坛”。以攀钢集团有限公司为主体组建的“钒钛资源综合利用产业技术创新战略联盟”被国家科技部列入“国家试点联盟”，成为攀枝花市首个进入国家级试点联盟的组织。攀枝花市牵头制定的钛铁国家标准（GB/T3282-2012）获国家质检总局和国家标准化管理委员会批准正式发布实施。

钒产业

【概 况】 2013年，全市钒制品企业包括攀钢、钢城集团（含控股的柱宇钒钛、卓越钒业）、金江化工、红杉钒、兴辰钒钛、锦利钒钛、仁通钒业。攀钢全年生产钒渣25.46万吨。2013年钒产品市场总体上较低迷，企业仅能保持微利经营。攀钢研究院继续积极推进钒离子电解液的研究和应用，实现小批量生产。攀钢钒业公司开发出ALV65、ALV75、ALV85等钒铝合金产品并实现小批量生产。米易县引入四川一美能源科技公司建设磷酸铁锂钒电池生产线，项目正在建设中。

【攀钢集团钒业有限公司】 攀钢集团钒业有限公司现有固定资产原值11.45亿元，固定资产净值6.46亿元，建筑面积7.77万平方米，在岗职工1063人，现有氧化钒生产线3条，钒铁、钒氮合金生产线各2条，是世界单体最大的钒制品生产企业。拥有一批具有自主知识产权的核心技术和特色产品，具备年加工钒渣27.5万吨，年产氧化钒2.25万吨（以五氧化二钒计）、钒铁1.6万吨（以50钒铁计）、钒氮合金0.4万吨的生产能力，还可根据用户需要，生产多钒酸铵、偏钒酸铵、高纯五氧化二钒及粉状五氧化二钒等产品，产品质量好，杂质含量低，达到国际领先水平，远销亚、欧、美市场。公司拥有一批具有自主知识产权的专利和专有技术。其中，提取钒渣技术接近世界先进水平，三氧化二钒生产技术、钒氮合金生产技术填补了国内空白，并达到世界先进水平。80钒铁和五氧化二钒产品为出口免检产品；80钒铁荣获“北京冶金产品博览会金奖”“冶金科学技术特等奖”；攀枝花牌钒氮合金打破了美国的垄断；80钒铁和50钒铁荣获四川省名牌产品称号，其知名度已蜚声海内外。钒系列产品广泛用于冶金、石油化工、机械、原子能、航空航天、超导等行业与领域，市场前景看好。

2013年，共加工钒渣27.1万吨，生产氧化钒（折五氧化二钒）22265吨，超设计产能34%，超历史最好水平6.06%。其中：五氧化二钒2095吨、三氧化二钒162595吨、高钒铁8364吨、中钒铁16614吨、钒氮合金41974吨。累计出口高钒铁4356吨、五氧化二钒754吨、钒氮合金238吨。生产成本持续降低。实际成本同比降低8808万元，其中：收率降本1044万元、辅料降价降本2499万元、能源降本899万元、机物料降本292万元、备件降耗1424万元。资源利用水平获得新突破。氧化钒系统收率首次突破80.5%，平均收率同比增加0.86%，最高收率达到80.62%；VN16合格率97.66%，三氧化二钒耗钒渣14.201吨/吨、五氧化二钒耗钒渣12.208吨/吨。80钒铁合格率86.85%，50钒铁合格率95.36%，实现科技降本4100余万元。及时调整品种结构和出口比例，加强“产研销”衔接，实现利润1.7亿元，同比大幅增长1.526亿元。钒业公司2013年荣获攀钢集团公司“攀登”银奖，被评为攀钢集团公司“安全生产先进集体”（连续4年），被评为“攀钢钒管理创新先进集体”。

（黄长银）

【攀枝花市柱宇钒钛有限公司】 公司设在攀枝花市高梁坪工业园区，占地4.7万平方米，主要从事钒、钛产品生产、销售及进出口业务，注册资本2650万元，设计能力为年产五氧化二钒3000吨。公司生产以低品位钒渣（全钒含量0.8%左右）为主要原料，同时为攀钢代加工少量精钒渣（全钒含量9%左右），正常生产情况下每日可消耗精钒渣200吨、低品位钒渣150吨—300吨。有五氧化二钒生产线一条，工艺流程为：破碎—球磨—配料—焙烧—冷却—浸出—沉淀—过滤—熔化。

2013年，柱宇钒钛公司在资源紧张、市场竞争异常激烈的情况下，克服钒渣原料价格上涨且品位降低、产品价格下降等不利因素，内抓管理，外拓市场，大力开展技术攻关和技术革新。将原来的低全钒大下料量焙烧改变为高全钒小下料量焙烧，盐碱单耗降低5%，按照2400吨/年产量计算，节约盐碱各1200吨/年，降低成本费用各102万元/年、204万元/年；在焙烧中采用块煤代替煤球，由于原料下料量小、块煤价格低，节约成本费用156万元。

2013年，公司围绕全年经营目标，在资源紧张、市场竞争异常激烈的情况下，克服钒渣原料价格上涨且品位降低、产品价格下降等不利因素，内抓管理，外拓市场，通过攀钢钒制品厂购进尾渣11万吨、加工精渣2000吨；从国贸公司加工进口新西兰精渣2000吨，从西钢钒加工精渣9000吨，组织社会资源1300吨。全年生产五氧化二钒2340吨，其中精渣钒1862吨，尾渣钒478吨，分别比2012年增长37.16%、61.49%、减少13.56%；实现收入11300万元、利润891万元，上缴税金578万元，分别比2012年增长17.95%、207.24%、14.91%。截至2013年12月，公司总资产5941万元，其中，固定资产原值3768万元、净值2331万元；有员工140人。

（莫基秀）

【攀枝花钢城卓越钒钛有限公司】 公司设在攀枝花钒钛产业园区，主要生产、加工、销售钒制品，以攀钢弃渣为主要原料，生产五氧化二钒和钒铁，已形成年产五氧化二钒4400吨、五零钒铁4000吨的生产能力。截至2013年12月，公司总资产9756.89万元，固定资产原值4093.82万元、净值3677.88万元；在岗员工156人。

2013年，公司累计组织攀宏含钒尾渣57512.56吨，西钢钒精渣8997.92吨，德胜精渣94744吨，陵浩精渣1131.15吨。全年生产五氧化二钒2294.83吨（其中委托加工1102.36吨），比2012年增加736.12吨，增幅47.22%，销售2287.68吨，比2012年增加336.53吨，增幅17.24%；实现收入9302.16万元，比2012年增加848.23万元，增幅10.03%，实现利润1402.37万元，比2012年增加1094.17万元，增幅355.02%。

（莫基秀）

钛产业

【概　况】 2013年，全市钛精矿生产能力有较大提高，钛精矿、钛渣、钛白粉产量增幅较大，但产品价格下跌幅度较大。多家钛白粉生产企业开发脱硝催化剂、造纸钛白等新产品应对市场低迷、微利或亏本经营局面。东方钛业二期6万吨/年项目完工，具备10万吨金红石钛白粉生产能力。天民钛业2000吨钛铸（锻）件项目建成投产，延伸了金属钛加工产业链。攀枝花市牵头制定的钛铁国家标准获准颁布实施。

（蔡越城）

【攀钢集团钛业有限责任公司】 攀钢集团钛业有限责任公司（以下简称“钛业公司”）系攀钢集团钢铁钒钛股份有限公司下属的独资子公司，经营范围为：加工、销售钛原料；生产、销售钛白粉、钛合金、海绵钛、钛金属及其制品；生产、销售化工产品（含盐酸、硫酸、次氯酸钠溶液等）；经营本企业生产所需的原辅助物料及三废资源综合利用的循环经济产品；销售本公司产成品：进出口贸易；钛产业及相关的科技研发和服务、检测化验服务、仓储服务、货运代理、劳务、地磅服务。截至2013年年底，钛业公司注册资本16亿元人民币，总资产63.10亿元，资产负债率63.26%，在册职工总数2969人（含控股企业东方钛业为3992人），下属单位有钛白粉厂、钛冶炼厂、海绵钛厂、贸易公司、氯化法钛白筹备处、攀钢集团有限公司钛白产品应用研究中心（攀钢集团有限公司成立，钛业公司负责日常管理）、攀钢集团重庆钛业有限公司（独资子公司）、攀钢集团重庆晏家钛业有限公司（独资子公司）、攀枝花东方钛业有限公司（控股65%）。2013年，钛业公司具备年产钛渣18万吨、钛白粉20万吨、海绵钛1.5万吨、经营钛精矿50万吨的能力，销售市场覆盖全国，产品出口欧美、日本、东南亚等30多个国家和地区，已经成为亚洲最大、技术领先的钛原料生产基地、中国硫酸法钛白粉生产技术一流企业和中国最大、具有世界级工厂规模和水平的海绵钛生产企业，初步形成从钛原料到钛化工、钛金属的钛产业链。钛业公司先后获得“国家高新技术企业”“推动中国涂料科技进步10大杰出民族企业”，中国涂料工业协会钛白粉行业分会理事长单位，国家化工行业生产力促进中心钛白分中心理事单位，中国钛锆协会副会长单位及攀枝花钛协会会长单位。

2013年，钛业公司在市场下滑减利7.45亿元的情况下，采取“控制出血点，释放效益点”十大超常规措施增效5.9亿元，有力地推动了扭亏增效工作的开展。全年，生产钛白粉7.74万吨、钛渣7.46万吨、海绵钛3464吨，经营钛精矿55.86万吨；出口钛白粉2.2万吨，出口创汇4425万美元；实现营业收入18.16亿元、利润4210万元。深化对标挖潜工作，努力降本增效。积极开展与国际一流企业、国内先进水平和本单位历史最好水平的“三个对标”，落实六大领域的专项对标实施，确定15项关键对标指标、38项一般对标指标。如钛冶炼厂与云南新立、金港钛业等7家钛渣生产企业开展对标，找出“攀矿入炉比例”“酸渣收率”等方面与标杆企业存在较大差异。钛白粉厂与鼎星钛业、钛海科技等5家钛白粉生产企业开展对标，详细对出了“余热利用”等降能耗措施差异。海绵钛厂与欣宇化工、云南新立2家海绵钛生产企业开展工序对标，对出了精制工序参数控制、管线布局等显著差异。重庆钛业与宁波新福、云南泽昌2家钛白粉生产企业开展对标，对出了收率、能耗指标差异；钛冶炼厂针对2号炉炉衬维护与炼钢厂进行了喷涂技术对标，大大缩短停炉处理时间，创效96.73万元；组织各生产单位人员到炼钢厂学习“生产组织管理专项对标工作方法”，提升专项领域对标系统性。经过与同行企业之间的详细交流和对比，分项确定对标标杆，并按照“先算后干、算后再干”的方式，结合公司生产运营实际分项制定改进方案，方案细化落实到责任人，逐一陆续实施。2013年，11项量化的关键对标指标中9项指标在2012年基础上进一步优化，指标优化创效5355万元。

积极降储，减少资金占用。对全公司存货情况进行清理，根据清理情况并参照行业和本单位历史水平，编制原辅料、燃料消耗定额，备品备件辅助材料周转天数和储备定额，产成品和在制品库存限额。加强采购计划管理，继续推行功能承包、直供、零库存模式降低存货；贴近市场积极销售减少存货占用。在销售系统开展技术营销客户走访工作，实现生产与用户直接对接，稳定并扩大市场份额。做好日结日清工作，及时掌握存货情况，做到生产组织心中有数。按月对存货变化情况进行统计，分析存在的问题，制定降储措施。12月末公司存货为34310万元，较集团目标下降1690万元，完成降储目标，有效提高物资管理水平。钛业公司六大类存货除原材料，其余五大类降库明显，其中燃料、辅助材料、备品备件、自制半成品和库存商品的存货较2012年12月末分别下降51%、14%、10%、38%和13%。

（黄长银）

【攀枝花钢企欣宇化工有限公司钛业分公司】 攀枝花钢企欣宇化工有限公司钛业分公司是钢城集团投资建设的海绵钛专业生产公司，位于攀枝花钒钛产业园区马店河化工区内，占地26万余平方米，总投资9.5亿元，设计年产海绵钛5000吨。主要产品有海绵钛、氯化钙。采用镁还蒸馏生产工艺，主要步骤包括：高钛渣—氯化—（中间产品：粗四氯化钛）—精制—（中间产品：精四氯化钛）—镁还原蒸馏—破碎包装—商品海绵钛。生产线与已建成的1万吨/年高钛渣、5万吨/年氯碱厂配套，在工艺上形成上下流程对接和氯、镁内部循环，排放物、废弃物互为资源，实现环保运行，清洁生产，构成完整的钛产业链，成为国内第一家真正意义上的全流程海绵钛生产企业。海绵钛全流程的主要生产线有：一条低温氯化生产线、三条氯化生产线、一条精制生产线、一条镁电解生产线（共8套电解炉）、一条还原蒸馏生产线（共44套炉子）。

2013年，海绵钛销售市场持续疲软，产品价格低于成本，公司面临巨额亏损。为减少亏损，年初，钢城集团将钛业分公司并入欣宇化工公司，并根据市场需要组织生产，海绵钛生产基本处于半停产状态，9月底全面停产。全年生产海绵钛2361吨，销售1753.34吨，实现经营收入7792.17万元，利润-9448.63万元。

2013年，钛业分公司积极降本控亏，进一步清理劳务用工、零星用工，清除外包项目6个，清退劳务派遣工145人，严格控制零星用工，共降低成本支出556.74万元；精简机构、分流员工，降低人工成本。机关由原来的6个部门合并为5个，中层管理人员由原来的42人调整为30人，机关管理人员由原来的51人调整为31人，分流人员350人；

加强管理，降低采购成本，对公司生产需用量大、影响产品技术指标和成本因素的物资、备件，采取多方询价、公开招标、议价、比价等方式，降低采购成本，全年降低采购成本900余万元。全年采购备品备件共计667.845万元，比2012年下降75.10%，降低采购成本116.26万元。

（莫基秀）

【四川安宁铁钛股份有限公司】 公司位于攀枝花市米易县垭口镇，注册资金1亿元，有员工2000余人，其中各类专业技术人员500余人。公司高度重视技术创新研发，建设有省级企业技术中心、攀枝花市钒钛磁铁矿采选工程技术研究中心，率先在四川省内开展低品位矿石（TFe15%—19.99%）综合利用技术研究，已取得多项技术成果。公司连续多年入围“攀枝花市企业50强”及“攀枝花市民营企业销售收入与纳税额双10强”，已成长为综合利用攀西钒钛磁铁矿资源的国家高新技术企业、国家级“矿产资源综合利用示范基地”承建企业、国家第二批绿色矿山试点企业。同时，被确定为省工业化城镇化领导小组重点支持的钒钛资源综合利用企业、四川省冶金产业“十二五”重点培育壮大企业、四川省循环经济示范企业、四川省最佳诚信企业、四川省重点培育上市企业、攀枝花市重点培育百亿元企业。

公司将相关技术成果进行产业化应用，已具备年综合利用低品位钒钛磁铁矿600万吨、生产铁精矿150万吨、钛精矿40万吨、高档金红石型钛白粉4万吨、高品位活性石灰石10万吨的生产规模。

2013年共计采出原矿400万吨，生产铁精矿145万吨，生产钛精矿24万吨，实现销售收入14亿元、利税3.8亿元。

（欧阳平）

冶　　金

钢铁生产

【生产经营】 2013年，攀钢牢固树立“只有依靠自己的力量才能战胜困难”理念，坚持两眼向内，制定下发控亏扭亏增效倒逼方案，建立全员目标成本管理责任体系，突出控亏扭亏增效问责制，开展专项工作督导，强化责任落实。严格落实“均衡、稳定、经济、高效”生产组织原则，狠抓高炉等关键工序稳定顺行，完成铁1128.41万吨、钢1067.65万吨、钢材979.38万吨，同比分别增长16.43%、15.41%和14.16%；优化资源配置，做大盈利产品产销规模，完成铁精矿1206.84万吨、钛精矿55.58万吨、重轨123.11万吨、钒制品3.65万吨，均创历史最好水平；适当压缩了建材等当期负边际贡献产品产量。突出抓好市场开拓，综合产销率99.38%；进一步巩固区域市场优势，热轧产品在西南市场的比例达到92%，同比增加2.08个百分点。狠抓低成本保供，坚持把降低大宗原燃料价格作为主攻方向，推行“统谈分签”模式，强化招标采购、竞价采购，最大限度降低采购成本；实行供应商动态管理机制，重点优化战略供应链，累计清退中间商714家(经济运行部意见)，直供金额比达90%。深入开展全员成本目标管理活动，坚持以生铁成本为龙头，强化工序成本控制，大幅压缩非生产性支出，全方位全系统实施对标挖潜，六大降本增效措施累计增利51.18亿元（含销售价格减利34亿元），可比产品成本降低率达到3.38%，为近年来最好水平。2013年，攀钢控亏扭亏增效取得阶段性重大成果，营业收入首次突破600亿元，达到625亿元。

【改革改制】 2013年，攀钢体制机制变革创新稳步实施。按照“不能养懒人、不应有闲人、激励勤快人、奖励有功人”原则，研究制定人力资源优化3年滚动规划，有序开展定岗定编定员工作；采取减少岗位用工、正式职工顶替、优化外包项目等综合手段，全面清理劳务用工，清退劳务用工12000多人，降低劳务费用3.5亿元，劳务费降低幅度达到30%左右。建立健全以正激励为导向的收入分配制度，完善绩效考核模式，坚持收入向贡献突出单位和人员倾斜，对控亏效果显著的单位实行工资总额自主管理，确立“工资靠效益、收入凭贡献”的政策导向。实施集团公司机关改革，公开招聘部门负责人，剥离挂靠机构，精减机关人员38人。实行板块化管理新模式，将所属单位划分为矿山、普钢、钢管、特钢、钒钛与科技、工程技术、生产服务、综合实业等八大业务板块，建立权责对等的板块管理新机制。大力推进非钢产业转型发展，编制《2013—2015年非钢产业发展规划》，制定《非钢企业多创效益的鼓励政策及奖励办法》，非钢产业自主发展和创效能力有所增强。清理、整顿低效无效机构，成立低效无效机构及长期股权投资清理处置领导小组，对集团范围内管理层级在三级及以上的全资子公司、非公司制法人、分支及办事机构进行调研和梳理，摸清了攀钢所属各级机构的业务、人员、资产及运营情况，并按照处置建议对符合清理处置标准的机构启动了处置工作，明确了机构注销完成时间。

【企业管理】 2013 年，攀钢全面加强企业基础管理，精细化管理水平明显提升。坚持“一级管一级、一级管住一级、一级管好一级”原则，狠抓制度和流程体系建设与执行。承接鞍钢集团战略管控下的区域化管理体制要求，有序实施科技研发资源、信息化产业和国际业务的整合融合。按板块、分层级、持续深入地推进专项对标工作，着力消除生产经营管理中的短板和瓶颈问题。完成集团公司办公系统升级改造，积极推进采购销售数据分析系统建设，持续提升信息化水平。强化财务集中管理，实施财务负责人委派制；集团公司内部（财务部意见）全面推行货币结算，实行资金有偿使用，强化资金成本意识；清理银行账户，提高资金集中度及使用效率；直接融资比例达到协会规定上限；采取贸易融资、降低贴现利息、调整长期贷款利率浮动时点、存款理财等组合措施降低财务费用。持续抓好存货管理，完善定额体系，存货周转天数较 2012 年加速 24 天。成立物流优化专项工作组，加强物流成本监控，降低物流成本 4.8 亿元。深刻吸取攀成钢 2013 年“1·16”事故教训，深入开展安全生产大检查，狠抓隐患排查整治，安全工作总体受控。

【科技工作】 2013 年，攀钢围绕提高钒钛磁铁矿资源综合利用率目标，积极推进钒钛资源综合利用重大工艺技术研发，钒钛铁精矿提质、高炉渣高温炭化和低温氯化、钒电解液制取等重点科研项目取得阶段性成果。狠抓科技创新能力建设，进一步完善科技创新体制、机制，加强科技人才队伍建设，积极推进研发平台建设，加强工艺管理与提升。深化技术交流与合作，与中科院、东北大学等科研机构和高等院校深入开展战略合作，与长虹、美的、东风车轮等用户共建联合实验室。编制钒、钛、钢铁产品发展规划，加大新产品开发力度，提高钢铁独有领先产品占比，成立铁道用钢、热轧汽车用钢、家电用钢、机械制造用钢、管线用钢 EVI 小组，PG5 钢轨、高强车轮钢、耐蚀合金油套管等优势品种开发进展顺利，全年完成新产品产量 358 万吨，独有和领先产品 301.8 万吨。全年累计通过科技成果鉴定 132 项，获省级及以上奖励 16 项，获得专利授权 390 项，其中国际专利 10 项。组织制定国际标准 1 项。

【工程建设】 2013 年，攀钢切实抓好重点项目建设，产业转型升级步伐加快。抓住攀西国家级战略资源创新开发试验区建设的机遇，明晰“做大矿业、做好钒钛、做精钢铁、做活非钢”的发展战略，研究制定攀钢千亿企业发展规划。加强项目建设过程管控，实行项目建设责任制和后评估机制，完成固定资产投资 41.86 亿元。狠抓矿产资源开发，表外矿利用破碎工程、密地选矿厂全尾矿深度回收利用等项目投入生产，白马矿扩能、朱兰采场开拓运输系统等项目正抓紧实施。积极发展钒钛特色优势产业，东方钛业扩能项目进入投产准备阶段，白马选钛、钒氮合金扩能、重庆钛业环保搬迁硫酸法钛白等项目按计划积极推进。加快钢铁产业结构调整步伐，实施攀长特“AOD+连铸+模铸”冶炼技改项目，西昌钢钒冷轧、重庆高强汽车镀锌板、攀钢钒 950 生产线改造等项目进展顺利。

【环保节能】 2013 年，攀钢加大环保投入力度，采取“BOO、BOT”等模式，投资 1.2 亿元实施西昌钢钒和攀钢钒烧结机烟气脱硫装置改造，攀钢钒 6 号烧结机脱硫改造项目已投入运行；启动攀钢钒新 3 号、4 号焦炉装煤除尘改造、钒业公司三氧化二钒焙烧炉除尘改造、西昌钢钒富余煤气发电等重点节能减排项目，年可节约能源 9.5 万吨标准煤，减少烟粉尘排放 950 吨，减少二氧化硫排放 4000 吨。积极抓好“三废”资源回收利用，钛业公司钛冶炼厂铁水循环利用项目已开工建设。积极做好厂区绿化美化工作，集团公司机关带头开展义务植树活动。加强环保和用能设施管理，有效改善厂区及周边生态环境。全年吨钢综合能耗为 662.05 千克标准煤、吨钢耗新水为 4.25 吨，同比分别降低 1.53%和 7.6%。

【领导班子调整】 为加速鞍山钢铁和攀钢整合融合，加快区域公司组建，加强领导班子成员岗位交流，为攀钢集团公司提高竞争能力加快发展提供组织保证，2013 年，鞍钢集团公司 3 次对攀钢集团公司领导班子进行调整。

2013 年 1 月 20 日，鞍钢集团公司在攀钢南山宾馆召开干部大会，宣布鞍钢集团公司调整攀钢领导班子的决定。鞍钢集团公司领导姚林、陈平、余自甦、白静瀑，攀钢领导张大德，攀枝花市领导张剡等出席会议。大会由余自甦主持。会上，鞍钢集团公司组织人事部部长陶利贵宣读了《关于攀钢集团有限公司、攀钢集团钢铁钒钛股份有限公司人事任免决定》。鞍钢集团公司董事、总经理、党委副书记张晓刚不再担任攀钢集团有限公司董事长、董事、攀钢集团钢铁钒钛股份有限公司董事长、董事职务；鞍钢集团公司党委常委、副总经理余自甦不再担任攀钢集团有限公司总经理职务，免去其攀钢集团有限公司党委书记职务；鞍钢集团公司党委常委、副总经理姚林兼任攀钢集团有限公司董事长、党委书记；聘任攀钢集团有限公司党委常委张大德为攀钢集团有限公司总经理；免去余自甦攀枝花钢铁有限责任公司、攀钢集团钢铁钒钛股份有限公司党委书记职务。余自甦、张大德、姚林先后讲话，对鞍钢集团公司调整攀钢领导班子的决定表示赞成和拥护。张广宁作重要讲话。

2013 年 5 月 7 日，攀钢集团有限公司在南山宾馆召开干部大会，宣布鞍钢集团公司党委、鞍钢集团公司关于攀钢集团有限公司、攀钢集团钢铁钒钛股份有限公司干部调整的有关决定。大会由鞍钢集团公司党委常委、副总经理，攀钢集团有限公司董事长、党委书记姚林主持。鞍钢集团公司党委常委、纪委书记苏文生，鞍钢集团公司党委组织部部长孙光辉，攀钢集团有限公司总经理、党委副书记张大德出席会议。攀钢集团有限公司党委常委、副总经理、总经理助理，攀钢集团钢铁钒钛股份有限公司领导班子成员出席会议。孙光辉宣布鞍钢集团公司党委、鞍钢集团公司关于攀钢集团有限公司、攀钢集团钢铁钒钛股份有限公司干部调整的有关决定：张大德兼任攀钢集团有限公司党委副书记；张治杰任攀钢集团有限公司党委副书记、工会主席，免去其攀钢集团有限公司纪委书记职务；胡乃民任攀钢集团有限公司党委副书记兼纪委书记。

2013年5月27日，攀钢集团有限公司召开干部大会，宣布鞍钢集团公司党委、鞍钢集团公司关于攀钢集团有限公司、攀钢集团钢铁钒钛股份有限公司人事任免的决定。鞍钢集团公司党委副书记、工会主席尹利出席会议；鞍钢集团公司党委常委、副总经理，攀钢集团有限公司董事长、党委书记姚林主持会议；攀钢集团有限公司总经理、党委副书记张大德及鞍钢集团公司党委组织部部长孙光辉出席会议。攀钢集团有限公司、攀钢集团钢铁钒钛股份有限公司领导班子成员出席会议。孙光辉宣布攀钢集团有限公司董事会决议：周一平、刘宇、段向东、付伟、杨槐任攀钢集团有限公司副总经理，尚洪德任攀钢集团有限公司总会计师，张治杰不再担任攀钢集团有限公司副总经理。

【国家设立攀西战略资源创新开发试验区】 2013年2月7日，国家发改委审议并正式批准设立攀西战略资源创新开发试验区。这是目前全国批准设立的唯一一个资源开发综合利用试验区。攀西战略资源创新开发试验区范围包括攀枝花市东区、西区、仁和区、米易县、盐边县，凉山州西昌市、冕宁县、德昌县、会理县、会东县、宁南县，以及雅安的汉源县和石棉县，总面积3.1万平方千米。

2013年8月20—22日，以全国政协常委、经济委员会副主任彭小枫为组长的全国政协专题调研组深入攀钢相关单位，就"加快攀西战略资源创新开发试验区建设"进行专题调研。鞍钢集团公司党委常委、副总经理，攀钢董事长、党委书记姚林，攀钢党委常委、股份公司总经理、党委书记陈勇，攀钢总经理助理于伟陪同调研。攀枝花市领导刘成鸣、张剡，凉山州领导翟占一、罗凉清等分别在攀枝花和西昌陪同调研。

2013年11月29日，攀西战略资源创新开发试验区建设座谈会在西昌召开。国家发改委副主任胡祖才、国家发改委产业协调司司长陈斌、副巡视员李忠娟、价格司副司长李才华，四川省政府副秘书长范波，四川省发改委、科技厅负责人，攀枝花市、凉山州、雅安市负责人，鞍钢集团公司党委常委、副总经理，攀钢集团有限公司董事长、党委书记姚林，攀钢集团有限公司党委常委、副总经理周一平等出席会议。胡祖才肯定攀钢工作并强调，攀钢作为开发利用攀西钒钛资源的国家队和排头兵，要勇担使命，充分发挥龙头骨干作用，在资源综合利用和深加工上下大力量，为把攀西地区建设成为世界级钒钛产业基地做出新的更大贡献。

【集团机关改革】 按照鞍钢集团公司对区域公司的战略管控要求，为构建与业务板块管理相适应的、精干高效的攀钢集团有限公司机关，2013年7月15日，集团公司下发《攀钢集团有限公司机关机构编制及部门主要职责调整方案》（攀钢企管〔2013〕50号），对公司机关进行改革。2013年7月16日，集团公司在攀钢文化广场召开机关干部大会和分（子）公司主要负责人会议，就集团公司机关改革主要内容、相关情况进行通报部署。

此次集团公司机关改革主要对机关职能及机构编制作了必要的调整。完善财务监控体系，加强财务监督检查和责任追究力度，对子分公司（单位）、参（控）股企业相应财务负责人员实行派驻制；加大技改项目控制力度，转变技改项目组织推进方式，实行规范的项目责任制管理；增强审计监督力量，统一调配使用公司审计资源，并逐步理顺审计管理体制。撤销战略研究中心，将战略管理列为规划发展部基本职能；组建技改与设备部，将工程技改项目实施管理、设备管理和防震减灾等管理职能划入技改与设备部；撤销资本运营部，将战略合（协）作项目的前期可行性研究与策划及项目的后评估管理职能划入规划发展部，将战略合（协）作项目的组织实施、运营监控以及股权管理、产权管理、资产重组、外派"董监高"管理等职能划入财务部；企业管理部更名为管理创新部，与法律事务部合署办公；撤销风险管理部，将内控与风险管理职能划入管理创新部；统战部与政工部合署办公。公司机关不再设挂靠机构，将机关服务中心、档案中心、社保中心、职工文体活动中心等机关挂靠机构与退管中心进行整合，成立综合服务中心，列为公司直属二级单位管理；铁路运输管理中心调整到普钢板块管理，挂靠攀钢钒公司；冶金工程质量监督站与工科咨询公司合署办公；冶金职业技能鉴定站（攀钢考试办、国家职业技能鉴定所、攀钢安全生产培训中心）成建制划入职教中心管理。改革后的集团公司机关设职能部门14个，处级机构37个，定员178人（不含公司领导及秘书）。

【板块化管理】 2013年，攀钢通过对公司总部运行情况的全面调研和对公司总部机构岗位分析评价，优化公司总部在战略管控、集团基础管理平台建设、监督与风险控制以及队伍建设方面管理职能，制定《攀钢区域管控及架构设计思路》，形成《攀钢区域公司管控方案》，明确实施业务板块管理的总体思路。2013年5月7日，公司党委常委会讨论通过《攀钢实施业务板块管理的方案》，确定实行以公司分管领导为经营管理负责人、业务板块为经营主体的经营管控形式。公司将33家子分公司（单位）划分为矿山资源、普钢、钢管、特钢、钒钛与科技、工程技术、生产服务、综合实业八大业务板块，充分下放生产经营权责以及配套的职能管理权责，提高运营效率、落实经营责任、提升企业抗风险能力。

【钢轨产量突破120万吨】“十一五”期间，国家确立“客运高速、货运重载、客货分离”的铁路发展目标，中国铁路进入快速发展期。2013年，受益于中国铁路建设发展需要，攀钢的百米定尺轨、高速轨、余热淬火轨、道岔轨等各系列钢轨品种合同饱满。全年钢轨产量达121.6万吨，闯过120万吨大关，创造了攀钢钢轨生产史上的新纪录。攀钢坚持深入挖掘钢轨产能，扣细节、攻瓶颈、抓管理，努力增产创效，充分发挥钢轨作为攀钢拳头产品、效益产品的作用。按照“生产一代、开发一代、储备一代”的战略规划，攀钢2004年启动PG5钢轨的开发工作。在近10年的研发过程中，项目组围绕热处理工艺对钢轨组织与性能的影响规律、关键控制参数、钢轨焊接性能的技术条件要求等20多项指标展开攻关，最终开发成功抗拉强度达到1350兆帕、布氏硬度值390的新一代PG5钢轨。2013年4月，PG5钢轨通过上道认证。6月16日，在攀钢和郑州铁路局相关人员的见证下，攀钢提供的600吨PG5钢轨上道认证试铺工作在新乡至焦作线上铺设完成。PG5钢轨开发成功，既为重载铁路用钢轨提供了又一个性价比高、性能优良的钢轨产品，也为中国未来兴建大轴重重载铁路用钢轨提前完成了产品和技术储备。2013年12月16日，攀钢的43千克/米至75千克/米钢轨和60千克/米高速铁路用钢轨两个系列产品荣获中国钢铁工业协会2013年度冶金产品实物质量“金杯奖”。

【鞍攀协同建设百米钢轨生产线】2013年10月24日，“鞍钢股份大型厂100米钢轨在线全长热处理生产线工程”总承包合同签约仪式在成都攀钢大酒店举行，标志着鞍攀区域在重大科技协同方面迈出实质性步伐。攀钢集团有限公司副总经理付伟出席签字仪式。工程建设方鞍山钢铁集团公司技改部部长于洋和总承包方攀钢集团设计研究院有限公司法人代表刘军分别在建设项目总承包合同上签字。

为满足中国铁路高速重载发展需要，攀钢从20世纪90年代初就开始钢轨在线全长热处理技术研究。历经十余年，已成功开发出百米长尺钢轨在线热处理生产线工艺及装备集成技术，并成为目前国内唯一掌握该项核心技术的钢铁生产厂商。该项技术是攀钢依托自身力量，打破国外技术垄断，完全自主研发成功的专有技术，已获得国家授权发明专利8项、实用新型专利6项及欧盟、日本授权发明专利各1项。攀钢利用该项技术生产的钢轨，填补了国内空白，并已远销美国、澳大利亚、东南亚等多个国家和地区，创造了较好的经济效益和社会效益。作为鞍攀区域科技协同的具体建设实施项目，“鞍钢股份大型厂100米钢轨在线全长热处理生产线工程”的实施将加快实现鞍钢集团优质热处理钢轨生产在国内市场的南北布局，提升鞍钢钢轨在全球市场的竞争力。同时，也为加快推进鞍钢集团内部技术移植与集成，实现一地研发、多点移植、技术共享、优势互补搭建平台，营造良好的科技创新氛围，激发科技工作者自主创新、集成创新的积极性。

【全流程自动化控制炼钢】中国钢铁工业协会把钢铁企业信息化技术列为支撑中国钢铁工业可持续发展的六大技术之一，这对冶金自动化技术发展提供了机遇。以复合喷吹脱硫技术、转炉提钒技术及LF、RH为代表的先进工艺技术虽广泛应用于攀钢炼钢现场操作，但攀钢原来精炼各炼钢工序的控制模型大都依赖进口，而随着炼钢水平的不断进步，生产工艺和原材料水平不断变化，引进模型的调整相对困难，最终导致模型无法正常使用。为此，从2009年起，攀钢开始研究具有自主知识产权的炼钢过程控制模型及自动控制系统。

通过几年不懈攻关，对炼钢多个冶炼工序的系统研究，实现了冶金过程关键变量的高性能闭环控制，各工序指标得到优化提高。2013年，攀钢重大关键项目《高效自动化炼钢集成技术的研究与应用》取得重大突破，实现炼钢全流程自动化控制，提钒工序达到国际先进水平，攀钢钒自动化脱硫比例已达到90%以上，自动化提钒比例达到61%，LF自动投运率为94.21%，RH自动投运率为96.13%。围绕项目研发申请专利40项，已授权专利20项。项目的研究成功改善了攀钢转炉提钒的生产效率和提钒率，有助于钒钛磁铁矿资源的综合利用，也使钒铁铁水脱硫、转炉提钒和LF、RH钢水精炼冶炼规律的认识上升到较精确的定量阶段。项目应用后大大降低了炼钢过程的生产成本，年创经济效益3000万元以上。

矿业生产

【基本情况】攀钢集团矿业有限公司成立于1973年5月1日，原为攀枝花冶金矿山公司。1993年6月，并入攀钢（集团）公司，1994年更名为攀钢集团矿业公司。2008年4月，改制为攀钢集团矿业有限公司。作为攀钢高炉冶炼的主要原料供应基地，公司拥有钒钛磁铁矿、石灰石矿、白云石矿、硫铁矿等矿山。其中，公司拥有钒钛磁铁矿资源储量约14.52亿吨，占攀西地区已探明资源储量的15%。公司主要生产钒钛磁铁精矿、钛精矿、石灰石、生石灰粉、高镁石灰等矿产品，已形成年产钒钛磁铁矿石3600万吨、铁精矿1200万吨、钛精矿70万吨、石灰石粉矿50万吨、生石灰粉52万吨、高镁石灰9万吨的生产能力。现有14个机关部室，10个分公司（单位），5个全资子公司，在岗职工10602人。自成立以来，公司先后荣获全国思想政治工作优秀企业、全国企业文化建设先进单位、首届全国矿产资源合理开发利用先进矿山企业、第二届全国冶金矿山“十佳厂矿”、四川省创先争优活动先进基层党组织、全国冶金绿化先进单位、钒钛磁铁矿资源综合利用示范基地等荣誉称号。

【生产经营】 2013年，矿业公司按照“均衡、稳定、优质、高效”的生产组织原则，以铁精矿、钛精矿放量生产为组织目标，加强生产管理，强化生产组织，全面优化技术经济指标。本部矿山深挖潜力，科学调配资源，输出铁矿石1700.65万吨。白马铁矿加强采场穿孔爆破作业，合理配矿，输出铁矿石1821.03万吨。密地选矿厂加大科技攻关力度，工艺参数进一步优化，生产铁精矿540万吨，品位54.00%，较2012年增产10万吨。白马选矿厂狠抓铁精矿产能的提升，强化达产达效攻关和设备稳定运行，生产铁精矿450万吨，品位55.71%，较2012年增产51万吨，为达产达效奠定了基础。强化选钛调度指挥和与上道工序的协调联系力度，理顺流程衔接，钛精矿实现稳产高产，生产钛精矿53万吨，品位47.54%，较2012年增产1万吨。加强外委铁精矿生产协调，完成外委铁精矿196万吨。石灰石矿抓好辅料矿生产组织，满足了集团公司生产需要。

2013年，矿业公司完成铁矿山采剥总量10026万吨，为计划的106.71%，首次突破1亿吨大关；输出铁矿石3625.04万吨，为计划的100.81%；生产铁精矿1214万吨，为计划的101.17%，生产钛精矿56万吨，为计划的103.7%，铁、钛精矿产量均创历史最好水平；生产石灰石粉矿46万吨，生石灰粉53万吨，高镁灰8.7万吨；实现营业收入55.24亿元、报表利润9082万元，上缴税费9.1亿元，全面实现生产经营目标。铁精矿产能居全国第二位，钛精矿产能居全国第一位。

【工程建设】 2013年完成固定资产投资6.5亿元，安排实施限上技改工程项目11项。尖山转地下开采工程主回风系统在3月底全部建成并投入使用。密地选矿厂全尾矿深度回收利用工程于1月31日开工，9月30日建成并开始试生产，12月26日交工验收。朱兰开拓运输系统改造工程岩石破碎站至表外矿利用破碎工程的岩破运输系统于3月建成并投入使用；兰山矿石运输系统于9月建成投入使用；朱矿岩石破碎运输系统后段于11月中旬投入试生产。表外矿利用——破碎工程于2月26日开始试生产。密地选厂工艺设备升级改造工程筛分间直线筛改造于10月23日完成交工验收。白马选矿厂300万吨/年铁精矿提质工程于2月15日开工，3月31日建成，4月完成重负荷试车并投入试生产。白马铁矿采选扩能改造工程于10月完工。白马选钛工程（钛铁矿回收部分）于4月15日开工。选矿厂尾矿过江管道改迁工程于11月5日交工验收。白马铁矿万年沟尾矿库溢洪洞续建工程第一阶段实施部分后续工程于3月开工。各项重点工程基本实现进度目标。

【财务管控】 实施全面预算管理，充分发挥预算指导控制作用，完善指标管理体系，做好财务预算指标分解落实工作，加强过程管控和事后分析、考核。开展外委外协业务综合评价和财务效益测算，加强矿产资源管控，及时为公司资源配置和产品结构调整决策提供财务数据支持。全面开展全员成本目标管理活动，成立由公司总经理担任组长，公司各分管领导担任副组长的成本目标管理领导小组，扎实推进成本目标管理活动。深入开展对标活动，严格控制资金支付，对大额资金使用实行总经理、财务负责人联签制度，配合股份公司开展融资业务，保证了公司的生产经营和白马二期建设等工程的资金需求，完成年度资金考核指标。研究营改增和矿产资源补偿费政策，利用税收优惠政策节税创效。通过加强管控，全年完成降本增效3.56亿元，主要产品成本基本可控。密地、白马铁精矿成本分别为224.64元/吨、295.95元/吨，钛精矿成本469.97元/吨，与2012年相比分别下降3.47元/吨、19.03元/吨、0.27元/吨，公司铁精矿成本近五年来一直保持全行业最低。

【物资管理】 以计划平衡、采购策划、价格管理、采购实施为核心，以监督制衡、兼顾效率为目的，把计划、价格、采购权限分离，调整专业组织机构，理顺管理职能，进一步优化管理流程和人力资源配置。狠抓对标挖潜，将备件周转天数、计划准确率、计划执行率、计划领用率纳入对标体系中来，管理效能得到提升。加强与厂矿单位的协调沟通和业务指导，组织实施物资功能性承包，加强机旁备料、废旧物资监管，跟踪计划执行落实。狠抓降采利库，推进年度招标，制订20项降本增效措施，多引进生产型供应商，减少中间环节，不断优化供应链管理。加大招标采购和谈价议价力度，扩大邀请招标范围，发挥批量采购优势。全面提升计划平衡能力，不断优化库存结构，推行优先利库原则，减少物流配送环节和资金占用。积极推进功能性承包工作。通过精细化管理物资的全过程，全年共推行功能性承包项目14项，创效435.69万元。全年降低采购成本2870.99万元，利库707.23万元，机旁备料较2012年降低4462.58万元。

【设备管理】 引进检修项目竞争机制，全年共比价、议价31项，较计划投资节约834.48万元。加大设备运行过程管理，进一步加强设备管理，主要设备运行总体受控，检修计划性增强，设备完好率、可开动率分别为97.75%、96.35%，杜绝了重、特大设备事故发生。深入开展设备管理“对标挖潜、降本增效”工作，建立完善设备管理对标体系，细化工序、设备、管理的对标方案和措施。开展基层厂（矿）车间级对标工作，实现点对点对标。积极开展修旧利废、外委转自修，全年创效达到2338万元。

【能源动力】 围绕节能降耗的重点和难点，公司通过召开月例会、完善计量设施、能源大检查等方式，不断优化公司能源管理基础工作。针对能源计量设施不完善，绘制计量网络图，完善Ⅰ、Ⅱ、Ⅲ级计量设施152块。针对跑冒滴漏制定专项治理方案。深入开展工艺优化研究、达产达效攻关、节能技术改造，节约能源费用约3123万元。进一步推动建设项目能评工作和合同能源管理工作，为全尾矿深度回收利用工程申请四川省节能节水资金300万元。强化能源动力管控，全年“移峰填谷”降成本316.24万元，能源消耗成本占生产总成本比例22.41%，较2012年下降2.83%，铁精矿综合能耗10.98千克标煤/吨，较2012年降低1.22千克标煤/吨。

【安全环保】 加大安全环保工作力度，从强化责任、夯实基础、现场管控、相关方管理等8个方面进行安排和监控。在公司、厂矿、车间、班组层层签订安全目标责任书，在职工中开展安全生产承诺活动，对全年目标任务和安全指标进行分解。重视基础安全管理，完善管理制度，深化KYT活动试点。严控安全管理体系运行，对公司12个厂矿单位10个方面35个环节进行验证检查，查出不符合19项，制订风险减缓措施10条。强化“一岗双责”落实，全面开展安全生产大检查，共查出隐患882项。狠抓相关方安全管理，协力和劳务用工首次实现零事故。强化季节性安全工作，开展旱季火灾隐患排查整治，确保无重大火灾事故发生。强化安全教育与安全文化建设，深化转岗、复岗、新上岗等职工安全教育，以及“百日安全生产”和“安全生产月”等宣传教育活动，营造浓厚的安全文化氛围。公司荣获“四川省安全生产文化示范企业”称号。全年发生生产安全事故6起，轻伤6人，无重伤以上事故，占集团控制指标的33%，安全生产形势基本受控。加大现场环境整治工作，选钛异味整治、密地选矿厂破碎闭路除尘改造、排土场扬尘等工作正在抓紧推进，白马选矿厂生产现场得到较好改善。全年绿化投资164万元，绿化面积56216平方米，各项环保指标达标。

【科技质量】 2013年完成科研项目75项，其中国家863“钒钛磁铁矿高效选矿关键技术与示范”项目完成了超细粒级钛铁矿项目离心粗选精矿样品的生产，正在进行浮选试验。白马选矿厂铁精矿提质工业试验研和白马选铁尾矿回收钛铁矿流程优化研究分别获得2013年度攀钢科技进步奖三等奖。朱兰采场资源保障方案研究，于2013年年底完成全部研究，盘活资源量30757.34万吨，保持1500万吨/年以上生产能力13年；境界外资源利用率75%以上，露天开采回采率达95%以上，地下开采回采率达82%以上。朱矿北帮狮子山扩帮工程设计，增加境界内的矿石量1382万吨。密地选厂全尾矿深度回收利用工程等5项研究取得良好效果。严格质量计量管理，严格各分、子公司精细化、量化作业，确保公司主要产品质量满足要求，保证输出铁精矿、钛精矿各项指标在控制范围内。全年共完成铁精矿质量加价创效3.56亿元。

【资源综合利用】 加强矿产资源管控，挖掘存量资源价值，推进朱矿排土场小选矿、小晒矿清理整合工作。建立完善公司、厂矿两级矿产资源保护监察员、信息员队伍。开展专项检查28次，挡获被盗次铁精矿、矿石价值近100万元。充分利用采场表外矿、低品位矿，减少资源浪费。2013年利用表外矿、低品位矿、风化矿加工回收铁精矿突破200万吨。加大存量资源的利用，开发利用排土场废弃资源。公司成立资源开发项目部，由兴茂公司负责资源的管理与开发，对太阳湾表外矿，排土场和选矿抛尾废石进行公开招标销售，为公司创造较好经济效益。成立红格南矿区矿权工作组，加大矿权申报和前期准备工作力度。

【改革创新】 建立外包外协业务评价体系及流程管理体系，全面清理评价2012年业务外包项目，引进并创新项目化管理模式，严格控制业务外包，较2012年降低外包费用1.1亿元，节约成本支出2300万元。对铁精矿销售，外委加工职能和职责进行调整，使管理层级、界面更加清晰合理，责任更加到位，工作更加顺畅，预防不正当行为发生。调整废旧物质管理职能，增加废旧物资对外竞价处置的范围、方式。推进珠海工贸公司、凉山公司、新白马公司机关、选钛厂次铁精矿生产线等机构调整、职能优化工作，精简或撤销科级等机构9个，精简（压缩）定员编制70余人，节约年度各项费用开支1000余万元。加强劳动用工管理，不断优化劳动组织，为1000万吨表外矿、全尾矿深度回收利用、选钛微波干燥、白马精矿提质等工程项目配置（储备）人力资源约540人，节约人工成本1600余万元。

（黄长银）

冶金建设

【概 况】 2013年，在市场环境极为不利的情况下，中国十九冶外拓市场，内抓管理，实现市场签约93.31亿元，营业收入81.99亿元。其中非钢市场占营销产值比重73.47%。

这一年，中国十九冶奋力开拓市场。在钢铁项目上，借助品牌影响力，抓住不可多得的机遇，中标青钢环保搬迁2号高炉及连铸工程、日照转炉炼钢工程、北海诚德不锈钢120万吨冷轧工程等大型冶建项目，巩固了冶金市场地位。在非钢市场上，集团公司加大对城市综合体、大型公共建筑、有色、电力、石油、轻轨等领域的开发力度，中标腾冲恒达自在山居旅游综合体、航利·星海湾北区项目、玉溪得胜家居商业中心、深圳新世界松岗红星村旧城改造等一批大型非钢项目，非钢市场比重首次超过70%，市场结构转型初见成效。

2013年，中国十九冶以配强配优领导班子、减少管理层级和干部职数、取消与政府对应的干部序列为重点，深化人事制度改革。全公司有52名助理（副总）以上干部不再聘任，科级岗位减少152个，组织机构减少40个。

【工程建设】 2013年5月6日，经过375天的日夜鏖战，被誉为民心工程、追梦工程的成都二环路东段改造工程，提前25天达到通车条件，创造了二环路全线16项第一的“十九冶速度”。

自2012年4月26日工程开工以来，中国十九冶始终坚持“创一争优，造福成都”的宗旨，精心组织，精心施工，精诚合作，精益求精，高标准、高速度、高质量完成成都东二环EPC2合同段的建设任务，得到业主、监理、市民、媒体等社会各界的一致好评。

2013年，中国十九冶牢牢把握“加快转型、稳中求进、强化管理、提质增效”的总体目标，不断提升项目履约能力，以管理促进度、强质量。台塑越南河静高炉工程、攀枝花德铭·菩提苑项目、攀钢西昌冷轧退火炉工程、青岛钢铁公司2号高炉系统工程、云南玉溪市人防工程相继破土动工。并打造出成都二环路“双快”工程、泰钢1800毫米炉卷轧机技改工程、八钢南疆高炉工程等精品工程、明星工程。

【企业文化建设】 2013年6月22日，中国十九冶在第十届全国企业文化年会上崭露头角，申报的企业文化成果——《“双核”驱动的“西部铁军”》荣获“2012—2013年度全国企业文化优秀成果”奖。

企业文化成果——《“双核”驱动的“西部铁军”》，被北京大学、清华大学、中国人民大学等学术支持单位认为，该成果具有较好的示范性和推广意义，认为创造这一优秀成果的中国十九冶，在企业文化建设的新方法和新途径上积极努力探索，以社会主义核心价值体系为指导，提炼、培育反映时代精神的企业核心价值理念；运用现代化的管理工具和方法，构建系统、科学、有效的企业文化管理体系；并通过持续不断的宣传教育、引导激励，使先进企业文化成为凝聚全体员工智慧和力量的思想基础。

【科技创新】 2013年，中国十九冶承建泰钢1800毫米炉卷热轧机技改工程顺利投产，标志着中国十九冶拥有完全自主知识产权、全球首创的“三连轧机技改推移成套技术”成功应用，引领企业科技创新能力再上台阶。

攀枝花钢城大厦工程被评为“全国建筑业绿色施工示范工程”、成都二环路东段改造工程通过中冶建筑业新技术应用示范工程验收；出版发行冶炼施工技术管理专业专著《高炉炼铁工程管理与施工技术》，代表国内高炉施工和技术管理的新水平。

2013年，中国十九冶升级为“四川省知识产权示范企业”，共获专利受理120项，其中发明44项，新授权专利80项；14项工法被评为省部级工法；1项课题获四川省2013年省级专利实施与促进专项资助；4项课题获攀枝花市应用技术研究与开发资助；确定32项十九冶重点课题；申报财政部施工新技术研发项目1项；45项课题研发费用通过攀枝花市科技与税务部门认定，享受减税优惠政策。

（蒋雨杉）

煤　炭

【概　况】 攀枝花煤业（集团）有限责任公司（以下简称攀煤公司）是川煤集团规模最大的子公司，始建于1964年，是20世纪60年代国家在“大三线”建设中为攀枝花钢铁基地配套建设的国有大型煤炭企业。经过近半个世纪的艰苦创业和改革发展，攀煤（集团）公司已建设成为以煤为主，电力、化工、火工、建筑建材、机械制造等多业并举、配套发展的综合性企业。公司煤炭核定生产能力507万吨/年，现有4对矿井、100万吨焦化、10万吨甲醇、300兆瓦电力、2亿块煤矸石砖及火工、机械制造、物流贸易等产业在内的11个分公司、6个子公司共22个单位，在册职工1.87万余人，职工家属10万余人，总资产96亿元。企业先后获得四川省优秀企业、全国节能一级企业、全国思想政治工作优秀企业、全国五一劳动奖状等荣誉称号。

【生产经营】 2013年是攀煤公司改革发展史上极为困难的一年，煤炭市场持续低迷，产品价格大幅下降，各种问题多重叠加，攀煤公司在困境中保持了总体稳定，但距离完成全年目标任务还有一定差距。全年生产原煤420.18万吨，同比增加22.69万吨；产销精煤177.54万吨，同比增加12.33万吨；焦炭41.21万吨，同比减少14.74万吨；矸石发电11.78亿度，同比减少2.91亿度；生产矸石砖（含蒸压砖）14185万块，同比增加422万块。全年实现营业收入28亿元，同比减少6.7亿元；利润亏损1.8亿元，同比多亏4000万元。安全生产控制在川煤集团下达指标之内。全年在岗职工人均收入 4.16 万元，同口径与 2012 年基本持平，采掘一线员工收入同比增长 3.9%。

【安全工作】 2013 年，攀煤公司安全指标控制在川煤集团下达指标之内，顺利完成安全目标任务。全年公司认真落实《煤矿矿长保护矿工生命安全七条规定》，组织开展系列安全大检查，细化安全管理措施，强化安全责任意识，深化安全专项整治，突出“一通三防”、防治水、顶板、机电运输等重点领域管理，狠抓质量标准化建设和隐患排查整治。突出安全专项整治，“一通三防”方面，钻孔进尺 12.82 万米，完成计划 106.8%；瓦斯抽放量 417.61 万立方米，完成计划 112.86%；瓦斯超限报警次数 31 次，比计划下降 69%，与 2012 年同比下降 64.3%。机电运输方面，发生无计划停电事故 14 次/92 台，与 2012 年同比降低 36.4%。职业卫生方面，建立健全职业健康体系，对 3279 人进行职业健康检查。突出隐患排查，全年下发隐患整改通知单 607 份，共查出隐患 2469 条，整改率 100%，查处“三违”1323 人次。突出安全教育培训，全年培训 21696 人次，其中全员安全培训 16305 人次、特种作业取证培训 2796 人次、岗位培训 1892 人、专业技术人员继续教育培训 181 人、区（科）级干部培训 90 人、班组长培训 338 人、安全管理人员培训 93 人。突出安全必要投入，全年提取使用安全费用 10004 万元，矿井综合信息化系统通过验收，六大系统改造上半年基本完成，小宝鼎矿、大宝顶矿固定瓦斯抽放系统年底竣工。突出安全文化建设，继续开展矿井安全飞信“攀煤行”活动，建设安全文化长廊，开设安全广播，开展班前安全叮嘱，打造矿嫂品牌。太平矿坚持全员入井前井口安全宣誓，干部员工在潜移默化中接受安全理念感染。各级党政工团结合党的群众路线教育实践活动，针对员工安全思想、教育、培训等突出问题，开展针对性的调查、督促和指导，干部作风和自律性得到加强，员工安全素质得到提升。

【煤炭生产】 针对煤炭行业整体走弱的不利外部环境，攀煤公司从内部入手，建立完善生产管理考核办法，着力在提高采掘正规循环、工时利用、设备开机效率和优化采掘布置、减少搬家倒面时间、改进采煤工艺等方面落实责任、细化措施，各矿基本完成计划任务，全年原煤、精煤产量 420.18 万吨、177.54 万吨，同比分别增产 22.69 万吨、8.8 万吨；全公司机械化程度、全员工效、单产、单进水平均较 2012 年有所提高。其中小宝鼎矿前三季度因集中搬家倒面，工作面赋存条件变化大，欠产较多，从四季度开始随着条件好转相继追回欠产，基本完成全年任务；太平矿首个综采工作面取得成功，3 月份产量达 9.67 万吨，创该矿历史最好成绩，综放、刨运综采 10 月、11 月分别投入试生产，机械化发展取得历史性突破；花山矿全年完成矿井产量 173.75 万吨，创该矿历史新高。4238 工作面大采高综采项目 6 月底投入试生产，10 月通过川煤验收，各项指标达到预期目标；大宝顶矿一定程度扭转了近年来生产持续被动局面，矿井生产相对比较稳定。精煤分公司新系统运转正常，精煤产率和介质消耗攻关成效显著。

【相关产业】 2013 年，攀煤公司将扭亏增盈作为相关产业工作目标，着力培育各单位自主营收能力，针对各单位实际情况，实行一企一策、一点一策。从实际运营看，电力、建材、机制等产业经济运行较为平稳，基本实现减亏目标。矸石发电厂在全年累计仅有一个月双机运行的情况下，尽最大努力节支降耗，增加上网电量，全年发电 11.78 亿度，实现盈利 4800 万元。九鼎建材公司采取与经销商代销和自销相结合的方式，矸石砖（含蒸压砖）产销量 14185 万块，企业效益同比减亏 620 万元。机制公司加大 730 重型刮板机和截齿产品的产销力度，全年实现销售收入 4920 万元，同比增加 370 万元。恒威公司通过参股周边民爆企业，努力拓展市场，爆破收入达到 1750 万元。焦化公司从 3 月 1 日起，引进合作方实施经营托管，攀煤公司进行经营监管，从实际运行情况看，焦化公司在系统改造、设备维护、理顺管理、减人提效、降本增效等方面取得较好效果，但由于市场进一步恶化，亏损仍然较为严重。

【深部资源勘探】 2013 年，攀煤公司着力提高宝鼎矿区持续发展能力，加快实施宝鼎煤矿接替资源勘探项目。项目自 2012 年 2 月 13 日启动，截至 2013 年 12 月 31 日，全部野外工作已基本完成。项目完成的主要实物工作量为：钻探竣工总进尺为 30302.17 米/34 孔，其中水文地质钻探 3440.84 米/3 孔，煤层气钻探 3322.07 米/4 井，地质钻孔 23539.26 米/27 孔（包括井下钻孔）；物探常规测井 26833.02 米（不含煤层气孔测井），井斜测量 580 点（不含煤层气孔测井），简易井温测试 9112 米/4 孔；气测录井 3322.07 米/4 井，煤层气试井 7 层次/4 井，煤层气综合测井 3309.00 米/4 井，瓦斯压力测试 90 层次；单层水位观测 3 层次/3 孔，水文长观站 15 站；完成 1：5000 水、工、环地质图修测 110 平方千米，巷道编录 5714.88 米；采取各类样品 3000 件，其中煤芯煤样 1475 件，顶、底板及夹矸样 1084 件，煤层自燃样 60 件，煤尘爆炸样 60 件，煤岩样 7 件，岩石物理力学试验样 42 组，瓦斯成分样 108 件(含 11 件煤层气参数样)，瓦斯参数样 123 件，水样 41 件，预计获得煤炭资源 3.25 亿吨。

【红坭公司成立】 2013 年 6 月 3 日，攀枝花川煤华荣红坭煤业有限公司注册成立，注册资本 1 亿元，该公司为四川省煤炭产业集团有限责任公司间接控股子公司。根据盐边县煤炭资源开发现状，该公司将全面参与以盐边地区为重点的煤炭资源整合开发，力争用5年时间完成盐边县煤矿整合开发，公司原煤生产能力2015年力争达180万吨，2019年达360万吨。8月1日，川煤集团与盐边县政府战略合作签约暨川煤华荣红坭有限公司授牌仪式在红格举行。省政府副秘书长蔡竞、市长张剡、川煤集团董事长、党委书记肖天任、总经理景宏年出席仪式。

【经营管理】 2014年，攀煤公司在经营管理上下大力气，力求向管理要效益。突出经营目标考核，在坚持开展月度、季度经营目标考核和审计、效能监察的基础上，对完不成经营目标的单位实施重点监管，限期整改。突出内部挖潜增收，从工资分配、节支降耗、经营创收等方面进一步细化措施，增添办法，全年物流贸易实现收入5800余万元；实施泥煤招标统销增加销售收入1500余万元。突出成本费用控制，以太平矿、精煤分公司为试点，启动推行全面预算管理。材料物资方面，进一步理顺和完善物资供应管理体制和考核办法，各单位供应站划归原单位管理，除总医院外，所有单位自购物资全部实行招采分离，公开招标后价格平均下调20%左右。加大清仓查库、回收复用力度，在全公司开展清仓查库专项活动，全年物资回收2800万元，复用2200万元，清查出库存物资9000余万元（含国债物资3000余万元）。工程管理方面，制定出台新的工程建设、招投标等6个管理办法，严禁计划外、超预算工程，控制外委工程，鼓励自营工程，全年安排重点项目13项，完成投资1.6亿元，同比减少2亿元。工资分配方面，修订完善工资结算考核办法，工资收入实行不同系数比考核，体现效益质量、规模收入与贡献薪酬相结合的原则。水电消耗及回收方面，合理调整供电运行系统，逐步清理大功率设备，减少设备空运转，降低水电消耗，同时针对矿区民用水电实际，组织实施智能化改造，提高水电回收率，全年减少外购电支出1200万元，水电回收率同比提高20%。非生产费用控制方面，严格执行川煤集团及公司“十项规定”，严禁超标开支、铺张浪费，全年三项费用同比下降722万元，为近年来最好水平。启动实施定岗、定员、定编工作，大力清理临时用工和不在岗人员，全年净减人员946人，同时清退外来劳务用工278人。

【焦化托管】 2013年3月1日，攀煤公司下属联合焦化公司正式交由攀枝花市黑沙钒钛科技有限公司进行托管经营。按照托管经营协议，从3月1日起，联合焦化公司整体生产、经营及安全管理，包括人、财、物、产、供、销交由黑沙公司托管，托管期限3年，保证金1亿元，黑沙公司按月计提上交折旧及资金利息880万元，并承担相关税费、职工工资及其他日常经营费用。攀煤公司成立托管经营监督领导小组及现场协调监管工作小组，负责对托管经营期间的国有资产保值增值、安全生产、维护职工利益等情况的协调监督。从托管实际运行情况看，托管后，焦化公司在系统改造、设备维护、理顺管理、减人提效、降本增效等方面取得较好效果，但由于市场进一步恶化，亏损仍然较为严重。

【人力资源】 2013年，攀煤公司在用人机制体制，薪酬分配方案上不断寻求创新，着力提高人工效能，对公司应对行业困境起到较好的推动作用。制定完善《攀煤（集团）公司2013年工资管理暂行办法》，全面实行工资总额预算管理的体制，进一步完善职工民主参与工资奖金分配的决策和民主监督制度，增加分配透明度，有效提高干部职工工作积极性和主动性。优化人力资源配置，规范劳动用工管理，公司在册人员从年初18087人减少到年底的17192人，减少895人。清理旷工等不在岗人员476人，清理清退外来劳务用工270人。安置退伍军人12人，招聘大中专毕业生57人。认真执行劳动合同法，劳动合同签约率达100%，梳理全公司员工劳动合同，全年新签劳动合同93人，换签川煤华荣劳动合同16500人，续签208人。积极开展培训工作，全年计划培训各类人员15223人，实际培训15984人次，完成计划的104.5%。举办各类安全培训10593人次，特种作业取证培训2796人次，岗位培训1892人，技能大赛10个工种1120人，专业技术人员继续教育培训181人，区（科）级干部培训90人，班组长培训338人，安全管理人员培训94人。开展综采维修电工、矿井维修电工、采掘电钳工、采煤机司机、浮选工等工种的技师考评工作，共61人参加考评。加快推进人力资源信息化管理，2012年12月全面启动人力资源管理信息化系统建设工作，截至2013年12月，二级单位已全部纳入到人力资源管理信息化系统。制定健全各类管理制度，制定下发《培训教师课时津贴标准及支付管理办法》《生产经营单位经营者年薪制管理暂行办法》《规范领导干部兼职劳动报酬的通知》《关于进一步规范集中培训经费使用与结算管理的通知》等，修订、补充、编制完成四川川煤华荣能源股份有限公司攀枝花分公司《统一劳动定额标准》。

【科技创新】 2013年，攀煤公司继续健全完善科技管理办法，突出抓好创效益、提效益的科技攻关工作，突出抓好科技成果转换，各项工作取得较好效果。知识产权工作取得建局以来最好成绩，2013年申报专利数量超过建局以来的总和（共计开案50余项，已授权发明1项、实用新型19项、外观设计1项）；科技研发投入抵免税工作全面铺开并取得良好效果，完成2012年科技减免税申报三项，资金总计3000万元，审核免税270万元；科技项目补助资金再创新高，获攀枝花市、川煤集团科技项目补助资金共计320万元；科技成果再获佳绩，全年获四川省科技进步奖3项（其中：“高掺粉煤灰水泥粉磨工艺技术研究”获省科技进步奖二等奖；“宝鼎矿区煤系地层特征及空间展布研究”“移动地面站工艺技术及设备与现场混装车装药在爆破工程中的应用研究”获省科技进步奖三等奖)。攀枝花市科技进步奖5项(其中:二等奖2项,三等奖3项)。川煤科科技进步奖17项(其中:二等奖5项,三等奖12项)。2013年3月,攀煤公司被省政府确定为“第三批省级知识产权试点示范企业”。

【六大系统建设】 2013年,公司六大系统建设全部完成并顺利通过公司验收,该系统的建成投用,将大幅提高井下安全防控能力,提升矿井安全生产水平。六大系统,即监测监控系统、人员定位系统、压风自救系统、供水施救系统、通信联络系统、紧急避险系统。监测监控系统通过安装有甲烷、一氧化碳、温度、风速、二氧化碳、开停、馈电、负压、烟雾、风门开关等传感器和视频监控探头,实现对矿井监测监控的全覆盖;人员定位系统具有实时监测功能、查询功能、安全保障功能及统计考勤功能,能够实时掌握井下各作业区域人员的动态分布及变化情况。压风自救系统采用地面压风机集中供风,采用焊接钢管输送压缩空气到井下各个工作地点,以满足各处平时用气需求和灾变情况下为人员提供应急施救的需要;供水施救系统采用地面蓄水池静压供水,过滤水经焊接钢管输送到井下各个供水仓,可满足各处平时用水需求和灾变情况下为人员提供应急施救的需要;通信联络系统井下无线通讯系统信号覆盖全矿区地面,信号覆盖井下所有的运输大巷和采煤工作面运输巷,满足花山煤矿在遇见灾害时的通讯保障任务;紧急避险系统采用专用压风管路供氧方式向避难硐室供氧,并且在硐室内配备全套避险装备,具有氧气供给、有害气体去除、降温除湿、通信联络、监测监控等相关功能,能为矿井在发生安全事故时提供紧急避难场所,满足被困人员80人井下紧急避险96小时以上。

【综合信息化建设】 2013年,攀煤公司下属大宝顶矿、太平矿综合信息化、自动化系统建设顺利完成并通过川煤验收。2013年3月经川煤集团复核,攀煤公司四矿均已达到“川煤集团公司一级综合信息化自动化煤矿”标准,并授予攀煤公司“综合信息化自动化公司”称号。由于攀煤公司下属煤矿大多于20世纪60年代开始建设,矿井防治水、机电、运输监控等系统还处于手工操作、单机运行或者独立运行,数据不能有机共享,影响安全生产,严重制约矿井的安全和发展。2008年12月攀煤公司矿井防治水、机电、运输监测监控系统立项,累计投资10712.6万元。2010年7月正式启动,2012年12月完成,2013年4月25日通过川煤集团验收。该套系统共建设20个子系统,其中17个为新建子系统,3个为已建子系统的升级改造,包括矿井工业电视监控系统、无线通讯系统、水文监测系统、矿灯智能管理系统、矿用广播系统、井下机车信集闭系统、皮带运输集控系统、主通风机在线监控系统、压风机在线监控系统、架空人车监控系统、生产用水监控系统、瓦斯监控系统、人员定位系统平台、电力监控系统等系统的高度集成。该系统的顺利投用,将较好地实现矿井实时数据采集、数据处理、网络数据通讯自动监视预警及部分系统的远程控制。降低设备空载运行时间,达到节能降耗的目的。同时有效减轻工人劳动强度,减少用工数量、提高劳动效率,显著提升煤矿企业的安全管理水平。

【节能环保】 2013年,攀煤公司全力推进创模攻坚项目实施建设,截至12月31日,公司承担的9个项目已顺利完成6项,由于治理成效显著,市委、市政府在攀煤公司召开铁路货场扬尘治理项目现场推进会;全年申请到省、市级环保专项治理资金100万元,太平矿废水改造等三个项目市级环保专项治理资金100万元已批复;公司环境监测站通过省计量认证复查,计量检定17项标准通过省计量标准考核;修订落实《公司危化品管理考核办法》,突出加强对焦化公司的监管力度,公司危化品实现全年安全监管无事故;加强对重点单位(四矿、焦化公司、精煤公司、电厂)节能降耗工作的指导和技术服务,加强对节能新技术、新产品和新工艺的推广应用,顺利完成公司节能8000吨标准煤指标,公司被评为2012年度“攀枝花市节能先进单位”。

【和谐矿区建设】 2013年,攀煤公司在经营十分困难的情况下,紧抓和谐矿区建设,在保证职工收入不降低的同时,更加注重关心职工生产生活。继续实施低收入和特困职工帮扶,全年走访慰问28000余户、慰问金824.85万元,组织职工疗养922人次,职工体检17857人次。棚户区改造工程有序推进,累计完成投资9.6亿元,安置居民11000余户,整个工程基本结束。廉租房于6月20日完成分配工作,清香坪小区住房于7月23日全部交付使用。公租房改造完成投资900万元,已完成主体工程验收,正在实施室内外装饰装修。小宝鼎桃花山公寓改造、攀煤公司机关大梯道维修改造和大宝顶、小宝鼎成套住宅维修正在加紧实施。积极与省、市社保部门沟通,申报办理247人次的工伤性质认定;组织404人次参加工伤人员劳动能力鉴定,为5443人次兑现工伤待遇1838.5万元。完成19176人次的医保基数调整,为1039名异地居住人员审核报销住院费用802.4万元,切实维护职工的合法权益。认真开展党的群众路线教育实践活动,广泛开展“解放思想、转变作风、挖潜增收”主题教育,制定落实改进工作作风、密切联系群众的“十项规定”,开展十佳敬业、十佳道德模范评比,公司干部作风、职工精神面貌进一步改观。重视加强信访维稳工作,重点对棚户区、集体工、工伤残及机构改革、减人提效等难点问题加大信访调处力度,基本保持矿区稳定。

(唐和平、王 宁)

电　力

国网四川省电力公司攀枝花供电公司

【概　况】　国网攀枝花供电公司始建于 1965 年，为国网四川省电力公司下属的特一型企业。2013 年 7 月，国网四川省电力公司所属省、市、县层面单位机构名称进行统一规范，“四川省电力公司国网攀枝花电业局”正式更名为“国网四川省电力公司攀枝花供电公司”（简称“国网攀枝花供电公司”）。公司本部设置 11 个职能部门、6 个业务支撑机构、2 个全资县公司、2 个省公司授权管理控股公司。

截至 2013 年年底，公司拥有变电站、开关站 51 座，变电容量 545.42 万千伏安，其中，220 千伏变电站 9 座，110 千伏及以下变电站 38 座，10 千伏开关站 4 座；110 千伏及以上线路 946.2 千米，35 千伏线路 410 千米，配网线路 2562 千米。

2013 年，国网攀枝花供电公司累计完成售电量 111.67 亿千瓦时，位居省公司系统第三位；电费回收率和电费解交率 100%；实现连续安全生产 1440 天；荣获“四川省五一劳动奖状”，继续保持“全国文明单位”称号。

【人力资源】　2013 年，国网攀枝花供电公司在册职工 1169 人；省公司级及以上优秀人才 79 人，优秀人才比例居全省公司系统前列。

2013 年 9 月和 12 月，国网四川省电力公司对国网攀枝花供电公司领导班子进行调整，2013 年 9 月，国网凉山供电公司工会主席封晓梅交流至国网攀枝花供电公司担任纪委书记、代理工会主席，原国网攀枝花供电公司工会主席张琼异地交流至国网凉山供电公司工作。2013 年 12 月，国网成都供电公司办公室主任李天林异地提拔，担任国网攀枝花供电公司副总经理。

公司积极落实市委、市政府对藏帮扶工作部署，先后选派 160 余名优秀管理、技术人员进驻藏区，从技术、工程、管理等方面创造性深入开展工作，截至 2013 年年底，已累计投入资金 517 万元支持支持藏区供电企业发展，藏区电网呈现出逐步改善的良好势头。

【电网建设与发展】　2013 年，国网攀枝花供电公司完成《攀枝花电网“十二五”发展规划》滚动修编工作，同时提出电网建设两个“高起点”。即高起点建设坚强智能电网、高起点打造全国一流数字化电网。2013 年，500 千伏甘泉、橄榄 220 千伏配套输变电工程按期建成，从根本上解决攀枝花电网供电能力不足及负荷落地难等问题。220 千伏安宁、枣子坪新建、施家坪扩建和 110 千伏上板桥新建等一大批重点输变电工程有序推进，电网构架进一步完善，共有 5 个电网建设项目被评为国网公司优质工程，4 个项目获省公司优秀设计奖。

新能源在攀枝花规划容量达 240 万千瓦，国网攀枝花供电公司积极参与太阳能、风能等项目前期工作，确保全国最大民用光伏发电项目——攀枝花学院 2.1 兆瓦屋顶太阳能发电项目顺利并网，为攀枝花市打造绿色能源、分布式能源示范基地奠定基础。

【经营管理】　结合国家电网公司“三集五大”体系建设，国网攀枝花供电公司在全川率先成立运营监控中心，实现对公司综合绩效、运营状况、核心资源、关键流程的全面监测、运营分析、协调控制和督察督办，《基于管理提升的同业对标体系建设》课题获省公司管理创新一等奖，获四川省管理创新二等奖。

公司持续加强集体企业管理，逐步建立适应市场化需要的管理体制和运行机制，集体企业运营品质有效提升。国网米易县供电公司、国网盐边县供电公司上划取得国资委批复，顺利实现从控股到全资子公司过渡。

按照国家“八项规定”及市委、市政府关于作风建设的相关要求，国网攀枝花供电公司大力开展效能监察、协同监督，及时解决工程施工、供电服务、“三公”费用管理等方面存在的突出问题，业务招待、公务用车、会议费大幅降低。

【安全生产】　国网攀枝花供电公司始终坚持“安全第一、预防为主、综合治理”的方针，深入开展安全大检查，实施全域电网安全隐患排查治理，排查整治安全隐患 367 项。

国网攀枝花供电公司加强高危重要客户用电安全整治，对所辖 163 户高危重要客户实行一户一档专项管理，着力提升用户设备安全管理水平。

公司充分发挥警电联动机制作用，查处破坏电力设施案件 1 起、处理安全隐患 3 起，挽回直接经济损失 23.9 万元。

国网攀枝花供电公司在全川范围内率先完成全省 4 个

县级应急中心建设，开展应急抢修联动演习，形成完整的应急救援体系，圆满完成十八届三中全会、欢乐阳光节等重大保电任务。全年未发生各类安全事故，截至12月31日，攀枝花电网安全稳定运行1759天。

【科技与信息化】 国网攀枝花供电公司全面加强科技与信息化建设，2013年，全年申报专利143项。其中发明专利11项、实用新型专利123项。完成核心论文3篇，省级及以上刊物发表论文41篇。高海拔、重污染带电水冲洗项目获得省公司科技进步二等奖、攀枝花市政府科技进步三等奖。

国网攀枝花供电公司鼓励员工开展技术创新，2013年共形成职工技术创新成果32项，创历史新高，15项获国家专利，7项成果入选省公司100项创新优秀成果，两项成果分别获得省公司“职工技术十大创新成果”及“职工技术创新优秀成果奖”。

国网攀枝花供电公司大力推进综合自动化改造，35千伏及以上变电站无人值班化率100%、通信业务保障率100%、信息设备自动监控率100%。

【市场服务】 国网攀枝花供电公司积极应对全市用电下降形势，大力增供扩销，新增客户数量同比增长30%。主动对接富邦、瑞钢等重点项目，全力服务售电市场。建成社会化电费代收网点341个，城市“十分钟缴费圈”基本形成。加快智能电表推广应用，共安装智能电表18.9万支，智能电表覆盖率达91.3%。建立“社区供电服务联络员”制度，实现供电服务末端前移。

大力推进配网状态检修、带电作业，重点在城市推广旁路作业法和电缆不停电作业法，全年开展带电作业2100余次，减少停电时间2600余小时。以客户为导向，创新个性化、差异化服务举措，供电服务实现“零投诉”。公司未发生影响和损害企业形象的重大服务事件，实现供电服务“零事故”。

（鲁丽玲、赖小红）

雅砻江流域水电开发有限公司二滩水力发电厂

【概　况】 2013年，是雅砻江流域水电开发有限公司（以下简称“雅砻江公司”）的“攻坚年”“管理提升年”。在雅砻江流域水电开发快速推进的同时，二滩水力电厂围绕“巩固成果，追求卓越”目标，进一步落实“规范化、精细化”管理要求，巩固安全生产成果，全年各项安全、经济、技术指标均好于雅砻江公司下达值，累计发电量突破2000亿千瓦时，连续长周期安全生产天数超过2200天。

二滩水力发电厂在通过NOSCAR认证、达到安全生产标准化一级标准的基础上，依靠完善的安全管理制度，严抓“风险预控”管理，在全厂员工的共同努力下，保持了良好的安全生产局面。

二滩水力发电厂按照中央转变作风“八项规定”要求，结合实际，在坚持“快乐工作，健康生活”理念的同时，把“艰苦奋斗，乐于奉献”系列活动作为2013年团队建设的重点，进一步加强队伍建设，有效促进各项工作目标的顺利完成。

【主要指标完成情况】 2013年，二滩水力发电厂全面完成雅砻江公司下达的年度指标。其中，安全指标方面：全年未发生一般及以上事故；发电设备强迫停运次数小于1次/台·年。经济指标方面：二滩水电站年发电量为152.22亿千瓦时；机组耗水率为2.36立方米/千瓦时；年末库水位维持在1198.41米。技术指标方面：水工建筑物完好率100%，机组等效可用系数90.11%，主设备完好率100%，自动开停机成功率98.78%。

（吉　霞）

华电四川发电有限公司攀枝花分公司

【概　况】 华电四川发电有限公司攀枝花分公司与攀枝花三维发电有限责任公司（以下统一简称“攀枝花公司”）职能管理部门施行“一套班子、两块牌子”的管理模式。现有总装机容量270兆瓦，截至2013年12月31日，完成发电量11.03亿千瓦时，完成年度计划（11.45亿千瓦时）的96.53%；厂用电率完成9.39%，同比下降0.16%，比年度计划9.55%低0.16%；供电煤耗394.03克/千瓦时，较年度计划392.84克/千瓦时高1.19克/千瓦时，同比上升0.03克/千瓦时；全年平均入厂入炉热值差621.5千焦/千克，同比下降206千焦/千克。全年实现总产值3.8亿元，两个公司全年累计亏损1.03亿元；主要亏损原因是电煤价格持续高位运行，发电量逐年降低，远低于攀枝花公司盈亏平衡点。截至2013年12月31日，实现连续安全运行2847天。截至2013年年底，全公司共有职工1217，较2012年减少55人，其中全民在岗职工766人，平均年龄43岁，大专及以上文化程度313人，管理和专业技术人员200人，全民内退（含协议离岗）职工451人；离退休人员1524人。

2013年，攀枝花公司继续保持“省级安全文化建设示范企业”“中国华电集团公司文明单位”“中国华电集团公司四川公司文明单位”“四川省文明单位”等荣誉称号。9月通过四川省电监办专家组检查验收，获得“省级电力企业安全生产标准化达标企业”称号。

【生产经营】 2013年，攀枝花公司坚持以创造可持续价值为中心，以创建经营生产型企业为宗旨，围绕公司年初提出的“31113”工作思路，齐心协力，积极应对机组利用小时和负荷率持续下降、年发电量远低于盈亏平衡点；电煤供应形势严峻、煤价高位运行、成本大幅攀升；环保排放压力剧增；融资异常艰难等复杂严峻的经营形势，围绕年度经营目标，以推进“管理效益双提升”活动为抓手，集中力量狠抓经营要素精细化管控。狠抓电量争发优发。建立完善公司、职能部门、岗位三级营销体系，出台争发优发电量奖惩措施，明确职责，加大奖惩力度，千方百计争发优发电量，提高电价执行率。狠抓燃料全过程精细化管理，全力电煤保供控价。公司针对攀枝花地方煤炭无产能，电煤供应持续紧张的严峻形势，提出“拓渠道、控煤价，强管理、降损耗，抓掺配、控成本”的思路，一方面千方百计拓展外地煤源，组织引进云南华坪、贵州、新疆地区电煤，确保电煤供应；另一方面，切实抓好电煤入厂验收、采制化储运等厂内燃料和掺配掺烧精细化管理，有效降低入炉标煤单价。完善内控制度及监督体系，强化经营风险管控。公司严格实行全面预算管理，强化预算刚性。从计划源头、审批过程加强控制，强化成本、费用指标控制。合理调整贷款结构和还本付息周期，全力确保资金链安全。进一步加强制度机制建设，全面开展廉洁风险防控工作。结合实际制定《燃料管理视频监控管理标准》，修订《招标监督实施细则》和《“三重一大”规定实施办法》。完成了对公司24个部门近120个岗位的《职权目录》《职权运行流程图》和《职权运行风险监控图》的编制审定工作，重点针对投资决策、财务管理、燃煤管理、物资采购、招标投标、选人用人和工程建设等腐败易发多发的重点领域、关键环节和重要岗位开展廉洁风险防控工作，通过查找廉洁风险点，评估风险等级，制定防控措施，落实防控责任，形成公司廉洁风险信息数据库，强化公司经营风险管控力度。

【安全管理】 2013年，公司以开展安全年、春安、秋安大检查以及安全性评价为契机，以安全生产标准化管理、无违章企业创建、作业环境本质安全、隐患排查、专项检查整改为重点，扎实推进安全日常精细化管控，狠抓隐患排查治理和设备缺陷管理，全力控制薄弱环节，切实提高公司安全生产管理能力。全年累计发现各类隐患和设备缺陷998项，其中设备隐患、缺陷等88项，已整改完成86项，部分整改2项，整改率100%。完成12号炉平衡风室金属膨胀节更换，12号炉冷段空预器管进行更换，220千伏、110千伏线路高频保护光纤化改造等项目，实现重大项目完成率达100%，一般项目完成100%。进行12号机组扩大性小修，严格执行《设备缺陷封闭管理标准》，严格闭环管理，确保机组持续稳定、健康运行。狠抓交通、消防、地质灾害、承发包工程及临时工安全管理制度的落实；强化资质管理、安全技术交底和过程监管，全面夯实安全生产基础，全面提升安全管控能力。通过四川电监办安全生产标准化达标验收评级检查，现场评审合格，2013年9月，公司被授予安全生产标准化达标企业称号。针对环保挂牌督办的整改要求，结合国家新的环保排放标准，积极履行企业环保主体责任，持续加大环保投入，强化环保设备整治，完成石灰石脱硫添加系统设备配置、烟气在线监测系统等环保设施设备的升级改造，通过环保部西南督查中心组织现场检查验收合格，11月8日国家环保部办公厅发文《关于解除污染减排存在问题企业挂牌督办的通知》予以摘牌。

截至2013年12月31日，公司未发生重伤及以上人身事故和一般及以上的设备事故；未发生一般火灾事故和与生产经营有关负同等责任的一般交通事故；未发生灰坝垮坝事故和较大环境污染与破坏事故；未发生恶性误操作事故和全厂停电事故；未发生由公司责任造成的有较重社会影响的安全生产事故。实现安全生产2847天。

【依法执企】 2013年，公司认真执行总法律顾问制度，加强法律风险防范。积极促进“六五”普法与法治工作有效融合，结合实际组织修订公司《合同管理标准》《招标管理标准》，进一步规范合同、招议标工作流程。有针对性开展法律专项培训，7月中旬，特邀法学专家对公司领导、中层管理人员及物资、燃料、财务等经营管理重要岗位人员100余人进行“企业经营管理风险防控”专题讲座，有效提高公司相关人员风险防范意识，增强在经营管理工作中对合同管理、环境保护等法律法规知识的理解与运用。全面推动《法制工作第三个三年目标实施方案》各项目标任务的落实。公司基本实现重大决策、规章制度、合同的法律审核率三个100%的法制工作目标。

【项目拓展】 2013年，攀枝花公司加快推进风电、光伏发电项目等新能源开发进度，着力优化资产结构。充分利用攀枝花地区的资源优势，在四川公司、地方政府大力支持下，完成对米易县马鹿寨、天鹅抱蛋两个风电场风资源条件初步分析，初步拟定装机规模，制订天鹅抱蛋风电场进度计划，加快推进米易风电项目开发进度，力争2014年年底开工建设。积极介入本地区光伏资源开发，与东区发改局签订屋面分布式光伏项目战略合作框架协议，完成位于西区西沟灰场5.5兆瓦地面光伏电站初步规划方案。攀枝花公司检修部在确保完成公司机组维护、消缺、技改、大小修任务的同时，紧盯区域内水、火电机组检修市场，大胆探索、开拓外部电力安装、维护、检修等领域，抢占电力安装、检修、配件加工等市场份额，不断强化委外工程施工安全和质量管理，形成季节性水电检修、火电临修、零配件加工的市场环境。

【党建和企业文化建设】　公司大力开展党建管理提升工作，制定《党建管理提升工作方案》，明确工作目标、组织保障和工作步骤，确定学习建设、组织建设、制度建设、队伍建设、思想建设、文化建设等八个方面的工作内容、措施及责任，制定考评细则，扎实推进党建管理提升工作。认真落实中央八项规定，切实转变工作作风。制定《关于改进工作作风、密切联系群众的若干规定》，坚持公司领导调研、联系基层和接待日等制度，积极贯彻全心全意依靠员工搞好企业的思想，组织开展转作风、强素质、抓落实、求实效谈心谈话活动和五必谈、五必访活动，切实抓好在员工队伍中存在的不稳定情况的排查研究和疏导解决工作，努力营造和谐稳定的工作氛围。大力加强企业文化建设。制订公司《2013年企业文化建设计划》，按照“经营、培训、燃料、社区”文化建设实施方案和任务分解表，有计划地推进企业文化建设，确保分支文化建设各项工作落到实处。开展“最美攀电人”故事征集活动，征集“最美攀电人”的故事39篇，经过评比、筛选，对19个故事进行挖掘、整理，汇编成《平凡的感动——攀电人自己的故事》一书并发放到部门、班组，组织员工学习，激发广大员工敢于担当、真抓实干、攻坚破难、力求实效的工作热情。

（刘爱军）

化工工业

【概　况】　2013年，全市规模以上化工企业42户，主要产品有：钛白粉、脱硝催化剂载体二氧化钛、黄磷、硫酸、烧碱、炭黑、油漆、磷酸、盐酸、炸药、磁粉、润滑油、石油压裂支撑剂、液化气等。已形成黄磷13万吨、磷酸10万吨、烧碱15万吨、炭黑4万吨、油漆2万吨、钛白粉45.8万吨的生产能力。

2013年纳入行业统计的42户企业，完成工业总产值209.84亿元，同比增长17.92%；完成工业增加值68.41亿元，同比增长17.12%；实现售收入182.80亿元，同比增长20.49%。主要产品产量：钛白粉495611吨，黄磷66230吨，硫酸196万吨，盐酸18986吨，烧碱22569吨，炭黑32983吨，油漆9345吨。销售收入上亿元企业26户，其中：5亿元以上11户，1亿—5亿元15户。

【重点化工企业】　攀枝花市海峰鑫化工有限公司位于攀枝花钒钛产业园区，占地10万余平方米，属于民营股份制企业，注册资金2000万元，在册员工586人。公司主营产品为6万吨/年硫酸法金红石型钛白粉(配套设施20万吨/年硫磺制酸装置)。现有金红石型钛白粉产品的牌号主要有R616、R618、R625、R516、STR558等多个产品，主要下游客户为涂料、塑料、高光乳胶漆、油墨、造纸等领域。公司2013年工业总产值9.1亿元。

攀枝花东立化工有限公司位于攀枝花钒钛产业园区，成立于2007年1月，注册资金1000万元，现有员工600余人，各厂区占地200余亩，总投资达2亿元，是一家专注于“废弃物综合利用，提高资源利用率”，研究开发钛产业废弃物循环利用，走低碳经济、节能减排、可持续发展道路的企业，是攀枝花市唯一专业处理钛白企业、黄磷企业废弃物的科技环保型企业。公司2007年建设10万吨/年硫酸亚铁综合处理装置（即10万吨/年硫酸生产装置），2010年建设10万吨/年磷酸氢钙生产线，专注解决工业园区废硫酸、磷矿粉等废弃物。2012年3月获得了四川省循环经济促进会颁发的“四川省循环经济重点推进单位”称号。2013年年初参与会东金川公司及所属矿山的收购，使公司拥有稳定及优惠的原材料资源，降低了生产成本，提高了市场竞争力。2013年6月，收购米易县安宁生物科技有限公司，并以此为平台通过技术服务与业务外包方式，与攀枝花东方钛业有限公司签订战略合作协议，利用对方年产16万吨硫酸装置帮助其处理4万吨/年钛白生产过程中的约16万吨硫酸亚铁。通过不断的技术攻关，克服技术难题，公司迅速成为攀西地区专业处理钛产业生产过程中硫酸亚铁环保瓶颈的行业领先企业。2013年全年，公司生产经营稳定，共生产硫酸18万吨，红渣10万吨，氢钙5.3万吨，实现销售收入2.2亿元，利润2000万元，税收500万元。公司投资建设的硫酸亚铁烘干项目正在完善相关手续，设计产能达32万吨/年，计划新建的10万吨氢钙项目也在筹备中。公司计划在“十二五”规划年形成产值6亿元，利润6000万元，税收1500万，解决就业1000余人，建设成为攀西最大的钒钛资源废弃物综合利用的大型企业集团。

（欧阳平）

地方工业

【概　况】 2013年，受全球经济不景气的影响，攀枝花地方工业增速放缓。据市统计局统计，规模以上地方工业355户，完成工业增加值360.57亿元，同比增长3.53%，占全市工业增加值的79.61%，较2012年增加3.9个百分点。完成工业总产值1099.81亿元，占全市工业总产值的76.53%，较2012年增加4.15个百分点。实现主营业务收入1096.67亿元，同比增长19.94%，占全市规模以上工业企业主营业务收入的68.12%，较2012年下降0.78个百分点。规模以上地方工业企业主营业务收入上亿元的企业175户，其中：100亿元以上1户；20亿元—50亿元5户；10亿元—20亿元12户；5亿元—10亿元23户，1亿元—5亿元134户。

【冶金行业】 2013年，在全球经济弱势复苏、国内经济增速放缓的形势下，钢铁行业在低迷中艰难运行。攀枝花市地方冶金企业克服不利因素影响，继续保持较好的发展态势。据行业统计，纳入行业统计的地方重点冶金生产企业86户，完成工业总产值366.55亿元，同比增长20.13%；完成工业增加值134.35亿元，同比增长22.22%；实现销售收入291.37亿元，同比增长8.25%；实现利润19.51亿元，同比下降223.64%。

【轻工行业】 2013年，受国际国内经济不景气的影响，轻工行业发展面临巨大的困难，总体呈下降趋势。全市列入行业统计的轻工企业有10户，完成工业总产值11.92亿元，同比增长3.79%；完成工业增加值3.86亿元，同比增长6.93%；实现销售收入11.83亿元，同比增长5.6%。

【机械行业】 2013年，全市机械行业增长速度放缓。据行业统计，纳入行业统计的43户重点企业完成工业增加值45.59亿元，同比增长17.01%；完成工业总产值143.63亿元，同比增长22.94%；占全市工业的10%，较2012年增加1.1个百分点。实现销售收入140.36亿元，同比增长30.03%。2013年，纳入行业统计的43户重点企业，销售收入上亿元的达到30户，其中10亿元以上4户，5亿元—10亿元8户，1亿元—5亿元24户。

（欧阳平）

主要工业企业

【攀枝花钢城集团有限公司】 2013年，攀枝花钢城集团有限公司(简称钢城集团)下设13家分公司、22家全资子公司和9家控股子公司；机关设职能部室13个。年末在岗员工15401人；拥有各类生产设备6366台(套)(含64条生产线)；总资产150.21亿元，固定资产原值29.19亿元、净值18.17亿元，流动资产114.37亿元。

2013年，是钢城集团改制以来最困难的一年。面对异常严峻的宏观经济形势、钢铁行业产能严重过剩以及攀钢控亏减亏力度持续加大等一系列重大挑战，坚持以提高经济运行质量和效益为中心，加快产业结构调整和转型升级步伐，深化各项改革，确保生产经营总体稳定和员工队伍稳定。

以市场为导向，以减亏控亏为中心，以保边际贡献为原则，积极开拓攀钢以外市场和利用攀钢以外资源，生产经营保持总体稳定。多形式、多渠道组织资源，全年组织钢坯、煤炭等各类资源80余万吨，确保了生产所需。加大生产组织力度，强化重点单位的生产组织协调配合，对没有边际贡献的产品及时关停或调整，确保生产均衡、稳定，实现产业链间企业的有效衔接和效益最大化。强化服务攀钢意识，以新产品开发满足攀钢需求变化，做好球团矿、煤炭、铁精矿、盐酸、烧碱等产品的组织、生产和运输，巩固攀钢市场份额；维护和拓展西昌钢钒、攀成钢、攀长钢、新钢业等钢铁市场，瑞海公司成功嵌入西昌钢钒的生产链条，形成良好的战略合作伙伴关系。积极应对市场变化，着力开发贸易、物流新市场、新项目，多次中标攀钢钒铁合金项目，煤炭贸易量同比增长59.5%，钢材贸易量同比增长45%。积极拓展螺纹钢、电工钢、商品砼等产品销售渠道，全年累计销售商品砼112.16万立方，同比增长32%，实现收入3.16亿元，同比增加8979万元；累计销售电工钢2.51万吨，同比增加1.71万吨；实现外销球团25.89万吨。

重大项目建设取得新进展。全年完成投资11.12亿元，同比增加 49.69%。渣钢渣铁钒钛资源综合利用项目 1 号主线于 11 月 29 日热负荷试车成功，从开工到具备单机试车条件，比常规工期提前 4 个月。通过反复论证、优化设计方案和施工现场，创新设备采购模式，以提高设备性价比为目标，实现由业主方与总包方联合招标采购设备，对降低的采购金额由双方分成，实际采购价格比总承包合同价格平均降低 14%，降低设备采购成本 5686 万元。项目建成后，公司钢铁产品由全部生产普钢向合理配置优钢、特钢转变，实现钢铁生产的转型升级。引进芬兰先进技术的渣钢铁高效回收系统项目，10 月建成投产，精料产品达 70%以上，选后剩余的尾渣含铁量降至 1.08%，实现渣钢渣铁提质生产的新突破，资源综合利用能力和水平上了一个新台阶；普达阳光国际康养度假区项目进展顺利，一期主干道路、花海景观等基础设施建设按计划推进；阳城龙庭、龙潭技术研发中心大楼和钢城经贸大厦等房地产项目按计划顺利推进，其中钢城经贸大厦销售面积超 3 万平方米，占可销售面积的 1/3，主楼已建 23 层，副楼即将封顶；与中石油四川销售分公司合作建立仁和橄榄坪园区和迤资园区加油、加气站项目取得积极进展；开工建设瑞城汽车板加工项目；钢材交易中心项目完成规划设计、地勘和施工设计。

科技进步取得新成果。全年获授权专利 50 余件。荣获"四川省第二批企业知识产权示范工作先进单位"和"四川省知识产权示范企业"称号；镁电解氯气化系统优化研究和攀钢含铁二次资源综合利用技术研究分获攀枝花市科技进步二等奖；钛硅合金在品种钢中的应用研究取得突破性进展，成功开发出各项性能全部满足国家标准要求的 HRB400 高强度螺纹钢，成为国内首家生产这一产品的厂家；瑞地公司被认定为"四川省企业技术中心"，不仅能获得国家专项技术资金扶持，还能争取到有利的税收及进出口政策；"起重""西磁"商标被认定为四川省著名商标；瑞海冶金渣综合利用分公司、冶金材料分被认定为四川省科技型中小企业；瑞通公司通过国家节能服务公司评审，成为钢城集团首家推行节能服务的单位。围绕钢铁、钒钛、冶金原辅料等重点产业，大力开展经济技术指标优化、技术升级、品种质量改善等科技攻关，改进和优化酸性氧化球团、螺纹钢、炼钢等生产工艺。白马球团吨球煤耗平均降低 3.9 千克，全年降低成本 1000 余万元。钢城集团各二级单位加大技术创新力度，不断开发新产品新技术，欣宇化工公司与青海北辰科技有限公司共同完成的科研项目《多极镁电解槽产业化技术及装备应用研究》，获 2012 年度攀枝花市科技进步一等奖；起重厂与钛业公司合作研发的"不锈钢复合板反应器"获 2012 年攀枝花市科技进步二等奖。

坚持市场化改革方向，不失时机地推进改革，在产业结构调整、三项制度和集团化管控等改革方面实现新突破。截至 12 月，已完成协力有限公司、阳城公司、建筑公司、汉风公司、瑞海公司、环业公司、贸易公司、瑞城公司、集团公司审计法务部 9 个单位（部门）的经营管理者公开竞聘，有 56 名经营管理者和 3 名社会精英参加竞聘，减少经营管理者职数 20 个。集团公司机关改革迈出实质性步伐，撤销原规划投资部、工程部，设立发展部承接相关业务；撤销原审计部、监察处（纪委办），成立审计法务部（监督处、纪委办）承接相关职能和企管部法律事务职能；按照新时期科技发展战略目标和要求，成立钢城集团工程技术中心。产业结构调整迈出新步伐，制定 2013—2016 年产业结构调整和转型升级总体方案，为未来三年的调整转型指明了方向；完成涉及近 5000 名员工的协力业务整合，将协力分公司、冷轧协力分公司合并，成立协力有限公司，并托管瑞海协力分公司；完成对欣宇化工公司和钛业分公司的整合，优化化工产业，形成专业化管理优势和规模优势。

严格管理，降低成本，控制风险。资金管理规范高效，多渠道、多方式融资，降低融资成本，确保生产经营和重大项目建设的资金需求；严格资金预算管理，从严控制资金支出，提高资金运作效率。从采购、生产、销售等环节，严格控制成本费用，全年降低采购金额 1.2 亿元，下降 2%；备品备件采购价格平均降幅 18.99%，维修费用比 2012 年整体下降 15%；强化成本费用考核，全年费用同比下降 7.94%，主导产品物耗成本下降 3.65%、加工成本下降 4.47%；对费用支出实行刚性控制，全年降低经营费、招待费 3238 万元，同比下降 29%；强化招投标和比价议价制度执行，组织集中招标 62 项，较投标均价减少 995 万元；组织比价议价项目 445 个，比经过单位和部门审核的估算金额减少 4306 万元。工程管理更加规范，瑞钢、轧钢整体搬迁、球团烟气脱硫等项目有效推行工程项目小甲方负责制，小甲方的主体责任得到加强；强化工程合同、项目建设监理、预算编制和竣工结算管理，推动工程项目建设顺利推进。加大审计、监察力度，加强对重点工程、资金运作、物资采购和产品销售等审计；狠抓廉洁从业教育，从严查处违规违纪、失职渎职行为，全年查处违规违纪案件 8 件，8 人受到党纪政纪处分。积极争取政策性资金和支持政策，全年争取到位的政策资金 2368 万元，已批复未到位的资金 657 万元，争取支持政策获益 3719 万元。

加强人才队伍建设和信访维稳工作，保持企业和谐稳定大局。评聘首批技术领军人才 10 名、技术拔尖人才 20 名；评选出 33 名技术领军后备人才和 33 名高技能拔尖后备人才实施重点培养；举办青年管理人员培训班和高级复合型技能人才订单培训班，启动工商管理硕士培养工作；首批技能大师工作室试点建设工作正式启动，设立焊工技能大师工作室和球团主控工技能大师工作室。

坚持为员工办实事、做好事，在企业最困难的时候，动用 5000 万元资金，对符合条件的困难员工和其他部分员工进行股权回购；在产业结构调整中，妥善安置富余人员，海绵钛工序停产后组织招聘分流人员，110名员工实现再就业；补助困难员工290人次，救助员工42人，共用资金21.12万元；正确处理改革发展稳定关系，及时处理和化解各种矛盾，理顺员工情绪，稳定员工队伍，确保企业大局和谐稳定。

2013年，钢城集团实现经营总收入176.39亿元，同比增长1.07%；实现工业总产值94.18亿元、工业增加值27.52亿元、税费总额4.48亿元，同比分别下降7.91%、17.93%、16.9%；在岗职工人均年收入40551元，比2012年增加160元，增长0.4%。2013年钢城集团再次入围“2013中国制造业500强”，位列第292位，比2012年下降18位；再次入围“2013中国民营企业500强”，位列第175位，比2012年下降23位；入围“2013中国民营企业制造业500强”，位列第116位；再次入围“四川企业100强”，位列第21位，与2012年持平；入围“四川制造业企业100强”，位列第12位；分获“2013攀枝花企业50强”“2013攀枝花制造业50强”“纳税50强”第二位。2013年钢城集团荣获“四川省优秀民营企业”“四川省文明单位”称号；被全国总工会和全国工商联授予“全国双爱双评先进企业工会”荣誉称号；被四川省经济和信息化委员会、四川省知识产权局授予“四川省第二批企业知识产权试点示范工作先进单位”称号，并成为“四川省知识产权示范企业”；被四川省工商业联合会授予“四川省民营企业文化建设工作先进单位”称号；钢城集团轧钢分公司被四川省工商行政管理局授予2012年度“省级守合同重信用企业”称号，已连续11年获此殊荣；起重运输机械厂电焊工何丽获全国五一劳动奖章。钢城集团瑞钢工业公司经理刘新、瑞通制冷公司经理曾东、合金分公司经理范泽宇分获“四川省优秀企业家”称号。

（莫基秀）

【渣钢渣铁钒钛资源资源综合利用项目建成投产】 渣钢渣铁钒钛资源综合利用项目暨瑞钢搬迁工程是钢城集团钢铁产业转型升级的重大骨干项目，也是2013年四川省重点项目，计划投资3.87亿元。工程建成后将实现热送热轧，形成年产5万吨钒渣、100万吨钢、15万吨铸锻钢件的生产能力，预计实现年产值80亿元。2012年9月，渣钢渣铁钒钛资源综合利用项目在仁和迤资工业园区动工。11月30日，瑞钢公司整体搬迁工程建设全面开工。自开工建设以来，工程建设节点整体受控，2013年3月30日吊装主厂房钢结构。9月30日，1号线具备试车条件。11月8日，正式启动送电程序。11月28日点火投料，29日7时15分正式出钢。12月8日，1号主线第二次带负荷试车，16：40顺利完成钢水浇铸。12月28日，2号EBT电炉成功实现热负荷试车。

（莫基秀）

【四川德胜集团攀枝花煤化工有限公司】 位于攀枝花市西区格里坪镇经堂村，隶属德胜集团，性质为有限责任公司。公司成立于2003年7月，注册资金3000万元，占地30余万平方米，员工900余人。公司以炼焦为主导产业，努力拓展循环经济产业链。为攀枝花市重点循环经济企业之一、攀枝花市西区重点龙头企业。公司的生产规模为年产冶金焦60万吨、氧化球团100万吨、粗苯8000吨、硫铵7000吨、焦油2.5万吨、年发电4000万度。

公司是焦化行业准入企业，能源管理体系认证企业，危化品安全标准化二级企业，攀枝花市首批通过清洁生产审核的企业。是全市民营企业率先成立党委、团委的企业。公司还获得全国职工教育培训示范点、四川省模范劳动关系和谐企业、四川省质量管理先进企业等荣誉称号。公司坚持一手抓发展和效益，一手抓环保治理，先后进行粗苯硫铵技改工程、煤气余热发电技改工程、氧化球团技改工程建设，有效利用炼焦产生的剩余煤气，为公司创造了经济效益，实现“煤—电—冶”产业链形成，最大限度地减少对环境的污染，真正实现资源综合利用。

2013年公司总资产13.5亿元，固定资产原值5.5亿元，净值2.7亿元，公司负债12.8亿元。2013年公司共生产焦炭59.1万吨、球团72.6万吨、发电4100万度，生产粗苯6010吨、焦油2.8万吨。实现销售收入20.4亿元、利润2800万元，上缴税收5183万元。

【攀枝花立宇矿业有限公司】 公司成立于2004年，注册资金1000万元，具备年产700万吨钒钛磁铁矿、180万吨铁精矿、40万吨钛精矿的生产能力。公司是以钒钛磁铁矿综合利用为主，锰矿、镍矿、铜矿开发利用及特钢冶炼制造研发、生产并重，以立宇矿业为主体的企业集团。公司有员工2000余人、专业技术人员59人、硕士及以上3人、大学本科55人。公司在2010年攀枝花企业50强综合排名评选活动中名列第17位，进入2010年攀枝花市营业收入十强民营企业。2005年7月，公司投资组建、成立企业自己的研发中心——攀枝花市立宇矿业有限公司技术开发分公司，中心有教授2人、博士2人、硕士4人、学士及其他技术员10人。公司已申请专利18项，发明专利14项，实用新型专利4项，已授权13项。

公司下属会理县小黑箐经质铁矿2013年开采原矿414万吨。2013年立宇矿业全年生产铁精矿162万吨，钛精矿28万吨。实现销售收入285759万元，产值150518万元，利润10164万元，上缴税金8663万元。

（欧阳平）

农 业

种植业

【粮食生产】 2013 年，攀枝花市粮食作物播种面积 40106.71 公顷，粮食产量 21.39 万吨，比 2012 年增加 0.3 万吨，圆满完成四川省农业厅下达的粮食生产任务。

其中，全市小春粮食作物种植面积 13866.9 公顷，产量 3.6 万吨。小麦面积 5882.9 公顷，产量 1.92 万吨，比 2012 年减少 428 吨；豌豆面积 3381.7 公顷，产量 0.55 万吨，比 2012 年增加 237 吨；胡豆面积 773.7 公顷，产量 0.13 万吨，比 2012 年增加 500 吨；马铃薯面积 446.9 公顷，产量 0.25 万吨，比 2012 年增加 115 吨；油菜面积 1654.2 公顷，产量 0.25 万吨，比 2012 年增加 50 吨；大麦面积 220.1 公顷，产量 0.04 万吨，与 2012 年持平；其他粮食面积 1507.4 公顷，产量 0.5 万吨，比 2012 年增加 25 吨。

大春粮食播种面积 28240.8 公顷，比 2012 年增加 413.5 公顷，增长 1.51%；粮食产量 17.84 万吨，比 2012 年增加 0.37 万吨，增长 2.12%。水稻面积 14387.2 公顷，与 2012 年持平；玉米播种面积 11252.3 公顷，比 2012 年增加 413.5 公顷，增长 3.78%，产量 5.52 万吨，比 2012 年增长 1.38%。薯类面积 1067.2 公顷，其中红薯面积 500.3 公顷，产量 0.12 万吨，与 2012 年持平；大春马铃薯面积 560.3 公顷，产量 0.13 万吨，与 2012 年持平；豆类 973.8 公顷，主要为大豆，产量 0.21 万吨。

市农牧局紧扣“科技服务农民”主题，组织科技人员在春耕农忙季节，深入田间地头落实 2013 年水稻高产试验示范工作，米易县水稻高产创建示范片和盐边玉米高产创建示范片面积各 2000 公顷，核心示范面积 400 公顷，高产创建示范片实现产量增加 10%。

【水果生产】 2013 年，全市水果种植面积 28014 公顷，产量 19.7 万吨，分别比 2012 年增长 8%和 8.2%，产值 8 亿元，比 2012 年增加 1.5 亿元。

芒果生产。由于 2012 年冬季和 2013 年春季芒果未受低温影响，开花坐果情况良好，除仁和区大龙潭乡、普达村和盐边县金河、红格等芒果主产区受到干旱一定程度影响，其他地区 2013 年干旱对芒果生产影响较小。全市新增 660 公顷芒果进入盛果期，2013 年芒果种植面积将增加 2000 公顷，总面积 20010 公顷，全年芒果产量 8 万吨，比 2012 年增加 1.4 万吨，产值 5 亿元，比 2012 年增加 1 亿元。

枇杷生产。2013 年 8—9 月花期遇雨、11 月果实膨大期受旱，对枇杷的开花坐果造成不利影响，产量 7500 吨，比 2012 年减少 300 吨。2013 年枇杷均价 19 元/千克左右，比 2012 年同期增加 7 元/千克，总产值 1.5 亿元，比 2012 年增加 3500 万元。

石榴、脐橙、梨、桃等其他水果总体长势较好，产量都较 2012 年略有增加。2013 年西瓜种植面积 733.7 公顷，比 2012 年增加 100 公顷，产量 3.3 万吨，比 2012 年增加 0.45 万吨；樱桃种植面积 1000 公顷，比 2012 年增加 200 公顷，产量 0.44 万吨，单价 10 元/千克—15 元/千克，比 2012 年高 5 元/千克左右。

大力开展热作标准化示范园建设，2013 年组织东区希望农业公司等企业创建热作标准园 5 个，有 3 个等待农业部认定。全市开展芒果标准化生产示范面积 660 公顷，开展枇杷标准化生产示范面积 120 公顷，开展莲雾标准化生产示范面积 73.3 公顷。开展咖啡标准化生产示范面积 200 公顷，开展火龙果示范面积 20 公顷。标准化生产示范园以点带面，示范带动，标准化生产技术得到广泛应用，农民水果种植技术得到明显提高，经济效益不断提升。

积极争取水果发展项目，2013 年，市农牧局向四川省农业厅农场管理局申报攀枝花市大祥果品开发有限责任公司“四川省攀枝花市东区莲雾标准化生产技术集成与示范推广”等农技推广体系建设财政专项经费（热带作物）8 个项目，获 30 万元热作经费和攀枝花市仁和区植保植检站承担的 2013 年热作病虫害监测防治项目经费 2 万元支持。根据四川省农业厅、财政厅《关于下达 2013 年现代农业产业基地建设项目实施指导意见的通知》文件精神，督促仁和区完成《仁和区 2013 年现代农业产业（芒果）基地建设项目实施方案》，其中省级现代农业产业基地项目建设资金 145 万元。

认真组织实施经济作物科技项目和开展技术培训，市农牧局参与组织实施中国热科院的“果园种草养畜”项目，种植牧草13万平方米，主要草品种为黑麦草，标准化羊圈改造200户，同步开展芒果技术培训和牧草种植技术培训。组织实施市科技和知识产权局立项的“芒果品种区域化示范应用研究”，对全市芒果种植区域开展调查摸底，通过走访农户等多种途径，综合比较，确定8个试验点，分布在仁和区的大龙潭乡、福田镇、务本乡、平地镇，米易县的新山乡、白坡乡，盐边县的国胜乡、鳡鱼乡。并完成国胜乡、福田镇、平地乡试验点嫁接工作，嫁接试验品种6个，均已成活，抽梢3台—4台，长势良好。完成设备采购、安装调试，采购温湿记录仪8台，海拔测量仪4台，GPS测亩记录仪1台，计数器4个，糖度测量仪2台，温湿记录仪已安装到项目试验点，开始采集数据。结合项目实施，项目组在试验点开展芒果实用技术培训，共开展技术培训4期，培训农户300人次。组织实施市科技和知识产权局立项的“铁皮石斛新品种引进及试验示范科技项目”，2013年3月开始实施铁皮石斛新品种引进试验示范项目，项目地点啊喇乡和总发乡，新建钢架大棚设施2.4万平方米，修建灌溉水池2个，先后从云南省和广西壮族自治区引进铁皮石斛组培苗3万瓶，从7月开始分四批次进行定植，试验部分于8月16日进行定植，组培苗基本适应攀枝花市气候，根系生长正常，11—12月正处于正常休眠期，预计2014年春节前后幼苗将进入生长旺盛期。

加强经济作物品牌建设，继续开展农产品地理标志申报及标志管理使用工作，加大“攀枝花芒果”“攀枝花枇杷”等农产品地理标志的宣传力度，积极引导企业、合作社使用农产品地理标志，加强地理标志使用监管，市农牧局与12个单位签订“攀枝花芒果”“攀枝花枇杷”农产品地理标志使用协议书。“攀枝花枇杷”申报农产品地理标志获得成功，市政府奖励市农牧局50万元工作经费。

【蔬菜生产】 2013年，全市蔬菜种植面积13113.2公顷，产量65万吨，产值13亿元，分别比2012年增加578.1公顷、4.4万吨、1.3亿元，分别增长4.6%、7.2%、11%。其中早春蔬菜面积8237.5公顷，产量39.85万吨。设施蔬菜面积达4268.8公顷，平均公顷收益在22.5万元以上，最高公顷收益达60万元，经济效益明显，实现早春蔬菜产销两旺。根据对攀西、丙谷等几个大的交易市场的销售情况调查，各类蔬菜综合均价3元/千克左右，相比2012年同期历史最高的3.6元/千克有所回落，但由于2013年早春蔬菜面积增加，特别是设施蔬菜增加，优质高价蔬菜比例增大，全市早春蔬菜总的销售收入11.6亿元，比2012年增加1亿元。

组织米易县阳光果蔬种植专业合作社、攀枝花杰威种植专业合作社向省农业厅申报2013年扶持“菜篮子”产品设施蔬菜生产项目，并指导制定实施方案，各获50万元补助资金，市农牧局组织专家及时进行项目实施情况检查、验收。按照省农业厅、四川省财政厅《关于下达2013年“千斤粮万元钱”粮经复合产业基地建设项目实施指导意见的通知》内容，市农牧局协助四川省农业厅审查米易县2013年“千斤粮万元钱”粮经复合现代农业产业基地建设项目实施方案，项目获得省级财政投入220万元。

做好盐边县北部、米易县北部设施蔬菜基地建设技术推广工作，在早春（设施）蔬菜生产过程中，市农牧局派技术人员深入田间直接对农户进行设施蔬菜栽培管理技术指导和培训，指导开展设施蔬菜基地建设，着力推广新品种、新技术，发展高效设施蔬菜栽培，设施蔬菜发展势头良好，产量和产值得到大幅提高。

开展西瓜、甜瓜、茄子、辣椒、番茄的嫁接试验示范及推广，印发嫁接及栽培管理技术资料，解决蔬菜和西瓜因连作根部病害问题。2013年，西瓜嫁接苗面积400公顷，茄子嫁接苗面积13公顷，嫁接甜瓜、苦瓜各3公顷，同时指导农民开展辣椒、番茄、黄瓜等嫁接育苗。

认真组织专家和专业技术人员到盐边县国胜乡开展设施蔬菜专家示范基地建设工作，定期对农户进行技术培训，发放黄板、技术资料，专家培训农民300人次，印发技术资料1000份。与中国热带农业科学院开展科技交流和合作，接待热科院专家到攀枝花市开展科技合作8次。

【蚕桑生产】 2013年，全市发蚕种8.6万盒，比2012年增加0.96万盒，增长12.6%；生产蚕茧3476吨，比2012年增加456吨，增长15.1%；单产40.6千克/盒，全年蚕茧均价40.35元/盒，比2012年增加3.1元/盒，增长8.3%，春季价格最高，蚕茧均价42.5元/千克，比2012年同期增加4.2元/千克：全市蚕农蚕茧收入13925万元，比2012年增加2676万元，2013年蚕桑行业增加收入3000万元，养蚕户户均增收100元。

充分发挥光热资源优势，积极调整蚕桑产品结构，大力发展果桑产业，全市果叶兼用桑园1200.6公顷，其中，投产200公顷，全市鲜桑果、果汁加工和桑果干累计销售0.38万吨，农民桑果销售收入实现2300万元，分别比2012年增加500吨、300万元，桑果产业已经成为攀枝花市蚕桑产业发展新亮点，农民增收新渠道，全年蚕桑行业综合产值达到2亿元。蚕桑生产已覆盖全市25个乡、265个村的3.31万户养蚕户，养蚕户年户平养蚕收入4200元，养蚕户人均收入1000元。

加强蚕业管理，引导盐边县天成丝绸有限责任公司拓展海外市场，实现自营出口，其生产的生丝质量达5A级，上茧率95%以上，各项质量指标均名列全国前茅，2012年首次以自主报关方式将生丝出口到印度，该公司2013年生丝出口创历史新高，共收汇 9 笔，累计金额 129.83 万美元，比 2012 年增长 80 倍。

做好蚕种供应资格证的重新申请办理、蚕桑职业技术人员的上岗资格培训、加强蚕种行政执法力度、协调落实蚕种供应计划，保证蚕农用种需要。协调落实蚕茧收购资金，全年没有出现蚕茧收购“打白条”的现象。

积极调整蚕桑产品结构，大力发展桑果产业，引进红果 1 号、红果 2 号、蜀果 1 号新桑品种。指导建设万亩现代蚕桑产业基地，重点发展盐边县万亩蚕桑产业带，推动盐边县箐河乡、国胜乡发展蚕桑产业，大力推广优质高效蚕桑品种、推进桑果资源开发利用，开展产、加、销等各环节的技术集成配套示范，着力扩大户营规模，重点培植一批“户有 5 亩桑、养蚕 20 张、收入 5 万元”的适度规模蚕桑专业户。

【植物检疫】 2013 年，市农牧局认真开展植物检疫执法检查，按照四川省农业厅要求，年初组织人员开展柑橘种苗的专项执法检查。9—10 月，组织开展苗木市场植物检疫执法联合检查，重点查验是否建立台账、经营纪录、有无植物检疫证书、种子标签上检疫证明编号等。对种苗生产经营户开展产地检疫检查。

积极开展病虫害监测，在全市设置稻水象甲监测点 11 个，4—9 月实行定期监测、半月上报制，全年共监测上报 12 期。开展饵剂毒杀红火蚁 2 次，药剂喷施 1 次，灌巢处理 2 次，防治面积 33 公顷，该虫得到一定控制。开展柑橘溃疡病、黄龙病监测，在盐边县设置柑橘溃疡病、黄龙病监测点，按照省农业厅要求开展规范监测和调查工作。在仁和区芒果园、盐边县芒果园和柑橘园分别设立柑橘小实蝇监测点 10 个，全年定期开展虫情监测，为适时防治提供科学依据。

开展植物检疫宣传周活动，2013 年 9—10 月，全市开展植物检疫宣传周活动，市农牧局举行“全国植物检疫宣传周活动”攀枝花市启动仪式，共培训专业技术人员 48 人次、种苗生产经营户 36 户、果蔬种植大户 17 户、农业公司 7 个，印发相关资料 1500 份，按时完成全市植物检疫报表 8 期。

强化蔬菜调运对植物调运检疫安全，在米易县重新设置植物检疫报检点，联合公安局、交通局执法部门开展不定期联合执法活动。米易县与成都市濛阳蔬菜批发市场联合，实施检疫市场准入，确保蔬菜调运检疫安全。

规范化管理检疫和产地检疫出证方式，全市检疫出证基本实现计算机网络化。

【病虫害防治】 2013 年，市农牧局认真开展农作物病虫预测预报，在小春作物和大春作物播种前，市农牧局植检站分别组织召开 2 次全市病虫趋势会商会，及时发布《2013 年小春作物病虫发生趋势预报》和《2013 年大春作物病虫发生趋势预报》，市、县联合开展病虫田间调查 22 次，发布病虫电视预报 3 期，预报准确率达到 90%以上。

加强植保技术培训，对基层群众测报员进行测报技术规范培训，培训人员 120 人次，印发技术资料 200 份；开展植保抗旱技术培训，培训农民 380 人次，印发技术资料 500 份；开展植保专业合作组织培训，培训机防操作手 160 人次，发放技术资料 1000 余份；开展西瓜、枇杷、芒果、冬枣、杨梅、十字花科蔬菜病虫害专项培训，培训农民 300 人，发放技术资料 500 份。

开展绿色防控技术示范，全年推广太阳能杀虫灯 400 个，金龟子食诱剂 500 套、黄板 6800 余张、蓝板 2000 张，性诱剂应用 66.7 公顷，示范使用高效低毒农药 600 公斤。开展芒果速死病、石榴枯萎病、红火蚁饵杀和芒果畸形病防控示范区建设，取得明显的防效。

开展重大病虫害调查和防治工作，2013 年完成芒果畸形病、石榴枯萎病、玉米穗腐病、菜豆象、稻水象甲、芒果蓟马等重大病虫调查 8 次，制定相应防治技术措施，开展积极防控。2013 年，水稻稻叶黑肿病在盐边县益民乡暴发流行，发生面积 200 万平方米，全部进行防治，为农民挽回损失 80 多万元。

完成调研报告 3 篇，分别是《激健在防治丝瓜蚜虫上的减量控害降残效果试验》《加快推广太阳能杀虫技术，促进保护生态环境和农产品质量安全》和《攀枝花市农业执法现状调查与对策建议》。完成全市重大病虫周报 34 期，病虫信息、简报 5 期。

【农药市场监管】 2013 年，市农牧局加强农药市场执法检查，全市各级农药执法部门共开展农药市场执法 74 次，出动执法人员 758 人次，检查农药门市 1584 户次，检查农药产品 4000 品次。在全市农药监管中未发现违法销售高毒、高残留农药行为，查出标签违规农药品种 19 个，涉及 5 家农药经营门市，按一般程序进行处罚，并责令其限期整改。

重视农药信访纠纷处理，指导米易县、盐边县农药监管机构开展工作，2013 年接待农药方面的农民来信来访 12 起，均组织有关技术人员到实地调查了解，通过给农户做解释疏导工作，缓解矛盾，调解处理，双方达成协议，为农户挽回经济损失 1.88 万元。全年农药方面结访率达 100%。

开展农药法律法规培训 5 期，培训农药经营户 600 户，发放农药政策法规宣传资料 3000 份；培训农民 5500 人次，发放农药施用技术资料 15000 份。

【无公害农产品监测】 2013 年，市农牧局认真开展农产品质量安全监测，攀西无公害农产品监测中心完成市级农产品质量安全监测任务 19 批次，样品 544 个，检测参数 17713 个，全市农产品质量安全水平较好，蔬菜合格率 99.6%，水果合格率 100%，畜禽产品合格率 100%。完成四川省农业厅安排的农产品质量安全监测任务11批次，样品765个，检测参数27550个，撰写结果分析报告10份；完成四川省畜牧食品局安排的畜产品兽药残留监测任务4批次，样品305个，检测参数515个；完成“无公害农产品”认证产品检测任务5批次，样品18个，检测参数142个，出具检验报告18份；完成社会委托检测业务6批次，样品24个，检测参数218个，出具检验报告24份。

增加农产品检测项目，由原来的35项扩展为40项，增加对鸡肉、鸡蛋中禁、限用药物的检测，全年共完成蔬菜、水果、猪肉、鸡肉、鸡蛋5类产品质量安全监测19批次，样品544个，检测参数17713个。对米易县生产的葡萄、芒果，仁和区生产的大田石榴，盐边县生产的西瓜、脐橙成熟上市季节进行抽检，按照蔬菜的40项农药残留指标检测，全年共监测5批次，样品50个，参数2000个。全年对全市屠宰场进行监测3批次，第一、第二批次对猪肉中氟喹诺酮、氯霉素和四环素类检测、第三批次是对猪肉中氟喹诺酮、氯霉素、四环素和硝基呋喃类代谢物（4项）检测，共检测样品40个，参数260个；对全市肉鸡养殖场进行监测3批次，第一、第三批次是鸡肉氯霉素和四环素类检测，第二批次是鸡肉中氯霉素、四环素、磺胺类（5项）、泰乐菌素和替米考星检测，共检测样品39个，参数218个；全年对鸡蛋中氟喹诺酮类残留监测1批次，样品35个，参数35个。

全年共完成各项例行、专项、监督监测任务11批次，抽检样品765个，完成检测参数27750个，撰写结果分析报告10份。按照省农业厅的安排，农产品监测中心对广元市进行蔬菜、食用菌、水果和茶叶质量安全例行监测4次，抽检样品380个，检测参数14130个；对凉山州农产品质量安全的专项抽检1次，暨外销蔬菜监督抽检1次，样品100个，检测参数4000个；对攀枝花市农产品质量安全专项抽检4项，抽检6批次，其中外销蔬菜监督抽检1次，样品100个，检测参数4000个；蔬菜重点县监督抽检2批次，样品40个，检测参数480个；大米专项抽检1次，样品10个，检测参数90个；萝卜专项抽检1次，样品5个，检测参数50个；元旦春节监督抽检1次，样品包括蔬菜、水果和食用菌共130个，检测参数5000个。全年共完成四川省畜牧食品局下达的牛奶中兽药监控任务3批次，样品105个，参数315个。

开展攀西地区“无公害农产品”认证检测工作，攀西无公害农产品监测中心是农业部“无公害农产品定点检测机构”，负责攀枝花市和凉山州申请“无公害农产品”认证的产品检测工作，全年共接受申请认证的无公害农产品委托检测5批次，样品18个，参数142个，出具检验报告18份。

积极开展社会委托检测，全年共完成社会委托检测6批次，样24个，参数218个，出具检验报告24份。

争取“农业部农产品质量安全风险评估实验站（攀枝花）”的项目建设，通过前期积极准备、软硬件资料的收集，攀西无公害农产品监测中心于2013年11月完成“农业部农产品质量安全风险评估实验站（攀枝花）”项目材料首次申报，成为四川省首批申报该实验站的市级检测机构。

2013年市农牧局完成科技自选项目《攀枝花市市级农产品质量安全检测体系建设及应用》，获2013年度市级科技进步三等奖。

养殖业

【畜牧生产】 2013年，全市生猪出栏62.05万头，比2012年增长3.3%；肉牛出栏2.51万头，比2012年增长3.0%；肉羊出栏25.02万只，比2012年增长2.9%；肉类总产量5.12万吨，比2012年增长3.9%；家禽出栏394.09万只，比2012年增长4.4%；禽蛋产量1.08万吨，比2012年增长5.8%。

组织第二轮现代畜牧业重点县建设工作，2013年，盐边县被纳入四川省第二轮现代畜牧业重点县，该项目分年度申报实施、检查验收，全年，盐边县共申请省级财政投入555万元，其中第二轮畜牧业重点县建设255万元；国家现代农业示范区项目300万元，县级财政配套958万元，企业、农民自筹等社会投入7000万元，该项目有力推动盐边县畜牧业发展，对全市畜牧业发展发挥积极带动作用。10月初，该项目顺利通过省畜牧食品局组织专家的检查验收。

开展米易县2013年“米易鸡”遗传资源保护项目，争取国家保护资金50万元，在米易县设立5个保种点及培育21个养殖大户，按照四川省畜牧食品局要求，项目于2014年上半年完成。

积极推进畜禽养殖标准化示范创建活动，按照明确创建目标、坚持创建标准、突出创建内容、狠抓示范带动的要求，坚持适度规模与标准化相结合、硬件和软件建设相结合、阶段性创建与长效监管相结合，突出“畜禽良种化、养殖设施化、生产规范化、粪便污染无害化、防疫制度化”示范内容，使创建工作取得明显成效。将2012年省级示范场盐边县和谐牧业有限公司重新推荐为2013年农业部畜禽标准化示范场，并通过省畜牧食品局检查验收。将仁和浩山寨（肉兔）公司、仁和宏福（生猪）公司、东区泰康（生猪、肉鸡）公司推荐为省级标准化示范场，获省畜牧食品局批准。

继续加强畜禽养殖管理，规范畜禽养殖过程，保障畜产品质量安全，加强规模养殖场畜禽养殖管理，把工作重点放在建立、规范养殖档案上，指导和督促养殖场依法建立规范、科学养殖档案，准确填写有关信息，并做好档案保存工作。

加强饲料行业监管，及时开展饲料生产企业年度检查审核备案和生产审查合格证换证工作，全市共有9家企业通过审核备案，有一家未获通过；需换证的饲料生产企业米易万民饲料有限公司，进行整改后，重新申报，攀枝花通威饲料有限公司已获通过，要求金江骨粉厂2014年7月前完成换证。

组织开展饲料生产企业特殊工种培训，强化饲料生产、经营企业（门市）监管，全年检查经营企业521个次。

【动物防疫】 2013年，市农牧局着力抓好重大动物疫病防控工作，于1月31日下发《攀枝花市2013年动物防疫目标任务及春防工作安排》文件，在认真分析全市面临重大动物疫病防控形势的同时，明确全年动物防疫目标任务，3月1日，市农牧局组织召开全市畜牧兽医暨春防工作会，传达全省畜牧经济暨春防工作会议精神，并对春防工作进行安排部署，各县（区）春防工作经省、市检查考核，取得明显成效。

重视全市重大动物疫病防控工作延伸绩效考核工作，继续深入贯彻执行2012年下发的《关于印发〈动物疫病防控重点工作绩效评价办法（试行）的通知〉》和《关于加强重大动物疫病防控延伸绩效考核管理工作的意见》文件要求，形成上下联动、条块结合、整体推进的绩效管理工作格局。

严格执行四川省动物疫病强制免疫计划实施方案，对高致病性禽流感、口蹄疫、猪瘟、高致病性蓝耳病、山羊痘、鸡新城疫动物疫病实施免费强制免疫，群体免疫密度常年维持在90%以上，其中应免畜禽集中免疫密度达到100%，免疫抗体合格率达到70%以上。同时加强狂犬病、炭疽、布病、结核病、血吸虫病、巴氏杆菌病、猪丹毒、气肿疽等人畜共患病和常规疫病的防控。

积极争取动物防疫经费，确保动物防疫工作落到实处，全年市、县动物防疫工作经费共落实到位393.653万元，其中市级176万元，主要用于全市重大动物疫病防控工作经费和业务运作费、疫苗经费、实验室正常运转及动物疫病监测经费及强制免疫反应死亡补助，县（区）217.653万元，主要用于防疫用消毒药、注射器、注射针头、酒精、防护手套等防疫必需物资的采购，确保全年动物防疫工作顺利开展。全面落实村级防疫员补助经费，2013年上级部门下达给攀枝花市的中央基层动物防疫工作补助经费45.8万元，市农牧局按照各县（区）村级防疫员配置情况向市财政局提出分配方案后，由市财政直接下达各县（区）。市财政局配套下达村级动物防疫员补助经费109.19万元，县(区)配套170.09万元，市、县（区）两级共配套村级动物防疫员补助经费279.28万元。

积极组织动物防疫物资，2013年全市共组织到位620.63万元的重大动物疫病疫苗，分别为猪瘟苗188万头份，其中秋防调运103万头份；高致病性猪蓝耳病灭活苗278万毫升、弱毒苗10万毫升，其中秋防调运灭活苗153万毫升；猪O型口蹄疫苗293万毫升，其中秋防调运161万毫升；牛、羊口蹄疫185.65万毫升，其中秋防调运102万毫升；高致病性禽流感H5N1疫苗412万毫升，其中秋防调运227万毫升；H5-H9疫苗301万毫升，其中秋防调运165万毫升；高致病性禽流感-鸡新城疫二联苗208万羽份，其中秋防调运114万羽份。2013年年底，全市库猪瘟苗43.1万头份，高致病性猪蓝耳病灭活苗80.33万毫升，猪口蹄疫62.65万毫升，牛、羊口蹄疫45.55万毫升，高致病性禽流感H5N1疫苗113.4万毫升、H5-H9疫苗49万毫升，高致病性禽流感—鸡新城疫二联苗64.8万羽份。全市2013年消毒药采购16.82吨，使用11.92吨，库存消毒药4.9吨，库存防护服630套，库存消毒设备83台。

实施重大动物疫病防治工作责任制及责任追究制，强化行政保障，攀枝花市人民政府制定下发《攀枝花市重大动物疫病防治工作责任制及责任追究制实施办法》，明确规定各级政府及职能部门的责任及责任追究办法。县(区)、乡(镇)、村社层层签订动物防疫工作目标责任书，使动物防疫责任从市到县（区）、乡（镇）、村社实现层层落实。

强化重大动物疫病应急管理，市、县（区）成立重大动物疫病应急机构，制定应急预案，成立专门应急队伍，强化应急值守，一旦发现疑似疫情，认真进行核查，果断处置，及时消除隐患，减少损失、降低影响。共储备应急消毒药4.9吨，背负式喷雾喷粉机4台，高压冲洗机2台，扑杀器6台，喷壶20个，喷雾器27台，防护服630套。

加强人员培训，开展科学防控动物防疫知识宣传，2013年8月14—16日举办全市村级防疫员免疫规范操作及兽医知识培训班，主要是针对性地讲授猪病、牛羊病诊疗技术及子猪骟割技术现场示范培训，并组织观看动物免疫规范操作视频资料及疫苗使用知识。印制发放猪瘟、口蹄疫、高致病性禽流感及高致病性猪蓝耳病免疫知识宣传画1000份，印制发放《四川省动物免疫操作规范年培训手册》120本，全市120名村级防疫员参加培训，取得明显成效。各县（区）结合春、秋防工作分别开展基层兽医人员及村级防疫员业务培训，培训375人次，为科学防控动物疫病奠定基础。

重大动物疫病防控工作取得显著成效，2013年免疫密度保持在90%以上。在集中免疫期间，应免畜禽免疫密度达到100%。全年春、秋防猪瘟应免96万头次，口蹄疫（猪、牛、羊）应免189.2万头，猪蓝耳病应免96万头次，禽流感应免750.14万羽，鸡新城疫应免675.13万羽，做到应免尽免。春、秋防市级共抽样监测猪、牛、羊、禽血清3240份样，监测口蹄疫、禽流感、鸡新城疫、猪瘟、猪蓝耳5个重大动物疫病免疫抗体合格率整体达到70%以上。同时积极开展圈舍消毒灭源工作，春、秋防期间，全市共消毒圈舍120万平方米。全年全市区域内无重大动物疫情发生。

开展动物疫病监测和动物流行病调查工作，督促各县（区）落实动物流行病学调查和样品采集送检，指导做好辖区内定点监测点设置及动物疫病监测，及时掌握全市高致病性禽流感、口蹄疫、高致病性猪蓝耳病主要动物疫病免疫状况、流行规律和疫情动态，全年共开展H7N9亚型禽流感抗原常规血清学监测490份，监测结果为阴性。并送四川省动物疫病预防控制中心鸡口腔拭子240份、鸡泄殖腔拭子240份进行H7N9亚型禽流感病原学检测，完成高致病性禽流感抗原常规血清学监测200份。抽样监测猪、牛、羊、禽血清3420份，监测病种包括口蹄疫、高致病性禽流感、猪蓝耳病、猪瘟和鸡新城疫。抗体合格率均达到农业部规定的70%以上要求。开展布病和结核病监测58份，血吸虫病监测350头份，均未发现异常情况。

【畜产品检疫】 2013年，市农牧局切实做好规模养殖源头监管、产地起运和检查站关口监管、屠宰场入场和异地调运落地监管工作，全年全市没有发生动物重大疫情和畜产品安全事故。

2013年，全市有规模养殖场86个，其中常年存栏量500头以上的规模猪场63个，常年存栏量100头以上的肉牛场2个，常年存栏量500只以上的羊场3个，常年存栏量1万羽以上的蛋鸡场18个，动物防疫、产品检疫监管率100%。

严格病死或死因不明动物无害化处理，加大养殖环节无害化处理力度，与生猪保险机制联结，通过养殖档案监管、行政告知等措施，使无害化处理逐渐成为养殖者的自觉行为。全年无害化处理生猪6973头，生物安全处理率100%。

重视饲养动物质量安全，加强产地检疫工作，禁止使用不符合国家规定的兽药和投入品，要求动物养殖者自觉接受动物卫生监督机构监督检查和动物疫病预防控制机构监测。全市动物产地检疫以乡为单位开展面达100%，动物产地检疫率达100%，实施产地检疫生猪32.3962万头、牛羊10.5877万头（只）、禽205.7324万羽。

严格屠宰检疫，全市有生猪定点屠宰厂（场）14个，均通过动物防疫条件审核或复查，取得“动物防疫合格证”，全年实施屠宰检疫生猪30.2984万头、牛羊0.8223万头（只）、禽5.1844万羽。对屠宰生猪“瘦肉精”抽检19903份，其中盐酸克伦特罗7256份、莱克多巴胺6558份、沙丁胺醇6089份，检测结果均为阴性。

农业服务

【农民负担监管】 2013年，市农牧局加强农民负担监管，维护农民合法权益，组织开展2013年度农民负担监管检查，审核发放“农民权益义务监督卡”9万份；指导协调盐边县解决新九乡农民土地征用补赔偿款问题，平息农民情绪，维护社会稳定。2013年，全市没有发生因农民负担问题引发的信访案件。

市农牧局严格执行农业部和省委、省政府有关减负工作各项政策，落实“一把手”亲自抓、负总责，分管领导具体抓的工作制度，层层落实责任。市、县两级农民负担监管部门加大监督检查力度，确保攀枝花市全年没有发生因农民负担引发的恶性事件和群体性事件。全年没有工作人员因为涉及农民负担的违纪违规行为受到法纪追究。

稳定和完善农村基本经营制度，积极指导和规范县（区）农村土地承包经营权合理流转，指导米易县开展农村土地承包经营权确权登记试点工作，米易县为全省农村土地承包经营权确权登记工作试点县之一，在米易县新山乡和垭口镇开展农村土地承包经营权确权登记工作试点，共涉及8个村、65个合作社、4596户。

【落实惠农政策】 2013年，攀枝花市继续强化监督检查，确保强农惠农政策落实。积极开展农业保险，市农牧局积极配合市财政局、市人保财险公司开展2013年政策性农业保险工作，11月中旬，对全市各县（区）的政策性农业保险进行检查验收，农业保险机构继续引入竞争机制，中华联合财产保险股份公司加入，让农户选择保险机构的机会增大，自由度更宽。同时，全市积极开展保险网络建设，盐边县在渔门镇、永兴镇、惠民乡、共和乡和桐子林镇，米易县在湾丘乡、白马镇、垭口镇、丙谷镇和撒莲镇，西区在格里坪镇建立农业保险服务机构。2013年，全市水稻、玉米参保农户89598户，参保面积23560公顷，保费742.18万元。

全市兑现粮食直接补贴资金254万元、农资综合直接补贴资金2632万元、良种补贴资金620万元。政策性农业保险费总收入1171.64万元，其中农户缴费252.75万元、县（区）财政配套保险费144.03万元，市财政配套保险费96.49万元，四川省财政拨付保险费198.97万元、中央财政拨付保险费479.40万元。全年政策性农业保险理赔金额1057.7万元。

【农广校招生与培训】 2013年，市农广校完成农业中等职业教育招生宣传动员、组织工作，全年农业中等职业教育招生72人，超额完成省农广校下达50人目标任务。专业涉及现代农艺技术专业、畜牧专业和计算机管理专业。市农广校2013年有中专毕业生145人，全面完成学员毕业资料上报和毕业工作，毕业生率达100%。

大力开展田间学校农村实用技术培训，市农广校围绕农村实用技术培训30万人目标任务，在各乡镇大力举办田间学校培训班，全市共举办田间学校培训17个班，共2500人，全部采用田间式教学方式，深入到田间地头，进行手把手式的辅导，专业涉及攀枝花市农业各大特色产业。仁和区中坝乡草莓专业合作社2013年开展培训8次，根据季节性安排培训，共培训人员600人次，有效促进该乡草莓产业发展，并成功举办“草莓节”。

拓宽办学思路联办本、专科班，继续与西昌学院、四川农业大学联办本、专科班，动员100多人参加2013年全国成人高考，30人被录取。

做好在校学员教学辅导管理工作，市农广校现有2010级、2011级、2012级、2013级农业中等职业在校学生421人，按照教学计划聘请资深专兼职教师按时进行辅导，在整个教学活动中注重理论联系实际，提高学员实际操作能力和运用能力，辅导整个实习过程，取得明显效果。

2013年，攀枝花市农广校被四川省农广校授予农民教育培训工作二等奖。

【种子管理】 2013年，全市种子管理部门加强种子执法检查，春耕生产以来，市、县（区）农牧部门共出动执法人员1500人次，检查市场320场次，查处案件4件。检查种子、农药、肥料、等生产经营企业460家，对杂交水稻和杂交玉米种子进行100%的质量检查。通过开展农资打假，净化种子经营市场，切实维护农民利益，确保全市农业生产顺利进行。

开展种子质量监督检验工作，市、县（区）农牧局种子站抽检杂交水稻种子和杂交玉米种子260批次，品种检验覆盖率达100%，检验蔬菜品种种子354批次。检验出玉米不合格品种12个、水稻品种4个，按规定依法进行处理。

加强《中华人民共和国种子法》宣传，全年培训种子经营户4次，培训人员560人次。结合种子市场检查和“科技下乡”活动向种子经营户和农民群众宣传《中华人民共和国种子法》300余次。主要培训和宣传与种子相关的法律法规和规章。

全市种子市场货源充足，价格平稳。全年没有因种子问题而引发的上访和群体事件。

【农田基本建设】 2013年，全市完成高标准农田建设1533公顷，完成年度目标任务115%，总投资5994.91万元，其中财政投资4250.6万元、群众自筹1744.31万元。田型调整506.92万平方米，修筑地埂210.75千米；配方施肥1040公顷，秸秆还田500万平方米；新建排灌渠系127.17千米；修建山坪塘8座；修建蓄水池25口；修建提灌站7座，田间机耕路35.84千米，田间生产路17.46千米。

2013年全市累计完成配方肥推广面积20000公顷，完成市政府下达年度目标任务的125%，国家投入补贴资金60万元，争取配套资金50万元。采集分析土样1500个，开展田间试验27个，开展技术培训1.38万人次。测土配方施肥技术覆盖行政村260个；免费为11.7万农户提供测土配方施肥技术服务，测土配方施肥示范区亩均节本增效35元以上。

农业环境保护取得新进展，按照省农业厅统一部署，2013年攀枝花市启动土壤重金属污染普查工作和农业面源污染调查工作，仁和区、盐边县争取省上下达项目资金120万元，米易县已顺利完成土壤重金属污染普查工作。

全面完成农业综合开发任务，全年完成国家土地治理项目9个、产业化经营项目6个，投资4639.5万元。改造中低产田土面积867.1公顷，改良土壤850.6公顷，新建梯田田埂18.18千米，新建提灌站9座，完成防渗沟渠整治54.79千米，整治山坪塘6座，新建蓄水池26口，新建机耕道长度4.96千米，农业服务体系仪器设备3套，推广节水示范、无公害病虫害防治、覆膜栽培、配方施肥等技术面积2301.15公顷，科技培训7000人次。

【农村能源建设】 2013年，全市完成农村户用沼气池1300口，为年度目标任务100%；农村能源建设投资650万元，为年度计划677万元的96%。新建乡村沼气服务网点6个，推广太阳能热水器2.6公顷，改建省柴灶3000台，完成年度目标任务。到2013年年底，攀枝花市正常使用农村户用沼气8.7万户，占全市13.5万农户的64%，占适宜建池10.1万农户的86%。

【农业抗灾救灾】 2013年，攀枝花市主要农业灾害为干旱和低温冻害。旱灾造成全市1.2万人、2.5万头牲畜出现不同程度的饮水困难，3735.2公顷作物受灾，成灾3001.5公顷，绝收133.4公顷，直接经济损失5000万元。主要受旱作物为小麦、果树、豌豆、胡豆。

旱灾发生后，市农牧局认真做好抗旱救灾工作，制定应对措施和抗灾技术方案，重点就大春作物田间管理、高产创建、“菜稻轮作”、地膜覆盖和病虫害防控技术制定抗灾技术指导方案，动员群众开展抗旱保苗。组织各种农机具投入抗旱，确保灌溉、中耕、机械化植保等作业措施及时落实到位。干旱严重地区加快落实购机补贴政策，鼓励农民多购置水泵、喷灌机等抗旱机具，最大限度满足抗旱需要。强化指导，科学抗旱，做好灾情调度工作，建立健全信息预警和灾情报告制度，落实专人值班和领导带班制，实行旱情日报制度，密切关注天气变化和旱情发展变化以及各地抗旱工作进展情况。

2013年12月下旬，攀枝花市农业生产遭受严重的低温冻害，全市农作物受灾11118.89公顷，成灾6403.2公顷，绝收2534.6公顷，造成直接经济损失16748.5万元。主要受灾作物菜用粮鲜食豌豆、胡豆、蔬菜、芒果树、枇杷。灾情发生后，全市农牧系统及时开展抗灾救灾工作，指导农民改种补种，落实防冻及时措施，将灾害损失降到最低程度。

【农机发展与管理】 2013年，市农牧局抓好农机监理工作，组织农机监理所按照省农业厅关于安全生产工作部署和要求，扎实开展“百日安全生产活动”“安全生产月”及农业机械安全大检查活动，农机事故得到有效预防和控制，安全生产状况持续、稳定好转。全市拖拉机拥有量7270台，注册5385台，上牌率74%；检审拖拉机2324台，年检率43.2%；拖拉机驾驶员人数9012人，核发拖拉机驾驶证8215本，持证率91.2%。

抓好农机化发展，全市农机动力65.3万千瓦，2013年完成机耕面积48557.6公顷，机械化育插秧面积33.35公顷，机收面积5642.82公顷，机电提灌面积18089.04公顷，农作物综合机械化水平45.32%。

做好农机社会化服务，全年发放跨区作业证100张，积极为外来农机提供作业信息咨询，帮助解决跨区作业过程中的纠纷。2013年，全市进行跨区作业的机具119台，台均年收入2.5万元以上，台均作业面积7.73公顷。

推进农机化示范县工程，米易县按照省农业厅相关要求，编制《米易县农业机械化示范县创建工作实施方案》，米易县在没有省级建设专项资金的情况下，充分利用高标准农田建设、农综开发、农机专项、农机购置补贴资金等各种支农资金，全力推动农机化示范县工程建设。2013年，米易县建设育秧棚3个，面积0.87公顷；新增提灌设备196台、2072.6千瓦。

积极推广新技术新机具，全市新增农机具3242台，其中联合收割机4台、起垄机111台。2013年全市已建设太阳能提灌站6座、253.4千瓦。

【农业产业化】 2013年，市农牧局积极推进全市农业产业化经营，对市级农业产业化龙头企业实行动态管理，年初组织开展两年一次的市级产业化龙头企业评定工作，增补16家企业，淘汰6家企业，市级产业化龙头企业由2012年的63家增加到73家。按相关要求对2011—2013年度授牌的63家市级农业产业化龙头企业开展运行监测工作，引导龙头企业不断完善健全各项管理制度，提高经营管理水平。

加强农民专业合作社、家庭农场注册指导、扶持和服务，年初组织部分合作社参加省举办的合作社迎春展销会，取得较好经济效益和社会效益，获得省农业厅好评。抓好宣传培训工作，先后在益民乡、中坝乡、务本乡对合作社成员、家庭农场主进行培训，全年培训200多人次。深入开展示范社建设，推荐米易县小三峡芒果种植专业合作社、盐边县龙腾种养殖专业合作社、盐边县二滩种养殖专业合作社、盐边县盛源种养殖专业合作社申报四川省第五批省级示范社获得批准。获得四川省首批国家级农民专业合作社示范社是四川省米易县绿怡果蔬种植专业合作社、四川省攀枝花市东区安科枣专业合作社、四川省攀枝花市联庆大田石榴专业合作社、四川省攀枝花市亲农水果专业合作社、四川省盐边县烂坝蔬菜专业合作社、四川省盐边县群力种养殖专业合作社。全年规范农民专业合作社建设11个。

市农牧局积极组织合作社项目申报，争取资金扶持，省财政厅对攀枝花市仁和区田园果业、仁和区鸿源干果、仁和区中坝草莓、米易县康源中药材种植、盐边县龙腾种养殖、盐边县凤林种养殖、盐边县盛源种养殖专业合作社7家农民专业合作社共给予500万元财政专项资金支持。

积极开展家庭农场注册登记管理工作，攀枝花市工商局和攀枝花市农牧局联合发文《关于开展家庭农场注册登记管理工作的意见（试行）》，逐步规范家庭农场注册登记管理工作。

突出特色产业基地建设，米易县申报成为省级农产品初加工示范县。市农牧局组织攀枝花市德益果品公司、锐华农业公司、阳光绿源公司在成都市开展“2013 攀枝花金芒果节”系列营销活动。

落实优惠政策，扶持产业化龙头企业，全年兑现锐华农业公司等11家省、市农业产业化龙头企业272.55万元的贴息及米易县万民养殖公司2万元质量认证奖励。

（青致刚）

水　务

【概　况】 2013年，全市有市水务局、东区农业水务局、西区水务局、仁和区水务局、米易县水务局、盐边县水务局等6个水务行政管理单位。全市水务系统现有职工374人，其中硕士6人，研究生11人，与上年持平；本科学历147人，与上年持平；具有大学学历的154人，较2012年增加13人；中专学历的41人，较2012年增加2人；高中及以下21人。职工中有高级职称7人，与2012年持平；中级职称47人，较2012年增加7人；初级职称71人。

2013年，全市水务系统紧紧围绕市委、市政府“稳中快进、提质增效、争先进位、跨越提升”的工作基调和工作部署，坚持“大中小微结合、蓄引节提并举”的治水思路，本着“向上争、社会引和群众投”的原则，投入各类水务建设资金80038万元，较2012年增长11%。争取省级以上财政资金28759.4万元，完成市政府目标任务的108.5%。全年完成新增和恢复蓄引提能力1560万立方米，新增和改善灌面3866.67公顷，分别完成目标任务的123.9%、130%；小农水重点县建设方面，新增有效灌面2333.33公顷、新增节水灌溉面积4240公顷，分别完成目标任务的116.7%、106%；解决农村人饮安全4.6万人，完成目标任务的108%；综合治理水土流失面积117.5平方千米，完成目标任务的117.5%；完成20座病险水库整治任务，治理中小河流3条，综合治理河道13.6千米，完成目标任务的100%。全年水产品总量达到3.1万吨、产值3.8亿元，渔业增加值不变价增速5.5%、现价增速7.38%，分别完成目标任务的117%和119%，农民人均渔业增收40元。2013年，全市农田水利基本建设获得国家现代农业示范区建设工作先进单位表彰，农建项目获省“李冰杯”绩效考核三等奖，“三大主题”教育、招商引资、“挂包帮”活动、维稳和社会综合治理等13项工作被市委、市政府表彰为先进。

【“急难险重”项目建设】 2013年，观音岩引水工程、花城新区供水工程、沿江排污口整治三个项目建设被列入全市“急难险重”建设任务。总投资19.69亿元的观音岩引水工程，完成工程立项前19个专题报告的编制并取得批复文件，项目通过省发改委咨询院审查，于2013年12月27日召开建设动员会。观音岩水电站红线范围内的取水口建设已开工建设，城区段仁和沟口—密地桥段管道预埋工作于2013年8月底前全面完成建设任务，铺设原水管道11千米。总投资8000余万元的花城新区供水工程，完成工程设计、审查与批复工作，于2013年8月底前完成13千米供水管道铺设以及附属设施建设工作，初步具备供水能力。沿江排污口整治，通过科学编制整治方案并组织实施，完成22个沿江排污口整治任务，促进沿江景观打造工程顺利实施。

【骨干水源网工程建设】 2013年，市水务局编制完善《攀枝花市水资源总体规划》《边远民族乡镇水利发展规划》《2013—2015年中小河流治理项目实施规划》等20余个规划。至年底，全市水利项目被列入国家或省级规划盘子的项目储备超过100亿元。总投资4.77亿元的马鞍山水库于2013年4月正式动工建设，完成投资1.58亿元；总投资4.13亿元的梅子箐水库扩建工程于2013年7月开工建设，完成建设投资0.43亿元；总投资2557万元的米易小河、938万元的普威河中小河流治理工程，在汛前建成发挥效益；总投资470万元的大龙潭混撒拉金沙江提灌站、484万元的盐边县红格供水扩建工程，分别于抗旱期间建成投入使用。总投资1.39亿元的米易麻晃引水、3.19亿元的盐边星秀坪水库和2600万元的仁和区跃进水库渠系配套等3个重点水源工程，已完成各项前期工作，将于2014年动工建设。并开展“腾桥河引水”“滇中引水”、金沙江太阳能提灌站等重点工程的前期论证和评估工作，为攀枝花市今后骨干项目申报和争取实施打好基础。

【抗 旱】 2013年，全市共投入抗旱资金4249.7万元（含2013年实施项目资金），其中省级以上2850万元、市本级243万元、县（区）522.70万元、社会捐赠52万元、群众自筹582万元。实现市委、市政府制定的“确保受灾群众和受灾地区生活不难、人心不散、社会不乱、林果不死、收入不减”的抗旱工作目标。

投入国家资金470万元建成混撒拉金沙江提灌站。工程扬程507米，输水管道长5000米，出水量102立方米/小时，一次性集中解决1425人生活用水和1040公顷耕地生产用水。

整合抗旱和其他项目资金500万元，实施断梁子隧道尾水渠建设。工程计划新建引水主管道9696米、支管3900米，新建渠道260米，新建1条长24米渡槽，新建蓄水池7口（200立方米6口、500立方米1口）。该项目建成后将一次性解决撒莲镇金花塘、湾涞2个村22个村民小组4000余人生活用水、5000余头牲畜和300公顷耕地和120公顷经济果木用水。

国家投资300万元、企业投资184万元，由三源供水公司实施红格水厂工程扩建。新建2000立方米蓄水池1口，新建2000立方米沉清池1口，260米取水深井1口，供水管道延伸1046米，新建泵站1座。一次性解决7000人生活用水。

投入国家资金500万元（其中西区100万元、仁和区100万元、米易县100万元、盐边县200万元），实施提灌等小微型抗旱水源工程建设，解决旱片死角抗旱水源问题。

投入国家资金600万元（其中西区200万元、仁和区200万元、米易县200万元），购置皮卡车7台（送水车）、打井洗井设备、挖掘机、移动式节水灌溉设备等抗旱设备，提高应急抗旱能力。

【防 汛】 2013年，攀枝花市委、市政府高度重视防汛工作，市委书记刘成鸣，市长张剡，市委常委、市纪委书记李群林等多次深入重点水库、尾矿库、滑坡隐患点进行督察，对重点区域、重点地段、重点工程的防汛安全进行分类指导。全面落实度汛方案、抢险预案、汛情监测、巡查值守和抢险队伍、物资等各项抢险准备工作。在全市重点山洪灾害威胁区域建设预警系统和无线广播预警系统，为山洪灾害防御提供技术支撑。

山洪灾害非工程措施建设项目总投资3000万元，完成57个自动雨量站、1个视频站、8个六要素气象站、4个自动水位站、7个自动水位雨量站、216个简易雨量站建设，5个县（区）会商中心建设和市县（区）共享系统建设，县（区）至乡镇和村组的预警系统建设，群测群防体系建设（主要包括山洪灾害普查、危险区划定、预警指标确定、责任制组织体系建立、山洪灾害防御预案编制和完善、宣传培训演练等），在2013年3月28日通过市级初步验收，汛期投入试运行。完成市级到县（区）的视频系统建设。

中小河流水文监测系统建设，一期工程总投资241万元，其中中央资金161万元、省级资金80万元。新建水位站5个、雨量站23个、信息中心3个，已完成建设任务并投入试运行。二期工程四川省发改委批复概算投资1785万元，其中中央资金1190万元、地方资金595万元，省级资金计划安排在2014年。新建水文站7个，分别为白坡、丙谷、把关河、红泥河、惠民河、永兴河6个巡测站，大河驻测站1个，市级信息处理平台正在进行单站设计报批。

【农田水利基本建设】 围绕全省“再造一个都江堰灌区”“全域灌溉”和“农建示范片”建设目标，2013年，全市投入农田水利基本建设资金34972万元，实现新增和恢复蓄引提水能力1560万立方米，新增和改善灌面3866.67公顷，新增节水灌溉面积4546.67公顷，年末全市水库蓄水量达1.05亿立方米。完成20座病险水库整治任务。地方小水电年发电量达到5.5亿千瓦时。新建210处农村人饮集中供水和分散供水工程，解决4.6万农村人口饮水困难。完成全市15个小型水库年度水利工程维修养护工作。完成盐边县规模化节水灌溉增效示范项目333.33公顷建设任务。抗旱救灾160口“共青水池（窖）”全部建成投入使用。顺利实施跃进水库农发中型灌区节水配套改造项目。首次启动实施“美丽乡村”建设试点项目。

【水资源管理】 2013年，攀枝花市落实最严格的水资源管理制度，紧扣用水总量控制红线，全面落实项目水资源论证、取水验收和取水许可证核发等制度。完成攀鑫炉料、南方工业供水、东区大河沟、瑞钢工业公司整体搬迁、九荣工贸5个项目水资源论证审查、批复3个、取水验收3个、核发取水许可新证1个、续证5个、变更5个，完善取水计量设施4个。深入推进水资源费征缴工作，提高水资源费到位率，市级水资源费进账1400余万元。为严防国家规费流失，对米易石峡水电开发有限公司拖欠水资源费立案查处工作，已进入法院强制执行阶段。修改上报攀枝花江河湖泊水功能区划；配合西昌水文局编制完成攀枝花全国重要江河湖泊水功能区纳污能力核定和分阶段限制排污总量控制方案编制工作；完成57座饮用备用水源水库水质检测工作；完成金安桥、龙开口、鲁地拉水电站蓄水发电对攀枝花市沿江取用水巨大影响的繁重协调任务，力保沿江取用水安全；全力推进国模创建涉水部分、观音岩水库水源地保护、沿江环境综合整治等各项工作任务。

【供排水建设与管理】 2013年，市水务局委托专业设计单位，编制全市供水应急预案、排水应急预案。重新修编《攀枝花市主城区十二五供水专项规划》《攀枝花市城区十二五雨水及内涝专项规划》《攀枝花市城区污水处理及再生水利用专项规划》。编制13—17年供排水基础设施项目库，加强供排水基础设施项目储备。

年内，全市投资8000余万元，完成炳二水厂至干坝塘核心区供水主干管网工程项目建设，铺设供水管道13千米。投资1400余万元，完成金沙江南岸渡口桥至密地桥南岸沿江21个排污口整治工作，新建污水管道2.5千米、25立方米/小时污水提升泵站1座、300立方米/小时污水提升泵站1座，扩建600立方米/小时污水提升泵站1座，增收生活污水量1万余立方米/天。投资2000万元，加快推进炳仁路、清乌复线排水设施项目建设，减小洪涝灾害影响。

年内，市水务局对全市800余千米排水沟渠、管网、涵洞开展拉网式检查。对88千米排水干管逐线巡查摸排，对干管上的2665座排水井逐一开井检查，对1600个平面雨水口、侧立雨水口逐一进行清洗除杂工作，对98条近42千米的城市排洪涵洞以及13条近38千米城市干道的排水设施逐一进行疏通清淤工作，清运淤积物1000立方米，更换雨、污检查井井圈盖61套、井盖6套，完成全市2000余座消火栓安全大检查和维护工作。全年完成雨、污水检查井有机生物病媒消杀4次，累计投药达3800座次，确保了攀枝花市创建省级文明城市顺利通过。

【水土保持】 2013年，攀枝花市争取省级以上水土保持财政专项资金120万元，其中中央预算内水土流失治理资金100万元、省级财政水土保持专项资金20万元。全年征收水土保持补偿费333.6万元。治理水土流失面积117.5平方千米，完成目标任务的117.5%。依法审批29个开发建设项目水土保持方案。2013年4月16日，金沙电站“三通一平”项目水土保持方案在成都通过技术审查。对国道108线技改工程、四川有色金砂选矿药剂等重点建设项目，采取预约服务，开通“绿色审批通道”，依法完成审批，为重点建设项目立项建设赢得时间。完成10个开发建设项目水土保持监督检查，针对个别项目未编报水土保持方案的问题，印发限期编报通知，督促市胜利公司依法缴纳拖欠水土保持设施补偿费69.73万元。

【水利工程质量监督】 2013年，攀枝花市水务局重点对仁和区大竹河水库枢纽及灌区渠系工程、米易县马鞍山水库工程、西区梅子箐水库扩建工程、米易县断梁子隧洞工程、米易县丙谷镇小河防洪治理工程、米易县普威镇普威河防洪治理工程、米易县攀莲典所段堤防工程（二期）、米易县红旗河坝段堤防工程（二期）、仁和区跃进水库节水配套改造9个在建水利工程项目进行质量监督。全年出具质量监督意见38份，检测、抽检报告100余份。记录质量监督活动台账30余次，下发质量监督纪要（包括质量监督整改意见）38份，出具质量检测、抽检报告100余份，有效控制工程质量。

【水产业发展】 2013年，全市水产品总量31000吨，同比增长5%，产值3.8亿元，同比增长6%，生产各类鱼苗16亿尾，全市农民人均渔业收入730余元，农民人均增收40元。

2013年，攀枝花市在做好米易拿虎湾渔场农业部健康养殖示范场标准化建设的同时，通过积极申报，又新增农业部健康养殖示范场1个（米易益满达水产健康养殖示范场）。深入开展攀枝花二滩库区取消网箱养鱼，推进生态渔业发展工作，从养殖户利益出发，提出合理、科学、有序的取消库区网箱的指导意见，引导养殖生产者走健康、生态养殖道路。结合全市城乡环境综合治理——水环境综合治理工作，扎实推进水库施肥养鱼的整治工作，对全市33座饮用水源水库，24座备用水源水库进行清理和整顿。全面推广渔业专合社溪河生态养殖模式，新增渔业专合社5个，新增保护溪河3条。

发展早苗订单销售模式，提升早苗生产能力，全年实现早苗生产16亿尾，较2012年增长33%。培育和发展水产龙头养殖企业，投资200万元，建成盐边县流水养鱼示范基地标准化流水养鱼池2公顷，年生产优质裂腹鱼、鲟鱼150余吨，产值800余万元。投资1000万元，建成米易县三文鱼流水养鱼场标准化流水苗种培育池0.67公顷，成鱼池2.67公顷，年生产优质三文鱼200余吨，苗种50余万尾，产值1000余万元。投入资金3000余万元，推进“鱼米阳光度假村酒店工程项目”多功能休闲渔业建设，已二年底验收，将于2014年5月正式挂牌营业。对全市有影响的水产龙头企业、专合社、养殖大户、监管等进行80余人次培训，签订质量安全承诺书50份，对全市范围内的养殖户进行400余人次渔业培训。

加强水产品质量安全监管和水生动物防疫工作，强化养殖投入品的监管工作。重点对苗种生产和饲料、渔药的监管，同时指导苗种场、养殖场建立健全生产记录、鱼饲料、渔药使用记录、销售记录，建立苗种场、养殖场登记备案制度，从源头上把好质量安全关。出动执法人员60余人次，执法车辆30余车次，检查鱼药鱼饲料经营户10余户，水产养殖大户35户，共发放宣传资料600余份。实施水产品质量安全随机抽样检查，抽样点包括生产基地、水产品批发市场、农贸市场、超市等，样品包括全市30多个水产养殖品种，170个水产品样（其中实验室检测90个样、快速检测80个样），检测指标包括孔雀石绿、硝基呋喃、氯霉素共510项，合格率100%。

【渔政管理】 2013年，攀枝花市坚持“依法治渔、依法兴渔”的工作方针，加强渔业法律法规宣传、渔船安全和渔业资源保护管理，强化渔政队伍素质及能力建设，切实为全市渔业资源保护和渔业生产发展保驾护航。

组织各县（区）渔政部门开展联合检查1次和不定期检查6次，参加执法检查人员计118余人次。禁渔期间收缴并销毁违法网具102张，收缴电捕鱼器17台（套），撤除1500米违规渔具支架，没收并放生江河野生鱼5千克（价值800元）。

对全市205艘渔船按期开展年度检验，向船主发放安全告知书，为渔民续办渔业人身平安互保100余份，2次开展全市渔船安全管理培训，受训近百人。组织对县（区）开展渔船安全专项检查2次和常规检查8次，检查船（人）215艘次，督促县（区）落实安全生产责任制，签订安全生产责任书，严格落实救生衣“双100%”（100%配备，100%穿戴）要求，全年无渔船安全事故发生。

追收米易湾滩水电站渔业资源补偿资金30万元，在二滩库区放流鱼种220余万尾，在安宁河放流鱼种37万余尾。加强对观音岩水电站渔业资源补偿措施落实的监督、指导工作。全年3次开展网捕过坝（计捕获、放流鱼类19种，494尾，42.64千克）、1次人工增殖放流（放流岩原鲤、四川白甲鱼、长薄鳅、圆口铜鱼四类省重点保护或省重要经济鱼类10万尾）工作，丰富、补充了金沙江珍稀鱼类资源。开展金沙江攀枝花段渔业资源监测和水质监测，计监测106船次（资料212份），收集标本7个，采集水样18份，有效掌握2013年金沙江渔业资源状况，为渔业资源保护提供有力依据。

【政策法规和行政执法】 2013年，攀枝花市以“3·22”世界水日、中国水周和环保世纪行等活动为契机，紧扣宣传主题，制定宣传方案，结合第一次全国水利普查，采取展览、街头宣传、现场咨询等宣传方式，开展送水法律法规“进机关、进乡村、进园区、进企业、进工地”等主题活动，发放宣传单3万余份。认真开展行政权力事项的规范清理工作，清理行政权力共227项，其中行政审批(行政许可)36项、行政处罚168项、行政征收4项、行政强制13项、其他行政权力6项。取消水利工程开工行政审批，暂停水利工程管理范围内建设项目审查等5项行政审批，保留行政审批事项27项（不含排水）。加强水行政执法巡查工作，对城区沿江段及其他重点河流、水域开展水行政巡查和执法，组织联合执法巡查15次，对4家房地产公司的违法排污破坏市政排水设施行为进行口头警告并提出整改意见。在市沿江景观打造的重点工程巡查中，对3家公司在建设过程中出现的水事问题下发整改通知。2013年，全市水务行政执法490件，其中行政审批63件、行政处罚2件、行政征收338件、行政执法巡查和检查87件，全年无一起行政复议、行政诉讼、行政赔偿案件发生。

【水利普查】 经攀枝花市人民政府批准，攀枝花市水务局、市统计局2013年11月8日在《攀枝花日报》联合发布《攀枝花市第一次全国水利普查公报》。按照国务院和四川省水利普查办的统一部署，攀枝花市历时3年“依法、依规、科学”开展第一次水利普查工作，圆满完成普查任务，并形成攀枝花市第一次全国水利普查成果。

此次水利普查涉及攀枝花市5个县（区）、16个街道办事处、44个乡镇、130个社区居委会、352个村民委员会，普查对象包括河湖基本情况、水利工程、经济社会用水、河湖开发治理、水土保持、行业能力、灌区和地下水取水井8个方面的内容，共完成清查名录21184个，普查名录总数5882个，专项空间数据标绘1074项，录入数据92978项，填写清查、普查表6万多张，建立了水利普查数据库及空间数据图，形成水利普查成果体系，首次全面摸清攀枝花市水利“家底”，为准确掌握攀枝花市水利发展现状、分析江、河、湖开发利用程度、评价水资源调控能力、研究供用水变化规律提供了基础资料，为完善攀枝花市治水方略、谋划水利改革发展和促进经济社会发展提供了决策依据。

【高效节水项目建设】 2013年，攀枝花市高效节水灌溉项目在米易县、仁和区、盐边县的7个乡12个村实施，全市计划下达资金15609.1万元（财政资金12400万元、群众投资和投劳折资3209.1万元），实际到位资金15888.06万元（财政资金12502万元、群众投资和投劳折资3386.06万元）；计划建设4104.2公顷高效节水灌溉面积（米易县1420.67公顷、仁和区1333.33公顷、盐边县计1350.2公顷），截至2013年5月，实际完成4208.53公顷（米易1438.13公顷，仁和1400公顷，盐边1370.4公顷），超计划2.5%完成目标任务。盐边县高效节水灌溉项目，被国家发改委和水利部列入“十二五”期间全国规模化节水灌溉增效示范项目总体建设方案。

【基层水利服务机构建设】 为贯彻《中共中央国务院关于加快水利改革发展的决定》《中共四川省委 四川省人民政府关于贯彻〈中共中央国务院关于加快水利改革发展的决定〉的实施意见》，2013年，攀枝花市在全市5县（区）44个乡镇，采取“条块结合，以条为主”“片区水利站+乡镇水利员”“乡镇水利水产水土保持管理站+村级水务员”等模式，全面开展基层水利服务机构建设工作，共建成基层水利片区管理站7个，乡镇水利综合服务站16个，落实全额财政事业编制59个，落实基层水利事业人员55名，小型水利工程管理人员169名，村级水务员试点81人，全面提高了基层水利管理水平和水利服务能力，为解决水利基层工作“最后一千米”和“终端操作”的问题奠定了坚定基础。

（张　鹏）

农业综合开发

【概　况】 攀枝花市农业综合开发领导小组办公室（以下简称农发办）是攀枝花市农业综合开发项目的管理机构。农发办分设2级，共6个部门，其中市级1个、县（区）级5个。截至2013年年末，各级管理人员共15人[市级3人、县（区）级12人]。

2013年，全市总计投入农业综合开发项目建设资金7614.13万元，其中，争取中央资金2182万元、省级资金3006.2万元、市级安排资金894.4万元、县（区）安排资金374.2万元、企业和群众自筹1157.33万元。

【土地治理】 2013年，攀枝花市农业综合开发在米易县丙谷镇、盐边县国胜乡、仁和区同德镇开展土地治理中低产田改造项目，在仁和区啊喇乡开展农民专业合作社土地治理试点项目。项目改造中低产田1186.67公顷、新建排灌站3座、新建机耕路8.13千米、衬砌渠道56.26千米、埋设管道23.72千米、新建梯田梗12.81千米、技术培训10000人次，购置植保机械4台（套）。

通过中低产田改造项目和小流域治理项目的实施，解决了长期以来制约当地农业发展的瓶颈，促进了当地农业增效、农民增收、农村发展，实现了新增灌溉面积293.33公顷、改善灌溉面积900公顷，年节约用水量334.6万立方米、新增粮食218.5万千克、蔬菜300万千克，项目区农民增收总额达到1165万元。

【产业化经营】 2013年，攀枝花市共获得上级产业化项目10个，其中贷款贴息项目4个、财政补助项目5个、省级新农村示范项目1个。项目投资2053.2万元，其中财政资金1329万元、自筹资金724.2万元。

贷款贴息项目。米易县万民农牧有限责任公司6万吨生态饲料厂新建固定资产贷款贴息项目、四川平大生物制品有限责任公司何首乌茶产业化固定资产贷款贴息项目、仁和区行远牧业有限责任公司收购玉米、豆粕1500万元流动资金贷款贴息项目和盐边县龙腾四海农牧业有限公司收购畜禽粮食1000万元流动资金贷款贴息项目。

财政补助项目。米易县26.67公顷有机枇杷种植基地改建项目、米易县533.33公顷优质晚熟芒果基地改建项目、仁和区2000吨水果气调保鲜库改扩建项目、盐边县333.33公顷芒果种植基地项目、盐边县500头能繁母猪养殖基地项目。

省级新农村示范项目。仁和区大田镇新农村示范项目。

通过实施产业化经营项目扶持当地龙头企业、合作组织，促进优势农产品的生产销售，通过推广“龙头企业+合作组织+农户”组织形式，提高企业市场开拓能力，加快农业结构调整速度，推动农村经济发展，带动农民致富增收。

【试点项目和基地发展项目实施】 2013年，米易县获得省级农业综合开发现代产业园区试点项目1个，项目投资2034万元，其中财政资金1800万元、自筹资金234万元。盐边县获得省级现代农业产业基地发展项目1个，项目投资400万元。

通过项目的实施使项目区群众生产生活条件和农业生态环境将得到明显改善，对当地农村经济的发展和农业产业的升级起到积极的示范和推动作用。

（杨　东、雷　林）

交 通

公 路

【概 况】 2013年，攀枝花市交通重点工程建设稳步推进。丽（江）攀（枝花）高速公路攀枝花城区段于2013年12月31日通车。攀（枝花）宜（宾）沿江高速公路、攀（枝花）大（理）高速公路、攀枝花至盐源高速公路和过境高速公路等项目前期工作正加快推进。2013年，国省干线公路改扩建“三年攻坚”活动第二年，累计完成投资3.79亿元。其他重点交通项目沿江快速通道西区段Ⅰ、Ⅱ标段主体完工，鱼塘至机场连接线工程推进顺利，三堆子大桥项目前期工作基本完成，机场路前段整治工程和凉风坳隧道消防维护工程圆满完成。农村公路完成投资2.2亿元，通乡油路建设64.8千米，通村公路建设135.4千米。路网改造完成投资1.08亿元。2013年，全市共争取上级投入交通运输项目资金7.07亿元。

全市公路通车里程4662.246千米，其中市内高速公路144.72千米、国道58.48千米、省道391.32千米、农村公路（县乡道和村道）4035.626千米、专用道32.1千米。全市公路主骨架由两纵一横组成，2条南北纵向干道为省道214线、省道216线，1条东西横向干道为省道310线。丽攀高速公路攀枝花段51.23千米正加紧推进。水运通航里程368.4千米。

全市出租车1477辆。公交车613辆，运营线路33条，年客运量约1.54亿人次。营运性客运车2469辆，营运性载货车22255辆。

【交通基础建设】 2013年，高速公路年内项目按计划强力推进。12月31日24时，丽攀高速公路攀枝花城区段（庄上互通立交匝道收费站至金江枢纽立交段）通车试运行，丽攀高速公路攀枝花川滇交界段10.7千米剩余工程正按要求迅速推进，累计完成投资52.9145亿元，占概算总投资（53.99亿元）的98.0%。攀枝花至大理（过境）高速公路项目已纳入省政府印发的《四川省高速公路建设推进工作方案（2013—2017年）》，并于2013年11月招商成功，由四川省铁路产业投资集团有限责任公司具体承建。项目前期工作正加快推进，将于2014年开工建设。攀枝花至盐源高速公路前期工作顺利完成目标任务，编制完成方案研究报告送审稿。

国省干线公路改扩建“三年攻坚”活动取得阶段性胜利。累计至年底完成投资3.79亿元。已完成新密地大桥、荷花池大桥、巴关河大桥、倮果大桥、纳拉河大桥等一大批危病桥的维修加固；对国道108线拉鲊至干海子、省道310线倮果至渡口桥、省道310线红格至雅江桥、省道310线格福路前段（格里坪至504电厂）等部分路段进行改建，取得突出成效。

其他建设项目顺利实施，三堆子大桥前期相关准备工作基本完成。攀田高速鱼塘至机场连接线工程于8月1日开工建设，至年底工程推进顺利，2013年，城区重点工程完成西区沿江快速通道Ⅰ、Ⅱ标段建设，顺利完成公路养护大中修工程，完成机场路前段整治工程、凉风坳隧道消防维护工程。农村公路完成投资2.2亿元，通乡油路建设64.8千米，通村公路建设135.4千米。

【筹融资】 2013年，攀枝花市及时掌握国家新的政策和要求，筹措资金，确保交通建设资金需要，全市共争取交通运输项目资金7.07亿元。同时，加强与银行的沟通联系，多渠道、多方式扩大运用各类金融机构的信贷资金。全年新增贷款资金 8900 万元；争取部、省等上级补助资金 1.18 亿元；在市发改、财政、审计等相关部门的共同努力下，成功锁定取消二级公路收费债务余额，为争取上级部门支持，逐步化解债务打下基础。

【公交客运】 2013 年，全市完成客运量 0.63 亿人、客运周转量 16.3 亿人千米、货运量 1.25 亿吨、货运周转量 60.37 亿吨千米。水路运输完成客运 31 万人次、货运量 16 万吨，客运周转量 775 万人千米，货运周转量 960 万吨千米。城市公交客运完成客运量 1.52 亿人次，城市公共交通稳步发展，全面实施优先发展城市公共交通战略，不断加快公交车辆更新和线路优化。全年新开通公交线路新开通 35 路、66 路、110 路、111 路共 4 条公交线路，至年底全市公交线路已达到 37 条，新增（更新）公交车 132 台。公交车满意率稳中有升，达到 96.96%。成功举办第 7 届“攀枝花城市公共交通周及无车日活动”。出租汽车行业健康发展，为提升出租汽车行业形象，全年全市向出租车驾驶员新配发服装 9000 件，并投入 3000 套新座套，更新顶灯 1417 个，同时加强对出租车驾驶员的教育培训工作。班线客运、城乡客运发展迅速，新开通攀枝花至巴中市际客运班线，高速公路客运线路发展到 19 条；盐边县投入 16 辆公交车新增 5 条公交线路，结束了该县无公交车的历史。

【公路管养】 2013 年，市交通运输局完善干线公路、农村公路养护管理制度和监督考核制度，落实公路桥梁安全管理、做好取消政府还贷二级公路收费工作和公路防汛、突发事件处置工作。结合攀枝花市开展的“五创联动”“城乡环境综合治理”工作，全面加强公路路面保洁，涵洞、水沟清理保畅，路肩带培土、清土、绿化美化等公路路容路貌的养护力度，提升公路养护社会形象。6 月 1 日前，将城市建成区内的省道 310 线、省道 214 线共 7 段路的道路、桥梁、隧道及相应的日常保洁、绿化、交通安全防护等设施全部移交市政部门，同时将新庄大桥、荷花池大桥、渡口大桥、炳草岗大桥、新座密地桥、旧密地桥、倮果金沙江大桥、凉风坳隧道的日常保洁移交市政部门，顺利完成城区公路、桥梁移交工作，确保城市建成区交通基础设施管养工作的有效衔接。

同时，全年加大桥梁安全管理和隐患排查整治力度，完成橄榄河桥、阿基鲁桥等 4 座桥梁的维修加固设计工作；加大桥梁的监控力度和检查工作，安排专项资金 600 余万元对全市普通干线公路和农村公路上的 8 座大中桥梁和特殊结构桥梁进行特殊检查。年内开展对炳草岗大桥移动视频监控和特殊检查工作的启动，并完成招标工作；完成法拉大桥、巴关河大桥、旧三堆桥、龙洞河桥、河电大桥、灰老沟桥、马家湾桥的特殊检查工作。

建立较为完善的全市公路数据库。面对年内较为严重的公路、桥梁水毁，制定《攀枝花市 2013 年公路防洪抢险预案》，建立公路雨季防洪抢险制度，累计完成国省干线公路隐患整治 87 处，其中急弯路段 3 处，陡坡 2 处、路侧险要路段 82 处。

全力做好国省干线城乡环境整治和花城景观打造工作，于 10 月上旬完成阿基鲁桥至倮果桥段绿化带外侧地被的整理及杂草清除及阿基鲁桥—船厂段环境整治和景观打造工作。

【行政执法】 2013 年，市交通运输局严格按照依法行政工作部署，开展“亲民和谐”文明执法、行政执法规范年活动，深入推进“六五普法”工作。认真落实行政执法责任制，完善行政执法责任评议考评体系；深入推进交通运输依法行政决策机制和交通运输重大事项决策机制；开展专家知识讲座、执法人员抽考等活动强化交通运输执法人员业务知识培训；以案卷评查、明察暗访、预防腐败讲座等措施强化执法监督，规范交通运输执法行为，规范和落实重大行政处罚案件集体讨论及行政处罚自由裁量制度；以推进创建示范单位和“四统一”（执法证件、执法服装、执法车辆、执法场所外观统一）建设为手段，促进各执法单位自身建设，努力构建交通运输全方位文明执法目标；以运政之声、新闻媒体为载体，分类开展“法律六进”宣传活动，广泛宣传交通运输法律法规。对行政权力事项进行了清理，清理后的行政权力共 531 项，其中行政许可 54 项、行政处罚 454 项、行政强制 15 项、行政征收 1 项、其他行政权力 7 项。

【路政管理】 2013 年，市交通运输局围绕区域性交通枢纽建设和“三年攻坚”任务，发挥路政维权护路职能，巩固治超成果，强化各项管理，审查各类案件 2221 件，开展重大案件集体会审 193 次，全年无行政复议和行政诉讼案件。按照省厅“四统一”工作，组织正式执法人员参加执法换证考试考核，更换新制式执法服装，完成路政二大队、三大队及五大队按部颁标准统一办公场所外观建设，开展执法培训和宣传。政务服务窗口办理案件1462件，办结率达100%，对涉及市重点工程、民生工程等集中审批项目在法规许可的范围实行以“便利直通车”和“绿色通道为主”的一站式全程服务。2013年，市路政管理支队直接挽回公路路产损失3252.9987万元；实施行政处罚679次，罚款324.353万元；办理行政许可1462件。

加大对公路桥梁的巡查密度，建立辖区路段隐患排查数据库、安保设施修复统计数据库。做好汛期和地质灾害路段的监控和处置，配合公安部门做好高速公路入口禁止“双超”（超载、超速）车辆通行工作，修复损坏全市国省干线波形护栏等安保设施及交通标，持续保持全市公路基本无“三乱”（乱罚款、乱收费、乱设卡）成果。

路容路貌整治工作，开展非公路交通标志标牌、公路两侧建筑控制区内违章建筑、公路及公路用地违章行为及违规设置公路平面交叉道口等专项整治工作，清理违章建筑物和构筑物、清除占用公路及留地、规范公路平交道口、拆除非法广告标牌。2013年，支队平均上路巡查率为88.8%；查处公路损毁和公路占用案件80件，案件发现率为97.1%，查处率、结案率为96.2%，路政巡查力度和质量明显提高。

【运政管理】 2013年，攀枝花市运输安全形势持续稳定，全年无源头安全责任事故发生。重点整治省际、市际客运班线和农村客运线路；建立落实防汛24小时值班制度和领导带班制度，做好应对水毁路段、泥石流和突发洪水的防范措施；加强路面稽查，严查营运车辆和无普货从业资格证行为；公开政务，落实首问制和一次性告知制，查处率和回复率均为100%；推进队伍制度化管理，修订重大行政决策等7项制度，新建《执法评议考核与绩效联系制度》《重大行政执法案件处置规定》《规范行政处罚自由裁量权实施办法》等20个制度；推进队伍“四统一”工作，坚持工作时间统一着装制度，严肃劳动纪律，完成新式执法服装和执法证更换工作，以及盐边县运管所执法场所外观试点建设工作。

严格质量信誉考核，对全市29家危险货物运输企业、9家客运企业、144家维修企业、11所驾校、11家出租汽车公司进行质量信誉考核，并将“阳光维修”优质服务活动与维修企业质量信誉考核挂钩，围绕省级文明城市创建，提升出租汽车文明服务意识和质量，做好计时培训管理系统升级工作；提升应急处置能力，完成12月全省百镇建设等“四项重大活动”3000余人次的宾客运输任务和启动芦山“4·20”地震应急预案，及时将救灾物资运往灾区；狠抓货运源头“治超”；积极开展城市客运交通线路及站点调查，至年底攀枝花市主城区现有公交站点565个，市区和米易县、盐边县公交线路总数达45条。

【海事监管】 2013年，全市航务海事部门累计查处安全隐患32起，整改完成32起，举办安全培训班19次。为吸取宜宾“5·2”事故教训，对辖区190名注册船员进行船员职业道德、水上交通安全法律法规、水上交通安全管理制度、水上应急应变常识和事故案例分析5个科目的安全专项教育培训和考试。

全面完成2013年春运、春节、国庆黄金周等假日旅客运输工作，共投入客运船舶运力89艘，安全发送旅客4万人次，同比增长21%，未发生伤亡事故和严重服务质量事件，实现“科学组织、安全第一、以客为主、优质服务”的工作目标。加大培育水运市场，引导运力结构调整。全面开展营运船舶年审核查工作，对辖区2家水路运输企业及95艘营运船舶进行年审核查。积极引导辖区内客船、客渡船向标准化、专业化、节约化方向发展，降低船舶能耗，提高船舶的技术状况。全年完成旅客运输量31万人，周转量775万人千米；货运运输量16万吨，周转量960万吨千米。认真做好农村客运燃油补贴资金的分配方案、资料收集及审核工作和发放工作，全面完成全国水路运输业经济专项调查。

【收费站管理】 2013年，经市政府批准，攀枝花市4个收费站（仁和、格里坪、红格、米易收费站）和年费收费点全面停止收费，即提前两天整体取消攀枝花市政府还贷二级公路收费。2013年1月25日，攀枝花市格里坪、仁和、红格、米易4个收费站站棚全部拆除完毕，收费站路面恢复工作全部完成。2013年2月底，完成4个收费站和年费征收点的固定资产登记造册工作，并将4个收费站的部分设施、设备和房屋作为公路附属设施移交给公路养护单位或市路政支队。至年底，已基本完成122名收费人员分流安置工作。

【国省干线公路改造】 2013年，完成国省干线公路改造42.81千米，累计完成投资3.79亿元。其中，完成国道108

线拉鲊至干海子段改造工程 18.6 千米，省道 310 东区倮果至渡口改造工程 14 千米，省道 310 线格里坪至福田段改建工程 2.53 千米，省道 310 线盐边县红格过境线新建工程 5 千米，西区沿江快速通道新建工程 2.68 千米。

【132 台新型空调公交车投入运营】 2013 年 12 月 27 日，攀枝花市有 132 台新型空调公交车陆续投放到 1 路、6 路、11 路、12 路、13 路、17 路、110 路、111 路等 17 条公交线路上。此次投入运营的新型空调公交车节能、环保，行驶噪音较低。车身长度分别为 5.9 米、8.5 米、10 米、12 米，首次拥有 12 米长的公交车。车身选用 LED 可调式路牌，车厢内采用 LED 广告通道，增设流动字幕显示屏，该车型增加两排座位、扶手立柱和驾驶室隔离栏，更加安全、方便、舒适。为使市民切实感受到公共交通带来的实惠，这 132 台新型空调公交车的营运票价将维持原有票价不变。至年底，市区有公交线路 38 条，运营车辆共 642 台，运营里程 4200 万千米，年客运量达 1.4 亿人次。

（胡　芳）

铁　路

【概　况】 2013 年，攀枝花境内铁路由西昌车务段管辖的车站共有 17 个：弯丘、青杠、沙坝、米易、丙谷、垭口、枣子林、桐子林、牛坪子、三堆子、攀枝花、倮果、密地、渡口、弄弄坪、巴关河、格里坪站。其中客运办理站 2 个：米易、攀枝花，货运办理站 12 个：弯丘、青杠、米易、垭口、桐子林、攀枝花、倮果、密地、渡口、弄弄坪、巴关河、格里坪，区编站 2 个攀枝花、密地。主要承担着攀枝花市的客货运输任务及大量军、专、特运任务，辐射凉山州、云南省广通、丽江、巧家等地区。

【境内运输经营】 2013 年攀枝花境内发送旅客 184.44 万人次，其中直通旅客 35.80 万人次，管内旅客 148.64 万人次，到达旅客 171.61 万人次。货物发送量 485810 车、3089.36 万吨，货物到达量 239411 车、1545.52 万吨。

（李小莉）

航　空

【滑坡治理工程】 2011 年 6 月，攀枝花机场再度停航后，在四川省机场集团公司的安排部署下，专门成立攀枝花机场滑坡治理工程领导小组和指挥部，工程于 2011 年 10 月 20 日开始施工。

攀枝花机场滑坡治理工程历时 20 个月，共完成抗滑桩施工 89 根，开挖土石方 5.5 万立方米，钢筋制作 8100 吨，混凝土浇筑 4.2 万立方米，锚索施工 750 根，修筑排水平峒 1600 米，道面钻孔、注浆 4.5 万米，道面盖被 2.4 万平方米。

2013 年 5 月 30 日，攀枝花机场滑坡治理工程顺利通过竣工验收，标志着滑坡治理工程基本完工。

【复　航】 2013 年，保安营机场有限责任公司为保证攀枝花机场复航准备工作的顺利开展，针对民航四川监管局对攀枝花机场进行的复航前符合性检查提出的要求，围绕综合安全、飞行区场地、目视助航设施、机坪安全、消防、空防安全、应急救援、空管运行保障、危险品运输等 9 个方面进行共 71 项整改。按照《民用机场使用许可》的要求，攀枝花机场抓紧完善相关资料，完成机场使用许可证的申报。并提前分别与国航、川航、东航等就航班计划、航线网络进行接洽。2013 年 6 月 29 日，攀枝花机场顺利复航，首航航班 3U8652。

【运　营】 攀枝花机场复航后，攀枝花保安营机场有限责任公司主动、多次走访国航、川航、东航等航空公司，促使川航、国航尽快开通攀枝花—成都航线。2013 年 10 月 27 日攀枝花—重庆—北京航线成功恢复。2013 年实现客流量 63823 人次，起降架次达到 744 架次。其中成都航线的年平均客座率达到 75%左右。

除在航线开发工作上的不断努力，攀枝花机场还通过在服务品质上的提升来树立机场形象，维持旅客及航空公司信心，克服航线开发的困难和因气候影响的航班不正常造成的负面影响。力争通过服务品质的升级留住旅客，稳定市场，为新航线开发工作创造良好的市场条件。

（罗　莉）

信 息 产 业

邮　政

【概　况】 2013年，攀枝花市邮政局有在岗职工645人，其中大专以上学历311人。下设综合办公室、人力资源部、计划财务部、市场经营部、监督检查与安全保障部、工会6个机关职能部室，东区邮政局、西区邮政局、仁和区邮政局、密地工业园区邮政局、米易县邮政局、盐边县邮政局6个县（区）局以及函件广告局、报刊发行局、报刊零售公司、集邮公司、电子商务局、代理业务局、分销业务局、机要通信局、投递局、邮区中心局、信息技术局11个专业公司（局）。共有邮政支局所52个，邮政报刊零售亭55个，邮政信报箱格口19023个；全市邮政投递路线单程总长度2335千米，城乡投递线路120余条，生产车辆116辆，邮件转接投递点5355个，乡村通邮率100%。

全年，攀枝花市邮政局实现业务收入8862.46万元（全口径业务收入9106.10万元），完成省公司计划的101.59%，列全省第7位，同比增幅8.02%，排全省第10位。其中，邮务类业务累计实现收入3376.17万元，邮务类业务完成省邮政公司计划的102.18%，列全省第13位，同比增幅11.16%，列全省第11位；代理金融类业务完成省邮政公司计划的95.71%，列全省第18位，同比增幅为1.22%，列全省第21位；代理速递物流类业务（全口径）完成省邮政公司计划进度的85.20%，列全省第13位，同比增幅为-9.93%，列全省第10位。

【代理金融网点转型】 2013年9月9日，西区邮政局大水井支行被列为全市首个省级示范转型网点正式启动转型模块导入工作。大水井支行建立服务团队和销售团队，金融从业人员总人数达到11人。分别设置支行长1人，大堂经理1人，理财经理1人，外拓经理1人，综合柜员1人，综合柜员兼大堂经理1人，普通柜员5人，开设普通客户窗口2个，VIP客户窗口1个，满足了客户服务体验和金融理财等方面的需求。理财业务同比增长达267%，电子银行开办率增长近5倍，短信业务从转型前第20位跃升至全市第1位。

【承办四川省第十一届集邮展览】 2013年5月28日、29日，四川省第11届集邮展览和《四川集邮史》首发活动在攀枝花市新工人文化宫举行。这是攀枝花市第一次承办的大型集邮展览，也是攀枝花市乃至全省有史以来规模最大、规格最高的集邮活动。全省21个地市州共计有80多位集邮专家及爱好者齐聚在此共襄盛举。在为期两天时间里，展出代表全省集邮事业伟大成就的83部200框10个类别的集邮珍品，开展专题集邮知识讲座和集邮进校园系列活动。展览吸引数百名各个年龄阶段、各行各业市民参观。分管副市长柳康健亲自到场祝贺并致辞。

【能力建设】 2013年，攀枝花市邮政局以服务民生、融入地方为切入点，引入社会力量整合渠道资源，加快推进邮政社会综合服务平台建设，实现多种业务叠加，以“一点接入多点铺开”模式提升网点有效率。建成便民服务站36个，“三农”服务站15个，空白乡镇邮政局所补建完成并移交3个，开业运营2个。网点布局持续优化，购置邮政营业网点2处，网点标准化改造7处，金融网点优化布局调整1处。加大信息网终端能力建设和金融自助机具投入，新布放ATM、CRS7台，总量达到23台，电子服务渠道进一步拓宽，开通15个储蓄网点WIFI，提高了客户体验度。

投递机动化和信息化水平不断提高，揽投网建设进一步推进，商业化揽投部组建工作逐步展开；增配投递车辆2台，并根据辖区用户变动情况优化投递段道；不断创新投递模式，“自取+代投”模式日益完善，智能包裹投递柜建设稳步推进；加大投递基础管理、作业流程优化及规范化服务培训，有效提升了投递效率和投递质量，投递服务能力进一步提升。“双11”“双12”期间，市邮政局共投递国内小包17753件，妥投率达100%。

（寇建梅）

中国电信攀枝花分公司

【概　况】 2013年，中国电信攀枝花分公司（以下简称市电信公司）统一全员思想，以流量经营为牵引，聚焦合约、融合，做优服务、做实基础，推动企业持续、健康、稳定的发展。

2013 年，中国电信攀枝花分公司完成业务收入 32700 万元，市场收入份额达到 30.22%。公司已拥有 170G 传输出口容量、30 余万户语音容量、120G 互联网出口带宽、容量 100 万户的移动通信网络。全市已建成天翼 3G 基站 799 个、4G 基站 9 个，3G 网络的人口覆盖率达到 99%；城市光纤到户 34 万户，覆盖率超过 96%；互联网出口带宽达到 120 个 G，占攀枝花市总出口带宽的 80%。各项经营指标持续稳步提升，纳税金额千万以上，被攀枝花市东区政府授予企业“纳税十强”称号。

【打造全省首个“全光网城市”】 从 2008 年开始，市电信公司在集团公司和省公司的统一部署下，在全省率先启动“光纤到家庭”（FTTH）建设工程。截至 2013 年 6 月，累计投入 5.73 亿元建设资金，建成互联网出口带宽 120G、高清影视出口带宽 20G、光缆总长度 1 万芯千米、覆盖居民 34 万户的纯光纤通信网络。现有的 16.8 万电信宽带用户中已有 6.93 万改为光纤、2.33 万户已使用上三网融合应用产品。主城内东区、西区、仁和区和米易县、盐边县城区的光纤通信网络覆盖率已达 96.7%，走在全省前列。

2013 年 6 月 15 日，中国电信四川省分公司总经理赵麦庆在攀枝花调研时，与市委、市政府领导进行交流后，提出将攀枝花市打造为全省首个“全光网城市”的目标。8 月 29 日，攀枝花市人民政府与市电信公司签订“全光网城市”战略合作协议，双方本着“政府主导、电信主体、市场导向，服务社会、合作创新”的原则，在“十二五”期间，中国电信四川公司拟投资 6 亿—8 亿元，将攀枝花市打造为全省首个“全光网城市”。全面提升互联网出口总带宽，“十二五”期内实现全市互联网出口总带宽提升至 1T；居民宽带产品带宽提升至 20M，企事业单位及商务楼宇宽带产品带宽提升至 1000M；建成覆盖全市城乡的光纤宽带网络，向全市现有及新增电信宽带用户提供光网服务。加速实施市电信公司花城新区通信枢纽中心工程，并将其作为攀枝花市乃至整个四川地区连接云南的重要信息枢纽中心。积极推进“幸福美丽攀枝花”项目，整合提升市、县（区）政府公共服务和管理能力，实现政府部门“无纸化办公”，百姓“网络化办事”。通过智慧教育、智慧社区、智慧家庭、智慧医疗、手机支付、智能交通等信息民生项目的建设和应用，全面完善城市的公共服务。通过电子商务工程、智慧金融、智慧旅游、智慧传媒、智慧电力等信息产业应用项目的建设与推广，积极为产业注入科技活力，培育新的经济增长点。充分利用“全光网城市”建设过程中带来的信息化产业集聚和创新机遇，不断解放思想、转变观念，促进攀枝花市以“软件研发、信息传输、信息应用、信息产品、信息技术”为主要内容的现代信息消费及电子商务产业大发展。

【通信保障】 2013 年，市电信公司全面履行全市重要通信保障和应急通信演练，以信息化建设主力军的超强本领承担应急通信的社会责任。5 月，攀枝花军分区网络出现故障，市电信公司及时高效解决，得到军分区领导的高度赞扬，并赠送市电信公司一面锦旗。10 月，在市领导要求的 30 小时内恢复因竹湖园地下通道建设工程施工导致市政务中心至市委、市政府及市人大的 4 条党政网光纤通信中断障碍。12 月，圆满完成“攀枝花 2013 年欢乐阳光节”开幕仪式现场应急通信保障任务及攀枝花市哈尔滨举办“攀枝花•中国阳光康养旅游城市”推介会两地现场亲情连线直播的视频通信传输保障工作，受到攀枝花市委副书记赵辉、市长张剡高度评价。

【客户服务】 2013 年，市电信公司持续坚持以创新和服务双领先战略，对外通过创先争优情系客户，对内借助六部委纠风工作加强内部监督，坚持以客户感知提升为引领，抓基础、强管控、重支撑，客户服务质量不断提升和突破。

以全业务达标工作为主线，以客户满意率测评监督为抓手，从服务质量管控、经营风险防范、全渠道服务监督、缺陷短板挖掘入手，持续夯实基础服务能力。分 14 期开展服务标准全员宣贯活动，营造人人学标准、懂标准、用标准的良好氛围。开展 23 场服务标准及服务能力提升培训，覆盖全市各渠道客户接触点人员等共 960 余人。在全省服务监督检查中取得第三名的好成绩。

公司坚持“用户至上，用心服务”的服务理念，贯彻透明服务政策，规范增值业务管理，降低因信息不对称引发的增值业务投诉。按日关注热点难点，按月提炼问题短板，成立联合攻坚虚拟团队，强化问题处理跟进、典型案例分析共享，不断提升整体服务能力。

通过 QQ 群、微博、易信、客户俱乐部等方式开展客户关爱回馈活动，参与客户达 11624 人；组织客户参与“美丽中国，翼览无余”天翼手机摄影大赛，投稿 970 幅，有效提升客户尊享感知。重启机场贵宾通道服务，提升 VIP 尊享服务能力，从 2013 年 11 月起，正式为 VIP 客户提供服务。

【队伍建设】 2013 年，市电信公司为充分实施“岗位靠竞争，提拔靠业绩，收入靠贡献”的队伍建设机制，有效支撑企业实现规模效益新突破，适应新形势、新环境和新业务的变化，鼓励富有创新能力、充满事业激情的员工到生产一线建功立业，搭建员工实现自我价值的舞台，为企业发展提供坚实保障。

公司所有中层正副职、4 个重点农村区域中心经理、分局长及支局长 60 个岗位全部面向全公司采取公开竞聘。选聘公司级内训师 30 名，开展各类培训 121 场，培训员工近 2000 人次，733 人完成岗位资格认证。

【安全生产】 2013 年，市电信公司形成安全工作逐级落实的生产格局，逐级签订《2013年安全生产责任书》《2013年员工安全生产承诺书》，将安全责任落实到每位员工。加强日常安全监督检查、排除事故隐患，全年共组织大小安全检查20余次，涉及300余个重要通信点。开展“百日安全生产”活动，检查涉及大小重点通信站点200多个。

持续推进打击盗窃破坏通信线路（设施）违法犯罪专项斗争，加强通信设施保护工作，减少盗窃破坏通信线路设施案件的发生，与2012年同期相比，发案数下降48.2%、损失下降16.7%，有效遏制了盗窃通信线路设施犯罪，获得攀枝花市综治办2013年度全市“三电”（电力、电信、广播电视）设施安全保护工作成绩突出通报表彰。

（唐秀兰）

中国移动攀枝花分公司

【概　况】 中国移动通信集团四川有限公司攀枝花分公司（以下简称攀枝花移动）是攀枝花地区最大的移动通信主导运营商，主要经营移动话音、数据、IP电话和多媒体业务，具有计算机互联网国际联网经营权。攀枝花移动分公司设有综合部、企业发展部、市场经营部、数据部、政企客户部、营销管理委员会、网络维护部、人力资源部、财务部、纪检监察室、工会、党群工作部，在攀枝花市区域内分别设有东区分公司、江北分公司、西区分公司、仁和分公司、米易分公司、盐边分公司。

2013年，攀枝花移动在谋求自身发展的同时，不忘承担社会责任，全力推进城市经济和信息化建设，积极投身各项社会公益事业。在2013年的发展进步中取得经济效益和社会效益双丰收的良好成绩，全年缴纳地方税2374万元，有效推进了攀枝花市经济的发展。

【网络运营】 2013年，攀枝花移动基站数达到1200余个，载频数增加到1.2万余个；光缆达到1万余皮长千米，CMNET城域网设备由5台设备增长到20余台，汇聚节点节点覆盖由东区扩大到全市区域。攀枝花移动公司着力为集团客户提供互联网、语音等服务，至年底为攀枝花各类企事业单位提供光纤专线达千余条；自2011年底与铁通联合启动铁通宽带业务建设，已建成光纤小区近500个，无线宽带乡镇40个，总覆盖用户接近30万户，接近攀枝花城镇住户的80%。

【服务社会】 2013年，攀枝花移动始终坚持按照全市统一部署，积极配合支撑全市急难险重工作开展，先后对沿江景观打造、市区地下过街通道、花城新区基础设施建设等多个项目，布放光缆240条，总长度74.76千米，割接光缆15629芯，确保急难险重项目施工不受通信线路影响。

在网络保障方面，2013年攀枝花移动投入大量人力物力，对通过本地通信网进行多次全面排查，通过更换网络设备、增加备线等方式，消除网络安全隐患；通过整合网络值班形成大监控模式，保障工作负责人保持7×24小时通信畅通，密切监视网络运行状况，及时处理网络故障和投诉，确保分公司网络正常运行；全年攀枝花移动共为全省两个现场会等8项全市重大活动提供现场通信保障。

2013年汛期，全市范围内出现大面积停电28次，涉及基站停电累计1455次。攀枝花移动第一时间启动汛期应急预案，出动通信保障抢险人员1086人次，抢险车辆489余台次，使用应急油机发电1286台次，保障了基站的正常运行。

【业务发展】 2013年，攀枝花移动在三大个人业务品牌基础上，加强集团信息化业务拓展，市消防支队视频会议及监控信息化项目、市民政局“12349”居家养老平台项目、攀钢集团总医院移动综合应用系统项目、攀钢兰尖铁矿井下监控项目、四川省富邦公司等多个信息化项目得以实施。市民政局“12349”项目获四川移动“年度CSR十佳实践奖”和“最佳CSR创意奖”荣誉称号。攀枝花移动活动成果“研究小区宽带业务支撑新方法”获得第七届“海洋王”杯全国QC成果发表赛一等奖。

【客户服务】 2013年，攀枝花移动通过整合投诉受理及服务提供渠道，开展“总经理服务日”活动，聘请各行业移动客户代表作为客户“服务质量监督员”方式提升客户服务质量，至2013年12月底，全市调查客户综合满意度达到81%，较2012年有较大提升。全年共受理消费者投诉1.5万余件，办理率达到100%，处理结果均得到客户满意评价，无一例重大升级投诉。

【效率提升专项活动】 攀枝花移动始终坚持有效率才能赢得竞争，才能赢得发展。2013年，根据四川移动统一部署，深入开展效率提升专项活动，通过活动梳理优化15项制约公司效率提升的关键流程，变革7项关键业务流程，减少公司发文数量20%，分公司运营效率得到明显提升，企业竞争力、发展力得到较大提升，科学可持续发展能力得到增强。

（肖　军）

中国联通攀枝花市分公司

【概　况】 中国联合网络通信有限公司攀枝花市分公司是中国联通四川下属的分公司，简称中国联通攀枝花市分公司，组建于1999年。主要业务有移动通信业务、固定通信业务、国内数据通信业务、网络接入业务和各类电信增值业务及与通信信息业务相关的系统集成业务等。至2013年年底，中国联通攀枝花市分公司在册员工131人，内设11个后台支撑部门，下设东区、西区、仁和、米易、盐边5个县

（区）分公司。

【网络运营】 2013 年中国联通攀枝花市分公司狠抓网络优化，完成传输网、无线网、数据核心网、移动核心网的专项优化工作。年底，完成移动网、光纤物理网的大网规划部署安排，通信网络规模日趋成熟完善，固网宽带接入端口数累计超过 78900 个，FTTH 接入能力达到 19852 个。全年新增基站 82 个，基站总数达 617 个，服务能力进一步增强。

【客户服务】 2013 年，中国联通攀枝花市分公司以客户感知提升为目的，继续推进大服务体系建设，不断夯实基础服务，全力提升服务质量。树立以客户为中心的服务理念，重点推进落实转型、分级服务，通过改进服务短板，优化服务流程等措施，进一步提升客户满意度。规范管理体系，统一服务标准，逐步建立起面向市场、客户和前台的各项业务管理流程，从根本上提高管理效率和客户满意率，客服工作迈上新的台阶。加强品牌宣传力度，提升企业形象，通过现场推介、新业务演示、用户体验等多种形式与途径，树立良好的企业形象。客户投诉解决满意率为 99.88%，VIP 客户户均流量提升 117.5M，提升率为 28%。

【业务发展】 2013 年，中国联通攀枝花市分公司以 3G 发展为核心，围绕宽带发展、集团拓展、渠道建设开展经营工作，成效显著。在 3G 发展方面，通过 3G 渠道建设、价值链合作，促进 3G 业务的快速发展和 3G 品牌的传播。充分发挥 3G 高速网络优势，整合本地互联网、媒体、渠道等资源，借助高频次、大力度的促销优惠活动，形成立体的销售服务体系，注重与用户的应用体验沟通，使业务渗透到客户的日常工作和生活中。

3 月 22 日上午，中国联通攀枝花市分公司与攀枝花市政府举行推动智慧攀枝花建设战略合作协议签约仪式。签约仪式上，省分公司资深经理王胜明表示，作为中央直属的国有特大型通信企业，中国联通一直高度关注并致力于推动智慧城市的发展。中国联通智慧城市建设以城市光网络、WCDMA 无线网络、WLAN 三大网络为基础，以中国联通四川数据基地为依托，以基于云计算的全国统一的智慧城市平台为载体，构建“共建、汇聚、开放”的发展模式。为促进行政效能、执法质量的提升，结合攀枝花市“天网”一期工程，全面推行智慧城市项目建设和运营，共同推动智慧城市的规划、建设、运营、服务和创新发展。通过此次战略合作协议的签订，攀枝花市人民政府与中国联通四川省分公司将充分发挥各自优势，共同致力于智慧攀枝花的应用研究以及相关信息化服务等多方面的合作，形成“政企联盟、携手共赢”的新格局，实现智慧攀枝花发展“强政、兴业、惠民”的目标。并期待双方的战略合作能够早日结出硕果，成为政府与企业通力合作、造福民生的典范。

【通信保障】 2013 年，中国联通攀枝花市分公司网络通信能力跨上一个新台阶，市场竞争的网络基础更加扎实。加强网络优化工作，切实提高网络运行质量。制定以市场需求和市场评价为标尺的网络质量评估体系。在网络维护中率先采用电子运维系统，提升网络运行效率；同时，不断加强网络安全防范工作，确保全年无重大通信事故发生。网络功能、网络覆盖和通信质量得到根本改善。狠抓网络优化，完成传输网、无线网、数据核心网、移动核心网的专项优化工作。WCDMA 网接通率为 98.53%，GSM 网接通率为 98.17%，掉话率为 0.37%，网络整体情况良好。

“4·20”雅安地震灾情发生后，中国联通攀枝花市分公司领导高度重视，在省公司的安排和部署下，于第一时间组织召开分公司紧急会议，启动《中国联通攀枝花市分公司对外抗震救灾通信保障应急预案》，并成立以总经理刘华为组长的应急抢险救灾队，集结 2 台抢险车、1 台应急通信车、2 台油机车辆、1 套抢险设备，以及 14 名网络维护技术骨干作好待命准备，只待上级部门下达指令，便即刻奔赴灾区开展抢险救援，以确保灾区通信网络畅通，为抗震救灾开辟新的生命通道。

【能力培训】 2013 年中国联通攀枝花市分公司着力建设“懂管理、善经营、作风硬、思想强”的管理团队和“能力素质优异、充满生机与活力、高绩效高贡献”的员工队伍，全方位多元化促进干部员工能力素质提升。采取“走出去”和“请进来”相结合的方式，组织干部到四川省各地市分公司进行考察交流，对照先进标杆，吸取先进管理经验，提升管理能力；外聘管理专家进行授课，通过专项培训及轮岗锻炼等方式，强化对管理人才队伍的培养。多渠道提升员工学习能力和学历水平，全年组织开展内外部培训 400 余期，参陪人员达到 4000 多人次，促进了核心员工管理能力快速提升。

（周　舟）

电子政务

【电子政务管理】 2013 年，攀枝花市电子政务办公室起草并印发《攀枝花市政府网站管理办法》《攀枝花市公共企事业单位信息公开规定（试行）》，对全市政府网站建设管理与公共企事业单位信息公开工作进行规范。制定《攀枝花市电子政务绩效评估管理办法》，对全市电子政务绩效评估工作进行规范与量化管理。制定并印发《2013 年攀枝花市网站信息报送目标任务》和《2013 年攀枝花市政府网站绩效评估指标体系》，继续将电子政务工作纳入市委、市政府年度目标管理，推进市级各部门网上为民服务向深度发展。全年，市电子政务办公室按照“推进电子政务资源整合、实现资源共建共享”的工作思路，完成市建设工程质量安全数字化管理平台、公共卫生指挥系统等 9 个电子政务项目前置审核工作，推进信息资源综合利用。依托市政府门户网站内容管理平台，完成市人大、市纪委、市保密局等 12 个部门网站的集约化建设，为跨部门协同和信息资源共享进一步奠定基础。

【电子政务基础设施建设】 2013 年，市电子政务办公室完成电子政务公共机房物理安全环境改造工作，更换门禁系统为指纹识别，升级视频监控设备，增加监控点，提高摄像头清晰度。完善机房温控系统，新增 5 台空调。完成市到省电子政务外网主干传输备用线路建设，为电子政务外网通讯应急和多元化接入提供保障。为解决现市电子政务公共机房的供电隐患，起草并上报机房安全隐患报告，编制机房安全改造方案，改造经费已纳入财政预算。

【电子政务应用】 2013 年，市电子政务办公室完成市电子政务内网新版公文传输系统和新版“四川省党政机关通讯录”系统的建设工作，确保新系统 2013 年 6 月 1 日按期启用，有效保障全市 687 个党政机关办公运转。至年底，新版公文传输系统累计发文 110154 份，平均每工作日发文 710 余份。全年现场处理公文网上交换故障 90 余次，电话解答 800 余次。组织编制《攀枝花市行政效能电子监察延伸实施方案》，完成全市行政效能电子监察延伸的技术支撑工作。市行政效能电子监察系统已实现全市 60 个乡镇及街道、车管所、国税地税等重点服务窗口全覆盖，提升党委、政府社会管理与公共服务能力。市行政审批电子监察系统共受理行政审批事项 327.72 万件，办结 327.58 万件，平均每个工作日办结事项 1.32 万件。组织编制《攀枝花市行政权力公开透明运行平台实施方案》，并上报省政府办公厅审批通过，投资 147.5 万元完成攀枝花市级平台建设工作。

【市电子政务内网门户网站】 2013 年，市电子政务办公室继续推进市电子政务内网门户网站服务功能的建设与完善，完成全市党政信息统一报送平台建设，网站服务领导决策和机关内部办公的能力进一步提升。网站共发布信息 1.84 万条，累计访问量达 202.78 万人次。

【市人民政府门户网站】 2013 年，市电子政务办公室按照《2013 年市政府门户网站建设工作实施方案》，开展市政府门户网站信息公开、在线办事、公众参与等栏目建设与完善工作，网站为民服务能力显著增强。至年底，网站共设置栏目 1.2 万个，信息内容总量达 27.75 万条，网站累计访问量达 4077.05 万人次，日均访问量 11.17 万人次，同比增长 10.48%。在中国社会科学研究院和国脉互联政府网站评测研究中心共同举办的第五届（2013）中国政府网站绩效评估活动中，市政府门户网站位列全国 300 个地级市政府网站第 11 位，列西部 130 个地级市政府网站第 3 位。在 2013 年度四川省政府网站绩效评估结果中，市政府门户网站列全省 21 市州第 3 名。

【政务信息公开】 2013 年，市电子政务办公室继续开展市委、市政府重点工作信息网上发布工作，组织召开专题工作会，制定并印发《攀枝花市委市政府重点工作信息网上发布内部管理办法》。2013 年，市电子政务内网门户网站和市政府门户网站共发布信息 5.12 万条。向省电子政务内网门户网站报送信息 5588 条，采用 1884 条，采用量比 2012 年增加 28.08%，信息采用量综合排名位列全省 21 市州第 4 名，比 2012 年上升 4 位。向省政府门户网站报送信息 2463 条，采用 990 条。继续加强市行政权力网上公开工作，从个人办事、企业办事、办事部门 3 个维度对行政权力、行政处罚、行政征收等 9 类 1377 项行政权力事项进行公开。至年底，累计公开信息 19.32 万条。受市政府办公室委托，市电子政务办公室组织召开全市公共企事业单位信息公开工作会议，安排部署全市公共企事业单位信息公开工作。围绕市政府中心工作和群众关心、社会关注的重点领域与热点问题，制定并印发《攀枝花市政府信息公开工作要点》。全年市政府信息公开目录系统公开信息 8496 条，公开财政预决算和保障性住房等 8 大领域信息 7285 条，公开民生工程信息 1857 条。完成攀枝花市人代会、政协会、“思想大解放，作风大转变，工作大落实”主题教育活动、“实现伟大中国梦、建设美丽幸福攀枝花”主题教育活动等 6 个专题网站建设。其中，“思想大解放，作风大转变，工作大落实”主题教育活动专题网站被省电子政务内网门户网站采用，“实现伟大中国梦、建设美丽幸福攀枝花”主题教育活动专题网站被省政府门户网站采用，并分别在显著位置链接。

【信息网络安全与运维保障】 2013 年，市电子政务办公室继续严格落实《信息安全管理制度》《信息发布审核登记制度》等信息安全规章制度，加强对网络安全、网站信息安全和信息系统安全的监管。严格执行上网信息“谁上网、谁审查、谁负责”的原则，严把信息审核、发布关，强化对上网信息内容的监管，确保上网信息始终处于可查、可管、可控状态。聘请具有资质的网络安全服务公司对网络运行环境进行 24 小时监控。认真落实 7×24 小时机房值班制度，严格执行机房出入登记制度。全年无重大信息网络安全事故发生。攀枝花市电子政务办公室继续做好市级部门技术保障支撑工作。为市政务服务中心、市城市管理局、市审计局等 52 个单位的网络、应用系统及网站提供运维支撑。完成全市 40 个政府网站的风险评估和安全测评工作。全年提供电话咨询与业务指导 2000 余次，上门服务 400 余次，有效保障了各单位业务正常运转。

（余自彬）

竹湖园远眺　　（攀枝花市林业局提供）

口 岸

攀枝花海关

【概 况】 2013 年攀枝花海关以中共的十八大、十八届三中全会精神为指导，切实贯彻“四好”（把好国门、做好服务、防好风险、带好队伍）总体要求，紧紧围绕“内陆一流”海关的工作目标，认真落实成都海关各项工作措施，着力加强队伍建设、业务建设、基础建设和党风廉政建设，坚持“大小齐抓，量质并举”的税收指导理念，狠抓“精、实、新”管理，立足市情、关情，求真务实，真抓实干，开拓创新，锐意进取，高质量完成全年各项工作任务。全年实现税收入库 1.67 亿元人民币，同比增加 250.1%，监管进出口货运量进出口货运量 9279 吨，进出口货物总值 1.2 亿美元，同比增加 98.6%。

【海关监管】 2013 年，攀枝花海关以“属地申报、口岸验收”便捷通关模式为抓手，实现更多跨关区的“一次申报，一次查验，一次放行”，提高企业通关、转关效率，积极推进贸易便利化。充分发挥企业稽查、企业管理、减免税后续管理各项职能，切实做好减免税后续核查、贸易调查、企业分类等工作。全年，共稽查企业 2 家，稽查按时完成率 100%，全年共巡查企业 15 家，巡查完成率 100%。加强一线监控，规范查验记录单，提高查获率。全年查验率为 8.06%，查获率为 33.33%。加强企业注册备案管理和分类，全年为 20 家企业办理注册登记，为 35 家企业办理变更换证。

【税收征管】 2013 年，攀枝花海关认真贯彻海关总署、成都海关工作方针，加强税收形势分析，确定重点税源企业和税源产品，针对关区钒钛、矿产品等重要税源企业和项目，用高效优质的服务吸引税源，培植税源。着力夯实基础，切实加大调研，广泛开展“送政策、送服务”活动，拓展“属地申报，口岸验放”模式，提高通关效率，综合治税进一步完善，税收再创历史新高。截至 11 月，监管进出口货运量 9279 吨，进出口货物总值 1.2 亿美元，同比增加 98.6%；征收税款 1.67 亿元人民币，同比增加 250.1%；积极鼓励攀枝花市钒钛产业项目，以及国家级、省市重点项目、重点企业、重点科研单位、院校等引进先进技术设备和技术，全年共审批减免税进口货物 44 批次，审批减免税货物总值 10100 万美元，减免税款共计 2973 万元人民币，有力地支持了地方企业先进技术和设备引进，增强了企业竞争实力。

【防范风险】 2013 年，攀枝花海关扎实推进党风廉政建设，有效防范执法、管理、廉政风险。强化组织领导，认真落实党风廉政建设责任制，大力加强《廉政准则》及《廉政准则<实施办法>》宣传教育，严格规范各级领导干部从政行为。加强廉洁自律意识的学习教育，积极开展正反典型教育及预防渎职侵权警示教育，组织全关观看《关口浪尖》警示录 3 次，接受警示教育；结合工作实际开展渎职侵权风险调研，通过查找风险点等活动促使关员进一步树立廉政勤政意识，防范渎职侵权风险，让全体关员时刻牢记全心全意为人民服务的宗旨，堂堂正正做人，踏踏实实做事。

【服务地方经济】 2013，年攀枝花海关认真落实国务院和总署出台的促进外贸稳定增长各项政策措施，积极主动作为，加强政策研究分析，针对攀西地区经济发展特点、重点行业、企业需求，及时制定实施《支持攀西战略资源创新开发试验区建设五项措施》（以下简称《措施》），全力支持攀西战略资源创新开发试验区建设，促进攀西（攀枝花、凉山州）外向型经济持续快速发展。《措施》报送地方党委政府后，得到市委、市政府领导的高度重视，中共攀枝花市委书记刘成鸣书记、副市长李仁杰均作批示。年内，攀枝花海关围绕攀枝花市打造四川南向开放门户和“桥头堡”战略，同市商务粮食局共同开展了攀西地区口岸建设、物流基地、进出口物资物流建设的专题调研。广泛开展“送政策、送服务”活动，先后多次会同市商务粮食局、市检验检疫局到各县（区）龙头企业、攀钢集团、攀钢钛业、东方钛业、钢城集团等重点企业、科研单位、外贸企业进行专题调研，了解企业外贸发展现状、宣传海关法规政策、现场解答企业疑惑，鼓励企业属地报关。

（范　静）

出入境检验检疫

【概　况】 2013 年，攀枝花出入境检验检疫局（以下简称攀枝花检验检疫局）设局长 1 名，副局长 2 名，正副科级领导职数 16 名。非领导职务按照有关规定配备。内设办公室、综合科、检务科、行财科、动植检科、机电科、化矿科、实验室、保健中心、技服中心，等 8 科室 2 中心。同时设纪检组、机关党支部、工会。有行政编制 23 名，事业编制 8 名，现有在职职工 27 人（其中公务员 21 人、事业人员 6 人），退休人员 3 名。

2013 年，检验检疫进出口商品 1251 批，同比减少 33%；货值 23577 万美元，同比减少 45%。收取检验检疫费 79 万元人民币，减免检验检疫费 38.80 万元人民币。

【出口产品检验检疫监管】 2013 年，检验出口商品 1221 批，同比减少 33%，货值 19695 万美元，同比减少 50%；检验鉴定出境货物运输包装 116 批，同比减少 12%。

出口植物产品 17 批，同比增加 89%；货值 57 万美元，同比增加 128%。

出口食品 147 批，同比减少 12%；货值 1977 万美元，同比减少 8%。主要出口品种为调味料、浓缩果汁、冷冻野生菌等，占总出口量的 90%。调味料主要出口东南亚，浓缩果汁、冷冻野生菌主要出口美国和欧盟等国家和地区。

出口化工产品 700 批，同比减少 40%；货值 6114 万美元，同比减少 45%。均为一次检验合格。出口品种有钛白粉、五氧化二钒、黄磷、二氧化钛颜料及制品，主要出口韩国、印度、巴西、印度尼西亚、日本等国家和地区。

出口金属及其制品产品 241 批，同比减少 31.73%，货值 11548 万美元，同比减少 55.51%。均为一次检验合格。出口品种为钒铁、钢轨、接种剂、硅镁铁合金、硅铁、硅锆铁合金、硅钙合金、稀土硅铁等，主要出口荷兰、日本、印度尼西亚、泰国、委内瑞拉等国家或地区。

2013 年，攀枝花检验检疫局严格出口危化品和出口危包监管，切实落实四川检验检疫局出口危险品和危险品包装工作会议精神，明确和强化生产出口危险品和危险品包装企业质量安全和风险的责任，加大危险品出口监管力度，严格执行国家质检总局关于出口危险品和危险品包装规定要求。

实现出口工业品生产企业分类管理全覆盖，推行出口食品农产品企业“3+3G”监管模式（即建立和运行三大体系——风险分析体系、企业监管体系、持续改进体系。运用产品风险、企业监管、抽查验放 3 级动态差异监管手段，对四川出口出口食品农产品实施检验检疫监督管理）。2013 年，完成辖区 3 家实施“3+3G”监管模式试点企业及产品的初评工作并上报四川检验检疫局。

【进口产品检验检疫监管】 2013 年，检验检疫进口商品 30 批，同比减少 32%，货值 3882 万美元，同比增长 5%。

进口金属及制品共 4 批，同比增加 100%；货值 42 万美元，同比增加 61%。品种为钢丝绳、耐火材料等，来自新西兰、奥地利、德国等国家或地区。

进口机电产品 24 批，同比增加 37.5%，货值 3824.60 万美元，同比减少 6%。分别来自美国、德国、奥地利、日本、韩国、芬兰、丹麦等 7 个国家，均为一次检验合格。

进口植物产品 1 批，产品为西班牙特级初榨橄榄油，同比减少 83%；货值 15 万美元，同比减少 71%。

检疫监管核销进口玉米加工 9972 吨，进口玉米加工使用管理符合进境植物防疫要求。其中，攀枝花通威饲料有限公司加工玉米 5572 吨，西昌万千饲料有限责任公司加工玉米 4400 吨。按照四川检验检疫局《关于做好进口储备粮检验检疫监督管理工作的通知》要求，与辖区进口粮食储备库及加工企业联系，督促储备库及加工企业以防止转基因物种扩散繁殖和外来有害生物扩散传播为重点，强化风险分析，在进口粮运输、接卸、入库、仓储及包装铺垫物和下脚料处理等关键环节加强防控工作，监督企业落实进口粮定点储存加工和核销制度，严厉防范企业擅自调运进口粮食或违反定点加工制度的情况以及擅自倒卖、销售或改作种用等情况的发生。

【外来有害生物监测和农（兽）残、疫情监控】 按照《四川检验检疫局关于做好 2013 年四川外来有害生物监测工作的通知》要求，对辖区实蝇和其他外来有害生物调查工作进行周密部署，制订《攀枝花检验检疫局 2013 年实蝇及外来杂草监测调查工作计划》，对监测点进行重新调整，监测布点侧重于出口水果种植基地、果蔬交易市场等，保证监测的代表性、合理性和科学性。严格按照《检疫性实蝇监测技术指南》和《外来杂草监测技术指南》的要求，按照《四川检验检疫局2013年四川地区实蝇监测点分配计划》，做好2013年的实蝇监测调查工作，完成39个监测点的实蝇监测工作。

为准确掌握辖区特色果蔬种植区域土壤中农药残留、重金属污染基本情况，构建完善、科学的食品安全监管体系，全面评价出口果蔬产品安全风险水平和变化趋势，提高监管的科学性和有效性。按照《农产品安全质量无公害水果、蔬菜产地环境要求》，在凉山州冕宁县、攀枝花市米易县开展土壤本底调查工作，为攀西地区特色果蔬走向世界打下基础。

按照《四川检验检疫局2013年进出口食用农产品安全风险监控计划》的要求，完成辖区内6个鲜水果、2个冷冻野生菌、2个荞麦、1个鸡精样品的采、送样工作；完成辖区出口果汁等产品塑化剂残留监控的采、送样工作。涉及农残、重金属等50余项检测项目，监测结果符合要求。

【产地证签证】 2013年，攀枝花检验检疫局共签发原产地证书386份，金额2610万美元。其中：一般原产地证书51份，金额557万美元；其他各类优惠原产地证书335份（中国—巴基斯坦自由贸易区原产地证书52份，中国—东盟自由贸易区原产地证书102份，亚太贸易协定原产地证书6份，普惠制原产地证明书148份，中国秘鲁自由贸易区原产地证书1份，海峡两岸经济合作框架协议证书26份），签证金额2053万美元。按平均减免关税5%的幅度计算，各类优惠原产地证书为辖区内的企业获得了667万元的关税优惠。

【出口食品企业备案及监管】 按照《四川检验检疫局2013年度出口食品备案注册企业监督管理计划的通知》要求，制定《攀枝花检验检疫局2013年度出口食品备案注册企业监督管理计划》并按计划分步实施。采用日常监管和定期监管的方式，对企业安全卫生质量体系的运行情况和日常加工卫生状况实施监督管理。指导企业按照《出口食品生产企业备案管理规定》及相关安全卫生要求，建立科学的管理制度和产品加工卫生控制程序，加强内部员工的培训和诚信体系建设，提高了出口食品生产企业加工卫生质量，确保出口食品的安全卫生质量。

2013年，攀枝花检验检疫局完成辖区1家出口食品生产企业备案到期的换证复查工作；完成1家出口食品生产企业首次备案的审核工作，完成2家进口储备粮储备库及加工企业检验检疫资质认可的审核工作。

【服务地方经济发展】 2013年，攀枝花检验检疫局全力服务攀枝花钒钛产业园区出口工业产品质量安全示范区建设。同钒钛园区管委会签署《创建国家级出口工业品质量安全示范区合作备忘录》，组织进入钒钛产业园区企业进行检查评价，举办2期检验检疫综合业务培训和专业培训，着手建立服务园区企业公共检测平台和信息平台，切实做好“示范区”创建工作。开展“培育园区出口企业示范群”软课题研究。实施“一对一”联系帮扶等八项服务举措，重点帮扶攀钢集团、豪吉食品等10家重点出口企业。与攀钢钒公司签署《促进外贸稳定发展合作备忘录》，上门举办2期培训班，参训人员52人次。全面实施电子监管系统，完成集中审单系统、企业诚信系统的上线使用。协助攀枝花市政府牵头承办前往重庆、宁夏考察“供港蔬菜基地”建设及检验监管工作事宜，力争引进境外农产品生产加工贸易企业。指导攀西佳能达药业公司申请申报地理标志产品“布拖附子”通过质检总局的专家评审；指导金阳县畜牧局申报地理标志产品“金阳丝毛鸡”的申报资料修改完善，已上报国家质检总局。

主动向地方党委、政府领导专题汇报检验检疫工作10次。向地方政府提供质量分析季报、出口特色产品现状分析、检验检疫工作信息40余份。

【实验室建设】 2013年，攀枝花检验检疫局与攀枝花学院合作建设攀枝花国家级钒钛检测重点实验室方案，报四川检验检疫局获批。参加并完成实验室能力验证项目（包括硅铁和金属材料2个国际比对项目和钒铁3个测量审核项目）。按照国家认监委下达的实验室能力验证计划，与新疆阿拉山口检验检疫局技术中心联合组织开展“铁矿石中全铁、磷、硅、硫含量的测定”实验室能力验证项目。为推进实验室检测技术水平提升，攀枝花检验检疫局实验室与上海大学、墨尔本理工大学重点实验室开展学术交流，并签署合作协议。参加2013攀枝花钒钛(国际)论坛活动，承办并主持“钛应用检测学术交流会”分论坛活动。在全国核心学术刊物发表论文一篇。在国家质检总局、国家认监委、攀枝花市获得科研制标项目5项。2013年，攀枝花检验检疫局获得国家质检总局科研项目《ICP-AES法测定钒铁中中杂质元素的方法研究》和国家认监委科研制标项目《出口钒铁中硅、铝、锰、磷、铜、镍、铬、钛的测定电感耦合等离子体原子发射光谱法》。

攀枝花检验检疫局实验室通过“二合一”认证认可现场评审。

（刘梦周、王春香）

炳草岗全貌　　（寇华春　摄）

开发区建设

四川攀枝花钒钛高新技术产业园区

【开发区建设概况】 四川攀枝花钒钛高新技术产业园区是国家发改委批准设立的全国唯一以钒钛命名的特色产业园区，经过12年的开发建设，已成为四川省高新技术产业园区、四川省重点省级工业园区、四川省循环经济试点园区、四川省知识产权试点园区，四川省新型工业化示范基地、四川省生产性服务业示范基地、四川省出口工业产品质量安全示范区和国家外贸转型升级专业型示范基地。园区规划总面积达128平方千米，2013年年底入驻工业企业151户，钒钛、化工、电冶、钒钛钢铁特色机械制造等四大产业初具规模，已建设成为中国规模最大、产业链最长、产品种类最多、全流程钛工业基地，钛白粉、富钛料、海绵钛产能均居全国首位。

【经济发展状况】 2013年园区实现30%以上的经济增长，并实现17户工业企业升规，占全市升规企业总数一半以上。全年完成工业总产值203.74亿元，同比增长26.9%；规模以上工业增加值增长率达到31.4%；完成固定资产投资24.92亿元，同比下降47%；实现招商引资实际到位资金33.69亿元，同比下降43.88%；实现出口创汇2708万美元，同比下降37.7%；完成地方财政一般预算收入1.59亿元，同比下降25.08%。

【产业发展】 2013年，面对宏观经济下行压力和激烈竞争格局，园区坚持实施项目带动战略，加快推动重大产业项目建设，努力扩大投资规模，产业实力持续提升，发展后劲逐步增强。全年新竣工项目20个，总投资21.2亿元，投产后销售收入达68.3亿元；新开工项目8个，总投资24.2亿元，投产后可实现销售收入76.8亿元。特别是随着朵实工贸10万吨锻铸件及深加工、特利小五金及钛制品深加工孵化园等一批重点产业化项目的竣工投产和开工建设，有效延伸了钒钛产业链，壮大了机械制造业的规模，提升了产品档次，对于推动园区产业结构调整和转型升级将发挥积极的作用。

【招商引资】 2013年，针对极其严峻的经济形势和直购电政策调整带来的不利影响，园区坚定不移地把招商引资作为经济工作的牛鼻子来抓，创新招商方式，瞄准钒钛、钒钛机械制造及相关配套产业、循环经济产业、三产服务业等重点领域，努力引进大企业、大集团、大项目，为经济社会发展注入了新活力。先后参加“央企”“民企”“港澳企业”四川行项目合作洽谈会等重大招商活动，组建招商引资分队分赴天津市、浙江省杭州市、永康市等地招商考察，并邀请川威集团、渤海商品交易所、成都伟经集团、浙江森和种业、华西科技集团等知名企业考察园区，成功引进中石化80万吨石油压裂支撑剂等重点项目。

【基础保障】 2013年，园区投入资金4700余万元，完成迤马线、攀田高速鱼塘出口至园区连接线一标段，以及天民钛业等新建企业输电、供水线路建设。征用土地66.67公顷，为7个项目供地33.13公顷，实现土地出让金收入5570万元。为园区及企业争取到各类专款5000万元，有效缓解了发展过程中的资金压力。

【安全环保】 2013年，园区发生安全生产事故5起，死亡5人，占全年控制指标的83%，在各项控制任务之内。25家园区企业实现安全生产标准化达标，超额完成14家达标的目标。实施污染物总量减排，关停玉典电冶冶金材料项目，对5家钛白粉厂废水实施深度治理，完成市政府下达的总量减排目标。开展农村环境治理，10户获评“市级生态家园”称号。

【农业和农村经济】 2013年，园区生产大春粮食2600吨，蔬菜3488吨，水果2500吨，种植小春农作物246.67公顷，完成农业总值6100万元，完成任务101.4%，农业增加值3800万元，完成年度任务的104.1%，农民人均纯收入11200元，完成年度任务的101.8%。农业农村基础设施建设进一步加强，完成金江村小鲊石至麦田沟坝7.2千米、三堆子桥至河心水库3.2千米、山林窝至阿署达2.6千米、下淌皮至钛联3千米，机场路口至石板箐、豆地、瓦窑6.8千米，机场路至山林窝香元湾段3.6千米等乡村道路建设；完成保安营村3个山坪塘整治和金江、保安营村2个小二型水库整治工程；金江村社区便民大厅改造全面完成。

【民生事业】 2013 年，园区以保障和改善民生为重点，统筹高效推进社会事业发展，使广大群众更多分享改革发展成果。对口援建盐边县箐河乡顺利完成，投入资金 321 万元，实现“当年投入当年见效”的工作目标，体现了“园区速度”。保障性住房建设有序推进，全面完成 2013 年开工建设 558 套任务，初步完成 2014 年新开工项目选址和规划。动态消除零就业家庭，城镇登记失业率控制在 3%以内。阿基鲁幼儿园建成招生，确保移民安置区居民子女就近入学。加强和创新社会管理，完善社会治安防控体系，联动排查和多元化解矛盾纠纷，园区社会大局和谐稳定。

（余　斌）

攀枝花市花城新区

【概　况】 攀枝花市花城新区开发建设管理委员会（以下简称新区管委会）是经攀枝花市委、市政府批准成立的市政府派出机构。主要统筹花城新区项目建设、负责责任区域内基础设施建设、参与花城新区土地利用总体规划和城市规划编制审查、协调招商引资等工作。内设办公室（党工委办公室）、发展和目标管理处、规划和建设处、招商和投融资管理处、土地开发处 5 个机构，行政编制 10 名，后勤事业编制 2 名。

花城新区开发建设 2011 年筹备，2012 年正式启动。2013 年 10 月 29 日，市政府下发《关于组建攀枝花市花城新区开发建设管理委员会的通知》，决定在攀枝花市红格温泉旅游度假开发区管理委员会的基础上组建花城新区管委会，为市政府派出机构；11 月 20 日，市政府下发《关于印发〈攀枝花市花城新区开发建设管理委员会主要职责内设机构和人员编制规定〉的通知》，进一步明确新区管委会的机构职能和岗位编制。

攀枝花市土地储备中心花城新区分中心（以下简称土储分中心）于 2013 年 1 月成立，是专门从事花城新区范围内土地储备等工作的全额拨款正科级事业单位，核定编制 18 名，隶属于市国土资源局。2013 年 1 月，土储分中心依法完成事业单位登记；8 月，纳入市级财政二级预算单位管理；11 月，启动公开考试招聘人员工作。2013 年市政府纪要（第 99 期）明确在不改变隶属关系的基础上，土储分中心人事财务等由新区管委会负责管理。

攀枝花市花城投资有限责任公司（以下简称花投公司）依法设立于 2011 年 12 月。内设综合管理部、招商引资部、工程建设部、合同预算部、财务管理部、企业管理部 6 个职能部门，2013 年有职工 42 名。2013 年 11 月，经市政府批准花投公司完成股权结构调整，出资人由市财政局变更为市园林建设公司和国投公司；注册资本由人民币 5000 万元增加到人民币 15000 万元；新区管委会负责对市园林建设公司进行管理，行使出资人权利；花投公司在新区管委会的领导下，负责新区渡仁片基础设施和部分公共服务设施项目的投融资，承担核心区土地开发整理，负责管理其独资或控股企业。

2013 年根据新区开发建设起步阶段的特点、要求和建设规律，新区开发建设紧紧围绕加快建设速度、确保工程质量、打造城市品质、提高开发效益等工作要求，调整之前“全线启动、整体推进”为“集中开发、滚动发展”的工作思路，迅速构建阳光大道、花城大道的双“十”字道路骨架，优先布局水、电、路、气、征地拆迁、土地整理、弃土场等基础性项目，为后续项目实施和土地开发创造条件。至年底，花城新区渡仁片区实现融资 10 亿元，累计完成投资 7.3 亿元。全年 12 个“急难险重”目标任务全面完成。

【项目建设】 2013 年年初，市委、市政府决定在花城新区集中启动 14 个项目。2013 年 4 月，市委、市政府把其中 12 个重点项目纳入全市急难险重目标管理，新区管委会承担干坝塘大桥、68 公顷土地整理、阳光大道工程商务办公区段、花城大道工程电子商务一条街段、天星坝市政基础设施、排洪系统（含在土地整理及基础设施项目中）6 个项目建设任务，配合市文广新局、市住建局、市卫生局、市林业局、市水务局开展三线建设博物馆、花城大道龙塘沟段项、新区医院、山地森林公园和薰衣草项目、新区供水二期项目 6 个项目的建设工作。全年 12 个急难险重项目基本实现要素保障有力、项目开工有序、取得实质性推进，目标任务总体完成，部分骨干性、关键性任务超目标任务推进。

【要素保障】 在 2011 年 68 公顷用地指标基础上，2013 年第 2 批次城市用地 40 公顷指标获得省政府批复，完成第 8、第 9、第 10 等 3 个批次以及阳光大道商务办公区段项目、花城大道电子商务一条街段项目 2 个独立选址项目共计 180.67 公顷亩用地的组卷上报工作。

2013 年成功争取省级城市新区建设专项补助 3200 万元。通过调整花投公司股权结构，化解政府融资平台政策限制瓶颈，充分发挥财政启动资金的撬动和倍增效应，合理利用工程履约保证金进行短期资金周转等方式，实现融资 10 亿元。

【专项规划】 2013 年，新区开发建设按照统筹城市特色、整合特色资源，提高城市品位，防止千城一面的工作要求，开展新区核心区城市风貌设计和景观规划设计等专项规划设计。主要包括渡仁片区园林景观、主干道景观、干坝塘区域水系景观面积约为 8.4 平方千米的景观规划设计。按照“先地下、后地上”要求，开展新区渡仁片区规划范围内涉及 70.3 千米市政道路给水、排水、排洪、电力、通信、燃气及防洪设施等综合市政管网规划和渡仁片区主干道过街人行设施、公交停靠站专项规划工作，并将综合市政管网、人行设施和公交站点与道路建设同步实施，避免重复开挖、重复投资。

（李春桃）

林业·环保

林　业

【概　况】 2013年，攀枝花市有林业行政管理机构7个，其中市林业局1个、市森林公安局1个、县（区）林业局（农林畜牧局）5个，林业企事业单位9个，包括普威林业局、盐边林业局、市国营林场总场、四川攀枝花苏铁国家级自然保护区管理局、市森林病虫防治检疫站、市林业调查规划设计院、市林业执法稽查队、市林业科技推广站、市天保示范苗圃。

全市共有林业用地558931万平方米，占辖区总面积75.1%，森林覆盖率60.03%。林业用地中，有林地423902万平方米、疏林地2077万平方米、灌木林地96396万平方米、未成林造林地964万平方米、苗圃10万平方米、无林地20096万平方米，宜林地15486万平方米。森林活立木总蓄积量40658330立方米，其中有林地蓄积40442184立方米、疏林地蓄积44926立方米、四旁树蓄积121220立方米、散生木蓄积50000立方米。有林地中，天然林蓄积37263694平方米，人工林蓄积3224191平方米。

全市有野生动物464种（不含昆虫纲），其中国家Ⅰ级重点保护动物6种、国家Ⅱ级重点保护动物40余种。全市共有植物（包括引进）2300余种，其中木本植物约1500余种、草本植物700余种、藤本植物70余种。

2013年，全市有效管护森林面积323467万平方米，巩固退耕还林成果18333万平方米，无重、特大森林火灾、森林病虫害和破坏森林资源案件发生，森林火灾损失率0.48‰，林业有害生物成灾率0.0008‰，巩固林业自然保护区面积99938万平方米，完成营造林20970万平方米，新增森林面积1100万平方米，新增森林蓄积340000万立方米，全市森林覆盖率60.03%，森林质量有所提高，实现林业总产值254100万元，农民人均从林业上获得的收入达1508元。完成和实施金沙江大道东段绿化景观建设、花城新区干坝塘薰衣草景观建设、生态功能区建设等一大批创森重点工程，创建国家森林城市工作全面推进，顺利通过省级森林城市现场考核验收。

【天然林资源保护工程】 2013年，市政府与各县（区）签订天保工程目标责任书，分解落实年度工作任务。各实施单位安排巡山管护人员960人，有效管护森林面积323467万平方米，其中国有林233600万平方米、集体林89867万平方米。完成森林资源二类调查市级成果汇总并通过市政府发布。全市国土辖区面积744040万平方米，林业用地面积558931万平方米，占辖区面积75%，非林地185109万平方米，占辖区面积25%。活立木蓄积量40658330立方米，森林覆盖率60.03%。在各单位自查基础上，对全市天保实施单位天保工程目标、任务、资金、责任“四到县区（局）”情况进行考核检查，并针对考核检查中发现的问题，在全市进行通报。开展天保工程目标、任务、资金、责任“四到市、州”工作自查，形成自查报告上报省林业厅，自查评分103.5分。完成全市集体公益林生态效益补偿89873万平方米。开展天保工程一次性安置人员568人两项保险补贴工作，国有林业职工五项保险参保率达100%。

【退耕还林工程】 2013年，攀枝花市实施退耕还林工程目标、任务、资金、责任“四到县(区)”管理，由市政府与县、县与乡、乡与农户层层签订退耕还林目标任务责任书，将巩固18333万平方米退耕还林成果任务分解落实到各县（区），并加强检查验收。落实2013年退耕还林工程后续产业建设项目资金107.3万元，建设84.8万平方米原料林、经果林，改、扩、新建圈舍3211平方米。工程带动发展起来的茶叶、花椒、枇杷、芒果等产业持续为农民增收发挥重要作用，做到“退得下，稳得住，不反弹，能致富”。

【森林城市创建】 2013 年，全市继续以森林城市创建为抓手，紧抓天保工程、退耕还林工程等林业重点工程，全面实施创森重点项目、七大创森工程，深入推进生态建设，持续改善生态环境。3 月，召开全市森林城市创建暨林业工作会，分解落实林业、创森工作任务，签订目标责任书。6 月，召开全市 2013 年全民义务植树动员大会，分解落实 2013 年义务植树任务。投入资金近 5000 万元，全面完成金沙江大道东段绿化景观工程，全方位改善项目建设区环境。签订花城新区 2 个山地森林公园投资合作意向协议。实施多个生态功能区建设项目，其中马坎项目完成投资近千万元，进入植物栽植；仁和项目完成投资 104 万元；金江片第一期项目完成部分招投标。全年全市投入创森资金 51900 万元，完工仁和大河河滨公园建设、米易滨河公园二期建设、盐边县高速公路出口绿化、跃进水库库区周围树木补植等 69 个项目，新增（改造）绿化面积 3953 万平方米。全面推进花城景观建设、环城生态景观林建设、森林廊道建设、矿山迹地植被恢复、山地森林保育、生态产业建设、生态文化建设等创森七大工程建设。全年有效管护森林面积 323467 万平方米，巩固退耕还林成果 18333 万平方米，巩固自然保护区面积 99938 万平方米。完成营造林 20970 万平方米，完成义务植树 234.27 万株，参加人数达 72 万人，义务植树尽责率达 92%，森林覆盖率 60.03%，新增森林面积 1100 万平方米，新增森林蓄积 34 万立方米，实现森林面积和蓄积双增长。成功创建省绿化模范单位 6 个、绿化示范村 6 个，新申报绿化模范单位 5 个、绿化示范村 5 个。9 月 13 日，攀枝花市顺利通过省绿委组织的四川省省级森林城市检查验收组现场考核验收。

【森林资源管理】 2013 年，攀枝花市林业局加大对“四个一批”（策划储备一批、新开工一批、加快建设一批、投产达产一批）、“重大工业产业化项目”“急难险重”等省、市重点项目占用征收林地的协调服务指导。全市(不含盐边县)共上报和审批征收占用林地 120 宗，使用林地面积 1200 万平方米，收取森林植被恢复费 8711.77 万元。完成 2012 年度森林采伐限额执行情况监察，经监察，全市各项指标均未超限额。继续加强松脂采集管理，及时处置、制止违规采集和越界采集行为为 7 起，有效维护松脂采集秩序，全市依法采集松脂 60 万千克，采集面积 7333 万平方米。开展木材检查站调研及木竹材经营加工检查。全市 12 个木材检查站能较好发挥职能，无公路“三乱”（乱设卡、乱罚款、乱收费）现象发生。木材经营加工规范有序。

【林业行政执法】 2013 年，全市森林公安机关坚持打防结合的方针，组织开展“森林火灾案件侦破和查处专项行动”“打击破坏野生动物资源违法犯罪活动专项行动”“亮剑行动”等专项整治行动，严厉打击涉林违法犯罪行为。全市共查处各类破坏森林和野生动植物案件 781 起，其中立森林刑事案件 72 起，破获 53 起；立森林行政案件 709 起，查处 709 起，查处率 100%。依法打击处理违法犯罪人员 772 人，收缴木材 184.67 立方米，收缴野生动物 2266 只（头），林业行政罚款 305.7 万元，累计挽回经济损失 332.7 万元。

【野生动植物保护及自然保护区建设】 2013 年，攀枝花市争取中央补助资金 360 万元，用于四川攀枝花苏铁国家级自然保护区基础设施建设。修改上报四川攀枝花苏铁国家级自然保护区第三期基本建设项目可研报告。完成白坡山自然保护区麻陇保护站、二滩鸟类自然保护区 4 个大型标牌 500 个标桩建设。支持重点工程乌东德水电站建设，调整仁和区平地猕猴自然保护小区边界线，自然保护小区总面积由原来的 2613 万平方米调整为 2733 万平方米。积极开展野生动物救助，救助野生动物 300 余只（条），均予以放生。加强野生动物疫源疫病监测防控工作，采集野生鸟类咽拭子和肛拭子样品 50 份，未发现有 H7N9 禽流感病毒。

【森林病虫防治检疫】 2013 年，全市各级森防部门认真贯彻“预防为主、科学治理、依法监管、强化责任”的工作方针，强化测报体系建设，建立松材线虫病初检试验室，启动检疫示范点建设，严防松材线虫病入侵，有效遏制外来有害生物的入侵和危险性有害生物的传播蔓延。全年林业有害生物无公害防治率 100%，测报准确率 99.54%，林业有害生物成灾率 0.0008‰，种苗产地检疫率 100%，全年全市无松材线虫病发生。

【森林防火】 2013 年，全市组建专业扑火队 26 支 424 人，半专业扑火队 49 支 892 人，招聘巡山护林人员 487 人，完成云南松林区计划烧除面积 50000 万平方米，烧铲防火隔离带 400 千米。全市共发生森林火灾 105 起，其中一般森林火灾 93 起、较大森林火灾 12 起，火场总面积 1133 万平方米，受害森林面积 204.73 万平方米，损失成林蓄积 127.2 立方米、幼林 6.095 万株，森林火灾损失率 0.48‰，全市无重大、特别重大森林火灾发生。

【林业产业】 2013 年，全市共建立核桃科技示范基地 1 个，面积达 13.33 万平方米；核桃标准化栽培示范基地 3 个，面积达 100 万平方米；本地核桃良种采穗圃 2 个，面积达 25.6 万平方米。全市核桃种植面积累计达 20393 万平方米，产量达 11437000 千克，实现产值 40000 万元。林下中药材、森林蔬菜种植面积逾 2667 万平方米，林下畜禽养殖出栏 63 万头（只）。继续实施夏块菌人工培育及栽培示范、块菌菌根苗人工培育及栽培推广示范项目，加快块菌人工培育基地建设，块菌系列产品销售实现产值近 12000 万元。9 月，“攀枝花块菌”取得国家质监局地理标志认证，使攀枝花块菌成为攀枝花市的一张新名片。12 月，成功举办攀枝花块菌国际学术交流会。加强全市 5 家咖啡产业的扶持引导，推动“半坡”“秦氏”等咖啡品牌培育壮大。全市咖啡种植面积达 333.33 万平方米，产值达 600 余万元。森林生态旅游发展态势良好，实现产值 60300 万元。编制完成《米易县现代林业重点县建设（2013—2015 年）实施规划》，按规划完成年度建设任务。以“科技助农增收项目”实施为平台，继续加大对林业专合组织、涉林企业的扶持力度。全市林业专合组织发展至 23 家，涉林企业和个体工商户达 400 余家。支持“川滇林产品交易市场”发展，年内入驻川滇林产品交易市场内木材企业共 58 家，全年销售木材 4.4 万立方米，产值 6500 余万元。

2013 年，全市经济林种植面积累计达 67933 万平方米，其中工业原料林 8067 万平方米、干果类经济林 26800 万平方米、水果类经济林 24267 万平方米、茶叶 1133 万平方米、桑树 4467 万平方米、各类药材 2066 万平方米、森林蔬菜 333 万平方米、咖啡近 800 万平方米。林下种养殖业、竹木加工、非木材林产品加工、生态旅游等林业产业逐步发展壮大，社会资金投向林业逐步增加，林业经济的辐射和带动效应开始显现。全年全市林业总产值达 254100 万元，农民从林业获得的收入达 1508 元。

【林业宣传】 2013 年，以《攀枝花日报》、市广播电台、市电视台等媒体为平台，开展森林城市创建、天保工程、退耕还林、湿地保护、爱鸟周、野保宣传月、森林防火等系列宣传。在全市防火期间，共印发森林防火告知书 15 余万份，发放日历、挂历 6.2 万份，书写森林防火标语 7300 余幅，发放防火宣传环保袋 1.8 万个，草帽 3000 个，围裙 5000 个，在《攀枝花日报》《攀枝花晚报》分 5 期刊播森林火灾典型案例 10 例。结合“6·29”攀枝花市义务植树日活动，宣传全市义务植树、森林城市创建、林业生态建设等有关知识，在全市营造森林城市创建氛围。开通创森专题网站，印制创森宣传画册 800 本，在城区重要街路出入口设置大型宣传牌 20 块，在电视台滚动播出森林城市建设公益宣传广告千余次，在《攀枝花日报》刊登创森专刊 20 期，张贴创森宣传招贴画 2 万张，印发创森知识手册 2 万本。

【林业改革与发展】 2013 年，全市集体林权制度改革不断深化。加强林权流转和抵押监管，对全市林权流转情况进行全面清理和检查。继续组织实施森林保险，全年全市森林参保面积达 188533 万平方米，参保金额达 273.1 万元。认真开展理赔，全市森林保险报案 73 起，受灾面积 6220 万平方米，获得理赔款 204.46 万元。

全市国有林区棚户区及国营林场危旧房改造工程建设有序推进。全面完成盐边林业局新建 311 户、市国营林场总场新建 132 户、普威林业局旧房维修 109 户安置房建设并分房到户。普威林业局 371 户及米易坪山林场 78 户新建工程全部封顶。

国营林场总场完成多种经营收入 2932.66 万元，实现利润 153 万元。普威林业局实现第三产业产值 150 万元，利润 25 万元。鸿森园林公司实现产值 2877 万元，利润 24.4 万元，职工收入年增长率达 9.28%。

【林业科技】 2013 年，完成块菌人工菌根苗培育及栽培示范基地建设、欧洲块菌菌种分离扩繁技术研究与应用和云南梧桐培育技术研究等科研项目 4 个，实施黄牡丹保护性种植试验、夏块菌人工培育等项目 8 个，新申报攀枝花市特色花卉培育、攀枝花城市森林建设乡土景观植物筛选等项目 2 个。12 月，邀请台湾大学教授胡宏道、新西兰皇家植物和食品研究所教授王云、法国黑孢块菌栽培专家皮尔·苏萨特来攀召开研讨会，为攀枝花块菌培育加工提供技术指导。

（樊　建）

环境保护

【环境质量】 2013年，攀枝花市加强污染治理和主要污染物总量减排工作，促进了环境质量改善和稳定。水环境质量达到功能区划要求，环境空气质量达标率92.6%，水和声环境质量保持稳定。

水环境质量。地表水水质：龙洞、倮果、二滩、雅砻江、金江5个断面28项指标中石油类、挥发酚、汞、硒、砷、六价铬、氰化物、阴离子表面活性剂等指标全年在所有断面均未检出。金沙江、雅砻江攀枝花段河流水质参与评价的监测项目全部达到国家《地表水环境质量标准》（GB3838-2002）中Ⅱ类水质标准。

饮用水源地水质：①通过对城区集中式饮用水源地金沙江上徐家渡、水文站、金江水厂三个断面水质监测，除粪大肠菌群在所有断面超标外，其余指标均达到国家标准。②城镇集中式饮用水水源地水质全分析监测结果：除盐边县水厂粪大肠菌群超标外，其余水源地水质监测指标全部达标，米易县晃桥水库水质监测指标均达Ⅲ类水域水质标准，水库水质营养状态为中营养。仁和区胜利水库水质监测指标均达到Ⅲ类水域水质标准，水库水质营养状态为中营养。③全市14个乡镇集中式饮用水水源地地表水水质监测28项指标中益民乡红格提灌站、渔门镇渔门水厂、白马镇挂榜村龙滩水库、同德集镇供水站水质中粪大肠菌群超标，其余水源地水质均达标准要求。地下水水源地监测23项指标中，全部地下水源地水质均达到标准要求。

环境空气质量。2013年，攀枝花市中心城区环境空气质量达到Ⅰ级天数30天，达到Ⅱ级天数308天，Ⅲ级天数27天，全市均值空气质量达标率达92.6%，首要污染物为可吸入颗粒物（PM10）。二氧化硫（SO_2）年均浓度为0.064毫克/标立方米、二氧化氮（NO_2）年均浓度为0.037毫克/标立方米、可吸入颗粒物（PM10）年均浓度为0.094毫克/标立方米。与2012年相比，全市达Ⅰ级天数增加，Ⅱ级天数减少，Ⅲ级天数增加，达标率略有下降，全市均值二氧化硫浓度下降明显，二氧化氮浓度下降，可吸入颗粒物浓度上升。

全市年降水pH均值为4.24，较2012年（4.54）下降0.30；酸雨pH均值为4.16，较2012年（4.42）下降0.26；全年酸雨频率为76.1%，较2012年上升16.9个百分点。近三年降水情况分析，降水pH均值、酸雨pH均值有下降，酸雨频率有上升趋势。

全市降尘量2013年均值为14.3吨/平方千米•月，与2012年均值为14.1吨/平方千米•月相比，上升了1.4%。

2013年全市硫酸盐化速率年均值为0.8毫克.SO3/100平方厘米・碱片・日，超标2.2倍，与2012持平。

声环境质量。2013年攀枝花市城市区域环境噪声均值为51.6分贝，达到城市环境综合整治定量考核中城市区域环境噪声<60分贝的规定，与2012年（51.8分贝）相比，下降0.2分贝。全市功能区噪声均值2013年昼间测量值比2012年低2.2分贝，夜间测量值比2012年低0.8分贝。全市道路交通干线噪声平均等效声级值67.9分贝，未超过国家推荐的交通噪声控制值（70分贝），比2012年（68.2分贝）下降0.3分贝。全市道路干线中超过70分贝的干线长度为8.0千米，较2012减少16.5千米。

两县空气质量状况。米易县城2013年环境空气质量优良率(Ⅰ、Ⅱ级)为95.8%，二氧化硫（SO_2）年均浓度为0.058毫克/标立方米、二氧化氮（NO_2）年均浓度为0.027毫克/标立方米、可吸入颗粒物（PM10）年均浓度为0.058毫克/标立方米。与2012年相比，二氧化硫、可吸入颗粒物浓度上升，二氧化氮浓度下降。

盐边县2013年环境空气质量优良率(Ⅰ、Ⅱ级)为100%。二氧化硫（SO_2）年均浓度为0.040毫克/标立方米、二氧化氮（NO_2）年均浓度为0.022毫克/标立方米、可吸入颗粒物（PM10）年均浓度为0.050毫克/标立方米。与2012年相比，二氧化硫、可吸入颗粒物浓度下降，二氧化氮浓度上升。

【污染治理】 环保部、省环保厅、是环保部门下达65个工业企业污染综合治理挂牌督办项目，推进2个民生工程污染治理项目开展治理。完成攀钢集团攀枝花钢钒有限公司煤化工厂新3号、4号焦炉装煤除尘改造工程、攀钢集团钒业公司五氧化二钒焙烧工序除尘改造项目以及攀枝花钢城集团钢企球团脱硫、瑞丰水泥脱硝、瑞达水泥脱硝工程治理任务。

加强突出环境问题整治，开展饮用水水源地、地下水系环境监管以及倮果、炳三区污水处理厂配套管网建设。结合沿江景观打造开展了金沙江沿江环境综合整治，实施金沙江东区段工业企业废水排污口规范化整治，推进仁和区纳拉河、盐边县巴拉河等“五河五沟”小流域水环境综合整治。实施扬尘污染综合治理，33 家工业企业扬尘污染治理进展顺利。全面加强重金属、医疗废物、危险废物、持久性有机污染物、特殊行业固体废物污染防治，确保环境安全。

推进城乡环境综合整治，开展生态县区、环境优美乡镇和生态细胞建设，加强农村环境污染连片整治。盐边县省级生态县创建已通过验收，仁和区省级生态区创建通过技术评估。东区银江镇创建省级和国家级生态乡镇规划，已通过专家评审和审批。米易县启动国家级生态县创建工作，已有 3 个乡镇通过省环保厅技术核查。启动钒钛产业园区生态产业园区创建工作，编制完成生态产业园区建设规划。农村环保和生态细胞建设工作取得新成效。全市 13 个项目被列入“十二五”中央农村环境综合整治中央项目库。

【环境法治】 2013 年，攀枝花市全面清理规范环保行政权力，组织对环保法律法规和政策涉及的市级环保行政主管部门行政权力实施主体、依据、运行流程图、收费依据、收费标准、维权渠道进行全面梳理，共清理规范 247 行政许可、行政处罚、行政强制、行政征收、行政确认权力，全部向社会进行公示和公布，接受社会监督。

开展依法行政规范年活动，推行行政执法责任制。加强组织领导，健全执法制度，分解目标任务，严格考核奖惩。印发规范行政执法行为的排污费征收使用规定、环评审批管理办法、行政处罚程序规定、环境监察执法行为规则等制度、办法。

开展法规知识培训，针对执法人员法制知识欠缺、法律文书制作不规范、执法程序不合法等问题，开展以环保系统《环境行政处罚办法》、“两高司法解释”、法律文书制作实务为主要内容的法制培训班，全年共举办 6 期，210 人次参训。为提高企业法人和环境管理人员环保社会责任、依法经营法律意识，举办 2 期企业环保法规培训班，196 人参训。

【环境宣传教育】 2013 年，攀枝花市开展形式多样环保宣传活动。发挥新闻媒体的主渠道宣传作用，在《中国环境报》《四川日报》、四川新闻网、市内新闻媒体及各类相关网站撰写、刊发宣传攀枝花市环境保护及国模创建成效的综述类、新闻类、专访类文章 276 篇。利用“6·5”世界环境日节日活动，开展 3 场声势浩大、内容丰富多彩的环保主题宣传活动。与市教育局、团市委合作分别开展中小学创模作文大赛和漫画大赛活动。

【环境污染强制责任保险】 2013 年，全市持续推进环境污染责任保险工作。按照环保部和省环保厅的统一安排，为将推动环境污染责任保险新环境经济政策落到实处，加强了政策宣传和工作措施，助推了环境风险防患。53 家工业企业参加投保，保额 165 万元。

【强制清洁生产审核】 2013 年，全市 49 家工业企业按照国家清洁生产审核法规要求，开展清洁生产审核工作。其中已完成清洁生产审核报告通过专家评审并确定中、高费方案企业 27 家次，6 家完成报告编制工作待省厅审核，2 家企业报告正在编制、14 家企业自主开展清洁生产审核工作。

【环境影响评价管理】 2013 年，攀枝花市环境保护局强化重大产业化项目环评服务，全市 51 个重大工业产业化项目中，开展环评工作的项目有 40 个，占总项目的 76.5%，其中环评文件已通过审批的项目有 24 个，环评文件已通过专家审查正在报请审批的项目有 2 个，环评文件正在送审的项目有 6 个，正在编制环评文件的项目有 8 个。在“四个一批”100 个重大项目中，开展环评工作的项目有 77 个，占总项目的 77%，其中环评文件已通过审批的项目有 54 个，环评文件正在送审的项目有 4 个，正在编制环评文件的项目有 19 个。

严格规范建设项目环评审批，按照“企业入园”和“企业集中布置、污染集中防控”的原则，根据城市总体规划、工业布局规划、园区产业定位以及区域环境承载力等合理确定项目选址。严格落实“环评”（环境影响评价）和“三同时”（环保工程与主体工程同时设计、同时施工、同时投产）两项制度，采取有力措施防范未批先建、超期试生产等问题产生。对不符合产业政策、不符合工业布局规划、不符合环保要求的项目和没有环境容量的区域，不得批准新上项目。对东区高梁坪片区、盐边安宁工业园区、钒钛产业园区的团山、马店河片区以及攀钢弄弄坪片区等环境敏感区域和二氧化硫超标区域，不得新上二氧化硫排放项目，对以上片区既有的二氧化硫排放企业逐步实施淘汰。

2013 年，省、市两级环保部门审批攀枝花市建设项目 69 个，总投资 72.65 亿元，环保投资 2.4 亿元。其中市环保局审批建设项目 60 个，编制报告书项目 21 个，编制报告表项目 26 个，编制登记表项目 13 个，总投资 36.44 亿元。市级检查并同意试生产项目 25 个，完成环保竣工验收项目 23 个。

【科技标准监测管理】 2013 年，攀枝花市全面完成环境监测任务，全年共完成现场监测任务并出具报告 1142 份，完成600多批次样品分析，获得12万个分析数据，编报传输各种监测数据23000个。完成完成国控、省控及减排重点源废水监测408家次、废气监测214家次，市控重点污染源废水监测76家次、废气监测63家次、噪声监测13家次。完成项目验收及委托监测383份，收到竣工验收监测任务51份，已完成的竣工验收监测报告和竣工验收监测表40份。

投入200多万元加强了攀枝花市环境保护局计算机信息、网络、国家环境信息与统计、国控省控重点污染源自动监控、OA办公自动化、视频会议、环境信息业务专网、“12369”和排污收费、污染源监管信息发布、环境空气质量发布、机动车环保标志核发系统的建设及管理维护工作，健全运行维护工作制度。污染源监控中心建设自动监控系统联网企业数58家，连通在线监测设备108套。

围绕重点难点问题，开展环境科研工作。结合新时期出现的突出环境问题，组织开展《攀枝花市城区环境空气质量达标方案》《攀枝花市环境应急监测系统的研究与应用》《攀枝花市PM2.5污染现状及防治研究》《攀枝花市钛白粉行业特征污染、环境风险及对策研究》等课题的研究工作并取得阶段性成果。

【农村生态环境保护】 2013年，攀枝花持续开展生态建设，印发生态市建设工作方案。盐边县省级生态县已通过验收，仁和区省级生态区已通过技术评估；东区银江镇创建省级和国家级生态乡镇规划，已通过专家评审，并通过市生态办审批；米易县已启动国家级生态县创建工作，有3个乡镇已通过省环保厅技术核查；钒钛产业园区已启动生态产业园区建设。到12月底，生态产业园区建设规划已编制完成，待省厅评审。

开展环境优美乡镇、生态村、生态家园等生态细胞创建工作，通过试点示范建设出成效，推进农村连片环境综合整治。全市25个项目被列入中央“十二五”农村环境综合整治中央项目库。仁和区7个生态乡镇、市级生态村63个、市级生态家园567户创建通过验收并予以命名。全市5家畜禽养殖项目入列中央、省农村环境综合整治专项资金支持。开展了清河乡、格萨拉乡、共和乡、平地镇、大田镇、啊喇乡、中坝乡、总发乡、弯坵乡9个农村乡镇污水处理设施建设。盐边县完成3个乡镇污水处理设施建设，仁和区完成5个乡镇污水处理设施建设。

【环境监察执法】 2013年，攀枝花市为解决突出环境问题，维护群众环境权益，打击环境违法行为，加大环境监察执法力度，有效防范和控制了环境风险，保障了环境安全。

继续深入开展整治违法排污企业保障群众健康环保专项行动、环境空气质量保障和饮用水源安全环境专项排查行动、环境隐患排查专项行动、中高考禁噪工作专项行动、汛期环境安全隐患排查专项行动、环境安全百日大检查等10余项环境专项执法检查活动，排查环境安全隐患、规范企业排污行为、打击违法行为，保障群众环境权益。全年，市、县（区）环境监察执法机构共出动执法人员9000余人次，检查企业6700余家次，约谈企业23家次，提出整改要求900余条，下发限期整改通知书、环境监察意见通知书、环境监察督查通知书等各类专项执法文书300余份；立案查处环境违法案件12件，共处罚金24万元。

开展环境应急管理和环境风险评估，保障社会稳定。开展环境应急体系和环境应急体系标准化建设，充实环境应急专家库，配备必要的应急物资，编制完成全市突发环境事件应急预案，开展环境应急演练，夯实了环境应急基础保障条件。全市45家重点工业企业编制突发环境事件应急预案。组织95家重点风险源单位开展环境风险评估，编制环境风险评估报告，提出环境风险防患措施，做到有备无患。

【核与辐射环境监管】 2013年，攀枝花市严格核与辐射监管，确保辐射环境安全。按照底数清楚、全程可控的总体要求，全面加强辐射环境监管。对全市102家核技术利用单位、27个涉源单位221枚放射源、13个密封性非密封性放射性物质使用单位和工作场所、19家废旧金属回收熔炼单位开展执法监督检查，排查环境安全隐患，对存在问题提出整改要求，确保了辐射环境安全，维护了社会和谐稳定。

【环境信访】 2013，全市环保系统受理群众来信、来访、来电和网上投诉共1126件，其中来信176件、来访50件88人次、电话投诉894件（其中“12369”投诉582件）、网上投诉6件。其中水污染95件，大气污染455件，固废污染18件，噪声污染524件，三产污染12件，生态破坏2件，电磁辐射1件，建设项目1件，其他18件。信访办结率100%。

【排污费征收】 2013年，严格排污申报，强化排污费征收管理。以国控、省控、市控和涉危、涉重等企业为重点，不断拓宽新、改、扩建项目和“小型三产”等污染企业排污申报范围。加强排污申报核查和数据汇审工作，确保申报数据完整性、准确性、真实性。以排污申报为基础，强化排污费征收工作。全市排污费到账6682万元。

（严健生）

城乡规划建设·城市管理

住房和城乡规划建设

【管理机构】 2013年，攀枝花市住房和城乡规划建设局（以下简称市住建局）设有办公室、财务审计处、政策法规处、行政审批处、规划编制管理处、测绘管理处、规划项目管理处（挂市房屋建筑工程抗震办公室）、城乡建设处、建筑行业管理处、质量安全管理处、房地产市场监管处、科技信息处、人事处、离退休人员管理处14个内设机构，市规划委员会办公室、市住房保障工作办公室2个常设机构，东区规划分局、西区规划分局、仁和区规划分局、钒钛产业园区规划分局、花城新区住房和城乡规划建设分局5个派出机构，另设有机关党委、监察室、市建筑建材工会。局直属单位现有市房地产管理局、市建设工程质量安全监督站、市建设工程造价管理站、市散装水泥办公室、市城乡规划编制研究中心、市规划建设监察支队、市城市基本建设档案馆、市城市建设资金管理办公室、市城市地理信息中心、市城市工程项目管理办公室、市建设工程勘察设计审查中心等11个直属事业单位，市城市投资经营有限公司1个直属企业。

【城乡规划】 2013年，市住建局在修编完成《攀枝花市城市总体规划（2011—2030）》的基础上，启动并编制完成全市城乡统筹规划；完成《攀枝花市工业布局总体规划（2011—2030）》修编；完成花城新区干坝塘核心区街道景观规划、城区“蓝线、绿线、紫线”规划的编制；开展并完成金沙江中心区段沿江重要节点建筑景观规划、大河景观规划、城市道路网络规划、夜景照明规划、城市色彩规划、山体保护与利用规划的初步方案；结合城市开发建设和重大基础设施建设需要，启动城区弃土场规划、火车南站及广场周边规划编制；完成普达片区控规编制和高粱坪片区控规、清香坪至大水井片区、五十一至仁和片区控规的修编，全力推进阿署达片区控规和“501”至五十四片区控规修编，启动西区格里坪工业园区控规修编；结合城乡规划管理需要，完成停车位配建标准、人大转盘—良友路段交通缓堵、攀田高速鱼塘进出口区域交通组织、城市规划决策支持系统等专题研究，为政府决策重大问题提供依据；落实省市加快推进新型城镇化工作部署，把小城镇建设作为重点，指导攀枝花市东区、西区、仁和区、米易县、盐边县完成23个乡镇的总体规划编制或修编和48个新村（聚居点）规划。

充分发挥规划引导和技术支撑作用，着力推进银泰城、普达度假区等省、市重点项目建设，全年办理《建设工程项目规划选址意见书》等规划审批事项725项，公示60余个项目方案总平面图；在乡村规划管理机构和人员未落实的情况下，开展乡村公益事业项目的规划管理，为同德、大龙潭、布德等乡镇的建设项目办理规划手续；配合国土部门开展土地资产运营前期工作，出具土地规划条件42份，保障土地资产市场化的顺利推进。履行规委办工作职责，筹备召开8次规委会，提请审议议题75项，通报议题11项。

【基础设施建设】 2013年，市内基础设施建设完成沿江仁和沟口至密地桥南岸步行系统建设，建成自行车道、人行步道约8千米，实施沿线绿化工程1.2万平方米；南岸亲水栈道因银江水电站水位标高尚未确定，工程暂缓施工，完成工程总量的25%；顺利推进马坎污水处理厂及截污干管工程建设，厂区土建工程完成总工作量的35%，截污干管安装完成总量的21.43%；启动沿江北岸步行系统和6处人行过街设施建设的前期工作，完成方案调整及财评，正在准备立项文件；建立沿江打造现日巡查制度和信息报送制度，完成周报、专报、简报67期，及时向领导小组反馈沿江打造项目进展情况，协调解决项目建设过程中的问题。

完成密地桥南至龙箐大桥主干路建设，与渡金线、炳仁路共同构成江南片区南北向重点交通干道。整理出33.33公顷土地，其中17.33公顷土地已达到出让土地要求，20余公顷绿化用地已形成；完成良友至人大转盘路段5处人行过街设施建设，实现该路段人车分流，有效提高车流通行能力，缓解该路段交通拥堵；顺利推进花城大道老黑地至龙塘沟及连接线道路建设，完成年初确定的4000万元的投资计划；开展前期调研和项目储备工作，完成西区清香坪蓝湖国际森林公园人行过街设施、仁和区迤沙拉大道西路小学人行过街设施、攀枝花大道四十九处人行过街设施等9个项目的可行性研究报告。

按照省、市加快推进新型城镇化工作要求，制定《2013年攀枝花市加快推进新型城镇化工作实施方案》和《关于加快推进小城镇建设的实施意见》，为推进新型城镇化建设提供指导依据；深入开展全省“百镇建设试点行动”，积极与省住建厅对接，成功申报盐边县红格镇、米易县普威镇为重点镇和示范镇，争取小城镇建设资金1800万元；扎实开展新村建设和城乡风貌打造工作，完成玉泉连接线、红格镇西街口至假日酒店、麻陇彝族乡集镇、丙谷镇雷窝新村、盐边县共和乡集镇改造等5个城乡风貌塑造项目，基本建成24个新村聚居点，正在加快建设29个新村聚居点，有序推进3个新农村综合体，村庄基础设施完成投资12100万元；筹备全省百镇建设现场会，经市住建局积极争取，全省首届百镇建设现场会在攀枝花市红格镇召开，市住建局迅速组建现场督察组、文秘小组、接待小组等工作小组，分别负责项目建设指导监督，总结提炼小城镇建设特色亮点，印制攀枝花市小城镇建设宣传资料和会务接待工作，为现场会圆满召开奠定了扎实的基础。

【住房保障】 2013年，市住建局不断创新工作方式，在全省率先开展廉租住房和公共租赁住房并轨运行工作；强化服务意识，加强业务指导，保障性安居工程建设顺利推进，开工建设保障性安居工程6384套，完成目标任务的108.39%，基本建成4348套，竣工3249套；发放廉租住房补贴3520户，完成目标任务的113.55%，改造农村危房2728户，完成目标任务的116.09%；积极向上沟通协调，争取到中央、省级保障性安居工程建设专项补助资金17498万元。

制定《关于加快推进城区老旧房屋（含筒子楼）改造有关政策的试行意见》和相关配套文件，为指导各县（区）旧改提供指导性意见；对全市城区老旧房屋（含筒子楼）进行摸底调查统计，未来5年全市将逐步实施48个旧改项目，2013年启动东区创业路、瓜子坪人民商场片区等8个改造项目，用地面积约20公顷，住户约1000户，目前已有4个项目完成拆迁、2个项目的安置房已开工建设。

制定《攀枝花市“农民工住房保障行动”工作实施方案》，明确将外来务工人员逐步纳入城镇住房保障体系，对保障对象的申请、审批及住房的租金、后期管理等做相应规定。全年共安排1236套公共租赁住房定向提供给农民工等外来务工人员，占可分配房源的90.2%，其中1046套已分配入住。

【房地产业】 2013年，在深入贯彻落实国家系列宏观调控政策的前提下，全市房地产开发保持平稳健康发展，住房供给结构基本合理，房地产市场价格基本稳定，完成房地产开发投资41.06亿元，完成目标任务164%，商品房销（预）售面积90.1万平方米，同比增长25%，商品住宅销售均价4226元/平方米，同比增长2%。在市场监管上，加强商品房预售许可管理，建立商品房预售资金监管制度，在全省先行建立攀枝花市商品房预售资金监管制度，会同市银监局及建设银行攀枝花分行等8家商业银行联合出台《攀枝花市城市商品房预售款监管实施办法》，实行商品房预售资金监管部门、开发企业、监管银行三方监管，切实做到预售资金专户专款专用，全程监管。5月实施预售资金监管至年底，已签订监管协议30个，监管预售款约10亿元，拨付监管预售资金约1.5亿元；全年办理商品房预售许可28项，预售商品房面积134.36万平方米；规范房地产项目销售现场信息公示，针对商品房销售过程中信息披露内容不全、开发企业与业主信息不对等问题，市住建局召开全市商品房预售管理工作现场会，加强规范商品房销售现场信息公示工作，各销售现场都能从项目证照公示、房源信息公示、预售制度公示、商品房预售资金监管内容公示、沙盘布置、温馨提示等六个方面合理布置销售现场，确保项目销售信息公示完整、规范。根据攀枝花市房地产市场总体运行情况，对房地产市场发展现状进行研究分析，形成《2006—2012年攀枝花市房地产市场发展分析报告》《攀枝花市房地产市场研究季度报告》及《攀枝花市房地产市场发展分析报告》，为市委、市政府做好参谋工作。

全市共有物业企业101家，其中攀枝花市企业93家，管理项目170个，面积921.6万平方米，在规范和培育物业管理市场上，加强物服企业资质管理，严格资质新办、转正和升级审核，完成47家物服企业资质审批和申报工作；加强日常监管，完善物服企业信用信息平台，对物服企业经营活动进行动态监管，规范经营行为；加强对物服企业的引导和培育，通过争先创优提升全市物服企业的物业管理水平；做好对老旧小区改造推行物业管理和物业管理纠纷调处工作机制的调研工作，形成《关于攀枝花市老旧小区推行物业管理的工作报告》和《关于进一步建立健全攀枝花市物业管理纠纷调处工作机制的报告》。

【建筑业管理】 2013年，攀枝花市完成建筑业总产值190亿元，建筑业增加值现价增速20%；建筑业地方税收5.6亿元，劳务输出3100人、劳务收入1.26亿元，新增城镇建筑业岗位3100个，职业技能鉴定680人，培训农民工25000人。严格市场准入和清出关，大力整顿市场秩序，完善信用体系，建立动态监管机制，加强对企业资质、施工许可和建筑机构的监督管理。加强招投标监管，营造公开、公平、公正和诚实信用的氛围，完成83个国有投资工程项目招标文件的审查备案，规范建设工程合同签约和履约行为。全面实行建设工程“双卡一证”管理，从制度上杜绝拖欠农民工工资问题。全面加强建筑业统计工作规范化、制度化建设，建立建筑施工企业统计数据报送工作机制。

【测绘业管理】 2013 年，市住建局完成国家测绘地理信息局对“天地图·攀枝花”服务接口与服务性能、在线服务数据以及运行支持环境等三方面的测试、评估，同意“天地图·攀枝花”接入国家天地图主节点。开展地理国情普查试点攀枝花有关区域的资料收集和 2000 国家大地坐标系转换应用前的坐标系统清理工作。完成滨江大道和斑鸠湾、西区循环经济园区 4.14 平方千米 1∶500 地形图修补测，编制《攀枝花市基础测绘“十二五”及中长期规划》。在行业管理方面，完成全国测绘地理信息市场信用信息管理平台启用前攀枝花市测绘资质单位资料录入，开展行政执法检查和重点工程建设涉密测绘成果跟踪检查，完成测绘资质单位年度测绘成果目录汇交。

【勘察设计业管理】 2013 年，市住建局扎实开展勘察设计企业、施工图审查机构动态监管核查工作，全年共核查勘察设计企业 21 家、合格 15 家、不合格 3 家，核查企业数占全市勘察设计企业、施工图审查机构总数的 30%，合格率 71.4%，达到省住建厅下达的不少于 20%的核查目标。深入开展勘察设计质量及建筑节能实施情况联合执法检查，抽查涉及公共建筑、民用住宅及市政道路等不同类型和不同结构形式的 19 个项目，涉及 20 家勘察设计企业，3 家施工图审查机构，确保工程勘察设计质量；贯彻落实省政府 266 号令，制定下发《关于贯彻〈四川省建设工程抗御地震灾害管理办法〉的实施意见》。抓好房屋建筑和市政基础设施建设工程初步设计审查、施工图审查备案等工作，全年共完成初步设计审查 34 个，面积 505823 平方米。办理施工图审查备案项目 171 个，面积 2346976 平方米。组织开展勘察设计“四优”（政治素质优、岗位技能优、工作业绩优、群众评价优）评选工作，共向省厅推荐勘察设计成果 16 项，6 项成果获奖。

【质量安全监管】 2013 年，市住建局为切实抓好全市房屋和市政基础设施建设工程质量安全工作，加大对参建各方责任主体质量安全行为的监管力度，对违法违规行为进行严厉查处，将日常监督与专项检查相结合，开展“安全生产月活动”、防汛、消防、地质灾害等 6 次专项安全产大检查，重点查处违反基本建设程序、强制性标准、擅自修改设计、施工安全违规违章等不良行为，查出安全隐患 1304 个。加大施工现场文明施工监管力度，确保扬尘治理监管常态化，并形成监管长效机制，使建筑施工扬尘得到切实有效的控制，进一步改善城区空气质量，不断提高文明施工水平。全面推行建筑工程施工现场图片(像)报告制度、“双交底”制度，强化建设工程施工质量过程监管，全年共监督工程 907 个，建筑面积 842.73 万平方米，竣工工程 356 个，建筑面积 207.54 万平方米，工程竣工验收合格率 100%。全年共申报省级标准化工地项目 7 个，申报省结构优质杯工程项目 15 个。

【建筑节能管理】 2013 年，市住建局严格建筑节能监管，重点强化建筑节能工程质量，完善施工现场节能监管措施，从施工现场节能材料着手，加强分项节能工程施工质量检查，对 58 个在建项目（楼盘）节能墙改施工隐蔽工程进行 398 次现场检查，新建项目节能标准执行率达 100%。开展门窗节能标识认证工作，已有 4 家门窗企业向省住建厅申报门窗节能标识证书。出台太阳能光热应用政策，全面推进民用建筑太阳能热水系统规模化应用，实行与建筑主体同步规划设计、同步施工安装、同步验收使用。开展墙材企业产业发展调研，积极引导墙材行业健康发展，有序推进新型墙体材料的推广应用，全市新型墙材使用比例约为 80%，经折算可节约土地 16.67 公顷，节能标煤 9450 吨。加快全市散装水泥事业“三位一体”（预拌混凝土、预拌砂浆散装水泥）发展步伐，提高预拌混凝土应用，推广预拌砂浆，城区新建项目全面启动禁止现场搅拌工作。加强预拌混凝土市场动态管理，预拌混凝土企业实行年度评级管理制度，对企业市场行为进行专项检查，进一步提高预拌混凝土生产质量。全年共推广散装水泥 110.12 万吨，散装率 57.91%，推广商品混凝土 207.91 万吨，预拌砂浆 0.07 万吨，减少粉尘排放 1.16 万吨，产生综合经济效益 5224 万元。开展全市绿色建筑实施前期调研，结合攀枝花气候特点，再生能源情况，因地制宜开展绿色建筑研究，已组织完成《攀枝花地区绿色建筑实施对策研究课题报告》。完成散装水泥、新型墙体材料专项资金征收 1545.6 万元，返退 206 万元。

【工程造价管理】 2013 年，市住建局全年共办理建设工程施工合同备案 210 项，办理安全文明施工费费率测定 220 个，办理工程竣工结算确认 117 份。成功协调处理全市“攀西高速公路小蚌石段征迁农民户安置房”的造价纠纷问题，为国家节约资资金 1341 万元。及时发布全市造价信息，新增节能环保建筑材料信息价 360 种，将盐边县正式纳入全市材料价格发布体系。

【行政审批】 2013 年，市住建管理部门在“两集中、两到位”（为深化行政审批制度改革，建立规范高效的审批运行机制，提高行政服务效能，推进一个行政机关的审批事项向一个处室集中、行政审批处向行政审批服务中心集中，保障进驻行政审批服务中心的审批事项到位、审批权限到位。）的基础上，机制更加完善，效能不断提高。开通“绿色通道”，为 25 个重大项目提前介入质量安全监督，确保建设工程质量安全和快速推进。房改房和经济适用房上市交易实行“一条龙”服务，共办理经济适用房、房改房上市交易2182户，收缴房款2125万余元。整合服务事项，建立“内部流转”前后台联动、重大事项集体研究决策、信息反馈、特色服务等工作机制，优化内部审批流程，大幅度提高行政审批工作效率。全年，市住建局窗口共办结行政审批服务事项8.7万余件，其中行政审批管理事项1.3万件、房屋权属登记4.3万件、房产档案3.1万件，“一站式”收费2.29亿元。

【依法行政】 2013年，市住建局加强制度建设，研究制定《攀枝花市商品房预售管理办法》等26项规划性文件，以规范和指导行业管理工作。开展清理规范行政权力工作，局系统共清理行政权力466项，逐项制作工作流程图。认真部署“六·五”普法工作，深入社区、施工现场开展《中华人民共和国测绘法》《中华人民共和国建筑法》等法制宣传活动。加大城市规划建设执法力度，依法拆除违章建筑4000余平方米。检查工程项目400余次，行政处罚18起，行政罚款133万元。贯彻落实依法行政法责任制，建立行政处罚自由裁量权考评制度和集体讨论制度，加强对行政执法监督，全年办理的案件中未发生行政诉讼和行政复议案件。

（黄　杰、梁明俊）

城市管理

【概　况】 攀枝花市城市管理局（以下简称市城管局）内设办公室、政策法规处、计划财务处、市政设施管理处、公用事业管理处（安全处）、城市绿化管理处、城市容貌管理处、劳动人事处以及行政审批处等9个职能处室，有市政工程管理处、市园林绿化处、市城建管理监察支队、市煤气总公司、市数字化城市监督指挥中心5个下属单位。2013年，市城管局深入学习贯彻中共十八大精神，以科学发展观为指导，紧紧围绕“打造中国钒钛之都，建设特色经济强市”战略目标和“四个倾力打造”战略重点，以人民群众满意为标准，以“五创联动”工作为抓手，以推进管理精细化为重点，进一步改善城市容貌，进一步完善城市功能，进一步关注民生需求，进一步优化管理机制，进一步提升队伍形象，着力推进和实现城市管理精细化、标准化、长效化，为全市经济社会发展创造良好的城市环境。通过努力，圆满完成2013年年度目标任务。

【城乡环境综合治理】 2013年，市城管局在巩固已有治理成效的基础上，继续以城乡环境综合治理为抓手，强化设施建设，狠抓常态治理，着力风貌塑造，深入推进花城打造，促进城乡环境更加清洁优美、秩序井然，城乡居民素质不断提升。按照“疏堵结合，标本兼治”的要求，深入开展文明劝导，强化联合执法，督导县（区）对摊位乱摆、广告乱贴、车辆乱停、垃圾乱扔（倒）、工地乱象实施常态化治理。在竹湖园地下通道、东风一条街等7处主次干道、背街小巷设置便民摊位，为下岗失业人员、创业大学生及进城自产自销农民提供就业岗位280个；协调完成城区交通管辖132.8万平方米公路路面清扫保洁移交辖区政府，加强了公路保洁力度。围绕大力推进生态文明建设的新要求和民生工程建设的总体要求，继续巩固乡村环卫“五个一”（每个乡镇建立一支保洁队伍、配备一辆生活垃圾清运专用车辆、建设一处生活垃圾处理设施、修建一座公厕和每一个村集中居住区至少修建一座垃圾收集房）工程建设成果，完成新建垃圾处理厂的项目选址等前期工作，全面启动仁和滨河风貌塑造、雷窝新村风貌塑造、丙谷小河垃圾填埋场、总发乡污水治理等10个城乡环境综合治理民生工程项目，进一步提高了城乡环卫治污硬件水平。以建筑立面、色彩装饰、店招设置和门前绿化等为重点，开展特色示范街区打造。共完成城乡风貌塑造项目60余个，集中治理街道225条，打造特色街道20条，清理建筑立面2.1万平方米，改造绿化面积达2万平方米，种植紫薇、黄花槐、驳骨丹等20余种开花常绿植物1.2万余株。以农房立面美化和庭院绿化为重点，根据“外部突出特色、内部优化功能”的要求，完善乡镇（村庄）基础设施，狠抓背街小巷、城乡结合部、“城中村”、边远偏僻乡镇（村落）新农村综合体风貌建设，改造特色农房2000余户，完成乡村风貌塑造项目10个。在巩固环境优美示范城市、示范县、示范乡镇和示范村庄创建成果的基础上，推荐盐边县、仁和区务本乡等3个乡镇纳入2013年度省级环境优美示范城镇实施范围，大田村等40个村庄纳入2013年度省级环境优美示范村庄实施范围。同时，对尚未参加创建的区域，参照示范标准，从规划体系、设施建设、环境面貌、城镇形象、居民素质等方面高标准严要求，形成你追我赶、竞相示范的良好局面，促进城乡环境治理工作水平整体提升。至年底，全市所有县（区）、75%以上的乡镇、65%以上的村庄基本上达到“清洁化、秩序化、优美化、制度化”标准。

【市容环卫】 2013年，市城管局积极推进清扫保洁市场化运作，全面落实清扫保洁责任制。完善环卫基础设施，提高环卫科技水平，督促垃圾处理场、环卫专用车辆等环卫基础设施的更新完善。建立乡镇垃圾清运和环卫保洁机制，规范市容管理，严格审核户外广告和商家促销活动，加强公共空间管理，搞好城市管理检查考核，确保市容市貌规范有序，环境卫生整洁干净。全年清除卫生死角876处，共清理积存垃圾3800吨；清洗人行道和公路路面361.5万平方米；治理乱摆摊2968起、户外广告（店招）389块；纠正治理占道经营3456起、坐商不归店3614起，文明劝导436起；出动警力8100人次，警车8680余台次，纠正各类交通违法行为37125起，超速8522起，货车超载296起；检查在建工地300余次，规范乱象行为为60余起。

【市政设施】 2013年，市城管局搞好城市道路及路灯等附属设施管护，加强城市防洪工作，确保“路平、灯亮、排水畅”，促进市政设施更加完善、安全、便民。完成金沙江大道东段和中段路灯改造工程及8个公交站台建设，渡口桥、密地桥、倮果大桥亮化工程；强化城市道路“病害”治理，重点实施木棉路路面大修，共铺筑沥青路面1.4万平方米，人行道1785平方米；督促实施交警二大队出入巷道路改造、金江机电学院至金江水厂人行道改造和路灯安装、路歇桥至仁和桥河道两侧路灯安装工程；在五十四攀百天桥至六小路口、攀矿游泳池至攀矿医院、东风、阳光骊景至地龙井加油站等8条路段新安装道路中间隔离栏4300米；在攀枝花公园、竹湖园、中心广场、商业街、阳光大梯道沿线等城市主干道范围内繁华路段安装便民座椅640套。全年市政设施完好率达95%以上，路灯装置率、亮灯率和路灯设施完好率均达98%以上。

【城市绿化】 2013年，市城管局按照特色创建的要求，制作《攀枝花市开展城市立体绿化推广工作的实施方案》，使全市花城特色景观在点、线、面上得到有机统一。28项创“国园”攻坚项目全面完工，包括东区阿署达花香果园一期和文化旅游特色街区建设项目制订工作计划，完成观景平台景观建设等；滨江立体花园建设完成项目选址、施工图设计评审等，并进行绿化景观建设；炳三区体育公园完成地下建筑的修建和部分地上建筑主体工程修建；完成东华山公园景观及配套设施建设；完成东风一条街及倮果一条街等特色街区打造等。西区西佛寺景区园林区扩建40公顷；完成清香坪安置小区绿化建设1.29公顷；庄上丽新园艺花卉基地完成5个大棚建设并培育苗木60万株；完成大宝鼎矿山迹地及摩梭河至一棵树矿山等防护林地建设3.1公顷；完成清香坪综合公园设施建设；完成河门口公园绿化完善。仁和区完成电影院滨河绿地及亲水广场绿化；完成大河河道整治二期工程景观建设等。钒钛产业园区完成城区2号路行道树栽植和彩虹路与城区2号路交叉处至金伍路入口右侧边坡绿化。市林业局完成金沙江大道东段（阿基鲁桥至倮果桥）绿化景观。市城管局完成国家园林城市建设规划及花城景观打造等。

【城市供气】 2013年，市城管局以“保安全、强服务、抓保障”为重点，以建立“制度、设施、人员、技术”四位一体的燃气保障体系为核心，加强燃气行业监管，强化安全生产和优质服务，积极推进城市燃气基础设施建设，确保城镇燃气安全、平稳供应。完成龙密路立交桥改管工作及攀枝花大道东段原交警二大队、机场路口、市体育馆、竹湖园曼诗广场、攀枝花大道中段北京华联、川剧团等6个地段人行过街设施建设工程的煤气管线搬迁工作。新增煤气用户4785户；煤气故障维修及时率达97%，事故抢险一次处结率达100%，用户满意率达95%以上。

【城管执法】 2013年，市城管局按照属地管理、重心下移原则，进一步完善市级执法片区责任制，建立市、区两级联合执法机制，强化城市管理监察执法，执法实效性不断增强。依法查处一般程序案件12起，罚款6万余元；拆除非法户外店招、广告670块，纠正违章摆卖的摊点1.23万起，取缔夜间烧烤150余起，查处车辆沿途抛洒11起；清理乱堆乱放、乱牵乱挂330起，清理门面橱窗乱张贴867处，暂扣违规设置的户外灯箱12个，收缴各类违章小广告2000多张，文明劝导乱吐乱弃、横穿马路等不文明行为近300起。

【制度建设】 2013年，市城管局继续按照“两集中、两到位”的要求，加大政务公开力度，推进政务服务窗口建设，有效提高办事效率和服务水平。共清理行政权力110项；对保留的12项行政审批事项的法律依据、申报条件等“七公开内容”进行调整，并及时公示。2013年共受理各项行政审批事项98件，办结98件，收取异地绿化建设费982万余元，办理办结率为100%，群众满意率为100%。

【数字化城管系统】 2013年，攀枝花市被列为四川省数字化试点城市，数字化城管系统前端硬件设施配备到位，实现市容市貌实时监控，积极畅通市民参与城市管理渠道，大力推进“12319”城管服务热线投诉受理及联动处置。全年共受理市民咨询、投诉2203余件，办结2203余件，办结率100%，市民满意率达100%。

（姜雪娇）

建设中的炳三区 （张中 摄）

商 贸

商贸和粮食流通

【对外贸易】 2013年，攀枝花市实现外贸进出口总额1.87亿美元，其中出口1.23亿美元。全年新增外贸获权企业8家、实绩企业3家，外贸进出口实绩企业共19户。成功争取商务部为攀钢集团国贸攀枝花有限公司办理铁合金出口许可，为早日实现攀钢钒铁产品在攀出口打下基础。

年内，市商务和粮食局牵头起草并制定出台《中共攀枝花市委攀枝花市人民政府关于进一步扩大和深化对外开放工作的实施意见》和《攀枝花市促进进出口稳增长、调结构十二条措施》，对于进一步促进全市拓展对外开放的广度和深度，提升对外开放质量和水平，实现对外开放全面、协调可持续发展具有重大的意义和指导作用。

积极参加商贸会展活动，攀枝花市先后组织100余户企业参加京交会、昆交会、食博会、西博会等大型有影响力的会展活动，向外推介钒钛铸件、苴却砚、国胜有机茶、芒果等特色产品，在城市营销、品牌宣传、市场拓展、订单销售等方面取得明显成效，在各类国际级会展上实现签约金额2.8亿元。市、区两级节庆会展力度进一步加强，全年共举办市、区商业会展17次，会展现场销售额达20余亿元，有力地刺激了消费，扩大内需，丰富了城乡居民生活，促进城市品位提升，扩大了城市影响力。

【利用外资】 2013年，全市实际利用外资11130万美元，完成省政府下达目标任务10600万美元的105%，完成市政府下达目标任务10000万美元的111%。

发挥攀枝花资源优势，利用外资平稳发展。强化目标任务管理，将省政府下达攀枝花市的实际利用外资目标任务分解到县（区）、园区，纳入市政府绩效目标管理，实行定期完成目标任务情况通报制度，确保了外资目标任务的完成。加大推进力度，做大外资项目总量，主动承接长三角、珠三角等地区的产业转移，深入实施"三百工程"（出口型企业100家、现代服务业企业100家、服务外包企业100家），引进奔驰4S店项目和路虎4S店项目，改变全市利用外资结构，增添利用外资新的增长点。强化外资企业增资扩股服务，加强监管，全年协助恒鼎煤焦化办理4.79亿元人民币的股权变更，实现百盛百货项目2000万元资金到位和深圳兆恒水电并购米易湾滩电站2.19亿元人民币资金到位。牵头对全市24家外资企业进行年检培训，24家企业均通过年检，合格率100%。

【外经合作】 2013年，全市实现外经合作营业额1081万美元，完成市政府下达目标任务1000万美元的108%。

发挥攀枝花市区位优势，积极推动外经合作。开展境外中资企业安全生产质量大检查专项活动，提高安全生产意识，确保外经合作平稳运行。结合企业发展需要，加大境外投资指导力度，筛选出立新养殖、乐石工艺等24家愿赴澳大利亚、新西兰、欧洲等地投资和考察的企业建立"走出去"企业库，重点开拓东南亚及"东盟四国"市场。支持企业开拓海外市场，参与国际建筑市场的竞争。加强政企合作，与十九冶集团公司签订《外经贸发展战略合作备忘录》，加强对十九冶技校外派劳务培训中心的工作指导力度，积极培育符合条件企业设立外派劳务公司，提高外派劳务平台建设水平。

【国家级经技技术开发区创建】 2013年年初，市委办、市政府办《关于下达攀枝花市2013年度"急难险重"目标任务的通知》，将钒钛产业园区创建国家级经技技术开发区纳入全市"急难险重"目标任务之一，市级领导挂帅，全力推进。3月19日，省政府4次常务会议审议通过创建请示，4月2日，创建请示上报国务院。4月10日，国办秘书二局将省政府《关于恳请将四川攀枝花钒钛产业园区升级为国家级经济技术开发区的请示》批转商务部，要求商务部会同有关部门研究办理。创建期间，市委、市政府相关领导高度重视，积极主动汇报、沟通和协调，向上争取最大支持，特别是市委书记刘成鸣带队向商务部副部长王超专题汇报创建工作后，得到商务部的充分肯定和明确支持，攀枝花市创建经开区工作环境更加优化，优势更加明显，国家级经开区创建工作完成阶段性目标任务。

【社会消费品零售】 2013年，攀枝花市实现社会消费品零售总额219.33亿元，同比增长14.2%，高于全国1.1个百分点，超全省平均水平0.3个百分点，超额完成省政府确定的达到全省平均水平的考核目标。

【惠民工程】 2013年，市商务和粮食局大力推进民生工程建设，成效明显。建成大渡口街道大渡口社区、炳草岗街道湖光社区等蔬菜便民直销店13个，一定程度上解决了群众“买菜难、买菜贵”的问题。落实摩托车下乡政策，全年累计销售2961辆，销售金额约1484万元，补贴资金177万元。发放农村科技储粮小粮仓4669个，超规模完成1669个。

【市场体系建设】 2013年，市商务和粮食局完成城市商业网点规划修编工作，在10月9日的市政府25次常务会上，《攀枝花市城市商业网点规划（2011—2020）》通过审查，取得突破性成果。

市场体系建设有序推进，布局及业态设置进一步优化。奥林匹克城市商业综合体推进顺利，太平洋购物中心入驻成功签约。加快推进攀枝花市利川废旧市场搬迁重建，与钒钛产业园区签订协议入驻园区，计划在再生资源回收利用项目的基础上，增加五金加工项目和铝深加工项目，预计总投资10亿元。针对商业网点规划中“市级商业中心”新增节点之一的炳三区E07、E08地块由行政用地调整为商业用地问题，专题调研，就功能定位、业态设置、招商意见等向市政府提出相关建议。市商务和粮食局积极参与攀枝花市重大商业招商项目莱克汽车商贸城项目的规划调整论证，就该项目涉及城市商业网点规划、经营业态及功能设置等事项提出明确意见。

【市场流通监管】 2013年，全市生猪定点屠宰场（点）资格审核清理工作有序推进，完成全市19家生猪定点屠宰场（点）整改工作。积极推进“放心酒经营示范店”试点推进工作，建设完成2户并验收通过。完成“12312”市场监管公共服务体系项目验收申报工作。加强药品流通行业管理，做好商务部《药品批发企业物流服务能力评估指标》《零售药店经营服务规范》《药品流通企业诚信经营准则》《药品流通行业职业经理人标准》《药品流通企业通用岗位设置规律》等五项标准的宣传贯彻工作，结合文明城市创建工作，督促5家连锁企业、16家批发企业贯彻实施。牵头开展打击侵权和制售假冒伪劣商品工作，举行攀枝花市2013年集中销毁假冒伪劣烟酒及商标现场会，集中销毁一批假烟假酒，价值400余万元。全年开展各项执法检查行动48次，包括酒类经销、生猪屠宰及无害化处理、生猪私屠滥宰行为、单用途商业预付卡备案管理、清理零供关系等，扣押假酒7件，发出整改通知书3起。

【商贸服务活动】 2013年，全市餐饮业实现营业额266773万元，同比增长13.3%；全市住宿业实现营业额14740万元，同比增长46%。

全市餐饮、住宿、美容美发行业达标创优活动影响力得到进一步提升，10月市政府对新评选出2家“十大餐饮名店”、2家“十大特色餐饮店”、2家“十佳商务宾馆（旅店）”、2家“十佳美容美发店”进行表彰奖励。

【统筹服务业发展】 2013年，攀枝花市第三产业增加值完成175.81亿元，同比增长8%，排全省第13位。全市连锁率16%，第三方物流企业营业额同比增长38.1%，商贸流通企业电子商务普及应用率达到28%以上。

2013年，市商务和粮食局以项目建设为抓手，做好全市服务业重点项目的跟踪、协调、服务工作，确保项目有序推进。位于东区的密地商贸物流园区一期工程有序推进，年末完成基础设施建设；引进的马来西亚最大的百货连锁机构“百盛”正式营业，推动全市消费业态进一步提高；格里坪鑫铁物流园区续建项目进展顺利，项目完成鑫铁1号、2号铁路专用线全面升级改造，并新建铁路货场堆场31000平方米，新建监控信息及环保系统，基本完成一期工程建设；攀西农产品交易（物流）中心冷链配送体系项目已完成冷链物流仓储中心3165平方米，果疏冷链物流配送中心2569平方米，交易大棚1976平方米，中心综合楼（含农产品检验监测中心）8700平方米，农资配送中心、农机配送中心、包装配送中心计9000平方米及其他相关配套设施建设。

【应急保供体系建设】 2013年2月，市商务和粮食局获悉仁和区中坝乡莴笋滞销，领导高度重视，快速启动应急预案，帮助莴笋滞销菜农户搭建平台，拓展销路，扩大销量，最大限度降低莴笋种植农户损失。

以增强市场调控能力为重点，对全市生活必需品储备企业情况进行全面梳理，摸清11个生活必需品的储备品种、规模、使用情况及管理部门信息，重新建立联络机制和具备应急保供条件的企业档案。参照国家储备肉仓储费用和利息补贴标准，市商务和粮食局联合市财政局成立联合验收组，对2012年度东区区级冻猪肉储备项目储备期满进行验收。通过组织协调，野猪野林肉联食品有限公司承诺由其商业储备代替应急储备，负责猪肉应急保供，解决承储企业收储资金贷款抵押物不足的问题。

加强粮食应急管理，提升应急供应能力。按照“合理布局、全面覆盖、平时自营、急时应急”的原则，从攀枝花市的实际情况出发，对《攀枝花粮食应急预案》提出修改完善建议意见；对主城区粮食应急储藏、加工、供应网点进行梳理、调整，对应急网点进行重新规划，指导、配合东区、西区粮食主管部门有序推进。

【项目资金争取】 2013 年，攀枝花市成功申报四川省首批现代物流示范市，获得省级支持资金 440 万元；成功申报四川省现代服务业集聚区，炳草岗商贸流通集聚区被确认为四川省现代服务业集聚区，获得省级支持资金 200 万元。

全年向上争取资金 4000 万元，完成全年目标任务 3900 万元的 103%，通过向上争取资金，对全市商贸、粮食工作加快开展起到较强的推动作用。

【职能调整】 按照新一轮机构改革和《中共攀枝花市委机构编制委员会关于攀枝花市食品药品监督管理体制改革部门职责和行政编制调整的通知》要求，市商务和粮食局于 2013 年 11 月 12 日将承担的酒类食品安全监督管理职责移交给市食药局，于 2013 年 11 月 20 日将生猪定点屠宰环节质量安全监管职责移交给市农牧局，并在网上公示。按照国家、省、市的相关要求，做好商务执法新领域的拓展和探讨工作，同时，继续做好生猪行业管理工作，做好工作移交后的协调配合。

【城乡环境综合治理】 2013 年，市商务和粮食局进一步加强生猪屠宰场（厂）整治，提高屠宰场及周边环境卫生质量；加强再生资源回收网点建设，规范再生资源管理；督促、引导大型超市（卖场）做好门前“三包”（包绿化、包秩序、包卫生）工作，整治脏乱差；牵头对 7 个旅游休闲示范点继续进行升级打造；加强对粮食加工行业的引导监管，整治废弃包装物（编织袋等）、加工副产物（谷糠等）乱堆乱丢，城乡环境综合整治成效明显。

【粮油购销】 2013 年，全市收购粮食 4.13 万吨，完成市政府下达目标任务 3 万吨的 137.66%；市外调入粮食 9.13 万吨，完成市政府下达目标任务 8 万吨的 114.1%，超额完成年度目标任务。

【粮油市场供应】 2013 年，全市粮油市场供需平衡，保障能力加强。按照国家粮食政策切实抓好收购，确保农民“售粮卖得出”，掌握粮源的同时保障好农民种粮利益。加强粮食产销衔接，引导国有粮食企业、行业龙头企业建立与主产区的产销衔接关系，利用秋季粮食交易会等机会，进一步巩固产销协作关系，加大“调粮入攀”力度，稳定市外调入，保障市场供应粮源和储备粮轮换粮源。加强市场供求监测，引导粮食经营者以市场为导向，加大市场粮油投放力度，以充足的数量、丰富的品种和稳定的价格，保障正常的粮油供应，确保消费者“吃粮买得到”。严格执行军粮等政策性粮油供应政策，全面保障政策性粮油的有效供应。加强粮食行业流通统计和社会粮食供需平衡调查，有效掌握全市粮食流通和产需平衡状况。

【储备粮管理】 2013 年，市商务和粮食局强化储备粮管理，增强调控能力，加强对在攀各级储备粮的监督检查力度和对小包装储备粮油的监管，进一步推进仓储设施建设和规范化管理，按要求推进粮食轮换，完成 2013 年中央、省级储备粮油的轮换任务，完善落实市级储备粮储存地调整的相关工作（资金、仓容等），争取 1 万吨中央临时储备粮指标，扩大储备粮规模。

【粮食行政执法】 2013 年，市商务和粮食局推进粮食行政执法检查，履行市场监管职责，加强粮食流通监管监督，推进粮食流通有序进行。做好粮食库存清查工作，对在攀各级储备粮、国有粮食企业进行全面检查，企业自查、市级复查覆盖面达 100%。开展大小春粮食收购执法检查，维护正常的粮食收购秩序。加强储备粮油、军粮供应等政策性粮食流通的监管，确保储粮安全。加强对粮食经营者的台账、库存限量等管理，引导、督促粮食经营者依法经营。利用“世界粮食日”和“12·4”全国法制宣传日全面宣传粮食工作、粮食执法、粮食有关法规和政策。

【粮食市场保供体系建设】 2013 年，市商务和粮食局加强粮食保供体系建设，提升应急保供能力。修改完善粮食应急预案，按照“合理布局、全面覆盖、平时自营、急时应急”的原则，结合攀枝花市实际，进一步对《攀枝花粮食应急预案》进行修改完善。合理布局粮食应急网点，对主城区粮食应急储藏、加工、供应网点进行梳理、调整，对应急网点进行重新规划。制定建立粮食应急物资储备，建立与人口规模相适应的省、市、县（区）级储备粮油和市、县（区）级小包装储备粮油。强化粮食仓储设施建设，积极争取省、市专项资金的支持，加大粮食仓储设施的维修改造和功能提升，提高储备粮仓的性能。

2013 年，攀枝花市建立市场粮油价格监测点 7 个，采取专人收集、定期报告、定期综合分析全市粮食流通趋势等办法，有效开展市场供求分析和价格走势预测，掌握社会粮食供需状况。

（杨金红）

供销合作商业

【概　况】 2013 年市供销社负责研究制定全市供销合作社发展规划，探索社会主义市场经济条件下合作经济的多种实现形式。在市政府授权下，承担对重要农业生产资料、废旧金属、烟花爆竹经营的组织、协调工作；参与组织、储备、调运有关救灾物资工作。协调同市政府有关部门和社会组织的关系，维护农民合作经济组织的合法权益。组织全市供销社系统参与和推进农业产业化经营工作，组织发展专业合作社、消费合作社等中介服务组织，促进农村经济发展和农民增收。监督和管理社有资产，确保社有资产保值增值，行使本级社有资产出资人代表职能，并按出资额依法享有资产受益、重大决策和选择经营管理者等权利。参与国际合作，开展对外经济、技术交流活动承担市政府交办的其他事项。市供销社内设机构四处一室，发展指导处、财会审计处、政治处、企业管理处、办公室，全系统在职职工 279 人，市联社机关在职职工 18 人，离退休人员 20 人。2013 年全市系统实现商品销售总额 30506 万元，同比增长 36.97%，完成全年目标的 113.83% ；全系统农业生产资料供应实物量完成 52467 吨，与 2012 年同期持平；全年完成农资化肥储备 6000 余吨，确保了农业生产需要；新建农民专业合作社 6 个；系统汇总实现盈利 83 万元，完成全年目标任务的 118.57%。

【农资经营】 2013 年，全市供销社和所属农业生产资料经营企业落实旺季保供工作，为农服务工作中按照保数量足、保质量优、保品种齐、保价格稳、提高服务水平的“四保一提高”要求，保障了全市农业大春、秋耕生产需求，化肥农药等主要农资销售占到全市 70%以上，为全市农业增产农民增收奠定基础。全年完成农业生产资料供应实物量 52467 吨，其中组织供应各种化肥 52017 吨、农药 197 吨、农膜 253 吨，供应农业生产资料经营额达 11989 万元，落实农资化肥储备 6000 余吨。及时准确掌握农资商品的储备、价格、销售等动态信息。按照省供销社的要求，深入乡镇、村社专项检查春、秋耕农资备耕情况，帮助农资企业协调解决农资经营服务中存在困难和问题，落实全市化肥储备任务，积极实施淡储旺供，切实做到平抑物价、惠利农民和农业生产的有效保障供给。

【农民专业合作社】 2013 年，市供销社领办和规范农村专业合作经济组织，全市新增 20 家农民专业合作组织，分别是仁和区社领办的闲芳、成亮、高坤、团扶四家种养殖专业合作社；米易县社领办的秀水沟水果、黄泥嘴火龙果、神树坝火龙果、寿康水果、桃园水果、盛丰枇杷种植合作社，阳光蔬菜、东篱菊花种植合作社，平春、鑫鑫、新友、军仁、油蓬果蔬种植合作社，盐边县领办的喜安福、碧财、勒革里哈核桃种养殖专业合作社，使供销社专业合作组织（专业协会）达 55 家，其中种植业合作社 30 家、养殖业合作社 21 家、其他 4 家。入社社员总数达到 4743 个，成员出资总额 6453.95 万元，带动非成员农民 3160 户，专业合作社年商品销售总额 8100 万元，年利润总额 370 万元，对社员二次返利 200 万元，专业合作社每年帮助农民增收户均 3100 元。已建立各类绿色、无公害基地 21 个，专业社产品已拥有 2 个注册商标，1 个通过国家相关认证。2013 年市供销社继续抓好农民专业合作社示范社申报工作。经评测、筛选，在全市系统选拔 8 家专业合作社申报总社及省社示范社，其中米易摩挲沟四季豆专业合作社荣获总社“全国农民专业合作社示范社”称号。仁和农友、闲芳种养殖专业合作社，米易县社的绿怡果蔬种养殖、摩挲沟四季豆种植、攀越枇杷种植合作社，盐边县的茂盛果蔬、益华芒果种养殖专业合作社等 7 家被评为“省级示范社”。在其他的 47 家中有 1 家被评为“市级示范社”，6 家被评为“县级示范社”。全市供销社系统已成为全市发展多种形式的新型农民合作经济组织的一支主要力量。全年加强对农村专业合作经济组织的机构建设，指导农民专业合作社完善章程，开展农村合作经济组织相关人员的合作经济知识培训和农民实用技术知识培训，推动专业合作社规范化管理，在信息、技术、生产、加工和销售中充分发挥服务、引导、带动和辐射作用。2013 年盐边、仁和等供销社举办 6 期专业合作社讲座和现场培训会，深受农民好评。推动专业合作社优质农产品与专业批发市场、连锁超市实现对接工作。探索尝试建立鲜活农产品直销店，并与攀枝花东城超市、北京华联超市等大型超市签订鲜活农产品产销对接业务。米易县社的摩挲沟四季豆专业合作社、绿怡种养殖专业合作社、盐边茂盛果蔬专业合作社、仁和农友种养殖专业合作社等通过订单方式将生产的特色优质农产品远销北京市、上海市、南京市等全国近 10 多个大中城市。2013 年全系统农民专业合作社订单收购农产品额达到 7521 万元。米易县攀越枇杷专业合作社率先建立方米易农产品电子商务平台，通过此平台米易“攀越枇杷”已直接销往北京市、上海市、香港、澳门等地区，解决了农民卖果难，实现了农民增收。

【三农服务中心】 2013 年市供销社对现有“三农服务中心”及其服务网络、社区综合服务社、庄稼医院进行规范建设指导，总结经验和推广典型。结合全市新村示范片建设，对现有的“三农服务中心”按照《四川省供销合作社农村社区综合服务社（中心）建设和改造标准》和《四川省庄稼医院建设和改造标准》进行改造升级，截至 2013 年年底，全市系统有基层社 4 个，农村社区综合服务社累计数 31 个，农村社区综合服务中心 8 个，庄稼医院 60 个，行业协会 3 个，农民专业合作社、专业协会等合作经济组织累计数 55 个，专业合作社联合社 1 个。

【社有企业】 2013 年，市供销社有社属控股企业有 3 家（丰瑞棉麻有限公司、不夜城有限责任公司、社鑫资产管理公司），参股企业有 3 家（欣盛废品公司、兴社农资有限公司、花冠烟花爆竹有限责任公司）；市社直属改制留守企业有日杂公司、川滇公司、废品公司、加工公司、国贸大厦、建筑公司、川滇宾馆、劳动服务公司等 8 家，其中川滇宾馆、劳动服务公司经营良好，产值 100 万元，其余企业没有经营。

市社直管企业有川滇宾馆，供销社劳动服务公司，兴社农资公司等3家。2013年供销社成立社有资产清产核资领导小组办公室，对市级直属企业改制后剩余的土地、房产及其他社有资产进行清理，造册登记，参考省内其他地市州供销社的做法，提出科学的管理方案，规范直属企业的会计核算，2013年市联社成立企业管理处，对直属企业的工作进行指导、协调和管理，下发《关于明确社属企业资产管理人员分工的通知》对留守人员进行精简与合理分工，欧佳良负责原川滇公司、国贸大厦、副食果品公司、长江电器公司、经贸公司；刁红负责原废旧物资公司、攀西再生资源有限公司、工业加工公司；杨小丁负责原日杂公司、农资公司、祥云天烟花爆竹公司、瓷器烟花公司、土产棉麻公司；任晓红负责不夜城有限责任公司和原建筑公司及供销社大院。实行集中办公，办公楼设在川滇大厦9楼。

【项目申报】 2013年，全市供销社系统按照总社和省社要求建立、完善和充实“新网工程”“农业综合开发”“农村社会化服务体系建设”等专项资金申报项目储备。全年为仁和区供销社“农村社会化服务体系建设”项目争取省财政厅项目补助资金100万元，同时，对盐边县喜安福农牧林专业合作社优质核桃推广、示范基地建设项目、盐边县龙腾四海种养殖专业合作社生猪品种改良、圈舍改造项目和仁和高坤种植养殖专业合作社咖啡、芒果种植基地项目进行包装，市社按照四川省供销合作社联合社《关于做好2013年项目入库申报工作的通知》文件要求，完成2013年项目入库申报工作。此次项目申报入库共有项目3个：盐边县喜安福农牧林专业合作社的优质核桃推广、示范基地建设，总投资1071万元；盐边县龙腾四海种养殖专业合作社的生猪品种改良、圈舍改造工程，总投资1066万；攀枝花市高坤种植养殖专业合作社咖啡、芒果种植基地建设，总投资235万元。

【信访处理】 2013年，市供销社受理信访36人次、集体上访26人次、增加联名上访来信80人次，同比上升79人次、来信2人次，川滇公司改制量化资产的80名职工错过了房产证办证享受优惠政策时间，要求按照2006年以前的税收优惠政策缴纳过户涉及的税费，长江电器公司改制职工3人反映1998年职工买断工龄时所分得资产（门市）面积有差错，有4个组面积比另外2个组的面积多10多平方米，要求按照工龄重新分配，市社信访办经过调查，核实，认定买断工龄时的分配方案合理。由于东区旧城改造拆迁涉及川滇公司、废品公司、加工工业公司职工临时住房和计划经济时期分配给职工的单身住房，职工要求按照国家拆迁赔偿标准补偿到个人，由于临时住房和办公楼均系供销社社有资产，如何补偿存在争议。

（叶宗翠）

石油营销

【概　况】 2013年，中国石油四川攀枝花销售分公司（以下简称公司）在职员工630人，公司下设8个管理部门、2个直属管理机构、7个销售片区和金江油库，在营业加油站54座，高速公路三对服务区加油站划转给中油交投能源有限公司。

2013年，攀枝花市成品油消费总量达70.29万吨，比2012年减少2.18%。公司全年新增客户106家，实现销售增量1.32万吨。发挥小额配送物流优势，紧盯工业园区、道路建设等重点项目，极力拓展县域市场和工程建设用油市场，市场掌控能力明显提升，经营业绩显著增长。全年销售汽柴油35.17万吨，零售汽柴油29.92万吨；实现销售收入27.49亿元，上缴税收4879万元。

公司以加快非油网点建设和信息化建设为契机，延伸服务范围，打造特色非油，非油业务实现快速发展。全年实现非油业务销售收入4241万元，公司加油站非油业务覆盖率为95%；拥有便利店54座，3000吨级以上加油站非油业务覆盖率100%，便利店信息系统建设全面完成。米易、攀枝花服务区顺利开展餐饮、特色水果销售等特色非油服务。

突出项目抓发展，公司强化战略规划，紧盯政府投资动态，掌握项目建设主动权。加强政府工作对接，全面签订县(区)战略合作协议，利用资源换取发展空间。配合城市规划及县(区)道路改造，完成滨江站拆迁补偿及迁建选址，沙湾站搬迁前期选址工作稳步推进。深入推动集团合作，与钢城集团签订战略合作协议，股权合资合作稳步推进。加快实施在建续建工程，瓜子坪、新园等新（迁）建站顺利投运。强力推进达标改造，投入资金33.8万元完成43只大流量枪及121个油品导视牌更换，东风、金江及凤凰等7座站达标改造完工投运，小沙坝站改造项目全面启动。油库储油罐防腐、质检分站改造、非油中转仓建设及攀枝花服务区太阳能扩容等项目全面完成。积极推进撬装站建设，米易中禾撬装顺利投运。全面完成年度投资项目，计划完成率居全省首位。全年获取建设项目资金3230万元，完成3128万元，完成率97%，公司资产规模不断扩大。

【油价调整】 2013年，按照国家发改委通知，成品油价格调动频繁。

2013 年攀枝花市成品油价格情况

表 16　　单位：元/吨

时间＼型号	93 号汽油	97 号汽油	0 号柴油
2013 年 2 月 25 日 24 时	10543	11132	9150
2013 年 3 月 26 日 24 时	10215	10784	8850
2013 年 4 月 24 日 24 时	9796	10342	8450
2013 年 5 月 9 日 24 时	9897	10448	8545
2013 年 6 月 6 日 24 时	9796	10342	8455
2013 年 6 月 21 日 24 时	9902	10454	8550
2013 年 7 月 5 日 24 时	9817	10364	8475
2013 年 7 月 19 日 24 时	10162	10728	8785
2013 年 8 月 30 日 24 时	10411	10992	9010
2013 年 9 月 13 日 24 时	10506	11092	9095
2013 年 9 月 29 日 24 时	10247	10818	8860
2013 年 10 月 31 日 24 时	10167	10734	8785
2013 年 11 月 14 日 24 时	9997	10555	8630
2013 年 11 月 28 日 24 时	10167	10734	8785
2013 年 12 月 12 日 24 时	10231	10801	8845

【综合管理】 2013 年，中国石油四川攀枝花销售分公司始终把安全环保工作放在各项工作的首位，坚持以保安全、保稳定工作大局，以防生产安全责任事故、防重大影响恶性事件、防次生灾害事故、防特殊时期不安全行为、防施工安全责任事故、防非生产区域和交通责任伤亡事故等“六防”为重点目标。认真开展“服务、质量、作风”主题活动、“反服务违章”活动，加大“三违”（违章指挥、违章操作、违反劳动纪律）和隐患查究力度。全年累计检查库站 3510 座次，查处问题 10530 项次，整改 10456 项次，整改率达 98%，投入整改资金 545 万元。强化油品监管，严把收、发、储、运关键环节，出入库油品合格率 100%。开展库站各级各类演练 1416 项次，应急处置能力有效提升。公司连续 8 年实现“四个为零”（零伤害、零污染、零事故、零数质量及新闻危机事件）的管控目标，连续四年荣获攀枝花市安全生产优秀责任单位称号。针对严峻的安全形势，公司按照安全管理“一岗双责、党政同责”的工作要求，扎实开展“四不两直”（不发通知、不打招呼、不听汇报、不用陪同和接待，直奔基层、直插现场）暗查暗访，以“百日安全生产活动”和“安全生产月”活动为契机，加大十八届三中全会、全国两会等特殊时期的安保工作力度，企业保持安全稳定的发展态势。深入开展“安全环保先进班组及先进加油站”创建评选活动，扎实开展党的群众路线教育实践活动，公司党员干部思想灵魂得到进一步洗礼。积极开展员工安全操作技能岗位练兵活动，组织开展安全消防应急预案演练。全面清理员工安全生产合同、施工安全生产合同、承包服务安全生产合同。积极推行施工建设项目管理“两表一卡”制度，全力推行“工程质量回访”制，有力防止施工安全事故的发生。

（李泽民、周贵云）

烟草营销

【概　况】 2013 年，攀枝花市烟草专卖局（公司）负责主管攀枝花市辖区内的烟草专卖工作，担负在许可证规定的经营范围和地域内，对全市烟草行业实行产供销、人财物集中统一管理，内设 1 个办事处（驻成都市）、12 个科室、5 个中心；下辖米易县、盐边县、仁和区烟草专卖局（分公司），东区、西区烟草专卖局和直属分公司，全市行业从业人员 698 人。

全年，全市生产收购烟叶 18220 吨，销售卷烟 4.5 万箱，实现卷烟、烟叶销售收入 18.09 亿元，税利 4.96 亿元，烟叶产业发展稳步推进，卷烟营销水平扎实提升，生产经营秩序规范有序，各项工作稳步提升。

【烟叶生产】 2013 年，攀枝花市烟叶生产着力稳定规模、提升质量、彰显特色，圆满完成生产收购任务，全市所产烟叶质量和特色得到使用企业的充分认可，烟叶产业作为全市特色农业之一的地位更加稳固。年内，全市共落实计划种植面积 9386.67 公顷，分布在全市 32 个乡镇、205 个村、781 个社，12347 户烟农从事生产。优化种植品种，以云烟 85、云烟 87 和红花大金元为主栽品种；落实适时早栽，较 2012 年提前 5 天全面完成移栽。全市共收购烟叶 18220 吨，生产规模稳中有升，保持全省第二；全市烟叶收购均价 22.85 元/千克，其中上等烟比例占 40.87%、中等烟比例占 58.02%，全市收购等级合格率为 80.75%，列全省第三，工商交接等级合格率 62.85%，连续三年居全省第一，生产整体水平不断提高。全市烟农总收入 4.16 亿元，同比上升 12.2%，烟草种植为助农增收和支援新农村建设作出积极贡献。

【烟草技术推广应用】 2013 年，攀枝花市烟草专卖局（公司）投入资金 2600 余万元，开展烟叶生产技术研究与应用项目 39 项，其中国家烟草专卖局项目 3 项，四川省烟草专卖局（公司）项目 9 项，项目成果分获市科技进步一等奖（系全市农业系统唯一一等奖）、市科技协会三等奖、四川省省烟草专卖局（公司）三等奖等荣誉。在省烟草专卖局（公司）

组织的全省在研科技项目中期检查评估中，项目评分位列全省第一，被评估组认定具有较高的科技含量和较强的实用价值。“烟草施肥系统”“一种用于烤烟抹芽的便携式喷雾器”“烟草专用培土机”等3项科研成果获得试用新型专利，“烟叶烘烤室”和“烤烟漂浮育苗栽培方法”已申请并被受理实用型专利。年内，攀枝花市烟草专卖局（公司）着重加强烘烤技能培训，成功承办全省首届烟叶烘烤技能竞赛，攀枝花市参赛选手取得第二名和6名选手进入前十的优异成绩，为全国举办同类型竞赛提供了成功经验。

【现代烟草农业建设】 2013年，全市携手7家中烟工业公司共建11个烟叶生产基地单元；完成烟叶生产基础设施建设2853项，涉及资金4350万元；稳步推进米易麻晃引水工程和仁和区跃进水库引水工程等2个水源性工程援建项目；投资2000余万元开展400公顷的土地整理。以现代烟草农业为统领，积极推进生产组织方式转变，做实合作社服务，在土地流转、专业化育苗、烘烤、植保、分级上取得实际性进展。继续完善烟叶物流供应链信息系统，携手河南中烟、四川烟叶复烤公司共同开展烟叶收调选叶前置试点工作。在全市范围内推广烟叶收购“一卡通”信息系统，收购秩序更加规范，得到地方党委、政府和烟农的一致认可。

【卷烟营销】 2013年，全市卷烟销售各项目标稳步推进，网络建设工作水平持续提升，现代物流基础夯实显优。全年共销售卷烟45063箱，完成全年目标计划的100.14%，实现销售金额12.4亿元（含税），单箱均价27545元，同比增长9.16%。全省卷烟销量增加，全市累计销售“娇子”卷烟6819.13箱，完成年计划6800箱的100.28%，同比增长3.1%，计划完成率列全省第五；“娇子”品牌卷烟销售金额达到1.67亿元，同比增长13.41%，完成全年目标1.65亿元的100.93%；全市一类娇子卷烟销售1015.29箱，同比增长53.56%，完成全年目标900箱的112.81%，进度完成率居全省第一。

营销管理好中求实，1000条—1500条大客户户数比和销量比均按要求控制在1%和10%以内；网上订货率96.78%，网上订货成功率99.97%；零售客户分析维护面达100%，V3系统内全市零售户经营毛利率14.62%。现代物流建设快中求优，围绕“安全、规范、标准、低耗、高效”的工作思路，深入开展精益物流建设，推行“9S”（整理（seiri）、整顿（seiton）、清扫（seiso）、清洁（seiketsu）、节约（saving）、安全（safety）、服务（service）、满意（satisfaction）、素养（shitsuke））现场可视化管理、对标管理及定额管理，积极优化整合配送线路，仓储养护更加规范，运行成本有效降低，全年卷烟物流可控费用降幅7.1%，扣除人工费用和折旧费用的单箱物流费用同比下降5.4元。

【专卖管理】 至年底，全市共有卷烟零售户4329户，其中按照城市建设规划新开发或改造的区域零售户16户，餐饮娱乐零售户183户，特殊行业零售户77户，其他零售户4053户。零售户户数未超过年初4127户（不含新区、餐饮娱乐、特殊行业）的合理化布局规划。

2013年，全市烟草系统继续保持打假破网高压态势；坚持守土有责，守好“两个口子”（西区（西部口）、仁和（南部口）），管好“四条线路”（成昆线、108国道、310省道、G5高速）；进一步深化专卖管理跨区域、多部门合作模式，共查获各类涉烟违法案件1070起，同比上升41.35%；两烟总案值550.34万元，同比上升35.55%；查获非法经营卷烟678.39万支；查获非法经营烟叶175.35吨；刑拘18人，批捕4人，判刑6人；罚没款133.33万元，同比上升47.35%；案件查处率100%，无行政诉讼和行政复议。破获一类网络案件3起，二类网络案件1起，市烟草专卖局已连续第4年获得全省烟草商业系统“打击制售假烟网络特等奖”。全市年均市场净化率为99.59%，持证经营率为99.39%，亮证经营率为100%，合法渠道进货率为99.15%。全市真烟外流案件数、外流数、案值同比2012年分别下降50%、73.74%、69.88%。

【重大案件】 2013年，全市共破获一类网络案件3件，二类网络案件1件。

“1·16”攀雅跨区非法经营卷烟网络案。该网络案件系攀枝花市与雅安市烟草专卖局联合办案，此案涉案卷烟共277.58万支，涉案总案值达210.285万元，查扣涉案车辆1台，涉案人员19人，其中批捕3人、取保候审6人、批评教育10人。本网络案件已于7月11日经四川省烟草专卖局审核认定为“一类网络案件”。

“3·8”非法经营卷烟网络案。该案涉案卷烟共376.4万支，累计涉案金额483.82万元，涉案人员14人，其中判刑3人、另案判决1人、批评教育10人。本网络案件已于7月11日经四川省烟草专卖局审核认定为“一类网络案件”。

“12·20”非法经营烟叶网络案。该案涉案烟叶13.73万千克，涉案金额101.9万元，涉案车辆2台，涉案人员12人，其中判决2人、直诉2人、行政处罚2人、口头教育6人。本网络案件已于7月11日经四川省烟草专卖局审核认定为“一类网络案件”。

“3·1”非法经营卷烟网络案。该案涉案假冒卷烟40余万支，总案值56余万元，查扣涉案车辆1台，涉案人员6人，其中判决1人、刑拘2人、批评教育3人。此网络案件已于7月11日经四川省烟草专卖局审核认定为“二类网络案件”。

【企业管理】 2013年，攀枝花市烟草专卖局（公司）深入开展各项企业管理工作，精细管理成效显著。深入推进"三标"（质量（QMS）、环境（EMS）、职业健康安全（OHSAS））管理体系的整合提升，全面启动企业标准化建设工作，实现各专业板块的体系文件标准化和体系间的整合提升；积极开展全覆盖内审和针对性管理评审，探索组织绩效管理新模式，QC（Quality Control 简称，即质量控制）成果在企业管理创新中持续发挥作用；完善建立岗位、绩效管理“五位一体”（即将“工作职责、工作标准、工作流程、任职资格、胜任素质”五大要素作为一个整体考量）标准化管理体系，形成新的“以责定岗，以岗管人”的人力资源管理基础体系，使员工管理职责清晰、目标明确、流程优化、规则统一、考核科学；建立健全员工综合评价机制，形成系统、科学、全方位的员工综合评价和运用管理体系；全面落实安全生产责任制，全年无重大安全事故。

注重宣传普法，法制建设取得实效。攀枝花市烟草专卖局（公司）全年发放各类法制宣传资料 5000 余份，接受市民咨询 1000 余人次，审核各类案件 1200 余件，审核合同 448 份，涉及金额 11.63 亿元；成功举办全市烟草系统生产经营管理人员法律考试，以考促学效果良好。

持续推进信息化建设，信息保障更加坚实。完成零售终端建设前期准备工作，试行应用电子运行维护管理平台，重点推进新物流园区信息化建设；在试点基础上，深入推进烟叶数字化仓储建设，全面推行烟叶“一体化”平台工作。

（刘思源）

盐业营销

【概　况】 四川省盐业总公司攀枝花分公司（攀枝花市盐政市场稽查处)设 4 科 1 室 1 部，下辖渡口、米易、盐边、渔门 4 个支公司(稽查所)。

2013 年，攀枝花盐业分公司商品盐调入 17921 吨，商品盐销售 15152 吨，销售总收入 3373 万元，实现年度工作目标。继续保持市级“文明单位”“社会治安综合治理”、先进集体、“计划生育”先进单位、“职业道德建设”先进单位、卫生达标单位、园林式机关等称号，全年无重大安全事故和责任性食盐批发脱销事件发生，各项工作任务均圆满完成。

【食盐供应】 2013 年，攀枝花盐业分公司严格执行计划，认真落实四川省盐务管理局食盐计划要求，按计划和规定渠道购销食盐，贯彻食盐价格政策，加强行业自律，维护食盐专营。结合攀枝花市实际情况，为满足市民不同层次需求，推广上市 1000 克铝膜小包装碘盐和“海藻食盐”等食用多品种小包装碘盐，市场反映良好。

针对 320 克铝膜小包装碘盐出现外包装（纸箱）破损严重、影响销售质量等问题，为稳定普通小袋盐销售市场，消除经营者、消费者对盐品的不利影响，公司向生产厂家反映分装质量问题，通过协调，采取改外纸箱包装为立体编织袋包装，既降低成本，又提高零售商、消费者的接受度和满意度，从而维持了良好的小袋盐销售市场秩序。

2013 年，积极配合国家盐产品质量监督检验中心、国家井矿盐质量监督检验中心对食盐质量进行抽查，所抽查食盐合格率均为 100%。

【多种经营】 2013 年，攀枝花盐业分公司进一步完善销售网络渠道，促进零售终端卖场建设，准确掌握市场情况，及时调整经营策略，增强配送能力，继续加大宣传力度，提高“川盐”品牌影响力，加快发展多种经营。2013 年，公司“非盐”产品销售收入突破 1000 万元。12 月，公司购置的商业铺面已交付使用。

【市场监管】 2013 年，市盐政市场稽查处结合盐政市场管理的实际，不断改进工作方法，规范执法程序。全年共发生案件 6 件，结案 5 件，没收涉案盐产品 3.6168 吨。同比 2012 年，案件有增多迹象。

按四川省盐务管理局要求，攀枝花市盐政市场稽查处继续落实驻厂监控，安排盐政驻厂人员共 12 人次。

继续开展“食盐安全百日执法行动”，拉网式检查农贸市场、干杂市场、商超、餐饮企业、腌卤作坊、学校等，对省际、市际接壤点的食盐市场进行重点检查，检查的同时发放“碘缺乏病的防治知识”“科学食用碘盐的方法”“食盐与亚硝酸的区别”等相关宣传资料，宣传食用不合格碘盐的危害性，增强了群众自我保护意识；加强对边远山区盐业市场的管理，严厉打击私盐贩卖活动，进一步规范盐业市场秩序，保障合格碘盐供应，为我攀枝花市食盐市场长效有序的管理奠定了良好的基础。

【碘缺乏病防治】 2013 年，在已实现基本消除碘缺乏病阶段性目标的基础上，协助卫生疾控部门进行国家“三率”（碘盐覆盖率、碘盐合格率、碘盐食用率）复查；2013 年全市碘盐覆盖率达 99.93%，碘盐合格率 98.67%、合格碘盐食用率达 98.6%。

第二十届“防治碘缺乏病日”宣传活动期间，围绕“科学食用碘盐、享受建康生活”宣传主题，免费向群众发放宣传单、健康知识问卷等。通过形式多样的盐业法规知识宣传，人民群众防治碘缺乏病知识不断增强，食用合格碘盐的意识不断提高。

（杨世堂）

金 融

银 行

【概 况】 2013年，攀枝花市银行业金融机构平稳运行，在经济形势持续低迷，实体经济发展较为困难条件下，各机构继续贯彻执行稳健的货币政策，着力优化信贷结构，支持地方经济发展，提升金融服务水平，维护金融稳定，促进全市经济金融协调发展。

2013年年末，攀枝花市有银行机构 226个（含分支机构及营业网点），其中人民银行分支机构2个、银行业监管机构1个、银行业金融机构223个。年末，全市银行机构从业人员为3288人。

2013年年末，全市金融机构本外币各项存款余额785.70亿元，比年初增加26.86亿元，增长3.54%；同比少增长78.47亿元，增速降低 12.39 个百分点。其中，人民币存款余额784.18亿元，比年初增加26.42亿元，增长3.49%；外币存款余额2491万美元，比年初增加787万美元，增长46.15%。

2013年，全市银行业金融机构实现净利润15.39亿元，同比下降4.12%。全市跨境收支持续低位运行，全市跨境外汇收支33986万美元，同比下降66%。其中，跨境外汇收入17121万美元，同比下降33%；跨境外汇支出16865万美元，同比下降78%，外汇收支基本平衡，略有顺差。全年全市工业企业经营相对低迷，经营风险增大，银行加大信贷风险控制力度。2013年年末，全市银行机构不良贷款余额为4亿元，较2012年降低0.92亿元，不良贷款率0.65%，较2012年下降0.21个百分点。

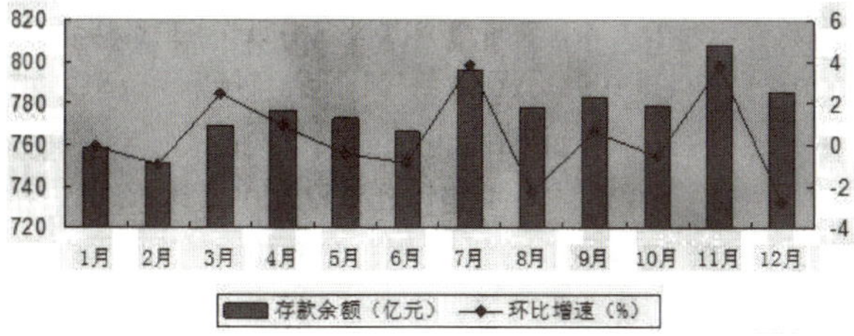

2013年攀枝花市存款余额及环比增速

2013年，全市存款增长节奏呈现以下特点：全年存款资源组织较为困难，存款增长乏力；存款余额周期性起伏现象较为突出；年末存款余额增长呈大幅下降趋势。主要原因有以下几个方面：在实体经济经营困难背景下，作为存款来源主体的单位存款增长情况不容乐观，无力带动存款总量的良性增长；由于企业货物销售和资金回笼周期性特点，企业流动资金状况呈明显的松紧交替现象，存款余额随之产生周期性起伏变化；部分金融机构改变年终时点数据考核方式，冲时点压力明显减轻。此外，为避免因年底存款余额过度增长导致来年存款任务的大幅增加，金融机构在一定程度上对存款余额进行控制，年末存款余额大幅下降。

从存款来源结构看，单位存款余额较存款总额起伏变化幅度更为明显。2013年年末，全市单位存款余额360.21亿元，比年初下降19.58亿元，降幅5.16%。

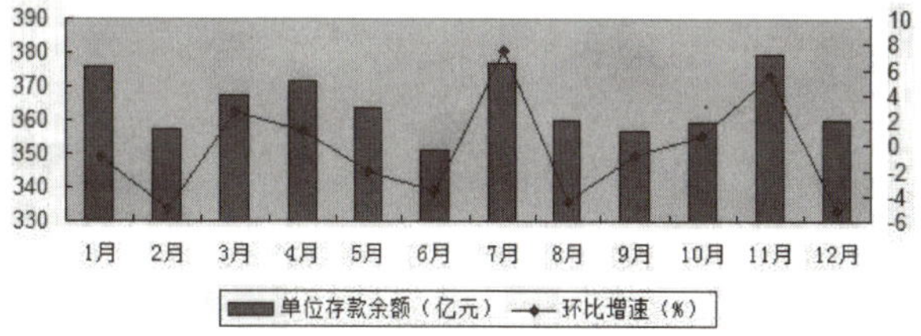

2013年攀枝花市单位存款余额及环比增速

2013年，在国内宏观经济不景气，全市工业企业产能过剩，以及煤矿安全事故持续影响等多方因素共同作用下，企业停产或半停产数量增多，企业效益明显下滑，流动资金较为紧缺且呈现周期性变化状态，单位活期存款下降明显。2013年年末，单位活期存款余额198.82亿元，较年初下降11.66亿元，降幅5.54%。由于活期存款在单位存款中占主体部分，其周期性变动直接导致单位存款余额月度间呈现较大差异。

2013年年末，个人存款余额412.63亿元，较年初增长

43.97亿元，增幅11.93%，在单位存款增长乏力情况下，个人存款的稳步上升，对稳定存款余额起到一定作用。

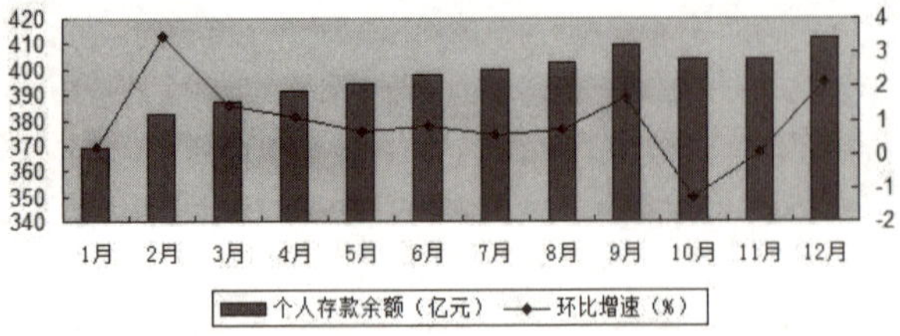

2013年攀枝花市个人存款余额及环比增速

在单位存款资源组织困难条件下，各银行机构加强对个人存款资源的吸收，相继推出办卡免业务手续费、送礼品等活动，使个人存款全年基本处于较为平稳的增长态势，储蓄存款余额较年初增长43.97亿元，增幅11.93%。2013年，国内股市和房地产市场双双疲软，个人投资渠道继续收窄，各银行机构借机加大个人理财宣传力度，针对不同阶层个人客户推出各类型理财产品。2013年，以理财资金为主体的结构性存款较年初增长6.89亿元，增幅76.68%。

分机构看，2013年全国性商业银行存款增长情况普遍不容乐观。仅农业银行和中国银行表现较好，分别较年初增长6.67亿元和2.67亿元，增幅6.8%和7.6%，其余机构增长情况不佳。地方性商业银行中，攀枝花商业银行本部较年初下降7.72亿元，降幅3.42%，其3家省内异地分支机构均有明显增长。攀枝花农商行增长情况尤为突出，全年增长25.50亿元，增幅23.52%，体现绝对增长水平。在当前存款资源较为稀缺的情况下，攀枝花农商行和农业银行攀枝花分行两家主要涉农机构，凭借机构分布优势和对农村金融市场的深挖，实现存款总量强势增长。由于农村经济快速发展，农民不断增收，县域等农村地区居民投资渠道狭窄，存款意愿较高，客观上形成农村地区存款逆势增长。此外，两家机构是人民银行开展“迅通工程”的主要承办机构，随着“迅通工程”不断推进和金融服务空白乡镇的消除，其存款来源范围进一步扩大。

财政性存款增长速度降低。受地方经济持续不景气影响，2013年全市财政收入增长速度有所降低。2013年年末，全市财政性存款余额11.30亿元，比年初增加4.00亿元，增长54.82%。同比下降21.31%。

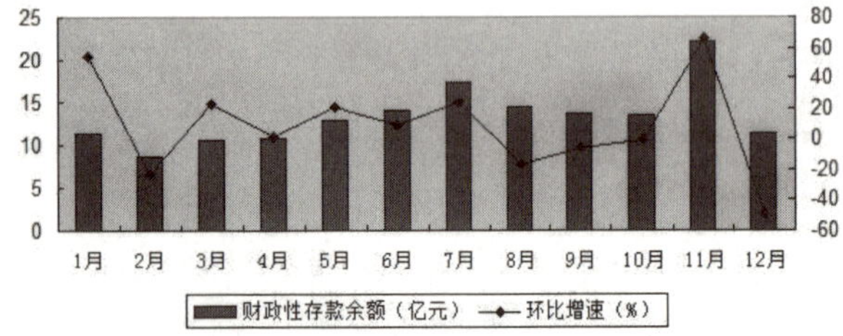

2013年攀枝花市财政性存款余额及环比增速

2013年，攀枝花市金融机构继续执行稳健的货币政策，加强金融对实体经济的支持，信贷投放合理、增长稳定。推动就业、妇女创业、战略新兴行业、科技企业、民族及扶贫、涉农、中小微企业等专项信贷贯彻落实。2013年年末，全市本外币各项贷款余额611.58亿元，比年初增加77.66亿元，增长14.54%，同比少增9.99亿元，增速降低5.1个百分点。其中，人民币贷款余额608.93亿元，比年初增加76.74亿元，增长14.42%；外币贷款余额4344万美元，比年初增加1591万美元，增长57.8%。

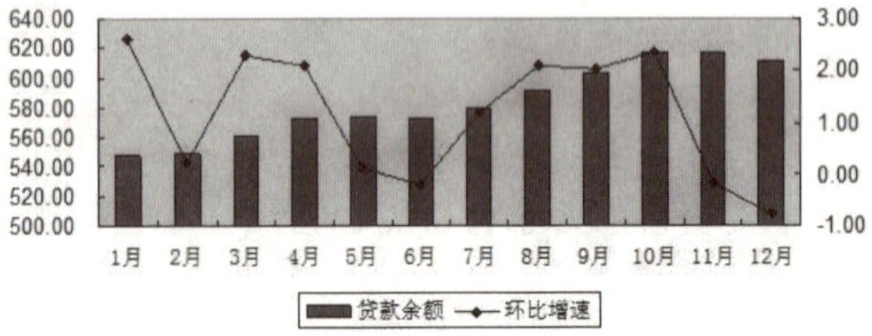

2013年攀枝花市贷款余额及环比增速

从贷款结构看，短期贷款285.72亿元，较年初增加41.87亿元，增长17.17%；中长期贷款年末余额285.85亿元，较年初增加19.37亿元，增长7.27%。短期贷款继续保持较快增长势头，与中长期贷款余额基本持平。2013年，全市金融机构继续调整信贷结构，加速资金流转，加大短期贷款投放力度，新增贷款短期化趋势显现。但由于受实体经济客观状况影响，从增长速度来看，无论是短期贷款，还是中长期贷款同比均出现下降趋势。其中，短期贷款同比少增14.93亿元，增速下降13.19%，中长期贷款同比少增9.73亿元，增速下降15.99%。

随着企业资金进一步紧张，票据业务快速发展，社会流通票据增多，持有票据的企业贴现需求增大，同时由于收益高、风险小、流动快等原因，银行贴现业务快速增长。年末，全市金融机构贴现余额39.90亿元，比年初增加16.31亿元，增长69.11%，同比增长14.56亿元，增速提升61.08%，增长状况明显。

金融支持“三农”和中小企业力度不断增大。2013年，全辖金融机构继续加强对农业科技、农业产业化龙头企业等现代农业生产方式的金融支持，扎实做好金融服务，推进农村金融产品和服务方式创新，大力发展林权抵押贷款和其他涉林信贷产品，扩大农村贷款抵押担保物范围，推动信贷资源在农村地区的有效配置，涉农贷款快速增长。2013年年末，全市涉农贷款余额131.64亿元，较年初增加14.10亿元，增长12%，但由于信贷规模不足，涉农贷款增长速度有所降低，同比少增9.44亿元，增速下降9.49%。2013年，全市各金融机构从拓展融资渠道、信息渠道建设等方面改善中小企业金融服务，帮助有产品、有市场、有前景的中小企业快速发展，改进和完善中小微企业金融服务水平。2013年年末，全市中小微企业贷款余额251.07亿元，比年初增加27.48

亿元，增长 12.29%。但在信贷规模不足的情况下，中小微企业贷款增长速度同样有所降低，同比少增 20.54 亿元，增速下降 14.84%。

存贷比方面，在存款增长乏力，贷款增长突出背景下，2013 年年末，全市存贷比跃居全省第一位，达到 77.84%。存贷比的高位运行反映出全市信贷规模明显偏紧。其中，工商银行、中国银行和交通银行 3 家在攀分支机构成为贷差行，需要通过上级资金调剂满足本地贷款需求。其余银行机构虽未成为贷差行，但信贷规模仍然受限。

中国人民银行攀枝花市中心支行

【概　况】 2013 年年末，中国人民银行攀枝花市中心支行（以下简称中心支行）内设处室 16 个，辖县支行 1 个，职工 156 人。其中：中心支行机关 132 人（在职 99 人、退休 33 人），县支行 24 人（在职 17 人、退休 7 人）。87 人取得各类专业技术资格，其中中级 42 人、初级 45 人。硕士研究生 2 人，大专以上 100 人（本科 98 人）。

2013 年，人民银行攀枝花市中心支行认真学习中央经济工作会议、全国金融工作会议和上级行工作会议精神，把握稳中求进的工作总基调，围绕目标任务，结合攀枝花市实际，贯彻落实稳健的货币政策，构建宏观审慎管理框架，引导信贷合理投放，维护辖内金融稳定，加强和改进外汇管理，强化对外履职，有力地促进全市经济金融平稳较快发展。

2013 年，中心支行继续保持“省级卫生单位”和“市级文明标兵单位”称号，会计财务处获成都分行“四川农村支付结算‘迅通工程’建设工作”的先进集体，国库处获中国人民银行成都分行“青年文明号”称号，荣巍获成都分行 2012 年度“优秀共青团干”称号，王毅宏获成都分行 2012 年度“优秀共青团员”称号，陈琳、赵勇获成都分行 2012 年度货币信贷工作“先进个人”，谢娟、李睿曦、舒昆秀获四川省机构信用代码工作“先进个人”。张蓓获人民银行总行 2009—2012 年度改善农村支付服务环境工作“先进个人”，张永刚、高永杰、荣巍撰写的《小微企业发展与服务支持中的现实困境与应对措施——以攀枝花市为例》获四川省金融学会“中小微企业金融服务”征文评比三等奖，王毅宏、李睿曦、李颖、李晟撰写的调研文章《中小水电企业开发及融资风险分析——基于石峡水电不良贷款案例的思考》获成都分行“2013 年青年课题组活动”二等奖。

【货币政策执行】 2013 年，中心支行通过多种渠道与方式加强稳健货币政策的宣传与引导，中心支行党委书记、行长定期向攀枝花市委、市政府进行专题汇报，争取地方党政领导的支持和理解，增强货币政策的影响力与执行力。中心支行牵头，按季召开金融联席会议，全市各主要经济综合部门、银行机构负责人参会，分析经济金融形势，引导金融机构有针对性地做好信贷支持工作。创办《攀枝花金融工作动态》，按月收集人民银行政策调整、工作动态、形势分析、可借鉴的做法及经验等，报送攀枝花市委、市政府主要领导及相关部门，便于及时掌握情况，推进金融工作。制定辖内信贷政策指引印发至全市金融机构，引导金融机构把握好信贷投放的节奏和投向，确保信贷平稳适度增长。针对 2013 年全市经济疲软，特别是工业经济增长持续乏力、结构调整矛盾突出的问题，中心支行一方面引导金融机构合理适度安排信贷投放，另一方面注重通过信贷优化促进经济结构调整，重点支持涉农、中小微企业及战略型、科技型等企业的发展。加强信贷政策窗口指导，通过召开金融机构负责人会、形势分析会、政银企对接会及约谈金融机构高管，推动就业、妇女创业、战略新兴行业、科技企业、民族及扶贫、涉农、中小微企业等专项信贷贯彻落实。拓展并强化信贷政策导向评估制度，建立健全涉农、中小微企业等专项信贷政策导向评估制度，探索信贷政策综合导向评估制度，增强政策执行力。向市委、市政府专题上报《金融有效支持地方经济可持续发展的对策和建议》，提出八项支持经济发展的政策建议。

【存款准备金管理】 2013 年，中心支行为加强辖内金融机构存款准备金管理，进一步做好地方法人金融机构保证金存款纳入存款准备金缴存范围的监测工作，要求金融机构提前做好流动性测算，稳步实施分阶段缴存工作。地方法人金融机构 100%的保证金存款计入一般存款计缴存款准备金，全年各机构都按规定足额缴存，无漏缴、欠缴的情况。强化差别存款准备金动态调整机制，引导地方法人金融机构信贷合理投放。全年，共争取法人机构合意贷款新增额度 50.13 亿元，较 2012 年多增 9.47 亿元，增幅达 23.3%。

【货币信贷调控方式创新】 2013 年，中心支行在全省率先创新建立《金融机构申请再贴现业务现场评估制度》，以评估强化政策工具导向作用，对辖内 4 家有再贴现需求的银行开展现场评估。创新信贷政策与地方财政及产业政策的协作配合，与相关部门联合制定《攀枝花市专利权质押贷款管理办法》，在全省率先建立专利权质押贷款财政贴息制度。出台《关于金融支持中小微企业走出困境的指导意见》，创新 9 项金融措施支持企业发展。创新中小微企业融资促进机制，推动实施“万家千亿”中小企业信贷培育计划，建立 400 户重点中小企业信贷培育库，培育中小企业融资能力。创新应收账款质押贷款业务，着力解决中小企业融资抵押不足的矛盾。创新中小企业融资渠道，推动中小企业“区域集优”直接债务融资工作，建立 49 户重点发债后备企业库，选定市内 3 家银行机构重点推动 7 户中小企业开展直接债务融资工作。推动跨境人民币业务，提升涉外企业外贸便利性，降低汇率风险。认真落实省级财政金融奖补政策，加大对战略新兴产业、文化产业、小微企业及农村金融等支持力度，为市内重点企业及相关银行争取省级奖励资金逾400万元。

【金融综合管理】 2013年，中心支行修订完善《攀枝花市金融机构重大事项报告制度》，实现重大事项报告银、证、保全覆盖。深入推进证券期货监管合作试点，在辖内率先制定《攀枝花市证券期货业监管合作实施意见》，建立证券期货行业信息监测共享与监管合作制度，牵头制定《证券期货业机构风险定点监测制度实施方案》，建立跨区域证券行业风险监管合作制度。建立银行间债券市场、同业拆借市场、黄金市场等金融市场监测管理制度，对攀枝花市商业银行开展债券市场与同业拆借市场交易专项执法检查，规范金融市场交易行为。建立金融机构综合管理业务责任联系制度，理顺基层央行金融管理业务的责任机制。建立新设银行机构后期管理评估制度，探索建立小额贷款公司、信用担保公司等非银行机构的评级、评估及监测制度，首次开展小贷公司与信用担保公司信用评级与稳健性评估工作，拓展金融综合管理范围。深化新设银行机构开业管理与服务，全年受理1个新设机构开业申请。强化金融消费者权益保护，全年受理5件金融消费者投诉、1次咨询服务。

【金融风险管控】 2013年，中心支行针对近年来银保产品集中退保风险不断上升的形势，通过召开银保业务风险分析会与工作部署会，建立银保产品风险监测制度及突发风险应急处置机制，有效化解银保产品风险。全年辖内未发生集中退保风险。为有效化解企业贷款集中到期资金链断裂风险，中心支行积极配合政府及相关部门创新建立工业企业应急转贷基金。全年，累计为贷款集中到期重点企业转贷53户、76笔、11.36亿元。中心支行还加强对煤炭、钢贸等重点领域信贷风险监测，配合协调政府出台5项金融措施防范企业资金链断裂风险，将金融突发事件纳入市政府重大突发事件应急管理，增强金融风险防范机制，维护区域金融健康稳定运行。

【外汇管理改革】 2013年，中心支行推进外债和服务贸易外汇管理改革，做好改革实施前的学习培训，多形式普及改革精神，扩大改革的知晓面和影响力，确保外债登记管理制度、服务贸易外汇管理制度改革的如期实施。简化外债管理和服务贸易的行政审批，服务涉外经济发展。9月，攀枝花市服务贸易外汇收支提前实现市委、市政府制定的2015年过千万元目标。贯彻直接投资简政放权政策，直接投资登记从资料受理到业务完成约1周时间，大大缩短办理时限，降低社会成本。辅导辖内银行成功办理首笔2500万美元子公司向母公司境外放款购付汇业务，成为首笔打破地域限制为市外企业提供外汇服务的成功案例，实现辖内银行为异地企业办理资本项下外汇业务。

【货物贸易监管】 2013年，中心支行在货物贸易监管中，认真落实“五个转变”括注要求，扎实开展主体监管。新增货物贸易外汇收支名录企业7家，名录企业总数增至88家；名录信息变更4家；贸易信贷现场报告5笔，金额27.20万美元；企业网上报告88笔，金额1674.81万美元。按季开展非现场核查，按需实施现场核查，开展重点企业监测，完成现场核查1家，辖内A类企业88家。主动适应监管转型需要，加强监测分析，对风险苗头做到早发现、早治理。对发现通过电子银行分拆个人结售汇问题，在采取相应监管措施的同时，及时对辖内银行进行风险提示和预警，要求银行采取措施，从源头上防范该类分拆的蔓延。加强窗口指导，对监管中发现的具有普遍性、突出性问题进行适时预警、处置风险，约束银行加强管理、自我完善，实现对银行监管的常态化。

【企业年检】 2013年，中心支行简化企业参检手续，鼓励企业通过注册会计师事务所报送年检数据。5月29日，中心支行提前1个月完成全部FDI年检工作。全市13家外商投资企业、7家境外投资企业参加外汇年检，参检率与合格率均为100%。辖内外商投资企业参检数量、结售汇降至历史低位，外商投资企业经营形势持续恶化，主要表现为企业主营业务收入8.25亿元，在连续两年大幅减少的情况下，继续下滑39.41%，辖内仅1家外商投资企业盈利，其余12家企业全部亏损，亏损面达92%，全年亏损8343万元，为攀枝花市外商投资企业首次系统性亏损。

【综合行政执法检查】 2013年，中心支行对交通银行攀枝花分行开展综合执法检查，通过与相关人员会谈、调阅查看有关的交易审批、成交单、报表及计算机业务操作系统等方式现场检查该行金融统计、支付结算、反洗钱、人民币管理、国库管理、征信管理、金融信息安全管理、个人金融信息保护等8个方面的工作，对检查中发现的金融统计不规范等问题约见该行领导及相关负责人谈话，要求限期整改。2013年，中心支行对全辖9家金融机构累计开展现场执法检查29次。

【农村支付环境建设】 2013年，中心支行继续组织辖内各银行机构开展银行卡助农取款服务宣传，增强各银行机构对农村的金融服务意识，培养农民群众用卡习惯，推广非现金支付工具，改善农村支付环境。将助农取款业务发展任务分解到县、乡、村，细化到行，责任明确，跟踪考核。积极开展银行卡刷卡无障碍示范区创建活动。2013年，攀枝花市提前实现“户户有银行卡”“村村有POS”“镇镇有ATM”“县县有刷卡无障碍示范街”的“四有”工作目标，农村支付结算环境改善工作取得阶段性成效。

【打击银行卡犯罪】 2013年，中心支行针对近年来银行卡犯罪频发的现象，组织召开攀枝花市银行卡专项工作会和打击银行卡犯罪专项工作联席会，介绍银行卡犯罪涉案情况，剖析案发原因，对银行机构开展银行卡业务风险提示。结合攀枝花市实际情况，对4家银行机构开展银行卡专项检查，对1家金融机构处以5000元的罚款。督促银行机构严格执行账户和银行卡业务管理的相关规定，认真落实账户实名制和客户身份识别的有关工作要求，健全内控机制，防范银行卡业务风险。

【"反洗钱"监管】 2013年，中心支行组织辖内金融机构开展制度清理和完善工作，建立健全反洗钱内控制度，金融机构共清理报备各类反洗钱内控制度446份。加大反洗钱现场检查力度，依法组织开展反洗钱执法检查，先后对交通银行股份有限公司攀枝花分行、广发证券股份有限公司攀枝花大道证券营业部和泰康人寿保险股份有限公司攀枝花中心支公司开展反洗钱专项执法检查，对泰康人寿攀枝花支公司处以8万元罚款。强化对新设机构的监管力度。组织对辖内3家新设金融机构进行走访，了解和掌握金融机构反洗钱工作开展情况，指导和督促新设金融机构严格遵守反洗钱法律法规，认真履行反洗钱义务，有效促进新设金融机构的反洗钱工作开展。加强对重点可疑交易报告的管理，严格重点可疑交易报告接收、分析、处理、登记工作，规范处理程序，督促和指导报送机构对可疑交易特征和风险点进行深入细致地分析，规范撰写报告，提高报告质量。全年，共接收和处理重点可疑交易报告2起。同时积极配合成都分行开展反洗钱调查，配合完成案件协查1起，按要求做好协查、保密管理、结果反馈等工作。

【国库现代化建设】 2013年，中心支行横向联网系统覆盖面进一步扩大，实现包括实时扣税、批量扣税、银行端查询缴税(含银联POS机刷卡)等电子缴税业务类型。至年底，全市电子缴税317707笔，扣税金额62.95亿元，签约户数25651户。国税、地税系统电子缴税业务量占比持续保持同步上升态势，顺利完成成都分行下达的80%目标任务。成功试点横向联网POS机刷卡缴税使用网络（光纤）通讯方式，有效解决原电话拨号通讯方式缴税速度慢的问题。顺利完成工会经费通过横向联网系统直缴扩面工作，实现攀枝花市地税局第一直属分局税款收缴无纸化。至年底，工会经费直缴10334万元，笔数18568笔，便利6044户企业。

【国库监管】 2013年，中心支行开展国库业务执法检查，规范国库业务代理行为。年内，对4家代理国库、1家国债承销机构、2家国库集中支付代理银行、5家国库经收处开展国库业务检查。约见谈话3家金融机构，及时纠正商业银行代理国库业务中存在的不规范行为，督促代理银行有效履行代理国库职责。充分发挥国库在预算执行中的监督作用，加强预算收支业务监督审核，通过柜面监督，建立监督与服务并重的协调机制，及时纠正财政、税务等部门违反规定或不规范的行为。加强对国债发行业务的管理，督促各承销机构建立信息报告制度，通过深入销售网点采访购买群体等措施了解发售情况，强化对国债发行进度的监测和国债发行环节的监管。

【金融统计调查】 2013年，中心支行为提高金融统计数据质量，发挥统计信息服务职能，认真学习2013年金融统计制度，及时转发至辖内金融机构，督促各机构按要求开展金融统计工作。定期编制金融统计快报，供相关部门决策提供必要的基础数据支持。完善相关统计指标，为中小企业信贷政策导向评估、涉农贷款信贷政策导向评估等提供基础数据，充分发挥金融统计对货币政策执行的信息支持作用，确保各项货币信贷政策的贯彻落实。为夯实经济调查工作基础，2013年，中心支行切实做好工业景气调查工作，适时调整景气调查企业样本，增强调查有效性。加强对银行业经营情况的监测与分析，强化货币监测手段和力度，结合开展储户问卷调查。梳理商品价格监测的规格品，补充完善各类规格品详细信息，提高商品物价监测准确性，加强对物价变动的因素分析。认真开展民间融资专项监测，及时反映民间融资的风险状况和存在的问题。通过实地走访、召开农户座谈会等方式进行调查，完成关于攀枝花市农村居民理财情况、收入消费情况、生产资料情况等方面的专题调查。

【调研与信息反馈】 2013年，中心支行围绕地方特色和经济金融热点、难点问题，加强调查研究，针对2013年持续低迷的国内和地区经济，利用调查渠道优势，通过走访企业、召开座谈会、发放调查问卷、收集企业财务报表、分析相关数据等方式对辖区钛白粉行业、钢铁行业、煤炭行业、农业经济以及银企经营状况等进行全面监测，及时向上级行和地方政府报送各类调研信息，为地方党政出台有效措施帮助企业共渡难关提供重要决策参考。全年，向上级行和攀枝花市委、市政府报送各类动态信息221期、综合信息62期、外汇管理信息和金融工作动态各4期、约稿29期、编译19期。其中，被总行采用11期，分行专刊采用8期，分行门户网站采用16期，市委、市政府采用48期，为上级科学决策提供有力参考。

【《征信管理业条例》宣传】 中心支行从3月15日至6月14日开展为其3个月的《征信管理业条例》(以下简称《条例》）宣传活动。成立中支宣传领导小组，制定宣传活动方案，确定各金融机构宣传联络员，建立宣传联动机制。通过工作会、座谈会等形式组织金融机构和小贷公司、融资性担保公司相关人员学习和讨论条例内容。组织全市金融机构开展广场、社区、区县等集中宣传，面向广大市民、乡镇居民普及《条例》知识。开展《条例》进校园系列特色宣传，通过在攀枝花学院举办专题讲座、组织知识竞赛、搭建征信展台等形式开展校园宣传。通过悬挂横幅、张贴海报、发送短信、网络宣传等方式营造宣传声势和氛围。宣传活动中，全辖共征订宣传海报362张、宣传折页45450份，向群众和单位发放及赠送宣传折页23000余份。

【社会信用体系建设】 2013年，中心支行向政府宣传和汇报信用体系建设工作，完善相关制度及规章。

以诚信中小企业培植为载体，推进中小信用体系建设，加强与市经信委、钒钛产业园区、市农牧局等部门合作，多途径、多渠道采集中小企业信息，将更多的中小企业纳入培植范围。重点对农业产业化龙头企业、有潜力的中小钒钛企业开展融资培训。结合中小企业区域集优直接债务融资等，强化企业信用意识，提高企业融资能力，推动和集合金融资源向守信中小微企业等实体经济汇集。

拓展农户信息采集范围，根据辖内涉农金融机构基层网点建设情况，扩充农户信息采集队伍，形成米易县、盐边县"多县采集"的工作局面。在米易县白马和湾丘2个乡镇评选出信用农户6242户、信用村14个，分别授予信用证和牌匾。协调各方资源，做好信用激励，出台《关于做好中小企业和农村信用体系建设工作的通知》，明确涉农金融机构的工作方向和职责，积极督促相关机构出台金融优惠措施。8月1日，试验区建设领导小组举办米易县农村信用体系建设工作推进会暨授牌仪式，对信用农户代表进行授牌。"信用惠农、信贷支农、政策助农、服务便农"目标逐步实现。辖区涉农金融机构对试验区766户信用农户累计发放惠农贷款7382万元，对白马、湾丘2个试点乡（镇）累计投放信贷资金11102万元，较年初增加2639万元，增长31%，支持当地重点旅游新村建设、新农村建设和特色农业生产。米易县有4个示范区被四川省农业厅认定为菜、果现代农业万亩示范区，其中，湾丘彝族乡和白马镇被评为"湾丘-白马万亩水稻示范区"。同时，各金融机构优先在试验区安装POS机、ATM，增加农村助农取款点。至年底，2个试点乡（镇）共布放ATM3台，助农取款点78个。

【机构信用代码管理】 2013年，中心支行制定下发《关于进一步加强攀枝花市机构信用代码推广应用工作的通知》，明确机构信用代码配发、换发、补发流程，对数据质量、数据异议处理、机构信用代码的应用等提出明确要求，规范辖内机构信用代码的推广应用。同时，深化机构信用代码在重点领域的应用。除在反洗钱、征信管理和账户中推广运用机构代码，还利用准金融机构进行业务系统建设和改造的契机，指导其在业务系统中引入机构信用代码作为索引字段。此外，加强工作探索，对辖内银行业金融机构开展现场走访调研，清理机构信用代码推广应用工作，督促银行机构拓宽机构信用代码的应用领域，探索在信贷、账户、现金管理、票据等业务领域应用代码，拓展行政管理、社会事务等其他领域的推广运用。

【两类机构信用评级】 2013年，中心支行为开展好辖内小额贷款公司和融资性担保公司两类机构信用评级，中心支行多次组织召开工作推动会，向两类机构负责人详细介绍系统接入和评级工作的意义、内容及要求。制定《攀枝花市小贷公司接入征信系统操作流程》，根据"自愿参与、金融机构推荐"的原则，组织两类机构的系统接入申请和评级工作开展。为提升评级工作的客观、公平和科学性，约见评级公司分析师，对评级工作提出具体要求，对评级公司的现场走访调研工作进行全程跟踪和监督。同时，组织小贷公司完成培训考试、联网接入、数据录入、测试验收等工作。至年底，全市4家小贷公司接入征信系统测试验收完毕，第三方评级机构完成对辖内6家小贷公司和2家融资性担保公司的评级报告。

【动产融资公示系统建设和运用】 2013年，中心支行为解决中小企业融资难问题，在金融机构开展应收账款质押登记公示系统运用工作，与市经信委联合搭建攀枝花市应收账款质押融资信息管理系统。至年底，攀枝花市应收账款质押融资业务办理52笔，发放金额29.6亿元。辖内金融机构认可的可签章《应收账款确认书》的优质企业达14家，金融机构在8笔应收账款质押业务中收取《应收账款确认书》。

【推广金融IC卡】 2013年，中心支行完善金融IC卡受理环境，督促发卡银行开通电子现金跨行圈存服务。推进金融IC卡发行，全市商业银行金融IC卡发行量超过新增银行卡总量的50%，居全省前列。同时，认真做好银行卡与电子支付技术的审核和管理，配合分行完成对攀枝花市商业银行借记IC卡的现场技术评估，审核3家银行发行金融社保卡的申请材料；积极参与攀枝花市民卡建设，多次与攀枝花市人社局沟通，讨论攀枝花市民卡建设方案。为扩大金融IC卡影响力，全年大力开展宣传与培训，通过深入校园、乡镇、商场开展形式多样的金融IC卡宣传，送金融社保IC卡下乡，在商场搭建体验区等活动，在各种领域普及金融IC卡知识。

【货币发行与管理】 2013年，中心支行认真做好货币发行，确保辖内现金供应。中心支行结合攀枝花市经济发展的客观实际情况和各金融机构报送的现金需求计划，积极做好辖内预测现金需求量工作。7月，向上级行主动申请调整全年净投放计划，下调幅度达28.6%，全市现金净投放额出现较大幅度减少。中心支行依法对辖内3家金融机构直属的30个支行级商业银行的人民币收付业务情况逐一进行检查，提出整改落实要求，不断提高商业银行现金服务水平。组织2个检查小组对全市8家金融机构的27个网点机具设备冠字号码记录和制度建设情况重点抽查，要求各银行业金融机构在年底做好网点柜台对具有冠字号码记录功能的A类点钞机配置工作，提高柜台对假币的堵截能力，解缴到人民银行。为增强人民群众的反假防假能力，开展人民币反假防假宣传工作，宣传面涉及集市、居民生活小区、大型超市、广场等，宣传点悬挂宣传横幅近10条，摆放宣传展板10余块，发放各类宣传资料5000余份，提供咨询500余人次。全年，组织开展3次反假货币上岗资格培训、考试，参加人数210人，提高各金融机构临柜人员反假技能。

【内控管理】 2013年，中心支行始终把内控管理工作作为重中之重，明确目标，落实责任。综合运用内审、纪检监察、事后监督等各种监督资源，加强对本级业务运行和内控管理的监督检查，促进监督成果转化。积极推动内审工作转型，以审计成果推动被审计对象强化管理，有效防范风险。全年，投入现场检查工作日234个，完成7个审计项目，其中履职审计项目1个、业务专项审计项目4个、后续审计项目1个、审计调查项目1个，共发现问题46个，提出针对性意见及建议98条。

【职工队伍建设】 2013年，中心支行不断提高干部职工的政治素质和业务素质，有计划、有步骤地推进干部上下交流、横向交流与轮岗锻炼，全年交流轮岗10人次，增强干部交流的目的性和针对性。对2名试用期满的中层干部进行考核续聘。动态选拔调整中心支行综合执法人才库、信息调研人才库、编译工作人员库等，全年，有3人入选分行编译研究人才库、1人入选分行征信技术人才库、1人入选分行会计编译人才库。推荐组织干部参加分行地市州副行长竞争上岗，向市委组织部推荐1名干部为攀枝花市2013年面向全社会公开遴选优秀干部和人才经济金融类培养对象。统筹安排各部门的业务培训，利用专题讲座、选送培训、业务操作能力培训、以查代训、电视电话培训等多种方式组织各种培训38项，参加人数达1681人次。

【党风廉政建设】 2013年，中心支行认真落实中央“八项规定”和厉行勤俭节约反对铺张浪费的通知精神。按照节俭、高效、廉洁的原则，把好费用标准和支出审核关，严格控制“三公”等行政经费支出。加强公务用车使用管理，严禁公车私用。深化工程领域突出问题专项治理，规范基建项目申报评审、民主监督工作。年内，中心支行未发现违反“八项规定”和铺张浪费的行为。同时结合实际，把岗位（廉政）风险防控活动与加强制度建设相结合，狠抓各项工作的落实，顺利实现风险防控活动预期目的。工作中共梳理各项制度477项，其中修订制度98项、废止46项、新建39项、延用294项。确定工作岗位146个，梳理职责职权709项。查找岗位风险点1557个，根据廉政风险的大小、危害程度和发生频率的不同，评定“高”等级风险237个、“中”等级风险565个、“低”等级风险755个。绘制131幅《工作运行流程图》，各岗位共制定制度988条。全年，开展各种类型反腐倡廉宣传教育活动122场次，参加人数3819人次，制作宣传专栏4期，组织观看警示教育片7次，更新“廉政之风”栏目内容11次261条。

（荣　巍）

中国银监会攀枝花监督分局

【概　况】 2013年，中国银行业监督管理委员会攀枝花监管分局（以下简称分局）内设8个处室，职工42人（在职36人、退休6人）。在职职工中研究生学历4人，大专以上学历31人（本科学历27人），其中具有专业技术职务21人。

2013年，分局切实推进重点风险管控和监管能力建设，努力改善金融服务，全力维护金融稳定，辖内银行业机构发展质量、整体实力和社会形象显著提升。年底，辖内银行业机构（含攀枝花市商业银行成都分行、凉山分行、自贡分行。以下同）各项存款余额939.60亿元，比年初增加41.78亿元，增幅4.65%；各项贷款余额666.99亿元，比年初增加92.50亿元，增幅16.10%；不良贷款余额4.76亿元，不良贷款率0.71%，不良贷款余额全省最低、不良贷款率居全省第二低；实现净利润18.26亿元。

2013年，分局获“四川银监局系统信息科技监管和EAST系统推广应用先进单位”“2012年度四川银监局系统公众教育服务宣传月活动最佳组织奖”“四川银监局2012年客户风险统计工作先进单位”“四川银监局2012年度统计调研工作考核评比情况二等奖”“四川银监局2012年度全省农村中小金融机构监管工作先进单位”“四川银监局2012年度财务管理工作先进单位三等奖”及攀枝花市“2012年度全市金融工作先进单位”“2012年度攀枝花市维护社会稳定工作目标先进单位”“2012年度攀枝花市社会管理综合治理工作目标先进单位”“攀枝花市2010—2012年‘领导挂点、部门包村、干部帮户’活动先进单位”“攀枝花市纪检监察系统‘三项建设’活动先进单位”“2012年度攀枝花市保密工作目标管理‘省一标’”“2013年攀枝花年鉴编撰先进单位”“《中国共产党攀枝花执政实录》编撰工作先进单位”等荣誉称号；蒋海燕（女）获评“2012年度四川银监局系统小微企业金融服务先进个人”、李炎获评“四川银监局系统信息科技监管和EAST系统推广应用先进个人”。

【市场准入】 2013年，分局继续抓好市场准入工作，认真执行市场准入挂钩政策，充分考虑群众的金融服务需求及拟选址的同业竞争情况，力求实现银行业机构网点的科学合理布局；注重引导银行机构把握市场定位、承担社会责任，满足金融服务薄弱区域的需求；充分考虑银行业机构的内控水平和风险管控能力，确保低风险与创新并行；在高管准入方面，严格按程序对拟任高管进行考核，认真落实高管任职资格“三考三承诺”制度。全年，分局共组织 55 名拟任高管参加考试，完成行政许可事项 54 项。其中，机构新设 1 项，迁址、更名 8 项，迁址筹建 21 项，升格 1 项，自助银行 1 项，高管 22 项，办理过程中，未出现超时限、超权限和违反相关程序和纪律要求的情况。

【现场检查】 2013 年，分局按照银监会和四川银监局统一安排，制订、细化年度现场检查计划，明晰现场检查制度，完善现场检查内容，规范现场检查程序，统一现场检查标准；认真开展查前调查，现场检查组织有力。全年，共开展现场检查 14 项，累计投入工作日 1864 个、发现问题 70 个，发出检查意见书 17 份，提出整改意见 63 条，整改 60 条。

【法人机构监管】 2013 年，分局继续加强法人银行业机构监管，促进其改革发展继续深化。通过列席攀枝花市商业银行（以下简称城商行）股东大会、董监事会、季度例会，及时传达最新监管政策，支持城商行免除银行卡异地及跨行 ATM 取现、查询等相关手续费和管理费，进一步减费让利，积极开发新业务，成功发行理财产品 25 期，募集资金 30.36 亿元；引导城商行以新资本管理办法实施为契机，科学制定中长期资本补充计划，采取利润留存、增加内源性资本积累、增资扩股等方式补充资本，强化资本约束能力。8 月，城商行增扩股方案经分局初审并报四川银监局同意，总股本由 8.43 亿元增扩至 14.91 亿元，抵御风险能力进一步增强。该行监管评级 2011—2012 连续两年保持目前全国城市商业银行的最高评级 2B 级。

针对攀枝花农村商业银行（以下简称农商行）成立时间短，发展基础较为薄弱的情况，通过列席“三会”、审慎监管会谈、开展履职调查等方式，着重从公司治理机制的建立、内部组织架构的搭建、管理制度和流程的梳理等方面，督导农商行进一步深化改革；引导其坚持市场定位，做实资产分类，夯实发展基础，强化风险管理。农商行主要风险指标持续达标并进一步优化，流程银行建设初见成效，品牌效应逐步显现，监管评级由 3B 级上升到 2C 级，被评为四川农合机构标杆银行。同时引导农商行积极发放妇女财政贴息小额贷款，创新推出林权抵押、“致富通”专业大户生产经营、“惠商贷”、动产质押（第三方监管）、1+N 小额批量商圈等贷款产品，加大支农惠农力度，满足小微企业多样化融资需求。

【清理规范融资平台】 2013 年，分局强化融资平台监管，通过监管会议、文件、审慎监管会谈等方式督促各银行业金融机构按照“总量控制、分类管理、区别对待、逐步化解”的原则，以控制总量、优化结构、隔离风险、明晰职责为重点，严格落实平台贷款总量控制要求，资源向管理层级高、政府支持力度大、管理规范、现金流量充足的融资平台倾斜，对县（区）级融资平台做好风险控制工作；支持符合条件的融资平台的合理融资需求，逐步压缩现金流覆盖率较低和资产负债率较高的平台贷款，加快优化贷款结构；通过调查走访、现场检查、动态监测等监管手段，加强与当地政府、债权银行、平台公司全方位沟通，优化平台贷款监管外部环境，持续提升融资平台风险日常监测分析工作，多维度、全口径掌握平台负债情况；强化到期贷款偿还情况月度监测，持续开展风险排查；督促银行将银行贷款、企业债券、理财产品、信托计划等纳入融资平台全口径负债统计，统筹考虑融资平台总负债规模与偿债能力的匹配程度，加强借道和绕道的融资平台资金监控，主动防范政府债务风险；督促各银行业机构对实施“收回再贷”“据实定贷”的借款人必须满足抵押贷款、还款方式等整改合格的前提条件，必须报经总行审批同意和相关事前报备；针对新出台的政策对融资平台贷款（尤其是以储备土地未来收入作为还款来源的贷款）影响较大的情况，要求各银行业机构加强与其他地区的同业沟通交流，学习借鉴可行的方法，探索适合攀枝花的新模式，在支持地方经济发展的同时强化风险管控。至年底，全市银行业融资平台贷款余额 14.23 亿元，较年初减少 5.04 亿元；其中对 8 家本地平台贷款余额 14.23 亿元，较年初减少 5.04 亿元，下降 26.14%；攀枝花法人银行机构平台贷款余额 0.60 亿元，较年初减少 3.35 亿元，不良贷款余额为零。

【房地产贷款风险防控】 2013 年，分局对房地产贷款风险的管控实行差别对待。对房地产开发企业进行“名单制”管理，全面监测开发企业资金来源情况，重点监测通过信托、民间借贷、占用上下游企业资金等借道融资情况，综合防控多种形式的房地产融资风险。督促银行业机构继续认真落实差别化房贷要求，抑制房地产投机投资需求，积极支持首套“自住”购房需求和保障性住房建设。配合市公积金中心利用住房公积金贷款 9.66 亿元支持 17 个保障性住房建设项目，支持建设住房 9384 套，建设面积 79.03 万平方米。督促银行业机构严格执行“名单式”管理，立足产业链条开展压力测试，汇总分析房地产上下游相关行业授信规模和风险状况，跟踪监测相关行业间的风险传导，做出防控化解风险的整体规划安排。针对宏观调控背景下房地产需求增长趋缓影响，督促银行机构业结合各自房地产贷款风险状况逐一开展风险排查，细化措施防范存量房地产贷款风险。至年底，全市房地产贷款余额 36.39 亿元，其中不良贷款余额 0.04 亿元，不良率 0.1%。

【案件防范】 2013年，分局围绕“查防并举、注重预防”的方针，致力于教育、制度、查处并重的长效机制，把案件防控和安全保卫工作作为“一号工程”，继续保持案防的高压态势。年初，分局与辖内各银行业机构签订案防及安保工作目标责任书明确责任，对案防工作提出明确要求。将落实案防责任、案防机制建设纳入督导范围，将案防工作纳入高管动态履职考核，对发案机构实行“一票否决”和“上追两级”，形成横向到边、纵向到底、层层落实、齐抓共管的案防工作格局。全年，成功堵截案件7件，金额2522万元，进一步提升案防工作能力和水平，确保2013年“零案件、零重大责任事故”案防工作目标的实现。

【小微企业融资】 2013年，分局将小微企业金融服务推进工作和掌握的情况与机构准入、业务准入挂钩，实行差别化监管政策，奖优限劣。对辖内银行业机构明确提出“两个不低于”（增量不低于上年，增速不低于全部贷款平均增速）的工作要求，并适时通报辖内银行业机构“两个不低于”实现情况；以攀西战略资源创新开发实验区获批为契机，引导银行重点支持符合国家产业和环保政策、有市场、有需求、可持续运营的小微企业。通过建立考核和后评价制度，按年考核各行小微企业金融服务工作，年初评选出“攀枝花银行业金融机构小企业金融服务先进单位”，极大地鼓励和提高银行业机构小微企业金融服务工作的积极性。及时向银行业机构传达《攀枝花市经信委　攀枝花市财政局关于申报2012年度市非公有制企业奖励资金的通知》精神，鼓励符合条件的银行积极向有关部门申请奖励，交通银行攀枝花分行、中国邮政储蓄银行攀枝花分行、攀枝花市商业银行、攀枝花农村商业银行支持非公企业突出，分别获得攀枝花市政府5万元奖励。至年底，全市银行业机构共有小微企业贷款客户6321户，较2012年同期多228户，贷款余额220.10亿元，较年初增加52.34亿元，较2012年同期多增8.00亿元，较年初增长31.20%，高于各项贷款增速15.10个百分点。

【三农金融服务】 2013年，分局引导银行业机构重点围绕促进农民就业和增收，支持农业产业链建设、农民专业合作社等新型农业生产经营组织发展、农民工返乡就业、创业，做好城镇化建设配套金融服务，积极加大对特色农业、特色生物资源、农业科技和农村基础设施等重点领域和薄弱环节的信贷资金支持力度。引导银行业加大县域、社区、乡镇等金融服务薄弱区域的支持力度，优化机构网点布局，提升农村基础金融服务均等化水平。大型银行县级支行各项贷款余额58.2亿元，存贷比达117%，无贷款为零的县支行；引导各机构根据新农村建设示范片各环节金融需求，积极创新服务“三农”产品，按照“多户联保、按需贷款、到期还款、强化管理、控制风险、共同发展”的原则，积极推广农户、个体工商户、农村中小企业联保贷款；明确要求涉农银行业机构继续推进“金融服务进村入社区”“阳光信贷”和“富民惠农金融创新”三大金融支农工程，主动适应农村经济结构调整的新变化。至年底，全市涉农贷款余额140.71亿元，占各项贷款总额的21.10%，较年初增加20.48亿元，增长17.04%，高于各项贷款增速0.94个百分点。其中，农户贷款16.54亿元，较年初增加7.35亿元，增长80.02%；农村企业及各类组织贷款余额106.52亿元，较年初增加11.97亿元，增长12.67%；城市企业及各类组织涉农贷款17.60亿元，较年初增加1.22亿元，增长7.43%。

【民生保障】 2013年，分局加强民生领域监测分析，建立水利建设、青年创业贷款及助学贷款统计制度，按季收集数据，对银行业支持民生领域情况进行监测分析，做好民生金融服务的督导、考核工作，督促银行业机构持续改善民生金融服务。与地方教育部门、财政部门协调配合，积极推进助学贷款，特别是生源地信用助学贷款工作。鼓励银行业机构走进校园，针对新入校学生开展国家助学贷款政策宣传；持续做好助学贷款方面政策咨询服务，健全服务记录和信息反馈机制，确保经济困难学生学有所助。加强对银行业金融机构推动青年创业小额贷款工作的指导，督促机构加大信贷投入和服务创新，做好青年创业小额贷款的后评价工作，总结经验，在防范信贷风险的同时有针对性地加强服务创新，满足广大青年创业资金需求。加强妇女财政贴息小额贷款工作的组织领导、监督管理和风险防范工作；督促各银行业机构在依法合规、风险可控和担保基金落实到位的前提下，简化贷款手续，缩短贷款审批时间，为妇女创业提供有效的信贷支持和便捷高效的金融服务。至年底，全市水利贷款9.00亿元，较年初增加1.44亿元，增长19.07%；助学贷款1259万元，较年初增加262万元，增长26.28%；青年创业贷款1345万元，较年初增加677万元，增长101.35%。

【小微企业金融服务宣传月活动】 2013年，分局组织辖内银行业机构以“助小微、强服务、防风险、惠民生”为主旨，根据全面覆盖、全员参与，突出主题，形成亮点的要求，开展小微企业金融服务集中宣传月活动。全市9家银行业机构通过制作横幅、张贴海报、设立展板、发放宣传资料、滚动LED、设立“小微企业金融服务咨询台、咨询热线”等多种形式，宣传银监会小微企业金融服务政策、银行业机构小微企业金融服务经验和成就，根据各银行业机构的实际和特点，有针对性地进行宣传。活动中发放各类宣传资料2.4万余份。督导银行业机构立足于自身特色，开展“送金融知识进钒钛园区”“送金融知识进工业园区”“银企对接”“存量客户回访”等形式多样的活动，为支持小微企业，服务实体经济，满足各行各业的融资需求打好宣传基础。活动中共有客户经理190人，走访小微企业7966户，达成意向融资金额89835万元。宣传月活动期间，辖内9家银行业机构、

226个网点参与宣教活动，辖内银行业机构参与宣教的员工超过284人，发放宣传资料2.4万余份。地方主流媒体专栏报道本次活动10次，1家广播媒体滚动播放宣传片，2家网站参与报道，1家地方法人机构（攀枝花市商业银行）发送公益短信6万余条。

（唐　云）

中国工商银行攀枝花分行

【概　况】 2013年，中国工商银行股份有限公司攀枝花分行（以下简称市分行）从业人员472人，较2012年减少6人，固定资产原值12710万元，较2012年增加1708万元；固定资产净值8658万元，较2012年增加1226万元。新建盐边县支行1个对外营业网点，新增自助银行12个，所辖竹湖园支行机构名称调整为市分行营业部。

全年，市分行严格贯彻执行国家的各项经济金融方针政策，以地方经济繁荣发展为依托，推进市场营销，强化内控案防，深化改革和创新发展，扎实抓好金融服务。年末，全行各项存款947912万元，较2012年下降89256万元；各项贷款1044249万元，较2012年增加117682万元，增长12.70%；实现中间业务收入8476万元，较2012年下降1773万元；实现经营利润29140万元，较2012年下降352万元；上缴营业税及附加3993万元，较2012年增加21万元；全年累计办理票据贴现452862万元，较2012年增加51056万元；累计签发银行承兑汇票493156万元；不良贷款29088万元，较2012年增加1400万元，不良贷款率2.79%。

【存款业务】 2013年，市分行继续坚持把存款业务作为全行生存与发展的基础，贯彻落实省分行存款工作会议精神，结合自身实际，制定存款营销方案，加大组织推动力度，鼓励全员争存揽储。紧密结合区域经济发展形势，针对市场需求，适时调整营销策略，按照省分行提出的“存款+理财”发展思路，推进存款业务向综合负债业务转型发展。建立健全储蓄存款、对公存款以及各类理财产品专项营销工作小组，制定各项业务考核管理办法，构建以法人客户营销中心、个人客户营销中心、结算与电子银行部为营销牵头部门，以网点经营管理中心、资金财务部、信息科技部、综合管理部、人力资源部、运行管理部为后台配合保障，以各支行、分理处为前台业务营销主战场的业务营销组织架构，形成全行上下联动、配合有力、反应及时、行动迅速的市场营销工作机制。为促进全行存款业务发展，在注重发挥全行的整体营销功能的同时，通过强化管理和考核调动客户经理的工作积极性和参与市场营销的主动性，充分发挥客户经理在市场营销中主力军作用。加大业务营销宣传力度，宣传业务优势、产品优势、网络优势与服务优势，促进全行各项存款稳步增长。全年，全行综合负债总量1159628万元，所辖1个营业部、23个支行、分理处综合负债平均48317万元，各项存款总额947912万元，全年销售各类理财产品355262万元，同比增加105528亿元。

【信贷业务】 2013年，市分行严格执行国家货币政策和行业信贷政策，面对宏观经济形势变化，以服务于区域经济发展为主线，不断加大信贷投放力度。结合区域经济发展实际，按照“早安排、早布置、早投放、早见效”的原则，精心制定营销服务方案，持续做好区域内重大项目、重点工程、优质客户信贷支持工作，牵头组建银团对攀西钒钛资源创新开发项目提供40亿元份额融资支持，通过“表内+表外”的形式为区域经济发展提供多元化的信贷支持，进一步拓宽企业融资渠道。针对市场金融需求，大力开展金融创新，为攀钢集团公司代理发行2期中期票据，募集资金72亿元，通过大力开办票据融资、理财融资等表外融资等业务，有效缓解资金供需矛盾紧张的严峻形势，赢得市场营销的主动。为确保贷款顺利投放，市分行结合业务发展需要，建立营销专班、完善工作机制、落实奖惩，对重大优质项目和重点客户开展多层次的走访营销和多形式的联谊活动，深化合作，建立互信。全力支持实体经济发展，做好区域内中小企业信贷资金支持工作。成立中小企业金融服务中心，设置中小企业金融服务专业支行，加大对区域内发展潜力大、产品有市场、有前景的符合国家产业政策和市分行信贷政策的中小企业扶持力度。全年，累计投放信贷资金1119165万元，较2012年增加243461万元；其中，累计投放中小企业投放信贷资金291962万元，较2012年增加9241万元；新增小企业贷款12745万元，为促进攀枝花市实体经济全面发展作出积极贡献；为满足广大居民的消费需求，在分析攀枝花消费市场和居民消费需求的基础上，大力发展个人综合消费贷款、个人经营性贷款业务。全年，新增个人贷款21609万元，较2012年增加5073万元。加快信贷结构调整步伐，按照市场准入标准优化信贷客户结构，强化非信贷资产经营管理，发展票据融资等表外业务，优化信贷结构，促进信贷资源合理配置。

【中间业务】 2013年，按照上级行的工作部署并结合市分行实际，持续深化中间业务增收工程，实施收入结构调整，通过扩大客户群体、加快多元化经营拓宽服务领域、大力开展业务创新等有效手段，应对区域经济下行、主要工业品量价齐跌、主导产业持续疲软带来的严峻形势，促进全行中间业务持续保持稳健发展的良好态势。结合自身实际，市分行调整中间业务管理委员会，制定中间业务年度发展规划，完善中间业务考核办法。为调动全行员工拓展中间业务的积极性，拓宽中间业务增收渠道，发挥工商银行的产品优势、结算优势、网络优势，开办各项代理业务、国际业务、银行卡业务。全年，实现中间业务收入 8476 万元。坚持依法合规经营不动摇，做好维护消费者权益保护工作，认真贯彻执行中国工商银行“2012 收费价目表”，杜绝各类违规收费行为。

【改革创新】 2013 年，市分行坚持把加快创新发展作为适应当前经济金融发展形势、满足客户多元化金融需求的重要手段，按照省分行工作部署和要求，坚持以服务支持地方社会经济为己任，开展金融业务创新、服务创新，探索适应区域经济发展的经营管理模式。为满足市场金融服务需求，市分行加快业务创新发展，针对信贷规模控制趋紧，资金供需矛盾突出的形势，通过“表内+表外”的融资模式，加大综合运用信用工具力度，拓宽融资渠道。实现全省工行第一笔中期票据发行，为攀钢代理发行两期中期票据共 72 亿元；在全省工行系统率先开办非结算存放同业业务、票据双买业务和表外理财业务。大力拓展信用卡、贵金属、国际业务、代保管业务等新兴业务，全力支持外向型经济发展，积极拓展国际金融业务。全年，国际贸易融资累计发放 1460 万美元，外汇资金交易量 17305 万美元，结售汇业务量 5686 万美元，严格执行外汇管理各项政策，荣获年度执行外汇管理 A 类企业称号。通过深化金融改革，增强发展动力，市分行按照业绩考核导向原则，建立非管理类员工职业晋升工作机制，健全工资等级调整机制，完善以“业务导向、市场导向”的绩效考核办法体系，使绩效考核对促进业务发展、调动全员工作积极性的作用得到充分发挥。按照精细化管理要求，从提高全行办公效率、增强执行力的现实需要出发，对全行业务流程、办公流程进行梳理，优化业务处理手续，提高工作效率。

【金融服务】 2013 年，坚持以客户为中心的服务理念，加强服务管理，进一步整章建制，加快标准化、规范化服务建设。结合自身实际制定《中国工商银行攀枝花分行服务工作检查考核办法》《中国工商银行攀枝花分行服务违章处理实施办法》《攀枝花分行服务突发事件应急预案》《攀枝花分行残障人士服务应急处理预案》；建立“神秘人”暗访制度、“晨会直通车”制度，加强对全行服务工作的监督管理；在全行范围开展“服务品质提升年”活动，对全行员工提升服务意识、服务效能起到推动作用，通过强化服务理念教育、强化日常服务管理，服务质量明显提升，得到社会各界广泛赞誉。全年，全行服务投诉率继续保持较低水平，客户投诉指标下降率全省工行系统排名系统第一。开展岗位技术练兵、业务知识培训以及服务知识、服务礼仪培训，教育引导员工牢固树立“以客户为中心”的服务理念，把提升服务质量的要求落实到日常工作的每个层面；加快服务渠道创新建设步伐，为广大客户提供环境优美、设施一流、功能强大的金融服务环境。全年，市分行新增 12 个自助网点，新增 ATM51 台，新建私人银行服务中心、代保管服务中心、贵金属旗舰店、中心机房、管控中心和机场贵宾厅全部投产，所辖网点均增设贵金属展示柜或橱窗。服务渠道有效拓宽，服务功能明显提升，初步形成“立体交叉、覆盖全域、功能齐全、方便快捷”的强大服务网络。

【队伍建设】 2013 年，市分行继续推进“人才兴行”发展战略，着力建设具有良好综合素质的各类人才队伍。扎实开展形势任务教育和各类业务知识、业务技能培训，继续推行岗位资格认证，推进全员培训工作；建立健全人尽其才的选人用人机制和面向市场的人才补充机制，不断深化人力资源综合开发利用，建立“纵向可进退、横向可交流”管理体系和公平竞争的人才流动平台；加强客户经理管理，以提升主要产品在中高端客户中的渗透率为主要内容强化对客户经理考核，明确客户经理工作职责，落实营销任务，通过考核督促客户经理履行市场营销职责，提升客户经理的实战能力和市场冲击力；抓好企业文化建设，坚持把“为了人、依靠人、尊重人、理解人、关心人”贯穿于企业文化建设全过程，充分发挥工会、共青团、女工委等组织的作用，开展丰富多彩、积极向上的文娱活动，构建“快乐工作，幸福生活”的良好发展氛围；深入开展民主管理，完善职代会和行务公开制度，维护员工根本利益。

【内控管理】 2013 年，市分行在经营管理工作中，坚持内控优先原则，深化各项风险防范工作，切实防范风险。按照内控综合评价“保二增分”的目标，加快和完善内控管理体系建设，制定《攀枝花分行 2013 年内控建设工作规划》《攀枝花分行内控建设实施细则》等系列制度办法。开展内控建设综合评价工作，强化内控制度约束力，推动全行内控案防管理水平提升。全面实施“一岗双责”管理模式，推广违规积分管理办法，推进《业务操作指南》的推广应用，不断强化常规审计与合规性检查，按照《攀枝花分行内审外查责任追究暂行规定》《攀枝花分行内控管理“一票否决”实施办法》，加大对违规违制责任人的问责力度。全年，没有发生任何安全事故和重大责任事故，实现案件事故“0”的目标。

（李 广）

中国农业银行攀枝花分行

【概 况】 2013 年，中国农业银行股份有限公司攀枝花分行(以下简称攀枝花分行)全辖 27 个营业网点，其中攀枝花分行营业部 1 个、一级支行营业部 4 个、二级支行 4 个、分理处 18 个，攀枝花分行内设部（室）15 个，在职职工 520 人，其中本科 237 人、大专 222 人、中专 26 人、高中 23 人、初中及以下 12 人，具有高级职称资格 2 人、中级职称资格106人、初级职称资格213人，平均年龄41.62岁。固定资产原值18373万元，比2012年增加1161万元；净值11000万元，比2012年减少897万元；资产总额1094821万元，比2012年增加65590万元。

全年，攀枝花分行实现年度目标任务，业务经营管理实现稳步发展。至年底，各项存款余额（含同业）10498亿元，较年初增长6.12亿元。其中个人存款日均增量7.06亿元，完成年度计划94.17%；对公存款时点增量1.50亿元。各项贷款余额64.01亿元，贷款增量6亿元，增量排名第4。其中，个贷业务增量占全行贷款总增量的29.46%，个贷占比较年初提升1.92%；县域贷款增量5.34亿，同比增加1.06亿元，县域贷款增速24.95%，高出全行增速7.02%。不良贷款余额126万元，控制在年度计划之内。全年，委托资产清收512万元，完成年度计划102%，实现手续费收入370万元，完成计划121%。实现拨备前利润23508万元，同比减少1812万元，完成全年业务计划的89%；实现拨备后利润22441万元，同比减少1158万元，完成年度计划的91%；实现经济增加值7920万元，同比减少362万元，人均经济增加值15万元，同比减少1万元；实现中间业务收入7193万元，同比减少100万元。内控评价继续保持一类行。全年没有发生重大经济、刑事案件或责任事故。获市政府2012年度金融工作先进单位，市银监局2012年度小企业金融服务先进单位，市人民银行2012年洗钱风险评估A级行荣誉，市公安局、市银监局2013年度安全保卫工作优秀单位。

【重点项目营销】 2013年，攀枝花分行将上级行下发重点项目营销目录涉及的项目、市级12个重点工业化项目、17个重点招商引资项目和纳税前50强企业，按属地分解落实到支行，按项目成熟度分别落实营销责任，在项目营销中尤其重视负债类项目营销。银医通系统开发占据主导地位，这一系统开发有效拓宽社保卡用卡渠道，提升分行社保卡使用效率。全年，法人存款客户总数较年初增长270户，对公存款账户较年初增加255个，法人贷款客户较年初增长20户，实现客户、账户的稳步增长。其中，中小企业客户96户，较年初增加22户，中小企业贷款和个人贷款余额达181398万元和68953万元，分别较年初上升35%和34%。

【构建营销团队】 2013年，攀枝花分行从优化人力资源、优化业务流程、优化产品计价、优化营销方式等多方面改进举措，构建专业团队，创新服务手段，提升客户服务能力。全年，实现有效分期业务交易额5846万元，完成全年任务103%，较2012年净增3308万元，增幅130.34%，交易笔数2701笔，较2012年增幅104.78%。非住房个人贷款增量6648万元，占全部个人贷款增量63.44%，较2012年同期提高55.07个百分点。发放“房抵贷”79笔，贷款金额2249万元，占非住房类贷款发放额的30%。率先投放自助发卡机，上线全省首家网络POS，搭建攀枝花分行官方微信服务平台等，使用效果显著。自助发卡机投入使用后，单月实现自助发卡约2500张。全省首家网络POS在攀枝花百盛商场上线运行；全省首发加载金融功能的社保IC卡，发卡5.3万张；社保客户自助缴费改造有效提升电子渠道分流率，分流率全省排名前5名。

【存款业务】 2013年，攀枝花分行认真贯彻落实省分行零售业务发展战略，高度重视储蓄存款业务在经营中核心地位，以“春天行动”综合营销活动为契机，搭建贵宾客户营销维护平台。1月15日“春天行动”贵宾客户答谢会，优选100余位个人贵宾客户参加，让客户充分感受到农行“以客为尊”服务理念。制定下发《2013年零售业务单项产品PK竞赛方案》，按季对获奖网点及明星柜员进行奖励，充分调动一线员工积极性。修订完善《攀枝花分行关于开展网点主任履职督导的实施意见》，强化网点储蓄存款时点、日均净增及结构性存款工作，按季考核，按季督导，确保网点主任履职到位，促进零售业务快速发展。至年底，各项存款余额（含同业）104.98亿元，较年初增长6.12亿元。储蓄存款余额69.55亿元，较年初增加5.09亿元。

【运营体系建设】 2013年，攀枝花分行将运营工作精细化管理作为增强运营管理工作水平、提升综合竞争力战略重点，通过对关键运营指标重点突破，薄弱环节得以发展，运营管理工作考评全省农行排名第一，获“反假币先进集体”称号，成为全省唯一一家上缴人行钞币无假币的二级分行。BOS系统分流率由年初全省排名17位提升至第7位，“三基本”（基本知识、基本制度、基本技能）抽考全省排名第一，现金中心一站式服务网点覆盖率达89%，全省排名第一。同时，不断扩大运营后台中心作业内容，将辖内反洗钱补录、司法查询等占用网点人力资源业务上收作业中心，减轻网点负担，针对业务上收后各网点不同特点，制定不同优化措施，做到“一行一策”，实行弹性工作，达到减人增效目的。全辖网点在人员不增加情况下，通过“减高增低”全部增设低柜，充实大堂经理。现金中心现金清分、重空配送、离行式柜员机集中运营度达到100%，在行式达到20%，“一站式”服务网点覆盖率达到89%。

2013年，制定下发《中国农业银行攀枝花分行柜员“三基本”学习培训方案》及《攀枝花“三基本”培训指导意见》，推动柜员、运营主管、监管经理学习“三基本”培训常态化和长期化，着力提升全行运营队伍业务素质和技能。年内，总行“三基本”验证考试中，市分行80分以上占比达到100%，90分以上占比达到94%。重点账户对账率也由年初最后一名提升至全省第一。至年底，全行26个网点中以创建“三铁”（铁账、铁款、铁规章）的3个，考核为良好20个，合格3个。市分行通过梳理交易代码、上收业务品种，规范 BOS 系统业务处理，全行 BOS 系统分流率从年初的 65.34%提升至 94.45%；在加强响应平台管理的同时充分利用运营相应平台，全行系统运用率达到 100%。运营体系建设不断推进，不仅体现在服务效率提升、作业成本降低和劳动力重新释放，还进一步筑劳操作风险防范，有效提高运营风险控制能力，提升服务品质，有力支撑全行业务经营转型。

【网点转型】 2013 年，攀枝花分行以网点软转型为重要抓手，积极探索符合攀枝花分行实际网点转型新路子，多措并举扎实推进网点转型工作开展，提升网点综合竞争力。以项目推广为契机，制定下发《攀枝花分行网点软转型项目推广实施方案》，成立由“一把手”亲自挂帅转型领导小组，明确支行行长是网点转型项目推广第一责任人，负责网点转型项目推广，协调解决推广过程中遇到困难和问题；分管行长负责网点转型组织实施。至年底，完成辖内 26 个网点软转型导入工作，按时完成省分行导入计划。在全省软转型考核中，攀枝花分行的考核成绩为 92.04 分。把网点软转型工作纳入考核体系，制定各项专项考核办法，把“文明标准服务质量”作为“春天行动”和“综合绩效考核”重要内容，推动核心指标提升。

全年，组织召开各支行分管行长及全辖网点负责人等相关人员共 40 人参加的文明标准服务监测分析培训会，结合网点管理现状，指出高绩效团队建设与管理思路及实现路径，帮助大家树立“服务促营销、营销靠服务”理念，在网点构建全员协同营销、以客户为中心经营模式，提升网点服务营销竞争力。储蓄存款比年初净增 5.1 亿元，基金销售 6258 万元，重点基金销售 2841 万元，计划完成率 207%。完成 4 个人工网点改造，立项投资总额 464 万元。其中，原址建设项目 2 个，完成人工网点原址立项任务的 100%；完工 9 个自助网点建设，完成自助网点建设计划 100%。全行网点员工总人数为 250 人，其中营销人员 99 人，营销人员占比达到 39.6%。全行大堂经理总人数 64 人，点均 2.5 人。全行共有 18 个网点开办低柜业务，占网点总数 26 个的 69.23%。

年内，出台《攀枝花分行网点销售人员绩效管理实施意见》，采取全辖视频、点对点以及集中封闭等方式加强培训，推广网点绩效积分管理考核体系，至年底，全行 26 个网点全部上线绩效积分管理系统。制定下发《攀枝花分行 2013 年个人贵宾客户营销工作考评办法》，将结果运用到《攀枝花分行规范支行行长、分管副行长和支行部门负责人考核结果应用实施意见》中，提高支行分管行长及支行部门对分管条线工作的管理效能。按月编制下发《攀枝花分行贵宾客户提升及产品交叉销售情况通报》，对加权贵宾客户户数、加权贵宾客户数占比、产品交叉销售率等考核指标进行数据对比分析，督导支行、网点有的放矢做好客户、产品营销与管理，客户结构得到优化。至年底，全行个人贵宾客户 14642 户，比年初增加 2636 户，存款余额达 39.14 亿元，占个人存款余额的 56.28%。

【信贷业务】 2013 年，攀枝花分行继续围绕“夯实管理基础，突出价值创造，提升可持续发展能力”总体要求，突出重点领域风险防控，促进全行信贷业务健康可持续发展。至年底，全行信用余额 823230 万元，较年初增长 198393 万元，增幅 31.75%；各项贷款余额 640173 万元（含贴现），较年初增加 59623 万元，增长 10.27%，其中：正常类贷款 625518 万元、关注类贷款 14530 万元、不良贷款 125 万元（其中个贷不良 105 万元、信用卡不良 20 万元）；全行综合到期贷款现金收回率达到 99.99%，超计划 0.26 个百分点，其中，法人贷款到期收回率继续保持 100%。全年共完成各类信贷事项审查 1894 项。加强对中小企业、高风险行业、三农贷款等重点领域信用风险监测力度和排查力度，操作风险得到较好遏制，系统性风险及声誉风险防控措施不断强化，风险管理水平、操作风险管理水平名次逐渐提升，风险评价仍保持为 B 类行，贷后管理仍保持 A 类行，信贷管理综合评价保持 B 类行。

【中间业务】 2013 年，攀枝花分行按照“转方式、调结构、强基础、增效益”工作思路，大力开展业务创新等有效手段，使全行中间业务持续保持强劲良好态势。至年底，实现中间业务收入 7193 万元，完成全年计划的 95%，市场排名居第 3，市场占比 22.06%，较年初下降 0.2 个百分点。其中新兴中间业务 3518 万元，占比 48.9%，同比增加 8 万元，占比增加 0.78 个百分点。

【服务“三农”与县域】 2013 年，攀枝花分行紧紧围绕全行“夯基础、抓重点、求突破、上台阶”总体部署，以“做精、做细、做实、做出特色”为要求，以“千百工程”营销活动、县域十大战略产品专项营销活动、惠农通“提质增量”活动、惠农卡“增存创收”活动等专项活动为载体，进一步夯实“三农”和县域客户基础；突出推进城镇化金融服务、推进农田水利项目、推进国家级现代农业示范区建设、开展国胜乡金融服务试点等重点工作，找准“三农”和县域业务推进和突破口和切入点；推进“三农”事业分部改革、制度化完善“三农”分部管理委员会工作机制、规范化推动“三农”事业分部有序运转“三化”建设，完善“三农”事业部改革和管理机制；加强精细化管理和风险管控，确保“三农”县域业务可持续发展。“三农”县域贷款实现“两个不低于”监管目标。至年底，县域和涉农贷款投放均达到监管要求。其中：涉农贷款余额为 23.94 亿元，增量 3.58 亿元，高于 2012 年增量 1.16 亿元；涉农贷款增长 8.20%，高于各项贷款增速 0.35 个百分点。支持农业现代化和农村城镇化力度持续加大，对产业化龙头企业金融覆盖率达 73%，较年初上升37%。农村城镇化和水利建设贷款新增2.13亿元，“三农”贷款质量整体良好，不良率控制较好。全年，全行农户不良贷款60.57万元，不良贷款率为1.14%。分行“三农”贷款不良率控制水平在系统内排位第三。县域渠道体系建设稳步推进，累计发放惠农卡43843张，比年初增加1569张。在县域以下农村地区布放转账电话、POS机、农商通及其他各类电子机具937台，电子机具乡镇和行政村覆盖率达80.2%。助农取款服务点305个，助农取款点交易笔数5442笔、交易金额37065万元，新增助农取款点20个，通有线电话行政乡镇覆盖率100%。

【委托资产管理】 2013年，攀枝花分行共实现委托资产本息清收511.95万元，完成省分行下达全年清收计划500万元的102.39%。实现自营不良贷款本息清收129.35万元，完成省分行下达全年清收计划10万元的1293.50%；实现委托处置手续费收入37385万元，完成省分行下达全年委托处置手续费收入330万元的11329%；呆账核销本金金额16.25万元，完成省分行下达全年呆账核销18万元的90.28%。

至年底，攀枝花分行委托不良信贷资产余额5647053万元，较年初减少49002万元。全年除日常清收、诉讼时效管理、清理确认归档、核查工作外，按照总行《关于开展委托资产清理分类工作的通知》要求，对已处置终结类、已处置无清收价值类、处置未终结类、有清收潜力类四类委托资产进行清理分类，采取调阅档案、在工商部门网站查询、到政府相关部门开具企业证明等方法对应清理分类的委托资产进行分类。此次清分涉及清理范围的委托法人、自然人、非信贷、股权、物权共391户，本金余额2792690万元。积极推进C3（内部操作系统）不良资产处置系统（以下简称ADS）的推广工作。ADS系统将不良贷款日常管理和处置管理纳入C3信贷管理系统群体系，同时实现与ABIS、C3风险分类和数据直通车等系统的有效对接，在全行范围内实现不良资产处置管理信息归集和共享。攀枝花分行完成清收补录及呆账核销补录工作分行。

【人力资源改革】 2013年，攀枝花分行以提高干部员工工作绩效和提升资源效率为目标，构建绩效优先的竞争性干部选拔机制、员工“能进能出”人岗匹配机制、个人绩效与薪酬“能高能低”激励机制、干部履职管理监督机制和培训体系，提高人力资源对全行改革和转型发展贡献度。

为发挥好支行领导班子领导干部的领导核心作用，采取以综合绩效为引领，按“综合绩效+条线考核+满意度评价+廉政评价”考核模式，对支行班子创“四好”（政治素质好、作风形象好、经营业绩好、团结协作好）活动考评、领导干部年度考核、各业务部门条线考核进行有机整合，优化和规范对支行领导班子领导干部考核评价工作。引导领导班子强化转型发展、科学有效发展理念，提高价值创造、战略思维、科学谋划、风险管控、市场竞争能力。

在坚持将“德”作为干部选用基本条件前提下，将“绩”作为干部选拔任用优胜劣汰标准，形成以公开竞聘方式为主，结合公开推荐、党委推荐等选拔方式多渠道、多方式选拔干部良好格局。全年，开展全行科级副职后备干部选拔工作，对选拔入围17人纳入全行科级副职后备干部库统一管理和培养，为全行改革发展提供后备力量支撑。根据干部职务晋升个人申报制规定，把考察测评和业绩作为评判干部工作能力标准，将考核评价结果与干部使用和进退相结合。按照《攀枝花分行干部职务晋升考察方案》，全年共受理12名干部职务晋升申请，根据个人申报和工作需要，对3名副职主持工作干部采取组织提名方式进行考察聘任；对9名助理干部职务晋升。分行大胆探索差额转正，以员工认同度和工作实绩两个维度进行考核评价，采取公开差额晋升方式进行考察后聘任副职8人。全年，分行调整任免科级干部25人。其中：新提任助理2人、助理提任副职8人、副职(主持工作)提任正职3人、同职级交流6人、到龄退职1人、离岗休养5人。

完善网络学习和“直通车”培训制度，开展岗位职业轮训，提高各岗位员工职业技能。全年，全行员工参加时代光华在线学习率92%，人均学分达42分，高于省分行要求最低学分40分要求；继续推进培训“直通车”模式，共组织直通车培训21期，参训员工达到4866人次；市分行组织新业务适应类、岗位技能提升类、中年员工类等培训25期，参训员工达2460人次，全行人均培训4.68次；为上级行送培新员工入职培训、中层干部管理能力提升、岗位技能提升、中年员工集中轮训类42人次；全年组织11个员工岗位资格考试共12场260人次，其中外包4个岗位资格考试4场119人次、自行组织7个员工岗位资格考试8场141人次，对助师资格确认17人，中级确认3人。

（杨丽梅）

中国银行攀枝花分行

【概　况】 2013年，中国银行股份有限公司攀枝花分行（以下简称分行）内设7个部门，16个营业机构，其中1个营业部、15个经营性支行，在岗员工251人，员工平均年龄34岁。

2013年，分行认真贯彻执行总行“调结构、扩规模、防风险、上水平”十二字方针和省分行2013年工作会议精神，坚持“调结构、促转型、增效益”的工作思路，以“加快发展、转型发展、创新发展”为工作基调，以效益为中心、以调整结构为重点、以考核为导向，推进产品创新，加快渠道建设，加强队伍建设、企业文化建设和党风廉政建设，抓好内部控制和风险防范，确保各项业务持续、健康、稳定发展。

至年底，分行人民币各项存款余额 378111 万元，比年初增长 32610 万元，增幅 7.6%。其中：公司存款 123291 万元，比年初增长 12292 万元，增幅 11.08%；储蓄存款 254820 万元，比年初增加 14418 万元，增幅 6.00%。各项外币存款 1190 万美元，较年初增长 399 万美元，增幅 50.44%。其中：公司存款 407 万美元，比年初增长 354 万美元，增幅 667.92%；储蓄存款 783 万美元，比年初增长 45 万美元，增幅 6.10%。

人民币贷款余额为 763292 万元，较年初增长 38126 万元，增幅 5.26%。其中：人民币公司贷款余额为 725484 万元，比年初增长23426万元，增幅3.34%；零售贷款余额37808 万元，比年初增长 14700 万元，增幅 63.61%。外币贷款余额 2814 万美元，较年初增长 695 万美元，增幅 32.80%。信贷不良资产余额为 260.71 万，全行贷款不良率仅为 0.03%。

2013 年，全行实现考核利润 15373 万元（2013 年上级行分摊还原后），较 2012 年下降 292 万元，减少 1.86%。

【负债业务】 2013 年，分行作为贷差行，面临严格贷存比考核，坚持“存款立行”思想不动摇，把负债业务作为重中之重的工作，举全行之力来抓。分行出台系列政策加大对网点负责人的激励力度、设置专项资金用于存款奖励，提高网点的服务水平，从服务细节管理入手，提升服务品质，打造硬件设施一流、员工素质一流、服务水准一流的行业窗口形象；坚持公司、个金联动，以公司业务带动个人业务，强化营销职能，提高公司、个金存款创利提成和重点业务奖励单价；全行范围内开展“爱行揽储”活动；制作规范宣传单、填单台及产品宣传栏；投入 5 万元通过室外广告等方式宣传“四大品牌”；投入 3 万元通过媒体、报刊等方式宣传新产品；做大做强公积金业务，至年底，分行公积金实现存款沉淀 15000 万元。

2013 年，分行所辖 16 个营业网点平均存款 24085 万元，较 2012 年增长 2038 万元，增幅 9.24%。

【资产业务】 2013 年，分行按照总行、省分行年初工作会议精神，围绕攀枝花市产业规划，发挥比较优势，以带动客户基础、核心存款和中间业务增长为方向，大力调整业务和产品结构，保持公司贷款适度增长，通过合理的存量周转、定向压退、专项投放、增存增贷等方式，提升收益水平。抓住省分行建设“中小企业融资主办行”品牌契机，发挥中小企业“中银信贷工厂”授信新模式优势，根据攀枝花市“6+2”产业（即“钒钛、钢铁、能源、化工、矿业、机械加工制造”引领工业转型升级，以“生物产业、太阳能产业”为重点）规划，结合省分行授信政策指引，把钒钛、矿业等行业中小企业客户作为客户结构调整战略重点，争取的贷款规模优先保障中小企业贷款需求。至年底，分行中小企业授信客户达 28 户，较年初新增 11 户，发放中小企业贷款 22265 万元。

零售类贷款方面，分行继续坚持以房贷业务为主，加快非房贷业务发展，不断提高非房贷业务占比，做好存量和新增楼盘个人贷款投放工作，大力发展消贷业务。至年底，分行零售贷款余额为 37808 万元，比年初增长 14700 万元，增幅 63.61%；公积金贷款余额为 9.91 亿元，全年净增 4.1 亿元。

【中间业务】 2013 年，分行以轻资本型产品为重点，拓展债券承销，投资银行业务，发展资产带动型中间业务的增长，积极推广新产品，抓住贷款规模管控契机，提高对新模式下中小企业贷款客户议价水平。个人业务方面，分行围绕出国留学主办银行、财富管理主办银行的推动和品牌宣传的深入，为客户提供咨询、金融服务，带动对私国际结算、汇兑和产品销售中业收入增长；做好贵金属、代理保险的销售；加强对中银易汇、易商 E 社区、中银吉祥金、“长城—中银汇兑”中银财富管理商会卡项目、个人透支账户项目、双享贷等新产品和新项目的推广力度，提高创新产品中业占比。继续稳固个人结售汇和国际汇款等传统优势业务，积极推进三方存管、代销基金等业务，重视个人网银、手机银行、电话银行业务拓展，提高电子业务中间业务收入贡献度，引导客户在网上银行办理购买理财产品、基金、汇款等业务，举办贵金属巡展，采取生日慰问、节假日短信问候、答谢会等形式维系 VIP 客户。

2013 年，分行实现中间业务净收入 5346 万元，同比增加 178 万元，增幅 3.45%。

【产品创新】 2013 年，分行推广创新产品 7 个。至年底，成功办理新产品商易达 2 亿元，办理融易达 5.7 亿元，办理区间宝理财新产品 2100 万美元，办理“福费廷”一级市场业务 2244 万元，“福费廷”二级市场业务 1060 万元，办理票据人行再贴现业务 2.6 亿元，办理进出口银行的出口卖方信贷代理业务 6000 万元；办理电子票据质押业务 369 万元。

【内控管理】 2013 年，分行加强对员工的教育，筑牢思想道德防线。组织网点负责人、客户经理、新入行员工参观市看守所；观看《贪途末路》《永葆党的纯洁性》《预防腐败的创新之举》《抵制诱惑警示录》等警示教育片；对在岗员工开展覆盖面达 100%的两次员工行为排查，掌握员工八小时内外思想及行为动态，加强对员工的日常监督管理；开展“一书两片”教育活动、“反腐倡廉读书”活动及《员工良好行为习惯》的学习活动；组织员工先后 4 次对“双十禁”“五十个严禁”“八不得”进行集中培训、测试，参测人数达 250 人，覆盖面达 100%，测试成绩均在 95 分以上；实行案防和内控工作常态性管理，定期召开案防工作和内控工作专题会议；加强岗位轮换、强制休假、代职管理制度。全年，分行岗位轮换78人，完成率100%；计划强制休假71人，完成率100%；组织多次应急预案演练，在分行办公大楼举行应急逃生和消防灭火实战演练；在金曦苑支行进行不法分子以爆炸物相威胁实施抢劫的模拟演练和劫持人质以杀害人质相威胁实施抢劫的模拟演练；在金库，模拟金库门锁故障，管库员从侧门进入的实战演练。通过各项内控合规工作的有效开展，员工的合规意识和能力不断提高，分行的内控环境得到较大改善，内控水平得到较大提升，各种内外部检查情况良好。

【渠道建设】 2013年，分行实现3个营业网点（金曦园支行、阳光家园支行、机场路支行）迁址扩建，至此，分行符合3.0版本（营业面积达300平方米以上）的网点达到100%；全年新增设ATM11台，现分行ATM总数达到44台。

【队伍建设】 2013年，分行持续充实员工队伍，全行新招收大学生5名，使大学本科学历比率达到65%，建立“大学生公寓”；注重人才的培训和培养。至年底，分行共进行125次培训，参训达2376人次；为提升各级管理者的管理能力，分行组织3次公开课培训，专门聘请知名的培训公司讲授《卓越管理者的辅导与激励技巧》《创新思维训练》《银行服务营销技巧》《从信贷角度看企业财务报表分析》；以人为本，高度重视员工的用工形式转换，按照总行、省分行文件要求，全年分行83名派遣制员工全数转换为合同制员工；分行16个营业网点的业务经理全数转换为内控副行长。

【企业文化】 2013年，分行把“追求卓越”作为企业文化建设的核心工作，打造友爱、融洽、和谐的人文环境，把“增强服务理念、优化服务流程、规范服务行为、提高服务效率、完善服务环境、提升服务形象”作为奋斗目标，实现从“文明优质”到“优质高效”的提升。建成“职工之家”，增强员工凝聚力、向心力和归宿感。以“擂台赛”的形式开展岗位练兵、实战练兵，通过练习、测试、比赛相结合的方式，提高员工办理业务的效率。分行技能测试实现参测率100%，及格率95%，综合业务能手率86%，IT蓝图核心项目能手率87%的好成绩。积极组织开展形式多样的文体活动，组队参加省分行第二届乒乓球比赛，获“敢于拼搏奖”。开展“五四”青年节进校园送知识活动，组队参加财税金融系统及平安公司羽毛球邀请赛；与武警、森警、攀煤等企事业单位举行篮球友谊赛。慰问驻攀武警、消防、森警支队官兵。参加市政府组织的政银企联谊会，加深政银企关系，提升分行形象。

（胡长生）

中国建设银行攀枝花分行

【概　况】 2013年，中国建设银行股份有限公司攀枝花分行（以下简称建行攀枝花分行）有机构总数25个，其中建行攀枝花分行1个、县级支行10个、营业部1个、分理处1个、储蓄所12个，职工总数428人。全行固定资产原值17261.63万元，较2012年增加3153.96万元，固定资产净值10942.71万元，较2012年增加2479.94万元。

2013年，建行攀枝花分行在上级行的领导下，以上级行工作部署和十八大精神为指导，牢牢把握“稳中求进、进中求快”的工作基调，因地制宜采取措施，发展各项业务，促进各项业务平稳、较快增长和健康发展。至年底，全行全口径存款余额98.99亿元，较年初新增2.16亿元；一般性存款余额98.69亿元，新增2.67亿元，其中对公存款33.35亿元，新增6426万元，储蓄存款65.34亿元，新增2.03亿元；各项贷款余额75.02亿元，较年初新增9.88亿元，其中公司类贷款68.05亿元，新增8.21亿元，个人贷款6.97亿元，新增1.67亿元；实现中间业务净收入1.12亿元，同比增加0.04亿元；实现利润2.64亿元，同比增加0.24亿元；全年无案件、无重大违规违纪和重大责任事故。

【资产业务】 2013年，建行攀枝花分行继续把拓展中小企业贷款作为信贷工作的一项重要内容，公司业务各团队根据攀枝花产业规划和资源优势，将采矿业、钒钛产业、资源深加工、太阳能和生物工程、特色优势农业等行业列为中小企业信贷支持重点，在梳理攀枝花市核心产业链及上下游企业的基础上，按照“高位求进，稳健经营”原则，积极做好钒钛等行业小企业客户的批量化营销，累计发放中小微企业贷款19.4亿元，中小微企业贷款余额25.99亿元，新增7.71亿元，增长42.17%，盐边县中小企业贷款实现零突破。

多策并举，全方位扩大融资规模。为满足客户融资需求，建行攀枝花分行从市场需求出发，积极寻求融资手段的多样性，通过金融创新，积极拓展贴现和理财融资等业务，丰富客户的融资渠道，解决企业融资难题。2013年，新增立宇矿业、公路建设公司、攀钢（集团）公司融资性理财产品7亿元；累计办理贴现12.75亿元，年末贴现余额4.03亿元，新增3.43亿元。

大力发展个人住房贷款业务。年初召开个贷工作会，对全年个贷工作的主要目标、任务和措施进行部署；年内，加强与国土、规划、房管等部门的联系，在积极做好项目储备、申报等工作和存量项目收单工作的同时，进一步加强开发商、销售公司、销售人员的维护，提高建行攀枝花分行受理贷款的市场占比。全年，新增收单项目8个，累计发放个人住房贷款949笔，金额2.33亿元，新增1.55亿元，完成全年计划的194%。

加强信贷管理，防范和化解信贷风险。加强贷前调查和平行作业，严把客户准入关；广泛深入贷款企业开展调查研究，密切关注客户经营状况、关键财务指标、社会媒体报道、高管变动等重要信息；落实贷后管理各项要求，强化贷后检查，通过行领导、信贷经营部门和风险管理部门对贷款单位进行不定期寻访，及时了解和掌握企业经营情况，增强风险预警、风险管控工作的针对性和有效性；突出对制造业、敏感性行业信贷风险的整体把控，加大对钢铁、煤炭等重点行业风险监测力度，有效防范和规避信贷风险。

【负债业务】 2013年，在宏观经济持续低迷、实体经济举步维艰、同业竞争异常激烈的严峻形势下，为促进存款增长，建行攀枝花分行提高全行员工对于增存工作重要性与紧迫性的意识，将增存工作与每位员工的切身利益紧密联系起来，鼓励员工勇于开拓、善于竞争、迎难而上，为打好增存工作攻坚战加油鼓劲。将增存工作纳入重要日程，按日通报、按周检查、按月考核、按季奖惩，随时关注波动变化，及时发现和解决工作中遇到的困难和问题，加强存量维护，搞好开源节流。

将增存目标与经营部门、营业网点负责人的政绩和业绩考核紧密挂钩，纳入考核，以此来调动条线、网点负责人组织抓好增存工作的积极性。在市分行政策导向的引导下，各业务条线纷纷采取措施，选准突破口，组织开展系列各具特色的营销活动，扩大存款来源。个人金融条线突出时令节律，一季度开展的旺季营销增存活动成效显著，仅2月就新增个人存款2.14亿元；攀大新生开学之际组织开展校园营销宣传活动当天就成功办卡近400张，学生惠及电子银行签约率100%；面向中高端个人客户举办的新春回访、电影专场等活动提升中高端客户的对本行业务的贡献度；会计条线通过建立存款等多维度责任制和每日零余额账户通报制度，组织实施核心客户“名单制”管理和将小额无贷户跨档提升、账户激活纳入指标考核等措施，提升小额无贷户数量和质量；公司条线以机构客户、重点客户为着力点，加强对国土、招投标机构等资金沉淀量较大的机构类客户的营销工作，加强中小企业的上下游企业以及存量客户资金圈的联动营销，提高授信客户资金沉淀，夯实客户基础。

【中间业务】 2013年，建行攀枝花分行中间业务净收入分别以全行1.22亿元和对公0.79亿元的优异成绩勇夺全省建行系统市州分支行第三、第一。全年，建行攀枝花分行结合本行及本地实际，创新工作思路和工作方法，会计条线以结算卡营销为抓手，通过建立产品覆盖、开户同步、上下联动、公司与会计联动等多维度责任制，加大对自助服务终端、通存通兑、现金管理、对公一户通等多种结算产品的营销和考核力度，大胆尝试国内信用证买断业务等措施，促进会计条线对公中间业务收入的持续发展，2013年，该项业务继续保持领先，结算卡累计发卡、覆盖率、国内信用证买断业务手续费、单位人民币结算业务收入均分别位居系统内全省或市州分行第一。

个金条线将代理保险作为拳头产品，创新营销模式，积极组织和开展丰富多彩的营销宣传活动，推动产品销售工作，促进代理保险业务的快速发展。将短期型保险产品和保障型期缴产品作为推介重点，在同业中率先销售短期型保险产品，满足客户对短期、保障型投资的需求；联合合作保险公司持续开展以营造轻松销售氛围、激发员工销售激情、迅速提升销售业绩为目标的竞赛活动、“爱我建行、百万身价、星光耀花城”网点PK活动、产说会、小型网点沙龙等系列营销和竞赛活动，在全行掀起一轮营销高潮，收到良好效果，如首次与中国人寿保险公司攀枝花分公司合作开展的代理寿险专项营销活动，参与网点12个，历时24天，出单484单，实现期缴保费收入1019万元。

对公条线在加大对小企业客户的产品配置力度、提高客户综合贡献度的同时，大力拓展投行业务，向省分行申报的资产收益权理财产品顺利通过7亿元。经过努力，建行攀枝花分行参与攀钢集团有限公司45亿元中的9亿元中期票据承销业务，首次尝试债券承销业务；重点营销的FITS企业管理财务顾问业务，丰富对公中间业务收入品种，促进对公中收的可持续发展；围绕总行“表外业务以配合提供综合服务和风险管理为主”的工作要求，2013年，建行攀枝花分行表外业务着力向产品覆盖度高、综合贡献度大的客户倾斜，重点发展的银行承兑汇票、国内保函、国内信用证、票据承诺业务为全行对公中收的持续发展打下良好基础。

【队伍建设】 2013年，为提升员工专业技能，建行攀枝花分行加强员工业务知识和技能培训，按月开展柜面业务知识培训，组织2013年资金结算业务人员操作技能等级考试；组织全行“支付清算杯”业务知识竞赛；在对重点产品、操作风险等进行系统总结的情况下，组织开展12期培训，全行参训人员超过400人，基本覆盖全行所有个金条线员工；组织网点经理和部分销售人员参加网点经理轮训和跟班学习，提高管理、服务和销售能力；组织前台人员开展人身保险代理人和基金从业资格考前培训，确保知识传导和考试通过率。至年底，全行“保险代理从业人员资格证书”持证人数150人，同比提高8%；“基金从业人员资格证书”持证人数103人，同比提高11%。

【内控管理】 2013年，建行攀枝花分行继续组织全行员工签订安全责任、廉政建设和遵章守纪责任书、承诺书，约束员工行为，增强员工遵章守纪和廉洁自律的自觉性；组织全行开展“内控促发展、合规创价值”内控合规文化宣传活动；组织开展全行风险合规综合检查工作，促进合规文化宣传教育活动的有效开展。全年，共开展合规综合大检查、反洗钱专项检查、关键风险点监控检查、再检查再监督等 32 次检查，下发《反洗钱检查工作底稿》12 份、《关键风险点检查发现问题通知书》10 份；按月、按季度开展对全行稽核差错率的监测分析控制工作，将稽核差错率控制情况作为操作风险例会重要内容之一；按照“谁主管，谁负责”的原则，认真组织落实各级管理人员和全行员工、驻楼各单位签订《安全综合治理目标管理责任书》；适时调整充实领导小组，行长、纪委书记亲自担任领导小组正副组长，为创建平安建行工作的开展提供可靠的组织保证；全面落实消防安全责任制，开展办公大楼、各营业网点“防抢劫、防火灾、防诈骗、防恐怖、防滋事”等为主要科目的演练累计 133 次，举办集中培训班 2 次。

（杨　欢）

交通银行攀枝花分行

【概　况】　2013 年，交通银行股份有限公司攀枝花分行（以下简称分行）内设 7 个部室，下辖 8 个营业网点（7 个支行、1 个营业部），有从业人员 154 人。固定资产原值 6078 万元，比 2012 年增加 398 万元；净值 2468 万元，比 2012 年增加 62 万元；资产总额 352692 万元，比 2012 年减少 31708 万元。

2013 年，分行全面推进创新转型升级，调整结构，大力营销以保存款稳定，做大做强资产业务，夯实发展基础，狠抓内控管理防范风险，提升资产质量，加强内部管理改革，攻坚克难，扎实推进经营管理工作，各项业务经营管理持续、健康、协调发展。至年底，本外币资产总额达 352692 万元，比年初减少 31708 万元，下降 8.25%；人民币存款余额 320342 万元，比年初减少 33374 万元，下降 9.44%；对公存款余额 170984 万元，比年初减少 42605 万元，下降 19.95%；储蓄存款余额 149358 万元，比年初增加 9231 万元，增长 6.59%；外币存款余额 69 万美元，比年初增加 1 万美元，增长 1.47%；人民币贷款余额 342941 万元，比年初增加 93214 万元，增长 37.33%；其中人民币对公实质性贷款余额 207207 万元，比年初增加 37214 万元，增长 21.89%；个人贷款余额 25409 万元，比年初增加 2915 万元，下降 12.96%；小企业信贷余额 74570 万元，比年初增加 22090 万元，增长 42.09%；票据贴现余额 35755 万元，比年初增加 30995 万元，增长 651.16%。按五级分类，全行不良贷款余额 167.17 万元，比年初减少 562.32 元，占比 0.05%，下降 0.24 个百分点。实现中间业务净收入 1982 万元；实现经营利润 9608 万元，比年初减少 1298 万元。小企业贷款规模连续 4 年在全省交行系统内排名第一，分行荣获“攀枝花市 2012 年度促进非公有制经济奖励”“交通银行四川省分行 2013 年度内控先进行二等奖”，分行营业部获“交通银行‘总行级会计营运工作示范行’荣誉称号”，分行营业部通过中国银行业文明规范服务千佳示范单位复验，分行江南路支行获得“四川省银行业规范化服务百家示范单位”。

【资产业务】　2013 年，分行根据利率市场化趋势和交通银行总行信贷政策导向，紧密结合国家产业导向和攀枝花区域经济特点，完善贷款品种功能、优化贷款投向结构，在贷款规模、增长幅度、资产质量、综合回报等方面保持良好的发展势头。

在对公实质性贷款上，分行紧密围绕“两化一行”（走国际化、综合化道路，建设以财富管理为特色的一流公众持股银行集团）战略实施和区域市场需求，以转型发展为导向，积极调整客户结构和业务发展重点，推进重点客户和新产品项目营销。全力做大在攀枝花市重点行业中的规模，积极争取贷款规模，抢占市场份额，积极介入资源开采、装备制造、住房公积金和民生相关领域的合作，大力营销四川省铁路投资公司楚大高速路项目、京港“缅气入攀”项目、攀枝花市中心医院花城新区项目、大唐观音岩水电站 20 亿元联合贷款等一批优质贷款项目。分行与市中心医院“银卫安康”（交通银行医疗卫生行业金融服务）项目得到广泛赞誉，与攀枝花市商业银行、攀枝花农村商业银行银银合作逐步深化，在省内交行系统率先实现蕴通账户全功能运用，在国内保理、国内信用证、应收账款转让和单一资金信托等新兴业务方面有所突破，分行获得交通银行四川“省分行 2013 年金融机构业务优胜奖”及国际业务竞赛活动“国内信用证一等奖”。至年底，对公实质性贷款余额 207207 万元，比年初增加 37214 万元，增长 21.89%。

在小企业贷款上，分行运用小企业授信业务，以小企业贷款投放为契机，实施公司个金联动营销，加大交叉销售、捆绑销售及存量业务结构调整力度，培育客户成长，提升客户价值，实施新客户拓展与现有客户挖潜双管齐下，拓展结算类存款和争取开立基本账户、代发工资等，确立主办结算银行地位，提升贷款综合收益水平。至年底，小企业实质性贷款余额 74570 万元，比年初增加 22090 万元，增长 42.09%。小企业贷款规模连续四年在全省交行系统内排名第一，分行获得交通银行四川省分行 2013 年“开门红”竞赛活动“企业贷款净增一等奖”“小企业中间业务收入净增一等奖”。

在个贷业务上，分行针对房地产市场降温等市场形势，努力提高消费类贷款的占比，汽车贷款、装修贷款、住房公积金贷款等个贷产品服务功能逐步完善，在产品品种、客户结构、市场份额等方面为下一步发展打下坚实基础。继续针对实力较强、市场占比较大的个体商户推出个人短期经营性贷款、个人中长期经营性贷款、个人商业用房贷款、个人经营性物业抵押贷款、个人小型设备贷款、个人循环贷款、沃德经营贷、e商贷等业务。至年底，个人贷款余额25409万元，比年初增加2915万元，增长12.96%。

2013年，根据国家信贷政策和上级行授信业务指导意见，分行坚持总量调控和结构优化并重，合理把握信贷增量与投放重点，从客户结构、行业结构、品种结构、期限结构等方面多管齐下，优化信贷结构，优化对公授信客户的结构，提高服务实体经济的质量与水平。分行按照《信贷资产风险分类办法》，严格执行贷款五级分类标准，加强贷款全流程管理，强化支付控制，严守底线，强化授信审查、风险排查、贷后管理，加强中小企业授信客户、产能过剩行业等重点领域风险的排查和监控，优化授信客户结构，采取措施落实存量客户减持工作，推进不良贷款清收工作，落实问题类授信客户行动计划的制定、变更和实施工作，推进不良贷款清收处置。至年底，全行不良贷款余额167.17万元，比年初减少562.32万元，占比0.05%，下降0.24个百分点。

【负债业务】 2013年，分行严格贯彻落实交通银行总行、省行"一把手抓存款、全行抓存款、全方位抓存款"的存款发展责任制，组织召开存款工作专题会，出台贯彻落实措施和竞赛方案，建立健全项目营销管理制度，每周通报项目营销情况，每月召开一次项目营销专题会，把项目营销制度化、常态化、精细化，建立项目营销库，建立项目营销小组，对每个入库项目成立对应的营销小组，深挖项目存款资源，在做好项目资本金存款营销的基础上，深入做好项目上下游客户的开户，形成体内有效循环；配备项目营销专项费用，并按项目营销成效设置专门激励方案，提高项目营销的积极性，开展存款竞赛活动。

在公司负债业务方面，制定出台《交通银行攀枝花分行对公条线业务营销指导意见（暂行）》《攀枝花分行重点项目营销管理办法（暂行）》《交通银行攀枝花分行公司业务部客户经理综合考评管理办法（暂行）》《交通银行攀枝花分行2013年公司客户经理绩效考核办法（试行）》等系列管理办法措施，督导干部员工主动出击，推进负债业务发展。在机构存款拓展困难的情况下，消化2012年以来因同业保证金存款科目改变造成分行9亿元同业保证金存款流失的重大影响，及时挤出存款"水分"，稳固存款基础。至年底，对公存款余额170984万元，比年初减少42605万元，下降19.95%。

在个人负债业务方面，制定出台《交通银行攀枝花分行2013年个金条线客户经理考核办法》《交通银行攀枝花分行2013年个金业务市场推广经理、产品经理考核办法》《交通银行攀枝花分行2013年小企业客户经理考核办法（试行）》《关于推动2013年个金业务稳定快速增长的意见》等系列管理办法措施，细化个人客户分层服务和族群营销，对高端客户运用分族群的理财规划模板进行精准营销，对中端客户利用"远程银行"加强营销维护，对基础客户群着重通过专项活动激活睡眠客户、提升客户活跃度，继续坚持大力发展代发工资、家易通等结算类客户，加强后续跟进、优化服务，提升资金留存率，锁定结算存款，加大对社保卡、医保卡、公积金卡等公益类认同卡发卡量的推进工作，夯实基础客群。加强重点工作的通报与考核力度，完善考核体系，强化激励约束机制，深入优化客户结构，加快家易通普通商户业务推广，促进新增存款，夯实发展基础，推进个人金融业务稳步快速发展。至年底，储蓄存款余额149358万元，比年初增加9231万元，增长6.59%。

【中间业务】 2013年，分行围绕财富管理、综合融资服务，加大投资银行、资产托管、供应链金融业务产品推广，通过资源共享、业务联动和交叉销售等手段，完善银行业务与非银行业务的一体化营销，发挥集团协同发展效应，为客户度身定制个性化、全方位、针对性的金融服务方案，形成集团业务发展的合力。以客户为中心，加强公私联动，对客户开展个人、家庭、公司"三位一体"（人工网点、电子银行、客户经理"三位"建设为"一体"）的深化服务，着重围绕基本结算户、代发工资、第三方存管、住房按揭、信用卡、理财业务等重点产品加强交叉销售，形成公私互促、以客带客的拓展模式。在个人金融业务方面，采用代收代付结合个人理财套餐模式，以代发工资业务为基础，发展借记卡或信用卡用户，开展代理保险、代理基金、代理贵金属、代理理财等多项中间业务。在公司业务方面，以信贷支撑非信贷、表内带动表外、资金带动服务，针对客户的专业化、差异化要求，强化蕴通账户、产业供应链、银卫安康、缴税通、资产管理池、贸易融资、信托业务、租赁业务等重点产品品牌的推广。跟进资本市场和居民消费变化，开拓与各类资产管理机构的合作通道，丰富产品的投资品种、渠道和运作方式，规范公司和个人的财务顾问业务，提升顾问水平和质量，增强交叉销售和财富管理能力，强化中间业务考核力度，通过考核引导业务发展，加大中间业务费用配置和专项奖励，突出对重点产品和创新产品的专项奖励，完善体系，持续提高中间业务管理能力。2013年，实现中间业务收入1982万元，比年初增加304万元，其中公司条线实现中间业务收入1171万元，零售条线实现中间业务收入811万元。

【内控管理】 2013年，分行针对宏观经济复杂多变，金融机构经营风险和案件防控压力加大的形势，强调内控管理的重要地位，解决好业务发展和风险防控之间的关系，严守底线，强化授信审查、风险排查、贷后管理，加强中小企业授信客户、产能过剩行业等重点领域风险的排查和监控，优化授信客户结构，果断采取有效措施落实存量客户减持工作，推进不良贷款清收工作。贯彻落实监管部门要求，抓人防、物防、技防、制防，组织开展“遵规章、查隐患、控风险”案件防控专项行动，定期开展员工失范行为风险自查、承诺和排查工作，分行与各部门支行、各部门支行与员工层层签订《案件风险防范责任书》《安全保卫（综合治理）责任书》《消防安全责任书》，强化预警和防范案件发生。通过完善会计内控管理考核制度，持续开展会计检查辅导工作，严格执行重要岗位人员轮岗轮调和强制休假制度，加大各类业务检查和问责处理力度，以攀枝花银监分局序时性检查、人行攀枝花市中心支行综合执法检查、交通银行华西审计部现场检查、交通银行四川省分行贷后履职检查等各类内外部为契机，认真对照监管要求和工作指导意见，对全行经营业务规范操作和内控管理情况全面开展自查自纠和整改落实工作，通过完善制度、严肃问责，及时开展教育培训，有效提升全行依法合规经营水平。全行未发生风险事故，没有资金损失。

【规范化服务】 2013 年，分行切实把规范化服务提升纳入“一把手”工程，每月召开工单分析暨服务提升推进工作领导小组工作会议，完善服务提升考核细则，把改进服务环境，强化提升柜面文明、规范服务标准、整治不规范经营专项治理成果与保护金融消费者权益相结合，完善金融消费者投诉管理体制机制，维护消费者正当权益，严格执行服务收费“七不准”“四公开”要求，提高透明度，尊重客户的选择权和知情权，在合规经营前提下提供优质服务。全年实现服务有责“零”投诉，客户满意度和忠诚度提高，分行服务提升工作在省分行年度综合考核中排名第 1 位。

【管理改革】 2013 年，分行把推进“二次改革”作为提高市场竞争力，促进全行业务持续稳健发展的战略手段，按照交通银行总行、四川省分行工作要求，积极推进管理改革创新，组织实施矩阵式管理模式改革，对班子成员分工和组织架构进行调整，部门设置为 7 个，公司业务部负责公司业务、国际业务职能，零售业务部负责零售业务、服务提升及电子银行前台营销推广职能，授信与风险管理部负责对公、零贷授信审查、风险管理、资产保全、法律合规职能，营运管理部负责预算财务、资产负债、会计结算、信息技术、自助设备清装钞，综合管理部负责党委办公室、党委组织部、党委宣传部，综合办公、行政管理、人力资源管理职能，监察保卫部负责监察室、保卫部、工会办公室、团委职能；建立内外沟通协调制度机制，按照“三位一体”管理要求大力推进网点建设和低产网点整治，制定财务费用管理实施细则，规范财务费用使用，制定会议管理、公文处理相关制度要求，通过开展作风整顿专项活动和党的群众路线教育实践活动，促进干部员工作风转变和执行力提升，促进全行经营管理效率的提高。按照交通银行总行、四川省分行新的考核模式，制定 2013 年度综合考核办法，制定公司、个金、小企业、个贷客户经理绩效考核办法，组织开展陶家渡支行行长、公司业务部副总经理竞争上岗和各部门 7 个管理岗位内部公开招聘工作，通过强化绩效考核，加大干部公开选拔力度，督促干部员工认真履职、改进绩效，激发工作积极性和主动性。

（刘昆山）

中国农业发展银行攀枝花市分行

【概　况】 中国农业发展银行攀枝花市分行（以下简称市农发行）是攀枝花市唯一农业政策性银行，辖内无分支机构。至年底，全行共有职工 42 人，其中在职职工 33 人、退休职工 9 人。在职职工均为大专以上学历；有中级以上职称的 13 人，占 39.39%；职工平均年龄 34 岁。固定资产原值 842 万元、净值 551 万元。

2013 年，按照省分行年初、年中行长会议精神，市分行认真履行政策性银行职能，加强各项基础工作管理，强化贷后管理，努力防控经营风险。至年底，全行累计发放贷款 29959 万元，累计收回贷款 46869 万元，各项贷款余额达 182662 万元，比年初减少 16910 万元，下降 8.47%，人均贷款余额 5535 万元；各项存款余额 16334 万元，比年初减少 6561 万元，下降 28.65%，人均日均存款 697 万元；不良贷款余额 2060 万元，占比 1.13%，比年初增加 1640 万元，增长 390.48%，不良贷款占比较年初上升 0.92%；实现账面盈利 4790 万元，同比减少 717 万元，下降 14.98%；人均创利 145 万元，同比减少 27 万元，下降 15.7%。全年，未发生任何经济案件和责任事故，保持了中国农业发展银行授予的“女职工文明示范岗”、中国农业发展银行四川省分行授予的“省分行级青年文明号”和“省分行级优质服务示范窗口”称号、四川省精神文明建设委员会授予的“省级文明单位”和“市州级文明行业活动示范系统（单位）”称号、攀枝花市精神文明建设委员会授予的“市级文明行业”和“市级卫生红旗单位”称号，被中国农业发展银行四川省分行评选为“先进工会组织”。

【信贷业务】 2013 年，市农发行在做好传统粮油收购资金供应与管理的同时，市分行紧紧围绕市委、市政府统筹城乡发展战略，加大对攀枝花市农业农村改革发展重点领域和薄弱环节的信贷支持力度。支持 8 户省市县储备企业储备粮食 5035 万千克、储备油 125 万千克，贷款余额 12960 万元，比年初增加 626 万元，促进储备企业宏观调控作用的发挥和地方政府政策性储备计划的实施。支持米易县新农村示范片区建设、盐边县簸箕鲊片区基础设施建设、西区土地整理及配套基础设施建设、仁和区橄榄坪、迤资片区土地整理建设等项目的建设，贷款累计投放额达16.2亿元，促进攀枝花市城乡一体化建设。支持攀枝花市锐华农业开发有限公司、攀枝花市行远牧业农业开发有限公司、攀枝花市立新养殖农业开发有限公司等省市级8户农业产业化龙头企业贷款资金的续贷，贷款余额达11120万元，促进特色优势产业健康发展。支持农村流通体系企业3户、贷款余额9800万元，促进现代农村流通业态健康发展。支持县级肉类储备，贷款余额3000万元，促进市场稳定。

【存款业务】 2013年，市农发行为促进企事业单位存款稳步发展，充分发挥信贷业务吸存、引存功能，稳定和发展信贷客户的存款资源，积极营销贷款客户的交易对手或下游企业资金存款，加强对政府融资平台公司贷款资金的支付监管，确保大额资金支付在市农发行开立账户的承办单位和承建企业内划转，尽可能使存款资源在市农发行“体内”循环；加强对客户企业货款回笼归行的监管，根据客户贷款占融资总额的比例，合理确定客户货款回笼归行比例，严格监督客户销货款回笼归行，将货款归行率与贷款授信、利率定价挂钩；加强与客户的沟通联系，帮助客户清理清收不合理资金占用，压缩减少库存现金，增加生息资金存款，提高资金周转使用效益；密切与市、县(区)财政局部门的沟通协调，严格监督财政性资金的支付管理，确保财政资金专户存储、专款专用。至年底，各项存款余额16334万元，日均存款23013万元，人均日均存款697万元。

【中间业务】 2013年，市农发行继续推进代理保险、融资顾问和人民币结算等中间业务，实现中间业务收入10.8万元。全年代理保险21份，手续费收入4.86万元；实现人民币结算手续费收入3.29万元；实现其他中间业务收入2.65万元。同时，继续利用工商银行网银结算平台推广应用网银业务，扩大非现金结算覆盖面，保障资金安全，至年底，贷款客户开立网银11户，网银累计划出金额12517万元。

【信贷管理】 2013年，市农发行围绕强化信贷基础管理，加强信贷制度办法的学习贯彻和执行落实，提高信贷管理执行力。坚持国家宏观调控和总行的信贷政策，准确把握信贷支持重点，严格审定客户准入条件资格，运用先进的电子化、流程化管理手段，加强合规操作、贷后监管和基础信息资料管理；按照总行统一部署推行无纸化办贷，运用CM2006信贷管理系统完成流动资金贷款无纸化流程审批67笔，金额25527万元；狠抓客户的评级授信管理和贷款审查工作，对34户客户分别进行信用评级和授信，授信总额211581万元，审议贷款事项10次、16个，金额124665万元，提出风险警示35个；督促客户经理加强贷后管理，加强非现场信贷风险监测，跟踪项目建设进展，监督项目资本金到位和项目建设内容，了解客户生产经营和财务变化情况，及时进行风险预警；做好信贷资金计划管理，加强信贷运行情况分析，严格财政补贴资金监管和征信系统的使用，抓好统计报表编报等信贷综合管理工作。

【财会管理】 2013年，市农发行加强和规范财会管理，修订完善财务管理制度办法，抓好财务核算、业务费用和固定资产管理，努力增收节支，加大收息力度，做到应收尽收，严格业务经费和招待费开支，厉行节约，做好财务预测和分析，提高财务资源的利用效率，各项指标都控制在上级行下达的计划之内。夯实财会基础，规范结算业务操作，做好业务印章、印模卡和防伪文件等重要单证和重要物品的管理；规范账户管理，及时对账，做到应对尽对；严格财务审查制度，坚持大额资金开支集体审议，召开财审会14次，审议金额约104万元；认真开展会计结算业务，规范会计综合业务系统的使用管理，努力提高服务质量，加强会计结算检查辅导，坚持按季开展检查；加强反洗钱监测管理，履行好反洗钱义务。

【内控管理】 2013年，市农发行加强信贷前后台、财务管理、纪检监察等各专业部门、业务条线间的监督制约，坚持审贷分离、管钱管物分离、部门岗位分离和授权管理，形成严密有效的内控监督体系；加强制度建设，在现有制度体系的基础上整合、完善《信息科技岗位管理办法》《财务管理暂行办法》《贷款利率定价管理暂行办法》等11个制度办法；召开内控委员会会议2次，开展反洗钱工作审计和平台贷款自查，配合完成省分行对市分行经营管理的序时审计和不良贷款审计；加强对内外部审计检查问题的整改监督，确保整改落实到位；加强对制度落实情况的监督检查，完善运作机制与业务流程，确保每笔业务、每个环节和每个岗位都处于监督约束之下。

【风险防控】 2013年，市农发行完善和强化全面风险管理，加强信贷风险防控，一方面将化解清收风险贷款作为全行工作的重中之重，明确一把手负总责、分管行长重点联系和督导、客户部门负责人和客户经理加大监管清收力度的清收工作制度，先后多次与企业和担保公司协调商谈，因企制宜，采取针对性措施化解贷款风险。至年底，共收回6户企业9470万元风险贷款；另一方面调整优化信贷结构，退出3个有潜在风险的贷款客户，落实贷前、贷中、贷后的贷款“三查”制度，加强信贷风险监测预警，区分不同企业实行“有保有压”的信贷策略，结合实际开展贷款风险分类情况自查、贷款客户风险排查、贷款担保风险排查、抵质押物排查、融资性担保公司贷款风险排查、保证金质押管理自查、合同合规性检查等自查排查和问题整改，防止风险下迁。同时，切实防控业务操作风险，严格落实信贷新政策、《四川银行业从业人员五十个严禁（修订）》和各条线管理制度，强化对业务操作流程和重点业务的督促检查，按季进行信贷风险排查和财会辅导检查，组织开展滚动式存款风险排查、支付结算检查等各项自查和接受上级部门检查近40次，对存在问题及时整改；结合实际向人行申请取消票据交换业务，杜绝票据清算员和交换员重叠的风险。加强事故案件、廉洁从业和安全保卫风险的防控，层层签订《案件防控、安全保卫及“四无”（无经济案件、无刑事案件、无重大责任事故、无严重违规违纪问题）创建目标管理责任书》，人人缴纳保证金；落实《廉政准则》和廉洁制度，组织全员签订廉洁从业承诺书并向客户公开；加强银企廉政共建，与所有贷款客户签订《银企廉政共建协议书》，重新聘请行风监督员9人，开展廉政回访12次；落实案防制度，组织行为排查27人，对9名竞聘上岗的中层干部开展任前廉政谈话，强制休假16人次，轮岗9人，按季召开案防分析会3次；加强案防意识教育，组织全行性的案防、廉政和安全教育8次，制作板报3期，开展应急演练3次；抓好技防设施建设，定期进行维护；完成计算机房升级改造，提高防范科技风险的能力。保持建行至今未发生任何案件事故的良好记录，被市公安局、银监局评为2013年度银行业金融机构安全防范优秀单位。

【队伍建设】 2013年，市农发行坚持政治学习制度、党委中心组学习制度、职工思想状态调查分析制度，加强理论学习教育和思想政治工作。通过开展讨论、发放学习资料、组织竞赛、撰写心得体会等形式加强十八大精神宣传学习，邀请心理学咨询师开展“改变心智模式，用心感受幸福”的心理辅导，开展多形式的思想教育和争先创优、建功立业、扶贫帮困等主题活动。加强领导班子建设、党员队伍建设和干部队伍建设，重视作风建设，组织好职代会、党委民主生活会，开展内、外部行风评议，号召干部职工和客户企业为市分行发展建言献策。深化人力资源改革，执行好选人用人制度、领导干部监督管理制度和员工年度考核制度，落实用工政策和收入分配改革措施，保持队伍稳定。继续抓好培训教育，总参训138人次，10位员工通过财会、信贷等专业持证上岗资格考试，3人通过银行业从业资格考试，12名会计、统计专业技术人员参加攀枝花市财政局举办的专业技术人员继续教育。提高干部职工思想政治觉悟，执行中央关于厉行勤俭节约、转变工作作风的相关规定，全年，印发文件刊物140份，组织大型活动2次，公务接待开支、车辆运转费用及会务费支出76.8万元，分别较2012年下降27.08%、33.3%和19.8%。推动企业文化建设，提高职工先进文化意识，获评省分行级“先进工会组织”，2名员工分别被评为省分行“先进工作者”和“职工之友”。

（何　雯）

攀枝花市商业银行

【概　况】 2013年，攀枝花市商业银行（以下简称市商业银行）机关设14个部门，下辖3家异地分行、1个营业部、20家支行，从业人员806人（含成都分行客户经理），其中博士1人、硕士研究生51人、大学本科生396人，大学本科及以上学历人数占全行员工总数的55.58%。资产总额589.55亿元，较年初减少22.38亿元，下降3.64%；各项存款余额383.49亿元，较年初增加20.09亿元，增长5.53%，市场占比40.88%；各项贷款（含贴现）余额209.29亿元，较年初增加35.25亿元，增长20.25%，市场占比31.51%，其中贴现余额23.27亿元，较年初增加6.56亿元；承兑余额153.19亿元，较年初减少44.87亿元；不良贷款余额1756万元，不良贷款占0.08%，超额备付率10.82%，流动性比率63.03%，存贷款比率54.58%。

2013年，市商业银行监管评级保持“二级B”。在中国《银行家》杂志社发布的中资商业银行财务评价排名，市商业银行在全国城市商业银行（资产规模500亿—1000亿）中排第2位。在由金融时报和中国社科院金融研究所共同推出的2013年度“金融机构金牌榜—金龙奖”评选活动中，市商业银行获“年度最佳中小银行”。这是金龙奖自2008年设立以来，西部地区银行首次获得这项全国综合性大奖。

【跨区域发展】 2013年，市商业银行有成都分行营业部、高新支行、锦江支行、城北支行、武侯支行、滨江支行6个网点对外营业。至年底，成都分行资产总额191.49亿元，一般性存款余额156.19亿元，各项贷款余额（含贴现）46.68亿元。

为打造一家“立足攀枝花，辐射西部，放眼全国”的区域性股份制商业银行，根据董事会审议通过的《攀枝花市商业银行2013年机构发展》，凉山分行、自贡分行自2013年6月8日和2013年11月9日先后开业以来，按总行确定的市场定位，齐心协力求生存、谋发展。年末，存款余额分别达到8.37亿元、1.5亿元。

金都村镇银行各项业务继续呈现稳健发展势头。通过增资扩股，市商业银行持有金都村镇银行的股份占比从20%增加到36.2%。增强其对金都村镇银行重大事项的表决权和业务合规的监管权。

【存款业务】 2013年，市商业银行加大业务结构调整力度，将增加储蓄存款作为调整全行负债结构的重要手段，在组织储蓄存款方面深入研究、多措并举，取得较好成效。先是推出跨行取款免费、异地取款免费、网银免费等19项免费措施。紧接着在攀枝花市、成都市和凉山州铺开大规模宣传活动，在报纸、电视、高速公路、户外LED、电影院线、公交站台、网络平台、小区电梯等各类宣传媒体上推出宣传广告，形成一定氛围的宣传攻势，取得较为理想的宣传效果。同时，加大对储蓄存款的考核力度，各分支机构迅速行动，积极深入居民社区、厂矿企业进行宣传营销，储蓄存款取得较大幅度增长。至年底，全行储蓄存款余额73.38亿元，较2012年末增加21.8亿元，储蓄存款在一般性存款中占比增长6.87个百分点，达到19.11%，全行保证金存款占比为19.46%，较年初下降14.36个百分点。同业存款也实现有序下降，资产业务拓展对同业资金的依赖性明显下降。存款结构调整取得显著成效。

【服务地方经济】 2013年，市商业银行面临宏观经济内外环境错综复杂，既面临有效需求不足和产能过剩相互交织的矛盾，又面临市场低迷、产业结构不合理和四川省煤矿整顿关闭重组等不利因素相互叠加的困境。市商业银行坚持以科学发展观为指导，紧紧围绕市委、市政府提出发展思路和战略目标，坚持支持地方经济发展的原则不变、力度不减，不断深化基本客户群战略和支持县（区）域经济发展战略，坚定不移地继续贯彻"与企业共渡难关"的经营方针不动摇。根据监管要求严格控制信贷投放总量和节奏，合理控制信贷投向，积极支持地方经济发展。

2013年，市商业银行在信贷规模有限的情况下，满足地方经济发展和基础设施建设对资金的需求，为助力阳光花城开发建设，加快建设宜居宜业的生态文明新城区做出积极贡献；创新融资担保方式，除大力推行企业联保、经营收益权质押、矿业权抵押等九类新型担保方式外，还与省内多家资深融资性担保公司实行合作准入，拓宽融资担保渠道，成功突破企业融资担保瓶颈，累计为超过1000家企业解决融资问题；自2013年3月开始主动降低中小企业贷款利率水平，取消企业网银服务费、转账费等7个收费项目，切实为企业降低融资成本；同时，严格控制贷款利率浮动水平，减费让利的受益企业多达400余户，全年让利达3000余万元，切实降低企业融资成本，支持实体企业，服务地方经济建设。

【服务小微企业】 2013年，市商业银行继续坚持"立足地方、服务中小"的市场定位，继续贯彻落实银监会"三个办法，一个指引"，以"服务中小企业"为自身定位，探索中小微企业金融服务模式，帮助中小微企业在经济调整中抓住机遇，求得发展。加强服务队伍建设，总行成立小微信贷风险管理委员会，积极推动小微信贷工作；与北京玖富投资有限公司合作，组建小微信贷中心，配置专门人员和队伍，按新的小微金融营销和审批模式进行运作。至年底，全行共发放个人信用化贷款44笔，金额共计999万元。改革授信管理制度，对支行授予200万元小微信贷审批权限，有效提高小微客户信贷审批效率。推出具有实用性、方便性的专属金融产品，适合中小微企业"小、快、灵"的特点，能够有效解决和缓解中小企业贷款难、担保难的问题。拓宽企业融资渠道，积极与邮储银行四川分行、国家开发银行四川分行合作开展"保函贷"业务，利用外部资金为攀枝花市中小微企业发放贷款2.87亿元。

【风险和案件防范】 2013年，市商业银行积极应对严峻的外部宏观经济形势，加大风控案防力度。修订完善规章制度，按照新的《资本管理办法》及监管要求，全年共修订《流动性风险管理暂行办法》《授信工作尽职问责实施细则》等制度办法26个，制定新业务制度10个；同时完善各项应急预案，规范采矿权抵押备案事项和面谈面签制度等，为提高风险管控能力夯实制度基础。加强授信风险管控，推行客户信用评级和统一授信，建立融资性担保机构、评估机构及仓储监管机构的合作准入机制，规范与第三方中介机构的业务合作，做好房地产贷款风险压力测试、大额风险预警系统报送工作，修改、完善贷前调查报告模板，加强贷后检查，"一户一策"有针对性提出风险防控措施，成立授信风险防控工作组，加强对重点授信风险的监测及风险化解工作，确保全行授信风险总体可控，没有出现不良贷款大幅反弹的情况。密切监控流动风险，一方面大力调整业务结构，改进存款考核方式，提高储蓄存款考核比重，优化负债结构；另一方面在做好日常流动性指标监测和压力测试工作的同时，积极应对潜在流动性风险，确保全行流动性指标处于优良水平。提高案件防控能力。实现攀枝花本部现金守押社会化，加强合规文化建设，加大监督检查力度，严肃查处违规行为。全年，共截获2起电话诈骗案件，实现案防零事故目标任务，有效保障客户财产安全。

【新产品研发】 2013年，为丰富金融产品系列，满足客户日益多元化的金融服务需求，市商业银行不断加快创新步伐，在市委、市政府的领导下和各级监管部门的帮助下，不断丰富个人金融产品种类，提升借记卡产品吸引力。一方面陆续推出借记卡ATM跨行取款免手续费、跨行转账免手续费、网银免费申请等19项免费措施，提升借记卡的用卡便捷度；上线发行工会联名卡、攀枝花学院校园联名卡、大凉山卡等4种专属银行卡，全年专属银行卡共发行2.02万张；拓展银行卡的增值服务内涵，有效增强卡类产品的市场竞争力。另一方面经代销贵金属业务于2013年12月在新华街支行成功上线；同时，与交通银行进行银银合作平台的第三方存管转账业务也于12月正式上线；综合积分平台、积分商城、积分消费平台、积分商户平台等功能也陆续开发上线。

【人才引进和培养】 2013年，为加强人才储备培养工作，市商业银行人才引进共111人，其中本科以上学历92名。为提高服务质量，2013年招聘大堂经理33名，经过系列培训后上岗，全面提高各网点厅堂服务效率。与北大纵横管理咨询团队合作开展组织激励与员工发展咨询项目工作前期方案设计全面完成，正按计划实施，逐步形成从员工引进、学习培训到成长进步的较为完善的体系，以及适应长远发展的薪酬激励体系。同时，市商业银行大力推进学习型银行建设，每周五组织机关员工集中学习，提升机关员工政治素质和业务理论水平。市商业银行采取集体报名、统一订购考试资料的方式，组织总行机关和各分支机构的员工参加银行从业资格考试。

【履行社会责任】 2013 年，市商业银行为推进社会责任建设，市商业银行积极做好扶贫帮困工作。为有效改善边远民族乡镇贫困问题，实现脱贫致富奔小康的社会整体发展目标。按照市委市政府的统一安排和部署，市商业银行多次实地考察盐边县红宝苗族彝族乡，与县、乡领导座谈，将三谜路（红宝段）道路硬化建设作为对口援助红宝乡的第一个项目，出资 300 万元，协调资金 1 亿元，帮扶建设盐择路乡政府至谜塘小垭口段和乡境内的三迷路红宝段共计 26.6 千米（其中盐择路 20 千米，三迷路 6.6 千米）。2013 年三谜路竣工通车，为带动红宝乡经济发展和方便群众出行打下基础，为实施后续对口援边项目创造条件。与此同时，市商业银行继续做好“攀枝花市商业银行爱心助学金”工作，2013 年度出资 80 万元，资助市内家庭贫困大中小学生 300 余人。在雅安发生地震后，市商业银行积极行动捐款捐物，在第一时间将募集款项 14 万元汇至民政部门，支援灾区抗震救灾、恢复生产、重建家园。市商业银行积极承担社会责任的行动，受到广大市民的广泛关注，在攀枝花市社会各界引起良好反响，提升社会形象和知名度。

【新一代核心业务系统上线运行】 2012 年 6 月市商业银行正式启动新一代核心业务系统（简称新系统）的建设工作。该项目除核心系统外还涉及众多外围系统改造，是市商业银行成立以来规模最大、复杂程度最高的信息科技系统工程。前期经过多方比选，市商业银行选定 TATA 公司（该公司为中国银行、华夏银行、上海农商等银行开发核心系统）旗下 TCS BaNCS 银行核心系统产品作为新一代核心业务系统，新一代核心业务系统在软件设计、硬件设备、运行环境等方面均进行全新的考量，在设计上，系统的运行速度、系统容量、功能完整性、流程合理性以及安全控制等方面较前版均有质的飞跃。从 TATA 公司进场做差异分析到系统上线的 11 个月时间里，软件开发、数据移植、硬件设备采购调试和网络调整等工作同步进行，信贷系统、票据系统等多项外围系统的建设也同步启动，共有 19 个系统同步推进，工作量以及工作难度较大。为确保新系统成功上线，市商业银行认真安排新系统开发工作，严密部署新系统上线停业期间组织保障工作。最终，市商业银行新一代核心业务系统于 2013 年 5 月 5 日 21 时成功实现上线运行，比预计时间提前 12 个小时，创造业界核心业务系统最短时间成功上线运行的记录。

【增资扩股】 2013 年，为适应新的资本监管要求，增强资本实力，消除资本金不足对业务发展的制约，多渠道筹集资本金支持业务快速发展，在市委、市政府的大力支持下，经监管部门批准，市商业银行以 2012 年 12 月末本行登记在册的股东持有本行股份总额 843326144 股为基数，以 10 比 5 的比例用历年留存的未分配利润和资本公积转增股本金。以此为基数，再按 10 比 2 的比例面向本行法人（单位）股东按每股 2.8 元的价格实施增资扩股。到本次增资扩股缴款截至日 2013 年 10 月 10 日止，对市商业银行 2012 年 12 月末登记在册股东，以转增方式增加股本金 421663432 元（法人单位 377170633 元、自然人 44492799 元）。法人单位股东认购增发股份 222945901 股，缴纳购股款 624248522.8 元，其中按 1 元 1 股记入本行股本金 222945901 元，其余 401302621.8 元为资本公积金。市商业银行 2013 年增资扩股共计新增注册资本金 644609333 元。

【董事会、监事会换届】 2013 年，第二届董事会、监事会任期届满，按照公司法和市商业银行章程的规定，经董事会、监事会、股东大会通过，市商业银行董事会、监事会换届工作圆满完成。第三届董事会由 12 名董事组成，其中执行董事 3 人、股东董事 7 人、独立董事 2 人。第三届监事会由 7 名监事组成，其中职工监事 2 人、股东监事 3 人、外部监事 2 人。新一届董事会、监事会上任后认真履行职责，加强顶层设计，为市商业银行稳健可持续发展发挥积极作用。

（李靓婧）

攀枝花农村商业银行

【概　况】 2013 年，攀枝花农村商业银行股份有限公司(以下简称攀枝花农商行)内设 13 个职能部门，下辖总行营业部、5 家县级支行、57 个分理处，共 63 个营业网点。共有员工 793 人，其中在岗员工 592 人，平均年龄 36 岁，大专及以上学历 451 人，中共党员 303 人。

2013 年，面对严峻复杂的经济金融形势和改革发展的艰巨任务，攀枝花农村商业银行全行上下凝心聚力，全面完成各项经营指标，市场份额实现“（存款）守位（贷款）赶超”的目标，监管评级从 3B 级提升至 2C 级，被评为农村中小金融机构“标杆银行”，获得四川省农村信用社 2013 年度“人均创利十强单位”“最佳金融创新单位”和“最佳风险管理单位”荣誉，继续保持“零案件、零重大责任事故”的良好态势。

2013 年年末，全行各项存款余额 1338773 万元，较年初增加 254956 万元，增幅 23.52%；各项贷款余额 704870 万元，较年初增加 160121 万元，增幅 29.39%；拨备前利润 34003 万元，同比增加 3540 万元，增幅 11.62%；成本收入比 39.25%，同比降低 1.41 个百分点，降幅 3.46%；不良贷款余额 10334 万元，较年初下降 307 万元，降幅 2.89%；不良资产占比 1.47%，较年初下降 0.48%，降幅 24.62%；资本充足率 11.76%，较年初增长 3.54%，增幅 23.14%；拨备覆盖率 320.55%，同比增长 65.43%，增幅 25.65%。

【存款业务】 2013 年，面对整体不利环境，通过全行共同努力，各项存款余额达 133.88 亿元，较年初增加 25.50 亿元，增幅 23.52%，净增额为全市同业净增总量的 1.14 倍，居全市同业第一位；增幅高于全市同业平均水平 20.53 个百分点；市场份额占比 17.32%，较年初上升 3.03 个百分点；居全市同业第二位。

【信贷投放】 2013 年年末，全行各项贷款余额 70.49 亿元，较年初增加 16.01 亿元，增量位居全市同业第二位；市场份额占比 11.56%，较年初上升 1.32 个百分点。其中，新增涉农贷款 8.19 亿元、中小微企业贷款 9.88 亿元、省市重点工程项目贷款 6.78 亿元；发放助学贷款 833 笔、417 万元，妇女财政贴息小额贷款 5443 笔、3.44 亿元，有力支持全市基础设施建设、特色农业打造、新农村建设、民营经济发展和产业升级转型；有效解决贫困学子上学、城乡妇女致富的资金难题。

【业务拓展】 2013 年，攀枝花农商行规范各项业务流程，以业务创新为着力点，带动传统业务转型。全行积极开展小微金融业务。小微金融部发放微贷 327 笔、余额 6684.21 万元；发放小贷 84 笔、余额 7472.1 万元；全部贷款无一笔不良，平均年收益率达 12%。8 月 8 日，攀枝花农商行金融市场部于成都正式挂牌成立。自 5 月下旬开办业务以来，通过对债券、同业存放、票据及非标投资等工具的综合运用，实现创收 1.07 亿元，占全行收入的 1/4。总交割量达 1550 亿元，在中央国债登记结算有限责任公司排名上升至全国农商银行 27 位，市场活跃度和知名度不断提升。2013 年，攀枝花农商行积极打开银承签票局面。通过大力宣传、积极营销、加强与同业合作，累计签发银行承兑汇票 20.81 亿元，市场认可度明显提升，签票业务步入快速发展轨道。2013 年年末，全年共销售理财产品 37 期、12.78 亿元.其中：销售“金信富 •丰登”34 期、6.68 亿元；销售自主研发的“金信富 •金沙”理财产品 3 期、6.11 亿元，填补全行乃至全省农信系统理财产品空白。攀枝花农商行通过积极努力，于 6 月成功取得参与代理全市住房公积金资格；公务卡获得银监会批准，进入发行阶段；金融社保 IC 卡成功发行。

【电子渠道建设】 2013 年，攀枝花农商行积极拓展 POS 商户、加速投放自助机具、大力推广营销电话支付终端业务。全年共拓展超市、酒家等特约商户 121 户，安装 POS 机具 148 台，新开通短信客户 16424 户，网银个人客户 3232 户，网银企业客户 299 户，新增自助设备 35 台，新设置助民取款服务点 184 个，布放电话支付终端 223 台、累计布放 921 台，实现全市 44 个乡镇 352 个行政村的助农取款全覆盖，使农户足不出村即可享受便捷金融服务。

【内控管理】 2013 年，攀枝花农商行在内控管理上，强化内部稽核审查监督，全年共计开展 240 余次覆盖全行、内容广泛、重点突出的序时稽核，下发整改通知书 20 余份；开展涉及上年度财务收支年终决算情况、大额贷款、抵债和固定资产、银行承兑汇票等 6 次专项检查；对箐河、共和、白坡分理处实施移位稽核。全年，稽核检查共发现问题 70 个，处理违规责任人 93 人次。其中：经济处罚 37 人次、金额 34100 元；积分处罚 37 人次、积分 65 分；全行通报批评 18 人次；待岗处理 1 人次。

为加强安全、安防、案防和稳定工作。攀枝花农商行全年开展常规安全检查 541 人次，重点检查 173 人次，完成 18 个网点的安防设施建设和安全达标验收、新增 34 台自助机具验收、全部网点防雷安全自查和安全达标验收等工作。全行认真抓消防管理、守押队伍管理、大堂保安管理日常工作。通过开展专项排查，对代销业务、贷款本息对账、现金业务、银行卡、大额贷款、支付结算、纪检监察、员工异常行为等进行专项检查。对存在的学习不到位、操作不规范、监控存在盲区、安保设施有瑕疵等问题及时指出、限期整改。全行通过开展防范打击非法集资宣传月等活动，提高公众风险防范意识、树立正确的理财观念，同时增强全行员工的合规意识及防范和打击非法集资的社会责任感。

【优质服务】 为督导和促进全行网点规范化服务质量的提高，2013 年，攀枝花农商行制定出台《攀枝花农村商业银行股份有限公司提升规范化服务管理考核实施办法（暂行）》，实行狠抓规范服务流程，健全问责、考核机制，涉及包括网点环境规范、员工仪容规范、柜面服务规范及大堂经理管理规范等各个方面。2013 年年末，全行共配备 26 个大堂经理，聘请专业培训机构对大堂经理进行强化培训，规范化服务办公室按季对各网点规范化服务情况进行全面检查，定期开展服务明星评比活动，及时通报情况，发现问题，立即整改。建立营业柜员规范化服务档案，对违反制度、不执行规范化服务要求的行为，无论是否造成不良结果，全部严肃处理，记录在案。

【社会履职】 2013 年，攀枝花农商行积极履行社会责任，持续提升公司社会形象，积极支持地方基础设施和民生工程建设，借助市委、市政府“圆梦行动”平台，通过“攀枝花农村商业银行助学基金”，向全市100名贫困学子提供50万元助学金，荣获市总工会“寒窗助学行动突出贡献单位”称号。积极响应“一方有难，八方支援”号召，全行干部员工向芦山地震灾区捐款65.30万元，向南充联社信息科技中心患癌症员工捐款3.23万元。为支持甘孜州网点建设，向丹巴县联社岳扎分社提供网点及安防建设资金74.2万元。按照市委、市政府支援边远民族地区经济社会发展要求，承担对口支援边远民族地区重任，全年累计投入340万元，用于米易县白坡彝族乡基础设施改建。

（夏浚淞）

中国邮政储蓄银行攀枝花分行

【概　况】 2013年，中国邮政储蓄银行攀枝花分行（以下简称分行）内设11个一级部门，5个二级部门，3个一级支行，营业网点39个（一类网点16个、二类网点14个、代理网点10个）。在岗员工275名，其中硕士2名、本科131名、专科131名，专科以上占比96%，平均年龄31岁。资产总额64.83亿元，较2012年末增加4.40亿元，同比增长7.28%；固定资产原值为3572.83万元，同比增长11.43%；固定资产净值1905.41万元，同比下降4.45%。

2013年，分行贯彻省分行年初工作会议精神，坚持“稳中求进、提质增效、防控风险、全面发展”的工作总基调，抓住机遇，克服困难，推进发展方式转变和业务结构调整，全面提升经营质量和效益，业务发展和管理工作扎实推进。全行全年自营收入完成11354万元，实现利润3287万元，成本收入比为62.87%，排全省第11位，高于全省平均5.54个百分点。全年，人均劳动生产率实现45.41万元，人均利润率14.93万元，人均经济增加值（EVA）8.85万元，分行获省分行表彰的2013年度“经营效益奖”。

2013年，分行以市场为导向，以客户为中心，全行个人储蓄存款余额42.97亿元，在全市9家金融机构中排名第五位，全年新增存款2.82亿元，在全市金融机构中排名第4位，增幅7.06%，市场占有率为10.13%。分行自营网点个人存款余额19.7亿元，新增1.36亿元，增幅7.45%。全年，累计信贷投放57.47亿元（其中，发放小贷2.18亿元，发放商贷1.4亿元，发放消费贷0.69亿元，发放小企业贷款2.44亿元，发放公司贷款及供应链融资8.7亿元，累计办理票据贴现42.06亿元）。至年底，各项贷款余额13.16亿元，较年初增长57.49%。

【资产业务】 2013年，分行在信贷业务发展上，坚持定位发展“两小”业务不动摇，紧密围绕全省信贷发展工作思路，优化信贷资源配置，创新信贷品种，改进小微企业和“三农”金融服务。分行创新小额贷款品种，推出果农小额贷款、经营性车辆农户小额贷款、净值抵押小额贷款贷款、大省授权小额贷款等多个小额贷款新产品，同时调整贷款期限，全年发放商户、农户、妇女贴息、再就业贴息等小额贷款2788笔，金额2.18亿元，贷款余额2.05亿元；发放个人商务贷款265笔，金额1.4亿元，贷款余额2.48亿元；发放消费类贷款255笔，金额6946.40万元，贷款余额1.15亿元；分行坚持打造“资金结算链”，以项目为抓手，坚持总部营销，延伸与攀钢、钢城等大型国有企业的合作广度和深度。全年，发放公司信贷3笔，金额8亿元，发放供应链金融业务3笔，金额0.7亿元。同时，抓住分行特色业务的优势，大力发展票据业务，全年共贴现917笔，金额42.07亿元；分行通过深挖优质客户资源，开展小企业客户营销升级活动，调查走访工业园区，与工业园区建立良好的合作关系，小企业贷款市场得到不断拓宽。全年发放小企业贷款52笔，金额2.44亿元，贷款余额2.05亿元，较年初净增3350万元。

【负债业务】 2013年，分行坚持“存款兴行”的经营理念，以规模增长为重点，以结构调整为导向，推动个人储蓄业务稳健发展。通过营销“烟叶款电子结算”项目，发行首批全市“绿卡·烟草联名卡”1578张，累计代发烟叶款4700余万元。同时，依托助农取款点和流动服务车服务点进入农村市场的模式，促进与烟草公司的合作以及烟农贷款项目的推进。分行先后开展“旺季开门红”“双过半”“年末冲刺”等劳动竞赛活动，通过细分市场、制定营销策略、科学的激励方式、以每周“一通报”“一排名”，强化督导力度、营造“你追我赶”的竞争氛围。全年累计销售保险5017.70万元，完成年计划的125.4%；销售人民币理财1.82亿元，完成年计划的181.1%；销售国债2300.27万元，完成年计划的460%。通过节假日刷卡优惠系列活动、“9元看电影”活动、发展“特惠商户”等活动，全年发展信用卡1989张，完成年计划的68.58%；全年结存卡量7596张，激活率59.53%，全省排名第6位；账户活跃率27.03%，全省排名第6位；不良资产率1.46%，低于全省平均水平1.36个百分点；累计损失率0.78%，低于全省平均水平1.08个百分点。

【惠民工作】 2013年，分行充分发挥遍布城乡的网点优势，积极参加养老金代发和新农保代发，保证各项资金及时兑现到老百姓手中，协助政府把好事办好。持续做好米易县“新农保”服务工作，全年累计发放新农保30万人次，金额近2000万元。通过流动服务车上门代收新农保缴费6516笔，金额104万元，为当地农民提供便利。分行率先参与养老金社会化发放工作，成为攀枝花市首批参与养老金社会化发放的金融单位，连续14年为广大市民提供养老金的代发工作，目前每月代发客户达到7.6万户，每月代发金额超过1.56亿元。分行2013年成功发行首张“绿卡·烟草联名卡”，依托助农取款点和流动服务车下乡入户，为烟农提供便捷的金融服务，累计代发烟叶款4700余万元。继续在农村地区推进助农取款服务，将普惠金融服务深入广大乡村、惠及万千百姓。分行共在28乡（镇）64行政村布放助农取款机具91台，全年提供助农取款服务13930笔，金额400万元。收集民情、关注民生，南山片区是分行金融服务的空白，该片区居民通过《小科帮忙》栏目记者向分行反映该片区退休社保类客户取款不便，分行得知这一信息后，迅速在该片区布放ATM，及时解决居民的取款难题。

【队伍建设】 2013年，为充分发挥全行人力资源潜能，分行大力推进人力资源管理工作，员工素质得到较快提升。分行建立健全优胜劣汰、科学动态的干部聘用、管理和监督机制。年初，分行组织开展干部民主测评述职大会，通过中层干部的述职，以及对中层及后备干部德、能、勤、绩、廉等方面的综合评价，较为全面的掌握分行中层及后备干部履职情况，为实现任期目标责任制和年度目标责任制奠定基础；分行强化内控建设，杜绝操作风险，对重要岗位人员严格按照从业年限规定执行岗位轮换。2013年，实施岗位轮换70人，轮岗率达到100%。强化员工培训，提升全行员工的工作水平和业务素质，全年全行外出培训和自培训共332期，共参加培训3995人次。

【渠道建设】 2013年，积极推进网点（渠道）建设及自助机具投放，完成金江支行、米易县支行2个拟迁址网点新址选址工作，完成攀枝花市中心医院、仁和平地邮政所2个离行ATM自助银行建设，开通运营。加强银行信息系统建设，做好个人储蓄、ATM等系统设备IC卡升级改造工作。深入推进大学生网商大赛，在“邮储银行杯”第六届全国大学生网络商务创新应用大赛中，攀枝花学院团队获西南赛区决赛二等奖的好成绩并入围全国总决赛。

【内控管理】 2013年，分行紧紧围绕“预防为主、治理为重，不发生重大资金案件”的案防工作目标，落实案件防范是“第一责任”的目标，充分发挥“三道防线”的案防职能，全年未发生资金票款案件。年内，分行法律与合规部完成对辖内37个储蓄网点，共计3轮次常规检查，对检查发现的问题及时下发整改通知书110份，对11名违反基本规章制度的从业人员给予共计1590元的经济处罚。全力推进违规问题积分管理，全行员工按章办事、合规操作的意识和能力得到提升。2013年，全行安全保卫工作在复杂金融形势和严峻的外部环境中，坚持“安全第一、预防为主、突出重点、确保安全”工作思路，全年物防、技防、人防资金投入近300万元，通过完善安防设施，完成预报警系统的安装，节假日加强对ATM的巡查，健全安保制度，开展各类安全教育培训，组织防盗抢、消防演练，开展各类专项检查等，使安全评估工作全面达标，为全行快速发展营造良好的安全环境，全行没有发生案件和责任事故。

（李 剑）

证 券

华西证券攀枝花经营部

【概 况】 2013年，华西证券攀枝花营业部（以下简称“营业部”）拥有注册投资顾问、会计师、经济师、助理工程师、律师等专业人士共66人。营业部始终坚持贯彻落实证券行业监管部门和市委、市政府的决策部署，紧紧围绕攀枝花经济社会发展大局，立足行业，探索金融创新，不断致力于为个人投资者的财富管理提供多元化的投资产品、工具和系统解决方案，为攀枝花市企业解决资产管理和投融资等问题，积极助推攀枝花市资本市场的发展，服务攀枝花市经济建设。

2013年，营业部拥有客户近12万人，全年实现交易量290.96亿元，较2012年上升35%；上缴税金724.25万元，较2012年上升15%。

【管 控】 2013年，营业部加强反洗钱工作小组、反恐融资工作小组、投资者教育工作小组、打击非法证券交易活动工作小组等专项工作小组工作，为营业部各专项工作开展提供组织保障。

营业部积极倡导合规文化建设，努力营造合规发展的发展观和人文环境，高度重视风险教育和职业道德教育，通过做好合规指导、合规培训、合规检查、合规处置，确保营业部经营行为与监管及公司要求保持一致。2013年，营业部累计组织员工开展各类合规培训、教育共23次，合规检查3次，在运行管理、客户服务、市场营销、反洗钱等所有方面工作中，均实现零违规和零投诉。同时，营业部再次获评“四川省反洗钱工作A类单位”。

【财富管理】 2013 年，营业部立足客户多元化的财富管理需求，依托公司强大的产品研发平台，在为投资者提供股票、基金、债券等传统投资产品外，还推出基金定投等家庭理财类产品、融资融券等信用交易类业务、红利来等系列金融产品，以及年化收益在 3%—7%之间的收益稳定的低风险理财产品，丰富个人投资者的投资渠道，为居民的财富管理提供一系列解决方案。同时，营业部还推出财富赢系列、英雄汇系列等投资工具，为居民的投资理财提供更加全面、系统的投资帮助。

营业部主要通过“一对一”的投资顾问服务、电话服务、专人专柜产品介绍、股民学校、季度报告会、片区投资报告会、股市沙龙、短信服务等，向客户解答投资疑问、了解客户诉求、揭示市场风险、传递投资帮助和客情服务。同时，营业部还与攀枝花电视台、攀枝花人民广播电台、《攀钢日报》等攀枝花主流媒体，以及攀枝花讲坛建立良好的合作关系，通过媒体等渠道向攀枝花地区投资者传递营业部的服务。2013 年，营业部累计举办大型策略报告会 6 场、股民学校 48 期、专题产品讲座 38 场、电话服务客户 2 万余人次，短信服务客户 5 万余人次，客户服务覆盖率超过 90%，全年累计在投资者教育和客户服务工作方面投入 42.13 万元。

【资本中介】 2013 年，营业部积极发挥攀枝花市资本市场专业顾问的作用，助推攀枝花市资本市场发展，为攀枝花市企业提供资本中介服务，帮助企业通过中小企业私募债、定向资产管理、信托计划、直投、股权融资等多元化的金融工具，在资本市场中获得资源，从而使企业不断做大做强。2013 年，营业部与攀枝花 70 多家中小企业建立联系，累积推荐 14 家本地企业在成都（川藏）股权交易中心挂牌。5 月 14 日，公司与攀枝花市国投公司签署《公司债券承销协议之补充协议》，参与承销国投公司发行的“13 攀国投债”。7 月 11 日，公司与攀枝花市白云铸造有限责任公司签署 IPO 项目《全面合作协议》，对该公司的改制、辅导、保荐及承销等相关业务提供服务。

【安全工作】 2013 年，营业部坚持日常及节假日值班制度，采用“员工+保安”的双人值班制，在中午休市期间和节假日期间对营业部现场安全情况进行巡查。2013 年，累计安排员工及保安节假日值班 116 人次。营业部坚持开展应急演练工作，全年累计开展应急演练 8 次，急演练项目包括消防、防震、防内涝、电力故障等内容。全年，营业部未发生一起重大安全事故及群体事件。

（赵　鑫）

保　　险

中国人民财产保险攀枝花市分公司

【概　况】 2013 年，中国人民财产保险股份有限公司攀枝花市分公司（以下简称分公司）下设 9 个支公司、6 家营销服务部，劳动合同员工 72 人，劳务派遣员工 187 人，保险代理人 786 人。分公司固定资产原值为 2631.91 万元，净值 1197.23 万元。主要开办有机动车辆险、意外险、工程险、企业财产险、货物运输险、责任险、种（养）殖险等 23 类险种。

2013 年，分公司受宏观经济减速、行业发展低迷、市场竞争加剧等因素的影响，分公司贯彻落实全省工作会议精神，紧紧围绕地方政府的中心工作，坚持发展才是硬道理，牢牢把握住“发展、服务、合规”三个关键，紧盯对手、目标市场，通过全体员工的艰苦努力，分公司 10 月底在弥补 3600 余万元缺口的基础上，业务发展实现正增长。

2013 年，累计实现保费收入 3.97 亿元，增长 4.58%。综合赔付率 52.95%，下降 2.3 个百分点；综合费用率 33.66%，上升 0.18 个百分点，其中手续费率 10.04%，下降 1.48 个百分点。累计实现承保利润 4456.86 万元，上升 23.09%；综合成本率 86.6%，下降 2.12 个百分点；累计实现利润总额 4790.77 万元，上升 18.29%。

【业务发展】 2013 年，分公司重要客户部和各支公司把维护重要客户服务纳入议事日程，制定差异化的客户服务方案，坚持长联系、长上门、长沟通。在实际工作中，分公司总经理高度重视，参与做好客户维护工作，通过上下共同努力，继续承保攀钢（集团）公司、攀煤（集团）公司、钢城（集团）公司、铁货险、市财政、东区财政、西区财政、仁和区财政和盐边县财政统保车辆业务。

车商业务。为巩固在各 4S 店的承保份额，分公司通过以资源换取资源的方式，使新车承保份额得到稳定，手续费得到控制，达到长期合作、互惠共赢的目的。2013 年，车商部共实现保费收入 4496 万元，完成年计划 3700 万元的 121.52%。

电销业务。分公司坚持每月召开 1 次业务分析会，了解市场动态情况，解答工作中的困惑，细化考核指标，加大对支公司的考核力度，将计划完成率、车均保费和续保率作为关键性考核指标；规范引导电销业务，大力发展纯电销业务；继续开展“冬季送温暖”“夏季送清凉”活动，分公司实现电销业务保费收入5805万元，增长52.72%，完成省公司下达任务4800万元的120.94%，占市场份额57%，提升1.09个百分点。

农险业务。2013年，分公司实现农险保费收入1920万元，净增365万元，增幅23.5%，其主要增长点为烟草保险保额从每亩500元提高到800元，净增157万元；玉米、水稻、森林承保面积扩大，净增208万元。

【内部管控】 2013年，分公司坚持每月初召开1次全市系统财务数据分析会，对保费收入、支付成本、费用成本、盈利情况和预算执行情况进行分析，对各支公司、各险种和各渠道的经营情况进行重点分析，关注异常指标，及时进行预警。通过加强成本管控和强化经营绩效考核，引导各支公司增强成本核算意识，提高费用资源的使用效率，为分公司实现全年利润计划奠定基础。

在新车业务上，注重店内新车份额，通过以资源换取新车资源、加强车店联呼、以《人保之友客户俱乐部》为载体，为客户提供增值服务等措施效果明显，稳定新车市场份额。在续保业务上，加大续保业务清单推送力度，优化续保流程，2013年分公司商业车险业务续保率保持在75.23%左右，同比提升1.23个百分点。在转保业务上，注重新车客户资源收集，发挥手续费杠杆作用，引导各支公司大力发展有效益的车险和非车险业务。车险业务根据新保、续保、内转、外转、业务渠道和客户群来跟单配置费用，非车险业务根据险种和效益来跟单配置费用。

坚持合规出效益的经营理念，分公司监察室为确保业务的健康发展，与相关业务部门通力合作，先后开展“重点领域风险排查”“机构合规和证照管理风险排查”“越权行为自查自纠”“反洗钱工作检查”“单证管理检查”“森林保险业务合规经营检查”和“农险业务质量的检查”，通过这些执法监察，发现问题和存在的隐患，提出整改意见建议，化解违规经营风险和监管风险。

【售后服务】 2013年，分公司理赔中心紧紧围绕“理赔质量、理赔周期、理赔服务”三个关键指标开展工作，通过全体员工共同努力，取得较好的经营业绩。根据省公司理赔事业部通报，分公司车险还原赔付率40.5%，增长0.1个百分点，全省最低；完成反欺诈金额297万元；万元以下赔案全险种理赔周期12天，提速16.2%；亿元保费投诉量0.57件，理赔服务满意度86%。

2013年，为加强客户资源管理，分公司给优质客户提供增值服务，提升客户维系能力和水平，把筹建《人保之友客户俱乐》纳入议事日程，先后与110个商家签订合作协议，推出20多项增值服务，下设俱乐部分部10个，5月18日正式上线运行。现发展会员12000余名，初步搭建起与客户的沟通渠道和资源管理平台。随着俱乐部的运营逐步深入和增值服务的落地，对稳定老客户、吸引新客户起到促进作用。

2013年，为推进“服务制胜”战略，深化“服务年”各项工作，牢固树立“全员服务”理念。分公司在服务标准化建设上，从服务流程、制度上墙、服务水平和“客户节”各项活动的落地，逐一进行落实和完善，有效提升分公司客户服务水平。在总、省公司聘请的神秘人多次检查和各项评比中都取得好的成绩，炳草岗支公司被总公司授予“示范窗口”称号。

【重大赔案】 2013年8月14日，分公司承保的川D/H1603号丰田GTM6480GSL多用途乘用车，由高某某驾驶行至内江市威远县高速路时，因操作不当造成车辆倾覆，导致保险标的车受损，车上伤1人、三者波形防护栏受损。经现场查勘认定，属保险责任，支付赔款34.92万元。

2013年1月17日，攀钢集团成都钢钒有限公司财产部向中国人保财险95518报案称，16日攀成钢建设公司发生工人煤气中毒事件，导致6人煤气中毒。经抢救，2人脱险、4人经抢救无效死亡。接案后，分公司领导对此高度重视，立即派遣查勘员黄继、徐瑞希前往出险地了解出险原因。经现场查勘认定，属于雇主责任险“意外工伤事故”保险责任，分公司支付赔付80万元。

（陈 宏、李 艳）

中国人寿保险攀枝花市分公司

【概 况】 2013年，中国人寿保险股份有限公司攀枝花市分公司(以下简称分公司)下设8个支公司(仁和区支公司、河门口支公司、陶家渡支公司、瓜子坪支公司、炳草岗支公司、大渡口支公司、盐边县支公司、米易县支公司)和1个个险专业化公司(营销本部)。有在职员工146人。在职员工中本科及以上学历62人、大专学历67人、中专及高中学历17人。至年底，分公司个险渠道共有保险营销员799人；团险渠道共有销售人员19人；银保渠道共有签约客户经理51人，理财经理8人。

2013年，分公司根据省公司2013年“规模与效益并重，共享与共建统一，运营与销售联动，风险与管控结合”工作思路，坚持“以转变销售观念为主导，以强化工作作风为保障，以狠抓工作落实为关键”的基本原则，积极应对2013年复杂多变的各种环境和形势，坚持一条主线，突出一个主题，实现三个结合，解决三大问题，大兴三种风气(坚持深入学习贯彻党的十八大精神这条主线；突出加快发展、建设幸福公司这个主题；与实现公司总体发展目标相结合，与本单位、本部门工作实际相结合，与2013年各项工作相结合；着力解决“认识问题”“状态问题”“执行力问题”；大兴敢于打破常规、勇于冲破束缚、锐意进取、开拓创新的思想解放之风；大兴脚踏实地、不务虚功、只求实效的求真务实之风；大兴强化责任抓落实、深入一线抓落实、攻坚克难抓落实的勇担重任之风)。

全年，分公司共实现总保费收入50492万元，其中，股份公司总保费收入48436万元，同比减少0.3%。其中，新单保费（含短险）2.18亿元；首年期交保费5012万元；10年期及以上期交保费2810万元。分公司全部业务占全市保险市场份额的50.07%，保持攀枝花市寿险市场主导地位。

全年，分公司各类给付件数共86774件，给付保险金额共18803万元；结案9612件(含集团)，未决案件27件，结案率100%；赔款支出合计1312万元，简单赔付率47.2%；给付率60.3%，综合成本率90%。分公司总资产210899万元，较2012年增长16.6%；固定资产原值3632万元，较2012年增长1.9%；净值2217万元，较2012年减少2.6%；上缴税金162.29万元。

2013年，分公司在四川省国寿系统的年度绩效考核结果由2012年的B级公司上升为A级公司。

【业务发展】 2013年，国内外经济持续低迷，寿险业发展遇到前所未有的困难，分公司面临艰巨任务，经受巨大挑战。分公司系统上下按照总、省公司“攻坚克难，稳中求进，奋力拓展”的战略部署，紧扣年初制定的公司经营管理总体思路和发展目标，紧盯“调结构、稳增长、转方式、防风险”的总任务和“三分天下有其一”的战略目标，大力弘扬“创新驱动发展”的主旋律，全面推动个、团、银三大渠道的业务发展。

个险渠道。面对市场大环境的影响和市场竞争的加剧，在省公司“筑底、求变、深耕、腾飞”8字经营方针的指引下，转变工作思路，着力于制度经营，建立个险渠道条线工作模式，梳理岗位职责，成立项目运作组，做到年有规划、季有辅导、月有分析、周有目标及专题，各项数据支持到位，短信跟进追踪及时；在全年各时间段节点，以业务拓展为目的、以企划推动方案为抓手、以构调优化业务结构为重点、以标保为核心，引领全市系统基层公司开展个险工作。全年，分公司个险渠道实现总保费约2.8亿元，同比增长10.2%，超额完成省公司下达的个险首年期交保费、十年期及以上首年期交保费和首年标准保费年度目标任务。

团险渠道。2013年因攀枝花矿山企业停业整顿造成矿山业务几近颗粒无收，但分公司不等不靠，迅速调整业务结构，以补充医疗保险业务为重点，以小额保险、计生保险、妇联保险为新的业务增长点，以学生险为突破点，以控制赔付率为第一要务，以加强团险组织机构建设为重点开展团险工作。为解决攀枝花市广大群众看病就医难问题，2013年，分公司承保城镇职工、城镇居民的大病补充医疗保险约65万人，为完善多层次医疗保障体系，化解基本医疗保险参保人员的医疗风险，减轻大病患者个人医疗负担，维护社会和谐稳定做出积极贡献。全年，分公司团险渠道实现短期险保费约（含一年期定期寿险）1306万元，同比减少47.8%。

银保渠道。2013年，分公司面对金融市场持续收紧、银保新政出台和监管不断加强及满期给付高峰的重重困难，坚持以渠道业务发展为核心，在保住规模的前提下兼顾业务结构，实现有价值的期交业务快速上量；差异化维护渠道、网点，确保重点渠道市场占比；运用长期与短期结合的激励方案，最大程度激发网点销售热情；把满期给付工作放在与业务发展同等重要的位置来抓，对外积极争取政府及合作渠道的支持，对内建立应急小组、银保满期绿色通道，举办满期应对培训，确保满期工作平稳过渡。2013年，分公司银保渠道满期客户保单共6203件，金额15860万元。至年底处理6048件保单，金额15355.68万元，未发生一起群体性事件。分公司银保渠道实现总保费约1.79亿元，同比减少13.1%。

【满期给付和非正常集中退保】 2013年，分公司迎来满期业务给付历史高峰。本次满期给付呈现出给付量大、渠道集中、时间集中的特点，出现分红水平低于预期、社会理财产品收益的可比性明显、消费者维权意识增强等影响因素，工作难度极大。分公司党委、总经理室高度重视、积极筹划，对外在与政府有关部门、合作渠道进行充分汇报和沟通的基础上，对内成立应急小组，开展银保满期绿色通道和应对满期培训。年初，分公司客户服务中心成立客户纠纷办公室，各县(区)支公司柜面也抽调专人负责处理满期纠纷和非正常集中退保工作，以严守“政治及经济两个底线，遵循及时介入，说服沟通，以防止事态升级夸大”为处理原则。全年，共完成满期给付金额15552.05万元(其中个险195.02万元、团险1.36万元、银保15355.68万元)，占到全年满期给付总额的96.27%；完成满期给付6153件（其中个险103件、团险1件，银保6048件），占全年满期给付总量的97%；全年退保金额1.26亿元。其中，非正常退保178件，涉及金额1270万元。年内分公司未发生客户聚集代理网点闹事及严重影响公司柜面正常营业的现象，也没有发生群体性事件。

【客户服务】 分公司高度重视客户服务工作，持续深化、全面推进以高效管理、高效服务为重要内容的改革与创新，不断提升便民服务能力。强化理赔服务品牌建设，严格理赔管理，确保理赔时效。2013年通过“调动激情、查勘我行”的实施，充分调动查勘人员积极性，发挥调查人员的聪明才智，为公司的入口把关及保驾护航；同时，严格把控出口关，加大查勘力度，防范风险，提高公司经营效益。提高理赔效率，保障客户利益，理赔端对端时效从一季度的近170天降低到年末的 90 天以内。在省公司组织的优秀调查案例及优秀调查团队评比中，分公司两个优秀调查案例及调查团队建设被评为省公司优秀。做好保全工作，保证考核指标。完善纠纷、争议案件分层级响应机制，培训应急措施和话术演练，认真对待客户投诉和争议。及时处理投诉，启动“客户服务支持系统”，对“95519”转发的会办单按时办理结案。抓好柜面服务，完成保全统一受理平台上线工作，简化柜员操作，推进综合柜员制，倡导工作量化计件制，鼓励“减员增效”，优化客户服务流程。积极开展柜面升级达标工作，组织全员参与柜面形象海报设计并被选为全省优秀作品。抓好前台考核管理工作，根据上级要求，结合实际出台《攀枝花公司前台考核办法》，对新单、保全、理赔及客服回访、柜面服务等进行综合考核，强化公司前台各岗位的自我管理意识，变“要我做”为“我要做”。通过考核，基础管理水平得到有效提升，公司各前台的综合指标较往年有较大提高。新单客户关键信息缺失率由年初在全省垫底的 160%上升到 11 月的全省第一，新单端对端时效也由一季度的垫底上升到 11 月的全省第六。深入践行“经营客户”理念，持续做好“6 •16”客户节、“国寿大讲堂”“健康好帮手”、VIP 绿色通道等服务持续推进“国寿 1+N”品牌建设，不断拓宽客户服务项目和内涵，服务能力和水平不断提高。全年，分公司共晋升 VIP 客户 79 人，其中贵宾卡 48 人、金卡 10 人、银卡 21 人。分公司对金卡客户提供每 2 年 1 次的免费体检，金卡和钻石卡客户还可以享受公司提供的多种增值服务；钻石卡客户可以享受省公司提供的每年 1 次的华西医院免费体检，6—7 月，25 名钻石卡客户在省公司的统一组织和安排下到成都华西医院参加免费体检。除此以外，钻石卡客户持公司龙腾卡到全国 98 家机场可享受头等舱（或贵宾）休息室，免费冷热饮品小食，电视、报纸、杂志，互联网服务、航班提示、专人提醒登机、指引登机贵宾式服务。公司 VIP 客户可以在华西医院、华西妇产儿童医院、华西口腔医院享受贵宾绿色通道服务：钻石卡客户全年可以享受 2 次现场接待，全程陪同，预约检查，代取药付费的贵宾服务；金卡、银卡、贵宾卡全年可以享受 1 次现场接待，就诊陪同，代取药付费的绿色通道服务。

【企业文化建设】 2013 年，分公司系统上下按照上级要求，认真学习贯彻中共十八大精神。根据中央“八项规定”和总书记的重要批示精神，从公司经营管理的各个环节入手，市公司先后下发《关于进一步加强攀枝花市分公司本部工作作风建设的意见》《关于〈市公司本部贯彻落实“八项规定”细化措施〉的通知》《关于厉行勤俭倡导节约通知》《关于严禁公款购买印制寄送贺年卡等物品的通知》和《关于转发市纪委五条禁令严治公车私用的通知》，将改进工作作风、严守工作纪律、厉行勤俭节约持续引向深入。

2013 年，分公司党委、总经理室在费用紧张的情况下，仍坚持为员工送温暖、办实事、办好事。对各支公司、机关本部主办及以下层级员工的岗位工资标准进行上调，协办上调 300 元/月、经办上调 200 元/月、主办上调 100 元/月。为机关员工办理 2013 年度国寿团体定期寿险、国寿绿洲团体意外伤害保险、补充医疗保险等。对主办及以下层级员工的住房公积金缴纳标准进行上调，协办上调到 300 元/月、经办上调到 600 元/月、主办上调到 700 元/月。“三八”国际妇女节，分公司工会为每一位女性员工投保一份保额为 10 万元的“国寿关爱女性健康保险”。

分公司把深入学习贯彻中共十八大精神作为首要政治任务，强化各级管理人员、后备干部、党员队伍的政治素质和党性修养的培训和学习，坚定党的信念，弘扬党的优良传统和作风，牢固树立正确的人生观、事业观。根据公司经营管理现状，分公司及时调整领导班子成员分工，下大气力抓好目标责任制的落实。在班子内部，明确党建工作分工，从而形成党委统一领导、各司其职、一级抓一级、层层抓落实的党建工作格局。加强民主集中制，严格执行《党委会议事规则》和“三重一大”决策制度。建立党风廉政建设责任制，坚持廉洁从政。年初，分公司与各基层单位签订《党风廉政建设责任书》，按照党要管党、从严治党的原则，切实做好党员教育、管理、服务工作，分公司加大在基层一线青年员工及基层领导班子成员中发展党员的力度，力争把党员培养成业务骨干，把业务骨干培养成党员，有效解决基层组织后继乏人的问题。2012—2013 年，发展新党员 5 人，预备党员按期转正 8 人。

分公司工会为用好“职代会”的平台，践行员工民主决策，调动员工参政议政的积极性，群策群力解决工作中存在的主要问题，推动“和谐幸福公司”的创建，2013 年 12 月 6 日，分公司工会工作委员会依照《中华人民共和国工会法》和《中国人寿保险股份有限公司职工（代表）大会实施细则》，召开第三届一次职工代表大会，进行工会的换届选举，副总经理高德金当选新一届工会主席。各基层公司和机关各部门的 45 名职工代表、10 名列席代表参加会议。代表们集体讨论并审议通过市公司的行政工作报告和财务工作报告，副总经理高德金解答大会筹委会征集到的 42 条员工提案和意见，圆满完成各项议程，再一次统一思想、统一行动，找到问题和不足。

【内控合规建设】 2013 年，分公司内控管理、合规管理、风险管理、法律合规等工作扎实推进，合规经营和风险防范的基础不断夯实。多方位开展效能监察，加强“小金库”清理和“反洗钱”工作。上半年，组织实施公司 2012 年度反洗钱自律评估工作，完成分公司 2013 年自查自纠工作，按时向人民银行和省公司报送反洗钱非现场监管报表。2013 年 9 月，分公司和米易县支公司、盐边县支公司接受系统内总公司的反洗钱工作检查和省公司内控合规日常工作的检查，事后针对检查组提出的问题，公司进行查漏补缺，整体上讲，工作开展得到上级公司肯定。严密防控关键风险，继续强化风险预警系统运行。针对非正常退保、案件、投诉、群体性事件等关键风险，制定实施专项防范化解工作方案，精心组织部署，妥善处置风险苗头，保证公司的安全稳定，维护社会稳定大局。扎实开展综合治理销售误导治理工作。在全面进行自查自纠的基础上，结合开展诚信宣传和“诚信我为先”活动，将诚信纳入日常议事安排中，纳入代理人或客户经理培训教育当中，常讲常提常抓不懈；加强销售人员信用品质管理，抓好销售人员违法违规行为和案件查处工作，1—11 月处理 10 件业务员的代签名违规事件，开除 1 名严重违规的代理人，在营销员队伍起到警醒作用。按照公司党委要求制定《攀枝花市分公司集资诈骗案件专项治理工作实施方案》，组织员工及销售人员学习总公司《集资诈骗专项治理宣导提纲》，签订《承诺书》，员工和销售人员覆盖率均达到 100%。加强全体员工和全体销售人员依法合规意识，加强合规意识教育，将“合规人人有责，合规创造价值”的经营理念根植于心，倡导自觉遵守诚实守信的道德准则。6 月中旬，组织县级支公司新任负责人签署《合规经营承诺书》；10 月，组织 141 名职工签署新的《岗位制度承诺书》。全年，分公司未发生重大违规违纪违法案件和行政处罚案件。开展关键岗位检查工作，对收付费岗、理赔岗、单证管理岗等岗位开展检查，对全市收付费岗人员进行现场检查，2 位人员进行轮岗工作。

【队伍建设】 2013 年，分公司加强干部、销售队伍建设。

干部队伍建设。由于基层公司人才不足的矛盾日益突出，因此，在基层人才队伍建设上，分公司总经理室高度重视并统一思想，充分认识到公司的可持续发展需要强大的组织保障，建设一支高素质的人才队伍是我们提高核心竞争力的关键。2013 年，公司开展大学生村官的招聘培养工作。分公司在市委组织部的积极支持和配合下，面向社会择优选聘大学生村官，为基层一线充实人才资源，共聘用大学生村官 7 名。公司将大学生村官作为储备人才定位，为了让大学生村官不仅是进得来，还要用得好、留得住，能够快速成长。分公司根据招聘的岗位情况，有针对性制定培养计划，在薪酬方面给予一定的保护，开展不拘一格选人才工作，逐步建立一支后备干部队伍。2013 年 7—10 月，通过报名、资格审查、组织考察及公示等各项工作，经分公司党委研究决定，有 14 人纳入后备干部人才队伍，其中 4 人从 12 月开始作为第一批下派人员，被分配到基层公司挂职锻炼 2 年。

销售队伍建设。2013 年，分公司个险渠道增员工作的重点是做实和提高改善队伍质态的三率（增员率、举绩率和三晋率）指标，着力于制度经营，开展常态增员，将任务分解落实到单位、部、组、人，力争月均增员率达到 5%，月均举绩人力达到省公司考核指标。全年，分公司共组织 22 场代理人资格考试，486 人参考，254 人通过，合格率 52.26%，新人三晋升率 62.5%。全年，新增持证人力 280 人，月均增员率 4.33%。银保渠道和团险渠道队伍建设虽然没有较大增长，但队伍基本保持稳定。

【重大赔案】 2012 年 7 月 2 日，被保险人曾某因工作时不慎从二楼坠落造成 T12 椎体骨折伴截瘫、T11-T12 间脱位和头皮裂伤在攀枝花市中西医结合医院、成都上锦南府医院、四川大学华西医院西藏成办分院治疗，花费医疗费 186233.64 元、乙丙类药品 36485.32 元。2012 年 11 月 7 日，在四川求实司法鉴定所鉴定为二级伤残。因曾某在中国人寿保险股份有限公司盐边县支公司投保国寿附加绿洲意外费用补偿团体医疗保险、国寿安全建筑工程团体意外伤害保险一份；在大渡口支公司投保国寿安全建筑工程团体意外伤害保险一份，根据调查属于本保险责任，按相关保险条款规定，分公司于 2013 年 3 月 7 日给付保险金合计 60 万元。

2012 年 8 月 29 日，被保险人王某不慎高空坠落，造成腰 2 椎体骨折、右跟骨粉碎骨折、左桡骨远端粉碎性骨折和左肘软组织挫伤在攀枝花市中西医结合医院住院，于 2012 年 10 月 23 日出院。因王某事前在中国人寿保险股份有限公司攀枝花市大渡口支公司投保国寿附加绿洲意外费用补偿团体医疗保险、国寿安全建筑工程团体意外伤害保险一份，根据调查属于本保险责任，按相关保险条款规定，分公司于 2013 年 6 月 9 日给付保险金合计 32 万元。

2013 年 3 月 9 日，被保险人万某在蓄水池中被淹死。因万某生前在中国人寿保险股份有限公司米易县支公司投保国寿综合意外伤害保险 3 份，根据调查属于本保险责任，按相关保险条款规定，分公司于 2013 年 4 月 27 日给付保险金合计 36 万元。

2013 年 5 月 28 日，被保险人王某因驾驶两轮摩托车发生车祸当场死亡。因王某生前在中国人寿保险股份有限公司攀枝花市大渡口支公司投保国寿绿洲团体意外伤害保险（B 型）一份，根据调查属于本保险责任，按相关保险条款规定，分公司于 2013 年 12 月 19 日给付保险金合计 60 万元。

（马艺瑕）

中国平安寿险攀枝花中心支公司

【概　况】 中国平安人寿保险股份有限公司攀枝花中心支公司（以下简称中心支公司）成立于 1998 年 12 月。2013 年，公司设总经理室、营销管理室、营销培训室、区拓管理室、人力发展室、人事行政室、财务室、运营室、柜面中心、运营督导室、银行业务管理室 11 个部门，设立方米易县支公司、盐边县支公司 2 家四级机构。公司有 12 个营业部，内勤员工 46 名，在职保险代理人 850 名。中心支公司在 2013

年秉承“专业让生活更简单”的品牌理念，搭建个险、银保、电销等三大销售渠道，产品体系清晰完整，涵盖寿险领域内的少儿类、储蓄类、保障类、健康医疗类、分红类、银行代理类等各种保险产品 60 种，为客户提供全方位的保障与理财服务，与客户充分分享中国平安“一个客户、一个账户、多个产品、一站式服务”的综合金融优势。

【业务发展】 2013 年，中心支公司积极进取，锐意创新，在人力及业绩方面均取得较好发展，至年底，平安人寿有效契约 90640 件，有效客户 89112 名，新契约承保保费 7826.95 万元，续期实收保费 20247 万元，生存金领取 5136 件，领取金额 2137.64 万元，保单贷款 47 件，贷款金额 244.41 万元；理赔结案 3758 件，赔付金额 1452.6 万元，豁免保费 32 件，豁免金额 65.81 万元。平安人寿通过为客户提供高品质的服务，兑现保险承诺，为攀枝花市民提供医疗、意外、养老、重大疾病等保险保障，解决客户重大疾病医疗费用，避免因病致贫，为攀枝花社会经济和谐发展贡献自己的力量。

中心支公司 2013 年度被攀枝花市政府评为金融行业先进工作单位。

【客户服务】 2013 年，为提升客户服务良好感受，中心支公司不断推出新的多渠道服务，有效利用网络、电话、客服经理等全方位为客户提供保险服务。秉承理赔服务承诺“标准案件 2 日内结案”的要求，严控理赔时效；推广移动柜面，让客户足不出户获得服务；积极开展客户服务节活动，丰富活动内容，组织约 10000 名客户参加公司现场及网上客服节活动，回馈客户；加强服务品质监控，提升客户服务满意度，促进公司长期健康发展。

【重大赔案】 2011 年 5 月，梁某投保平安智盈人生 20 万元，无忧意外 10 万元，年交保费 6170 元。2013 年 2 月，被保险人梁某因意外溺水身故。经审核，属于保险责任，给付身故保险金 30 万元。此案为中心支公司 2013 年全额最大理赔案。

2010 年 11 月，魏某投保平安智盈人生 20 万元，无忧意外 6 万元，年交保费 6000 元。2013 年 1 月，被保险人魏先生在从事户外设备安装工作时，不慎从 5 楼坠下，当场身故。公司接到客户理赔申请后，3 个工作日完成理赔审核，按合同约定给付 26 万元。

2011 年 1 月，叶某投保平安智盈重疾 19 万 元，鑫盛重疾 6 万元，年交保费 8000 元。2013 年 8 月，被保险人叶女士行常规体检时发现子宫内膜癌，随后立即入院行手术治疗。经核实符合保险责任，给付重疾保险金 25.2 万元，为客户解决后续治疗费用。

2010 年 5 月，刘某投保平安智盈人生 20 万元，年交保费 6000 元。2013 年 2 月，被保险人刘某突发重度肺部感染，经医院 120 抢救无效后身故。公司核实后给付身故保险金 22.1 万元。

（龙 英）

中国平安财险攀枝花中心支公司

【概 况】 中国平安财产保险股份有限公司攀枝花中心支公司(以下简称支公司)下设团体业务部、车行业务部、综拓业务部、新渠道业务部、代理业务部、银保业务部 6 大销售渠道，业管部、综合管理部、数科作业部、总经理室 4 个职能部门及西区支公司、米易支公司、仁和营销服务部、盐边营销服务部 4 个下属四级机构。2013 年支公司共有员工 109 人，其中本科及以上学历 49 人、大专学历 57 人、高中及中专学历 3 人。支公司经营范围涵盖责任险、个人财产险、企业财产险、货运险、工程险等 10 类 200 多个险种业务，支公司以专业的技术、丰富的经验为全市各类客户提供大量不同险种的投保、风险查勘及咨询服务，根据客户具体需求设计个性化的保险服务方案。

2013 年，支公司在总公司“专业让生活更简单”经营理念指引下，统筹规划，深化执行，拓展渠道业务发展，努力提升公司经营效益。面对复杂的市场环境，支公司认识到公司面临的压力和挑战，在制定切实有效的经营措施的同时，推动各项服务工作全面开展，充分调动前线销售人员的销售热情，通过前、中、后台的紧密协作，确保全年挑战目标的顺利达成。2013 年，支公司全年车险接报案 15399 件，较 2012 年同期增长 11%；结案 13801 件，较 2012 年同期增长 16.7%；结案金额 6028 万元，较 2012 年同期增长 30.6%。处理赔款案件 12847 件，较 2012 年同期增加 10.6%；赔款支出 11462.9 万元，较 2012 年同期增长 161.8%；赔付率 62.5%，较 2012 年同期增长 14.14%。

【内控合规建设】 2013 年，支公司在全年持续推进机构反洗钱工作。通过定期及不定期反洗钱宣传培训，在全员形成自觉学习的良好态势。为加大反洗钱宣传力度，支公司在柜面及客服大厅对反洗钱相关宣传资料、手册及彩页等进行发放，在职场公共区域专门设置反洗钱宣传栏，定期对反洗钱知识进行更新宣传。

2013 年，支公司通过合规制度的制定、制度检视、制度文件管理、执行检查，形成完整合规的制度体系及管理流程。在全省开展的“行业典范，合规 100”合规专项活动中，支公司活动开展情况获得分公司的高度肯定。为推动合规文化建设，支公司对员工进行合规知识宣导，开展防范职务犯罪、治理商业贿赂、廉政教育专项活动等多项合规专项培训宣导。为支公司形成良好的外部环境，与外部监管机构及内部稽核部门保持良好的沟通，定期汇报交流，配合开展各项工作。

【客户服务】 2013年，中国平安攀枝花支公司“快、易、免”服务再次升级，将“e”服务的理念推出市场，推出微信自助服务、网销新功能及女性车主服务热线等创新服务举措，标志着平安车险“快易免”服务方程式重心从“快”正在向“易”的方式转移，多元化、精细化的服务为客户带来全新体验。

【公益事业】 2013年，支公司以“创造价值、回馈社会”作为企业使命，致力于公益事业，积极履行自己的社会责任。在分公司的倡导下，攀枝花中心支公司在公益事业上身体力行，先后开展安全知识进校园活动、植树活动，顺应攀枝花市“挂包帮”活动的号召，开展下乡困难群众慰问帮扶活动。

2013年，支公司开展安全知识进校园的主题活动，为盐边益民中心校全校师生送去消防、急救、自救等安全知识，捐赠复印机等教学设备。真正践行平安“专注为明天”的公益理念。

【案件查处】 2013年1月27日，支公司承保的车辆川D-37801在四川省凉山境内出险。经凉山州会东县交警大队民警勘验现场，认定为标的驾驶员承担全部责任。5月，接匿名举报后，公安办案民警偕同支公司调查人员再次深入凉山彝族自治州山区，经过长达几个月的调查取证，案情真相为无证肇事致人重伤的“调包”事件，以达到骗取保险金的目的。交警大队重新出具新的事故认定书，伤者在向法院撤销诉讼的同时，被保险人也向支公司签署放弃索赔，至此该案成功告破。这起虚假诈骗案件的突破，有效遏制保险欺诈行为的蔓延，净化理赔环境，维护广大被保险人合法权益。

【重大赔案】 2013年6月17日，支公司承保车辆川W32396在攀枝花市米易县观音矿山溜车掉下150米高的山崖，造成车辆驾驶室、大梁、货厢等部件严重受损，接到报案后支公司理赔人员第一时间赶赴现场指导客户作施救与后续理赔工作，支公司确认标的车损115578.00元，于2个工作日完成赔款支付。

2013年7月12日，支公司接到攀枝花钢城集团有限公司报案，称其位于四川省阿坝藏族羌族自治州汶川县陶关工业园区的厂房在7月10日因下暴雨导致泥石流，致厂房原料产品、机械设备以及办公楼受损严重，支公司在接到报案后，第一时间组织人员从攀枝花前往事故地点汶川，进入重灾区对事故第一现场进行核实，确认灾害和损失。在后续的工作中，积极收集案件所需材料，对损失情况进行证实，衔接双方上级单位进行会面和工作交流，积极推动案件的进展，最终双方确认赔付意见，初步达成赔款约1850万元。

2013年8月1日，支公司承保车辆川DAJ697在攀枝花市仁和区民政乡因观察不周撞倒一个路人，伤者被川D-AJ697车撞飞，颅脑损伤抢救无效死亡。接到报案后，支公司第一时间赶往客户家中，与客户一起和死者家属协商，最终达成332722.49元的赔偿协议，于3个工作日完成赔款支付。

（李雪兰）

中国太平洋财险攀枝花中心支公司

【概　况】 2013年，中国太平洋财产保险股份有限公司攀枝花中心支公司（以下简称中心支公司）内部设综合管理部、财务部、销售管理部、客户服务部、车商部、重大客户部、银保部、业务拓展、新渠道部9部，下设东区支公司、盐边支公司、仁和支公司、米易支公司、西区支公司5个县级机构，劳动合同员工71人，较2012年增加5人，全部具有大专以上学历，平均年龄31岁。中心支公司开办企业财产险类、机动车车辆保险类、运输工具险类、货物运输险类、工程险类、责任险类、信用保证险类、综合险类、人身意外险类等10类100多个险种的保险业务。

2013年，中心支公司在总、分公司推动和实现可持续价值增长发展理念的指引下，专注保险主业，聚焦创新转型，业务平稳健康发展，集约化管理水平不断提升，坚持以客户需求为导向，以提升销售能力、加快业务发展为主线，发扬“亮剑”精神、推进“两个建设”、夯实“三大基础”、实施“四有”工程，开展业务竞赛，变中求进、奋发有为。全年实现保费收入8065.57万元，同比增长12.65%；整体高于行业平均增幅5.25%，市场份额11.73%，同比增长0.62%，业务结构达到71：29，更趋合理，综合成本率86.99%，同比减少3.7%，实现利润851.61万元，利润率10.55%，同比上涨32.85%；上缴税金434.12万元；赔款总支出4241.78万元，同比减少8.51%；综合赔付率51.63%，其中车险综合赔付率51.11%，理赔评级考核排名太保全省19家中支公司第一位，人伤管控评级考核排名太保全省19家中支公司第二位。2013年中心支公司继续以“走基层、访客户、优服务、促转型”为主线，支公司公司上下凝聚共识，创新实践，坚定不移地推动转型发展，在“关注客户需求、改善客户界面、提升客户体验”上取得新进展，实现新突破，为提升公司持续价值创造能力奠定重要基础。

中心支公司继续保持“市级文明单位”称号和“市金融先进单位”称号；2013年中心支公司被攀枝花市国家税务局、攀枝花市地方税务局评为A级纳税信用等级纳税人，同时获四川省分公司多个奖项。

【改革创新】 2013年，中心支公司以变中求进、奋发有为，努力实现跨越发展为主题，确立2013年工作目标、指导思想和对策举措。主要精神为“32字发展思路”，即：转变观念、快速发展、弥补短板、促进车险、变中求进、应对市场、夯实基础、立足长远。具体指标是：保费规模 8975 万，综合成本率 92%，市场份额 11.60%。其中：车险保费规模 5560 万，非车险保费规模 3415 万，理赔综合考核排前列，坚持合规经营，确保公司稳健。为认真贯彻“32 字发展思路”精神，中心支公司结合自身实际制定公司经营理念指导思想：坚持合规经营，规模和效益并重原则；做大公司业务规模，做强区域业务；以企业和谐文化建设为动力，以创新为突破口，稳中求进，以提升服务为切入点，深入基层客户，提高服务品质。

【管理创新】 2013 年在认真执行省分公司加强“两个建设”双引擎驱动进行薪酬改革，在 2012 年基础上完善《县级机构薪酬实施方案》，继续执行“1552”绩效方案，即：“1”个人规模绩效工资；“5”公司规模绩效工资；“5”年终个人利润工资；“2”年终公司负责人利润工资。同时 2013 年中心支公司根据工作实际情况，与省分公司的管理相对接和全年目标计划相结合，同时根据销售团队成员业务拓展能力强弱，市场反应能力高低以及对产品的熟练程度、资源状况、渠道建设，分别对助理客户经理 I、助理客户经理 II、客户经理 I、客户经理 II、高级客户经理 I、高级客户经理 II、资深客户经理 I、资深客户经理 II，8 个职级进行分层次考核，薪酬随着职级 3—11 级相对应的档次进行调整，明确规定每个职级的保费规模、业务结构、赔付率等内容，按不同职位职级确定与职级相匹配的收入分配标准，把中心支公司整体利益与员工个人利益紧密结合起来，形成利益共同体。员工个人可根据自己实现的保费收入、赔付率及考核结果计算出个人当月全部收入。改变以前单一的业务规模考核的办法。

在建设“双引擎”过程中，根据内控管理 21 个岗位不同工作性质及具体要求，中心支公司制定岗位工作标准及流程，对各岗位每项具体业务承办时间，协办工作交接时间进行量化，使各岗位不但要按操作流程完成本岗位具体工作任务，同时推出签单人员和县级支公司综合柜员实行绩效计件制，实行多劳多得。推出“三率”考核方案，即：效率、责任、态度、执行力、专业知识。实行外勤部门员工对内勤各岗位考评，将考核结果在中心支公司公布栏上公示，同时直接与部门年终绩效挂钩。根据考核办法进行综合评定与绩效挂钩，调整工作岗位进行技能和专业知识的学习。

加快业务发展步伐的同时，结合中心支公司实际情况，围绕重点问题，解决突出问题。始终围绕公司的可持续发展，发展与效益并重，发展与管理并重，推动公司和谐，科学地发展。

提升理赔服务质量，不断提升客户服务能力，着力破解当前业务发展中的难点，提升服务基层，服务客户的能力，推动公司创新转型，逐步解决车险业务发展与理赔脱钩的突出矛盾。

【机构和渠道建设】 2013 年，中心支公司为加强“两个建设”双引擎驱动建设，即县级机构建设和渠道建设，提升县级机构管理水平，经营理念，细化管理，提升服务，营造外部环境等方面做出明确要求，强调县级机构在县域经济发展上，要定位明确，夯实基础实力，提升经营管理能力。全年，按照总、分公司机构改建和保监局文件精神，先后组织县级人员进行提升培训达 30 余次，培训人员达 40 多人，全面带动县级机构快速发展，为当地经济发展提供有力保险保障。在多项措施的有力推动下，米易县支公司保费同比增长 21.67%，仁和支公司保费收入同比增长 28.74%，县级机构保费收入占中心支公司整体保费收入 49.54%

为整合有利资源，开辟专业的渠道队伍建设，打造专业化的销售团队。2013 年，中心支公司根据上级公司的要求对原有的销售团队进行专业化改建，成立车商销售团队、银保销售团队、重大项目团队、新渠道团队。业务拓展团队的专业化销售团队。有利加大业务的拓展力度，规避业务分散型，整合业务资源，合理加强渠道建设跟踪，制定年度保费预算和月度时间进度预算，制定跟踪激励机制、定期走访制、定期目标制。全年，实现渠道业务占中心支公司保费收入的 64.80%。

【合规经营】 2013 年，中心支公司把“以加快业务发展为方向，严控综合成本率为重点，确保市场份额上升为目的”作为经营指导思想。在总、分公司实施战略转型过程中，应用科学发展观，加强内控管理。

2013 年，为加大内部管控，防范经营风险发生，中心支公司先后组织合规知识培训 10 余次。对新引进人员进行合规知识培训，培训人员 30 余人。通过合规培训后，进行合规考试，利用省分公司合规内控管理平台，要求每一个员工定期进行学习，年终对自身合规管理和合规知识运用，进行网络合规评估，以“五星”为标准进行评判，每个岗位和条线的员工的评估标准均不一样，最终将评估结果予以公布，达不到标准的统一组织学习，直到达标为准。

2013 年，根据总、分公司的要求，中心支公司组织商业贿赂专项工作，开展治理商业贿赂专项工作的统一部署，把治理商业贿赂专项工作作为党风廉政建设和反腐败工作的重点来抓，坚持以教育为主，坚持以依法办事，坚持自查自纠与检查监督并重，坚持查办商业贿赂案件和建立防治商业贿赂长效机制相促进，强化领导，精心组织，积极协调，真抓实干。

为提升合规管控，强化全员合规意识，增强反洗钱意识，中心支公司于 2013 年 3 月对公司反洗钱领导小组成员进行调整，制定、修订反洗钱相关制度及反洗钱报告共计 9 个，提高公司反洗钱工作能力，有效防范洗钱风险，同时公司为提高员工对反洗钱工作的认知程度和参与意识，确保从业人员熟悉反洗钱的责任和义务，拥有良好的道德风尚及专业知识，从思想上重视对反洗钱的培训工作，从而保证反洗钱工作措施得到全面落实，做到反洗钱工作有组织、有安排，有落实，根据分公司各机构及各部室开展反洗钱工作实际情况，制订相关培训制度和计划，认真按照文件要求予以执行。全年，组织员工进行各项反洗钱培训4次，参加人数70人，有效提高员工反洗钱工作能力，使公司合规管理水平再上一个新台阶。

【服务创新】 2013年，中心支公司着力强化全员服务意识，坚持二线员工为一线员工服务，一线员工要服从二线员工管理，全员为客户服务的原则。为提高承保服务质量，在承保时，将客户的新车合格证直接用二维扫描器扫描二维码，扫描后数据在系统中自动生成，把过去单一的人工手动录入转变为直接扫描进入系统，在提高承保效率，录单数据准确性的同时减少客户在承保时等待时间。把提升售后服务作为增强中心支公司核心竞争力的重要举措，推出全新服务承诺，通过服务创新，确保客户在投保、出险、赔付、沟通任何一个环节，均畅享无忧生活。优享服务承诺的推出，有效解决理赔难、投保长时间等待的问题，为客户提供一条方便快捷的进出高速路。为满足各类不同客户的需求，中支公司与40家具有二级以上维修资质的汽车修理厂建立救急救助协作关系，建立中心支公司客户服务网络体系，授予太平洋财产保险定点“合作维修厂”指点协作单位，合作维修厂将全面覆盖攀枝花市，建立完备的中心支公司客户服务网络体系，提升售后服务水平。

为加强电话销售渠道业务的增长，2013年，中心支公司在市公交车身广告、广播电台广告、高档小区电梯广告继续加大投入力度，对公司的电销产品进行全面的介绍与宣传，发动公司全体员工进行电销业务推介，挖掘潜在客户，启动呼入呼出，转介绍等销售激励机制。同时，推出服务附加增值服务活动，即：代办车辆年检和增送车辆保养卡。增值服务活动的开展，满足广大客户需求，保证客户能更直接、便捷地获得更好的服务。在多项措施的推动下，全年中心支公司电销业务保费收入816万，占公司整体保费收入的10%。

2013年，为创新理赔高速路，提升服务品质。中心支公司成立核赔委员会，如有疑难案件，公司客户服务部负责人通知核赔委员召开核赔会议，解决在理赔中的难题，有效提高理赔时效。总、分公司对理赔政策进行调整，使得公司的核损核赔规则有较大的修改，后援服务前置，上繁下简得到执行，客户在理赔过程中需要提供的手续、等待的时间大为减少，使中心支公司的理赔速度较以往有很大提高，从根本上为解决“理赔难”提供支持。

【重大赔案】 2012年6月29日，由中心支公司承保的四川华电珙县发电财产一切险由于暴雨导致娃娃沟灰场库区出现山体滑坡，造成截洪沟、公路等设施受损。经中心支公司现场查勘，认定属保险责任，按照相关保险条款规定，于2013年8月支付赔款247000元。

2012年11月29日，由中心支公司承保的川DB7531号车行驶至攀枝花钒钛园区2号线川投路口50米处，因操作不当，致使车辆撞向路边堡坎，造成驾驶员受伤，车辆受损。经中心支公司现场查勘，事故属实，根据保险条款于2013年9月11日支付赔款137649.67元。

2013年4月12日，由中心支公司承保的川DD5860号车，行驶至米易垭口村三社便道处时，因操作不当，致使车辆翻于路坎下，导致驾驶员受伤，车辆受损。经过中心支公司现场查勘，事故属实，根据保险条款于9月29日支付赔款5万元。

2013年9月12日，公司承包的建工意外险观音岩项目部员工熊某在20#坝段进行调模施工时，由于模板失稳倒塌，熊某随模板掉到地面，后送攀枝花市第二人民医院抢救无效死亡。经中心支公司现场查勘，认定属保险责任，按相关保险条款规定，于2013年10月21日支付赔款600000元。

（郑翔宇）

中国太平洋寿险攀枝花中心支公司

【概　况】 2013年，中国太平洋人寿保险股份有限公司攀枝花中心支公司（以下简称中心支公司）设行政人事部、财务会计部、个险业务部、团银业务部、服务营销部、营运部等6个部门，下设5个四级机构，即攀枝花市东区、盐边县、米易县3个支公司，攀枝花市西区、攀枝花市仁和区2个营销服务部。5月，按上级公司安排，中心支公司原党委书记、总经理于革不再担任中国太平洋人寿保险股份有限公司攀枝花中心支公司党委书记及总经理职务，调中国太平洋人寿保险股份有限公司四川分公司服务营销部副总经理李伦刚到中心支公司任副总经理(主持工作)兼党委副书记(主持工作)。7月，中心支公司组织开展主题为“倾听由心，互动你我”的保险公众日宣传活动。活动通过设立咨询台，向群众发放宣传资料，普及保险知识，介绍保险功能作用。7月，经攀枝花市地方税务局、攀枝花市国家税务局纳税信用等级联合评审委员会审核评定，中心支公司荣获“A级纳税信用等级证书”。9月，按照分公司未来三年经营思想为指导，以“健康、幸福”愿景为文化引领，以行业费率市场化为契机，以客户需求为导向，编制完成中心支公司未来三年发展规划。中心支公司秉承“做一家负责任保险公司”的使命，坚持“诚信天下，稳健一生，追求卓越”的企业核心价值观，努力将企业社会责任融入战略与业务运营。12月，中心支公司班子前往盐边县渔门镇龙树村走访慰问，为他们送去中心支公司的真情关怀。

2013年，在“以客户需求为导向”的战略转型指导下，中心支公司推动实施销售转型、服务转型，业务内涵价值稳步提升。全年，完成保费收入6684万元，较2012年增长1.13%；理赔案件1985件；实际赔付1985件，结案率100%，实际赔付件数较2012年减少0.94%；理赔、给付金额4045448.35元；简单赔付率为48%，投诉率零。

【制度建设】 2013年，中心支公司把统一发展思路，增强发展意愿，培养干部员工的适应力，树立干部员工的自信心、责任感，激发干部员工的工作激情作为重点工作抓，把“健康、幸福”作为中心支公司的愿景文化，在坚持“一手抓业务，一手抓管理，两手抓，两手都要硬”的原则，结合实际情况，提升管理的专业化、集约化、规范化水平，全面加强和改善各项内部管理工作，继续执行《中国太平洋人寿保险股份有限公司攀枝花中心支公司基础管理制度》《中国太平洋人寿保险股份有限公司攀枝花中心支公司争先创优管理办法》《中国太平洋人寿保险股份有限公司攀枝花中心支公司会议制度》等多项制度，坚持向管理要效益，通过管理促发展。在财务管控方面，中心支公司一方面抓业务发展，一方面抓费用管控，严格执行《中国太平洋人寿保险股份有限公司攀枝花中心支公司日常费用管理办法》《中国太平洋人寿保险股份有限公司攀枝花中心支公司预算管理办法》等制度，使财务费用得到合理管控，实现财务费用收支平衡。通过系列措施，促进团队的稳定和管理工作的加强，内控机制得到强化，风险得到有效的控制。全年，没有发生一起安全生产事故。

【客户服务】 2013年，为贯彻中国太平洋人寿保险股份有限公司倡导的“关注客户需求、改善客户界面、提升客户体验”的服务理念，全面提升公司服务形象，更好地为客户服务，拉近与客户之间的距离，中心支公司开展“3·15”诚信服务宣传、“关注‘中国太保’微信服务号送礼品”“金卡客户免费体检”“‘移动保全’服务体验”等活动。通过推广保全GPS上线、MAM叫号系统的推进，提升客户的一站式服务体验。通过推广“中国太保”微信服务平台，为客户提供便捷的保单查询服务及咨询服务，提升客户体验。

中心支公司通过持续推动神行太保新技术运用，以电子签名、电子回执、好声音回访、增员APP、移动理赔、移动保全等为载体，提高内外部客户关注的保单时效性、准确性，回访的便捷性、服务的舒适性、增员的科技性等，延伸服务半径，拓展服务时间，改善内外部客户体验，打造“在你身边”的保险公司形象。

【产品开发】 2013年，公司在实行业务集中管理的基础上，以新型分红险产品为重点，不断推出新产品。针对不同服务对象，个人业务推出《守护安康防癌疾病保险》《长顺保两全保险》及《全顺保两全保险》等保障型保险产品；团体业务推出《如意安康两全保险》附加《如意安康重大疾病保险》《长健安康重大疾病保险》等保险产品。继续推广团体人身意外伤害保险、安贷宝意外伤害保险B款等险种；银邮业务推出《鸿发年年年金保险（分红型）A款》《安健宝两全保险》附加《安健宝重大疾病保险》《安顺宝两全保险》附加《安顺宝意外伤害保险》等保险产品。

【重大赔案】 被保险人李某，2006年11月12日购买长健医疗A，长健医疗B，小康之家如意安康重大疾病保险。2013年8月28日因患有子宫内膜恶性肿瘤在四川大学华西第二医院住院治疗，于9月10日好转出院。在接到受益人提交的理赔申请资料后，按相关保险条款，中心支公司于10月25日支付赔款90000元。

被保险人周某，2012年6月11日购买《附加团体意外伤害保险》。2013年6月1日，因交通事故意外身故。在接到受益人提交的理赔申请资料后，按相关保险条款，中心支公司于10月29日支付赔款100000元。

被保险人刘某，2010年4月8日购买《附加金泰人生重大疾病》保险，2013年8月1日因患有慢性肾功能衰竭在攀钢职工总医院治疗，于10月10日好转出院，在接到受益人提交的理赔申请资料后，按相关保险条款，中心支公司于11月13日支付赔款31350元。

被保险人王某，1998年8月25日购买《步步高（97）增额保险》，2013年12月15日，因病在攀枝花市枣子坪疗养院身故。在接到受益人提交的理赔申请资料后，按相关保险条款，中心支公司于12月24日支付赔款96000元。

（谭晓雯）

中华联合财险攀枝花中心支公司

【概　况】 2013年，中华联合财产保险股份有限公司攀枝花中心支公司(以下简称中支公司)内设综合管理部、财务会计部、业务管理部、客户服务部4个职能管理部门，下辖1个营销服务部、2个支公司及2个直属业务部门。中支公司共有员工37人，较2012年减少5人，营销人员31人，较2012年增加2人。固定资产原值为128万元，较2012年增加10.7万元，净值为40万元，较2012年增加2.3万元。主要有机动车辆保险、企业财产损失保险、家庭财产损失保险、建筑工程保险、安装工程公司、货物运输保险、能源保险、一般责任保险、飞机保险、航天保险、核电站保险、一般责任保险、短期健康保险和意外保险等 155 个险种，较 2012 年增加 1 个。

2013 年，中支公司以“转型升级、卓越发展”为主线，以经营效益为目标，按照“转方式、促规范、防风险、稳增长”的总体思路，进一步转变观念，强化内控，全面投身二次创业，提升持续盈利能力，推动中支公司的发展。全年实现保费收入 3467 万元，较 2012 年同期增加 210 万元；赔款总支出 2039 万元，较 2012 年同期增加 330 万元；简单赔付率为 58.8%，较 2012 年同期增加 16.4%，综合赔付率为 56%，较 2012 年同期增加 11%；全年盈利 349 万元，较 2012 年同期减少 207 万元：全年缴纳各种税金 185 万元，较 2012 年同期增加 19 万元。

【重大赔案】 2013 年 1 月 20 日，中支公司承保的由赵某驾驶的川 D19713 红岩车，在自贡市富顺县两路口行驶时不慎撞一自行车，致三者自行车上一位 15 岁女童死亡的重大交通事故。经中支公司现场查勘，认定为保险责任，按照相关保险条款规定，于 2013 年 6 月 14 日支付赔款共计 43.66 万元。

2013 年 3 月 29 日，中支公司承保的由李某驾驶的川 D32886 红岩自卸货车，行驶至攀枝花市米易县湾丘乡水泥厂时撞上房屋，导致驾驶员死亡及本车、房屋严重受损的交通事故，经交警及中支公司现场查勘，认定为保险责任，按照相关保险条款规定，于 2013 年 6 月 27 日支付赔款共计 46.47 万元。

2013 年 6 月 21 日，中支公司承保的由王某驾驶的川 D39581 号徐工自卸车，在云南省大理白族自治州楚大高速行驶时因操作不当连续追尾两车，致三车受损严重及三者 6 人轻伤的交通事故。经中支公司现场查勘，认定为保险责任，按照相关保险条款规定，于 2013 年 10 月 11 日支付赔款共计 30.18 万元。

2013 年 11 月 11 日，中支公司承保的团意险“盐边县鼎盛矿业有限责任公司”，被保险人李某因意外，不慎摔下田坎，颅脑损伤导致抢救无效死亡的重大案件，经中支公司现场查勘，认定为保险责任，按照相关保险条款规定，于 2013 年 12 月 23 日支付赔款共计 50 万元。

（皮宗兴）

天安财险攀枝花中心支公司

【概　况】 2013 年，天安财产保险股份有限公司攀枝花中心支公司（以下简称中心支公司）共有员工 15 人，内设综合监督部、计划财务部、承保管理部、理赔服务部、业务部 5 个职能部门。总资产 1033 万元，固定资产原值 53 万元，固定资产净值 13 万元。中心支公司开办机动车保险、企业财产损失保险、家庭财产损失保险、工程保险、信用保证保险、进出口货物运输保险、短期人身意外伤害保险、人身健康保险、责任保险等主险近 3 类 200 种。

2013 年，中心支公司以合规效益为主题，合规状况有显著进步，业务管理、风险管控、市场开拓和客户服务等方面都呈现出明显进步，对承保提出更加严格的要求，对风险管控更加细致严格，全体天安人以利润为中心，严格控制成本，实现有效的经营业绩，提高公司的盈利能力，中心支公司全年利润 150 万元，较 2012 年增长 65 万元。全年，中心支公司保费收入 1174 万元，较 2012 年增加 11%，其中车险保费收入 969 万元，非车险保费收入 205 万元。赔款总支出 625 万元，简单赔付率 53%，较 2012 年下降 26 个百分点。全年缴纳各项税金 77 万元，较 2012 年增加 8.5 个百分点；完成分公司下达的各项指标。

【基础管理建设】 2013 年，在行政管理上中心支公司加强基础工作建设，通过合规经营宣导，提高全员合规意识，把合规管理渗透在每天的工作中当做长效任务来抓。按照中心支公司各项规章制度管理指标要求，以部门为单位，加强职责管理，明确员工职责，将责任落实到人。要求员工对照工作流程与标准，定期进行自我总结，找出工作中的不足之处或缺陷；中心支公司对公司员工平时行为规范进行考核，强化管理、严抓纪律、严肃惩罚制度并督促、整改；从总经理做起，向员工倡导诚实守信的道德准则和价值观念，推行主动合规、合规创造价值等理念，促进中心支公司内部经营管理与外部监管的有效互动；同时加强各部门之间的紧密联系、互相监督，防范工作中出现经营漏洞，提高员工责任意识。

【客户服务】 2013 年，中心支公司面对激烈的市场竞争将“服务是各家主体竞争的王牌，也是客户选择承保公司的主要参考因素”这一理念作为重要的管理战略之一。围绕客户服务，中心支公司继续完善柜面服务质量考核标准、优化承保理赔服务流程、加快标准化服务网点建设，真正做到在服务上创新模式、做客户的真正贴心人。提高专业技能服务，针对不同客户建立起一整套个性化服务体系，不断提供延伸服务和增值服务。如为投保企业和个人量身定制投保计划，精心设计代理机构的业务发展计划，不断提高服务的专业化程度，服务更加规范、标准。

【重大赔案】 2012 年 8 月 26 日，中心支公司承保的桂 A93526 号重型半挂牵引车行驶至攀枝花市西区丽攀高速公路 C2 标段，与同向行驶的电瓶车相刮，造成电瓶车司机抢救无效死亡的交通事故。经中心支公司查勘人员现场查勘，确定属机动车辆保险责任范围。根据保险条款中心支公司于 2013 年 3 月赔付 120000 元。

2013 年 4 月 3 日，中心支公司承保的东风牌未上牌照的大货车行驶至盐边县红猛路时，与相对方向行驶的川 WEP151 号两轮摩托车相撞，造成两轮摩托车司机抢救无效死亡的交通事故。经中心支公司查勘人员现场查勘，确定属机动车辆保险责任范围。根据保险条款中心支公司于 2013 年 11 月赔付 151784 元。

2013 年 5 月 6 日，中心支公司承保的川 DG6720 号轻型货车行至金沙江大道三堆子桥下路段时，由于驾驶员观察不周，采取措施不当，与横过道路的行人相撞，造成行人受伤的交通事故。经中心支公司查勘人员现场查勘，确定属机动车辆保险责任范围。根据保险条款中心支公司于 2013 年 11 月赔付 237206.64 元。

（杨钧凯）

阳光财险攀枝花中心支公司

【概　况】 2013 年，阳光财产保险股份有限公司攀枝花中心支公司（以下简称中支公司）内设 1 室 2 部 1 中心及 3 个销售团队，即总经理室、综合管理部、销售管理部、客户服务中心、直属业务团队、车商团队、综合开拓团队。中支公司有员工 23 人，其中非销售类员工 12 人、销售类员工 11 人，较 2012 年减少 5 人。中支公司主要经营机动车辆保险、企业财产保险、家庭财产保险、工程保险、货物运输保险、责任保险、信用保证保险、综合险类、短期意外险和健康险等 10 类 100 多个险种的保险业务和再保险业务。

2013 年，中支公司固定资产原值 21.30 万元，较 2012 年减少 9.90 万元；净值 16.56 万元，较 2012 年增加或减少 4.74 万元；资产总值 38.23 万元，较 2012 年增加 13.18 万元。全年完成保费收入 1195.43 万元，较 2012 年增长 2.85%；综合赔付率 53.11%，较 2012 年增加 0.7 个百分点；综合成本率 98.85%，较 2012 年增加 3.41 个百分点；全年上缴税金 66.80 万元，较 2012 年增长 2.9%。

【理赔服务】 2013 年，中支公司以持续“提升服务品质、改善客户体验”为主线，以着力转变和解决制约客户服务队伍建设、服务标准、服务体系的问题为切入点，以健全客户服务管理模式、评价模式和发展模式为目标，紧扣提升车险理赔效率、改善车险理赔品质、规范服务标准等环节，狠抓客户服务条线培训，培训内容从阳光文化到规章制度，业务技能到服务规范。在品质教育上，中支公司对新录用的年轻理赔人员，通过思想品德教育，提高其道德素质和自律意识，将理赔人员培训打造成德才兼备的“最诚实可靠人”。在制度管理上，公司实行政策激励和理赔监察并举的策略，通过制定激励考核制度，表彰优秀员工，树立榜样，创立理赔监察体系，对理赔人员进行监督管理，加强警示作用，督促员工自觉自律。在政策激励方面，中支公司制定案均激励考核办法、车险案均赔款制度、理赔全系列岗位考核、落实对理赔人员的各项奖励，从制度上鼓励并保障理赔人员廉洁自律。日常工作中通过“飞行检查”（即不定时间、不定地点、不定方式的实时抽查）等方式对理赔人员进行跟踪督查，保障理赔服务品质，阳光客服统一电话“95510”全天候 24 小时提供理赔保障服务。

【重大赔案】 2013 年 1 月 2 日，中支公司承保的攀枝花市攀泰出租汽车有限责任公司捷达 FV7160FG 轿车车牌号为临 07313（以下简称标的车），在攀枝花市海关路段由于驾驶员下车擦拭不当与行人相撞，伤者就诊于攀枝花市中西医结合医院，经抢救无效死亡。交警现场认定，标的车全责。中支公司于 2013 年 4 月 8 日赔付 162844 元。

2013 年 1 月 13 日，中支公司承保的十九冶成都建设有限公司福田 BJ5254GJB-S 混凝土搅拌运输车，车牌号为川 AB8071（以下简称标的车），在广西壮族自治区防城港市港口区公车镇路段，由于驾驶员观察不周，采取措施不当，与对向行驶的三者车（车牌号为桂 PAA603 摩托车）相撞，造成三者驾驶员当场死亡，三者车上乘客受伤的交通事故。经交警现场，标的车全责，中支公司于 2013 年 2 月 27 日赔付交强险 122000 元，商业三者险赔偿 500000 元，共赔付 622000 元。

2013 年 6 月 12 日，中支公司承保的车牌号为川 D28615（以下简称标的车），攀西高速盐边路段由于违章停车，被川 DL1156（以下简称三者车）追尾，造成三者车上两人死亡及两名乘客受伤的交通事故，交警现场认定，标的车次责。由法院判决，交强险赔偿 110000 元，商业险赔偿 110000 元，中支公司于 2013 年 9 月 27 日共赔偿 220000 元。

（欧函仪）

华安财险攀枝花中心支公司

【概　况】 2013 年，华安财产保险股份有限公司攀枝花中心支公司（以下简称中心支公司）内设人事行政部、计划财务部、业管部，共有正式员工 6 人，98%取得“保险代理从业人员资格证书”，平均年龄 40 岁。主要有企业财产险类、运输工具险类、货物运输险类、建筑工程险类、责任险类、信用保证险类、综合险类、人身意外险及医疗险类等 18 类 100 多个险种的保险业务。

中心支公司坚持“利润生存、服务至上、规范经营、创新发展”的经营指导思想，坚持“责任、专业、奋进”的企业理念，面对保险业大发展的机遇和挑战，中心支公司将为国家为社会提供保险保障为己任，以科学发展观为统领，以战略目标规划为指针，坚持发展为第一要务，坚持结构调整下的协调发展，坚持风险可控下的业务规模扩张，在管理平台、网络布局、业务结构、产品创新、资产管理、盈利水平和保费规模上取得进展。

2013年，中心支公司固定资产原值18.285万元，较2012年同期下降46.6%：全年实现保费收入144.3万元，较2012年同期下降19.32%；全年上缴营业税金8.08万元，较2012年同期增长4.2%。满期赔付率为40%，较2012年下降4.7%。赔款总支出75.34万元，较2012年同期下降37.37%，其中机动车辆商业险赔款25.52万元、交强险赔款46.9万元、建筑工程团体意外伤害保险赔款2.92万元，分别占总赔款比例的33.8%、62.3%、3.9%，盈利26.5万元，较2012年增长200%。

【员工培训】 华安财险攀枝花中心支公司将2013年定为人才培养“发展年”。在促进干部、员工队伍能力发展和后备人才储备的同时，中心支公司继续依托网络学院，夯实人才培养基础工作，特别是针对员工的岗位“应知、应会”。

2013年，中心支公司制定《前台系列员工网络学习安排与考试方案》和《后台系列员工网络学习安排与考试方案》，网络学习策略继续采用“规定性学习”和“自主式学习”相结合的方式，鼓励员工积极进行自主式学习，为员工职业生涯规划和拓展职业生涯发展通道提供支持。全年，多次进行合规知识、保险从业人员行为准则、保险法培训沟通技巧、汽车基础知识及考试，合格率达100%。

【合规管理】 2013年，中心支公司对“财务控制、预算控制、财务处理系统，单证管理、发票管理、业务权限”增加承保及赔款两个重要环节岗位的合规要求严格，对承保划卡时保费上万元的划卡人与投保人不一致和赔款上万金额未转投被保险人的，都要求客户在反洗钱数据登记表及可疑交易报告中签字确认，定期接受人民银行的检查指导。2013年，未发生单证遗失现象，业务承保无一单违规承保，保费收入实行见费出单，从源头控制应收保费；在理赔管理中，赔付款均打入被保险人账户上，做到无现金领取及代领的现象。全年，中心支公司无违规案例发生，反洗钱工作被攀枝花市人民银行评定为B级。

【客户服务】 2013年，为巩固公司良好社会形象，中心支公司不仅对客服人员开展多种形式的培训，针对理赔岗位技能、组织核赔、复勘系列专项培训，还要求客服人员对客户进行上门收取理赔资料及主动帮助客户收集事故现场资料。全年共处理各类赔款案件215件，结案率为100%，累计支出赔款75.34万元。

【重大赔案】 由中心支公司承保的长安牌SC6382B3S客车，车牌号为川DE5013(以下简称标的车)，2012年6月27日17时左右，标的车驾驶员在矿务局花山矿家属区下坡路段，因操作不当，撞倒一行人后又将车撞到路边门市的铁门上，造成一路人受伤及标的车前保险杠受损的交通事故。经查勘人员调查，认定属保险责任，按相关保险条款规定，三者受伤人员在2013年4月痊愈，中心支公司于4月19日支付伤者医疗费及被保险人财产损失共129820.7元，由被保险人转账领取赔款。

由中心支公司承保的川路牌CGC060CB7E3自卸货车，车牌号为川W28683(以下简称标的车)，于2011年8月23日16时15分，遇到川C11396（以下简称三者车）东风牌EQ3290GF1重型自卸货车川C11396由金江船厂下高速后往炳草岗方向行驶，当车行至攀枝花大道4千米+700米处时与同方向前方的川W28683标的车车尾相撞，造成三者车一人受伤、两车受损的交通事故。经攀枝花交警现场调查确定，中心支公司标的车川W28683无责，三者车川C11396负全责，三者车驾驶员对交警所出的道路交通事故认定书不服，向交警支队提出现场事故复核。2011年12月28日攀枝花公安局交警支队对此次道路交通事故认定做出复核结论，该事故仍由三者车川C11396负全责，中心支公司标的车川W28683无责。2013年4月，三者车上受伤人员痊愈后在荣县人民法院上交材料，起诉中心支公司，要求赔偿交强险责任范围内人伤伤残120000元。荣县人民法院受理该案后，不认同攀枝花交警支队所出的交警事故认定书，认定中心支公司承保的川W28683有责，判中心支公司支付三者受伤人员伤残费120000元，中心支公司在接到判决后于6月25日支付三者受伤人员伤残费120000元。

由中心支公司承保的川DE5013（以下简称标的车）华泰特拉卡SDH6470D小型汽车，于2013年1月17日9时20分左右，标的车驾驶员在成都青白江成青快速通道行驶，因大雾天气，标的车在路口起步时与川A45W42（以下简称三者车）摩托车相撞，造成标的车左前杠及大灯受损，三者车右侧受损及一人受伤的交通事故。经中心支公司现场查勘及交警现场认定，中心支公司标的车川DE5013，车与三者车川A45W42负同等责任，按照相关保险条款规定，中心支公司于8月12日支付被保险人赔款104629元。

（曾　平）

财政·税务

财　　政

【概　况】 2013年，攀枝花市财政系统有干部职工542人。其中，市财政局有干部职工121人，5个县（区）有干部职工251人，钒钛产业园区财政局有干部职工6人，51个乡镇财政所有干部职工164人。

2013年，全市财政部门充分履行公共财政职能，狠抓重点工作开展，采取有效措施促发展、抓增收、保民生、强监管，全力确保财政稳健运行，推动全市经济社会快速稳步发展。全年，市财政系统共撰写科研论文及调查报告100余篇。在全市政务调研评比中，市财政局获得2013年政务调研工作先进集体称号，《聚合民间资金，助推攀枝花重大项目建设》获一等奖，《攀枝花市地方财源建设研究》获二等奖，《改革地方财政投入方式的研究》《攀枝花市新型农村养老保险的实践与思考》获三等奖。年鉴编写、计划生育、政务信息、安全生产等各项工作在省、市各级评比中多次获得先进单位、优秀集体称号，全年共获得省、市级各类奖励40余项。

【全市财政预算执行情况】 2013年，全市公共财政收入完成585450万元，同比增长2.4%；上级补助592908万元；动用上年结转结余19116万元；调入资金2240万元。公共财政收入总量为1199714万元。全市公共财政支出实现1150075万元，同比增长6.3%；上解上级支出等28874万元。公共财政支出总量为1178949万元。其中：农林水事务支出122012万元，同比增长12.7%；教育支出243696万元，同比增长6.1%；科学技术支出13977万元，同比增长15.7%。三项法定支出增幅均高于全市公共财政经常性收入1.3%的增幅。全市公共财政收支总量相抵后，年终滚存结余20765万元。其中：按政策规定结转下年继续安排使用的项目结余15558万元；累计净结余5207万元，实现收支平衡。

全市政府性基金收入完成243715万元（土地出让收入213857万元），同比下降5.2%；上级补助44639万元；动用上年结转结余7626万元。政府性基金收入总量为295980万元。政府性基金支出实现285769万元（土地出让收入安排的支出210636万元）；上解上级支出2364万元。政府性基金支出总量为288133万元。全市政府性基金收支总量相抵后，年终滚存结余7847万元。

全市国有资本经营预算收入完成400万元，同比下降6.1%。全市国有资本经营预算支出实现400万元。

【市本级财政预算执行情况】 2013年市本级公共财政收入完成295649万元，同比增长4.3%；上级补助592908万元；县(区)上解收入5070万元；动用上年结转结余7411万元。公共财政收入总量为901038万元。

市本级公共财政支出实现464319万元，同比增长5.8%；补助县(区)支出397996万元；上解上级支出21634万元。公共财政支出总量为883949万元。市本级公共财政收支总量相抵后，年终滚存结余17089万元。其中：按政策规定结转下年继续安排使用的项目结余13913万元；累计净结余3176万元，实现收支平衡。市级公共财政年初预算安排预备费3500万元，用于对口援建雅安市名山区“4·20”地震灾后重建支出1000万元，弥补市级基本建设支出缺口2500万元。

市本级政府性基金收入完成116272万元（土地出让收入100000万元），同比下降17.6%；上级补助44639万元；县(区)上解收入10005万元；动用上年结转结余等4193万元。政府性基金收入总量为175109万元。政府性基金支出实现138352万元(土地出让收入安排的支出106412万元)；补助下级支出32062万元；上解上级支出2364万元。政府性基金支出总量为172778万元。市本级政府性基金收支总量相抵后，年终滚存结余2331万元。

国有资本经营预算执行情况：市本级国有资本经营预算收入完成400万元，与上年持平。国有资本经营预算支出实现400万元。

【资金筹集】 2013年，面对经济下行压力加大、经济发展困难因素增多的实际情况，市财政局多渠道筹集资金，推进重大项目建设。全市加大向上争取资金力度，尤其在争取均衡性转移支付、地方政府债券资金、攀西战略资源创新开发资金、交通建设资金、生态功能区建设资金、农业专项资金等方面取得新进展。全年共向中央和省级争取资金63.6亿元，同比增长14.3%。通过创新融资方式、调整财政支出结构等措施，筹集资金43亿元，有力推进成昆铁路新线、花城新区、沿江景观打造、国省干道改扩建、观音岩引水工程、龙密路建设、中心城区人行过街设施等重大项目的实施。

【财政助推新村建设】 2013年，攀枝花市围绕“全面建成小康社会”的战略目标，多方筹集资金，加快推进国家现代农业示范区建设。全年安排水利建设资金4.5亿元，实施马鞍山水库、梅子箐水库和高效节水灌溉等水利项目，增强农业抗旱保收能力。整合资金4.3亿元，继续推进农民住房、基础设施、风貌打造、“1+6”（村级组织〈村两委〉活动场所和便民服务中心、农民培训中心、文化体育中心、卫生计生中心、综治调解中心、农家购物中心）村级公共服务设施为主的新村建设，改善农民生活环境。筹集资金1.2亿元，继续推进村级公益事业“一事一议”财政奖补工作，扩大农村公共服务运行维护机制试点范围，提升基层公共服务能力。安排资金4亿多元，兑现成品油价格补贴、粮食直补、农资综合、农机购置、退耕还林、生态效益补偿等惠民政策，增加城乡居民收入。

【财政优先保障民生工程】 2013年，攀枝花市财政继续坚持民生优先，推动建立覆盖城乡、富民惠民的民生保障体系。全年共投入“十大民生工程”资金近40亿元，比2012年增加7.5亿元，增长23.1%，其中，安排财政资金22.4亿元，增长15.9%，保障民生项目顺利实施。深化医疗卫生体制改革，认真落实基本公共卫生、基本药物制度等财政补助政策，建立疾病应急救助基金和县级公立医院取消药品加成财政补偿机制，健全基层医疗卫生服务体系。增加对就业创业的投入，实施困难工业企业“四缓、一降、三补贴”政策，支持高校毕业生等重点群体的就业创业工作。落实家庭经济困难学生的资助政策，支持地方高校、中等职业学校的发展，全方位、多层次推进教育惠民工程。支持基层公共文化服务体系建设，支持实施全民健身计划，促进文化体育事业健康发展。

【财政国库管理改革】 2013年，市财政局继续深化国库集中收付制度改革。市、县（区）级840个预算单位全部实施国库集中支付改革，完成会计集中核算向集中支付的并轨；各级财政预算资金、财政专户资金全部纳入国库集中支付，市及5个县(区)本级均建立比较规范的预算执行动态监控体系，日常实时监控工作有序开展。继续深入实施公务卡改革，制定并实施市级公务卡强制结算目录制度。全年全市实施公务卡改革单位882户（含乡镇），共办理公务卡10680张，改革覆盖面达到98%。继续清理规范财政专户管理，开展单位结余结转资金及财政对外借款的清查处理，提高财政资金效益。

【深化财政预算管理改革】 2013年，攀枝花市财政局全力推进绩效预算管理。建立起预算编制、中期评估、单位结余清理、支出绩效评价、信息公开等全过程的绩效预算管理体系，在全省率先试行财政预算听证制度。在公共服务性强、社会关注度高、资金量较大的市本级财政支出项目中，确定10个政府投资项目和10项专项资金开展绩效评价工作，涉及市级财政资金14.8亿元，提高财政资金使用绩效。

大力推进预决算公开，打造阳光财政。市财政局继续将当年预算安排的涉及城乡居民最低生活保障、义务教育、城乡基础建设、农田水利建设、农业产业化、工业发展、旅游业发展、保障性安居工程建设等119项关系民生的389894万元财政专项资金（公示资金总额较上年增长23.96%）在攀枝花财政网进行公示。扩大部门预算送审范围，自觉接受人大监督。按照要求，及时向社会公布市“三公”经费的预决算，接受社会监督。

开展乡镇财政所的规范化建设。督促全市各县（区）完成乡镇财政所的恢复工作，做好乡镇财政规划的编制工作，推进攀枝花市乡镇财政所规范化建设。

【首次举行财政预算听证会】 为深化财政部门预算管理制度改革，探索公众参与财政预算管理的有效实现形式，建立并逐步完善公众参与、专家论证和政府决定相结合的行政决策机制，提高决策科学化、民主化、法治化水平。2013年4月，市财政局出台《攀枝花市财政预算听证管理（试行）规则》。7月26日，攀枝花市在全省财政系统首次召开预算听证会，就“攀枝花市红绿灯及相关基础设施改造工程项目”组织项目实施单位、市级相关部门和部分市人大代表、市政协委员、市委市政府决策咨询委员会成员、社会公众代表进行预算听证，社会各界反响良好，同时得到省财政厅的充分肯定。

【财政部专家作“深化财税改革”主题报告】 2013年12月19日，全国政协委员和政协经济委员会委员、财政部财政科学研究所所长贾康受攀枝花市委邀请，以“在全面改革中深化财税改革”为主题作专题报告。市人大副主任张如英等市委中心组有关领导，以及市级部门党委中心组成员，各县（区）分管财政领导和财政系统共100余人参会。市委常委、常务副市长杨自力主持会议。贾康在精准分析中共十八届三中全会精神的基础上，深入讲解深化财税改革的思路、方法和路径，指明分税制改革的当前要务，解析政府绩效预算管理、转移支付制度等管理机制的完善与创新。在讲解改革要义的同时，还开展“互动”，现场解答提问。

【财政部科研基地落户攀枝花】 2013年12月19日，财政部财政科学研究所与攀枝花市财政局合作共建科研基地签字暨揭牌仪式在攀枝花会展中心举行。财政部财政科学研究所所长贾康，攀枝花市委常委、常务副市长杨自力为财政科研基地揭牌。攀枝花科研基地是财政部科研所在四川省唯一一个财政部财政科研基地。双方以探索和推动地方政府公共财政体制创新为目标，以重大科研项目和调研课题为载体，以攀枝花市公共财政改革实践为对象，以应用性财政政策研究、改革与发展研讨会、人才培训与交流为主体，加强合作与交流。合作共建科研基地，有利于市财政局与财政部财科所建立更加紧密的合作关系，提升攀枝花财政科研水平，促进财政干部队伍建设和财政科研队伍建设。

【财政监督检查】 2013年，市财政局继续强化财政监督检查。以完善内控机制为重点，加大内部监督检查力度。在全局26个业务部门自查自纠的基础上，开展全局内部监督交叉检查，检查面达100%。对全市乡村垫交税费债务化解工作开展、化债专项资金使用和化债资金专户管理情况进行重点检查，累计检查项目44个，检查专项资金149.04万元，检查面100%。在全市范围内开展交通系统2012年非税收入管理情况的专项检查工作。对市级交通系统4个执收单位在资产管理、票据管理等方面进行重点检查，检查资金量11499.21万元，占全市交通系统非税收入总量的91.69%。针对个别违规行为，市财政部门依法下达检查处理意见，收缴应缴市级非税收入391.48万元，收回财政预算资金150.72万元。市、县两级财政部门采取上下两级联动方式，抽调和聘请专业技术人员39人，对全市水利、粮食、教育等行业36户企事业单位（其中行政单位19户、事业单位14户、国有企业3户）开展会计信息质量检查工作，累计处理违规违纪资金1120.51万元。继续开展“小金库”专项治理工作。将财政、审计、纪检监察等日常监督检查与“小金库”专项治理相结合，监督和指导社会团体和国有企业健全和完善各项制度，形成“小金库”专项治理的长效机制。

【投资评审】 2013年，根据市九届人大常委会第十一次会议审议通过的《关于加快推进攀枝花市财政投资评审工作决议》，市财政局进一步延伸和拓展评审范围，扩大评审工作覆盖面，改进评审工作思路和方法，凡涉及财政性资金安排的基本建设性项目支出，不管金额大小，全部纳入评审范围，并将社会保障、农业、教育、节能环保、民生工程等重点领域项目列入评审工作重点，实现项目评审的全覆盖。全年，共审查各类项目214个，审查资金336776万元，审定299595万元，审减37181万元，综合审减率为11.04%。

2013年，财政部门在安排基本建设投资预算时，严格按照评审确认金额为预算安排资金的最高控制额度，使财政基本建设预算更加合理，财政资金的使用更加公开、公正、透明，全年评审预算项目153个，审核资金242687万元，审定215066万元，审减27621万元，审减率11.38%，预算评审结果成为发改委等部门组织实施项目招投标工作的重要依据。在严格投资项目预算评审的基础上，积极开展概算评审，为发改委等部门编制投资计划提供依据，全年评审概算项目55个，审核资金92241万元，审定83124万元，审减9117万元，审减率9.88%。加强对项目业主及代建单位管理，督促其以评审结果为最高控制价组织项目实施，使项目管理更加精细、规范。开展工程结算评审，为相关部门投资项目办理工程决算提供依据，全年评审结算项目6个，审核资金1848万元，审定1405万元，审减443万元，审减率23.97%。加强与审计部门的沟通合作，厘清评审与审计的工作职责和范围，互通信息、共享成果。财政评审、发改、审计、业主单位之间在项目各个环节的审查、审批程序力求实现部门联动，通力合作。

【美丽乡村建设试点】 根据《四川省财政厅关于开展美丽乡村建设试点工作的通知》，四川省从2013年启动美丽乡村建设试点工作。市综合改革领导小组办公室、市财政局因地制宜，突出地域特色，规范操作流程，组织县区科学编制美丽乡村建设试点实施方案，获得省级专家评审高度评价。攀枝花市申报的仁和区大龙潭乡混撒拉村、平地镇迤沙拉村和米易县白马镇马槟榔村、丙谷镇雷窝村4个试点村纳入省级100个重点推进村试点范围，获得2013年中央和省级一事一议美丽乡村建设试点补助资金1200万元。4个重点推进美丽乡村建设试点实施方案已批复，试点工作正有序展开。

【“一事一议”财政奖补】 为改善农村生产生活条件，2013年市财政局继续推行“一事一议”（指通过农民民主议事、农民自愿筹资筹劳、财政适当补助以完成村级公益事业建设的项目推动形式）财政奖补试点工作。为加大财政奖补投入力度，市财政局争取中央和省级“一事一议”财政奖补资金3470万元，比2012年增长123.58%。支持全市三区两县实施“一事一议”财政奖补项目198个，建设总投资11707.4万元，其中村民筹资筹劳资金1406.24万元、财政奖补资金5644.65万元、村集体投入资金410.77万元、社会捐赠资金2448.61万元、整合财政支农资金1797.13万元。198个项目包括整修村内道路245.41千米，新建桥涵9座、村内水渠26.63千米、堰塘水窖蓄水94597立方米、小型提灌站11座、堰塘水窖19个、村内安全饮水管线安装53.42千米、垃圾收集点20个面积300平方米、村内小型污水处理设施134个、村内道路绿化植树5035株、村内绿地花池3999平方米、太阳能路灯13盏、村内公共活动场所1107平方米，覆盖受益群众108549余人。通过财政奖补政策，探索公共财政直接投入到村内基础设施建设的途径，调动农民参与村级公益事业建设的积极性，改善农村村容村貌和基础设施。

【支持农民专业合作社建设】 2013年，市财政局组织人员深入乡镇、村社，通过现场讲解、资料发放和专场培训等方式，大力开展《中华人民共和国农民专业合作社法》《农民专业合作社财务会计制度（试行）》等相关政策法规宣传，使农村群众更多地了解和知晓国家关于专业合作社方面的政策法规。全年，攀枝花市争取到农民专业合作社发展资金720万元。涉及专业合作社9个，实施项目9个，分别是攀枝花市盐边县龙腾种养殖专业合作社50万元、盐边县凤林种养殖专业合作社50万元、盐边县茂盛果蔬专业合作社120万元（农民专业合作组织发展创新试点项目）、米易县康源中药材种植专业合作社100万元、米易县迷易养殖专业合作社50万元、攀枝花市田园果业专业合作社200万元、攀枝花展宏芒果种植专业合作社50万元、仁和区鸿源干果专业合作社50万元、仁和区中坝草莓专业合作社50万元。同时，市县两级下达专业合作社建设专项资金173万元，着重用于支持专业合作社的基础设施建设、特色产业发展、项目贷款贴息等。

【妇女小额担保贷款财政贴息】 2013年，市财政局与市妇联、市人社局、人民银行攀枝花市中心支行等单位和经办金融机构紧密配合，到各县（区）开展妇女小额担保贷款财政贴息政策的宣传讲解、调研、培训工作，印发大量的宣传品，使妇女小额担保贷款财政贴息工作家喻户晓，国家惠民政策深入人心。全年，共争取中央财政贴息资金1969万元，市财政局及时将贴息资金拨付到贷款户，为广大妇女就业创业提供资金支持。

【攀枝花会计资格证考试实现无纸化】 2013年11月28日至12月2日，四川省攀枝花考区会计从业资格考试首次实现无纸化考试。此次考试报名人数2223人，较2012年同期增加260人。由于是攀枝花市第一次进行会计从业资格无纸化考试，市财政局认真组织学习相关管理制度，派出人员参加技术培训，在充分考虑各项考试具体工作的基础上进行合理分工，确保数据安全，严密监控考试。由于措施得当，考试如期顺利完成，为攀枝花市会计从业资格无纸化考试取得良好开端。

【会计人员继续教育】 攀枝花市2013年度会计人员继续教育突出“强、新、活、好”，确保继续教育质量。年初，市财政局组织授课教师到西南财经大学进行集中师资培训，提高教师的综合素质和教学水平。此次培训，市财政局部分业务骨干加入教师队伍，增强培训师资力量。培训将行政事业单位和企业分开进行。行政事业单位会计人员主要学习行政单位财务规则、事业单位财务规则、事业单位会计准则、事业单位会计制度、行政事业单位内部控制规范、政府采购相关制度等。企业会计人员主要学习企业财务管理、会计信息分析利用、营业税改征增值税政策及相关问题解读、企业会计准则讲解等。采取网上培训、网上考试或集中培训、集中考试两种方式，学员可自行选择其中一种培训方式。培训共有6488人参加，比2012年增加1000余人。11月底，培训结束后经过考试，90%的学员考试合格。

【课题研究】 2013年，市财政局结合攀枝花市资源开发利用情况和现行税收政策，分别形成《关于征集资源税调整建议的报告》《关于攀西战略资源创新开发试验区资源开发利用的报告》，为推进攀西战略资源创新开发提出相关财税政策建议。根据扩大营业税改征增值税试点工作安排，对企业财务人员开展营业税、增值税及“营改增”政策培训，就出租车等相关行业“营改增”税负变化开展专题调研，形成《攀枝花市出租车等相关行业“营改增”税负情况的调研报告》，客观分析出租车等相关行业“营改增”税负变化情况，及时掌握攀枝花市“营改增”工作动态。完成《构建攀枝花市农村村级公共服务运行维护机制的实践与思考》《对攀西战略资源创新开发试验区建设相关财税政策研究——基于攀枝花市工业企业经营现状的成本分析》等课题调研任务。结合课题《攀枝花财政机关文化建设研究》，形成市财政局机关文化理念——“科学理财　勤政兴攀”。全年，多篇市财政科研优秀论文分别在中央、省、市有关刊物发表。其中，《中国财政》2篇、《财政研究》1篇、《中国财经信息》1篇、财政部网站2篇、财政部科研所网站2篇、《四川财政与会计》5篇、《攀枝花论坛》1篇、《攀枝花科技与信息》4篇、《攀枝花纪事》1篇、市电子政务网站4篇。积极组织局内科研课题参与全市政务调研评比，第一次组织参加全市思想政治工作理论研究成果评比获三等奖。在第十届全市优秀社科成果评比中，有2个科研成果获得一等奖，2个科研成果获得二等奖。《攀枝花经济发展之我见》获“我为发展献良策”征文活动优秀奖。

【加强与人大代表、政协委员的联系】 2013年3月12日，市财政局出台《攀枝花市财政局改进工作作风、提高工作效能的规定》。规定研究制定重要财政政策、部署重大财政工作、安排重大财政资金，要高度重视人大代表和政协委员的意见。对人大代表、政协委员提出的事关社会发展稳定、保障改善民生等意见和建议，要认真研究汲取。巩固完善副县级以上领导干部对口联系市级和县（区）人大代表、政协委员的制度。继续坚持由局副县级以上领导干部带队，以登门拜访方式为主，通过座谈、编印专刊、赠阅《财政信息专报》等形式，与对口联系的人大代表、政协委员当面进行沟通交流。对承办的人大代表、政协委员建议和意见，在正式反馈前由局领导带队当面征求人大代表、政协委员的意见。局领导、处室主要负责人每年走访代表、委员不少于10人次，对走访中代表、委员提出的建议和意见及时收集整理并上报局党组。

全年，市财政局领导走访人大代表和政协委员350人次，主动听取人大代表、政协委员对财政管理、改革、发展等方面的意见、建议，自觉接受监督。赠阅每位代表和委员《财政信息专报》47期，大事记4期。2013年，承办市第九届人大二次会议人大代表建议和市政协八届二次会议政协委员提案共41件，其中建议13件（主办5件、协办8件）、提案28件（主办8件、协办20件）。所有办件均在规定时间内按程序和要求办结，按分类的规定格式书面报送主管机关，回复建议提案人，实现办结率100%，联系率100%，满意率和基本满意率100%。

【政务公开】 2013年，市财政局依法推行政务公开，扩大社会认知，在攀枝花财政网公布市财政局及内设机构的主要职能及人员信息。公布攀枝花市涉企行政事业性收费项目，代理记账资格审批（程序），会计从业资格证书管理等相关规定。公开服务事项办理的依据、条件、程序、期限、结果收费等内容，公开列示《中华人民共和国宪法》《中华人民共和国预算法》《中华人民共和国行政许可法》《中华人民共和国行政诉讼法》《中华人民共和国行政复议法》等数十部法律条文。将2013年财政安排用于农业、工业、三产、文化教育、医疗保障、民政福利、社会保障、环境保护等方面的专项资金118个项目共38.99亿元（其中市级财政24.1亿元），以及相关法规在党政网——攀枝花财政栏目公示，扩大社会各界对财税政策法规和财政改革的认知。全年公开财政信息4000余条次，其中在市政府门户网站上公开信息386条。

【干部队伍建设】 2013年，市财政局高度重视年轻干部的推荐和培养。严格按照推荐条件和程序，向市委组织部推荐3名副县级后备干部、1名正县级后备干部、7名潜力型优秀年轻干部、4名培养型科级年轻干部，选派1名年轻中层干部到攀钢（集团）公司进行双向交叉挂职锻炼。结合上级部门重大工作安排，选派1名干部到木里县援藏挂职、选派1名干部到北京开展驻点招商工作、选派1名干部开展全市“挂包帮”工作、推荐1名干部参加全市群众路线主题活动的筹备工作、推荐1名干部借调到省财政厅工作，进一步提高干部的业务水平和工作技能。抓好干部职工的政治理论学习和业务培训工作，9—10月，组织3期会计业务专题学习培训，全局在职职工120人和县（区）部分职工约60人参加此次学习培训。学习课程紧扣当前财政改革发展实际，包含《中国经济财税形势与税收热点问题》《地方债务的管理与风险防范》《地方财政可持续发展》《公共服务质量评价与改进》《经济增长模式转型与宏观经济形势解读》等课程。以党组理论学习中心组、党支部、处室部门为单位，组织党员和干部深入学习中共十八大和十八届三中全会精神，学习总书记习近平有关厉行节约、转变作风的批示要求。采取召开动员会、举行专题报告、开展专题讨论活动、参观建设成就展、邀请专家讲座、印发学习资料等方式，开展形式多样、不同层次的宣传学习，全年组织各类培训200余人次，其中县处级30人次、科级及以下170人次。参加组织调训33人次，参加干部选学150人次，参加网络培训17人次。

（夏　琼）

税　　务

国家税务

【概　况】 2013年，攀枝花市国家税务局（以下简称市国税局）辖东区、西区、仁和区、钒钛产业园区、米易县、盐边县6个县（区）国家税务局，4个直属单位（市国税局稽查局、市国税局直属税务分局、市国税局第一稽查局、市国税局车辆购置税征收管理分局），市国税局机关内设15

个处室、3个事业单位。至年底，市国税局在职职工568人，大专以上学历551人，占在职职工总人数的97%，其中本科学历430人、研究生37人，分别占在职职工总人数的75.7%和6.5%。

2013年，面对经济增长放缓、规模以上工业增加值和社会消费品零售总额增速回落、工业产品价格下跌、煤炭企业关停整顿仍然持续等形势，全市国税系统坚持依法征税，采取强化税收分析、紧盯景气行业、抓好“营改增”试点工作及风险管理、纳税评估、专项核查和重点稽查等一系列措施确保收入目标任务完成。全市国税系统共组织税收收入516391万元，同比下降4.7%，减收25709万元。组织计划口径税收收入（不含海关代征税收）503479万元，同比下降6.5%，减收34999万元；组织省级公共财政收入133682万元，同比下降6.6%，减收9427万元，完成年计划的100.1%。组织市本级税收收入50609万元，同比增长2%，增收1009万元，完成政府下达任务目标的100%。认真执行税收优惠政策，全年累计有25100户纳税人享受各种税收减免8.99亿元，审核办理出口货物退（免）税2364万元。市国税局被四川省国税局评为“四川省国税系统税收科研工作先进单位”和“四川省国税系统纪检监察先进集体”；被攀枝花市委授予2010—2012年“领导挂点、部门包村、干部帮户”活动先进单位、2012年度全市维护社会稳定和社会管理综合治理工作目标先进单位、攀枝花市《攀枝花年鉴（2013）》编纂出版先进单位和《中国共产党攀枝花执政实录》编纂工作先进单位等称号；被攀枝花市直属机关工委授予“2013年市直机关第九套广播体操比赛获奖单位一等奖”；被团市委评为“攀枝花市五四红旗团支部”；被市创新办评为“攀枝花市创建国家技术创新工程四川省示范市工作先进单位”。

【税收收入】 2013年，全市国税系统共组织税收收入516389万元，同比下降4.7%，减收25709万元。完成增值税398725万元，同比下降4.6%，减收19388万元；完成消费税6324万元，同比增长6.4%，增收379万元；完成企业所得税76970万元，同比下降20.1%，减收19412万元；完成个人利息所得税44万元，同比下降43.6%，减收34万元；完成车辆购置税21416万元，同比增长19.2%，增收3456万元；完成海关代征增值税12912万元，同比增长256.5%，增收9290万元。办理出口退税2364万元，同比下降65.1%，减少4410万元。

全市国税系统全年入库增值税398725万元，同比下降4.6%，减收19388万元。其中：钢材入库增值税78168万元，同比增长76.2%，增收33804万元。主要原因是攀钢集团通过“降采购价”“降采购量”的双降措施来大幅压低成本，以实现减亏目标，增值空间变大；攀钢龙头产品轨梁材、冷轧产品产销量同比增加，拉动税收增长4901万元。电力入库增值税64772万元，同比增长16.2%，增收9013万元。主要原因是雅砻江流域水电开发有限公司因水情较好和电价提高，入库39451万元，同比增长22.7%，增收7294万元。从发电量方面看，2012年因雅砻江来水偏枯，电费收入及入库税金均较正常年份偏少，2013年来水情况较好，全年售电量141.8亿千瓦时，同比增加10.1亿千瓦时，增长7.64%。从电价方面看，2013年平均电价0.2732元/千瓦时(含税，下同)，较2012年平均电价0.2434元/千瓦时增加0.03元/千瓦时。从销售对象上看，2013年取消部分高耗能优惠电价，平均电价大幅提高。煤炭入库增值税20685万元，同比下降67.7%，减收43366万元。化工产品入库增值税14752万元，同比下降27.7%，减收5661万元。减收原因主要是由于钒钛园区局重点税源企业停产限产量达50%，园区钛白粉、黄磷、硫酸等企业处于半负荷生产状态。加之产品价格持续低迷，全年钛白粉均价12614元/吨，同比下降24.8%，黄磷均价14033元/吨，同比下降10.3%，硫酸均价523元/吨，同比下降19.8%。商业入库增值税57986万元，同比下降24%，减收18786万元。减收原因主要是煤炭批发业受停产影响，全年入库2837万元，同比下降72.6%，减收7519万元。攀钢集团控制购进产品成本，导致其上游商贸企业销售价格下降。其他行业入库增值税130941万元，同比下降4%，减收5436万元。减收原因主要是攀枝花市立宇矿业有限公司因尾矿坝泄露停产，产品销量同比减少28.2万吨，平均销售价格同比下降34.2%，入库增值税同比减少7327万元。

全市国税系统全年入库企业所得税76969万元，同比下降20.1%，减收19413万元。企业所得税减收原因主要是民营煤炭生产企业停产整顿，所得税急剧下滑，同时洗煤企业外购煤成本增加，利润减少，煤炭行业全年入库企业所得税131万元，同比下降97.8%，减收5947万元。化工产品价格下滑，导致企业利润缩减，全年入库企业所得税2076万元，同比下降67.2%，减收4251万元。建材行业全年入库1818万元，同比下降55.3%，减收2247万元。黑色有色矿产品采选业受攀钢压缩采购原材料成本以及经济下滑影响，价格下降，全年入库5723万元，同比下降68.5%，减收12438万元。

全市国税系统全年入库车辆购置税21416万元，同比增长19.2%，增收3456万元。全年征税车辆25221辆，同比下降3.6%，平均单车征税额8518元，同比增长23.9%。车辆购置税增长主要原因是载货汽车购买数量大幅增长，带动税收收入增长。5月开始，全国治理超限超载工作启动，严厉打击超限超载行为，由于运输货物量的刚性需求，促使购买数量激增，全年载货汽车购买数量7474台，同比增长244.3%。部分车辆单车征税额有所提升，带动税收收入增长。

由于车辆购置税纳税申报系统升级，改变以前计税价格获取途径，杜绝少申报计税价格的行为，除越野汽车和挂车外其他类车型单车征税额有所增长，载货汽车、专用汽车和客车单车征税额增长幅度较大，分别增长9.6%、16.8%和10.2%。

【税收征管】 2013年，攀枝花市国税系统全面推进“五个集中”（大税源大企业管理服务向市局集中，稽查检查向市局集中，管理服务人力资源配置使用向征管服务重点事项集中，涉税审批事项向办税服务厅和电子网络集中，市局机构职能优化向一级实体征管服务集中）征管改革。市国税局深入落实省国税局关于“五个集中”征管改革试点单位的要求。4月，市国税局《推进征管服务“五个集中”实施方案》正式下发实施。7月，各县（区）国税局陆续按照“五个集中”要求运行，组建六大业务板块和各类专业化管理团队，建立“五个集中”下的管理组织架构和运行机制，实现各板块、系列实体化运作。10月，以市国税局局风险办组建运作为标志，市国税局“五个集中”正式启动。全市推进五个集中过程中，重点完成中心城区办税服务厅组建、全职能办税服务厅建设、集中集约稽查组织架构搭建、车购税属地征管、市级收入企业的集中管理、市国税局风险管理团队的组建运行等6项主要任务。各县（区）局按照市国税局“五个集中”改革方案的要求，结合本地实际，成立业务板块，组建专业化管理团队，按照板块化、实体化运行“五个集中”征管改革。成立全市国税系统立体对接的风险管理团队，专门从事县（区）局风险管理的统筹组织、分析应对、过程控制及质量监督和考核，针对本地税源实际开展风险模型建设，发起分析和应对，实现优势征管资源向风险管理集中。成立专门的审核审批团队，落实涉税审批事项内部流转和审核审批团队限时办结制度，实现涉税审批事项向办税服务厅集中。建立税源管理团队，在基础事项管理团队的基础上，各县（区）局针对重点税源和管理难点建立行业或重点税源管理团队，提供专业化、个性化管理和服务，提升专业管事的精细化程度和管理深度。建立税收收入分析监控团队，提高税收收入分析监控工作的层次，以县（区）局为单位，集中、直接监控分析全局的税源情况，提高税收预测准确率。2013年年底，市国税局对县（区）局推进“五个集中”征管改革进行调研，在下发的99份调查问卷中，有61%认为“岗位工作效率比以前更高”。专业化团队建设运转顺利，各个团队能履行自己的职责，并在运行过程中，明细分工和岗责。审核审批团队实现审批事项与管理分局的完全分离，避免纳税人在税务机关的办税服务厅与管理分局的“多头跑、来回找”现象，提升税务审批的速度和效率。

【风险管理】 2013年，市国税局全面深化税收风险管理，下发《税收风险管理岗位操作规程》《县（区）国家税务局税收风险管理实施办法》《县（区）国家税务局税收风险管理业务操作规程》《税收风险管理工作实施办法（试行）》《税收风险管理统筹制度（试行）》《税收征管数据交换工作管理办法》6个工作制度，搭建市、县（区）局两级风险管理组织机构和制度体系，实行重点防范、差别应对，实现从“管理所有纳税人”向“管理有遵从风险的纳税人”转变。为加强全市风险管理部门的整体协调联动，统一部署税收风险管理工作任务，提高税收风险管理的整体效率，市国税局风险办将各业务处室的风险分析需求整合为16个项目，发挥各业务部门专业优势，实施风险办数据集中管理，开展风险集中分析，避免对同一户企业的重复分析和应对。针对风险应对指南与提出需求的业务处室多次沟通，力求风险应对指南详尽，为风险应对部门提供针对性强的应对指引。全年完成四川省国税局下达的酒类、汽车、水泥及通用风险3个产业链和8个特殊事项风险核查任务，对114户次纳税人进行二次风险分析，查补税款422.9万元，查减留抵236万元，查减亏损4690.2万元，加收滞纳金25.2万元，罚款5.9万元。稽查选案与风险管理实行“两上两下”的运行机制，从省稽查局专项检查任务中，专题分析下达55户稽查任务。全年完成23个风险项目分析工作，系统累计植入38个风险模型，对其中普通发票管理、财政补贴收入、财产损失和铁路运费核查等13个模型发起风险应对。利用系统沉淀数据建立财务报表分析模型，建立财务报表数据准确性勾稽核对、财务比率异常变动指标、财务报表科目异常变动指标等3类21个指标分析模型。全年开展风险应对1282户次，查实问题企业420户，风险应对准确率达41.3%，查补税款2902.7万元，调减亏损1518.3万元；开展50户重点企业风险评估，查补税款1021.3万元，调减亏损1515.4万元。

为深化“五集中”征管改革和税源专业化管理，完成管事制特点下征管档案管理改革。2013年，在省国税局直接指导下，市国税局按照“节点整理、分类归档、就地保存、统一平台、一户检索、机控考核”24字方针，推进征管档案管理改革。在制度改革层面，以“节点整理、分类归档、就地保存”为核心，拟定《攀枝花市国家税务局税收征管档案管理办法》和《攀枝花市国家税务局税收征管资料归档操作规程》。以“五个集中”专业化管事为基础，税收征管档案形成的节点或环节为资料收集、整理的节点和岗位，征管资料以唯一对应的二维码方式进入电子征管档案系统，完成立卷归档，改变传统的“一户一档”收集整理模式。以“统一平台、一户检索、机控考核”为核心，在市国税局搭建统一的征管档案管理技术平台，实现纳税人所有征管资料一户式自动归集和检索。完善业务软件中的数据与归档资料的比对功能，考核资料归档的完整性和准确性。结合征管档案管理改革，实现流转税务事项申请和审批环节的分离。将申请资料扫描成影像资料，通过档案系统进行流转，通过审核影像资料来完成综合征管软件中的事项审批，解决审批事项机内和纸质双轨制运行和审批事项的影像资料保存和监控问题。在实施税收征管档案管理改革过程中，按照构成征纳双方权利和义务的法律关系原则，结合税收征管基本流程、市国税局“六员”手册、全职能办税服务厅建设要求，按照“两化”操作规程，参照金税三期工程业务(税收业务管理、税收行政管理、外部信息管理及决策支持管理)框架，开展征管业务清理工作，完整提出软件开发业务需求，系统构架“征管档案管理系统”，初始设置 386 个税务事项，分为税务登记、申报征收、发票管理、税收证明、认定管理、税收优惠、纳税评估、评估审计、税收法制、税务执行 10 大类业务，确定每个事项的归档资料，整理、立卷、归档节点和归档期限等。系统开发过程中，市国税局始终贯彻用户体验第一的原则，档案整理、立卷、归档等各环节基本没有键盘输入，靠拍照、鼠标、扫描等设备完成自动归档。11 月，“征管档案管理系统”在米易局和东区局上线运行。打破传统“税户”档案的管理方式，实现征管资料规范化标准化管理，减轻纳税人重复报送资料和税务机关纯手工操作的负担，推动涉税审批方式的变革。二维码在征管档案管理中的应用，不仅实现征管档案归档、查阅信息化，为征管资料与征管软件中的数据信息比对提供媒介，实现网络申报的电子监控和审核。

【营改增】 2013 年，市国税局稳步推进“营改增”试点工作。按照省国税局的总体部署，全市国税系统确定“上下联动、远近结合、内外协同、软硬齐抓、征纳并促”的总体思路，制定《攀枝花市国家税务局营业税改征增值税试点工作实施方案》《攀枝花市国家税务局营业税改征增值税试点工作培训方案》及《攀枝花市国家税务局“营改增”试点工作任务表》。做好“营改增”纳税人的税务登记、税种登记、发票票种登记等征管业务数据录入等硬件和软件筹备，制作征管基础业务信息采集电子表单模板，根据模板开展实地调查核实工作，保证基层局数据采集效率和数据采集质量。开展“营改增”纳税人发票使用情况调查，制定普通发票印制计划，做好“营改增”纳税人发票使用的前期准备工作，保证“营改增”正式运行后的发票使用。5 月，市国税局召开全市国税系统“营改增”试点推行工作动员会，攀枝花市“营改增”试点推行工作正式启动。全年，全市国税系统共接收市地税系统移交试点纳税人 5466 户的征管基础信息，其中企业 1090 户、个体工商户 4376 户。6 月，全市国税系统完成“营改增”5478 户（调查过程中主动申请营改增 12 户）试点纳税人的调查核实工作，确认属于“营改增”的纳税人 1698 户，不属于“营改增”的纳税人 489 户，需要调查确认的纳税人 3291 户。7 月，市国税局组织开展“营改增”模拟运行测试演练工作。选取 28 户不同类型的“营改增”试点纳税人为对象，从环境设置到测试数据准备、从基础税务登记到涉税事项认定、从辅导纳税人开具发票到不同方式下的纳税申报等内容进行全方位模拟测试。8 月，市国税局按照省国税局要求模拟开展全市 200 余户“营改增”一般纳税人的纳税申报工作。通过各县（区）局的全面辅导，帮助“营改增”一般纳税人熟悉增值税申报程序，熟练增值税申报表的填写，确保纳税人能正确办理纳税申报。9 月，全市所有试点纳税人都能正常完成纳税申报工作，无问题发生。营改增工作小组各成员单位通过积极联系各种宣传媒体，充分利用媒介资源的桥梁纽带作用，一些主流媒体纷纷关注攀枝花市“营改增”工作进展情况。其中：《四川日报》和《四川经济日报》分别采用两篇攀枝花市“营改增”宣传报道；《攀枝花日报》《攀枝花晚报》的记者以专访的形式，在重要版面整版连续进行多期“营改增”系列宣传报道；同时，攀枝花电视台在黄金时段播出 3 期“营改增”的专门访谈节目。全年“营改增”累计认定增值税纳税人 3406 户，入库增值税 4191 万元，收入贡献率达 0.83%，“营改增”纳税人因此享受税收减免约 1800 万元。

【税政管理】 2013 年，市国税局以税收调研为抓手，积极为攀枝花市经济发展建言献策，全年共完成 6 个方面的税收政策专题调研，为地方经济发展决策提供参考。完成观音岩水电站税收分享比例的工作调研。针对攀枝花市重点工程观音岩水电站，按照现行税收政策和企业注册登记形式攀枝花市税收分配比例较小，与攀枝花市实际贡献不匹配的情况，在深入调研的基础上，向攀枝花市人民政府上报《关于参与观音岩水电站税收分享的建议》税情调研报告。该报告引起市政府高度重视，及时组织相关部门、县（区）政府召开专项会议进行研究，向省政府的报告，省政府正式回复。结合参与金沙水电站、银江水电站项目前期的数据准备、政策建议，提出在电站建设期应加强砂石等各类建材行业税收征管建议；开展全市苴却砚行业增值税征管摸底调研。完成市烟草公司增加地方税收分成比例、中石油攀枝花销售分公司汇总计算、属地纳税的征管调研。完成攀西钒钛战略资源开发试验区建设税收政策的调研，结合攀枝花市实际，提出开发利用攀枝花市低品位钒钛磁铁矿的税收政策建议。该政策建议通过省国税局上报到国家税务局总局研讨。开展对跨地区经营汇总纳税企业所得税管理的调研，完成加强跨区域总分支机构所得税管理研究的报告。结合攀枝花产业园区建设，从税收政策促进产业园区发展，提出进一步加快产业园区建设发展的意见。完成促进太阳能应用和产业加快发展的所得税政策研究。在现行征管模式下，积极思考，完成《浅论五集中下的税政管理工作定位》，分析现行税政管理工作存在的问题，为今后政管理工作提供思路。

做好企业所得税管理工作，认真开展企业所得税年度申报汇算清缴。市国税局组织召开全市国税系统所得税汇算清缴工作会议，明确所得税汇算清缴分析审核方法以及企业所得税优惠政策执行口径，讲解涉税通软件和企业所得税汇算清缴系统相关应用知识。认真开展汇算清缴质量的抽查，对年纳所得税在100万元以上企业、微利和微亏企业以及享受所得税税收优惠的企业进行抽查。结合汇算清缴工作，开展高新技术企业优惠政策执行情况、非营利组织所得税征管问题专题分析，向省国税局反映攀枝花市高新技术企业、非营利组织的管理情况，提出加强管理的建议。通过汇算清缴，全市4159户企业进行年度申报，汇算面达96.9%，所得税预缴率为86.1%，汇算补缴企业所得税10794.6万元。强化专项用途财政性资金所得税管理。为贯彻落实财政性资金有关企业所得税政策，针对企业取得财政性资金清理检查中暴露出的征管问题，利用外部涉税信息，强化专项用途财政性资金所得税监管力度，规范企业财务核算，从源头堵塞税收征管漏洞。全市共清理2010—2011年取得财政性资金的企业146户，存在涉税风险47户，核查企业取得的各类财政性资金40203万元，核查清理调整应纳税所得额4394万元，调减当年或弥补以前年度亏损3380万元，查补企业所得税198万元，滞纳金202万元。开展资产损失税前扣除事项核查，对在年度纳税申报税前扣除项目中列支资产损失以及营业外支出中列支有大额支出的37户企业，逐户分析可能存在的涉税风险，编写《财产损失核查工作指南》并进行专题培训，指导风险核查人员进行有序核查工作，督促县（区）对资产损失税前扣除情况的风险排查和问题整改。经本次核查资产损失8317万元，调增应纳税所得额5403万元，调减亏损5030万元，补缴企业所得税37万元，滞纳金3万元。规范重组业务企业所得税处理调查，根据企业重组业务调查的需要，通过综合征管软件中提取2010—2012年纳税人登记信息变更资料情况，向工商、地税、商务等部门了解企业重组信息，分析攀枝花市可能存在重组业务的企业，查清攀枝花市2010—2012年期间发生股权转让业务的企业30户，发生资产收购业务的企业2户，发生合并重组业务的企业2户。开展农村信用社税收政策执行情况调查。

为做好进出口退税管理工作，市国税局结合攀枝花市出口退（免）税户数少，规模小，业务单一，企业集中的特点，深入推进出口退（免）税专业化管理，认真落实“服务税户、服务基层、服务大局”的工作要求，提高纳税遵从度、纳税人满意度，出口退（免）税工作从2013年9月1日起集中到市国税局进出口税收管理处统一管理。根据出口退税专业化管理系统，统计发布攀枝花市2012年1—12月《出口退税数据分析报告》，安排各单位结合具体情况开展分析及预警评估工作，排除疑点，防范退税风险。对报关出口货物存在应视同内销征税情形的15户企业进行核查，共核实视同内销征税数据800余条，共核实出口额7747万美元，计提销项税5819万元，企业均按规定申报纳税。深入每一户出口退（免）税企业，详细调查企业的生产规模、工艺流程、原辅材料、材料来源、主副产品、投入产出、物耗能耗、产品价格、企业税负、出关信息等，分户形成基础信息，以此为依据分户建立风险监控指标，对指标异常企业及时开展风险应对，防范风险。

【依法治税】 2013年，市国税局深入推进依法行政，结合工作实际，制定《攀枝花市国家税务局关于贯彻落实“十二五”时期税务系统推进依法行政工作规划的实施意见》，细化攀枝花市国家税务局“十二五”时期依法行政主要工作任务及责任分工。认真规范执法行为，市国税局税收执法管理信息系统申辩调整后的执法正确率为99.9%，高于全省平均值。开展重大税务案件审理工作，按照“注重质量，分类指导”的原则，抓好重大税务案件审理工作。在审理工作中，加强与聘请的常年法律顾问的法律咨询和政策探讨。全年，共审理重大税务案件7件，移送和报备涉嫌犯罪案件2件。组织对西区局、米易局、园区局、盐边局的党务、政务、业务、财务、事务专项督查审计工作，对税收执法潜在风险问题进行大排查。将检查中发现对被查单位在执法程序、法律依据、规范用语等方面存在的问题及时反馈给监察部门，由监察部门督促整改和追责。认真贯彻执法《税务行政复议规则》，对纳税人提出的复议申请，按程序依法依规进行审查，作出公平、公正的复议决定，做到既要切实保障纳税人的合法权益，又要维护税法的权威性，确保复议工作质量。根据征管服务“五个集中”工作要求，拟订《攀枝花市国家税务局税务案件复审管理工作规程》，规范案件复审程序，并抽取5户稽查案件进行复审。2013年，市国税局共开展税收检查和组织纳税人自查151户，查补总额2684万元，调减企业申报亏损额2642万元。认真做好税收专项检查和区域整治工作。按照省国税局的专项检查工作部署，市国税局加强对税收专项检查工作的组织领导，合理调配稽查资源，组织开展2013年税收专项检查和区域专项整治工作及纳税人自查工作。同时通过查前分析确定检查项目纳税人54户，经检查发现问题51户，查补收入305万元，其中税款237万元、罚款43万元、滞纳金25万元。继续加大对大案要案的查处力度。在2012年对攀森公司虚开增值税发票案查处的基础上，2013年对接受攀森公司虚开增值税专用发票涉案的9户企业加大专项检查力度，查补增值税346余万元，调亏所得税98万余元。完成省国税局督办案件“四川华铁钒钛股份有限公司涉税案”的查处工作，查处税款329万元。查处市商业银行、阳光林工贸等7家涉税百万以上案件。开展重点行业剖析式检查，针对房地产、建筑安装业经营方式多样、资金运作密急、开发周期长等行业特点，将房地产行业作为重点行业进行检查。全年，共完成5户房地产企业纳税检查，查补税款367万元，罚款2万元，滞纳金56万元，调整亏损1576万元。做好打击发票违法犯罪活动工作，将专项检查工作与发票整治紧密结合，做到同布置、同组织、同进行，查账必查票、查案必查票、查税必查票。在检查中将单张金额在5万元的发票作为重点必查发票，要求逐份查验比对，通过对资金、货物流向和发票信息分析比对，审核业务的真实性，在检查中取得实效。全年，查处发票违法企业156户，查处非法发票2651份，涉及金额21223万元，查补税款4568万元，罚款128万元。做好举报案件的查处工作，注重维护举报人的合法权益，严格为举报人保守秘密，引导公民合理举报涉税违法行为，维护社会稳定、和谐。全年，共受理举报案件11起，对省国税局督办的案件作专题回复。

【纳税服务】 2013年，市国税局继续推进涉税审批事项向办税服务厅集中。完善全职能办税服务厅建设工作方案，明确岗位设置和团队组建，对纳税人发起的涉税事项进行全面清理，在便于加强工作监管和不改变综合征管系统文书流转结点的前提下，以虚拟岗位角色的方法，解决涉税事项向办税服务厅集中问题。对各单位全职能办税服务厅建设工作方案进行评审，分单位提出工作建议。推行涉税业务全市通办，车购税实行属地征收管理，方便纳税人就近办税。全年，中心城区、仁和区局、西区局辖区办税服务厅“全市通办窗口”为跨区域纳税人办理纳税申报786户次，解缴税款17.12亿元。配售增值税专用发票952户次、50444份；配售普通发票345户次、430086份，认证增值税专用发票330户次、4544份。组织开展“问查抓促”纳税服务专项活动。通过向参加纳税人学校培训的纳税人发放问卷调查表，向前来办税服务厅办理税收业务的纳税人“快递”服务意见征集书，党员服务队、纳税服务志愿队等小分队下企业、进商场、入商铺开展问需求调查，采取定点约访、走访、信函调查等形式面向纳税人开展“纳税服务回访”活动，聘请第三方对县域企业进行纳税服务需求调查等多种方式，重点对2011—2013年开展的征管服务创新转型、纳税评估、重点稽查、调高定额、税务代理、涉税软件服务机构，推行机打发票的企业，以及重点服务的大企业进行调查。此次问需求调查活动，通过电话调查纳税人1967户，2051次，收集意见建议109条；上门走访438户，共510人，收集意见建议86条；召开座谈会24次，收集意见建议57条；发放调查问卷2600份，收回有效问卷2315份，收集意见建议240条。建立国税、地税合作长效机制。与市地税局联合召开商讨会，共同制定《关于进一步加强税收工作的合作意见》，对工作机制、征管合作、稽查合作、合作平台建设四个方面进行进一步明确，拟定在加强税务登记、税额核定、户籍调查、税收分析评估、所得税货劳税管理、联合开展税务稽查等方面开展合作。经纳税人自评、主管税务机关初核、市国税局纳税服务处对照相关数据对各局初评的A级纳税人进行复核、国地税纳税信用等级联合评审委员会审核评定，最终确定56户纳税人为攀枝花2011—2012年度纳税信用A级纳税人。2013年4月，与市地税局在市委党校联合成立纳税人学校。为确保学校正常开班授课，制定《纳税人培训学校章程（试行）》，明确国税、地税以“按年轮值”的方式牵头学校的组织和教学管理工作，遵循“免费办学、自愿参加”的办学原则，定期组织税收政策辅导培训。纳税人学校全年共开办2期涉税知识培训。第一期聘请兼职教师对《小企业会计准则》《财务会计报表的变化及报送相关事项说明》和《纳税申报操作实务》等纳税人关注的热点和重点进行讲解，培训纳税人近70人；第二期由市国税局货劳税处对“营改增”增值税期末留抵税额的会计处理和新“增值税一般纳税人申报表”填列栏次、附表变化及表间逻辑关系等内容进行专项讲解，培训纳税人17人。

【队伍建设】 2013年市国税局为加强人才开发培养，根据省国税局2013年人才开发培养计划，加强35岁以下年轻干部的培养力度，2013年全市国税系统共有15人作为人才开发培养对象参加实践锻炼，其中上挂省国税局锻炼1人、市国税局机关下派到基层锻炼2人、基层上挂市国税局锻炼4人、到党政机关交流锻炼4人、到企业交流锻炼4人。为畅通干部“出口”，调动干部积极性，激发干部队伍活力，为优秀年轻干部提供平台，积极向省国税局争取“执行地方有关职级待遇政策”，并做好落实省国税局批复的相关工作，完成全系统13名干部职级调整。认真贯彻民主、公开、竞争、择优方针，严格按照领导干部选拔任用条例等各项规定，完成全系统9名正科级、14名副科级领导干部选拔工作，协助省国税局完成3名市国税局领导转正考核和2名副调研员的选拔考察工作，配合市直机关工委完成机关党委书记任职的相关工作。在2013年的科级干部选拔中，首次采用两推一述的选拔方式，在副科级干部的选拔中，首次采用两推一述加考试的选拔方式，为年轻干部和骨干人才搭建起良好的发展平台，一批群众公认、年轻有为的干部脱颖而出。探索全系统业务骨干人才选拔和岗位交流制度。结合以“五个集中”为主要内容的征管服务转型改革，按照省国税局人力人才资源统配统用统管一体化工作机制和组建专业化团队的指导意见，指导基层单位合理配置人力资源，推进专业人才队伍建设，市国税局和各基层单位均集中骨干人才组建起大企业管理、风险监控等各类专业化管理团队。统筹全市各类人才的配备使用，把骨干配置到重要岗位和关键环节，提升专业管事的精细程度和深度，提高县（区）局纳税评估、基础业务等管理人员的比重。为充分调动干部职工积极性，适应单位部门人才需求，完成60余名干部交流轮岗。推行定员定岗定责制度，初步拟定《攀枝花市国税系统干部岗位双向选择管理办法》。东区局、园区局完成第二轮全员开放竞争上岗工作，直属局完成全部中层干部竞争上岗工作，其他部分单位也开展缺额中层干部竞职工作。积极探索和建立人才激励保障机制，组织开展人才激励机制初稿的座谈讨论，出台《增强和激发干部队伍活力的指导意见》，指导各单位建立绩效考核激励竞争机制。东区局、直属局、园区局建立以岗位系数、考核系数和个人资质系数为基础的收入分配体制，完善日常考核与年终考核为主要内容的绩效考核体系，其他各局也在积极探索建立适合本局工作的激励机制。认真开展人才队伍激励调研工作，听取各单位“五个集中”征管改革后，机构职能、人力资源的配置及运行情况，探索建立高素质税源专业化管理队伍的思路。深化基层班子分析评估工作，完成对基层班子和班子成员的考核测评工作，分析评估面达100%，全面检查各单位班子落实各项制度和决策的情况，综合评估班子及班子成员工作业绩，促进各局班子特别是“一把手”不断提高正确执行党的各项方针政策的能力。

【政务管理】 2013年，市国税局在全市国税系统推行新的《党政机关公文处理工作条例》《全国税务系统公文处理办法》，上线新税务综合办公系统。全年，共处理发文260件，政务通报1件，简报12件。积极报送政务信息，供上级机关和领导决策参考。报送省国税局信息192条，被省国税局采用54条。市政府党政网报送150条，采用29条，完成政府下达政务信息任务。向省国税局门户网站编发各类信息302篇。管理好全市内网微博，组织、编发微博93条，被省国税局采用8条。其中1条被省国税局推荐到国家税务总局参加全国“公益微税收”评选。认真组织开展政务调研工作，拟定下达全市国税系统2013年重点调研工作课题。全年，共组织撰写市、县（区）两级调研文章49篇，编发《攀枝花国税调研》40篇，被省国税局《四川国税》采用4篇，调研工作被省国税局评为全省国税系统调研工作先进单位，1篇调研文章被市政府评为二等奖。

2013年，市国税局围绕全局重点工作开展新闻宣传工作。组织“营改增”、纳税服务、税收收入等全局各专项工作宣传，组织电视台专访4次，《四川日报》3次，《攀枝花日报》《攀枝花晚报》23次，在《攀枝花日报》开营改增政策专栏，有力地扩大了国税部门的知名度和美誉度。全市国税系统在省（局）级以上新闻媒体共发表宣传稿件101篇，市级新闻媒体发表宣传稿件160篇。编辑《国税要情通报》5期，其中编辑1期营改增专栏。每期向市委、政府、相关部门和企业、人大代表、政协委员近800人发送近4000份。借助“阳光攀枝花·温馨税之家”书画活动启动2013年税收宣传月活动，组织开展“我所需要的税收宣传”征文活动，收到40余篇征文，梳理出各项工作建议100余条。开展的“绿色税收”宣传项目被评为全省国税系统优秀税收宣传项目，通过行业网“市国税局要情”专栏发布217条市国税局决策事项和市国税局领导工作要求，编辑发布县（区）基层工作动态信息395条。及时反馈领导决策执行落实情况，有针对性地编发工作信息和专报，展示成绩，反映问题。全年，向省国税局、市委、政府等相关部门和领导报送专报11期，收到市级领导及相关部门领导对市国税局工作批示15次。组织市国税局机关、直属单位、东区、园区局开展楼道文化建设。通过征求部门意见，全面完成综合税务办公信息系统推行上线工作。按省国税局安排，组织采集上报全系统公文处理信息，对全市各基层单位和市国税局机关人员分两轮进行办公系统培训，新系统于2013年12月6日顺利上线，确保系统正常运转，全市公文收发传递、流转正常。完善机关保密管理，严格涉密文件的登记借阅，组织人员开展保密培训，在全系统开展全国保密工作普查。规范机关涉密文件收文和发文管理，严格按制度定密。根据机关人员调整情况，对市国税局新调整相关工作人员签订保密承诺书，清理要害部门部位和涉密人员，完成市国税局保密管理情况统计。全年，未发生失泄密事件。做好公文档案管理，规范党政网收发文流程，确保传递不出差错。全年，党政网收文4238件，公文处理系统收文3135份，省市纸质文件收文1456件，拟办各类文件7022份，平均每天拟办30余份文件。全年录入档案3322条，全年归档各类文件1700余卷。公文处理和档案管理未出现差错。

2013年，市国税局认真落实上级财务管理文件要求，夯实财务基础工作。制订预算管理、政府采购、资产管理、机关经费管理、差旅费等管理办法，促进财务管理科学化、规范化，确保财务工作有序进行。深化收支两条线改革。按照上级要求规范国有资产有偿使用及处置活动，全系统国有资产处置收入、出租出借收入严格按照规定开具专用票据并汇缴省国税局专户，实现收支两条线管理。政府采购工作进一步优化。认真执行重大项目专家评审前置制度，规范采购文书；制定政府采购工作考核办法，加强监督考核；整合采购项目，扩大采购范围，降低管理难度，提升采购质效。加强财务支出管理，经费支出结构更加优化。按照预算控制指标，压缩会议费支出，控制水电费、购置费、通信费、差旅费等一般性公用支出，降低行政运行成本。全系统接待费下降20.2%，公车运行及维护费下降11.2%，会议费下降49.6%，差旅费下降37.7%（其中市国税局机关接待费、公车运行及维护费、会议费、差旅费分别下降53.5%、9.6%、65.6%、12.1%）。强化财务风险防控自查工作，对照省国税局下发的128个财务管理方面主要风险点，重点对预算管理、支出管理、资产管理、政府采购管理和津补贴管理中的主要风险点分类分项，逐一排查，组织完成全系统2011年至2013年8月的财务风险点自查自纠工作，共查出11个方面的风险问题。同时对落实中央“八项规定”，切实反对“四风”，在禁止公款大吃大喝、挥霍浪费情况，公务用车管理情况，以及大额经费开支制度落实情况方面开展督导抽查。结合工作实际，认真分析风险及问题出现原因，提出处理意见和整改措施，切实加强财务风险防控体系建设，确保财务风险防控工作取得实效。

【党风廉政建设】 2013年，市国税局严格落实党风廉政责任制。年初组织召开全系统党风廉政建设工作会议，结合实际安排部署全系统党风廉政建设和反腐败工作；印发《2013年党风廉政建设和反腐败工作要点及任务分工》；市国税局领导与县（区）局、市国税局分管局领导与机关处室分别签订《党风廉政建设责任书》。突出抓好廉政教育活动，制订《2013年党风廉政宣传教育工作要点》，组织学习中共十八大，中纪委十八届二次全会、省纪委十届二次全会和市纪委九届三次全会精神，总局、省国税局党风廉政建设工作会议精神，学习贯彻中央改进作风、密切联系群众“八项规定”，省委省政府、市委市政府“十项规定”和省国税局党组“七条意见”。通过党组中心组学习、每月廉政学习等方式，认真落实《廉政准则》和《监督管理办法》及实施细则，梳理监督管理办法及实施细则“责任事项分解表”，对党组、领导班子、班子成员和相关部门职责要求进行归类，纳入市国税局《惩防体系基本框架电子手册》。强化监督，推动工作作风转变。按季开展综合督导检查，全年分别对西区局、米易局、园区局、盐边局的党务、政务、业务、财务和事务进行综合督导检查，针对在税收执法中出现的文书不规范、程序不完善、定性不准确等问题，经费管理中制度不健全、接待（会议）费较2012年同期不降反升等问题发出整改通知，督促责任单位抓好整改落实。加强对改进工作作风各项规定贯彻落实情况的监督检查，对接待费、会议费比2012年同期增长的单位发出警示。强化税务代理监管，依法支持其健康发展。开展纪检监察干部“会员卡”专项清理，全市纪检监察干部“零持有”。参与政府采购、招投标、干部人事选拔监督共30余人次。全年，全系统拒吃请158人次，21人主动上交礼品礼金价值5.5万元。深入推进风险防控工作，开展惩防体系建设“回头看”，梳理各项任务落实情况，查漏补缺。全市国税系统建立《廉情台账》，印发《廉情台账管理办法》，准确记录各单位、各时期反腐倡廉重点工作项目或预警信息的实施措施、处置预案、成效反馈、启示警示等内容，做到管理有序、风险有控、工作有据，市国税局登记17项内容。紧紧围绕攀枝花市打造“阳光纪检”品牌的工作要求，全面开展纪检监察系统“能力素质建设、思想作风建设、基层组织建设”主题活动，制定工作方案，开展“三项建设促发展、阳光纪检塑形象”大讨论活动，广泛征求意见和建议，市国税局代表队在全市“三项建设知识竞赛”中荣获第二名。选派县（区）局纪检组长、监察室主任10人次先后参加省国税局纪检监察干部履职能力培训和青年科级领导干部培训；参加市纪委举办的“周末大讲堂”活动30余人次；市、县（区）局30余名专（兼）职纪检监察干部参加全市“三项建设”知识考试，参与面、合格率达到100%。市国税局党组高度重视纪检监察队伍建设，全年，全系统纪检监察战线3名纪检组长转任为副局长，3人晋升和提拔使用，3人轮岗，充实调整2名科级领导干部、6名副科级干部。市、县（区）局积极开展“纪检组长下基层”活动，通过调研走访、集中接访、明察暗访等方式，共收集到纳税人落实税收优惠政策、所得税抵免、优化纳税服务等方面的意见建议23条，由市国税局相关处室、县（区）局认真研究后全部回复纳税人。集中纪检监察力量，统筹开展重点工作。纪检监察干部每人对口联系1—2个下属单位或部门，定期沟通廉政情况、督导廉政教育、帮助工作落实。

（刘定杰）

地方税务

【概　况】 2013年，按照省编办核定的全省地税系统行政机构设置，攀枝花市地方税务局对全市地税系统的机构进行调整，增设市、县（区）局纳税服务机构和直属税务分局内设机构，市局稽查局级别升格为副处级。至此，攀枝花市地方税务局辖东区、西区、仁和区、米易县和盐边县5个县（区）地方税务局和3个直属单位（市局第一直属税务分局、市局第二直属税务分局、市局稽查局）。市局机关内设12个处（室）和1个事业单位。全系统在职职工609人。其中大专以上学历职工589人，占在职职工人数的97%；中共党员425人，占全局在职职工人数的70%。

2013年，全市地税系统围绕中心抓收入，锐意进取强服务，改革创新促征管，强力推进各项工作，全面完成各项年度目标任务。全系统共组织各项收入52.66亿元，实现税收收入46.23亿元。全局被省政府表彰为全省就业创业成绩突出先进集体，先后获全市工业经济工作、政务调研、“挂包帮”活动先进集体，获全省地税系统目标考核、所得税工作和基金征管工作优秀单位等。

【组织收入】 2013年，全市地税系统累计组织各项收入526640万元，同比增收13206万元，增长2.57%。其中：税收收入462251万元，同比增收20954万元，增长4.75%；市级税收收入（老口径）完成114563万元，同比增收9446万元，增长8.99%，完成财政预算任务的101.97%，超收2213万元。基金附加收入任务完成64389万元。

地税税收收入在地方财政收入占比进一步提高，2013年全系统共组织市级税收收入139852万元，地税税收收入对市级财政收入的贡献率达到33.92%，比2012年提高7.15个百分点。市县（区）两级地方税收收入完成317428万元，占全市公共财政预算收入的54.18%，比2012年提高2.45个百分点，占全市公共财政预算税收收入的75.03%，比2012年提高2.77个百分点。市级税收收入增幅快中央级增幅18.38个百分点，快省级税收收入增幅1.7个百分点，快县(区)级税收收入增幅2.67个百分点。地方税收产业仍然维持“二三一”模式，全市第一、第二、第三产业地方税收分别入库11009万元、256087万元、195155万元，占比为2.38%：55.40%：42.22%。第一、第二产业占比分别较2012年提升0.05和0.21个百分点，第三产业则下降0.26个百分点。十大行业地方税收5升5降，电力行业入库24532万元，同比增收7850万元，增长47.06%；建筑业地方税收入库75391万元，同比增长32.16%；房地产业地方税收74789万元，增长22.27%；金融业和居民服务业分别入库45413万元、8538万元，增长7.42%、22.76%；制造业税收50865万元，同比减收8168万元，减少13.84%。交通运输业税收14860万元，同比减收7294万元，减少32.92%；采矿业税收105299万元，同比减收5494万元，减少4.96%；批发零售业和住宿餐饮业分别入库16642万元、7298万元，减收1733万元、1263万元。13个税种除企业所得税、耕地占用税、土地使用税及印花税等4个税种出现下降外，其余9个税种不同幅度增收。其中：企业所得税48913万元，同比减收13004万元；土地使用税32842万元，同比减收3328万元；印花税8951万元，同比减收101万元；资源税61249万元，同比增收15982万元，增长35.31%；营业税142176万元，同比增收14480万元，增长11.34%；契税22241万元，同比增收5562万元，增长33.35%；个人所得税52003万元，同比增收2533万元，增长5.12%；城建税36533万元，同比增收1696万元，增长4.87%；房产税17997万元，同比增收1307万元，增长7.83%，烟叶税10526万元，同比增收1292万元，增长13.99%；土地增值税8574万元，同比增收1261万元，增长17.24%；车船税4364万元，同比增收439万元，增长11.18%。

【依法行政】 2013年，全市地税系统通过梳理原有制度，组织开展全局制度建设工作，认真分析查找地税工作制度建设的薄弱环节，不断补充、完善、创新和整合，新建制度19个、修改16个、沿用13个、废止36个，基本形成适应全市地税工作新要求的制度体系。落实税务行政执法责任制，抓好“六五”普法、法治机关创建活动，完成行政权力事项清理，制作行政权力目录和行政权力流程图，上报市政府法制办备案并在网上公开。开展权力公开运行平台搭建工作，将4类61项权力事项纳入权力公开运行平台，促进行政权力公开透明运行。组织开展税收执法督察、执法案卷评查、税收优惠政策自查、税务行政执法责任制考核评议，规范自由“裁量权”行使，促进执法行为规范。加大涉税举报案件查处力度，形成打击、震慑、堵漏、查补四位一体的整体效应，促进税收秩序更加规范，实现以查促管、堵塞漏洞。全系统稽查查补各项收入1.17亿元。落实西部大开发、资源综合利用以及鼓励技术创新等优惠政策，促进结构调整、产业升级。抓好免征月销售（营业）额2万元以下的小微企业营业税、优惠小微企业所得税等政策的落实，支持小微企业发展壮大。全年减免税收1.44亿元，惠及49户企业、356户个体工商户。加强工业服务，出台《攀枝花市地方税务局关于贯彻落实进一步稳定工业经济增长若干措施的意见》，围绕全市旅游新村建设，积极开展调研，按照低步入轨、逐步规范，集中管理、分户申报，核定征收、定额管理，主动作为、上门服务的要求落实工作举措，宣传相关税收政策，上门办理税务登记证、配送发票，解决经营农户涉税问题。全面取消行政收费，免收发票工本费130余万元。落实促进就业、残疾人税收减免政策，帮助431人就业，全局被省政府表彰为全省就业创业成绩突出先进集体。

【税收征管】 2013年，市地税局打破按地域配置征管力量的思路，报经市政府同意，实施征管范围调整，从2013年10月1日开始，将全市91户市级固定税源企业和重点纳税企业，由市财政拨款的市级行政事业单位纳入直属分局统一征管，构建起重点突出、掌控有力的税源管理格局。逐步推进按“规模+行业”“行业+属地”的先进征管模式，优化征管资源配置，提高管理效率。对十大行业的纳税情况按月分析研判，对纳税排名前十位的企业实行专人服务、动态跟进，对重大项目、“急难险重”项目落实跟踪管理，提升专业化管理水平。加强省局确定的50户重点企业、30个投资项目的税源分析监控，将年缴纳地税500万元以上的126

户企业纳入市局监控管理，管住管好重大税源。细化税种管理，对营业税实行重点管理，全年入库142176万元，增长11.34%。超额完成省局下达的年所得12万元以上个人所得税自行申报任务、补税304万元，加大对两处以上取得收入的清理。全市清理2007—2013年两处以上收入纳税人记录132530条、补税1946万元，处理率和补税金额居全省前列。完成2086户企业2012年度企业所得税汇算清缴。强化铁矿石和煤炭资源税管理，做好利用表外矿的资源税征管，全年资源税入库6.12亿元，同比增长35.31%，增收1.6亿元，成为全市第二大地方税种。组织开展土地增值税清算检查，清算入库税收7701万元。清理煤炭企业税后分红、股权交易的个人所得税，征收入库股权转让行为的个人所得税5617万元。在全省率先建立《大企业税收专业化服务与管理工作办法》等3个制度，探索大企业税收管理迈出坚实步伐，得到省地税局充分肯定。全系统纳税评估水平提高，评估补缴税款7643万元，市地税局报送的铁矿石采选纳税评估模型及案例获全国“百佳”行业纳税评估模型及案例奖。成功开展网上申报试点，100余户企业完成网上申报，共缴纳税款3500万元。积极探索网上办税平台，推进税库银电子缴税扩围，共完成24万余户次、30.68亿元扣款，占总收入的63%。积极推行电子定税，稳步推进POS机刷卡缴税业务。建立协作机制，国、地税工作合作稳步推进，范围进一步扩大，实现定期信息互换。与市中级人民法院签署共建法院查控网窗口协议，完善法院与地税部门的执行联动机制。与市工商局联合发文，明确信息交换的内容和时间，增强对股权变更等登记信息的掌握，从源头上堵塞“漏征漏管”户的问题。巩固与公安、房管、国土等部门的联席工作制度，实现基础数据共享常态化。

【纳税服务】 2013年，市地税局建立完善纳税服务标准和规范、督查及考评制度，全面推进全系统服务窗口电子监察，实行纳税服务通报，完善国地税工作合作机制。纳税服务平台初步搭建。加强办税服务厅标准化建设，增强自助办税功能，实现办理税务登记证和发票兑奖全市通。开通攀枝花市“12366”纳税服务热线人工坐席，完善门户网站功能，成立纳税人学校，涉税信息服务渠道畅通。继续扩大“一站式”服务的范围和内容，推进涉税事项集中办理，完善网上申报、邮寄申报、电子申报等多元化申报。创新纳税服务形式，对全市12216户个体纳税人实行简易申报，简并征期征收管理。开展“税法送万家”活动，免费赠送纳税人税法查询软件3630套。推行A级纳税人特别通道、“8小时外送发票上门”等服务方式，满足纳税人的个性需求。推行“办税服务厅开放日”活动和“税务干部纳税服务体验日”活动，和谐征纳关系。在2013年全市开展的投资软环境测评中，市地税局排名第9位，社会各界对地税工作的满意度明显提升。

【党风廉政建设】 2013年，市地税系统认真贯彻执行中央“八项规定”、省委省政府“十项规定”、省局“八项规定”和市委、市政府“十项规定”，领导干部以身作则、全体干部自觉遵守“厉行节约、反对浪费”的各项规定，防止“四风”出现。严格落实党风廉政建设责任制，切实落实“一岗双责”。抓好源头防范，推进内控机制建设和廉政风险防控机制建设，加强对重点环节的监督制约，促进“两权”规范。关口前移，开展预防职务犯罪专题讲座和形势报告会、案情通报会、“思廉日”、典型案例剖析等警示教育活动，做到警钟长鸣。对新提拔、交流轮岗的干部按照管理权限开展任职前廉政谈话、落实领导干部任前廉政承诺制度。全年，全市地税系统没有发现严重违反党风廉政规定的案例，党风廉政工作取得实效。

【队伍建设】 2013年，市地税系统深化干部队伍建设，落实党管干部的原则，修改完善干选拔任用的系列制度。全年，提拔任命科级干部20名，5人被省局提拔为县级领导干部，1名中层干部交流到地方重要部门提拔为县级领导，2名科级干部晋升为副调研员，干部提拔任用创下新高。交流轮岗科级干部21人，首次选派干部上挂锻炼，上挂省局3人、市局2人，一般干部轮岗15人，干部交流探索出新路子。同时以主题教育活动为契机，在全系统开展“六个一”活动（建一支宣讲队伍、做一次专题辅导、聆听一课“道德讲堂”、举办一次专家讲座、参观一次成就展、选树一批先进典型），抓好职工学习，加强思想锤炼，发挥道德引领，引导树立正确的人生观，坚定发展信心，促进人心思干，形成百舸争流、比学赶超的良好氛围。注重教育培训，加强干部知识更新，做到有计划、有安排。组织100人次参加各级组织的调训，119人赴浙江大学接受更新知识和能力提升专题培训，13人次参加市里培训，举办内部业务培训14期、培训400余人次，有效弥补知识缺陷。开展岗位练兵，组织全系统“征管能手”选拔考试和专题培训，在全省地税系统“征管能手”考试中，市地税局获得平均成绩全省第4名的好成绩，5人入围全省前57名。贯彻落实《中国共产党党和国家机关基层组织工作条例》和省委《实施细则》，加强党建目标管理，完善考核评价制度，促进基层党组织建设，发挥战斗堡垒作用。积极做好树立典型、表彰先进活动，命名一批“党员示范窗口”和“党员示范岗”。积极推进“走基层”、对口帮扶活动，抓好援藏、群团组织和老干部工作。

（何晓岚）

科 学

自然科学

科知工作

【概 况】 2013 年，科技攻关成效显著，成果转化亮点纷呈，创新体系日益完善，科技环境更加优化。新增国家高新技术企业 16 家，全年高新技术产业产值突破 100 亿元，专利转化实施实现产值效益 32.4 亿元，推动攀西战略资源创新开发试验区确立首批 10 大科技攻关项目，3 大国家级创新平台建立并运行，钒钛联盟升级为国家试点联盟，钒钛园区创建为四川省高新技术产业园区。获得四川省科技进步奖 19 项，排名全省地市州前列，获省首届专利实施与产业化奖 3 项。全市专利申请 1627 件，其中发明专利申请 709 件，超额完成全年目标任务。完成科技成果登记 33 项，成果转化实现产值效益 30 亿元，技术合同认定突破 1 亿元，科博会签约 57 亿元。

2013 年，安排市级科技计划项目 160 项。其中：重点科技项目（10 万元以上）78 项，经费 1533 万元；一般科技项目 82 项(含软科学 18 项)，经费 417 万元，科技专项经费 450 万元。投入应用技术研究与开发经费 2400 万元，比 2012 年增加经费 200 万元。

全年全市安排科研与技术开发项目 1552 项，其中 2013 年新上 1008 项。投入资金 147637.05 万元，完成科技项目 858 项，新增经济效益 296246.92 万元。其中省属以上国有大中型企业安排科研与技术开发项目 783 项，投入资金 128587.12 万元，完成科技项目 509 项，新增科技效益 123544.16 万元。

全年全市 7 所国有独立科研院所共有职工 1048 人，从事科研工作的科技人员有 824 人，占职工总数的 78.6%；有专业技术职称的科技人员为 678 人，其中高级职称 207 人、中级职称 307 人、初级职称 164 人。攀枝花钢铁研究院从事科技工作的人员占 65.5%，市属科研院所占 34.5%。

【重点产业技术攻关和成果转化】 围绕钒钛、化工、能源、特色机械、太阳能等重点产业领域，组织实施重大关键技术科技攻关。在选矿新技术、新装备应用推广，钒钛粉末冶金技术及产品开发，钛白生产大型化和自动化技术研究，煤基转底炉、新型隧道窑等直接还原技术工艺装备优化及产业化，特色含钒钛工程机械及冶金装备零部件产品开发，钛及钛合金铸锻件开发，钛材生产工艺及装备研究，其他伴生金属的回收利用研究等方面着力攻关，取得突破性进展。积极向上对接，争取省重大科技成果转化、科技支撑计划支持，充分利用攀西钒钛资源创新开发试验区建设的契机，协助省科技厅制定攀西战略资源创新开发试验区科技攻关方案，明确八大科技攻关方向，并公开发布。

加快四川钒钛产业技术研究院、攀枝花钛及钛合金研究所等重点创新平台建设，完善软硬件设施，启动科研项目 10 项。积极搭建平台，协调沟通国家、省级相关部门，助推钒钛资源综合利用产业技术创新战略联盟升级为国家试点联盟。充分发挥攀钢国家重点实验室、国家钒钛制品质量监督检验中心的作用，提升钒钛产业技术水平。积极推动钒钛园区创建为省级高新技术园区，着力抓好园区孵化器、钒钛中心和高新技术企业培育，为升级为国家级园区奠定了基础。加强钒钛产业创新人才团队培养，继续开展院士后备人才培养。

积极发挥攀枝花技术转移中心的作用，组织实施重大科技成果转化项目 10 项；积极组织包装项目，争取国家、四川省重大科技成果转化钒钛专项支持，全年共组织申报国家科技部和省科技厅成果转化项目 33 项，立项 4 项（其中国家科技部 1 项、省科技厅 3 项），共获 500 万元资金支持，13 项入选省备选库。积极推动技术市场发育，组织申报完成四川省科技成果登记、技术合同认定登记，储备科技成果

30 项。组织召开产学研对接会、市校合作联系会、投资推荐会促进科技成果转化。

【统筹城乡发展科技行动】 围绕攀枝花市五大优势特色农业产业发展积极组织科技攻关，开展“晚熟芒果标准化技术集成与示范”“优质肉羊生产与产业化示范”“核桃产业关键技术研究”等系列关键技术攻关和示范研究，着力于解决制约攀枝花市特色优势农业产业生产和持续发展的关键“瓶颈”技术。加强农业新技术、新产品和科技成果转化推广，推进全市芒果、蔬菜、烤烟等产业发展，实现农民增收。向上争取资金取得历史性突破，全年共争取国家、省科技计划项目资金 320 万元。

通过实施农业科技园区推进工程，抓好枇杷、芒果和核桃标准化生产科技示范园建设。重点开展核心区、示范区的建设，着力“四新”（新技术、新材料、新设备、新工艺）技术的推广应用，发挥农业科技园区的要素聚集、科技创新、成果转化、企业孵化和辐射带动功能，培育壮大优势特色产业。带动农民就业增收，促进城乡统筹发展，农业科技园区建设取得初步成效。

加强锐华公司、德益公司、绿生公司等农业龙头企业的培育，引导企业开展技术创新，注重技术集成和示范，发挥企业的示范、带动和辐射作用，不断增强农业科技创新能力和农业产业的核心竞争力。市锐华公司 2013 年实现销售枇杷 207.2 万千克，芒果 1543 万千克，石榴 45 万千克，果苗 216 万株，创产值 20447.7 万元。

积极筹建南亚热带果蔬产业技术创新联盟和产业研究院，制定联盟和产业技术研究院组建方案。加强农技“110”建设，不断探索农技“110”服务方式，创新服务模式，完善服务机制。进一步加强和完善农村科技服务体系建设，建立四川省农业科技成果转化攀枝花分中心和县（区）农村产业技术服务中心。加强农业科技创新环境营造，编制拍摄农业科技创新宣传片。

【推进科技服务民生】 围绕太阳能、特色生物等新兴产业的培育，积极支持太阳能应用、生物资源开发，组织实施花城新区干坝塘、平地迤沙拉村、平地波西村太阳能提灌示范；稳步推进光热光电综合应用“金太阳示范工程”；组织开展钒电池、钒酸液、钒钛黑瓷应用等技术攻关；大力支持道地中药材人工种植、块菌繁育、爬沙虫养殖、枇杷花开发、紫茎泽兰综合利用等技术研发，促进全市太阳能、钒钛集热材料、特色生物等战略性新产品的培育。开展微生物除臭技术、生活垃圾分选、焚烧发电、垃圾生活肥等技术研究，支持组织涵盖生产生活废弃物资源化处理环保企业 70 余家，实现年产值 100 亿元。

围绕工业废弃物资源化利用、非金属矿二次资源利用、城市垃圾综合开发，积极开展低品位钒钛磁铁矿、高炉渣、钢渣、炼铁污泥、提钒弃渣、废酸、硫酸亚铁等二次资源产业化技术研究。形成高温碳化低温选择性氯化、五氧化二钒清洁生产、钒钛制动毂、钒钛蠕墨铸球、废酸浓缩等技术示范生产线。对钴、铬、钪、镓等稀有金属进行回收研究。建立年处理 60 万吨黄磷弃渣添加生产线；煤矸石制备莫来石、堇青石取得重大进展。开展“果、沼、畜”循环利用、秸秆气化科技示范，275 户农户享受清洁化燃气新能源。

引进防震监测系统应用技术，开展水库大坝无线监测研究、生活用水“两虫”（地鞭毛虫、隐孢子虫）检测研究，开展攀枝花市 PM2.5（大气中直径小于或等于 2.5 微米的颗粒物）的污染现状调查及防治研究、危害点监测系统研究、石漠化综合整治技术研究、煤炭采空区植被恢复研究、乡土绿化树种选育研究。开展信息管理平台建设，创建山地灾害防治工程技术中心和工业废水处理中心。积极推进重大疾病、传染病、职业病等诊疗技术研究与推广应用，支持建立攀西职业病防治中心，帮助攀枝花学院医学院建立中药制剂室，开发出系列灵芝保健产品。

【知识产权】 积极组织科研院所、高校、企业及个人开展专利申请，全市完成专利申请总量达 1627 件，其中发明专利申请达 709 件，创历史新高。专利项目实施效益稳步增长，全年新增专利实施 182 项，新增产值 32.4 亿元。全年组织申报省级专利项目 27 项，获得立项 13 个，资金 170 万元。专利质押融资、专利奖励工作顺利完成，帮助宏辉科技办理专利质押贷款 750 万元。

圆满完成第二批四川省知识产权试点示范 6 家单位的考核验收。攀钢集团、攀枝花钢城集团和恒鼎实业（中国）集团有限公司成功申报百亿企业知识产权优势培育工程，组织攀枝花钒钛产业园区申报省级知识产权示范园区；申报第三批四川省知识产权试点示范单位 13 家，获批 9 家；培育市级以上知识产权试点企业 7 家，至年底全市已有 31 家企业成功创建国家级、省级和市级知识产权试点示范，形成国家、省、市三级联动格局。

注重知识产权保护，加大知识产权执法力度，开展“侵犯知识产权和制售假冒伪劣商品专项行动”和“知识产权执法维权护航行动”，组织集中联合执法 9 次，出动执法人员 113 人次，检查超市、药店等各类场所 90 余家，登记专利标识产、商品 300 余件，立案专利查处 41 件，结案 41 件，扩大知识产权行政执法的影响力，进一步营造良好的市场经济秩序。

【科技工作体制创新】 2013 年，通过部、省、市联动，厅、市会商，部门协同，产业联盟，市校合作，产学研合作等手段和措施，逐步营造大科技环境。通过面向国家、省的科技战略部署，围绕市委、市政府攀西发展战略目标，借助攀西资源创新开发试验区的契机，推动国家、省、市三级联动的钒钛资源综合利用科技攻关领导小组和专家组的建立。通过建立大协同攻关体系上构建大科技，积极推动攀西实验区科技攻关协同推进机制建立，积极推动钒钛联盟升级为国家联盟，积极推动钒钛园区创建为省级高新园区，推动钒钛研究院、钛及钛合金研究所机制体制创新，为科技工作注入新活力。

进一步加快发展创业风险投资，拓宽科技创新型企业投融资渠道，加快区域性多层次资本市场建设，已成功协助攀枝花金源创投公司引入战略合伙人为企业注资 1100 万元；协助建立和完善为中小企业融资的信用担保体系，加强企业信用自律管理；搭建政府投融资平台、银科企交流平台、投融资信息服务平台，促进科技、金融、产业相结合，完善投融资公共服务功能，提高投融资效率。市科知局与中国建设银行攀枝花分行签订科技金融协议，促进该行设立中小企业科技贷款部。

整合资源构建科技工作网络、报纸、电视、手机等媒体宣传大平台，加强科技工作纵向联动、横向互动的宣传报道，营造大科技氛围。结合省、市主题教育活动，着力强化发展意识、责任意识、创新意识、实干意识和服务意识。结合党风廉政建设，继续深入推进惩治和预防腐败体系建设，完善廉政风险防范管理工作，加强反腐倡廉的教育、宣传，开展党风廉政建设社会评价等工作。抓好机关党的建设，充分发挥党组织核心堡垒作用和党员先锋模范作用。做好纪检监察工作，开展“三项建设”（能力素质建设、思想作风建设、基层组织建设）活动，提高纪检干部队伍的素质。机关科技服务能力和水平得到提升。

【决策咨询】 积极推进“攀枝花钒钛资源综合利用战略研究”项目成功启动，干勇、余永富、殷国茂、张懿、周国治、屠海令、刘炯天等七位院士，市委刘成鸣书记、市政府张剡市长、市委赵辉副书记、市政府刘建明副市长、省科技厅副巡视员孟爱国等相关领导出席启动仪式。组织协调项目组赴攀枝花市调研，项目组在院士余永富带队下，先后深入攀钢密地选矿厂、攀钢白马选矿厂等企业，开展攀西地区钒钛资源采矿与选矿技术发展、高钛型高炉渣及钒钛深加工技术及产品应用、钒钛资源综合利用及产业化相关政策等方面专题调研。配合开展好项目中期会议，项目组在中国工程院副院长干勇带队下，赴攀召开项目中期会议，极大地推动了项目的进程。至年底攀西地区钒钛资源采矿与选矿技术发展战略、攀西地区钒钛资源新流程技术发展战略研究、高钛型高炉渣及钒钛深加工技术及产品应用战略研究、钒钛资源综合利用及产业化相关政策研究等四个子项目研究进展顺利。

切实做好院士行活动的对接、总体方案制定、接待安排等各项筹备工作。在各方面的大力支持下，攀枝花钒钛资源综合利用院士行活动于 2013 年 11 月 22—24 日在攀枝花市成功举行。中国工程院副院长干勇等 4 位院士，中国金属学会常务副理事长王天义教授等 100 余位市外专家，以及省委省政府决策咨询委员会常务副主任李成云等领导参加院士行活动和钒钛论坛活动。院士行活动取得丰硕的成果，院士专家、领导提出许多建设性的意见和建议。

做好中国科学院、省委省政府决策咨询委员会到攀枝花市调研和考察工作，积极争取上级支持。由中科院院士孙鸿烈带队，中国科学院“中国中西部重点山区发展战略问题与对策研究”课题组赴攀枝花市进行调研，市政府常务副市长杨自力等领导陪同参加调研。由甘道明带队，省委省政府决策咨询委员会考察组对攀枝花市新型城镇化建设进行调研。市政府市长张剡、市委副书记赵辉、市政府常务副市长杨自力、市委秘书长王海波等市领导陪同参加调研。由成都理工大学倪师军带队，省政府决策咨询委员会考察组对攀枝花市攀西战略资源创新开发试验区建设进行调研，市政府常务副市长杨自力等领导陪同参加调研。在专题调研后，攀枝花市决策咨询工作办公室专门征集市级相关部门的意见，形成《关于攀西战略资源创新开发试验区建设恳请国家、省支持事项的报告》报省委省政府决策咨询委员会。

为使重大决策咨询课题研究更具针对性和可操作性，一方面开展向市委、市人大、市政府、市政协主要领导征集全市经济社会发展需要研究的重大决策咨询课题题目，另一方面征集专家和专业组的决策咨询课题题目，根据征集题目的具体情况，经主任会议研究，确定“攀西战略资源创新开发试验区重点问题研究”“攀枝花新型城镇化相关问题对策研究”“提高攀枝花钛资源综合利用回收率对策研究”等 8 项决策咨询重大课题，并组织专家开展专题研究。至年底，“攀西战略资源创新开发试验区重点问题研究”等课题已完成并报送市领导，报告得到市委书记刘成鸣、市长张剡、市政协主席单荣、市委副书记赵辉、常务副市长杨自力等市领导的重要批示。

（胡　荣）

科学技术协会

【《科学素质纲要》实施】 2013 年 1 月 29 日至 2 月 1 日，市《纲要》办会同市政府目标督查办组成联合督查组，对全市各县（区）2012 年度实施《全民科学素质纲要》工作进行专项督查。督查组通过实地察看、查阅资料、听取汇报、询问情况等形式，重点从组织领导、工作成效、服务能力、保障措施和特色指标等方面，对各县（区）政府进行检查督导。督查组认为：2012 年，各县（区）对《纲要》实施工作认识到位、行动自觉、责任落实、保障有力，重点工作特色鲜明、主题活动亮点突出，科技助推地方经济社会发展作用明显；“政府推动、部门协作、社会参与”的“大联合、大协作”工作机制进一步健全，全民科学素质建设社会化工作格局运行良好；政策法规、经费保障得到落实，各项重点工程深入推进，工作基础更加牢固；各类重点人群的整体科学素养明显提高，具备基本科学素质人口的比例明显上升。督查组对各县（区）政府把《纲要》实施工作纳入县（区）

区域国民经济和社会发展总体规划和政府目标管理体系，创新工作方式，呈现各具特色、亮点纷呈的工作成效给予高度评价。特别对东区整合社会资源举办全民科学素质知识家庭大奖赛、西区开展领导干部素质轮训、仁和区着力建设“三新”（新知识普及、新技术示范、新产品应用）社区、米易县“以考促学”保证各类培训效果、盐边县人大将《纲要》工作列入专项审议等创新举措予以充分肯定。

3 月 28 日，攀枝花市全民科学素质工作领导小组（扩大）会议召开，22 家成员单位负责人，各县（区）全民科学素质工作领导小组组长、办公室负责人，大企业代表 40 余人参加会议。会议传达国务院听取《全民科学素质行动计划纲要》实施情况汇报会和全国《全民科学素质行动计划纲要》实施工作会议主要精神，审议通过《攀枝花市实施〈全民科学素质行动计划纲要〉2012 年工作总结和 2013 年工作要点》，通报 2012 年度《纲要》实施工作目标督查情况。中共攀枝花市委常委许健民出席会议并讲话。

根据《攀枝花市人民政府办公室关于清理调整市政府设立的各类领导小组的通知》要求，市人民政府对全民科学素质工作领导小组及其办公室成员进行调整充实，各有关牵头单位相继出台全民科学素质工作“十二五”实施方案。

6 月 5—6 日，市科协党组书记、副主席林智深应邀向全市 268 名初任公务员作《领导干部和公务员科学素质建设问题》专题报告，分析提高全民科学素质与落实科学发展观的辩证关系，阐述领导干部和公务员应当具备的科学素质内容，勉励年轻干部注重提升自身科学素质，为谱写伟大中国梦攀枝花篇章凝聚共识、积蓄力量、贡献才智。

【科普宣传】 2013 年，市科协结合科技文化卫生“三下乡”“科技活动周”“科普之春”科普活动月等全民科普活动的开展，积极整合社会资源，努力搭建社会化科普平台，深入农村、城镇、社区和学校，广泛开展群众性科普活动。举办各类科普宣传 51 次，宣传活动到达 17 个乡（镇）、30 个社区，发放科普资料 10.3 万份、科普年历 2500 张、环保购物手袋 1800 个、科普漫画扑克 900 副。展出主题科普展板 400 块，受益群众 17.5 万人次。开放科技馆科教展厅 12 次，800 人次参观。开展移动科技馆进校园活动 7 次，8000 多名师生参与参观和体验。举办“专家进校园”科普报告会 5 场，1600 余名师生聆听报告。动员科协系统力量，收集、整理、制作一批科普资源作品，参加在省科技馆举办的“四川首届科普资源双年展”。为加大对“挂包帮”联系点米易县麻陇乡红岩村核桃产业发展的支持力度，市科协主要领导及相关工作人员 4 次前往该村，与乡、村、社干部共同商定深化核桃产业发展的工作方案，组织专家对种植户进行技术指导并开展栽培管理技术培训，督促防洪救灾工作落实，拨付 1.5 万元帮扶资金用于核桃产业品种改良、扩大规模、规范管理、强化培训，加快示范基地建设。市科协领导及相关工作人员 3 次深入盐边县渔门镇岩郎村开展计划生育“三结合”帮扶工作，向该村少年儿童捐赠价值近千元的科普图书，安排 4000 元专项资金，用于 20 户新增户发展生产，安排 2000 元专项资金，用于该村科技示范基地建设，以促进当地群众生产、生活、生育观念转变和科技文化素质全面提升。市科协主要领导先后深入对口扶贫联系点米易县得石镇马鹿寨社区和新村建设联系点仁和区大田镇上糯禾组调研指导扶贫帮困和新村建设工作。

【基层科普行动计划】 2012 年年底，市科协制定下发《关于申报 2013 年度“科普惠农兴村计划”预备项目的通知》，积极开展典型培育、示范带动、项目储备，扎实做好项目预申报工作。2013 年，经市科协、市财政局筛选和审核，推荐 7 个农村专业技术协会、4 个农村科普示范基地、5 名农村科普带头人和 3 个科普示范社区参与全国和全省“基层科普行动计划”申报评选。仁和区啊喇乡苍蒲地水果协会、西区芒果协会、米易县农村专合组织协会、盐边县安宁果蔬协会、米易县生猪标准化养殖科普示范基地分别被中国科协、财政部授予“科普惠农兴村计划先进单位”，东区弄弄坪街办民乐社区被授予“科普示范社区”，东区银江镇攀枝花村曹安国被授予“农村科普带头人”称号。米易县果蔬专业技术协会、西区格里坪镇苦荞椪柑协会、仁和区绿圃种养殖协会、盐边县惠民无公害西瓜种植科普示范基地被四川省科协、四川省财政厅授予“科普惠农兴村计划先进单位”，仁和区仁和镇仁和街社区被授予“科普示范社区”，盐边县永兴镇新民村张祥林、东区银江镇攀枝花村杨作伟、米易县新山傈僳族乡中山村彭愈被授予“农村科普带头人”称号。以上单位和个人共获国家和省级奖补资金 181 万元。

【农村专业技术协会】 2013 年，市科协利用向获得全国“科普惠农兴村计划先进单位”称号的组织颁发奖牌等时机，深入各县（区）实地调研，大力宣传农村专业技术协会在传播和普及先进农村实用技术，开展农村科普服务，依靠科技增产增收，帮助农民提高素质等工作中的典型经验；鼓励和支持农技协进一步发挥示范带动作用，不断增强发展能力，提升服务水平；为农技协发展提供服务，尽力帮助解决农技协实际困难。推荐米易县草场乡枇杷专业技术协会和盐边县益民乡水果协会申报省级示范专合组织。按照中国农技协和四川省科协《关于开展农技协党建工作情况调查的通知》要求，开展农技协党建情况调查，组织撰写《发挥党员示范带动作用，推动农技协健康发展》经验材料上报交流。

【科普示范县（区）和社区创建】 2013 年，市科协积极指导米易县、盐边县、仁和区政府按照《全国科普示范县（市、区）创建办法》和《全国科普示范县（市、区）标准》，认真开展 2011—2015 年度全国科普示范县（市、区）中期评估工作，为迎接中国科协和四川省科协中期抽查评估作准备。2013 年，东区被列入省级科普示范区创建单位，东区党委、政府和科协组织按照创建标准，加强科普组织、科普队伍和科普阵地建设，工作运行和考核机制进一步健全，党委领导、政府推动、部门协作、社会参与的科普工作格局逐步形成，创建活动深入有序推进。为推进和深化社区科普工作制度化、群众化、经常化，全面提升社区公众科学素质，构建和谐文明社区，市科协、市科知局、市文明办联合出台《攀枝花市科普示范社区认定办法（试行）》，首批命名 17 个社区为“攀枝花市科普示范社区”（示范期 5 年）。培育推荐的东区弄弄坪街道民乐社区、米易县攀莲镇城北社区、西区摩梭河街办太平社区 3 个社区被省科协命名为第二批“四川省科普示范社区”。至此，攀枝花市已成功创建省级科普示范社区 7 个。

【青少年科技教育】 2013 年，市科协开展攀枝花市第二十八届青少年科技创新大赛作品的征集、整理、评审和申报，推荐参加四川省第二十八届青少年科技创新大赛终评展示会的项目，2 项科技创新成果获一等奖、14 项获二等奖、11 项获三等奖；1 项优秀科技实践活动获一等奖、1 项获二等奖、4 项获三等奖；7 幅少儿科学幻想绘画获二等奖、10 幅获三等奖；3 项科技辅导员创新成果获三等奖；2 项科学 DV 作品获二等奖、3 项获三等奖。仁和区五十一公里小学的“防滑落高脚杯托盘”项目获安捷伦科技英才奖，并被选送参加第二十八届全国青少年科技创新大赛。举办攀枝花市第七届青少年电脑机器人创新大赛，来自东区、西区、仁和区、米易县和校外青少年科技活动机构的 300 余名中小学生参加比赛。市三中、市二十五中小学、仁和区大河中学等 12 所学校的 65 名学生组成的 24 支代表队，在参加第十一届四川省青少年机器人创新实践活动中，3 支代表队获一等奖、12 支代表队获二等奖、9 支代表队获三等奖。组织开展攀枝花市第五届青少年科技创新市长奖推荐评选，4 月 27 日，市政府在攀枝花会展中心举行颁奖大会，市第二十五中小学的王湘杰、市第一小学的段思丞和王荣国、米易县第一初级中学的王开福、仁和区金江中小学的姚源彪、仁和区民族初级中学的段鉴津和卢阳帆 7 名同学，市第二十五中小学的冯德强、市第一小学的张川云、米易县第一初级中学的刘勇、仁和区金江中小学的王从有、仁和区民族中学的李徽和赵茂臣 6 名科技辅导教师，市第一小学、米易县第一初级中学、仁和区金江中小学获此届青少年科技创新市长奖。中共攀枝花市委副书记、市长张剡亲自为获奖者颁奖。

【学术交流】 2013 年，市科协组织学术交流 1002 次，交流论文 3893 篇，参加人员 18115 人次；举办学术报告会 61 次，5090 人次听取报告。广大科技工作者围绕第四届攀枝花科技论坛“生态与环保，共筑攀枝花梦”主题，向论坛提交优秀科技论文 127 篇，为攀枝花生态环保建设群策群力，贡献才智。市科协聘请有关专家组成评审委员会，对所征集到的论文进行评审，评出优秀论文一等奖 5 篇、二等奖 10 篇、三等奖 19 篇，评出优秀组织单位 9 个。

6 月 20 日和 10 月 17 日，市科协 2 次邀请台湾现代农业专家廖树宏到攀枝花市开展学术交流活动，向全市各级干部和广大农业科技工作者作《台湾现代休闲农业》专题报告会，为规范攀枝花现代农业发展模式和提升发展品质提供借鉴，深受市委、市政府相关领导肯定和市、县（区）农口部门、基层农技协的赞扬。廖树宏被市政府聘请为现代农业发展科技顾问。

12 月 10 日，由市人民政府、四川省科协、中国环境科学学会联合举办，市科协、市委组织部、市环保局联合承办，市“创模”办、攀枝花钒钛产业园区管委会共同协办的第四届攀枝花科技论坛在攀枝花会展中心举行。中国环境科学学会理事长、国家环保总局原副局长王玉庆，中国工程院院士金鉴明，中国环境科学研究院研究员孙启宏，中国社会科学院城市发展与环境研究所研究员朱守先，中国环境科学学会科技与产业委员会副主任杨秋生，环保部环境规划院研究员孙宁，环保部污染防治司综合处副处长吕春生，环保部环境与经济政策研究中心环境政策部主任沈晓悦，中国环境科学学会王叶等领导、院士、专家出席论坛开幕式。中共攀枝花市委副书记、市长张剡，四川省科协党组成员、副主席黄竞跃在开幕式上致辞。副市长张敏、市政协副主席伍维根和市委各部委、市级各部门、有关人民团体、各县（区）人民政府、各县（区）科协、有关企事业单位负责人和部分学会、企事业科协的科技人员代表 200 人出席会议。王玉庆、金鉴明、孙启宏、朱守先分别围绕“生态与环保，共筑攀枝花梦”这一主题，向各级领导干部和广大科技工作者作学术报告。会议发出《第四届攀枝花科技论坛倡议书》，对第四届攀枝花科技论坛优秀论文和组织单位予以表彰。论坛由中共攀枝花市委常委、市科协主席许健民主持。

【院士专家工作站】 自攀钢院士专家工作站、四川华铁钒钛科技股份有限公司院士专家工作站成立以来，市科协和市院士专家服务中心在做好项目跟踪服务的同时，加强与签约院士的联系，主动汇报服务中心和工作站工作进展情况。2013 年，各院士专家工作团队在上述 2 家企业实施的签约项目进展顺利。市科协、市院士专家服务中心负责人深入钒钛产业园区、钢城集团摸排调研，指导和督促建站筹备工作稳步推进。11 月 14 日，市政协副主席庞向东率领市政协教科文卫体委员会 20 名委员，对院士专家工作站建设运行情况进行专题调研考察。

【金桥工程】 2013 年，市科协深入实施“金桥工程”，大力开展“讲、比”竞赛活动。完成“金桥工程”市级立项 25 项，完成投资 18.4 亿元，新增产值 16.5 亿元，新增效益 5.6 亿元，新增利税 1.9 亿元，节约资金 1.5 亿元。9600 名企业职工和科技人员参与“讲、比”竞赛和献计献策活动，“讲、比”活动企业立项达 982 项，完成 468 项，提出合理化建议23459条，被采纳17875条，实现经济效益4亿元。

【科技工作者之家建设】 2013年，县（区）科协组织进一步完善，新成立的西区科协工作人员对业务不断熟悉，工作运转正常。各级科协组织体系建设、科普网络建设、科普志愿者队伍建设得到加强，乡（镇）科协、村科普小组、社科普员及街道科协、社区科普协会等城乡科普网络体系得到巩固和完善。四川机电职业技术学院科协、钒钛产业园区科协成立，攀枝花学院等高等院校、科研院所和工业园区、重点民营企业科协加紧筹建。开展学会、企事业科协2012年度目标管理考核和优秀活动项目评选，全市35家学会、企事业科协参加年度考核，33家学会、企事业科协申报项目73项，评出优秀学会、企事业科协9家，达标26家，评出优秀学术活动一等奖4项、二等奖9项、三等奖11项，优秀活动项目27项。召开学会、企事业科协、金桥工程、院士专家服务中心工作会，全面总结2012年度相关工作，安排部署2013年工作，表彰奖励2012年度优秀学会、企事业科协和优秀活动项目及"金桥工程"优秀项目、优秀组织单位和"讲、比"活动先进集体、先进院士专家工作站。按照市民政局《关于开展市级民间组织2012年度年检工作的通知》要求，对归口市科协为业务主管单位的31家学会、协会进行年检初审，提出年检意见。在攀枝花市成立48周年之际，市老科协举办老专家座谈会，回忆过去峥嵘岁月，展望攀枝花美好明天。中共攀枝花市委副书记赵辉到会看望老专家，充分肯定他们在开发建设攀枝花市做出的突出贡献，希望他们在全市实施生态建设发展战略中进一步发挥作用。中国科协会员日前后，市科协主要领导前往市老科协、攀钢轨梁厂、攀枝花学院、市农林科学研究院，看望慰问4位科技工作者。攀钢集团攀钢钒公司轨梁厂高级工程师王代文，被中共四川省委组织部、四川省人力资源和社会保障厅、四川省科协联合授予第十二届四川省青年科技奖。

（潘学才）

防震减灾

【概　况】 2013年，攀枝花市防震减灾局内设办公室、震害防御处（地震应急救援处）、科技监测预报处，下设攀枝花市数字遥测地震台网中心、马兰山地震台、乌龟井地震台、地龙井地震台4个直属事业单位，在职职工29人（其中机关12人、下属事业单位17人）。全年，攀枝花市防震减灾局紧紧围绕市委、市政府确定的目标任务，坚持防震减灾服务于经济建设，积极主动应对各种困难和挑战，纵深推进防震减灾综合能力建设，认真做好地震监测预报、地震灾害预防、地震应急救援等工作，各项工作取得明显成效，圆满完成既定目标和任务。获四川省地震局组织的2013年全省市（州）防震减灾综合评比三等奖、政务工作评比三等奖；获监测预报、应急救援、抗震设防管理、法制建设先进单位称号；圆满完成《攀枝花市2014年度地震趋势研究报告》，并获全省评比三等奖；攀枝花市台网综合和运行分别获全省评比第二名；各类监测手段均获全国全省评比优秀奖。

【地震监测预报】 2013年，攀枝花市防震减灾局继续加强台站管理，以确保观测质量稳中有升。投资106万元对马兰山地震台DD-2型测震仪和金属水平摆大地形变观测仪、地龙井地震台金属水平摆大地形度观测仪、乌龟井地震台水氡观测仪进行数字化改造，同时增加乌龟井地震台和米易观音高精度地温观测，至年底，已完成工程进度80%。另外，为进一步提高地震遥测台网运行率，提高地震监测能力，投资57万元对市数字化遥测地震台网进行改造，至年底，已完成工程进度50%。全年对各地震监测台进行全面排查，对仪器、设备进行检查检修，对观测环境进行整治；对相关观测技术人员进行专业培训，对观测数据进行认真分析研究，及时、准确上报四川省地震局。切实抓好各阶段监测预报工作，坚持召开周、月、季度、半年度震情会商会，及时向攀枝花市政府、四川省地震局上报预测意见，全年共编发《震情分析》12期，编制完成《2014年年度地震趋势研究报告》。强化短临跟踪，重视群测群防工作，继续重视和加强震情联防工作，与攀枝花市周边地震监测机构建立协作关系，及时交换资料和研究成果，携手合作，联手监视攀枝花市和周边地区的地震动态，提高短临跟踪能力。

【地震活动】 2013年，攀枝花市遥测地震台网中心共监测到地震310次，其中，1.0级—1.9级21次，2.0级—2.9级176次，3.0级—3.9级97次，4.0级—4.9级12次，5.0级—5.9级4次，最大地震为3月3日洱源5.5级，地震主要集中在川滇交界东西两侧以及木里地区。攀枝花市境内共监测到地震22次，其中，1.0级—1.9级地震14次，2.0级—2.9级8次，最大地震为2013年3月4日格萨拉2.3级地震，地震主要集中于盐边县北部、米易县北部、仁和区西北部。

【地震观测环境保护】 2013年，盐边县政府招商引资项目建设工程严重影响红格地震台地电观测，在得知情况后，攀枝花市防震减灾局会同四川省攀枝花基准台、盐边县防震减灾局积极与相关部门联系，根据《中华人民共和国防震减灾法》《地震观测环境保护条例》等法律法规的规定，依法执法，依法行政，通过协商，盐边县政府同意出资353万元用于红格地震台抗干扰改造。

【攀枝花及邻区震情趋势会商会】 2013年10月30日，攀枝花市防震减灾局在学府酒店组织召开攀枝花及邻区震情趋势会商会。丽江、楚雄、凉山等毗邻市（州）防震减灾兄弟单位和四川省地震局西昌中心站、攀枝花基准台参加会议，会上，凉山、楚雄等6家单位代表作研究分析报告，经过激烈讨论，对未来3个月攀枝花及邻区地震趋势作出判定，研讨制定震情跟踪措施，并形成会议纪要。

【防震减灾科普宣传】 2013年，攀枝花市防震减灾局利用“科技之春”科普宣传活动月、“5·12”防灾减灾日、科技活动周、“4·20”芦山地震等时机，广泛开展防震减灾科普宣传活动。通过设立宣传站、发放资料、广播《中华人民共和国防震减灾法》、开办讲座、组织中小学生参观科普教育基地、接受报社、电视台专访、在攀枝花市电视台播放以“防震减灾”为主题的宣传片、与社区和学校联动开展应急演练活动等方式多次开展科普宣传。在攀枝花市防震减灾局的指导下，攀枝花市各单位（部门）全年共开展防震减灾科普宣传25场、发放各类宣传资料50余万册（份）、展示展板200块次、悬挂横幅20幅，125万余人次直接或间接受到教育。“4·20”芦山地震后，按照市委、市政府领导要求，市财政投资印制专题的科普资料30余万册，发放到每个家庭以及每个学生手中。

【防震减灾领导小组工作会议】 为进一步贯彻落实国务院防震减灾领导小组联席会议和省防震减灾领导小组扩大会议精神，4月21日，攀枝花市召开防震减灾领导小组工作会议。来自市防震减灾工作领导小组成员单位、县（区）政府分管领导、防震减灾部门负责人等共50余人参加会议。会议对2012年度工作进行总结，对2013年度工作进行安排，会议通达攀枝花市未来地震活动趋势意见和“4·20”芦山地震对攀枝花市波及情况。市防震减灾领导小组组长、副市长贾德华出席会议并作重要讲话。

【地震应急演练】 1月29日，攀枝花市防震减灾局组织各县（区）防震减灾局（办）、攀钢抗震办、攀煤地震办、四川省地震局攀枝花基准台等单位领导及业务人员共70余人，在仁和区岩神山开展地震应急综合演练。此次地震应急演练的目的主要是让地震应急工作人员学习野外帐篷的搭建，熟练掌握GPS、对讲机、流动照明系统、流动电台等应急工具的使用，快速开展灾害调查、灾情初评估及上报。

【修订地震应急预案】 按照市委、市政府主要领导调研防震减灾工作时的讲话精神，并结合“5·12”汶川地震、“4·20”芦山地震和攀枝花“8·30”6.1级地震应急工作经验，由攀枝花市防震减灾局牵头，各单位（部门）配合，多次召开会议，反复征求意见，对《攀枝花市地震应急预案》进行修订，使之科学合理、简洁精练、操作性强。修改后的地震应急预案已下发各单位贯彻执行。

【完善应急设备】 在省、市、县（区）三级防震减灾部门的共同努力下，攀枝花市地震应急交通、通讯得到进一步完善和提升，海事卫星电话、应急车辆、应急电台、数码照相机（摄像机）等应急工具一应俱全。此外，市政府2013年投资2.7万元对攀枝花市防震减灾局2部座机终端和1部手持式终端卫星电话进行升级换代。

【确定应急演练日】 2013年4月22日上午，市委书记刘成鸣、市长张剡、市委常委、市委宣传部部长沈均、市政府副市长贾德华率市交通、民政等单位主要负责人到攀枝花市防震减灾局调研防震减灾工作，在听取防震减灾工作汇报后，立即召开现场办公会，会议决定，自2013年起，每年9月1日为全市中小学校“应急演练日”。

【防震减灾工作纳入政府目标管理】 按照《中华人民共和国防震减灾法》和《四川省防震减灾条例》规定，经攀枝花防震减灾局申请，市政府同意将防震减灾工作目标绩效考核纳入各县（区）人民政府、市级各部门综合目标考核，实行过失考核，倒扣分，最多扣2分。

（王　斌）

气　象

【概　况】 2013年，攀枝花市气象系统职工143人，其中在职职工81人、离（退）休职工62人。攀枝花市气象局下辖盐边县、米易县和仁和区气象局，属国家一般气象站，设办公室（人事教育科）、业务科技科（法规科）和计划财务科（监察审计室）3个管理科室，设攀枝花市气象台、攀枝花市气象科技服务中心、攀枝花气象站和攀枝花市气象局后勤服务中心4个直属事业单位，管理攀枝花市人工影响天气办公室（含攀枝花市农业气象中心）和攀枝花市防雷中心2个地方气象事业单位。

2013年，攀枝花市气象局完善各项规章制度，加强对业务工作人员的培训，实行业务质量季度通报和业务工作每月检查等系列措施，加强观测设备运行状况监控，确保全市综合气象观测业务稳定运行。全市自动气象站、区域自动站和各综合地面观测业务平台运行良好，自动气象站传输数据及时率和可用率达100%，地面气象测报质量错情率为0.02‰，农气、日辐射和酸雨观测均无错情，有3人次创250班无错情，18人次创百班无错情。3次参加四川省气象部门综合地面观测竞赛分获团体第六名、第三名和第八名。

2013年，攀枝花市气象局实现省、市、县三级预报业务平台应用，初步建设完成山洪地质灾害防治区域自动站，建设完成山洪地质灾害精细化气象预报预警系统平台和暴雨诱发的中小河流洪水和山洪地质灾害气象风险预警服务系统平台，建设完成攀枝花气象站和米易气象站新型自动站，首次建设完成攀西高速攀枝花段2个地面交通气象站。在攀枝花市政府协调下，将全市农村防灾减灾气象信息发布系统整合到市公共应急广播体系建设中，建立气象信息发布终端，盐边县和米易县共增加人工影响天气（简称“人影”）高炮14门。攀枝花气象站迁建项目和业务用房建设项目开始建设，米易县气象局防灾减灾中心建设项目建成投入使用，仁和区气象局迁建工作启动，攀枝花市雷达站道路修建项目得到攀枝花市发展改革委员会立项并开展项目评估工作。

2013年，攀枝花市气象局充分利用气象雷达、自动气象观测、卫星云图等现代探测手段，重点加强对寒潮、干旱、高温、森林火险、暴雨等气象灾害监测工作，努力提高天气、气候预测预报的准确率和精细化水平，及时制作和发布监测预警信息，及时通过电视、电台、“12121”、气象网、手机短信等方式把气象预警信息传送到攀枝花市委、攀枝花市人民政府和县（区）政府、市级有关部门，加强预防，采取避让措施，确保人民群众生命财产安全。全年启动气象应急响应5次，发布重大气象信息专报2期、重要天气警报7期、重要天气趋势预报4期、地质灾害风险预警20期、气象专题分析报告13期、各类气象预警信号（含确认及解除信息）59期，发布国庆节、中秋节、中高考、攀枝花“欢乐阳光”节和四川省“两个现场会”等专题预报46期。

2013年，攀枝花市人影管理部门严格执行各项规章制度，加强对作业点的指导和管理，密切关注天气变化，适时开展人工增雨和防雹作业。人工影响天气工作在缓解旱情、降低森林火险和防雹减灾中继续发挥重要作用。5月2日，市、县（区）人影部门协同合作，在攀枝花市不同区域开展人工增雨作业9次，发射火箭弹30余枚，作业后增雨效果显著，5月3日，副市长李仁杰给市气象局主要领导发来祝贺信息。全年全市共开展防雹作业670余次，耗弹6000多发，有效保护了作业保护区内农经作物未受大的冰雹灾害，特别为全市全年烤烟生产丰收提供了气象保障，防雹工作取得显著的经济社会效益。

2013年，攀枝花市气象局加强气象情报资料收集整理、极端气候事件和气候异常的监测诊断分析，开展农业气候资源动态监测和农业病虫害监测预报工作，做好气象情报服务工作，做好攀枝花市主要粮食作物小麦和水稻、经济作物农业气象产量预报工作。发布《干旱监测报告》15期、《灾情直报》55次、《灾情月报表》12次、《灾情报告》43期、《雨情通报》40期、《农气旬月报》36期、《农用天气预报》1期，按时上报《当地主要农作物发育进程表》，撰写《秋冬降水影响及春耕生产对策建议》《秋冬干旱评估报告》《前期降水影响及初夏农事建议》《前期降水影响分析及三秋农业生产对策建议》《霜冻降雪天气影响分析》等7期农业气象专题报告。加强农信网信息服务工作，组织上传农信网网站供求信息939条，丙谷市场价格信息4689条。

2013年，攀枝花市气象局被中共攀枝花市委员会、攀枝花市人民政府评为国家现代农业示范区建设工作先进单位、全市社会管理综合治理工作先进单位、《攀枝花年鉴（2013）》编纂出版先进单位、《中国共产党攀枝花执政实录》编纂工作先进单位；被攀枝花市人民政府评为2012年度应急管理工作成效显著单位；攀枝花市气象局被四川省气象局评为2013年综合考评优秀达标单位、2012年度人工影响天气工作目标任务先进单位二等奖。攀枝花市气象局继续保持攀枝花市十佳文明行业、攀枝花市市级文明标兵单位、攀枝花市市级文明窗口行业称号，攀枝花气象站继续保持省级巾帼文明示范岗称号。攀枝花市气象局1人被中国气象局授予全国2012年“优秀值班预报员”称号，2人被中国气象考核评定为2012年“全国质量优秀测报员”，1人被四川省气象局评为2013年重大气象服务先进个人，2人被四川省气象局评为2012年度全省优秀值班预报员，1人被四川省气象局评为2012年人工影响天气工作目标任务先进个人。

【气候综述】 2013年，攀枝花市气温正常略偏高，降水量略偏少，日照时数大部分地方偏多，相对湿度明显偏小。雨季开始期正常至偏早，大部分地区在5月23日至6月7日开始；雨季结束期略偏晚，大部分地区结束于10月23—29日。

年内干雨季分明，1—4月降水极少，气温回升快，湿度小。1月上旬和4月上旬出现强降温天气过程，随着气温迅速回升，降水持续偏少，到4月20日，攀枝花市各地“秋冬春三连旱”持续191天，对小春作物和烤烟移栽造成较大影响，部分地方出现人畜饮水困难，4月部分地方发生大风灾害。5—10月，随着雨季的开始，气温平稳下降，日照变少，雨日较多，此段时间降水量占全年总量的96%以上，出现8次暴雨天气过程，部分地区相继出现大风、冰雹、暴雨、洪涝等灾害，给农业生产造成较大损失；5月下旬到6月中旬，攀枝花市各地出现全年极端最高气温，炳草岗、仁和区、盐边县、米易县分别为38.2℃、39.9℃、38.5℃、39.0℃。11月、12月气温正常略偏低，仅有少量降水，12月中旬遭寒潮袭击，出现雨雪霜冻天气，导致低温霜冻灾害，为2000年以来最重的一年，给农业生产造成较大影响和损失，同时部分地方出现一般性秋旱、冬干。

全年攀枝花市光温条件较好，降水偏少。冬春连旱、夏旱、伏旱、秋旱、冬干仍有不同程度的发生，暴雨、洪涝、大风、冰雹灾害一般，12月中旬的低温霜冻和年初的春旱对农业生产的影响大；雨季开始期大部分正常略偏早、结束期偏晚。综合分析，全年农业气象条件属于略偏差年景。

【气　温】 2013年，攀枝花市平均气温19.8℃—21.2℃，较常年正常略偏高0.1℃—0.7℃（仁和区偏高0.7℃）；年极端最高气温39.9℃(仁和区5月31日)，年极端最低气温-0.7℃(米易县12月17日)。

月平均气温分布为：1月开始逐渐回升，6月最高，后又逐渐下降，1月、4月、5月、9月、11月基本正常，10月、12月偏低，其他月份偏高，2月显著偏高1.8℃—2.7℃；月平均气温最高出现在6月（26.1℃—27.8℃），最低出现在

12 月（10.8℃—11.9℃）；年内旬平均气温变化幅度大，其中：4 月中旬、5 月上旬、9 月上旬、10 月下旬、12 月中旬明显偏低，2 月、3 月上旬、4 月下旬、6 月中旬、8 月下旬、11 月中旬明显偏高，其余时间基本正常。

气温空间分布：南部高于北部（仁和区高于米易县），年平均气温仁和区最高（21.2℃）。

【降 水】 2013 年，攀枝花市总降水量为 716.2 毫米—977.3 毫米，较常年略偏少 87.9 毫米—197.6 毫米，偏少幅度 11%—22%；但与 2012 年相比，炳草岗多 4.3 毫米，仁和区、米易县分别偏多 120 毫米和 165 毫米，盐边县偏少 111 毫米。

年内各月降水分布极不均。除 5 月炳草岗、米易县偏多外，其他月份正常偏少，绝大部分降水集中在 6—9 月，1—3 月和 11—12 月攀枝花市各地仅有少量降水；年内干雨季分明，5—10 月总降水 697.7 毫米—936.5 毫米，占全年降水量的 96%—98%，炳草岗 9 月、仁和区与盐边县 6 月、米易县 7 月为一年降水最多月；降水量呈现出由北向南逐渐减少的分布特征，仁和区中南部、盐边县红格片区降雨量最少。

【日照时数】 2013 年，攀枝花市日照时数为 2383.9 小时—2859.9 小时，较常年值仁和区偏少 169.5 小时，其他地区偏多 164.1 小时—228.4 小时。

年内分布除 9 月偏少外，其他月份正常偏多，1 月、6 月偏多最为明显（偏多 15.2 小时—72.0 小时），盐边县 6 月偏多幅度达 39.1%。日照时间分布为：雨季少，干季多；月日照时数大部分为 3 月最多（盐边县 4 月），达 275.33 小时—294.3 小时，平均每天达 9.0 小时—9.5 小时；10 月最少（仁和区 9 月），平均每天 3.3 小时—4.7 小时。空间分布上南部地区多于北部。

【相对湿度】 2013 年，攀枝花市年平均相对湿度 52%—58%，较多年平均明显偏小 8%—16%。

年内分布为 1—2 月、6 月、8 月、11 月偏小最为显著，其他月份正常略偏小，9 月为最大月，相对湿度达 69%—74%，炳草岗、仁和区、盐边县 2 月，米易县 3 月为最小月，相对湿度仅 26%—35%。

【气象灾害】 2013 年，攀枝花市气象灾害发生较多，干旱、大风、冰雹、暴雨、洪涝、低温冻害都有发生。其中干旱和低温冻害带来的损失较大，其他灾害一般发生。

干旱。2012 年 10 月至 2013 年 3 月 24 日，攀枝花市各地连续 170 多天无有效降雨，造成攀枝花市旱区水库干涸 30 座，山坪塘干涸 172 座，机电井、浅井干涸 6517 口；58000 余人受影响，饮水困难 21000 人，牲畜饮水困难 27600 万头；农作物受灾 20700 公顷，成灾 3020 公顷，绝收 2140 公顷，经济损失 6884 万元。

大风冰雹。5 月 22 日下午，仁和区前进镇发生风雹灾害，造成 2272 人受灾，农作物受灾面积 210 公顷，绝收 12 公顷，损坏房屋 12 间，经济损失 102.3 万元。

8 月 1—2 日，盐边县共和乡、渔门乡和永兴镇遭受风雹灾害，造成 4109 人受灾，农作物受灾 266.4 公顷，绝收 57.67 公顷，损坏房屋 9 间，经济损失 450.24 万元。

8 月 15 日晚，米易县新山傈僳族乡、攀莲镇、湾丘彝族乡、丙谷镇遭受风雹灾害，造成 7 个村 3528 人受灾，特重灾 425 人，农作物受灾 274.7 公顷，成灾 178.4 公顷，绝收 57.5 公顷（主要为烤烟），经济损失 923.9 万元。

8 月 20 日晨，盐边县共和乡境内遭受风雹灾害，造成 6 个村 1000 人受灾，农作物受灾 86 公顷，经济损失 400 万元。

暴雨洪涝。5 月 10 日上午，盐边县红果彝族乡白沙沟村四组黄家坪子 1 农户的房屋（木棚房）受暴雨，基脚被浸泡垮塌，致使户主 6 岁的女儿死亡，户主右手手腕骨折。

6 月 4 日晨，盐边县新九乡遭受暴雨袭击，造成 1120 人受灾，道路损毁 20 千米，沟渠损毁 3.5 千米，农作物受灾 43.33 公顷，绝收 3.33 公顷，倒塌房屋 1 间，损坏房屋 3 间，经济损失 200 万元。

7 月 12 日晨，盐边县国胜乡、红宝苗族彝族乡和永兴镇遭受强降雨袭击，造成 3855 人受灾，农作物受灾 88.8 公顷，绝收 12 公顷；损坏房屋 8 间；紧急转移安置 17 人，经济损失 227 万元。

7 月 22—23 日，盐边县红果彝族乡、新九乡境内遭受强降雨袭击，造成 658 人受灾，转移安置 18 人，农作物受灾 106.67 公顷，绝收 28.67 公顷；倒塌房屋 5 间，损坏房屋 25 间，经济损失 152.5 万元。

7 月 23 日，米易县受持续中到大雨影响，造成攀莲镇、草场乡 3852 人受灾，紧急转移安置 1 人，农作物受灾 150.27 公顷，绝收 15.0 公顷；倒塌房屋 4 间，损坏房屋 2 间，经济损失 182.04 万元。

7 月 25 日晨，盐边县境内遭受强降雨袭击，造成温泉彝族乡、国胜乡、箐河傈僳族乡、格萨拉彝族乡和红果彝族乡 844 人受灾，紧急转移安置 72 人，农作物受灾 17 公顷，绝收 6 公顷；倒塌房屋 12 间，损坏房屋 15 间，经济损失 178.58 万元。

7 月 29—30 日，盐边县格萨拉彝族乡、箐河傈僳族乡、温泉彝族乡、惠民乡、鳡鱼彝族乡、国胜乡和永兴镇境内遭受暴雨袭击，造成 7617 人受灾，紧急转移安置 44 人，农作物受灾 689.49 公顷，绝收 166.53 公顷；倒塌房屋 4.0 间，损坏房屋 17 间，经济损失 357.51 万元。

低温冻害。12 月中旬，攀枝花市出现严重霜冻灾害，造成 43 个乡 275 个村的豌豆、番茄、四季豆、土豆、枇杷、芒果、咖啡等作物受灾，截至 2014 年 1 月 2 日，受灾 20130 公顷，成灾 9110 公顷，绝收 5050 公顷，经济损失 24684 万元。

【科技创新】 2013 年，攀枝花市气象局进一步完善预报服务管理平台，开展对 1980—2010 年整编资料的统计分析工作。《攀枝花气温日变化特点及其影响因素》在《安徽农业科学》2013 年第 15 期发表，《冰雹的形成及地面观测》在《安徽农业科学》2013 年第 16 期发表，《自动站雷击后正点数据的处理》在《科技创新导报》2013 年第 54 期发表，《浅谈地面气象观测工作中存在的问题及解决对策》在《科技致富向导》21 卷 21 期发表，《攀枝花短时强降水气候特征分析》在《高原山地气象研究》2013 年第 2 期发表，《攀枝花市气温变化特征分析》《攀枝花市应急气象观测流程探讨》《保水剂在攀枝花地区烤烟生产中的应用研究》在《高原山地气象研究》2013 年增刊发表。

【学术交流】 2013 年 10 月 30—31 日，攀西地区预报技术经验总结交流会在攀枝花市气象局召开。攀枝花市气象局、凉山州气象局分管业务的领导、预报管理人员、预报技术人员共 20 余人参加会议。会议交流 12 篇预报技术总结及有关论文，从区域或单点的暴雨天气过程、短时强降雨过程、连阴雨天气过程、飑线过境特征分析、南海西行台风“贝碧嘉”与暴雨关联等方面进行分析、总结和交流。

（陶洪福、杜成勋）

农林科研

【概　况】 2013 年，市农林院有在职职工 116 人，其中高级职称 19 人、中级职称 31 人、初级职称 14 人。享受国务院政府津贴专家 1 人，省级以上突出贡献的优秀专家及学术技术带头人培养人选 1 人，省人大代表 1 人，市学术和技术带头人 5 人。市级突出贡献专家 4 人，市学术和技术带头人后备人选 7 人，第二批市委直接掌握联系高层次人才 2 名，第三批市委直接掌握的高层次人才 1 人，“第二届攀枝花创新人才奖”获得者 1 名。市农林院继续保持省级文明单位、省级卫生先进单位、攀枝花市人才培养基地称号。全年农业科研机构开展科技综合能力评估，市农林院在全国 466 个地、市、州农业科研单位中排名第 70 名。市农林院“攀枝花市农业科技成果转化示范中心及亚热带植物标本园”被授予“四川省第六批省级科普基地”称号。

全年市农林院根据“紧紧围绕攀枝花市国家现代农业示范区建设和阳光花城的科技支撑工作，进一步提升科技内涵，强化管理，完善机制，加强党建，扎实推进美丽和谐幸福农林院建设，全面加快区域农林科技高地建设”的工作总思路开展在研项目 76 项，其中新上项目 19 项，科研经费到位 770 万元。成果鉴定 3 项，省级成果登记 4 项，市级成果登记 3 项。获农业部中华神农科技奖一等奖 1 项、市科技进步一等奖和三等奖各 1 项。1 个品种和 1 项技术分别被评为2013 年度四川省主导品种和主推技术。申报专利 11 个，授权实用新型专利 4 个。获集体荣誉 33 项，个人荣誉 143 人次。新闻媒体报道市农林院科技信息 37 条次，刊发农林科技简报 16 期。科技人员发表论文 22 篇，参与编纂专著 2 本。科技人员下乡开展项目试验与科技服务累计达 2537 人次，培训农业从业人员 9221 人次，发放技术资料 11.7 万册。新品种、新技术在市内外累计推广 30.4 万公顷，创社会经济效益 2.5 亿元。

存在的不足：科研项目过于集中于某一种类作物，造成专业发展不平衡，不能满足全市农业产业发展对科技的需求。项目数量多，且点多面广，各业务研究所都显现出科技人员严重不足的现象。

【蔬菜研究】 2013 年，市农林院园艺研究所开展科研项目 26 个，其中蔬菜科研项目 8 个。开展自育的 3 个苦瓜新品系的全省区域性试验，表现出长势好、采收期早长、产量高、果形好、田间发病率低、适应性强的特点。进行 4 个丝瓜组合的全省多点试验，亩产总量最高达 4566 千克。进行番茄、辣椒、茄子嫁接试验，成活率 90%。对茄子参试品种进行果实性状及产量观测比较，筛选出的 2 个可推广种植的品种田间长势壮，抗病性强，单果重约 0.2 千克，亩产约 4990 千克。在米易县和盐边县进行大棚蔬菜辣椒套作豇豆、辣椒间作果蔗栽培技术示范 200 公顷，亩产 3 万元。在米易县草场乡晃桥村进行 21 个鲜食玉米品种比较试验，观察记载各品种生育期，测量植株性状及果穗性状，筛选出 7 个综合性状优的品种供下一步大区试验示范。“攀西早春蔬菜产业关键技术研究与应用”项目获市科技进步一等奖。

新品种引育。引进筛选出 14 个番茄、黄瓜、辣椒大棚蔬菜专用品种。开展苦瓜种质材料的保存和选育工作，春秋两季重点选育苦瓜强雌系，采用系谱选择法进行材料单株选择，利用苦瓜强雌系为母本，进行杂交组合选配，进行区域试验，筛选出可推广种植的攀杂 7 号、攀杂 8 号、蓝山大白苦瓜 3 个早熟、优质、高产、抗病新品种。

栽培技术研究。市农林院研发的新技术“设施蔬菜栽培技术”采用常规育种与航天育种、现代分子生物学育种等手段相结合，提高育种水平，降低种子成本，以农户为主体研究标准化无公害栽培技术模式。研究成果实用性强，容易推广，被选为 2013 年四川省农业主推技术。研究总结的设施大棚蔬菜水肥一体化栽培技术首次在攀西地区推广应用，每亩省工 8 个，节省肥料投入 20%，节水 50%以下，每亩新增纯收益 1171 元。研究出的西瓜套作辣椒双膜覆盖栽培技术，新增产 43.1%。四川蔬菜创新团队设施栽培技术研究岗位获省科技进步三等奖。

【特色水果研究】 2013 年，市农林院园艺研究所开展研究项目 10 项，其中新项目 2 项。

芒果研究。芒果延迟成熟项目组通过生态选择、树盘覆草、树冠覆盖方式，在仁和区务本乡、大龙潭乡、国胜乡、西区格里坪镇进行试验，研究出的技术初步将芒果成熟期从8—10月延长到12月。集成攀西地区芒果病虫害绿色综合防控技术，在全市示范推广3万公顷。分别在米易县丙谷镇坪山村、东区银江镇建立芒果低产园改造示范基地26公顷和3公顷，进行品种改良、土壤培肥、整形修剪等改造。对引进的16个芒果新品种进行开花结果习性、丰产性、抗逆性等观察及评价，选出2个有推广前景的品种进行小面积区试，对以色列引进的凯特芒果加大推广力度，凯特芒果全市栽培面积63365公顷。全年适配杂交组合4个，其中马亚（♀）X凯特（♂）组合获得杂交果实，按花序和花朵记杂交结实率分别为3.7%和0.68%，果形和可溶性固性物跟亲本比较差异不大。从市农林院26公顷芒果种质资源圃中选出适宜本地区栽培的热品10号、热品16号2个品种进行试验示范种植。实生选育出优变异良单株1份，暂定名为攀育2号。建立3个芒果基地开展攀育2号等6个品种区域比较试验。在市农林院和仁和区福田镇建新品种展示园8公顷，展示攀育2号等7个品种，引导生产品种实现早、中、晚熟配套。在米易县白坡乡等点进行凯特等7种品种观察试验，调查攀枝花地区不同纬度、不同海拔高度芒果分布情况，完成相关数据收集。完成攀西地区芒果病虫害调查，编撰《攀西地区芒果病虫害图谱》，与中国农业出版社签订8000册的出版合同。市农林院研发的芒果新品种“凯特”选为2013年全省农业主推品种。市农林院为第四主研单位参与的国家项目“特色热带作物种质资源收集评价与创新利用”成果荣获国家科技进步二等奖，“芒果种质资源收集评价与创新利用”项目获2013年度农业部中华神农科技奖一等奖。完善引智集成的“攀枝花市芒果标准化生产技术”并编印成册，作为快速推广引智成果的载体。

石榴研究。“石榴龙眼新品种选育及配套技术研究项目组”在市农林院沙沟基地新建666.67平方米石榴资源圃，引进和收集新品种资源蜜露石榴和中农红石榴。移栽定植辐射处理、化学诱变处理、杂交育种苗木5000株。在仁和区大田镇石榴核心园主栽青皮软籽石榴，建立班桩村为核心的示范基地667公顷。开展多种形式科技培训、新技术新成果示范。开展4个组合杂交育种试验，对筛选出的以色列酸、突尼斯软籽石榴新品种，采取边试验边示范形式进行新品种推广，协作单位凉山州热作所建立以色列酸品种示范基地13公顷，建立突尼斯软籽石榴新品种示范基地667公顷。市农林院建立示范面积13公顷，辐射带动当地农户推广该品种333公顷。参编论著《中国果树志·石榴卷》，1人为副主编，1人为主要撰稿人。2篇论文收录于《中国石榴产业高层论坛论文集》。

其他特色水果研究。“热带水果优良品种示范园”项目组继续开展火龙果、番木瓜、枇杷、莲雾、番荔枝（释迦）、杨桃、大樱桃等特色水果的引种及栽培管理工作，市农林院引育的番荔枝、莲雾已挂果，品质优良。番木瓜大量挂果，2013年产量1万余千克。

【园林绿化研究】 “乡土观花植物引种与应用研究——蝎尾蕉在干热河谷地区的引种栽培研究”项目组对引进的蝎尾蕉品种进行日常管理，观测记录各项试验数据，总结出相应栽培技术。初步筛选出适应攀枝花地区的金嘴、富贵鸟、拉斯3种蝎尾蕉品种，开展蝎尾蕉的组培繁育试验。

【烟草研究】 2013年，市农林院作物烟草所承担项目16项，其中横向合作项目9项，项目经费528万元。获实用新型专利3项。项目组采用多因素试验，进行多点和多角度分析，确定出烤烟保质丰产模式。进一步验证以菌包、污泥为原料的替代燃料棒能有效节约烘烤成本。开展燃料废气及灰分毒性检测和燃料的烘烤试验。红大嫁接苗填补攀枝花市烤烟嫁接技术缺口。对云烟85的栽培密度进行调整，由1100株提至1200株。对烤烟中温中湿调制工艺进行研究。为“可拆卸搬移干燥房、热源选择控制系统、太阳能热能收集与贮存系统”申报3项实用新型专利。总结出太阳能集热系统维护的基本守则和太阳能集热系统清洗水垢的方法。开展烤烟前茬作物小麦、黑麦草、苕子、豌豆、油菜、大蒜等作物的种植，调查收益和土壤的取样，筛选出对烤烟生产有利的前茬作物。分别在米易县、盐边县建立2001公顷的金针虫综合防治示范区，开展统一药剂防治。在仁和区平地镇、大龙潭乡、米易县横山乡、普威镇333公顷核心区开展烟苗苗期病毒检测，检测出40公顷的烟苗带毒，为烟农挽回2.4万元经济损失。

【畜牧研究】 在仁和区啊喇乡开展的“优质肉羊生产技术推广与产业化示范”项目，2013年完成项目总体目标，发展山羊标准化养殖示范户63户，修建（或改建）山羊标准化圈舍947平方米。示范户山羊年均饲养量4977只，山羊良种改良90.32%，羔羊成活率达95.25%，周岁出栏体重达30.4千克，成年羊的平均死亡率4.4%。示范户养羊收入3.3万元，较项目实施前增加2.8万元。在山羊主要疾病研究方面，确诊山羊地方性鼻内肿瘤及伪结核棒状杆菌病，为疾病防治提供依据。在山羊肺部疾病防控中对绵羊肺炎支原体灭活疫苗应用效果显著，试验羊成活率达100%。对腹泻病的治疗效果明显，试验羊成活率达94.45%。疥螨羊最高治愈率达到100%。2013年为养殖户挽回经济损失50万元。本地黑山羊品种资源调查中，彻底摸清攀枝花市本地黑山羊与周边黑山羊之间的基因差异。在肉牛养殖研究方面，建成2个肉牛标准化养殖场，盐边县永兴镇密地罗社核心示范户肉牛杂交改良面达100%，肉牛日增重达2千克，出栏肥牛50头，经济收入40余万元。筛选出1个适合攀枝花干热河谷地区种植的饲草玉米新品种。研究出1套适宜攀枝花地区饲草玉米丰产栽培技术。研究出“饲草玉米+一年生黑麦草”高产轮作模式。“菌糠养羊关键技术及其利用研究”项目获攀枝花市科技进步三等奖，“自动锁定式牛颈枷式饲栏”获国家实用新型专利。

【林业研究】 2013年，市农林院生态与生物研究所在研项目16项，其中新上项目2项。主要开展核桃、食用菌、中草药及植被恢复技术研究。

核桃研究。2013年开展核桃项目5项，建立示范基地10个，面积343公顷。引进22个核桃品种，有17个品种已挂果。在海拔1900米—2500米进行核桃结果树施肥试验，表明海拔差异导致品种表现各异，初步筛选出3个品种在试验地相近环境条件的地域进行推广。收集地方优良单株52株，初步筛选出9个优良单株。进行核桃低效林改造，对核桃幼树采用赤霉素等注射方式，提高穗条和芽的产量。开展集中培训和现场示范20期，培训人数1227人次，发放技术资料3600份。在中国科技核心期刊上发表文章1篇。

食用菌研究。2013年，开展食用菌项目3个，其中省级1个、市级2个。2个块菌项目培育菌根苗2700余株，播种6000余株。《利用废弃果枝开发食用菌基料及栽培技术研究与示范》项目组利用芒果、石榴、核桃、枇杷、板栗和桑树废弃果枝开展凤尾菇、杏鲍菇、香菇、木耳和灵芝食用菌的适应性栽培技术研究，表明凤尾菇等多种食用菌均能在处理的果枝上生长并出菇。项目组已掌握果枝加工处理技术，初步筛选出各种果枝的栽培配方，开展重复性栽培试验。发表论文1篇，申报专利4个。在块菌研究上，继续做好人工块菌试验林的管护工作，块菌菌根量持续增加。新培育印度块菌、夏块菌、攀枝花块菌、波氏块菌菌根苗1400株，新营建块菌种植示范林20公顷。完成攀枝花市生态主体功能区建设规划。

中药材研究。继续开展何首乌、川牛膝、重楼、川续断等几种道地中药材的人工栽培技术研究，管护何首乌、川牛膝试验示范园。总结出林下何首乌、川牛膝人工种植技术。对米易县黄草乡、仁和区啊喇乡和平地镇3个何首乌试验点开展叶面追肥等试验和病虫害观测及防治工作，对3年生何首乌进行采挖，调查收集生长数据及产量。何首乌最高亩产量达843千克，川牛膝最高亩产量达456千克。开展重楼种子催芽、冬春季施肥、生长期叶面追肥试验，开展不同森林郁闭度重楼生长量、根状茎与地上部分生长量的关系调查和病虫害防治工作，重楼种子萌芽时间由2年缩短到8个月，萌芽率由40%左右提高到80%。开展川续断施肥、控花控苔、种植密度试验，开展不同野生川续断居群种子萌发试验、居群品比试验播种和病虫害防治工作。

乡土绿化植物研究。“攀枝花市乡土绿化植物驯化繁育技术研究及示范——干热河谷区乡土绿化植物驯化繁育技术研究及示范”项目组开展野外调查5次，采集优树种子7个，采集优良母树插穗1000余枝，培育毛红椿、木蝴蝶、多花紫藤等幼苗约600株，拍摄图片50张。对复选出的植物作为重点调查和驯化栽培对象。继续编写城市园林绿化植物名录及栽培管理技术手册。完成狭叶山黄麻种子育苗试验、木蝴蝶追肥试验、昆明山海棠扦插试验，定期观察需要测量的植株生长量，收集数据，完成论文3篇。“攀枝花市煤矿采空区植被恢复技术研究及示范”项目组对大宝顶烂泥箐试验点进行调查，结果表明植物配置模式核桃+牧草（紫花苜蓿）+剑麻长势良好，其中核桃造林保存率达到68%，剑麻保存率达到95%。项目组在摩梭河试验点重新启动台湾相思+麻疯树、新银合欢+车桑子+麻疯树、芒果+木豆+剑麻、台湾相思+车桑子+山毛豆4种模式营建工作，连续2月观测记录表明各配置模式树种长势良好。“海州常山、香椿繁育及高产栽培技术研究”项目组开展海州常山（斑鸠菜）、香椿繁育技术研究，总结出斑鸠菜、香椿的繁育技术方法，进行海州常山、香椿露地矮化密植、水肥管理等高产栽培技术研究。全年新项目“青花椒引种筛选及丰产栽培技术集成研究”项目组确定米易县普威镇、米易县麻陇乡、盐边县新坪乡3个本地种群引种资源，引种试验园已完成青花椒实生苗定植工作。项目组在西区格里坪镇大麦地村1社建立引种示范园和丰产栽培技术集成研究试验地点，引种示范园面积3.3公顷，丰产栽培技术试验地面积2公顷。青花椒种植数达36000株，其中幼树26000株、挂果树10000株。为解决花椒采摘难的问题，项目组引进孙师傅牌花椒采摘器10台，进行花椒采摘器现场示范培训，使用采摘器工作效率是人工采摘的1倍—1.5倍，1台机器在花椒采摘期每天可为椒农节约90元—120元。

【节水研究】 2013年“茄子设施栽培节水灌溉制度研究”项目组选定大区试验并安装节水设施，测试土壤含水量，记录每次施肥和农药的用量，测定小区产量，整理完成前期的灌水数据、土壤水分含量数据和产量数据，该项目已通过市水务局组织的专家组验收。“番茄、辣椒等主要蔬菜高效节水灌溉制度研究”项目组分别在米易县撒莲镇、盐边县益民乡与仁和区平地镇选择落实试验点并节水设施的安装。定期对番茄、苦瓜、甘蓝、菜豆进行灌水、施肥，调查农艺性状。“低成本节水技术在设施蔬菜栽培中的集成应用及示范推广”项目组在市旺隆塑料厂进行国内主要的几种滴灌带产品与项目改进后的滴灌带产品流量比较试验，进行相同管径的PE管带与管材的成本比较，在米易县丙谷镇等地进行低成本节水技术推广。“早春大棚辣椒膜下滴灌灌溉制度研究”项目组制定完成大棚辣椒的灌水量比较试验，初步研究出大棚辣椒的适宜灌水量和灌水周期。“烤烟中耕管理机的研制与示范”项目组对市场上现有的旋耕刀和起垄培土机进行改进和田间试验并申报改进产品的发明申请。开展仁和区国家小型农田水利基本建设重点县高效节水灌溉技术2013年实施方案编制工作，并通过省级、国家级评审。

【成果转化与示范】 2013年，市农林院和市人社局联合共建农业专家示范基地5个，涉及芒果、烤烟、山羊、核桃和干热河谷植被恢复方面。与市民宗委联合共建民族地区芒果、核桃科技成果转化示范基地2个。市农林院依据近几年来在动植物新品种和新技术上的研发成果以及推广示范情况，汇编完成《市农林院主要推介品种和技术（一）》，推介果树、蔬菜、畜牧、牧草、烟草、林业、农业节水等品种58个、单行技术39项用于指导农业生产。编印《攀枝花市农林科学研究院科技成果转化培训资料》系列丛书9册。在四川省、湖北省、安徽省、江苏省等地推广提纯复壮莴笋种3335公顷。推广芒果、枇杷果袋面积66公顷。建立仁和区大龙潭乡混撒拉村等核心试验示范基地233公顷，在示范基地推广芒果冬季综合管理、晚熟芒果轮换修剪、芒果建园、芒果低产园改造、病虫害绿色防控等标准化生产技术，辐射带动基地周边种植户学习和应用标准化种植新技术。对通过省品种委员审定的品种金白花、金煌、椰香进行再推广，总计示范推广面积1825株，示范种植户12户，核心示范户3户。市农林院盐边县桐子林镇芒果专家示范基地种植面积比2012年新增533公顷，产量新增850吨，产值新增加400万元。仁和区福田镇芒果成果转化示范基地比2012年挂果面积增加49公顷，挂果面积增幅62.71%，产量增加17万千克，产量增幅389%，产值增加66万元，产值增幅345%。第一次解决建市以来攀枝花市少数民族地区科技成果转化难的课题。

【交流与合作】 2013年，市农林院派出科技人员133人次外出学习、考察与学术交流。2月27日，市农林究院与四川农业大学在雅安市召开“山羊多头蚴病的综合防治研究”中期研讨会。3月3—5日，市农林院和攀枝花市烟草公司40名科技人员到云南省红河州蒙自县考察烤烟膜下小苗移栽栽培技术。3月6—8日，市农林院与攀枝花市水务局会同四川省水利厅、财政厅7名专家对盐边县、米易县和仁和区正在实施的“2012年度高效节水灌溉项目”进行调研。3月7—8日，四川省农科院园艺研究所研究员唐利一行2人到市农林院考察和交流蔬菜设施栽培技术。3月9—15日，中国热带农业科学院热带作物品种资源研究所博士高爱平一行5人到市农林院与芒果专家李贵利团队成员进行芒果人工杂交授粉试验。3月14日，贵州省安顺市农办主任全胜文一行24人考察市农林院与米易县绿生农业公司合建的蔬菜科研试验基地。3月18日，市农林院副院长韦雷飞率畜牧兽医专家一行5人调研盐边县永兴镇和谐牧业有限公司山羊养殖基地。3月30日，泸州市江阳区农业局经作站站长陈亮率乡、镇相关领导一行8人到市农林院考察蔬菜科研试验基地。4月17日，市农林院攀枝花综合试验站联合米易县农牧局经济作物服务中心举办嫁接茄子生产技术现场会，参会农户100余人。4月22日，中国农业科学院烟草研究所研究员付宪奎一行与市农林院专家在米易县普威镇的烟草集约化育苗基地调研。6月27—28日，市农林院攀枝花综合试验站杨晓峰率科技人员到凉山州冕宁县对凉山州8个县47名农技人员开展设施蔬菜栽培技术和病虫害防治技术培训。7月1—3日，西南民族大学生命科学与技术学院教授汤承、于学辉等一行4人到市农林院就山羊标准化养殖示范等进行交流。9月9—11日，市农林院科技人员、盐边县扶贫移民局和格萨拉乡政府相关人员一行11人赴云南省农科院经作所考察马铃薯产业发展情况。9月17日，中国热带农业科学院南亚热带作物研究所所长谢江辉一行莅临市农林院就科技合作、科研平台建设、芒果品种资源圃（备份圃）建设、人才交流培训等进行交流。10月9—17日，泰国农业部芒果专家supttra到市农林院开展学术交流并实地考察仁和区大龙潭乡混萨拉村、盐边县桐子林镇金河村与纳尔河村芒果基地。10月14日，湖南中烟有限责任公司成志军一行到市农林院调研攀枝花烟叶基地单元生产。10月15日，市农林院院长、党委书记张洪祥率烟草专家一行赴河南中烟有限责任公司、河南农业大学进行考察交流。10月17日，市农林院作物烟草研究所高级农艺师向裕华等4名科技人员到四川烟叶复烤有限责任公司德昌复烤厂开展烟叶复烤废弃物的资源化利用情况调研。

【技术培训】 2013年，市农林院科技人员下乡开展项目试验与科技服务累计达2537人次；培训农业从业人员9221人次，发放技术资料11.7万册，新品种、新技术在市内、外累计推广30万公顷，创社会经济效益2.5亿元。2月16日，市农林院核桃项目组科技人员前往米易县新山乡新山村和草场乡仙山村，向当地核桃种植户现场讲解核桃树管理方法和要点，现场示范核桃树冬季修剪、施肥以及病虫害综合防治措施。2月17日，市农林院专家李贵利率团队成员一行8人到仁和区福田镇各示范户基地开展芒果现场技术培训，重点讲解芒果抹花技术具体方法和注意事项、叶面肥PBO的使用方法、花期白粉病的防治，解答种植户的疑难问题。培训果农150人次，发放培训技术手册200多份。3月18—19日，市农林院科技人员吴健华等到盐边县国胜乡淘水村、渔门镇团结村、鳡鱼乡岔河村进行芒果套袋生产技术指导。3月20日，仁和区科技局邀请市农林院核桃栽培技术研究人员到仁和区中坝乡大纸房村开展核桃种植与丰产栽培技术培训。3月27日，市农林院四川攀西特色水果创新团队病虫防控岗位专家芒果专家李桂珍到盐边县桐子林镇纳尔河村开展芒果抗旱保水技术培训120余人次，发放芒果抗旱技术手册300余册、芒果管理技术手册200余册。4月11日，市农林院联合市民宗委在仁和区福田镇芒果科技成果转化示范基地3个村、4个重点芒果示范区域，举办培训班4个，培训内容为芒果花果期管理、病虫害防控、抗旱保水等技术，培训果农320人，发放资料900余册，发放抗旱农资4.1万元。4月，市农林院芒果专家杜邦、祝毅娟参加农业部在昆明举办的热带作物种质资源保护项目培训会。7月4日，市人社局与市农林院联合在米易县普威镇西番村举办培训班，对核桃种植户进行建园、栽培管理、病虫害防治术培训。7月12日，市农林院核桃创新团队前往仁和区平地镇白拉姑村，对当地农户开展核桃、板栗种植技术的专题培训。8月12—16日，市农林院农机与节水技术研究所科技人员范洪梅、晏军参加水利部在新疆维吾尔自治区举办的农业高效节水灌溉专业技术培训会。10月23日，市农林院畜牧水产研究所科技人员与市人社局相关人员到盐边县共和乡对山羊养殖户进行山羊养殖技术培训。10月31日，市农林院邀请消安防火知识宣传中心为职工举行以“全民关注消防、生命安全至上”为主题的消防安全知识培训。11月4—6日，市农林院作物烟草研究所所长罗桂仙等科研人员赴湖南省中烟有限责任公司参加基地烟叶生产技术培训交流会。12月18日，市农林院攀西特色水果团队专家、农业部芒果公益性行业科技四川片区负责人李贵利率团队成员赴米易县丙谷镇金硕香芒果专业合作社对果农进行芒果抗寒救灾减灾知识培训。

（刘家伶）

社会科学

社科联

【概　况】 攀枝花市社科联机关设办公室、学会学术部和规划评奖办（挂“攀枝花市社会科学规划办公室”和“攀枝花市社会科学优秀成果评奖办公室”牌子）3个职能处室，编制9人。2013年共有职工9人，其中在职在编职工8人、退休职工1人。至年底，市级社科类学会、协会、研究会共35个，其中市社科联直接指导管理的12个。

全年，市社科联深入贯彻落实中共十八大和十八届三中全会精神，紧紧围绕市委、市政府中心工作，全面做好社科课题规划、社科优秀成果评奖、理论研讨、学术交流、社科普及、刊物编辑、学会管理、自身建设等工作，共下达市级社科规划课题7项，获四川省哲学社会科学研究“十二五”立项课题1项，开展学术活动4次，评出攀枝花市第十次（2008—2009年度）哲学社会科学优秀成果70项，再次被四川省社科联评为全省社科规划评奖先进单位。

【学术活动】 2013年，市社科联按照全市“思想大解放、作风大转变、工作大落实”主题教育活动和“实现伟大中国梦，建设美丽繁荣和谐四川”主题教育活动有关要求，分别于2月和6月与市委宣传部联合开展“我为发展献良策”征文活动和“实现伟大中国梦，建设美丽繁荣和谐四川”征文活动。两次征文活动共收到社会各界征文593篇，内容涵盖农业、文化、教育、旅游、社会管理、医疗卫生、环境保护、城市建设、交通运输等方面，其中《关于设立攀枝花钛精矿收储调节库的建议》《用中国梦凝聚智慧和力量把攀枝花建成川西南新兴经济增长极》等68篇文章被评为优秀作品，《以新兴制造业推动攀枝花跨越发展》等11篇优秀文章被《攀枝花日报》选登。

6月，市社科联组织召开攀枝花社科界“实现伟大中国梦，建设美丽繁荣和谐四川”主题教育活动座谈会，市委党校、攀枝花学院、四川机电职业技术学院（攀钢党校）等单位的26位社科专家以及市委办公室、市委组织部、市委宣传部、市委政法委的有关领导从不同角度对“中国梦”进行解读，就如何谱写“中国梦”攀枝花篇章畅谈看法。5月28—29日《攀枝花日报》以专版的形式对专家发言进行摘登。

为引导社会各界深入学习贯彻中共十八届三中全会精神和总书记习近平系列讲话精神，市社科联于12月与市委宣传部联合开展“学习贯彻党的十八届三中全会精神”征文活动，此次征文活动共收集征文201篇，评出优秀征文20篇。

【社科规划】 2013年，市社科规划办下达《进一步加强攀枝花市机关党建工作研究》《新时期党的群众路线探索与实践的研究报告》《把党的群众路线贯穿于人大工作的始终》《先秦玉文化研究——以饰玉为研究线索》《基于制度创新的人才优先发展试验区建设研究》《我国公司章程自治的缺陷及完善研究》《大事件档案收集、管理和利用研究》等7项年度市级社科规划课题。所有规划课题已于2013年12月中旬完成评审验收。

【优秀成果评奖】 2013年，市社科联全面完成攀枝花市第十次社会科学优秀成果评奖工作，报请市委、市政府对获奖成果作者进行表彰奖励。此次评奖经过组织申报、初评、评委会终审3个阶段，共评出2008—2009年度全市优秀社科成果70项，其中《攀枝花钒钛产业人才开发研究》获特等奖，《攀钢钢钒创新上市公司党建考核评价机制的实践与启示》等8项成果获一等奖，《攀枝花6.1级地震》等20项成果获二等奖，《攀枝花历史人物》等41项成果获三等奖。获奖成果中论文类62件，专著类6项，资料书2项，充分体现了攀枝花哲学社会科学研究的水准和特色，具有鲜明的理论创新和实践品格。

11月，市社科联启动全市第十一次社会科学优秀成果评奖工作，至年底，成果申报阶段工作全部完成。

【社科知识普及】 2013年，市社科联贯彻落实《四川省科学技术普及条例》有关规定，结合工作实际开展社会科学知识宣传普及工作。在3月"科技之春"科普宣传月活动和5月"科技活动周"宣传活动中，市社科联及市级各社科学会、协会、研究会共面向基层开展科普讲座130余次，制作科普展板190块，悬挂横幅106幅，上街布点23处，送科技下乡14次，发送社科科普资料15000册，举行社区活动10次，举办培训班6期，培训700余人次，提供社科咨询3500件次，累计受教育面达到40000余人次。

【学会管理】 2013年，市社科联加强对市级社科学会的管理，督促指导各社科学会规范运作，围绕全市中心工作，结合行业特点开展科研和科普工作。在社会组织年检工作中，市社科联对直接指导管理的市级社科学会按照《社会团体登记管理条例》有关规定进行初审，报市民政局审批全部予以通过。至年底，市级社科类学会、协会、研究会共35个，其中市社科联直接指导管理的12个。

【《攀枝花社会科学》刊物编发】 2013年，市社科联主办的《攀枝花社会科学》刊物（季刊）正常出版发行，全年共出刊4期，刊发理论文章101篇，图片41张。其中有3期为专辑，分别是《学习贯彻党的十八大精神理论专辑》《我为发展献良策获奖征文专辑》《实现伟大中国梦，建设美丽繁荣和谐四川获奖征文专辑》。至年底，刊物共出刊91期，与全国各省、市300多家社科联建立刊物交换关系。

（谢仲华）

地方志·年鉴事业

【概　况】 2013年，市地方志紧紧围绕市委、市政府的工作大局和发展战略，认真落实各项工作任务，制定工作措施，强化依法修志，加强对各县（区）、各部门地方志工作的指导、督促，全面推进地方志编纂、研究和管理工作，科学合理地开发利用地方志资源和各类地情资料，充分发挥地方志工作在促进全市政治、经济、文化、社会发展中的重要作用。

市地方志系统积极开发利用地方志资源在全市经济社会发展中的执政存史、工作研究、经验借鉴作用，为各级各部门等提供相关地情资料，为决策和工作参考。指导县（区）志办撰写《四川年鉴（2013）》《四川农村年鉴（2013）》县（区）情资料；市地方志办撰写政务调研报告两篇；参加市政府组织的块菌地理标识申报工作和市民政局组织的钒钛园区路名方案评审工作。为北京科技大学、市政协等单位提供有关地情资料。

【部门志、专业志编修】 2013年，市地方志办公室指导市级部门开展部门志、专业志编修工作，对《市委党校志》《市人口志》《市工商志》《市中心医院志》《市统计志》《市文联志》《十九冶志》《市人事志》《市国有企业改革志》《市计生志》《市残联志》《市团委志》《市工商联志》的编修开展业务指导和培训；对《市文联志》《市国有企业改革志》《市环保志》开展评审工作；指导编修出版《市民政志》《市少数民族志》《市检察志》《米易县财政志》。

大力指导和推动各县（区）志办开展部门志、专业志编修工作，各县（区）政府均先后下发关于地方志工作"十二五"规划的通知，全面启动地方志编修工作，为全市各级地方志事业的持续性发展奠定了基础。

【《中国苴却砚图志》编纂】 按照市第九次党代会提出的"打造文化精品，丰富城市文化内涵，不断提升城市文化软实力"和市政府工作报告关于全力打造苴却砚文化等地方文化品牌的目标要求，为进一步发掘和整理攀枝花市地方特色文化资源，宣传推广攀枝花苴却石文化，市地方志办与市苴却砚协会共同启动《中国苴却砚图志》的编纂工作。2013年年底，《中国苴却砚图志》编纂工作已完成资料收集和初稿编纂工作，正组织开展图志的照排、送审和修改工作。

【《攀枝花年鉴（2013）》编纂出版】 《攀枝花年鉴（2013）》于2月底前完成资料收集，4月底前完成分编，5月底前完成总纂，9月完成送审，11月由方志出版社公开出版发行。

2013年8月，在由中国版协年鉴工作委员会主办、年鉴工作委员会学术委员会承办的第七届全国年鉴编校质量评比活动中，《攀枝花年鉴（2012）》被评委会专家高度认可，获得第七届全国年鉴编校质量评比一等奖。是全省众多综合、部门年鉴中获得最高奖项的年鉴之一（全省21个市、州仅有2部），标志着攀枝花市年鉴编纂水平跨入全国领先行列。

【县（区）年鉴编纂出版】 2013年，《西区年鉴（2013）》《米易年鉴（2013）》《盐边年鉴（2013）》于11月上旬公开出版发行，《东区年鉴（2013）》《仁和年鉴（2013）》11月中旬公开出版发行。

【企业、单位年鉴编辑出版】 2013 年，攀枝花市地方志办公室继续指导企业年鉴编辑出版。全年出版《攀钢年鉴（2013）》《钢城集团年鉴（2013）》2 部企业年鉴和《攀枝花统计年鉴（2013）》1 部部门年鉴。

【《攀枝花史志》编发】 2013 年，市地方志办编发《攀枝花史志》4 期，共收录文章 60 余篇，30 余万字，彩图 50 余幅。《攀枝花史志》在内文图片、栏目设计、稿件质量上都较往年有很大的不同，稿件质量高，重点突出，紧扣攀枝花经济建设这一中心任务，在旅游、饮食、文化、交通等方面有特别体现。收集多篇较高质量的文稿，凸显刊物的灵魂与个性。

（龚思宇）

党史研究

【概　况】 2013 年，全市党史研究系统有 6 个专设工作机构，其中市委党史研究室、米易县委党史研究室单独设立；东区区委党史研究室、西区区委党史研究室、仁和区委党史研究室均与县（区）地方志办公室合署办公，盐边县设史志办履行党史工作职能。至年底，全市有专职党史工作人员 27 人，其中市委党史研究室 7 人、县（区）委党史研究室 20 人。各县（区）已实行参公管理，且建立起党史联络员制度，市级各部门、各县（区）、各乡镇有一名党史工作分管领导和一名党史工作专兼职党史联络员。

2013 年，按照中共攀枝花市委办公室转发的《市委党史研究室 2012—2016 年党史工作规划》要求，继续贯彻落实《中共中央关于加强和改进新形势下党史工作的意见》和全国党史工作会议精神，根据攀枝花市党史工作实际，坚持服务大局、服务现时的原则，精心安排各项工作任务，在党史征集、专题研究、宣传教育等工作中争取突破，较好地完成 2013 年各项目标任务。市委党史研究室注重干部职工培训学习，选派室内骨干参加中共四川省委党史研究室主办的党史业务培训班、选派领导干部参加中共攀枝花市委组织部主办的“实施多点多极支撑发展战略，建设中国钒钛之都专题研讨班”学习，选派党务干部参加中共攀枝花市直属机关工委主办的党务干部学习培训等。加强对县（区）的考核和业务指导，按照《关于 2013 年度区（县）党史工作目标考核的通知》要求，组织由室务会成员和县（区）委党史部门负责人组成联合考评组对县（区）委的党史工作进行调研和考核；到各县（区）调研党史工作，指导党史工作的开展；利用县（区）党史研究室主任工作会、经验交流会等，对如何围绕县（区）委的中心工作，立足本地区实际开展党史研究进行探讨；加强对各县（区）党史成果的审读，完成对《辉煌西区四十年》《中共东区历史大事记（1973—2011）》初稿等的审读。同时，将党史工作和“百千万 •干群心连心活动”、关工委工作、“挂包帮”活动结合起来，利用节假日送去慰问品和帮扶资金，为立柯村的经济发展出谋划策，帮助解决制约其发展的问题，2012 年与立柯村、仁和区交通局、民宗局、市公积金管理中心共同达成修建村道的意见，截至 2013 年年底该村道已基本建成。

年内，完成 2013 年市级大事记、《中国共产党攀枝花执政实录》（第 6 卷）的征集、编纂、出版工作；完成由市委主办、市委党史研究室承办的市委机关刊物《攀枝花纪事》年内的出版任务；开展《中国共产党攀枝花历史》（第一、二合卷）编纂工作；各县（区）执政实录继续出版；完成《中共攀枝花市东区历史大事记（1973—2011）》出版；完成《辉煌西区四十年（1973—2013）》出版；开展争先创优、创建学习型机关、城乡环境综合治理等活动；完成题为《从神秘走向辉煌——攀枝花启示录》的专题研究；继续开展党史资料特别是口述史资料的收集工作；基本完成以二滩水电站建设题材的长篇小说《长河逐日》的创作；完成《好一朵美丽的攀枝花》等脚本撰写；与县（区）和相关部门合作，完成米易县历史文化展览展陈内容审定、全省第七届少数民族艺术节东道主专场文艺演出《金沙记忆》策划、编剧等工作；完成论文《从攀枝花开发建设的成功看中国共产党对中国特色社会主义工业化的思考与实践》的撰写等；开展“思想大解放，作风大转变，工作大落实”主题教育活动和“实现伟大中国梦、建设美丽繁荣和谐四川”主题教育活动。

2013 年，党史工作“存史”有新成果，“资政”上新台阶，“育人”有新作为：音像制品《共和国记忆——“三线”建设文化溯源》获全国党史部门优秀成果二等奖；《攀枝花年鉴（2013）》“党史研究”部分被市委、市政府表彰为年鉴编纂优秀单位；《中共攀枝花执政实录》(第六卷)被市委、市政府表彰为先进单位；建立的党史工作联络员制度获得省委党史研究室的肯定。

【《中国共产党攀枝花执政实录》（第 6 卷）出版】 2012 年 12 月，《中国共产党攀枝花执政实录》（第 6 卷）（以下简称《执政实录》）由中共党史出版社出版发行。在前 5 卷的基础上，《执政实录》多次征询市委常委、编委会成员和相关部门关于体例、内容和篇目设置意见，对部分章节进行调整，使其更符合政策和时代的要求。

《执政实录（第 6 卷）》（共 230 万字）是年度综合性资政参考文献。它系统记述攀枝花市各级党组织执政实践，收录 2012 年党和国家领导人到攀枝花市活动情况、市委常委政务活动、市委重要文件、会议及决策、各单位工作情况、组织史资料等方面，是对攀枝花市详尽、全面的工作实录。通过对客观史实进行翔实地记载，展示 2012 攀枝花市各级党组织结合攀枝花市实际开拓进取所取得的成就，旨在通过不断探索和总结执政规律、社会主义建设规律、人类社会发展规律，实现用攀枝花改革开放的伟大成就激励人、用攀枝花精神教育人、用攀枝花开发建设的成功经验启迪人、用攀枝花开放建设的历史教训警示人的目的，充分体现党史“存真”“求实”“资政”“育人”和服务现实的作用。同时，《执政实录》从收录的内容、全书体例等在全国来讲是个创新，在省内外的影响不断扩大，至年底省内有成都市、自贡市、泸州市、绵阳市、德阳市、宜宾市等地，省外有海南省海口市等地开始借鉴编撰经验，出版本地《执政实录》。

【《攀枝花纪事》编辑出版】 完成由市委主办、市委党史研究室承办的市委机关刊物《攀枝花纪事》2013 年的出版任务。全年，市委党史研究室坚持做到在继承中努力创新，无论在选题内容的取舍上，还是在表现手法的运用上，都开拓创新，锐意求索，以新的理念、新的视角、新的手段总结新的经验、宣传新的典型、提炼新的思路，深刻反映攀枝花市在新时代的新创造、新发展、新形象；努力做到立足服务市委中心工作，把握时代主旋律，注重综合性，增强可读性，把“办出特色，办出品味，办成高质量、高水平的期刊”作为追求目标。该刊全年出版 6 期，每期 15 万字，共约 100 万字，发放范围从党政机关到中小学校、街道社区，不仅增加人民群众对政府的了解，增强政府和人民群众的沟通，而且能够丰富人民群众的精神生活，取得较好的办刊效果，受到人民群众好评。

2013 年，市委党史研究室紧紧围绕市委中心工作狠下功夫，在杂志内容上开拓思路、锐意进取。主要刊登市委重要决策和工作思路、攀枝花经济建设的成果、攀枝花开发建设的历史等，总结加快发展的典型经验，研讨对攀枝花经济建设和社会发展的探索、研究改革和发展中的现实问题等，展示攀枝花市情和改革发展成效，回顾攀枝花历史，宣传建设攀枝花市的风流人物。该刊在封面彩页方面，每期都对不同的县（区）、单位的发展变化、所开展工作活动、先进经验等进行宣传，以便其他县（区）、单位学习借鉴。该刊常设栏目有：卷首语、世纪记载、裂谷奏鸣曲、特别报道、本刊特稿、西部热浪、时代论坛、西窗夜话、人事任免、大事记等 20 多个栏目。

【编修《中国共产党攀枝花历史大事记》】 2013 年，遵循“求实、完整、及时、简明”的基本原则，广泛收集资料加以核实取舍，每月按时编修 2013 年市级大事记，基本做到“大事不漏，要事不丢，新事不放，小事不录”。大事记内容涉及政治、经济（工业、农业、经贸）、国防、文化、教育、科技、卫生、体育、生态、外交等各个领域，不仅全方位、多层次地再现和展示攀枝花市的发展轨迹和取得的成就，而且为领导决策和今后的工作提供借鉴和指导。同时，保证大事记在市委机关刊物《攀枝花纪事》杂志连载和在攀枝花党政网和公众信息网上连载，并在此基础上不断地补充完善。各县（区）党史部门按时编修 2013 年县（区）级大事记。

2013 年，市委党史研究室完成 1965—2012 年《中共攀枝花历史大事记汇编》（历史上的今天）的编纂修订工作。

【开展《中国共产党攀枝花历史》（第一、二合卷）编纂】 2013 年，《〈中国共产党攀枝花历史〉（第一、二合卷）编写提纲》面向全市 210 家单位和个人征求意见，并吸纳相关合理化意见、建议进行修订；10 月，市委常委会对《〈中国共产党攀枝花历史〉（第一、二合卷）编写提纲》进行审议，市委党史研究室根据市委常委会议上所提意见完成二次修订工作。全年，市委党史研究室征集各种文字及图片材料 100 余份，并对相关史料进行甄别、整理，为后期工作展开奠定基础。本着编纂编修的原则，全力推进《中国共产党攀枝花历史》（第一、二合卷）编纂工作，至年底已纂修 20 余万字。

【各县（区）委执政实录出版】 《中国共产党盐边县执政实录》（第二卷）于 2013 年 11 月出版发行。该书以 2012 年中共盐边县委执政内容为主线，各乡镇、县委各部委办、县级各部门、各人民团体、各企事业单位贯彻落实县委决策、部署为脉络，展现 2012 年盐边县建设、改革、发展的历程和创造的业绩。

《中国共产党米易执政实录》（第三卷）于 2013 年 12 月出版发行。该书通过各级领导在米易县的政务活动、县委重要文件、会议和决策、各部门（单位）总结、组织史资料、历史大事记和图片等形式，及时、如实、全面地把 2012 年的中共米易历史及执政实践情况记录在册，为各级组织提供资政服务。全书分为政务活动、执政方略、执政实践、统一战线、群团建设、人民武装、乡镇纵横、特稿视窗、大事记、组织史、附录 11 个部分，收录文稿 159 篇、图片 179 幅，共 75 万字。

《中国共产党攀枝花市东区执政实录》（第二卷）于 2013 年 11 月出版发行。全书设政务活动、执政方略、执政实践、统一战线、群团建设、党管武装、街道（镇）纵横、大事记、组织史资料、附录等篇、章、节。

《中国共产党攀枝花市西区执政实录》于 2013 年 10 月出版发行。该书回顾和总结 2012 年西区各级党组织的执政历程，为各级领导把握执政规律，了解事物发展趋势，实现科学决策提供依据。全书七章、80 万字，内容包括执政方略、执政实践和组织史资料等。

《中国共产党攀枝花市仁和执政实录》（第二卷）于 2013 年 11 月出版发行。该书分政务活动、执政方略、执政实践、统一战线、群团建设、党管武装、地方纵横、人事任免、大事记、组织史资料、附录 11 个篇目。

【《中共攀枝花市东区历史大事记（1973—2011）》出版】 《中共攀枝花市东区历史大事记（1973—2011）》于2013年3月出版。该书本着“立准史实、观点正确、内容完整、编排合理、重点突出、特色鲜明、语言规范、记述清晰、行文简洁”的原则，采用纪实的方法，全面系统、客观准确地反映和记录在开发建设攀枝花市的历史进程中，全区党员干部、职工群众在中共攀枝花市东区历届区委的率领下励精图治、艰苦创业、解放思想、开拓创新；在全面加快东区经济建设和社会发展过程中区委、区人大、区政府、区政协的重要会议、重要工作、重大事件、重大活动、重大决策、重大措施、重大成就、重大发明创造、重大事故、经验及教训；改革与发展过程中的行政区划调整、体制改革，区委、区政府组织机构及内部子系统的建立、变更及发展过程；中央、省、市领导，著名中外专家学者、各民主党派和无党派人士等在东区的视察活动等。

【《辉煌西区四十年（1973—2013）》出版】 《辉煌西区四十年（1973—2013）》于2013年1月公开出版。该书是一部西区创业史、西区发展史、西区成就史，它以翔实的史料客观记载西区40年来的发展变化，总结西区40年来发展的历史经验，展示西区人民建设西区的创业轨迹，全书约40万字。全书图文并茂，从印记、决策、建设、民生、开放、畅想六个篇章回顾西区40年的光辉历程，展示西区40年的辉煌成就，对了解西区、研究西区、发展西区有着重要的现实意义和深远的历史意义。

【党史征编利用】 2013年，继续抓好口述历史工作，与三线建设博物馆收集资料工作相结合，注重收集丰富的、生动的、具体的第一手视频、录音等口述史资料；到凉山彝族自治州、华坪县等多个临近地收集有关攀枝花市地下党在新中国成立前后的相关资料；在编纂《执政实录》、大事记、《攀枝花纪事》等书刊的同时，注意征集领导干部及社会人士个人留存的党史资料与整理重要的文书档案、音像资料等，作为今后编纂党史著作、进行专题研究的资料。

【宣传教育】 2013年，基本完成以二滩水电站建设题材的长篇小说《长河逐日》的创作；完成攀枝花市北京、成都推介会电视宣传片《好一朵美丽的攀枝花》的脚本撰写，完成攀枝花市对外宣传画册《阳光眷恋的山川》文案编辑工作。继续开展党史进机关、进基层、进社区、进学校活动，为团市委、市委党校等党政机关、党校中青班等作了攀枝花开发建设史讲座2场，将编纂的党史资料《执政实录》《攀枝花纪事》等书刊送进基层、送进社区、送进学校，作为街道、学校图书馆的藏书，让群众、青少年了解攀枝花历史，继承攀枝花精神。专门派出骨干参与三线建设博物馆外观方案设计、展陈内容设计、展陈资料收集等工作。与县（区）和相关部门合作，完成米易县历史文化展览展陈内容审定、全省第七届少数民族艺术节东道主专场文艺演出《金沙记忆》策划、编剧等工作。

2013年，继续为攀枝花市电子政务内网门户网站提供攀枝花大事记、《攀枝花执政实录》等资料和书籍，利用互联网的优势，让丰富的攀枝花市地方党史资源为社会所了解，扩大党史部门的影响；向省委党史研究室、市委分管领导报送党史工作简报，宣传本室党史工作；多次为中央、省、市新闻媒体介绍和提供攀枝花市开发建设史资料；为中央党史研究室提供《攀枝花纪事（2013）》、《中国共产党攀枝花执政实录（第6卷）》等攀枝花市系列历史资料600万字。

【资政工作】 2013年，由本室业务人员撰写的《从攀枝花开发建设的成功看中国共产党对中国特色社会主义工业化的思考与实践》已收录由中央党史研究室、中央文献研究室合编的《中国共产党与三线建设》一书，2014年出版。

2013年，为纪念毛泽东诞辰120周年，撰写专题文章《毛泽东与开发建设攀枝花的战略决策》，该文已报省委党史研究室参评，并于12月26日在《攀枝花日报》登载；撰写2篇资政论文交省委党史研究室参评；《党史文化与社会主义核心价值体系建设》等2篇论文被中央党史研究室2013年编纂出版的《全国党史文化论坛论文集》（第一、四卷）收录。

【专题研究】 2013年，市委党史研究室开展攀枝花开发建设史专题研究，形成题为《从神秘走向辉煌——攀枝花启示录》的研究成果。该课题以攀枝花市的开发建设和改革开放进程为样本，分析了攀枝花市的开发建设和改革开放进程体现出的中国特色社会主义建设的若干典型特点，从中获得启示和收获，对不断深化改革起着重要的指导作用。

2013年，中共米易县委党史研究室完成以《党史文化与基层文化建设》为题的专题研究，研究成果在《攀枝花纪事》2013年第2期上刊登；东区党史研究室完成题为《十八大与“中国梦”》的专题研究；西区党史研究室围绕区委中心工作，完成专题研究《高举生态文明大旗，建设美丽幸福西区》论文；仁和区党史研究室完成题为《对仁和区深入实施“两化”互动、统筹城乡发展战略面临形势与发展措施的探析》的专题研究。

全年，市委党史研究室以承办市委机关刊物《攀枝花纪事》为平台，采取约稿或研讨等方式，与有关单位开展专题协作，进行大量专题研究，内容涉及经济和社会发展战略、重大活动经验教训总结、党的建设等方面，全年在杂志上发表专题性研究文章30余篇。

（何岱俐）

文　化

【概　况】 攀枝花市文化广播影视新闻出版系统有在职职工 445 人，其中副高以上职称 14 人、中级职称 109 人、初级职称 128 人。市文化广播影视新闻出版局机关有在职职工 37 人，其中行政人员 32 人、机关工勤人员 5 人。市编办批准内设机构 12 个：办公室（政策法规处）、文化艺术处、文化市场管理处（文化产业处）、文化遗产保护处、新闻出版与版权处（攀枝花市“扫黄打非”工作领导小组办公室）、广电宣传管理处、广电科技与事业处、电影与传媒机构管理处、行政审批处、人事处、计划财务处、党委办公室。

攀枝花市辖县（区）文化广播影视新闻出版行政管理机构有 5 个：东区文化体育和广播电视局、西区文体旅游广电新闻出版局、仁和区文化广播影视新闻出版局、米易县文化广播影视新闻出版局、盐边县文化体育广播影视新闻出版局。

攀枝花市文化广播影视新闻出版局有直属单位 9 个：攀枝花市文物局、攀枝花市文化市场综合执法支队、攀枝花市广播电视台、攀枝花市有线电视信息中心、攀枝花市图书馆、攀枝花市文化馆、攀枝花市文艺创评室、攀枝花市文化艺术中心、攀枝花市广电节目广告中心。

至年底，以满足群众基本文化需求为目的，全市已形成以广播电视“村村响”“村村通”、地面数字电视、应急广播工程、农村、社区、学校公益电影放映工程、“大地书香”新农村家园工程等为代表的公共文化服务体系，以苴却石产业、文化演艺、影视传媒、新闻出版、电影放映等为代表的文化产业体系。

全市基本实现市、县（区）有图书馆、文化馆，乡镇有综合文化站，村、社区有文体活动室的四级文化服务网络，并全部免费开放。全市有市级专业演艺公司 1 个，市级广播电视台 1 家、县级广播电视台 3 家。市级办有综合性广播节目 2 套，每天自办节目达到 30 小时；电视节目 3 套，每天自办节目 2.2 小时。广播电视节目基本实现全域覆盖，全市有线电视数字化率达到 98%，市、县（区）自办节目覆盖率达到 83%以上。

艺术创作

【音乐创作】 2013 年，新创歌曲《逐梦攀枝花》《攀西情歌》《喊太阳・跳月亮》《攀枝花人民欢迎你》《明媚春光下的竹湖》《歌友之歌》《春光明媚》《攀枝花学院之歌》《我的木里》《眉山美》《好人颂》《攀枝花市第二十四中小学校歌》；执排器乐曲与歌舞《越爱越美丽》《风吹麦浪》《大宅门》；学演执排器乐曲《加勒比海盗》《传奇》《西班牙斗牛曲》《光芒》《爆发》《辉煌》《红色经典》《花好月圆》《月光奏鸣曲》《赛马》《彩云追月》《井冈山上太阳红》《爆发》《西班牙斗牛舞曲》《胜利》《梦想》，器乐与舞蹈《神话》《二泉映月》；学演歌曲《我们的生活充满阳光》《和谐大家庭》《北京・北京》《风吹麦浪》《中国梦》《奔跑》《党旗更鲜艳》《把一切献给党》《党啊，亲爱的妈妈》《追寻》《阳光乐章》《我的太阳》《长大后我就成了你》《红月亮》《茉莉花》《吉祥谣》《十五的月亮十六圆》《半个月亮爬上来》《望月》《弯弯的月亮》《图腾》《好中国》《世界需要热心肠》《情深谊长》《草原上升起不落的太阳》《步步高》《载歌载舞》《美丽的攀枝花》《爱在攀枝花》《攀枝花》《请到攀枝花来》《风华正茂》《向快乐出发》。

市文化馆杨斌发行个人歌曲专辑《花是一座城•城是一朵花》。

【舞蹈创作】 2013 年，新创舞蹈《现代舞》《快乐天使》《我要飞翔》《盛世欢歌》《心声》《傈僳欢歌》《旗帜颂》《士兵突击》；学演、改编执排《快乐阿婆》《春蛇》《暖春》《战鼓声声》《韩流》《我的宝贝》《一路前行》《俏幺妹》《鸿雁》《咏春》《花开云间》；新创、执排歌伴舞《中国美》《太阳在这里歌唱》《因为你》《心在一起》《我相信》《和你一样》《孝亲敬老歌》《春到花城》《东西南北大拜年》《永远的信念》《美丽的心情》《阳光中国》《迎风飘扬的旗》《祖国万岁》《今夜星光灿烂》《逐梦攀枝花》；改编执排歌伴舞《情满酒歌》《相亲相爱》《阳光路上》《团圆合家欢》《圆》《戏曲联唱》《花之咏》《携手共奋进》《花之咏》《枇杷俏、石榴红》《红梅赞》。

【戏剧创作】 2013 年，新创小品《送宝贝》《明年夏天去看海》《爸爸会救我》《今儿个真高兴》《晒太阳》《沟通、从心开始》《祝你平安》《走亲戚》《老甘巴》《我的梦》；改编执排小品《责任》《又是一年春来到》《西游新记》《庄稼人的梦》《语言问题》《攀亲》；新创情景歌舞《歌曲联唱》《远航》；改编诗朗诵《远航》；新创大型戏曲《三江风云》《朱德与雷云飞》；新创大型音乐舞蹈剧《迤沙拉》《绮梦迤沙拉》《金沙童话》；新编川剧折子戏《英雄有恨》；音乐快板《夸夸“挂、包、帮”》《钢城集团明天更辉煌》；新创十集电视纪录片《中国傈僳族》。

【文学作品】 2013年，编辑出版《家书新语》（程少华著，中国戏剧出版社出版）、《以林文集》（李以林著，中国戏剧出版社出版）、《白纸黑字》（普光泉著，团结出版社出版）。完成4期《攀枝花文化》的编撰工作。新创文学作品有《屈原与攀枝花》《乡村广播，另一条河流》《春天滋润我（六首）》《不同寻常的春晚》《“三水”盐边》《记忆攀枝花歌谣》《远山的杉》《江南小调（上篇）水乡三叠》《徜徉笮山若水间》《笮山觅踪》《往事记忆》《山路弯弯》《渐行渐远》《五更盼郎》《这里仁和，因为阳光格外美丽》《钢城记忆：渡口》《不是不爱》《遇见》等共103篇（集）。

艺术表演

【重大演出】 2013年，完成市政协新年茶话会演出、市电视“春晚”文艺演出、市慰问老干部茶话会文艺演出、市集中示范三下乡文艺演出、市第二届道德模范颁奖晚会演出、市高层次人才代表新春联谊会演出、市迎新年春节广场文艺演出；举办“实现伟大中国梦、建设美丽繁荣和谐四川”主题教育活动暨庆“六一”文艺汇演，完成“中国梦·颂党恩”迎“七一”文艺演出活动；10月组织庆国庆系列演出活动、四川省农博会攀枝花代表队演出；11月参加四川省第十四届戏剧小品（小戏）比赛、开展下乡下基层系列惠民演出、组织迎庆中共十八届三中全会系列公益巡演；恢复湖光剧场周末公益演出。策划、指导全市党委办公室系统庆祝中国共产党成立92周年文艺演出、市委宣传部主办的“与文明同行群众文艺汇演”。

【获　奖】 2013年，小品《明年夏天去看海》在四川省第十四届戏剧小品（小戏）比赛中荣获优秀剧目、优秀编剧、优秀导演、优秀表演奖和最受观众喜爱节目奖；《攀西情歌》《喊太阳、跳月亮》《傈家山歌》在四川省首届“放飞梦想·石海之约”民歌大赛中获得3个银奖、2个铜奖；舞蹈《傈傈欢歌》获得四川省首届群众广场舞大赛银奖；长篇小说《一个说纳西话的人》获第五届四川民族文学奖。

美术·书法·摄影·展览

【美术作品】 2013年，新创作美术作品12件：《厂区一隅》《人物》《风景》《春意》《秋》《荷花》《渡牛》《彝女》《窗外》《花鸟》《六月》《家在云水间》。

【书法作品】 2013年，新创书法作品8件：行书《观沧海》六条屏、行书对联、行书《宋词》条幅、小楷《心经》横幅、行书《小窗幽记选句》条幅、行书《毛泽东·沁园春雪》横幅、行书《八指头陀诗》斗方、行书《古人论书法句》斗方。

【摄影作品】 2013年，摄影作品7件：《晨曲》《春韵》《春天里》《彝家新春》《呵护》《金沙飞虹》《渔乡日暮》。

【展　览】 全年开展各种美术、书法（摄影）作品展共6次，共有1300余件参展，12800余人观展。1月，在盐边县新九乡举办“艺术摄影展”；2月，在东区阿署达村举办“艺术摄影展”；同月，在市文化馆举办“2013年攀枝花市迎春美术书法摄影展”；4—6月，在市文化馆举办“攀枝花市文化馆2013年庆“六一”少儿美术、书法作品展”；7月，在市文化馆举办“攀枝花市东区第九届社区艺术节”美术书法摄影展；11月，在市工人文化宫广场举办“中天杯”攀枝花市艺术摄影协会第一届会员摄影作品展。油画《雪域之路》荣获“首届四川文华美术奖作品展”二等奖；选送美影书作品30件参加由四川省文化厅主办的“畅想中国梦•展示新四川”全省群星璀璨美术书法摄影优秀作品展，入选20件作品，包括7件美术作品、5件书法作品、8件摄影作品。组织美术、摄影、书法作品18件，参加“中国情、金沙梦、劳动美”攀枝花市职工摄影书法绘画展。

群众文化

【公共文化服务体系】 2013年，继续免费开放57个图书馆、文化馆、纪念馆和乡镇综合文化站。“攀枝花讲坛”更名为“攀枝花市民讲坛”，共举办52期。在市中心广场组织“大家跳”240场、“大家唱”250场。公共文化服务机构评估定级工作全面完成。开展对县以上公共图书馆第五次评估定级工作，市图书馆保留国家一级馆，米易县图书馆晋升国家一级馆，盐边县图书馆晋升国家二级馆，仁和区图书馆晋升国家二级馆。完成第一次全国乡镇综合文化站评估定级工作，对全市176家乡镇和社区进行认真评审，最终攀枝花市自评一级综合文化站（社区）13个、二级综合文化站（社区）21个、三级综合文化站（社区）20个，已上报省文化厅。采用直播星方式，解决621个边远山区20户以下自然村农民群众收听收看广播电视难的问题，新发展直播卫星接收用户3726户，全市直播卫星用户数达到2.23万户。扩大市、县（区）级广播电视自办节目覆盖工程（地面数字电视工程）加快推进，全市县城及主要乡镇全部实现地面数字电视信号覆盖，新发展用户28000户。广播“村村响”工程完成50个村广播室的建设工作。城市应急广播一期工程全面完成，建成1个播出控制平台、2个分前端，在广场、公园、车站、小区、避难场所等人口集中处安装28个固定接收终端，在城区具备安装条件的学校、商场建成小片网40个，接入2040个终端喇叭，并配置应急广播车。全市放映4224场农村公益电影，792场社区公益电影，484场学校公益电影。

启动省、市公共文化服务专项建设，积极争取上级公共文化体系建设经费预算1994万元，建成省级示范乡镇综合文化站9个，在各县（区）新建社区书屋28个。加强对农村和社区书屋的管理，开展优秀农家书屋和优秀农家书屋管理员表彰活动。购置“6+1”讯道高清电视转播车1台和200

平方米演播厅装修投入食堂用。全年由模拟电视向数字电视整转 2.5 万户，新增数字有线电视联网用户 8600 户，全市有线电视数字化率从年初的 70%提升至 98%。

【公共图书馆】 2013 年，市图书馆坚持每周开放 66.5 小时以上，全年各部门共接待读者 208200 余人次；新办借书证 854 个，图书流通借出 57374 册次，流通还回 57232 册次；全年共交新书 5096 册，做新书通报 12 期。共收集地方文献 81 册，地方期刊 54 种 162 册，地方报纸 8 种。为读者举办老年和少儿摄影培训班 2 次，与市文联联合举办未来作家讲习班 4 场。积极为和爱乡、新华村等基层图书室以及市劳教所、市福利院等借书点开展业务辅导，指导图书分类、管理、著录等业务知识。新增“攀枝花市政务中心图书室”馆外借书点。为全市农家书屋管理员、文化专干、社区文体辅导员等开展集中业务培训 2 次。全年共开展送书上门和送书下乡活动 10 次，分别为市消防支队特勤中队、市劳教所等赠送书刊 5000 余册。开展“贺元旦迎新春电影展播”、元宵猜灯谜、莫言作品赏析交流会、智力打擂台、“我的中国梦”主题征文比赛和演讲比赛、少儿科普视频、小小图书管理员上岗实践活动、世界读书日活动暨攀枝花市第三届全民读书月活动等 20 余次形式多样的读者活动，营造浓郁的读书氛围，获得社会好评。2013 年在全国第五次公共图书馆评估定级工作中攀枝花市图书馆再次被评定为一级图书馆。

在“国家数字图书馆推广工程”项目扶持和四川省图书馆专家的指导下，攀枝花市图书馆于 2013 年年底建成文化信息资源共享工程攀枝花市支中心暨数字图书馆标准机房并投入运行，进一步加强攀枝花市公共数字文化建设和资源共享，为提升图书馆文献保障水平和信息服务能力、为广大读者提供更优质便捷的服务打下坚实的基础。

【文化馆事业】 2013 年，市文化馆坚持开展免费开放项目 7 项以上。在市中心广场开展“大家唱”250 场，参与演唱 5624 余人次；“大家跳”240 场，参与 61200 余人次；开展“周日写生”活动 52 次，580 余人次参加活动；开展“摄影艺术沙龙”活动 10 次，420 余人次参加活动；面向各单位、业余文化队伍、民间组织和市民群众免费开放场馆及设备、设施 320 余次，参与人数上万人次。加强对群众性文艺团队的业务指导和管理，常年坚持开展活动的有合唱队、舞蹈队、民乐队和京剧票友队，队员 300 余人。开展下基层辅导工作，美术组组织专业干部下基层，辅导攀枝花学院、攀钢、米易县文化馆、西区文化馆、仁和文化馆、市特殊教育学校、市民族中学、市第十九中学校、市第十五中学校、市第一小学校、市第四小学校、二街坊幼儿园、实验幼儿园、仁和民族中学等 10 余个单位，辅导学员 9210 余人次。音舞组派出业务干部下基层辅导 600 余人次，辅导 20 余个单位、群众约 10000 人次以上。继续打造 20 个标准示范文化站室（农村 10 个、社区 10 个）和 20 支群众业余演出队伍（农村 10 个、社区 10 个）。开展群众创作辅导工作，为全市业余音乐爱好者辅导、修改作品 50 余首。与市第二中学校联合开展“学生艺术特色课外活动”，共开设 14 个专业，培训学生近千人。

【大地书香新农村家园工程】 市委、市政府于 2006 年开始实施“大地书香新农村家园工程”。2010 年 6 月该项目荣获全国第十五届群星奖；2011 年 6 月，大地书香新农村家园工程获得创建国家公共文化服务体系示范项目资格；2011 年市图书馆着手大地书香工程子项目——国家课题《农村图书室建设与保障机制研究》。邀请攀枝花学院王明辉教授和图书档案学科带头人邹吉辉教授参与课题研究，向全国 13 个省的 23 个县(区)发放调查问卷共 1328 份，地域涵盖全国东南西北各个地区，得到最宝贵的一手资料。在市统计局的技术支持下，运用科学的统计方法，对收集到近 9 万多条数据进行分类统计分析。最终课题写作组在此基础上完成论文并上报给省文化厅，提出农村图书室建设保障机制的新理论成果；2012 年该工程通过省文化厅督导组督查；2013 年 4 月，受文化部委托，省文化厅副厅长王志平率队的专家验收组对工程进行现场验收；5 月 21 日，市政府副市长张敏及相关人员赴北京市参加评审会，作了工作汇报及答辩，经过严格评审，本项目以优异的成绩获得全国第四名，通过国家专家验收组的评审。

文化遗产保护

【文物保护】 2013 年，完成攀枝花开发建设纪念馆、西祝寺、湾丘“五七”干校 3 个省级文物保护单位修缮工程。攀枝花开发建设纪念馆 1—5 月接待大渡口社区、攀钢轨梁厂、全国人大机关党委、中国工商银行渡口支行、攀煤水泥厂等全国各地单位、团体 120 家（个）、2000 余人次，其中未成年人 500 余人次，从 6 月开始进行保护性修缮，12 月底重新对外开放。大田会议纪念馆全年共接待全国各地的单位、团体 149 家（个）、4188 人次，其中未成年人 174 人次。开展第二批市级文物保护单位申报工作，经过遴选及组织市内专家评审，市政府核定公布攀枝花市第二批市级文物保护单位 18 处，包括红星遗址、何家大院、吉氏土司花楼、欧方营地等。起草《攀枝花市文物保护管理办法》，通过市法制局审核，待市政府审定印发。

积极配合全市重点工程建设，依法做好文物考古调查工作。4 月 25 日至 5 月 3 日，配合四川省考古研究院考古队对成昆线（米攀段）扩能改造工程开展文物调查工作；5 月 21 日，市文物局受天佑新能源有限公司的委托，对仁和区干坝子风力发电二期、三期工程进行田野勘探工作；5 月 22 日，对东区大河沟水库工程选址进行田野勘探工作，为攀枝花市的各项大型工程建设起到积极推动作用；参与西区梅子箐水库扩能工程的文物调查工作，切实做好相关文物保护工作。

【第一次全国可移动文物普查】 根据国家及省、市对第一次全国可移动文物普查工作的总体部署和安排，2013 年 4

月成立“攀枝花市第一次全国可移动文物普查领导小组”，全面启动攀枝花市第一次全国可移动文物普查工作，印发《攀枝花第一次全国可移动文物普查实施方案》，举办各县（区）文管所负责人、业务骨干普查培训班。攀枝花市第一次全国可移动文物普查工作按计划顺利开展，全市共普查国有单位1415家，其中机关398家、事业单位800家、国有企业154家、其他63家，其中发现有文物的单位15家，共调查到6700余件历史文物。

【四川攀枝花三线建设博物馆】 2013年，四川攀枝花三线建设博物馆被列为省、市重点工程。年内完成场平土石方工程施工、博物馆初步设计、施工图设计等，完成施工、监理公司招标和确定。文物征集和口述历史采集工作继续开展，组织召开全市文物征集工作动员大会，向各县（区）和大企业印发《关于下达四川攀枝花三线建设博物馆（攀枝花博物馆）文物征集目标任务的通知》，印发《关于在市直机关中开展三线建设时期文物捐赠活动的通知》等文件，加快推进文物征集进度。组成文物摸排、征集小分队，分别到各县（区）、企业、市级部门进行文物摸底排查、征集文物，掌握一大批三线建设时期生产设备、工具等文物线索，制作文物图录，收集、整理入库文物4000余件。制定120人左右（攀枝花市80人，国家部委、十三省区40人）的口述历史采集方案，已完成107人的采集工作。确定展陈设计施工一体化的代建单位、招投标代理机构，开展对概念性大纲进一步提炼、细化等展陈设计和施工一体化招标的前期相关准备工作，力争早日进行展陈招投标。

【非物质文化遗产保护】 2013年6月15—23日，攀枝花市组团参加第四届“中国成都国际非物质文化遗产节”，省级非物质文化遗产生产性保护项目“中国苴却砚雕刻技艺”参加“四川省国家级、省级非遗生产性保护示范基地成果展”的展示，苴却砚“千砚工程”产品参加“中国工艺品博览会”的展销活动，攀枝花展厅荣获“最佳展览奖”。

为鼓励和支持攀枝花市非物质文化遗产项目代表性传承人开展传习活动，促进优秀非物质文化遗产的继承和弘扬，建立“攀枝花市市级非物质文化遗产项目代表性传承人专项补助资金”，给予市级传承人每人每年3000元经费补助。向省文化厅申报板凳龙、笮山锅庄、苴却石雕刻技艺3个项目为第四批四川省省级非物质文化遗产名录待批。

印刷·出版·发行

【印　刷】 2013年，全市共有印刷复制企业（含打字复印店）287家，其中出版物印刷企业3家、内部资料性出版物印刷企业4家、包装装潢企业5家、其他印刷企业33家、打字复印店212家，从业人员1355人。全年共实现销售收入28398.14万元，利润总额999.51万元。

【出　版】 2013年，全市共出版报纸5种（其中校报1种），总印数1956.8万份，比2012年减少2%；总印张33276千印张，比2012年减少2%，实现销售收入3827万元，比2012年增长3%，其中广告收入2724万元，比2012年增长46%；利润总额242万元。报社从业人员215人。

全市共出版期刊2种，总印数1.5万册，实现销售收入18.5万元，其中广告收入5万元，利润总额5.25万元，刊社从业人员10人。全市共有报刊型内部资料31家，省内报刊社驻攀记者站4家。

【发　行】 2013年，全市共有出版物发行单位285家。其中，书刊零售店177家，音像制品零售、出租店46家，出版物连锁经营企业直营门店6个（新华文轩5个、昆明新知1个），邮政系统报刊亭54家。从业人员404人。全市共有农家书屋352个。全年发行业共实现销售收入4567.27万元，比2012年减少9%，利润总额389.55万元，比2012年增长1.43%。

文化市场

【概　况】 2013年，全市共有文化市场经营单位573家，主要包括歌舞娱乐场所300家，游艺娱乐场所54家，网吧177家，艺术品经营单位32家，演出场所2家，演出团体3家，演出经纪公司1家，网吧连锁企业3家，文化产业园区1家。

【版权保护】 2013年，攀枝花市进一步推进党政机关软件正版化工作，出台软件资产管理办法，建立健全正版软件日常巡查机制，推进软件正版化工作的科学化、规范化、制度化；会同相关专家和技术人员对软件正版化工作进行广泛宣传，加强业务培训，切实增强使用正版软件的自觉性和主动性。

加强版权宣传培训，举办各种版权宣传活动10余次，提高公众识别侵权盗版能力，增强全民知识产权保护意识。接受作品版权登记咨询10件。制定《作品登记申请指南》，为需要作品登记的作者提供便捷服务。2013年在国家及省版权事务中心已做计算机软件及作品著作权登记的有9项，累计55项。

【文化产业】 2013年，市政府制定《攀枝花市关于加快推进文化产业发展的意见》。文化市场经营从业人员2063人，经营面积120588平方米，资产总计24785.1万元，营业收入51665.4万元，利润总额15726.7万元。市级广电媒体经营收入2210万元，广电网络经营收入3958万元，电影票房收入达2267万元。

【文化市场行政执法】 2013年，市文化综合执法支队继续加强日常巡查监管、查处网吧非法接待未成年人、规范出版物市场和文化市场安全，先后开展两会、两节（市人代会、市政协会，元旦、春节）期间文化市场专项整治、知识产权保护专项行动、严厉查处违法违规演出行动、校园周边文化市场专项整治、“扫黄打非”、文化市场安全隐患大排查大整治专项行动、暑期网吧专项整治、“创建文明城市，净化文化市场专项整治”、文化市场安全大检查专项整治、报刊亭专项整治等各类专项整治行动12次。共出动执法人员2500余人次，共检查网吧873家次，歌舞娱乐场所235家次，电子游艺场所28家次，音像（电子）出版物经营单位31家次，书报刊214家次，印刷复制经营单位124家次，文物经营单位10个，立案查处案件17起，当场处罚案件27起，取缔黑网吧4家，取缔无证经营摊点19家，责令整改歌舞娱乐场所25家次、网吧14家次，收缴游戏机10台，累计收缴非法出版物1200余册（碟），累计罚款10余万元。

【“扫黄打非”】 2013年，陆续开展“网络淫秽色情信息专项治理‘净网’行动”“涉藏非法出版物及反宣品集中整治专项行动”“非法报刊专项治理‘秋风’行动”“少儿出版管理和市场整治”“校园周边出版物市场集中整治”“打击制售假冒伪劣商品及侵犯知识产权专项行动”“印刷复制发行监管专项行动”“秋季中小学教辅材料出版发行专项检查”等行动，有效遏制政治性非法出版物、淫秽色情出版物、侵权盗版出版物的传播和蔓延。

广播影视

【新闻宣传】 2013年，广电媒体以中共十八大、十八届二中、十八届三中全会精神学习贯彻宣传为主线，紧紧围绕市委、市政府的中心工作，以“三个加快建设”“三个走在全省前列”“四个翻番”“五创联动”“六大硬仗”等战略部署和决策，加强主题宣传策划，通过开设“中国·攀枝花欢乐阳光节”“三大主题教育活动”“实现伟大中国梦、建设美丽繁荣和谐四川”主题教育活动、“急难险重”“环保世纪行”“行政效能建设”“贯彻落实中央八项规定”“民生工程暖人心”“记者走基层”等一系列专题专栏，创新节目编排方式，增加不同新闻类别，组织记者深入基层采访，采取约稿互动等多种形式，改进和创新宣传报道的方式方法，广播电视新闻报道总体呈现出量多质好，可视性、可听性、感染力、引导性不断增强，受众满意度呈现不断提高的良好势头。

通过大力开展绿色频率频道创建工作，净化荧屏声频，呼应人民心声，进一步提高广播电视宣传水平和节目质量，扎实开展马克思主义新闻观培训教育活动和“走基层、转作风、改文风”活动，确保了广电新闻宣传舆论导向正确，舆论引导有力，为全市人民“实现伟大中国梦、建设美丽幸福攀枝花”提供了思想保证，营造了良好的舆论氛围。组织完成第十七届攀枝花广播电视节目奖评选，全市广播电视播出机构选送的94件2011、2012年度播出的文艺（社教）类和2012年度播出的新闻类广播电视作品参加评选，最终有67件作品获奖。其中：广播节目作品优秀奖9件、提名奖16件，电视节目作品优秀奖15件、提名奖27件，并同时被表彰为2012年度攀枝花市“新闻奖”。推荐35件作品参加2011、2012年度四川广播电视节目奖评选，有23件获奖，其中优秀奖5件、提名奖18件。特别是由市广播电视台创作的电视综艺节目《列兵日记》被推选参加全国广播电视文艺“星光奖”评选。全年在省人民广播电台播出新闻362条，在中央人民广播电台播出新闻21条；在四川电视台播出新闻192条，在中央电视台播出新闻9条。

【事业建设】 大力实施广播电视村村通工程，采用直播星方式，解决621个有线电视及地面数字电视均不能覆盖区域的边远山区20户以下自然村、共3726户农村群众收听收看广播电视难的问题，全市直播卫星用户数达到2.23万户。

扩大市、县（区）级自办广播电视节目覆盖工程，采用地面数字电视方式，解决2.8万户农村群众收听收看本地电视节目难的问题，全市地面数字电视用户达到4万户，市县（区）自办节目覆盖率达83%以上，工程进度走在全省前列。地面数字电视工程建设成本低、接收质量好、节目套数多，受到广大农村群众的欢迎。

全年由模拟电视向数字电视整转2.5万户，新增数字有线电视联网用户8600户，全市有线电视数字化整转完成98%，市级网络内数字电视用户达到15.2万户。在完成双向化和数字化整转的同时，市有线电视网络公司开通高清数字电视节目、互联网互动点播和宽带等业务，为实现“三网融合”（电信网、广播电视网、互联网）打下坚实基础，基本实现有线电视网络由模拟向数字、由单向向双向、由用户看电视向用户用电视转变。全市已通过有线电视、地面数字电视、直播卫星、太阳能电视等4种方式，实现广播电视全覆盖，基本解决了广大群众看电视听广播的问题。

实施广播“村村响”工程，新建村级广播室50个，解决50个行政村通广播问题，至年底，全市已解决80个行政村通广播问题，完成“十二五”规划的22.7%。

按照国家广电总局建设“城乡贯通、上下联动、覆盖广泛、平战结合、安全可控、反应快捷”的国家应急广播体系要求，整合应急、人防、气象、公安、卫生、防震减灾等公共信息资源，充分利用有线电视网络、无线广播覆盖网络、地面数字电视覆盖网、农村广播“村村响”网络等现有广播电视基础设施，建成全市统一的公共应急信息管理发布接收平台，能同时满足发布准确权威预警信息和公共应急信息的需要，有利于政府及时处置突发事件，维护社会和谐稳定，最大限度保障人民群众生命财产安全。至年底已完成城市应急广播一期工程建设，建成1个播出控制平台、2个分前端，在广场、公园、车站、小区、避难场所等人口集中处安装28个固定接收终端，在城区具备安装条件的学校、商场建成小片网40个，接入2040个终端喇叭，并配置应急广播车。2013年3月22日，市人民政府副市长张敏应邀在北京CCBN（中国国际广播电视信息网络展览会）论坛上就城市应急广播建设概况进行专题发言，并接受中央人民广播电台、央视网的专访，央视网对访谈进行现场直播。

2013年4月12—13日，由国家广电总局规划财务司副司长于保安率队的调研组对攀枝花市农村广播影视公共服务体系和城市应急广播体系建设情况进行调研。国家广电总局在调研后认为：攀枝花市在努力构建完善农村广播影视公共服务体系和城市应急广播体系建设中所做的有益探索，让人印象深刻，采取有线、无线、地面数字电视、太阳能电视、广播“村村响”等多种技术手段，整体联动，做到中央、省、市、县（区）、乡镇、村（社区）多级响应、上下贯通，满足了群众、党委、政府、相关部门多方面的利益诉求和综合应用要求，具有很好的示范性和代表性。

【电影管理】 落实中央电影进农村、进社区、进校园的政策和要求，将农村、社区、学校电影放映列入民生工程。农村每村每月放映一场公益电影，全市 352 个行政村放映 4224 场公益电影；每个社区每年放映 6 场公益电影，全市 132 个社区放映 792 场公益电影；全市 121 所有条件放映的学校每学期放映 2 场公益电影，全年放映 484 场。

认真贯彻落实国家广电总局、人社局、财政部关于妥善解决乡镇（公社）老放映员历史遗留问题的文件精神，市、县（区）政府高度重视，相关部门密切配合，由市文广新局、市人社局、市财政局、市民政局牵头，共同拟定攀枝花市《关于妥善解决乡镇（公社）老放映员历史遗留问题的实施方案》，明确解决农村老放映员历史遗留问题的基本原则、工作目标等相关工作要求，各县（区）政府积极实施，各项工作稳步有序推进。

加强对攀枝花阳光影业、太平洋院线、程翔农村数字电影放影院线的安全管理和综合治理工作，全年电影放映市场规范有序，电影市场不断拓展。新引进横店电影院线，全市新增荧幕 9 块，新增座位 500 余个，实现票房收入 2200 余万元。

【安全播出】 2013 年，以广播电视安全播出保障能力建设为重点，全年累计投入 1522 万元，对全市各级播出传输机构的数据机房、发射台站、直播厅、机房配电系统等进行全面整改，达到广播电视安全播出三级以上标准。进一步强化广播电视安全播出管理，健全制度，完善预案，明确责任，落实措施，确保两会、春节、国庆安全播出重要保障期间全市无任何安全播出事故发生。圆满完成攀枝花市 2013 年春节团拜电视文艺晚会、2013 攀枝花欢乐阳光节和重点旅游项目开工仪式暨全省百镇建设、重点旅游项目推进现场会“四项重大活动”现场直播安全播出保障任务。

（杨　忠）

文联工作

【为城市文化塑造和地方文化打造建言献策】 2013 年 7 月，按照攀枝花市委、市政府关于打造中国阳光花城，建设中国著名康养度假旅游城市的要求，为进一步提升格萨拉旅游品质，盐边县政府、县旅游局委托攀枝花市文联组织知名专家、学者、作家、艺术家，前往格萨拉生态旅游区进行实地考察调研，对格萨拉旅游品质的提升进行咨询服务。参加考察调研的专家组成员先后对石林景区、影视城景区、红土地景区、接待中心和格萨拉主景区进行实地旅游和考察。在专家咨询会上，大家畅所欲言，对格萨拉生态旅游区品质的提升建言献策，提出许多建设性的意见和建议。

11 月 15 日，应西区政府邀请，攀枝花市文联有关专家在党组书记、主席李平的带领下到西区实地考察调研，对西区城市和旅游文化形象提升进行咨询服务。参加考察调研的专家们先后对蓝湖国际开发、西佛寺景区规划和庄上新村建设等项目进行实地考察。在咨询会上，大家认为攀枝花市西区是攀枝花市重要的冶金辅料和能源基地，也蕴含着丰富的自然人文资源。在建的丽攀高速、观音岩水电站、筹划中的新庄水电站和城市中心点小尖山及以西佛寺为中心的城市中轴线规划建设等项目，又为西区的加快发展带来新机遇。注入文化、整合资源，树立旅游发展品牌是当前首先要解决的课题。

【梅花奖艺术团“送欢乐、下基层”赴攀枝花市慰问演出】 12 月 26 日 20 时，为深入宣传中共十八届三中全会精神，坚持以人民为中心的工作导向，由中国文联、中国剧协组织的梅花奖艺术团“送欢乐、下基层”赴攀枝花市慰问演出在攀枝花会展中心举行。

此次慰问演出活动内容十分丰富，经过前期的充分沟通和精心选择，中国文联、中国戏剧家协会组织演出的剧种有昆曲、京剧、川剧、话剧、歌剧、淮剧、黄梅戏、滑稽戏、陕西碗碗腔、秦腔、内蒙二人台等，共有梅花奖获奖演员 17 位；其中获得二度梅花奖的有 3 位；中国戏剧家协会理事、江苏省戏剧家协会副主席、著名滑稽戏表演艺术家、梅花大奖获得者顾芗；中国文联副主席、中国剧协副主席、梅花大奖获得者、国宝级大师裴艳玲也随团赴攀枝花市，为攀枝花市民献上精彩的演出。

【中国作家协会创联部副主任尹汉胤一行到攀枝花市文联指导工作】 8 月 19 日，中国作家协会创联部副主任尹汉胤，四川省作家协会党组成员、机关党委书记郭中朝，四川省作家协会创联部主任殷世江一行到攀枝花市文联指导工作。

尹汉胤一行参观考察攀枝花文学院、攀枝花书画院以及市文联建设中的文艺中心，深入了解攀枝花市深厚的文化内涵，并对攀枝花市文联工作给予高度评价。

尹汉胤一行详细了解了攀枝花文学院签约作家创作情况以及《攀枝花文学》编辑出版情况，认真翻阅近期出版的《攀枝花文学》杂志，从侧面了解攀枝花文学取得的成果。在攀枝花书画院，尹汉胤一行参观书画家最新创作成果，观看攀枝花重大历史题材创作作品，尤其对画院开展的利用攀枝花本地矿物资源进行岩彩画课题研究表示出浓厚兴趣。尹汉胤指出，当地作家、艺术家要有更多发现的眼睛，将更多的本土资源吸纳到文学艺术创作中，创作出更多地域特色明显的作品。

【著名作家张扬赴攀考察采风】 10月30日至11月2日，湖南省作家协会名誉主席、著名作家、长篇小说《第二次握手》作者张扬一行在攀枝花市进行考察采风活动。陪同张扬考察采风的有新华文轩出版传媒股份有限公司出版管理部主任邓兴、四川人民出版社副社长骆晓平和四川人民出版社三编室主任、编审、《第二次握手》终极版编辑陈小梅。

在攀枝花市文联副主席、市作家协会主席冯中云、攀枝花文学院院长周强等陪同下，张扬一行先后参观考察"金色攀枝花"爱国主义教育基地、攀钢生产线、攀枝花纪念园、仁和直却砚生产示范基地、盐边县二滩水电站等地。3天的考察活动，给张扬留下了美好的印象。他说："花多美啊，代表着春天，生命和美丽，生活在这样的城市是幸福的。"他给《攀钢日报》题词："攀钢给我的印象是——气壮山河！"在仁和区直却砚生产示范基地和博物馆，张扬面对一方方精美的直却砚赞不绝口："它的精美超过了端砚！"并书写"石破天惊""千姿百态、琳琅满目"等书法作品予以赞美。

张扬考察期间，攀枝花市文联组织"张扬与攀枝花本土作家座谈会"。张扬就《第二次握手》的创作经历，"手抄本"流行全国的故事等话题与攀枝花本土作家进行交流。与会作家认为，与张扬面对面交流，是一次难得的机遇，也受到一次生动的爱国主义教育，他们深切感受到张扬体现出来的中国知识分子的良知与担当，也深刻体会到作家应为社会的正义与公平、为民族的振兴与富强而不懈奋斗。11月2日上午，张扬在攀枝花新华文轩举行《第二次握手》签名售书活动。

【著名作家为攀枝花文学创作把脉】 为在攀枝花建市50周年之际推出一批重点文学作品，市文联确定一批文学创作重点选题，其中部分作品已经完成初稿。为将作品打造成有较高文学水准的文艺精品，5月8日，攀枝花市文联邀请巴金文学院专业作家罗伟章到攀枝花市为攀枝花文学创作把脉。

罗伟章与攀枝花文学院2013年鉴约的5部长篇小说作者进行面对面交流，对他们的创作提出针对性的建议，解答创作中的困惑。此外，还举办一场小说创作讲座，罗伟章就"文学的特殊性""艺术的力量""艺术的自我出发"等写作经验，与攀枝花市作家进行交流，开阔了攀枝花市作家的眼界。

【文艺成果】 2013年，攀枝花美术界随着一大批新生代画家崭露头角，攀枝花美术已走出新老换代低谷，呈现出一种强劲崛起的态势。美术作品在全国性的大展中频频亮像并获奖，梁云彬、杨绍刚等人入选中国美协主办的全国性大展并获奖；蔡光明受邀到成都市、内江市举办画展，《成都航空》专版推介其岩彩画作品；特别是攀枝花市重大历史题材美术创作，已有2幅作品被省美协列入四川省重大题材美术创作工程项目并获好评；由中国文化部主管、中国艺术研究院主办的艺术专业刊物《中国艺术时空》第7期专版对攀枝花美术群体作了全面的集中展示，对攀枝花的美术创作整体艺术特色和个人风格进行深入分析并给予高度肯定；市美术家协会的两位艺术家王文革和墙里的画展在北京今日美术馆举行，此次画展共展出两位艺术家的作品、图片以及相关文献近百幅。

1月中旬，由四川省作家协会和四川省文联组织实施的第七届四川文学奖和第五届四川少数民族文学创作优秀作品奖、第七届巴蜀文艺奖颁奖大会在成都市召开。攀枝花市作家普光泉创作的长篇小说《一个说纳西话的人》获得第五届四川少数民族文学创作优秀作品奖，美术家吴汉怀创作的油画《巢》获得第七届四川巴蜀文艺奖，填补了攀枝花市多年没有文学奖、艺术奖同时获省奖的空白，为攀枝花文艺界赢得荣誉。9月24—25日，由四川省文化馆、四川省群众文化学会、四川省音乐家协会、宜宾市文化广播影视新闻出版局联合主办的《四川省首届"放飞梦想·石海之约"民歌大赛》在宜宾市兴文县石海洞乡举行，来自四川省各地、市、州的18支代表队携43首音乐作品共200余名选手参加。攀枝花市音乐家协会主席杨斌作曲，市音乐家协会理事马源作词，市音乐家协会会员郭念祖、熊瑜演唱的作品《攀西情歌》获创作银奖、演唱铜奖；市音乐家协会理事赵智作曲，市音乐家协会会员王小西作词，市音乐家协会副秘书长于美怡和会员王小西演唱的作品《喊太阳、跳月亮》获演创作铜奖、演唱银奖。12月28日，首届四川散文奖在蓉城隆重颁奖。攀枝花市作家黄薇作品《在钢铁中生活》获首届四川散文奖单篇类一等奖，在仅有的3个单篇一等奖中占一席之地。

2013年，米易县75岁高龄农民作家范茂祥的小说集《普桃花的春天》由大众文艺出版社出版发行。此书为范茂祥"病中偷闲"，历经10年创作出来的，也是他继出版《安宁河之源》和《山路弯弯》后的第三部个人作品专辑。小说集《普桃花的春天》共收录中短篇小说30篇，作品主要以安宁河流域为生活背景，反映攀西农村农民的现实生活。情节真实感人，方言风趣生动，艺术技巧娴熟，可读性强，深受读者的喜爱。

【金沙江彝族文学笔会】 2013年8月17日，由中国作家协会少数民族文学委员会、四川省作家协会、四川省文艺评论家协会、四川省中国现当代文字研究会主办，攀枝花市盐边县人民政府、攀枝花文学艺术界联合会承办的第二届金沙江彝族文学笔会暨阿库乌雾诗歌研讨会在攀枝花市盐边县红格镇举行。中国作家协会创联部副主任尹汉胤，四川省作家协会党组成员、机关党委书记郭中朝，市委常委、市委宣传部部长沈钧出席会议，来自全国各地的100多名作家、诗人、艺术家和学者参加此届研讨会。

此届金沙江彝族文学笔会以"全球化语境下中国多民族文学叙述的价值和意义、彝族文化艺术研究与批评理论当代建设、阿库乌雾的诗歌如何捍卫地域文化精神与族群历史性格"等为主题，以科学的态度和创造精神，推动多元民族文化交流。笔会上，彝族诗人、西南民族大学彝学学院院长、美国俄亥俄州立大学客座教授阿库乌雾，北京师范大学教授谭五昌，济南大学教授姚新勇，中央民族大学教授敬文东，中国社会科学院民族文学研究所副研究员刘大先，云南民族大学教授黄玲，武警云南总队政治部文工团政委赵振王等作主题发言，各位与会代表分别作了4场专题发言，现场气氛热烈，激情四溢。

【《格萨拉传奇》作品首发及研讨会】 2013年9月5日，由市文联组织的《格萨拉传奇》作品首发及研讨会在市文化馆会议室举行。市委宣传部文教处、市文化馆、攀枝花文学院、攀枝花书画院、市作家协会、市美术家协会以及相关媒体的领导和朋友参加作品首发及研讨会。

《格萨拉传奇》由四川出版集团、四川美术出版社出版，作家赖俊熙撰文、美术家康林绘画，系攀枝花市第一部公开出版发行的叙事诗连环画册。作品以攀枝花著名旅游景区格萨拉地区流传的神话故事为题，用叙事诗和连环画的方式巧妙结合，艺术再现格萨拉神秘的历史文化和秀美的山川景色，是一次绘画语言和诗歌语言珠联璧合式的完美结合。

【《咏木棉》《木棉诗话》创作研讨会】 9月中旬，由攀枝花作家协会、攀枝花中华诗词学会及攀枝花文学院共同举办的《咏木棉》《木棉诗话》创作研讨会于攀枝花文联会议室召开。此次研讨会，对刘余嘉创作的《咏木棉》《木棉诗话》的文学、艺术价值和创作特色进行点评和赏析。与会者认为，诗人刘余嘉以木棉为题，创作三百首诗词，作品富有时代气息和个人色彩、具有较强的艺术感染力。尤其是《木棉诗话》一书，刘余嘉通过几年的努力，收集自唐代以来诗人所写的木棉诗上千首，对木棉诗词的创作发展脉络进行一次有意义的梳理，具有较高的学术价值。《咏木棉》《木棉诗话》的问世，也为攀枝花中华诗词创作在新的历史时期走向新的繁荣提供启示和思路。

【“芬芳大地”摄影作品展】 2013年2月1日，由攀枝花市委宣传部、攀枝花市农牧局、攀枝花市文联共同举办的攀枝花市“芬芳大地”农村题材摄影大赛部分摄影作品展在市中心广场举行。此次展期为2天，共展出优秀作品100幅。作品多角度地反映攀枝花市在开展新农村建设以来所取得的丰硕成果，也为全市春节文化活动增添一缕浓浓的乡土气息，受到广大市民和摄影爱好者的一致好评。

【“未来作家”系列讲座】 7月14—17日，为丰富广大青少年暑假生活，发现和培养文学新人，攀枝花文学院在攀枝花图书馆演讲大厅举办大型公益“未来作家”讲习班。此次“未来作家”讲习班吸引全市200多位文学爱好者。市文联主席李平以《诗歌漫步》为题，就诗歌与社会、诗歌与人性、诗歌与语言、诗歌与灵感作了深刻解读。著名诗人刘成东、市三中教师作家陈建文、攀枝花文学院院长作家周强分别以《诗歌解析》《散文欣赏与创作》《小说创作中的几个问题》为题，向学员们进行深入浅出、生动别致的讲解。

【赴木里县学习】 4月9—12日，由攀枝花市文联组织的“攀枝花市文联赴木里学习采风团”一行15人，在木里藏族自治县进行学习采风活动。9日下午，学习采风团参加由木里县委、县政府组织的座谈会，会上木里县专家介绍木里县文联的基本情况、木里县的民族文化、自然资源、旅游文化资源、木里县藏传佛教文化的历史和地位。10—12日，学习采风团在木里县走访考察当地的自然环境、宗教文化、牧民定居点、木里老县城、屋脚蒙古族乡的民风民俗。学习采风团成员克服高原气候的变化、道路交通的困难和饮食习惯的不同，圆满完成此次赴藏区学习采风任务。

【攀枝花市文学艺术界联合会第六次代表大会召开】 12月22—23日，攀枝花市文学艺术界联合会第六次代表大会在攀枝花会展中心举行，来自全市360多名文艺家代表参加。市委副书记、市长张剡，省文联党组书记、常务副主席蒋东生，省作协党组成员、机关党委书记郭中朝出席开幕式。市委副书记赵辉代表市委、市政府讲话，市领导沈钧、张伟、熊伟、张敏、庞向东、周治端到会祝贺。李平代表市文联第五届委员会作工作报告。大会选举产生攀枝花市文学艺术界联合会第六届委员会和主席团。第六届委员会委员68名，主席：李平，副主席：冯中云、刘虹，兼职副主席：吴汉怀、焦崎、曹习斌、张治杰、郑守全、廖德军，秘书长：李吉顺。

【《攀枝花文学》创刊40周年座谈会】 2013年12月9日，《攀枝花文学》创刊40周年座谈会在攀枝花会展中心举行。四川省作家协会副主席、《星星诗刊》主编梁平，市委常委、市委宣传部部长沈钧出席座谈会。

《攀枝花文学》创刊于1974年，是四川省第一家由地、市、州级创刊的杂志，至年底已累计出刊306期。《攀枝花文学》经过40年的发展，在攀枝花历史的进步中，造就了文学的进步，参与了城市文化的构建和城市精神的构建。新时期的《攀枝花文学》还要进一步拓宽办刊思路，提高办刊质量，构建一批在文学界有影响力的作家群，通过各种文学活动来扩大这个刊物的影响，以文学的形式，更好地突显攀枝花的形象。

（杨　解）

地方报业

【概　况】 攀枝花日报社下辖“三报一网一厂”：《攀枝花日报》《攀枝花晚报》《攀枝花广播电视报》、攀枝花新闻网、攀枝花日报印刷厂。截至2013年年底，攀枝花日报社在编人数122人（编辑部52人、印刷厂70人），其中专业技术人员56人（高级职称3人、中级职称18人、初级职称35人）；大专及以上学历的有87人。招聘人员60人，其中中级职称2人、初级职称24人，大专及以上学历的有54人。资产总额3864.35万元，净资产总额1407.45万元。

2013年，攀枝花日报社切实履行新闻宣传职能，全方位、多层次围绕市委、市政府中心工作，深化“走基层、转作风、改文风”活动，进一步增强主流媒体的公信力和引导力。《攀枝花日报》实施新一轮改版战略，改进创新新闻报道方式，进一步提升办报质量和办报水平，切实发挥市委机关报的权威性、思想指导性和舆论引领作用。《攀枝花晚报》坚持时政新闻贴近民生、社会新闻更重人文关怀、文体副刊关注本土、主题报道突出重点、经济专刊注重服务、经营发展与市场接轨。全年报社共获得省级及以上新闻奖 60 篇（个），其中一等奖 5 篇、二等奖 24 篇、三等奖 28 篇、好版面 3 个；市级新闻奖 88 篇（个），其中一等奖 13 篇、二等奖 30 篇、三等奖 38 篇、好栏目 4 个、好版面 3 个。

攀枝花日报社扎实推进报业发展工作，进一步强化组织人才保障，强化报业经营实效，为党报更好地履行新闻宣传使命奠定坚实基础。紧密结合党报新闻工作实际，切实加强领导班子和干部队伍的思想建设和作风建设，为进一步增加主流媒体的舆论引导力提供组织保障；以推进报业发展为总揽，以搞好新闻宣传为目标，以改善职工生产生活条件为基础，克服广告经营的严峻困难，继续狠抓广告和发行两个关键，进一步扩大党报覆盖面，强化新闻舆论引导的正能量。全年广告收入 1475 万元，有针对性地对广告客户进行量身设计，积极打造高质量的广告投放平台，并荣获 2013 年度四川报业广告经营创新媒体十强。

【改进创新版面编排和内容设置】 《攀枝花日报》实施新一轮改版战略，改进创新版面编排和内容设置，从“阅读党报”向“悦读党报”转变。修订完善《攀枝花日报版式设计规范（试行）》，对沿用多年的一版报头和其他版面的报眉进行重新设计包装。版式风格一改过去“粗黑呆板、密不透风”的面貌，尽量以留白替代线条，精心制作题花、图表强化报道内容，使版面显得大气庄重、疏朗清秀。同时，对版面内容进行整合并调整版序，新推出“学习与实践”“财富”“荟萃”等版块，着力打造“大裂谷・康养/乐活/微观/闲情”文化系列版块，丰富报道内容，增强报纸的服务性、可读性、知识性。改版后，采用国内质量上乘的新闻纸印刷，《攀枝花日报》面貌一新，使读者实现从“阅读”到“悦读”的转变。

【改进创新言论评论】 《攀枝花日报》围绕市委、市政府的重大决策部署和重大发展主题，始终坚持鲜明的政治立场，高举“思想引领”的旗帜，推出社论或系列评论员文章，在传播事实信息的基础上指出方向，强化思想舆论引领。“三大主题教育”活动、“中国梦”主题教育活动、全市两会、市委九届五次全会精神、“五创联动”、急难险重任务等重大主题宣传报道和重点宣传报道，都配发数篇质量较高的评论员文章，更加鲜明地亮出市委观点、阐明市委意图，充分发挥市委机关报的权威性、指导性和舆论引领作用。

言论评论要求以调查的深度提升高度，言论评论撰写要谈具体问题，说实在道理，写自然文章，改变生硬灌输、居高临下、空洞说理的文风。如围绕谱写中国梦攀枝花篇章，《攀枝花日报》推出《梦想在前方 花开在路上》等 5 篇视角独特、见解独到、思维新颖、文风清新的系列言论。特别是在刊发通讯反映民企普通驾驶员俞维泉用生命挽救乘客安全报道时，配发的评论《好心人走过的地方开满鲜花》体现以小见大、见微知著的特色和思想。

【改进创新时政报道】 《攀枝花日报》改进创新时政报道，跳出“会议”“活动”抓“活鱼”。制定《攀枝花日报贯彻落实中央政治局〈八项规定〉、省委省政府〈十项规定〉和市委市政府〈十项规定〉及实施细则具体办法》，不断改进创新时政报道。

做强重大主题报道重点报道，突出报道市内重要时政新闻，及时传达中央的权威声音，适度报道国际重大政经新闻。开展“三大主题教育”活动时，开设栏目“思想大解放、作风大转变、工作大落实”，分设子栏目“动员・行动”和“关注・参与”，评论、消息、通讯、图片等轮番上阵，进行强势宣传报道。用 20 多个整版刊登市级部门在活动中征集到的意见、建议和整改措施，进一步强化宣传效果。全市重大会议或作出重大决策部署时，除在一版突出报道会议精神外，还在其他版面进行有现场、有事实、有故事、有人物、有图片的延伸报道，让会议报道“接地气”。报道市委九届五次全会时，用 3 个整版进行图文并茂的延伸报道，更加凸显会议精神。大幅压缩一般性会议报道和领导日常工作报道，摈弃简单化、程式化，跳出会议和领导活动抓“活鱼”。时政新闻从民生角度切入，用群众熟悉的语言和喜闻乐见的方式进行报道，彰显时政新闻的民生情怀。

【改进创新典型报道】 《攀枝花日报》改进创新典型报道，抢“鲜货”捞“干货”，增强可读性、感染力。典型报道突出时新性——抢“鲜货”，狠刹长风——捞“干货”，让读者愿看、爱看、看有所获。“攀枝花钛白产业创新发展观察”系列典型报道——《“菜帮子”也能变“开胃菜”》《用好“酵母”发好“面”》等，平均每篇字数 1200 字，事例鲜活、文风清新、标题抢眼，将枯燥乏味的工业生产表现得通俗易懂。《做食品就是做良心》《社区小广场撬动文化大舞台》《国胜河唱响绿色之歌》等典型报道，则突出深度和高度，给予读者启迪和思考。

开设具有开拓性、时代性和独特性的精品栏目《小人物大情怀》，反映基层一线党员、干部的先进事迹。探索典型群像的报道方式，以《先进典型群雕》为栏题，以典型人物的共同点谋篇分类，推出 7 个系列的典型人物群像报道。《钢城“螺丝钉”：拧在哪里都闪闪发光》反映 5 位不同行业敬业奉献模范的感人事迹。这些典型报道内容实、形式新，可读性、感染力显著增强。

【改进创新头版头条视野】 《攀枝花日报》改进创新头版头条视野，让“小人物”民生“小事”走上头版头条。过去“小人物”难上一版，更难上头版头条，现在将新闻放在时代的天平上称量，不拘一格选头条。村支书、村民委员会主任、社区的“小事”等冲上头版头条，《乡土中国梦从荒山破土》讲述村支书带领村民埋头苦干，书写中国梦农民篇章的故事；《坪山社区居民评选身边的十大新闻》，则用乡土语言生动地表现农村居民因惠农政策带来增产增收、生活质量提高的喜悦心情；农村基层通讯员采写的通讯《楠木河畔弄潮人》，文章主人公也是小人物，米易县离退休干部就此报道致信市委书记刘成鸣，表示对攀枝花改革发展“很高兴，有希望，有信心”。

【改进创新“走转改”活动】 2013年，《攀枝花日报》改进创新“走基层，转作风，改文风”活动，实行记者驻点制度，路上找精彩，点上接地气，实现“人的转变”。报社以锤炼队伍、实现“人的转变”为出发点和落脚点，进一步完善记者驻点联系制度，实现在全市所有县（区）派驻记者的构想。

驻县（区）记者路上找精彩、点上接地气，发回大量散发着泥土芬芳、带着村民体温的新闻报道，受到县（区）的高度评价。驻县（区）记者反映说，精彩总是在路上，地气打通新理念，驻点增强时效性。

【“党报进社区”工程】 2013年，《攀枝花日报》推进“党报进社区”工程，发展有前景的新媒体，把党的声音传递到基层社区，尤其是传递到困难群众中去。报社主动作为，自筹资金，积极占领舆论阵地，推进“党报进社区”工程。与各县（区）宣传部紧密合作，在三区两县16个棚户区改造小区、廉租房小区、经济适用房小区安装电子阅报栏17台，将《攀枝花日报》直接送到困难群众集中居住的地方。这一举措受到群众的高度好评，也取得良好的效果。

【新媒体发展】 攀枝花日报社积极应对新形势，主动争取话语权，大力发展有前景的新媒体，进一步办好攀枝花新闻网，开通《攀枝花日报》官方新浪微博、腾讯微博和微信，增加信息发布和传递的平台，为打造有前景的新媒体，构建全媒体奠定良好基础。

【强化民生视角突出主题报道】 《攀枝花晚报》从民生关注角度突出宣传中共十八大、十八届三中全会精神。以大题材、小切口的形式，通过普通人的故事和愿景、部门访谈、数据印证等，推出“贯彻十八大精神 建设幸福攀枝花”专栏，刊发《让每一个孩子都成为有用之才》等8篇深度报道稿件。十八届三中全会召开后，《攀枝花晚报》连续半个多月推出专版或专栏，对会议的意义、精神等进行详细报道。

从百姓视角全面深度报道全市两会，创新报道形式，多版面互动，及时对会议动态、两会现场、委员提案进行重点关注和反映，在重要版面推出“2013 攀枝花两会·特别报道”专版，开设“两会新气象”“两会标题新闻”“两会微博议政”等栏目。

做好“三大主题教育”和“中国梦”主题教育活动宣传报道，刊发《市委工作会 三小时部署全年六方面工作》《中国梦 我的梦》《推动文化高地建设 实现伟大中国梦》《把成功梦发展梦融入中国梦》等稿件，营造良好舆论氛围。

【全市中心工作宣传】 《攀枝花晚报》重点关注重大项目建设，开设“全面实施‘三大战略’，奋力推进攀枝花‘两个跨越’”等专栏，刊发《金江水电站确定明年截流》《中缅天然气管道攀枝花支线预计年底通气》《花城新区又一工程开工，将整理700余亩商业用地》等稿件，展示重大项目建设和经济发展成果。

做好“急难险重”的宣传报道，开设“打硬仗 惠民生 推进急难险重 实现跨越提升”“推进三大战略 实现两个跨越”等栏目，从普通老百姓的真切感受入手，向读者娓娓讲述“急难险重”项目对老百姓生活带来的变化，先后推出《上市，白云铸造进入辅导期》《8个老旧房屋改造项目启动》等稿件。

坚持做好“五创联动”的宣传报道，推出“掀起五创联动高潮 全面建设幸福攀枝花”专栏，刊发《创建文明城市 本月起开展五大专项整治》《10月底前 空气质量监测迈入AQI时代》等多篇稿件。

【强化舆论监督服务民生】 《攀枝花晚报》全年共处理来信来电1500多个（封），接待上访群众近百人。《金沙热线》版面推出《按摩之乱》系列报道，刊发《我买的是鱼 不是冰 为啥不能敲掉冰》等稿件，受到读者好评。推出《暑期安全手册》系列报道，《亲，这些举止你有木有？》等特别报道。

中高考宣传注重政策性、及时性和服务性，推出“教育专刊·关注高考”专版20余个，刊发《保考工作正在进行时》《考试期间天气闷热 注意防暑》《百辆出租车“爱心送考”》等稿件。

攀枝花首个由新闻媒体与社会团体发起的公益慈善行动——“圆梦行动”已成功开展9年，公益爱心品牌“圆梦行动”累计收到捐款1000多万元，先后资助900多名贫困学子圆梦大学。

【“金沙”副刊杂志化】 《攀枝花晚报》秉承“副刊杂志化”的办报理念，推出《以戏剧 守望本土》《三尺天堂》《天籁传奇》《主旋律的回响》等本土文化人物的故事；推出《砚遇》《朝颜闲抄》等优秀散文作品；推出《请到我们队里来》《她们跃马楚河汉界》等本土特别报道；推出吴汉怀、杨绍刚、吴晓蓉等本土画苑人物报道。重点策划“芳菲·女诗人访谈录”等系列报道，著名作家张扬到攀枝花市、杨斌和普光泉作品研讨会的专访等。“金沙·悦读”“金沙·花雨”“金沙·故事”等系列版面以其清新雅致的风格获得读者的认可，成为攀枝花市的一张城市文化名片。

【报业人才队伍培养】 攀枝花日报社积极贯彻落实《2010—2020年深化干部人事制度改革规划纲要》精神，不断探索针对自主聘用身份的人才培养机制。截至2013年年底，报社自主聘用身份人员已占新闻采编总体人数的50%以上，中层领导干部结构得到进一步的优化，报业发展人才基础得到进一步夯实。在年轻的记者编辑中积极培养管理干部，充分激发人才队伍创新活力。

（王　可）

教　育

【概　况】 2013年攀枝花教育管理部门把握“稳中快进，提质增效，争先进位，跨越提升”的工作基调，以建区域性教育高地为目标，以提高质量为核心，以全面实施素质教育为主题，以改革创新为动力，以转变作风为保证，大力推进教育规划纲要和“十二五”规划的实施，各级各类教育协调发展，教育投入大幅增加，中小学办学条件得到改善，队伍建设取得明显成效，教育教学质量稳步提高，教育公平迈出重大步伐，在服务地方经济社会发展等方面取得新成绩。重视和规范学前教育发展，全市学前一年幼儿毛入园率达99%以上，学前三年幼儿毛入园率达95.97%。比2012年提高1.6个百分点。均衡发展义务教育，全市小学、初中入学率分别为100%、96.16%，毕业率分别为99.98%、99.89%，辍学率分别为0.04%、0.54%。大力实施《关于推进县域内义务教育学校携同发展的意见》，县(区)义务教育阶段优质学校与薄弱学校进行结对帮扶；东区、西区、仁和区顺利通过省政府义务教育均衡发展督导评估。强力统筹两类高中教育发展，全市普通高中开展省一、二级示范性高中和“阳光体育示范校”创建工作，稳步推进普通高中课程改革，2013年普通高考本科上线达到3161人，本科及重本上线率均远超全省平均水平，实现历史性突破。大力实施职教攻坚，全面完成中职招生任务，中职学校高职高考专科以上上线率达73.4%，较2012年提高14.7个百分点，中职毕业生一次性就业率达98.52%。市建筑工程学校高质量通过第二批国家中等职业教育改革发展示范学校中期检查验收，市经贸旅游学校、十九冶技校创建为第三批示范校建设项目学校。加强中小学教师队伍建设，大力实施“一师一校”规范化建设，制定出台了《攀枝花市关于加强“一师一校”规范化建设的意见》，在全省率先制定实施一师一校教师外出疗养制度。年内还在全省率先开展了中小学教师职称制度改革试点工作，建立了统一的中小学教师职称职务制度。

2013年攀枝花市教育事业发展情况

表17

学校类别	学校数（所）	毕业生数（人）	招生数（人）	在校生数（人）	教职工数（人）	
					合计	其中：专任教师
一、基础教育						
1.普通中学	56	23138	23271	70698	6768	4994
高中	10	7646	7328	22953	1642	1517
其中：民办	0	0	0	0	0	0
初中	46	15492	15943	47745	3764	3477
其中：民办	1	12	9	81	18	10
2.小学	222（含小学教学点158个）	15878	12318	79729	5473	5055
其中：民办	0	18	10	74	15	9
3.幼儿园	201	14347	11624	31094	2877	1410
其中：民办	155	6674	4483	17177	2043	923
4.特殊教育学校	1	106	109	767	38	29
二、中等职业教育						
1.职业高中						
2.普通中等职业学校	8	4398	7230	20003	1148	842
其中：民办	4	1800	3305	9018	507	336
3.成人中等专业教育	0	0	0	0	0	0

基础教育

【幼儿教育】 2013年，全市有独立建制的幼儿园201所，中小学附设幼儿园24所，农村学前班103个，乡（镇）中心幼儿园42所，共有在园幼儿31094人，全市学前一年幼儿毛入园率达99%以上，学前三年幼儿毛入园率为95.97%，公办（企业办）幼儿园在园人数占在园幼儿总数的44.76%。年内动工新建8所乡镇中心幼儿园，发展17所民办幼儿园，评定10所市一级幼儿园。召开了全市249名园长、学前教育行政管理及教研人员参加的全市《3—6岁儿童学习与发展指南》培训会暨首届幼儿园园长大会。市教育局组织开展第二届全国学前教育宣传月活动和“倾听孩子，共同成长”主题征文活动，联合市发改委调整了市级公办幼儿园保教费收费标准。

【义务教育】 2013年，全市认真贯彻落实《中华人民共和国义务教育法》，严格实施义务教育阶段适龄儿童少年依法“就近入学”原则，做好适龄儿童少年“控辍保学”工作，提高全市义务教育发展水平。2013年全市小学入学率为100%，毕业率为99.99%，辍学率为0.04%，完成率为99.63%；初中入学率为99.11%，毕业率为99.91%，辍学率为0.54%，完成率为99.03%，毕业生升学率为96.29%，全面达到四川省政府规定的标准。全市城乡青壮年非文盲率保持在99%以上。2013年，全市义务教育阶段学校共有进城务工人员随迁子女在校学生19555人，其中小学13464人，初中6091人。

【普通高中教育】 2013年，全市共有普通高中学校8所。年内招收新生7328人，在校学生总人数达22815人，比2012年增加563人，其中5所省一级、省二级示范性普通高中在校生人数占所有普通高中学校学生人数的68.15%。2013年，全市普通高中高考本三以上上线3161人，上线率为42.5%，比省平均高出5.1个百分点，比2012年增加了2.87个百分点，高考上线人数创历史之最。全面推进全市普通高中新课程改革，并就相关内容对全市高中教师进行全员培训。

【特殊教育】 2013年，全市随班就读学生和适龄残疾儿童在校生742人。适龄残疾儿童入学率达97.65%。市特殊教育学校有1—9年级盲教育2个班、聋教育（含多重残疾）8个班，中职班1个，培智班1个，就读的各类残疾儿童121名；学校现有教职工38人，专业教师30人。学校康复训练、教育教学设备设施齐全，基本形成了以文化教育、康复教育为主，职业教育、艺术体育为辅的教育格局。市特教学校2013年共获省级以上奖项29项。

【职业教育】 2013年，全市共有中等职业学校8所。按照扩大规模、调整结构、加强管理、提高质量的要求，年内招生7230人，在校学生人数达到20003人，招生职普比达到4.97∶5.03，在校学生职普比达到4.8∶5.2。深入推进攀枝花市现代服务业职业教育集团和攀枝花工业职业教育联盟两个职教集团工作。不断规范办学行为，提升管理水平，提高教育教学质量，完善中等职业学校考核评价体系，对全市8所中等职业学校办学水平进行了评估。大力开展中等职业学校内务标准化建设工作。组队参加全国中职学生技能大赛，两名学生获得三等奖，两名学生获得优秀奖；组织中职学生参加第42届世界技能大赛，获得两个第五名的成绩，获奖的两名学生直接晋升为技师。积极推进国家级中等职业教育改革发展示范学校项目建设工作，市建筑工程学校高质量通过省专家组中期评估，市经贸旅游学校、十九冶高级技工学校跻身全国第三批项目建设学校。大力开展短期职业技术培训，全市对外开展农村劳动力转移培训、再就业培训、在职职工培训和创业意识培训近3万人次。

【藏区学生“9+3”教育】 2013年，藏区免费中等职业教育坚持以人为本、注重关爱，严格要求、不讲特殊，强化德育、提高质量，塑造成才、确保就业的工作目标。全市有藏区学生共704人，其中有中共党员8人（含预备党员），共青团员544人。2010级藏区学生145人已全部落实就业岗位，其中，6人应征入伍，3人考入木里县乡镇机关公务员队伍和事业单位，24人考入高职院校继续学习，就业率100%。两所“9+3”学校，被省教育厅命名为四川省中等职业教育学校学生内务管理示范学校。

【高等教育和成人教育】 2013年，普通高等院校本科招生4884人，专科招生588人；高等职业院校招生2259人，普通高校在校生19736人，高等职业学校在校生6855人。攀枝花市积极发展成人教育，充分发挥攀枝花市高等院校和职业院校在成人教育和培训中的重要作用，推进学习型城市建设，构建终身教育平台。2013年全市成人高校专科招生5101人，本科及以上招生809人，成人高校在校生达14996人。年内组织自学考试报考8526人，15977科次。组织国家英语等级考试等非学历考试30087人次。

【民办教育】 2013年，全市共有正常办学的民办学校195所，其中中等职业学校2所，九年一贯制学校1所，幼儿园147所，非学历培训机构45所；共有在校学生28440人，专（兼）职教师2399人。市本级设立民办教育发展专项资金20万。切实规范民办学校办学行为。建立民办教育数据平台，实现了全省联网。大力开展对民办学校办学情况全面评估，合格190所，限期整改5所，未参加年审5所，停办4所，评估结果依法通过市教育网向社会公告。

【教育督导】 2013年，全市实施了督学责任区制度，聘任首批市级责任区督学42名。调整了教育督导团负责人，聘任了第四届市政府督学58名，聘任了第二届市政府教育督导团督导评估专业委员会63名成员。东区、西区和仁和区顺利通过义务教育基本均衡县（区）市级复核和省级评估。发展性督导改革试点工作取得阶段性重要成果，5个县级实施方案子课题、9所学校三年发展规划子课题、9个教师专业发展子课题全部按期完成年度总结和资料归档，初步构建了具有攀枝花特色的发展性督导体系。充分发挥市、县（区）政府督学、教育督导专业委员会专家和发展性督导研究课题组专家督学的作用，开展了体育工作专项督导、中等职业学校办学水平评估专项督导、中小学语言文字工作专项督导评估。

【教育科研】 2013年，全市教育系统坚持“以科研促教研，以教研促教学”的科研工作思路，认真组织省、市各级课题申报立项工作，3月立项了2012年度市级课题17项，9月开展了2013年度的市级课题立项，8项科研课题和18项微型课题通过了专家评审。2013年度省普教科研资助金项目有6项课题立项，其中重点课题1项，一般课题5项。10项成果获得四川省第五届普教教学成果奖，其中一等奖1项，二等奖5项，三等奖4项。组织参加四川省第一届两类专项课题优秀研究成果评选活动，获二等奖3项，三等奖3项。

【学校后勤与产业】 2013年，全市筹措资金30万元抓好农村寄宿制学校学生生活基地建设。继续抓好以标准化学生食堂、学生宿舍创建为重点的后勤管理建设，创建省级示范性标准化学生食堂4个、市级示范性标准化学生食堂16个。投入24万校园绿化美化建设专项经费，开展“绿色生态校园”和“节约型校园”的创建活动，校园绿化、美化、亮化、净化得到提升，完成“十二五”节能减排年度目标任务。开展教育保险工作，全市校方责任保险投保率达到100%，城镇居民基本医疗保险投保率达到95%以上。

【语言文字工作】 2013年，市语委办组织开展了省、市级语言文字规范化示范学校创建活动，市二小、市十九小迎接创建省级语言文字规范化示范学校检查，仁和区五十一千米小学创建为市级语言文字规范化示范学校；继续推动“中华经典诵写讲”活动，全市各中小学校广泛开展了“中国梦·语言梦·我的梦”征文活动、中华经典诵读比赛、规范汉字书写比赛、国学知识竞赛、精品阅读展示等，引导广大中小学生亲近经典、传承文明；加强社会用字的规范管理，市语委办牵头部分语委成员单位联合开展了2013年对东区部分城区社会用字规范化执法检查；将语言文字工作纳入对直属学校和县（区）的督导评估指标体系；加强普通话水平测试管理，全年共计培训检测教师、中职学生和窗口行业单位人员共计2389人。

【教师队伍建设】 2013年，全市教育系统继续强化师德师风建设。组织全市1万余名中小学教师签订了不违规补课、不有偿家教承诺书，编印下发了1.5万本《教师职业道德规范》手册。年终考核实行师德师风一票否决制。利用新闻媒体，宣传优秀教师先进事迹，营造尊师重教的良好社会氛围。全年共推荐各类人才421人参加各级学术、技术带头人和专家等的评选，评选出省级优秀教师8名、省级优秀教育工作者23名、省级教育名师15名，省级教育专家培养人选2人，确定市委掌握的高层次人才3名，评选出攀枝花市第八批有突出贡献专家6名、攀枝花市第六批学术和技术带头人8名。市政府表彰优秀乡村教师和乡村校长20名，市级部门表彰教育系统优秀教师125名、师德标兵30名、优秀德育管理干部50名、优秀班主任100名。严把教师入口关，提高教师资格认定质量，全市认定教师资格499人，其中市级认定205人，县区认定294人。启动“123工程”人才培养计划，确定了“123工程”培养人选111名。大力开展各类教师培训，提高教师素质。全年“国培计划(2013)”和各种省市级培训参培教师49547人次，全年培训中小学校长和中层干部943余人次。抓好市商贸人才培训基地和市建筑人才培训基地建设，完成各类鉴定及培训6082余人次。抓好人才引进和培养，加大人才经费的投入，全年投入人才工作经费767万元，保证了教育人才选拔、培养、管理、任用等工作地顺利进行。以高校直接考核招聘和社会公开招聘的办法，共引进各类高层次、急需紧缺人才和免费培养师范生33名，公开招录直属系统工作人员33名。组织了12名骨干教师到农村学校开展“一对一”送教帮扶。选派了第二批100名城区教师到100所村小支教。选派了1名干部和5名人才到木里藏区援助教学。对口接收木里县选送的5名学校管理干部及后备干部到攀枝花市城区优质学校跟岗学习3个月。组织攀枝花市高中9个学科教研员到木里中学对木里中学150余名木里县教师和高三学生进行四统考试试卷分析及考前指导培训。组织开展了对木里县10名中小学教研员的教学质量评价操作培训。组织了攀枝花市优秀中小学校长到木里县对木里县40余名中小学校长、教研员进行了为期3天的培训。对口接收了木里中学23名新聘教师到市七中进行2周的跟岗跟校培训。对木里县15名幼儿教师进行了为期5天的集中培训。

【中小学德育】 2013年，全市教育系统加强和改进德育工作，进一步提高学校德育工作的针对性和实效性。以征文比赛、公开课评比、国学经典诵读等形式深入开展了“我的中国梦”为主题的系列教育活动，大力推进节约型校园建设，围绕养成教育、体验教育、环保教育、家庭教育、社区教育、法制教育、科技教育、师德教育、校园文化建设、手拉手活动等内容，建立德育工作长效机制，有效确保了德育工作顺利开展。深入开展文学艺术进校园、廉洁文化进校园活动，进行亮点学校打造，“墙壁说话，草木劝学，环境育人”，创造了良好的教育教学环境。以深入贯彻落实中小学生日常行为规范养成教育为基点，围绕学生身边发生和日常生活中的问题，通过强化教育，促进学生文明礼仪习惯、生活卫生习惯、自觉学习习惯、安全自理习惯四方面良好习惯的养成。结合“6·26”国际禁毒日，在全市教育系统广泛开展了禁毒宣传月活动，推荐评选出13所禁毒教育示范学校。2013年共评选德育工作先进单位30个，优秀德育管理干部49名，师德标兵29名，优秀班主任101名，组织100余名教师参加了德育夏令营活动，推荐2013年度攀枝花市优秀“小公民”5名，申报省级“三好学生”14名，优秀学生干部11名，先进班集体4个。

【体育卫生艺术教育】 2013年，全市中心校以上学校全部推行了“学生体质健康标准数据管理系统”。攀枝花市上报学校达125所，实现了100%测试、100%上报的目标，上报率超出全省平均91.69%的上报率，位居全省前列。在全市中小学校大力推行“大课间”和“阳光体育”活动，确保学生每天在校锻炼1小时。3所学校创建为全省首批阳光体育示范学校。深入贯彻落实《学校卫生工作条例》《中小学生健康教育指导纲要》，学生健康知识知晓率≥80%，学校疾病预防和应急长效机制进一步完善。全市100多名中小学校医务人员、健康教育教师参加了学校卫生工作业务知识培训。4709名学生在四川省第九届中小学生优秀艺术人才大赛攀枝花赛区比赛中，分获一、二、三等奖。组织参加全国第四届中小学生艺术展演活动，市实验学校获绘画一等奖1名，市外国语学校获摄影二等奖1名。参加四川省第九届中小学音乐课评比活动，获一等奖1名，二等奖2名。

【科技创新教育】 2013年，全市中小学校深入实施素质教育。以规范中小学办学行为为契机，全市小学3—6年级开设科学课程，中学开设生物、物理、化学、地理的实验课程。各中小学校充分利用节假日、纪念日、专题活动月、专题周和班、校会，围绕环境保护、节约资源能源、生态文明建设、心理生理健康、安全避险、地质灾害等专题深入开展科普教育。学校加强科技辅导员队伍建设，充分发挥和调动德育处、班主任、科普教师积极性，全体师生共同参与。认真组织中小学生参加“科普宣传周”和“全国科普日”等系列活动。在第28届四川省青少年科技创新大赛中攀枝花获学生科技创新作品一等奖2项，二等奖14项，三等奖11项；获优秀科技实践活动一等奖1项，二等奖1项，三等奖4项；获少年儿童科学幻想绘画二等奖6项，三等奖10项；获科技辅导员创新成果项目三等奖3项；获科学DV成果二等奖2项，三等奖3项；攀枝花市教育局获得省级优秀组织单位称号；攀枝花市第三高级中学等3所直属学校和米易教育局等4个单位获市级优秀组织单位称号。2013年市教育局与市科协共同组织评选、表彰了9名学生、6名科技辅导教师、3所学校获第六届攀枝花青少年科技创新市长奖。

【教育投入】 2013年，2013年全市教育经费总投入为269186万元，其中公共财政预算教育拨款为207044万元，按可比口径增长12.96%，高于财政经常性收入增长11.66个百分点，生均公共财政预算教育事业费支出普通小学、普通初中、普通高中、中等职业教育和高等教育分别增长22.42%、22.11%、12.24%、18.49%、1.33%，生均公共财政预算公用经费支出普通小学、普通初中、普通高中、中等职业教育和高等教育分别增长37.77%、34.30%、71.24%、12.62%、0.13%，达到了《中华人民共和国教育法》规定的三个增长指标。2013年全市市公共财政预算教育经费（含教育费附加）为223781万元，占全市财政支出比例为19.46%，达到了省定18%的要求。

【改善办学条件】 2013年，全市大力推进主城区教育资源配置，新开工建设东区二十七中小学校、三十九小学、仁和区五十一阳光家园小学、西区三十六中小学校。仁和区五十一阳光家园学校于秋季学期建成并投入使用，其余三所学校将于2014年建成并投入使用。4所学校共计投资27640.72万元，新增校舍面积105227.5平方米，建成后将新增主城区学位8030个，可有效解决主城区教育资源紧张，缓解教育资源不足的现状。根据《攀枝花市主城区中小学建设以奖代补实施办法》，年内市本级安排奖补资金1075万元，用于对仁和区五十一阳光家园学校、西区三十六中小学校建设项目奖补。继续实施《攀枝花市学前教育三年行动计划》，开工建设8所乡镇中心幼儿园。积极实施《义务教育阶段食堂建设总体规划（2011—2015）》，改善学生就餐条件，全年新建、改扩建农村义务教育学校食堂面积6736平方米。建设农村教师周转宿舍44套。

【营养改善计划】 2013年，攀枝花市继续在盐边县、米易县、仁和区实施农村义务教育学生“营养改善计划”。春季学期，全市共有192所义务教育学校（小学32所，小学教学点140个，单设初中11所，九年一贯制学校9所）的50713名学生享受到了免费营养餐，其中：小学生35902人，初中生14811人。秋季学期，扩大营养改善计划的实施范围，将盐边县、米易县、仁和区的县镇义务教育阶段学生全部纳入营养改善计划。新增24所营养改善计划试点学校，新增享受营养餐学生27059人。全市共有216所学校，77772名学生享受每天3元的营养餐补助。

【教育技术装备】 2013年，全市投入教育技术装备经费2757.04万元，按新标准装备学校33所，其中小学22所，中学11所；按标准装备微机1731台，新建网络教室16间；建有市教育城域网1个，县区教育城域网5个；图书投入116.42万元，生均新增图书0.5册；创建省级实验教学示范学校1所，创建市级实验教学示范学校2所；省级现代教育技术示范学校2所，市级现代教育技术示范学校2所。初、高中理科实验操作考核工作覆盖全市各区、县，全市高中有7477名考生参考，参考面达99.93%，初中有31048名考生参考，参考面达99.16%。通过近几年来的实考工作，学生的实验操作能力得到了很大提高，学校实验教学水平稳定发展。

【教育信息化工程】 2013年，全市中小学教育信息化工程全面推动，信息化设备在教学中广泛应用，教师的现代化教育教学能力不断提升，信息技术教育扎实推进。参加省级中小学电脑制作评选活动，6件作品获全省二等奖，5件作品获全省三等奖，评选优秀指导教师20名；组织2013年度攀枝花市中小学教师信息化教学应用赛课活动，评选出10名一等奖优秀教师，参与2013年度四川省中小学教师信息化教学应用赛课活动，1人获省级二等奖，5人获三等奖，4人获优秀奖；举办了2013年度攀枝花市教育教学信息化大赛，推荐优秀作品参与“2013年度四川省教育教学信息化大赛”，2件荣获一等奖，4件荣获二等奖，7件荣获三等奖，市电教技装中心荣获“优秀组织奖”；组织2013年度攀枝花市“新华文轩杯”小学信息技术与课程整合大赛，69名教师参与市级决赛，评选出一等奖6名，二等奖12名，三等奖51名，选拔了18名优秀教师报名参加“第十一届全国小学信息技术与课程整合优质课大赛暨现代教育学术年会”，15人获国家二等奖；组织参加了第四届“中国移动校讯通杯”全国中小学教师论文大赛，全市共有21篇论文获全国奖；组织参加了“阳光阅读·文轩杯”读书小明星大赛暨中央电视台“读书达人”全国选拔赛(四川赛区)评选活动，获省一等奖1名，二等奖4名，三等奖3名；组织开展了2013年度攀枝花市教育技术装备论文评选活动，共收到作品95篇，评选出一等奖12篇，二等奖25篇，三等奖36篇；上报中小学实验教学优秀案例和成果10件作品，获省二等奖1名，省三等奖9名。上报初中物理创新实验方案5件，获省一等奖1名，省二等奖1名，省三等奖3名；组织初中化学教师实验操作技能竞赛活动，12名教师参加全市决赛，共评选出一等奖2名，二等奖4名，三等奖6名，组织奖3名；组织开展了攀枝花市第五届幼儿自制玩教具评展活动，收到来自各区、县的幼儿自制玩教具共计72件，评出一等奖10名，二等奖15名，三等奖45名，同时评选出了3名组织奖。以上活动有力地促进了教师专业化发展，极大地培养了学生创新能力和实践能力。

【学生资助工作】 2013年，市教育系统全面贯彻落实国家、省、市各项资助政策，实现了学前教育、义务教育、普通高中、中职教育、高等教育全面覆盖。建立学前教育资助政策，全市学前教育资助普惠性幼儿园家庭经济困难儿童、孤儿、残疾儿童3132人，资助金额217.6万元。对米易县、盐边县和仁和区18119名幼儿减免保教费，资助金额543.57万元。义务教育阶段免学杂费、免教科书费和补助生活费政策扩大到城市义务教育学校，对全市义务教育阶段学生12.74万人（2013年秋季学期）免除学杂费和免费提供教科书，补助农村义务教育家庭经济困难寄宿生生活费22139人，补助城市义务教育阶段家庭经济困难寄宿学生1240人。下达各级“两免一补”资金11294.47万元。市、县（区）两级财政安排专项资金619.89万元，为受助范围内的农村义务教育阶段家庭经济困难寄宿学生提供每周两次、每次3.5元的免费肉食品。率先在省内实施民族地区免费中职教育，全面实施中职学生免学费政策，2013年免除中职学生学费13300人，免学费2725万元，资助家庭经济困难学生7858人，发放助学金1149万元。落实普通高中国家资助政策，资助普通高中家庭经济困难学生6754人，全年下达资金1061万元。继续推进实施生源地信用助学贷款工作，办理家庭经济困难学生生源地信用助学贷款829人，发放生源地信用助学贷款总额453万元。完成高校新生入学资助项目资助228人，发放资助金13.35万元，完成市属高校毕业生到艰苦边远地区基层单位就业学费奖补工作，奖补攀枝花学院毕业生17人，奖补资金23.38万元。

【人事制度改革】 2013年，全市教育系统稳妥推进绩效工资改革，认真落实教师各项待遇及激励政策，按时兑现直属学校奖励性绩效工资，全年兑现各类津贴奖励884万元。制定出台了《“一师一校”教师疗养实施办法》。推进攀枝花市中小学教师职称改革试点工作，深化专业技术职务结构比例管理。全年评审初级教师职务62人，中级教师职务161人，省级评审通过高级教师职务86人，正高级教师职务5人。

【依法行政】 2013年，市教育系统深入开展“行政执法规范年”活动，全面清理了行政权力，编制内部流程图，录入行政权力公开透明运行平台。全面清理规范性文件，进一步加强规范性文件制定和备案审查。对24名执法人员进行了行政执法证年审，对5名行政执法人员进行了资格培训，法治机关建设通过市考核小组检查验收。

【教育法制宣传】 2013年，市教育系统全面推进现代学校制度建设改革试点工作，完成对东、西区教育局和所属25所样板学校的监测评估。创建了第六批市级依法治校示范校，深入开展“法律六进”“关爱明天，普法先行”“12·4法制宣传日”等宣传教育活动。组织全市中小学校征订了普法宣传资料，开展了“未成年人健康成长法治保障”主题征文活动。在全市中小学校开展了《教职工代表大会制度》贯彻落实情况的调研。

【规范教育收费】 2013年，市教育局贯彻落实省、市各项教育收费政策，与县（区）教育局和直属事业单位（学校）签订《攀枝花市教育系统教育收费治理工作责任书》，落实市教育局领导班子成员及中层干部在规范教育收费工作中的包片包校责任制，组织开展城市中小学服务性收费、代收费收取情况专项检查。2013年接到各类信访举报18件，均已核查办理，其中查处违规收费2件，清退违规收费金额107万元。

【招生考试】 2013年，全市8237人报名参加高考，其中普通类7865人，高职372人。共录取6726人，其中普通类录取6494人，对口高职录取232人，录取率81%，高出全省平均5个百分点。15400人参加高中阶段教育考试，共录取12946人，其中普高录取6460人，中职录取6486人。全市参加应用型自考的考生8526人次，15977科次；参加全国大学生英语四级考试14469人，英语六级考试3036人；参加全国计算机等级考试11681人。考风考纪良好，没有发生安全保密责任事故。

【教育国际合作与交流】 2013年，市教育局批复同意市三中、市七中开办国际班。推荐1名教师赴泰国支教2年，推荐2名教师赴文莱支教2年。做好四川省“西部项目”人选推荐，5人被正式录取，将于2014年赴英国研修。向省教育厅推荐汉语教学志愿者3名。对全市外籍教师进行了全面统计。全面排查了全市中小学校组织出国（境）参加夏（冬）令营情况。

【中小学学籍管理】 2013年，市教育系统贯彻落实《四川省中小学生学籍信息管理系统（义务教育阶段）运行使用办法（试行）》和《四川省普通高中学生学籍管理办法（试行）》，加强对全市中小学学生学籍信息化管理系统的使用和管理。对学生信息采集、转学、休学、复学、留级、退学、普通高中学业水平考试等问题做出明确规定并严格执行。完成2013级小学、初中、高中新生学籍注册上传工作。全年办理市直属学校学生异动手续580人次。核发2010级普通高中毕业证书6507本。

【教育宣传】 2013年，市教育局进一步健全和完善教育信息宣传工作体系和管理体系，加强教育新闻宣传报道工作力度，努力提高教育新闻宣传报道整体效应，扩大教育新闻宣传覆盖面。继续办好“攀枝花电视台·攀枝花教育”专栏节目和《攀枝花日报·教育专刊》，通过多层面突破，多角度展示，全方位宣传，攀枝花市教育形象和影响力得到提升，教育宣传工作再创佳绩。2013年，《攀枝花日报·教育专刊》共出版27期，刊出教育资讯150余条。《四川省教育导报》共采用30余条，是2012年同期的2倍；“攀枝花电视台·攀枝花教育”栏目共播出50期，播出教育资讯110余条；上报省视频信息50条，播出条数20余条，其中，专题6条。在第八届四川省中小学校园电视奖评选活动中，19件优秀校园电视作品获得省级奖励，其中金奖2件，银奖6件，市电教技装中心获得“最佳组织奖”，1名工作人员获得“优秀工作者”；“攀枝花教育”门户网站共发布各类信息2700余条，上报四川省教育厅信息153条，在省教育厅网站发布91条。

【行政审批】 2013年，攀枝花市教育系统进一步深化行政审批制度改革，省政府下放到市级行政审批项目1个，市级保留行政审批项目7项。积极做好县区行政审批指导工作，为新审批的4所民办教育机构发放了办学许可证。开展2013年春秋季教师资格认定工作，认定教师资格498人。规范教师资格认定行政许可案卷档案，积极参与市级各部门行政许可事项案卷评查。

【“三大”主题教育活动】 2013年，攀枝花市教育局围绕“推动发展、落实工作、解决民生、促进和谐”的目标，开展了“思想大解放、作风大转变、工作大落实”主题教育活动。通过自己找、群众提、成员评、领导点、全面查等措施，面向社会征集问题、组织服务对象开展评议和自查自纠等多种方式，努力查找在思想、作风、执行力等方面存在的突出问题，共发放《调查问卷》256份，收回256份(其中干部及教师问卷共166份，家长问卷90份)；共向市级相关部门、民主党派、社会团体、教育督学发放《征求意见函》68份，收到回复56份；在攀枝花教育信息网站上开设了市教育局“三大主题教育”活动专栏，在网上广泛征求社会意见。举办“我为教育改革发展献良策”主题征文活动，收到47篇关于攀枝花教育改革发展的新思路、新对策和新举措，表彰优秀征文20篇。开展了两次“三大主题教育活动”领导点评会，市委常委、宣传部部长沈钧、副市长张敏先后对市教育局进行了点评。市教育局主要负责人在《攀枝花日报》和攀枝花电视台上进行了公开亮相承诺，对公开亮相承诺内容整改情况进行了总结。学习教育活动的信息先后在四川《教育导报》《攀枝花日报》、四川新闻网攀枝花频道、攀枝花教育信息网等报刊和网站刊登，共编印活动简报10篇，营造了良好的舆论氛围。

【“中国梦”主题教育活动】 2013年，全市教育系统深入开展了“实现伟大中国梦、建设美丽繁荣和谐四川”主题教育活动，整体联动、统筹推进、全面覆盖。重点抓好“主题教育学习活动”“主题教育宣讲活动”“主题校园文化活动”“主题讨论活动”“主题校园网络文化活动”等五个系列活动。市教育局对东区教育局等19个积极组织参与、群众公认、活动成效明显的单位给予“优秀组织奖”表彰，评定《实

现中国梦 培育筑梦人》等22篇文章为“实现伟大中国梦、建设美丽繁荣和谐四川”主题教育活动“优秀征文”。主题教育活动实现了“教育教学质量进一步提升、办学条件进一步改善、教师队伍整体素质进一步提高、各项教育惠民政策进一步落实”的目标。

【党建工作】 2013年，市教育局直属事业单位（学校）共建立基层党组织62个（其中党委5个、党总支7个、党支部50个），共有党员1263人（其中在岗党员916人）。认真贯彻落实2013年度市委党建工作目标责任制，建立基层党组织活动长效机制。按照“五彩花城”品牌内容，积极开展创建活动，打造党建工作“品牌工程”。在全市教育系统中继续开展“抓基层、打基础，万名支部书记在行动”活动，举办了全市中小学校基层党组织书记培训班，全市中小学校的111名党支部书记参加了全市教育改革发展的形势与展望、党的十八届三中全会精神、基层党组织建设、教育宣传与舆情应对、学校少先队工作、学校党支部书记的方法与艺术等专题培训。继续推行党组织和党员在社区“双报到”工作。指导市建筑工程学校党委、纪委做好换届请示选举的相关请示、批复等工作。为市电大党总支、市实验学校党委增补了委员。在抗震救灾和恢复重建中充分发挥党组织坚强保障作用，组织直属系统共为芦山地震灾区捐款246626元。做好组织发展工作，2013年直属单位共发展党员44名，转正党员27名。严格党内“三会一课”等组织生活制度，完成了直属系统所有单位党组织和党员信息库建库建设。认真开展学习十八大党章活动，组织购买了1500份《党章》和《党员手册》下发直属单位。认真贯彻落实中央、省、市委和教育厅党工委“八项规定”，集中开展“走基层、解难题、办实事、惠民生”活动的，做好领导干部“挂包帮”活动和干部联系服务群众工作，局机关及直属系统131名领导干部与227户群众建立联系户。

【领导班子和干部队伍建设】 2013年年底，市教育局机关及直属单位领导班子成员中共有县级干部49人(其中正县级领导干部11人，副县级领导干部34人，县级非领导职务干部4人)，共有科级领导干部62人(其中正科级领导干部37人，副科级领导干部22人，保留科级领导职务3人)。2013年，市教育局机关及直属单位领导班子成员中共提拔领导干部9名(其中县级领导干部2名，科级领导干部7名)，共交流领导干部10名(其中县级领导干部3名，科级领导干部7名)，共为3名干部办理了享受上一级工资、医疗待遇手续，为1名干部办理了享受副县级非领导职务待遇退休手续，为1名县级干部办理了退休手续，对7名任职试用期满的干部进行了转正考察(其中县级领导干部6名，科级领导干部1名)，办理了转正手续，对2名到达任职年限的干部办理了免职手续。开展了非定向推荐县处级领导职务后备人选工作，共向市委组织部推荐1名县级和2名副县级后备干部人选。开展了潜力型优秀年轻干部和培养型(即成长型)科级年轻干部推荐工作，共推荐了25名潜力型优秀年轻干部和22名培养型(即成长型)科级年轻干部。开展了面向全社会公开遴选优秀干部和人才推荐人选，共向市委组织部推荐了16名优秀干部和人才。做好干部上挂下派工作。全年共选派4名干部分别到四川省教育厅、西南财经大学、木里县挂职或学习锻炼，接收了2名干部到局直属系统、局机关学习锻炼，对3名挂职期满的干部进行了考察。总体来看，局机关及直属单位干部队伍整体素质有了新的提升，结构有了新的改善，能力有了新的提高。

【精神文明建设】 2013年，市教育局坚持和完善党员领导干部中心组理论学习制度，全年局党委共组织理论中心组学习(扩大)会议15次，举办专题辅导讲座5次，深入基层调研96人次，全年撰写调研报告12篇。各直属事业单位全年共组织了理论中心组学习(扩大)会议160次，举办专题辅导讲座52次，领导班子成员深入调研270人次，全年撰写调研报告88篇。积极推进市教育局《创建四川省文明城市攻坚工作方案》任务的落实，深入推进教育系统创建文明城市工作。开展了道德讲堂活动。做好直属单位省级文明单位复查和创建活动，直属单位新创建省级标兵文明单位1个，省级文明单位2个。切实加强志愿服务组织和队伍建设，全市教育系统等500多人参加了志愿服务集中行动启动仪式，全市教育系统共成立26个志愿服务大队。

【安全维稳工作】 2013年，全市教育系统认真贯彻落实《中小学校岗位安全工作指南》，深入落实“一岗双责”。积极探索建立安全工作激励约束机制，采取灵活多样形式开展安全专项教育。组织全市中小学生及家长139986人参加了四川省“三电杯”中小学生安全知识网络竞赛，市教育局被评为“市(州)教育局参赛突出奖”。认真做好应急管理工作，开展校园防灾减灾应急疏散演练。积极开展“四川省应急教育示范学校”创建活动，向省教育厅申报了3所“四川省应急教育示范学校”。组织开展“百日安全生产活动”、森林防火、重大危险源调查、餐饮场所燃气安全、防范学生群死群伤事故、预防中小学生溺水事故、防汛和地质灾害防治、“安全生产月”、安全生产大排查行动、火灾排查整治、消防安全大排查大整治、校车安全、危险化学品管理、网络安全等专项治理行动，竭力杜绝安全事故发生。2013年秋季在全市小学实施安全小黄帽活动，全市免费发放安全小黄帽8.5万余顶。强化安全隐患排查整改、“三防建设”、高危人员管控、周边巡控，织牢校园安全网络。深化社会稳定风险评估工作，做好了公办幼儿园收费标准调整工作的社会风险评估，确保教育改革的顺利进行。积极开展关系群众切身利益的矛盾纠纷“大排查、大调处、大化解”活动，2013年共办理来信103件，接待群众来访156批362人次，形成了“畅通、有序、务实、高效”的信访工作新秩序。做好“6·4”、成都财富、元旦、春节、国庆及全国、全省和全市两会“十八届三中全会”等重大节点的维稳工作。积极协调解决市四中教职工住宅楼因开发商野蛮施工受到损坏引起的维稳工作，做好反邪教宣传教育工作，组织师生观看“识破邪教全能神”光碟，组织全市教育系统教职工参加了反邪教法制知识竞赛活动。

（兰　洋、李洪梅）

高等教育

攀枝花学院

【概　况】 攀枝花学院是教育部布点在川西南、滇西北唯一一所以工为主的地方综合性普通本科院校，其前身是始建于1983年专科层次的攀枝花大学，1994年攀枝花教育学院与攀枝花大学合并，1998年四川省攀枝花卫生学校并入攀枝花大学，2001年经教育部批准改建为本科院校并更名为“攀枝花学院”，2004年3月攀枝花市高级技工学校整体划归攀枝花学院，2005年增列为学士学位授予单位，2006年攀枝花市中西医结合医院作为学校附属医院整体划归学校管理，2007年顺利通过教育部本科教学工作水平评估，同年，在同类院校中率先开展联合培养研究生工作，形成以工为主、多学科兼容，普通高等教育、高等职业教育、成人高等教育协调发展的办学格局。

2013年，学校下设电气信息工程学院、机械工程学院、土木与建筑工程学院、数学与计算机学院、人文社科学院、外国语学院、经济与管理学院、艺术学院、材料工程学院、生物与化学工程学院、资源与环境工程学院、交通与汽车工程学院、医学院、临床医学院、继续教育学院等15个二级学院及思想政治教育教学部、体育部等2个教学部；有四川省钒钛材料研究技术工程中心（钒钛资源综合利用四川省重点实验室）和检测中心等2个科研机构；校内设置图书馆、学报、档案馆（史志办）、现代技术教育中心、就业指导中心、教师发展指导中心、科技创业产业园、卫生院、计算中心、心理健康教育中心等10个教辅单位及18个党政群团部门、1个企业化管理部门。学校共有46个本科专业、41个专科专业，涵盖理、工、文、法、经、管、医、艺、农等9个学科门类。建有国家级专业综合改革试点项目1个，省级专业综合改革试点项目3个，省级特色专业7个，省级精品课程9门，校级特色专业13个；国家重点实验室1个、省级工程中心1个、省重点实验室1个、省高校重点实验室7个、省级实验教学示范中心3个、省级人才培养模式创新实验区1个、省级研发基地1个、省级研发中心1个、省级科技转化平台1个、省级教学团队1个、市级重点实验室和工程中心11个、校级研究所12个。

2013年攀枝花学院基本情况

表18

类　目	数　量	类　目	数　量
一、学生情况（单位：人）		成人教育招生数	2855
1.普通高等教育在校学生总数	14988	二、学科及专业设置（单位：个）	
普通本科生数	12981	1.本科专业数	46
普通专科生数	2007	2.专科专业数	41
2.普通高等教育招生数	4005	三、教职工构成（单位：人）	
普通本科生数	3417	1.教职工总数	1024
普通专科生数	588	2.专任教师数	838
3.普通高等教育毕业生数	3621	3.正高级职称数	72
普通本科生数	2823	4.副高级职称数	254
普通专科生数	798	5.博士	54
4.成人教育在校生数	6269	6.硕士	534
成人教育毕业生数	1185	四、办学条件	

续表 18

类 目	数 量	类 目	数 量
1.固定资产总值（万元）	60730.55	8.国家重点实验室（个）	1
2.校园占地面积（万平方米）	84	9.省级工程中心（个）	1
3.校舍面积（万平方米）	49.24	10.省级重点实验室（个）	1
4.教学科研仪器设备总值（万元）	11623.93	11.省高校重点实验室（个）	7
5.图书馆面积（万平方米）	16889	12.省级科技成果转化平台（个）	1
6.纸质图书册数（万册）	115.72	13.省级研发基地（个）	1
7.教学用计算机台数（台）	3307	14.省级研发中心（个）	1

【学科专业建设】 2013 年，学校组织开展重点学科验收工作，完成材料学、控制理论与控制工程、化学工程与工艺、结构工程、机械制造及自动化、工商管理等 6 个“十一五”校级重点学科建设项目的验收，并启动“十二五”校级重点学科建设项目的申报工作。优化专业结构布局，编制完成《攀枝花学院 2013—2015 年专业设置规划一览表》，完成 2013 年“无机非金属材料工程”“新能源科学与工程”“交通设备与控制工程”等 3 个本科专业和“高等级公路维护与管理”1 个专科专业的预设工作；截至年底，学校具有招生资格的本科专业 46 个，专科专业 41 个。经教育部及四川省教育厅批准，“冶金工程”被列为国家级专业综合改革建设项目，“物流管理”“环境设计”被列为四川省专业综合改革建设项目。完成对财务管理、冶金工程、网络工程、建筑学、应用化学、软件工程等 6 个新办本科专业的校内评估。

【课程教学与实践教学】 2013 年，学校开设课程 1877 门，教学班级 8621 个，课程教学总学数 155523 学时。批准“冶金原理”等 27 门校级精品资源共享课程及“国学基础”等 5 门校级精品视频公开课程，建设周期 3 年。确定“基于执业素质培养的地方院校本科应用型人才培养模式研究与实践”等 96 项校级教研教改项目，研究周期 3 年。组织教师参与各类自编教材的编写，批准“单片机原理及应用实验教程”等 25 个自编教材建设项目，建设周期 3 年。举办第八届教师风采大赛，新增“金教鞭奖”奖项。组织教师参加国家教学竞赛，其中经济与管理学院、外国语学院选送的课件分获第十三届全国多媒体课件大赛二等奖和三等奖，并获组织奖一项；电气与信息工程学院教师获首届全国高校微课教学比赛四川赛区三等奖。

2013 年，学校组织对材料科学实践教学中心、电工电子实验中心、计算中心、艺术设计实践教学中心、力学实验中心、物理实验中心、机械工程实训中心等 7 个省校级实验教学示范中心进行验收。加强实践平台硬件建设，对钒钛资源综合开发人才培养实践平台进行升级改造。建立校外实习基地 176 个。开展创新创业训练计划，开放实验项目 634 个，完成 211 项综合性、设计性实验项目的立项工作，立项开展“高钛型再生混凝土性能研究”等 77 个学生校级创新实验项目的研究，启动实施“高钛型高炉渣混凝土梁正截面抗弯性能试验研究”等 10 个国家级大学生创新创业训练计划，“基于卷积神经网络的手写数字识别研究”等 30 个省级大学生创新创业训练计划项目。组织学生参加各级各类竞赛 60 余项，获得国家级一等奖 19 人次、国家级二等奖 35 人次、国家级三等奖 76 人次、四川省二等奖 12 人次、四川省三等奖 27 人次，共计 169 人次获得团体或个人奖项。

【继续教育】 2013 年，学校新辟攀枝花市华森职业学校、眉山卫生职业学校、乐山职业技术学院等 3 个成人教育办学点和四川建筑职业技术学院 1 个工程管理专业自考办学点。招收学历教育学生 3585 人，其中招收成人高考学生 2855 人，应用型自学考试学生 611 人，远程网络教育学历生 119 人。非学历教育考试报考人数稳步增长，全国英语等级考试报考人数 901 人；全国计算机等级考试报考人数 14022 人，同比增长 20.3%。校本部共安排完成 2953 人，70 个班次，512 门课程，共计 12288 学时的面授教学工作；安排指导 2011 级 22 个专业，共计 886 人完成毕业论文写作、毕业实习和毕业论文答辩工作。自考工作荣获四川省高等院校自学考试工作目标考核三等奖；为攀枝花市各单位举办各类培训达 28300 人次；学校被选定为攀枝花市餐饮服务从业人员食品安全培训机构。

【普教招生和就业】 2013 年，学校面向全国 23 个省（市、自治区）招生，招生计划 4126 名，其中本科招生专业 46 个、招生计划 3492 名（含 44 名专升本计划），高职专科招生专业 18 个、招生计划 634 名；在川计划 3766 名（其中本科 3182 名，高职专科 584 名）；省外计划 360 名（其中本科 310 名，高职专科 50 名）。实际录取新生 4198 名，招生计划执行率为 101.75%；其中本科新生 3536 名，招生计划执行率为101.26%；高职专科新生662名，招生计划执行率为104.42%。新生报到4005名，报到率为95.35%；其中本科新生报到3417名，报到率为96.24%；专科新生报到588名，报到率为90.63%。

2013年，学校普通本专科毕业生为3621人，其中本科生2823人，专科生798人；获得毕业证书学生3601人，其中本科毕业生3010人；获得学士学位学生2633人。深化校地、校企合作，搭建供需平台，建立"四位一体"信息资源基地，建立200余家稳定的毕业生就业实习基地；截至7月初，学校举办大中型就业"双选会"7场、专场招聘会146场，提供就业岗位需求计划近14000个，就业信息平均供需比3.71：1；加强对就业困难毕业生的帮扶工作，与攀枝花市人才交流中心合作，针对困难毕业生开展大型就业双选会1场，提供就业岗位1000余个，各二级学院为困难毕业生专门举办就业"双选会"和专场招聘会48场，提供就业岗位400余个，218名困难毕业生与用人单位达成就业协议；设立"困难毕业生帮扶基金"，筹措困难毕业生专项帮扶经费6.8万元，帮扶困难毕业生280名。就业率达93.42%，其中本科为94.02%、专科为91.26%，获得"四川省普通高等学校毕业生就业工作先进单位"称号。

【学生奖助学】 2013年，学校做好各级各类奖助学金评审和先进典型评选表彰活动。获得国家奖学金23人，国家励志奖学金548人；表彰省级优秀大学毕业生41人，校级优秀大学毕业生、三好学生、优秀学生干部、优秀共青团员1100余人；获得国家奖助学金资助5034人，较2012年增加210人，资助金额1660万元，较2012年增加63万元；完成1127名学生约630万元的生源地助学贷款办理工作；完成东泰奖学金、众一化工助学金等社会奖助学金的评审发放工作，资助金额共计15万元；为11名入伍学生办理学费补偿，共计13万余元；为459名新生办理入学"绿色通道"手续，保证贫困新生顺利入学。

【师资队伍建设】 2013年，学校继续加强人才引进和培养工作，通过考核招聘的方式引进博士研究生7名，硕士研究生31名，考试录用工作人员6人；学校具有硕士学（历）位的专任教师534名，博士学位的专任教师54名。鼓励教师学历提升，本年度5名教师考取博士研究生，攻读博士学位教师36名；选送10名教师到国内知名高校做高级访问学者，6人到国外进行学术交流，3人进博士后工作站；20余人次参加四川省哲学社会骨干教师培训，25名新进教师参加四川省青年教师岗前培训；组织800名在职职工参加市培训中心组织的继续教育培训。完成本年度学校高层次人才认定的申报工作，经上级主管部门认定，第三类高层次人才2人，第四类高层次人才11人，第五类高层次人才2人，第六类高层次人才1人。国家、省级专家队伍建设取得新突破，杨绍利获得"享受国务院政府特殊津贴专家"称号；黄双华被评为第十一批四川省有突出贡献专家；邹敏、杨颖、张靖、刘松利、苏兴仁、李巍、廖红等7人被评为第十批四川省学术和技术带头人后备人选；崔旭梅成为攀枝花市首个入选国家"西部之光"的访问学者；推荐崔旭梅、张旭辉等2人申报四川省学术和技术带头人培养资金资助；田从学、崔旭梅、张旭辉等3人被确定为攀枝花市首批高层次专业技术人才"省级及以上有突出贡献优秀专家、学术和技术带头人培养对象"；文广、朱学军、向国齐、宋来福、杨颖、邹敏、李长龙等人被确定为攀枝花市首批高层次专业技术人才"市有突出贡献专家、学术和技术带头人培养对象"；推荐田从学、崔旭梅、秦宏敏、张雪峰、朱云生、黄小兵、刘云诗等7人为攀枝花市"第三批市委直接掌握联系高层次人才"；组织推荐黄双华等10人为攀枝花市第八批有突出贡献专家候选人；推荐刘立新等40人为攀枝花市第六批学术和技术带头人候选人；推荐张靖等29人为攀枝花市第六批学术和技术带头人后备人选候选人。做好本年度攀枝花市教育系统优秀教师和优秀教育工作者推荐工作，史仕新被评为优秀教育工作者，蒋秀碧等3人被评为优秀教师。学校被中共攀枝花市委组织部确定为攀枝花市首批人才优先发展实验区。

【科研工作】 截至11月28日，学校获得各级各类科研立项68个，其中国家自然科学基金项目2项（1项学校教师独立获得，1项联合其他单位获得）、省级项目7个、市厅级项目48个、横向项目11项，科研经费总额908万元。截至11月底，组织结题验收到期科研项目46个，其中四川省科技厅项目2个、四川省规划办项目1个、市科技局项目13个、四川省教育厅项目24个、横向项目6个。申报科技成果奖励7项，获得市级科技进步二等奖3项、三等奖1项。举办第三届校园专利活动和发明创造竞赛活动，收到专利成果712件，其中240项成果申报专利并获得了受理，7件专利实现科研成果向现实生产力的转化；学校被评为"四川省第二批知识产权优势培育单位"。发表科研论文900余篇，其中核心期刊246篇，EI、SCI、ISTP收录196篇，学术著作、教材30部。加强与政府职能部门、企业的联系，建立"钛及钛合金创新团队"市级创新团队1个，"钒钛产业发展研究中心""资源型城市发展研究中心"等2个教育厅人文社会科学重点研究基地，"干热河谷特色生物资源开发重点实验室""工业固体废弃物在土木工程结构中开发应用重点实验室""太阳能应用推广集成技术重点实验室"等3个四川省高校重点实验室，省级"冶金矿产二次资源高效利用研发中心"1个。8月，四川省科技厅授予钒钛检测中心为"四川省重大科技成果转化分析测试平台钒钛行业分平台"。与四川攀枝花钒钛产业园区签订战略合作框架协议，实现实质性合作；协助园区成功申报四川省攀枝花钒钛产业高新技术产业园区，负责钒钛园区国家级出口工业产品质量安全示范区创建工作；为园区企业策划、包装和申报专利31项，合作申报重大科技项目3项，涉及项目资金600余万元；组织园区企业申报省市科技项目20余项，涉及项目资金800余万元；为钒钛园区成功申报国家级高新技术企业9家，实现重大突破；成立攀枝花钒钛生产力促进中心（国家级），学校“产学研”合作办公室负责人担任主要领导；协助钒钛园区、学校、商粮局完成国家外贸转型服务示范平台验收工作。孵化园工作步入良性发展轨道。2013年11月16—17日，攀枝花钒钛检测实验室（即国家钒钛检测重点实验室（筹））通过国家计量认证（CMA）和实验室认可（CNAS）“二合一”现场评审；攀枝花学院检测中心获得四川省科技厅授予的“四川省重大科技成果转化分析测试平台钒钛行业分平台”；11月22—24日，国家钒钛检测重点实验室（筹）牵头与国家钒钛制品质量监督检验中心、四川钒钛产业技术研究院、四川省钒钛材料工程技术研究中心、攀枝花钛及钛合金研究所承办“2013 攀枝花钒钛（国际）论坛”的“钛应用检测学术交流会”，共计120余人参加本次学术交流会。

【专业技术职务评审】 2013年，学校向四川省高评委推荐54名申报高等学校教师、实验系列高级专业技术职务，其中申报教授18名，副教授36名，高级实验师1名；经四川省教育厅评议组评审，通过教授14名，副教授30名，高级实验师1名；评审44人符合中级专业技术职务学术水平要求，上报市职称改革领导小组审批。积极开展省级学科评议权申报工作，材料科学与工程获得教授（研究员）任职资格学科评议权，化学工程与技术、机械工程获得副教授（副研究员）任职资格学科评议权；截至年底，学校共有工商管理、材料科学与工程等2个教授（研究员）任职资格学科评议权，工商管理、材料科学与工程、电气工程、英语语言文学、化学工程与技术、机械工程等6个副教授（副研究员）任职资格评议权。

【对外交流与合作】 2013年，学校继续推进研究生联合培养工作，招生专业拓展为计算机、数学、马克思主义中国化、食品工程等15个专业；本年度学校招收联合硕士研究生15人，在校研究生人数达到48人。加强校企、校地合作，与德胜集团、上海市钢铁冶金新技术开发应用重点实验室等省内外8家企业、院所签订合作框架协议。加强外事工作，做好2013年度国家留学基金管理委员会公派出国留学项目的申报、选派以及其他教师出国项目相关工作；组织17人赴瑞士、美国考察学习或实习；招收第二批外国留学生2人学习汉语；聘请2名美中友好志愿者队员。校友工作全面开展，分别在浙江、宁波和攀枝花三区两县等省内外六地成立校友分会，各地校友横向联系达到5000人以上；成功召开第一届理事会暨校友代表座谈会；完善校友信息数据库建设，完成64468名校友基础信息收集工作；完成各二级学院校友分会“校友林”建设。

【校园文化建设】 2013年11月11日，攀枝花学院成功开展建校30周年庆祝活动，并同时改选成立学校第二届董事会和校企合作委员会。以校庆为契机，开展校园文化建设，拍摄学校建设发展成就宣传片，编印建校30周年校报特刊，开展“30年30人”“30年30事”“30年30生”“校园之星”评选、建校30周年校庆知识竞赛、“我与攀枝花学院共成长”主题征文活动、“我的青春正大学”微电影剧本大赛等活动；组织完成二级学院办院理念、各部门工作理念的凝练，校旗、二级学院院旗、院徽的设计与制作；完成校园歌曲的征集和制作工作；完成校史馆、香樟大道文化墙、各二级学院文化石和校内公园的建设；组织明德讲堂、博学讲堂、社团文化节、课外科技文化艺术节、阳光讲坛等校园文化活动；组织参加省、市校园文化建设优秀成果申报工作，其中机械工程学院、医学院获省级优秀奖。

【人才培养改革】 2013年，学校推进卓越人才培养计划建设工作，制定《攀枝花学院关于扎实推进“卓越工程师、法律人才、医生教育培养计划”项目建设的实施办法》，制定卓越人才培养标准、完善卓越人才培养实施方案，并按年度建设任务表启动建设工作。新增“材料成型及控制工程”“工程管理”等2项省级卓越工程师教育培养计划建设项目及“临床医学”1项省级卓越医师培养计划建设项目；截至2013年年底，学校共建设卓越人才培养计划12项，其中省级卓越人才培养计划10项。

【攀枝花学院附属医院建设】 2013年，攀枝花学院附属医院入编专技人员4名（硕士2人，本科2人），招聘专技管理人员120名；完成141名招聘专业技术人员的聘任工作；完成6名中层管理岗位干部选拔聘任工作。组织中层干部管理能力提高培训2期，护理人员人文素养培训2期，机关后勤职工素质培训2期。8月，开展绩效改革方案的制定工作；完成新住院大楼和设备购置资金的筹集工作。

2013年，攀枝花学院附属医院有国家级重点专科1个，省级重点专科5个；成功申报省中医药管理局重点专科建设单位1个（呼吸科），省卫生厅重点专科建设单位1个（攀西骨科医院）。科研立项7项，其中省级1项，市科技局立项6项；5项课题通过攀枝花市科技成果结题鉴定，其中美容科课题“自体眶脂肪瓣转移矫正上睑凹陷的临床研究”获2012年度攀枝花市科技进步二等奖，肿瘤科课题“中医消法联合高强度超声聚焦对子宫肌瘤进行无创治疗的临床研究”获2012年度攀枝花市科技进步三等奖。组织申报科研课题13项，其中省教育厅2项，省医学会1项，科技厅4项，市科技局6项；在各级科技期刊发表论文45篇，其中

A 类期刊 18 篇。完成攀枝花学院医学院 2013 级本、专科及中专课程共 69 门的教学大纲修订，共计 5024 学时的教学任务课；接收攀枝花学院、泸州医学院等实习医生、护生 203 人；安排攀枝花学院医学院学生见习任务 293 次（约 1026 学时）；组织实习生教学讲座 12 次，共计 900 余人次参加。

2013 年，规范各种设备物资采购程序，截至 10 月 31 日，新增医疗设备 201 台件 3002 万元（不计双源 CT 和大型 C 臂 X 光机）、一般设备 468 台件 248 万元。推进基础设施建设，2 月完成治未病中心改造装修工程并投入使；3 月完成炳委线高压线路改造工程，保证医院双线路供电；4 月完成综合楼配电房带电改造工，完成门诊医技楼项目建设地址涉及人社局旧办公楼拆除工程；7 月完成新大 C 机房改造并投入使用；8 月完成直线加速器机房修建工程；10 月完成新住院的土建工作，预计明年 6 月份投入使用，完成了双源 CT 机房改造工程；11 月完成门诊医技楼的设计方案。

【第六届本科教育教学工作研讨会】 2013 年 7 月 2 日，学校召开第六届本科教育教学工作研讨会暨攀枝花学院党委中心组学习扩大会议。会议围绕“培养高素质应用型人才，建设地方高水平特色大学”这一主题，结合学习贯彻中共十八大会议精神、《国家中长期教育改革和发展规划纲要》，深入开展党的群众路线教育实践活动。会议收集学校各单位交流论文 75 篇，汇编为《攀枝花学院第六届本科教学工作研讨会论文集》。

【后勤服务】 2013 年，学校进一步加大基础设施建设，新建成校史馆、学校西门、恒温游泳馆，后勤服务综合大楼建设进展顺利，启动医学实验综合大楼、交汽学院实训楼、科技综合大楼（攀西试验区科技创新中心）和干热河谷特色生物资源研发中心等项目建设。利用中央财政支持地方高校发展专项资金启动交通与汽车工程学院汽车实验室等 6 个实验室建设与改造。

【党建工作】 2013 年，学校积极开展主题教育活动，切实抓好作风建设，组织开展“思想大解放，作风大转变，工作大落实”主题教育活动、“实现伟大中国梦、建设美丽繁荣和谐四川”主题教育活动、党的群众路线教育实践活动。加强基层组织建设，做好党员的教育、发展和管理工作；好好党务工作人员培训；推行党员管理信息系统，基本实现全校基层党组织、党员和申请入党人的入库管理工作；做好庆祝建党 92 周年评选表彰活动，机械工程学院党委获得“四川省高等学校先进基层党组织”称号，2 名共产党员、1 名党务工作者、1 名党支部书记获省级表彰；开设入党积极分子培训班 2 期，培训学员 1000 余人。加强与地方的合作与交流，完成双向交流任职干部的推荐工作，推荐 2 名教师到区县任职，接收党政部门 2 名干部到校任职；做好学校 123 名副县级以上干部联系服务群众工作；加强干部教育和培训工作，选送 13 名干部（10 名县级干部，3 名科级干部）到四川省高校干训中心学习，向省委组织部推荐厅级后备干部 2 名，推荐外派挂职干部 8 名（其中厅级干部 1 名，县处级干部 7 名）。做好统战工作，加强民主党派自身建设，1 人被任命为九三学社四川省第七届委员会教育文化专门委员会委员，1 人被任命为中国农工民主党四川省第十一届教育委员会副主任，向省委统战部推荐民主党派后备干部 18 人。

（莫家莉）

四川机电职业技术学院（攀钢党校）

【概　况】 四川机电职业技术学院（攀钢党校）（以下简称学校）是攀钢集团有限公司（以下简称攀钢）投资举办的一所普通高职学院。学校占地面积约 63 万平方米，建筑面积约 24 万平方米，有马家田、金江两大校区，固定资产 1.93 亿元（不含土地资产）。

2013 年年末，学校有全日制在校学生 8315 人，有教职工 571 人，其中教师 296 人。学校教学科研仪器设备资产总值 6155.6 万元，设置与专业配套的实习室、培训车间和实验室 65 个、校外实习实训基地 250 个。有计算机 1150 台，图书馆馆藏图书 53.18 万册，较 2012 年增加 2.2 万余册。有 400 米和 300 米塑胶跑道绿茵运动场各 1 个，标准游泳池 2 个，多功能室内体育馆 2 座，有沙滩排球场、多功能活动中心、形体训练厅、学术报告厅；建有与国际互联网相连的校园网。学校设电子电气工程、机械工程、信息工程、材料工程、管理工程等教学系部，共开设电气自动化技术、钢铁冶炼、计算机网络技术、机械制造及自动化、材料成型与控制技术、工业分析与检验、数控技术、市场营销等 26 个专业。现有国家级和省级教学改革试点专业 6 个、省级精品课程 11 门、省级教学名师 2 名，省级教学团队 1 个。

【职业教育与培训】 2013 年，学校采取脱产、业余、联合、送教上门、基层宣讲等办班形式，面向攀钢、服务攀钢，服务社会，充分发挥学校干部职工培训的主阵地作用，为攀钢及社会各领域培养了大批人才。全年完成各类培训 2.8 万人次。其中举办党群类、管理类、技术技能类、综合类等培训班约 1.7 万人次，组织完成技术比武、特种作业、技能鉴定等各类考试 1.1 万人次。顺利完成攀钢集团公司第五届职工技术运动会 10 个通用工种的考试考核工作。培训工作取得好成绩。学院充分发挥攀钢党校培养党员、干部的主阵地和主渠道作用，全年共举办各类培训班 238 期次，约 1.1 万人次。挑选骨干教师，成立了“党的十八大精神”“党的群众路线教育实践活动”和“党的十八届三中全会精神”宣讲团。精心备课，认真宣讲，全年共宣讲 40 多场，有 5000 余人次参加学习。学院举办了攀钢各单位党政主要领导培训班和读书班，开展了集中培训和轮训活动，其中攀钢领导干部“党的十八大精神”培训班 7 期、“党的群众路线教育实践活动”集中轮训班 7 期、新党员轮训班 10 期。开展的重点培训班有：攀钢企业绩效管理培训班 10 期、攀钢班组长“双强能力”培训班 15 期，涉及全攀枝花市范围的煤化工培训班 2 期、加油工培训班 3 期等，为做大做强培训市场奠定了坚实基础。学院修订和完善了职业技能鉴定、特种作业人员考试办证和职工培训等收费标准。积极拓宽外部办学渠道，先后举办了新钢业、四川托日等单位中层干部订单培训、钢城集团公司职工技能大赛赛前培训、锦屏发电厂职工、攀钢钒职工等班次的培训。

【骨干院校建设与专业建设】 2013 年，学校完成了骨干高职院校建设标准及相关制度的拟定工作，骨干建设按项目进度稳步推进。在建设中形成了较先进的专业建设理念，各建设专业在人才培养模式、课程体系、教学资源库及教材建设方面取得了阶段性的成效。学校积极加强专业建设，提升专业服务产业的能力。向四川省教育厅申报了 2 个新专业。完善了专业建设、课程建设和教学档案等管理办法，提高了学生实践技能，提升了专业服务产业的能力，完成了中央财政支持的“机械制造与自动化”专业建设任务，通过了教育部、财政部验收。学校积极拓展校校合作渠道，贯通中高职衔接通道。对攀枝花市建筑工程学校、中国十九冶技工学校、凉山州农业学校、德昌高级职业中学等 4 所中职院校进行了对口支援、合作办学。指导攀枝花市建筑工程学校中职示范建设工作，支援中国十九冶技工学校进行钒钛资源技术专业建设，举办凉山州农业学校 45 人“跟班贴岗”培训学习，与德昌高级职业中学进行了对口交流。还承担了四川省教育厅 36 人次的高校教师企业顶岗培训任务。

【教学科研】 2013 年，学校实施教学精细化管理，建立完善的教学质量体系。学校以综合考核和绩效评价的推行为重点，加大教学过程与管理的监控力度，组织了 1400 人次的形式多样的教学督导工作，强化了教学过程管理。学校改革考试模式，对 140 多门核心、主干课程推行了教考分离工作，涉及学生 8000 余人次，提升了教学质量，加强了教师的责任意识。学校全面更新了教务管理系统，改进和完善网络中心的硬件基础，提升了教学管理的信息化水平。创新校企合作机制，以校企联合培养人才为平台，较好完成了订单式“高级复合型技能人才联合培养工作”校企合作项目。对教师课时费规定进行改革，激发了教师上课的积极性和主动性。学校通过多渠道提高教师水平，全年培训教师 2000 余人次。组织完成了学校第十四届“耕耘杯”教学竞赛项目。通过外出考察、集中培训、挂职锻炼、教学竞赛等方式，切实提高教师业务素质与能力。学校通过组织各类专业技能竞赛，提升学生的职业技能和职业素养。在第四届全国有色金属行业职业院校技能大赛中，学校 2 名学生均获三等奖的较好成绩；在攀钢集团公司第五届职工技术运动会 PLC 电工项目决赛中，学校 2012 届毕业生获得第三名的佳绩，为学校争得了荣誉。

学校重新修订完善了《科技创新奖励管理办法》，完成中共省委党校 8 项课题、中国冶金教育学会 5 项教研成果的申报工作，如期完成 5 项中国职业教育学会课题，完成 2 项教育厅课题申报。获得第七届高等教育四川省教学成果奖 1 项。全年撰写论文 94 篇，著作、教材 5 本，进行科研课题、教学建设项目研究共 21 项。

【人文与素质教育】 2013 年，学校立德树人，积极抓好学生的素质教育工作，党、团校培训学生 3000 余人次。不断推进大学生思想政治教育工作，组织开展了丰富多彩的主题教育活动、暑期社会实践活动、“五四”文化月、迎新演出、校运会等大型学生活动。学校学生在各类大赛中屡获佳绩，在攀枝花市举行的“花舞人间”创意设计大赛中，3 名学生包揽了一、二、三等奖；在攀枝花市“首届花城舞蹈争霸赛”中，学校学生街舞队获一等奖。学校积极抓好校风学风建设，开展了“做文明有礼的当代大学生”行为养成活动，倡导学生控烟、节粮以及文明进餐等行为，提升了学生素养。为推进大学生心理健康教育，学校组织开展了 2200 余名新生的心理健康状况测查工作，举办了新生心理健康系列讲座。共接待来访学生 307 人次，团体辅导 382 余人次，危机干预 8 人次，举行心理素质拓展训练 10 场次，完善了大学生心理健康档案。学校积极创新教育模式，创办了“求真讲坛”，进行了辅导员职业能力大赛，开展了创建标准化寝室、学生党员示范寝室等系列活动。修订了《系部学生工作考核办法》《辅导员绩效考核办法》等制度，优化了班课检查制度、休学离校管理程序，学生管理更加高效。

【招生与就业】 2013 年，学校充分利用多种资源，加大招生力度，完成各类学历教育招生 3811 人次。其中，全日制高职学历生 2367 人，成人学历教育生（含套读）885 人，与中职学校合作办学招生 559 人。学校共有大专毕业生 2010 人，推荐就业岗位 3900 余个，推荐就业 1950 人，就业率 97%。学校也获评四川省普通高等学校毕业生就业工作优秀等级称号。学校与四川大学、昆明理工大学、西南科技大学、四川师范大学等院校合作，开展了从脱产、函授、网络到自考等多渠道、多形式的专本科教育，各类成人教育学生在籍人数 1895 人。

【对标挖潜工作】 2013 年，学校继续做好“对标挖潜，降本增效”工作，加强全面预算管理、加大人力资源开发和精细化管理等工作力度。抽调相关人员，对武汉工程职业技术学院、成都航空职业技术学院、四川城市职业学院等政府、企业、社会所办高职院校进行考察，找准了对标要素和标杆，将指标体系与实际工作紧密结合，提高效能，取得了工作实效。学校高度重视人力资源优化工作，召开专题会，成立工作领导机构，重点对管理人员情况进行了调查摸底，分析岗位状况，重新界定岗位职责。通过优化，体现岗位价值，实现岗位与人员的匹配，提高了工作效率。全年退休 29 人，短期息岗 6 人，清退劳务工（含小时工）80 人，降低了人工成本。学校以人为本、稳步推进，耐心做好在岗职工思想工作，清退工作获得职工及家属的理解。对减员的部门，学校通过出台一系列激励政策，多劳多得，增加了职工收入。

【四十年校庆】 2013 年，学校举行了庆祝建校 40 周年师生书画展、教师节座谈会、教职工象棋围棋赛、校庆系列专题讲座、元旦趣味体育比赛等 11 项校庆系列活动，活动组织有条不紊，稳步推进，成为全校师生难忘的经历。学校以庆祝建校 40 周年为契机，成功举办了两场大型活动。2013 年 11 月 8 日，在学校运动场隆重举行举行了庆祝建校 40 周年庆典暨第 31 届田径运动会开幕式，2013 年 12 月 29 日，学校在马家田校区举办庆祝建校 40 周年暨迎新年文艺晚会。活动简朴、热烈、大气，少花钱办大事，展示了学校组织、管理、协调、创新方面的能力，体现了学校做事优质高效的风格。通过活动育人，也使学生在参与中得到了锻炼、培养。通过校庆活动，宣传了学校，展现了学校办学风采，凝聚了人心、振奋了精神。

【后勤管理工作】 2013 年，为建立健全后勤服务管理制度，落实依法治校理念，逐步实现后勤管理的制度化、规范化，学校进一步推进后勤承包改革，对维修班进行了改制，对培训公寓实施了承包管理。改善办学条件，校园环境得到较大改观。维修了教学楼，修建了文化墙和校园广场 LED 屏，整治了区域环境。维修改造了两校区运动场和校区道路等。充实、更新了部分教学设施设备和课桌椅，完成学校所需的零固投资、低值易耗品、维修材料等采购任务，为学校建设与发展提供了有力保障。加强了学校食堂卫生、质量、价格、服务的管理，对食堂大宗物品实行了统一采购，提高了食品安全防范意识。建立了相对完善的校园环境综合治理工作机制，校园更加安全有序，实现了全年安全事故零的目标。

【党的群众路线教育活动】 2013 年，学校根据上级部署，开展了以“为民、务实、清廉”为主题的党的群众路线教育实践活动。学校党委把教育实践活动作为全年工作的重中之重，召开了动员大会，成立了领导小组和工作机构，制定了活动实施方案。学校扎实开展党的群众路线教育实践活动，坚决反对“形式主义、官僚主义、享乐主义和奢靡之风”，着力打牢学习教育和查摆问题两个基础，聚焦“四风”问题，征集意见建议 40 多条。深入联系点开展调研 10 多次，与职工群众面对面交流，形成调研报告 6 篇。在活动中，学校领导班子通过干部“大下访”深入开展谈心活动。全年开展“大下访”活动 20 多次，与 50 多名党员和群众代表现场交流体会、剖析问题，走访了部分信访人员，看望了先进职工代表。通过查找问题、化解矛盾、跟踪落实，促进了干部队伍作风进一步转变。在活动中，学校领导班子成员认真撰写对照检查材料，召开专题民主生活会，对查找出来的问题，班子和成员分别制定了整改方案，开展“回头看”，落实整改方案，进行了专项整治。学校领导班子统一了思想，树立了打拼意识和担当精神，提高了班子整体解决问题的能力。

【党建工作】 2013 年，学校党委根据中共四川省委教育工委和攀钢党委的要求，坚持党的教育方针和社会主义办学方向，服从服务于攀钢扭亏控亏增效大局及学校中心工作和发展目标，围绕发展抓党建，抓好党建促发展，继续深化学习实践活动，认真贯彻党的十八精神，落实全国、四川省高校党建工作会议和宣传思想工作会议精神及攀钢有限公司党委 2013 年工作要点，以改革创新精神全面加强党的建设。学校党委高度重视领导班子建设，严格执行《四川机电职业技术学院（攀钢党校）加强两级领导班子建设实施意见》，大力开展联系基层活动，着力发挥两级领导班子的作用，取得了很好效果。学校党委切实开展党风廉政建设和反腐倡廉工作。学习中央和攀钢集团公司党委有关党风廉政建设责任制精神；组织了干部学习警示教育材料、观看警示片、签订了廉洁承诺书；加大专项治理力度，认真落实对学校两级班子成员和重点岗位、人员的教育、监管措施，努力促进各级干部健康、廉洁、有为，确保了各级干部充满生机活力，干事干净。学校积极强化基层组织建设，按照总支（支部）班子坚强、党员队伍过硬、保证作用突出、思想工作有力、基础工作扎实的要求，加强总支（支部）系统化、规范化建设；积极开展“实现伟大中国梦、建设美丽繁荣和谐四川”活动，发挥基层党组织的战斗堡垒作用，促进基层党组织建设；创新党建工作载体，完善党总支（支部）工作目标管理体系，深入开展“创先争优”活动和“先锋·旗帜”主题实践活动，把党组织建设与学校重大工作和系部自身建设紧密结合，增强党组织活动的吸引力和创造力。学校积极突出党员作用发挥，紧紧围绕学校中心工作，深入开展创先争优活动，以共产党员工程建设为载体，紧密结合党员岗位实际和党员承担的具体工作，激励党员创造优秀业绩，充分发挥先锋模范作用，在学校骨干院校建设和教学、育人、管理、培训、服务等工作中涌现出一大批优秀共产党员。

（周官强）

体育·卫生

体　育

【体育管理、服务机构】 2013年，攀枝花市设有市体育局、市体育总会、市全民健身指导委员会等市级体育事业管理机构，有市级单项体育协会11个；县（区）级体育行政主管部门5个、体育总会5个、全民健身指导委员会5个、单项体育协会36个；全市44个乡镇、16个街办均成立体育健身活动领导机构，44个乡镇均建立综合文化站和老年人体育协会，130个社区全部建有社区文体活动中心；全市有健身辅导站197个。

【攀枝花市全民健身志愿服务队成立】 2013年8月8日，攀枝花市成立由市体育系统、各县（区）体育管理及服务部门、各行业体育骨干共50人组成的“攀枝花市全民健身志愿服务队”，为基层群众提供体育健身辅导服务。

【“全民健身日”系列群众体育活动】 2013年8月8日为全国第五个“全民健身日”。为深入实施《全民健身条例》，推动群众体育活动向纵深开展，引导市民积极参与体育健身活动，攀枝花市体育局根据四川省体育局《关于组织开展2013年8月8日“全民健身日”群众体育活动的通知》，于8月8日在市体育馆举行“全民健身日”攀枝花市系列群众体育活动启动仪式，市委常委、宣传部部长沈钧，市人大原副主任、市老体协主席张孝杰，市老体协常务副主席李海、市体育局局长刘跃出席，沈钧宣布活动开始。

自7月16日至8月11日，举行了2013年“全民健身日”攀枝花市系列群众体育活动，设置了国民体育测试、健身球操、乒乓球等9个项目，1万余人次参与，在全市营造了浓厚的全民健身氛围，掀起了全民健身热潮。

【“假日体育”健身活动】 2013年，攀枝花市体育局认真组织重大节庆假日群众体育健身活动，逐步引导市民树立“假日体育”健身理念，举行了第三十九届元旦越野赛、春节趣味体育活动、元宵节市直机关第十二届登山活动、元宵节龙狮健身大联动活动、五一国际劳动节全市第八届五人制足球比赛、国庆和中秋节体育展示、欢乐阳光节体育活动等，数万人次参与活动，为市民提供了丰富多彩的假日体育健身项目。

【市内群众体育竞赛】 2013年，攀枝花市体育局举行了篮球、足球、羽毛球、网球、太极拳、健身球操、登山活动、定向运动等健身赛事和活动近100项，直接参加人数达2万余人次，体育健身深入人心。

【参加省级及以上群众体育竞赛】 2013年，攀枝花市组队参加全国、全省群众体育比赛取得优异成绩。参加全国太极、健身气功、地掷球赛事3次，获得全国比赛金牌4枚、银牌4枚、铜牌4枚；参加省级赛事11次，获得省级比赛金牌8枚、银牌16枚、铜牌3枚、优胜奖7个、优秀奖2个、体育道德风尚奖4个。其中，太极拳（剑）、健身气功代表队代表四川省参加在宝鸡市举行的“第二届全国老年人体育健身大会太极拳（剑）交流活动”和在安徽省亳州市举行的“首届中国（亳州）国际健身气功博览会暨第五届华佗五禽戏养身节交流比赛”，获得金牌4枚，银牌4枚，铜牌4枚，居全国一流水平；运动员李翔代表四川参加在贵州举行的全国地掷球竞标赛，获的单项季军的成绩。

【社会体育指导员培训】 2013年，攀枝花市体育为推行《社会体育指导员等级制度》，培训审批110名二级社会体育指导员，选派27人参加国家级和一级社会体育指导员培训；举办全市性排舞、腰鼓等项目体育骨干培训8期，培训骨干1000余人；举办全省健身气功、定向运动、太极拳剑、广场健身操舞、舞龙舞狮等项目的培训班，培训骨干600余人次。

【群众选手参加国际马拉松比赛】 2013年，攀枝花市积极开展以“阳光·运动·休闲”为主题的全民健身活动，群众身体健康素质逐渐提高。3月，米易县成功举办第四届徒步50千米活动，6名徒步长跑爱好者脱颖而出，具备参加国际、国内大赛能力，成功通过国际马拉松赛报名，于3月下旬抵达重庆参加国际马拉松赛比赛，这是攀枝花市群众选手首次参加国际马拉松比赛。

【川滇友邻市州第九届男子篮球联赛】 2013年11月4—9日，由攀枝花市人民政府主办，攀枝花市体育局、川滇友邻市（州）篮球联合会、攀枝花市东区人民政府承办的川滇友邻市州“奥林匹克·太平洋购物中心杯”第九届男子篮球联赛在攀枝花市体育馆举行。11月5日上午9：00举行开赛仪式，市政府副市长张敏、市政协副主席庞向东、市政府副秘书长田川、市体育局局长刘跃和各代表队领队出席。本届篮球联赛有来自云南省迪庆州、大理州、楚雄州、昭通市，四川省乐山市、宜宾市、凉山州、攀枝花市共8支代表队约130名运动员参赛，大理州获得冠军。凉山州、乐山市、昭通市、攀枝花市、宜宾市分别获得2-6名，楚雄州、迪庆州获得体育道德风尚奖。

【举办“欢乐阳光节”首届定向越野比赛】 2013年11月，为倡导健康的生活方式，攀枝花市体育局以“阳光、运动、休闲、养生”为主题，举办首届定向越野比赛，来自全市各行业、各系统及户外俱乐部的19支代表队参赛，进一步丰富广大市民的体育文化生活。

【参加全省地掷球比赛获得冠军】 2013年4月中下旬，四川省2013年地掷球锦标赛在成都市龙泉驿举行。此次比赛有成都、乐山、绵阳、凉山、自贡、德阳、攀枝花等市、州参赛。攀枝花市地掷球队参加成年男子塑质球、小金属球和大金属球3项比赛，获得小金属球个人准确抛击冠军和第二名，大金属球个人准确抛击第二名和塑质球团体第三名的好成绩。

【参加四川省第九套广播体操比赛荣获冠军】 2013年8月，攀枝花市组织攀钢职工队伍参加由四川省体育局、四川省总工会和四川省社会体育指导中心举办的“四川省第九套广播体操比赛”荣获第一名，充分展示了攀钢职工、攀枝花人的良好形象和精神风貌。

【引导健身气功发展】 2013年，攀枝花市体育局加强健身气功的引导和指导，选派5名健身气功骨干参加四川省一级社会体育指导员健身气功培训；承办2013全省健身气功管理干部及新功法培训班，攀枝花市130余名辅导员、站长及骨干参加培训；举办8月8日“全民健身日”健身气功展示活动；组织参加全国健身气功比赛，取得集体两个第2名，个人一个第3名、一个第4名的成绩。年内，参加健身气功活动达2000余人。

【攀枝花市全国群众体育先进集体代表和个人受到总书记习近平接见】 2013年9月，国家体育总局在辽宁省沈阳市召开了2009—2012年度全国群众体育先进集体和先进个人表彰大会，攀枝花市体育局、仁和区旅游和体育局、米易县人民政府、攀枝花市体育中学、米易中学、雏鹰阳光体育俱乐部被表彰为2009—2012年度全国群众体育先进集体；有5名人员被表彰为2009—2012年度全国群众体育先进个人。先进集体代表和先进个人受到总书记习近平亲切接见。

【攀枝花市体育训练特殊学校基地】 2013年8月，为培养、选拔和输送残疾人优秀体育人才，推动体育事业协调发展，攀枝花市体育局、攀枝花市残联和攀枝花市教育局联合成立“攀枝花市体育训练特殊学校基地”。该基地设在攀枝花市特殊学校，由市体育局、市残联、市教育局每年共同补助5万元基地训练经费，设置游泳、篮球、门球、地滚球、轮滑、飞镖等6个训练项目。

【备战“省十二运会”】 2013年，攀枝花市认真贯彻落实《国务院办公厅转发体育总局等部门关于进一步加强运动员文化教育和运动员保障工作指导意见的通知》文件精神，为备战四川省第十二届运动会，积极改善学生运动员、教练员保障条件，落实伙食补助标准，确保学生运动员文化学习与业余训练两不误；加强业训动态管理，科学开展日常训练；按照省高水平体育后备人才基地的认定办法、条件和细则，加强业余训练规范化建设；做好青少年运动员注册工作，全市在本届省运会周期内注册运动员1400余名，达历史最高水平；完善市级青少年体育竞赛平台，全年开展14个项目的青少年体育竞赛活动；对市级传校实行动态管理，扩大业余训练基层覆盖面；加强青少年体育俱乐部的管理和建设，指导其认真开展体育训练，扩大学生训练范围，提高训练效果。

【市内青少年体育竞赛】 2013年，攀枝花市体育局、市教育局联合举办了足球、篮球、游泳等9个项目的市级中、小学生年度体育竞赛。市体育局还单独开展乒乓球、跆拳道、健身操舞3个项目的青少年体育竞赛。通过开展体育竞赛，更大范围的吸引青少年参与体育锻炼和训练，提高了全市中小学生的身体素质，发现了一批体育后备人才，达到年度赛的预期目的。

【参加四川省青少年体育锦标赛】 2013年，攀枝花市体育局积极组队参加四川省青少年体育年度锦标赛，共派出882名青少年运动员参加22个大项的比赛，取得50枚金牌、38枚银牌、35.5枚铜牌和3485.5分的成绩。

【举办青少年健身操舞比赛】 2013年，为推动青少年健身活动广泛开展，促进青少年身心健康全面发展，攀枝花市体育局组织全市青少年体育俱乐部 11 支队伍，开展青少年健身操和排舞比赛。通过比赛，增进了各个青少年体育俱乐部的交流和友谊，丰富了广大中小学生课余文体生活，为素质教育开辟了一条新路子。

【一线教师体质测试】 2013 年 4 月，为落实《攀枝花市全民健身实施计划（2011—2015）》，引导一线教师参加体育锻炼，提高教师队伍身体素质，形成“社会关注教师身体健康，教师自觉参加体育锻炼”的良好氛围，攀枝花市国民体质测试中心为市外国语学校 120 余名教师进行了体质测试，从体成分、骨密度、心血管等 3 项指标进行了综合分析，并出具了运动处方。

【四川省体育人才基地创建】 2013 年，攀枝花市体育局加强高水平体育后备人才基地创建工作，通过积极努力争取，攀枝花市体育中学、仁和区业余体校、米易县业余体校创建为“四川省高水平体育后备人才基地（2014—2017）”，攀枝花市实验幼儿园、攀钢生活服务有限公司幼教中心、清香坪幼儿园创建为“四川省幼儿体育基地（2014—2017）”。

【优秀体育人才培养输送】 2013 年，攀枝花市体育继续深化体教结合，夯实业余训练基础，市级各训练单位结合自身实际，开展多种不同形式的业余训练和后备人才培训。年内，攀枝花市向四川省优秀运动队、各大中专院校、四川省体育运动学校等培养输送优秀体育人才 140 名。

【举办全国皮划艇激流回旋春季冠军赛】 2013 年 3 月 29—31 日，全国皮划艇激流回旋春季冠军赛在攀枝花市米易县举行。四川、辽宁、福建、山东等 13 个省、市共 100 余名运动员参赛，四川队在男子双人划艇、男子单人划艇和女子单人皮艇基本功 3 个项目中获得第一名。四川省、福建省、贵州省代表队荣获体育道德风尚奖运动队，攀籍选手李露荣获体育道德风尚奖运动员荣誉称号。

【体育产业发展】 2013 年，攀枝花市体育局积极吸引社会资金支持体育事业发展，加强与企业、商家的联姻合作，引资举办了“安利杯”第 39 届元旦越野赛、“奥林匹克 太平洋购物中心杯”川滇友邻市州第九届男子篮球联赛、“奥林匹克杯”迷你马拉松比赛、“毛头小宋餐馆金瓜杯”围棋比赛、“安监杯”重望桥牌比赛、“攀钢杯”第 27 届网球比赛、“华钢杯”信鸽比赛和红山国际、安宁铁钛赞助的全国桥牌比赛等 8 次体育赛事。

2013 年，攀枝花市体育局充分利用体育场、馆资源，积极拓展体育培训项目，引导社会转变思想观念，不断壮大发展体育培训产业。年内，全市体育系统面向社会开展体育技能和体育健身培训达 6000 余人次。

2013 年，攀枝花市体育局充分发挥攀枝花独特的气候资源优势，积极与国家和有关省、市运动队沟通协调，引进 10 余支国家及省级运动队到攀开展体育训练。

2013 年 6 月，攀枝花市西区引资建成西佛寺水上娱乐项目。该项目占地 5.67 公顷，其中绿化占地 2.67—3.33 公顷，水上娱乐项目包括标准游泳池 1 个（50 米×25 米）、儿童池 1 个（800 平方米）、冲浪池 1 个（约 3500 平方米），另设配套服务区。

【首批初级救生员职业资格培训】 2013 年 12 月，为加强对高危险性体育项目的监管，攀枝花市体育局邀请国家级体育行业职业资格培训基地（成都体院）高级培训师蒋许万、田川到攀举办了“攀枝花市首批救生员职业资格培训班”。这是攀枝花市开展经营高危险性体育项目许可以来的首次救生员职业资格培训，参训人员 35 名，来自全市 11 个对外经营的游泳场所。通过培训，参训人员考核合格并获得国家人力资源与社会保障部颁发的体育行业职业资格证书。

【体育基础设施建设】 2013 年，攀枝花市体育局加强体育基础设施建设，在城市社区、生活小区以及新农村等安装 30 套全民健身路径；推进“攀枝花市青少年活动中心”建设，该项目已正式动工；推进“攀枝花市老年体育活动中心”建设，该项目已完成选址和可研报告等前期工作。

【体育民生工程】 2013 年，攀枝花市体育局认真实施体育民生工程。完成的省级民生工程有：积极引导群众开展全民健身活动，加强体育场馆设施的管理和维护，全年免费向公众开放体育锻炼达 79.585 万人次，完成率为 105%；加大对贫困体育特长学生资助力度，向省上争取 150 个资助名额，受助金额达 36 万元。完成的市级民生工程有：为帮助部分贫困体育特长学生和残疾体育特长学生解决学习、生活和训练的实际困难和问题，对 150 名贫困体育特长学生和 15 名残疾体育特长学生进行了资助；投入体彩公益金 89 万元完成 30 套健身路径的安装任务、为全市农民体育健身工程更换篮球板 100 副；投入体彩公益金 20 万元维修或更换部分损坏或过期的全民健身路径；为普及全民健身知识，倡导广大市民科学健身，投入体彩公益金 5 万元在全市三区两县及市级机关，组织开展 7 期科学健身讲座，听众 5000 人次，印制发放科学健身手册 5000 册；为掌握市民身体健康素质，指导市民科学健身，开展体质测试人群达 2000 人次。

【体育行政确认】 2013 年，攀枝花市体育局严格执行体育行政审批制度，按照《运动员等级制度》《裁判员管理办法》和社会体育指导员确认标准以及证书发放办法等相关法律法规，全年完成 81 名国家二、三级裁判员，132 名二、三级运动员，107 名二级社会体育指导员的行政确认工作；审核上报 5 名国家一级运动员。

【体育行政执法】 2013年，攀枝花市体育局加强体育行政执法工作，规范管理体育经营市场，成立游泳场所专项安全检查组，对全市16个经营性游泳场所进行指导检查，针对存在的问题下发整改通知。同时，为进一步提高全市游泳安全救护水平，结合安全检查情况，举办了2013年度全市游泳救生员培训班，参加培训和年审的救生员共63名，合格60人，合格率为95%。

【体育彩票销售】 2013年，攀枝花市体育局认真贯彻落实四川省体育彩票工作会议精神，结合攀枝花彩票市场实际，制定营销宣传方案，指导各县（区）做好宣传工作，在整个市场经济环境下行的情况，全市体育彩票销量达1.0104亿元，攀枝花市体育彩票销量连续两年突破亿元大关。

【启动攀枝花市第六次全国体育场地普查工作】 2013年12月23日，攀枝花市体育局召开攀枝花市第六次全国体育场地普查工作布置暨业务培训会，来自全市各县（区）及街道（乡镇）和有关大企业100余名普查员和工作人员，学习了国家、省第六次全国体育场地普查有关文件、普查指标，进行了普查实务考核并颁发普查证，标志着攀枝花市正式启动第六次全国体育场地普查工作。该项工作预计2014年5月完成。

（彭小平）

卫　生

【医疗卫生机构和队伍】 截至2013年年底，全市共有各级各类医疗卫生机构1044个。已建成国家三级甲等综合医院2所，三级甲等中西医结合医院1所，三级甲等专科医院2所，三级乙等综合医院1所，二级医院7所；疾病预防控制机构6个，卫生监督机构6个，医学科学研究机构1个，采供血机构1个；有42个社区卫生服务机构，43个乡镇卫生院；全市共有床位9254张。2013年全市共有卫生技术人员达9349人，其中，执业(助理)医师3779人，注册护士3818人。

【深化医药卫生体制改革】 完善新型农村合作医疗制度。2013年，全市新型农村合作医疗制度（以下简称“新农合”）参合人数48.41万人，参合率99.36%，新农合人均筹资标准提高到340元，其中，各级财政补助标准提高到每人每年280元，个人缴费标准提高到每人每年60元；年度筹资总额达1.72亿元，其中，各级政府补助1.36亿元。当年，全市新农合基金支出总额17310万元，受益608391人次，政策范围内补偿比达77.54%，实际补偿比达62.06%。结合民生工程，开展了55-65周岁连续三年参合而未享受报销的农村居民免费体检工作，实际体检8309人，对体检单位补助新农合基金41.55万元。

巩固完善基本药物制度。2013年，攀枝花市利用四川省药械集中采购监管平台，对全市基本药物采购情况进行实时监控；建立市县两级基本药物监管制度，培训基层药学人员；落实现场督查、定期考核、药品集中采购通报等监控制度；执行通报制、约谈制、限时整改制和责任追究制等管理措施。基本药物制度全面覆盖所有政府办基层医疗卫生机构和村卫生室。2013年，基层医疗机构网上采购基本药物3400万元，同比增长48%。90%的非政府办基层医疗机构实施了基本药物制度，扩大了基本药物制度实施范围。

推进公立医院改革。2013年，攀枝花市开展了以取消药品加成为重点的县级医院公立医院改革。在米易县医院于2012年先行试点的基础上，全市5家县级公立医院（仁和区人民医院、米易县人民医院、米易县中医医院、盐边县人民医院、盐边县中医医院）从2013年10月1日起全面取消了药品加成，除中药饮片外的所有药品实行按实际进价零差率销售。至12月，5家县级公立医院共计为患者减少了616余万元的药品加成费用。

【卫生应急】 2013年，随着预案体系和协调机制的逐步建立健全，以预案为核心的卫生应急制度建设不断得到规范和加强。市、县（区）两级卫生行政部门均成立了卫生应急办公室，提高了对突发公共卫生事件的监测、报告和处置能力。年内，盐边县完成了创建省级卫生应急示范县的自查评估工作。各县区、各级医疗卫生机构共开展应急演练3次，参与演练的卫生行政和专业技术人员共110余人次。实施雅安地震抗震救灾卫生防疫对口支援工作，共派出市、县（区）疾病控制和卫生监督人员6批62人，采取驻乡巡村的方式全面开展灾后卫生防疫对口支援，驻点区域无传染病暴发流行及突发公共卫生事件发生。

【卫生基础设施建设】 市中心医院第二住院大楼于2013年6月投入使用，大楼建设面积58713平方米，总投资21615万元。市第二人民医院外科住院大楼，市四医院于新建门诊医技办公综合楼项目主体封顶并进入内外装修阶段。攀西职业病防治中心总投资5760万元，建筑面积12500平方米，主体工程于2013年3月开工。花城新区医院建设被列为市政府2013年急难险重任务，医院设置床位980张，建筑面积11.3万平方米，2013年12月19日，医院场平工程开工。市妇幼保健院迁建建设方案已初步完成，拟占地100亩，开设床位按500张规划，300张建设。

【疾病预防控制】 2013年，全市无甲类传染病发生，乙丙类传染病报告发病率与2012年同期相比下降15.54%，达历史新低，在全省位居第17位。

免疫规划。2013年，全市77个接种门诊均开展儿童预防接种信息化管理工作，接种单位实施率达100%。10月，市内建立了儿童预防接种信息管理平台，初步实现了全市范围儿童预防接种信息的共享。市卫生局积极推进免疫规划示范区创建工作，对米易县进行了多次督导，该县于2013年11月成功创建省级免疫规划示范县。继续实施扩大国家免疫规划，有效预防和控制疫苗针对传染病的流行，全市1岁儿童卡介苗、脊灰、百白破、麻疹、乙肝疫苗报告接种率分别为99.60%、99.22%、99.40%、99.27%、99.49%。

艾滋病防治。2013年，攀枝花市继续实施防艾工作目标考核，市卫生局组织对全市艾滋病抗病毒治疗机构、哨点监测单位开展了抗病毒治疗药物管理及信息系统培训、哨点监测暨暗娼专题调查培训5次，培训有关防治人员81人次。截至2013年年底，全市建成HIV初筛实验室15个，快速检测点67个。

结核病防治。2013年，全市各级结防机构共接诊肺结核可疑者2462人，共发现、登记活动性肺结核病人569例，其中涂阳肺结核病人160例，对发现的肺结核病人给予了免费抗结核药品治疗和相应的系统管理。西区成功创建结核病防治省级示范区。

慢性病防治。2013年，全市5个县（区）均开展了全人群死因监测工作，覆盖所有县级及县级以上医疗机构和乡镇卫生院（社区卫生服务中心）。东区继续巩固国家级慢病综合防控示范区创建成果。2013年，攀枝花市通过省级考核，在全省率先达到消除疟疾标准。市晋升卫生领导小组建立了联席会议制度。

【食品安全监管】 2013年，攀枝花市制定了《2013年攀枝花市食品安全风险监测实施方案及食源性疾病主动监测工作手册》，在全市5各县（区）共同开展食品污染物和食源性致病菌监测、食源性疾病监测。2013年11月19日，市食安办工作职责正式移交时食品药品监督管理局。

【卫生监督执法】 2013年，攀枝花市继续实施公共场所量化分级管理，住宿场所、美容美发场所、沐浴场所、游泳场所四类公共场所评级率均达到100%。年内，市卫生局对公共场所安全套摆放情况进行了专项监督检查。开展了打击非法行医专项行动，全年共对18家医疗机构、1家疾病预防控制机构和1家中心血站开展监督检查累计42户次，监督覆盖率达到100%。开展了农村新型合作医疗和基本药物制度落实情况的监督检查，监督覆盖率达到100%。做好职业卫生和放射诊疗监督工作，全年共监督放射诊疗单位16家，监督覆盖率100%。对全市4家职业病诊断机构和8家职业健康检查机构进行了日常监督检查，监督覆盖率100%。围绕“打非”强化医政监督管理，逐步形成了日常巡查制度，常年保持对非法行医行为的高压态势，全市共开展无证行医和非法采供血监督检查127次，查处取缔无证行医93户次。

【基层医疗卫生体系建设】 2013年，全市成功创建全国示范社区卫生服务中心1家，四川省示范社区卫生服务中心5家，累计创建成国家级、省级示范中心9家，占全市20个社区卫生服务中心的45%。推进基层医疗卫生机构标准化建设，全市乡镇卫生院标准化等级评审达标率100%，村卫生室标准化等级评审率达标率88.15%，完成标准化村卫生室建设310所。推行“四公开、四免费、四优先”服务，全面提升机构服务质量。即服务内容、服务时间、监督内容、药价及收费标准四个公开；实行接送患者、医疗咨询、健康处方、康复训练四项免费；坚持残疾人、家庭服务、出诊、检查四优先。完善了以政府投入为主的多渠道补偿机制，实现了所有社区卫生服务中心全部由政府举办，及时、足额配套基本公共卫生服务、实施基本药物制度等补助经费。完善以绩效考核为核心的激励机制。深化基层医疗卫生机构人事和绩效分配改革，完善了基层医疗机构的分配和激励机制，调整了奖励性绩效工资分配比重，基层医疗机构业务量逐步上升。

【医政管理】 2013年，攀枝花市为提高医疗质量和医疗服务水平，建立完善适合攀枝花市实际的医疗质量管理与控制体系，规范医疗机构病案质量管理工作，按照卫生部《医疗质量控制中心管理办法（试行）》要求，成立了医院感染、儿科、肿瘤性疾病等25个市级质控分中心。制定并实施了《攀枝花市卫生局关于加强合理用药支持四川制造控制医药费用的实施方案》。加大抗菌药物专项整治力度，门诊和住院病人使用抗菌药物比例均有下降。开展“优质护理服务示范工程”活动，全市三级医院开展优质护理服务的病房覆盖率达到100%，二级医疗机构开展优质护理服务的病房覆盖率达到90%以上。制定了攀枝花市国家级、省级、市级重点专科中长期发展规划，有3个医学专科通过省级医学重点专科立项评审，有1个医学重点专科通过省级验收，成功申报科研立项17项。推进医疗纠纷调解，和谐医患关系。起草了《攀枝花市医疗纠纷预防及处理暂行办法》及医调中心的相关工作制度、流程。根据《医疗机构校验管理办法（试行）》及《四川省医疗机构不良执业行为记分管理办法》等，市卫生监督局对医疗机构的执业行为进行日常监督；完成2013年医师资格考试工作；开展了全市医疗废物管理专项检查工作，对二、三级医疗机构、采供血机构的监督覆盖率达到了100%。

【妇幼卫生】 2013 年，攀枝花市以贯彻落实妇女和儿童发展纲要为抓手，促进妇幼卫生综合服务能力和服务质量提升。实施农村孕产妇住院分娩补助和降消项目，住院分娩率提高到 99.84%。加强产前诊断能力建设，提高产前筛查率和产前诊断水平，产前筛查率达 64.33%，比 2012 年提高 16.57 个百分点。加强妇女儿童疾病防治，孕产妇和 3 岁以下儿童健康管理率分别提高到了 95.4%和 95.45%。2013 年，全市孕产妇死亡率下降到 19.11/10 万，较 2012 年下降 31.28%；婴儿和 5 岁以下儿童死亡率分别下降到 6.12‰和 8.51‰，较 2012 年分别下降 20.42%和 16.57%。

【无偿献血】 年内，市卫生局加强血液监管，积极推行无偿献血工作。贯彻落实《医疗机构临床用血管理办法》，加大对各医疗机构临床用血的监督考核力度，促进临床科学、合理、安全、有效用血。全年共有 14676 人次参加献血，较上年增长 13.8%；采集血液 4576420 毫升，较上年增长 12.9%；机采血小板 393 人份，较上年同期增长 92%。连续 8 年保持了临床用血 100%来自无偿献血和自愿无偿献血达到 100%的“双百”目标。

【人才引进与培养】 2013 年，攀枝花市通过公开考试招聘和直接考核招聘共引进高学历、高职称、急需紧缺卫生人才 159 名，通过阳光天使项目、乡镇卫生院招聘执业医师项目、订单定向医学生培养项目，为基层引进人才 38 名。全市卫生系统有 2 个引智项目获国家外国专家局计划立项，先后引进 3 名以色列、奥地利专家来攀工作和指导。同时，由市政府出资聘请的 5 名特聘专家定期到攀枝花市指导医疗业务技术，促进本市医疗业务水平不断提高。派出 164 名骨干卫技人员支援基层医疗卫生机构，三级医院接收县级医院 77 名骨干医师进修。市卫生局草拟了《“攀枝花市卫生局系统中青年人才培养工程”实施办法》。制定出台了《中共攀枝花市卫生局委员会关于加强局直单位后备干部队伍建设的意见》，并完成了 23 名后备干部的选拔工作。全力推进攀枝花市人才优先发展试验区建设，市中心医院作为全市被批准的两个事业单位之一被市委列为市级人才优先发展试验区。完成了市委组织部下达的《基于基本药物制度背景下乡镇卫生院医务人员激励机制研究》课题的调研。

【中医药工作】 2013 年，市卫生局贯彻落实《四川省人民政府关于扶持和促进中医药事业发展的实施意见》，健全和完善中医药服务体系，推进基层中医服务能力提升工程，逐级签订了《基层中医药服务能力提升工程目标承诺书》，认真落实基层中医药服务能力提升工程的各项工作。做好县级中医医院等级评审工作，积极推进“名科、名院”和“治未病”科室的建设；实施中医药“进农村、进社区、进家庭”工程，促进农村、社区中医药发展；推动中医药参与重大疾病和传染病的防治工作。加强中医人才培养，多渠道培养中医人才，中医人员素质逐渐提高，中医药人员队伍逐渐壮大。

【优质服务主题活动】 2013 年 6 月，市卫生局在全市卫生系统启动为期一年的“你我心连心·共圆健康梦”优质服务主题活动。活动成立了组织领导机构，在查找问题、分析原因、研究对策的基础上，制定了主题活动总体方案和卫生行政部门、医疗机构、疾病预防控制和卫生监督机构、基层医疗卫生机构、宣传工作等 5 个专项指导实施方案以及督导工作方案。7 月 2 日，召开了全市卫生系统动员大会，安排部署活动任务，局长徐翠作活动主题报告，副市长张敏作动员讲话。开展优质服务主题活动过程中，在落实各实施方案时，突出两个重点，即在局机关开展了建设学习型、服务型、创新型、务实型、廉洁型（简称“五型”）机关、争做“五型”干部活动和在各医疗卫生单位开展了换位体验、宾至如归、提升技能、便民惠民、与廉同行、选树典型等“六大专项行动”。10 月 13 日，在中心广场举行了攀枝花市“牵手强基层·服务百姓健康行动”启动仪式，市委、市人大、市政府、市政协分管领导出席启动仪式。2013 年，在全省首次开展的第三方对 21 个市州卫生局政风行风建设综合满意度测评中，攀枝花市卫生局名列第 5。

【惠民医疗服务】 年内，市卫生局在 4 家惠民医院继续实行“十免、十减、两优惠、一方便”的惠民措施，全市有 5674 人次享受惠民政策，减免费用 19.36 万元。大力开展“千户送医”活动，14 支农村巡回医疗队继续为全市 75 个贫困乡村提供巡回医疗服务，全年累计检查和接受咨询 2 万余人次，提供免费药品价值 38 万余元。

【红十字会工作】 2013 年雅安芦山地震发生后，市红十字会在全市范围内启动了为灾区募捐救灾资金活动，共为灾区募集资金 29 万余元。全年为困难特殊人群募集救助金 58480 元，为 1 名白血病患儿申请到中国红十字总会小天使救助金 5 万元。2 月，通过与四川省省红十字会和四川省人民医院器官移植中心的共同协作，实现了攀枝花市首例人体器官捐献。

【爱国卫生运动】 年内，市卫生局系统开展环境卫生整治、清洁城乡环境，开展了数次大规模的以清除四害孳生地为重点环境卫生大整治行动。开展各级卫生单位、乡镇、村创建工作，对今年新申报的 11 个省、市级卫生乡镇和 69 个卫生村进行了技术指导，在四季度，进行了全面考核验收。2013 年年底，全市已建成省级卫生乡镇 5 个，省级卫生村 352 个，市级卫生乡镇 4 个，市级卫生村 46 个。完成 800 座农村无害化卫生户厕改造任务。

（田维新）

社 会

人口和计划生育

【基本情况】 2013年，攀枝花市人口计生委下设办公室、政法处、规财处、科宣处、流管处、党支部6个处室，管理市计划生育协会，直属市人口计生指导所和市计生药品器械管理站。市人口计生委（含市计生协）机关有在岗职工24人，其中正县级干部1人，副县级干部3人，正科级干部4人，副科级干部3人，主任科员2人，副主任科员3人，科员1人，工勤人员3人，临聘人员4人。2013年4月，原主任柳建红调离市人口计生委，任市统计局局长。市委组织部安排由市卫生局局长徐翠代管市人口计生委。

2013年，攀枝花市人口计生部门围绕全市工作大局和四川省人口计生工作重点开展工作，依法行政、计生民生、信息化建设、人口文化宣传、流动人口服务管理等工作均取得新进展。截至2013年9月30日（人口计生统计年度，2012年10月1日—2013年9月30日），全市户籍人口1122990人，流动人口256449人。全市出生9040人、死亡6094人，人口自然增长率为2.63‰；符合政策生育8206人，符合政策生育率为90.77%。出生人口性别比为112.51。完成了四川省下达攀枝花市的出生人口11000人以内、人口自然增长率4‰以内、符合政策生育率85%以上的人口控制目标。

【上级检查考察】 2013年，国家卫计委、四川省人口计生委领导4次到攀枝花市检查指导工作。1月18—19日，四川省人口计生委主任刘家强到攀调研并开展"三下乡"慰问活动。期间，刘家强在副市长张敏的陪同下，到盐边县红格镇、益民乡走访慰问计生困难家庭和基层计生干部，到东区、仁和区调研流动人口计划生育服务管理和免费孕前优生健康检查工作，到市人口计生委调研人口信息化建设。4月7—8日，四川省人口计生委党组书记、主任姚义贤在攀枝花市市长张剡、副市长张敏的陪同下，先后前往东区、仁和区开展人口计生工作调研，组织召开"攀枝花市人口计生工作座谈会"，听取攀枝花市"十一五"以来的人口计生工作情况汇报，观看"攀枝花市人口信息公共服务平台"现场演示，与各县（区）人口计生局局长及计生战线的基层代表就机构改革和队伍建设问题进行座谈。11月5—6日，国家人口计生委巡视员石海龙在四川省人口计生委副巡视员徐凡凡的陪同下，到攀调研计划生育信访工作，召开专题座谈会，听取市人口计生委和基层干部的工作汇报。12月11—13日，四川省人口计生委副主任仝来龙到攀督查指导人口计生工作，先后到西区、东区、仁和区实地督查流动人口一孩网络办证、信息化建设、人口文化建设等工作情况。

【人口计生目标管理】 2013年，攀枝花市人口计生工作坚持"三个不变"（计划生育的基本国策不变、党政一把手负总责的制度不变、计划生育的一票否决制不变），落实目标管理。1月，全市人口计生党政目标和业务目标考核组在各县（区）、钒钛产业园区以及攀钢、攀煤集团、十九冶集团等大企业开展人口计生工作目标考核工作。3月7日，2013年全市人口和计划生育工作会议在市会展中心召开，会议通报了2012年度人口计生党政责任目标和市统筹解决人口问题领导小组成员单位履职情况考核结果并颁奖。市政府副市长张敏主持会议并作工作报告，市委常委李章忠出席会议并讲话。会后，市长张剡代表市政府和东区、西区、仁和区，米易县、盐边县（以下简称"三区两县"）、钒钛产业园区以及攀钢、攀煤、十九冶集团等大企业签订2013年人口计生党政目标责任书。5月，下发《攀枝花市2013年人口和计划生育工作业务目标》，明确各县（区）、大企业9个大项的业务工作目标。12月，对各县（区）、大企业党政目标和业务目标以及统筹解决人口问题领导小组成员单位的履职情况集中开展目标考核。

【人口计生宣传】 2013年，市人口计生委出台《关于进一步加强人口和计划生育宣传工作的意见》，将宣传工作纳入人口计生党政目标和业务目标的考核内容。全市人口计生部门完成各类上稿230余篇。其中，在国家级行业媒体上稿18篇，同比增加11篇；在省级主要媒体刊播稿件16篇，同比增加14篇。四川省人口计生宣教中心和攀枝花市人口计生委联合摄制的《接地情》《传递温暖 传递爱》《一路上有我》在四川电视台公共平台播出；省级行业媒体 77 篇，同比增加 13 篇，获《中国人口报》发行工作先进集体和四川省人口计生新闻宣传工作二等奖。市人口计生委通过网络做好生育政策、奖扶政策、民生工程进展、工作动态等方面的宣传，发布各类信息 260 条。落实了攀枝花市人口文化宣传阵地建设规划和目标管理，西区蓝湖人口文化公园、仁和区迤沙拉彝族人口文化广场、米易湾丘人口文化大院等重点建设项目均已完成；东区、西区人口计生服务站搬迁新建工程项目进展顺利，东区服务站已完成主体建设，西区服务站建设正加速推进。在“三下乡”“科技之春”、5·29 计生协会员活动日、世界人口日、男性健康日、“世界防艾日”等活动节点广泛开展人口计生法律法规政策咨询、宣传（品）资料发放等活动。

【依法行政】 2013 年，攀枝花市严格执行人口计生行政执法“七不准”“十禁止”及群众工作纪律等相关规定，做到依法行政、文明执法、正确执法，未发生一起因违法行政引发的计生恶性案件；坚持依法服务，依法进行行政告知，保障群众避孕节育措施的知情权和选择权，落实公民妊娠期间权利义务行政告知规定；开展依法行政示范活动，通过示范单位培育，西区创建为四川省人口计生依法行政示范县（区），东区向阳村街道、西区陶家渡街道、仁和区务本乡培育为全国人口计生依法行政示范乡镇（街道）。4—5 月，市人口计生委集中开展社会抚养费征收管理工作调研，并完成调研报告报四川省人口计生委；10 月，在全市开展社会抚养费征收管理内审督查，查找各县（区）工作中存在的不足并进行整改，落实“收支两条线”规定。到全市各乡镇开展封闭式检查，重点对各县（区）、大企业的执法文书、“三项制度”档案进行案卷评查，发现问题立即督促整改；组织各县（区）、大企业准备执法文书集中到市人口计生委开展集中评查，合格率达 95%以上。做好关键节点和特殊时期的信访维稳工作，落实隐患排查和积案化解，将矛盾解决在基层；建立网络舆情处置工作网络，2013 年未发生一起网络舆论事件；办理群众来信来访 4500 余件次，各类举报、来访结案率 100%，连续 5 年无进京上访。

【综合治理出生人口性别比偏高问题】 6 月 25 日，攀枝花市政府出台《关于综合治理出生人口性别比偏高问题的意见》，明确各责任部门在部门协调、信息共享、联合整治“两非”、孕情监测等方面的工作任务，对被确定为综合治理出生人口性别比偏高问题省级重点县的盐边县开展相关工作提出了特殊要求。建立由副市长张敏任组长的攀枝花市综合治理出生人口性别比偏高问题领导小组，健全依法打击“两非”(非医学需要的胎儿性别鉴定、非医学需要的选择性别人工终止妊娠)联动机制。9 月 24 日，领导小组召开部门联席会议，市人口计生委、市卫生局、市公安局、市食药局、市妇联等 8 部门在会上就信息共享、联合执法、重点区域督查、宣传引导 4 个方面的举措达成共识。

【计生民生工程】 2013 年，按照四川省全面提高独生子女父母奖励金和计划生育家庭特别扶助金标准的要求，攀枝花市分别于 8 月和 10 月，将全市独生子女父母奖励金标准由每对夫妇每年不低于 60 元提高到不低于 120 元，将独生子女死亡父母特别扶助金标准由每人每月不低于 135 元提高到不低于 350 元，伤残父母特别扶助金标准由每人每月不低于 110 元提高到不低于 280 元，三项标准分别同比提高 100%、160%、155%。确认农村计生家庭奖扶对象 5191 人，兑现奖励金 498.4 万元；确认计生家庭特扶对象 737 人，兑现扶助金 297.6 万元；实施计划生育“少生快富”扶贫工程，6 户纳入工程对象，兑现奖励金 1.8 万元；继续实施农村独生子女意外伤残、夭折家庭特殊困难家庭特别扶助制度，全市 137 人纳入城镇企业职工基本养老保险范围，21 人开始领取每月 1000 余元的养老金；开展手术并发症人员纳入特扶范围的工作，全市 1001 人纳入特扶范围，兑现特扶金 121 万元。下达计划生育“三结合”帮扶任务 8041 户，其中新增户 1441 户、联系户 2453 户、帮带户 4147 户，新建帮扶基地 46 个。12 月 25 日，市人口计生委、市财政局、市人社局等八部门联合下发《关于进一步做好独生子女伤残死亡家庭扶助工作的通知》，明确了攀枝花市从 2014 年开始，对全市独生子女伤残死亡家庭（独生子女三级以上残疾或死亡且未再生育或收养子女的家庭）给予落实低保政策、解决居住困难、解决养老和医疗保障、提供医疗和养老方便、开展心理慰藉和社会关怀等 5 个方面的帮扶。

2013 年，攀枝花市东区、西区、仁和区、米易县、盐边县全部纳入国家免费孕前优生健康检查项目试点，该项目也纳入攀枝花市民生工程；邀请四川大学华西医院附二院和四川省人口计生委的权威专家对全市 60 余名技术服务人员进行培训；将孕前优生健康检查服务窗口前移，并开展两次临床检验室间质评活动。全市完成参检人数 4911 人，占目标人群的 108%，同比提高 26 个百分点，超额完成省市下达 80%的目标任务，获得四川省 2013 年度免费孕前优生健康检查项目工作单项业务目标考核一等奖。

【服务百姓健康活动】 2013 年，全市结合避孕节育服务，继续抓好生殖道感染及常见妇女病的普查普治工作，围绕生育、节育、不育开展生殖健康系列服务。市、县（区）计划生育服务机构结合下乡“查环、查孕、查病”服务、送医疗服务下乡等时机，对育龄妇女进行生殖道疾病的知识宣传、免费妇科检查等，查出妇科疾病的免费发放药物，对退出育龄期的妇女安排到服务站进行取环。根据知情选择原则，向符合条件的群众落实免费计划生育基本技术服务，并按照计划生育技术服务常规施术。市人口计生指导所完成门诊5963人次、妇检1707人次、各种手术682人次、B超2403人次、门诊检验4048人次、生殖健康咨询治疗近560人。开展“查环、查孕、查病”“服务百姓健康”“健康服务进企业”等系列活动，全市育龄妇女基本技术服务率达100%；对全市药具发放网点进行了重新核实、选点，将免费发放网点信息进行网络公示和在村（居）务专栏公开，全市发放点从原来的900多个增加到1029个，已婚育龄妇女综合避孕率为83.02%。全年组织完成两次病残儿医学鉴定工作，82人参加鉴定，并对24例原参加鉴定的病残儿进行调查，配合国家计生科研所对部分病残儿进行采样分析研究。按照市级部门在娱乐场所摆放安全套的职责分工，免费提供2万只安全套在娱乐场所摆放。

【流动人口服务管理】 2013年，攀枝花市继续开展流动人口计生基本公共服务均等化示范单位建设工作。各县（区）按照“网格化管理，零距离服务”要求，开展示范单位选点和建设工作，在18个社区开展全市流动人口计生公共服务均等化示范活动，新建流动人口计生协会139个。年内，多次开展送药具、送政策、送服务活动和“药具服务均等化”“流动人口药具服务年”等活动。利用流动人口登记、查证验证、计生政策宣传、生殖健康检查、进企业送服务等机会，向流动育龄群众免费发放计生药具。10月1日启动了网络办理流动人口一孩生育服务登记，实现户籍地和现居住地的信息互通和生育信息核查，流动人口可直接在现居住地乡镇、街道办事处办理一孩生育服务登记，通过提交相关材料和签署《流动人口一孩生育服务登记申请承诺书》即可办理生育服务登记；为2396人发放外出流动人口《婚育证明》，为跨省流入人口落实免费手术33例，查环查孕6778例。按照国家计生委流动人口管理司统一安排部署，做好攀枝花市被抽中的36个样本点动态监测，完成涉及东区、西区、仁和区、米易县、盐边县共计720份流动人口个人问卷和34份社区问卷的入户调查和信息录入。全市全年流动人口总数256449人，其中跨省流入人口37152人，省内流入人口155297人，流出人口64000人。全市流动人口信息个案信息入库率为95%，流动人口重点信息协查反馈率98.5%，通报接收率97.6%、及时率98.6%。

【人口计生管理体制改革】 2013年，攀枝花市启动大企业人口计生管理体制改革试点工作。市人口计生委在集中开展前期调研和论证的基础上，选择具有代表性的钢城集团公司作为试点单位。12月11日，市人口计生委组织召开“钢城集团公司人口计生管理体制改革试点工作会”，标志着攀枝花市正式启动大企业计生管理体制改革试点。改革试点工作涉及东区、西区、仁和区、米易县、钒钛园区的14个乡镇（街道），钢城集团公司的30个二级单位，涉及总人口34700余人，其中，市外（成都、西昌）2405人、市内32340人（东区25402人）。改革的主要内容是将办证、再生育审批、违法生育查处、特别扶助工作以及相关档案资料等移交地方，大企业依然承担企业法定代表人责任制，落实奖扶政策和经常性服务、职工自治等工作。改革试点工作历时一年。

按照全市户籍制度改革工作统一部署，市人口计生委结合工作实际，在对仁和区、钒钛产业园区开展前期调研的基础上，在仁和区开展了全市户籍制度改革试点。认真指导仁和区人口计生局制定了户籍制度改革实施方案，并对仁和区人口计生局有关户籍制度改革方案和计生政策相关问题进行了指导，重点对户籍制度改革配套的有关户籍迁移过渡期、生育政策、计生利益导向政策、违法生育行为处理以及信息共享等方面进行明确，探索户籍制度改革中涉及人口计生政策衔接的“仁和经验”。

【人口信息化建设】 2013年，市人口计生委与四川电信攀枝花分公司签订战略合作协议，从2013年10月起首次开通574部“计生e通”人口信息移动采集终端，统计人员凭终端可随时简便地进行信息采集上报和管理，实现全市乡镇、村社的人口信息采集全覆盖，攀枝花市成为四川省率先普推“计生e通”人口信息移动采集平台的市州。市人口计生委继续修改、完善自主开发的“攀枝花人口信息公共服务平台”，依据此系统开展人口统计、奖扶对象、优质服务、流动人口、人事管理等业务工作。该系统被四川省人口计生委推荐参加“中国信息化（人口计生领域）成果”评选。开展“金人工程”（国家全员人口统筹管理信息系统）试点项目探索，建立和完善信息共享和联席会议制度，基本实现人口计生数据同市民政局的婚姻登记和死亡人口信息、市卫生局的出生婴儿信息、市人社局的新农合信息等相关数据的共享，提升全员人口基础数据质量。10—11月，市人口计生委组织开展为期1个月的PIP系统（全员人口信息系统）重复总人口清理行动。截至9月30日（人口计生统计年度），全市PIP系统共登记1073564名户籍人口、256786名流动人口的相关信息，户籍人口主要数据完整性和数据逻辑关系正确率均在95%以上。市人口计生委在2013年四川省人口计生信息化建设单项目标考核中以总成绩第二名获得“一等奖”，西区人口计生局、仁和区人口计生局被评为“全省2013年度人口计生统计信息工作优秀单位”。

【重要调研活动】 2013年，市人口计生委牵头东区、西区、花城新区完成了花城新区人口现状调研。从2012年7月启动，历时近1年，通过花城新区“红线”范围实地确认、PIP数据和“六普”数据采集、入户调查、600份问卷抽样、数据分析等过程，形成了《花城新区人口现状调查报告》，为市委、市政府及有关部门推进花城新区建设及百万人口特大城市打造等重点工作提供决策参考，此项调研成果在攀枝花市2013年政务信息调研成果评选中获得一等奖。完成“四川省5‰人口发展状况抽样调查”攀枝花市样本点调查工作，完成对6个样本点5653名15—49周岁育龄妇女的婚姻、家庭情况、生育及生育意愿等信息采集。为四川省摸清育龄妇女总量、结构、总和生育率和研究制定相关人口政策提供了数据支持。根据国家卫计委要求，于8月开展了全国生育意愿调查工作。11月，开展四川省“单独”（夫妻一方为独生子女）家庭生育意愿调查。攀枝花市选择东区和攀钢作为调查点，通过问卷形式，调查了含机关干部、事业单位和企业人员、农村人口及进城务工人员等人群的2000户单独家庭，为四川省调整完善生育政策提供参考。开展2013年全市人口计生工作质量“封闭式”抽样调查。在三区两县、钒钛园区和攀钢、攀煤、十九冶等大企业的14个乡（镇、街道、厂矿）选取村级样本点14个，涉及人口34359人，约占全市户籍总人口的3.1%。重点调查样本点在2012年1月1日至2013年5月31日期间的人口统计、人口信息化建设、流动人口服务管理、行政执法和计生民生工程落实等方面情况。调查结束后，形成了调查报告，对调查中发现的出生人口漏统、PIP系统总人口漏统、总人口个案信息质量、计划生育行政执法文书质量、流动人口计划生育均等化服务内容和覆盖面、免费孕前优生健康检查宣传等方面存在的问题，提出对策建议，并开展整改落实工作。

【计生协会工作】 2013年，市计生协会动员和组织会员、群众广泛开展宣传服务活动。1月26日，市人口计生委副主任、市计生协会副会长鲜克在攀枝花讲坛主讲“攀枝花人口”专题，使“人口计生”首次走上“攀枝花论坛”；5月11日，安排市人口计生指导所副高职称专家在“攀枝花讲坛”主讲青春健康知识专题讲座。5月27日，在米易县湾丘乡开展“促进人口健康快乐，实现人人美好梦想”为主题的惠民活动；5月29日，与攀钢计生协在东区金瓯广场联合举办了“母亲节”大型义诊活动；10月23日，组织干部职工和市农科院、市人口计生指导所4名专家赴米易湾丘乡青山村开展核桃种植技术培训和生殖健康咨询服务。争取到四川省计生协会生育关怀项目资金10万元，仁和区配套10万元用于开展生育关怀行动。全市各级计生协会集中开展了各种以宣传、义诊、发放计生用品等活动，其中宣传活动20场，“送知识送健康到基层”活动30多场，发放宣传资料2万余份，发放避孕药具2万余盒，提供计划生育政策咨询2000余人次，走访慰问贫困母亲、留守儿童103人，送出价值53600元的慰问品，活动总投入10万余元，服务群众达3万余人次。在全市流动人口多而集中的社区、农贸市场、民营企业等建立流动人口计生协会139个。盐边县在7所中学开展“青少年生殖健康”校园行活动，为近万名在校学生开展青少年生殖健康知识讲座。仁和区金江中小学、大河中学、太平中学，东区早教基地等也组织青春健康教育系列讲座，受益学生及家长上万人。四川机电职业技术学院开设青春健康教育男女生专题班，参训学生2500余人。

【阳光计生行动】 2013年，全市继续开展“阳光计生行动”，推进行政效能建设。将“阳光计生行动”的开展情况纳入人口计生业务目标考核和相关责任人的年度考核。完善了“12356阳光计生服务热线”值守制度，保障了群众对人口计生工作的知情权、参与权和监督权。市级“12356”共接受电话来访631人/次，无投诉。按照国家、四川省计划生育基层群众自治工作要求，市人口计生委、市计生协通过抽查、评估，评选上报东区瓜子坪街道阳光馨园社区、弄弄坪街道东风社区，仁和区金江镇大沙坝社区，盐边县桐子林镇纳尔河社区4个全国示范村（居）。市计生协开展“三评”（下级人口计生部门评上级人口计生工作、请农民兄弟姐妹评计生、请流动人口农民工评计生）活动，参与人员5477人，其中对市人口计生委机关工作作风的总体评价满意率为100%；“请农民兄弟姐妹评计生”总体满意率为97%；“请流动人口农民工评计生”总体满意率为98%。

【队伍建设】 2013年，在机构改革被舆论热炒和基层干部高度关注热议的背景下，市人口计生委先后4次组织召开专题会议，对确保人口计生战线“思想不乱、工作不断、队伍不散”明确纪律和工作要求。4月2日，召开全市人口计生专题工作会，副市长张敏出席会议并对稳定机构队伍和圆满完成全年目标任务提出要求。5月，在全市集中开展人口计生依法行政工作调研督查，主要针对机构改革背景下的人口计生依法行政工作开展情况、基层计生干部的思想状况、依法行政工作中存在的困难和问题进行了解和释疑解惑。抓好政治理论学习，组织各种学习活动，推进“学习型机关”建设，确保政令畅通。开展“三大主题教育”和“中国梦”教育实践活动，贯彻落实中央“八项规定”、省和市“十项规定”，出台《攀枝花市人口和计划生育委员会关于改进工作作风，提升机关效能的规定》。在2013年攀枝花市基本公共服务满意度测评中，人口和计划生育工作位列12项基本公共服务工作的第2名，同比提高3位；市人口计生指导所位列全市42个公共服务单位的第16名。以依法行政、信息化和计生技术服务为重点，组织参加省级培训30余人次；通过邀请四川省计生委专家来攀授课和组织市级培训，培训了行政执法、统计与信息、流动人口服务管理和技术服务等方面的干部2000余人，重点把受训干部向基层一线倾斜。

（何双江）

民政事业

【概　况】 2013年，攀枝花市民政局内设办公室、民间组织管理处（挂行政审批处牌子）、优抚安置处、救灾处、社会救助处、基层政权和社区建设处、区划地名处（挂攀枝花市地名领导小组办公室牌子）、社会福利和慈善事业促进处（攀枝花市救灾捐赠接收办公室）、社会事务处、法规财务处、人事处（挂社会工作处牌子）共 11 个职能处室。攀枝花市拥军优属拥政爱民工作领导小组办公室与优抚安置处合署办公，承担拥军优属拥政爱民工作领导小组具体工作。机关党委负责机关和直属单位的党群工作。市纪委、市监察局派驻市民政局监察室与人事处合署办公，负责驻在部门所属系统的纪检、监察工作，监督检查、贯彻落实党风廉政建设责任制和廉政勤政有关规定的情况。管理攀枝花市老龄工作委员会办公室、攀枝花市军供站、攀枝花市救助管理站（挂攀枝花市流浪未成年人救助保护中心牌子）、攀枝花市社会福利院（挂攀枝花市社会福利有奖募捐委员会办公室牌子）、攀枝花市儿童福利院、攀枝花市军队离退休干部休养所（挂攀枝花市光荣院牌子）、攀枝花市殡仪馆、攀枝花市青山公墓管理所、攀枝花市减灾中心（挂攀枝花市救灾物资储备管理中心、攀枝花市低收入家庭经济状况核对中心牌子）共 9 个事业单位。对东区民政局、西区民政局、仁和区民政局、盐边县民政局、米易县民政局、钒钛产业园区社会事务管理局的民政业务进行指导。全市民政系统组织机构和工作网络健全，44 个乡镇、16 个街道办事处配备有专（兼）职民政助理员或社会事务工作人员。截至 2013 年年底，市、县（区）、乡（镇）、街道办事处共有民政工作人员 412 人，其中市民政局（含事业单位）147 人、县（区）民政局（含事业单位、钒钛产业园区社会事务管理局）138 人、乡（镇）、街道办事处民政助理员或社会事务工作人员 125 人，其中 29 人为“一村（社）一名大学生”计划、“支农、支教、支医和扶贫工作”计划、临时聘用等性质的工作人员）。

2013 年，攀枝花市民政工作在各级党委、政府的领导下，覆盖城乡的社会救助制度不断完善，农村五保供养水平稳步提高，困难群众生活得到有效保障；救灾应急体系建设不断加强；基层群众自治组织管理规范完善，社区服务水平进一步提升；开展城乡环境综合治理进社区活动，城市社区风貌明显改善；优抚安置政策全面落实，退役士兵和军队离退休干部得到妥善安置，拥军优属、拥政爱民活动深入开展；帮扶特殊群体的社会福利慈善事业取得新成效；民间组织管理更加规范，区划地名、婚姻、殡葬、社会救助等专项社会事务依法管理；法治、宣传、信访、安全、综治、维稳、精神文明建设等其他各项工作整体推进，民政干部队伍自身建设全面加强。2013 年攀枝花市民政局被评为 2010 年—2012 年“领导挂点、部门包村、干部帮户”活动先进单位、攀枝花市仁和区 3 所敬老院获评省二级农村敬老院，2 所敬老院获评省三级敬老院。攀枝花市军供站获评全国重点军用饮食供应站。攀枝花市仁和大河社区、东区民建社区、民乐社区获得省养老服务社会化示范社区称号。攀枝花市仁和区大河社区和盐边城南社区被国家减灾委、民政部评为全国综合减灾示范社区

【城乡居民最低生活保障】 截至 2013 年年底，攀枝花市城市低保对象有 11063 户共 20715 人，平均每月保障 20662 人，全年累计保障 247938 人次，月平均支出 535.92 万元，累计支出 6431 万元，月人均补助水平达到 259.38 元，超额完成省级下达的目标任务，进度达 117.9%。全年中央、省级财政补助资金 4005 万元，占 62.28%；市级财政补助资金 350 万元，占 5.44%；县区财政资金 2076 万元，占 32.28%。

截至 2013 年年底，攀枝花市农村低保对象有 13114 户共 28654 人，平均每月保障 28348 人，全年累计保障 340179 人次，月平均支出 335.15 万元，累计支出 4021.82 万元，月人均补助水平达到 118.23 元，超额完成省级下达的目标任务，进度达 118.23%。全年中央、省级财政补助资金 1890 万元，占 46.99%；市级财政补助资金 150 万元，占 3.73%；县区财政资金 1981.82 万元，占 49.28%。

根据省、市关于降低物价上涨对困难群众生活影响的安排部署，2013 年春节前，攀枝花市按照城市低保对象每人 300 元，农村低保对象每人 200 元的标准（其中残疾人每人增加 100 元）发放了“春节一次性生活补贴”，共计发放 1192.7 万元。其中，城市低保对象 27680 人，发放资金合计 563.14 万元；农村低保对象 20662 人，发放资金合计 629.56 万元。

2014 年 12 月，市政府出台了《攀枝花市人民政府关于加强最低生活保障工作的实施意见》，明确规范建立攀枝花市最低生活保障标准调整机制。农村居民最低生活保障标准按不低于城市居民最低生活保障标准的 55%确定，并随全市统筹城乡发展、城镇化进程，以及经济发展水平，逐步实现城乡最低生活保障标准一体化。同时，进一步完善城市居民最低生活保障分类施保制度，建立农村居民最低生活保障分类施保制度，建立城乡居民最低生活保障分类施保标准与城乡居民最低生活保障标准同步调整机制。

【城乡医疗救助】 2013 年，为进一步完善全市城乡社会救助体系，加大医疗救助力度，缓解困难群众看病难问题，按照省、市关于“十二五”深化医药卫生体制改革有关意见，攀枝花市对城乡医疗救助政策进行了调整并以《攀枝花市人民政府办公室关于调整攀枝花市城乡医疗救助政策的通知》（攀办函〔2013〕208 号，以下简称《通知》）发文。

《通知》将孤儿、城市低收入家庭成员中的 60 周岁以上老年人和未成年人纳入资助参保参合范围；并规定救助对象在医保定点医院发生的本自然年度的住院医疗费用，扣除参加各种社会保险赔付的医疗保险金、相关部门补助和社会各界捐赠的资金后，其医保报销范围内个人承担部分，按医院级别予以救助。救助比例三级医院由 50%提高到 60%，二级医院由 60%提高到 70%，一级及其以下定点医疗机构

由 70%提高到 80%；还规定城乡低收入家庭成员每人每年累计最高住院救助金额由 5000 元提高到 10000 元；城乡低保对象每人每年累计最高住院救助金额由 10000 元提高到 15000 元；另外对经救助后自负医疗费用仍然较重，影响基本生活的城乡低保对象、城乡低收入家庭成员，一个自然年度内可给予的一次性医疗救助由 2000 元提高到 3000 元。

2013 年，全市城市医疗救助累计直接救助 7197 人次，支出 702.66 万元；资助城市低保对象参加居民医保 14926 人，支出 52.68 万元。其中，门诊救助 4269 人次，支出 154.04 万元；住院救助 2928 人次，支出 548.62 万元，平均救助比例达到医保报销后医保目录范围内个人承担费用的 62.38%。全市城市医疗救助累计门诊救助人次平均救助水平为 360.83 元，完成目标任务的 164.02%；全市城市医疗救助累计住院救助人次平均救助水平为 1873.71 元，完成目标任务的 133.84%。

2013 年，全市农村医疗救助累计直接救助 12556 人次，支出 1324.8 万元；资助农村低保、五保等对象参加新农合 38944 人，支出 234.14 万元。其中，门诊救助 6624 人次，支出 225.88 万元；住院救助 5932 人次，支出 1098.92 万元，平均救助比例达到新农合报销后医保目录范围内个人承担费用的 61.78%。全市农村医疗救助累计门诊救助人次平均救助水平为 341 元，完成目标任务的 213.13%；全市农村医疗救助累计住院救助人次平均救助水平为 1852.52 元，完成目标任务的 154.38%。

2013 年，全市开展了“挽救生命 再造健康”行动，市民政局作为牵头部门，积极与人社、卫生等部门配合，根据工作方案，加强指导，切实将政策落到实处。2013 年全市共救治先心病患儿 30 例，超额完成省政府下达的救治 16 例先心病患儿的目标任务。

2013 年，中央、省级财政下达攀枝花市城乡医疗救助资金 851 万元（其中城市医疗救助 349 万元，农村医疗救助 502 万元），占 36.77%；市级彩票公益金安排 300 万元，占 12.96%；县区财政资金 1163.29 万元，占 50.27%。

【农村五保】 2013 年依据市政府建立农村五保供养标准自然增长机制的有关规定，县（区）民政局及时会同本级财政、统计等部门认真测算基数，全面完成了 2013 年农村五保供养标准调整。2013 年五保供养标准调整为最低供养标准 4560 元/年，最高供养标准 6240 元/年。全市农村五保集中供养平均标准 5869.4 元/年，农村五保分散供养平均标准 4863.4 元/年。东区集中和分散供养标准分别为 6840 元/年和 5400 元/年，西区集中和分散供养标准分别为 6240 元/年和 6240 元/年，仁和区集中和分散供养标准分别为 5760 元/年和 4680 元/年，米易县集中和分散供养标准分别为 6400 元/年和 5500 元/年，盐边县集中和分散供养标准分别为 5520 元/年和 4560 元/年。2013 年年底，全市有农村五保供养对象 3639 人，农村五保实现应保尽保，其中，集中供养 2350 人，集中供养率 64.58%，分散供养 1289 人。2013 年全市农村五保供养金支出 1957.9 万元，全部由县（区）财政预算安排，有效保障了五保户的基本生活权益。

根据省、市关于降低物价上涨对困难群众生活影响的安排部署，2013 年春节前，攀枝花市按照农村五保对象每人 200 元的标准发放了“春节一次性生活补贴”，共计为 3272 名五保对象发放补贴共计 65.44 万元。

2013 年，攀枝花市完成米易县湾丘敬老院（二期）扩建项目，新增敬老院床位 70 张，完成了年度目标任务的 100%。全市五保对象集中供养率达到 64.58%，完成目标任务的 104.16%；全市五保供养服务机构床位使用率达到 94.30%，完成目标任务的 104.78%。

为做好敬老院新建、改（扩）建工作，市民政局有效整合政策资金资源，积极主动向四川省民政厅汇报争取，落实了省级补助资金 60 万元，用于农村敬老院建设。

2013 年 5 月 13 日，市政府牵头，组织市编办、市民政局、市人社局、市财政局、仁和区、米易县、盐边县组成考察组赴绵阳市、广安市参观考察农村敬老院事业单位法人登记工作。2013 年 10 月，经与市编办、市民政局、市人社局、市财政局多次会商研究，报请市政府审定后，形成了《攀枝花市人民政府办公室关于进一步推进农村敬老院事业单位法人登记及管理工作的通知》（攀办函〔2013〕177 号），明确了农村敬老院事业单位法人登记、敬老院管理、用工待遇及管理等工作要求。全市农村敬老院全部纳入县级民政部门直管。

为推动农村敬老院规范化建设，提升农村敬老院管理和服务水平，全市各县（区）积极开展了争创星级农村敬老院的工作。2013 年 6 月至 9 月，四川省民政厅组织力量对各市(州)申报星级农村敬老院进行了交叉检查验收，经评议、审核、公示后，全市共有 2 所敬老院（仁和区布德片区中心敬老院和大田片区中心敬老院）被授予“三星级农村敬老院”称号，共有 3 所敬老院（仁和区前进片区中心敬老院、中坝片中心敬老院和总发片区中心敬老院）被授予“二星级农村敬老院”称号，共有 5 所敬老院（仁和区啊喇片区中心敬老院、米易县得石镇敬老院、米易县丙谷中心敬老院、盐边永兴中心敬老院、盐边共和中心敬老院）被授予“一星级农村敬老院”称号。

【城乡困难群众重特大疾病医疗救助】 2013 年 9 月，市民政局会同市人社局、市财政局、市卫生局制定了《关于在全市开展重特大疾病医疗救助工作的实施方案》（以下简称《方案》），内容包括：除城乡低保对象、农村五保对象外，全市将城乡低收入家庭成员（家庭月人均收入在本地区城乡居民低保标准的 2 倍之内的困难人员）纳入城乡困难群众重特大疾病医疗救助，资助其参保、参合；在国家医改方案

20 种重特大疾病的基础上，全市将其他癌症、儿童白血病和先心病也纳入了救助范围；对城乡困难群众重特大疾病医疗救助对象在医保定点医院发生的（当年）住院医疗费用，扣除参加各种社会保险赔付的医疗保险金、相关部门帮扶、社会各界捐赠的资金后，基本医疗保险报销范围内个人承担部分按 70%的比例进行救助，每人每年累计救助最高不超过 5 万元；救助对象直接到街道办事处或乡（镇）人民政府申请救助，街道办事处或乡（镇）人民政府审核后报县（区）民政局审批；城乡困难群众重特大疾病医疗救助资金除中央、省财政补助外，市、县（区）财政都将此项资金列入本级预算等 5 个主要方面。

2013 年，全市城市困难群众重特大疾病医疗累计救助 299 人次，支出救助资金 88.91 万元；农村困难群众重特大疾病医疗累计救助 144 人次，支出救助资金 75.82 万元。

【临时救助】 为进一步完善覆盖城乡居民的社会救助体系，妥善解决困难群众临时性生活困难，攀枝花市调整了城乡困难群众临时生活救助制度。对低保、低收入等家庭因临时性、突发性原因造成的暂时基本生活困难实施临时生活救助，切实缓解低收入家庭因特殊原因导致的暂时性困难。临时救助标准按照申请救助对象家庭困难程度和自救能力给予适度救助，每人每年不超过 3000 元。临时生活救助资金由县（区）民政部门通过金融机构发放。为及时、快捷实施救助，对申请对象所需救助资金在一定额度内、且需求紧急的，县（区）民政部门可直接审批或授权乡（镇）政府或街道办事处审批，并及时发放救助资金。民政部门每年安排一部分福利彩票公益金用于临时救助。

2013 年全市共救助 588 户（其中城市 214 户、农村 374 户），总共支出 26.52 万元（其中城市 14.41 万元、农村 12.11 万元）。其中省以上拨款 14.51 万元，省以下安排资金 52.34 万元。

【精减退职老职工生活救济】 2013 年 7 月，市民政局转发了《四川省民政厅、四川省财政厅关于提高精减退职老职工生活困难救济标准的通知》（川民发〔2013〕107 号），对全市精减退职老职工救济工作做出安排，县（区）民政局及时会同同级财政调整了标准，当年底，全市精减退职老职工救济标准达 300 元/月，全年已对 81 人发放该项救济金 29.30 万元。

【居民家庭经济状况核对机制建设】 2013 年 3 月，市政府组成攀枝花市居民家庭经济状况核对制度建设考察组，赴上海市、成都市考察学习。市委、市政府就全市居民家庭经济状况核对制度建设提出明确要求。为此，市民政局与成都电子第十一研究院有限公司开展了可行性研究。全市工作目标是建设攀枝花市社会救助信息平台（含居民家庭经济状况核对信息系统、医疗救助与医保支付“一站式”结算系统、救助实施各部门信息数据共享接口系统），为全市最低生活保障对象和低收入家庭核（认）定打下坚实基础。2013 年 10 月，市编委批复市民政局成立市居民家庭经济状况核对信息中心，下达全额事业编制 3 人；2013 年 12 月 25 日，可研报告经专家评审通过，估算投资 524 万元。主要思路为：在民政部最低生活保障信息系统基础上进行二次开发，减少投资，并与省民政厅工作要求一致；在本地建立服务器，实现与省民政厅实时数据对联对接，并解决本地核对工作基础数据问题；先期与市住建局、市人社局、市公积金管理中心、市工商局等参与核对工作部门建立数据逻辑交换，开展核对工作；与优抚安置、社会福利、社会事务等专业数据和市总工会等帮扶部门建立数据共享机制。

【城乡社会救助体系建设】 2013 年 3 月，按照市委、市政府安排部署，市民政局召集县（区）政府、市级相关部门围绕“老有所养、病有所医、学有所教、人有所业、贫有所助、劳有所得、怨有所诉”主题，分析了当前救助政策与社会救助需求的差距，存在的问题，提出了分阶段、分层次进一步完善全市社会救助体系建设的工作思路。市委、市政府也将制定全市进一步完善社会救助体系建设意见列为 2013 年“急难险重任务”内容。2013 年 10 月，市委、市政府印发了《中共攀枝花市委办公室、攀枝花市人民政府办公室关于进一步完善城乡社会救助体系建设的意见》（攀委办发〔2013〕42 号），按照加快推进建设全面小康社会的要求，统筹整合部门救助资源，加强体制机制建设，充分发挥救助体系整体效益，实现机制体制创新，社会管理创新，到 2020 年全面建成以最低生活保障为核心，以医疗、住房、教育、就业、法律、临时等专项救助配套，与公益慈善和社会帮扶有效衔接，覆盖城乡困难群众的社会救助体系。

【救　灾】 2013 年，攀枝花市遭受了严重旱灾、洪涝、风雹、低温冷冻等多种自然灾害侵袭。据统计，灾害造成攀枝花市 5 个县（区）44.1 万人次受灾，因灾死亡 2 人，因灾倒塌房屋 161 间，损坏房屋 518 间，有 4.43 万人和 4.96 万头大牲畜出现不同程度的饮水困难，农作物受灾面积 3.95 万公顷，绝收面积近 0.84 万公顷，灾害直接经济损失达 4.25 亿元。

2013 年，攀枝花市针对严重旱灾和低温冷冻灾害启动自然灾害救灾应急响应 2 次，全年下拨救灾资金 862.5 万元，下拨救灾棉被 3000 床，棉衣裤 1000 套。

2013 年，攀枝花市民政局、攀枝花市减灾委员会办公室完成《攀枝花市自然灾害救助应急预案》修订；建成攀枝花市综合减灾救灾应急指挥体项目系。

推进“减灾进社区”工作，攀枝花市仁和区仁和镇大河社区和盐边县桐子林镇城南社区被命名为“全国减灾示范社区”。

2013 年 4 月 20 日，四川省雅安市芦山县发生 7.0 级强烈地震。攀枝花市当日即调集民政制式救灾帐篷 1000 顶，救灾棉被 3000 床，由副市长殷旭东带领救灾人员押运救灾物资紧急支援雅安地震灾区。同时抽调攀枝花市民政局救灾处人员参加四川省民政厅工作组参与抗震救灾应急工作。

2013 年 5 月 11 日，攀枝花市民政局、攀枝花市减灾委员会办公室组织市减灾委员会各成员单位、部门开展 2013 年“国家减灾日”大型宣传活动，取得了良好的社会效应。

【优待抚恤】 2013 年攀枝花市下达各类抚恤补助经费共计 1660 万元，3000 多名优抚对象得到保障。其中：发放优抚对象抚恤补助自然增长经费 361 万元，最高的达到 2678 元/人·年；对 639 户（人）义务兵家庭优待金发放标准实行城乡统一，按入伍时攀枝花市上年度农村居民人均纯收入执行，2013 年，发放标准为 8728 元/年·户，支出共计 472 万元；为 1132 名优抚对象发放医疗补助共计 135.05 万元。投入经费 46 万元解决优抚对象“住房难”问题，为 51 户住房困难的优抚对象新建、维修了住房。

攀枝花市、县（区）民政部门做好烈士纪念建筑物的规划建设，加强对零散烈士纪念设施的保护。清明节期间，共接待祭扫的人员 7500 余人次。2013 年 6 月起，各县(区)民政局对所有优抚数据库在库人员进行摸底排查，陆续按照优抚信息管理系统所设条目录入优抚对象各项数据信息，完成优抚对象电子照片、身份证等资料的采集上传工作。

2013 年，攀枝花市共审核上报新调（评）残人员 9 人；组织 20 名高龄在乡老复员军人和伤残军人参加了四川省民政厅组织的优抚对象疗养。

【退役士兵安置】 2013 年，攀枝花市共接收安置 2012 年度退役士兵 304 人，其中，自主就业/自谋职业 243 人，符合新政策安置工作的 5 人（服役 12 年以上的转业士官 4 人，烈士子女 1 人）已妥善进行了岗位安置，55 名符合按照老政策安置工作的退役士兵，已推荐安置到攀钢、攀煤等大企业就业。2013 年共发放退役士兵自主就业地方经济补助(自谋职业)金 724 万元。

提出退役士兵安置新举措。针对退役士兵安置政策改革，提出退役士兵安置新举措，《中共攀枝花市委办公室、攀枝花市人民政府办公室关于调整市级机关事业单位聘用工勤岗位人员管理政策》号文件明确：“市级机关事业单位新补充工勤岗位人员，将优先安置服现役满 12 年的转业士官、服现役期间荣获二等功以上奖励或者战时荣获三等功以上奖励的退役士兵、因战致残被评定为 5 级至 8 级残疾等级的退役士兵和是烈士子女的退役士兵。同时，对于市属事业单位新补充工勤技能岗位人员，相关部门还将根据用人单位实际情况，适时研究决定拿出部分岗位定向招聘退役士兵。”2012 年退役的 4 名服役满 12 年转业士官和 1 名烈士子女已全部安置到攀枝花市各级机关事业单位；做好过渡时期的安置工作。新的《中华人民共和国兵役法》和《退役士兵安置条例》出台后，攀枝花市人民政府出台《关于发放自主就业退役士兵地方经济补助的通知》，对补助对象、补助标准、管理职责及经费保障、发放方式和时间，特别是对过渡时期的执行办法等都予以明确，确保政策实施前后的平稳过渡；进一步加强退役士兵就业技能培训工作。市民政局与市人社局、市教育局、市财政局等部门联合出台《关于加强退役士兵职业教育和技能培训工作的通知》进一步加强退役士兵培训工作，对符合培训条件的退役士兵纳入享受职业培训、职业技能鉴定补贴和中等职业教育免学费政策范围。全市 2012 年度退役士兵参加短期培训人员有 193 人、1—2 年中等教育培训为 7 人、3 年以上高等教育的退役士兵人数为 3 人。与市转业军官培训中心合办为期创业专题培训班，培训退役士兵创业意识、创业技能、创业实训。

市军队离退休干部休养所办公用房、干部活动中心项目建设于 2013 年年底进入施工阶段。军队离退休干部政治待遇和生活待遇得到落实。

【双拥工作】 2013 年全市紧紧围绕宣传和学习贯彻党的十八届三中全会精神，以军地开展“双向纳入”活动为载体，大力弘扬拥军优属、拥政爱民的光荣传统，广泛、深入、扎实地做好节日期间的拥军优属工作。节日期间，对优抚对象及驻攀各部队进行了走访慰问，广泛开展优抚对象走访慰问活动，春节、元旦期间共发放慰问金 217 万余元。

市军供站继续加强正规化建设，完成维修改造。军供工作做到了优质、快速、准确、安全、保密。

【基层群众自治组织和社区建设】 开展全市城乡基层组织调研。2013 年 2 月 21 日，以市城乡社区建设工作领导小组办公室名义印发了《关于开展全市城乡基层自治组织现状调研的通知》，为全市开展第九届村（居）委会换届选举工作掌握了第一手资料。

按照“面积大、功能全、能力强、服务好”的工程建设目标全面完成 2013 年 18 个城市社区和 20 个农村社区的建设任务。攀枝花市东区凤凰社区服务站被纳入国家社区服务体系建设项目，国家下拨资金 50 万元，改善社区基础设施。

提高社区干部待遇。攀枝花市政府出台《关于调整村(社区）人员基本报酬、办公经费及党建经费的通知》。调整后，全市的社区党组织书记、社区主任每人每月 2400 元，委员 2200 元，社工 2000 元，办公经费不低于 2.3 万元；村书记、主任每人每月 1220 元，文书 980 元，其他一职 980 元，村办公经费每年不低于 1 万元，农村社区办公经费每年不低于 1.5 万元，村党总支办公经费每年不低于 2.3 万元。

开展第九届村（居）委会换届选举工作。9 月 30 日召开全市村（社区）“两委”换届选举工作会议。随后市委、市政府于10月28日印发执行《攀枝花市第九届村（居）委会换届选举工作实施方案》，对换届选举工作进行了全面安排部署，整个换届选举工作将于2014年3月底结束。

提升社区服务功能。推进村（居）务监督委员会建设，全市351个村委会、129个社区居委会均已建立村（居）务监督委员会。

推进社区廉政文化建设，安排11个社区廉政文化进社区示范经费，申报1个社区（西区蓝湖社区）为市级廉政文化进社区示范点。

开展花园社区创建、学习型社区建设工作。推进“五创联动”进社区、进村组。市民发展意识、爱市意识、文明意识、卫生意识、环保意识有了较大提升。

【社会福利事业和福利企业】 2013年10月，四川省民政厅验收检查小组对攀枝花市养老服务社会化示范社区创建工作进行验收评定，东区民建社区、东区民乐社区、西区小宝鼎社区、仁和区弯腰树社区、仁和区大河社区共5个社区成功创建省级养老服务社会化示范社区。依托儿童福利机构成立了攀枝花市、仁和区、米易县、盐边县4个儿童福利服务指导中心。

从2013年1月起，攀枝花市按照提高后的养育标准对全市219名（扩权县盐边县由省民政厅直接拨付）孤儿发放孤儿保障金223.36万元。开展2010年—2013年孤儿管理工作及基本生活保障金使用情况专项自查活动。积极筹措资金并下发《攀枝花市民政局关于开展全市困难家庭儿童疾病康复治疗帮扶工作的通知》，对全市45名贫困家庭患儿实施康复治疗帮扶。下发《关于在攀枝花市开展事实无人抚养儿童特别关爱帮扶行动的实施办法》，安排使用10万元对全市67名事实无人抚养儿童进行帮扶。推荐13名孤儿就读四川省志翔职业技术学校。继续实施“残疾孤儿手术康复明天计划”。市儿童福利院二期工程建设项目已经市发改委批准立项。

为做好孤儿医疗康复保障，市民政局出台《关于建立孤儿医疗保障工作的暂行意见》，解决市儿童福利院15万元医疗保障资金。

成立攀枝花市社会养老服务体系建设领导小组。市民政局根据四川省发改委、四川省民政厅关于编报《2014年社会养老服务体系建设规划备选项目中央投资计划草案的通知》，组织上报攀枝花阳光养老示范基地（养护楼项目）建设方案、西区杨家坪社区日间照料中心、仁和区大河中路社区日间照料中心3个养老项目作为2014年社会养老服务体系建设规划备选项目。做好米易县社会福利院老年养护楼实行社会化养老模式运作的管理的答复工作。

截至2013年12月，全市共有社会福利企业12家，安置残疾职工709人，办理了7家福利企业的变更法人、用工人数、名称改变等手续。全年接待原皮革制品厂部分职工上访10余次。

【社会慈善捐助】 2013年，攀枝花市开展“在同一片蓝天下·2013慈善助学、慈善助医”活动，按照公开、公正、公平和信息共享、标准统一、不重不漏的原则，对攀枝花市921名品学兼优的贫困家庭学生进行慈善助学，资助总金额达556.9737万元；慈善助医1048人，使用善款约1000万元。2013年7月完成并上报四川省民政厅市慈善会税前扣除资格申请。2013年8月，与攀枝花市志林网络科技有限责任公司合作并建成攀枝花市慈善会网站。下拨各县（区）慈善会挂包帮工作经费47万元。全年接收社会定向捐助款1479.60万元；做好全市募捐箱善款收取工作，全年收取5千余元；为“芦山4·20”地震募得捐款455.81万元。2013年，全市福利彩票实现销售17977.14万元。建成社区慈善爱心超市3个。

【行政区划和地名管理】 2013年，按照市委、市政府的要求，市民政局认真做好行政区划调整调研、征求意见工作，反复修改、补充、完善了行政区划调整方案。

完成了米易县与盐源县的平安边界创建及申报工作。组织西区、仁和区民政局对梅子箐水库扩建工程中的争议问题进行了协调处理。

做好《中华人民共和国政区大典》攀枝花市分卷编纂的收尾工作，并通过了四川省民政厅审核。做好地名文化建设工作，完成了迤沙拉地名文化遗产的调研、评审、申报工作。完成了城区新建成的流沙巷、湾丘巷、鑫光路、银华路、华芝路等5条道路的命名工作，为企业和辖区居民提供了方便。开展了攀枝花钒钛产业园区地名规划编制工作。做好地名数据库管理工作，对地名数据库进行了更新、整理，并按要求上报给省民政厅。做好城区新建房屋门楼牌的编制、管理工作，全年共编制门楼牌2.6万余块。结合公安部门开展的警务平台建设工作，对全市的门楼牌设置进行了系统的检查清理，对漏编的门楼牌进行了登记补编。加强了与门楼牌使用部门的沟通、协调、配合，使门楼牌的设置与使用、管理相衔接，提高了门楼牌的使用效率。

【民间组织管理】 2013年，攀枝花市民政局审批同意攀枝花市泸州商会、攀枝花市广安商会、攀枝花市快递协会、攀枝花市艺术摄影协会、攀枝花市义工联合会、攀枝花市科峰稀贵金属粉末冶金研究院、攀枝花市居家养老服务中心、攀枝花市阳光康养中心、攀枝花市飞翔职业技能培训学校等社会组织成立。注销了攀枝花市珠算协会、攀枝花市残疾人爱心服务中心、攀枝花市印刷协会、攀枝花市文化市场经营管理协会。为12个社会团体，3个民办非企业单位办理了有关变更登记。实行主动上门实地年检，完成2012年度全市社会组织年检工作，年检率达96%，表彰奖励了16个2012年度市级优秀社会组织。截至12月，全市有社会团体426个，民办非企业单位247个，其中，市级社会团体157个，民办非企业单位31个。

2013年10月30日，市民政局在攀枝花学府酒店报告厅（攀枝花学院图书馆内2楼）组织召开“表彰2012年度市级优秀社会组织暨社会组织负责人培训会议”，首次对市级社会组织负责人举办集中综合性培训，将对攀枝花市社会组织在创新社会治理体制的新形势下，实现规范管理和健康有序发展起到积极的促进作用。

年内，市民政局修订出台《关于培育发展和规范管理社会组织的意见》，提出了创新社会组织管理“降低门槛、简化程序；加强指导、积极培育；部门联动、加强监管”的3项原则；“抓好社会组织党建工作；分类培育发展社会组织；建设社会组织孵化发展中心；建立政府向社会组织购买服务机制”4大工作重点和“提高认识，切实加强领导；确保投入，加大扶持力度；降低门槛，试行直接登记；部门联动，加强培育监管；开展评估，激励督促发展；改进年检，实现有序退出；抓好培训，完善法人治理；拓宽渠道，引导有序参与”等8条具体措施。

2013年，市民政局完成攀枝花市《关于开展社会组织评估工作的实施意见（征求意见稿）》（附《行业协会商会评估标准（试行）》），已完成向有关单位征求意见。推荐相关人员为评估委员会、复核委员会成员，即将启动实质性评估。

年内，市民政局还组织攀枝花市慈善会、攀枝花市绿色家园环保志愿者协会、攀枝花市康乐咨询服务中心、攀枝花东区炳草岗民间组织促进会负责人参加了四川省社会组织促进会举办的培训。

【婚姻登记和收养登记】 2013年，全市依法办理结婚登记11061对，离婚4373对，补领结婚证9140对，补领离婚证580人次，出具婚姻登记记录证明18538人次，婚姻登记合格率达到99%。市民政局加强对全市婚姻登记登记信息化建设工作的指导。加大婚前保健服务工作宣传力度，各县（区）民政局采用多种方式，及时向婚姻当事人发放“免费婚检卡”、婚前保健宣传资料，与计生、人口、卫生等部门加强协作，切实把婚前保健工作落实到实处。2013年，全市共办理国内收养登记24个，登记达标率100%。加大攀枝花市涉外送养力度，为市儿童福利院向省厅审查报送了14名儿童的涉外送养材料。

【殡葬管理】 2013年清明节期间，市民政局围绕“文明祭扫、生态殡葬”的主题，建立多部门联动协作的工作机制，开展“行风建设月”活动。全市各殡仪服务单位在3月17日至4月4日期间共接待祭扫群众20多万人次，机动车辆1万多辆，全市清明期间未发生拥堵、踩踏、火灾等安全事故。抓住清明节时机广泛宣传生态殡葬、惠民殡葬，树立行业良好形象。向全市手机用户分时段发送文明祭扫、生态殡葬的宣传信息。采取正反两面宣传报道的方式，通过报纸、电视、广播多种宣传形式让群众真正了解殡葬、正确认识殡葬、理性对待殡葬。市殡仪馆积极开展“殡葬服务知识进社区”活动，向社区干部群众发放了殡葬服务宣传资料万余份。

落实惠民殡葬政策。认真执行《攀枝花市人民政府办公室关于在攀枝花市实施殡葬惠民救助保障制度的通知》（攀办发〔2012〕7号）要求，落实保障经费。全年火化遗体3171具，全市享受惠民殡葬政策1611人，减免费用36.58万元，销售墓穴1536座，经营收入2574万元。

2013年攀枝花市下发了《攀枝花市人民政府办公室关于进一步推进殡葬改革加强殡葬管理工作的通知》（攀办发〔2013〕17号），强化了殡葬行政管理工作。开展火化区和土葬改革区调整研究工作。结合攀枝花市文明城市创建工作，投入100余万元在市殡仪馆建设群众集中祭祀场所，有效治理城区内搭建灵堂治丧扰民等行为，2014年上半年可投入使用。

【流浪乞讨人员救助】 2013年，攀枝花市、县（区）民政部门做好全市流浪乞讨人员的救助管理工作，加强对流浪乞讨人员中无行为能力和限制行为能力的人员救助和安置。2013年全市共救助流浪乞讨人员5022人次，其中老年人419人次，未成年人106人次，残疾人596人次。在冬季，开展“寒冬送暖”活动，派出人员车辆对街头流浪乞讨人员实行上街主动劝导，及时发放食品和御寒衣物。

对符合救助条件的求助对象救助率达100%，救助信访处理率达85%。围绕“合力保学、快乐成长”为主题开展“流浪孩子回校园”专项行动。认真开展救助管理政策宣传月活动，办好首个救助机构“开放日”活动，集中开展公益宣传活动。

建立救助服务网络“四级联动”工作机制，健全流浪乞讨人员救助服务体系。加强街道（乡镇）、社区（村委会）流浪乞讨人员救助服务点（分站）的设立，实现救助管理工作进街道（乡镇）、社区（村委会）。坚持政府主导、社会参与的原则，促进社会力量参与救助服务，积极引导社会力量参与流浪乞讨人员救助服务。

进一步强化资金监督检查。对全市5个县区民政局和市救助管理站的中央财政流浪乞讨人员救助补助资金进行了专项检查，中央流浪乞讨人员救助补助资金使用得到了进一步规范。

（李泽明）

档案事业

【概　况】 2013年，攀枝花辖区内市级档案部门1个，县（区）级档案局5个，履行本地区档案行政管理和机关、团体、企、事业单位档案保管、利用职能，均为辖地政府参公管理的直属事业单位。

2013 年，全市档案事业以深入开展“三大主题教育活动”和“民生档案建设年、企业档案推进年、制度建设年”为契机，以推进“三大体系”（档案资源体系、档案利用体系、档案安全体系）建设以及“五位一体”(爱国主义教育基地、档案安全保管基地、档案利用服务中心、政府信息公开中心、电子文件管理中心)为核心，狠抓各项工作落实。档案工作首次纳入市委市政府年度目标考核范畴，并制定了考核细则。档案规范化管理水平不断提高，市属 170 个立档单位已有 159 个实现档案规范化管理。新农村建设档案工作示范县区创建达到全覆盖。民生档案、重大项目档案、企业档案的管理和服务工作不断拓展。档案的行政执法、征集、编研、保管、展览等工作得到切实加强。民生档案的利用率大为提高。围绕全市“急难险重”任务服务大局工作有新突破，在创建国家森林城市、省级文明城市等检查验收中，档案工作均获得好评。市档案馆新接收 3.7 万卷档案，馆藏档案已达 55 万余卷（件），馆藏档案完成 84 万页的全文数字化录入任务，并积极整治消防安全隐患，年内未发生重大安全事故。圆满完成了全年各项目标任务。

2013 全市档案系统的基础业务得到加强，综合档案馆库得到改善，米易县综合档案馆新馆投入使用并举办展览。盐边县档案馆建设已完成选址和立项。新农村档案工作继续得到巩固，盐边县成功创建省级新农村档案示范县。档案资料征集范畴有所突破，除接收机关、企业、事业单位到期档案、征集名人和攀枝花老领导档案外，新增攀枝花本土苴却文化、里濮文化、地方特色餐饮档案、地方书画名人作品等资料，进一步丰富馆藏档案。档案资源开发利用取得良好进展。

全市档案工作的薄弱环节在于：市县区两级档案馆基础设施建设亟待加强；一些机关、乡镇、企业、村（社区）档案人员流动性过大，非正式员工占比高，接受档案业务培训少，档案管理水平有待进一步提高。

【民生档案管理】 2013 年市档案局积极制定民生档案管理办法。先后与市人社局、共青团市委、市水务局联合制发了《攀枝花市城乡居民养老保险业务档案管理实施细则（试行）》《四川省留守学生（儿童）档案管理办法》《关于加强水利普查档案管理工作的通知》等文件。

2013 年认真做好民生档案的收集、整理、利用和保管工作。市档案馆已接收市人社局劳动监察档案 249 卷、养老保险档案 23519 件，市建校的教学档案 38 卷，所有接收进馆档案按照档案管理要求加强了馆藏档案的保管保护。全年接待利用者近 8000 人次，有效查找所需档案 1.5 万余卷（件）。

2013 年对利用频率高的民生档案优先数字化。对查询利用频率高的农传非、转干、大中专生分配和干部调动介绍、调资等民生档案优先进行全文数字化，共完成 84.05 万页纸质档案的全文数字化加工。

【新农村建设档案管理】 2013 年盐边县成功创建为省级新农村建设档案示范县。全市 44 个乡镇中，已成功创建 29 个新农村建设档案示范乡镇，建成率达到 66%。

米易县为攀枝花市农村土地承包经营权确权登记的试点县，市档案局在该县两个乡镇开展试点工作，为 2014 年在该县此项工作的全面铺开奠定基础。

市档案局在充分调研的基础上形成了《攀枝花市县乡村三级涉农档案资源建设情况调研报告》。

【重大建设项目档案管理】 2013 年，市政府建立了攀枝花市重大项目档案工作联席会议制度，并下发《关于建立市重大工程建设项目档案工作联席会议制度的通知》。《攀枝花市重大项目档案管理办法》已经市政府重大项目档案工作联席会议第一次会议讨论通过，并按程序报市政府批准。年内，对全市的 39 个重点建设项目进行了 54 次检查、指导，对 40 个重点建设项目档案进行了登记（其中：省级重点建设项目 24 个、市级重点建设项目 16 个）。市档案局先后参与“米易县湾滩水电工程”“米易县城南水电工程”“全国水利普查项目”“新密地大桥建设项目”等 4 个项目档案专项验收。项目档案工作登记率、指导率、检查率、验收率在 2012 年基础上有较大提高。

年内，市档案局在全市范围内开展了园区档案工作基本情况调研，形成了基本情况汇报材料。并对攀枝花市在建的 12 个重大建设项目（其中 6 个水利项目、6 个交通项目）的档案管理情况开展了联合监督检查。

【档案文化建设】 2013 年，市档案馆利用馆藏档案资料编印了《攀枝花市历届人民代表大会文件选编》（第二集），客观系统地反映攀枝花市历届人大、政府工作的主要情况。对《情系攀枝花——党和国家领导人视察攀枝花图集》补充照片 50 余张，并重新编排，修改完善后的《图集》已印出清样。

2013 年加强对外宣传，各级新闻媒体采用 93 篇信息简报，其中市级媒体刊发 27 篇，国家级媒体 5 篇（《中国档案报》4 篇，《中国档案》1 篇），《四川档案》4 篇，中国档案网 21 篇，四川档案网 36 篇。

2013 年市档案馆利用征集到的原攀枝花市委政研室干部杨文仲的书稿、学习笔记、卡片、荣誉证书、照片等档案资料，举办了“学习型干部的楷模－－杨文仲同志档案资料展”，年内接待机关干部及市民群众 900 余人次参观，发挥了档案的宣传教育作用。米易县档案馆作为攀枝花市唯一新建的档案馆，在 11 月举办了“米易县历史文化档案展览”，社会反响良好。

【档案信息化建设】 2013 年，市档案局对馆藏档案案卷级目录 108072 条和文件级目录 1545301 条中的重要文件目录进行整理和修正。

2013 年，市档案局以“四川电子文档管理系统（馆版）”软件为核心的档案综合业务管理网络平台已经建立。至年底市馆馆藏档案案卷级目录及文件级目录数据已经全部挂接系统提供利用；馆藏声像、书画、照片档案已经全部数字化完毕并挂接提供利用；已加工的 101 万页纸质档案全文数据已经挂接提供利用；新加工的 84 万余页纸质档案全文数据整理完毕后全部挂接提供利用。

2013 年市档案局网站“攀枝花档案信息网（http://www.pzhda.gov.cn/）重新改版。并在网站上发布工作动态等信息 100 余条。

【档案法制建设】 2013 年，市档案局以《中华人民共和国档案法》及《实施办法》《档案管理违法违纪行为处分规定》等法律法规为依据，对 17 个机关、科技事业单位开展了档案行政执法检查，检查组对问题较为突出的 2 个单位当场下发了《攀枝花市档案行政执法通知书》，责令其限期整改。

2013 年度，攀枝花市对市档案局行政权力进行调整。调整后保留行政权力 22 项，其中行政审批（许可）3 项，行政处罚 5 项，行政强制 1 项，其他行政权力 13 项。

攀枝花市档案局认真宣传贯彻国家档案局《企业文件材料归档范围和档案保管期限规定》，年内，召开了专题学习会、下发了宣传贯彻通知。举办了以《企业文件材料归档范围和档案保管期限规定》为主要培训内容的企业档案人员培训班，共 53 人参加培训。同时开展了《企业文件材料归档范围和档案保管期限表》的编制审批工作。

市档案局在组织档案系统职工学习监察部、人社部、国家档案局《档案管理违法违纪行为处分规定》的基础上，与市监察局、市人社局联合发文《关于认真学习贯彻〈档案管理违法违纪行为处分规定〉的通知》。

年内，仁和区档案局与仁和住房管理局联合印发了《仁和区住房保障档案整理规范》。

【档案馆建设】 攀枝花市档案馆通过四川省档案局检查验收，达到国家二级综合档案馆标准。

盐边县档案馆纳入“十二五”规划的县级档案馆建设项目，前期准备工作已完成，设计图纸通过了四川省档案局组织的功能审核，并已得到省局批复，待国家投资计划的下达后开始建设。

2013 年米易县档案馆以新馆建成为契机，通过了国家档案局对米易县档案馆创建国家一级综合档案馆的检查验收。

【档案部门自身建设】 2013 年，市档案局进一步加强机关党的建设和领导班子、干部队伍建设。认真学习党的十八届三中全会精神，统一思想，明确方向；积极开展向朱志伟、兰辉等先进人物学习活动，不断强化爱岗敬业、争先创优意识；完成了领导班子主要领导的调整交接；研究制定了《市档案局廉洁自律的规定》并修改完善了局务会议等 5 个制度。市档案局共举办 4 期培训班，共计 142 人参训，完成省档案局和市委的干部调训任务。切实加强调查研究。完成了《攀枝花市国有企业档案工作情况汇报》《攀枝花市县乡村三级涉农档案资源建设情况调研报告》《攀枝花市产业园区档案工作情况调研报告》《攀枝花人事干部档案情况调研报告》及《现行文件利用中心与政府信息公开查阅场所建设的思考》5 篇调研报告。

（汤丽君）

残疾人事业

【概　况】 2013 年，攀枝花市残疾人联合会（以下简称“市残联”）内设办公室、康复处、教育就业处、维权处 4 个职能处室，下属残疾人康复教育中心、残疾人劳动就业服务中心 2 个事业单位。全市残联系统（含三区两县残联）有在职职工 68 人（含临聘人员 20 人），其中市残联 26 人（机关 11 人、事业单位 15 人，含临聘人员 5 人）、东区残联 6 人（含临聘人员 3 人）、西区残联 6 人（含临聘人员 3 人）、仁和区残联 11 人（含临聘人员 6 人）、米易县残联 9 人（含临聘人员 1 人）、盐边县残联 10 人（含临聘人员 2 人）。全市残疾人人口 7.46 万人，持证残疾人 1.93 万人。

2013 年，攀枝花市残疾人工作在各级党委、政府的领导下，在四川省残疾人联合会（以下简称“省残联”）的指导下，紧紧围绕“一个中心、两个体系、三大重点”（“一个中心”为以深入推进“量体裁衣”式个性化服务、为残疾人谋幸福为中心，“两个体系”为残疾人社会保障体系和服务体系，“三大重点”为以残疾人民生工程、四川省委下达的绩效保证目标和攀枝花市人民政府下达的业务目标 3 项工作为重点），扎实推进残疾人康复、教育、就业、维权等各项工作加快发展，推动全市残疾人工作持续健康发展。2013 年，攀枝花市残疾人民生得到进一步关注，残疾人民生状况得到较好改善；残疾人社会保障制度日趋完善，重度残疾人可免费参加城镇居民基本医疗保险；特殊教育办学层次得到延伸，2013 年秋季学期启动残疾人中等职业教育；残疾人体育事业加快发展，建立残疾人体育训练基地。存在不足：基层残疾人组织建设工作较薄弱，且发展不平衡，影响残疾人工作深入开展。

【攀枝花市残疾人联合会第六次代表大会】 2013 年 5 月 28 日上午，攀枝花市残疾人联合会第六次代表大会在攀枝花会展中心国际厅召开。出席会议代表 115 人，其中残疾人代表 79 人，占 68.7%。省残联巡视员齐乐生，攀枝花市委副书记赵辉，市委常委、市政府常务副市长杨自力，市委常委、市总工会主席许健民，市人大常委会副主任唐建民，市政协副主席马晓凤出席会议；攀枝花市总工会、团市委、市妇联、市社科联、市科协、市文联、市侨联应邀出席会议；四川省凉山州残联到会祝贺。

大会听取和审议了过去5年工作，部署了今后5年工作。选举产生攀枝花市残疾人联合会第六届主席团委员 58 名，其中残疾人委员 33 名，占 56.9%。

同日上午，召开攀枝花市残疾人联合会第六届主席团第一次会议，选举攀枝花市委常委、市政府常务副市长杨自力为第六届主席团主席，选举王永蓉（女、精神残疾人亲友）、刘树学（智力残疾人亲友）、孙超、李维忠、李朝金（听力语言残疾）、罗梓丹（女、视力残疾）、李兴华、钱卫、雷武岷、缪锐（肢体残疾）等 10 人为第六届主席团副主席。推举李维忠为第六届主席团执行理事会理事长，杨关云为理事会执行副理事长。

同日上午，召开攀枝花市各类残疾人代表会议，选举产生攀枝花市残疾人 5 个专门协会委员会。各专门协会委员会分别选举王永蓉为攀枝花市残疾人联合会第六届精神残疾人亲友协会主席，罗梓丹为盲人协会主席，李朝金为听力语言残疾人协会主席，缪锐为肢残人协会主席，刘树学为智力残疾人亲友会主席。

大会确定今后五年工作奋斗目标是：进一步建立和完善社会保障制度，将贫困残疾人全部纳入社会保障范围，保障他们的基本需求；全面推进残疾人“人人享有康复服务”工作，使有康复需求的残疾人得到不同程度的康复，配备残疾人用品用具；培训有就业愿望的残疾人 2000 名以上，扶持农村贫困残疾人 4000 名，新增城镇就业人员 1200 名；进一步加强残疾人事业法制建设，残疾人的文化生活更加丰富，体育活动进一步普及；基层残疾人组织和基础设施建设进一步完善，服务能力进一步增强，关爱残疾人氛围更加浓厚。

【残疾人组织建设】 2013 年 9 月 15 日，攀枝花市人民政府办公室印发《关于调整市政府残疾人工作委员会成员的通知》（攀办函〔2013〕161 号，以下简称“《通知》”），调整充实攀枝花市人民政府残疾人工作委员会（以下简称“市残工委”）成员。调整后，攀枝花市委常委、常务副市长杨自力担任市残工委主任，成员单位由民政局等 30 个与残疾人工作联系密切的单位组成。《通知》同时明确各成员单位的职责和任务，要求各成员单位于每年年底向市残工委办公室报送工作总结。年内，继续开展残疾人组织建设“强基育人”工程，巩固全市基层残疾人组织规范化建设成果，为基层残疾人工作开展提供组织保障。全市 5 个县（区）残联全部实现单列，16 个街道、44 个乡镇有残联理事长和专兼职干事，129 个社区、351 个村有残协主席和专兼职委员。

【残疾人社会保障体系建设】 2013 年，全市残疾人社会保障制度落实。全市符合最低生活保障条件的城乡残疾人家庭实现“应保尽保”，全年有 5686 名残疾人纳入城乡低保，其中农村低保对象 3800 人，城市低保对象 1886 人。城市低保对象中有 1335 人享受了“重度残疾分类施保”。2013 年，全市城乡社会养老保险工作全覆盖，残疾人参保优惠政策落实，全市参加新型农村社会养老保险的残疾人 7410 人，参加城镇居民养老保险的残疾人 1864 人；城乡基本医疗保险制度全覆盖，残疾人参保及报销优惠政策落实，全市参加城镇居民基本医疗保险的残疾人 4453 人，参加新型农村合作医疗的残疾人 9903 人。

2013 年 8 月 29 日，攀枝花市人民政府办公室印发《关于调整城镇居民基本医疗保险相关政策规定的通知》，加大对残疾参保对象的优惠力度。具体包括：提高困难人群参保政府补助。从 2014 统筹年度起，凡持有“残疾人证”的学生儿童、在校大学生、低收入家庭的未成年残疾人参加城镇居民医疗保险，每人每年由政府财政补助 340 元，个人不缴费；持有“残疾人证”的重度成年残疾人、持有“残疾人证”“低保证”的“三无”对象和重点困难家庭中的非重度成年残疾人参加城镇居民基本医疗保险，每人每年由政府财政补助 560 元，个人不缴费；持有“残疾人证”“低保证”的一般困难、临时困难家庭中的非重度成年残疾人参加城镇居民基本医疗保险，每人每年由政府财政补助 540 元，个人缴纳 20 元；其他持有“残疾人证”的非重度成年残疾人参加城镇居民基本医疗保险，每人每年由政府财政补助 480 元，个人缴纳 80 元。与 2013 统筹年度相比，新增持有“残疾人证”的重度成年残疾人为免费参保对象，减少了持有“残疾人证”非重度成年残疾人个人缴费额。提高困难居民普通门诊医保待遇。从 2014 年 1 月 1 日起，除大学生外，参保居民中的残疾人，一个统筹年度内，在居民医保普通门诊定点医疗机构发生的符合报销范围的门诊医疗费用（含一般诊疗费），居民医保基金累计最高报销限额每人由 400 元调整为 500 元。

【“量体裁衣”式个性化服务】 2013 年是四川省“量体裁衣”式个性化服务（以下简称“量服”）工作深化年。市残联根据全省“量服”工作总体安排，于年初印发《关于进一步推进残联系统改进工作作风，密切联系群众深化“量服”工作的通知》（攀残联〔2013〕32 号），部署全市“量服”工作。年内，重点抓了“量服”督查工作：市残联每位中层以上干部分别深入到 80 户残疾人家中指导督查“量服”工作，县（区）残联每位中层以上干部分别深入到 100 户残疾人家中指导督查“量服”工作，确保“量服”工作落到实处。全市全年为 1.93 万残疾人提供“量体裁衣”式个性化服务 100242 次，实现对已办证残疾人服务“全覆盖”，人均提供服务 3.84 项次。

【残疾人康复】 年内，市残联以“爱耳日”“助残日”“爱眼日”“世界精神卫生日”“国际残疾人日”等节日为契机，利用报纸、电台、电视台、网络等媒体，向社会公众、残疾人及其亲友普及康复知识，提高公众残疾预防和康复意识。继续开展各项康复服务，帮助残疾人恢复或补偿功能，减轻残疾人痛苦和家庭负担。

白内障复明。年内，全市继续巩固“全国白内障无障碍市（县）”成果，按照“当年白内障患者新发现1例、手术1例”的要求开展白内障患者复明工作。2013年，攀枝花市人民政府将“实施贫困白内障患者复明手术150例”列为市残联业务目标任务。全年，全市残联系统在全市卫生系统的协助下，为200名贫困白内障患者免费实施复明手术，完成目标任务的133.3%。同时，市残联继续指导盐边县“全国白内障无障碍县”创建工作（全市仅盐边县未建成“全国白内障无障碍县”）。

国家残疾人事业专项彩票公益金康复项目。年内，为享受医疗保险报销的100名（其中：仁和区50名、盐边县50名）贫困精神病患者提供购买基本治疗药品补贴，为仁和区40名贫困精神病患者提供一次性住院医疗救助；为仁和区7名贫困成年听力残疾人免费配戴助听器；资助7名（其中：东区2名、西区1名、仁和区2名、米易县1名、盐边县1名）贫困智力残疾儿童进行系统康复训练。

残疾儿童康复救助“七彩梦行动计划”。年内，为2名贫困聋儿免费配戴助听器4台，并实施日常康复训练；为4名贫困脑瘫儿童进行系统康复训练；为4名贫困残疾儿童配发儿童轮椅。

轮椅捐赠。年内，为200名贫困肢体残疾人配送轮椅(其中：“台北曹仲植基金会”捐赠65辆、攀枝花市人民政府匹配135辆)。

盲人定向行走训练。2013年12月18—23日，市残联在攀枝花市特殊教育学校举办攀枝花市第三期盲人定向行走培训班。来自全市5个县（区）的31名视力残疾人参加培训，并取得结业证书。

攀枝花市残疾人康复教育中心用房。攀枝花市残疾人康复教育中心（以下简称“市康复中心”）办公楼自2006年12月因改扩建拆除后，一直租房办公和开展康复服务。2013年12月5日，市残联在攀枝花市人民政府与市级群团组织联席会议上提出“关于请求解决市残疾人康复中心用房的建议”。会议对此进行认真研究，形成“先租赁一个场所使用，如果确实没有符合条件的，再选址新建，所需经费由财政拨付”的意见。会后，市康复中心按照会议精神，在市区积极寻找合适房源。

【残疾人扶贫】 2013年元旦、春节期间，全市残联系统继续开展“温暖万家行”活动。活动期间，攀枝花市、县（区）政府残工委成员单位和攀钢集团有限公司等大企业走访慰问贫困残疾人和困难联系户2387户（完成攀枝花市人民政府下达业务目标任务1800户的132%），赠送慰问金及慰问品价值约合57万元。年内，为米易县21户贫困残疾人家庭实施农村贫困残疾人危房改造，每户补贴资金1.2万元（其中四川省补贴6000元，市、县各补贴3000元）。对盐边县惠民乡兴隆村、凉山州木里县残联开展对口帮扶工作。

【残疾人教育】 2013年，市残联协助攀枝花市特殊教育学校（以下简称“市特校”）做好盲、聋哑、智残学生招生工作，帮助残疾适龄儿童入学。2013年5月、10月，市残联组织市特校教师分两批到乐山师范学院特殊教育学院进行专业培训。7月，市残联组织市特校校长到重庆师范大学进行培训。

2013年9月，市特校开办培智班，9名智力残疾儿童进入该班学习。至此，市特校招生对象由原来的盲、聋哑两类儿童教育扩展为盲、聋哑、培智三类教育。

2013年9月，市特校开办攀枝花市经贸旅游学校中职聋教办学点，面向聋教应往届初中毕业生，开设全日制3年制中餐烹饪与膳食营养专业。9名聋教应往届初中毕业生报名入学。这标志着攀枝花市残疾人中等职业教育启动，延伸了全市特殊教育办学层次。

【残疾人就业】 2013年，市残联继续开展残疾人求职登记、职业指导、职业介绍等服务，全年组织残疾人就业招聘会2次，为170名残疾人进行了求职登记，提供就业咨询320多人次，开展残疾人就业推荐200多人次。全年投入资金100余万元，开展残疾人职业培训，培训残疾人806人(完成攀枝花市人民政府下达业务目标任务700人的115%)。年内，市残联配合市地税和市财政部门，做好2013年残保金征收工作，圆满完成年度征收任务。协助有关部门监督检查残疾人福利企业残疾职工用工情况，督促安置残疾人就业的单位为残疾职工足额缴纳社会保险费用，保障残疾人合法权益。

【残疾人维权】 2013年，全市残联系统办理残疾人来信来访364件次，其中市本级接待残疾人来访52人次，领导批示件和信访件办结率为100%。未发生残疾人赴省、赴京集体上访事件。2013年，市残联向上级残联申请2013年残疾人机动轮椅车燃油补贴80.12万元，2195名残疾人机动轮椅车车主受益（每辆补贴365元）。该补贴已于2013年10月底前发放至残疾人手中。2013年，由于机动车驾驶证申领和使用施行新规定，全市仅有1名残疾人领取C5（残疾人专用小型载客汽车）车型驾驶证，截至2013年年底全市有36名残疾人领取C5车型驾驶证。2013年8月，市残联为11名取得C5车型驾驶证的残疾人申领一次性辅助装置和技能培训补助费每人1500元，为1名取得C2车型驾驶证的残疾人申领技能培训补助费 1000 元，此笔款项已于 2013 年年底向残疾人兑现。市残联于 11 月 1 日起开展 2013 年度残疾人状况监测工作，对东区瓜子坪街道青年路社区 25 户残疾人家庭和东区长寿路街道冶金东街社区 20 户残疾人家庭进行监测。

【残疾人宣传】 2013 年，市残联与攀枝花市广播电台继续联办《同在一片蓝天下》残疾人专题节目，向广大市民，特别是残疾同胞宣传残疾人法律法规、政策和相关知识，介绍自强不息残疾人事迹，促进全市残疾人事业发展。全年联办节目 24 期。年内，市残联积极与新闻单位联系，加大残疾人工作宣传力度，全年在攀枝花市电视台、市广播电台和市级报刊播放、刊登反映残疾人事业和自强不息残疾人信息 50 余次（篇），四川省人民政府网站报道本市残疾人信息 2 条，四川省残联网站报道本市残疾人信息 10 条。

【残疾人体育】 2013 年，市残联继续备战 2015 年在四川省举行的第九届全国残运会和 2014 年第八届四川省残运会，在攀枝花市体育局、市特校的协助下，选拔残疾人运动员开展游泳、硬地滚球、飞镖、象棋等项目日常训练。4 月 7 日，选送市特校 6 名听力残疾学生到成都参加四川省残疾人游泳队第一阶段集训（为期 50 天）。4 月 22 日，攀枝花市残疾人运动员商俊峰（肢体残疾）代表国家队参加中国残疾人田径公开赛暨 IPC 田径大奖赛（北京站），获男子 100 米、跳远两枚金牌。8 月 5—9 日，市残联组织开展以“养成健身习惯，享受健康生活”为主题的第三届“残疾人健身周”活动。活动期间，邀请体育专业技术人员向残疾人讲解健身知识，推广健身方法；组织街道（乡镇）、市特殊教育学校的残疾人开展趣味运动会；利用市残联与市广播电台联办的《同在一片蓝天下》残疾人专题节目宣传全市“残疾人健身周”活动情况。8 月 7 日，经攀枝花市教育局、市体育局、市残联批准，建立攀枝花市体育训练特殊教育学校基地。9 月 1 日，该基地组建游泳、篮球、门球、地滚球、轮滑、飞镖、乒乓球等运动队，并有序开展训练工作。2013 年，市残联争取省级资金 10 万元，在攀枝花市东区炳草岗街道民建社区建立残疾人体育示范社区。

【残疾人文化艺术】 2013 年 7 月 5 日，四川省作家协会发展攀枝花市残疾作家于彬（女，肢体残疾）为会员。8 月 24 日，攀枝花市盲童博史尼撒（彝族）、博史琛嫫（女，彝族）代表四川省参加全国第八届残疾人艺术汇演（甘肃赛区），参演的手风琴合奏《快乐的罗嗦》获赛区一等奖。8—12 月，残疾人画家张扬先后在石家庄、北京、上海三地举办个人画展。年内，市残联稳步推进残疾人社区文化阵地建设，继续打造残疾人基层文化体育活动示范站点 3 个（东区炳草岗湖光社区、仁和区总发乡立新村社区和市图书馆盲人有声读物阅览室）。

【残疾人民生工程】 2013 年，市残联认真做好 9 项涉及残疾人民生工程（其中省级民生工程 7 项：帮助 6000 名城乡残疾人实现居家灵活就业；帮助 720 名农村贫困残疾人改善生产生活条件；为 700 名贫困残疾人适配亟须基本型辅助器具；为 100 名贫困家庭脑瘫儿童提供手术治疗、康复训练和辅具适配；居家托养智力、精神和重度残疾人 740 人；实施残疾人家庭无障碍改造 200 户；为 23 名贫困听力残疾儿童提供人工耳蜗手术、助听器适配、听力语言康复训练服务。市级民生工程 2 项：关爱贫困精神病患者 600 人；资助残疾学生 500 人）的项目申报、实施、督查、验收、后续管理等工作，确保各项民生工程全面完成，切实让残疾同胞受益。

城乡残疾人居家灵活就业。年内，市残联带领基层残疾人组织，采取资金补贴、技能培训、举办招聘会、自主创业、发展种养殖业、就近从事家政服务等多种方式，帮助 6000 名城乡残疾人实现居家灵活就业，完成目标任务的 100%。

残疾人扶贫解困。年内，全市投入资金 72 万元（市、县两级各投入 50%），给予 720 名贫困残疾人资金和技术支持（每人补助资金 1000 元），以帮助其发展种养殖业为主，帮助残疾人增加收入，完成目标任务的 100%。

辅助器具适配。年内，全市投入资金 35 万元（市、县两级各投入 50%），按照残疾人的不同需求，为 700 名贫困残疾人配备轮椅、坐便器、助行器等辅助器具 700 件，完成目标任务的 100%。

贫困家庭脑瘫儿童康复救助。全年投入资金 119 万余元，在全市 6 个脑瘫儿童康复站康复训练脑瘫儿童 100 名（其中：东区 25 名、西区 20 名、仁和区 25 名、米易县 10 名、盐边县 14 名、市残疾人康复教育中心 6 名），完成目标任务的 100%。另为其中的 6 名脑瘫儿童实施了矫治手术，为 14 名有需求的脑瘫儿童适配了辅具。

实施“阳光家园”计划。年内，全市筹集资金 44.4 万元，居家托养智力、精神和重度残疾人 740 人（居家托养护理补贴 600 元/人·年），完成目标任务的 100%；争取国家资金 10.5 万元，继续资助仁和区大河中路街道阳光社区残疾人托养服务站。

残疾人家庭无障碍改造。年内，全市筹集资金 60.5 万元（其中：国家投入 10.5 万元、省级投入 15.2 万元、市级投入 16 万元、县区级投入 18.8 万元），本着“制度公开化、设计个性化、改造科学化、实施集中化”原则，认真组织实施，为 235 户有需求的残疾人家庭实施了无障碍改造，完成目标任务的 117%。

助听救助。年内，全市筹集资金 72 万余元，为 4 名贫困听力残疾儿童实施人工耳蜗手术、为 5 名贫困听力残疾儿童开展听力语言康复训练、为 17 名贫困聋儿免费适配助听器 30 台，完成目标任务的 113%。

关爱贫困精神病患者。年内，市、县（区）两级投入资金 110 万元，全市残联系统在市第三人民医院的大力协助下，为 500 名贫困精神病患者补贴口服药费用，为 100 名重症精神病患者提供一次性住院治疗补助，完成目标任务的 100%。

资助残疾学生。年内，全市投入资金 50 万元（市、县两级各投入 50%），资助 500 名正在接受义务教育的困难家庭残疾学生继续上学（其中：东区 60 人、西区 195 人、仁和区 80 人、米易县 85 人、盐边县 80 人），完成目标任务的 100%。

（黄金秀）

民族宗教事务

【概　况】 2013 年，全市有彝族、傈僳族、苗族、回族、纳西族等 41 个少数民族；有少数民族人口 15 万余人，占全市总人口的 14%；有 17 个民族乡镇（米易县 5 个，盐边县 7 个，仁和区 5 个），占全市 44 个乡镇的 39%；民族地区辖区面积 3940 平方千米，占全市总面积的 54%。市内，盐边县、米易县、仁和区享受民族地区待遇。

全市有宗教团体 5 个，其中市域宗教团体 4 个，分别是市佛教协会、市天主教爱国会、市基督教三自爱国运动委员会和市伊斯兰教协会；县域宗教团体 1 个，即米易县伊斯兰教协会。批准开放宗教活动场所 32 处，其中佛教寺庙 14 处，伊斯兰教清真寺 8 处，天主教教堂 5 处，基督教教堂 5 处。全市有宗教教职人员 70 人，有信教群众近 11 万人，其中佛教约 91000 人，道教约 2100 人，伊斯兰教约 2560 人，基督教约 7000 人，天主教约 6000 次。

2013 年，市民族宗教事务委员会（以下简称市民宗委）按照“抓发展、保稳定、关注民生”的工作总体要求，把握“共同团结奋斗、共同繁荣发展”的民族工作主题和“落实政策抓管理、引导适应防渗透”的宗教工作思路，按照年初确定的目标和任务，团结奋斗、开拓创新，全面贯彻落实党和国家的民族宗教政策，奋力推进民族地区的经济社会发展，有效维护民族地区和宗教领域稳定。2013 年，全市 17 个民族乡镇国内生产总值达 232040 万元，比 2012 年增加 28496 万元，增长 14%；农民人均纯收入预计达 8100 元，比 2012 年增加 1050 元，增长 15%。民族地区呈现出经济发展、社会稳定、人民安居乐业的良好局面。

2013 年民族宗教工作存在的主要问题和困难：首先是民族地区经济发展任务依然十分艰巨。民族地区经济总量小，人均水平偏低，基础设施建设较为滞后，产业发展相对缓慢，贫困问题还不同程度存在，经济发展任务繁重而艰巨。其次是民族地区社会事业发展亟待进一步提速。民族地区教育基础设施建设滞后、师资力量薄弱、教育质量不高和医疗设备落后、医技力量不足、看病远看病难等问题群众反映较多。民族地区优秀人才招不进、派不去、留不住，科技技术人才缺乏、干部队伍老化等问题较突出。同时维护团结和谐面临新的压力。城市化进程中各民族间交往越来越频繁，由于劳动、就业、医疗等多种原因引发的摩擦和纠纷数量不断增多，民族工作维稳任务日益加重。另外和谐宗教关系面临新挑战。随着社会开放程度的不断提高，跨地区宗教活动不断增多，非法宗教活动、境外渗透事件处置难度加大，构建宗教和谐关系不容忽视。

攀枝花市宗教活动场所一览

表 19

教　别	场所名称	场所地址	教职人员数
佛　教	1.攀枝花市东区玉佛寺	东区银江镇沙坝村五组	12
	2.攀枝花市西区西佛寺	西区格里坪镇大水井村三社	1
	3.攀枝花市仁和区宝灵寺	仁和区宝灵寺巷 3 号	14
	4.攀枝花市竹木山观音崖寺	仁和区金江镇保安营村山林窝组	6
	5.攀枝花市仁和区同德观音寺	仁和区同德街 294 号	1
	6.攀枝花市仁和区宝鼎金山寺	仁和区太平乡大坝村苍房组	—
	7.莲花寺	暂未建	—
	8.米易县灵佛寺	米易县普威镇街村一社	2
	9.米易县盘龙寺	米易县丙谷镇橄榄河村二社	1
	10.米易县圣龙寺	米易县白马镇挂榜村十三社	—
	11.米易县观音寺	米易县攀莲镇观音村三社	10

续表 19

教　别	场所名称	场所地址	教职人员数
佛　教	12.盐边县百灵寺	盐边县桐子林镇怀华百灵寺	1
	13.盐边县兴盐寺	盐边县永兴镇范村四社	—
	14.盐边县菩提寺	盐边县桐子林镇纳尔河村	1
伊斯兰教	1.攀枝花市仁和区中坝清真寺	仁和区中坝乡团山村灰鲊凹组	1
	2.米易县五锁沟清真寺	米易县丙谷镇雷窝村五社	1
	3.米易县田坝清真寺	米易县白马镇田坝回族村五社	1
	4.米易县湾崃清真寺	米易县撒莲镇湾崃村 7 社	1
	5.米易县乡农清真寺	米易县白马镇黄草回族村一社	1
	6.米易县磨盘清真寺	米易县白马镇挂榜村十一社	1
	7.米易县大水沟清真寺	米易县攀莲镇观音村十二社	1
	8.盐边县桐子林镇清真寺	盐边县桐子林镇西环南路（暂未建）	—
天主教	1.攀枝花市东区五十四圣伯多禄堂	东区五十四金福南街 64 号	2
	2.攀枝花市西区平江天主教堂	西区河门口公园内（迁建中）	1
	3.攀枝花市仁和区大田天主教活动点	仁和区大田镇大田街 222 号（重建）	—
	4.米易县天主教善牧堂	米易县攀莲镇青皮村十五社	1
	5.红格上主慈悲堂	盐边县红格镇假日酒店东侧	1
基督教	1.攀枝花市东区江南基督教堂	东区江边街宁和巷 07 号	6
	2.攀北活动点	东区瓜子坪攀北社区	1
	3.攀枝花市西区基督教圣恩堂	西区河门口南街 24 号	1
	4.攀枝花市仁和区基督教伯利恒教堂	仁和区仁和镇大河居委会二组	1
	5.米易县基督教永生堂	米易县攀莲镇贤家村三社	1

【民族地区开发资金投入及项目】　2013 年，攀枝花市争取和安排省市民族地区开发两项资金 2553 万元，其中：争取省级资金 1853 万元（省三州开发资金 1190 万元、支援不发达地区发展资金 230 万元、省自发迁居农民专项扶持资金 200 万元、省少数民族发展金和散杂居民族发展资金 100 万元、省散杂居少数民族发展资金 65 万元、省民族工作机动金 68 万元），安排市级民族资金 700 万元（市级少数民族发展资金 450 万元、市级民族工作机动金 150 万元、市级支援不发达地区发展配套资金 100 万元）。

全市实施民族地区开发项目 80 个。其中：民族新村建设项目 1 个，小流域现代农牧业增收项目 1 个，“四小”（小路、小桥、小水、小能源）基础设施建设项目 51 个，自发迁居农民安置发展项目 9 个，民族教育发展十年行动计划项目 5 个，民族地区实用技术培训项目 4 个，民族宗教事务及维稳工程项目 9 个。

【民生工程建设】　2013 年，按照“富民惠民、改善民生”的资金投入导向和“责任落实到位、项目实施到位、资金保障到位、督促指导到位、政策宣传到位”的资金管理的要求，在民族地区实施了民族团结新村建设工程、小流域现代农牧业增收工程、“四小”基础设施建设工程、自发迁居农民安置发展工程、民族教育十年行动计划工程、民族地区培训和维稳工程民族地区民生工程，加快了民族地区水、电、路基础设施建设步伐，改善了民族地区生产生活条件，促进了民族地区农业结构调整，有力推进了民族地区经济社会发展。

民族新村建设工程。全市投入资金 500 万元，实施项目 1 个。启动盐边县和爱乡团结村“民族团结进步新村”建设，完成民族水库除险整治、7 千米社道硬化等产业扶持、基础设施项目，实施 403 户房屋风貌打造和 20 户精品彝家乐聚居点基础场平建设。

小流域现代农牧业增收工程。攀枝花市争取省三州开发资金200万元，实施项目1个。在米易县实施1.5万亩核桃基地建设，覆盖9个乡镇14个村6700余人。

"四小"（小路、小桥、小水、小能源）基础设施建设工程。市民宗委争取省级资金900万元，安排市级资金420万元，在民族地区实施"小路、小桥、小水、小能源"四小基础设施建设工程项目51个。小路建设：投入资金885万元，实施项目29个，道路硬化45千米、新建34千米、整治19.5千米，改善了3000余人的通行条件；小桥建设：投入资金47万元，实施项目3个，新建人行便桥3座，改善了800余人的通行条件；小水建设：投入资金370万元，实施项目18个，整治沟渠7.3千米，修建各类水池51口，架设各类管道38千米，新建提灌站2座，改善了7500余亩农田及芒果基地灌溉条件；小能源建设：投入资金18万元，实施项目1个，实施90户"一户一厕"工程，改善了340余人的生活条件。

自发迁居农民安置发展工程。市民宗委争取资金200万元，实施项目9个。完成自发迁居农民安置点9.5千米道路硬化、4千米道路新建，架设各类管道25千米，建各类水池6口，改善4500余名自迁农民的生产生活条件。

民族教育十年行动计划工程。安排市级资金150万元，实施5个项目。实施1所学校运动场改造，3所学校教学设施设备购置，1所学校科普实验基地建设，改善4000余名师生的教育教学条件。

民族地区实用技术培训工程。市民宗委争取省级资金53万元，安排市级资金130万元，实施4个项目。建成核桃、芒果科技成果转化示范基地各1个，培育核桃、芒果重点示范户32户，实施核桃嫁接25万株，建立苗圃基地15亩，开展实用技术培训35期4000余人次，发放技术资料8000份；开展旅游从业人员及民族干部培训4期200余人次。加强服务体系建设，组织好全市重大民族节日活动，做好民族地区救灾应急、特殊困难救助，维护了民族地区团结和稳定。

【计生"三结合"】 2013年，市民宗委争取和安排资金42万元投入仁和区务本乡大火山村开展计生"生产、生活、生育"帮扶，为该村新建31口小水池、新建道路1.8千米，改善了400余名帮扶群众的生产生活条件。2013年市民宗委被四川省人口和计生领导小组评四川计划生育"三结合"工作先进集体。

【对口"扶贫帮村"】 2013年，市民宗委投入资金46万元，实施对口扶贫帮村项目3个。将"万名干部直接联系服务群众"活动、城乡党组互助活动、"挂包帮"工作有机结合，委机关干部采取"一对几"的方式直接联系54名群众。全年累计为困难群众带去了1.5万元慰问品，落实帮扶资金46万元（其中，高坪村道路硬化项目资金10万元，国胜乡民胜村道路硬化项目资金26万元，核桃箐村帮扶项目资金5万元）。2013年市民宗委被市委、市政府评为全市"领导挂点、部门包村、干部包户"先进单位。

【维护民族宗教领域稳定】 2013年，市民宗委深入推进民族团结进步创建活动，加强对民区群众进行党的民族政策和法律法规的宣传教育，增强法律意识，提高自觉守法的能力，从源头上预防和减少矛盾纠纷。在元旦、春节、中秋国庆黄金周、党的十八届三中全会召开前后期间，市民宗委组织人员深入民族地区和各宗教活动场所，调查了解社情民意，排查不稳定因素40余次。认真接待和处理来信来访，对各类涉及少数民族问题的来信来访，谨慎处理，及时反映，依法答复，督办少数民族同胞权益保障事宜。全年共接待来信来访41人次，其中来访39人次、来信2人次。按照"发现早、控制住、处理好"的原则，妥善协调和处理了盐源籍少数民族群众与市中心医院医患纠纷等20余起涉及少数民族纠纷。积极推进凉山籍滞留米易县湾丘基地人员问题信访积案化解工作，形成了《研究凉山籍滞留米易县湾丘基地人员问题会议纪要》，清理劝返工作有序推进。全年，全市民族地区、少数民族没有发生大的影响民族关系的重大事件，保持了民族地区社会和谐稳定。

年内加强了宗教政策法规的宣传教育和爱国主义教育。利用"宗教政策法规宣传月"、宗教界人士迎春座谈会中秋茶话会、重大宗教节日等活动和各类培训班，深入开展宗教政策法规宣传教育，提高了宗教工作干部处理、应对实际问题的能力，增强了宗教界人士、信教群众的国家意识、公民意识、法律意识，全市宗教界形成自觉学法、守法、用法的良好氛围。

稳步推进全市宗教活动场所财务规范管理。认真贯彻《宗教活动场所财务监督管理办法（试行）》，帮助活动场所建立完善了财务审批报销制度、财务大额收支制度、功德箱（奉献箱）开箱制度、固定资产管理制度、物资采购库管制度、财务档案管理制度等规章制度；指导活动场所抓好财务人员建设，聘请事业心强、职业道德素质高、具有财务专业知识和财务会计从业资格证的人员担任场所会计、出纳。深入开展"宗教慈善周"等宗教界帮扶困难群众活动，为芦山地震灾区筹集善款6.5万元；为盐边县渔门镇核桃箐傈僳族村的村民募集善款5万元，帮扶发展核桃产业。

抓好和谐寺观教堂创建活动。结合全市安全大检查，认真、细致、排查宗教活动场所安全隐患，完善了宗教场所各类安全预案和安全措施，力争将安全事故的苗头消灭在萌芽阶段。全年，全市宗教活动场所无安全事故发生。

对非法宗教活动进行综合治理。督促指导各县区民宗局对辖区范围内的基督教私设聚会点和佛教乱建小庙进行治理，共取缔基督教私设聚会点7处和佛教乱建小庙3处。

【依法办理民族宗教事务】 2013年，根据四川省民族事务委员会、四川省公安厅关于印发《四川省实施〈关于中国公民确定民族成分的规定〉办法》的通知精神，依法办理民族成分更改、更正173份。

2013年，协调指导县区做好宗教活动场所改造、排危、重建等建设工作，全年协调筹集各类资金5400万元（其中市级财政安排宗教场所排危资金40万元），稳步推进了东区玉佛寺、东区江南基督教堂、米易县五锁沟清真寺、仁和区基督教伯利恒堂、西区西佛寺、西区基督教圣恩堂、西区平江天主教堂等重点建设项目，宗教活动场所自身建设不断加强，信教群众的宗教生活条件不断改善。

【攀枝花市制定少数民族地区实施免费中等职业教育优惠政策】 2013年，攀枝花市政府办出台了《关于攀枝花市少数民族地区实施免费中等职业教育的意见》。从2013年春季学期开始，对攀枝花市农村户籍的少数民族学生就读攀枝花中职学校，实行享受免除学费、补助生活费和杂费的中职免费教育政策，加快了民族地区中等职业教育发展。

【加大民族地区发展投入】 2013年，市级民族发展资金增加了50万元，市级民族教育十年行动计划资金增加了170万元；两县一区将八税分享收入的20%作为少数民族发展专项资金，纳入了财政预算，切实加大了对民族地区的投入力度。

【民族事务服务体系建设】 2013年，出台了《关于进一步加强和完善攀枝花市民族事务服务体系建设的实施意见》。市、县（区）、乡镇（街道）、村（社区）成立少数民族事务服务中心、站、窗口、点，并在民族工作机动中安排专项经费作保障，切实加强了民族事务服务体系建设。

【资助少数民族贫困生】 2013年9月1日，市民宗委启动“2013年关爱少数民族贫困大学新生入学补助”活动。经审核，对2013年考取大学的符合补助条件的23名农村少数民族贫困生予以资助，帮助他们解决入学资金困难问题，全市共资助资金10.87万元，

【制定出台民族团结进步示范创建标准】 2013年，市民宗委制定出台了攀枝花市民族团结进步示范乡镇、示范村、示范社区、示范单位、示范学校、示范企业等6个创建标准，明确创建活动组织领导、民族团结进步宣传教育、民族关系团结和谐等方面的具体要求。表彰命名了24个市级民族团结进步创建活动示范单位，米易县攀莲镇新北社区等5家单位分别被命名为第二批四川省民族团结进步创建活动示范单位。

（马 灏）

社会保障

【社会保障城乡统筹建设】 2013年，全市社会保障工作重心进一步由“扩基数、保增长”向“广覆盖、提质效”的转变，社会保障综合水平进一步提高，开创了工作新局面。在不断完善各项社会保险市级统筹、“五险合一”经办管理和“强征缴、保发放”的基础上，重点推进市统筹城乡一体社会保障制度建设。将建立统筹城乡一体的养老保险制度和医疗保障制度纳入“急难险重”工作重点推进。出台实施针对城市低收入群体的社会保障方案，最大限度地动员和帮助城市低收入群体参加养老和医疗保险，从制度上根本解决他们“老有所养”“病有所医”的问题，努力实现城市低收入群体共同奔小康的目标。

【社会保险扩面征缴】 2013年，攀枝花市人力资源和社会保障局狠抓社会保险扩面征缴，着力完善社会保障体系建设。全市城镇企业职工养老保险参保职工人数达309267人，完成目标任务的110.45%；城乡居民社会养老保险覆盖人数达235169人，完成目标的123.77%；其中参保缴费人数达140188人，完成目标任务的111.26%；城镇职工基本医疗保险参保人数达428729人，完成目标任务的108.54%；城镇居民基本医疗保险参保人数达255844人，完成目标任务的115.77%；失业保险参保人数达217580人，完成目标任务的114.52%；工伤保险参保人数达217003人，完成目标任务的102.85%；生育保险参保人数达232445人，完成目标任务的102.85%。全年全市城镇企业职工养老保险基金征缴额达232646万元，完成目标任务的105.75%；城镇职工基本医疗保险基金征缴额达97400万元，完成目标任务的133.42%；失业保险基金征缴额达26782万元，完成目标任务的153.04%；工伤保险基金征缴额达12659万元，完成目标任务的126.59%；生育保险基金征缴额达3867万元，完成目标任务的101.76%。

【社会保险待遇】 2013年，攀枝花市人力资源和社会保障局认真做好社会保险待遇计发工作，向上争取资金11.58亿元，确保了各项社会保险待遇按时足额发放，全市支付各项社会保险待遇538340万元。其中：企业职工基本养老金401121万元、基本医疗保险金97373万元、工伤保险金16188万元、失业保险金15657万元、生育保险金2485万元，城乡居民社会养老保险金5516万元。对全市152687名企业退休人员调整增加了基本养老金，调待后全市企业退休人员平均基本养老金达到2052.5元，高于全省平均水平近500元。扩大职工医保个人账户支出范围，再次调整提高了城镇居民医保参保补助标准和待遇水平，职工和居民医保年度最高支

付额度分别达到35万元和30万元，政策范围内报销比例已分别达到86.9%和70.8%。

【社会保障服务】 2013年，攀枝花市人力资源和社会保障局认真做好各项社会保障服务工作，灵活运用社会保障政策支持企业发展。针对今年经济大环境依然严峻的问题，积极争取省厅支持，采取阶段性缓缴部分社会保险费、降低生育保险费率、实施社会保险补贴、岗位补贴及职业培训补贴的“四缓、一降、三补贴”（缓缴医疗、失业、工伤、生育保险费；降低生育保险缴费率，由0.6%降到0.3%；实行培训、社保、岗位三补贴）特殊政策。共缓缴社会保险费24715.84万元，涉及参保人员82098人。降低全市224家工业企业生育保险征缴费率，涉及参保人员97782人，减少基金收入1174万元。实施三项补贴支出失业保险基金12056.31万元，涉及99817人。该政策的实施为帮助工业企业渡过难关、稳定就业岗位发挥了积极的作用。

【养老保险】 2013年，攀枝花市人力资源和社会保障局扎实推进统筹城乡养老保险工作，将城乡各类符合条件的群体纳入制度，不断扩大养老保险覆盖范围，提高参保率。企业职工养老保险参保人数465899人，其中在职参保人员309267人，完成年度目标任务的101.2%；调整增加基本养老金。为全市152687名企业退休人员调整增加了待遇，人均月增加基本养老金184元，达到2052.5元，高于全省平均水平近500元。推进城乡居民养老保险市级统筹。在全省率先实现了新型农村和城镇居民社会养老保险的市级统筹。城乡居民社会养老保险参保人数235169人，完成民生工程目标任务的117.58%，其中参缴费人数140188人，完成民生工程目标任务的140.19%。不断完善社保制度。打破城乡户口限制，允许本市农村户籍有缴费能力人员可按自由职业者身份自愿选择参加城镇职工养老保险。

【医保工作】 2013年，攀枝花市人力资源和社会保障局全面提升医保“规范化、精细化、人性化”管理服务。全年全市基本医疗保险参保人数达到68.78万人，其中，城镇居民医保参保25.58万人，参保率继续稳固在95%以上。积极推进统筹城乡居民医疗保险制度建设。出台《关于建立攀枝花市统筹城乡居民基本医疗保险制度的实施意见》，将现行城镇居民医保和新型农村合作医疗制度合二为一，建立全市统收统支、市级统筹的城乡居民医疗保险制度。稳步提高医保待遇。规定新生儿90日内办理参保手续的，自出生之日享受医疗待遇，真正实现“服务一生、保障一生”；出台政策降低困难人群缴费标准，提高政府补助力度和门诊统筹报销限额，惠及1.8万困难居民，减轻医疗负担近100万元；首次扩大城镇职工个人账户支付范围，扩展保障范围，已在全市定点零售药店实施；城镇职工医保和城镇居民医保政策范围内报销比例分别稳定在86%和71%以上，统筹基金最高支付限额达到“两个六倍”（职工医保报销比例达到上年度全市平均工资的六倍；居民医保报销比例达到上年度全市平均工资的六倍）要求，城镇职工基本医疗保险年度最高支付限额已达到40万元。进一步规范管理规定。出台《攀枝花市基本医疗保险付费总额控制方案》，新增十九冶医院、铁路医院等4家医院，推行总额控制预付费考核、结算试点单位；实行基本医疗保险个人权益记录保密承诺制，全市医疗保险经办人员签订《基本医疗保险个人权益记录保密承诺书》达340份；加强了对“两定点”（定点医疗机构和定点药店）的管理，严格考核了全市125家定点医疗机构、166家定点零售药店，违规单位分别比2012年下降7和8个百分点，医保监管成效显著。经办管理更加精细。异地就医结算定点医院已达17家，就医结算有突破；建立《攀枝花市城镇居民医保首诊及双向转诊指导意见（试行）》，引导患者向基层卫生服务机构合理分流。服务更加人性。出台《关于攀枝花市开展儿童先天性心脏病和白血病救治工作居民医保费用报销流程的通知》，使管理服务更加人性化，全年全市报销儿童先天性心脏病6人，费用16.48万元，报销儿童白血病1人，费用2.26万元；在米易、盐边、仁和四家县级公立医院取消药品加成，由医保承担相应提高的诊查费等费用，让利于民，工作得到好评。

【失业保险】 2013年，攀枝花市人力资源和社会保障局稳步推进失业保险工作。通过开展重点工作专项检查，强化稽核、监控，顺利推进扩面征缴工作。失业保险参保人数达21.58万人，完成目标任务21万人的102.76%；全年共征收失业保险费26115.74万元，完成目标任务17500万元的149.23%，滚存结余基金6.21亿元，实现参保人数稳步增加，保费收入稳步增长。及时按政策规定调整失业保险金发放标准，按时足额发放失业人员失业保险待遇，认真落实领取失业保险金人员参加基本医疗保险的有关规定，做好失地无业农民失业保险工作，切实维护其合法权益。全年全市共保障9059名失业人员基本生活，发放失业金3548.79万元。扎实开展扩大失业保险基金支出使用范围试点工作，促进就业，帮扶创业。面对全球经济下滑的不利趋势，失保扩支缓解企业资金异常紧张的困难局面，起到“及时雨”的作用。灵活运用社保政策补贴困难工业企业拨付基金3793.37万元。弥补就业专项资金2595.59万元，拨付特定就业政策补助2559万元，参加失业保险失业人员自主创业一次性补贴3万元。积极推进基金非现场监督，实现实时监控，进一步确保了失业保险基金安全。

【失业预警试点】 2013年，攀枝花市人力资源和社会保障局全面铺开失业预警试点工作。建立完善就业失业登记制度。累计录入单位采集信息9739条，个人采集信息65.63万条，个人就业登记信息 23.52 万条，个人失业登记信息 12534 条。办理“就业失业登记证”61280 本，认定援助对象 7296 人，其中累计新增登记就业困难人员 6797 人。基本实现就业、失业人员基础数据登记和就业失业动态管理，建立城乡劳动者就业、失业信息基础数据库，为失业预警工作奠定坚实基础。探索建立失业预警工作机制。出台《攀枝花市失业预警试点工作实施方案》，不断完善失业预警工作机制，建立以分管副市长为组长、相关职能部门参加的失业预警工作领导小组，成立失业预警专家委员会，建立失业预警专家会商制度。积极开展失业动态监测，将监测样本企业扩大到 100 家，监测人数达 130579 人；探索开展对攀钢、钢城集团、攀煤等大企业的案例监测；将原来 10 个失业预警调查点扩充至 21 个，开展调查失业率采集工作，基本形成具有本市特色的失业预警指标采集体机制。积极做好就业形势研判和调控工作，每季度上报失业预警分析报告，并提出对策建议，为政府采取预防措施和调控失业提供了决策依据。

【社保基金监督】 2013 年，攀枝花市人力资源和社会保障局多措并举，扎实推进基金监管工作。认真开展社保基金现场监督和非现场监督工作，切实履行部门监管职责职能，各单位的现场监督面不低于 50%，非现场监督面达到 100%。

年内，狠抓审计发现问题整改，回收专项治理中盐边县基本养老保险基金历史欠费 355.47 万元；整改审计发现的基金多头开户 2 户；解决 151 名被征地农民、272 名农民工未纳入社会保障问题；收回银行少计基金利息 427.1 万元、各项社保基金历史欠费 4.19 亿元，追回重复领取失业保险、养老保险等待遇 10.22 万元。积极探索完善制度建设。开展社保基金安全责任制全省先行试点工作，建立起主要领导负总责，分管领导负监督、管理责任，部门主要领导和社保经办机构负责人负直接责任，经办人员各司其职的社保基金安全责任体系。按照社保基金安全与业务工作“一岗双责”原则，进一步完善和创新社保基金监督管理制度和体系。公布纪律规定和监督举报电话。在 160 个社保窗口公布纪律规定，在 267 个窗口公布监督举报电话。开展纪律规定宣传教育活动 40 次，接受纪律规定宣传教育 1059 人次。突出重点深入开展专项检查。对全市各县（区）居民医保参保缴费、参保扩面奖补考核和基本医疗保险监管工作经费财务核算情况进行现场检查；省市联动开展全市城乡居民养老保险基金专项检查，针对检查中发现的问题，提出整改要求，进一步规范了业务经办和内控制度。采取多种措施抓好稽核工作。积极扩大实地稽核面，完成 51 户企业 54201 名参保人员 5 个险种的实地稽核，占参保人数的 21%，通过稽核，查出少报参保人数 205 人，少报缴费工资 241 万元，少缴社会保险费 101 万元。确保基金的应收尽收。加强定点医疗机构、药店的监管力度，管好用药医保基金。查处并追回违规医保基金 18 万元，处罚违规医院 9 家，违规零售药店 5 家，取得了良好的监管成效和社会反响。

【劳动能力鉴定】 2013 年，攀枝花市人力资源和社会保障局加强劳动能力鉴定程序规范化建设。在实行按业务流程分工和岗位责任制的基础上，突出抓好鉴定材料申请的审核、医院医检和专家组评议、鉴定结论书制作和送达等方面的规范运行，努力实现鉴定程序规范化目标。加强劳动能力鉴定依据标准化建设。正确贯彻执行和统筹掌握运用鉴定标准；结合工作实际，在鉴定工作中遇到疑难的鉴定问题和鉴定标准中存在的条款内容表述相互矛盾和无条款案例时，积极和省里进行沟通，真正做到每一案例都有章可循，使鉴定结论公正、客观、准确，努力实现鉴定依据标准化的目标。加强劳动能力鉴定人员专业化的建设。定期开展专业化培训和理论研讨，安排专家参加省里的典型案例分析会，不断提高劳动能力鉴定专业化水平；加强专家库的充实调整和规范管理，以保证鉴定结论的公正性、准确性。不断深化劳动能力鉴定服务人性化建设。坚持以人为本，服务至上宗旨，不断改进工作作风，提升服务水平，针对重症和高龄伤病者实行“上门鉴定”。真正做到既服务到用人单位和工伤职工“门口”，又实现规范、廉洁、高效的服务目标。全年组织劳动能力鉴定体检 20 批，共计 1658 人。其中工伤鉴定体检 1338 人；职业病鉴定体检 107 人；因病丧失劳动能力鉴定 166 人。中性鉴定体检 47 人；达到 1—4 级的工伤人员有 157 人；享受护理依赖的人员有 37 人；与 2012 年相比，鉴定总人数减少 242 人次。基本实现依法、及时、公正、准确的受理和办理，工作规范率达到 100%。

（肖礼荣）

老龄事业

【概　况】 2013 年年底，攀枝花市 60 周岁及以上常住人口 18.8 万人，百岁及以上人口 27 人。攀枝花市建有老年活动站（中心、室）186 个，老年人参与人数为 4.5 万人。攀枝花市成立各种老年人活动协会 172 个，参加活动人数为 3 万人。攀枝花市有各种老年学校(大学)36 个，在校学员 0.76 万人。

2013 年，攀枝花市进一步推进社会养老服务体系建设。按照市委、市政府的工作部署，攀枝花市老龄工作委员会办公室（以下简称市老龄办）积极编制社会养老服务体系建设有关指导性文件。2013 年，市政府出台《攀枝花市老龄事业发展规划（2013—2020 年）》和《关于加快老龄事业和养老服务业发展的意见》。《攀枝花市养老服务设施布局规划（2013—2020）》已委托攀枝花市设计院编制。

【政府购买居家养老服务“提标扩面”】 2013 年，为加快攀枝花市城镇居家养老服务事业的发展，扩大老年人福利，根据在城镇低保空巢老人中开展居家养老服务试点工作的实际情况，市老龄办和市民政局决定扩大享受政府购买居家养老服务补助的老年群体范围，提高补助标准，2013 年 11 月 1 日市老龄办下发《关于在城镇特殊困难老人中开展政府购买居家养老服务补助工作的通知》，将标准由原先的 40 元—60 元提高到 80 元—120 元，范围由城镇低保空巢老人扩大到城镇低保中患有重大疾病或城镇低保重度残疾老人和城镇 90 岁以上的长寿老人。2013 年，安排资金 40 万元，为攀枝花市符合条件的 678 名老人提供服务。

【建成智能居家养老服务信息平台】 2013 年，为提高攀枝花市老年人居家养老服务水平，市老龄办、市民政局会同移动攀枝花分公司和川大金键信息产业有限责任公司，共同搭建攀枝花市“12349”居家养老服务信息平台，推出“一键通”定位手机移动通讯产品，为老年人提供 GPS 定位查询、紧急救援、情感关怀和信息咨询等智能养老服务。为解决低保、高龄等特殊困难老人的居家养老服务问题，让特殊困难老人通过平台享受到为老服务，2013 年 7 月 2 日市民政局下发《关于在特殊困难老人中开展政府购买居家养老信息化服务工作的通知》，由市级福彩公益金出资 100 万元，县（区）财政出资 30 万元，采取“政府购买服务”的形式，为特殊困难老人购买 2872 部“一键通”定位手机，并对居家养老信息服务费进行一次性补贴 264 元/年·人。

【举办“金婚老人阳光行”活动】 2013 年，为推动攀枝花市“阳光康养旅游城市”创建工作，按照市委、市政府的工作部署，市老龄办组织来自全国各地 37 对金婚老人与攀枝花市本地的 13 对金婚老人共聚攀枝花，参加为期 3 天的 2013 攀枝花欢乐阳光节闭幕式暨“金婚老人阳光行”系列活动。此次活动期间，金婚老人们参观了金色攀枝花展览馆，感受米易灯会、红格集镇等攀枝花特色旅游景点，并种植同心树，参加欢乐阳光节闭幕式等。

【高龄津贴和长寿津贴发放】 2013 年，攀枝花市继续实行 80—89 岁高龄老人津贴制度，80—89 岁老人可以享受到每人每月 50 元的高龄津贴，原 90 岁以上长寿津贴制度维持不变。截至 2013 年 12 月，攀枝花市 15075 名老年人已享受高龄津贴，发放金额 851 万元；已有 1211 名老年人享受长寿补贴，发放金额 122 万元。

【老龄工作调研】 2013 年，按照《全国老龄办关于进一步加强调查研究工作的意见》精神，市老龄办积极组织开展老龄调研工作，并上报 2 篇调研文章参加老龄政策研究及优秀成果评选活动，其中《攀枝花市开展农村互助养老工作调研报告》被评为 2013 年度全国老龄政策调研成果优秀奖和 2013 年度四川省老龄政策调研优秀成果奖，市老龄办获得 2013 年度老龄政策调研优秀组织奖。

【“敬老文明号”创建】 2013 年，市老龄办根据《四川省老龄委关于开展“敬老文明号”创建活动的通知》和《关于印发〈四川省开展“敬老文明号”创建活动实施方案〉的通知》精神，成立攀枝花市“敬老文明号”创建活动领导小组，明确创建活动的时间、范围、条件及评选、表彰和管理办法，向省老龄办推荐东区政务中心等 10 个单位争创省级“敬老文明号”，10 个单位均获得省级“敬老文明号”称号。按照《关于推荐申报全国“敬老文明号”评选单位的通知》要求，7 月，市老龄办实地查看推荐的 10 个争创省级“敬老文明号”单位的工作情况，按照“优中选优、好中选好”的原则，从中推荐中国十九冶人力资源部离退处、市三医院等 2 个单位争创全国“敬老文明号”单位，并获得全国“敬老文明号”单位称号。

【敬老月活动】 2013 年，按照《四川省老龄办关于转发〈全国老龄工作委员会关于开展 2013 年“敬老月”活动的通知〉》精神，市老龄办认真组织开展好以“敬老爱老 共建共享”为主题的“敬老月”活动，增强全社会的敬老意识，营造“敬老、爱老、助老”的良好社会氛围。10 月 10 日，在第一个法定“老年节”（农历九月初九）来临之际，中共攀枝花市委书记刘成鸣、市长张剡、常务副市长杨自力带领市民政局、市老龄办的相关人员深入社区慰问百岁老人和贫困老人，向他们表达市委、市政府对他们的节日祝福和亲切慰问，并送去慰问金和节日的礼物。在“敬老月”期间，攀枝花市共走访慰问 24 名百岁老人、200 多名贫困老人，发放慰问金 10 万余元；在《攀枝花日报》上用一个通版宣传新修订的《老年法》全文、介绍攀枝花市 5 个县（区）开展为老服务工作取得的成效和攀枝花市评选的 6 名最有孝心、爱心人物的先进事迹，并在每个村（居）委会张贴《中华人民共和国老年法》宣传海报；市老龄办购买 7000 多本印有《中华人民共和国老年法》、老年保健知识、生活小窍门等内容的《老年手册》，免费发给攀枝花市低保 60 岁以上老人。

【老年学校示范校创建】 2013 年，为推动社区老年学校规范化建设，市老龄办深入开展市级社区老年学校示范校创建工作，对 2013 年攀枝花市争创市级社区老年学校示范校进行检查验收，评选出东区地龙井社区老年学校等 8 所学校为市级社区老年学校示范校，并拨付“以奖代补”资金 50 万元。

（马文祥）

附　　录

市级领导名录（2013年）

中共攀枝花市委

书　记	刘成鸣						
副书记	张　剡	赵　辉					
常　委	杨自力	李群林	程少华（—2013.12）	沈　钧	许健民	张　伟	王海波
	李章忠	熊　伟	张　青（2013.12—）	艾　磊（2013.12—）			

攀枝花市人大常委会

主　任	谢道全			
副主任	张如英（女）	唐建民	张汝林	张国民
	许秀峰	王向阳		

攀枝花市人民政府

市　长	张　剡						
副市长	杨自力	柳康健	殷旭东	张　敏（女）	刘建明	李仁杰	贾德华

政协攀枝花市委员会

主　席	单　荣							
副主席	赵　勇	庞向东	伍维根	何　群	吴文发	刘德顺	马晓凤（女）	周治端

攀枝花军分区

司令员	程少华（—2013.06）	张　青（2013.06—）
政　委	陈向东（—2013.11）	李　钊（2013.11—）

统计资料

攀枝花市国民经济和社会发展主要统计指标

表 20

指　　标	单　位	2012 年
一、自然资源	*	
行政区域面积	平方千米	7401
年末实有耕地面积	公顷	40809
二、人口和就业	*	
常住户数	户	365537
年末户籍人口	万人	112
#女	万人	54.80
#农业人口	万人	52.13
非农业人口	万人	59.86
当年出生人口	人	9639
当年死亡人口	人	6094
常住人口	万人	123.33
#城镇人口	万人	78.23
社会从业人员	万人	72.56
#第一产业	万人	22.05
第二产业	万人	25.12
第三产业	万人	25.38
三、综合经济	*	
地区生产总值（当年价）	万元	8008832
第一产业增加值	万元	278845
第二产业增加值	万元	5971885
#工业	万元	5649329
#规模以上	万元	4528994
建筑业	万元	322556
第三产业增加值	万元	1758102
#交通运输、仓储和邮政业	万元	234559
批发和零售业	万元	323093
住宿和餐饮业	万元	109453

续表 20

指 标	单 位	2012 年
金融业	万元	266173
房地产业	万元	92204
地区生产总值指数（可比价计算，上年=100）	%	110.7
第一产业	%	104.5
第二产业	%	111.7
#工业	%	112.2
#规模以上	%	112.8
建筑业	%	101.2
第三产业	%	108
人均地区生产总值（当年价）	元	65001
人均地区生产总值指数（可比价计算,上年=100）	%	110.1
四、农村经济	*	
有效灌溉面积	公顷	31400
机电井数	眼	8076
机收面积	公顷	5640
农林牧渔业总产值	万元	480812
农业机械总动力	万千瓦	653137
粮食总产量	百吨	2139.47
肉类总产量	百吨	517.39
#猪肉产量	百吨	387.88
水产品产量	百吨	307.1
五、规模以上工业	*	
规模以上工业企业单位数	个	356
规模以上工业总产值（当年价）	万元	14371191
规模以上工业企业从业人员年平均人数	人	157148.0
规模以上工业企业主营业务收入	万元	16099003
#主营业务税金及附加	万元	153059
规模以上工业企业利润总额	万元	135216
规模以上工业企业利税总额	万元	697390
六、交通、通讯、能源	*	
公路客运周转量	万人千米	162978.08
公路货运周转量	万吨千米	603740.68
境内公路总里程	千米	4517.526
#等级公路（含高级、一、二、三和四级公路）	千米	2958.331
#高速公路	千米	144.72
境内铁路营运里程	千米	181.6

续表 20

指　　标	单　位	2012 年
境内火车站个数	个	181.6
民用汽车拥有量	辆	117821
年末公交车路数	路	37
年末实有公共汽（电）车营运车辆数	辆	22220
年末实有出租汽车数	辆	1477
邮电主营业务收入	万元	122058
固定电话用户	户	330813
移动电话用户	户	1280397
互联网宽带接入用户	户	238743
全社会用电量	万千瓦时	1198818
#居民生活用电量	万千瓦时	51930
七、固定资产投资	*	
全社会固定资产投资	万元	5457377
固定资产投资（不含农户）	万元	5249377
新增固定资产	万元	3507377
固定资产投资项目个数	个	918
房地产开发投资	万元	511624
#住宅	万元	364719
住宅竣工面积	万平方米	72.43
八、建筑业	*	
建筑企业单位数	个	91
建筑业企业从业人员	人	76582
建筑业总产值	万元	1820953.2
商品房屋销售额	万元	679315
九、国内贸易、对外经济和旅游	*	
社会消费品零售总额	万元	2193323
#城镇	万元	2064456.6
乡村	万元	128866.3
#批发和零售业	万元	1911810
住宿和餐饮业	万元	281513
进出口总额	万美元	18714
#进口总额	万美元	6408
出口总额	万美元	12306
当年实际使用外资金额	万美元	11130
星级饭店个数	个	18
星级饭店客房总数	间	1812

续表 20

指　　标	单 位	2012 年
旅游收入总额	万元	1021800
#国内旅游收入	万元	1021700
十、人民生活	*	
城镇居民人均可支配收入	元	24906
城镇居民人均消费性支出	元	16553
城镇居民恩格尔系数	%	40.8
农村居民人均纯收入	元	9838.18
农村居民人均生活消费支出	元	8480.97
农村居民恩格尔系数	%	46.5
十一、社会保障	*	
各种社会福利收养性单位数	个	32
各种社会福利收养性单位床位数	床	3279
城镇基本养老保险参保人数	人	496128
城镇基本医疗保险参保人数	人	656700
失业保险参保人数	人	215875
新型农村合作医疗参保人数	人	484105
新型农村社会养老保险参保人数	人	220789
城镇居民最低生活保障人数	人	20715
农村居民最低生活保障人数	人	28654
十二、财政、金融	*	
财政总收入（辖区）	万元	1433514
地方公共财政总收入	万元	829164
#地方公共财政收入	万元	585450
#各项税收	万元	423051
财政总支出（辖区）	万元	1436516
地方公共财政支出	万元	1150583
其中：农林水事务支出	万元	123108
科学技术支出	万元	15120
医疗卫生支出	万元	75835
教育支出	万元	238105
财政供养人员	人	57893
财政供养人员全年工资总额	万元	252707
年末金融机构各项存款余额	万元	7841786
其中：居民储蓄存款余额	万元	3966505
年末金融机构各项贷款余额	万元	6089275
十三、教育、科技、文化、卫生	*	

续表 20

指　　标	单　位	2012 年
小学数	所	64
普通中学	所	60
中等职业教育学校	所	7
小学在校学生总数	人	79729
普通中学在校学生总数	人	86314
中等职业教育学校在校学生数	人	4156
小学专任教师数	人	5055
普通中学专任教师数	人	5540
中等职业教育学校专任教师数	人	546
学龄儿童入学率	%	100
#女童入学率	%	100
医疗卫生机构数	个	170
医疗卫生机构床位数	张	9249
医院、卫生院技术人员	人	6993
#执业（助理）医师	人	2395
专业技术人员数	人	62776
#农业技术人员	人	892
全年专利授权数	件	1627
体育场馆个数	个	6
剧场、影剧院个数	个	5
公共图书馆图书总藏量	千册	839
十四、资源与环境	*	
森林面积	公顷	446645
自然保护区面积	公顷	99938.3
工业二氧化硫排放量	吨	106255.76
氮氧化物排放量	吨	35423.08
烟（粉）尘排放量	吨	43001.24
污水处理厂数	座	7
污水处理厂集中处理率	%	83.2
垃圾处理站数	个	4
城区空气质量优良以上天数	天	338
单位 GDP 能耗（2010 年价格）	吨标准煤	2.004
单位 GDP 能耗比上年降低率	%	-3.3

攀枝花市规模以上主要产品生产量

表 21

（2013 年）

产品名称	单位	2013 年
原煤	吨	6081107
洗煤	吨	14277632
铁矿石原矿	吨	73865857
成品糖	吨	15105
饮料酒	千升	52509
#啤酒	千升	52441
焦炭	吨	5416800
硫酸（折 100％）	吨	1958506
盐酸（氯化氢,含量 31%）	吨	18986
烧碱（折 100％）	吨	22569
纯苯	吨	35176
涂料	吨	9345
硅酸盐水泥熟料	吨	443345
水泥	吨	1703129
商品混凝土	立方米	5361773
水泥混凝土电杆	根	16036
砖	万块	11872
陶质砖	平方米	2542511
天然花岗石建筑板材	平方米	1086580
中空玻璃	平方米	6089
耐火材料制品	吨	47127
生铁	吨	6190445
粗钢	吨	5692184
钢材	吨	4663226
#铁道用钢材	吨	1231114
#重轨	吨	1133772
大型型钢	吨	51558
中小型型钢	吨	100611
棒材	吨	364159

续表 21

产品名称	单位	2013 年
钢筋	吨	321135
线材（盘条)	吨	24906
中板	吨	844
冷轧薄板	吨	138354
中厚宽钢带	吨	897584
热轧薄宽钢带	吨	278281
冷轧薄宽钢带	吨	596431
热轧窄钢带	吨	1395
冷轧窄钢带	吨	25194
镀层板（带）	吨	585022
涂层板（带）	吨	46638
铁合金	吨	156267
铝合金	吨	15865
铸铁件	吨	484896
铸钢件	吨	587317
高压开关板	面	22752
发电量	万千瓦小时	2216585
#火力发电量	万千瓦小时	625370
水力发电量	万千瓦小时	1591215

攀枝花市全社会固定资产投资

表 22　　（2013 年）　　单位：万元

指标名称	攀枝花市	东　区	西　区	仁和区	米易县	盐边县
合计	5457377	1633375	760534	1352881	952857	757730
1、基本建设	2477414	739172	431418	635294	318744	352786
2、更新改造	2228657	655880	284864	500540	470903	316470
3、房地产开发投资	511624	225364	19452	145444	84890	36474
4、其他投资	239682	12959	24800	71603	78320	52000
#农户投资	208000	3000	20000	71000	62000	52000

2013 年重要文件目录

2013 年市委、市委办制发文件目录

文 号	文件标题	发文时间
攀委发〔2013〕1 号	中共攀枝花市委关于印发《中共攀枝花市委 2013 年工作要点》的通知	2013 年 01 月 08 日
攀委发〔2013〕2 号	中共攀枝花市委　攀枝花市人民政府关于印发《攀枝花市农村扶贫开发纲要（2011—2020 年）》的通知	2013 年 02 月 01 日
攀委发〔2013〕3 号	中共攀枝花市委　攀枝花市人民政府印发《关于进一步改进工作作风、提高工作效能的规定》的通知	2013 年 02 月 22 日
攀委发〔2013〕4 号	中共攀枝花市委　攀枝花市人民政府关于实施多点多极支撑发展战略的意见	2013 年 03 月 27 日
攀委发〔2013〕5 号	中共攀枝花市委　攀枝花市人民政府关于进一步深化户籍制度改革的意见（试行）	2013 年 04 月 28 日
攀委发〔2013〕6 号	中共攀枝花市委关于加强新形势下党外代表人士队伍建设的工作意见	2013 年 05 月 09 日
攀委发〔2013〕7 号	中共攀枝花市委　攀枝花市人民政府关于 2013 年党风廉政建设和反腐败工作的意见	2013 年 05 月 09 日
攀委发〔2013〕8 号	中共攀枝花市委关于在全市广泛开展“实现伟大中国梦、建设美丽繁荣和谐四川”主题教育活动实施方案	2013 年 05 月 10 日
攀委发〔2013〕9 号	中共攀枝花市委印发《攀枝花市关于强力推进培养选拔年轻干部工作的意见》的通知	2013 年 05 月 13 日
攀委发〔2013〕10 号	中共攀枝花市委关于深入贯彻落实党的十八大精神为在全省率先全面建成小康社会而奋斗的决定	2013 年 07 月 11 日
攀委发〔2013〕11 号	中共攀枝花市委　攀枝花市人民政府关于实施创新驱动发展战略，增强攀枝花转型发展新动力的意见	2013 年 08 月 20 日
攀委发〔2013〕12 号	中共攀枝花市委　攀枝花市人民政府关于创新农业发展体制机制加快建设现代农业促进农民增收的意见	2013 年 10 月 08 日
攀委发〔2013〕13 号	中共攀枝花市委　攀枝花市人民政府关于进一步扩大和深化对外开放合作的实施意见	2013 年 10 月 09 日
攀委发〔2013〕14 号	中共攀枝花市委　攀枝花市人民政府关于进一步加快产业园区发展的意见	2013 年 11 月 04 日
攀委发〔2013〕16 号	中共攀枝花市委　攀枝花市人民政府关于加快推进小城镇建设的实施意见	2013 年 11 月 18 日
攀委发〔2013〕17 号	中共攀枝花市委关于加强和改进宣传思想工作的意见	2013 年 12 月 12 日
攀委发〔2013〕18 号	中共攀枝花市委关于进一步深入学习贯彻习近平总书记系列重要讲话精神的意见	2013 年 12 月 12 日
攀委办发〔2013〕1 号	中共攀枝花市委办公室　攀枝花市人民政府办公室关于做好 2013—2015 年定点扶贫工作的通知	2013 年 01 月 21 日
攀委办发〔2013〕4 号	中共攀枝花市委办公室　攀枝花市人民政府办公室关于印发《攀枝花市进一步加大婚前保健服务工作力度提高出生人口素质的意见》的通知	2013 年 03 月 12 日

攀委办发〔2013〕5号	中共攀枝花市委办公室　攀枝花市人民政府办公室关于印发《攀枝花市创建全国文明城市2013年工作要点》的通知	2013年03月12日
攀委办发〔2013〕6号	中共攀枝花市委办公室　攀枝花市人民政府办公室关于进一步加强公务用车管理的通知	2013年03月27日
攀委办发〔2013〕7号	中共攀枝花市委办公室　攀枝花市人民政府办公室关于印发《攀枝花市规范性文件廉洁性审查工作办法（暂行）》的通知	2013年04月08日
攀委办发〔2013〕8号	中共攀枝花市委办公室　攀枝花市人民政府办公室关于建立市领导联系指导县（区）和基层工作制度的通知	2013年04月08日
攀委办发〔2013〕9号	中共攀枝花市委办公室　攀枝花市人民政府办公室关于开展"企村（社区）互动，共谋发展"的指导意见	2013年04月09日
攀委办发〔2013〕10号	中共攀枝花市委办公室　攀枝花市人民政府办公室关于印发《新农村综合体建设实施意见》的通知	2013年04月09日
攀委办发〔2013〕11号	中共攀枝花市委办公室　攀枝花市人民政府办公室关于印发《进一步加强产村相融成片推进新村建设的意见》的通知	2013年04月09日
攀委办发〔2013〕12号	中共攀枝花市委办公室　攀枝花市人民政府办公室关于印发《攀枝花市2013年度结对共建新村方案》的通知	2013年04月09日
攀委办发〔2013〕13号	中共攀枝花市委办公室　攀枝花市人民政府办公室关于下达《攀枝花市2013年度"急难险重"目标任务》的通知	2013年04月11日
攀委办发〔2013〕15号	中共攀枝花市委办公室　攀枝花市人民政府办公室关于印发《攀枝花市2013年未成年人思想道德建设工作要点》的通知	2013年04月19日
攀委办发〔2013〕16号	中共攀枝花市委办公室　攀枝花市人民政府办公室关于深入开展创建"五规范五减少"社区（村）活动的意见	2013年05月13日
攀委办发〔2013〕17号	中共攀枝花市委办公室　攀枝花市人民政府办公室关于开展重大项目节点"五查"活动的意见	2013年05月13日
攀委办发〔2013〕18号	中共攀枝花市委办公室　攀枝花市人民政府办公室关于印发《加强和改进市直机关纪检监察组织建设的意见》的通知	2013年05月13日
攀委办发〔2013〕20号	中共攀枝花市委办公室　攀枝花市人民政府办公室关于印发《攀枝花市2013年十项民生工程实施方案》的通知	2013年05月14日
攀委办发〔2013〕22号	中共攀枝花市委办公室　攀枝花市人民政府办公室关于印发《中共攀枝花市委、攀枝花市人民政府目标督查办公室内设机构工作职责》的通知	2013年06月04日
攀委办发〔2013〕23号	中共攀枝花市委办公室　攀枝花市人民政府办公室关于建立推动落实改进工作作风、密切联系群众有关规定工作机制的通知	2013年06月13日
攀委办发〔2013〕24号	中共攀枝花市委办公室　攀枝花市人民政府办公室关于印发《领导批示件办理工作规程》的通知	2013年06月14日
攀委办发〔2013〕26号	中共攀枝花市委办公室　攀枝花市人民政府办公室关于印发《攀枝花市督查工作规则》的通知	2013年07月22日
攀委办发〔2013〕27号	中共攀枝花市委办公室　攀枝花市人民政府办公室关于开展市属事业单位分类工作的实施意见	2013年07月25日
攀委办发〔2013〕28号	中共攀枝花市委办公室　攀枝花市人民政府办公室关于印发《攀枝花市"急难险重"目标任务管理办法》的通知	2013年08月19日
攀委办发〔2013〕29号	中共攀枝花市委办公室关于印发《攀枝花市市级党群部门及归口单位目标绩效考核办法（试行）》的通知	2013年08月21日
攀委办发〔2013〕30号	中共攀枝花市委办公室　攀枝花市人民政府办公室关于印发《攀枝花市县（区）目标绩效管理办法（试行）》及《2013年县（区）综合工作目	2013年08月21日

	标任务书》的通知	
攀委办发〔2013〕31号	中共攀枝花市委办公室 攀枝花市人民政府办公室关于印发《攀枝花市政府部门目标绩效考核办法（试行）》的通知	2013年08月21日
攀委办发〔2013〕32号	中共攀枝花市委办公室 攀枝花市人民政府办公室关于印发《攀枝花钒钛产业园区综合工作考核办法》的通知	2013年08月21日
攀委办发〔2013〕33号	中共攀枝花市委办公室 攀枝花市人民政府办公室关于印发《攀枝花市宣传文化系统“四个一批”人才选拔培养管理工作实施办法》的通知	2013年09月09日
攀委办发〔2013〕34号	中共攀枝花市委办公室 攀枝花市人民政府办公室关于印发《攀枝花市重大项目规划（2013~2017年）》的通知	2013年09月10日
攀委办发〔2013〕35号	中共攀枝花市委办公室关于加强和改进党委信息工作的实施意见	2013年09月11日
攀委办发〔2013〕39号	中共攀枝花市委办公室 攀枝花市人民政府办公室关于印发《攀枝花市民生工程目标绩效管理办法》的通知	2013年10月11日
攀委办发〔2013〕40号	中共攀枝花市委办公室 攀枝花市人民政府办公室关于进一步加强网上信访办理工作的意见	2013年10月16日
攀委办发〔2013〕41号	中共攀枝花市委办公室 攀枝花市人民政府办公室关于印发《攀枝花市第九届村（居）民委员会换届选举工作实施办法》的通知	2013年10月28日
攀委办发〔2013〕42号	中共攀枝花市委办公室 攀枝花市人民政府办公室关于进一步完善城乡社会救助体系建设的意见	2013年10月30日
攀委办发〔2013〕45号	中共攀枝花市委办公室 攀枝花市人民政府办公室关于印发《攀枝花市目标绩效管理办法》的通知	2013年11月25日
攀委办发〔2013〕47号	中共攀枝花市委办公室 攀枝花市人民政府办公室关于印发《攀枝花市开展全国和谐社区建设示范城市创建活动实施方案》的通知	2013年12月13日

2013年市政府、市政府办制发文件目录

文 号	文件标题	发文时间
攀办发〔2013〕1号	关于印发《攀枝花市人才公寓入住管理暂行办法》和《攀枝花市职工周转房入住管理暂行办法》的通知	2013年01月13日
攀办发〔2013〕2号	转发《四川省人民政府办公厅关于支持群团组织参与社会管理服务民生改善工作的通知》的通知	2013年01月28日
攀办发〔2013〕3号	关于做好2012年度突发事件应对工作总结评估的通知	2013年01月23日
攀办发〔2013〕4号	关于表彰2012年度应急管理工作成效显著单位的通报	2013年01月25日
攀办发〔2013〕5号	转发《四川省人民政府办公厅关于建立建设施工领域欠薪处理责任制的通知》的通知	2013年02月01日
攀办发〔2013〕6号	关于做好打击侵犯知识产权和制售假冒伪劣商品工作中行政执法与刑事司法衔接的通知	2013年02月06日
攀办发〔2013〕7号	关于进一步深化车辆超限超载治理工作的实施意见	2013年02月07日
攀办发〔2013〕8号	关于印发《货运机动车辆超限超载联合治理工作方案》的通知	2013年02月07日
攀办发〔2013〕9号	关于表彰2012年度政务服务工作先进集体和先进个人的通报	2013年02月25日
攀办发〔2013〕10号	关于我市少数民族地区实施免费中等职业教育的意见	2013年03月18日
攀办发〔2013〕11号	关于做好2013年地质灾害防治工作的通知	2013年03月17日
攀办发〔2013〕12号	关于印发攀枝花市人民政府2013年推进依法行政工作安排的通知	2013年04月07日
攀办发〔2013〕13号	关于增加村（社区）干部基本报酬、办公经费补助标准及党员教育培训经费的通知	2013年04月07日

攀办发〔2013〕14号	关于印发《攀枝花市智慧城市总体规划》的通知	2013年04月07日
攀办发〔2013〕15号	关于印发《攀枝花市通信保障应急预案》的通知	2013年04月07日
攀办发〔2013〕16号	关于印发《攀枝花市煤矿安全生产违法违规行为举报奖励办法(试行)》的通知	2013年04月16日
攀办发〔2013〕17号	关于进一步推进殡葬改革加强殡葬管理工作的通知	2013年04月26日
攀办发〔2013〕18号	关于印发攀枝花市重大项目管理办法的通知	2013年04月28日
攀办发〔2013〕19号	关于进一步加强城乡社区(村)双拥工作的意见	2013年05月11日
攀办发〔2013〕20号	关于印发攀枝花市国民经济和社会发展“十二五”规划纲要中期评估工作方案的通知	2013年05月22日
攀办发〔2013〕21号	关于攀枝花市贯彻实施质量发展纲要2013年工作计划的通知	2013年05月22日
攀办发〔2013〕22号	关于印发攀枝花市自然灾害救助应急预案的通知	2013年05月28日
攀办发〔2013〕23号	关于印发攀枝花市投资项目会商办法(试行)的通知	2013年05月30日
攀办发〔2013〕24号	转发市发改委关于攀枝花市2013年深化经济体制改革重点工作意见的通知	2013年06月21日
攀办发〔2013〕25号	转发市纠正行业不正之风办公室关于2013年纠风工作实施意见的通知	2013年06月22日
攀办发〔2013〕26号	关于印发《攀枝花市创建国家环保模范城市规划》的通知	2013年06月24日
攀办发〔2013〕27号	关于进一步做好普通高等学校毕业生就业工作的通知	2013年07月03日
攀办发〔2013〕28号	关于印发《攀枝花市“区域集优”直接债务融资工作方案》的通知	2013年07月05日
攀办发〔2013〕29号	关于进一步加强防汛减灾工作的紧急通知	2013年07月17日
攀办发〔2013〕30号	关于印发攀枝花市“十二五”节能减排工作目标考核问责办法的通知	2013年07月18日
攀办发〔2013〕31号	转发《四川省人民政府办公厅关于切实做好灾后卫生防疫等有关工作的紧急通知》的通知	2013年07月19日
攀办发〔2013〕32号	关于印发《攀枝花市城市低收入群体就业、社会保障和收入增加工作方案》的通知	2013年07月22日
攀办发〔2013〕33号	转发省政府办公厅《2013年下半年抓投资稳增长、工业经济稳增长、促进消费三个八条措施》的通知	2013年08月06日
攀办发〔2013〕34号	关于印发《攀枝花市强力推进品牌战略实施意见(2013~2020)》的通知	2013年08月06日
攀办发〔2013〕35号	关于印发攀枝花市民卡工程总体建设方案的通知	2013年08月07日
攀办发〔2013〕36号	关于印发《攀枝花市人大代表建议和政协提案办理工作目标考核实施细则(试行)》的通知	2013年08月06日
攀办发〔2013〕37号	关于攀枝花市中汇机械制造有限公司实施停产治理的通知	2013年08月08日
攀办发〔2013〕38号	关于印发《攀枝花市关于进一步加强学校体育工作的实施意见》的通知	2013年08月12日
攀办发〔2013〕39号	关于印发攀枝花市深化医药卫生体制改2013年度主要工作要点的通知	2013年08月14日
攀办发〔2013〕40号	关于印发攀枝花市县级公立医院综合改革试点工作实施意见的通知	2013年08月14日
攀办发〔2013〕41号	关于印发攀枝花市投资项目会商办法实施细则的通知	2013年08月24日
攀办发〔2013〕42号	关于公布2013年~2015年度市级农业产业化经营龙头企业名单的通知	2013年08月20日
攀办发〔2013〕43号	关于加快推进我市城区老旧房屋(含筒子楼)改造工作有关政策的试行意见	2013年08月23日
攀办发〔2013〕44号	关于印发《攀枝花市2013年打击侵犯知识产权和制售假冒伪劣商品工作方案》的通知	2013年09月02日
攀办发〔2013〕45号	关于印发《攀枝花市固定资产投资和重大项目目标考核办法(试行)》的通知	2013年09月02日
攀办发〔2013〕46号	关于印发《2013年攀枝花市政府网站绩效评估指标体系》的通知	2013年09月06日
攀办发〔2013〕47号	关于印发《攀枝花市政府信息公开工作要点》的通知	2013年09月18日

攀办发〔2013〕48号	关于印发《攀枝花市疾病应急救助制度实施方案》的通知	2013年09月30日
攀办发〔2013〕49号	关于印发《攀枝花市政府网站管理办法》的通知	2013年10月12日
攀办发〔2013〕50号	关于印发《攀枝花市公共资源交易保证金集中统一管理规定（试行）》的通知	2013年10月16日
攀办发〔2013〕51号	关于印发《攀枝花市老龄事业发展规划（2013~2020年）》的通知	2013年10月16日
攀办发〔2013〕52号	关于健全城乡困难群众临时生活救助制度的意见	2013年10月16日
攀办发〔2013〕53号	关于印发《攀枝花市促进进出口稳增长调结构十二条措施》的通知	2013年10月23日
攀办发〔2013〕54号	关于印发《攀枝花市食品药品监督管理局主要职责内设机构和人员编制规定》的通知	2013年10月22日
攀办发〔2013〕55号	关于印发攀枝花市钒钛磁铁矿开发利用排土场、尾矿库统筹规划的通知	2013年10月22日
攀办发〔2013〕56号	关于印发公文处理、会议纪律、政务调研、政务信息、应急管理五项工作考核细则的通知	2013年10月31日
攀办发〔2013〕57号	关于印发《攀枝花市贯彻落实〈四川省金沙江下游沿江经济带发展规划〉实施方案》的通知	2013年11月01日
攀办发〔2013〕58号	关于印发《中国阳光康养旅游城市发展规划（2012~2020年）》的通知	2013年11月08日
攀办发〔2013〕59号	关于切实抓好集体公益林森林生态效益补偿资金兑现工作的通知	2013年11月11日
攀办发〔2013〕60号	关于印发《攀枝花市贯彻落实〈四川省节能环保产业发展规划〉实施方案》的通知	2013年11月13日
攀办发〔2013〕61号	关于加强人工影响天气工作的通知	2013年11月14日
攀办发〔2013〕62号	关于印发《攀枝花市"十二五"主要污染物总量减排考核办法》的通知	2013年11月22日
攀办发〔2013〕63号	关于印发《攀枝花市花城新区开发建设管理委员会主要职责内设机构和人员编制规定》的通知	2013年11月20日
攀办发〔2013〕64号	关于推进攀枝花市商业银行改革与发展的意见	2013年11月23日
攀办发〔2013〕65号	关于加强财政支农项目资产管护工作的意见	2013年11月25日
攀办发〔2013〕66号	转发省政府办公厅关于加强今冬明春火灾防控工作的通知	2013年12月05日
攀办发〔2013〕67号	关于贯彻落实建设施工领域欠薪处理责任制的实施意见	2013年12月10日
攀办发〔2013〕68号	关于印发《攀枝花市人民政府常务会议学法制度》的通知	2013年12月12日
攀办发〔2013〕69号	关于印发《攀枝花市重大火灾隐患整改指导意见》的通知	2013年12月17日
攀办发〔2013〕70号	关于印发《攀枝花市市级部门向上争取项目资金及优惠政策考核办法》的通知	2013年12月24日
攀办发〔2013〕71号	关于印发《攀枝花市市级政府投资工程项目采用抽签法确定中标人办法（试行）》的通知	2013年12月30日
攀办发〔2013〕73号	关于印发攀枝花市市级银行机构支持地方重大项目考核奖励暂行办法的通知	2013年12月30日
攀办发〔2013〕74号	关于切实开展2014年"元旦、春节"两节期间打击私挖盗采矿产资源专项行动的通知	2013年12月30日
攀办发〔2013〕75号	关于建立攀枝花市统筹城乡居民基本医疗保险制度的实施意见	2013年12月30日
攀办发〔2013〕76号	关于建立攀枝花市统筹城乡居民社会养老保险制度的实施意见	2013年12月30日
攀办发〔2013〕77号	关于印发《攀枝花市促进充分就业实现居民增收工作规划（2013~2020年）》的通知	2013年12月31日
攀府发〔2013〕1号	关于进一步加强煤矿监管工作的通知	2013年01月09日
攀府发〔2013〕2号	关于暂停发放价格临时补贴的通知	2013年01月24日
攀府发〔2013〕3号	关于2012年度攀枝花市科学技术奖励的决定	2013年02月26日
攀府发〔2013〕4号	关于表彰2011~2012年度攀枝花市钒钛磁铁矿资源综合开发利用技术	2013年02月27日

	创新获奖项目的决定	
攀府发〔2013〕5号	关于表彰2011~2012年度攀枝花市促进高新技术产业发展获奖单位的决定	2013年02月27日
攀府发〔2013〕6号	关于2013年民兵组织整顿工作的通知	2013年02月28日
攀府发〔2013〕7号	关于开展第三次全国经济普查的通知	2013年03月04日
攀府发〔2013〕8号	关于进一步做好攀钢工业废弃物综合利用的意见	2013年03月07日
攀府发〔2013〕9号	关于授予第五届攀枝花市青少年科技创新市长奖的决定	2013年03月13日
攀府发〔2013〕10号	关于开展创建国家环保模范城市工作的决定	2013年03月17日
攀府发〔2013〕11号	关于表彰2012年度全市金融工作先进单位的通报	2013年03月18日
攀府发〔2013〕12号	关于表彰攀枝花市第二届创业明星的决定	2013年03月22日
攀府发〔2013〕13号	关于进一步深化涉农资金整合工作的意见	2013年03月26日
攀府发〔2013〕14号	关于加强商品房预售款监督管理的通知	2013年04月10日
攀府发〔2013〕15号	关于切实做好2013年投资和重大项目推进工作的意见	2013年04月23日
攀府发〔2013〕16号	关于进一步加强水上交通安全管理的通知	2013年04月26日
攀府发〔2013〕17号	关于落实《市政府工作报告》重点工作部门分工的意见	2013年05月06日
攀府发〔2013〕18号	关于做好2013年重大工业产业化项目推进工作的通知	2013年05月31日
攀府发〔2013〕19号	关于印发《攀枝花市诚信政府建设实施意见》的通知	2013年06月18日
攀府发〔2013〕20号	关于印发《攀枝花市各级政府及其部门对外签订合同管理办法》的通知	2013年06月18日
攀府发〔2013〕21号	关于印发《攀枝花市人民政府工作规则》的通知	2013年06月18日
攀府发〔2013〕22号	关于进一步深化行政审批制度改革的意见	2013年06月22日
攀府发〔2013〕23号	关于进一步加强就业创业工作的意见	2013年07月15日
攀府发〔2013〕24号	关于调整全市最低工资标准的通知	2013年08月01日
攀府发〔2013〕25号	关于加快推进机动车污染防治工作的实施意见	2013年07月30日
攀府发〔2013〕26号	关于做好第十四届中国西部国际博览会组织筹备工作的通知	2013年07月31日
攀府发〔2013〕27号	关于进一步支持小型微型企业发展的实施意见	2013年08月02日
攀府发〔2013〕28号	关于表彰2011~2013年度获得中国驰名商标等品牌企业及组织的决定	2013年08月06日
攀府发〔2013〕29号	关于印发攀枝花市深化医药卫生体制改革实施方案(2013~2015年)的通知	2013年08月14日
攀府发〔2013〕30号	关于公布攀枝花市森林资源二类调查成果数据的通知	2013年08月20日
攀府发〔2013〕31号	关于进一步加强重点污染防治工作的意见	2013年08月16日
攀府发〔2013〕32号	关于印发《攀枝花市2013年主要污染物总量减排专项督查整改实施方案》的通知	2013年08月28日
攀府发〔2013〕33号	关于进一步稳定工业经济增长若干措施的通知	2013年08月27日
攀府发〔2013〕34号	关于印发新修订《攀枝花市突发公共事件总体应急预案》的通知	2013年09月15日
攀府发〔2013〕35号	关于印发《攀枝花市煤矿企业兼并重组实施方案》的通知	2013年10月24日
攀府发〔2013〕36号	关于印发办理人大代表建议和政协提案办法的通知	2013年10月29日
攀府发〔2013〕37号	关于加快老龄事业和养老服务业发展的意见	2013年10月27日
攀府发〔2013〕38号	关于严格控制新设行政许可的通知	2013年11月20日
攀府发〔2013〕39号	关于2013年度攀枝花市科学技术奖励的决定	2013年12月12日
攀府发〔2013〕40号	关于关闭攀枝花市中汇机械制造有限公司烧结、球团生产工艺及装置的通知	2013年12月16日
攀府发〔2013〕41号	关于印发《攀枝花市中长期动物疫病防治规划(2013~2020年)》的通知	2013年12月11日
攀府发〔2013〕42号	关于进一步加强最低生活保障工作的实施意见	2013年12月24日
攀府发〔2013〕43号	关于进一步加强主要污染物总量减排工作的通知	2013年12月25日

索　引

本索引为要目索引。包括正文部分 22 个部类（不包括特载、大事记、附录）的内容。索引标目按汉语拼音字母表排序，同音字按声调顺序排序。标目后数字为正文页码，字母 a 为左栏，b 为右栏。

A

爱国卫生运动 394b
安全播出 370a
安全工作 175b,235a,320b
安全管理 162a,240a
安全环保 233a,271b
安全监管 179b
安全监管监察执法 124b
安全教育培训 124b
安全生产 238b,262b
安全生产行政审批 126a
安全生产监测监控 128a
安全生产宣传 125a
安全生产月活动 125b
安全维稳工作 381b
安全文化建设 125b
安委会工作 124a
安置帮教 187a
鞍攀协同建设百米钢轨生产线 231a
按纲建队 176b
案件查处 326a
案件防范 301a
案件集中管理 181a

B

巴关河大桥维修加固完工通车 37a
拜访各民主党派上级组织 79a
班子和队伍建设 169a
板块化管理 230b
版权保护 368b
办理代表批评、建议和意见 97a
办理人大代表建议和政协提案 104a
办理人大代表建议和政协提案 78a
保护消费者合法权益 216b
保健食品“打四非”专项整治 223a
保密干部师资力量培训 83a
保密管理统计 82b
保密普查 83a
保密全员培训 83b
保密宣传教育 83a
保密业务综合管理平台建设 83b
保障经济社会发展用地 220b
保障性安居工程用地 221b
报业人才队伍培养 374b
备战“省十二运会” 390b
边远民族地区奔小康的探索 62a
编修《中国共产党攀枝花历史大事记》 363a
编制规划 129a
便民措施 133b
标准化工作 219a
殡葬管理 404a
并联审批服务 131a
病虫害防治 247a
不断增强发展活力 100a
部门志、专业志编修 361b

C

财富管理 320a
财会管理 313b
财务管控 232b
财政、税收 27b
财政部科研基地落户攀枝花 335a
财政部专家作“深化财税改革”主题报告 335a
财政国库管理改革 334b
财政监督检查 335a
财政优先保障民生工程 334a
财政助推新村建设 334a
参加全省地掷球比赛获得冠军 390a
参加省级及以上群众体育竞赛 389b
参加四川省第九套广播体操比赛荣获冠军 390a
参加四川省青少年体育锦标赛 390b
参建参治 163a
参政议政 118a,151b
残疾人扶贫 408a
残疾人教育 408b
残疾人就业 408b
残疾人康复 408a
残疾人民生工程 409b
残疾人社会保障体系建设 407b
残疾人体育 409a
残疾人维权 408b
残疾人文化艺术 409a
残疾人宣传 409a
残疾人组织建设 407a
蚕桑生产 246b
藏区“9+3”学生就业安置 110b
藏区学生“9+3”教育 376b
测绘业管理 281a
查办和预防职务犯罪 181b
拆迁安置 205a
产地证签证 269a
产品创新 307b
产品开发 329b
产业发展 271a
产业规划编制与项目建设 193a
产业化经营 256b
产业园区建设 200a
常委会议 136b
厂务公开民主管理 153b
成果转化与示范 359a
成昆铁路米易至攀枝花段扩能改造工程 196a
承办四川省第十一届集邮展览 261b
城管执法 283b
城市供气 283b
城市管理 32a
城市基础设施建设 202b
城市建设 31b,34a,54a
城市绿化 283a
城市形象宣传“六个一”工程 74b
城乡规划 279a
城乡环境综合治理 282a,287a
城乡建设 40a,98a
城乡居民最低生活保障 399b
城乡困难群众重特大疾病医疗救助 400b
城乡社会救助体系建设 401b
城乡医疗救助 399b
城镇建管 50b
筹融资 205a,257b
出　版 368b
出口产品检验检疫监管 268a
出口食品企业备案及监管 269a
出台目标绩效管理办法 61b
储备粮管理 287b
畜产品检疫 250a
畜牧生产 248b
畜牧研究 357b
川滇友邻市州第九届男子篮球联赛 390a
创业带动就业 109a
村（社区）党组织换届 68b
存款业务 302a,304b
313a,314b,317a
存款准备金管理 295b

D

打击经济犯罪 179b
打击刑事犯罪 178b
打击银行卡犯罪 297a
打造“钢城消防铁军” 172a
打造全省首个“全光网城市” 262a
大地书香新农村家园工程 367b
大力实施投资拉动 99a
代理金融网点转型 261a
档案部门自身建设 406a
档案法制建设 406a
档案馆建设 406a
档案文化建设 405b
档案信息化建设 406a
“党报进社区”工程 374a
党的基层组织建设 69b
党的群众路线教育活动 388a
党风廉政建设 169b,299a
344a,346b
党建工作 381a,386a,388b,55a
党建和企业文化建设 241a
党史征编利用 364a
党外代表人士队伍建设 80b
党委班子建设 162a
道德楷模选树宣传活动 76a
地标工作 219b
地方经济和民营经济 53b
地理位置 25a
地形河流 25a
地震观测环境保护 352b
地震活动 352b
地震监测预报 352b
地震应急演练 353a
地质灾害防治 221a
第六届本科教育教学工作研讨会 386a

第三产业 30a,33b,39b
第三届四川省文明城市迎检 75a
第一次全国可移动文物普查 367b
碘缺乏病防治 292b
电煤应急战略储备基地建设 37b
电网建设 192b
电网建设与发展 238a
电影管理 370a
电子渠道建设 317b
电子政务基础设施建设 265a
电子政务应用 265a
东区“2·14” 统一家私背后居民楼火灾 173a
董事会、监事会换届 316b
动产融资公示系统建设和运用 298b
动物防疫 249a
督查督办 77b
队伍建设 82b,178b,180b,183b,185a,189a,262b,303b,308a,309b,314a,319a,324a,342b,346b,398b
对标挖潜工作 387b
对口“扶贫帮村” 412a
对口援建 197a
对内改革和对外开放 54a
对台交流 81b
对台经济 81b
对台宣传和涉台教育 82a
对外交流与合作 385a
对外经济 27a
对外贸易 285a
对外宣传 73a
多党合作 78b
多种经营 292b

E

2013·中国攀枝花格萨拉索玛花节暨攀枝花欢乐阳光节开幕式 45a
二滩至格萨拉全国山地徒步大会 45b

F

发 行 368b
发展规划制定与实施管理 191a
法律援助 188a
法律政策研究 182b
法人代码、商品条码工作 220a
法人机构监管 300a
法治基层行 188b
钒钛磁铁矿综合利用示范基地建设 221b
“反洗钱”监管 297a
防 汛 253b
防范风险 267b
防震减灾工作纳入政府目标管理 353b
防震减灾科普宣传 353a
防震减灾领导小组工作会议 353a
房地产贷款风险防控 300b
房地产管理 118b
房地产业 27a
房地产业 280a
非公经济扶持 215a
非公有制工业 224b
非公有制经济队伍 224b
非煤矿山安全监督管理 126b
非物质文化遗产保护 368a
“芬芳大地”摄影作品展 372a
风险防控 313b
风险管理 339a
风险和案件防范 315b
扶贫工作 122b
扶贫移民资金管理 123b
服务“三农”与县域 305b
服务百姓健康活动 396b
服务创新 328a
服务地方经济 267b,315a
服务地方经济发展 269b
服务非公有制经济有制经济发展 151a
服务经济社会发展 177b
服务民生 80a,180a
服务社会 263a
服务社会管理 80a
服务小微企业 315a
服刑在教人员未成年子女排查帮扶 187a
负债业务 307a, 309a, 311a, 318b
妇联组织建设 157b
妇女儿童维权 159a
妇女小额担保贷款财政贴息 336a
妇女小额担保贷款财政贴息工作 159b
妇幼卫生 394a
赴木里县学习 372a
复 航 260b

G

改革创新 233b,303a,326b,228b
改进创新“走转改”活动 374a
改进创新版面编排和内容设置 373a
改进创新典型报道 373b
改进创新时政报道 373a
改进创新头版头条视野 373b
改进创新言论评论 373a
改善办学条件 378b
干部队伍建设 67a,164b,337b
干部管理监督 69a
干部培训 86b
干部人事制度改革 69a
钢轨产量突破 120 万吨 231a
高等教育和成人教育 376b
高龄津贴和长寿津贴发放 416a
高校毕业生就业创业 110a
高效节水项目建设 256a
格福路改造 37b
《格萨拉传奇》作品首发及研讨会 372a
个人贷款管理模式改革 133a
个体私营经济管理 214b
各县（区）委执政实录出版 363b
耕地和基本农田保护 220b
工 业 26b
工程建设 166b,229a,232a,234a
工程造价管理 281b
工会自身建设 154b
工矿废弃地复垦利用试点工作 221b
工贸企业安全生产标准化建设 128a
工业经济 29b,33a,39b,43b,47b,53a
工业经济综述 197b
工资福利 114a
工资集体协商工作 153b
公共服务体系建设 109b
公共机构节能管理 119b
公共图书馆 367a
公共文化服务体系 366b
公交客运 258a
公路管养 258a
公民道德建设专项行动 76a
公平交易执法 216b
公务车辆管理 119b
公务员管理 111a
公益事业 326a
公证工作 188a
供排水建设与管理 254a
构建和谐警民关系 171a
构建和谐警营 171a
构建营销团队 304a
骨干水源网工程建设 253a
骨干院校建设与专业建设 387a
固定资产投资 191b
固定资产投资 27a
关心下一代工作 156b
管 控 319b
管理创新 327a
管理改革 312a
管理机构 279a
贯彻中央对台方针政策 81a
规范公共资源交易平台 131b
规范化服务 312a
规范化建设 183a
规范教育收费 380a
规范性文件备案 189a
国家、省级资金争取 197a
国家钒钛质检中心建设 217b
国家环保模范城市创建工作进展 23b
国家级经技技术开发区创建 285b
国家森林城市创建工作进展 23b
国家设立攀西战略资源创新开发试验区 230a
国家统一考试保密管理 84a
国家园林城市创建工作进展 24a
国库监管 297a
国库现代化建设 297a
国民经济 98a
国民经济发展 53a
国内贸易 27a
国省干线公路改造 259b
国土资源 25b
国土资源管理 51a
国土资源基础能力建设 221a
国有企业党风廉政建设 209b
国有企业党建 209b
国有资本经营预算 209a
国有资产管理 208b
海关监管 267a
海事监管 259b

H

“寒窗助学”行动 153a
行业管理 129b
行政处罚案件公开 38a
行政处罚案卷评查及重点领域行政执法监督检查 190a
行政复议 189b
行政机构编制管理 88a
行政区划和地名管理 403b
行政权力公开透明运行平台建设 189a
行政审判 184a,281b,380b
行政审批与监察 195b
行政审批制度改革 189b
行政调解 190b
行政执法 258b
行政执法人员基本信息公开 190a
行政执法人员资格认证 190a
行政执法与刑事司法衔接 190a
行政执法证件办理 190a
合规管理 332a
合规经营 327b
合同监督管理 217a
和谐矿区建设 237b
和谐劳动关系 114b
核与辐射环境监管 278b
红坭公司成立 235b
红十字会工作 394b
后勤保障 176a
后勤服务 386a
后勤管理工作 388a
后勤建设 163a,165b,169b
互联网宣传管理及舆情信息 73a
滑坡治理工程 260b
环保节能 229b
环境保护 28a
环境法治 277a
环境监察执法 278a
环境污染强制责任保险 277b
环境信访 278b
环境宣传教育 277a
环境影响评价管理 277b
环境整治 34b
环境质量 276a
《辉煌西区四十年（1973—2013）》出版 364a
会计人员继续教育 336b
惠民工程 286a
惠民工作 318b
惠民医疗服务 394b
婚姻登记和收养登记 404a
火灾及接警出动情况 168a
火灾隐患整治 168b
货币发行与管理 298b
货币信贷调控方式创新 295b
货币政策执行 295a
货物贸易监管 296b
获 奖 366a

J

机构和队伍建设 221b
机构和渠道建设 327b
机构信用代码管理 298a
机械行业 242b

基本情况 231b,395a
基层法律服务 187b
基层基础工作 178a
基层基础建设 186a
基层建设 162b
基层科普行动计划 350b
基层群众自治组织和社区建设 402b
基层水利服务机构建设 256a
基层医疗卫生体系建设 393b
基础保障 271b
基础管理建设 330b
基础设施建设 279b
"急难险重"任务 140b
"急难险重"项目建设 253a
"急难险重"目标任务 197a
疾病防治 187a
疾病预防控制 393a
集团机关改革 230b
计量检定与计量测试 220a
计生"三结合" 412a
计生民生工程 396b
计生协会工作 398a
计算机信息系统分级保护 83b
纪检监察 124b
技术培训 359b
继续教育 383b
继续教育教学管理和招生 87a
绩效考核 180b
加大民族地区发展投入 413a
加快产业园区发展 60a
加快发展现代农业 99b
加快农村扶贫开发 58a
加快推进小城镇建设 60a
加强反腐倡廉建设、永葆党的先进性和纯洁性的研究 62a
加强与人大代表、政协委员的联系 337a
加速壮大第三产业 99a
家庭建设 159a
家长学校 186b
"假日体育"健身活动 389a
价格管理 194b
价格监督与认证 196a
价格调控 194b
监管企业安全和稳定 209b
监管企业发展 209a
检察技术 182b
检察宣传 182b
建成智能居家养老服务信息平台 416a
建功立业促发展行动 152a
建立市领导联系指导县（区）和基层工作制度 61a
建言献策 80a
建置人口 25a,29a,32a,38a,42a,47a
建筑节能管理 281b
建筑业 27a
建筑业管理 280b
讲文明、树新风活动 76a
降 水 355a
交 通 27a
交流与合作 359a
交通管理 180a
交通基础建设 257a
交通建设 34a, 40b
焦化托管 236a
教 育 27b,30b,35a,41a,44a,49a
教师队伍建设 377b
教学科研 387a
教育督导 377a
教育法制宣传 379b
教育国际合作与交流 380a
教育技术装备 379a
教育科研 377a
教育投入 378b
教育信息化工程 379a
教育宣传 380a
街道、乡镇发展状况 41b
街道、镇发展状况 32a, 38b
节能环保 237b
节能减排与环境资源 193b
节水研究 358b
"巾帼建功"活动 158a
金桥工程 351b
金融、保险 27b
金融风险管控 296a
金融服务 303a
金融统计调查 297b
金融综合管理 296a
"金沙"副刊杂志化 374b
金沙江西区段沿江景观概念性规划初步设计方案评选 36b
金沙江彝族文学笔会 371b
紧急救援与应急保障 104b
进口产品检验检疫监管 268b
进一步改进工作作风、提高工作效能的规定 60b
禁毒缉毒 179a
经济发展方式转变 198b
经济发展状况 29a,32b,39a,42b,47a,271a
经济目标完成情况 191a
经济普查 210a
经济体制改革与就业收入分配 194a
经济形势报告会 138b
经济综述 26a
经营管理 236a
经营管理 238b
精减退职老职工生活救济 401a
精神文明建设 381b
警报建设 167a
警示教育大会 64a
"敬老文明号"创建 416b
敬老月活动 416b
境内运输经营 260a
救 灾 401b
救灾救济 49b
就业创业促进活动 153b
就业工作 108b
居民家庭经济状况核对机制建设 401a
居民增收规划 110b
居住条件 28b
举办"欢乐阳光节"首届定向越野比赛 390a
举办"金婚老人阳光行"活动 416a
举办青少年健身操舞比赛 390b
举办全国皮划艇激流回旋春季冠军赛 391a
卷烟营销 291a
决策咨询 349a
军事训练 164b
军转干部安置解困维稳 114b
竣工决算 206a

K

开发区建设概况 271a
开展《中国共产党攀枝花历史》（第一、二合卷）编纂 363b
勘察设计业管理 281a
抗 旱 253a
科 技 28a,30b,41a,44a,48b
科 学 34b
科技标准监测管理 277b
科技创新 234b,236b,356a
科技创新教育 378a
科技工作 229a
科技工作体制创新 348b
科技工作者之家建设 352a
科技与信息化 239a
科技质量 233a
科普示范县（区）和社区创建 350b
科普宣传 350a
《科学素质纲要》实施 349b
科研工作 87a,384b
客户服务 262b,263b,264a,322b,325a,326a,329a,330b,332a
课程教学与实践教学 383a
课题研究 336b
跨区域发展 314b
矿产资源 26a
矿政管理 220b
困难帮扶体系建设工程 153a
困难群众法律援助信息库试点 188a
扩大和深化对外开放合作 59b

L

"蓝领人才"培养工程 152b
劳动保障监察 115a
劳动能力鉴定 415b
劳动人事争议仲裁 115a
劳教及强制隔离戒毒 186b
劳模评选与关爱行动 154a
劳务派遣行政许可 115a
老干部工作 70b
老工业基地调整改造 193a
老龄工作调研 416a
老年学校示范校创建 416b
理论武装 71b
理赔服务 331a
丽—攀—昭—遵铁路 196a
利用外资 285a
利用住房公积金贷款支持保障性住房建设 132b
联合调处 106a
联席会议 139a
廉政建设 45b,85a
粮食行政执法 287b
粮食生产 245a
粮食市场保供体系建设 287b
粮油购销 287a
粮油市场供应 287a
"两纲"实施 158b
"两化"互动工作 200a
两类机构信用评级 298b
"量体裁衣"式个性化服务 407b
林业产业 275a
林业改革与发展 275b
林业行政执法 274b
林业科技 275b
林业宣传 275a
林业研究 358a
临时救助 401a
领导班子和干部队伍建设 381a
领导班子调整 229b
领导包案化解信访积案 106b
领导干部廉洁自律 66b
领导干部任期经济责任审计 213a
"领导挂点、部门包村、干部帮户"活动 86a
领导接访下访和联合接访 106b
领导考察 137a
领导责任制 177b
流动人口服务管理 397a
流浪乞讨人员救助 404b
"6·12"氯气泄漏事故抢险 172b
六大系统建设 237a
"六五"普法中期督导检查 188a
芦山地震救援 172a
路政管理 258b
落实惠农政策 250b
旅 游 27a
旅游服务业 48a
旅游新村建设 40b
履行社会责任 316a
律师工作 187b

M

满期给付和非正常集中退保 322b
矛盾纠纷排查化解 106a
梅花奖艺术团"送欢乐、下基层"赴攀枝花市慰问演出 370b
煤矿安全监督管理 126a
煤炭采空沉陷区居民搬迁安置 122b
煤炭生产 235a
美丽乡村建设试点 335b
美术作品 366a
"缅气入攀"项目 192b
民办教育 376b
民间组织管理 403b
民区经济 51b
民商事审判 184a
民生保障 301b
民生档案管理 405a
民生工程 31a,36a,45a,50a,54b,78a
民生工程建设 411b
民生事业 272a
民用爆炸物品安全监督管理 127b
民主党派代表人士综合评价试点工作 80b
民主法治建设 55a
民族地区开发资金投入及项目 411a
民族事务服务体系建设 413a
民族宗教工作 80b
木质纤维素项目进入试生产 37b

目标管理 77b,82b

N

纳税服务 342a,346a
内部管控 321a
内部监督制约 183a
内控管理 299a,303b,307b 309b,311b,313b,317b,319b
内控合规建设 323b,325b
能动司法 184a
能力建设 261b
能力培训 264b
能源动力 233a
年轻干部培养选拔 68b
农 业 26b
农村精神文明建设 75b
农村能源建设 251b
农村生态环境保护 278a
农村五保 400a
农村支付环境建设 296b
农村专业技术协会 350b
农广校招生与培训 250b
农机发展与管理 251b
农民负担监管 250a
农民工工作 110b
农民专业合作社 288a
农田基本建设 251a
农田水利基本建设 254a
农药市场监管 247b
农业产业化 252a
农业和农村经济 30a,47b,271b
农业经济 39b,43a
农业抗灾救灾 251b
农业农村工作 192a
农业农村经济 53a
农资经营 288a

P

排污费征收 278b
攀钢钒钛资源综合利用实验室升级为国家重点实验室 103a
攀钢集团钒业有限公司 225b
攀钢集团钛业有限责任公司 226b
攀钢集团研究院与日本银河株式会社签订钒电池电解液项目合作基本合意备忘书 135b
攀西钒钛磁铁矿整装勘查 221b
《攀西工业贸易集中区物流中心规划》通过评审 36b
攀西国家级战略资源创新开发试验区建设 192b
攀西国家级战略资源创新开发试验区建设工作会在攀召开 101b
攀西资源开发 196b
“攀枝花钒钛资源综合利用院士行暨2013·攀枝花钒钛(国际)论坛”活动 103a
攀枝花钢城集团有限公司 242a
攀枝花钢城卓越钒钛有限公司 226b
攀枝花钢企欣宇化工有限公司钛业分公司 227b
攀枝花会计资格证考试实现无纸化 336a
攀枝花机场复航 102b
攀枝花及邻区震情趋势会商会 352b
《攀枝花纪事》编辑出版 363a
攀枝花立宇矿业有限公司 244b
《攀枝花年鉴(2013)》编纂出版 361b
攀枝花全域纳入攀西战略资源创新开发试验区 102a
《攀枝花社会科学》刊物编发 361a
《攀枝花史志》编发 362a
攀枝花市参加全省投资促进“三大”活动 134b
攀枝花市参加世界华商大会 134b
攀枝花市残疾人联合会第六次代表大会 406b
攀枝花市成为全省首批现代物流示范市 102b
攀枝花市第十四届西博会签约项目突破千亿元 135a
攀枝花市妇女第九次代表大会 160b
攀枝花市民卡首发 115b
攀枝花市纳入全国老工业基地调整改造规划 102a
攀枝花市农村义务教育情况调查研究 62b
攀枝花市全国群众体育先进集体代表和个人受到总书记习近平接见 390b
攀枝花市全民健身志愿服务队成立 389a
攀枝花市体育训练特殊学校基地 390b
攀枝花市文学艺术界联合会第六次代表大会召开 372a
攀枝花市与省级银行机构银政企对接会 100b
攀枝花市制定少数民族地区实施免费中等职业教育优惠政策 413a
攀枝花市柱宇钒钛有限公司 226a
《攀枝花手机报》开办 74b
《攀枝花文学》创刊40周年座谈会 372a
攀枝花携手中国电信打造四川首个“全光网城市” 103a
攀枝花学院附属医院建设 385b
攀枝花与四川科锐得实业集团签订100兆瓦屋顶光伏开发合作协议 135b
攀枝花至大理(过境)高速公路合作意向协议签订 102b
攀枝花仲裁委员会换届 190b
培育和践行社会主义核心价值观 72b
品牌战略实施 218b
平战结合 166b
普教招生和就业 383b
普通高中教育 376a

Q

企业、单位年鉴编辑出版 362a
企业改革 208b
企业管理 229a,291b
企业和职工文化建设工程 154a
企业年检 296b
企业文化 308a
企业文化建设 234a,323a
企业债券发行监管与外资 194a
企业注册登记管理 214b
启动攀枝花市第六次全国体育场地普查工作 392b
气 候 25b
气 温 354b
气候综述 354b
气象灾害 355a
签署合作框架协议 37a
强化民生视角突出主题报道 374a
强化舆论监督服务民生 374b
强化正风肃纪 65a
强化中心效能监督 131b
强制清洁生产审核 277b
侨务捐赠 117a
侨务联谊 117b
侨务宣传 118a
侨务招商引资、引智 117a
侨益维护 117a
切实加强环境保护 100a
青少年科技教育 351a
青少年权益保护 156a
青少年思想道德建设 155a
轻工行业 242b
清洁汽车产业 193a
清理规范融资平台 300a
渠道建设 308a,319a
全国文明城市创建工作进展 24b
全国信访信息系统推广应用 107b
全流程自动化控制炼钢 231b
全面落实党风廉政建设责任制 65b
“全民健身日”系列群众体育活动 389a
全省百镇建设暨重点旅游项目推进现场会在攀召开 101b
全市“实现伟大中国梦、建设美丽繁荣和谐四川”暨“思想大解放,作风大转变,工作大落实”主题教育活动总结表彰大会 57a
全市“实现伟大中国梦、建设美丽繁荣和谐四川”主题教育活动动员大会 56a
全市财政预算执行情况 333a
全市创建国家森林城市、国家园林城市和全国文明城市攻坚大会 101a
全市创建中国阳光康养旅游城市暨旅游新村建设攻坚大会 101b
全市工业经济形势分析暨先进表彰工作会 101a
全市纪检监察系统“三项建设”主题活动总结会 64b
全市经济工作会议 100b
全市科学技术奖励大会 101a
全市旅游工作会 128b
全市涉密计算机户籍管理与违规外联监控平台建设 84a
全市中心工作宣传 374a
确定应急演练日 353b
群防组织 167b
群众选手参加国际马拉松比赛 389b

R

人才服务 113a
人才工作 70a,112a
人才培养改革 385b
人才引进和培养 315b
人才引进与培养 394a
人口计生管理体制改革 397a
人口计生目标管理 395b
人口计生宣传 395b
人口信息化建设 397b
人力资源 236b,238a
人力资源改革 306a
人力资源和社会保障信息工作 115b
人力资源市场监督管理 113a
人民监督 183a
人民生活 98b
人民调解 187a
人事考试 113b
人事任免 97a
人事制度改革 379b
人文与素质教育 387b
认证工作 220a
日照时数 355a
融 资 202a

S

“三大”主题教育活动 380b
三农服务中心 288b
三农金融服务 301a
三线建设博物馆开工建设 102a
“扫黄打非” 369a
森林病虫防治检疫 274b
森林城市创建 274a
森林防火 274b
森林资源管理 274a
商标监督管理 215b
商贸服务活动 286b
上级检查考察 395a
上下联动活动 140a
设备管理 232b
社保基金监督 415a
社会保险待遇 413b
社会保险扩面征缴 413b
社会保障 28b,41b
社会保障城乡统筹建设 413b
社会保障服务 414a
社会慈善捐助 403b
社会福利事业和福利企业 403a
社会管理 51b
社会管理综合治理 177a
社会履职 317b
社会事业 54b,98b
社会事业发展 193b
社会体育指导员培训 389b
社会稳定 54b
社会消费品零售 286a
社会信用体系建设 298a
社会治理创新 182a
社科规划 360b
社科知识普及 361a

社区矫正 187b
社区矫正人员清理交接 187b
社有企业 288b
涉密计算机维修定点单位复查 84a
涉密文件清退督查和保密审查 84a
摄影作品 366b
深部资源勘探 235b
深化“两化”互动、统筹城乡发展的研究 61b
深化财政预算管理改革 334b
深化户籍制度改革 61a
深化医药卫生体制改革 392a
深化源头治理 66b
深化政务公开 131a
深入行政审批服务改革 130a
审查、制定市政府规范性文件 189a
审计自身建设 214a
审判质效 185a
生产经营 228a,232a,234b,240a
生产许可证管理 218b
生产要素协调与保障 197b
生态环境建设 40a,51a
生态建设 28a
生物资源 26a
省委领导到攀调研 63b
失业保险 414b
失业预警试点 414b
师资队伍建设 384a
实名制管理与督查 88b
实施创新驱动发展战略 59a
实施多点多极支撑发展战略 58b
“实现伟大中国梦、建设美丽幸福攀枝花”主题教育活动宣传报道 73b
实验室建设 269b
食品安全监管 218a,393a
食品药品及医疗器械检验检测 224a
食品药品监管体制改革 223b
食盐供应 292a
市本级财政预算执行情况 333b
市场服务 239a
市场计量专项整治 219b
市场监督管理 215b
市场监管 292b
市场流通监管 286a
市场体系建设 286a
市场准入 299b
市电子政务内网门户网站 265a
市纪委九届三次全会 63a
市九届人大常委会议 88b
市九届人大常委会主任会议 89a
市九届人民代表大会会议 88a
市内青少年体育竞赛 390b
市内群众体育竞赛 389b
市人民政府门户网站 265a
市容环卫 282b
市委九届六次全体（扩大）会议暨市委经济工作会议 57b
市委九届四次全体（扩大）会议暨市委经济工作会议 55a
市委九届五次全体（扩大）会议 56b
市政设施 283a
事实无人抚养儿童特别关爱帮扶行动 160a
事业单位登记管理 88b
事业单位分类改革 88b
事业单位人事管理 111a
事业机构编制管理 88a
事业建设 369b
试点项目和基地发展项目实施 256b
收费管理 195a
收费站管理 259b
收入及消费 28a
首次举行财政预算听证会 334b
首次实行协会招商 135a
首批初级救生员职业资格培训 391b
售后服务 321a
书法作品 366a
疏散基地建设 167a
蔬菜生产 246a
蔬菜研究 356b
数字化城管系统 283b
“双基”夯实行动 154a
双拥工作 402b
水产业发展 254b
水果生产 245a
水利工程质量监督 254b
水利普查 255b
水能资源 25b
水土保持 254b
水资源管理 254a
税收收入 338a
税收征管 267a,339a,345b
税政管理 340b
司法公开 185b
司法鉴定 188a
司法警察 182b
司法考试 188a
司法所建设 187a
司法为民 184b
“思想大解放、作风大转变、工作大落实”主题教育活动 68a
思想建设 84a
思想政治建设 161a,170a,173b
思想政治教育 163b
四川安宁铁钛股份有限公司 228a
四川德胜集团攀枝花煤化工有限公司 244b
四川攀枝花三线建设博物馆 368a
四川省体育人才基地创建 391a
“四大工程”建设 211a
四十年校庆 388a
“送温暖”活动 153a
诉讼监督 181b

T

台胞捐赠 82b
台胞台属工作 82a
太阳能产业发展 200b
特色水果研究 356b
特殊教育 376a
特种设备安全监察 220a
提案工作 137a
体 育 28a,31a,35b,44b,49a
体育彩票销售 392a
体育产业发展 391a
体育管理、服务机构 389a
体育行政确认 391b
体育行政执法 392a
体育基础设施建设 391b
体育民生工程 391b
体育卫生艺术教育 378a
天然林资源保护工程 273b
调查 考察 90a
调研与信息反馈 297b
铁路护路联防 178a
铁路物流体系建设 196a
通信、邮电 27b
通信保障 262b,264b
统筹城乡发展科技行动 348a
统筹服务业发展 286b
统计报表 210a
统计队伍建设 212a
统计法制建设 212a
统计服务 211a
统计规范化建设 211b
统计调查 210a
统计信息化建设 212a
统战、工会、共青团、妇女工作 85a
投资建设项目审计 213a
投资评审 335b
图书馆、信息化建设 87b
土地治理 256b
团组织的自身建设 156b
推广金融 IC 卡 298b
推进窗口服务标准化体系建设 130b
推进科技服务民生 348a
推进全市党政机关互联网集中统一接入建设 83b
退耕还林工程 273b
退役士兵安置 402a
拓展融资渠道 207a

W

外宾来访接待 116a
外汇管理改革 296a
外经合作 285b
外来企业投诉 188b
外来企业周边专项法制宣传活动 188b
外来有害生物监测和农（兽）残、疫情监控 268b
完善应急设备 353a
网点转型 305a
网络运营 263a,264a
危险化学品安全监督管理 126b
为城市文化塑造和地方文化打造建言献策 370a
违纪违法案件查处 66a
围绕中心促发展 155a
维护民族宗教领域稳定 412b
维护社会稳定 177a
维权与维稳 153a
委托资产管理 306a
委员无题座谈会 139b
卫 生 28a,31a,36a,44b,49b
卫生基础设施建设 392b
卫生监督执法 393a
卫生应急 392b
未成年人思想道德建设 77a
“未来作家”系列讲座 372a
文 化 28a,30b,35b,44a,49a
文化产业 368b
文化馆事业 367a
文化建设 72a
文化市场行政执法 368b
文化体育 41a
文化宣传 166a
文明城市创建 74b
文明细胞建设 75b
文史工作 140a
文物保护 367b
文学作品 366a
文艺成果 371a
稳步发展工业经济 99a
污染治理 276b
无偿献血 394a
无公害农产品监测 247b
无线电管理 201a
“五创联动” 31b
舞蹈创作 365b
物价水平 28b
物资管理 232b

X

西博会签约 37a
席草坪片区环境综合整治及产业升级改造 37b
戏剧创作 365b
县（区）年鉴编纂出版 361b
现场检查 300a
现代服务业 53b
现代烟草农业建设 291a
现代烟叶生产 51b
乡镇概况 45b
乡镇经济 52b
相对湿度 355a
相关产业 235b
项目代建 202a
项目监管与重大项目建设 196b
项目建设 31b,54a,129a,272b
项目申报 289a
项目拓展 240b
项目资金争取 287a
消防安全大排查大整治 171b
消防宣传 168b
消费者质量投诉 219a
小微企业金融服务宣传月活动 301b
小微企业融资 301a
校园文化建设 385b
效率提升专项活动 263b
协商座谈会 139a
协调发展社会事业 100a
新产品研发 315b
新村建设 50b
新媒体发展 374a
新农村建设 33a
新农村建设档案管理 405b
新农村综合体和新村聚集点建设规划编制 37a
新提拔县级领导干部集体廉政谈话 64b
新闻宣传 369a
新一代核心业务系统上线运行 316a
信贷管理 313a
信贷投放 317a

信贷业务 302b,305b,312b
信访、维稳、综治、行政“大调解” 116a
信访处理 289a
信访目标管理 105b
信访事项复查复核 107b
信访维稳 123a
信息化工作 199b
信息网络安全与运维保障 265b
刑事检察 181a
刑事审判 183b
“幸福教练”工程 160a
修订地震应急预案 353a
修改法规、规章草案 190b
宣传督查 23a
宣传干部队伍建设 73b
宣传工作 140a
宣传教育 167b, 364a
宣传培训 190b
宣传营销 129b
宣讲工作 87b
学会管理 361a
学科专业建设 383a
学生奖助学 384a
学生资助工作 379a
学术活动 360a
学术交流 351a,356a
学习会和培训会 138b
学校后勤与产业 377a
巡视组反馈意见整改落实情况汇报会 63b

Y

烟草技术推广应用 290b
烟草研究 357b
烟花爆竹安全监督管理 127a
烟叶生产 290b
盐边县红果棚户区重大火灾隐患整改销案 171b
阳光计生行动 398b
养老保险 414a
药品“两打两建”专项整治 223a
要素保障 272b
冶金安全监督管理 127b
冶金行业 242a
野生动植物保护及自然保护区建设 274b
业务发展 263b,264a,320b,322a,325a,317a
“12·4”全国法制宣传日 188b
“12345”市民热线 107a
“12350”举报投诉电话 125a
132 台新型空调公交车投入运营 260a
“一事一议”财政奖补 335b
一线教师体质测试 391a
医保工作 414a
医疗卫生 41b
医疗卫生机构和队伍 392a
医药卫生体制改革 193b
医政管理 393b
依法办理民族宗教事务 413a
依法行政 114b,125a,282a,345b,379b,96a
依法执企 240b
依法治税 341b
移民后期扶持 121b
义务教育 376a
因公出国（境） 116a
音乐创作 365a
引导非公有制经济有制经济人士健康成长 151a
引导健身气功发展 390a
印　刷 368a
营改增 340a
营养改善计划 378b
营造非公有制经济有制经济发展氛围 151b
应急保供体系建设 286b
拥政爱民 165b
《咏木棉》《木棉诗话》创作研讨会 372a
优待抚恤 402a
优秀成果评奖 360b
优秀体育人才培养输送 391a
优质服务 317b
优质服务主题活动 394b
油价调整 289b
幼儿教育 376a
渔政管理 255a
舆论宣传 72a
语言文字工作 377a
预算执行情况审计 212b
园林绿化研究 357b
园区安全监督管理 127b
员工培训 332a
援藏工作 71a
院士专家工作站 351b
运　营 260b
运营体系建设 304b
运政管理 259a

Z

在建水利水电工程移民 121a
在全省率先全面建成小康社会 58b
增设总工程师领导职务 82b
增资扩股 316b
渣钢渣铁钒钛资源资源综合利用项目建成投产 244a
展　览 366b
战备训练 161b
战备执勤 165a
招标投标管理 195b
招商引资 30a,33b,43b,48b,54a,129a,271a
招生考试 380a
招生与就业 387b
招投标 205b
着力保障和改善民生 99b
着力优化发展软环境 65b
争取政策支持 129b
《征信管理业条例》宣传 297b
整合资源促成长 155b
正规化建设 175b
政策法规和行政执法 255b
政府采购 120b
政府购买居家养老服务“提标扩面” 415b
政府信息公开保密审查专项检查 82b
政务服务 221a
政务公开 104a,337a
政务管理 343a
政务调研 104b
政务信息 104b
政务信息公开 265b
政协第八届攀枝花市委员会第二次会议 135a
政治引导 79a
支持农民专业合作社建设 336a
知识产权 348b
执法监察 221a
执行工作 184a
职工队伍建设 299a
职工经济技术创新工程 152b
职工生命健康关爱行动 153b
职能调整 287a
职业健康监督管理 126a
职业教育 376b
职业教育与培训 386b
职业能力建设 109a
植物检疫 247a
志愿服务活动 76b
志愿服务体制建设 76b
制定“六五”保密法制宣传教育规划 2013 年年度规划 83a
制定出台民族团结进步示范创建标准 413a
制定重大项目规划（2013—2017 年） 61a
制度建设 85a,283b,329a
质监行政执法建设 220b
质量安全监管 281a
质量档案 218a
质量管理 217b
质量监督抽查 217a
质量专项监督检查 218b
治安管控 179a
《中共攀枝花市东区历史大事记（1973—2011）》出版 364a
中共攀枝花市工会第九次代表大会 154a
《中国共产党攀枝花执政实录》（第 6 卷）出版 362b
《中国苴却砚图志》编纂 361b
“中国梦”主题教育活动 68a,380b
“中国梦”主题教育活动专题报告会 64b
中国阳光康养旅游城市创建工作进展 24a
中国重汽西南地区矿用车生产基地落户攀枝花市 135b
中国作家协会创联部副主任尹汉胤一行到攀枝花市文联指导工作 370b
中间业务 302b,305b,307b,309a,311b,313a
中小学德育 377b
中小学学籍管理 380a
中心工作 175a
中医药工作 394a
种子管理 251a
重大案件 291b
重大工业产业化项目推进 198a
重大行政处罚和重大行政强制备案 190a
重大建设项目档案管理 405b
重大决策部署落实情况监督检查 65a
重大敏感时期的信访维稳 107a
重大赔案 321b,324b,325a,326a,328a,329b,330a,330b,331b,332b
重大演出 366a
重点产业技术攻关和成果转化 347b
重点化工企业 241a
重点交通项目 192a
重点路桥建设 207a
重点能源项目 192a
重点税源调查 38a
重点项目稽查与代建项目管理 195a
重点项目建设 40b,48a
重点项目营销 304a
重要调研活动 397b
主题教育活动 52a
主席会议 136a
主要工作 141a,142b,144a,145a,147b,149a,150a
主要指标完成情况 239b
助推发展 79a
助推试验区建设 140a
住房保障 280a
住房公积金管委会会议 133a
住房公积金缴存管理 132a
住房公积金使用管理 132a
住房公积金运营效益及收益分配 132b
驻点招商成效 135a
著名作家为攀枝花文学创作把脉 371a
著名作家张扬赴攀考察采风 371a
专卖管理 291b
专题调查 138a
专题研究 364b
专项规划 272b
专项治理 66a
专项资金审计（调查） 213b
专业技术人员管理 111b
专业技术职务评审 385a
资本中介 320b
资产管理 201b
资产结构调整 201a
资产业务 307a,308b,310b,318a
资金筹集 334a
资金管理及安全 133a
资源型城市可持续发展——打造中国经济升级版”高层研讨会 74a
资源综合利用 233b
资政工作 364b
资助少数民族贫困生 413a
紫茎泽兰综合利用项目一期工程竣工 38a
自身建设 71a,81a
综合管理 290a
综合行政执法检查 296b
综合信息化建设 237a
综合治理出生人口性别比偏高问题 396a
组织建设 84b,152a,164a,173b
组织收入 345a
组织指挥 166a
组织状况 141a,142a,143b,145a,147a,148b,149b,154b
作风建设 85a